續編

喪禮

重歸文献——影印經學要籍善本叢刊

影印宋刊元明遞修本

儀禮經傳通解正續編

第二册

（宋）朱熹 著　黄榦 編

北京大學出版社
PEKING UNIVERSITY PRESS

0011_0041-2　　0011_0042-1

儀禮經傳通解續目錄

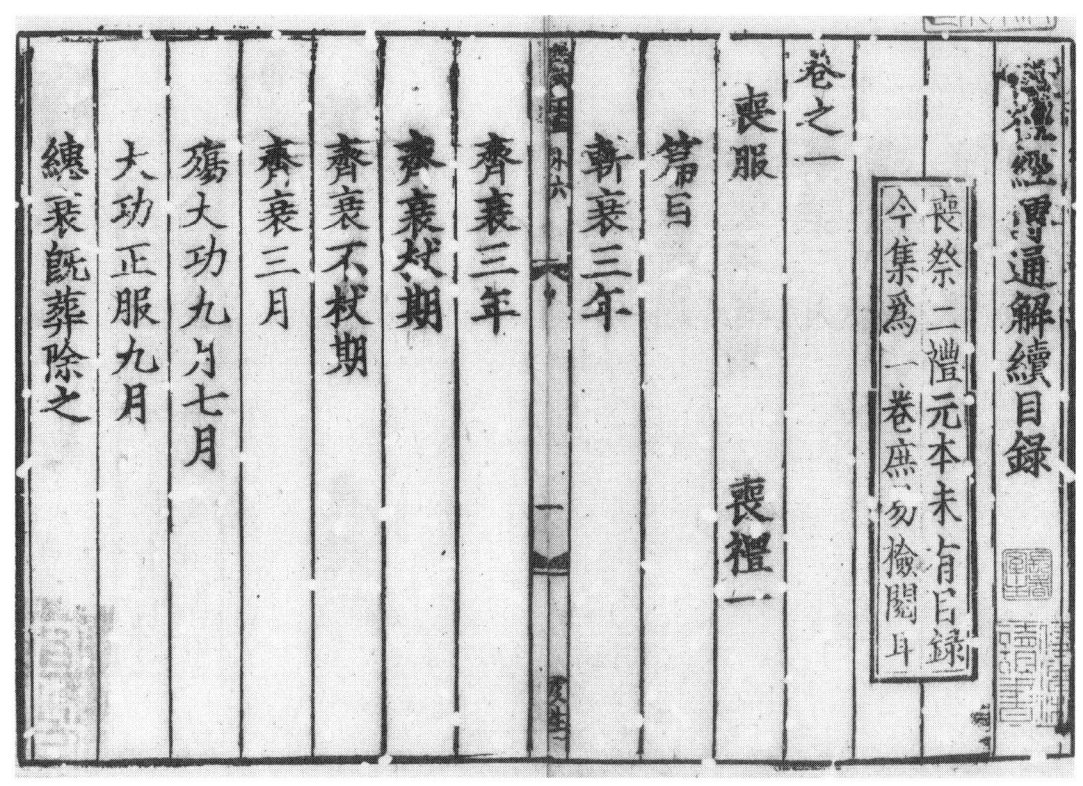

喪祭二禮元本未有目錄
今集爲一卷庶易檢閲耳

卷之一

喪服　　喪禮一

篇目

斬衰三年

齊衰三年

齊衰杖期

齊衰不杖期

齊衰三月

殤大功九月七月

大功正服九月

繐衰既葬除之

0011_0042-2　　0011_0043-1

小功殤五月

小功正服五月

緦麻三月

卷之二

上喪禮　　喪禮二之上

篇目

始死

復

楔齒綴足

始死奠帷堂

命赴拜賓

室中位

君使人弔

君使人襚

0011_0044-1　0011_0043-2

小斂

0011_0045-1　0011_0044-2

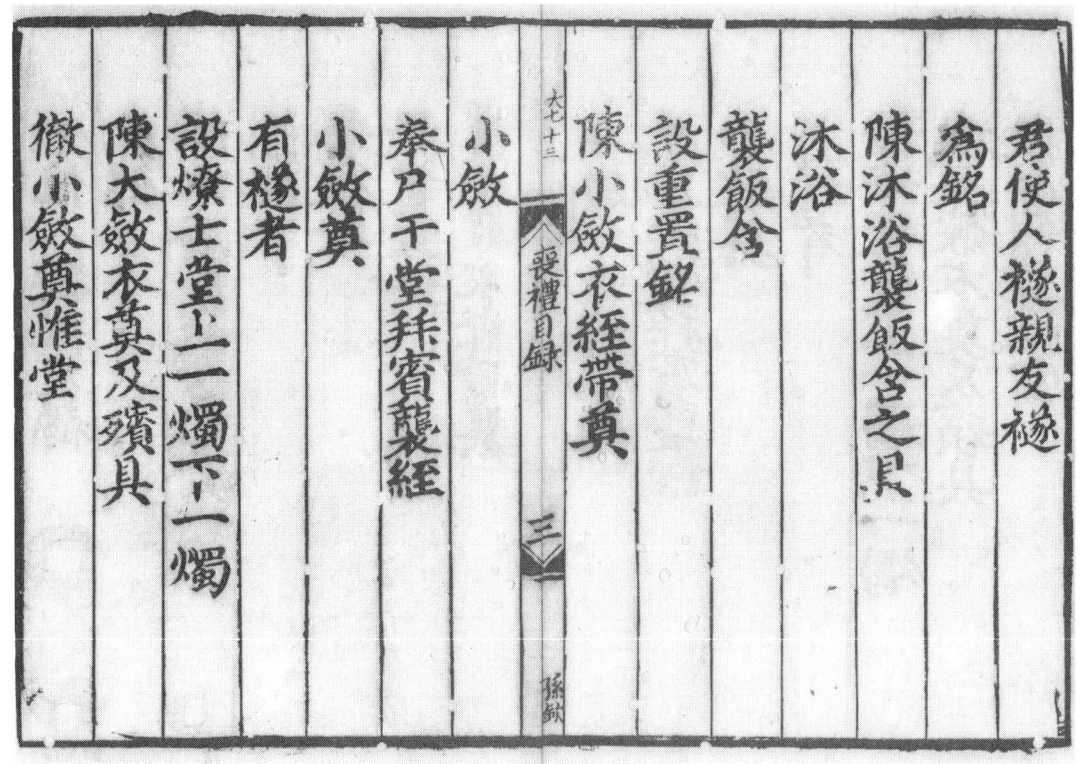

大斂

0011_0045-2

□葬前

卷之三

既夕禮　喪禮二之下

請啓期

陳朝祖奠具

啓

朝祖薦車設奠薦馬

0011_0046-1

請祖期

載

飾柩

陳器

祖奠薦馬

請葬期

公賵

0011_0046-2

親賓賵奠賻贈

陳遣奠明器

遣奠

重出車馬奠器從

讀賵

柩行

公使人贈

至壙

0011_0047-1

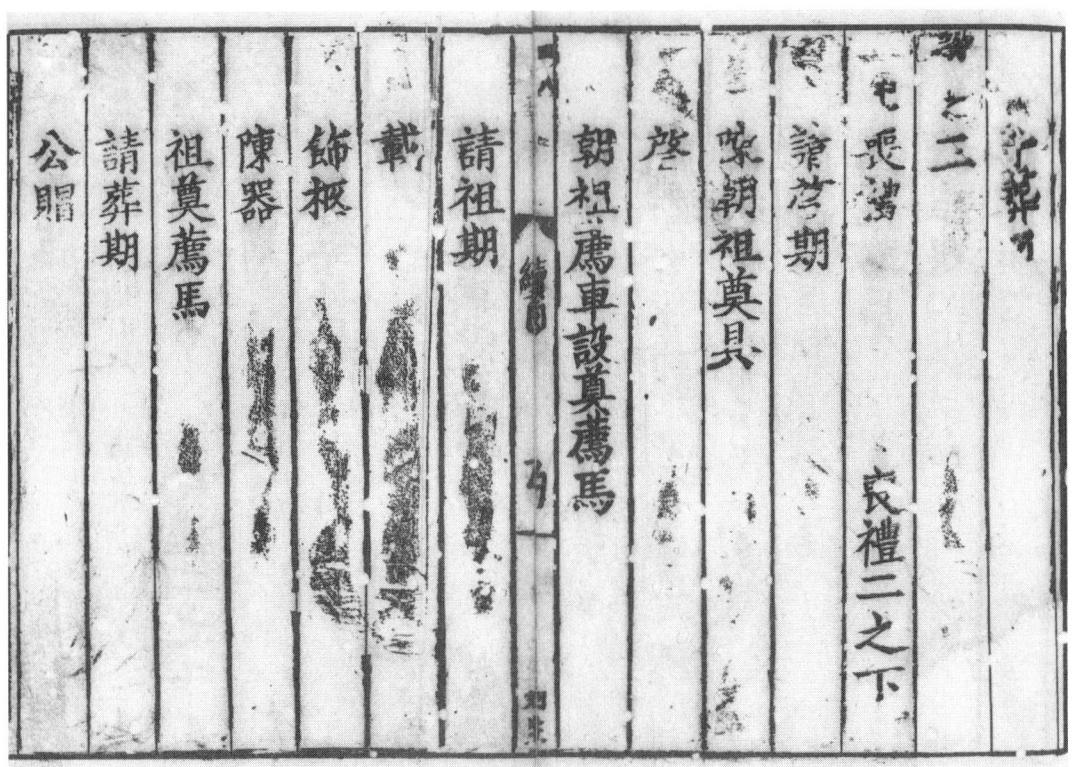

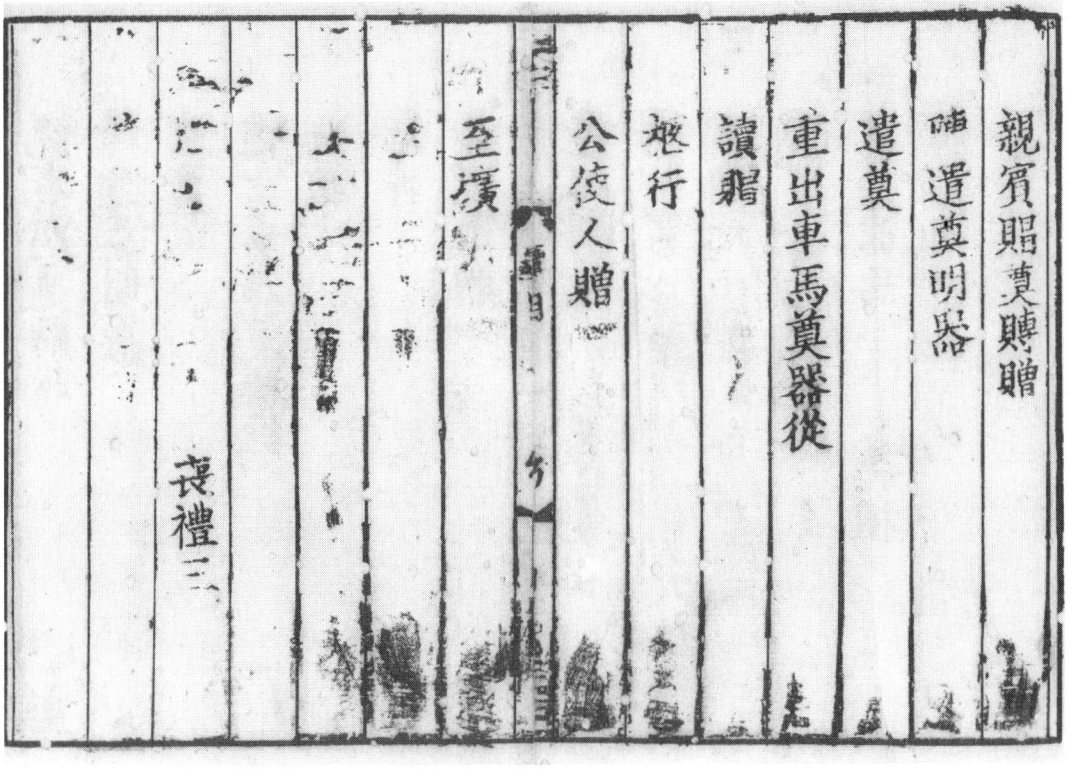

喪禮三

0011_0047-2　0011_0048-1

門外位

門内位

設饌

饗神

迎尸

獻尸

主人酳尸

儀禮續目　七

尸酢主人

主人獻祝

主人獻佐食

主婦亞獻尸

主婦獻祝及佐食

賓長三獻

祝告利成

0011_0048-2　0011_0049-1

尸謖降

陽厭

事畢

卷之五　喪禮四之上

喪大記

總目

始死

儀禮續目　八　孫欽

復

始死奠

戒臣民

遷尸楔齒綴足帷堂

命赴

哭位

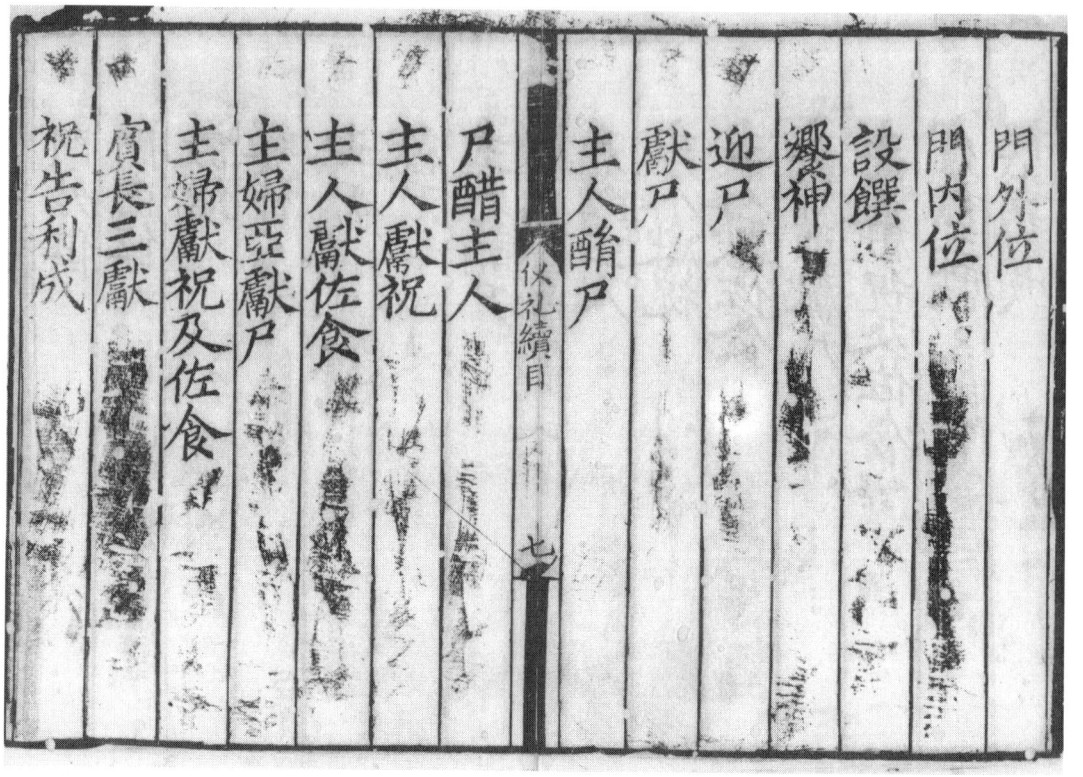

受含襚幣玉

0011_0049-2

續目 九

0011_0050-1

0011_0050-2

續目 十

0011_0051-1

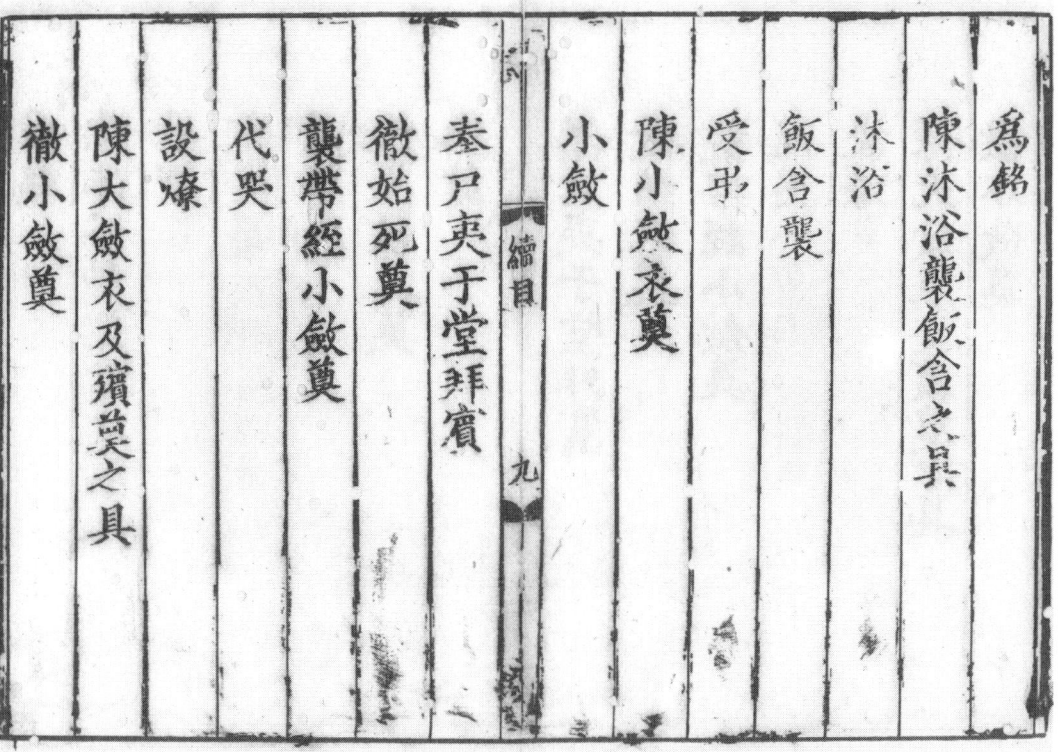

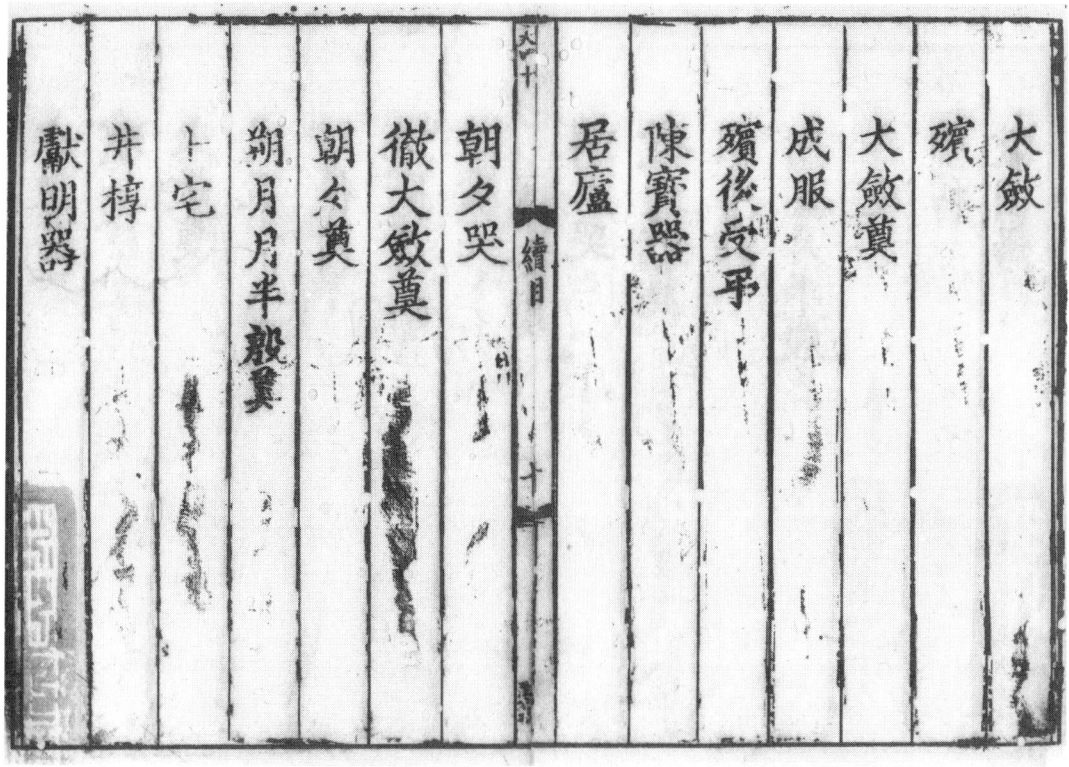

0011_0051-2

卜葬日

卷第六　喪大記下　喪禮四之下

陳朝祖奠

啓

朝祖奠薦車馬

載

喪禮目録　十一

0011_0052-1

飾棺

陳明器

祖奠

謚誄

大遣奠

包奠讀賵

柩行

0011_0052-2

至壙

窆

虞祭

作主

卷第七　卒哭祔練祥禫記　喪禮五

卒哭

喪禮目録　十二

0011_0053-1

祔

練

大祥

禫

吉祭

忌日

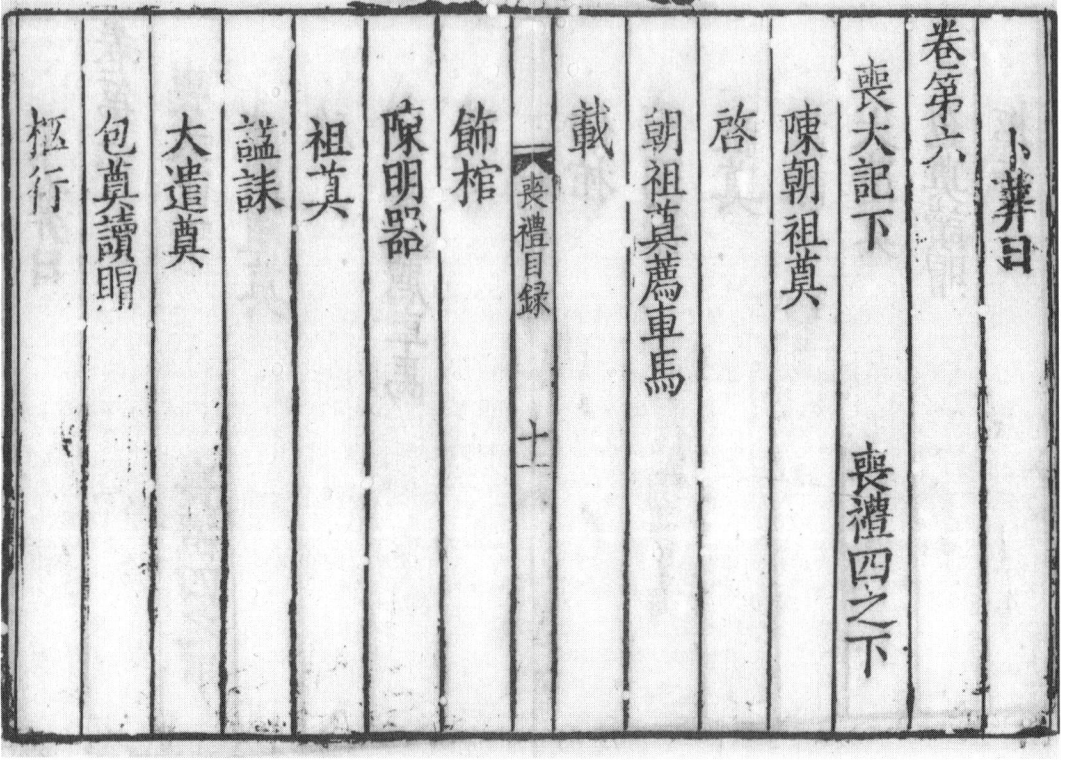

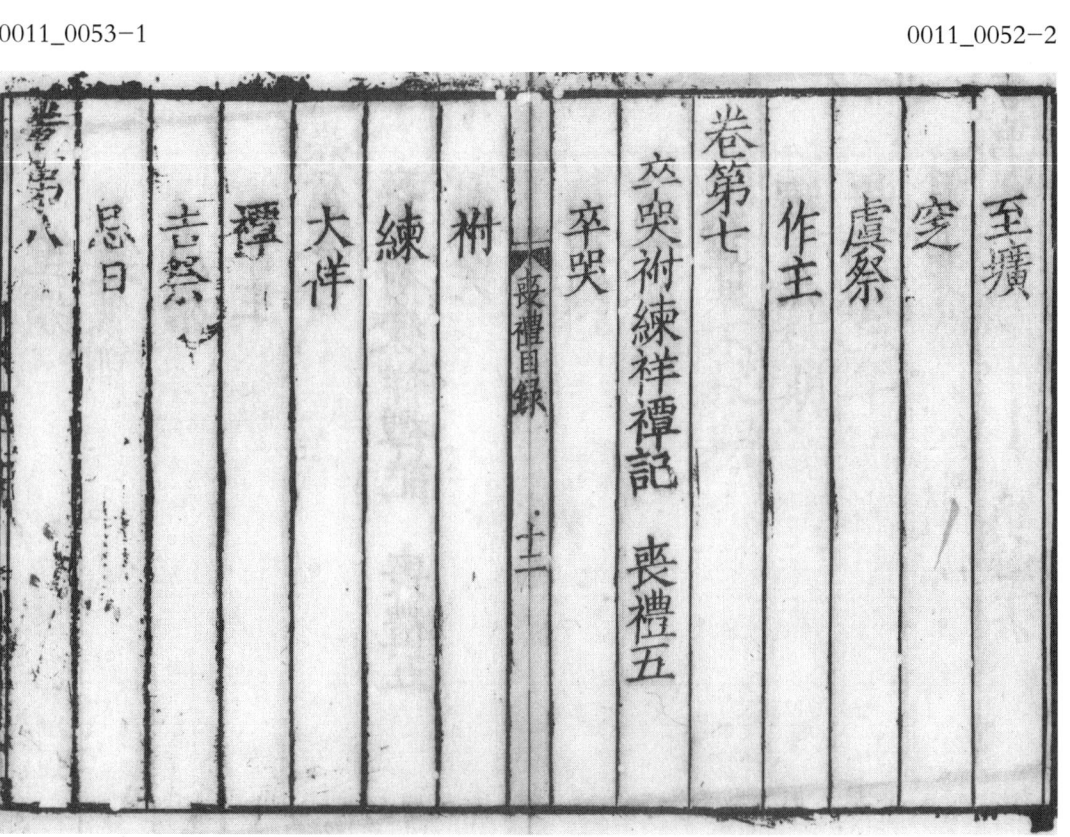

卷第八

0011_0053-2

續目　十三

0011_0054-1

卷之九

0011_0054-2

續目　十四

0011_0055-1

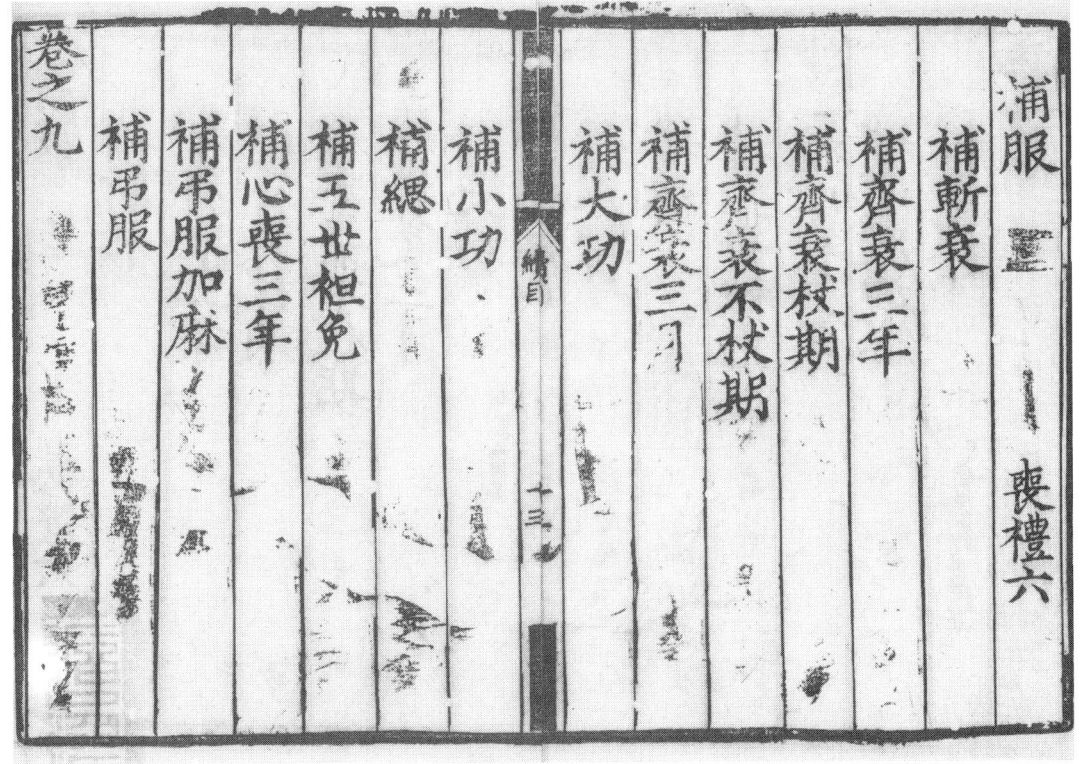

0011_0055-2

既葬除服

不杖以下名以月數除服

祔變服

練筮日筮尸變服

練受服除服

大祥筮尸變服

大祥除服

禫易服

既孤易服

並有喪服

久不葬服

受弔變服

稅服

雜記喪服之變

0011_0056-1

0011_0056-2

喪服制度之十　儀禮八

冠制

首絰制

弁絰之制

笄纚髻髮免髽之制

婦人笄總髽制

衰裳制

婦人衰制

要絰帶制

婦人要絰帶制

錫衰緦衰疑衰之制

深衣麻衣長衣中衣之制

杖制

0011_0057-1

元統新附喪祭禮總目

傅本缺第十七葉張本目錄全缺

傅本缺第十八葉張本目錄全缺

弔
贈喪
執事
會葬
哀有喪
喪禮義　喪禮十三
卷之十五

儀禮續目　十九

卷之十六　喪禮十四
喪服圖式　題目附本卷首叶 見卷後楊君復云
卷之十七
特牲饋食　祭禮一
筮日
筮尸
宿尸

宿賓
陳[illegible]拜賓視牲告期
[illegible]日夙興主人主婦陳設拜賓[illegible]
即位
主人主婦及祝佐食陳設陰厭
迎尸正祭
尸酢主人

儀禮續目　二十

主人獻祝及佐食
主婦亞獻尸
尸酢主婦
主婦獻祝及佐食
賓長獻尸爵止
主婦致爵于主人受爵[illegible]
主人致爵于主婦[illegible]

元統新附喪祭禮總目

0011_0060-2

賓長獻尸止爵及獻祝佐食主人

婦等

獻賓及衆賓

堂下設尊酬賓賓奠觶

堂下獻長兄弟衆兄弟

獻內賓宗婦于房中

長兄弟爲加爵

儀禮續目　三十

0011_0061-1

衆賓長爲加爵爵止

嗣舉奠

弟子舉觶于長兄弟

旅酬及無筭爵

尸卒食　終爨

事尸禮畢

養

0011_0061-2

徹俎將用之爲燕

改饌西北隅陽厭

卷之十八

少牢饋食　祭禮二

卿大夫祭前十日先筮日

筮尸宿尸及宿諸官

宗人請祭期

儀禮續目　三十一

0011_0062-1

視殺視濯

實鼎及豆籩盤匜等

舉鼎匕載

迎尸之前先爲陰厭

尸入正祭

主人酳尸尸酢主人命祝嘏

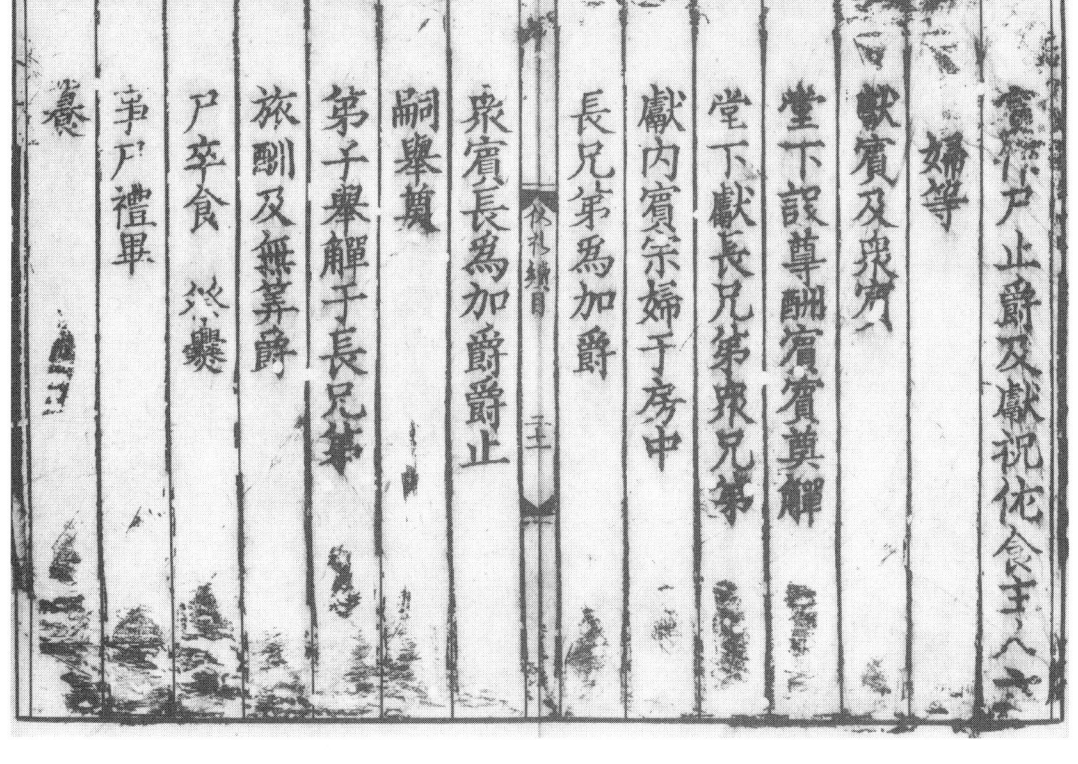

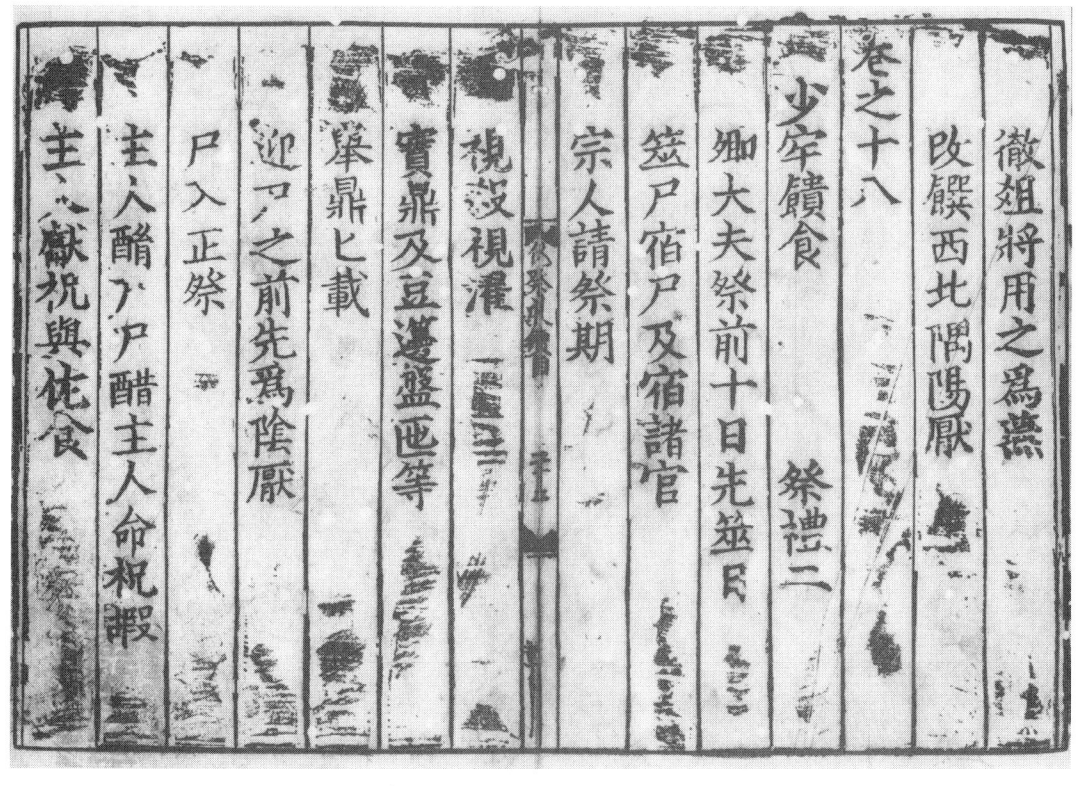

主人獻祝與佐食

0011_0062-2

祭禮三

0011_0063-1

0011_0063-2

0011_0064-1

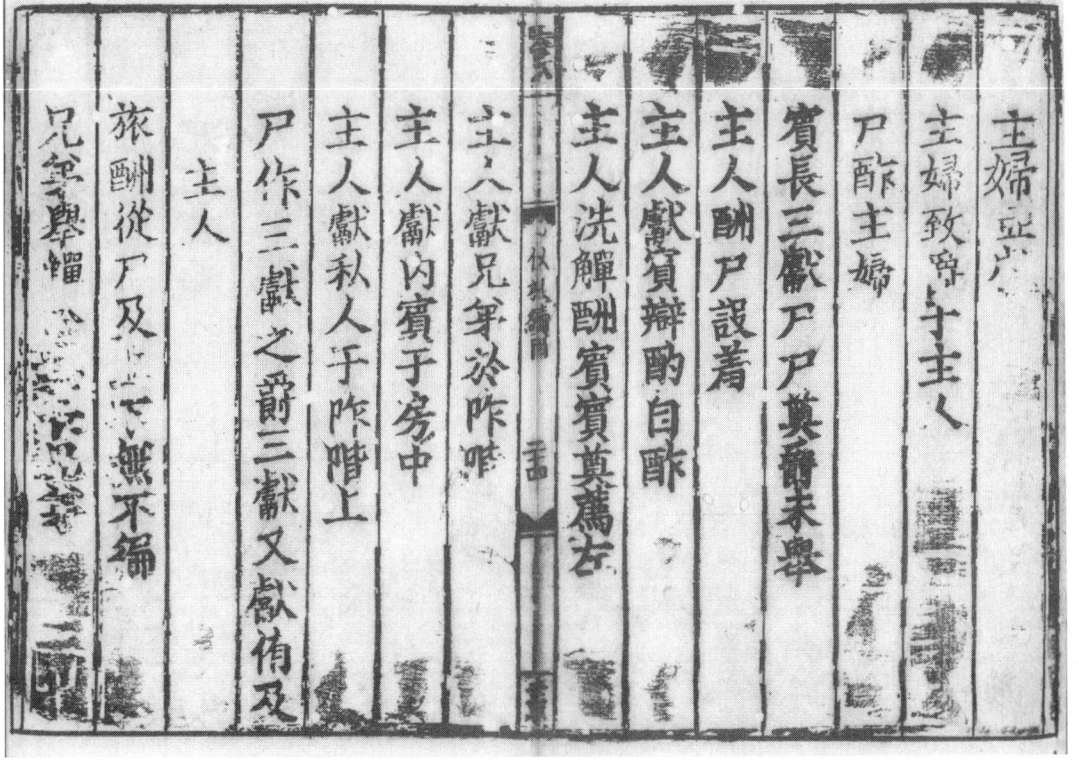

0011_0065-1　　0011_0064-2

賓長獻[illegible]爵于尸更爲
旅酬
堂下行無筭爵禮終尸衛出主人
送於廟門外
下大夫不賓尸與賓尸異同
主婦亞獻尸及祝主人獻二佐食
賓長獻尸祝佐食并致爵主人
主婦
主人獻旅賓兄弟内賓私人辯
[redacted]
卷之二十　祭禮四
諸侯遷廟
諸侯釁廟
卷之二十一

0011_0066-1　　0011_0065-2

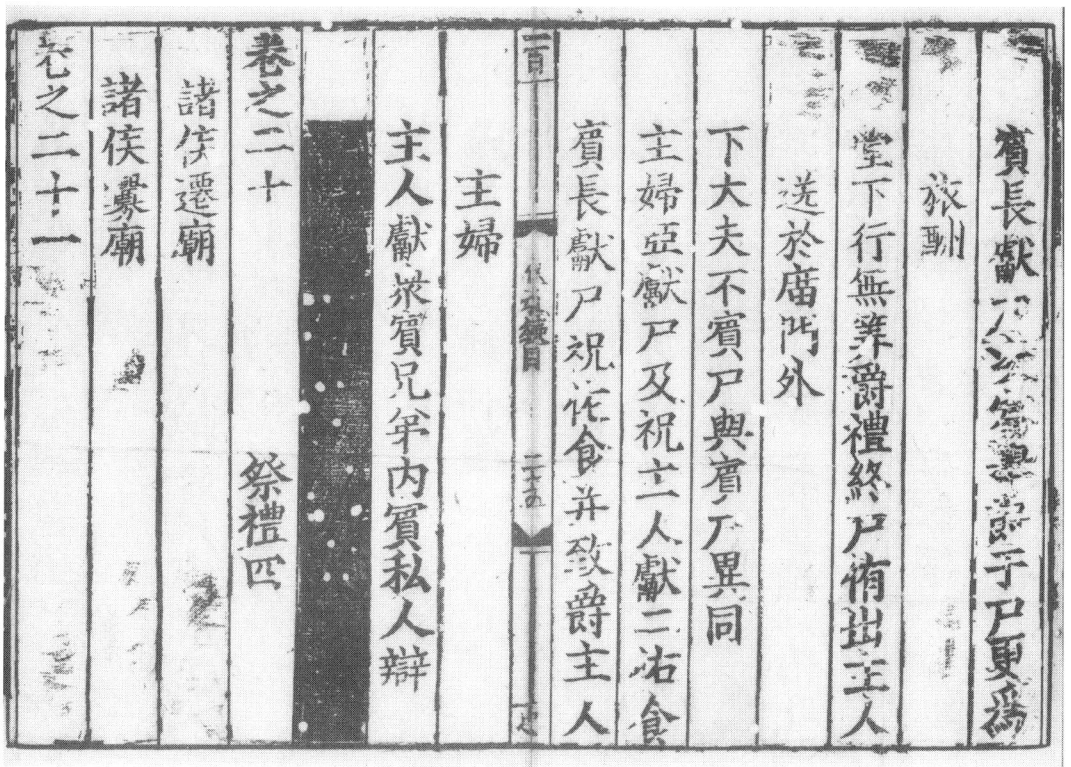

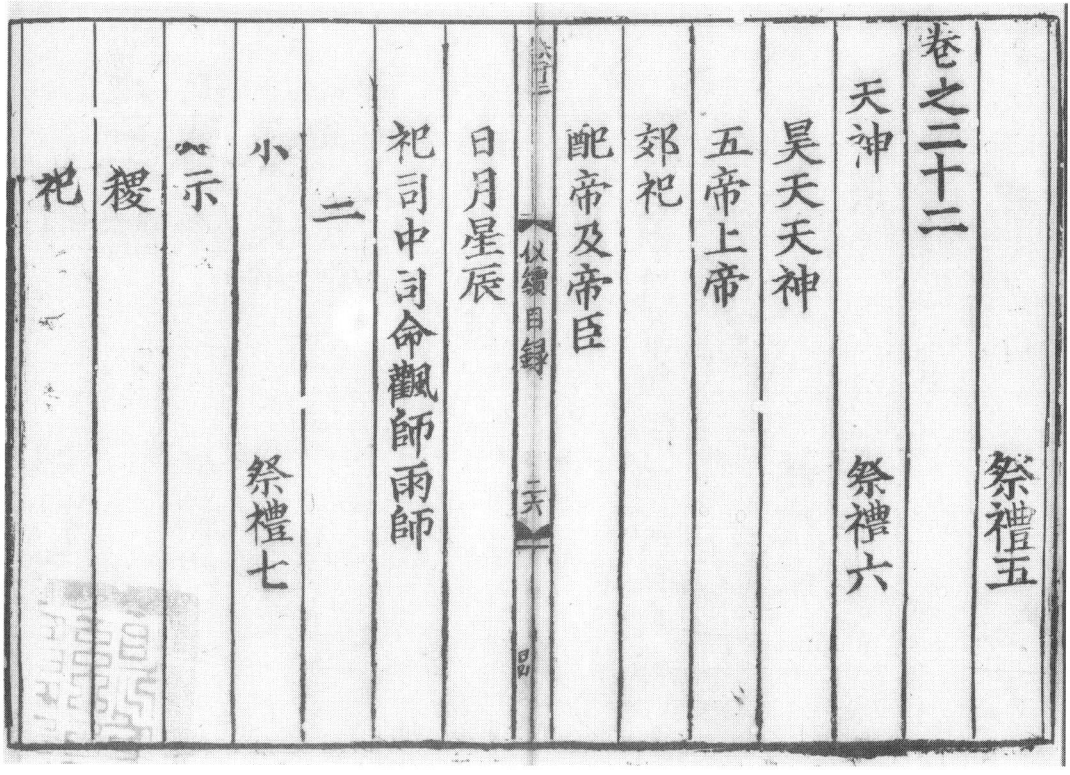

卷之二十二　祭禮五
天神　祭禮六
昊天天神
五帝上帝
郊祀
配帝及帝臣
日月星辰
祀司中司命飌師雨師
二
小　祭禮七
[illegible]示
稷
祀

0011_0066-2

土

川

祭禮八

迎氣

四方

祊

0011_0067-1

四類

司民司禄

先帝

先聖先師

有德有功

高禖

籍田

0011_0067-2

祈麥祈年

蜡

百物

祭時祭寒暑

司寒

侯

先火先卜

0011_0068-1

卜筮

牲馬

禜酺

卷二十五

宗廟　祭禮九

廟制

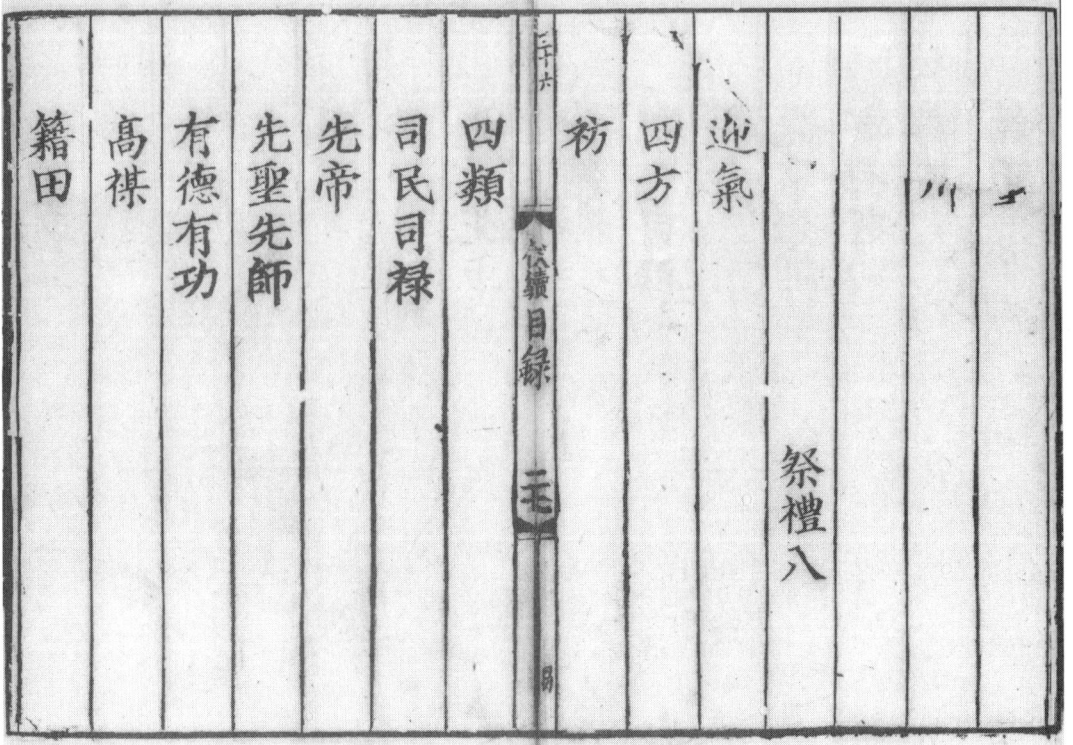

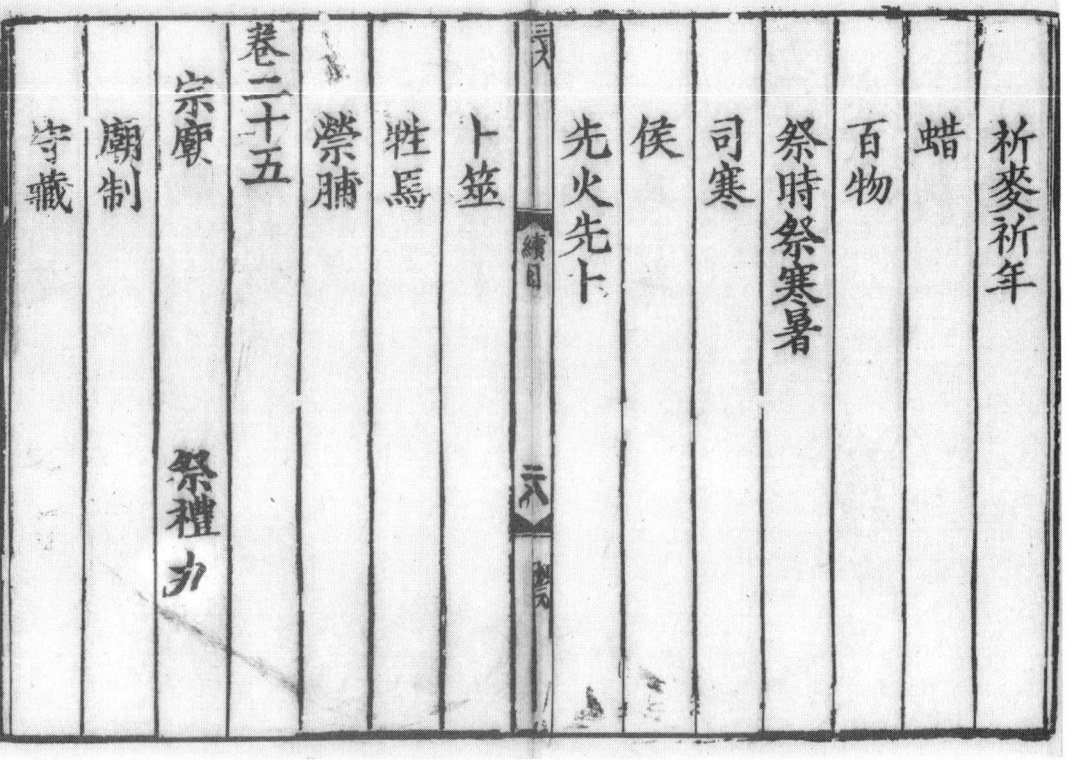

守藏

0011_0068-2

祭主
時日
齊戒
具脩
祭服
陳設
初獻

續目

0011_0069-1

餘獻
樂舞
因祭策命
尸酢
致爵
獻酬賜俎
餕

0011_0069-2

徹
祊
薦新
告朔
卷之二十六
因事之祭　祭禮十
立君封國

儀續目錄　三十

0011_0070-1

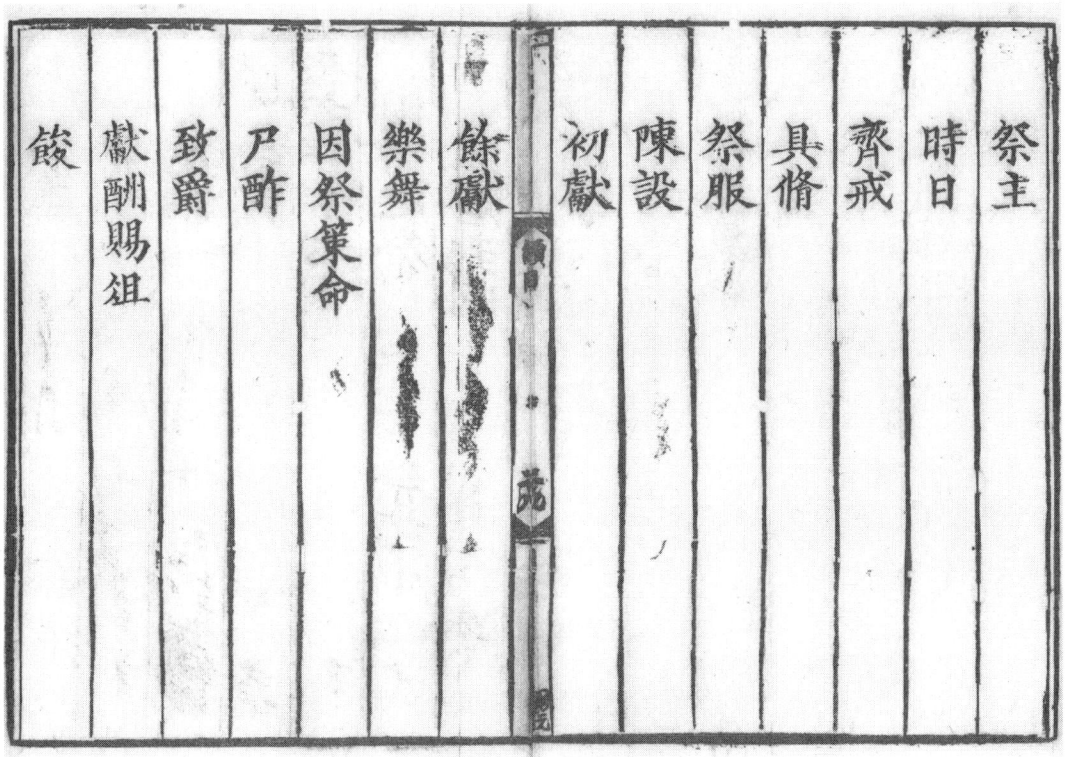

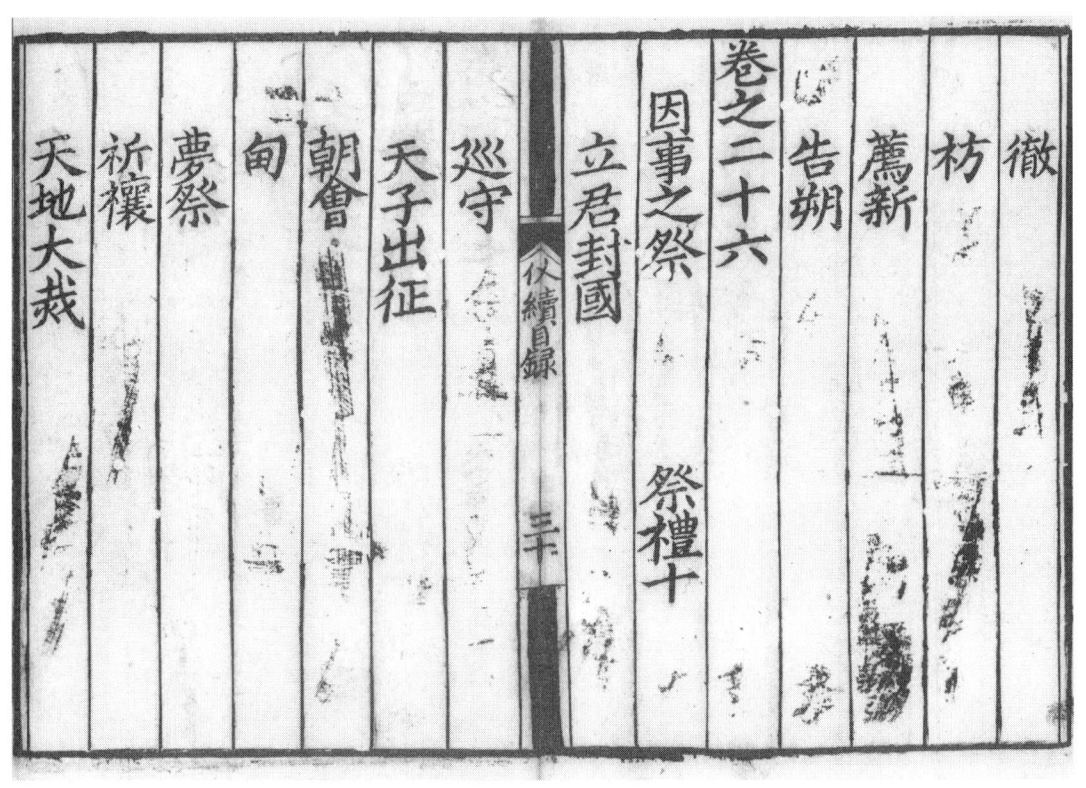

巡守
天子出征
朝會
甸
禜祭
祈禳
天地大裁

0011_0070-2

六沴

雩

疾病

難

盟詛

釁

卷之二十七

0011_0071-1

祭禮十一

祭統

祭禮總要

祭名

神位

尸

巫祝

時日卜筮

0011_0071-2

擇士

戒具

齊

禁令

嚀且爲期

省視

出路

0011_0072-1

鑰祭

容貌

尸出受祭

獻數

祝號

嘏辭

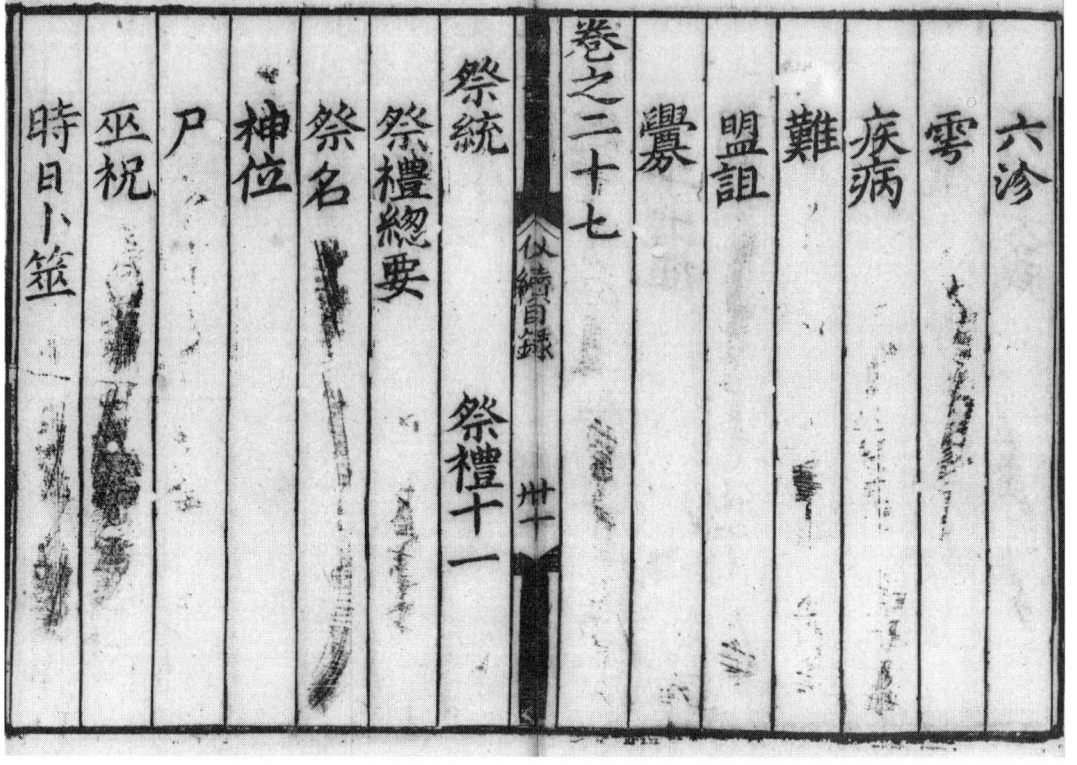

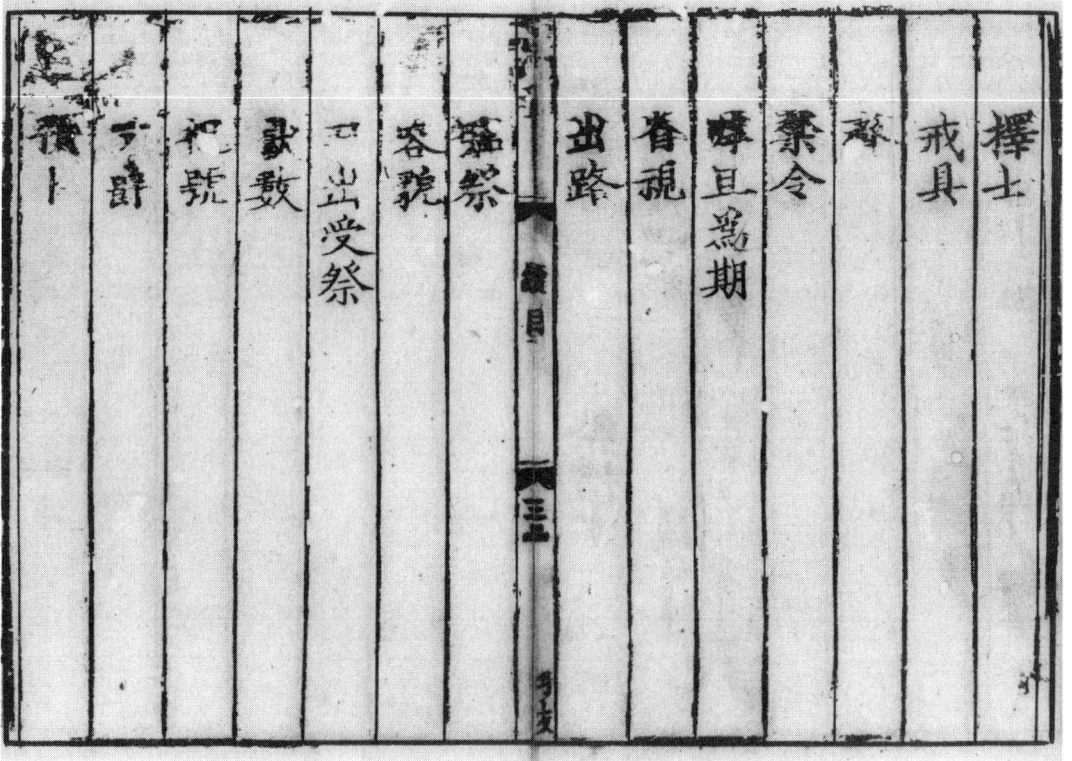

徹卜

0011_0073-1　　0011_0072-2

撤

迎尸

受福

守墮

不與祭

廢祭

卷之二十八

祭義　祭禮十三

祭祀總要

祭物

祭器

樂舞

祠齊尊彝

儀注

0011_0074-1　　0011_0073-2

庶羞

粢盛

蕭茅

殺禮

失禮

卷之二十九

祭義　祭禮十三

儀禮經傳通解續目録終

元統三年六月　日刊補完成　後學葉大有書

儒司該吏高德懋樊[illegible]道謹

所委監工鎮江路丹徒縣儒學教諭楊[illegible]

江浙等處儒學提舉司吏月阿里

登仕郎江浙等處儒學副提舉陳旅

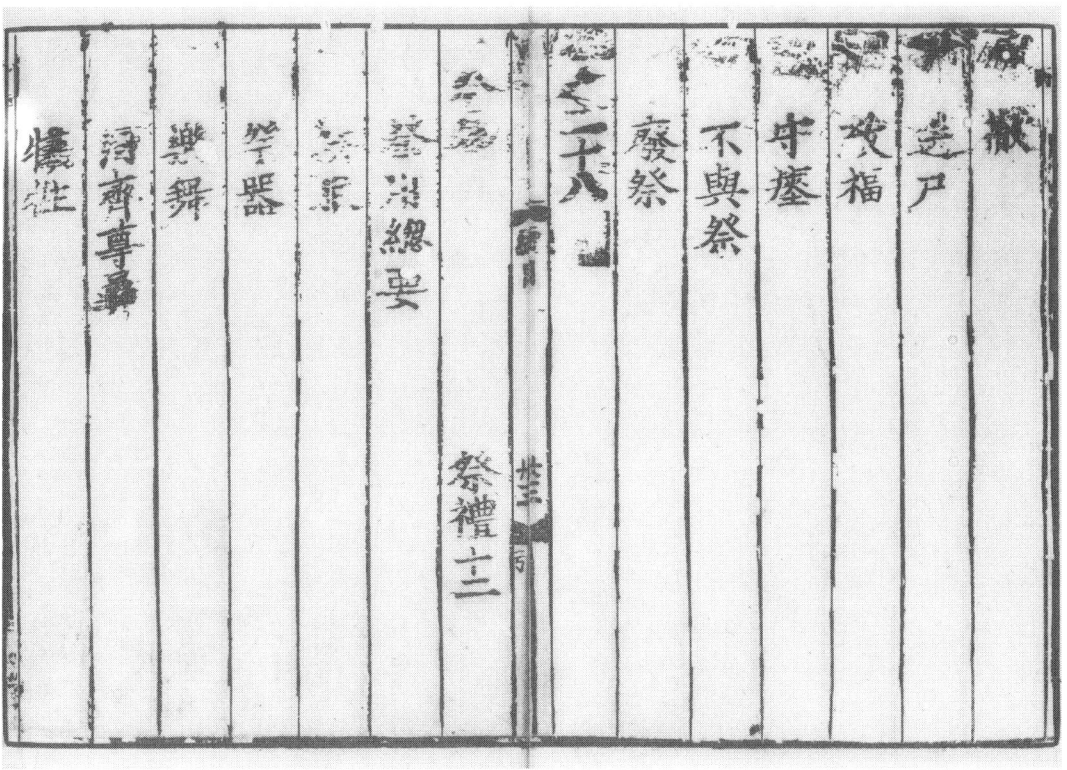

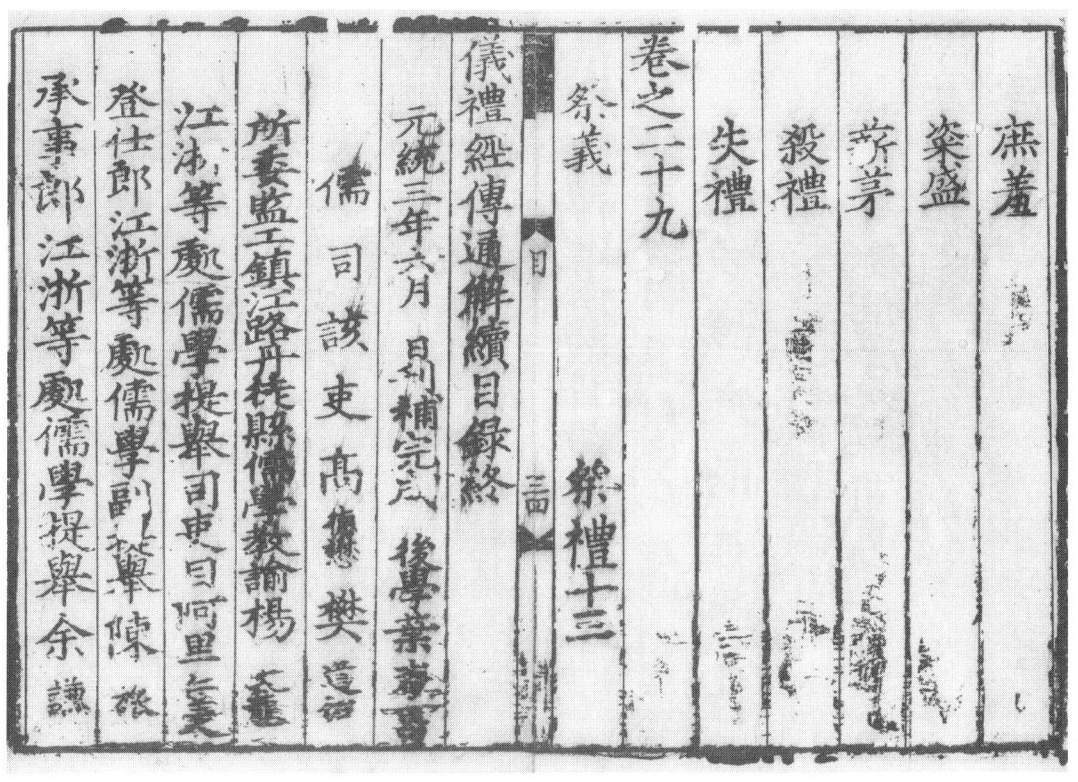

承事郎江浙等處儒學提舉余謙

0011_0077-2

儀禮經傳通解續卷第一

喪服一　　喪禮一　鄭目録云子

以下死而相喪衣服年月親疏隆殺
之禮不忍言死而言喪喪者棄亡之
辭若全存居於彼焉已亡之耳○疏
曰案喪服之制在成服之後則宜在
士喪始死之下今在士喪之上者以
其總包尊卑上下不專據士是以在
此案禮運云昔者先生未有宮室食
鳥獸之肉衣其羽毛此伏羲之時也
又云後聖有作治其絲麻以爲布帛
養生送死以事鬼神此黃帝之時也

小三四一　大十六　喪服一　一　胡景

0011_0078-1

易繫辭云古者喪期無數在黃帝九
事章中是黃帝以前心喪終身不變
也虞書云百姓如喪考妣三載四海
遏密八音則是唐虞之日心喪三年
亦未有服制也郊特牲云大古冠布
齊則緇之鄭云三代改制以白布冠
質以爲喪冠則唐虞已上吉凶同服
唯有白布衣白布冠而已又喪服記
鄭注云大古冠布衣布後世聖人
易之因以爲喪服則謂夏禹以下三
王之世用唐虞白布冠布衣爲設
服矣死者既喪主人制服服之者親
以表心服以表貌斬衰貌若苴齊衰
貌若枲大功貌若止小功緦麻容貌

0011_0078-2

丁也哀之發於言語親有此不同而有
亦衣精麤又宗與服上下十有一
章從斬至緦衰升數有異者斬有二
有正有義爲父以三升爲正爲君以
三升半爲義其冠同六升三年齊衰
唯有正服四升冠七升繼母慈母雖
是義以配父故與因母同是以略爲
節有正而已杖期齊衰有正而已父
在爲母爲妻同正服齊衰五升冠八
升不杖齊衰期章有正有義二等正
則五升冠八升義則六升冠九升齊
衰三月章皆義服齊衰六升冠九升
曾祖父母計是正服但正服合以小
功以尊其祖不服小功而服齊衰非

喪服一　二　胡景

0011_0079-1

本服故同義服也殤大功有降有義
爲夫之昆弟之子長殤是義餘皆降
服降服衰十升冠十升義服衰九升
冠十一升大功章有降有正有義姑
姊妹出適之等是降婦人爲夫之族
類爲義自餘皆正衰冠如上釋也緦
衰唯有義服四升半皆冠七升而已
以諸侯大夫爲天子故同義服也殤
小功有降有義婦人爲夫之族類是
義餘皆降服降則衰冠同十升義則
衰冠同十二升小功亦有降有正有
義如前釋緦亦有降有正有義皆
如上陳但衰冠同十五升抽去半而
已上斬至緦麻皆以升數升數少者

0011_0079-2

在前升數多者在後要不得以升數
爲敘者一則正義及降升數不得同
在一章又繐衰四升半在大功之下
小功之上鄭下注云在小功之上者
欲審著繐之精麤若然喪服章次雖
以升數多小爲前後要取縷之精麤
爲次
第也

經十一　子夏傳　疏曰傳者不知
是誰人所作人皆云孔子弟子卜
商字子夏所爲案公羊傳是公羊
高所爲公羊高是子夏弟子今案
公羊傳有云者何何以曷爲孰謂

儀喪禮一　三

0011_0080-1

之等今此傳亦有之必爲子夏作
也其傳內更云傳者是子夏引他
舊傳以證已義儀禮見在十七篇
餘不爲傳獨喪服作傳者喪服爲
揔包天子已下五服差降精麤變
除之數既繁出入正殤交互恐讀
者不能悉解其義
是以特爲傳解

喪服　按此乃古禮篇目前題喪服者乃
後世編禮者所加復加新題復存
古目并乃重古不敢
輕廢之意後放此

右篇目○小宗伯辨吉凶之五服　五服

張本下象鼻題監生戴彝四字傳本剪去之

0011_0080-2

生又公卿大
夫士

斬衰裳苴絰杖絞帶冠繩纓菅屨者
回反苴七餘反絰大結反絞戶交反
如字菅古顏反屨九具反○者者明
下出也凡服上曰衰下曰裳麻在首
要皆曰絰絰之言實也明孝子有忠
實之心故爲制此服焉首絰象緇布冠
之缺項要絰象大帶又有絞帶象革帶
衰之下用布○缺去蘂反讀如有頍
弁之頍○疏曰斬衰裳者謂斬三
以爲衰裳不言裁割而言斬者取痛
之意賭子云三年之喪如斬期之喪

儀喪禮一　四

0011_0081-1

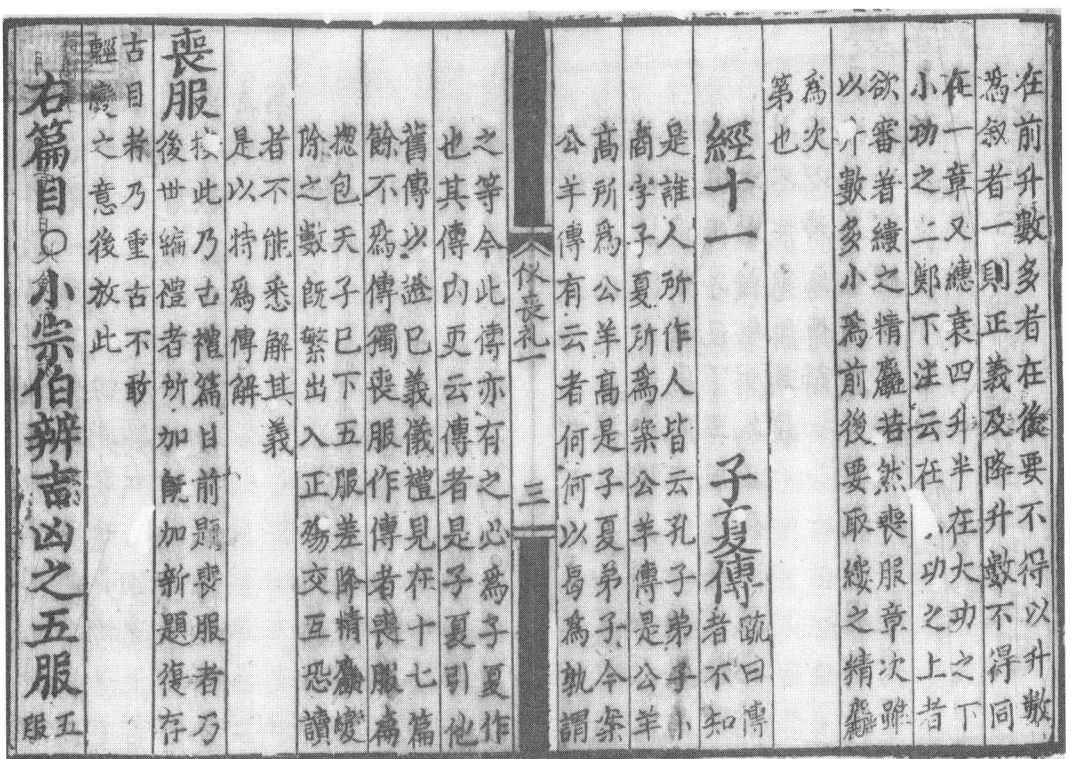

剡謂衰有淺深也斬衰先言斬下疏
後言齊者以斬衰先斬布後作之疏
一先作之後齊之也云苴絰杖絞帶者
一苴目此三事謂苴麻爲首絰要絰
以苴竹爲杖苴麻爲絞帶小記云苴
竹也云冠繩纓者以六升布爲冠又
一條繩爲武垂下爲纓冠在首退在
下者以衰用布三升冠六升冠既加
又齊衰冠纓用布則知此繩纓不用
麻用枲麻故退冠在下也菅草也詩
[illegible]菅茅鄭云白華已漚爲菅漚刃
[illegible]也已下諸章並見年月此斬章不
[illegible]年者以其喪之痛極莫甚於斬
又下舉齊衰三年則此斬衰三

知然經文爲次若此者以先斬後乃爲
衰裳故斬文在衰裳之上經杖絞帶俱
首經爲主故經文在上杖者各齊其心
象於苴故苴又在前唯經有二事仍以
象於苴故退文在下屨乃服中之賤最
故在絞帶之前冠纓雖加於首以其不
後爲宜聖人作文倫次然注云者者明
爲下出也者明爲下句父諸侯爲天子
等而出也云凡服上曰衰下曰裳者兼
解五服案下記云衰廣四寸長六寸綴
之於心然衰亦總號爲衰非止當心而
已也士冠禮緇布冠缺項青組纓屬於
缺鄭云緇布冠之無笄者著頍圍髮
際結項中隅爲四綴以固冠也喪服法

四之二　儀喪礼一　五　秦淳

吉服爲之吉時有二帶凶時有二經以
要經象大帶明首經象頍項可知彼纚
布冠無笄故用頍項以固之喪亦無笄
其首經與冠繩纓別材而不相綴亦言
象之者直取經法象頍項而爲之也玉
藻有天子以下大帶之制又有華帶大
帶申束衣革帶以佩玉佩及事佩之等
今於要經之外別有絞帶明絞帶象革
帶可知案士喪禮亦婦人之帶牡麻結
本注云婦人亦有首經但言帶者記其
異此齊衰婦人斬衰婦人亦有二苴經
與絞帶以備喪禮云齊衰以下用布者
即下齊衰章云
削杖布帶是也

傳曰斬者何不緝也苴絰者麻之有
蕡者也苴絰大搹左本在下去五分
一以爲帶齊衰之絰斬衰之帶也去
五分一以爲帶大功之絰齊衰之帶
也去五分一以爲帶小功之絰大功
之帶也去五分一以爲帶緦麻之絰
小功之帶也去五分一以爲帶苴杖

儀喪礼一　六

竹也削杖桐也杖各齊其心皆下本
杖者何爵也無爵而杖者何擔主也
非主而杖者何輔病也童子何以不
杖不能病也婦人何以不杖亦不能
病也　緝七入反蕡扶云反搹音革去起呂反齊如字劉才計反擔市
豔反○盈手曰搹搹扼也中人之扼圍九寸以五分一爲殺者象五服之
數也爵謂天子諸侯卿大夫士也無爵謂庶人也擔猶假也爵者假之

0011_0083-2

以杖尊其爲主也非主謂衆子也
疏曰云苴絰者麻之有蕡者也案爾
雅釋草云蕡枲實孫氏注云蕡麻子
也以色言之謂之苴以實言之謂之
蕡下言牡者對蕡爲名言枲者對苴
生稱也是以云斬衰貌若苴齊衰貌
若枲也若然枲是雄麻蕡是子麻爾
雅云蕡枲實者舉類而言若圓曰簞
方曰笥鄭注論語云簞笥亦舉其類
也下傳云牡麻者枲麻也不連言絰
此苴連言絰者欲見苴絰別於苴杖
故下傳別云苴杖後傳牡麻不連言
絰此苴連言絰者彼無他物之嫌獨
有絰故不須連言絰也云苴絰大搹

0011_0084-1

注本在下者士喪禮文與此同言絰
大搹先據首絰而言也雷氏以搹搤
不言寸數則各從其人大小爲搤非
鄭義據鄭注無問人之大小皆以九
寸圍之爲正若中人之跡尺二寸也
云左本在下者本謂麻根案士喪禮
鄭注云下本在左重服統於內而本
陽也以其父是陽左亦陽言下是內
故云重服統於內以言痛從心內發
故也此對爲母右本在上輕服統於
外而本陰也云去五分一以爲帶者
以其首絰圍九寸取五寸去一寸得
四寸餘四寸寸爲五分總二十分去
四分餘十六分取十五分五分爲寸

0011_0084-2

爲三寸添前四寸爲七寸并一分總
七寸五分寸之一也云齊衰之絰斬
衰之帶也者以其大小同[illegible]同
之也齊衰以下放此推之[illegible]之等
皆以五分破寸既有成法何假盡言
但斬衰之絰圍九寸者首是陽[illegible]欲
取陽數極於九自齊衰以[illegible]取降
殺之義無所法象也云苴杖竹也削
杖桐也者解唯云苴杖不[illegible]杖[illegible]所
用故言苴杖者竹也下章直云削杖
亦不辨木名故云削杖者桐也然爲
父所以杖竹者父者子之天竹圓亦
象天竹又外內有節象子爲父亦有
外內之痛又竹能貫四時而不變子

0011_0085-1

之爲父哀痛亦經寒溫而不改故用
竹也爲母杖桐者桐之言同內心同
之於父外無節象家無二尊屈於父
爲之齊衰經時而有變又按變除削
之使方者取母象於地故也此雖不
言杖之麤細案喪服小記云絰殺五
分而去一杖大如絰鄭注云如要絰
也亦要絰者以杖從心已下與要絰
同故云杖各齊其心者杖所以扶病
病從心起故杖之高下以心爲斷也
云皆下本者本根也案士喪禮下本
注云順其性也云杖者何爵也者有
爵之人必有德有德則能爲父母致
病深故許以其杖扶病雖無爵然以

0011_0085-2

疏□□□取有屬之杖爲之□□□子雖小爲主手爲父母致病是爲□
衍也童子不杖此庶童子也當□□云童子當室則免而杖矣謂適子□
雜記又云童子不杖不菲則直有□衆經帶而已婦人不杖亦謂童子婦
又若成人婦人正杖喪大記云三日子夫人杖二日大夫世婦杖諸經皆
婦人杖文明此童子婦人案喪服小記云女子子在室爲父母其主喪
者不杖則子一人杖鄭云女子子在室亦童子也無男昆弟使同姓爲攝
主不杖則子一人杖謂長女也許嫁此二十而笄笄爲成人成人正杖也

儀禮一　九

0011_0086-1

□會重女爲喪主則亦杖矣當云以婦人皆不杖小記婦人不爲主而
杖者唯著武一條明其餘不杖爲主者皆不杖此說非也　**絞帶者**
繩帶也冠繩纓條屬右縫冠六升外
畢鍛而勿灰衰三升菅屨者菅菲也
外納　□音□音蠋六升衆並如字鄭音登成也縫扶弄反纓丁亂反○
屬猶著也通屈一條繩爲武垂下爲纓著之冠也布八十縷爲升升字當
爲登登成也今之禮皆以登爲升俗誤已行久矣雜記曰喪冠條屬以別

0011_0086-2

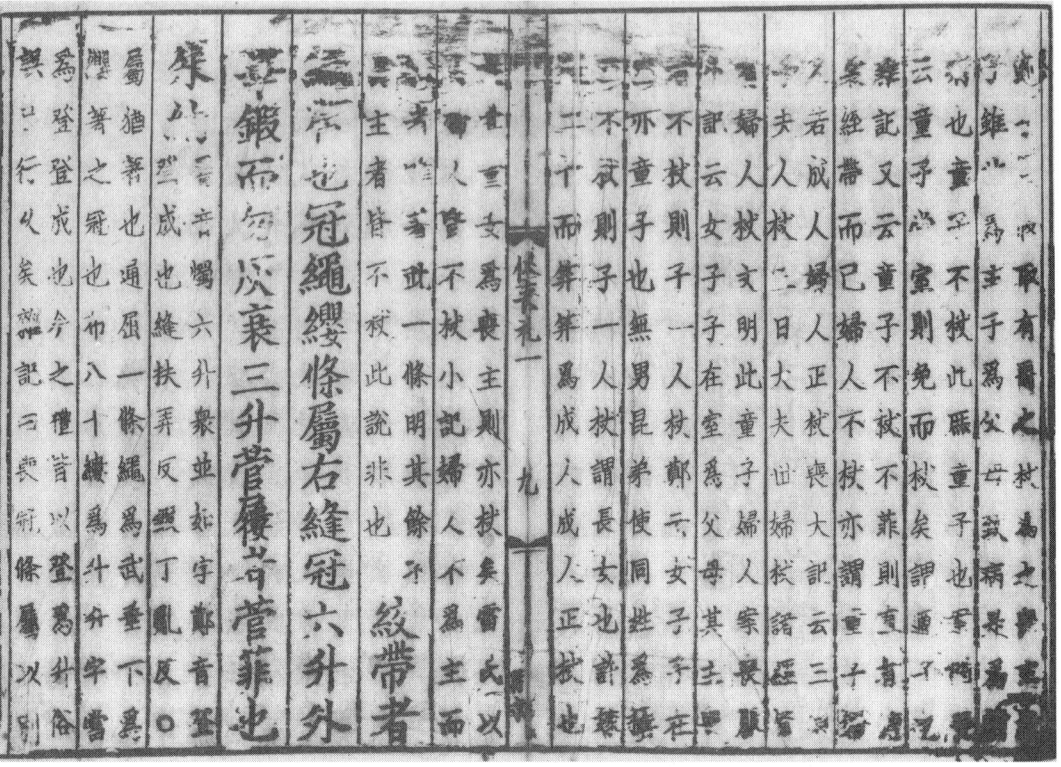

吉凶三年之練冠亦條屬右縫小功
以下左縫外畢者冠前後屈而出縫
於武也○疏曰云絞帶者繩帶也者
以絞麻爲繩作帶故云絞帶也王肅
以爲絞帶如要経馬鄭不言當依王
義但経帶至虞後變麻服葛絞帶虞
後雖不言所變案公士衆臣爲君服
布帶又齊衰已下亦布帶則絞帶虞
後變麻服布於義可也云冠繩纓條
屬者喪用繩爲纓屬著也著之冠垂
之爲纓也云外畢者前後兩畢之末
而向外攝之也云鍛而勿灰者以冠
爲首飾布倍衰裳而用六升又加以
水濯勿用灰而已冠六升勿灰則七

儀禮一　十

0011_0087-1

升已上故灰矣故大功章鄭注云大
功布者其鍛之功麤沽之則七升已
上皆用灰也云衰三升者不言裳裳
與衰同故舉衰以見裳爲君義服衰
三升半不言者以縷如三升半成布
三升故直言三升舉正以包義也云
菅屨者菅菲也周公時謂之屨子夏
時謂之菲外納者案士喪禮屨外納
鄭注云納收餘也王謂正向外編之
○又曰注云屬猶著也者案禮記云
喪冠條屬以別吉凶若然吉冠則纓
武別材凶冠則纓武同材是以鄭云
通屈一條繩爲武謂將一條繩從額
上約之至項後交過兩相各至耳於

張本下象鼻題監生戴彛四字傳本剪去之

第十一葉兩本均缺張本此處誤入正編卷一第十五葉

0011_0089-1　　0011_0088-2

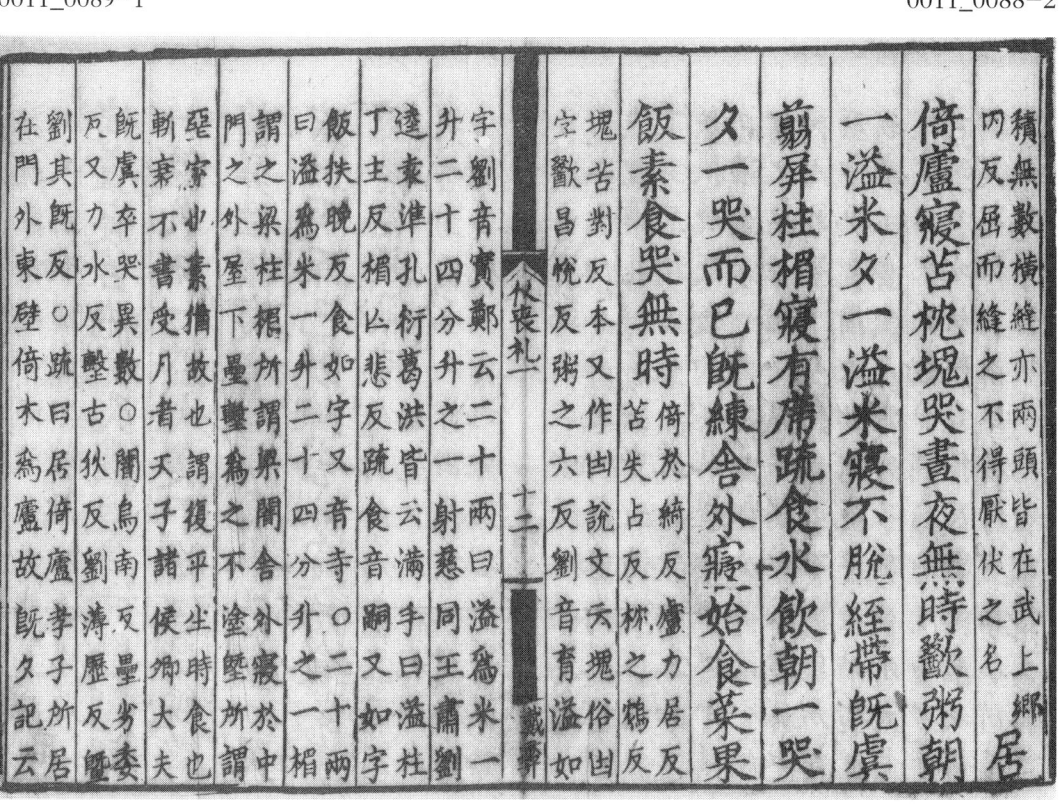

積無數横縫亦兩頭皆在武上鄉
内反屈而縫之不得厭伏之名
倚廬寢苫枕塊哭晝夜無時歠粥朝
一溢米夕一溢米寢不脱絰帶既虞
翦屏柱楣寢有席疏食水飲朝一哭
夕一哭而已既練舍外寢始食菜果
飯素食哭無時　倚於綺反廬力居反
苫失占反枕之鴆反
塊苦對反本又作凷説文云塊俗凷
字歠昌悦反粥之六反劉音育溢如

儀喪礼一　十二　戴霽

字劉音實鄭云二十兩曰溢爲米一
升二十四分升之一射慈同王肅劉
逵袁準孔衍葛洪皆云滿手曰溢柱
丁主反楣亡悲反疏食音嗣又如字
飯扶晚反食如字又音寺○二十兩
曰溢爲米一升二十四分升之一楣
謂之梁柱楣所謂梁闇舍外寢於中
門之外屋下壘墼爲之不塗墍所謂
堊室也素猶故也謂復平生時食也
斬衰不書受月者天子諸侯卿大夫
既虞卒哭異數○闇烏南反壘劣委
反又力水反墼古狄反劉薄歷反墍
劉其既反○疏曰居倚廬孝子所居
在門外東壁倚木爲廬故既夕記云

0011_0089-2

居倚廬鄭注云倚木爲廬在中門外
東方北户又喪大記云凡非適子者
自未葬以前於隱者爲廬注云不欲
人屬目蓋廬於東南角若然適子則
廬於其北顯處爲之以其適子當應
接弔賓故不於隱者案喪大記云婦
人不居廬若然此經云居倚廬專據
男子生文云寢苫枕塊既夕文與此
同彼注云苫編藁塊堛也在中門外
者哀親之在外寢苫者哀親之在草
故也云哭晝夜無時者哭有三無時
始死未殯以前哭不絶聲一無時既
殯已後卒哭祭已前阼階之下爲朝
夕哭在廬中思憶則哭二無時既練

三·九二　仪丧礼一　十三

0011_0090-1

之後無朝夕哭唯有廬中或十日或
五日思憶則哭三無時也卒哭之後
未練之前唯有朝夕哭是一有時也
云歠粥朝一溢米夕一溢米者孝子
遭父母之喪當爲父母致病故喪大
記云水漿不入口三日之後乃始食
必三日許食者聖人制法不以死傷
生恐至滅性故禮許之食雖食由節
之使朝夕各一溢米而已也云二十
兩曰溢爲米一升二十四分升之一
者依筭法百二十斤曰石則是一斛
若然則十二斤爲一斗取十斤分之
升得一斤餘二斤斤爲十六兩二斤
爲三十二兩升取三十兩十升升得

0011_0090-2

三兩添前一斤十六兩爲十九兩餘
二兩兩爲二十四銖二兩爲四十八
銖取四十銖十升升得四銖餘八銖
一銖爲十參十升升得八參添前則
是一升得十九兩四銖八參於二十
兩仍少十九銖二參則别取一升破
爲十九兩四銖八參分十兩兩爲
二十四銖則爲二百四十銖又分九
兩兩爲二十四銖則九兩者三百一
十六銖并四銖八參添前四百六十
銖八參揔爲二十四分直取二百四
十銖餘二百二十銖八參在又取二
百一十六銖二十四分分得九銖銖
添前分得十九銖有四銖八參四

仪丧礼一　十四

0011_0091-1

爲十參揔爲四十參通八參爲四十
八參二十四分分得二參是一升爲
二十四分分得十九銖添前四銖爲
二十三銖將二參添前八參則爲十
參則十參爲一銖以此一銖添前二
十三銖則爲二十四銖爲一兩添一兩
添十九兩揔二十兩曰溢云寢不脱
経帶者案既夕文與此同鄭注云哀
戚不在於安云既虞翦屏柱楣者案
士虞禮既葬反日中而虞鄭注士喪
三虞三虞之後乃改舊廬西鄉開户
翦去户旁兩廂屏之餘草柱楣者前
梁謂之楣楣下兩頭豎柱施梁乃夾
户旁之屏也云寢有席者案閒傳云

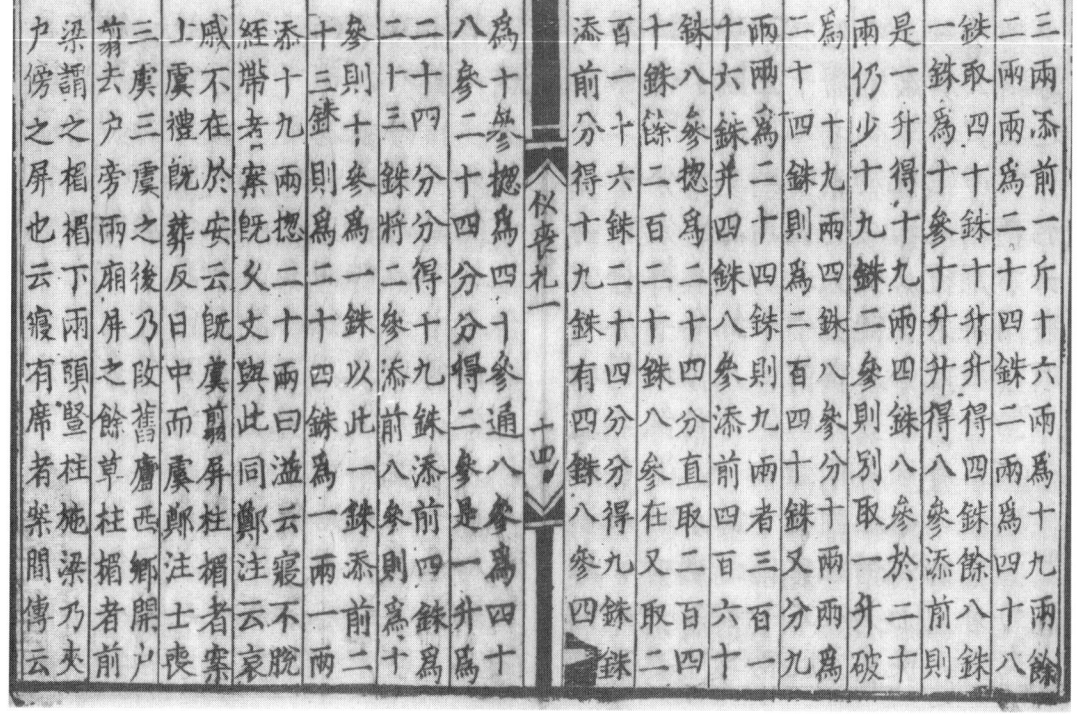

張本下象鼻題監生廖寘四字傳本剪去之

0011_0091-2

既虞卒哭柱楣翦屏芐翦不納
芐今之蒲苹即此寢有席謂蒲
於苫上也云疏食水飲者未虞
朝一溢米夕一溢米而為粥今
之後用麤疏米為飯不食之明
朝一溢夕一溢而已當以足為
飲水者恐虞後飲漿酪等故云飲
而已也云朝一哭夕一哭而已者
當七虞禮卒哭之後彼云卒哭者
卒去廬中無時之哭唯有朝夕哭
謂下有時之哭故云而已云既練
外寢者謂練布為冠著繩屨止舍
寢之中不復居廬也云始食菜果
素食者案喪大記祥而食肉云哭

0011_0092-1

儀禮疏一　十五

特者謂練後堊室之中或十日或五
日思憶則哭云楣謂之梁所謂梁闇
者所謂書傳云喪服四制云高宗
諒闇三年鄭注云諒古作梁楣謂之
梁闇讀如鶉鵪之鵪闇謂廬也廬有
梁者所謂柱楣也云舍外寢於中門
之外屋下壘墼為之不塗墍所謂堊
室也者今至練後不苫翦屋還於廬
廡下者屋在天子五門諸侯三門有中
門大夫士唯言大門內門兩門而已
無中門而云中門外者案士喪禮
又云門外位寢門外其東壁有
堊室若然則以門為中門據內分
皆在外位其門在外內位中故為中

0011_0092-2

門非謂在外門內門之中為中門
至屋下壘墼為之者東壁之所舊
無屋而云屋下為之者謂兩下為
謂之屋下對廬偏加東壁非兩下
之廬也云不塗墍者謂翦屏而已
泥塗墍飾也云所謂堊室者間傳
父母之喪既虞翦屏期而小祥居
室彼練後居堊室即此外寢故鄭
所謂堊室也云謂復平生時食也
此既練後復平生時食食亦據米
而言以其古者名飯為食與公食
食音也云斬衰不書受月者
云以喪服所以表哀哀有盛時故
服乃隨哀以降殺故初服麤至葬

0011_0093-1

儀禮疏一　十六

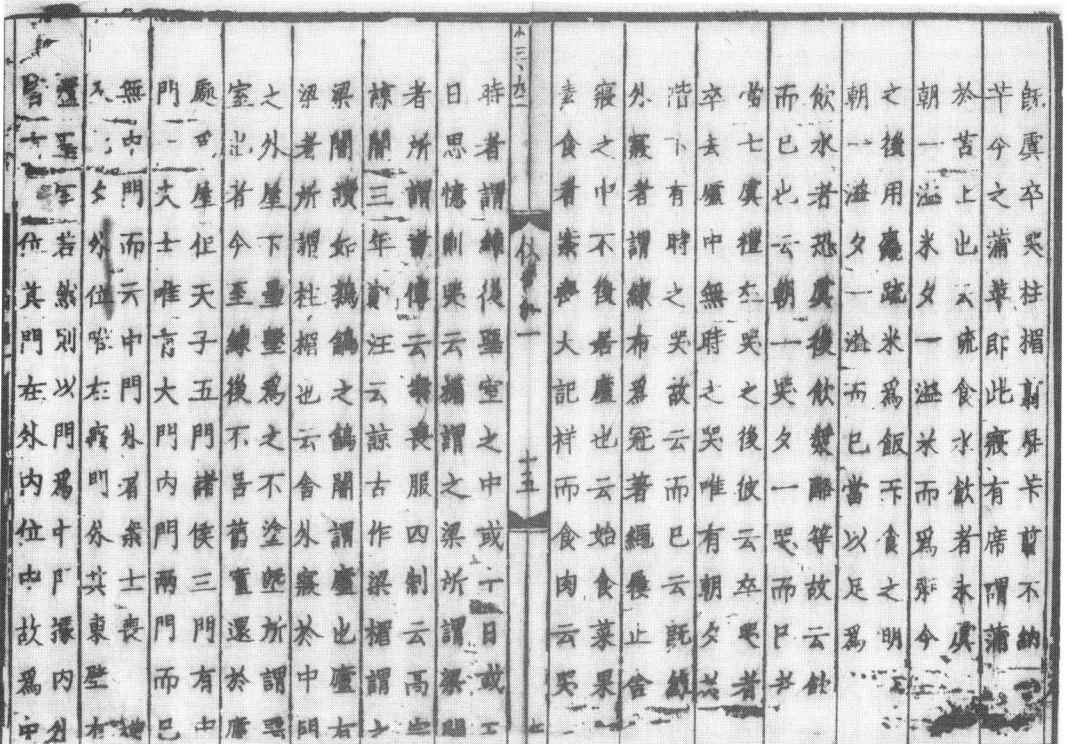

練後大祥後漸細加飾是以冠為
斬衰裳三升冠六升既葬後以其
為受衰裳六升冠七升小祥又以
冠為受衰裳七升冠八升自餘齊
以下變服之時差降可知然尊之
受服有不受服案下齊衰三月章
殤大功章皆云無受正大功章則
三月受以小功衰即葛九月者今
斬衰章及齊衰章應言受月不言
故鄭君特解之案雜記云天子七
而葬九月而卒哭諸侯五月而葬
月而卒哭大夫三月而葬五月
哭士三月而葬是月而卒哭是
已下虞卒哭異數尊卑皆準記

0011_0093-2

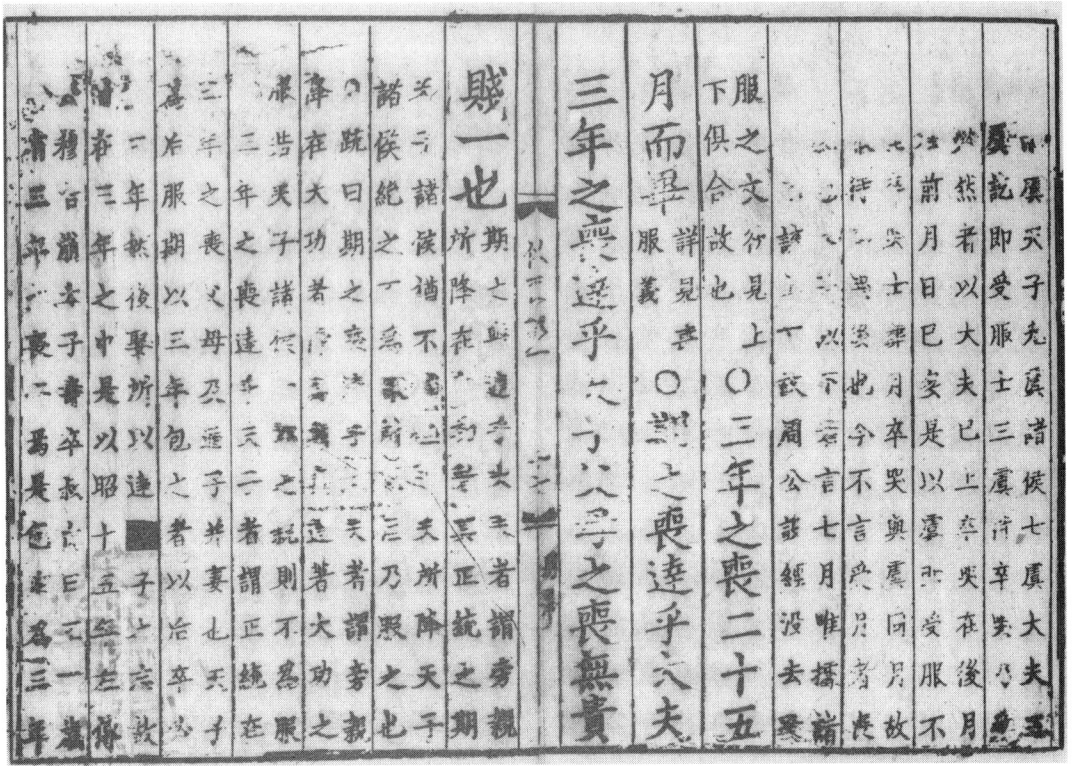

[illegible]虞天子九虞諸侯七虞大夫五
虞記即受服士三虞待卒哭乃受
然者以大夫已上卒哭在後月
注前月日已多是以虞卒受服不
[illegible]士卒月卒哭與虞同月故
[illegible]待[illegible]異也今不言異月者是
[illegible]以下言七月唯播諸
[illegible]諱[illegible]下效周公諸經沒去累
服之文分見上下俱合故也○三年之喪二十五
月而畢詳見喪服義○期之喪達乎大夫
三年之喪達乎天子父母之喪無貴

0011_0094-1

賤一也期之喪達乎大夫者謂旁親所降在大功者其正統之期
天子諸侯[illegible]天所降天子諸侯絶之不爲服所不臣乃服之也
[illegible]既曰期之喪達乎大夫者謂旁親之降在大功者[illegible]達著大功之
服若天子諸侯[illegible]之統則不爲服三年之喪達乎天子者謂正統在
三年之喪父母及適子并妻也天子甚服期以三年包之者以治卒必
[illegible]一年然後娶所以達■子之志故三年之中是以昭十五年左傳
[illegible]穆后崩太子壽卒叔向曰王一歲
[illegible]有三年之喪二焉是包妻爲三年

0011_0094-2

[illegible]上云達乎天子云諸侯者謂鄭尊同則不降故喪服大功云
[illegible]姑姊妹嫁於國君者是也父
[illegible]之喪無貴賤一也唯父母之喪無
[illegible]子及士庶人其服並同也注云
[illegible]親所降在大功者熊氏云此對
[illegible]故云期之喪達乎大夫其
[illegible]大功之喪降小功小功
之喪[illegible]降[illegible]小功皆達乎
六夫[illegible]氏又云[illegible]正統之喪適
婦[illegible]大功適孫之[illegible]或然但無
正文耳云所[illegible]乃[illegible]之也者喪服
傳云始封之[illegible]臣[illegible]是矛封君
之子不臣諸父[illegible]臣[illegible]但不臣者

0011_0095-1

皆以本服服之○中庸○上二條本
章父爲[illegible]後者疏[illegible]三年章父卒爲
母通用又父母之喪[illegible]貴賤一也疏
衰杖期章父在爲母[illegible]○據經文
之後附入傳記[illegible]三其一有
諸書重出者但載[illegible]大同小異
者削其同載其異有兩異相雜不可
削者並存之二所載傳記全文已見
別篇則全文并注疏皆已詳載有於
全文之下節略重出者即云詳見某
篇讀者當於詳見之處考之三所附
傳記之文有本經只一事而傳記旁
及數事者雖與經文不相關然亦須
先載全文後重出者只節其與本文

0011_0095-2

相者仍注云見某條

父疏周公設經上陳其服下列其人即文父以下是爲其人服上之服者也陳父者此章恩義並設義恩出故先言父也

傳曰爲父者何以斬衰父至尊也爲于僞反凡經傳記爲服之例放此求之○疏曰父至尊者大無二日家無二尊父是一家之尊尊中至極故爲之斬也○喪父三年詳見喪服義○記事親有隱而無犯隱謂不稱揚其

0011_0096-1

過失也無犯不犯顏而諫論語曰事父母幾諫左右就養無方左右謂扶持之方猶常也子則然無常人服勤至死致喪三年勤勞辱之事也致謂戚容稱其服也凡此以恩爲制○疏曰言服勤者謂服持勤苦勞辱之事致之言至也謂哀情至極以居喪禮猶言五十不致毀也事君有犯而無隱既諫人有問其國政者可以語其得失若齊晏子爲晉叔向言之○疏曰齊晏子事見左傳昭三年左右就養有方不可侵官○疏曰此謂平常小

0011_0096-2

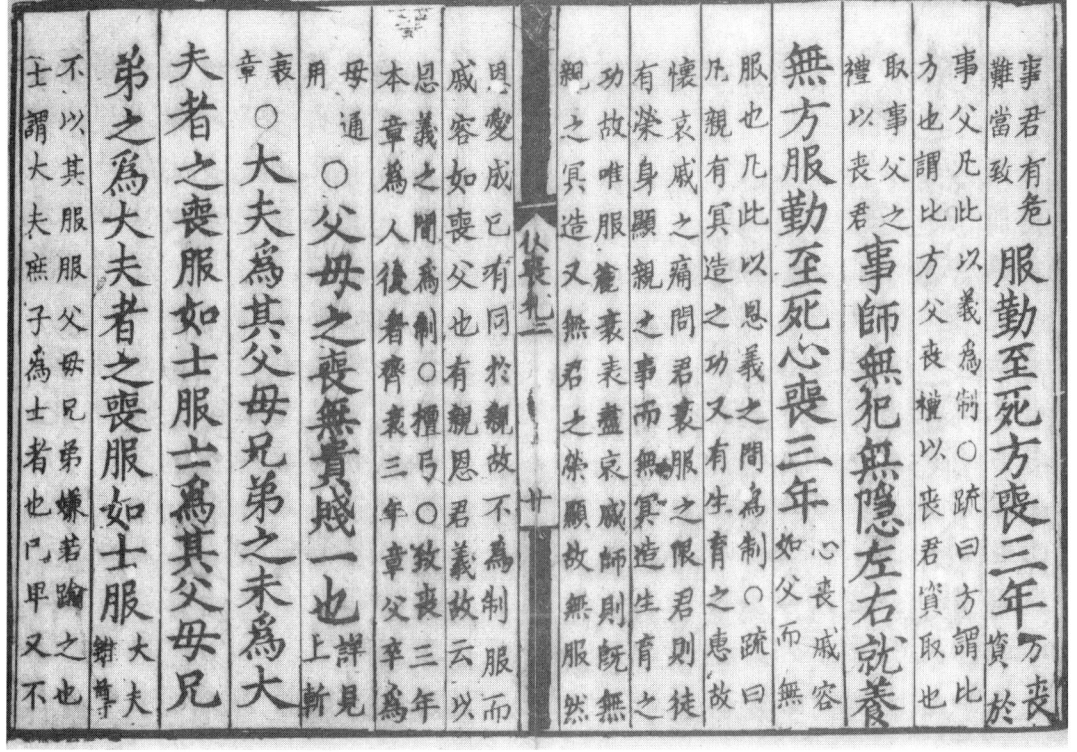

事君有危難當致服勤至死方喪三年方喪資於事父凡此以義爲制○疏曰方謂比方也謂比方父喪禮以喪君資取也取事父之禮以喪君事師無犯無隱左右就養無方服勤至死心喪三年心喪戚容如父而無服也凡此以恩義之間爲制○疏曰凡親有冥造之功又有生育之恵故懷哀戚之痛問君衰服之限君則徒有榮身顯親之事而無冥造生育之功故唯服衰表盡哀戚師則既無親之冥造又無君之榮顯故無服然

0011_0097-1

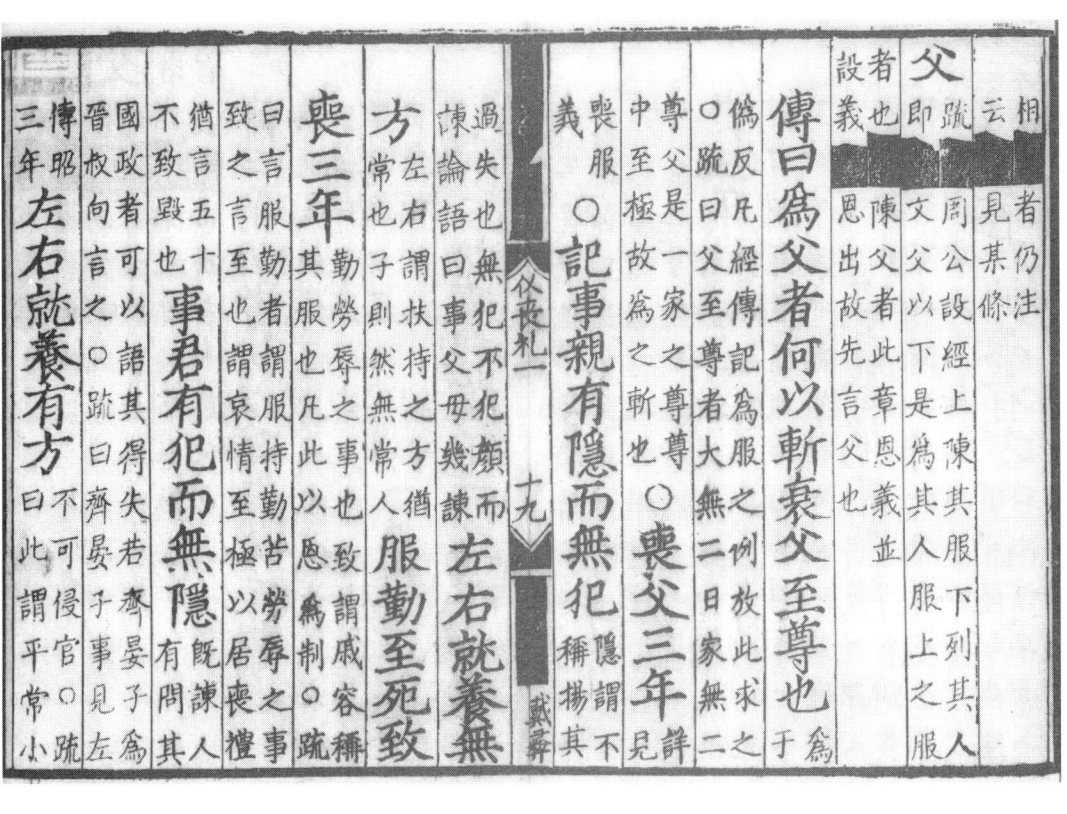

恩愛成已有同於親故不爲制服而戚容如喪父也有親恩君義故云以恩義之間爲制○檀弓○致喪三年本章爲人後者齊衰三年章父卒爲母通用○父母之喪無貴賤一也詳見上斬衰章○大夫爲其父母兄弟之未爲大夫者之喪服如士服士爲其父母兄弟之爲大夫者之喪服如士服大夫[illegible]尊不以其服服父母兄弟嫌若踰之也士謂大夫庶子爲士者也卑又不

敢服尊者之服今大夫喪禮逸與士異者未得而備聞也春秋傳曰齊晏桓子卒晏嬰麤衰斬苴絰帶杖菅屨食粥居倚廬寢苫枕草其老曰非大夫禮也曰唯卿爲大夫此平仲之謙也言已非大夫故爲父服士服耳麤衰斬者其縷在齊斬之間謂縷如三升半而三升不緝也斬衰以三升爲正微細則屬於麤也然則士與大夫爲父服異者有麤衰斬枕草矣其爲母五升縷而四升爲兄弟六升縷而五升乎唯大夫以上乃能備儀盡飾士以下則以臣服君之斬衰爲其父以臣從君而服之齊衰爲其母與兄

三、九二　仪丧礼一　二十一

弟亦以勉人爲高行也大功以下大夫士服同口䟽曰大夫之父母兄弟或作士或無官今大夫不以大夫之服服父母兄弟是嫌畏踰之也云士謂大夫庶子爲士者若大夫適子雖未爲士猶服大夫之服故知此士是庶子以至卑不敢服尊者之服也今大夫喪禮逸與士異者未得而滿聞引春秋傳晏嬰服麤衰斬之麤衰斬者麤即齊也言其布縷在齊斬之間斬衰三升麤衰四升其布在三升四升之間縷之麤如三升半而計縷惟三升也縷如三升半是麤不緝是斬故云斬衰以三升爲主微細則屬

於麤也然則士與大夫爲父服異者鄭約晏嬰麤衰斬枕草之事明之也云其爲母五升縷而四升爲兄弟六升縷而五升者鄭既約士之父服縷約降一等經文有母及兄弟故此約母與兄弟之服也喪服爲母四升此云爲母五升縷謂麤細似五升之縷成布四升唯服爲兄弟五升此云爲兄弟六升縷謂麤細如六升之縷成布五升皆謂縷細成布升數少也云唯大夫以上乃能備儀盡飾者以兼天子諸侯能備儀服無降殺也云士以下則以臣服君之斬衰爲其父以臣從君而服之齊衰爲其母與兄弟

三、九二　仪丧礼一　二十二

者以喪服義服皆降正服一等今爲父母兄弟降從義服是卑屈也云亦以勉人爲高行也者居喪之禮以服重爲中以服輕爲屈今大夫爲父母兄弟之未爲大夫者服士服是勉勵其父母兄弟使爲高行作大夫士爲其父母兄弟之爲大夫服士服亦是勉勵士身使爲高行作大夫也案聖證論王肅云喪禮自天子以下無等故曾子云哭泣之哀齊衰之情饘粥之食自天子達且大國之卿與天子上卿俱三命平仲之言唯卿爲大夫謂諸侯之卿當天子之大夫非謙辭也春秋之時尊者尚輕簡喪服禮制

0011_0100-1

0011_0099-2

[illegible]子爲之[illegible]
杖章云唯[illegible]大夫有[illegible]
也又云子云[illegible]飯之[illegible]三年之[illegible]
衰之服[illegible]之食[illegible]
三代共之又此記云[illegible]妻[illegible]
等則大夫與士異者大夫以[illegible]
斂[illegible]弁經士冠素委貌也[illegible]
肅引雜記云大夫爲其父母兄[illegible]之[illegible]
未爲大夫者之喪服如士服是[illegible]
與士喪服不同而[illegible]云無等則是[illegible]
經[illegible]鄭與言權[illegible]許[illegible]七與人夫
異昔皆是亂世尚輕凉非王者之達
禮[illegible]是鄭[illegible]今申鄭義云端衰喪車
無等者端[illegible]也正爲衰之制度上下

儀禮[illegible]一　二三

無等其服精麤卿與大夫有異也又
曾[illegible]云齊斬之情據其情爲一等[illegible]
妨服有殊異耳若王肅之意大夫以
上弁經士惟素冠此亦得施於父母
此經云爲兄弟豈亦弁經素
冠之異乎此是肅之不通也　大夫之
適子服大夫之服　適丁狄反○仕至大夫賢著而德成
適子得服其服亦尊其適象賢○疏
曰明大夫適子未仕官及爲士皆得
服大夫之服　大夫之庶子爲大夫則爲其
父母服大夫服其位與未爲大夫者

0011_0101-1

0011_0100-2

齒　[illegible]服其服尚德也使齒於
士不[illegible]不宗適○疏曰此庶子雖
爲大夫其年長於適子猶在適子之
下以適子爲主若年少於適子則固
在適子之下是不可不宗適也○雜
記○按父母之服自天子達於一
也而記禮者之言乃如此當以王肅
之言爲正○上二條本章爲人後者
齊衰三年章父卒爲母齊○大夫降
衰杖期章父在爲母通用
其庶子其孫不降其父　疏曰大夫降其庶子故爲
其[illegible]子不爲大夫者服大功也而衰
服[illegible]云父之不服子亦不敢服大

儀禮[illegible]一　二四

夫不服其妻故妻子爲母大功也今
嫌[illegible]降其子亦厭其孫故此明雖降
庶子而不厭降其孫矣庶子之子不
降其父猶爲三年也○喪服小記
○齊晏桓子卒晏嬰麤縗斬　斬不緝之也　縗
在[illegible]　苴経帶杖菅屨　以苴爲経及帶杖
三年[illegible]
杖也禮記云　食鬻居倚廬寢苫枕草
苴杖竹也
鬻之六反一音羊六反謂糜也一溢米
暮一溢米倚於綺反苫始廉反編草
也枕草王儉云夏枕由冬枕塊苫
[illegible]一音[illegible]反○此禮與[illegible]

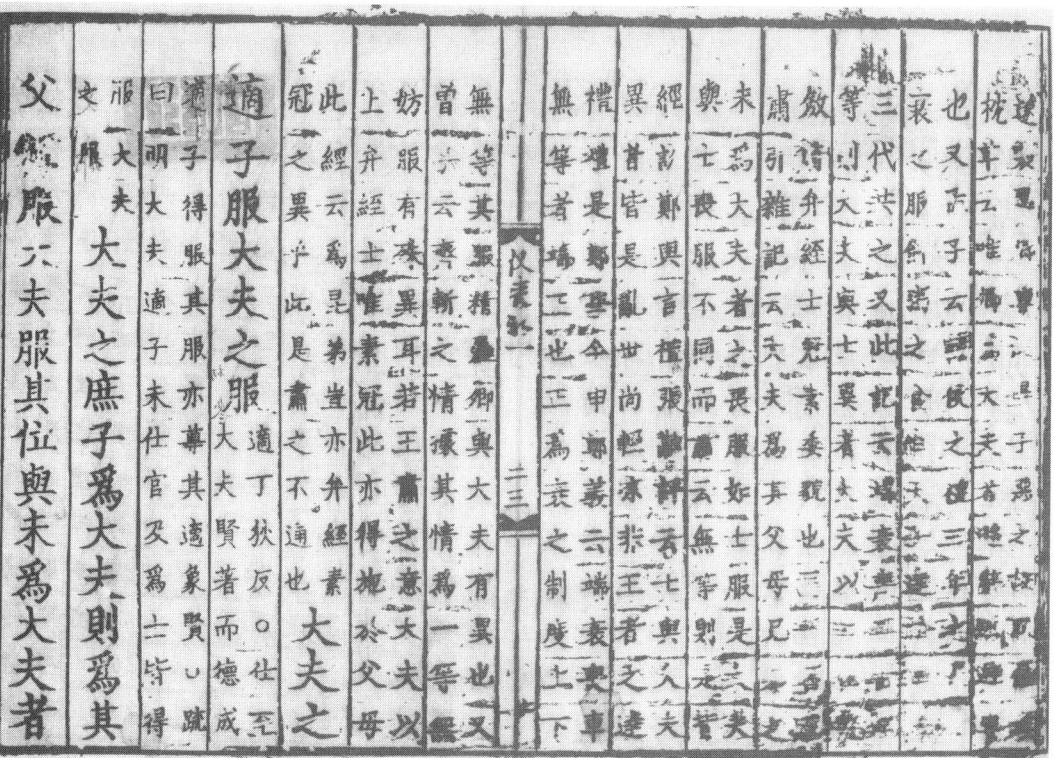

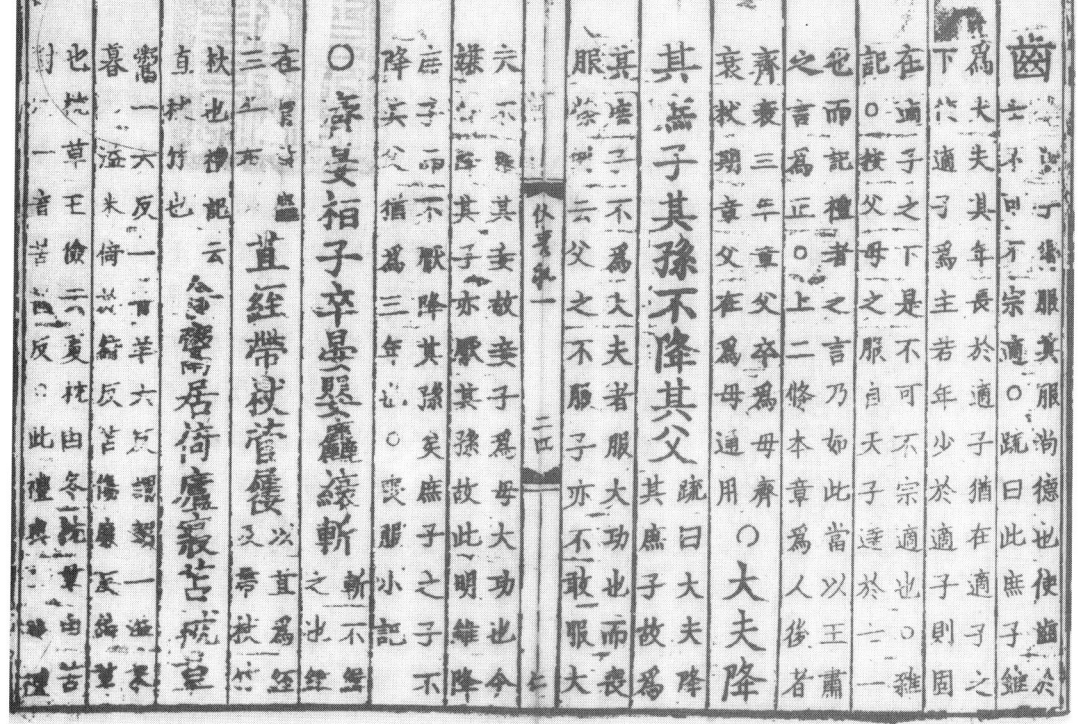

0011_0101-2

略同其異唯挽幹耳然挽草亦非鄭所正也其老曰非禮之
夫之禮也晏之所行士及大夫禮今有不同晏子爲大夫而行士禮其臣不解故譏之○解有變曰唯卿爲大夫
晏子惡直已以斥時失禮故孫辭略答家老○疏曰檀弓云曾子云之異
卒使人問於曾中曾申對曰哭泣之哀齊斬之情饘粥之食自天子達然
則天子以下其服父母喪皆同無大夫士之異晏子所行是正禮也言
唯卿得服大夫服我是大夫得服士服又言已位卑不得援大夫之法者

0011_0102-1

是惡其直已以斥時之失禮故孫辭略答家老也家語曾子問此事孔子
云晏平仲可謂能遠害矣不以己是而駮人之非遜辭以辟咎義也夫
語雖未必是孔子之言要其辭合理故王肅與杜皆爲此說鄭玄以杜
之文士爲父母兄弟之服不得異文夫同皆縗絰降一等異縗數與大夫
同但雜記之文記當時之制以當時人夫與亡有異故爲此解非其義也
○襄公十有七年春秋左氏傳
諸侯爲天子疏曰文下至總衰

0011_0103-1

0011_0102-2

故特著於中也
傳曰天子至尊也疏曰天子至尊同於父也○記
公喪三年詳見上父條○君爲天子三年
夫人如外宗之爲君也世子不爲天
子服外宗君外親之婦也其夫與諸侯爲兄弟服斬妻從服期諸侯
爲天子服斬夫人亦從服期喪大記曰外宗房中南面○疏曰夫人如外
宗之爲君也者言諸侯夫人爲天子如諸侯外宗之婦爲君也諸侯外宗
之婦爲君期則夫人爲天子亦期也君謂列國諸侯之君外宗君外親之
婦也者其夫既是君之外姓其婦則是外宗也熊氏云凡外宗有三案周
禮外宗之女有爵通卿大夫之妻一也雜記云外宗爲君夫人猶內宗是
君之姑姊妹之女舅之女從母之女其夫皆爲諸侯服斬爲夫人服期是
二也此文外宗是諸侯外宗之婦也若姑之子婦從母之子婦其夫是君
之外親爲君服斬其婦亦名外宗爲君服期是三也內宗有二者案周禮
云內女之有爵謂其同姓之女悉是一也雜記云內宗者是君之五屬之

0011_0104-1　0011_0103-2

內女是二也世子不爲天子服者此
明諸侯世子有繼世之道所以遠嫌
不爲天子服也○服問○司服凡喪爲天王斬
衰疏曰云凡喪者諸侯諸臣皆爲天王斬衰
君疏曰臣爲之服此君內兼有諸侯及大夫故文在天子下
傳曰君至尊也天子諸侯及卿大夫有地者皆曰君○疏
曰案周禮載師云家邑任稍地小縣
任縣地大夫任疆地是天子卿大夫
有地者若魯國季孫氏有費邑叔孫
氏有郈邑孟孫氏有郕邑晉國三家
亦皆有韓魏趙之邑是諸侯之卿大
夫有地者皆曰君以其有地則有臣
故也不言公與孤者詩云三事大夫
謂三公則大夫中含之也但士無臣
雖有地不得君稱故僕隸等
爲其喪弔服加麻不加斬也○記方
喪三年詳見上父條○喪君三年詳見喪服義
○公之喪諸達官之長杖謂君所命雖有官職
不達於君則不服斬○疏曰公者五
等諸侯也諸者非一之辭也達官謂
國之卿大夫士被君命者也若遭君
喪則備服衰杖不達於君謂府史之

張本下象鼻題監生戴蕣四字傳本剪去之

0011_0105-1　0011_0104-2

之賤不被命不服斬衰但服齊衰
[illegible]年故與服齊衰三月章有[illegible]人
[illegible]君即是不達者也若其近臣閽
大[illegible]雖無爵命但嗣君服斬則亦
服斬故喪服斬衰章云公士大夫
之衆臣爲其君布帶繩屨傳曰近臣
君服斯服矣鄭注云近臣閽寺之屬
若大夫之臣雖不被命於諸侯得爲
大夫之君服斬與杖但衆臣降○與
其帶屨用布帶繩屨○檀弓
諸侯爲兄弟者服斬謂卿大夫以下也與尊者爲親
不敢以輕服服之言諸侯者明雖在
異國猶來爲三年也○疏曰能以
尊謂諸侯兄凡與諸侯有五屬之親
者皆服斬也以謂諸侯體尊不可以
本親輕服服之也經云與諸侯爲兄
弟服斬恐彼此俱作諸侯異之親斬
故云卿大夫以下者俱爲諸侯則各
依本服然卿大夫與君自應服斬而
兄弟或服本親之服故明之又鄭不
云君而云諸侯者容在異國也大
夫曾在本國作卿大夫今來他國未
仕或與諸侯爲兄弟雖在他國往爲
卿大夫皆得爲舊君服斬也○小記○大夫之適子爲
君夫人大子如士服大夫不世子不嫌也士爲國君

0011_0105-2

斬小君期大子君服斬臣從服期○疏曰大夫適子無繼世之道其子無嫌得爲君與夫人及君之大子著服如士服也○服問

○外宗爲君夫人猶內宗也皆謂嫁於國中者也爲君服斬夫人齊衰不敢以其親服服至尊也外宗謂姑姊妹之女舅之女及從母皆是也內宗五屬之女也其無服而嫁於諸臣者從爲夫之君嫁於庶人從爲國君○疏曰內宗謂君五屬內之女以經云爲君夫人則君夫人是國人所稱號故知嫁於國中當云諸侯也云不敢以其親服至尊

儀禮一　三十九

0011_0106-1

也者按禮族人不敢以其戚戚君則異族者可知凡內宗外宗皆據有者云其無服而嫁於諸臣者從爲夫之君者摠謂外宗內宗之女皆從夫云嫁於庶人從爲國君者亦內外之女並言之則服齊衰三月此言內宗外宗熊氏云雖嫁在他國皆爲本國諸侯服斬也今依用之君賀瑒然周之等云在巳國則得爲君服斬及夫人齊衰此言在他國則不得也今並存焉此外宗與前章外宗爲君別也故鄭注彼云外宗是君之女之婦此外宗唯從君之宗也○雜記○不杖期章爲夫之君齊衰三月章庶人爲國君通用

0011_0106-2

○父爲長子長丁丈反後長子長殤皆同○不言嫡子通上下也亦言竝嫡以長○疏曰言長子通上下則適子之號唯據大夫士不通天子諸侯若言大子則亦不通上下云亦言立嫡以長者欲見適妻所生皆名適子第一子死則取適妻所生第二長者立之亦名長子若言適子唯據第一者若云長子通立適以長也

傳曰何以三年也正體於上又乃將

儀禮一　三十

0011_0107-1

所傳重也庶子不得爲長子三年不繼祖也此言爲父後者然後爲長子三年重其當先祖之正體又以其將代己爲宗廟主也庶子者爲父後者之弟也言庶者遠別之也小記曰不繼祖與禰此但言祖不言禰容祖禰共廟○疏曰以其父祖適適相承於上已又是適承之於後故云正體於上云又乃將傳重者爲宗廟主是有此二事乃得爲長子三年也注云此言爲父後者然後爲長子三年不同者周之道有適子無適孫適孫猶同庶孫之例要適子死後乃立

0011_0107-2

適孫乃得爲長子三年是爲父後
然後爲長子三年也只得爲父後
是適子其弟則是庶子是爲父後[illegible]
之弟不得爲長子三年此鄭據初[illegible]
言其實繼祖父身三世長子四世[illegible]
得三年也云言庶者遠別之也者[illegible]
子妻子之號適子所生第二者是[illegible]
子今同名庶子遠別於長子故與[illegible]
子同號也祭法云適士二廟官師一
廟鄭注云官師中下之士祖禰共廟
則此據官師而言不言禰直言祖舉
尊而言也雖承重不得三年有四種
一則正體不得傳重謂適子有廢疾
不堪主宗廟也二則傳重非正體庶

儀禮疏一　三十一

0011_0108-1

孫爲後是也三則體而不正立庶子
爲後是也四則正而不體立適孫爲
後是也案喪服小記云適婦不爲舅
後者則姑爲之小功鄭注云謂夫有
廢疾他故若死而無子不受重者婦
既小功不大功則夫死亦不三年期
可知 ○記庶子不爲長子斬不繼祖
與禰也 詳見喪服記 ○庶子不爲長子三
年不繼祖也 同上
爲人後者 疏曰此後出大宗其情本疏故設文次在庶子之下也[illegible]

0011_0108-2

[illegible]云爲人後者爲所後之[illegible]
五字者以其所後之少或早卒今
[illegible]其人不定或後祖父曾高祖故闕之也
傳曰何以三年也受重者必以尊服
服之何如而可爲之後同宗則可爲
之後何如而可以爲人後支子可也
爲所後者之祖父母妻妻之父母昆
弟昆弟之子若子 若子者爲所爲後之親如親子 ○疏

儀禮疏一　三十二

0011_0109-1

同宗則可爲之後者以其大宗子
收聚族人非同宗則不可謂屬[illegible]
子之後一宗之內若別宗同姓亦
可以其收族故也云支子可也者
[illegible]其他家適子當家自爲小宗小宗
[illegible]收斂五服之內亦不可闕則適子
不得後他故取支子支子則第二已
下庶子也不言庶子云支子者若言
庶子妻子之稱言謂無子得後人則
是適妻第二已下子不得後人是變
[illegible]言支支者取枝條之義不限妾子
[illegible]適子既不得後人則無後亦當
[illegible]繼之義也死者祖父母則爲[illegible]
[illegible]之曾祖父母齊衰三月也事即

0011_0109-2

孫者之姑姊妹妻之父母妻之昆弟
之昆弟之子於爲後者爲外祖父
舅與内兄弟皆如親子爲之著學
若然經直言爲人後不言爲父傳
不言死者緦麻小功大功不期之骨
謂者尊與敵以見親言外以包内
骨肉親者如
親之可知
○爲人後者爲之子詳見
通禮主後條○斬衰章父母之長與
貴賤一也父條敵體三年大夫爲其
父母並此條○
通用傳互者
爲殤後者以其服服
之言爲後者據承之也殤無爲人父
之道以本親之服服之○疏曰爲

0011_0110-1

後者謂大宗子在殤中而死族人
爲後大宗而不得後此殤子爲子也
以其父無殤義故也既不後殤而
宗可繼今來爲後殤者之人不以
之爲父而依兄弟之服服此殤
其書據承之者無不爲殤爲子則不
云爲後今言爲後是據已承其
書之云以本親之服服之者依
法推此也爲人後者若子於
後之宗既爲殤者父作子則應服以
兄弟之服而云以本親之服服者曾
祖宗時之前六後追服不事人以爲
時之恩故推此時本親兄弟士在
後之前者亦宜終其本服之

0011_0110-2

爲後者猶有云而猶在三年之
内則冠其餘服不可以吉居凶蒙
出三年則不追
服矣○小記
○孔子曰宗子爲殤
族人以其倫代
之明不序昭穆
而死庶子弗爲後也
立之廟其祭之就其祖而已代之者
主其禮○疏曰以其未成人庶子不
爲代爲之後又曰庶子既不爲後宗
子禮不可闕明族人以其倫代之倫
謂輩也謂與宗子昭穆同者則代之
凡宗子爲殤而死庶子既不得爲後
不以父服服之鄭注喪服云若與宗
子有親者其長殤大功衰九月中殤

0011_0111-1

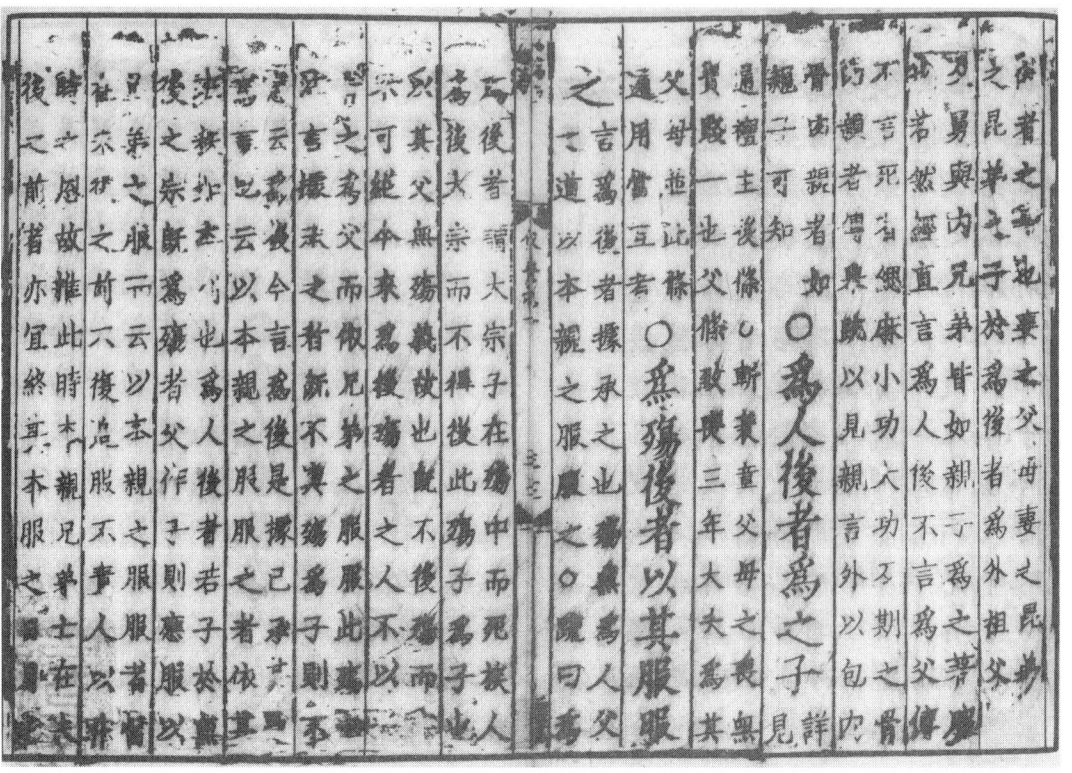

大功衰七月下殤小功衰五月有大
功之親者成人服之齊衰三月卒哭
受以大功衰九月其長殤中殤大功
衰五月下殤小功衰三月有小功之
親者成人服之齊衰三月卒哭受以
小功衰五月其殤與絶屬者同有緦
麻之親者成人及殤皆與絶屬者同
故喪服記云宗子孤爲殤而死者大
功衰小功衰皆三月又云親則月筭
如邦人此是族人以其倫代之者各
以其本服服
之○曾子問
爲殤○

0011_0112-1　0011_0111-2

傳曰夫至尊也疏曰自此以下論婦人也婦人卑於男子[illegible]
故次之妻者齊也言與夫齊也更爲夫者上從天子下至庶人皆同爲夫
斬衰也夫至尊者雖是體敵齊等夫者猶是妻之尊敬以其在家天父出
則天夫是其男尊女卑之義故同之於君父也○記婦人不
爲主而杖者姑在爲夫杖○始不杖二[illegible]小記二
妾爲君
傳曰君至尊也妾謂夫爲君者不[illegible]體之加尊之也雖一[illegible]

儀喪禮一　三十五

亦然○疏曰妾[illegible]內則云聘則爲妻奔則爲妾鄭注云
妾之言接聞彼有禮走而往焉以得接見於君子是妾之義既名爲妾
故不得名婿爲夫故加其尊名名之爲君也云雖士亦然者士身不合名
君至於妾之尊夫與臣無異也
女子子在室爲父女子子者子女也[illegible]於男子也言在室[illegible]
謂已許嫁○疏曰此論女子子[illegible]服父與男子不同也關通也通上[illegible]
言女子子十五許嫁而笄與丈夫[illegible]冠同則同成人矣身既成人亦[illegible]

0011_0280-1　0011_0279-2

父服斬也雖許嫁爲成人及嫁要至二十乃嫁於夫家也布總箭笄
髽衰三年○總子孔反笄音雞髽側瓜反此妻妾女子子喪服之異
於男子者總束髮謂之總者既束其本又總其末箭笄篠也髽露紒也猶男子
之括髮斬衰括髮以麻則髽亦用麻也蓋以麻自項而前交於額上卻繞紒如
著幓頭焉小記曰男子冠而婦人笄男子免而婦人髽凡服上曰衰下曰裳此
但言衰不言裳婦人不殊裳衰如男子衰下如深衣深衣則衰無帶下又無衽
○篠素了反紒音計著丁略反幓七消反冠古亂反○疏曰上文不言布不言

儀喪禮一　三十六

二年至此言之者上以哀極故沒其布名與年月至此須言之也上文經至練
有除者此經三者既與男子有殊並終三年乃始除之案喪服小記云婦人帶
惡笄以終喪彼謂婦人期服者帶與笄終喪此斬衰帶亦練而除笄亦終三年
若然經之體例皆上陳服下陳人此服之異在下言之者欲見與男子同者如
前與男子異者如後上文列服之中冠纓非女子所服此布總笄髽等亦非
男子所服布總者只爲出紒後垂爲飾者而言以其布總六升與男子冠六升
相對故也禹貢云篠蕩既敷孔注云篠竹箭是箭笄篠爲之也髽有二種案士

張本下象鼻題監生戴彝四字傳本剪去之並將此葉當續卷二第三十六葉

0011_0113-2

喪禮曰婦人髽于室注云始死婦人將斬衰者去笄而纚將齊衰者骨笄而纚今言髽者亦去笄纚而紒也齊衰以上至笄猶髽髽之異於括髮者既去纚而以髮爲大紒如今婦人露紒其象也其用麻布亦如著幓頭然是婦人髽之制也二種者一是未成服之髽即士喪禮所云者是也一將斬衰者用麻將齊衰者用布二者成服之後露紒之髽即此經注是也云斬衰括髮以麻則髽亦用麻者按喪服小記云斬衰括髮以麻免而以布而婦人髽用麻布無文鄭以二者同在小斂之節故明用物與制度亦應不殊也按士喪禮鄭注云衆主人免者

儀喪礼一　三十七

0011_0114-1

齊衰將袒以免代冠免之制未聞舊說以爲如冠狀廣一寸亦引小記括髮及漢幓頭爲說則括髮及免與髽三者雖用麻布不同皆如著幓頭不別成服以後斬衰至緦麻皆冠如著幓頭婦人皆露紒而髽也云凡服上曰衰下曰裳此但言衰不言裳婦人不殊裳者按周禮內司服王后六服皆單言衣不言裳以連衣裳不別見裳則此喪服亦連裳於衣衰亦綴於衣而名衰故直名衰也云深衣則衰無帶下者案下記云衣帶下尺注云要也廣尺足以掩裳上際也今此裳既縫著衣故不須要以掩裳上際也云又無衽者又案下記云衽二尺有

0011_0114-2

五寸注云衽所以掩裳際也彼據男子服前三幅後四幅開兩邊露裹衣是以須衽屬衣兩旁以掩交際之處此既下如深衣縫之以合前後兩邊不開故不須衽也按深衣云續衽鉤邊彼吉服深衣須有曲裾之衽此婦人凶服雖如深衣亦無深衣之衽也

傳曰總六升長六寸箭笄長尺吉笄尺二寸長直亮反○總六升者首飾象冠數長六寸謂出紒後所垂爲飾也○疏曰云箭笄長尺吉笄尺二寸者此斬之笄用箭下記云女

儀喪礼一　三十八

0011_0115-1

子子適人爲父母婦爲舅姑用惡笄鄭以爲榛木爲笄則檀弓南宮縚之妻之姑之喪云蓋榛以爲笄是也吉時大夫士與妻用象天子諸侯之后夫人用玉爲笄今於喪中唯有此箭笄及榛二者若言寸數亦不過此二等以其斬衰尺吉笄尺二寸檀弓南宮縚之妻爲姑榛以爲笄亦云一尺則大功以下不得更容差降鄭注云笄所以卷髮既直同卷髮故五服略爲一節皆用一尺而已是以女子子爲父母既用榛笄卒哭之後折吉笄之首歸於夫家以榛笄之外無差降故用吉笄也云總六升者首飾象冠

0011_0115-2

數也上云男子冠六升此女子子
思當男子冠円乃之厭故同六升
以同首飾故也云長六寸謂出紒後
所垂爲飾也者若據其束本入所不
見何寸數之有乎故鄭以六寸據垂
之者此斬衰六寸南宮縚妻爲姑總
八寸以下雖無文大功當與齊同八
寸總麻小功同一尺吉總當尺二寸
與笄同也喪服傳也○記女子子在室爲父母
其主喪者不杖則子一人杖女子子在室亦
童子也無男昆弟使同姓爲攝主不
杖則子一人杖謂長女也許嫁及二

儀禮疏一　三十九　新丁

0011_0116-1

十而笄笄爲成人成人正杖也○疏
此一節論婦人應杖之節姑在爲
夫杖者鄭義唯謂出嫁婦人禮也若
成人婦人在家爲父母雖不爲主亦
杖若在夫家唯爲主乃杖故爲夫與
長子雖不爲主亦杖若餘非爲主則
不爲杖杖但夫是移天之重婦雖不爲
主而杖而云姑在者舅士適婦喪則
厭適子使不杖今恐姑既爲王則亦
厭婦明今姑雖爲主不厭婦也所以
知鄭意然者注下經一人杖云女子
子在室亦童子也成人則正杖又喪
大記云士之喪三日婦人皆杖注云
婦人皆杖謂主婦容妾爲君女子子

0011_0116-2

在室若也故喪服傳云婦人何以不
杖亦不能病也是爲鄭學者別謂婦
童子婦人不能爲父母杖也而難鄭
者云鄭以婦人不杖唯謂童子婦人
紒童女未嫁何以得稱婦人又喪服
傳云童子何以不杖不能病乃云婦
人何以不杖亦不能病明知婦人非
童子也故賀循等以爲婦人不杖謂
出嫁之婦人不爲主則不杖其不爲
主而杖者唯姑在爲夫杖鄭必以爲
童子婦人乃不杖者鄭以此下經云
女子子在室爲父母其主喪者不杖
則子一人杖既云女子子在室是童
女可知云主喪者不杖若王喪者杖

儀禮疏一　四十　肖浩

0011_0117-1

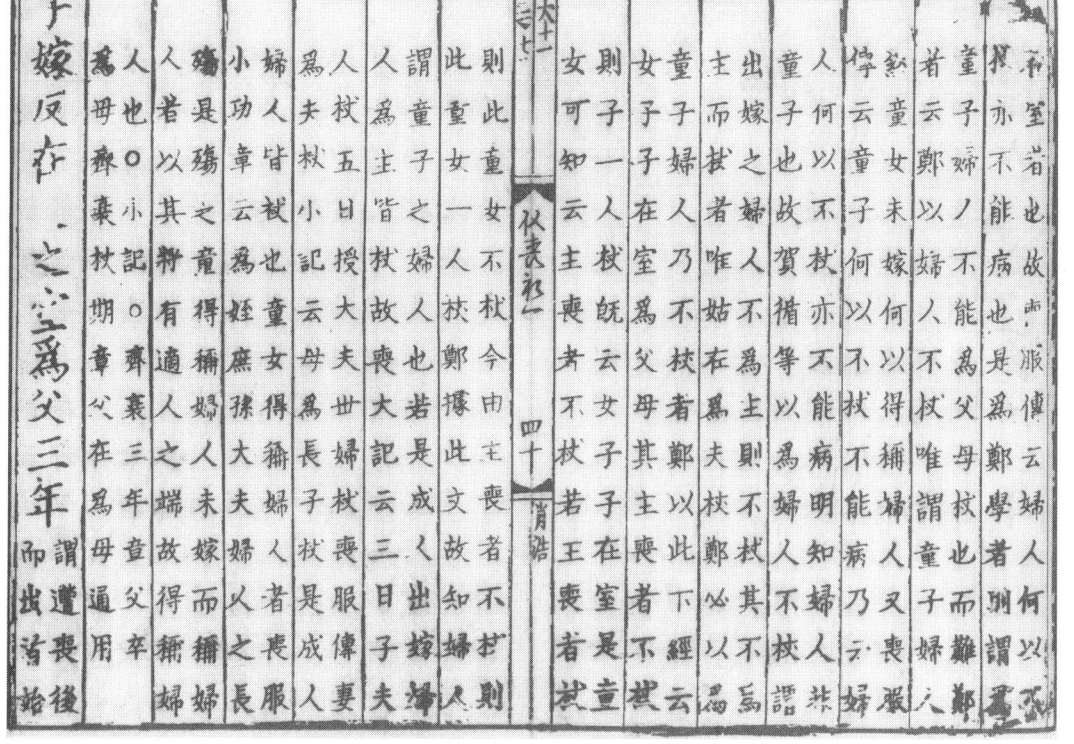

則此童女不杖今由主喪者不杖則
此童女一人杖鄭據此文故知婦人
謂童子之婦人也若是成人出嫁婦
人爲主皆杖故喪大記云三日子夫
人杖五日授大夫世婦杖喪服傳妻
爲夫杖小記云母爲長子杖是成人
婦人皆杖也童女得稱婦人者喪服
小功章云爲姪庶孫大夫婦人之長
殤是殤之童得稱婦人未嫁而稱婦
人者以其許有適人之端故得稱婦
人也○小記○齊衰三年章父卒
爲母齊衰杖期章父在爲母通用
子嫁反在父之室爲父三年謂遭喪後
而出者始

0011_0117-2

既虞而出則小祥亦如之○既除喪而出
齊衰期出而反則……年之喪受
則已凡女行於大夫以上曰嫁行於士
庶人曰適人○疏曰鄭知遭喪後而出
者若父未死被出是在室與女同云
始服齊衰者以其禮身是時未出故不
杖期麻屨章云女子子嫁為父母是也
云出而虞則受以三年之喪受者若未
虞而出是出而乃虞虞後受服與在家
兄弟同受斬衰斬衰初死三升衰裳六
升冠既葬以其冠為受受衰六升冠七
升此被出之女亦受衰裳六升總七升
與在室之女同故云受以三年之喪受
也云既虞而出則小祥亦如之者未虞

十四　卷三八三　儀喪禮一　四一

0011_0118-1

以前未被出虞後乃被出至家又與在
室女同至小祥練祭在室之女受衰七
升總八升此被出之女與之同云既除
喪而出則已者此謂既小祥而出者以
其嫁女為父母期至小祥已除矣乃被
出不復為父更著服也若天子之女嫁
於諸侯諸侯之女嫁於大夫出嫁為夫
斬仍為父母不降知者以其外宗內宗
及與諸侯為兄弟者皆斬也然下傳云
婦人不二斬猶曰不二天今若為夫斬
又為父斬此乃尊君宜斬不可
輕服服之不得以彼決此
既為小學云不練而出則三年既練

0011_0118-2

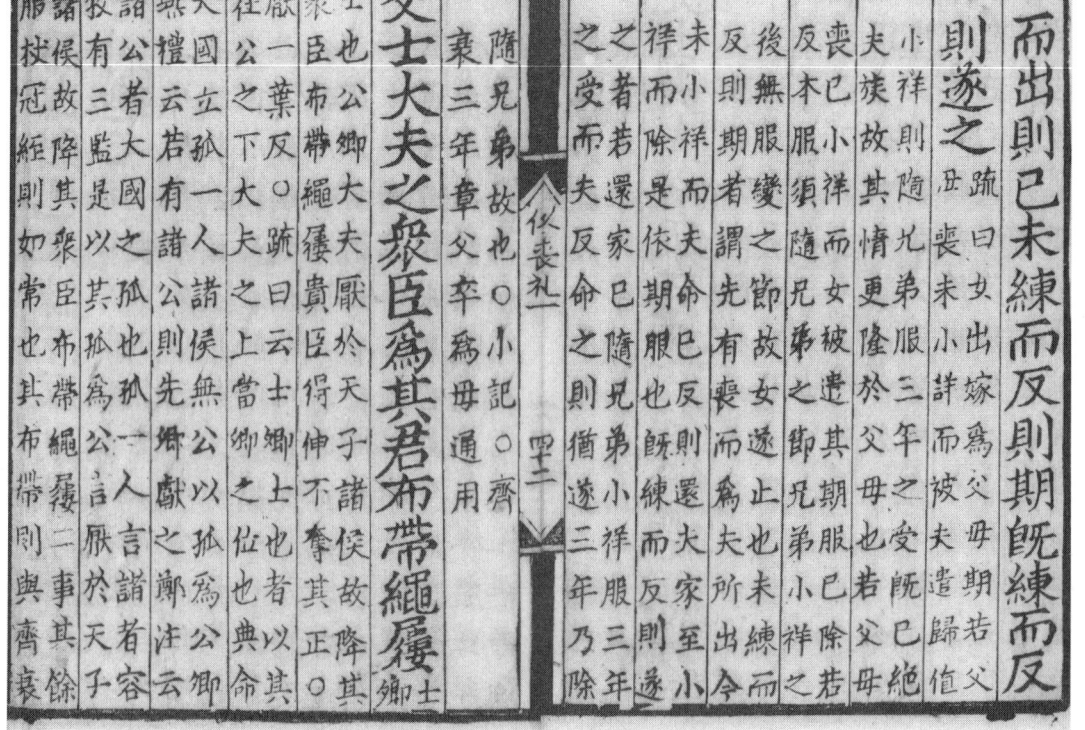

而出則已未練而反則期既練而反
則遂之疏曰女出嫁為父母期若父
母喪未小祥而被夫遣歸值
小祥則隨兄弟服三年之受既已絕
夫族故其情更隆於父母也若父母
喪已小祥而女被遣其期服已除若
反本服須隨兄弟之節兄弟小祥之
後無服變之節故女遂止也未練而
反則期者謂先有喪而為夫所出今
未小祥而夫命已反則還夫家至小
祥而除是依期服也既練而反則遂
之者若還家已隨兄弟小祥服三年
之受而夫反命之則循遂三年乃除

儀喪禮一　四二

0011_0119-1

隨兄弟故也○小記○齊
衰三年章父卒為母通用
父士大夫之衆臣為其君布帶繩屨士卿
士也公卿大夫厭於天子諸侯故降其
衆臣布帶繩屨貴臣得伸不奪其正○
厭一葉反○疏曰云士卿士也者以其
在公之下大夫之上當卿之位也典命
大國立孤一人諸侯無公以孤為公卿
無禮云若有諸公則先鄉獻之鄭注云
諸公者大國之孤也孤一人言諸者容
牧有三監是以其孤為公言厭於天子
諸侯故降其衆臣布帶繩屨二事其餘
服杖冠絰則如常也其布帶則與齊衰

張本下象鼻題監生孫欽四字傳本剪去之

張本下象鼻題監生戴三字傳本剪去之

0011_0119-2

同其絰纓則與大功等也貴臣得伸依上文絞帶管屨也

傳曰公卿大夫室老士貴臣其餘皆衆臣也君謂有地者也衆臣杖不以即位近臣君服斯服矣繩屨者繩菲

也室老家相也士邑宰也近臣閽寺之屬君嗣君也斯此也近臣從君喪服無所降也繩菲今時不借也○疏曰相息亮反閽音昏守門人也

公卿大夫或有地或無地衆臣爲之皆有杖但無地公卿大夫其君卑衆

0011_0120-1

儀喪礼一　四十三

臣皆得以杖與嗣君同即阼階下朝夕哭位若有地公卿大夫其君尊衆臣雖杖不得與嗣君同即阼階下朝夕哭位下君故也云士邑宰也者孤卿大夫有采邑者其邑既有邑宰又有家相若魯三卿公山弗擾爲季氏費宰子羔爲孟氏之郕宰之類皆爲邑宰也陽貨冉有子路之等爲季氏家宰亦名家相若無地卿大夫則無邑宰直有家宰則孔子爲魯大夫而原思爲之宰是直有家相者也云近臣閽寺之屬者是與衆臣不同無所降其服又得與貴臣等不嫌相逼也云繩菲今時不借也者周時人謂之

0011_0120-2

屨ㄗ夏時人謂之菲漢時謂之不借者此凶茶屨不得從人借亦不得僣人皆是異時而別名也

右斬衰三年

疏衰裳齊牡麻絰冠布纓削杖布帶疏屨三年者

牡茂后反疏猶麤也○疏曰麤衰者案上斬衰章中爲君三升半麤衰鄭注雜記云微細焉則屬於麤則三升正服斬不得麤名三升半成布三升微細則得麤稱爲在三升斬內以斬爲正故沒麤服之麤至此四升

0011_0121-1

儀喪礼一　四十四

始見麤也若然爲父哀極直見深痛之斬至於義服斬衰之等乃見麤稱大功小功更見人功之顯緦麻極輕又表細密之事皆爲哀有深淺故作文不同也斬衰絰不言麻此齊衰絰見麻者彼有杖杖亦苴故不得言麻此絰文孤不兼杖故得言麻也斬衰冠繩纓退在絞帶下使不蒙苴齊冠布纓無此義故進之使與絰同處此布纓亦如上繩纓以一條爲武垂下爲纓也削杖布帶並不取象苴之義故在常處斬衰杖不言竹使蒙苴此既不取蒙苴亦不言桐者略見母比父削殺之義也布帶者亦象革帶以七升布爲之即下章帶緣各視其冠

0011_0121-2

夫也齊斬不言布此纓帶言布者以對斬衰纓帶用繩故此須言之也疏屨者疏取用草之義卽爾雅云疏不熟之貌疏注云疏猶麤者直釋經疏衰而已不釋疏屨之疏斬衰章言菅屨見草體者以其重故見草體舉其惡貌此稍輕故舉草之揔稱自此以下各舉差降之宜故不杖章言麻屨齊衰三月與大功同繩屨小功緦麻輕又沒其屨號言三年者以其爲母稍輕故表其年月若然父在爲母厭降至期今既父卒直升三年之衰猶不申斬者以天無二日家無二尊也是以父雖卒後仍以餘尊所厭直申三年不得申斬也

儀禮札一　四十五

0011_0122-1

傳曰齊者何緝也牡麻者枲麻也牡麻絰右本在上冠者沽功也疏屨者藨蒯之菲也

枲思似反沽音古後同藨皮表反劉扶表反蒯古怪反菲也○沽麤也冠尊加其麤麤功大功也○疏曰緝則今人謂之爲緶也上章傳先云斬者何不緝也此章言齊對斬故亦先言齊者何緝也云牡麻者枲麻也者此枲對上章苴苴是惡色則枲是好色故間傳云斬衰貌若苴齊衰貌若枲也云牡麻絰右本在上者上章爲父左本在

0011_0122-2

下者陽統於內則此爲母陰統於外故右本在上也云疏屨者藨蒯之菲也者藨是草名案玉藻云屨蒯席則蒯亦草類云冠尊加其麤麤功大功也者此鄭雖據齊衰三年而言冠尊加服皆同是以衰裳升數恒少冠之升數恒多冠在首尊既冠從首尊故加飾而升數恒多也斬冠六升不言功者六升雖是齊之末未得沽稱故不見人功此三年齊冠七升初入大功之境故言沽功始見人功沽麤之義故云麤功見人功麤大不精者也

○齊衰之絰斬衰之帶也去五分一

儀禮札一　四十六

0011_0123-1

以爲帶

見斬衰章○

削杖桐也

同上○斬衰章三年之喪二十五月而畢三年之喪達乎天子此條通用當互考

父卒則爲母

尊得伸也○疏曰直云父卒爲母足矣而云則者欲見父卒三年之內而母卒仍服期要父服除而母死乃得伸三年故云則以差其義也必知義如此者案內則云女子十有五而笄二十而嫁有故二十三而嫁注云故謂父母之喪言二十三而嫁不止一喪而已故鄭并云父母喪也若前遭母喪後遭父喪自然爲母期爲父三年二十三而嫁可知若前遭父喪服

張本下象鼻題監生戴彝四字傳本剪去之

0011_0124-1

0011_0123-2

未闕即[illegible]爲[illegible]二[illegible]是有缺一十四
[illegible]三[illegible]三[illegible]其[illegible]年二
上[illegible]正月[illegible]
并[illegible]爲十[illegible]小[illegible]
正[illegible]二[illegible]
父[illegible]三[illegible]
是[illegible]此[illegible]除[illegible]
[illegible]三年[illegible]除不爲
[illegible]一也[illegible]注云[illegible]
斬衰[illegible]亦據父卒爲[illegible]父在爲母
同五升齊衰裳八升冠既葬[illegible]其冠爲
之受衰八升是父卒爲母[illegible]得伸三年
之驗一[illegible]也間傳云[illegible]卒哭衰七
升者乃是父服除[illegible]衰[illegible]三年初

儀禮記一　四十七

[illegible]衰四升冠七升既葬以其冠爲之受
[illegible]七升與[illegible]同是父[illegible]爲母乃
[illegible]三年之[illegible]三[illegible]諸解者[illegible]不得思此
義[illegible]解則文[illegible]皆[illegible]也○斬衰
章[illegible]父母之喪[illegible]衰三
年[illegible]大[illegible]爲[illegible]母[illegible]所後
者之[illegible]若[illegible]女子子[illegible]爲父
母主喪[illegible]則子一人[illegible]在
父之至[illegible]練而出則三
年等並[illegible]通用當互考

記[illegible]之母卒 繆公魯公之曾孫 使人問於

曾子曰如之何 問居喪之禮曾子曾參之子名申 對

0011_0125-1

0011_0124-2

曰申也聞諸申之父曰哭泣之哀齊

斬之情饘粥之食自天子達 子喪父母尊卑同○檀弓○疏衰[illegible]期章父在爲母通用

繼母如母 疏曰繼母本非骨肉故次親母後謂己母早卒或被出之後續己母喪之如親母故云如母下期章不言者舉父没後明父在父母可知慈母之義亦然

傳曰繼母何以如母繼母之配父與

儀禮記一　四十八

因母同故孝子不敢殊也 因猶親也○疏曰繼母配父即是片合之義故孝子不敢殊異之也

慈母如母 疏曰慈母非父片合故次後也

傳曰慈母者何也傳曰妾之無子者

妾子之無母者父命妾曰女以爲子

命子曰女以爲母若是則生養之終

其身慈母死則喪之三年如母貴父

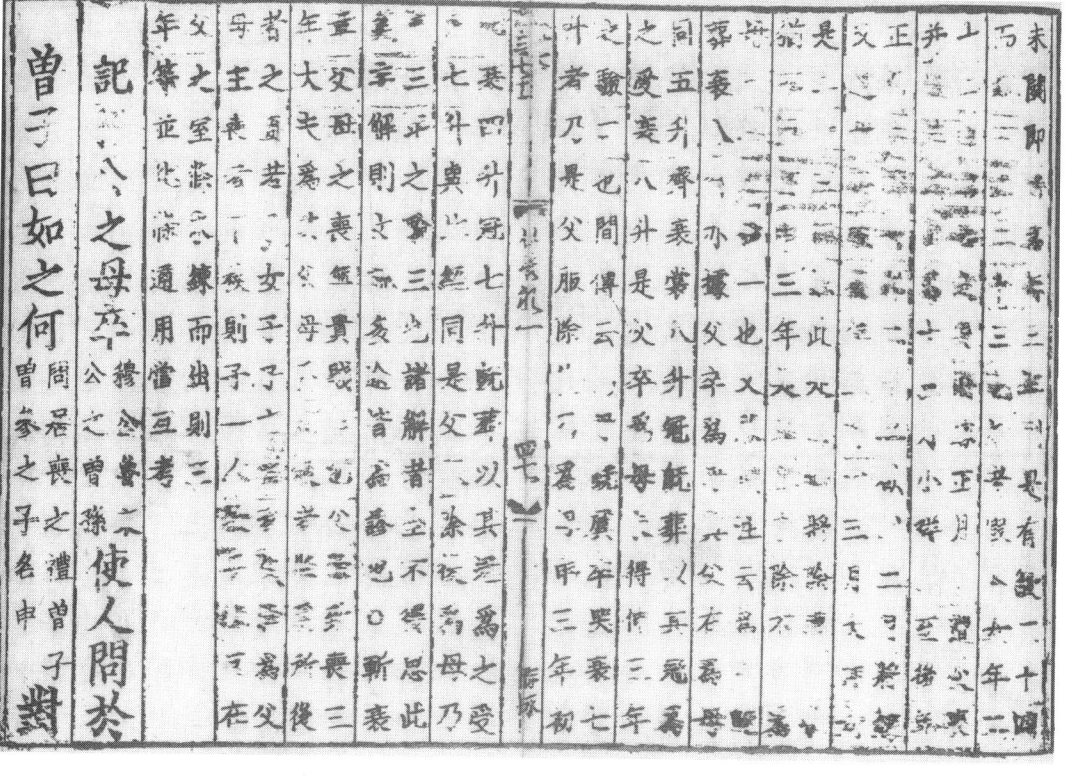

張本下象鼻題監生戴彝四字傳本剪去之

之命也女音汝

者其使□之□□爲母□□□□□□

母慈己者之服可也入□之妾□□

在爲母大功則士之妾子爲母□□

父卒則皆得伸也○附曰傳則□

者尹子□□□□證成己義故也云

妾之無子者謂舊有子今無者矣子

之妾有恩慈源則能養化子以爲己

子若然經有子恩慈深則不得立後

而養他子云生養之終其身者唯據

終慈母之身而已明三年之後不復

如是也以小記云慈母不世祭亦見

輕之義也云貴父之命者一非骨肉

大三　三〇六〇　儀禮疏卷第一　四九

之屬二非配父之等但唯貴父之命

故也江謂大夫士之妾妾子之無母

父命爲母子知非天子諸侯之妾與

妾子者按記云公子爲其母練冠麻

麻縓緣既葬除之父沒乃大功明三

年□子亦無何育命爲母子爲之三

年乎云其使養之不命爲母子則亦

服庶母慈己之服可也者小功章君

子子爲庶母之慈己者注云子夫人

公子之適妻子備三母有師母慈母

□母皆服之是庶母慈己者非小

□無大夫之適妻子不命爲母子

功□□加服小功若妾子爲父之妾

慈己加服小功可知云大夫之妾子

父在爲其母大功者大功章云大夫

之庶子爲其母是也云士之妾子爲

其母期者期章云父在爲母不可言

士之妾子爲其母鄭知者推究其理

大夫妾子厭降爲母大功士無厭降

明如衆人服期也云父卒則皆得伸

也者士父在已伸矣但大夫妾子父

在大功者父卒則與士皆得伸三年

也○此爲慈母後者爲庶母可也爲

祖庶母可也謂父命之爲子母者也即庶子爲後此皆子也

傳云亦已不先命之與適妻使爲母

子也嫁爲慈母後之義父之妾無子

卷十九　儀禮疏一　五十

者亦可命己庶子爲後○疏曰記者

見喪服既有妾子爲慈母之例將欲

觸類言之則妾子亦可爲庶母後也

爲庶母後者謂妾經有子而子已死

者餘他妾無子則父命他妾之子爲

無子之妾立後與爲慈母後同也然

云爲庶母後可也爲□庶母可也者

又□言之此說可爲庶母後則亦

可爲如庶母之後故云爲祖庶母之經

後可也祖庶母者謂己父之妾亦

有子子死今無也父更所無子故合

己之妾子與父妾爲後故□己父之

妾爲□庶母既爲後亦服之三年□

己母矣必無妾經有□□□子

傳本缺第五十葉張本配入較早印葉今用之

傳本缺第五十一葉張本配入較早印葉今用之

不得立後故也又曰云即庶子爲後此皆子也德重而已不先命之與適妻使爲母子也者賈氏云此即庶子爲適母後者云即庶子爲後謂爲適母後此皆子者此庶子皆適母之子今命之爲後但命之傳重而已母道爲妾不假須父命之與適妻使爲母子也又曰注不云命後已妾唯言後父妾者緣已妾既可爲慈母妾子亦可爲庶母後易見不言自顯但以已子後父妾於文難明故特言之也○[illegible]記子游問曰喪慈母如母禮與如母謂父卒三年也子游意以爲國君亦當然禮所云者乃大夫以下父所使妾養妾子孔子曰非禮也古者男子外有傳內有慈母君命所使教子也何服之有言無服也此指謂國君之子也大夫士之子爲庶母慈已者服小功父卒乃不服昔者魯昭公少喪其母有慈母良及其死也公弗忍也欲喪之有司以聞曰古之禮慈母無服據國君也良善也謂之慈母因謂之善國君之

0011_0128－1　　0011_0127－2

妾子於禮不服也昭公年三十乃喪齊歸猶無慼容是不少孤又安能不忍於慈母此非昭公明矣未知何公也今也君爲之服是逆古之禮而亂國法也若終行之則有司將書之以遺後世無乃不可乎公曰古者天子練冠以燕居公弗忍也遂練冠以喪慈母自魯昭公始也公之言又非也天子練冠以燕君蓋謂庶子王爲其母○疏曰鄭注喪服大夫妾子父在爲母大功士妾妾子父在爲母期則父在爲慈母亦當與已母同也云禮所云者乃大夫以下父所使妾養妾子者按喪服傳云慈母者何也妾之無子者妾子之無母者父命妾曰女以爲子命子曰女以爲母若是則生養之終其身如母死則喪之三年必知大夫以下者以天子諸侯不服庶母故此云君命所使何服之有故知此慈母如母謂大夫以下也若天子諸侯則絕之也國君之子尚不服庶母則國君身不服庶母可知也云大夫士之子爲庶母慈已者服小功者喪服小功章云

張本下象鼻題監生孫欽四字傳本剪去之

0011_0128-2

君子子爲庶母慈已者傳云君子子者貴人之子也爲庶母何以小功也以慈已加也云父卒乃不服者謂不服小功仍服緦耳若大夫之子庶母不慈已者雖父在亦服緦故鄭注喪服云其不慈已則緦可也喪服注又云士之妻自養其子則不得有庶母慈已此云大夫士者因大夫連言士耳其實士無庶母慈已者皇氏云有士誤也熊氏云士之適子無母乃命妾慈已亦爲之小功知者以士爲庶母緦明士子亦緦以慈已加小功故此連言大夫士也凡諸侯之子適庶皆三母故內則云必求其寬裕慈惠

儀喪禮一　五三

0011_0129-1

恭敬謹而寡言者爲子師其次爲慈母其次爲保母內則據諸侯也其大夫及公子適妻子亦三母喪服小功章云君子子爲庶母慈已者是也言大夫及公子適妻子爲慈母小功則大夫公子之庶子無三母也但有慈母如母也又曰前經指國君之子此經引魯昭公故云據國君也是國君與其子同也云謂之慈母固爲其善者此云慈母良當是性行善者云國君之庶子於禮不服也者以喪服公子爲其母練冠麻衣故云於禮不服親母尚不服庶母不服可知若父卒得爲已母大功也案襄三十二年襄

0011_0129-2

[illegible]左傳云昭公十九猶有童心是位時年十九也昭公十一年其母[illegible]書時四無慼容是年三十非少孤也[illegible]語云孝公有慈母良今鄭云[illegible]如何公者鄭不見家語故也或家語三[illegible]所足故鄭不見也○曾子問

母爲長子

疏曰長子早故在母下母爲長子齊衰者以〻爲母服齊衰母爲之不得過於子爲已也者長子與衆子爲母父在期若夫在爲長子豈亦不得過於子爲已服期乎而母爲長子不問夫之在否皆三年者子爲母有降屈之義父母爲長子本爲先祖之正體無厭降之義故不得以父在而屈也

儀喪禮一　五十四

0011_0130-1

傳曰何以三年也父之所不降母亦不敢降也

不敢降者不敢以已尊降祖禰之正體○疏曰斬章云何以三年答云正體於上將所傳重不降故於母亦云不敢降當云夫之不敢降妻亦不敢降而云父母者各據爲子而言也○記

母爲長子削杖

嫌服男子當杖竹也母爲長子服不可重於子爲已也○小記○

妾爲君之長子與女君同

張本下象鼻題監生戴彝四字傅本剪去之

0011_0130-2

爲以恩輕輕服君之正統○疏曰

君爲長子三年妻亦爲女君之長

三年小記○妾爲女君君之長子惡笄

首布總疏曰妾爲女君之服得與

情輕故與婦事舅姑齊衰同○妾

笄有首布總也○本經記

女君而出則不爲女君之子服妾爲

之黨服得與女君同而今俱出女

猶爲子期妾於義絶無施服○疏

云從而出謂

婦也○小記

0011_0131-1

右齊衰三年

疏衰裳齊牡麻絰冠布纓削杖布帶疏

期者疏曰此章雖已下與前章不

然而還具列之者以其此一期

前三年雖絰恐服制亦多不同故須

列七服也但此章雖止一期而禫杖

有異不雜記云十一月而練十三月

祥十五月而禫注云此爲父在爲母

卑者也母之與父恩愛本同爲父所

至尊而至期也以雖屈猶伸禫杖也事

今妻乃天夫夫爲夫斬衰爲妻杖以

以夫尊妻卑故齊斬有異也

0011_0131-2

…冠也…大功之

緦麻小功冠其衰也帶緣各

緣以縓又注所○問之者見

斬衰有二其冠同今齊衰有

不知其冠之異同爾緣如深衣

今文無冠布纓○疏曰云問者

何冠也者此還是子夏之問答而言

曰者子夏欲起發前人使之開

假也問答已下言也云曰齊衰

冠其受也者降服齊衰四升冠

既葬以其冠爲受衰七升冠八

服齊衰五升冠八升既葬以其

0011_0132-1

冠爲受衰八升冠九升義服齊衰六

升冠九升既葬以其冠爲受服衰

冠十升降服大功衰七升冠十

既葬以其冠爲受受衰十升冠十

一升正服大功衰八升冠十一升既葬

以其冠爲受受衰十一升冠十一升義

服大功衰九升冠十一升既葬以其

冠爲受受衰十一升冠十二升以其

初死冠升皆與既葬衰升數同故云

冠其受也大功亦然云緦麻小功冠

其衰也者以其降服小功衰十升正

服小功衰十一升義服小功衰十二

升緦麻十五升抽其半七升半冠皆

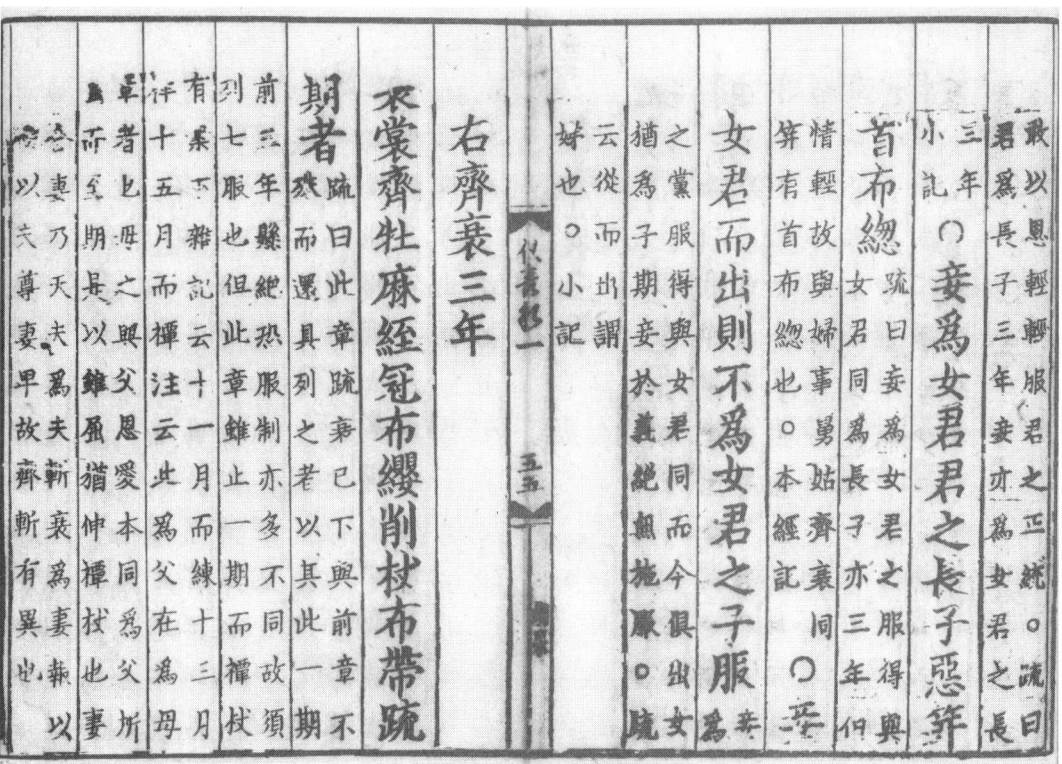

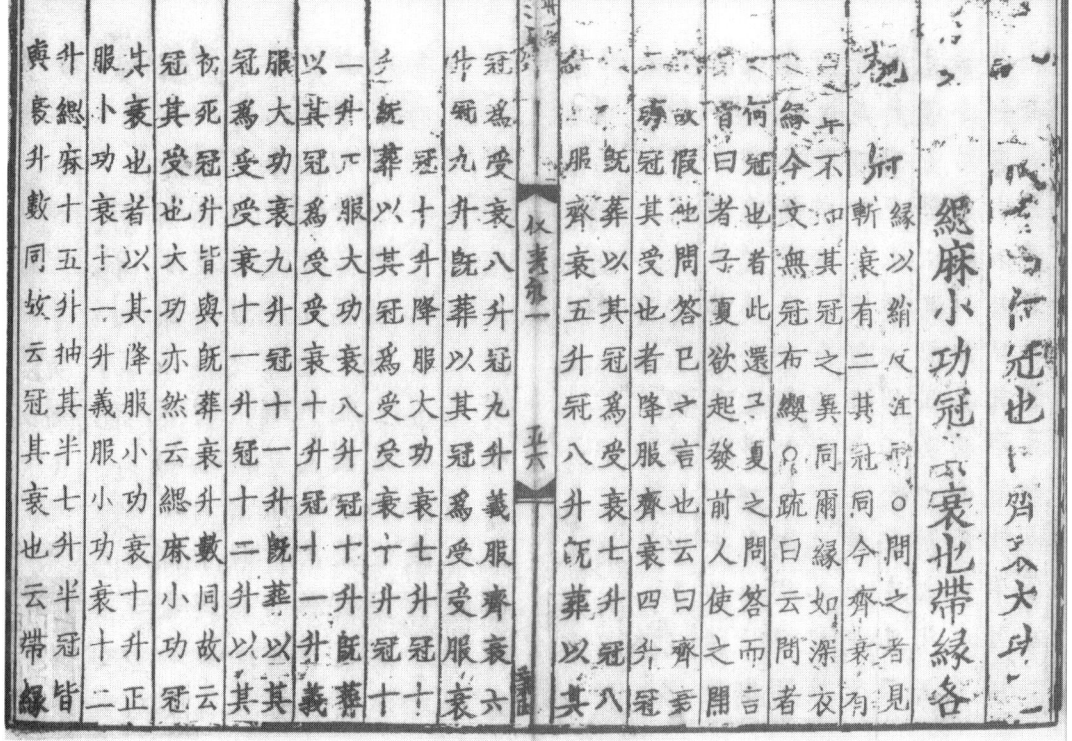

與衰升數同故云冠其衰也云帶緣

0011_0132-2

各視其冠者帶謂布帶象革帶者緣謂喪服之内中衣緣用布緣之二者

之布升數多少視猶比也各比擬其冠也然本問齊衰之冠因著大功與

緦麻小功并答帶緣者子夏欲因問博陳其義是以假問答異常例也云

緣如深衣之緣者案深衣目録云深衣連衣裳而純之以采素純曰長衣

衣表則謂之中衣此既在喪服之内則是中衣矣而云深衣以其中衣與

深衣同是連衣裳其制大同故就深衣育篇目者而言之案玉藻云其為

長中繼揜尺注云其為長衣中衣則繼袂揜一尺若今褎矣深衣則緣而

儀禮經一　五七

0011_0133-1

已若然中衣與長衣袂皆手外長一尺案檀弓云練時鹿裘衡長袪注云

袪謂褎緣袂口也練而為裘橫廣之又長之又為袪則先時狹短無袪可

知若然以其喪之中衣緣亦狹短不得如玉藻中衣繼袂揜一尺明也但

吉時麑裘則凶時鹿裘吉時中衣深衣目録云大夫以上用素士中衣不

布緣皆用采況喪中緣用布明中衣亦可知也其中衣用布無明文

亦然若然直言緣衣不言衣故特言緣用布何者

亦布布乎云今文無冠布纓者鄭注儀禮從經今文者注內疊出古

期也屈也至尊在不敢伸

父必三年然後娶達子之

家無二尊故於父屈而為直言尊而言私尊者若為至尊妻於夫亦至尊尊夫不尊之故言私尊

儀禮經一　五八

而斯心喪猶三年故父然必三年乃娶者通之志故也左氏傳晉叔向有三年之喪二據大子與為后亦期而云三達子之志而言也

○父在

許見喪服義○斬衰父母之喪無貴賤一也其父母為人後者為子父子子在室為父者可杖則子一杖公之母

練冠麻麻衣縓

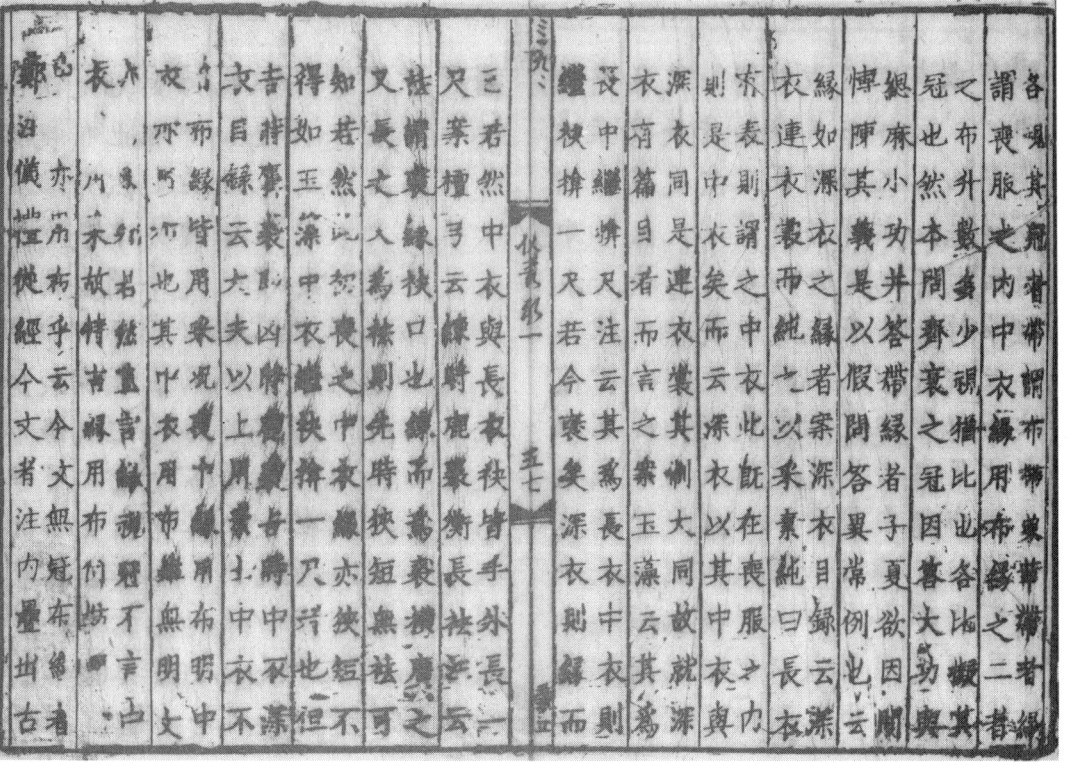

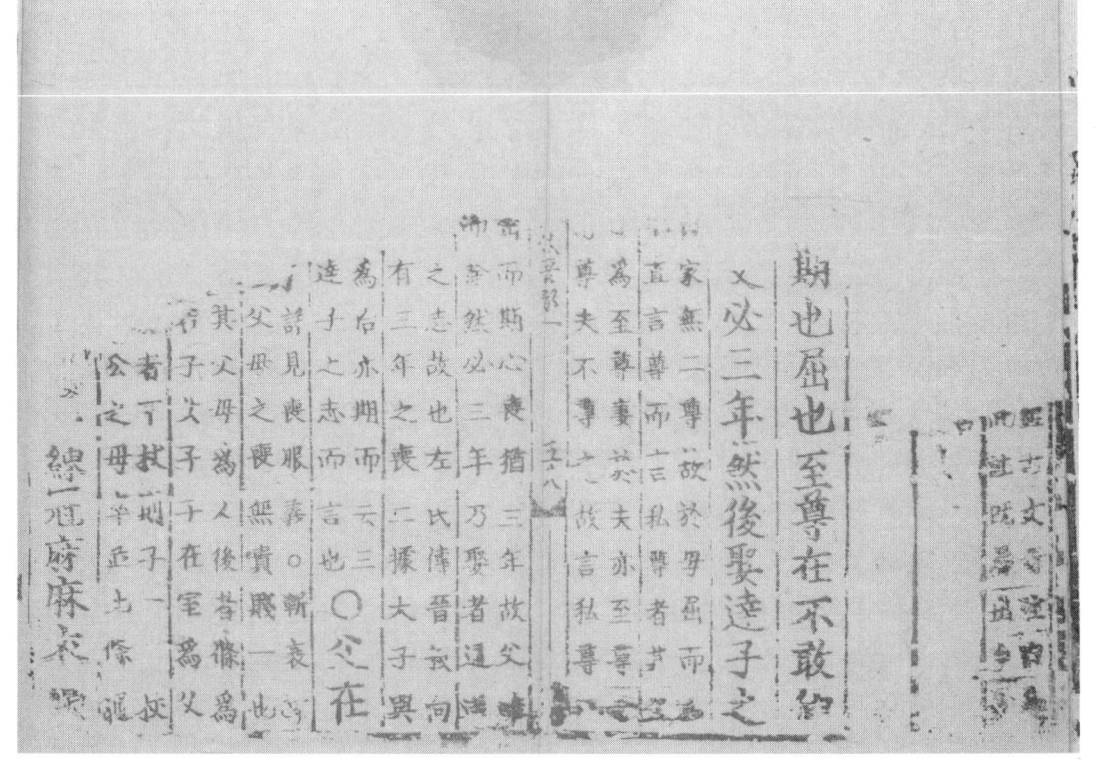

傳本缺第五十八葉張本配入較早印葉今用之

0011_0134-2

縓爲其妻縓冠葛絰帶麻衣縓緣

既葬除之
縓七絹反緣以絹反○公
子君之庶子也其或爲
謂妾子也麻者緦麻之絰帶也此
衣者如小功布深衣爲不制衰裳
也詩云麻衣如雪縓淺絳也一染謂
之縓練冠而麻衣縓緣三年練之受
飾也檀弓曰練練衣黃裏縓緣諸侯
之妾子厭於父爲母不得伸權爲制
此服不奪其恩也爲妻縓冠葛絰帶
妻輕○疏曰云練冠麻麻衣縓緣者
以練布爲冠麻者以麻爲絰帶又云
麻衣者謂白布深衣云縓緣者以縓

儀喪禮一　五十九

0011_0135-1

爲縓色與深衣爲領緣云既葬除之
者與緦麻所除同也云公子君之庶
子也[redacted]則君之適夫人第二已下及
公妾子皆名庶子云其或爲母謂妾
子也者以其適夫人所生第二已下
爲母自與正子同故知爲母妾子也
云麻者緦麻之絰帶也者以經有二
麻字上麻爲首絰腰絰也知如緦之
麻者以緦麻亦言麻也知此麻衣如
小功布深衣者案士之妾子父在爲
母期大夫之妾子父在爲母大功則
諸侯妾子父在小功是其差次故知
此當小功布也云爲不制衰裳變也
者以其爲深衣不與喪服同也詩云

張本下象鼻題監生戴彝四字傳本剪去之

0011_0135-2

麻衣如雪者彼麻衣十五升布深衣
與此小功布深衣異引之者證麻衣
之名同取升數則異也云縓緣三年
練之受飾也者檀弓云練衣黃裏縓
緣注云練衣練中衣據重服三年變
服後爲中衣之飾也權爲制此服不
奪其恩也者諸侯尊絶朞已下無服
公子被厭不合爲母服不奪其母子
之恩故五服外權爲制此服必服麻
衣縓緣者麻衣大祥受服縓緣練之
受飾雖抑猶容有三年之衰故也妻
輕者以縓冠對母用練冠以葛絰帶
對母用麻
皆是輕也

傳曰何以不在五服之中

儀喪禮一　六十

0011_0136-1

也君之所不服子亦不敢服也
君之
所不
服謂妾與庶婦也君之所爲服謂夫
人與適婦也諸侯之妻貴者視卿賤
者視大夫皆三月而葬○疏曰公子
以厭降亦不敢私服母與妻又云子
亦不敢服者謂君之正統也云諸侯
之妾視卿大夫皆三月而葬者大戴
禮文云妾貴者諸侯一娶九女夫人
與左右媵各有姪娣二媵與夫人之
娣三人爲貴餘五者
爲賤妾○本經記○

王子有其母

死者其傳爲之請數月之喪公孫丑

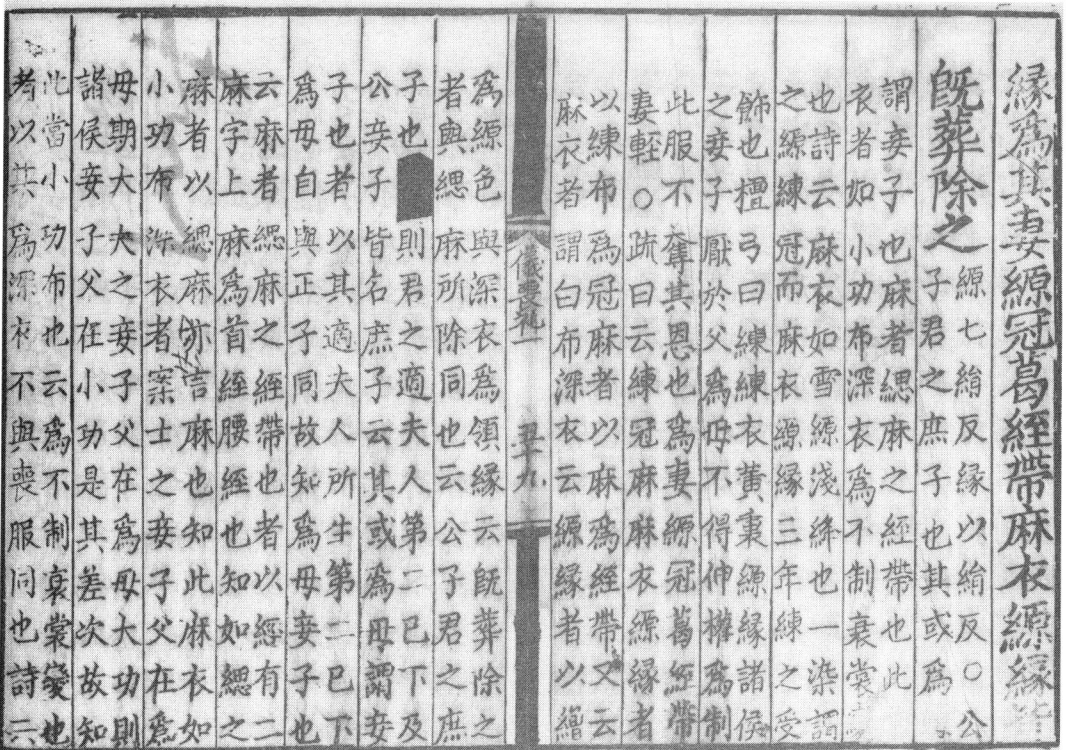

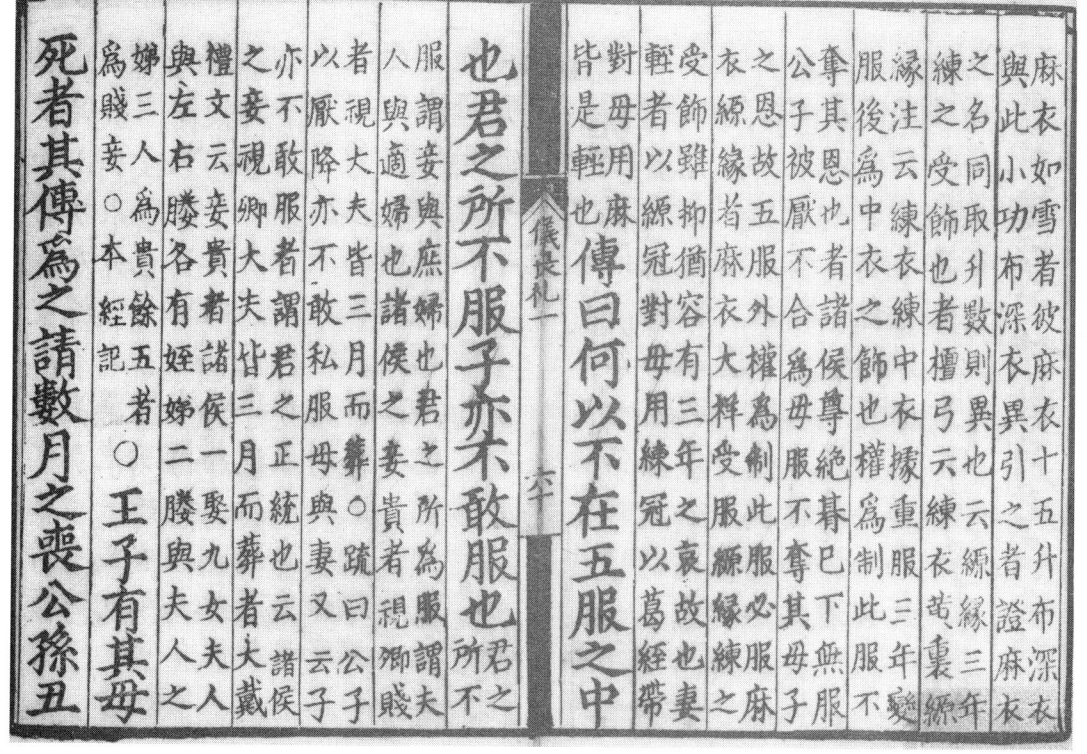

張本下象鼻題監生戴彝四字傳本剪去之

0011_0136-2

曰若此者何如也曰是欲終之而不可得也雖加一日愈於已謂夫莫之禁而弗爲者也詳見喪服義

妻

傳曰爲妻何以期也妻至親也適子父在則爲妻不杖以父爲之主也服問曰君所主夫人妻大子適婦父在子爲妻以杖即位謂庶子○疏曰妻卑於母故次之爲妻年月禫杖亦與母同

仪丧礼一　六十一

0011_0137-1

故同章以其出嫁夫夫爲大斬故夫爲之亦與父在爲母同傳意以妻擬母母是血屬得期妻惟義合亦期故發何以之傳也答言至親者妻既移天齊體與已同奉宗廟爲萬世主故云至親也○記爲妻父母在不杖尊者在不敢盡禮於私喪也○詳見通禮拜拱條

○世子不降妻之父母其爲妻也與大夫之適子同見不杖期章大夫之適子爲妻條○

公子爲其妻縓冠葛絰帶麻衣縓緣

0011_0137-2

既葬除之詳見本章在爲母條

出妻之子爲母出猶去也○疏曰此謂母犯七出去謂去夫氏或適它族或之本家子從而爲之服者也七出者無子一也淫泆二也不事舅姑三也口舌四也盜竊五也妬忌六也惡疾七也天子諸侯之妻無子不出唯有六出雷氏云無出母之義故繼夫而言出妻之子也

傳曰出妻之子爲母期則爲外祖父母無服傳曰絶族無施服親者屬施以

仪丧礼一　六十二

0011_0138-1

貤反○在旁而及曰施親者屬母子至親無絶道○疏曰再言傳曰義見前章絶族者嫁來承奉宗廟與族相連綴今出則與族絶以母爲族絶即無傍及之服也親者屬者解母被出猶爲之服也旁及曰施者詩云施條枚施於上皆是旁而及之義屬猶續也對父與母義合有絶道故云母子至親無絶道

出妻之子爲父後者則爲出母無服傳曰與尊者爲一體不敢服其私親也疏曰舊傳釋爲父後者謂父沒適子承重不合爲出

0011_0139-1　0011_0138-2

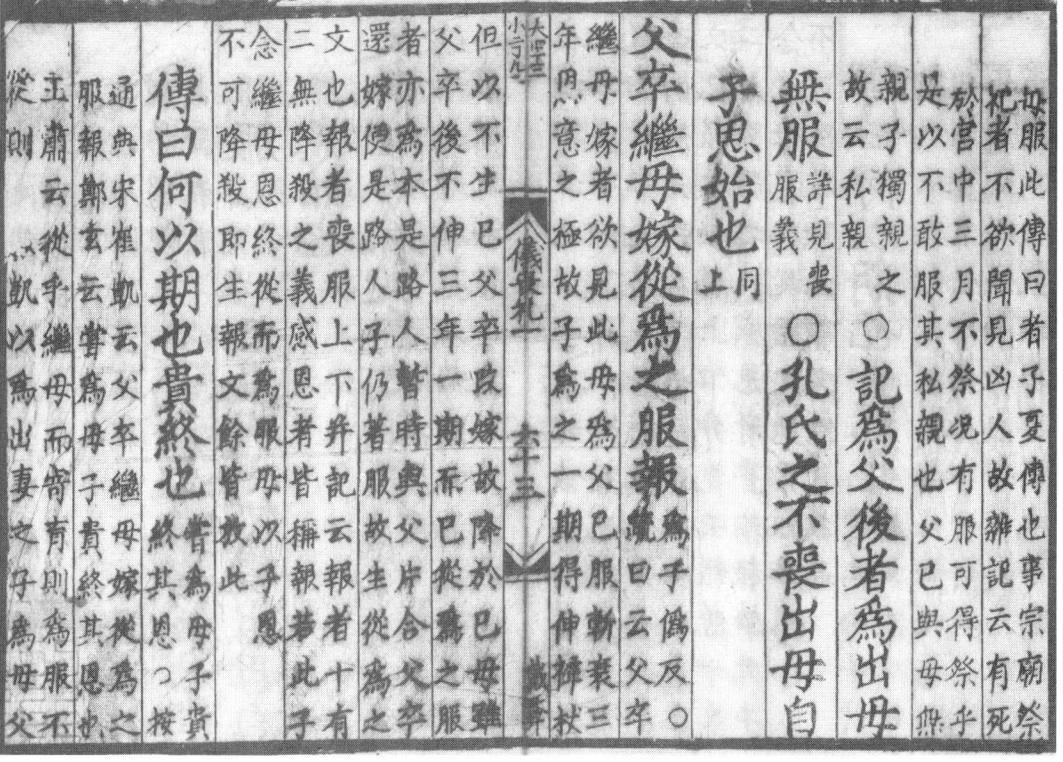

母服此傳曰者子夏傳也事宗廟祭祀者不欲聞見凶人故雜記云有死於宫中三月不祭况有服可得祭乎是以不敢服其私親也父已與母無親子獨親之故云私親○記爲父後者爲出母無服詳見喪服義○孔氏之不喪出母自子思始也同上

父卒繼母嫁從爲之服報爲于僞反○疏曰云父卒繼母嫁者欲見此母爲父已服斬衰三年恩意之極故子爲之一期得伸禫杖但以不生己父卒改嫁故降於己母雖父卒後不伸三年一期而已從爲之服者亦爲本是路人暫時與父片合父卒還嫁便是路人子仍著服故生從爲之文也報者喪服上下并記云報者十有二無降殺之義感恩者皆稱報若此子念繼母恩終從而爲服母以子恩不可降殺即生報文餘皆放此

傳曰何以期也貴終也嘗爲母子貴終其恩○按通典宋崔凱云父卒繼母嫁從爲之服報鄭玄云嘗爲母子貴終其恩也王肅云從乎繼母而寄育則爲服不從則凱以爲出妻之子爲母父

儀禮卷一　六十三

0011_0140-1　0011_0139-2

父卒繼母嫁從爲之服報皆爲齊衰其爲父後者皆不服也傳云與尊者爲一體不敢服其私親也庾蔚之謂不順經文鄭附傳說王即情易安於傳亦無嫌繼嫁則與宗廟絶爲父後者安可以廢祖祀而服之乎

右齊衰杖期

不杖麻屨者此亦齊衰言其異於上○疏曰此不杖章輕於上禫故次之此章與上章雖杖與不杖不同其正服齊衰裳皆同五升而冠八升不異也

儀禮卷一　六十四

記期之喪達乎大夫詳見斬衰父條

祖父母疏曰喪服條例皆親而尊者在先此先祖也此章有降有正有義服之本制若爲父期祖合大功爲父母加隆至三年祖亦加隆至期也

傳曰何以期也至尊也疏曰祖爲孫止大功孫爲祖何以朞也祖至尊故爲孫降至大功似父母於子降至期也○記

父卒然後爲祖父後者服斬詳見本篇爲君之祖父母條○祖父卒而后爲祖母後者

0011_0140-2

三年 祖父在則其服如父在爲母也○疏曰適孫承重之服謂若適
孫無父而爲祖後祖父已卒今又遭祖母喪則事事得伸如父卒爲母三
年也若祖父卒時父已先亡亦爲祖父三年若祖卒時父在已雖爲祖期
今父沒祖母亦爲祖母三年也○小記
世父母叔父母 疏曰世叔旣卑於祖故次之伯言世者欲見繼
世也爲昆弟之子亦期不言報者以昆弟之子猶子若言報爲疏故不言也
傳曰世叔父何以期也與尊者一體
也然則昆弟之子何以亦期也旁尊
也不足以加尊焉故報之也父子一
體也夫妻一體也昆弟一體也故父
子首足也夫妻牉合也昆弟四體也
故昆弟之義無分然而有分者則辟
子之私也子不私其父則不成爲子
故有東宮有西宮有南宮有北宮異

0011_0141-1

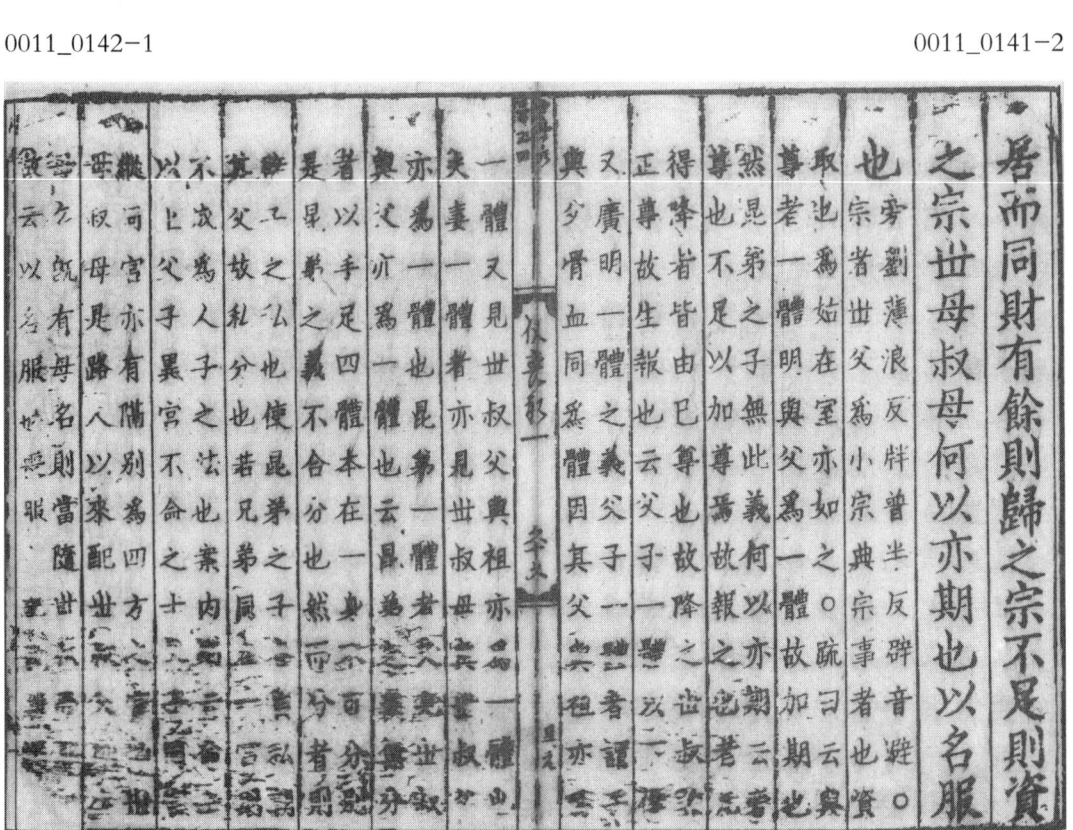

居而同財有餘則歸之宗不足則資
之宗世母叔母何以亦期也以名服
也 旁劉薄浪反牉普半反辟音避○宗者世父爲小宗典宗事者也資
取也爲姑在室亦如之○疏曰云與尊者一體明與父爲一體故加期也
然昆弟之子無此義何以亦期云旁尊也不足以加尊焉故報之也者[illegible]
得降者皆由已尊也故降之[illegible]正尊故生報也云父子一體以下[illegible]
又廣明一體之義父子一體者謂子與父骨血同爲體因其父與祖亦一[illegible]

0011_0141-2

0011_0142-1

一體又見世叔父與祖亦爲一體也夫妻一體者亦見世叔母與世叔[illegible]
亦爲一體也昆弟一體者[illegible]與父亦爲一體也云昆弟[illegible]
者以手足四體本在一身不可分[illegible]是昆弟之義不合分也然而分者則[illegible]
辟子之私也使昆弟之子[illegible]其父故私分也若兄弟同[illegible]
不成爲人子之法也案內則[illegible]以上父子異宮不命之士[illegible]
雖同宮亦有隔别爲四方[illegible]世叔母是路人以來配世叔父[illegible]
母之旣有母名則當隨世叔[illegible]故云以名服也無服[illegible]

[illegible]經補為[illegible]
非大宗子是世父為[illegible]
[illegible]云為姑在室亦如之者[illegible]
[illegible]嫁人功明未嫁在此[illegible]
兄時早出之義也（）為人後之[illegible]
後者之昆弟詳見斬衰[illegible]
為人後者
瓚曰吾聞之古者不降上下
親○古謂殷時也上不降遠下[illegible]
○疏曰瓚縣子名周禮[illegible]
以適降庶雖不降正耳而[illegible]
雖貴不降賤也上謂旁親[illegible]

祖及伯叔之班下謂從子從孫之[illegible]
故雖賤不以己尊降之猶[illegible]
之親輕者而服之故云上[illegible]
親庾蔚云上下猶尊卑也[illegible]
猶不降則知所明者旁[illegible]
尊名亂於正尊故變文[illegible]遠也[illegible]
伯文為孟虎齊衰其叔父也為孟皮
齊衰其叔父也伯文殷時滕[illegible]為伯名文[illegible]
伯文為孟虎著齊衰之服[illegible]
伯文之叔父也為孟皮著齊衰[illegible]
其滕伯是皮之叔父也言滕伯上[illegible]
叔父下為兄弟之子皆著齊衰是[illegible]

天降遠下不降
耳也　檀弓
大夫之適子為妻○適丁歷反本又作嫡○疏曰大夫之適子
為妻在此不杖章則上杖章為妻者是
庶子為妻父沒後適子亦為妻杖亦在
杖章
也
傳曰何以期也父之所不降子亦不
敢降也何以不杖也父在則為妻不
杖大夫不以尊降適婦者[illegible]不降者謂如其[illegible]服之降[illegible]

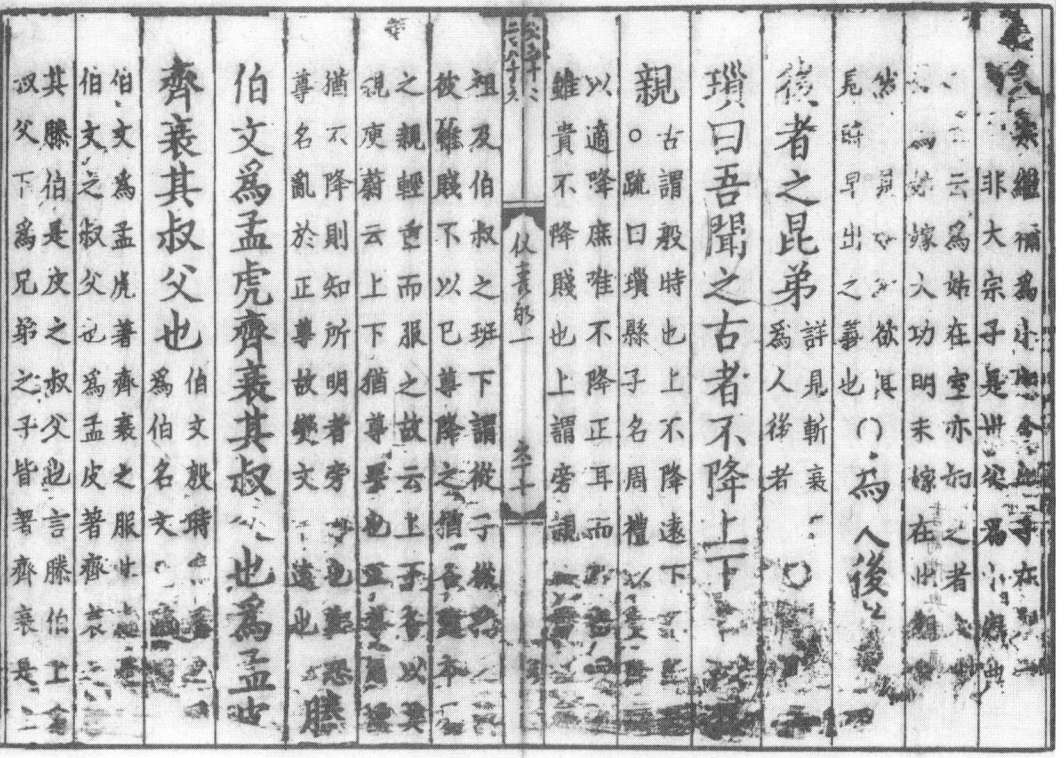

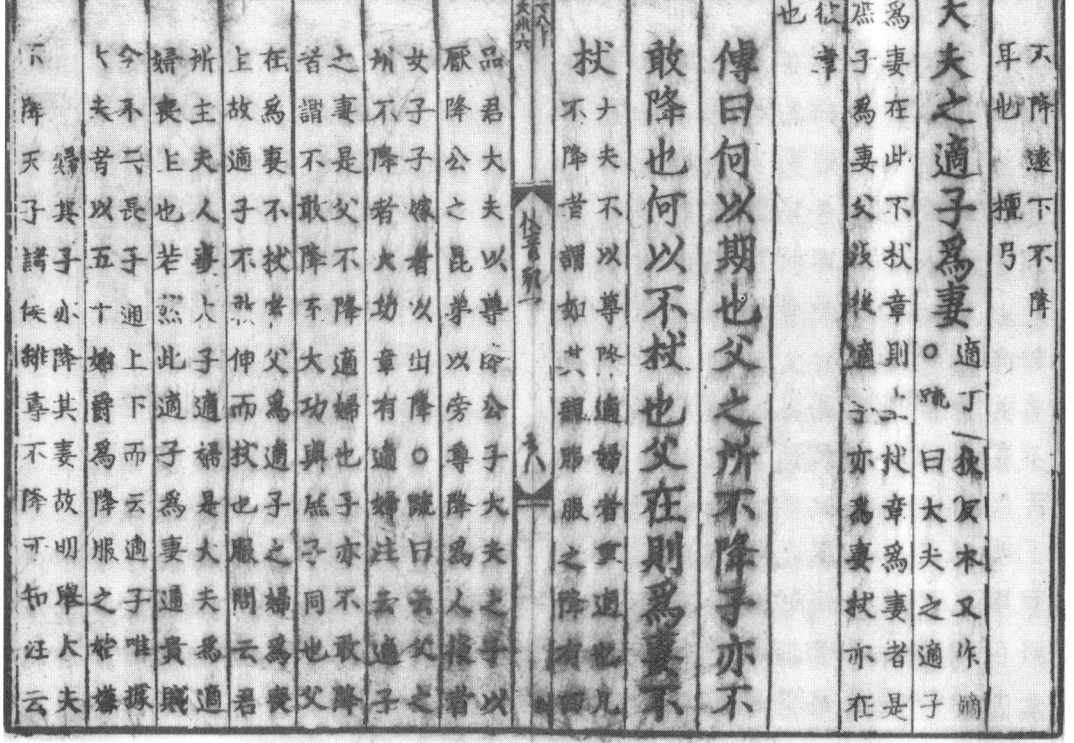

品君大夫以尊降公子大夫之子以
厭降公之昆弟以旁尊降為人後者
女子子嫁者以出降○疏曰云父之
所不降者大功章有適婦注云適子
之妻是父不降適婦也子亦不敢降
者謂不敢降至大功與庶子同也父
在為妻不杖者父為適子之婦為喪
主故適子不敢伸而杖也服問云君
所主夫人妻大子適婦是大夫為適
婦喪主也若然此適子為妻通貴賤
今不言長子通上下而云適子唯據
大夫者以五十始爵為降服之嫌
婦其子亦降其妻故明舉大夫
不降天子諸侯絶尊不降可知注云

0011_0144-2

降有四品者據此喪服上下降服之義云君大夫以尊降者天子諸侯爲正統之親后夫人與長子長子之妻等不降餘親則絕天子諸侯絕者大夫降一等即大夫爲衆子大功之等是也公子大夫之子以厭降者此非身自尊受父之厭屈以降無尊之妻下記云公子爲其母練冠麻麻衣縓緣爲其妻縓冠葛絰帶麻衣父卒乃大功是也大夫之子即小功章云大夫之子爲從父昆弟在小功皆是也云公之昆弟以旁尊降者此亦非已尊旁及昆弟故亦降其諸親即小功章云公之昆弟爲從父昆弟是

0011_0145-1

也案大功章云公之庶昆弟爲母妻昆弟傳曰先君餘尊之所厭不得過大功若然公之昆弟有兩義既以旁尊又爲餘尊厭也云爲人後者女子子嫁者以出降者此章云爲人後者爲其父母報又下文云女子適人者爲其父母昆弟爲父後者此二者是出也大夫之服何注正服後今在昆弟上者以其妻本在杖期章以父之主故降入不杖章是以進之在昆弟上也

○世子不降妻之父母其爲妻也與大夫之適子同 世子天子諸侯之子也不降妻之

0011_0145-2

父母爲妻故加之也疏妻齊衰杖者君爲之主子不得伸也主云大夫之適子同據喪服之疏文也不杖所以見父在爲妻不杖於大夫適子者明大夫以上雖尊猶爲適婦爲之○疏曰齊衰不杖章稱大夫適子爲妻云本者主謂受本文也若妨云子爲妻嫌六云一不有降若舉士云妻其十既[illegible]降理大夫是妻降之首恐[illegible]婦而降故特顯之○小記

昆弟 昆兄也爲姊妹在室亦如之○疏曰昆弟卑於世叔故次之昆明也

0011_0146-1

以其次長故以明爲稱弟弟也以其小故以次第爲名云爲姑姊妹在室亦期義同上章姑在室也

記大夫爲其兄弟之未爲大夫者士

爲其兄弟之爲大夫者如士服 詳見斬衰

父條 ○爲人後者爲所後者之昆弟之

子 詳見斬衰章爲人後者傳 ○成人有其兄死而

不爲衰聞子皋將爲成宰遂爲衰

0011_0146-2

成人曰蠶則績而蟹有匡范則冠而
蟬有緌兄則死而子皐爲之衰成本或作
鄭音承蠶七南反蟹戶買反緌耳隹反○喙兄死者言其衰之不爲其死
如蟹有匡蟬有緌不爲蠶之績范之冠也范蜂也蟬蜩也緌爲蜩喙長在
腹下○疏曰成孟氏所食采地也子皐孔子弟子子皐性孝此不服兄衰
之人聞其來爲成宰必當治之故懼而制服也蠶則績絲作繭蟹背殼似
匡蜂頭上有物似冠也緌謂蟬喙長在口下似冠之緌也譬如成人兄死

0011_0147-1

初不作衰後畏於子皐方爲制服服是子皐爲之非爲兄施亦如蟹匡蟬
緌各不關於蠶蜂也○檀弓
爲衆子衆子者長子之弟及妾子女子在室亦如之士謂之衆子未能
遠別也大夫則謂之庶子降之爲大功天子國君不服之內則曰冢子未食而
見必執其右手適子庶子已食而見必循其首○則彼列反○疏曰衆子卑於
昆弟故次之士謂之衆子大夫之子皆云庶子天子國君絕旁親故不服也引
內則者欲言庶子別於適長者也

0011_0150-2

記大夫降其庶子詳見斬衰章父條
昆弟之子檀弓曰喪服兄弟之子猶子也蓋引而進之○疏曰昆弟
子疏於親子故次之此叔父爲之此兩相爲服不言報者引同己子與親子同
故不言報
傳曰何以期也報之也○喪服兄弟
之子猶子也詳見喪服藏○古者不降勝
伯文爲孟皮齊衰其叔父也詳見上世父母

0011_0151-1

叔父母條
大夫之庶子爲適昆弟兩言之者適子或爲兄或爲弟
○疏曰此大夫之妾子故言庶若適妻所生第二已下當直云昆弟不言庶也
傳曰何以期也父之所不降子亦不
敢降也大夫雖尊不敢降其適重之也適子爲庶昆弟庶昆弟相
爲亦如大夫爲之○疏曰云父之所不降者即斬章父爲長子是也注云
適子爲庶昆弟已下鄭廣明大夫與適子所降者以大夫適子得行大夫

禮故父子俱降庶庶又自相降也如大夫爲之亦大功也

適孫 疏曰孫卑於昆弟故次之此謂適子死其適孫承重者祖爲之期

傳曰何以期也不敢降其適也有適子者無適孫孫婦亦如之 周之道適子死則立適孫是適孫將上爲祖後者也長子在則皆爲庶孫耳孫婦亦如之適婦在亦爲庶孫之婦凡父於將爲後者非長子皆期也○疏曰云周道以其殷道適子死弟乃當先立與此不同也云凡父於將爲後者非長子皆

大二五 三十五　儀禮卷一　十三

期也者案喪服小記云適婦不爲舅後者則姑爲之小功注云謂夫有廢疾它故死而無子不受重者小功庶婦之服也凡父母於子舅姑於婦將不傳重於適及將傳重者非適服之皆如衆子庶婦也然長子爲父斬父亦爲斬適孫承重爲祖斬祖爲之期不報之斬者父子一體本有三年之情故特爲祖斬祖爲孫本非一體但以報期故不得斬也

爲人後者爲其父母報 疏曰此謂其子後人反來爲父母在者欲其厚於所後薄於本親抑之故次在孫後也若然既爲本生不降斬

齊衰章者亦是深抑厚於大宗也者既深抑之使同本疏往來相報之故

傳曰何以期也不貳斬也何以不貳斬也持重大宗者降其小宗也爲人後者孰後後大宗也曷爲後大宗大宗者尊之統也禽獸知母而不知父野人曰父母何算焉都邑之士則知

小八十一 大一四二　儀禮卷一　七四　陳昌

尊禰矣大夫及學士則知尊祖矣諸侯及其大祖天子及其始祖之所自出尊者尊統上卑者尊統下大宗者尊之統也大宗者收族者也不可以絶故族人以支子後大宗也適子不得後大宗 後如字又音候算素管反劉音選大祖音泰○都邑之士則知尊禰近政化也大祖始封之君始祖者感神靈而生若稷契也

0011_0153-2

自由也及始祖之所由出謂祭天也上古遠也下猶近也收族者謂別親跡序昭穆大傳曰繫之以姓而弗別綴之以食而弗殊雖百世昏姻不通者周道然也○疏曰問者本生父母應斬及三年今乃不杖期故問比例也云不貳斬者此問答雖兼母專據父故答以斬而言案喪服小記云別子爲祖繼別爲大宗謂若魯桓公適夫人文姜生太子同後爲君次子慶父叔牙季友此三子謂之別子別子者皆以臣道事君無兄弟相宗之法與太子有別又與後世爲始故稱別子也大宗有一小宗有四大宗一者

0011_0154-1

別子之子適者爲諸弟來宗之卽謂之大宗自此以下適適相承謂之百世不遷之宗五服之内親者月筭如邦人五服之外皆來宗之爲之齊衰齊衰三月章爲宗子之母妻是也小宗有四者謂大宗之後生者謂別子之弟小記注云別子之世長子兄弟宗之第二已下長者親弟來宗之爲繼禰小宗更一世長者非直有親昆又從父昆弟亦來宗之爲繼祖小宗更一世長者非直有親昆弟從父昆弟又有從祖昆弟來宗之爲繼曾祖小宗更一世長者非直有親昆弟從父昆弟從祖昆弟來宗之又有從

0011_0154-2

曾祖昆弟來宗之爲繼高祖小宗也更一世絕服不復來事以彼自事五服内繼高祖已下者也四者皆是小宗則家家皆有兄弟相事長者之小宗雖家家盡有小宗仍世事繼高祖已下之小宗也是以上傳云有餘則歸之宗亦謂當家之長爲小宗者也云爲人後者孰後後大宗也者案何休云小宗無後當絕故知後大宗也降其小宗者此則繼爲人後爲父母父母尚降明餘皆降也故大功章云爲人後者爲其昆弟是降小宗之類也曷爲後大宗大宗者尊之統明宗子尊統領族人有族食族燕齒序之

0011_0155-1

事是以須後不可絕也云禽獸已下者因上尊宗子遂廣申尊祖以及宗子之事也禽獸所生唯知隨母不知隨父國外野人稍遠政化不知分別父母尊卑也都邑之士謂在朝并城郭之士民知義理者大夫及學士則謂鄉庠序及國之大學小學之學士雖未有官爵以其習知四術閑知六藝知祖義父仁之理故敬父遂尊祖得與大夫之貴同也諸侯及其大祖天子及其始祖皆是爵尊者其德所及遠也云適子不得後大宗者以其自當主家事并承重祭祀之事故也注云大祖始封者不毀其廟若魯之

張本下象鼻題監生戴彞四字傳本剪去之

周公葬之太公衛之康叔鄭之桓公之類也云始祖感神靈而生若后稷契也及始祖所自出謂祭天者案大傳云王者禘其祖之所自出以其祖配之是后稷感東方青帝靈仰所生契感北方黑帝汁光紀所生王者建寅之月祀所感帝於南郊還以感生祖配周以后稷殷以契配之也云上猶遠也下猶近者天子始祖諸侯及大祖並於親廟外祭之是尊統遠大夫三廟適士二廟中下士一廟是早者尊統近也若然此論大宗子而言天子諸侯大夫士之等者欲見大宗子統領百世而不遷又上祭大祖

儀喪禮一　七十七

而不易亦是尊統遠小宗子唯統五服之內是尊統近故傳言尊統遠近而云大宗者尊之統也又云大宗者收族是大宗統遠之事也

○記

夫爲人後者其妻爲舅姑大功以不二隆

○疏曰賀云此謂子出時已昏故此婦還服本舅姑大功若子出時未昏至所爲後家方昏者不服本舅姑以婦本是路人來又恩義不相接猶臣從君而服不從而税又生不及祖之徒而皆不責非時之恩也○先師朱文公親書藁本下云今案熊氏則云夫爲本生父母期故其妻降一等服

張本下象鼻題監生戴彝四字傳本剪去之

大功是從夫而服不論識與舅姑與否假令夫之伯叔在他國而死其婦雖不識者不從夫服也賀義非是○小記

女子子適人者爲其父母昆弟之爲父後者疏曰女子甲於男子故次男子後

傳曰爲父何以期也婦人不貳斬也婦人不貳斬者何也婦人有三從之義無專用之道故未嫁從父既嫁從夫夫死從子故父者子之天也夫者妻之天也婦人不貳斬者猶曰不貳

大四三　儀喪禮一　七十八

天也婦人不能貳尊也爲昆弟之爲父後者何以亦期也婦人雖在外必有歸宗曰小宗故服期也從者從其教令歸宗者父雖卒猶自歸宗其爲父後重者不自絕於其族類也曰小宗者言是乃小宗也小宗明非一也小宗有四丈夫婦人之爲小宗各如其親之

0011_0157-2

胍。疏曰經兼言父母傳特問父不問母者家無二尊前斬章云爲人後不云夫夫不貳斬至此女子子云婦人不貳斬者則大夫容有二斬故有爲長子皆斬至於女子子在家爲父出嫁爲夫唯一無二也若然案雜記云與諸侯爲兄弟者服斬是婦人爲夫并爲君得二斬者然則此婦人不貳斬在家爲父斬出嫁爲夫斬此其事常彼爲君不可以輕服服君非常之事不得決此也婦人有三從所從即爲之斬夫死從子不爲子斬者子爲母齊衰母爲子不得過齊衰也云曰小宗故服期者欲見大宗子百世

上　儀喪禮卷一　七十九

0011_0158-1

不遷婦人所歸雖不歸大宗小宗兄弟父之適長者爲之婦人之所歸宗者歸此小宗遂爲之期與大宗別也○**記女子子適人者爲其父母婦爲舅姑惡笄有首以髽卒哭子折笄首以笄布總**折之設反。言以髽則髽有著笄者明矣。疏曰此二者皆期服但婦人以飾事人是以雖居喪內不可頓去修容故使惡笄而有首至卒哭女子子哀殺歸于夫氏故折吉笄之首而著布總也案斬衰章吉笄尺二寸斬衰以箭笄長尺

0011_0158-2

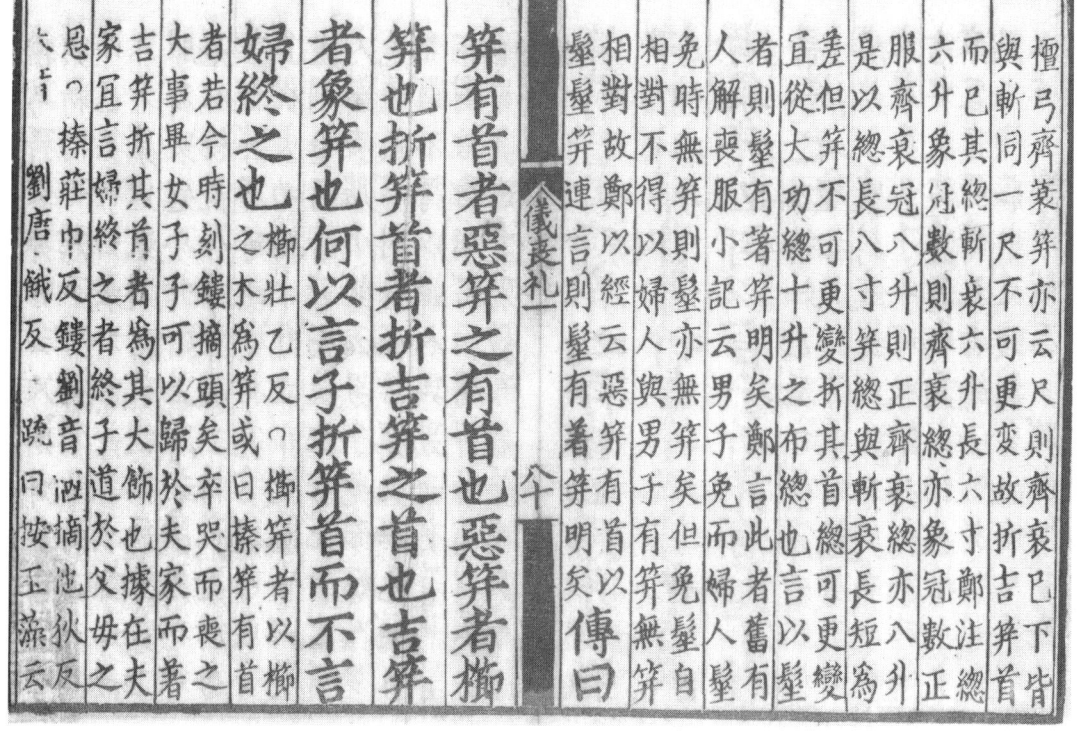

檀弓齊衰笄亦云尺則齊衰已下皆與斬同一尺不可更变故折吉笄首而已其總斬衰六升長六寸鄭注總六升象冠數則齊衰總亦象冠數正服齊衰冠八升則正齊衰總亦八升是以總長八寸笄總與斬衰長短爲差但笄不可更變折其首總可更變宜從大功總十升之布總也言以髽者則髽有著笄明矣鄭言此者舊有人解喪服小記云男子免而婦人髽免時無笄則髽亦無笄矣但免髽自相對不得以婦人與男子有笄無笄相對故鄭以經云惡笄有首以髽髽笄連言則髽有着笄明矣**傳曰**

儀喪礼一　八十

0011_0159-1

笄有首者惡笄之有首也惡笄者櫛笄也折笄首者折吉笄之首也吉笄者象笄也何以言子折笄首而不言婦終之也櫛壯乙反。櫛笄者以櫛之木爲笄或曰榛笄有首者若今時刻鏤摘頭矣卒哭而喪之大事畢女子子可以歸於夫家而著吉笄折其首者爲其大飾也據在夫家宜言婦終之者終子道於父母之恩。榛莊巾反鏤劉音漏摘他狄反[illegible]劉唐餓反　疏曰按玉藻云

0011_0159-2

以櫛用樿櫛髮晞用象櫛鄭云樿[illegible]
理今爲櫛櫛即梳也以白理木爲[illegible]
櫛亦彼樿木與象櫛相對此櫛笄與[illegible]
象笄相對故鄭云櫛笄者以櫛之木[illegible]
爲笄云或曰榛笄者案檀弓云南[illegible]
縚之妻之姑之喪夫子誨之髽曰[illegible]
母從從爾爾母扈扈爾蓋榛以爲笄[illegible]
長尺而總八寸彼爲姑用榛木爲笄[illegible]
此亦婦人爲姑與彼同但此用[illegible]
彼用櫛木不同耳蓋二木俱用[illegible]
兩存之也云吉笄者象笄也者[illegible]
吉時之笄以象骨爲之據大夫士[illegible]
言案弁師天子諸侯笄皆玉也[illegible]
云首笄若今刻鏤摘頭矣鄭[illegible]

仪喪禮一　八十一

0011_0160-1

之物刻鏤爲之此笄亦在頭而[illegible]
爲大飾明首亦刻鏤之故舉[illegible]
之也云卒哭而喪之大事畢女子[illegible]
可以歸于夫家者但以出適女子[illegible]
在家婦俱著惡笄婦不言卒哭[illegible]
笄首女子子即言折吉笄之首[illegible]
子子有所爲故獨言笄首耳所[illegible]
以女子外成既以哀殺事人可[illegible]
容故著吉笄仍爲大飾折其首[illegible]
以歸于夫家解[illegible]大記云[illegible]
子既練而歸與[illegible]著彼小祥[illegible]
是其正法此[illegible]故許之歸[illegible]
父[illegible]許之耳云[illegible]者謂子道於父
之恩者子者[illegible]生婦對舅

0011_0160-2

姑立名出適應稱婦故雖出適猶稱
子終初未出適之恩也○本經記
○女君死則妾爲女君之黨服攝女
君則不爲先女君之黨服妾於女君之親若其
親然○疏曰女君死則妾爲女君之
黨服者賀瑒云雖是徒從而抑妾故
爲女君黨服防覬覦也攝女君則不
爲先女君之黨服者以攝女君差尊
故不爲先女君之黨服也○
雜記○後凡女君之黨通用
繼父同居者疏曰繼父本非骨肉故須在女子之下案郊特牲云

仪喪禮一　八十二

0011_0161-1

夫死不嫁終身不改詩共姜自誓不許
再歸此得有婦人將子嫁而有繼父者
彼不嫁者自是貞女守志而有
嫁者雖不如不嫁而聖人許之
傳曰何以期也傳曰夫死妻稚子幼
子無大功之親與之適人而所適者
亦無大功之親所適者以其貨財爲
之築宮廟歲時使之祀焉妻不敢與
焉若是則繼父之道也同居則服齊

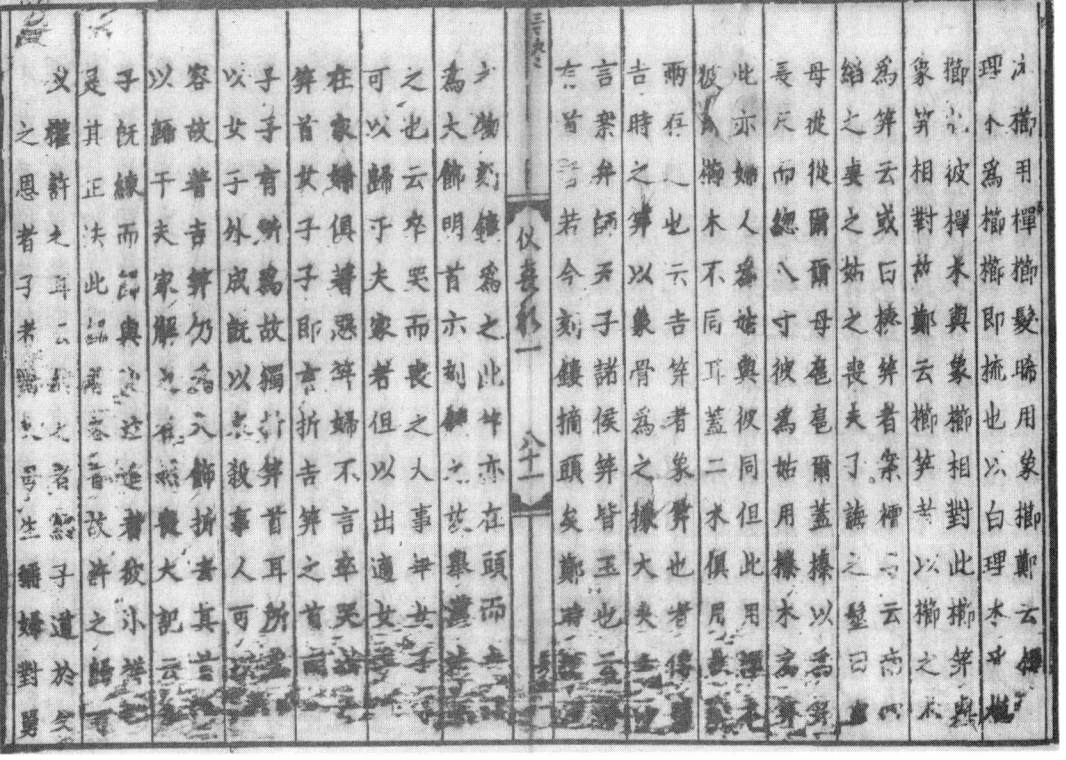

張本下象鼻題監生戴彝四字傳本剪去之

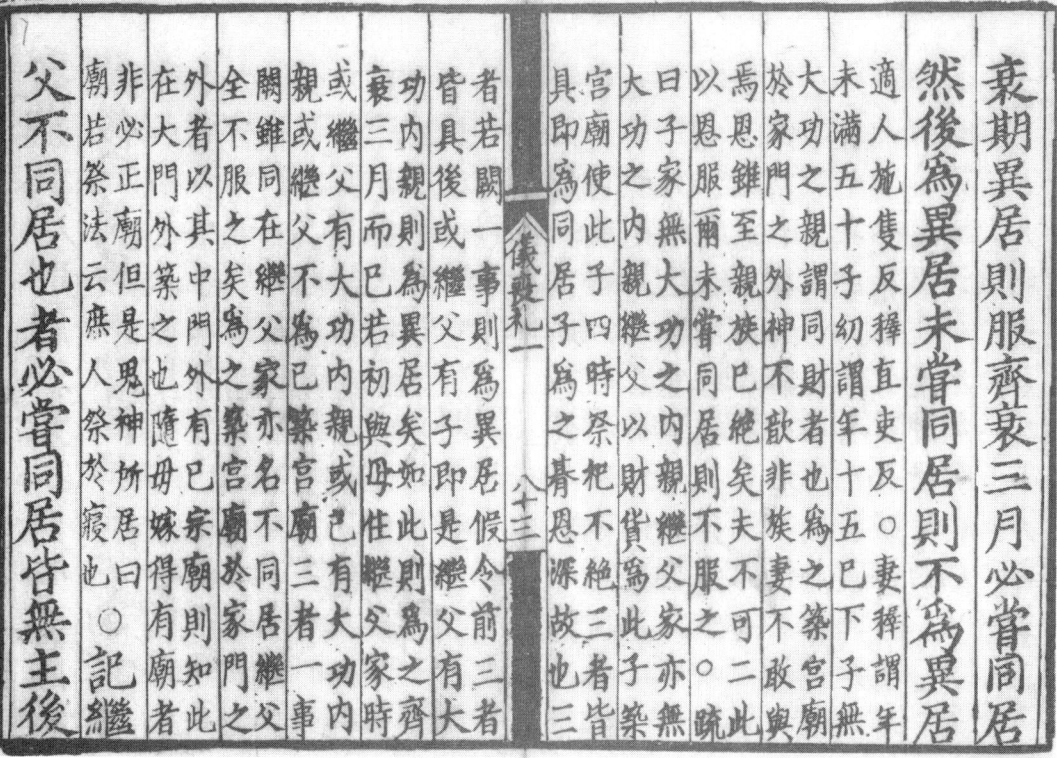

衰期異居則服齊衰三月必嘗同居

然後爲異居未嘗同居則不爲異居

適人施隻反釋直吏反○妻釋謂年未滿五十子幼謂年十五已下子無大功之親謂同財者也爲之築宮廟於家門之外神不歆非族妻不敢與焉恩雖至親族已絶矣夫不可二此以恩服爾未嘗同居則不服之○疏曰子家無大功之內親繼父家亦無大功之內親繼父以財貨爲此子築宮廟使此子四時祭祀不絶三者皆具即爲同居子爲之朞恩深故也三

者若闕一事則爲異居假令前三者皆具後或繼父有子即是繼父有大功內親則爲異居矣如此則爲之齊衰三月而已若初與母往繼父家時或繼父有大功內親或已有大功內親或繼父不爲己築宮廟三者一事闕雖同在繼父家亦名不同居繼父全不服之矣爲之築宮廟於家門之外者以其中門外有已宗廟則知此在大門外築之也隨母嫁得有廟者非必正廟但是鬼神所居曰廟若祭法云庶人祭於寢也○記繼

父不同居也者必嘗同居皆無主後

同財所祭其祖禰爲同居有主後者

爲異居 錄恩服深淺也見同財則期同居異則故同居今異居及繼父有子亦爲異居則服齊衰三月未嘗同居則不服○疏曰既云皆無主後爲同居則有主後者爲異居則此子有子亦爲異居也小記

爲夫之君 疏曰此以從服故次繼父下但臣之妻皆稟命於君之夫人不從服小君者欲明夫人命亦由君故臣妻於夫人無服也

傳曰何以期也從服也 疏曰從服者以夫爲君斬

故妻從之服期也○斬衰章君條外宗爲君夫人猶內宗也此條通用當

互考

姑姊妹女子子適人無主者姑姊妹報

疏曰此等親出適已降在大功雖矜之服期不絶於夫氏故次義服之下女子子間在上不言報者女子子出適大功反爲父母自然猶期不須言報故不言也姑對姪姊妹對兄弟出適反爲姪與兄弟大功姪與兄弟爲之降至大功今還相爲期故須言報也

傳曰無主者謂其無祭主者也何以期也爲其無祭主故也無主後者人之所哀憐不忍降之○疏曰無主有二謂喪主祭主傳不言喪主喪有無後無無主者今無主者謂無祭主注云人之所哀憐者謂行路之人見此無夫復無子而不嫁猶生哀愍況姪與兄弟及父母故不忍降之也不言嫁而云適人者若言適人即謂士也若言嫁乃嫁於大夫於本親又以尊降不得言報

爲君之父母妻長子祖父母疏曰此亦從服輕於

夫之君及姑姊妹女子子無主故次之

傳曰何以期也從服也父母長子君服斬妻則小君也父卒然後爲祖後者服斬此爲君矣而有父若祖之喪者謂始封之君也若是繼體則其父若祖有廢疾不立父卒者父爲君之孫宜嗣位而早卒今君受國於曾祖○疏曰云父母長子君服斬者欲見臣從君服期君之母當齊衰而言斬者以母亦有三年之服故并言之云妻則小君也者欲見臣爲小

君期是常非從服之例云父卒然後爲祖後者服斬者傳解經臣爲君之祖父母服期若君在則爲君祖父母從服期云此爲君矣而有父若祖之喪者謂始封之君也若始封之君非繼體容有祖父不爲君而死君爲之斬臣亦從服期也若是繼體則其父若祖合立爲廢疾不立已當立是受國於曾祖若今君受國於祖薨則羣臣爲之斬何得從服期故鄭以新君受國於曾祖若然則曾祖爲君薨羣臣自當服新君之祖薨君爲之服斬則臣從服期也趙商問已爲諸侯父有廢疾不任國政不任喪事而爲

其祖服制度之宜年月之斷云何答云父卒爲祖後者三年斬何疑趙商又問父卒爲祖後者三年已聞矣所問者父在爲祖如何欲言三年則父在欲言期復無主羣杖之宜主喪之制未知所定答曰天子諸侯之喪皆斬衰無期彼志與此注相兼乃具也○周禮司服凡喪

爲王后齊衰王后小君也諸侯爲之不杖期○疏曰云凡喪者諸侯諸臣皆爲天王斬衰王后齊衰故言凡以廣之不杖章云爲君之母妻傳曰何以期也從服也但諸臣亦爲王斬衰爲后期鄭特言諸侯者

0011_0166-1　　0011_0165-2

喪服斬衰章云臣爲君諸侯爲天子下文及至不杖章直云爲君之母妻不別見爲后之文故鄭解之本不見諸侯爲后者以其諸侯爲后與臣爲之同故不別見也其卿大夫適子爲君夫人亦與諸侯同士之子賤無服當從庶人禮服問云諸侯之世子不爲天子服注云遠嫌也與畿外之民同服服問又云大夫之適子爲君夫人大子如士服注云大夫不世子不嫌也士爲國君斬小君期大子君服斬臣從服期天子卿大夫適子亦當然故云如士服也○記大夫之適子爲君夫人

太子如士服詳見斬衰章君條○外宗爲夫人猶內宗也同上○君之母非夫人則羣臣無服唯近臣及僕驂乘從服唯君所服服也妾先君所不服也禮庶子爲後爲其母緦言唯君所服伸君也春秋之義有以小君服之者時若小君在則益不可○服問

妾爲女君疏曰妾事女君使與臣事君同故次之也以其事旣與夫

0011_0167-1　　0011_0166-2

體敵妾不得體夫故名妾妾接也接事適妻故妾謂適妻爲女君也

傳曰何以期也妾之事女君與婦之事舅姑等女君君適妻也女君於妾無服報之則重降之則嫌○疏曰婦之事舅姑亦期故云等但並后匹適傾覆之階故抑之雖或姪娣使如子之妻與婦事舅姑同也諸經傳無女君服妾之文故無服云報之則重降之則嫌者還報以期無尊卑降殺則大重若降之大功小功則似舅姑爲適婦庶婦之嫌故使女君爲妾無服也○記妾爲

女君惡笄有首布總詳見齊衰母爲長子條

婦爲舅姑疏曰文在此者旣欲抑妾事女君使如事舅姑故婦事舅姑在下欲使妾情先於婦故婦文在後也

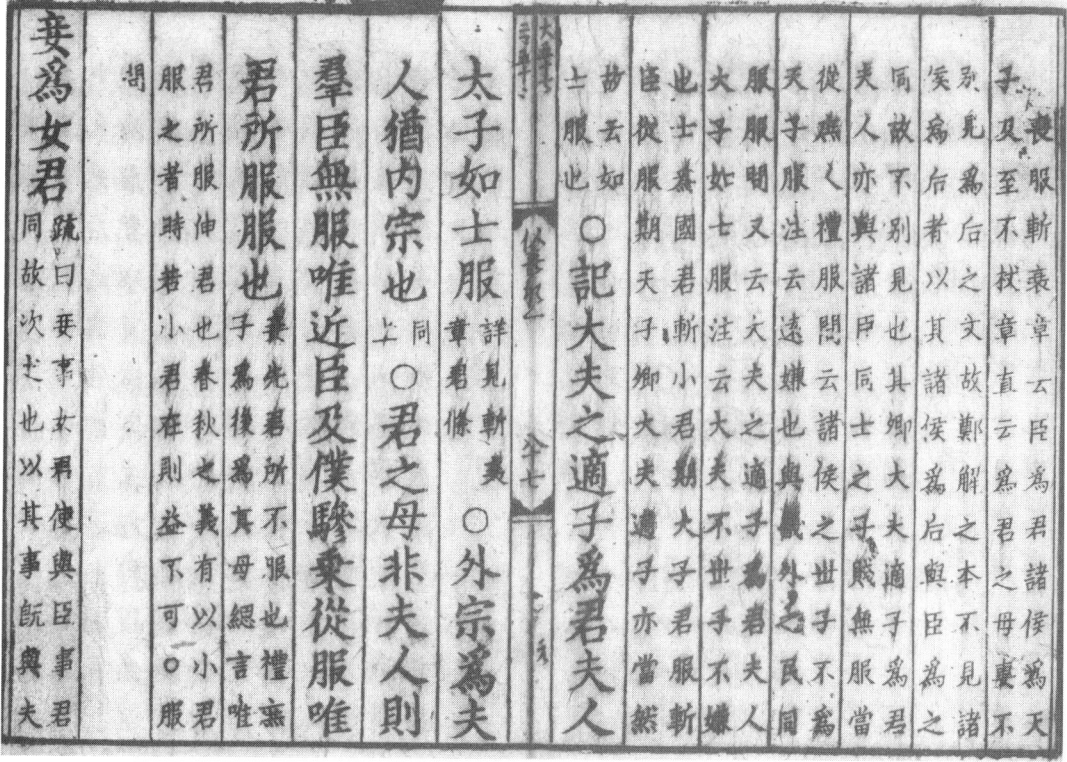

傳曰何以期也從服也疏曰本是路人與子判合得體其子爲親故重服爲其舅姑也○記婦爲舅姑惡笄有首以髽詳見上女子子適人者爲其父母昆弟之爲父後者婦當喪而出則除之當喪當舅姑之

喪也出除喪絶族也○疏曰□○情既離故出即除服也○小記

仲皮學子柳學戶教反教也○叔皮魯叔孫氏之族學

也子柳仲皮之子○疏曰叔仲氏也皮是名叔仲皮死

妻魯人也衣衰而繆經衣音咨繆曰繆音□

反○衣當爲齊壞字也繆讀爲士垂之繆士妻爲舅姑之服也言繆

頍其於禮勝學○頍徒困反又作○疏曰其妻子柳之妻喪服婦爲

姑齊衰無衣衰之文但齊字壞爲有衣在也繆經謂絞麻爲經繆

股相交也五服之經皆樛唯弔服經不樛耳云士妻爲舅姑之服也

以子柳則非卿大夫也其實大夫妻爲舅姑亦齊衰叔仲衍

告衍以善反○告子柳言此非也蓋皮之弟衍或爲皮○疏曰衍

皮之弟子柳之叔既見當時婦人尚輕細告子柳曰汝妻何以著非

之服乎請繐衰而環經繐音歲○繐小功之縷而

升半之衰環經弔服之經時婦人輕細而多服此者衍既不知禮之

子柳亦以爲然使其妻□□服之疏曰知繐衰小功之縷□□衍之

□喪服傳文云環經弔服之經者□事注周禮司服弁經者如爵弁而素

如深衣又注雜記云環經者一股所謂纏經也纏而不樛曰昔者

吾喪姑姊妹亦如斯末吾禁也長如字末

莫易反○衍答子柳也姑姊妹在室齊衰與婦爲舅姑同末無也言無禁

一殺欲其言行退使其妻繐衰而環經婦以諸侯

之大夫爲天子之衰弔服之經服其舅非○疏曰退子柳退也妻子柳妻

也諸侯之大夫爲天子之衰據喪服謂繐衰也弔服之經謂環經也○種

弓○夫爲人後者其妻爲舅姑大功

詳見爲人後者爲其父母條○有從輕而重公子

之妻爲其皇姑詳見喪服篇○妻猶見大功章大夫之妻

爲□之宗□條

六□昆弟[illegible]

[illegible]

[illegible]

0011_0169-2

□次□也

傳曰何以期也報之也　疏曰報之者二母與子本是路人爲配二父而有母名爲之服期故二母報子還服期若然上世叔之下不言報至此言之者二父本是父之一體又引同巳子不得言報至此本疏故言報也○妾服見大功章大夫之妾爲君之庶子條

公妾大夫之妾爲其子　疏曰二妾爲其子應降而不降重出此文故次之

0011_0170-1

傳曰何以期也妾不得體君爲其子得遂也　此言二妾不得從於女君尊降其子也夫君與君一體唯爲長子三年其餘以尊降之與妾子同也○疏曰妾不得體君爲其子得遂也者諸侯絕旁期爲衆子無服大夫降一等爲衆子大功其妻體君皆從夫而降之至於二妾賤皆不得體君君不厭故自爲其子得伸遂而服期也

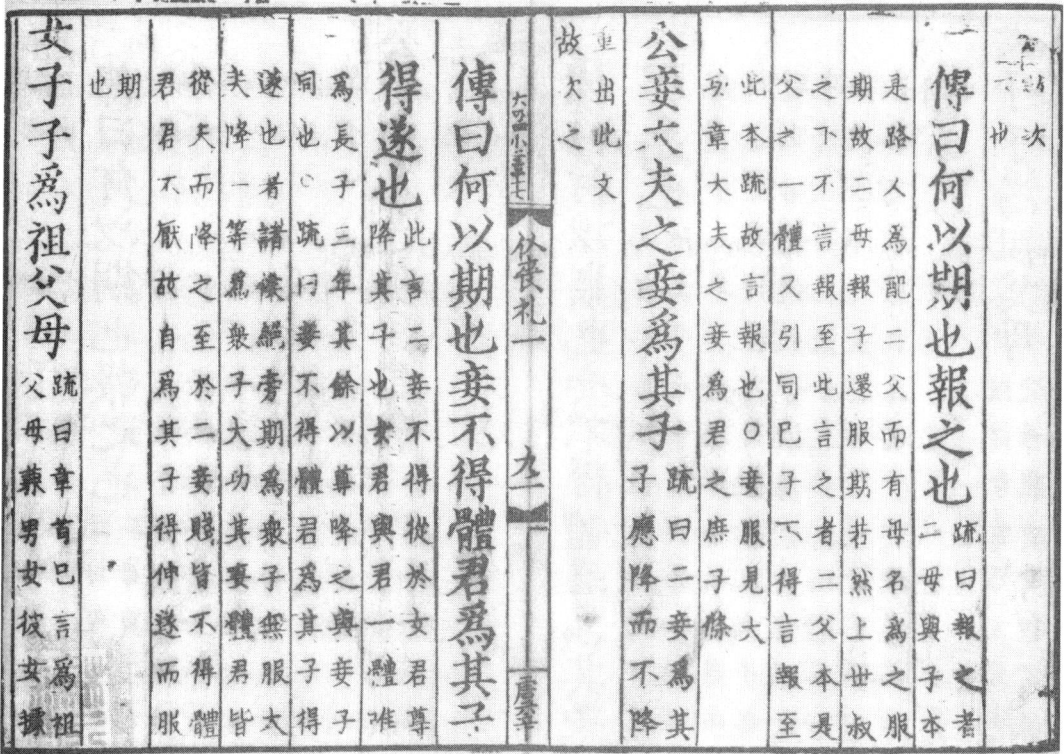

女子子爲祖父母　疏曰章首已言爲祖父母兼男女彼女據

0011_0170-2

□嫁者　此言女子子謂十五許□其文故在此也

傳曰何以期也不敢降其祖也　經加在室傳似已嫁明雖有出道猶不降○疏曰祖父母正期也已嫁之女可降旁親祖父母正期故不敢降也經直云女子子無嫁文故傳言不敢則是雖嫁而不敢降祖故以已嫁解傳且言之欲見在室出嫁同不降也

大夫之子爲世父母叔父母子昆弟昆弟之子姑姊妹女子子無主者爲大夫

0011_0171-1

命婦者唯子不報　命者加爵服之名自士至上公凡九等君命其夫則后夫人亦命其妻矣此爲者凡六命夫六命婦○疏曰此言大夫之子爲此六大夫六命婦服期不降之事其中雖有子女重出其文其餘並是旁尊降而不降故次在女子子爲祖下但大夫尊旁親一等此男女皆合降至大功爲□大夫與已尊同故不降還服期若女子子若出嫁大功適士又□至□功今□大夫雖降至大功爲無□□喪憐之不忍降還服期也注云命□□等者天子宗伯文與命文六命夫謂□□二也叔父二也子三也昆四也昆弟

0011_0172-1　0011_0171-2

[illegible]昆弟之子六也六命婦者世母一[illegible]叔母二也姑三也姊四也妹五也女子[illegible]

[illegible]子也

傳曰大夫者其男子之爲大夫者也命婦者其婦人之爲大夫妻者也無主者命婦之無祭主者也何以言唯子不報也女子子適人者爲其父母期故言不報也言其餘皆報也何以期也父之所不降子亦不敢降也大夫曷爲不降命婦也夫尊於朝妻貴於室矣

無主者命婦之無祭主者謂姑姊妹女子子也其有祭主者[illegible]

[illegible]子不報男女同不報爾[illegible]子似失之矣大夫

[illegible]大夫於姑姊妹女[illegible]大功其適士者又以尊

[illegible]已於親與己同事[illegible]○[illegible]曰注云與

[illegible]姑姊妹女子[illegible]世母叔母[illegible]

喪服一　九三

以[illegible]主有[illegible]期故知[illegible]四人而言其有祭主者

曰爲大功矣云唯子不報男女同不報者以其男是與爲父母三年父母

唯爲長子斯養餘降前得言報故知子安妻男女皆唯婦手子失之矣哭

出禮云四十強而仕五十艾服官政爲大夫爵得大夫子又爲大夫又一

得爲弟之子爲大夫者五十命爲夫自是當決六夫之子有德行乃

者豈待五十乃命之乎是以殤小功有大夫爲昆弟之長殤大夫既

一是弟殤因長幼爲大夫舉此服不得從常法相難也

喪服一　九四

敘次在此也

大夫爲祖父母適孫爲士者　疏曰祖[illegible]孫爲士者[illegible]

傳曰何以期也大夫不敢降其祖與適也　不敢降其祖與適則可降其旁親也

公妾以及士妾爲其父母　疏曰以出爲其父母

重出者以故次在此云公謂五等諸侯有八妾之謂一妻一妾中間猶有

大夫有妾大夫妻不言之者舉其卑[illegible]其中有妻妾爲父母可知

第九十四葉張本配入較早印葉優於傳本今改用張本

0011_0173-2

傳曰何以期也妾不得體君得爲其父母遂也然則女君有以尊其父母者與春秋之義雖爲天王后猶曰吾季姜是言子尊不加於父母此傳似誤矣禮妾從女君而服其黨服是嫌不自服其父母故以明之○疏曰問者以公子爲君厭爲巳母不在五服又爲巳母黨無服公妾既不得體君君不厭故妾爲父母得伸遂而服期也鄭欲破傳義故據傳云妾不得體君得爲其父母遂也然則女君體吾者有以尊厚其父母者與與猶不了執之辭也云春秋之義

大册四　小計　仪袁乳一　九五

0011_0174-1

者桓九年傳文云禮妾從其女君而服其黨者雜記文也鄭既以傳爲誤故自解之一則以女君不可降其父母二則經文兼有卿大夫士何得專據公子以決父母乎是以傳爲誤也

右齊衰不杖期

疏衰裳齊牡麻絰無受者無受者服是服而除不以輕服受之不著月數者天子諸侯葬異月也小記曰齊衰三月與大功同者繩屨○疏曰此齊衰三月章以其義服日月又少故在不杖章下此及下傳大功

0011_0174-2

皆不言冠帶者以其輕故略之至正大功言冠見其正猶不言帶緦麻又言緦麻餘又略之禮記云齊衰居堊室者據期故彼周亦云齊衰三月不居堊室注云不以輕服受之者凡變除皆因葬練祥乃行此服至葬即除無變服之理也天子諸侯葬異月者此章以三月爲主經中有寄公爲所寓又有舊君兼天子諸侯又有庶人爲國君鄭云天子畿内之民服天子亦如之天子七月葬諸侯五月葬爲之齊衰者皆三月葬其服至葬更服之葬後乃除是以不得言少以包多亦不得言多以包少也

卅一大　仪袁乳一　九六

0011_0175-1

記齊衰三月與大功同者繩屨雖尊卑異於恩有可同也○疏曰齊衰爲尊大功爲卑然大功以上同名重服故大功與齊衰三月可同繩屨謂以麻繩爲屨雖尊卑則異於恩有可同者也○小記

寄公爲所寓寓音遇○寓亦寄也爲所寓之國君服○疏曰此章論義服故以疏者爲首

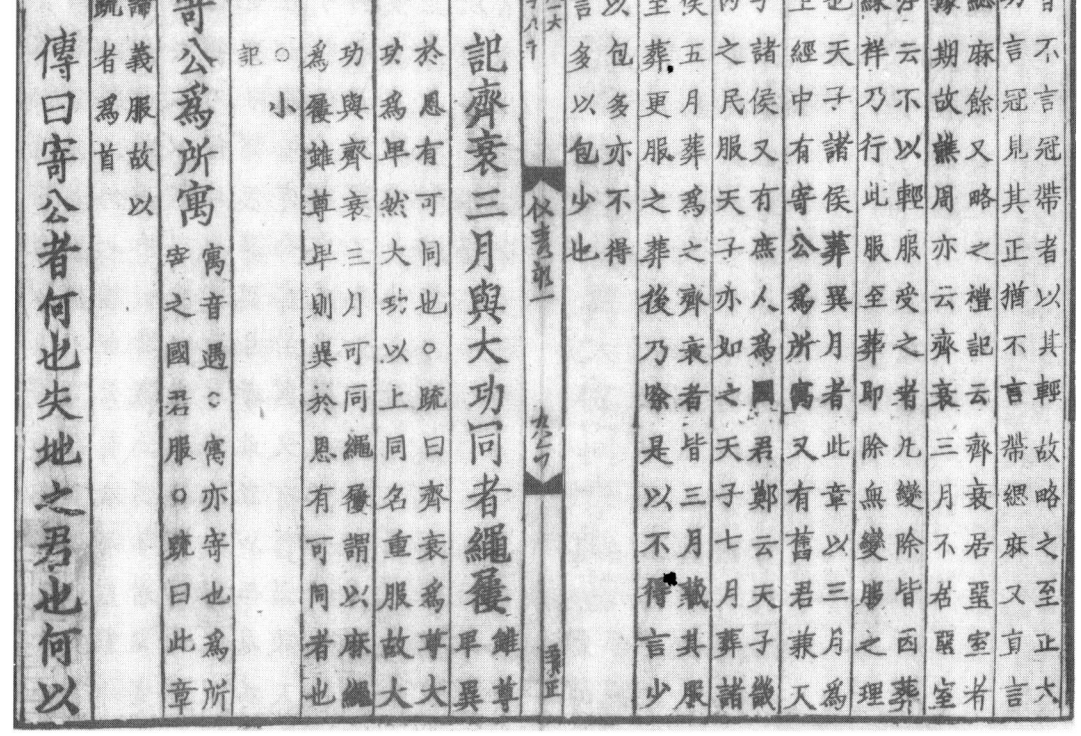

傳曰寄公者何也失地之君也何以

0011_0175-2

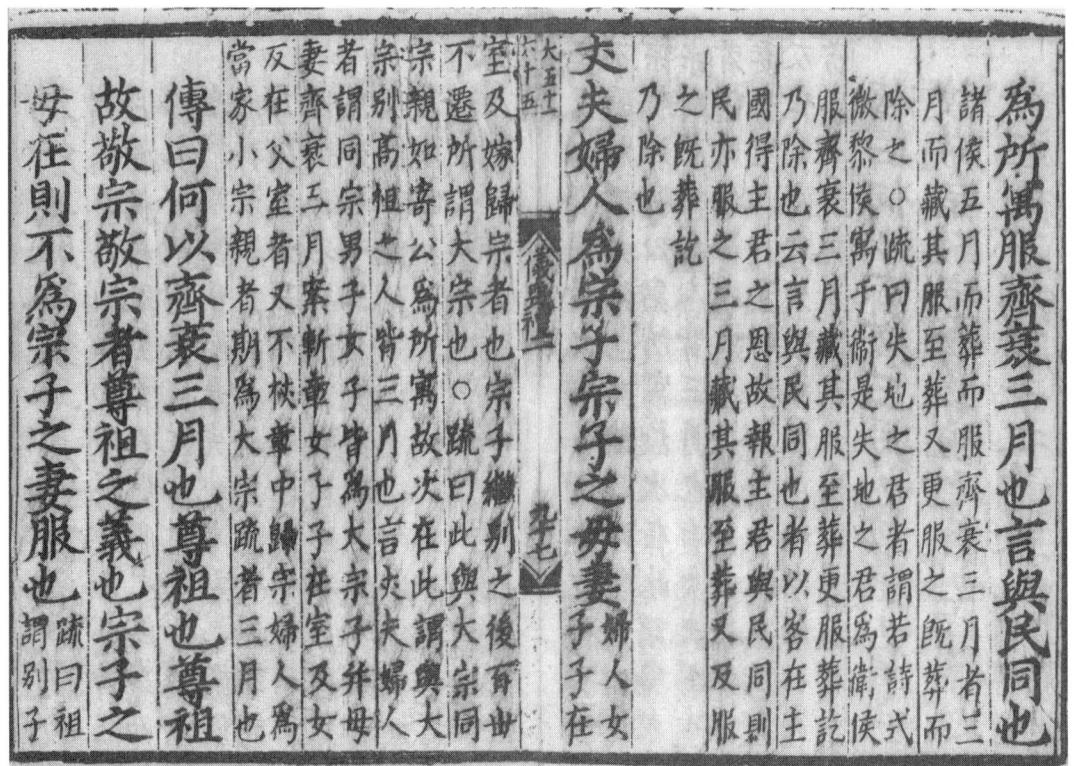

爲所寓服齊衰三月也言與民同也諸侯五月而葬而服齊衰三月者三月而藏其服至葬又更服之既葬而除之○疏曰失地之君者謂若詩式微黎侯寓于衛是失地之君爲衛侯服齊衰三月藏其服至葬更服葬訖乃除也云言與民同也者以客在主國得主君之恩故報主君與民同則民亦服之三月藏其服至葬又反服之既葬說乃除也

0011_0176-1

丈夫婦人爲宗子宗子之母妻婦人女子子在室及嫁歸宗者也宗子繼別之後百世不遷所謂大宗也○疏曰此與大宗同宗親如寄公爲所寓故次在此謂與大宗別高祖之人皆三月也言丈夫婦人者謂同宗男子女子皆爲大宗子并母妻齊衰三月案斬章女子子在室及女反在父室者又不杖章中歸宗婦人爲當家小宗親者期爲大宗疏者三月也

傳曰何以齊衰三月也尊祖也尊祖故敬宗敬宗者尊祖之義也宗子之母在則不爲宗子之妻服也疏曰祖謂別子

0011_0176-2

爲始祖百世不遷之祖當祭之日同宗皆來陪位及助祭故云尊祖也云尊祖故敬宗者是百世不遷之宗大宗者尊之統故同宗敬之尊祖之義也宗子之母在則不爲宗子之妻服也者謂宗子父已卒宗子主其祭王制云八十齊衰之事不與則母七十亦不與今宗子母在未年七十母自與祭母死宗人爲之服宗子母七十已上則宗子妻得與祭宗人乃爲宗子妻服也必爲宗子母妻服者以宗子燕食族人於堂其母妻亦燕食族人之婦於房皆序以昭穆故族人爲之服也○記宗子孤爲

0011_0177-1

殤大功衰小功衰皆三月親則月算如邦人言孤有不孤者不孤則族人不爲殤服服之也不孤謂父有廢疾若年七十而老子代主宗事者也孤爲殤長殤中殤大功衰下殤小功衰皆如殤服而三月謂與宗子絕屬者也親謂在五屬之內算數也月數如邦人者與宗子有期之親者成人服之齊衰期長殤大功衰九月中殤大功衰七月下殤小功衰五月有大功之親者成人服之齊衰三月卒哭受以大功衰九月其長殤中殤大功衰五月下殤小功衰三月有小

功之親者成人服之齊衰三月卒哭受以小功衰五月其殤與絕屬者同有緦麻之親者成人及殤皆與絕屬者同○疏曰云孤爲殤者謂無父未冠而死者云大功衰小功衰者以其成人齊衰故長殤中殤皆在大功衰下殤在小功衰也云皆三月者以其衰雖降月本三月法一時不可更服故還依本三月也云親則月筭如邦人者上三月者是絕屬者若在五屬之内親者月數當依本親爲限如邦人也云下孤則族人不爲殤服服之也者以父在猶如周之道有適子無適孫以其父在爲適子則不爲適孫

服同於庶孫明此本無服亦不爲之服殤也不孤謂父有廢疾若年七十而老子代主宗事者與宗子有期之親者成人服之齊衰期者謂宗子親昆弟姑姊妹在室之等皆是也自大功親已下盡小功親以上成人月數雖依本皆服齊衰者以其絕屬者猶齊衰三月明親者無問大功小功緦麻皆齊衰者也既皆齊衰故三月既葬受服乃始受以大功小功衰也至於小功親已下殤與絕屬者同者以其成人小功五月殤即入三月是以與絕屬者同大功衰小功衰皆三月故與絕屬者同也云有緦麻之親者

張本下象鼻題志監生秦淳五字傳本剪去之

成人及殤皆與絕屬者同者以其絕屬者爲宗子齊衰三月緦麻親亦三月是以成人及殤死皆與絕屬者同也○本經訖

爲舊君君之母妻 疏曰舊君舊蒙恩深以對於父今雖退歸田野不忘舊德故次在宗子之下也但爲舊君有二一則致仕二則待放未去此則致仕者也

傳曰爲舊君者孰謂也仕焉而已者也何以服齊衰三月也言與民同也

君之母妻則小君也 仕焉而已者謂老若有廢疾而致仕者也爲小君服者恩深於民○疏曰此經上下臣爲舊君有二故發問云仕焉而已者傳意以下爲舊君是待放之臣以此爲致仕之臣也云何以服齊衰三月者怪其舊臣斬衰今服三月也言與民同也者以本義合今義已斷故抑之使與民同也下文庶人爲國君無小君是恩淺此爲小君是恩深於民也

庶人爲國君 不言民而言庶人庶人或有在官者天子畿内之民

0011_0179-2

天子畿之○疏曰云庶人在官者謂府史胥徒士之百庶人著在官者亦之己天子畿內之民不知之者以其外上公五百里侯四百里已下其民亦服君三月則畿內千里專屬天子亦知諸侯之畿內也○斬衰君條外宗為君夫人猶內宗也此條通畿當互考

大夫在外其妻長子為舊國君 在外待放已去者○疏曰此大夫在外不言為本君服與不服者案雜記云違諸侯之大夫不反服違大夫之諸侯不反服以其尊卑不敵若所仕敵乃反服舊君服則此大

喪服一

夫已去他國不言服者以其君尊卑不敵不反服者也是以直言其妻長子為舊國君

0011_0180-1

傳曰何以服齊衰三月也妻言與民同也長子言未去也 妻雖從夫而出古者大夫不外娶婦人歸宗往來猶民也春秋傳曰大夫越境逆女非禮君臣有合離之義長子去可以無服○疏曰妻本從夫服君今夫已絕妻不合服而服之長子本為君斬者亦大夫之子得行大夫禮從父而服之今父已絕於君

0011_0180-2

亦當不服矣而皆服衰三月故發問也君臣有合離之義謂諫爭而從是有義則合三諫不從是無義則離子既隨父故去可以無服矣○**記**

違諸侯之大夫不反服違大夫之諸侯不反服 其君尊卑異也違猶去也去諸侯仕諸侯去大夫仕大夫乃得為舊君服○疏曰去諸侯諸不便其君及辟仇也之往也已若本是諸侯臣如去往仕大夫此是自尊適卑若舊君死則此臣不反服謂今仕卑君不可反服於前之尊君也違大夫之諸侯不反服者此謂本是

儀喪禮一　百三

大夫臣今去仕諸侯此是自卑適尊若猶服卑君則為新君之恥也故亦不反服舊君也○雜記

○仕而未有祿者違而君薨弗為服也 以其恩輕也違去也○疏曰違去也謂三諫不從以禮去者若已有祿恩重者雖放出仕他國而所仕者敵則猶反服今此未得祿之臣唯在朝時乃服若放出他邦而故君薨所仕雖敵亦不反服也以其本無祿恩輕故也○檀弓

○孔子曰管仲遇盜取二人焉上以為公臣曰其所

0011_0181-1

張本下象鼻題監生戴彝四字傳本剪去之

0011_0181-2

與遊辟也可人也言此人可也但著惡人之中使之犯

法管仲死桓公使爲之服宦於大夫

者之爲之服也自管仲始也有君命

焉爾也言記失禮所由也善桓公不忘賢者之舉宦猶仕也此仕於大夫更升於公實違大夫之諸侯同爾禮不反服○雜記

繼父不同居者嘗同居今不同○疏曰此則期章云必嘗同居

然後爲異居者也但章皆有傳惟庶人爲國君及此經文不傳者以其庶人已

於嘗父上下舊君繼父已於期章釋訖是以皆不言也

八十二小二九 儀禮疏一 百三 蔡逵

0011_0182-1

記異居則服齊衰三月必嘗同居然

後爲異居未嘗同居則不爲異居

不杖期章繼父同居條○有主後者爲異居

曾祖父母疏曰曾高本合小功加至齊衰故次繼父之下此經直云

曾祖不言高祖案下緦麻章鄭注云族祖父者亦高祖之孫則高祖有服明矣

是以此注亦兼曾高而説也不言者見其同服故也

0011_0182-2

傳曰何以齊衰三月也小功者兄弟

之服也不敢以兄弟之服服至尊也

正言小功者服之數盡於五則高祖宜緦麻曾祖宜小功也據祖期則曾

祖宜大功高祖宜小功也高祖曾祖皆有小功之差則曾孫玄孫爲之服

同也重其衰麻尊尊也減其日月恩殺也○疏曰服之數盡於五者自斬

至緦也云則高祖宜緦麻曾祖宜小功也據爲父期而言故三年問云至

親以期斷然則何以三年也曰加隆焉爾也是本爲父期則爲祖宜大功

三十九二九四 儀禮疏一 百四 蔡逵

0011_0183-1

曾祖宜小功高祖宜緦麻爲父加隆三年則爲祖宜期曾祖宜大功高祖

宜小功云高祖曾祖皆有小功之差此鄭揔釋傳云小功者兄弟之服其

中含有高曾二祖而言之也又云則曾孫玄孫爲之服同也者曾祖中既

兼有高祖是以云曾孫玄孫各爲之齊衰三月也既不以兄弟之服服至

尊故云重其衰麻謂義服六升衰九升冠尊此尊者也減五月爲三月者

恩殺故也○爲所後者之祖父母若子詳見

斬衰章爲人後者條

第一百五葉張本配入較早印葉優於傳本今改用張本

大夫爲宗子 疏曰大夫尊降旁親皆等尊祖敬宗是以大夫雖尊不降宗子宗子既不降母妻不降可知

傳曰何以服齊衰三月也大夫不[illegible]

降其宗也

舊君 大夫待放未去者○疏曰舊君以重出故次在此也

傳曰大夫爲舊君何以服齊衰三[illegible]

也大夫去君埽其宗廟故服齊衰三

儀禮疏一　百五　陳有

月也言與民同也何大夫之謂乎言

其以道去君而猶未絕也 以道去君爲三諫不從待放於郊未絕者言爵祿尚有列於朝出入有詔於國妻子自若民也○疏曰三諫不從在境待放得環則還得玦則去如此者謂之以道去君有罪放逐爲非道去君大夫去君埽其宗廟猶爲舊君服若君不使婦[illegible]宗廟是得玦而去則不服矣妻子[illegible]君民也者此鄭還約上大夫在外[illegible]妻長子爲舊國君也不言士者此[illegible]有此法士雖有

0011_0185-1　　0011_0184-2

諫不從出國之時案曲禮踰竟素服乘髦馬不蚤鬋不御婦人三月而復即向他國無待放之法是出國即不服舊君矣是以此舊君唯有大夫也不言公卿及孤者詩云三事大夫則三公亦號大夫矣

曾祖父母爲士者如衆人

傳曰何以齊衰三月也大夫不敢降

其祖也 疏曰經不言大夫傳爲大夫解之者以其言曾祖爲士者故知對大夫爲之服

儀禮疏一　一百六　陳求

女子子嫁者未嫁者爲曾祖父母 疏曰此亦重出故次在男子曾孫下也但未嫁者同於前爲曾祖父母今并言者女子子有嫁逆降之理故因已嫁并言未嫁

傳曰嫁者其嫁於大夫者也未嫁者

其成人而未嫁者也何以服齊衰三

月不敢降其祖也 注曰言嫁於大夫者明雖尊猶不降

也成人謂年二十已笄醴者也此者[illegible]降明有所降○疏曰雖尊猶[illegible]

0011_0185-2

殤適士者不降可知也云成人謂
二十已笄醴者二十已笄以醴禮之
若十五許嫁亦笄爲成人但鄭據二
十笄者而言之案上章爲祖父母又
女子子爲祖父母傳不言不敢降至
此乃言者謂曾祖輕尚不降况祖父
母重者不降可知見舉輕以見重也
云此著不降明有所降者案大功章
女子子嫁者未嫁者爲世叔父母如
此類是有所降也○妾爲女君之黨
服見不杖期章女子子
適人者爲其父母條

右齊衰三月

0011_0186-1

大功布衰裳牡麻絰無受者大功布者
其鍛治之
功麤沾之○疏曰章次此者以其本服
齊衰斬爲殤死降在大功故在正大功
之上義齊衰之下也不云月數者下文
有纓絰無纓絰言七月九月彼已見月
故於此略之云無受者不以輕服受之
云大功布者其鍛治之功麤沾之者斬
衰皆不言布與功以其哀痛極未可言
布體與人功至此輕可以見之斬衰章
傳云冠六升不加灰則此七升言鍛治
可以加灰矣但麤沾而已言大功者用
功麤大故沽疏其言小
者對大功是用功細小

0011_0186-2

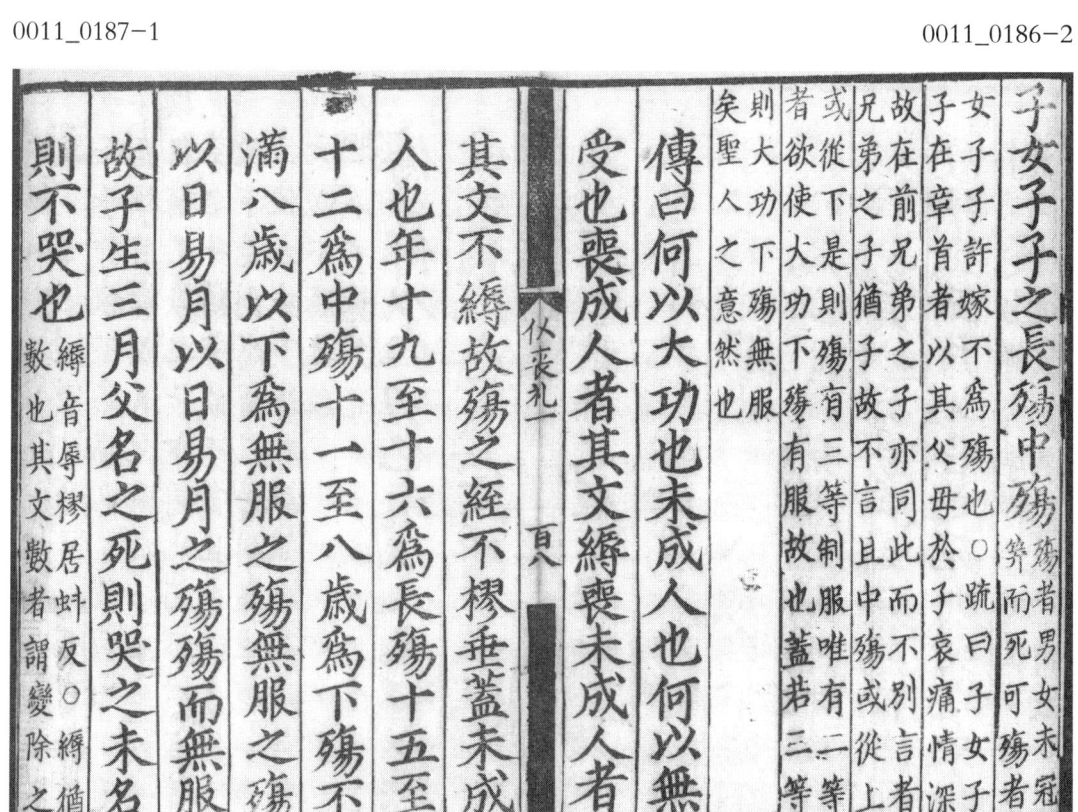

子女子子之長殤中殤殤者男女未冠
笄而死可殤者
女子子許嫁不爲殤也○疏曰子女子
子在章首者以其父母於子哀痛情深
故在前兄弟之子亦同此而不別言者
兄弟之子猶子故不言且中殤或從上
或從下是則殤有三等制服唯有二等
者欲使大功下殤有服故也蓋若三等
則大功下殤無服
矣聖人之意然也
傳曰何以大功也未成人也何以無
受也喪成人者其文縟喪未成人者

0011_0187-1

其文不縟故殤之絰不樛垂蓋未成
人也年十九至十六爲長殤十五至
十二爲中殤十一至八歲爲下殤不
滿八歲以下爲無服之殤無服之殤
以日易月以日易月之殤殤而無服
故子生三月父名之死則哭之未名
則不哭也縟音辱樛居虯反○縟猶
數也其文數者謂變除之

張本下象鼻題監生戴彝四字傳本剪去之

0011_0187-2

者不絞其帶之（……帶以日……）

凡言亡者殊之……

殤但□○……人皆期以…… 人故殤至大功……成人至……

輕服受之……長……成人即無受…… 殤皆以四年……取法四時數……

易數……以八歲以上爲有服之歲 以下爲無服者案家語本命云男子……

八月生齒八歲齔齒故八歲以上爲…… 有服之殤也傳必以三月造名……

0011_0188-1

之者以其三月一時天氣變有所事 殤人所加憐故據名爲服也云未名

則不哭也者不以日易月而哭初死 亦當有哭而已注云縗除之節者

人之長殤以輕服受之男子除於 首婦人除於帶是也今於殤則無此

變除之節數月滿則除之又云不樛 垂者不絞帶之垂其裏至小斂皆散

垂 服之麻縗麻帶大功以上 帶 至成服乃絞之小功以下

之今緦大功亦於小斂 ……亦散不絞與……

……生一……則 ……有上……

0011_0188-2

然此則惟據公之……凡 言子可以兼男女者謂若期章云子

又云昆弟之子是子中兼男女也云 女子子者殊之以子關適庶關遠也

爲子中通有長適若中人爲之斬衰 今殤死與衆子同者以殤不成人如

殺物未熟故同殤大功也列言子者 見斯義也王肅馬融以爲日易月者

以哭之日易服之月殤之葬親則以 旬有三日哭緦麻之親則以三日爲

制昔緦哭緦麻三月喪與七歲同又 此傳承父母子之下而哭緦麻孩子

疏失之甚也○此章子夏傳文通言 爲殤之義不專爲子女子子而言也

0011_0189-1

今以其舊文在此不敢輒易○記丈 凡傳記言殤者悉附於其下

夫冠而不爲殤婦人笄而不爲殤 言成

人也婦人許嫁而笄未○伯姬卒此 許嫁與丈夫同○小記

未適人何以卒許嫁矣婦人許嫁字

而笄之死則以成人之喪治之 僖公九年

春秋公羊傳○又文十 六年子叔姬卒傳同 ○許嫁笄而

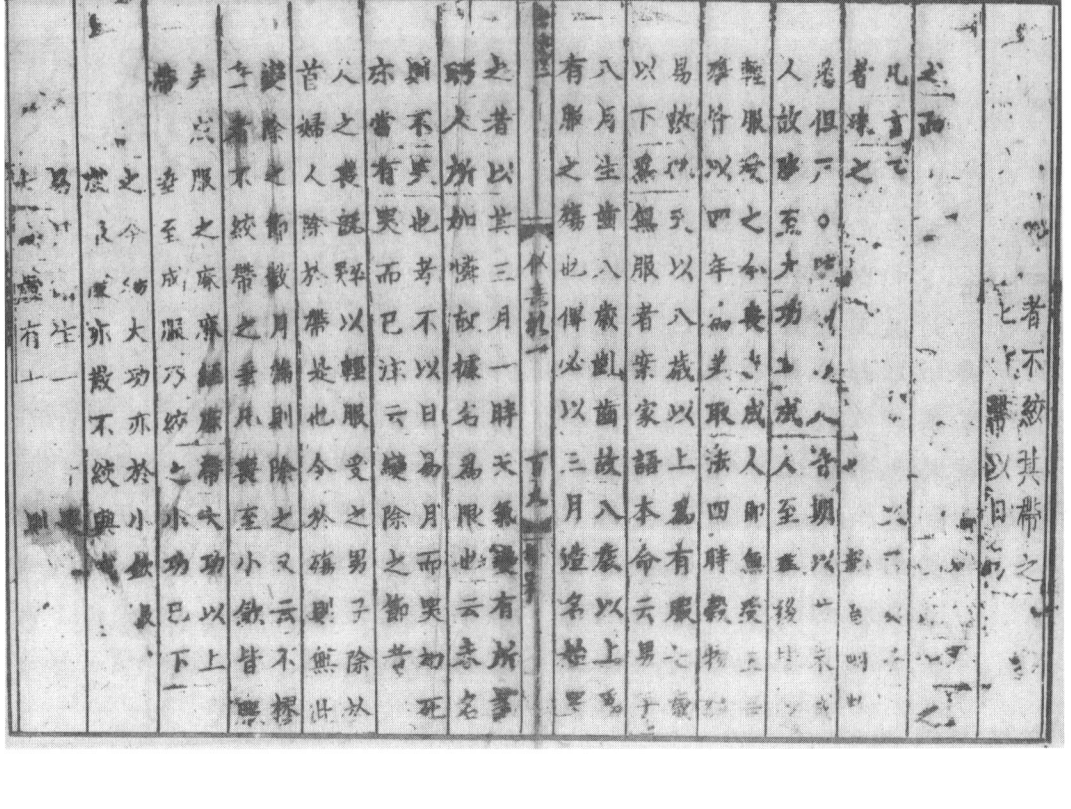

字之死則以成人之喪治之 許嫁于 諸侯尊……

0011_0189-2

同則服大功九月者丼𥡴象爲之𩯭
𩯭其首以爲飾成人著之○叕𦃇傳

○戰于郎郎魯近邑也第十一年公
齊國書帥師伐我是也

叔禺人遇負杖入保者息禺音遇又
音務遇見

也見走辟齊師將入保罷倦加其杖
項上兩手掖之休息者保縣邑小城

禺人昭公之子春秋傳曰公叔務人
○疏曰案左氏傳云務人即公爲也

故云昭公子此作禺人者
禺務聲相近聲轉字異也曰使之雖

病也謂時
繇役任之雖重也謂時
賦稅君子不

六四十二　七十二大　儀禮經一　一百十一

0011_0190-1

能爲謀也士弗能死也不可君子謂
卿大夫

也曾政既惡復無謀臣士
又不能死難禺人恥之我則既言

矣欲敵齊師
賊其言與其鄰重汪踦往皆死

焉重依注音童汪音黃反踦魚綺反
○奔敵死齊寇鄰鄰里也重皆當

爲童童未冠者之稱𦃇汪
名踦春秋傳曰童汪踦魯人欲勿

殤童汪踦見其死君事有士行欲以
成人之喪治之言魯人者

死君事國
爲辟敵問於仲尼仲尼曰能執干

0011_0190-2

戈以衛社稷雖欲勿殤也不亦可乎

善之○疏曰言其可
不爲殤也○檀弓

叔父之長殤中殤

姑姊妹之長殤中殤

昆弟之長殤中殤

夫之昆弟之子女子子之長殤中殤妾
服

見大功章大夫之
妾爲君之庶子條

小二三十　大九十二　儀禮經一　一百十二

0011_0191-1

適孫之長殤中殤

大夫之庶子爲適昆弟之長殤中殤

公爲適子之長殤中殤○大夫爲適子

之長殤中殤公君也諸侯大夫不降適
殤者重適也天子亦如之

○疏曰自叔父至大夫庶子爲適昆弟
之長殤中殤皆是成人齊衰期長殤中

殤降一等在大功故於此總見之又
皆尊卑爲前後次第作文也云公爲適

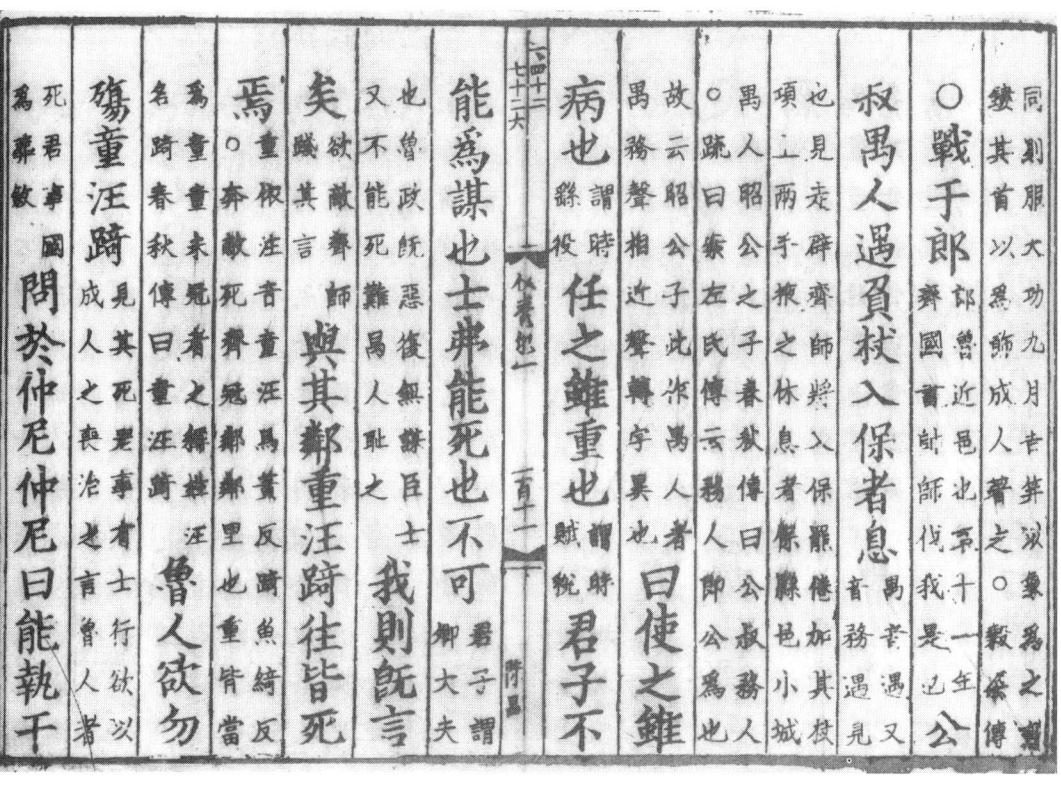

子大夫爲適子皆是正統成人斬衰今
爲殤死不得著代故入大功特言適子

0011_0191-2

者天子諸侯於庶子則絕而無服大夫於庶子降一等故於此不言唯言適子也若然二適在下者亦為重出其文故此注云公君也者直言公恐是公士之公及三公與孤皆號公故訓為君見是五等之君言天子亦如之者以其天子與諸侯同絕宗故也

其長殤皆九月纓絰其中殤七月不纓絰

絰有纓者為其重也自大功以上絰有纓以一條繩為之小功以下絰無纓也○疏曰絰之有纓所以固絰猶冠之有纓以固冠亦結於頤下也五服之正無七月之服

儀喪禮一　一百十三

0011_0192-1

唯此大功中殤有之故禮記云九月七月之喪三時是也云絰有纓者為其重也者以經云九月纓絰七月不纓絰故知絰有纓為其情重故也自大功已上絰有纓此鄭廣解五服有纓無纓之言但諸文唯有冠纓不見絰有纓之文鄭撿此絰長殤有纓法則知成人大功已上絰有纓明矣鄭知一條繩為之者見斬衰冠繩纓通屈一條繩武垂下為纓故知此絰之纓亦通屈一條為之絰垂下為纓可知小功已下絰無纓也者亦以此紆中殤七月絰無纓明小功五月已下絰無纓可知

0011_0192-2

右殤大功九月七月

大功布衰裳牡麻絰纓布帶三月受以小功衰即葛九月者

受猶承也凡天子諸侯卿大夫既虞士卒哭而受服正言三月者天子諸侯無大功主於大夫士也此雖有君為姑姊妹女子子嫁於國君者非內喪也○疏曰此成人大功章輕於前殤章既略於此具言云天子七月而葬諸侯五月而葬虞而受服絰正言三月者以其天子諸侯絕旁期無此大功喪大夫士三月而葬大夫除死月數亦得為三月也

儀喪禮一　一百十四

云非內喪也者彼國自以五月葬後服此諸侯為之自以三月受服同於大夫士故云主於大夫士也

0011_0193-1

傳曰大功布九升小功布十一升

此受之下也以發傳者明受盡於此也又受麻絰以葛絰間傳曰大功之葛與小功之麻同○疏曰云大功布九升小功布十一升者此章有降有正有義降則衰七升冠十升正則衰八升冠亦十升義則衰九升冠十一升十升者降小功十一升者正小功傳以受服不言降大功與正大功有言義

0011_0194-1　0011_0193-2

大功之受者，鄭云此受之下也。據受之下發傳者，明受盡於此。義服大功以其小功至葬唯有變麻服葛，因故衰無受服之法，故傳據義大功而言受以小功葛者，以其大功既葬，其麻絰也。引間傳者，證經大功既葬變麻爲葛，五分去一，大小與小功初死同，即間傳云大功之葛小功之麻同一也。○司服：卿大夫之服，自玄冕而下如孤之服，其凶服加以大功小功；士之服，自皮弁而下如大夫之服，其凶

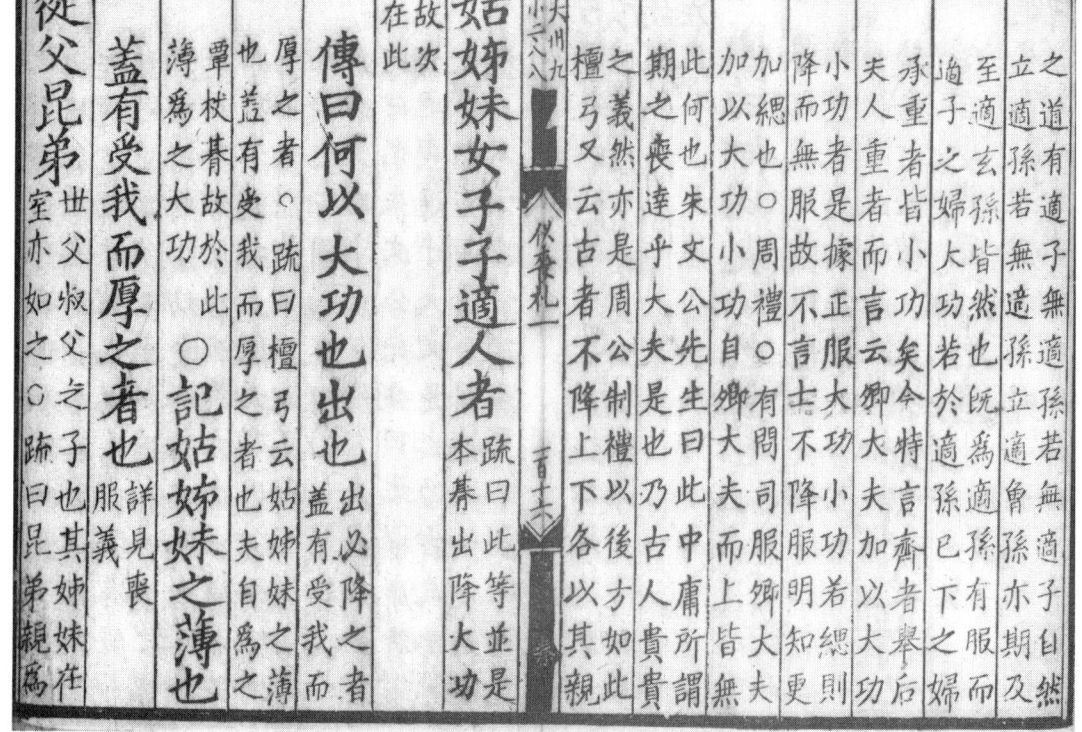

大四千九　小二百　儀禮一　一百十五　秦淳

服亦如之。喪服天子諸侯齊斬而已，亦如之人加緦焉。○疏曰：大夫之凶服加以大功小功者，天子諸侯自旁期以下皆絶而不爲服，大夫加以大功小功，謂本服大功小功者，其降一等，小功降仍有服，緦者其本服之緦則降而無服。云士之凶服亦如之者，亦如大夫有大功小功，但士無降服，則亦有緦服，故鄭增之也。云喪服天子諸侯齊斬而已者，欲見大夫言大功小功，天子諸侯不言之意也。天子諸侯絶旁期，此云齊者，據爲后夫人而言。若然，天子於適子承重亦期，周

0011_0195-1　0011_0194-2

之道有適子無適孫，若無適子，自然立適孫；若無適孫，立適曾孫，亦期；及至適玄孫皆然也。既爲適孫有服，而適子之婦大功，若於適孫已下之婦承重者，皆小功矣。今特言齊者，舉后夫人重者而言。云卿大夫加以大功小功者，是據正服大功小功，若緦則降而無服，故不言。士不降服，明知更加緦也。○周禮○有問：司服卿大夫加以大功小功，自卿大夫而上皆無，此何也？朱文公先生曰：此中庸所謂期之喪達乎大夫是也，乃古人貴貴之義。然亦是周公制禮以後方如此，檀弓又云古者不降，上下各以其親。

姑姊妹女子子適人者。疏曰：此等並是本朞，出降大功，

大卅九　小二六八八　儀禮一　一百十六

故次在此。

傳曰：何以大功也？出也。出必降之者，蓋有受我而厚之者。○疏曰：檀弓云姑姊妹之薄也，蓋有受我而厚之者也。夫自爲之覃杖朞，故於此。○記：姑姊妹之薄也，薄爲之大功，蓋有受我而厚之者也。詳見喪服義。

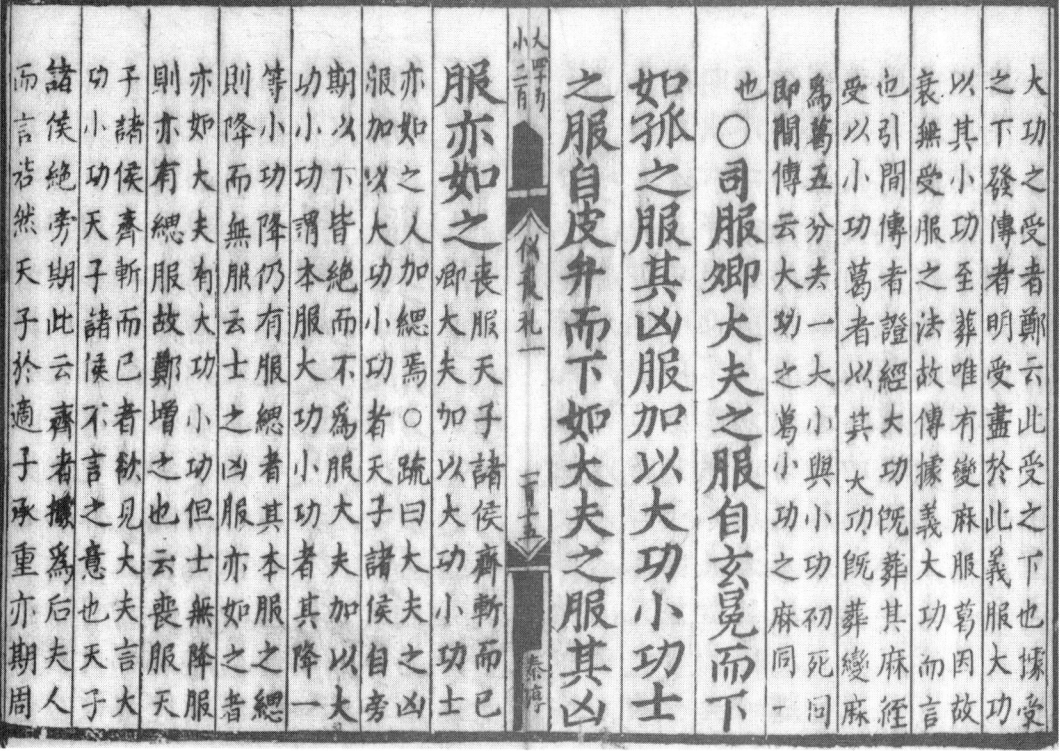

從父昆弟。世父叔父之子也。其姊妹在室亦如之。○疏曰：昆弟親爲

0011_0195-2

□□□從□昆弟降一等止於父與祖

禮己父一緦

親以始服故一等也

爲人後者爲其昆弟 疏曰在此者以小功二後大宗一

使厚於大宗之親故抑之在從父昆弟之下

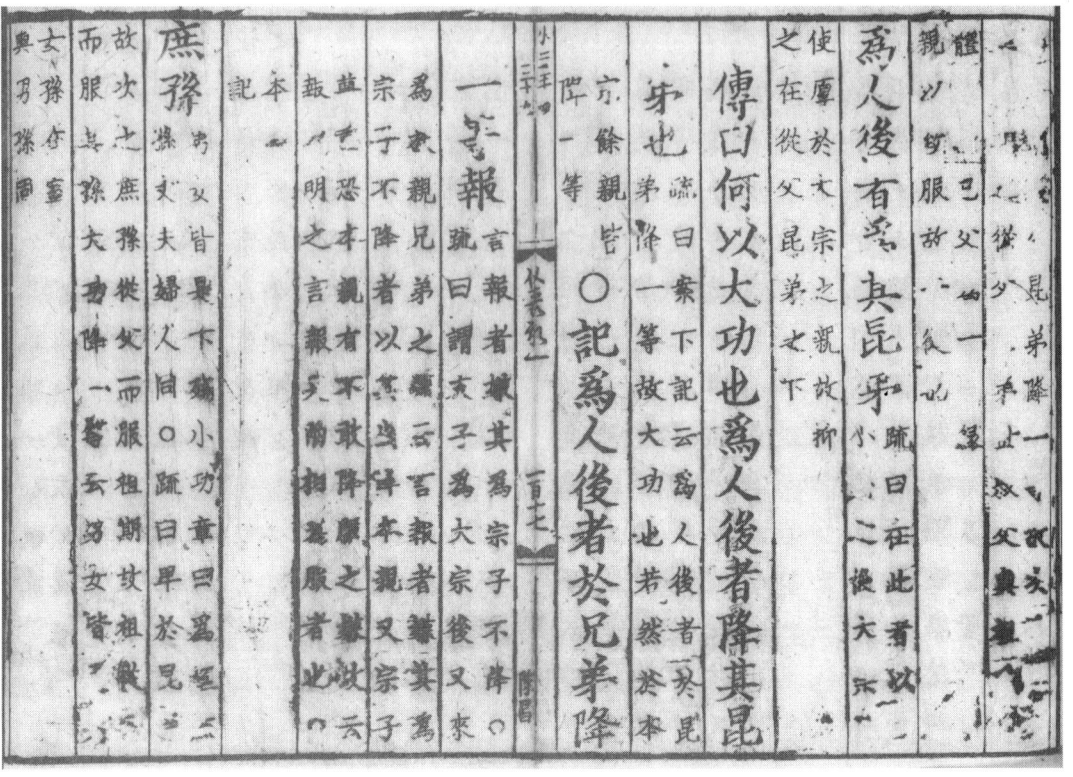

傳曰何以大功也爲人後者降其昆弟也 疏曰案下記云爲人後者於昆弟降一等故大功也若然於本宗餘親皆降一等 ○記爲人後者於兄弟降

儀禮經傳一 一百十七

0011_0196-1

一等報 言報者據其爲宗子不降○疏曰謂支子爲大宗後又來爲本親兄弟之喪云言報者兼其爲宗子不降者以其必降本親又宗子並恐本親有不敢降服之嫌故云報以明之言報者兼服者也○

本記

庶孫 男女皆是下殤小功章曰爲姪庶孫丈夫婦人同○疏曰早於昆□故次之庶孫從父而服祖期故祖爲□而服其孫大功降一等云男女皆□

女孫在室與男孫同

0011_0196-2

適婦 適婦適子之妻○疏曰□父之其婦從夫而降□舅姑從子而服其婦大功降一等者也

傳曰何以大功也不降其適也 婦言適者從夫名○疏曰父母爲適長三年今爲適婦不降一等服期者長子本爲正體於上故加至三年婦直是適子之妻無正體之義故直加於庶婦一等大功而已 ○記適婦不爲舅後者則姑爲之小功 謂夫有廢疾者他故若死而無子不受重者小功庶

儀禮經傳一 一百十八

0011_0197-1

婦之服也凡父母於子舅姑於婦將不傳重於適及將所傳重者非適服之皆如衆子庶婦也○疏曰見將所傳重非適者爲無適子以庶子傳重及養他子爲後者也○小記

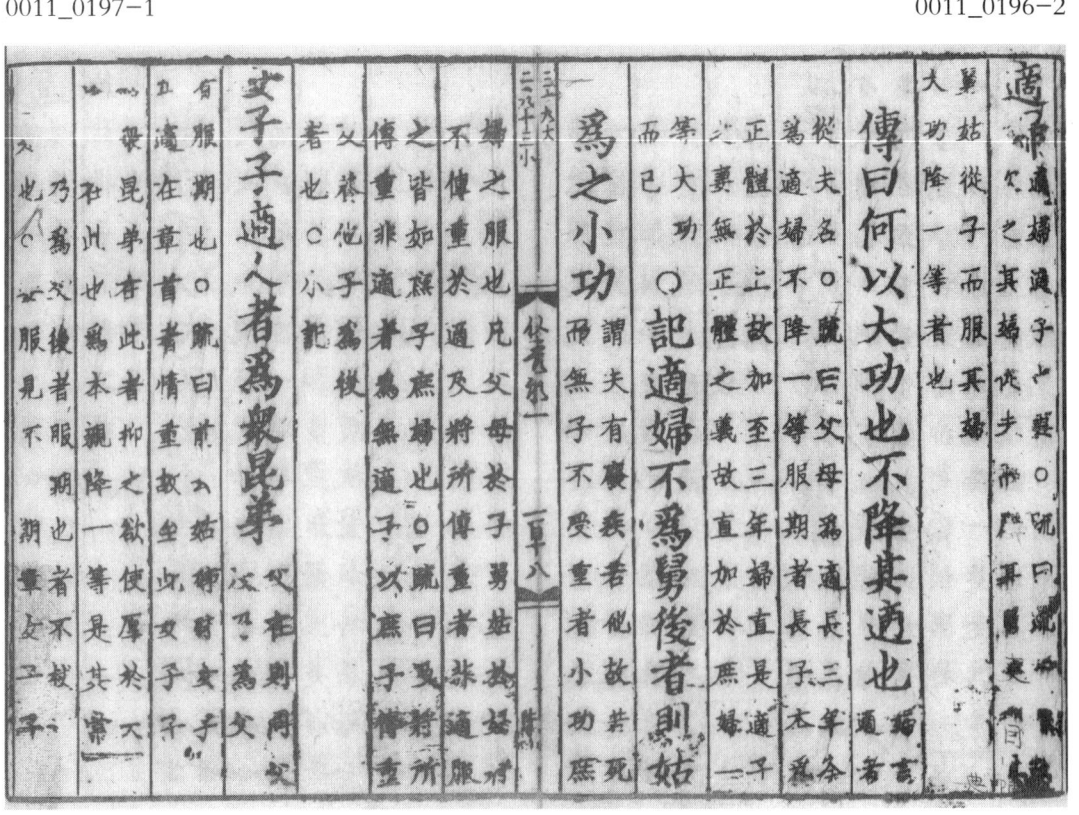

女子子適人者爲衆昆弟 父在則同父没乃爲父有服期也○疏曰前不杖章女子子在適在章首者情重故也此女子子一下成昆弟者此者抑之欲使厚於大和州也爲本親降一等是其常乃爲父後者服期也者不杖也○服見不期章女子

0011_0197-2

[illegible]為其 [illegible]服

姪丈夫婦人報 [illegible]姪安服同○釋曰 [illegible]於昆弟故上之不

言男子女子[illegible]之者婦人者姑與姪 言丈夫婦人[illegible]以[illegible]婦人見嫁出者

喪者[illegible]為父[illegible]亦長大 之稱謂[illegible]鄭還以男解之

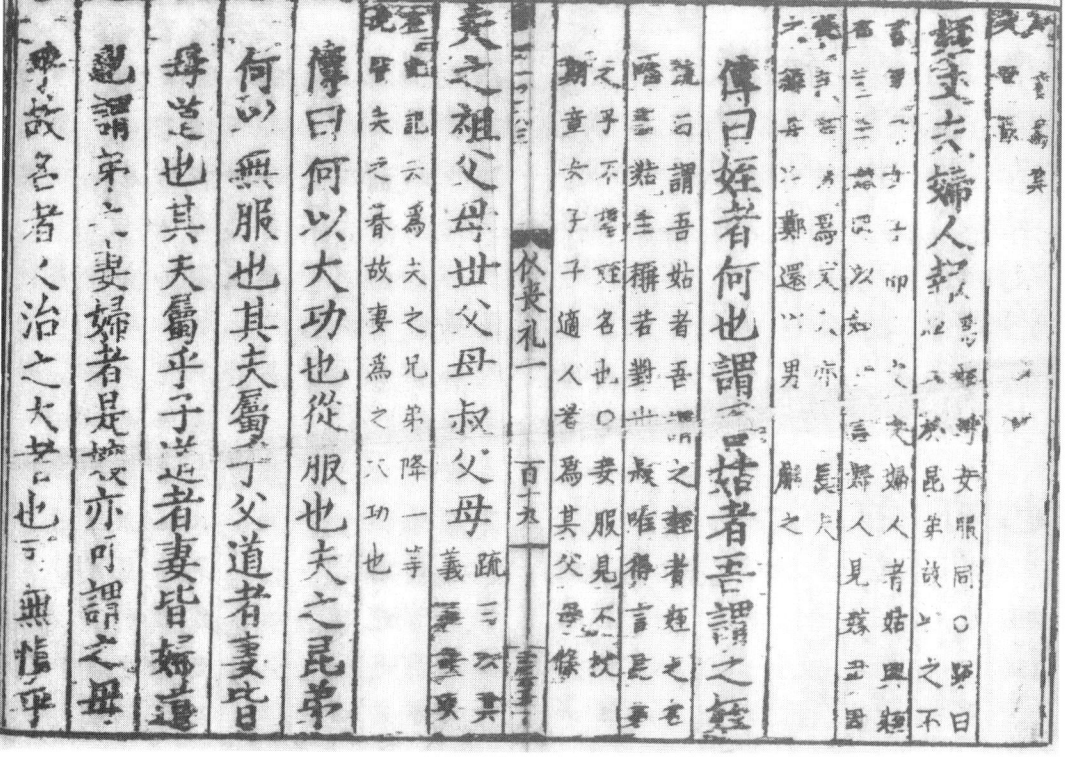

傳曰姪者何也謂吾姑者吾謂之姪

注云謂吾姑者吾謂之姪者姪之名 唯對姑生稱若對世叔唯得言昆弟之子

之子不得姪名也○妻服見不杖 期章女子子適人者為其父母條

儀禮一　百十九

0011_0198-1

夫之祖父母世父母叔父母 疏曰其義[illegible]

注記云為夫之兄弟降一等 釋曰夫之昏故妻為之大功也

傳曰何以大功也從服也夫之昆弟

何以無服也其夫屬乎父道者妻皆

母道也其夫屬乎子道者妻皆婦道

也謂弟之妻婦者是嫂亦可謂之母

乎故名者人治之大者也可無慎乎

0011_0198-2

按本又無[illegible]同[illegible]治直吏反○ 道猶行也言婦[illegible]無常秩嫁於

父行則為母行[illegible]子行則為婦行 謂弟之妻為婦者卑遠之故謂之婦

嫂者尊嚴之[illegible]亦可謂之母乎 嫂猶叟也叟[illegible]稱也是為序男女

之別[illegible]若已[illegible]婦之服服兄弟之 妻兄弟之妻[illegible]男子之服服已則是

亂昭穆之序也治猶理也父母兄弟 夫婦之理人倫之大者可不慎乎大

傳曰同姓從宗合族屬異姓主名治 際會名著而男女有別○疏曰從服

者從夫而服故大功也夫之昆弟何 以無服已下總論兄弟之妻不為夫

儀禮一　百廿

0011_0199-1

之兄弟服夫之兄弟不為兄弟妻服 之事也若以弟妻為婦即以兄妻為

母而以母服服兄妻人以婦服服弟 妻又使妻以舅服服夫之兄又使兄

妻以子服服己夫之弟則兄弟反為 父子亂昭穆之次序故聖人深塞亂

源使兄弟之妻不熟母婦之名不相 為服也引大傳云同姓從宗合族屬

者謂大宗子同是正姓姻妻之類屬 聚也合聚族人於宗子之家在堂下

行食燕之禮即繫之以姓而弗別綴 之以食而弗殊是也又云異姓主名

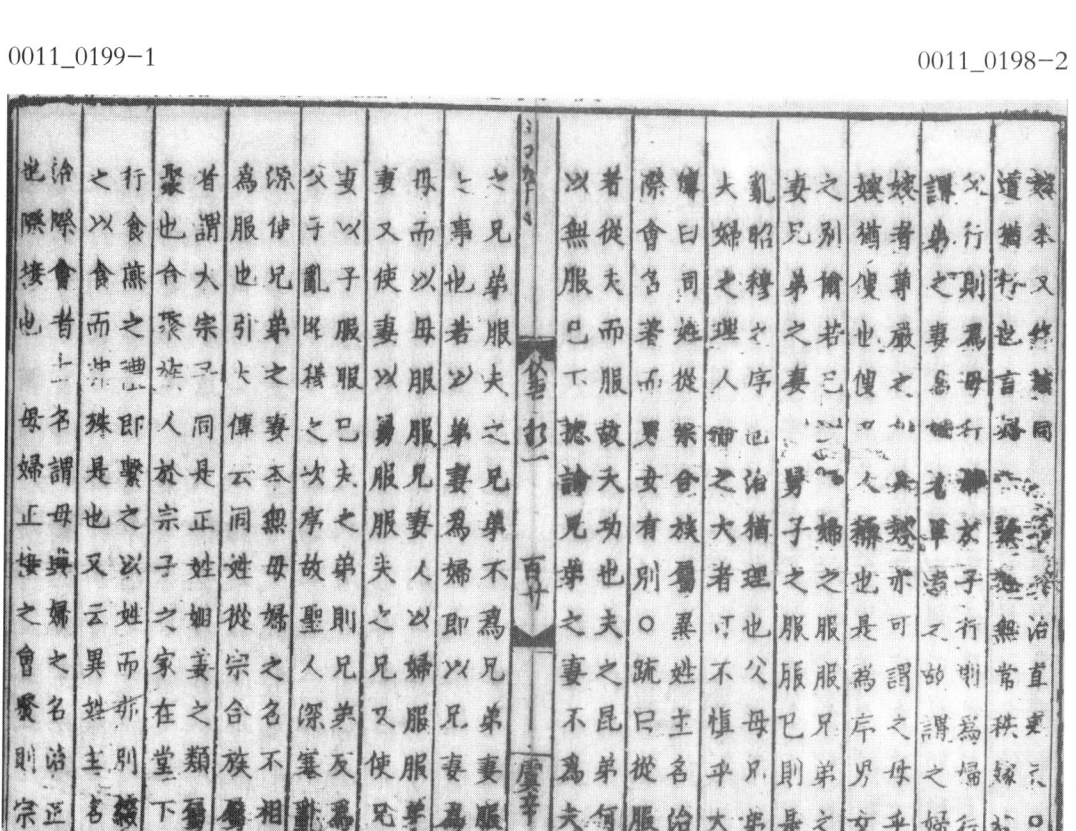

治際會者[illegible]名謂母與婦之名治正 世際接也[illegible]母婦正接之會聚則宗

0011_0199-2

之妻食撫族人之婦於旁是者男女有別者謂母婦之名男女各有分別而無淫亂也○讀及傳素曰反○先師朱文公案本下云今案傳意本謂弟妻爲婦兄妻不得爲母故反言以曰昔謂弟妻爲婦則是兄妻之母矣而可乎言其不可遠弟妻而止謂之婦也注疏今論於此而頗刊定其疏云○九大功章大夫之爲君之庶子條

大夫爲世父母叔父母子昆弟

0011_0200-1

子爲士者 子謂庶子○疏曰大夫爲此八者本恭合以爲士故降三亦重出此文故次在此云子子若長子在斬章故謂庶子也

傳曰何以大功也尊不同也尊同則服其親服 尊同謂亦爲大夫者親服期○記大義 詳見斬衰父條○大夫公之昆弟大夫之子於兄弟降一等 兄弟猶言族親見以此求之○疏曰此三條大夫以尊降昆弟以

0011_0200-2

尊降大夫之子以厭降是以總云降一等上經當已言訖今又言之者以雖言之恐猶不盡記人總結之是以鄭云凡不見者以此求之云兄弟猶言族親也者以下云小功以下爲兄弟恐此兄弟亦據小功已下得降故云猶族親也則此兄弟及爲人後者爲兄弟皆非專據小功已下猶族親○所容廣也○本經記

君之所爲兄弟服室老降一等 公士大夫之君○疏曰天子諸侯絕今言爲兄弟服明是公士大夫之君於旁親降一等者室老家相降一等不言士士邑宰遠臣不從服若然室老似正君近臣故從君所服也○同上

0011_0201-1

公之庶昆弟大夫之庶子爲母妻昆弟 公之庶昆弟則父卒也大夫之庶子則父在也其或爲母謂妾子也○疏曰此並受厭降甲於自降故次在自降人之下云公子是父在今繼兄而言昆弟故知父卒也若公子父在爲母妻在五服之外今父卒故服大功也云大夫之庶子則父在也者以其繼父而言又大夫卒子爲母妻得伸其本服今但大功故知父在也云其或爲母謂妾子也者以其爲妻昆弟其禮並同又於適妻君大

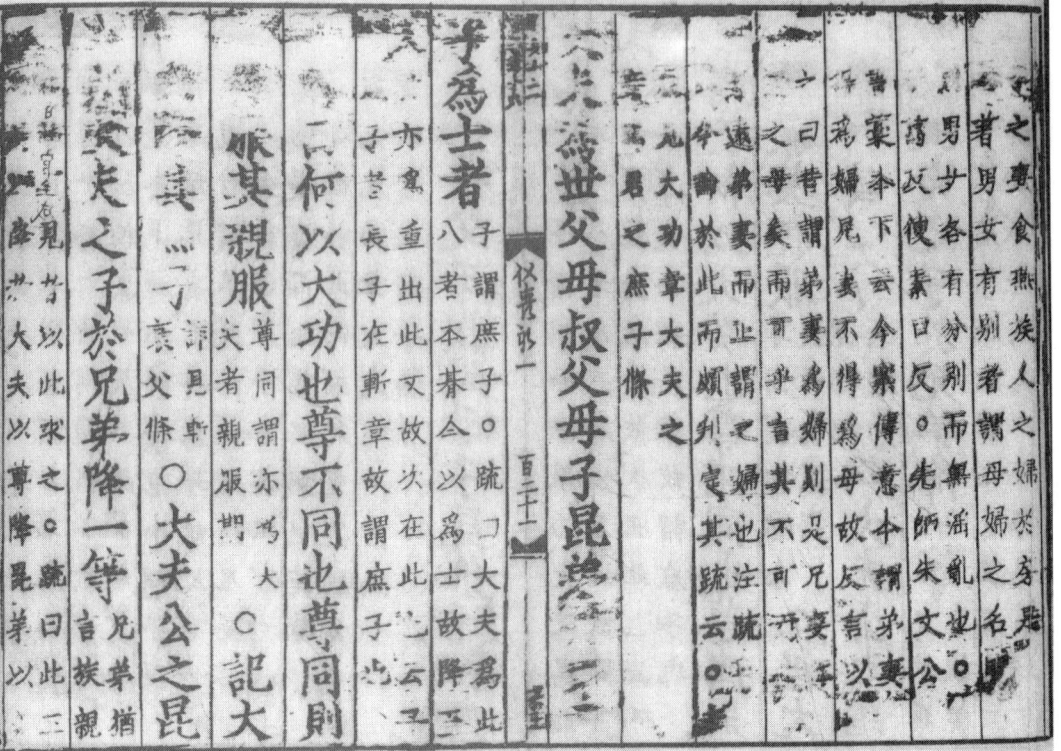

張本下象鼻題監生戴彝四字傳本剪去之

0011_0201-2

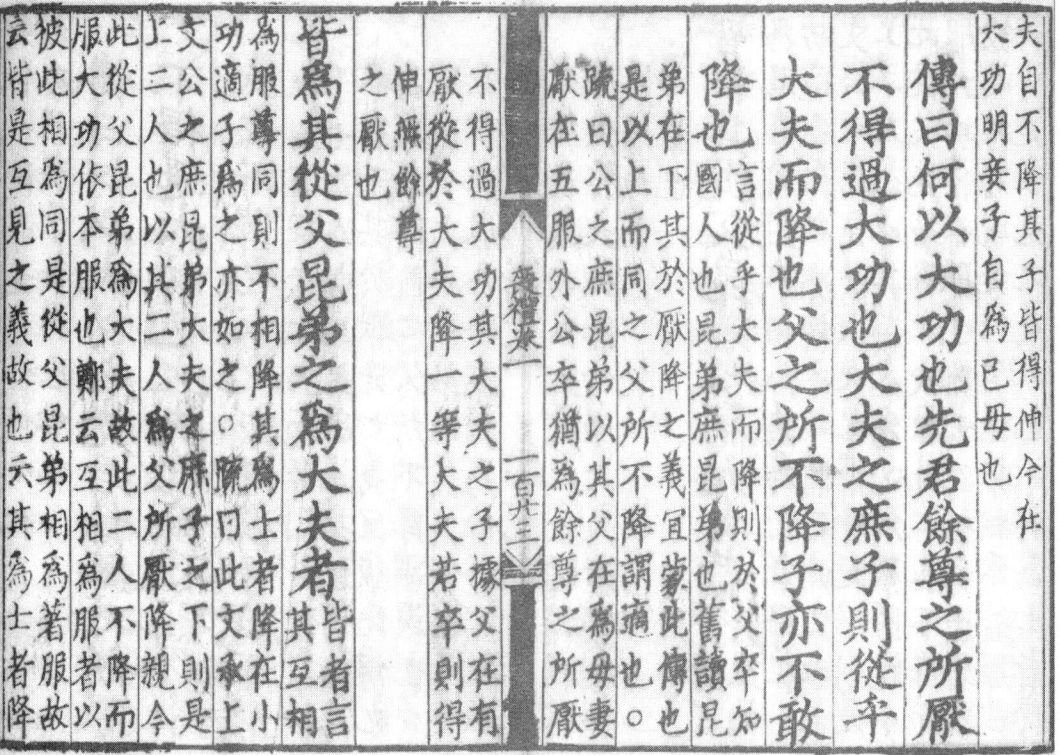

夫自不降其子皆得伸今在
大功明妾子自爲已母也
傳曰何以大功也先君餘尊之所厭
不得過大功也大夫之庶子則從乎
大夫而降也父之所不降子亦不敢
降也言從乎大夫而降則於父卒如
國人也昆弟庶昆弟也舊讀昆
弟在下其於厭降之義宜蒙此傳也
是以上而同之父所不降謂適也○
疏曰公之庶昆弟以其父在爲母妻
厭在五服外公卒猶爲餘尊之所厭

喪禮卷一　一百廿三

0011_0202-1

不得過大功其大夫之子據父在有
厭從於大夫降一等大夫若卒則得
伸無餘尊
之厭也
皆爲其從父昆弟之爲大夫者皆者言
其互相
爲服尊同則不相降其爲士者降在小
功適子爲之亦如之○疏曰此文承上
文公之庶昆弟大夫之庶子之下則是
上二人也以其二人爲父所厭降親今
此從父昆弟爲大夫故此二人不降而
服大功依本服也鄭云互相爲服者以
彼此相爲同是從父昆弟相爲著服故
云皆是互見之義故也云其爲士者降

0011_0202-2

在小功者降一等故也云適子爲之亦
如之者雖適不降同等故也○相爲干
僞反○爲夫之昆弟之婦人子適人者婦人
子者女子子也不言女子子者因出見
恩疏○疏曰此亦重出故次從父昆弟
下此謂世叔母爲之服在家期出嫁大
功女在家室之名是親也婦者事人之
親是見疏也○妾服見大功
章大夫之妾爲君之庶子條
大夫之妾爲君之庶子下傳曰何以大
功也妾爲君之
黨服得與女君同指爲此也妾爲君之
長子亦三年自爲其子期異於女君也

喪礼一　一百廿四

0011_0203-1

士之妾爲君之衆子亦期○疏曰妾爲
君之庶子輕於爲夫之昆弟之女故次
之引下傳者彼傳爲此經而作也在下
者鄭彼云文爛在下爾故也云妾爲君
之長子亦三年者妾從女君服得與女
君同又云自爲其子期異於女君也者
以其女君從夫降其庶子大功夫不厭
妾故自服其子期也云士妾爲君之衆
子亦期謂亦得
與女君同也○女子子嫁者未嫁者
爲世父母叔父母姑姊妹舊讀合大夫
之妾爲君之
庶子女子子嫁者未嫁者言大夫之妾
爲此三人之服也○疏曰此是女子子

張本下象鼻題監生秦淳四字傳本剪去之

0011_0203-2

逆降旁親又是重出故次之於此知逆
降者此經云嫁者爲世父已下出降大
功自是常法更言未嫁者亦爲世父已
下非未嫁逆降如何云舊讀合大夫之
妾爲君之庶子女子子嫁者未嫁者言
大夫之妾爲此三人之服也者此爲勘
之輩舊讀如此鄭以此
爲非故此下注破之也

傳曰嫁者其嫁於大夫者也未嫁者
成人而未嫁者也何以大功也妾爲
君之黨服得與女君同下言爲世父

儀禮疏十一　五

0011_0204-1

母叔父母姑姊妹者謂妾自服其私
親也此不辭即實爲妾遂自服其私
親當言其以見之殊異三月章
曰女子子嫁者未嫁者爲曾祖父母
經與此同足以見之矣傳所云何以
大功也妾爲君之黨服得與女君同
文爛在下爾女子子成人者有出道
降旁親及將出者明當及時也○疏
曰云何以大功也妾爲君之黨服得
與女女君同此傳當在上大夫之妾
爲君之庶子下爛脫誤在此但下言
二字及昔謂妾自服其私親也九字
據上一字既非子夏自著又非舊讀

0011_0204-2

者自實必是鄭君置之鄭君欲分别
舊讀者如此意趣然後以注破之云
此不辭者謂此分别文句不是解義
言辭也云即實爲妾遂自服其私親
當言其以明之者此鄭欲就舊章讀
破之宋不狀斯章云女子子適人者
爲其父母昆弟之爲父後者又云公
妾以及士妾爲其父母自爲其親皆
言其以明之今此不言其明非妾爲
私親也又引喪服三月章曰女子子
嫁者未嫁者爲曾祖父母經與此同
足以見之矣彼二人爲曾祖是正尊
雖出嫁亦不降此則爲旁親雖未嫁
亦逆降聖人作文是同足以明之明

儀禮疏十一

0011_0205-1

是二人爲此七人不得以嫁者未嫁
者上同君之庶子下文爲世父以下
爲妾自服私親也云傳所云何以大
功也妾爲君之黨服得與女君同文
爛在下爾者此傳爲君之庶子而發
應在女子子之上君之庶子之下以
簡札韋編斷絶後人錯置於下是以
舊讀遂誤也云女子子成人者有出
道謂女子十五已後許嫁者爲成人
有出嫁之道是以雖未出即逆降世
父已下旁親也云及將出者明當及
時也者謂女子子年十九後年二月
冠子娶妻之月其女當嫁今年遭此
世父已下之喪若依本服期者過後

0011_0205-2

年二月不得及時逆降在大功大功之末可以嫁子則於二月得及時而嫁也○先師朱文公親書稾本云傳先解嫁者未嫁者而後通以上文君之庶子并以妾與女君同釋之乃云下言爲世父母以下即以自服私親釋之文勢似不誤也又批云此一條舊讀正得傳意但於經例不合鄭注與經例合但所改傳文似亦牽強又未見妾爲已之私親本當服期者合着何服疏言十一字是鄭所置今詳此十一字中包爲世至姊妹十字若無上下文即無所屬未詳其說可更攷之又有問大夫之妾章○先生云

0011_0206-1

此段自鄭注時已疑傳文之誤今考女子適人者爲父母及昆弟之爲父後者已見於齊衰期章爲衆兄弟又見於此大功章唯伯叔父母姑姊妹之服無文而獨見於此則當與鄭注之說無疑矣○此條內妾爲君之黨服得與女君同夫黨服通用○記妾從女君而出

則不爲女君之子服詳見母爲長子章

大夫大夫之妻大夫之子公之昆弟爲

姑姊妹女子子嫁於大夫者○君爲姑

0011_0206-2

姊妹女子子嫁於國君者疏曰此等姑姊已下應降而不降又兼重出其文故次在此也此大夫大夫妻大夫之子公之昆弟四等人尊卑同皆降旁親姑姊已下一等大功又以出降當小功但嫁於大夫尊同無尊降有出降故皆大功也但大夫妻爲命婦若大夫之姑姊妹在室及嫁皆小功若不爲大夫妻又降在緦麻假令彼姑姊妹亦爲命婦惟小功耳今得在大夫科中者此謂命婦爲本親姑姊妹已之女子子因大夫大夫之子爲姑姊妹女子子同文於夫與子姑姊妹之中不須別見也云君爲姑姊妹女子子嫁於國君者國君絕期已下今爲尊同故亦不降依嫁服大功

0011_0207-1

傳曰何以大功也尊同也尊同則得

服其親服諸侯之子稱公子公子不

得禰先君公子之子稱公孫公孫不

得祖諸侯此自卑別於尊者也若公

子之子孫有封爲國君者則世世祖

是人也不祖公子此自尊別於卑者

0011_0208-1 0011_0207-2

也是故始封之君不臣諸父昆弟封
君之子不臣諸父而臣昆弟封君之
孫盡臣諸父昆弟故君之所爲服子
亦不敢不服也君之所不服子亦不
敢服也不得禰不得祖者不得立其廟而祭之也卿大夫已下祭
其祖禰則世世祖是人不得祖公子者後世爲君者祖此受封之君不得
祀別子也公子若在高祖以下則如其親服後世遷之乃毀其廟爾因國

儀禮卷一　百三九

君以尊降其親故終說此義云[illegible]
曰[illegible]之子稱公子者諸侯之子[illegible]
適[illegible]旁支庶已下並爲諸侯所
[illegible]孫不立廟已自卑別於[illegible]
公子之子孫或爲天子臣[illegible]
廟[illegible]諸侯世世此始封之[illegible]
[illegible]是自尊[illegible]
[illegible]升[illegible]諸父昆弟[illegible]
父[illegible]一體[illegible]昆弟既是父之一體
是[illegible]一體故不臣此二者仍爲
著服也云封君之子不臣諸公[illegible]
昆弟者以其諸父尊故未得臣[illegible]

0011_0209-1 0011_0208-2

之服昆弟卑故臣之不爲之服封
之孫盡臣諸父昆弟者繼世至孫
爲貴重故盡臣之云君之所爲服
謂君之所不臣者君爲之服者[illegible]
所不服子亦不敢服也云君之
服之故云子亦不敢不服也云君之
臣之[illegible]爲[illegible]不敢服[illegible]
以[illegible]從父昆[illegible]云不得[illegible]
其[illegible]已在適[illegible]立廟故
爲君者[illegible]
公子公孫立[illegible]二廟
[illegible]作上[illegible]作中士得立
一廟[illegible]其[illegible]既不祖禰君

儀禮卷一　百四十

[illegible]以下以其公子公孫並[illegible]
別子也[illegible]公生世子名同者後爲
並爲別子不得禰先君桓公之廟慶
君慶父[illegible]季友等謂之公子公子
父等雖爲[illegible]大夫未有廟至子孫已
後乃得立則[illegible]爲太祖不毀廟已下
二廟祖禰之外世第則遷之也云公
子若在高祖以下則如其親服者此
解始封君得立五廟太祖與高祖以
下也今始封君後世乃不毀其廟爲
太祖此始封君未有太祖廟唯有高
祖已下四廟故公子若在高祖以下
則得在四廟數中始封君死其子立
即以父爲禰廟前高祖者爲高祖之

0011_0209-2

父當遷之又至四世之後始封君爲
高祖父當遷之時轉爲大祖通四廟
爲五廟定制也故云後世遷之乃毁
其廟也○先師朱文公親書稿本今
案疏義有未明者竊詳始封之君所
以不臣諸父昆弟者以始封君之父
未嘗臣之故始封之君不敢臣也封
君之子所以不臣諸父而臣昆弟者
以封君之子所謂諸父者即始封君
謂之昆弟而未嘗臣之者也故封君
之子亦不敢臣之封君之子所謂昆
弟者即始封君之子始封君嘗臣之
者也故今爲封君之子者亦臣之封

0011_0210-1

子所臣之昆弟及其子也故封君之
孫亦臣之故下文繼之以君之所不
服子亦不敢服也君之所
爲服子亦不敢不服也

右大功正服九月

繐衰裳牡麻絰既葬除之者 繐音歲○疏曰此繐
衰是諸侯之臣在大功下小功上者以
其天子七月葬既葬除故在大功九月
下小功五月上又繐雖如小功升數又
少故在小功上也此不言帶屨者以其
傳云小功之繐也則
帶屨亦同小功可知

張本下象鼻題監生戴彝四字傅本剪去之

0011_0210-2

傳曰繐衰者何以小功之繐也 治其縷如
小功而成布四升半細其縷者以恩
輕也升數少者以服至尊也凡布細
而疏者謂之繐今南陽有鄧繐○疏
云以諸侯大夫是諸侯臣於天子爲
陪臣是恩輕諸侯爲天子服至尊義
服斬繐如三升半陪臣降君改麤至
尊加一升四升半也鄧繐者漢
時南陽鄧氏造布有名繐也

諸侯之大夫爲天子 疏曰此經直云大夫則大夫中有孤
卿以其小聘使下大夫大聘或使孤或
使卿也故大行人云諸侯之孤以皮帛
繼子男故知大
夫中兼孤卿

0011_0211-1

傳曰何以繐衰也諸侯之大夫以時接見乎天子 見賢遍反○接猶會也諸侯之大夫以時會見
於天子而服之則其士庶民不服可
知○疏曰周禮宗伯云時聘曰問殷
頫曰視鄭注云時聘者亦無常期天
子有事乃遣大夫來聘又注云殷頫
謂一服朝之歲以朝者少諸侯乃使
卿以大禮衆聘焉此並是以時會
見天子天子待之以禮饗食燕
恩既深故諸侯大夫報而服之也

0011_0211-2

士庶民不服者上文云庶民爲國君
注云天子畿内之民服天子即知畿
外之民不服可知大夫不接見天子
者無服明士不接見亦無服可知其
士與卿大夫聘時作介者雖亦得禮
介本副使不得天子接見亦不服可
知

右繐衰既葬除之

0011_0212-1

小功布衰裳澡麻帶絰五月者○澡音早 澡者
治去莩垢不絶其本也小記曰下殤小
功帶澡麻不絶其本屈而反以報之○
去起吕反莩音敷○疏曰此殤小功章
功故在成人小功之上言小功者用功
在此者本齊衰大功之親爲殤降在小
細小精密者也上章皆帶在絰下今此
帶在絰上者以大功已上絰帶有本小
功已下斷本此殤小功中有下殤小功
帶不絶本與大功同故進帶於絰上列
文以見重也且上文多直見絰包二
此别言帶者亦欲見帶不絶本與絰不
同也又殤大功直言無受不言月數此
直言月不言無受者欲互見爲義又下
章言即葛此不言即葛亦是兼見無受
之義也又不言布帶與冠文略也不言
屨者當與下章同言屨無約也澡者治

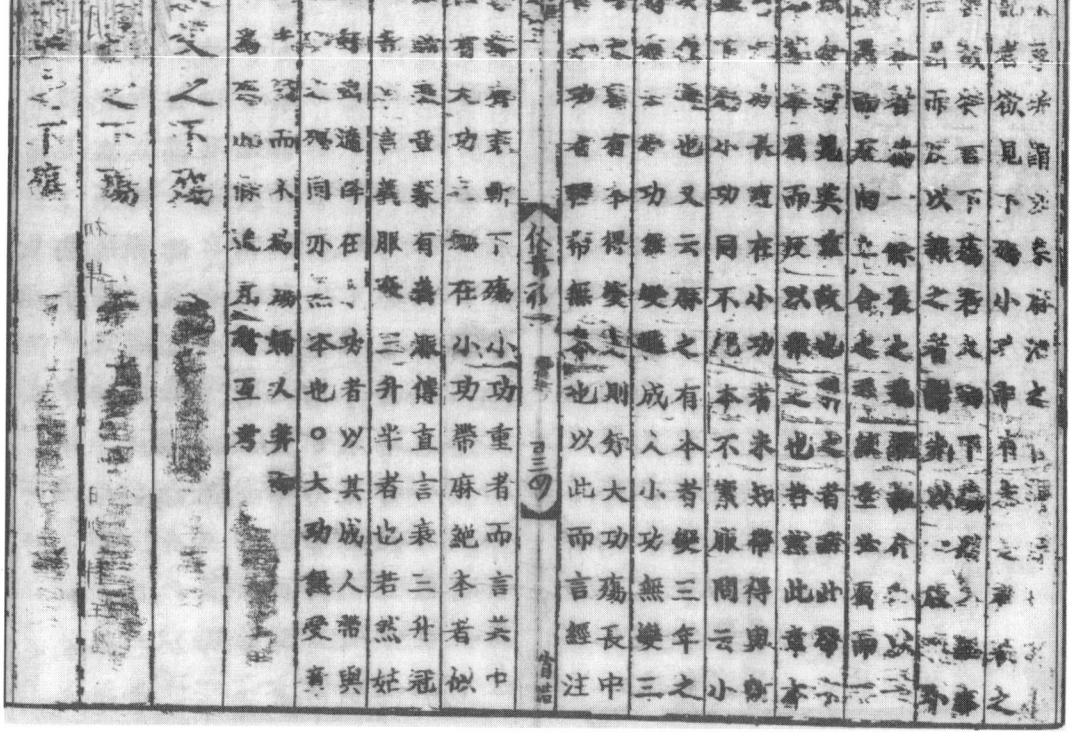

0011_0212-2

[illegible]
記者欲見下殤小功中有[illegible]之
[illegible]
[illegible]以[illegible]之者[illegible]
者[illegible]一[illegible]衰之[illegible]
[illegible]而[illegible]之[illegible]
[illegible]見其[illegible]故也[illegible]之者[illegible]此[illegible]
[illegible]而[illegible]也者[illegible]此章本
[illegible]長殤在小功者未知帶得與[illegible]
[illegible]小功同不[illegible]本不[illegible]麻同云小
[illegible]也又云[illegible]之有本者變三年之
[illegible]功[illegible]成人小功無變三
[illegible]有本得變[illegible]則[illegible]大功殤長中
[illegible]者[illegible]也以此而言經注

0011_0213-1

[illegible]下殤小功重者而言[illegible]中
[illegible]有大功[illegible]在小功帶麻絶本者似
[illegible]有[illegible]傳直言衰三升冠
[illegible]言義服[illegible]三升半者也若然姑
[illegible]同亦[illegible]本也○大功[illegible]受[illegible]
[illegible]在[illegible]功者以其成人帶與
[illegible]而不[illegible]以[illegible]
[illegible]爲[illegible]互考
[illegible]之下殤
[illegible]之下殤
[illegible]下殤

0011_0213-2

大夫庶子爲適昆弟之下殤

爲姑姊妹女子子之下殤 疏曰自叔父已下至女子

子之下殤八人皆是成人期長殤中殤大功已在上殤大功章此下殤小功故

在此章也仍以尊者在前卑者居後

爲人後者爲其昆弟從父昆弟之長殤

疏曰此二者以本服大功今長殤中殤小功故在此章從父昆弟情本輕故在

出降昆弟後也

0011_0214-1

傳曰問者曰中殤何以不見也大功

之殤中從上小功之殤中從下 問者據從

父昆弟之下殤在緦麻也大功小功皆謂服其成人也大功之殤中從上

則齊衰之殤亦中從上也此主謂丈夫之爲殤者服也凡不見者以此求

之也○疏曰鄭云問者據從父昆弟之下殤在緦麻也者以其緦麻章

從父昆弟之下殤此章見從父昆弟之長殤唯中殤不見也云大功小功

皆謂服其成人也者以其緦麻章云齊衰之殤中從上大功之殤中從

0011_0214-2

下傳此二[illegible]言之禮無殤在[illegible]長齊衰之殤與大功之殤謂成人明此

大功與小功之殤據服其成人可也云大功之殤中從上則齊衰之殤

亦中從上也者大功重者中從上齊衰者亦大功明從上可知也又云此

主謂丈夫之爲殤者服也者鄭以此云大功之殤中從上小功之殤中從

下緦麻章云齊衰之殤中從上大功之殤中從下而文相反故鄭以彼謂

婦人爲夫之族類此謂丈夫爲殤者服也鄭必知義然者以其傳發在從

父昆弟文夫下下文發傳在婦人爲夫之親下也凡不見者以此求之也

0011_0215-1

言略舉一明義故云不見者以此求之也

爲夫之叔父之長殤 不見中殤者中從下也○疏曰夫之

叔父義服故次在此成人大功故長殤降一等在小功云不見中殤者中從下

也者下傳云大功之殤中從下主謂此婦人爲夫之黨類故知由於下在緦麻

也○妾服見大功大夫之妾爲君之庶子條

[illegible]昆弟之子女子子夫之昆弟之子女子

子之下殤 疏曰此皆成人爲之齊衰期長中殤在大功故下殤在此

0011_0215-2

也。妾服見大功章之妾爲君之庶子條

姪庶孫丈夫婦人之長殤疏曰謂姑爲姪成人

功長殤在此不言中殤中從上庶孫祖爲之大功長殤中殤亦在此皆不言男子女子而言丈夫婦人是見恩疏之義也

大夫公之昆弟大夫之子爲其昆弟庶子姑姊妹女子子之長殤大夫爲昆弟之長殤小功謂爲士者若不仕者也以此知爲大夫無殤服也公之昆弟不言庶者此庶服

0011_0216-1

無所見也大夫之子不言庶者關適子亦服此殤也云公之昆弟爲庶子之長殤則知公之昆弟猶大夫。疏曰謂此三人爲此六種人成人以尊降至大功故長殤在小功中殤亦從上此一經亦尊卑爲次序也注云大夫爲昆弟之長殤小功謂爲士者若不仕者也者凡爲昆弟長殤在大功今小功明大夫爲昆弟降一等若昆弟亦爲大夫同等則不降今言降在小功明是爲士若不仕者也云以此知爲大夫無殤服也者已爲大夫則冠矣大夫冠而不爲殤也大夫一十而冠而有兄姊殤者已與兄姊同十九而兄姊於年終死已至明年初一

0011_0216-2

十因喪而冠是以冠成人而有兄姊殤也且五十乃爵命今未二十已得爲大夫者五十乃爵命自是禮之常法或有大夫之盛德未必至五十爲大夫者也曲禮云四十強而仕則四十然後爲士今云殤死雖士若不仕則爲仕而殤死、是未二十得爲士者若士冠禮鄭目錄云士之子任士職居士位二十而冠故鄭引管子書四民之業士亦世焉是也云公之昆弟不言庶者經云父之昆弟多兼言庶此特不云庶者若爲母則兼云庶以其適母適庶之子皆同服妾子爲母則厭不申今此經不爲母服爲昆弟已下故不言庶也云大夫之子不

0011_0217-1

言庶者關適子亦服此殤也者關通也通適子亦服此服也

大夫之妾爲庶子之長殤君之庶子。疏曰妾爲君之庶子成人在大功章今長殤降一等故在此云君之庶子者若適長則成人隨女君三年長殤在大功也

右小功殤五月

布衰裳牡麻絰即葛五月者即就也小……三月變麻因故衰以就葛絰帶而……也間傳曰小功之葛與緦之麻同

0011_0217-2

舊說小功以下吉屨無約也○疏曰此是小功成人章輕於小功殤故次之此章有三等正降義其衰裳之制澡絰等與前同故畧也云即葛五月者以此成人文縟故變麻從葛但以日月爲足故不變衰也不列冠屨承上大功文畧小功又輕故亦不言也言日月者成人文縟故其言也引間傳欲見小功有變麻服葛法既葬大小同故變同之也案周禮屨人職約者屨鼻頭有飾爲行戒吉時有行戒故有約喪中無行戒故無約

同服卿大夫凶服加以大功小功詳見

0011_0218-1

大功章

從祖祖父母從祖父母報祖父之昆弟之親○疏曰此亦從尊向卑從祖祖父母是曾祖之子祖之兄弟從祖祖父母者是從祖祖父之子父之從父昆弟之親故鄭并言祖父之昆弟之親云報者恩輕欲見兩相爲服故云報也

從祖昆弟父之從父昆弟之子○疏曰此是從祖父之子故鄭云父之從父昆弟之子也已之再從兄弟以上三者爲三小功也

0011_0218-2

記兄弟皆在他邦加一等不及知父母與兄弟居加一等皆在他邦謂行仕出遊若辟仇不及知父母父母早卒○疏曰云在他邦加一等者二人共在他國一死一不死相愍不得辭於親眷故加一等也云不及知父母與兄弟居加一等者謂各有父母或父母有早卒者與兄弟共居而死亦當爲其孤幼相育特加一等云不及知父母父母早卒者或遺腹子或幼小未有識而父母早死者也○本經記

○傳曰何如則可謂之

0011_0219-1

兄弟傳曰小功以下爲兄弟於此發兄弟傳者據大功已上又加也大功已上若皆在他國則親自親矣若不及知父母則固同財矣○疏曰發問者上經及記已有兄弟皆是降等唯此兄弟加一等故怪而致問引舊傳者以有成文故引之云小功以下爲兄弟者以其加一等故也云於此發兄弟傳者據大功已上親則親矣又加之故於小功發傳也大功以上若皆在他國則親自親矣不可復加者也云若不及知父母則固同財矣者據經不及知父母與兄弟居既親重則財食

0011_0219-2

一具同雖無父母恩自降
重不可復如也○同上

從父姊妹 父之昆弟之女○疏曰此謂 從父姊妹在家大功出適小

功不言出適與在室姊妹既逆降宗族 亦逆降報之故不辨在室及出嫁也

孫適人者 孫者子之子女孫在室亦大 功也○疏曰以女孫在室爲

男孫同大功故 出適小功也

爲人後者爲其姊妹適人者 不言姑者 舉其親者

而恩輕者降可知○疏曰姑尊而不親 姊妹親而不尊故不言姑而舉姊妹也

大七十二 小三千 儀禮 喪十一

0011_0220-1

爲外祖父母

傳曰何以小功也以尊加也 疏曰外親之服

不過緦今乃小功故發問云以尊 加者以祖是尊者故加至小功二○

爲所後者妻之父母若子 詳見斬衰 章爲人後

者 條○記庶子爲後者爲其外祖父母

從母舅無服不爲後如邦人 疏云以 其與尊

者爲一體既不得服所出母是 以安黨皆不服之○本經記○爲

母之君母母卒則不服 母之君母 祖適母從

也所從亡則已○疏曰此論六責 所不及之事君母謂母之適母也出

親於子爲輕故從從也已母若在母 爲之服已則服之已母若亡則已不

服母之君母 矣○小記 ○傳曰母出則爲繼母

之黨服母死則爲其母之黨服爲其

母之黨服則不爲繼母之黨服 雖外 親亦

無二統○疏曰此明繼母之黨亦異 在傳之辭事異於上故異稱傳曰也

七 小二 廿九 儀禮 百四十二 虞辛

○服問○此條本章從 母緦章舅之子通用 ○出妻之子

詳見齊衰杖期章 出妻之子爲母期

爲外祖父母無服 恩不祖及○ 疏曰慈母者

○爲慈母之父母無服

父雖命爲母子而非骨肉故慈母亡 子下爲慈母之父母有服者爲恩所

不及也 小記

丈夫婦人報 從母之姊妹○ 曰母之姊妹與

於己母而有此名故曰從母〻 者舉姊妹出入降是皆成人

第一百四十二葉張本配入較早印葉優於傳本今改用張本

爲號也母之姊妹之力女
與從母兩相爲服故曰報

傳曰何以小功也以名加也外親之

服皆緦也外親異姓正服不過緦丈
夫婦人姊妹之子男女同

○疏曰以名加者以其母名故加至
小功外親以本非骨肉情疏故聖人

制禮無過緦也○外祖父母條母出
則爲繼母之黨服此條通用當考

庶子爲後者爲其從母無服不爲後

如邦人詳見外祖
父母條

仪丧礼一　百四十三

夫之姑姊妹娣姒婦報夫之姑姊妹不
殊在室及嫁者

因恩輕略從降○疏曰夫之姑姊妹夫
爲之期妻降一等出嫁小功因恩疏略

從降故存室及嫁同小功若此釋恐謂
夫當報然文不爲娣姒設以其娣姒婦

兩見更相爲服自明何言報也旣報字
不爲娣姒其報於娣姒上者以其於夫

之兄弟使之遠別故無名使不相爲服
要娣姒婦相爲服亦因夫而有故娣姒

婦下云報使娣姒上蒙夫字以冠之也
○妾服見大功章大夫之妾爲君之庶

子條

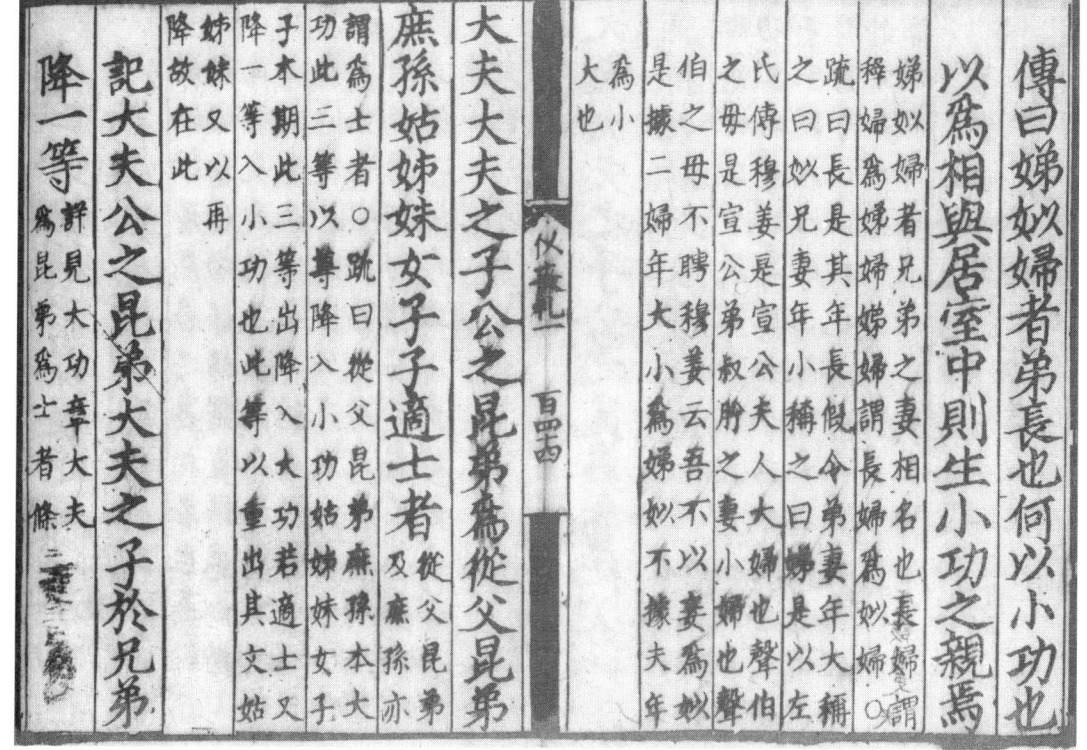

傳曰娣姒婦者弟長也何以小功也

以爲相與居室中則生小功之親焉

娣姒婦者兄弟之妻相名也長婦謂
稚婦爲娣婦娣婦謂長婦爲姒婦○

疏曰長是其年長假令弟妻年大稱
之曰姒兄妻年小稱之曰娣是以左

氏傳穆姜是宣公夫人大婦也聲伯
之母是宣公弟叔肸之妻小婦也聲

伯之母不聘穆姜云吾不以妾爲姒
是據二婦年大小爲娣姒不據夫年

爲小
大也

仪丧礼一　百四十四

大夫大夫之子公之昆弟爲從父昆弟

庶孫姑姊妹女子子適士者從父昆弟
及庶孫亦

謂爲士者○疏曰從父昆弟庶孫本大
功此三等以尊降入小功姑姊妹女子

子本期此三等出降入大功若適士又
降一等入小功也此等以重出其文姑

姊妹又以再
降故在此

記大夫公之昆弟大夫之子於兄弟

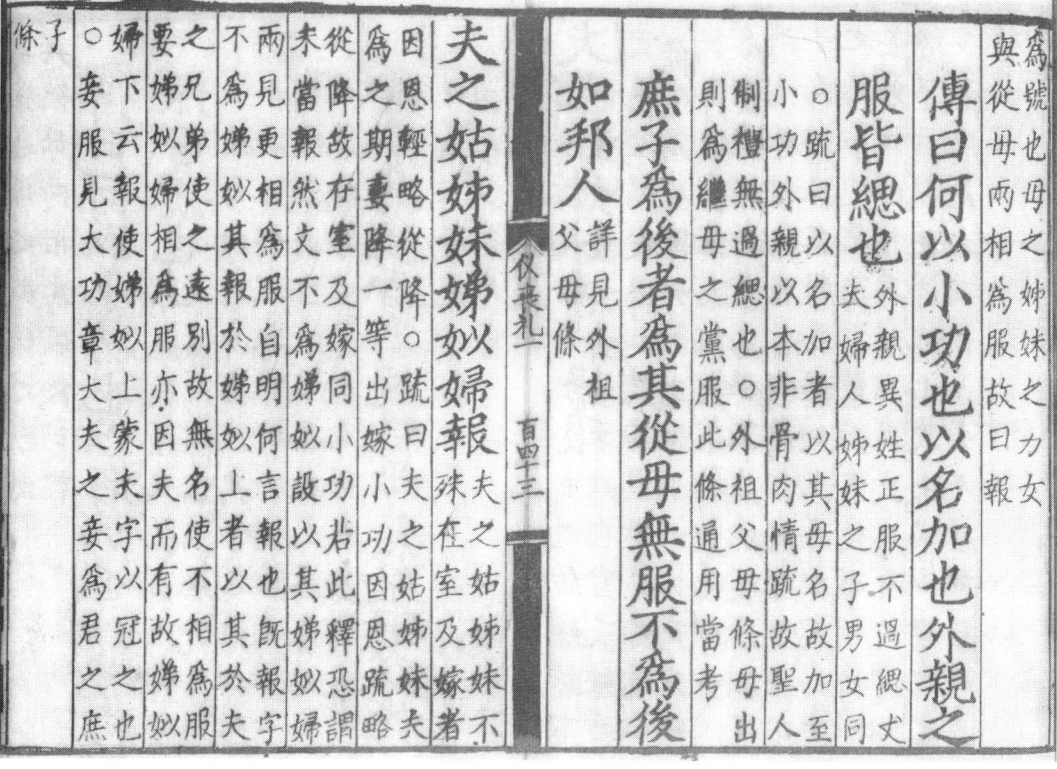

降一等詳見大功章大夫
爲昆弟爲士者條

0011_0223-2

大夫之妾爲庶子適人者君之庶子女子子也庶女子子在室大功其嫁於大夫亦大功○疏曰此云適人者謂士是以本在室大功出降故小功鄭云嫁於大夫亦大功者直有出降無尊降故也

庶婦夫將不受重者○疏曰經云於支庶舅姑爲其婦小功鄭云夫將不受重則若喪服小記注云世子有廢疾不可立而庶子立其舅姑皆爲其婦小功則亦兼此婦也

記適婦不爲舅後者姑爲之小功詳見

儀喪禮一　一百四十五

0011_0224-1

大功章適婦條

君母之父母從母君母父之適妻也從母君母之姊妹○疏曰此亦謂妾子爲適妻之父母及君母姊妹如適妻子爲之同也

傳曰何以小功也君母在則不敢不從服君母不在則不服不敢不服者恩實輕也凡庶子爲君母如適子○疏曰云不敢不從服者言畏敬也云君母不在者或出或死云如適子者則如適妻之子君母在既爲君母父母其已母之

0011_0224-2

父母或亦兼服之若馬氏義君母不在乃可申矣○記爲君母後者君母卒則不爲君母之黨服徒從也所從亡則已○疏曰爲君母後者謂無適立庶爲後也妾子於君母之黨悉徒從若君母卒則不服君母之黨今既君母沒爲後者嫌同於適服君母之黨故特明之○小記

君子子爲庶母慈已者君子子者大夫及公子之適妻子○疏曰禮之通例云君子與貴人皆據大夫已上公子尊卑比大夫故鄭據

儀喪禮一　一百四十六

0011_0225-1

而言又國君之子爲慈母無服士文不得稱君子亦復自養子無三母具故知此二人而已必知適妻子者妾子賤亦不合有三母故也

傳曰君子子者貴人之子也爲庶母何以小功也以慈已加也云君子子者則父在也父沒則不服之矣以慈已加則君子子亦以士禮爲庶母緦也內則曰異爲孺子室於宮中擇於諸母與可者必求其寬裕慈惠溫良恭敬愼而寡言者使爲子師其次爲慈母其次爲保母皆居子室他人無事不往又曰大夫之子有

張本下象鼻題監生廖寅四字傳本剪去之

張本下象鼻題監生戴彝四字傳本剪去之

0011_0225-2

妾母庶母慈己者此之謂也其不慈
己則緦可矣不言師保慈母居中間
之可知也國君世子生卜士之妻大
夫之妾使食子三年而出見於公宮
則劬非慈母也士之妻自養其子
疏曰云父在者以其言子繼於父故
云父在且大夫公子不繼世身死則
無餘尊之厭如凡人則與三母慈己
之義故知父在也云父沒則不服者
以其無餘尊雖不服小功仍服庶母
緦麻如士禮內則已下鄭彼注云
君養子之禮今此鄭所引證大夫公
子養子之法以其大夫公子適妻子
亦得立三母故也又云大夫之子有

0011_0226-1

食母者㳂注云選於傅御之中喪服
所謂乳母也案下章云乳母注云謂
養子者有他故賤者代之慈己者若
然大夫三母之內慈母有他故使賤
者代慈母養子謂之乳母死則服之
三月與慈母服異引之者證三母中
又有此母也君與士皆無此事鄭所
引為賤惟據大夫與公子養子法更
見國君養子之禮但國君子之三母
亦如前說三母之外別有食子者然
皆無服也知國君子之三母無服者
案曾子問孔子曰古者男子外有傅
內有慈母君命所使教子也何服之
有以此而言則知天子諸侯之子於

0011_0226-2

三母皆無服也

右小功正服五月

緦麻三月者緦麻布衰裳而麻絰帶也不言衰絰略輕服省文也

疏曰此章五服之內輕之極者故以緦
如絲者為衰裳又以澡治莩垢之事為
絰帶故曰緦麻也三月者凡喪服變除
皆法天道故此服之輕者法三月一時
天氣變可以除之也云緦麻布衰裳者
緦則絲也古之緦絲字通用上殤小功
章云澡麻絰帶況緦服輕明亦澡麻可
知上章又言絰帶故成人小功與此緦
麻有絰帶
可知也

0011_0227-1

傳曰緦者十五升抽其半有事其縷
無事其布曰緦謂之緦者治其縷細如絲也或曰有絲朝
服用布何衰用絲乎抽猶去也雜記
曰緦冠繰纓○繰直遥反後放此○
疏曰云緦者十五升抽其半者以八
十縷為升十五升千二百縷抽其半
六百縷縷精細如朝服數則半之可
謂緦而疏服最輕故也云有事其縷
無事其布曰緦者案下記云大夫弔
於命婦錫衰傳曰錫者十五升抽其

0011_0227-2

半無事其縷有事其布曰錫鄭注云謂之錫者治其布使之滑易也不錫者不治其縷哀在內也緦者不治其布哀在外君若然則二衰皆同升數曰錫衰重故治布不治縷哀在內故也此緦麻衰治縷不治布哀在外故也云謂之緦者治其縷細如絲也者以其麤細與朝服十五升同故細如絲也云或曰以下此鄭以義破或解郭服謂諸侯緇布衣及天子朝服皮弁服以布衣皆用布至於喪衰何得反絲乎故不可也引雜記緦冠繰纓者以其斬衰纓重於冠齊衰已下纓纓與冠等上傳曰齊衰大功冠其纓

0011_0228-1

也緦麻小功冠其衰也則此云緦冠者冠與衰同用緦布但繰纓者以灰繰治布爲纓與冠别以其冠冥衰皆不治布纓則繰治以其輕故特異於上也○記童子唯當室緦童子未冠之稱也當室者爲父後承家事者爲家主與族人爲禮於有親者雖恩不至不可以無服也○疏曰當室者周禮謂之門子與宗室往來故爲族人有緦服十九已下非當室則無緦服也有親者則族內四緦麻以來皆是也以童子未能行等故云恩不至又爲與族人禮而爲服故服之也不在緦章者

0011_0228-2

若在緦章則衆外此則但爲與族爲禮不及外親故不在緦章而在記也傳曰不當室則無緦服也疏曰此傳恐室與不當室者同故明之○本經記○童子無緦服聽事如麻爲幼少不備禮也雖不服緦猶免深衣無麻往給事也○疏曰無緦服者童子唯當室與族人爲禮故遂服今服之緦耳若不當室則情不能至緦故不服也然猶著免深衣無經以往給事使役也集問長及鄭注之意皆以童子不當室則無免而此注云猶免者崔氏熊氏並云

0011_0229-1

不當室而免者謂未成服而來也則喪云不當室不免者謂成服之後也注但不著緦服耳猶同初著深衣也知免者以問喪云免者不冠者之所故知未服童子雖不當室初著免也○玉藻○童子不緦唯當室緦緦者其免也當室則免而杖矣詳見喪服義

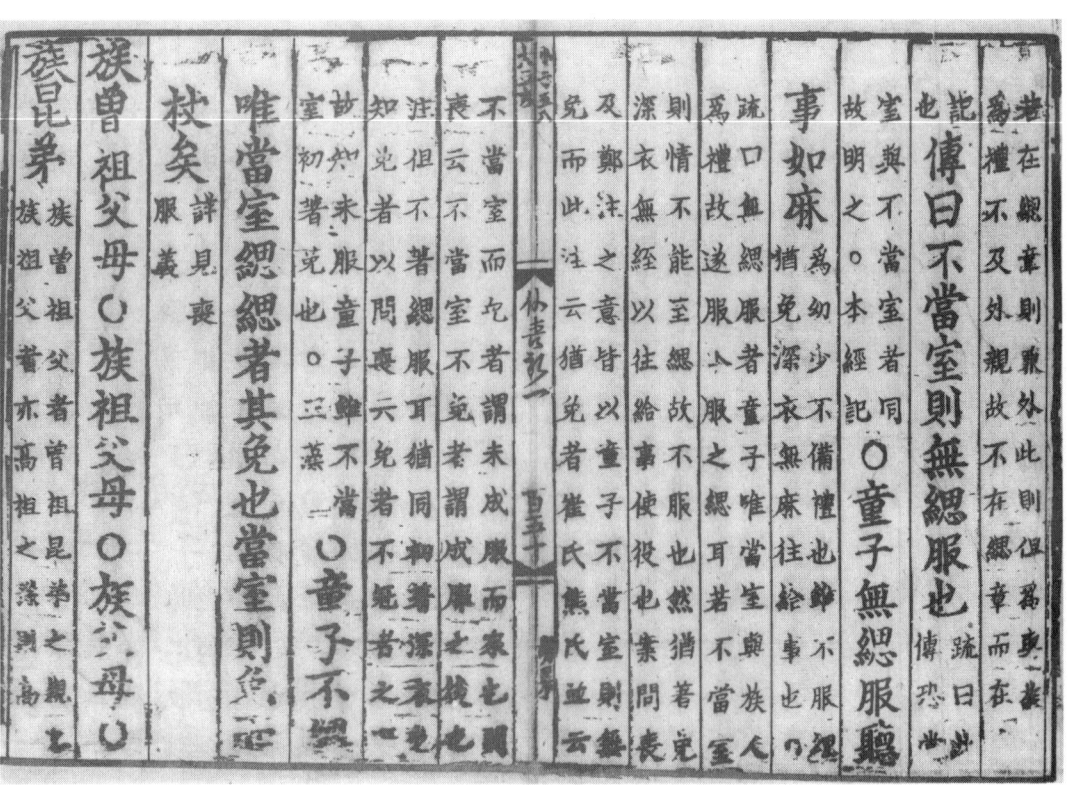

族曾祖父母○族祖父母○族父母○族昆弟族曾祖父者曾祖昆弟之親也族祖父者亦高祖之孫則高

0011_0229-2

□□□□□曰此即禮□□□□
□□□□名為四緦無者□□□
□□□□□已之曾祖昆弟□□□
□□□之祖父從父昆弟□□□
□□□父從祖昆弟也□□□
之三從兄弟皆名為族族□也
□□以其親盡恐相疏故以□□
□出四緦麻與己同出高祖上至□
□□世旁亦四世旁四世既有服□
□□□服明矣鄭言此者齊衰三月□
□□曾祖父母不言高祖以為□□
□□從下尊上推之高祖有服可□

庶孫之婦疏曰以適子之婦大功□
之婦小功適孫之婦小功□

0011_0230-1

孫之婦緦
是其差也

庶孫之中殤庶孫者成人大功其殤中
從上此當為下殤言中連

者字之誤爾又諸言中者皆連上下也
□疏曰注云庶孫者成人大功其殤中
□上者則長中殤皆入小功章中故云
□當為下殤又諸言中者皆連上下也
者謂大功之殤中從上小功緦麻之殤
中從下緦單言中殤者此經單言中殤
故知誤宜
為下也

從祖姑姊妹適人者報疏曰此本服小
功是以降一等

0011_0230-2

在緦
麻

從祖父從祖昆弟之長殤不見中殤中
從下○疏曰

此本服小功以長殤降一等在緦麻云
不見中殤中從下者以其小功之殤中
從下故也云從祖
父長殤謂叔父者也

外孫女子子之子○疏曰以女
出外適而生故云外孫

從父昆弟姪之下殤疏曰從父昆弟成
人大功長中殤在

小功故下殤在此章也經者為姑之□
降大功長中殤小功故下殤在此也

0011_0231-1

夫之叔父之中殤下殤言中殤者中從
下○疏曰夫之

叔父成人大功長殤在小功故中下殤
□此以下傳言之婦人為夫之族類大
□之殤中從下故鄭據而言之也○妻
□□大功章大夫之妾為君之庶子

從母之長殤報疏曰從母者母之姊
成人小功故長殤在此

□妹之殤則無服案小功章□□□□
□□□云報者以兩章是兩相為服
□□□□□此章見從母報
□□□□已相為報也

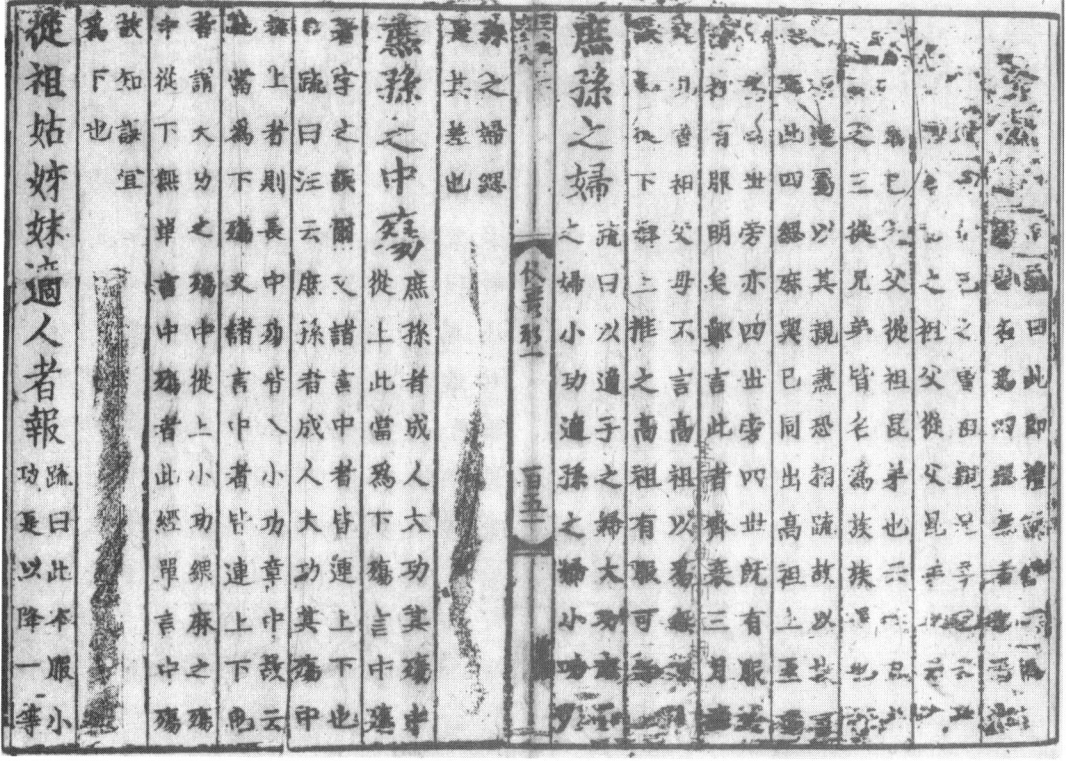

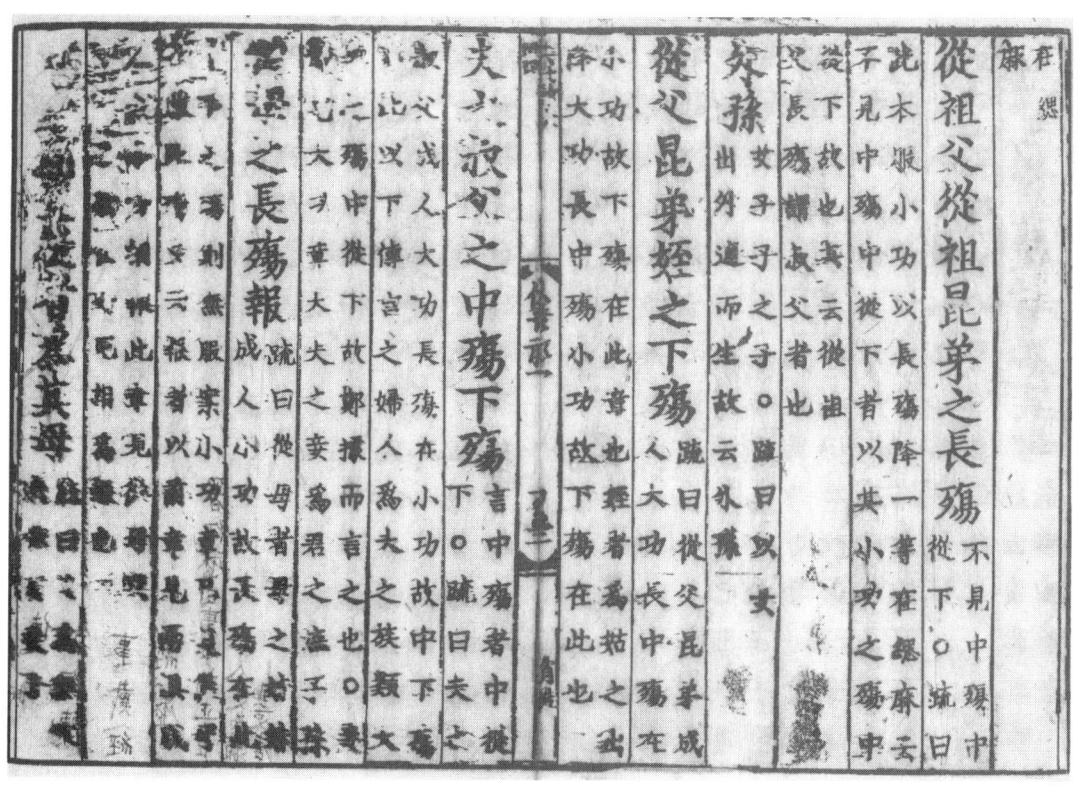

□□□□□□為其母疏曰□□□
□□□□

庶子私□爲其母緦也

傳曰何以緦也傳曰與尊者爲一體

不敢服其私親也然則何以服緦也

有死於宮中者則爲之三月不舉祭

因是以服緦也君卒庶子爲母大功大夫卒庶子爲母三年士雖在庶子爲母皆如衆人○疏曰云一體者父子一體也云私親也者妾母不得體君不得爲正親既云不敢服其私親而又服緦何也云有死宮中者縱是臣僕亦三月不舉祭故庶子因是爲母服緦也有死即廢祭者不欲聞凶人故也注云君卒庶子爲母大功者大功章云公之庶昆弟爲其母是也以其先君在公子爲母在五服外記所云是也先君卒則是今君庶昆弟爲其母大功先君餘尊之所厭不得過大功云大夫卒庶子爲母三年者以其父在大功父卒無餘尊所厭故伸三年士雖在庶子爲母皆如衆人者士卑無厭故也并□二人夫之庶子者欲見不承□此服若承後則皆緦故并言適子諸侯庶子爲後爲其

服云何案曾子問云古者天子練冠以燕居鄭云謂庶子王爲其母無服衆服問云君之母非夫人則羣臣無服惟近臣及僕驂乘從服惟君所服服也注云妾先君所不服也禮庶子爲後爲其母緦言惟君所服申君也春秋之義有以小君服之者時若小君在則益不可據曾子問所云據小君在則練冠五服外服問所云據小君沒後其庶子爲得申故鄭云君是以引春秋之義母以子貴若然天子諸侯禮同與大夫士禮有異也○不杖章爲君之父母妻長子祖父母條君之母非夫人羣臣無服此條

通用當互考

士爲庶母疏曰傳云大夫已上爲庶母無服則爲庶母是士可知而經云士者大夫已上不服庶母庶人又無庶母服者惟士而已故言士也

傳曰何以緦也以名服也大夫以上

爲庶母無服疏曰以名服也者以有母名云大夫以上無服者以其降故也

貴臣貴妾此謂公士大夫之君也殊其臣妾貴賤而爲之服貴臣室

0011_0233-2

士亦貴妾姪娣也天子諸侯[illegible]
妾無服士卑無臣則士妾又賤不[illegible]
有子則為之緦無子則已○疏曰謂
士大夫為之服為此服者是公卿大夫
之君得殊其臣妾貴賤而為之服也
云貴臣室老士也者上斬章鄭注云室
老家相也士邑宰也云貴妾姪娣也
案曲禮云大夫不名家相長妾士名長
云雖無娣媵先是之姪娣不具卿大夫
有娣娣為長妾可知故曰貴妾姪娣之
云天子諸侯降其臣妾無服者以其尊
尊已下故也云有子則為之緦無子則
已者小
記文

儀禮一　百五五

0011_0234-1

傳曰何以緦也以其貴也疏曰以其
南面故總
貴者服
之也
○記悼公之母死母哀公
之妾
哀
公為之齊衰有若曰為妾齊衰禮與
譏而問之妾之貴者為之緦耳○疏
曰天子諸侯絕旁期於妾無服惟大
夫貴
妾緦
公曰吾得已乎哉魯人以妻我
言國人皆名之為我妻重
服嬖妾之過非也○檀弓
乳母謂養子者有他故賤者代之慈己
○疏曰案內則云大夫之子有食

0011_0234-2

母彼注亦引此云喪服所謂乳母以天
子諸侯其子有三母具皆不為之服士
又自養其子若然自外皆無此法惟有
大夫之子有此食母為乳母其子為之
緦也云為養子者有他故者謂三母之
內慈母有疾病或死則使此賤者代之
養子故云
乳母也
傳曰何以緦也以名服也疏曰以名
服者有母
名即為之
緦服也
從祖昆弟之子族父母為之服○疏曰
云從祖昆弟之子者據

儀禮　百五六

0011_0235-1

已於彼為從兄弟之子六族父母為
之服者據從來呼已為族父母為之服
緦也
曾孫孫之子○疏曰據曾祖為之緦不
言玄孫者此亦如齊衰三月章直
[illegible]孫不言高祖以其曾高同曾玄
[illegible]一等皆略不言高祖玄孫也
[illegible]之姑[illegible]孫為祖父之姊妹○疏曰[illegible]
[illegible]雖云女子謂昆弟之子為[illegible]
[illegible]子為[illegible]孫
[illegible]

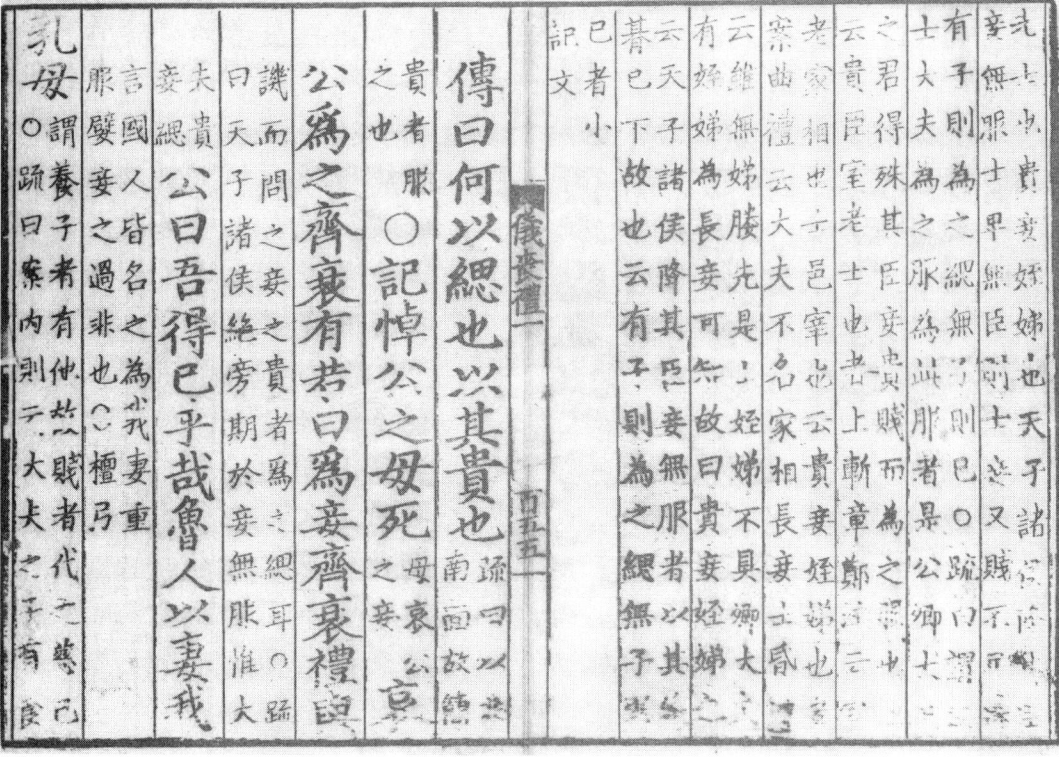

0011_0235-2

何以緦也以名服也疏曰以名服者因從…者母名而服其子也○為外祖父母出則為繼母之黨服此條通…當…考

…姊妹…子

傳曰甥者何也謂吾舅者吾謂之甥

何以緦也報之也疏曰報之者甥既服舅以緦舅亦為甥以緦也

0011_0236-1

壻女子子之夫也

傳曰何以緦報之也疏曰報之者壻既從妻而服妻之父母妻之父母遂報之也

妻之父母

傳曰何以緦從服也從於妻而服之○疏曰舅緦本親不抑報故上條不即言舅而後言之此壻本疏恐不是從服故…言妻之父母也

○有從重而輕為妻之父母…

0011_0236-2

詳見喪服義○記世子不降妻之父母

齊衰杖期章妻條○有從有服而無服公子

為其妻之父母詳見喪服義

姑之子外兄弟也

傳曰何以緦報之也疏曰云姑之子…者姑是內…外而生故曰外兄弟姑舅之子兩相為服故云報之也

舅母之昆弟

0011_0237-1

傳曰何以緦從服也從於母而服之○疏曰不言報者既是母之懷抱之親不得言報也

…為…黨服此條遺用當者○為所後者之妻之昆

弟若子詳見斬衰章為人後者條○庶子為後者

為其舅無服不為後如邦人詳見外祖父母

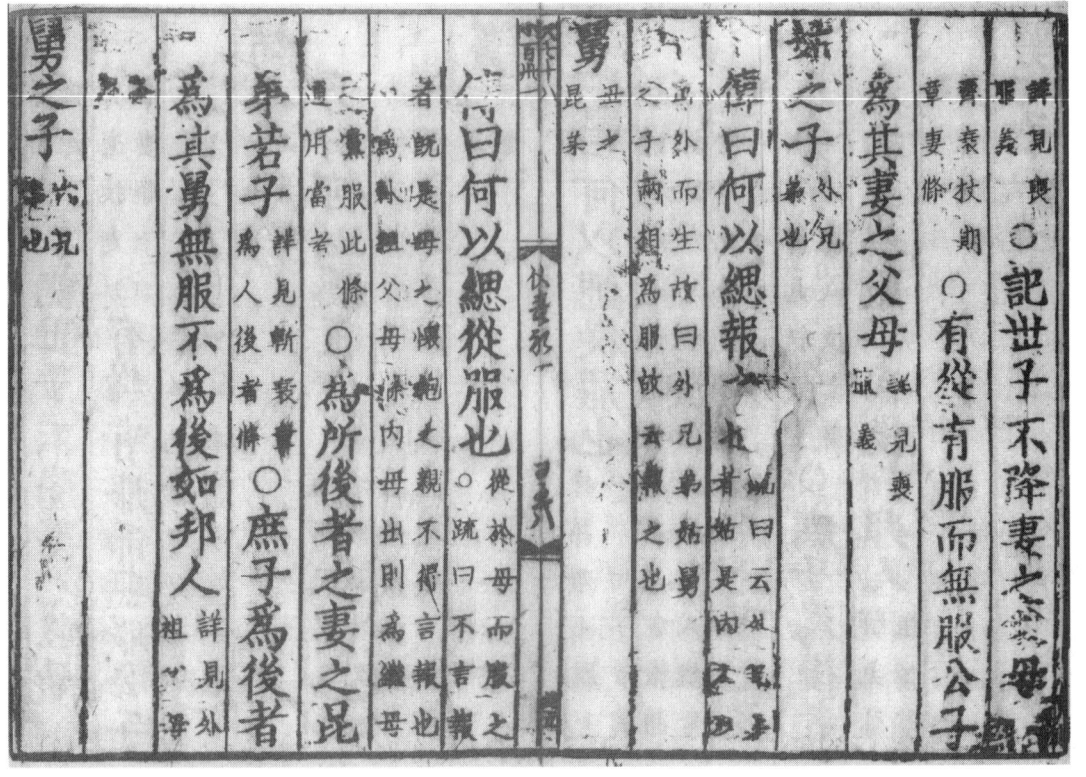

舅之子內兄弟也

0011_0237-2

傳曰何以緦從服也疏曰云内兄弟者對姑之子云舅之子本在内不出故得内名也從服者亦是從於母而服之不言報者爲舅既言從服其子相於亦不得言報也○爲外祖父母條母出則爲繼母之黨服此條通用當考○爲所後者妻之昆弟之子若子詳見斬衰爲人後條

夫之姑姊妹之長殤疏曰夫之姑姊妹成人婦爲之小功長殤降一等故緦麻也○妾服見大功章大夫之妾爲君之庶子條

0011_0238-1

夫之諸祖父母報諸祖父者夫之所爲小功從祖祖父母外祖父母或曰曾祖父母曾祖於曾孫之婦無服而云報乎曾祖父母正服小功妻從服緦○疏曰夫之所爲小功者妻降一等故緦麻以其本疏兩相爲服則生報名或人解諸祖之中兼有夫之曾祖父母鄭以凡言報者兩相爲服曾祖爲曾孫之婦無服何得云報乎故破其說又言若今本不爲曾祖齊衰三月而依差降服小功其妻降一等得有緦麻今既齊衰三月明爲曾孫妻無服○妾服見大功章大夫之妾爲君之庶子條

0011_0238-2

君母之昆弟

傳曰何以緦從服也從於君母而服緦也君母在則不敢不從服君母卒則不服也○疏曰徒從故從亡則已也○小功章君母之父母從母條君母卒不爲君母之黨服此條通用當考

從父昆弟之子之長殤

昆弟之孫之長殤

爲夫之從父昆弟之妻疏曰從父昆弟之子之長殤昆弟之孫之長殤此二人本皆小功故長殤在緦麻中殤從下殤無服夫之從父昆弟之妻同堂娣姒降於親娣姒故緦麻也○妾服見大功章大夫之妾爲君之庶子條

0011_0239-1

傳曰何以緦也以爲相與同室則生緦之親焉長殤中殤降一等下殤降二等齊衰之殤中從上大功之殤中從下同室者不如居室之親也齊衰大功皆明其成人也大功之殤

0011_0239-2

中從下則小功之殤亦中從下也此也冒妻為夫之親服也凡不見者以此亦之○疏曰發問者以本路人夫以其之子祖為服故問之以大功有同至同財之義故云祖與同室生緦之親焉云長殤中殤降一等以下小昆婦人為夫之族著殤服依雖文季上男子為殤之下要為下婦人而發也若然云長殤中殤降一等者據下齊衰也殤從上在大功也下殤降二等者亦是齊衰下殤在小功者也言同室者直是舍同未必安坐言居者非直舍同又是安坐以上小功章親娣姒婦言居室而此云同室輕重

仪丧礼一　百六十一

0011_0240-1

不等也齊衰大功皆服其成人也者以其無殤在齊衰之服明據成人齊衰既是成人明大功亦是成人可知也云大功之殤中從下則小功之殤亦中從下者則舉上以明下上殤大功注云大功之殤中從上則齊衰之殤亦中從上彼注舉下以明上皆是舉重之義上文據大功小功不據齊以以其重故傳男子為殤服而言此下言小功上取齊衰對大功以其輕故知婦人義服為夫之親而發也凡不見者婦人為夫之親從夫服降一等而經傳不見者也

0011_0240-2

右緦麻三月

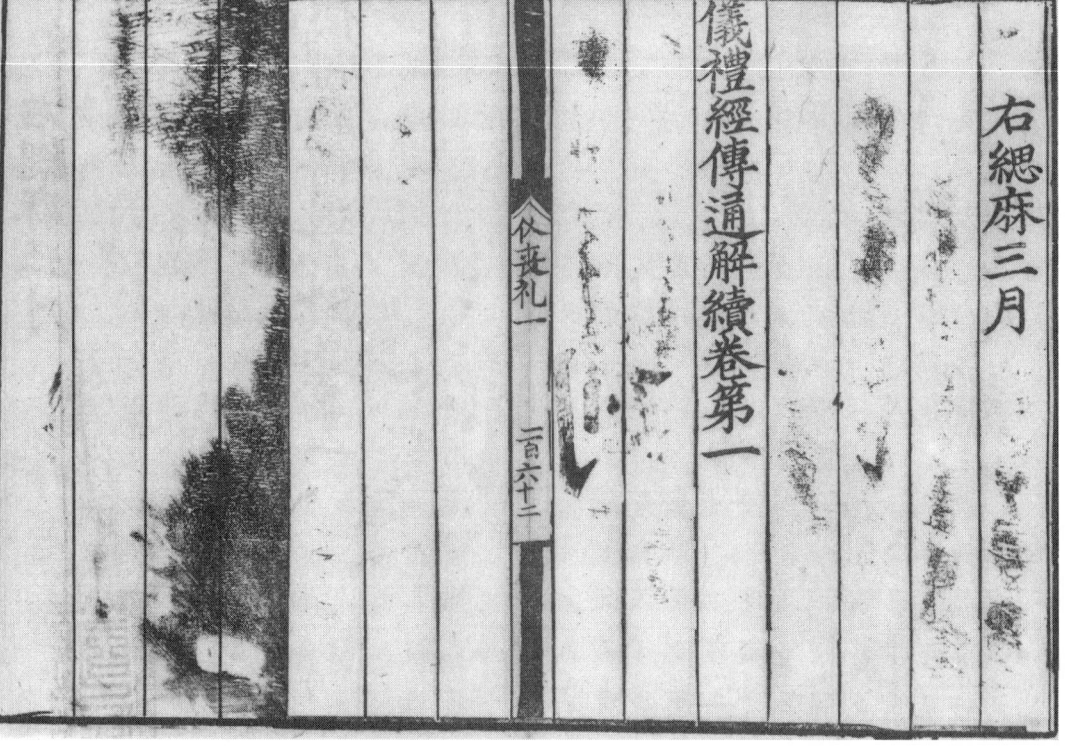

儀禮經傳通解續卷第一

仪丧礼一　二百六十二

0011_0241-1

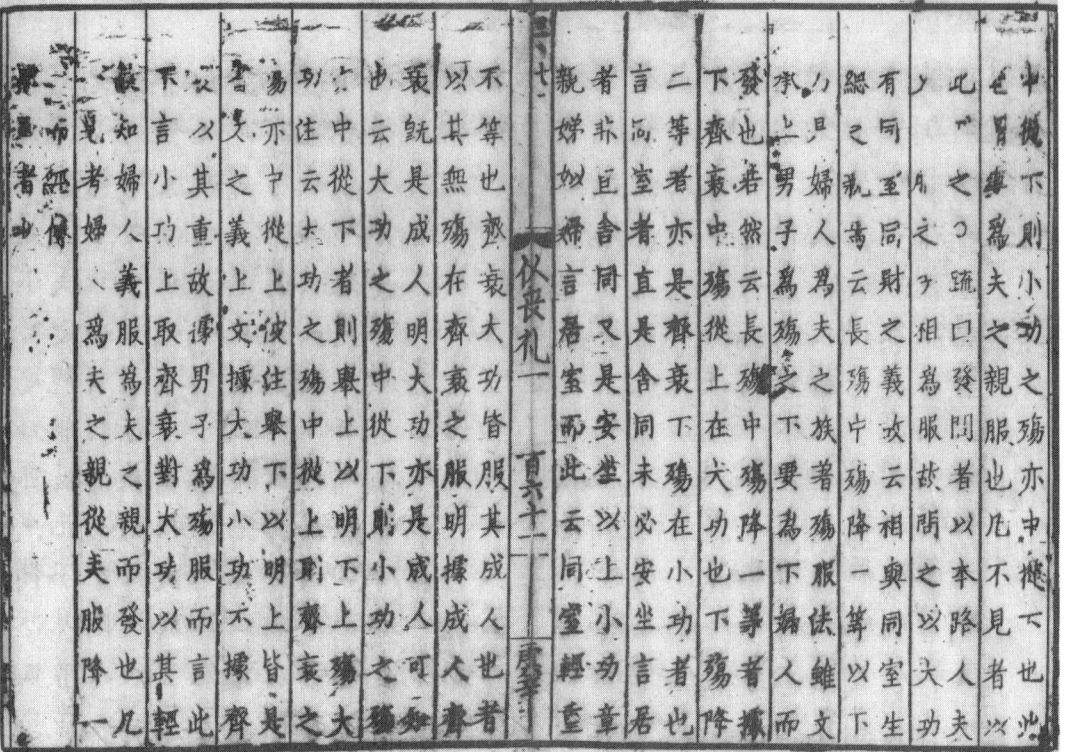

0011_0244-2

儀禮經傳通解續卷第二

士喪禮上　喪禮二之上

錄云士喪其父母自始死至於既殯之禮喪於五禮屬凶○疏曰自[illegible]

既已也謂從始死已殯之後未葬之前皆錄之於此上篇案周禮大宗伯

掌五禮吉凶軍賓嘉此於五禮屬凶若然天子諸侯之下皆有士此當諸

侯之士知者下云君若有賜不言王又喪大記云君沐粱大夫沐稷士沐

粱鄭云士喪禮沐稻此云士沐粱蓋天子之士也又大斂陳衣與喪大記

0011_0245-1

不同鄭亦云彼天子之士此諸侯之士以此言之此篇諸侯之士可知但

公侯伯之士一命子男之士不命一命與不命皆分為二等各有上中下

及行喪禮其節同但銘旌有異故下云為銘各以其物亡則以緇長半幅

物謂公侯之士一命已上生時得建旌旗士謂子男之士生時無旌旗之

物者唯此為異

經十二

士喪禮

0011_0245-2

右篇目○周禮黨正凡其黨之喪紀教其禮事掌其戒禁○記恤由之喪哀公使孺悲之孔子學士喪禮士喪禮於是乎書時人轉而僭上士之喪禮已廢矣孔子以教孺悲國人乃復書而存之○雜記

死于適室幠用斂衾適丁狄反幠火吳反斂力豔反後皆同○適室正寢之室也疾者齊故于正寢焉疾時處此牖下死而遷之當牖下

0011_0246-1

有牀衽幠覆也斂衾大斂所并用之衾衾被也小斂之衾當陳喪大記曰始死遷尸于牀幠用斂衾去死衣○疏曰云適室正寢之室也者若對天子諸侯謂之路寢卿大夫士謂之適室亦謂之適寢揔而言之皆謂之正寢是以莊三十一年秋八月公薨于路寢公羊穀梁傳云路寢正寢也言正寢者對燕寢與側室非正寢喪大記云君夫人卒於路寢大夫世婦卒於適寢內子未命則死於下室遷尸于寢士之妻皆死于寢鄭注云言死者必歸於正處也以此言之妻皆與夫同處若然天子崩亦於路寢是以顧命成王崩延康王於翼室翼室則

0011_0246-2

路寢也非正寢則失其所云疾者齊故
二正寢焉以其齊須在適寢正情性也
云幠覆也斂衾大斂所并用之衾者案
喪大記君大夫士皆小斂一衾大斂二
衾今始死小斂之衾當陳故不用小斂
衾以其大斂未至且用大斂一衾以覆
尸及至大斂之時兩衾俱用一衾承薦
於下一衾以覆尸故云大斂所并用之
衾引喪大記者欲見加斂衾以覆尸以
去死衣鄭彼注云去死衣病時所加新
衣及復衣也去之以俟沐浴是也○今
案復而後行死事則楔用斂衾當在復
事之後然後楔齒綴足設飾帷堂並依
經亦初無先後之別今依經文及凡例

0011_0247-1

記言始死之事雖在復
後者皆列於此章之下

右始死 案始死之前有有疾[illegible]等事經文不具今以記[illegible]

見于下 ○記士處適寢寢東首[illegible]

墉下 首手又反墉音庸○將有[illegible]乃寢於適室今文墉爲[illegible]

爲於○疏曰凡記者皆是經[illegible]
記之使充經文理備足也適[illegible]
適室一也若不疾則在燕[illegible]
疾乃寢卧于適室故變室[illegible]
云東首者鄉生氣之所[illegible]
[illegible]謂之牖喪大記謂之北[illegible]

0011_0247-2

在北墉下亦取十一月一[illegible]
陽生於北生氣之始故也[illegible]

者齊 齊側皆反本又作齋○[illegible]
性也適寢者不齊不居[illegible]
○疏曰既有疾當齊戒王[illegible]
也云適寢者不齊不居其[illegible]
鄉黨孔子齊居必遷坐[illegible]
齊於內散齊於外皆在適[illegible]
齊得鄉外 故
云於外耳

養者皆齊 ○養羊亮反○疏曰[illegible]
文養疾皆齊
戒正情性也

徹琴瑟 去樂○去起呂反○疏曰
君子無故琴瑟不離其側今以
父母有疾憂不在于樂故去之[illegible]

0011_0248-1

喪大記云疾病君大夫徹縣士去
琴瑟注云凡樂器天子宮縣諸侯
軒縣大夫判縣士特縣去琴瑟者
不命之士亦謂子男之士不命者
也○案去樂以病者齊故去
之非爲子去也疏文可疑

疾病外內皆埽 埽素到反○爲有賓客來問也疾甚曰病

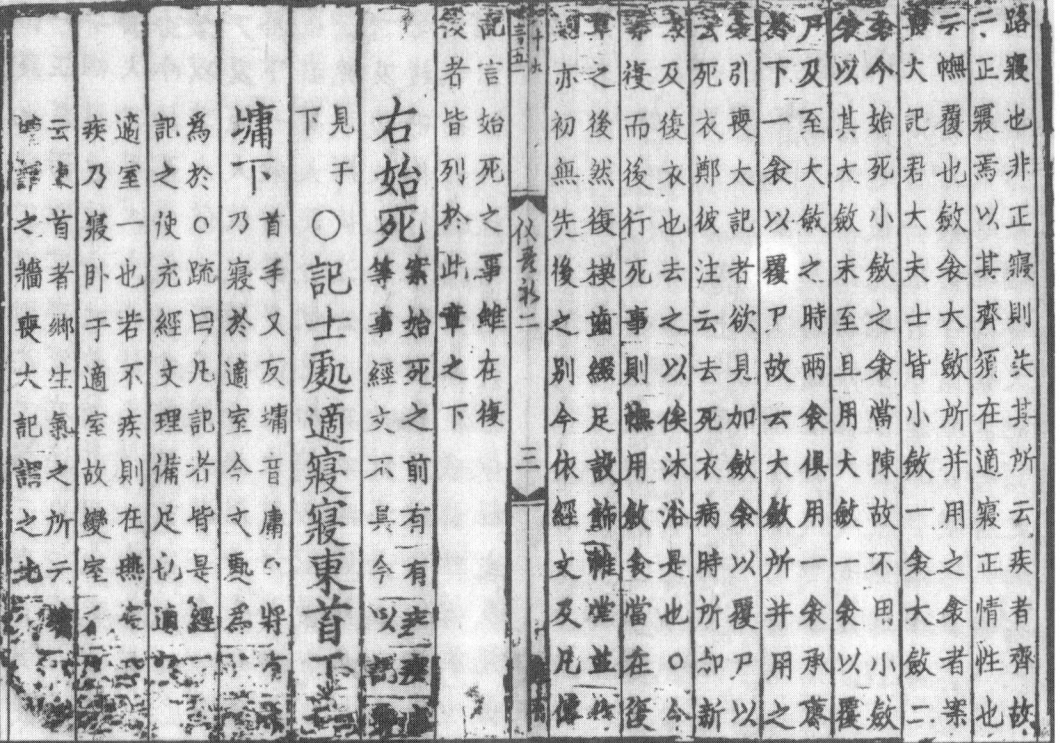

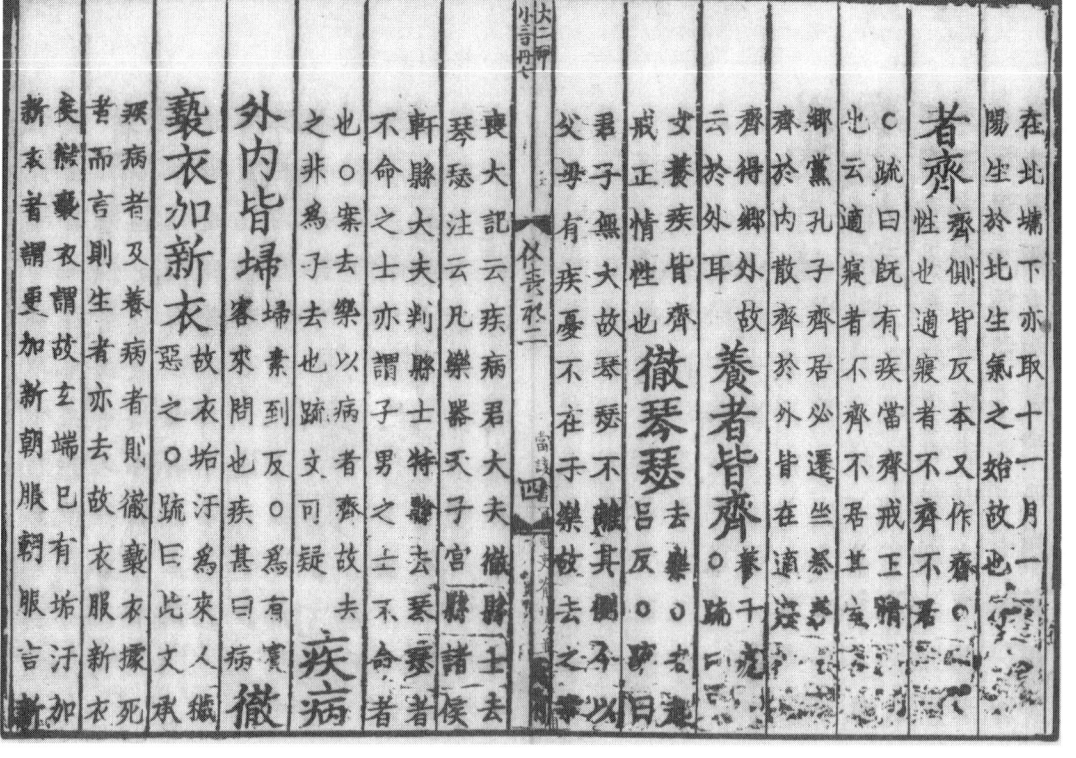

徹褻衣加新衣 故衣垢汙爲來人穢惡之○疏曰此文承
疾病者及養病者則徹褻衣據死者而言則生者亦去故衣服新衣
矣徹褻衣謂故玄端已有垢汙加新衣者謂更加新朝服朝服言新

則褻衣是故玄端言褻朝服是褻不褻矣者案一邊而言明皆有褻也必知新衣是玄端新衣是朝服者案司服士之齊服服玄端則疾者其養疾者皆齊明服玄端檀弓云始死羔裘玄冠者易之而已蓋襲之衣朝服故知臨死所著新衣則朝服也故鄭云約於正也

御者四人皆坐持體爲不能自轉側御者今時侍從之人○疏曰案喪大記云體一人注云爲其不能自申屈也若然四體各一人亦爲不能自轉側詩云輾轉反側據身云不能自亟

御釋手足二十相兼乃具六御者士雖無臣亦得御使使近人然及其手也

男女改服爲賓客來問病亦朝服主人深衣

屬纊以俟絕氣屬音燭纊音曠○爲其氣微難節也纊新絮○疏曰案喪大記注云今之新綿易動搖置口鼻之上以爲候亦二注相兼乃具禹貢揚州貢纖纊明纊新綿也

男子不絕於婦人之手婦人不絕於男子之手備褻○疏曰案喪大記云君子重終爲其相褻[illegible]

特使御者持體并死于其寢人則內御者持體還死於妾寢三十三年冬公薨于小寢左傳曰即安也服注云小寢夫人寢禮男子不絕於婦人之手今僖公薨于小寢譏其近女室也

乃行禱于五祀盡孝子之情五祀博言之士二祀曰門曰行○疏曰云盡孝子之情者死已至必不可求生但盡孝子之情故乃行禱五祀望祐助病者使之不死也云五祀博言之士二祀曰門曰行者祭法文諸侯五祀今禱五祀是廣博言之望助之者衆○

本經記

○疾病廢牀御者持體體一人詳見喪大記○案喪大記全文與本經記大同小異今不重出論其異者于此

○士疾君一問之詳見喪大記

○乃卒卒終也○疏曰曲禮與爾雅皆云大夫曰卒士曰不祿今士不言不祿而云卒者言之使與大夫同稱也

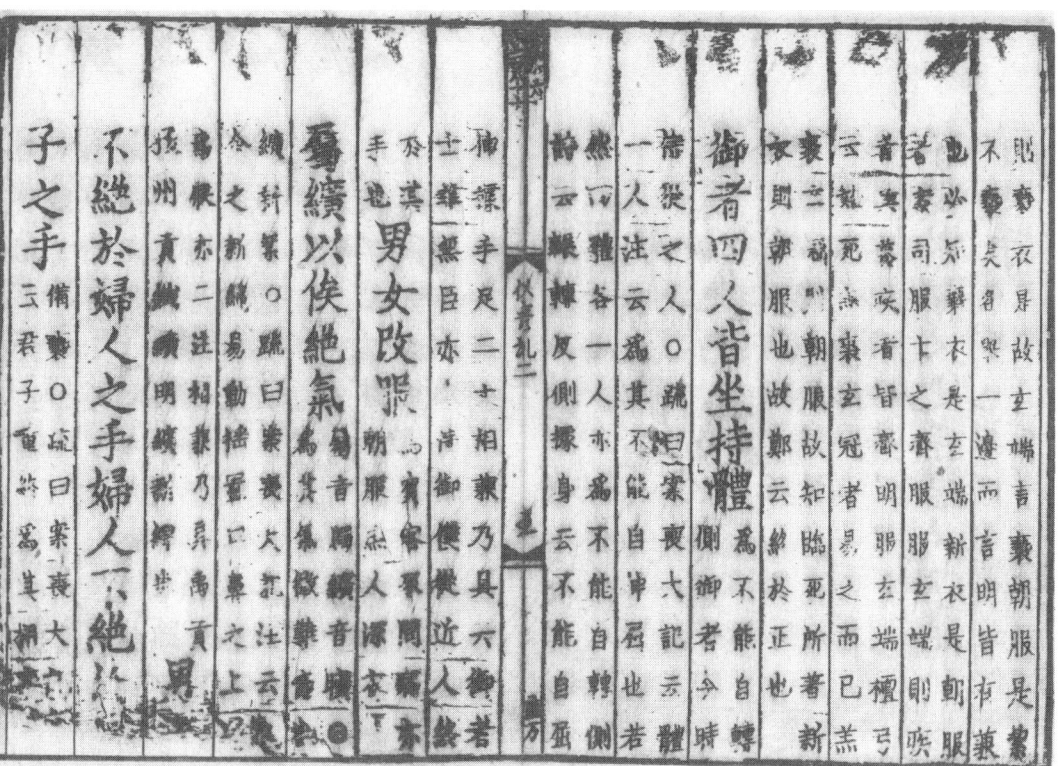

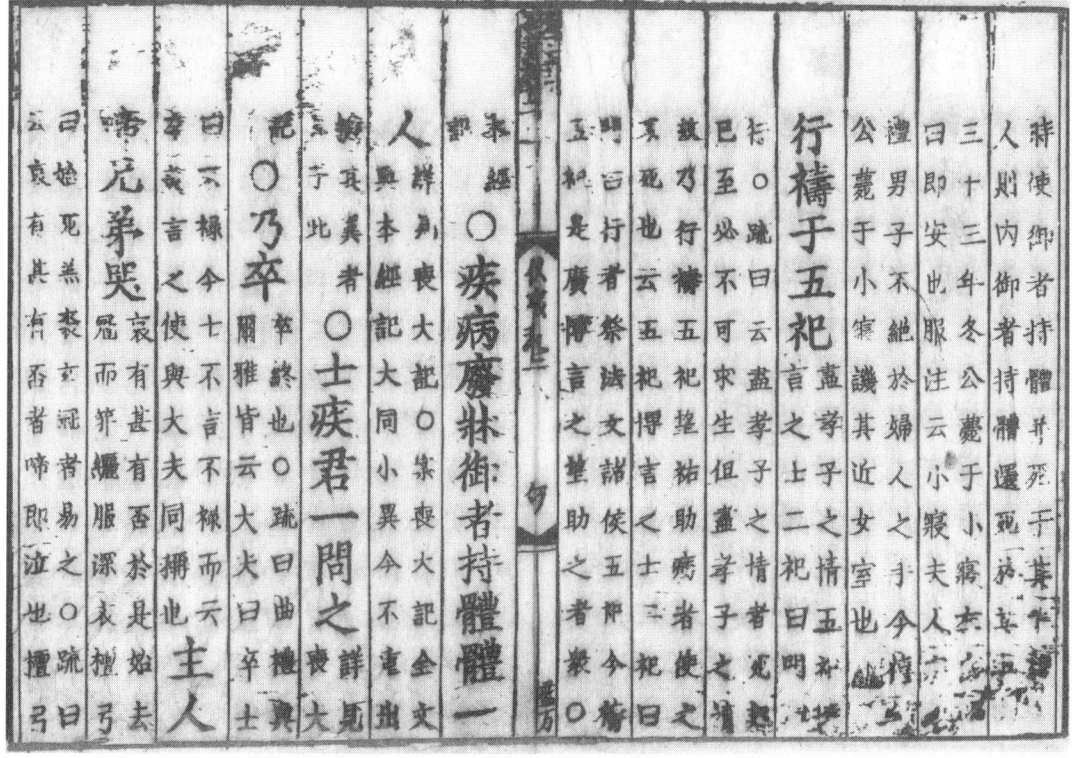

主人啼兄弟哭哀有甚有否於是始去冠而笄纚服深衣檀弓曰始死羔裘玄冠者易之○疏曰云哀有甚有否者啼即泣也檀弓

0011_0250-2

高柴泣血三年注云言泣無聲如血出則啼是哀之甚殺聲則氣竭而息之聲不委曲若往而不反對齊衰以下直哭無啼是其否也禮記問喪云親始死雞斯徒跣扱上衽注云雞斯當為笄纚上衽深衣之裳前是其親始死笄纚服深衣也引檀弓者證服深衣易去朝服之事也。本經記

○婦人哭踊凡哭尸于室者主人二手承衾而哭詳見喪大記

○親始死雞斯徒跣扱上衽交手

儀喪禮二　七

0011_0251-1

哭詳見喪禮義○始死充充如有窮詳見喪通禮哀戚條○始死皇皇如有求而弗得同上○始死三日不怠同上○二日而食詳見喪禮義○水漿不入於口者三日同上○士之妻皆死于寢詳見喪大記○衾死而後制詳見本篇陳小斂衣條○

孔子蚤作作起負手曳杖消搖於門

古又作逍遥○欲人之怪已歌曰泰山其頹乎泰山衆山所仰梁木其壞乎梁木衆木所放○放古兩反哲人其萎乎哲人亦衆人所仰放也以上二句喻之萎病也詩云無木不萎旣歌而入當户而坐蚤坐急見人也子貢聞之曰泰山其頹則吾將安仰梁木其壞哲人其萎則吾將安放夫子殆將病也覺孔子歌意殆

儀喪禮二　八

幾也遂趨而入夫子曰賜爾來何遲也坐則塈之夏后氏殯於東階之上則猶在阼也殷人殯於兩楹之間則與賓主夾之也周人殯於西階之上則猶賓之也作才故反楹音盈以三王之禮占己夢而丘也殷人也予疇昔之夜夢坐奠於兩楹之間是夢坐兩楹之間而見饋食也

第八葉傳本稍有漫漶今改用張本

0011_0252-2

言奠者以爲凶象噫
發聲也昔猶前也夫明王不興
而天下其孰能宗予予殆將死也
孰誰也宗尊也兩楹之間南面鄉
明人君聽治正坐之處今無明王
誰能尊我以爲人君乎是我殷
家奠殯之象以此自知將死蓋
寢疾七日而沒明聖人知命〇疏
曰杖以扶身恒在
前而用今乃反手郤後以曳其杖
示不復杖也又夫子禮度自守貌
恒矜莊今乃消搖放蕩以自寬縱
皆是特異尋常陵旦如此故云欲

小二卜十　大二十四　仪禮疏二　九

0011_0253-1

人之怪己杖曳於後示不復用消
搖寬縱示不能以禮自持並將死
之意狀又曰桑木摧桷之屬依放
横梁乃存立故則依也泰山梁木
並指他物世人其萎指夫子之身
以二物比夫子故云以上二句喻
之君子常不自當户已歌而入即
當户而坐故云當坐坐不在隱處
是急欲見人夏后氏殯於東階則
猶在阼周人殯於西階則猶賓之
夏與周並言猶者以其既死無所
知識孝子不忍以生禮待之猶尚
阼階以爲主猶尚西階以爲賓客
故言猶也殷人殯於兩楹之間八

0011_0253-2

云猶者禮賓主敵者授受於兩楹
之間又是南面聽朝之處蓋以夫
子夢在西楹而見饋食知是凶象
無聽朝之事不得云則猶尊之以
有賓主二事故云與也鄭注考工
記宗廟路寢制如明堂周之明堂
東西九筵南北七筵五室每室二
筵堂上窄狹得容殯者以路寢廣
大故得容之其上圓下方五室之
屬如明堂耳〇擅弓〇崇孰能宗
予但言無人尊己之道注言尊爲
人君既失之曳杖消搖鄭注又以
爲欲人怪己孔疏亦以爲寬縱自
故皆非所以言聖人曳杖消搖蓋
其既病之餘閒適之際德容如是
猶所謂逞顏色申申夭夭之類初
非寬縱之謂若謂將死而不以禮
自持則是不以正而斃非所以示

小二卜八　大四十八　仪禮疏二　十

0011_0254-1

訓也〇曾子有疾召門弟子曰啓予
足啓予手詩云戰戰兢兢如臨深
淵如履薄冰而今而後吾知免夫
小子夫音扶〇集注曰啓開也曾
子平日以爲身體受於父母
不敢毀傷故於此使弟子開其衾
而視之詩小旻之篇戰戰恐懼兢

0011_0254-2

兢戒謹臨淵恐隊履冰恐陷也曾
子以其所保之全示門人而言其
所以保之之難如此至於將死而
後知其得免於毀傷也小子門人
也語畢而又呼之以致反復丁
寧之意其警之也深矣○論語
曾子有疾孟敬子問之集注曰孟敬子曾大
夫仲孫氏名捷問之者問其疾也曾子言曰鳥之
將死其鳴也哀人之將死其言也
善言自言也鳥畏死故鳴哀人窮反本故言善此曾子之謙辭欲

0011_0255-1

儀禮記二　十二

敬子知其所言之善而識之也君子所貴乎道者
三動容貌斯遠暴慢矣正顏色斯
近信矣出辭氣斯遠鄙倍矣籩豆
之事則有司存遠近並去聲○貴猶重也容貌舉一
身而言暴粗厲也慢放肆也信實也正顏色而近信則非色莊也辭
言語氣聲氣也鄙凡陋也倍與背同謂背理也籩竹豆豆木豆言道
雖無所不在然君子所重者在此
三事而已是皆修身之要爲政之

張本下象鼻題監生留成四字傳本剪去之

0011_0255-2

本學者所當操存省察
造次顛沛之違者也若
事器數之末道之全體固
然其分則有司之守而非君
子之所重矣○曾子疾病疾困曰病曾元
抱首曾申抱足元華之子曾子曰人之生
也百歲之中有疾病焉有老幼焉
故君子思其不可復者而先施焉
親戚既歿雖欲孝誰爲孝年既耆
艾雖欲弟誰爲弟故孝有不及弟

0011_0256-1

儀禮記二　十三

有不時其此之謂與大戴記○曾子
寢疾病病謂疾困○疏曰此一節論曾子臨死守禮不變之
事樂正子春坐於堂下子春曾子弟子曾
元曾申坐於足元申曾參之子童子隅坐
而執燭隅坐不與成人並童子曰華而睆
大夫之簀與睆華板反明貌孫炎云睆漆也○華畫也

0011_0256-2

[illegible]謂[illegible]者以[illegible]爲[illegible]

[illegible]說曰[illegible]給一書五[illegible]

[illegible]華[illegible]也[illegible]雅[illegible]賛[illegible]睆[illegible]

[illegible]刮[illegible]刮木之節目[illegible]然[illegible]

○第側　子春曰止　以[illegible]不可動　曾子[illegible]

之瞿然曰呼　吁虛憊之聲　曰華而[illegible]

夫之簀與曾子曰然斯季孫之[illegible]

也我未之能易也元起易簀[illegible]

仪喪礼二　十三

0011_0257-1

以病故也○䟽曰病時氣力[illegible]故時復一時未能改易簀[illegible]

言而驚駭　曾元曰夫子之病革矣不可

以變幸而至於旦請敬易之　革[illegible]

紀力反又音極急也○言夫子者[illegible]親殁之後[illegible]齊嘗聘以爲卿而[illegible]

也革急也變動也幸覬也　曾子曰爾之愛我也

不如彼　彼童子也　君子之愛人也以德

成已之德　細人之愛人也以姑息[illegible]

苟容取安也　吾何求哉吾得正而斃[illegible]

0011_0257-2

焉斯已矣　斃仆也○䟽曰言君子愛人必以善事成已之

德細小人之愛人也不顧道理且相寧息耳吾今更何求唯求正

道易换其簀而即仆焉斯已矣　舉扶而易之反席

未安而殁　言病雖困猶勤於禮○檀弓下同　○子

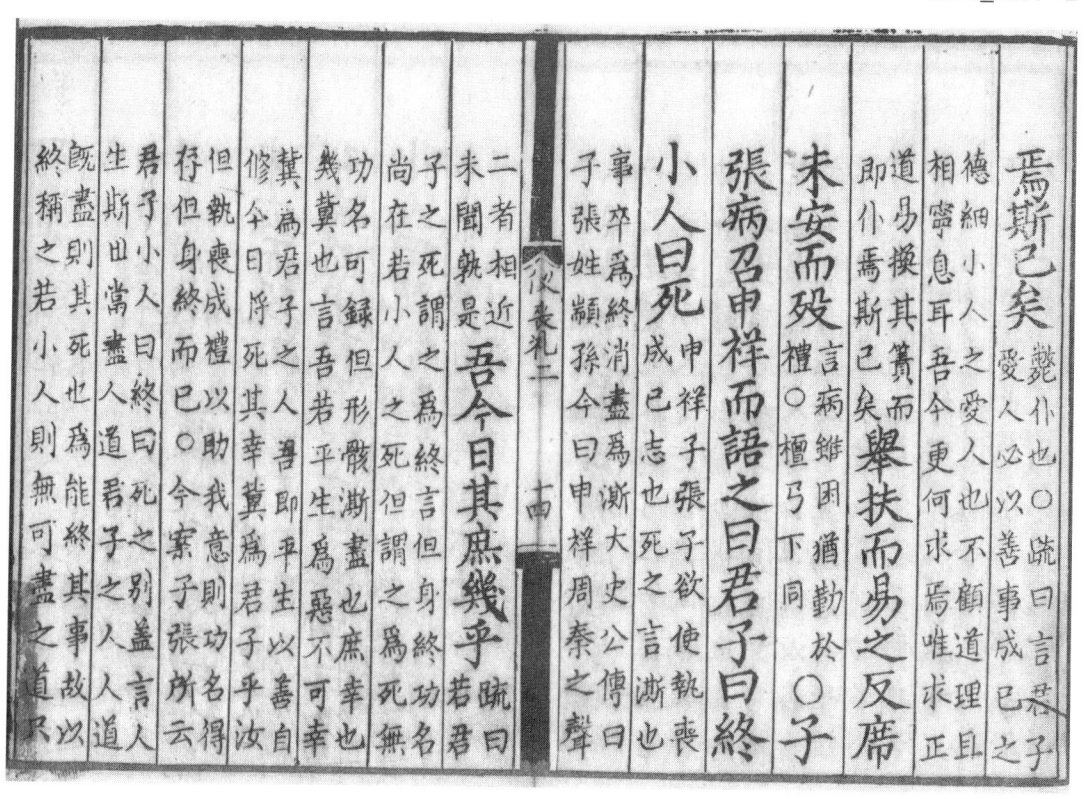

張病召申祥而語之曰君子曰終

小人曰死　申祥子張子欲使執喪成已志也死之言澌也

事卒爲終消盡爲澌大史公傳曰子張姓顓孫今曰申祥周秦之聲

仪喪礼二　十四

0011_0258-1

二者相近未聞孰是　吾今日其庶幾乎　䟽曰若君

子之死謂之爲終言但身終功名尚在若小人之死但謂之爲死無

功名可録但形骸澌盡也庶幾冀也言吾若平生爲惡不可幸也

其爲君子之人善即平生以善自修今日將死其幸冀爲君子乎汝

但執喪成禮以助我意則功名得存但身終而已○今案子張所云

君子小人曰終曰死之别蓋言人生斯世當盡人道君子之人人道

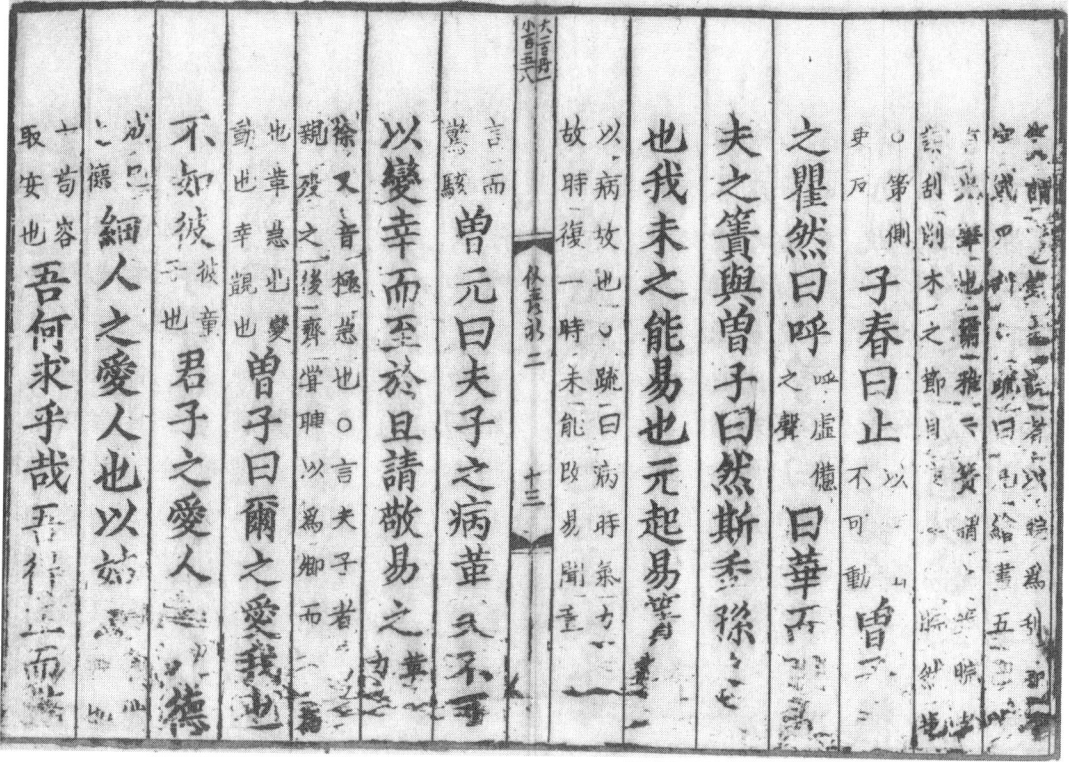

既盡則其死也爲能終其事故以終稱之若小人則無可盡之道只

0011_0258-2

長形氣消盡故稱之曰死終以道
言死以形言子張意庶幾者蓋以
生平持身惟恐有不盡之道今至
將沒幸其得以盡道而終故以爲
言亦猶曾子知免之意觀其將死
喜幸之言足以見其生平恐懼之
意正學者所當用力記今注家以
爲欲使執喪成已志跡家又以爲
但身終功名尚有幾本訓近又訓
爲冀皆不可曉學術不明其弊至
此不可不辨○衛太子蒯聵迫孔悝季
子曰食焉不辟其難入曰太子焉

大公二
以喪服二 十五
刻元

0011_0259-1

用孔悝雖殺之必或繼之太子下
石乞盂黶敵子路以戈擊之斷纓
子路曰君子死冠不免結纓而死
哀公十五年左氏春秋傳
復者一人以爵弁服簪裳于衣左何之
扱領于帶簪側林反劉左南反何戶我反又音河扱初洽反劉初輒
反○復者有司招魂復魄也天子則夏
采祭僕之屬諸侯則小臣爲之爵弁復

0011_0259-2

[illegible]衣纁裳也禮以冠名服簪連也○純
[illegible]其反纁許云反○疏曰言復者一人
者諸侯之士一命與不命並皆一人案
雜記云復西上者鄭注云北面而西上
[illegible]長左也復者多少各如其命之數若
上公九命則依命數九人之類云復者
有司者案喪大記復者小臣士家不得
同僚爲之則有司府史之等也不言所
書衣服者案喪大記小臣朝服下記亦
云復者朝服則尊卑皆朝服可知必著
朝服者朝服平生所服以事君之衣也
朝服而復冀精神識之而來反衣以其
事死如事生故復者皆朝服也云招魂
復魄也者出入之氣謂之魂耳目聰明

以喪服二 十六
刻元

0011_0260-1

[illegible]之魄死者魂神去離於魄今欲招取
[illegible]來復歸于魄故云招魂復魄也云爵
[illegible]服純衣纁裳也者案士冠禮云陳服
[illegible]房中西墉下東領北上爵弁服纁裳
[illegible]衣是也士用爵弁者案雜記云士弁
[illegible]祭於公冠而祭於已是士服爵弁助
[illegible]於君玄冠自祭於家廟士復用助祭
之服則諸侯已下皆用助祭之服可知
故雜記云復諸侯以褒衣冕服爵弁服
冕服者有六除大裘有袞冕鷩冕毳冕
絺冕玄冕上公袞冕而下侯伯鷩冕而
下子男毳冕而下孤自絺冕而下卿大
夫玄冕亦皆加爵弁士爵弁而已王后
以下案雜記云復夫人稅衣揄狄闕狄

0011_0261-1　　0011_0260-2

鞠衣展衣禄衣王后及上公夫人三王後及卿之夫人皆用禕衣下至禄衣鞠伯夫人與王之三夫人同揄翟以下至禄衣子男之夫人與三公夫人自闕狄以下至禄衣孤之妻與九嬪鞠衣展衣禄衣卿大夫妻與王之世婦展衣禄衣士妻與女御禄衣而已云襢以冠名服者案士冠禮皮弁爵弁並列於階下記之而空陳服於房云皮弁服爵弁服是以冠名服鄭言此者欲見復時唯用爵衣纁裳不用爵弁而纁言爵弁服是禮以冠名服也云簪連也者若凡常時衣服衣裳各別今此招魂取其便故連裳於衣

升自前東榮中屋

儀禮疏卷二　十七

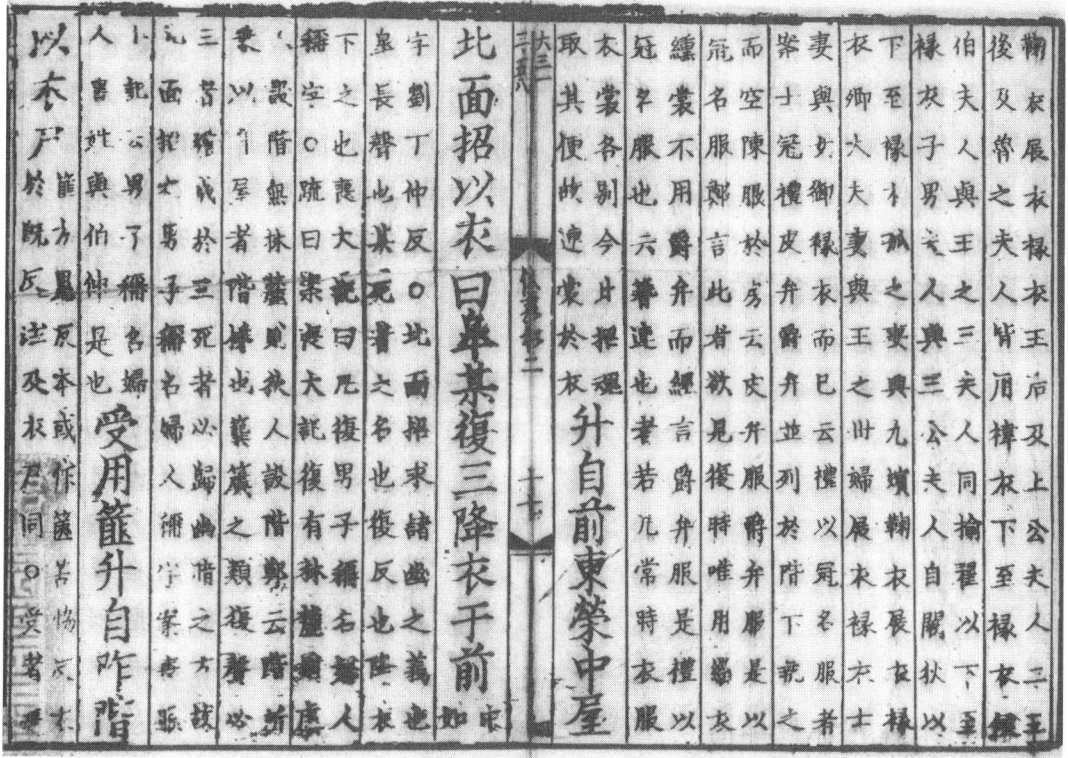

北面招以衣曰皋某復三降衣于前宋如

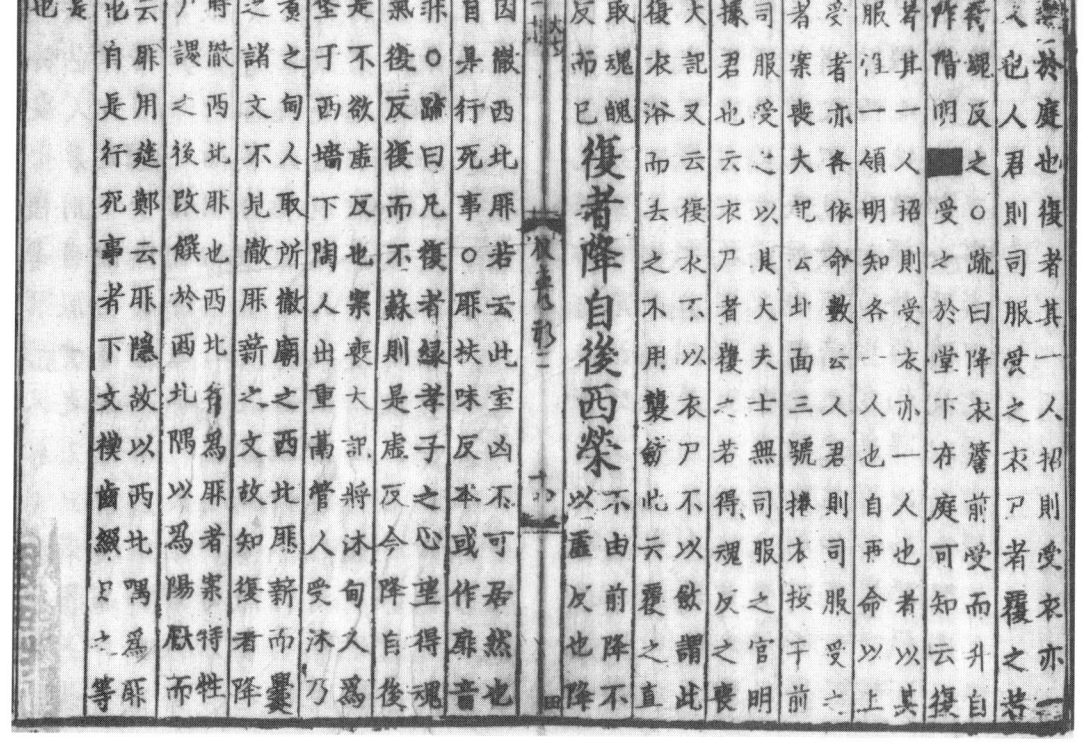

字劉丁仲反○北面招求諸幽之義也皋長聲也某死者之名也復反也降衣下之也喪大記曰凡復男子稱名婦人稱字○疏曰案喪大記復有林麓則虞人設階無林麓則狄人設階鄭云階所衆以升屋者階梯也蕞蕞之類復者必三號號於三死者必歸幽闇之方故北面招之男子稱名婦人稱字案喪服小記云男子稱名婦人書姓與伯仲是也

受用篋升自阼階

以衣尸篋方屬反本或作篋若協反本於既反注及衣君同○受者

0011_0262-1　　0011_0261-2

衣於庭也復者其一人招則受衣亦一之也人君則司服受之衣尸者覆之若養魂反之○疏曰降衣簷前受而升自阼階明[redacted]受之於堂下在庭可知云獲若其一人招則受衣亦一人也者以其服注一領明知各一人也自再命以上受者亦各依命數公人君則司服受之者案喪大記公升面三號捲衣投于前司服受之以其大夫士無司服之官明據君也云衣尸者覆之若得魂反之襲大記又云復衣不以衣尸不以斂謂此復衣浴而去之不用襲斂此云覆之直取魂魄反而已

復者降自後西榮不由前降不以虛反也降

儀禮疏卷二　十八

因徹西北厞若云此室凶不可居然也自是行死事○厞扶味反本或作扉音非○疏曰凡復者緣孝子之心望得魂氣復反復而不蘇則是虛反今降自後是不欲虛反也案喪大記將沐甸人爲垼于西墻下陶人出重鬲管人受沐乃煮之甸人取所徹廟之西北厞薪而爨之諸文不見徹厞薪之文故知復者降時徹西北厞也西北隅爲厞者案特牲尸謖之後改饌於西北隅以爲陽厭而云厞用筵鄭云厞隱故以西北隅爲厞也自是行死事者下文楔齒綴足之等是也

0011_0262-2

右復○記復者朝服左執領右執要招而左朝直遥反要一遥反○衣朝服服未可以變○衣於既反○疏曰云招而左者以左手執領還以左手以領招之招也所以求生左陽陽主生故用左復者士之有司著朝服左執領謂爵弁服云衣朝服服未可以變者謂始死未可以變之服凶服以其復所以求生故也○本經記○士以爵弁士妻以稅衣皆升自東榮中屋履危北

仪丧礼二　十九

0011_0263-1

面三號捲衣投于前司服受之降自西北榮復衣不以衣尸不以斂婦人復不以袡凡復男子稱名婦人稱字唯哭先復復而後行死事喪大記○復與書銘自天子達於士其辭一也男子稱名婦人書姓與伯仲如不知姓則書氏上同○鄭

0011_0273-2

婁復之以矢蓋自戰於升陘始也邾音誅婁力俱反或如字陘音刑○戰於升陘魯僖二十二年秋時師雖勝死傷亦甚無衣可以招魂○疏曰必用矢者時邾人志在勝敵矢是心之所好用所好招魂冀其復反然招魂唯據死者而鄭兼云傷者以其因兵而死身首斷絕不生者應無復法若身首不殊因傷致死復有可生之理○檀弓者則用矢招魂○復楔齒綴足飯設飾帷堂並作楔悉節反飯煩晚反○設飾謂遷尸又加新衣○疏口招魂之後用角柶柱亡人之齒令開使含時不閉復用燕几綴亡人之足令直使著屨時不辟戾也飯者飯含也設飾者謂襲斂遷下之時又加新衣也帷堂者謂小斂時並作者作起為也自復以下諸事並起以帷堂故云並作○檀弓

仪丧礼二　二十

0011_0274-1

復楔齒用角柶楔息結反○為將含恐其口閉急也○含戶暗反本亦作唅○疏曰此角柶其形與扱醴角柶制別故屈之如軛中央入口兩末向

0011_0264-2

上取事便也以具兩
末向上出入易故也綴足用燕几綴丁
劣反
劉張底反○綴猶拘也爲將僵恐其辟
戾也今文綴爲對○辟音壁下力計反
○疏曰案喪大記小臣楔齒用角柶綴
足用燕几君大夫士一也又案周禮天
官玉府大喪共含玉復衣裳角枕角柶
則自天子已下至於士其禮同言燕几
者燕安也當在燕寢之
內常憑之以安體也
右楔齒綴足案復與楔齒綴足之
間有遷尸一節經文
不具今以訂
附見于下○記設牀笫當牖衽

0011_0265-1

下莞上簟設枕笫側几反衽而甚
反又而鴆反○病
卒之間廢牀至是設之事相變衽
臥席古文笫爲茨○疏曰喪大記
云疾病廢牀寢東首於北牖下廢牀是
其始死亦因在地無牀衾而不寢
乃設牀於南牖下有枕席是病事
之間廢牀於是設之是生死事相
變也衽臥席者曲禮云請席何鄉
請衽何趾鄭云坐問鄉臥問趾因
於陰陽是衽爲臥席
彼禮注云衽臥席也遷尸徙於牖
下也於
是幠用斂衾
○本經記○始死遷尸于牀幠

0011_0265-2

用斂衾去死衣小臣楔齒用角柶
綴足用燕几君大夫士一也詳見
喪大
記○楔貌如軛上兩末軛於革反
○事便也
今文軛作厄○疏曰如軛謂如馬
鞅軛馬領亦上兩末令以扆處入
口取出時易
故云事便也綴足用燕几校在南
御者坐持之校劉胡飽反一音苦
交反○校脛也尸南
首几脛在南以拘足則不得辟戾
矣古文校爲枝○辟必亦反○疏

曰古者几兩頭各施兩足今則夾
以豎用之尸兩首足鄉北故以几
腳鄉南以夾足恐几歆側故使生
存侍御者一人坐持夾之使足不
辟戾可以著屨
也○本經記○揺中霤而浴毀

0011_0266-1

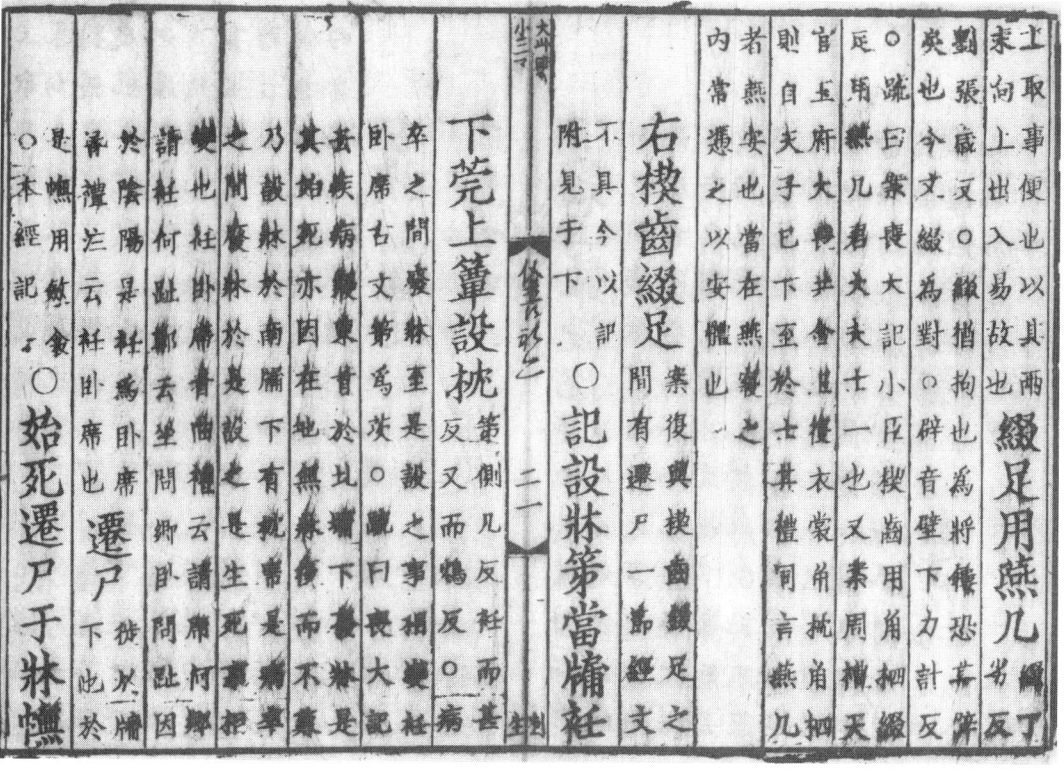

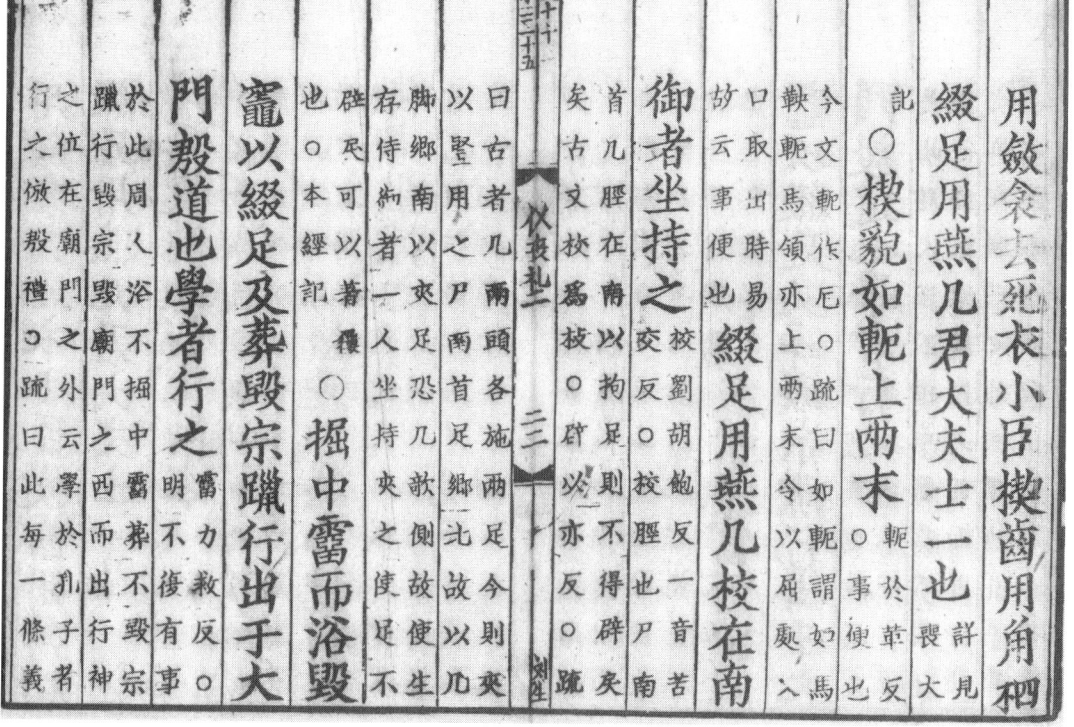

竈以綴足及葬毀宗躐行出于大
門毀道也學者行之霤力救反○
明不復有事
於此周人浴不掘中霤葬不毀宗
躐行毀宗毀廟門之西而出行神
之位在廟門之外云學於孔子者
行之做殷禮○疏曰此每一條義

兼二事中霤室中也死而掘室中之地作坎一則言此室於死者無
用二則以牀架坎上尸於牀上浴令浴汁入坎也毀竈以綴足者一
則死而毀竈示死無復有飲食之事二則恐死人冷強足辟戾不可
著屨故用毀竈之甓運綴死人足令可著屨也又曰云周人浴不中
霤者用盤承浴汁也是以喪大記浴水用盆沃水用枓沐用瓦盤也
然周家亦不毀竈綴足而鄭注不云者以周綴足用燕几其文可見
故此不言耳及葬毀宗躐行出于大門者亦義兼二事毀宗毀廟也

殷人殯於廟至葬柩出毀廟門西邊墻而出于大門所以然者一則
明此廟於死者無事故毀之也二則行神之位在廟門西邊當所毀
宗之外若生時出行則為壇幣告行神告竟車躐行壇上而出使道
中安穩如在壇今嚮毀宗𠡠出仍得躐此行壇如生時之出也故云
毀宗躐行出于大門也殷道也者道禮也上三句皆是殷禮也又曰
云周人葬不毀宗躐行者周殯於正寢至葬而朝廟從正門出不毀
宗也云毀宗[illegible]之而出者廟之[illegible]在廟門

[illegible]門之外[illegible]

奠脯醢醴酒升自阼階奠于尸東[illegible]

設奠以馮依之。疏曰案檀弓曾子云始死之奠其餘閣也與鄭注云不容改
新也則此奠是閣之餘食為之案下小斂一豆一籩大斂兩豆兩籩此始死俱
言亦無過一豆一籩而已此醴酒雖具言亦科用其一不並用以其小斂酒醴
具有此則未具是其差

帷堂事小斂也。疏曰云事小斂之者以其未

襲斂必帷之者鬼神尚幽闇故也

右始死奠帷堂。

記即牀而奠當腢用吉器若醴若酒無巾柶腢五口反

劉五侯反。腢肩頭也用吉器器未變也或卒無醴用新酒。卒七
忽反。疏曰即就也謂就尸牀而設之尸南首則在牀東當尸肩頭
也云用吉器器未變也者謂未忍異於生故未變至小斂奠則變旣
工之等為變矣云或卒無醴用新酒者以其始死卒乔有醴則用新

0011_0268-2

酒若有醴則用之不更用酒以其始死不備故也若小斂以後則酒醴具設甒二醴酒是也○本經記○曾子曰始死之奠其餘閣也與不容改新閣庋藏食物○庋九毀反又居偽反○疏曰始死之奠者鬼神所依於飲食故必有祭酹但始死未容改異故以生時庋閣上所餘脯醢以爲奠也閣架橙之屬人老及病飲食不離寢故近置室裏閣上若死仍用閣之餘奠者不容改新也○檀弓

儀禮疏二　二五

0011_0269-1

乃赴于君主人西階東南面命赴者拜送赴告也臣君之股肱耳目死當有恩○疏曰君之股肱耳目死當有恩以下有乎及贈襚之事也案檀弓云父兄命赴者鄭注云謂大夫以上也士主人親命之是尊卑禮異也有賓則拜之賓僚友羣士也其位猶朝夕哭矣○疏曰此謂因命赴者有賓雜之者不問命赴者親不出是以不云喪君命幽弊云始喪之日哀戚甚在室故不出是也同宮爲僚同志爲友一即是友也以其始死唯赴君出廟者飯於重案記知亦明是僚友之士拜之

0011_0269-2

大夫亦逮者爲有大夫則特拜之士夫其少下文西君隧即云有賓士拜賓之是也云其位猶朝夕哭矣衆主人亦如賓朝夕哭位其注云人一異於朝夕而在西階東南面拜之賓下東面下經所云拜大夫之

爲命赴拜賓○記赴曰君之臣某死赴母妻長子則曰君之臣某之某死赴丁夾反○赴走告也今文赴作訃○疏曰

儀禮疏二　二六

0011_0270-1

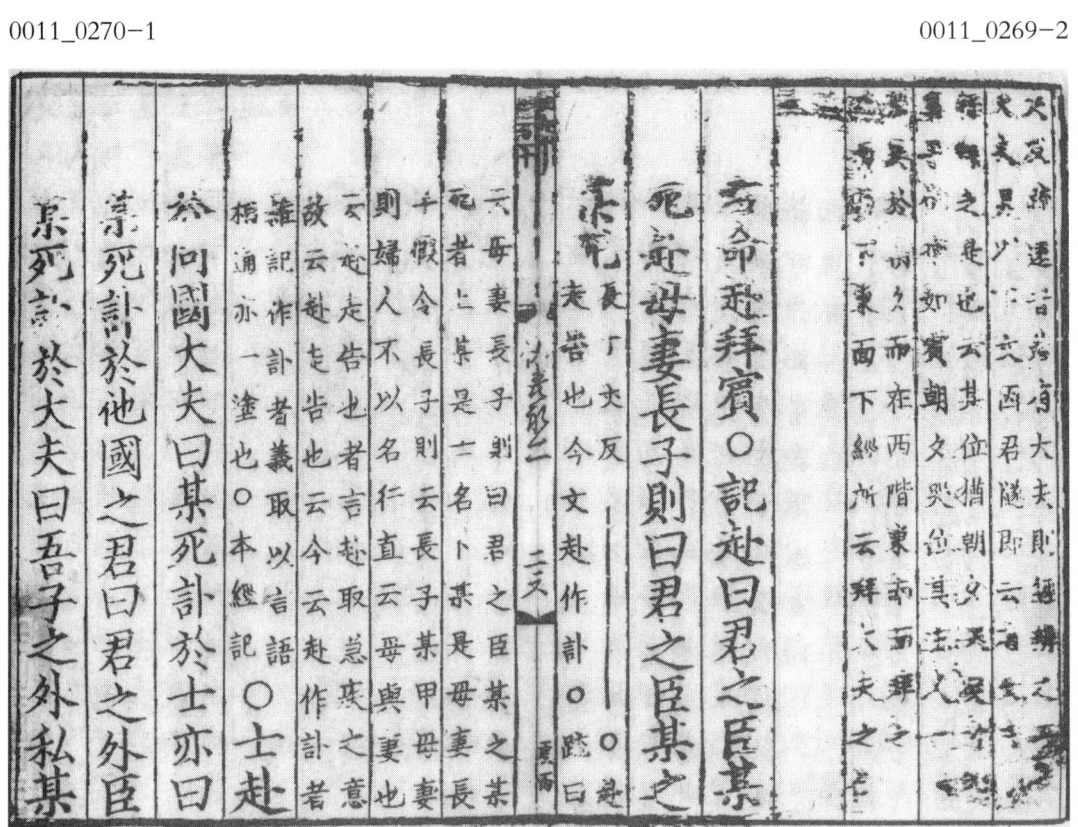

云母妻長子則曰君之臣某之某死者上某是士名下某是母妻長子假令長子則云長子某甲母妻則婦人不以名行直云母與妻也云赴走告也者言赴取急疾之意故云赴走告也云今云赴作訃者據記作訃者義取以告語兩通亦一塗也○本經記○士赴於同國大夫曰某死訃於士亦曰某死訃於他國之君曰君之外臣某死訃於大夫曰吾子之外私某

0011_0270-2

死訃於士亦曰吾子之外私某死詳見喪大記○五廟之孫祖廟未毀雖爲庶人死必赴練祥則告赴告於君也實四廟孫而言五廟者容顯考爲始封子也○疏曰此論族人雖或至賤吉凶必須相告經云祖廟未毀謂同高祖若高祖以下唯有四廟令云五廟故注云容顯考爲始封子是高祖爲四世也其五世祖是始封之君自五世以下其廟不毀故爲五廟也○文王世子

0011_0271-1

入坐于牀東衆主人在其後西面婦人俠牀東面俠古洽反○衆主人庶昆弟也婦人謂妻妾子姓也亦適妻在前○疏曰此論主人以下哭位云婦人坐者謂上文主人拜賓訖入坐于牀東其衆主人直言在其後不言坐則立可知婦人雖不言坐案喪大記婦人皆坐無立法言俠牀者男子牀東婦人牀西以近而言也案喪大記士之喪主人父兄子姓皆坐此除主人之外不坐者此據命士彼據不命之士案喪大記大夫之喪有命夫命婦則坐無則皆立是大夫之喪尊者坐卑者立是知非士人

張本下象鼻題志監生秦四字傳本剪去之

0011_0271-2

皆立據命士大記云尊卑皆坐據不命之士云婦人謂妻妾子姓者下云親者在室其中有姑姊妹故此注直言妻妾子姓也適妻在前者亦主人在衆主人前也○適丁狄反親者在室謂大功以上父兄姑姊妹子姓在此者○疏曰大功以上有同財之義相親暱之理下有衆婦人戶外據小功以下疏曰云父兄姑姊妹子姓在此者父謂諸父兄謂諸兄從父昆弟姑謂主人之姑姊妹從父姊妹子姓謂主人之孫於死者爲曾孫玄孫曾孫爲曾祖高祖齊衰三月常在大功親之內故云子姓在此者衆婦人戶外北面

0011_0272-1

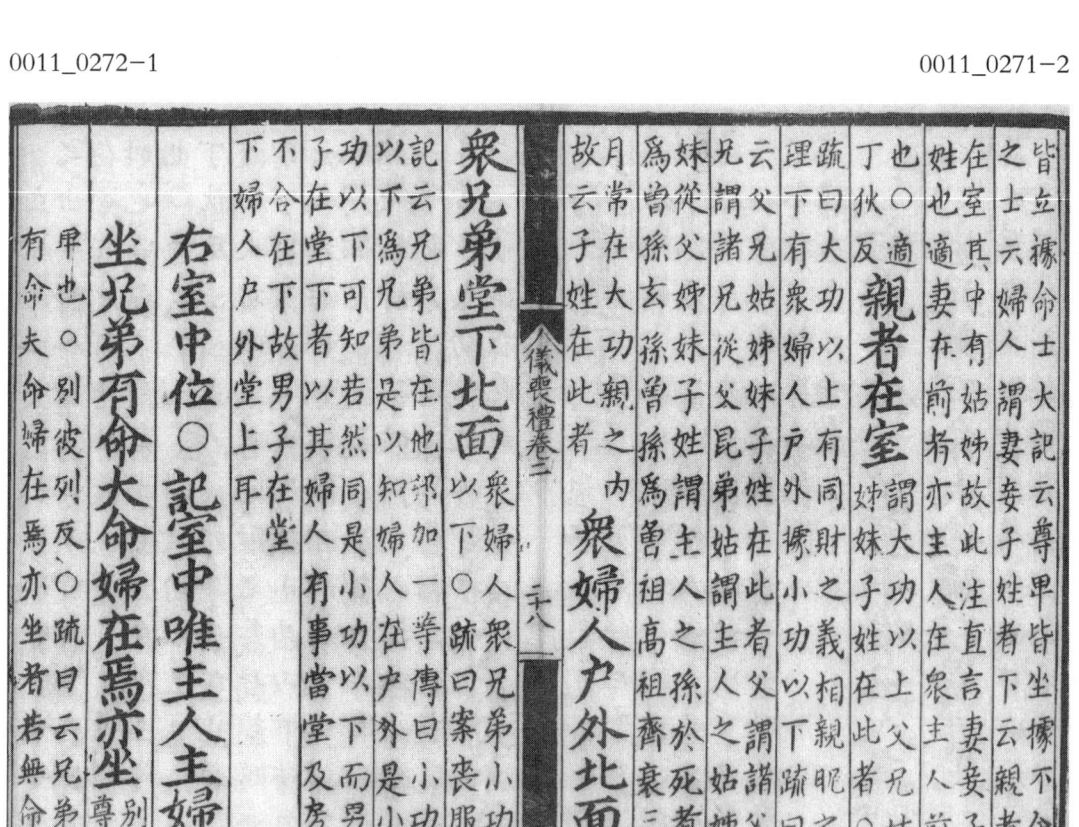

衆兄弟堂下北面衆婦人衆兄弟小功以下○疏曰案喪服記云兄弟皆在他邦加一等傳曰小功以下爲兄弟是以知婦人在戶外是小功以下可知若然同是小功以下而男子在堂下者以其婦人有事當堂及旁不合在下故男子在堂下婦人戶外堂上耳

右室中位○記室中唯主人主婦坐兄弟有命夫命婦在焉亦坐別尊卑也○別彼列反○疏曰云兄弟有命夫命婦在焉亦坐者若無命

0011_0273-1　　0011_0272-2

夫命婦則皆立可知此士喪無鄭云別尊卑也尊謂命夫命婦

大記君之喪主人主婦坐以外立若大夫喪主人主婦命夫命婦

皆坐以外皆立也士之喪主人父兄上婦姑姊妹皆坐鄭云士賤同

宗尊卑皆坐此命夫命婦之外立而、尊坐者此謂有命夫命婦來凡

弟爲士者則亞者無命夫命婦則同宗皆坐也○本經記○案疏文

前後無悟未詳○**旣正尸主人父兄子姓**

皆坐于東方主婦姑姊妹子姓皆

儀禮二　二九

坐于西方詳見喪大記○案士禮坐位有室中戶外堂下

之分今喪大記但云東西蓋亦舉其大略當以經文爲正

君使人弔徹帷主人迎于寢門外見賓

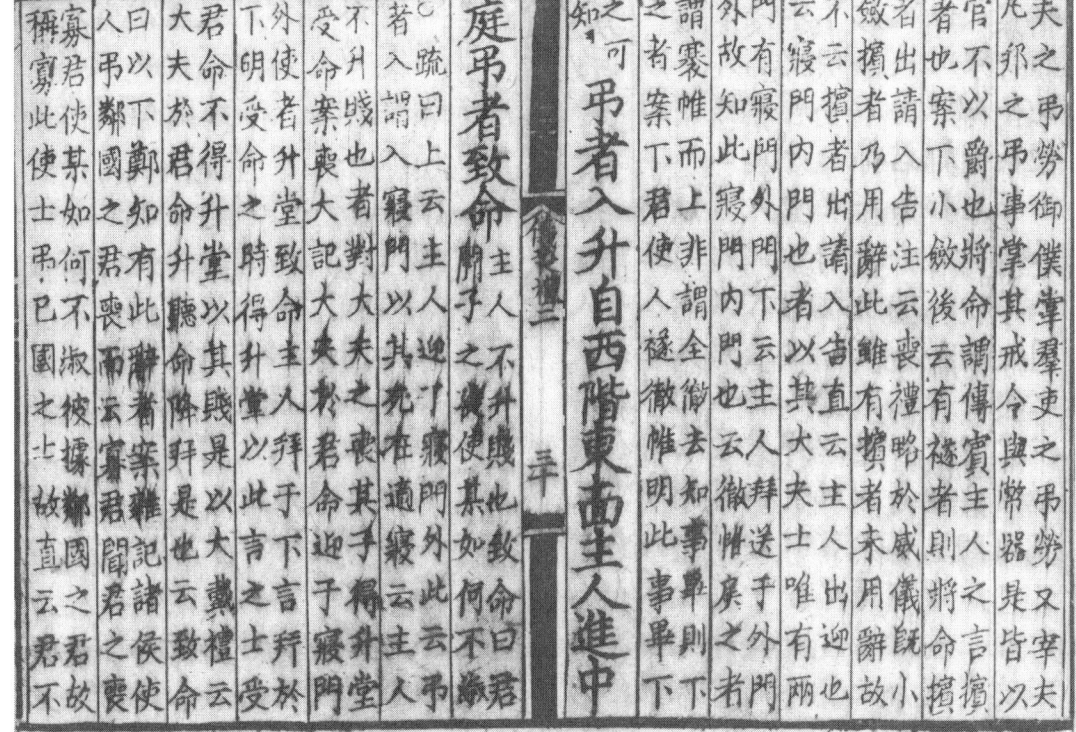

不哭先入門右北面使人士也禮使人必以其爵使者至

使人入將命乃出迎之寢門內門也徹帷㡊之事畢則下之○㡊音劉又據反閉

也○疏曰禮使人必以其爵者君使人弔士亦使士也此儀禮見諸侯弔法若

天子則不以其爵各以其官是以周禮大僕掌三公孤卿之弔勞小臣掌士大

0011_0264-1　　0011_0263-2

夫之弔勞御僕掌羣吏之弔勞又宰夫凡邦之弔事掌其戒令與幣器是皆以

官不以爵也將命謂傳賓主人之言擯者也案下小斂後云有襚者則將命擯

者出請入告注云喪禮略於威儀旣小斂擯者乃用辭此雖有擯者未用辭故

不云擯者出請入告直云主人出迎也云寢門內門也者以其大夫士唯有兩

門有寢門外門下云主人拜送于外門外故知此寢門內門也云徹帷㡊之者

謂褰帷而上非謂全徹去知事畢則下之者案下君使人襚徹帷明此事畢下

之可知**弔者入升自西階東面主人進中**

儀禮二　卅

庭弔者致命主人不升賤也致命曰君聞子之喪使某如何不淑

○疏曰上云主人迎于寢門外此云弔者入謂入寢門以其死在適寢云主人

不升賤也者對大夫之喪其子得升堂受命案喪大記大夫於君命迎于寢門

外使者升堂致命主人拜于下言拜於下明受命之時得升堂以此言之士受

君命不得升堂以其賤是以大戴禮云大夫於君命升聽命降拜是也云致命

曰以下鄭知有此辭者案雜記諸侯使人弔鄰國之君喪而云寡君聞君之喪

寡君使某如何不淑彼據鄰國之君故稱寡此使士弔已國之士故直云君不

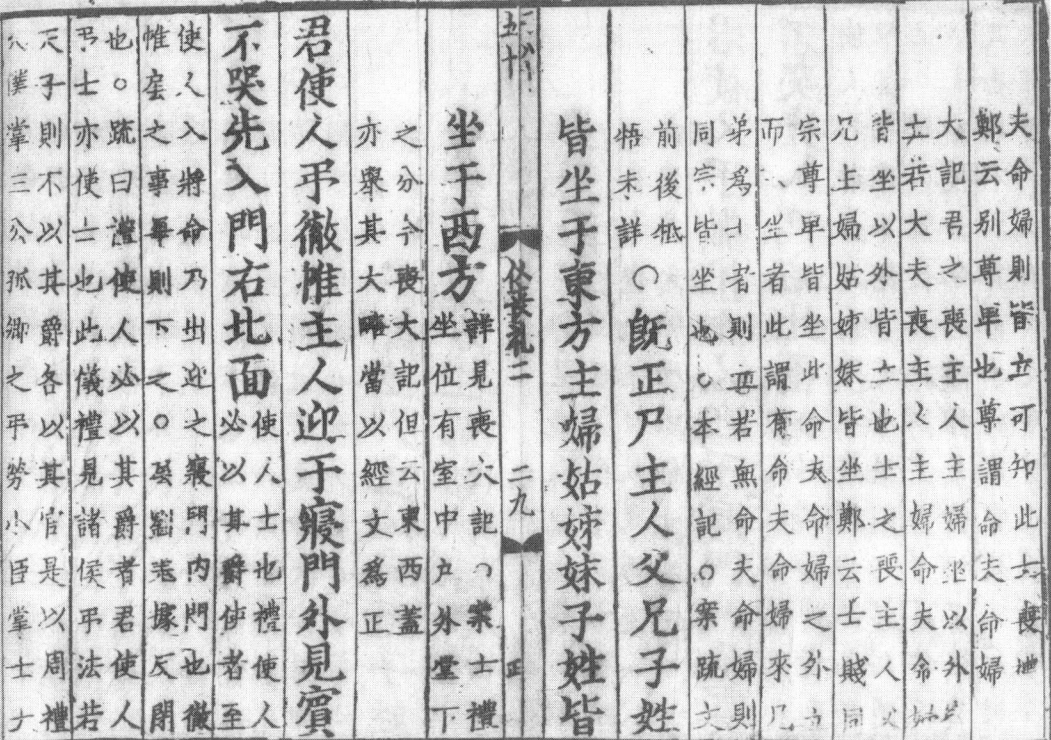

張本下象鼻題監生留成四字傳本剪去之

言寡也主人哭拜稽顙成踊稽顙頭觸地成踊三者三

○者三息暫反○䟽曰云成踊三者三者案曾子問君薨世子生三日告殯云衆主人卿大夫士哭踊三者三凡九踊也賓出主人拜送于外門外

右君使人弔○記尸在室有君命衆主人不出不二主○䟽曰經直云主人唯君命出不言衆主人故記人辨之云衆主人不出在尸東耳○本經記○

凡主人之出也徒跣扱袵拊心降自西階詳見喪大記○以下君使人襚凡主人出條並通用

君使人襚徹帷主人如初襚者左執領右執要入升致命襚音遂衣服曰襚要一遥反後放此○襚之言遺也衣被曰襚致命曰君使其襚○遺准季反○䟽曰云主人如初者如上弔時迎於寢門外以下之事也云襚之言遺也者左傳隱元年秋七月天王使宰咺來歸惠公仲子之賵穀梁傳曰乘馬曰賵衣衾曰襚貝玉曰含錢財曰

0011_0276-1　　0011_0275-2

賵是也云致命曰君使某襚者亦約辨記文比君襚雖在襲前上人襲與小歛俱不得用君襚至大歛乃用之故下文大歛之節云君襚不倒注云至此乃用君襚主人先自盡是也主人拜如初襚者入衣尸出主人拜送如初唯君命出升降自西階遂拜賓有大夫則特拜之即位于西階下東面不踊大夫雖不辭入也唯君命出以明大夫以下時來弔襚不出也始喪之日哀戚甚在室故不出拜賓也大夫則特拜別於士旅拜也即位西階下未忍在主人位也不踊但哭拜而已不辭而主人升入明本不爲賓出不成禮也○䟽曰云主人拜如初者亦如上主人進中庭哭拜稽顙成踊云襚者入衣尸出者案既夕記襚者委衣于牀不坐衆襚者委於牀上不坐則比襚者左執領右執要以衣尸亦不坐云唯君命出者欲見孤卿大夫士雖有弔襚來皆不出故云雖著異也云遂拜賓者因事曰遂以因有君命故拜賓君無君命則不出戶云大夫雖不辭入也者謂主人小歛後賓致辭云如何不淑乃復位踊今以初死大夫雖不辭主人升入室云未忍

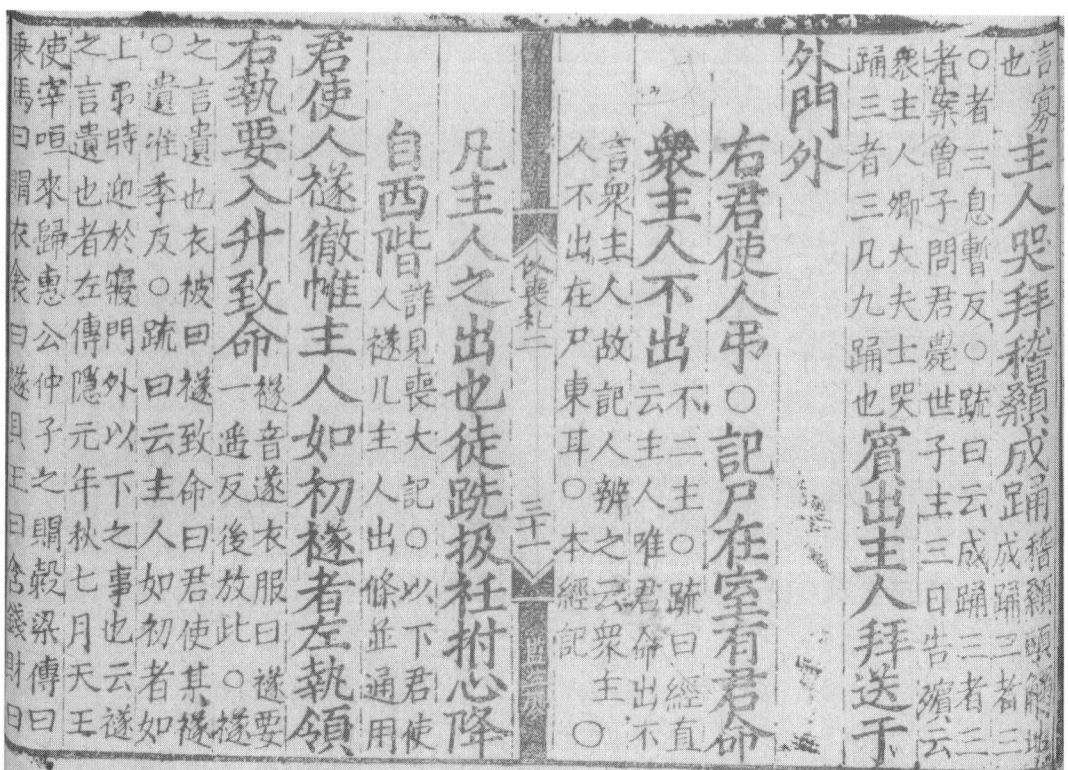

第三十一葉傳本稍有漫漶今改用張本

在主人位也者西小斂後始就東階下
西南面主人位也云明本不爲賓出不
成禮也者總解不爲之
踊及絰不辭而入二事
右君使人襚○士於大夫親弔則
與之哭不逆於門外○詳見喪大記
○以下凡七
夫弔並通用○凡主人之出
已見君使人弔條當互考
親者襚不將命以即陳大功以上有同
財之義也不將
命不使人將之致於主人也即陳陳在
房中○疏曰大功以上謂并異門齊衰
故云以上下云如襚以適
房故知此陳陳在房中也
庶兄弟襚使
人以將命于室主人拜于位委衣于尸
東牀上庶兄弟即眾兄弟也變眾言庶
容同姓耳將命曰某使某襚拜
于位室中位也○疏曰云變眾言庶容
同姓耳者以同是絕服者有襚法鄭必
知變眾言庶即容同姓者見喪服不杖
麻屨章士言眾子大夫言庶子與云士
謂之眾子未能遠別也是庶者疏遠之
稱故知言庶者容同姓云將命曰某使某
襚者某謂庶兄弟名使某襚者名但庶
兄弟是小功緦麻之親在堂下使有司

歸家取服殺於外人若同姓容有
始來弔襚也云拜于位室中位也者以
其非○命才出故
知拜于室中位也
朋友襚親以進主人
拜委衣如初退哭不踊親以進親之恩
也退下堂反賓
位○云人襚哭不踊則於君襚也○疏
曰上文君襚之時主人哭拜稽顙成踊
此朋友襚主人徒哭不踊故
云別於君襚○別彼列反
徹衣者執
衣如襚以適房○凡於襚者出有司徹衣
○疏曰上文君襚之時
徹者左執領右執要此徹衣者亦左執
領右執要故云如襚也案此徹衣之文
諸襚者之下故云凡
襚者出有司徹衣
右君使人襚親友襚○士於大夫
親弔則與之哭不逆於門外詳見
喪大
記○以下凡大夫弔並通用○凡
主人之出已見君使人弔條當互
考
○記襚者委衣于牀不坐牀高
由便
○疏曰云牀高由便者曲禮云授
立不跪授坐不立此牀高可如授
立不坐之義
是亦由便也
其襚于室戶西北面

襚者[illegible]爭[illegible]象小[illegible]之[illegible]曰云[illegible]

尸出武北面致命[illegible]尸[illegible]于堂則中衣[illegible]而致命○按[illegible]

經 記[illegible]

爲銘各以其物亡則以緇長半幅䞓末長終幅廣三寸書銘于末曰某氏某之柩銘任丁反經丑貞反○銘明旌也雜帛爲物大夫之所建也以死者爲不可別故以其旗識識之愛之斯錄之矣亡無也無旌不命之士也半幅一尺終幅二尺在棺爲柩今文銘皆爲名末爲旆也○旗識識之上音試下[illegible]○疏曰士喪禮記公侯伯之士[illegible]說子男之士不命故此經[illegible]也云爲銘各以其物者案司常[illegible]矣士同建雜帛爲物今云[illegible]不同者雜帛之物雖同其旌[illegible]旌旗異數禮緯云天子之旌[illegible]大夫五刃士三刃但死[illegible]云竹杠長三尺則死不[illegible]旌[illegible]之死者[illegible]之士一命者[illegible]爲旌[illegible]以爲之以日色[illegible]不可別故[illegible]

大夫之[illegible]之矣出[illegible]義[illegible]謂重與[illegible]出引證銘旌音[illegible]有重與[illegible]是錄死者之義此旌是錄死者之名故兩注不同[illegible]命之士也[illegible]謂子男之士也云半幅[illegible]不命[illegible]幅二尺者經直云長半幅不言廣[illegible]三寸云經末長終幅廣三寸則旌三寸[illegible]銓之但布幅二尺二寸今云二尺者[illegible]討侯與[illegible]亦皆除邊幅一寸出[illegible]邊除二寸而言之凡書銘之法案[illegible]小記云[illegible]與書銘自天子達於士[illegible]一也男子稱名婦人書姓與伯仲[illegible]所[illegible]此謂[illegible]禮也殷質不重名復猶[illegible]名者周之禮天子崩復曰皐天

子復[illegible]諸侯薨復曰皐某甫復其餘及書銘則同以此而言除天子諸侯之外[illegible]復男子皆稱名[illegible]是以此云某氏某柩云在棺爲柩者由禮文以其銘[illegible]柩不表[illegible]故據柩而言

竹杠長三尺置于宇西階上杠音江○杠銘橦也宇梠也○橦[illegible]江反○疏曰此銘旌未置且置[illegible]下西階上待爲重訖以此銘置於[illegible]下文卒塗始置於肂於此時未[illegible]置於此也云宇梠也者案爾雅釋[illegible]檐謂之樀郭云屋梠謂當檐下故[illegible]說云館[illegible]在西壁鄭注云西序堂之西牆下舊說云南北直屋梠[illegible]在[illegible]是也

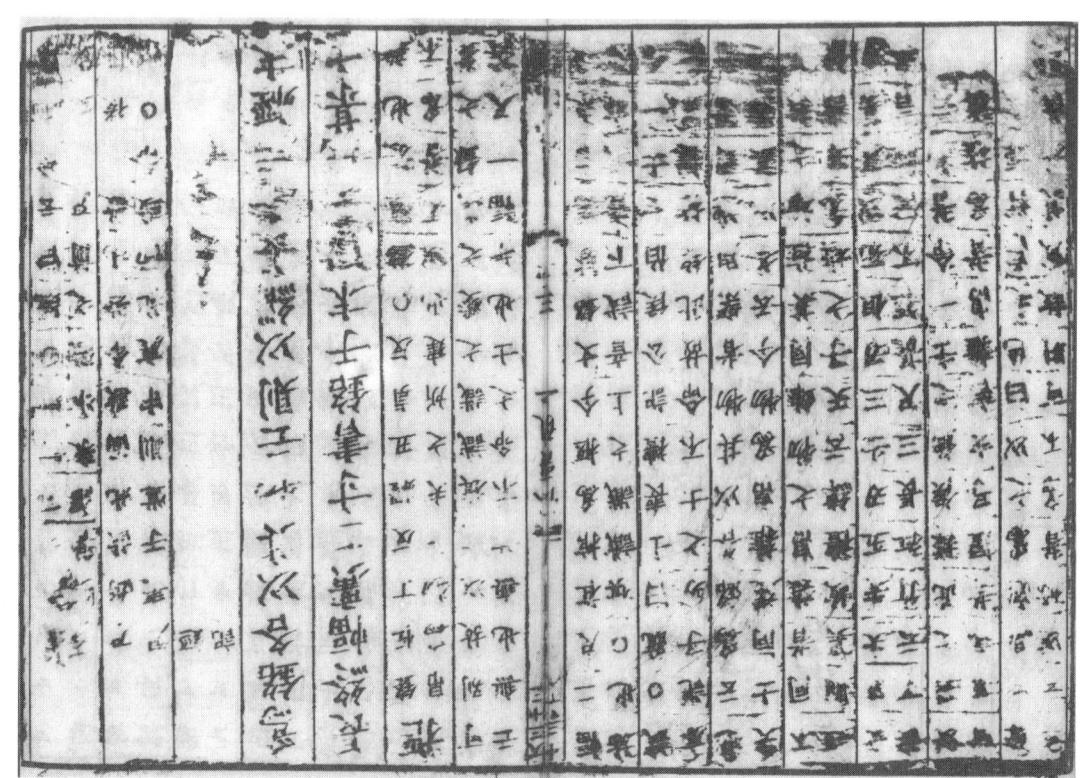

右爲銘○注以與書銘自天子達於

士其辭一也詳見下篇復章

甸人掘坎于階間少西爲垼于西牆下東鄉甸大練反掘其勿反又其月反垼音役鄉許亮反○甸人有司主田野者垼塊竈西牆中庭之西今文鄉爲面○疏曰案既夕記云掘坎南順廣尺輪二尺深三尺南其壤下文沐浴餘潘及巾柶等棄埋之於此坎也云甸人有司主田野者案周禮甸師是掌田野士雖無此官亦有掌田野之人謂之甸人

儀禮疏二　三七

云垼塊竈者案既夕記云垼用塊是以塊爲竈名爲垼用之以煑沐浴者之潘水知在中庭之西者經直云于西牆下不繼階宇明近南中庭之西也

新盆槃瓶廢敦重鬲皆濯造于西階下敦劉音對又都愛反重直容反鬲音歷濯丈角反造七報反○新此瓦器五種者重死事盆以盛水槃承渜濯瓶以汲水也廢敦敦無足者所以盛米也重鬲鬲將縣於重者也濯滌溉也造至也猶饌也以造言之喪事遽○渜奴亂反縣音玄○疏曰盆以淅米時所用槃置於尸牀下盛餘潘水名爲渜濯知以此槃盛者

注云士有冰用夷槃被是寢尸之槃故知此承渜濯云瓶者管人汲用此瓶故廢敦敦無足者下文徹朔奠云敦啓會面足注云面足執之是其有足直名敦乃物無足稱廢是以士虞禮云主人洗廢爵注云爵無足是也云重鬲鬲將縣重者也下文鬻餘飯乃縣於重此時先用煑潘沐故云將縣重者也以其事未至故言將也云以造言之喪事遽者以其不言饌造是造次故以造言之喪事遽也

陳襲事于房中西領南上不綪綪注作綼側耕反○襲事謂衣服也綪讀爲綼綼屈也襲事少上陳而下不綼江沔

儀禮疏二　三八

之間謂縈收繩索爲綼古文綪皆爲精○疏曰自此至繼陳不用論陳襲所用之事云襲事謂衣服者此先陳之至下文商祝襲時乃用之但用者三稱而已其六庶襚之等雖不用亦陳之以多爲貴案下小斂大斂先陳先用後陳後用次然而陳此襲事以其初死先成先陳後成後陳喪事遽備之而已故不依次敘云襲事少上陳而下不屈者所陳之於房中之東西領南上以衣裳少從南衣也則畫不須綼屈知戶東陳之者取之便故也江沔之間以縈收繩索爲綼綪之謂取綼一稱義也

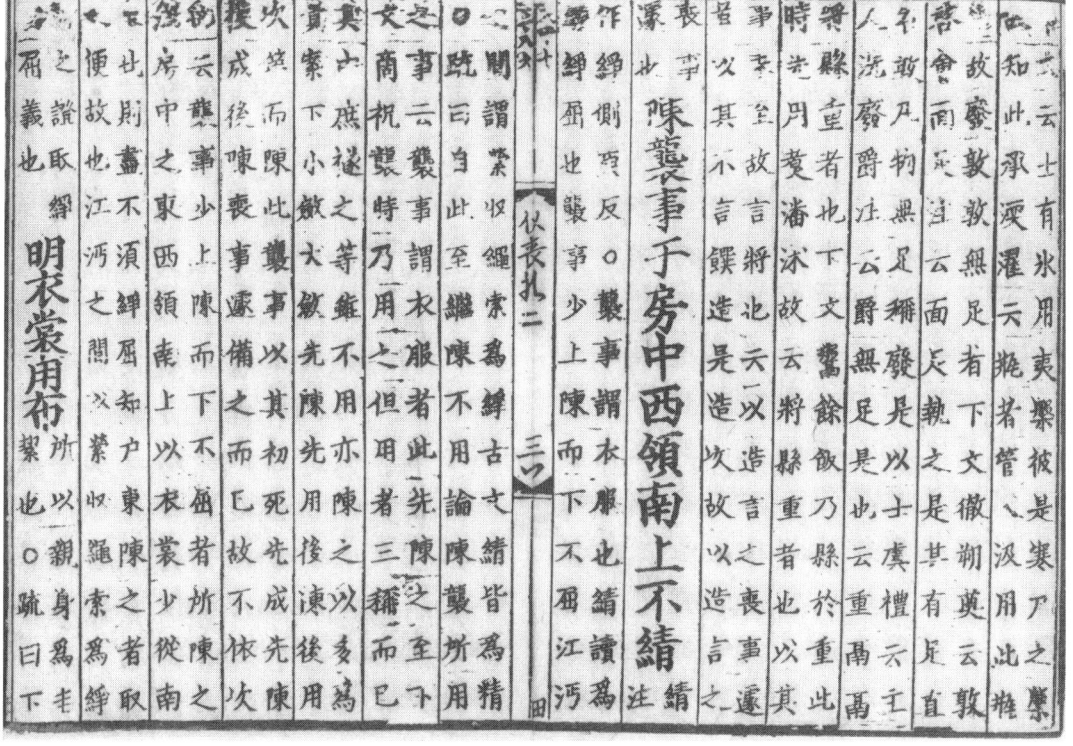

明衣裳用布所以親身爲圭絜也○疏曰下

記云明衣裳用幕布則此布用帷幕之
布下浴訖先設明衣故知親身也云爲
毛絜也者以其言
明明者絜之義
鬠笄用桑長四寸纋
中
鬠劉音膾又戶膾反纋音憂一音何
侯反○桑之爲言喪也用爲笄取其
名也長四寸不冠故也纋笄之中央以
安髮○疏曰以鬠爲鬠義取以髮會聚
之意爲喪所用故用桑是以云取其名
也云長四寸不冠故也者凡笄有二種
一是安髮之笄男子婦人俱有即此笄
是也一是爲冠笄皮弁笄爵弁笄唯男
子有而婦人無也此二笄皆長不唯四
寸而已今此笄四寸者僅取入髮而已

以其男子不冠冠則笄長矣下記云其
母之喪鬠無笄注云無笄猶丈夫之不
冠也以此言之生時男子冠婦人笄今
死婦人不笄則死男子亦不冠也家語
云孔子之喪襲而冠者家語王肅之增
改不可依用也云纋笄之中央以安髮
者兩頭闊中央狹則於
髮安故云以安髮也
布巾環幅不鑿
環幅廣袤等也不鑿者士之子親含反
其巾而已大夫以上賓爲之含當口鑿
之嫌有惡○古文環作還廣袤古曠反
下音茂爲于僞反下同惡烏路反○疏
口此爲飯含而設所以覆死人面云廣
袤等者布幅二尺二寸鄭對布廣狹

例除邊幅二寸以二尺爲率則此廣袤
等亦二尺也云不鑿者士之子親含雜
記云鑿巾以飯公羊賈爲之也鄭云記
士失禮所由始也士親飯含必發其巾
大夫以上賓爲飯焉則有鑿巾以其大
夫以上有臣臣爲賓賓含嫌有惡故鑿
之
也
掩練帛廣終幅長五尺析其末
掩劉
音奄
析西歷反○掩裹首也析其末爲將結
於頤下又還結於項中○裹音果○疏
曰掩若今人幞頭但死者以後二
脚於頤下結之與生人爲異也
瑱用
白纊
瑱他見反纊音曠劉古曠反○瑱
充耳纊新綿○疏曰充耳充即塞
也生時人君用玉臣用象又著詩云充
耳以黃之等注云所以懸瑱則生時以
黃以素以玉象等爲之示不聽讒今死
者直用纊塞耳而已異於生也禹貢豫
州貢絲纊故知纊新
綿對縕是舊絮也
幎目用緇方尺二
寸䞓裏著組繫
幎依注音縈於營反劉
充名反又武適反又音
[illegible]繫戶計反○幎目用覆面者也幎讀
若詩云葛藟縈之縈䞓赤也著充之以
絮也組繫爲可結也古文幎爲涓○疏
曰云組繫爲可結者以四角有繫於後
結之故有
組繫也
握手用玄纁裏長尺二寸廣

五寸牢中旁寸著組繫搔於角反劉烏豆反牢音樓○牢讀為樓樓謂削約搔之中央以安手也今文樓為纋旁為方○疏曰名此衣為握以其在手故言握手不謂以手握之云牢讀為摟摟謂削約握之中央以安手也者經云廣五寸牢中旁寸者則中央廣三寸廣三寸中央又容四指而已四指指一寸則四寸四寸之外更有八寸皆廣五寸也讀從樓者義取樓斂挾少之意云削約者謂削之使約少也决用正王棘若檡棘組繫纊極二檡音澤○决猶闓也挾弓以橫執弦詩云决拾

大卌一　小三百七五　儀喪禮卷二　四十一

既佽正善也王棘與檡棘善理堅刃者皆可以為决極猶放弦也以沓指放絃令不挈指也生者以朱韋為之而三死用纊又二明不用也古文王為三今文檡為澤世俗謂王棘矺鼠○挈苦結反劉本作栔苦計反矺劉音託○疏曰云挾弓以橫執絃者方持弓矢曰挾未射時已然至射時還依此法以闓弦引詩者證决是闓弦之物云王棘與檡棘者祗用其一皆得不兼用云以沓指於弦令不挈也者謂以此二者與决為藉令弦不决挈傷指耳云生者以朱韋為之而三者大射所云朱極三者是也彼但為君設文引證此士禮則尊卑生時俱

張本下象鼻題監生孫欽四字傳本剪去之

三皆用朱韋死者尊卑同二用纊也冒緇質長與手齊經殺掩足冒亡報反齊如字又才計反殺所界反劉色例反○冒韜尸者制如直囊上曰質下曰殺質正也其用之先以殺韜足而上後以質韜首而下齊手上玄下纁象天地也喪大記曰君錦冒黼殺綴旁七大夫玄冒黼殺綴旁五七緇冒經殺綴旁三凡冒質長與手齊殺三尺○而上士掌反○疏曰云制如直囊者下經云設冒櫜之云上曰質下曰殺質正也者案此經以冒為揔目下別云質與殺自相對則知上曰質質正者以其在上故以正為名喪大記君

儀喪禮卷二　四十二　戰

與大夫士皆以冒對殺不云質則冒既揔名亦得對殺為在上之稱皆綴旁者以其冒無帶又無紐一定不動故知旁綴質與殺相接之處使相連尊卑降殺而已云其用之先以殺韜足而上後以質韜首而下齊手者凡入著服先下後上又質長與手齊殺長三尺入有短者質下覆殺故後韜質也爵弁服純衣純莊其反○謂生時爵弁所衣之服也純衣者纁裳古者以冠名服死者不冠○所衣於既反○疏曰云謂生時爵弁之服也者即士之常服以助祭者也死者不冠而經云爵弁皮弁此直服以冠名服不用其冠皮弁

0011_0286-2

服皮弁所衣之服也其服白布衣素裳也○疏曰知其服白布衣素裳者士冠禮注衣與冠同色裳與屨同色以皮弁白[illegible]白屨故士冠禮云素積白屨是也雜記云朝服十五升則皮弁天子朝服與諸侯朝服同十五升布也

褖衣褖他亂反○黑衣裳赤褖之謂褖褖之言緣也所以表袍者也喪大記曰衣必有裳袍必有表不禪謂之一稱古文褖爲緣○禪音丹稱尺證反○疏曰知此褖衣是黑衣裳者以其士冠禮陳三服玄端皮弁爵弁有玄端無褖衣此士喪襲亦陳三服與彼同此無玄端有褖衣故知此褖衣則玄端者也玄端

仪丧礼二　四三

0011_0287-1

有三等裳此喪禮質略同玄裳而已但此玄端連衣裳與婦人褖衣同故變名褖衣也連衣裳者以其用之以表袍袍連衣裳故也是以雜記云子羔之襲也繭衣裳與稅衣纁袡曾子曰不襲婦服彼曾子譏用纁袡不譏其稅衣是稅衣以表袍故連衣裳而名褖衣雜記云繭衣大記云袍不同者玉藻云纊爲繭縕爲袍鄭云衣有著之異名也其實連衣裳一也云赤緣謂之褖者爾雅文彼釋婦人嫁時褖衣此褖衣雖不赤緣褖衣之名同故引爲證也○褖字或作稅

緇帶黑繒之帶○疏曰上雖陳三服同用一帶者按玉藻云士練帶緇辟

0011_0287-2

喪禮之帶[illegible]者亦[illegible]也但生時著服不同各設帶此[illegible]雖三服共一帶爲異也

韎韐韎音妹又[illegible]介反劉又武八反韐古答反又古洽反○一命縕韍○縕音溫劉烏本反韍音弗○疏曰韎者據色而言以韎草染之取其赤韐者合韋而爲之故名韎韐也云一命縕韍者玉藻文但祭服謂之韍他服謂之韠士一命名爲韎韐亦名縕韍不得直名韠也但士冠禮玄端爵韠皮弁素韠爵弁服韎韐今亦三服共設韎韐者以其重服亦如帶矣

竹笏笏所以書思對命者○玉藻曰笏天子以球玉諸侯以象大夫以魚須文竹士以竹本象可

仪丧礼二　四四

0011_0288-1

也又曰笏度二尺有六寸其中博三寸其殺六分而去一又曰天子搢珽方正於天下也諸侯荼前詘後直讓於天子也大夫前詘後詘無所不讓今文笏作忽○疏曰云笏所以書思對命者亦玉藻文引玉藻者證天子以下笏之所用所[illegible][illegible]反長短廣狹有異言公侯不言[illegible]同按彼鄭注云謂之珽之言挺然無所屈也或謂之大圭長三尺荼讀爲舒遲之舒舒懦者所畏在前也詘謂圜殺其首不爲椎頭諸侯唯天子詘焉是以謂笏爲荼大夫奉君命出入者也上有天子下有己君又殺其下而圜前後皆詘故云無所不讓也

雖不言士士與大夫同

夏葛屨冬白屨皆繶緇約

純組綦繫于踵繶於力反純諸允反劉之閨反綦音其一音其

記反踵諸勇反○冬皮屨變言白者明
夏時用葛亦白也此皮弁之屨士冠禮
曰素積白屨以魁柎之緇約繶純純博
寸綦屨係也所以拘止屨也綦讀如馬
絆綦之綦○柎方于反○疏曰夏言葛
冬當用皮冬言白明夏亦用白又士冠
禮云爵弁纁屨素積白屨玄端黑屨以
三服各自用屨屨從裳色其色自明今
死者重用其服屨唯一故須見色若然
三復袒㕘帶用玄端屨用皮弁韎韐用

爵弁名用其一以當三服而已云此皮
弁之屨者以其色白即所引士冠禮素
積白屨是也引緇約繶純者欲解士冠
禮繶約純同用緇此經繶雖在緇上明
亦用緇可知繶謂絛在牙底相接之縫
中約在屨鼻純謂緣口皆以絛爲之但
舄則對方爲繢次屨則比方爲繡次爲
異耳云綦屨係也者經云繫于踵則綦
當[redacted]于跟後以兩端向前與約相連于
脚跗踵足之上合結之名爲繫于踵也
云讀如馬絆綦之綦者此無正文葢俗
讀馬有絆名爲綦拘止馬使不得浪去
此屨綦亦拘止屨使不縱誕也

庶襚繼陳不用庶衆也不用不

用褻也多陳之爲榮少納之爲貴○疏
曰直云庶襚即上經親者襚庶兄弟襚
朋友襚皆是繼陳謂繼襲衣之下陳之
不用襲至小斂則陳而用之唯君襚至
大斂乃用也云多陳之爲榮者庶襚皆
陳之是也少納之爲貴者襲時唯用三
稱是也

貝三實于笄笄音煩○貝水物古者以爲貨江水出焉

笄竹器名○疏曰自此盡夷槃可也論
陳飯含沐浴器物之事此云貝三下云
稻米則士飯含用米貝喪大記云君沐
粱大夫沐稷士沐粱鄭云士喪禮沐稻
此云士沐粱蓋天子之士也但士飯用
稻米不言兼有珠玉大夫以上飯時兼

用珠玉也雜記云天子飯九貝諸侯七
大夫五士三鄭注云此蓋夏時禮也典
瑞云大喪共飯玉含玉雜記云含者執
璧彼據諸侯而用璧唯大夫含無文哀
十一年左氏傳云公會吳子伐齊陳子
行命其徒具含玉亦必死者春秋時非
正法若趙簡子云不設屬椑之類文五
年王使榮叔歸含且賵何休云天子以
珠諸侯以玉大夫以璧士以貝春秋之
制也貝水物者案書傳云紂囚文王散
宜生等於江淮之間取大貝如車渠以
獻于紂遂放文王是貝水物出江水也
漢書食貨志云五貝爲朋又云有大貝
牡貝之等以爲貨用是古者以爲貨也

0011_0290-2

笲竹器名者婚禮婦見舅姑執笲以盛棗栗此雖盛貝不盛棗栗並竹器也

稻米一豆實於筐○筐丘方反豆四升沐巾一浴

巾二皆用綌於笲綌去逆反○巾所以拭污垢浴巾二者士

體下體異也綌麤葛○䟽曰士禮上下同用綌案玉藻云浴用二巾上絺下綌

被擇大夫已上上用細下用麤也櫛於簞櫛莊乙反簞音丹筥也○

簞筥笥○䟽曰案曲禮云凡以弓劒苞苴簞笥問人者注云圓曰簞方曰笥則

是簞笥別此注簞筥笥者舉其類實論語云簞食注云簞筥也亦是舉

喪禮二　四七

0011_0291-1

其類浴衣於篋浴衣已浴所衣之衣爲布篋之其制如今通裁○篋

在代反又音才○䟽曰下經云浴用巾拒用浴衣是既浴所著之衣以晞身也

布草衣以其無揩漬時亦爲通裁皆饌于西序下南上

皆者皆具以下東西牆謂之序中以南謂之堂○䟽曰謂從序半以北爲之云

在西牆謂之序者爾雅釋宮文云中以南之堂者謂於序中半以南爲堂

謂以堂三行事非釋一所者又之云兩若近序即言序或云[illegible]

各三[illegible]即言東壁[illegible]序下若近[illegible]

0011_0291-2

階若自半以南無所繼屬者即以堂言之即下文淅米于堂是也其實乃外

方外皆是堂故論語云由也升堂矣未入於室是室外皆名堂也

右陳沐浴襲飯含之具○記掘坎

南順廣尺輪二尺深三尺南其壤

掘其勿反又其月反○南順統於堂輪從也今文掘爲坅也○䟽曰

經直云甸人掘坎于階間不辨大小故記人明之垼用塊

塊塩也古文垼爲役明衣裳用幕布袂屬幅

喪禮二　四八

0011_0292-1

長下膝幕布帷幕之布升數未聞也屬幅不削幅也長下膝

又有裳於蔽下體深也○䟽曰云幕布帷幕之布者周禮幕人云掌

帷幕幄帟綬鄭云帷幕皆以布爲之幄帟以繒爲之升數未聞者

以其不云䟽布直云幕布故云未聞也云屬幅不削幅者布幅二尺

二寸凡用布皆削去邊幅旁一寸爲二寸計之則此不削幅謂縫使

相著還以袂二尺二寸云長下膝者謂此衣長至膝下凡爲衣不以其

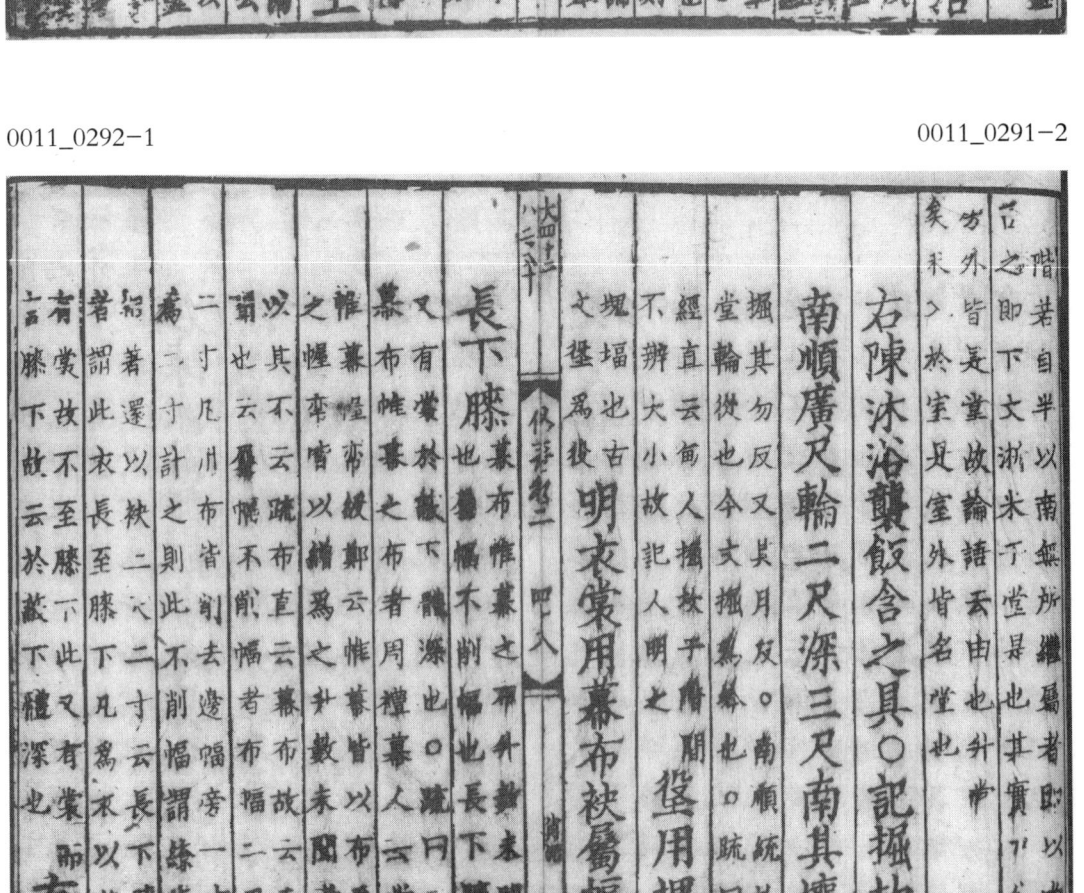

有裳故不至膝下此又有裳而有言膝下故云於蔽下體深也

0011_0292-2

前後裳不辟長及轂辟必亦反劉又薄歷反轂

吉弟反又户前反○不辟質也轂足跗也凡他服短無見膚長無被

上○疏曰云不辟質也者以其七男子裳不連衣者皆前三幅後四

幅辟積其要閒亦七分此亦前三後四不辟積者以其一服不動不

假上狹下寬也他服謂深衣云知無見膚長無被土此世及轂

至足跗亦身不被子故引為證也縓綼緆縓七絹反苑舍

亂反綼毗支反劉音卑緆他計反劉羊豉反○一染謂之縓今紅也

儀禮卷二　卌九

0011_0293-1

飾裳在幅曰綼在下曰緆○疏曰云一染謂之縓者爾雅文謂一入

赤汁染之即漢時紅故舉以為況也云飾裳在幅曰綼者深衣云

純袂緣純邊注云純謂緣之也緣邊衣裳之側廣各寸半則表裏共三

寸矣此在幅亦衣掌之側緣法如彼也緇純純諸允反劉之

點反○七入爲緇純也飾衣曰純謂領與袂衣以緇象

去婦也○本經記○掘中霤而浴𢈔道也

詳見陳襲綴足條○士緇冒赬殺綴旁三

0011_0293-2

凡冒質長與手齊殺三尺詳見大記

冒死而後制詳見陳小斂衣條○袍必

有表不禪衣必有裳謂之一稱詳見

喪大記○率帶士二采同上○上飯三

貝同上○士併瓦盤無冰設牀襢第

有枕含一牀襲一牀遷尸于堂又

一牀皆有枕席君大夫士一也

儀禮卷二　五十

0011_0294-1

管人汲不說繘屈之管如字劉又音官說土活反繘

反繘均必反劉集必反○管人有司館舍者不說繘將以就祝濯米

○疏曰此論沐浴及襲之事云不屈之者以其喪事遽則無吉時安

汲宜說之矣士既無臣行事者是史故知管人是有司也聘禮記云管人

爲客三日具沐五日具浴此爲亦使之汲水也云不說繘者以下

祝淅米爲管人將以就堂授祝濯米可知祝淅米于堂南

淅西歷反○祝夏祝也淅汰疏曰下記云夏祝淅米差盛

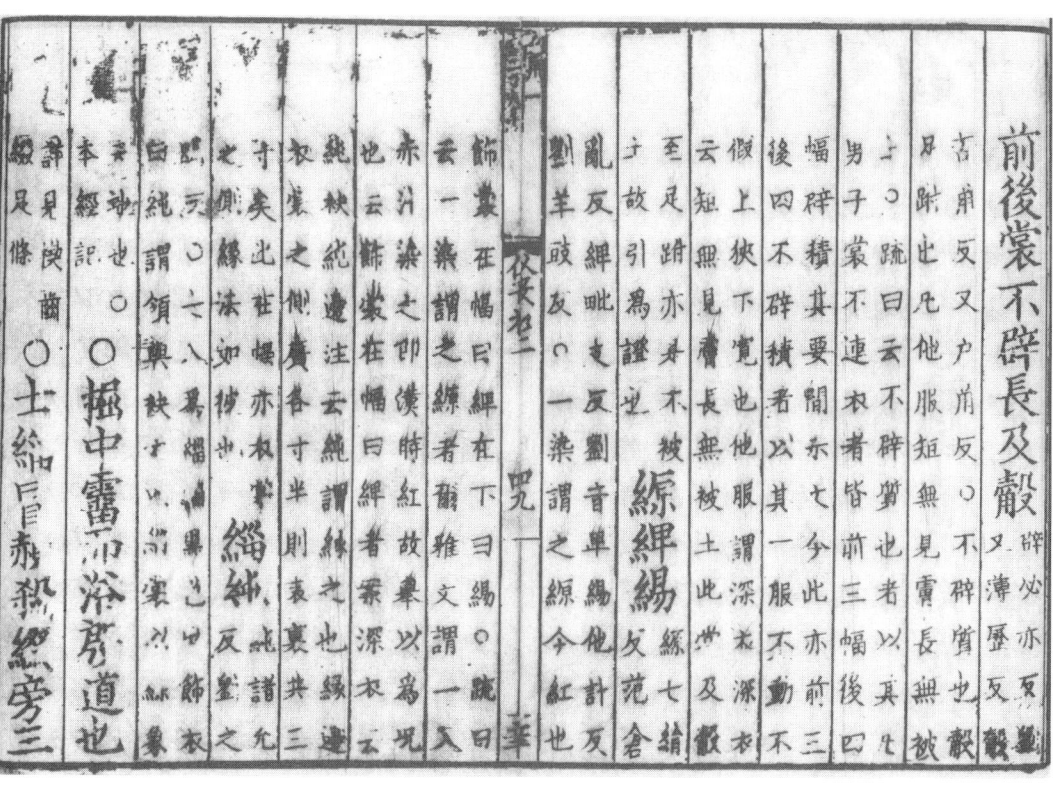

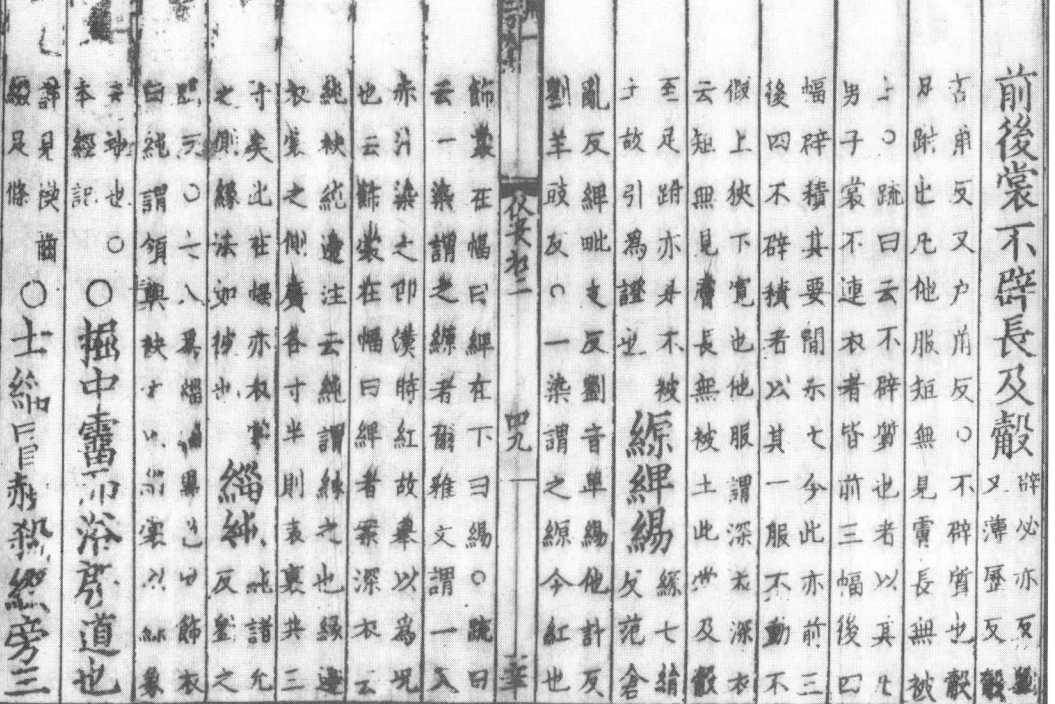

用盆

0011_0294-2

管人盡階不升堂受潘煑于垼用鬲潘芳元反重直龍反○盡階三等上堂 記曰管人受沐乃煑之甸人取所徹廟之西北厞薪用爨之○疏曰用重鬲者以其先煑潘後煑米爲鬻于垼故煑潘用重鬲也祝盛米于敦奠于貝北盛音成○復於筐處也○處昌慮反○疏曰設即上廢敦也云復於筐處者向未淅淅于筐今淅訖還置于敦所置之還於筐所以擬飯之所用也士有氷用夷槃可也謂夏月而君加賜氷也夷槃承尸之槃喪大記曰君

大小九卜三百四十八　仪礼经二　五一　唐生

0011_0295-1

設大槃造氷焉大夫設夷槃造氷焉士并瓦槃無氷設牀襢笫有枕○造七到反襢之善反笫壯矣反○疏曰喪大記云士無氷用水此云有氷明據士得賜者也云夷槃承尸之槃者案喪大記注禮自仲春之後尸既襲既小斂先內氷槃中乃設牀於其上不施席而遷尸焉秋涼而止是也笫爲簀謂無席如浴時牀也將欲通氷之寒氣若然凌人云大喪共夷槃氷則天子有夷槃鄭注凌人云漢禮器制度大槃廣八尺長丈二深二尺漆赤中諸侯稱大槃辟天子其大夫言夷槃此士喪又用夷槃卑但小耳故鄭云夷槃小焉外御受

0011_0295-2

沐入外御小臣侍從者沐管人所煑潘也○疏曰外御對內御爲名故下記云其母之喪則內御者浴則此外御是士之侍御僕從者主人皆出尸外北面象平生沐浴倮裎子孫不在旁主人出而襢笫倮力果反裎直貞反○疏曰禮袒也袒簀夫笫蓋木便是也乃沐櫛挋用巾挋之慎反劉居吝反○挋晞也清也古文挋皆作振○疏曰挋謂拭也而云晞也清也者以其櫛訖又以巾拭髮乾又使清淨無潘櫛拭訖仍未作紒下文待蚤揃訖乃髺用組是其次也浴用巾挋用浴衣

大三十三小三百四十五　仪礼经二　五一　唐生

0011_0296-1

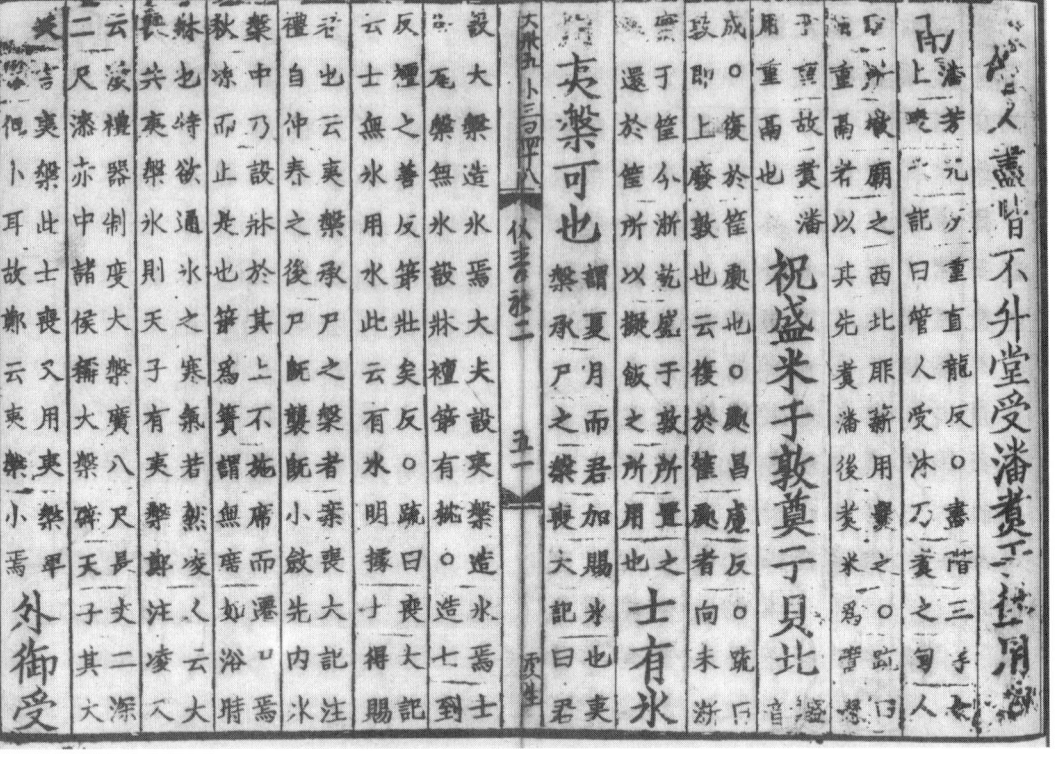

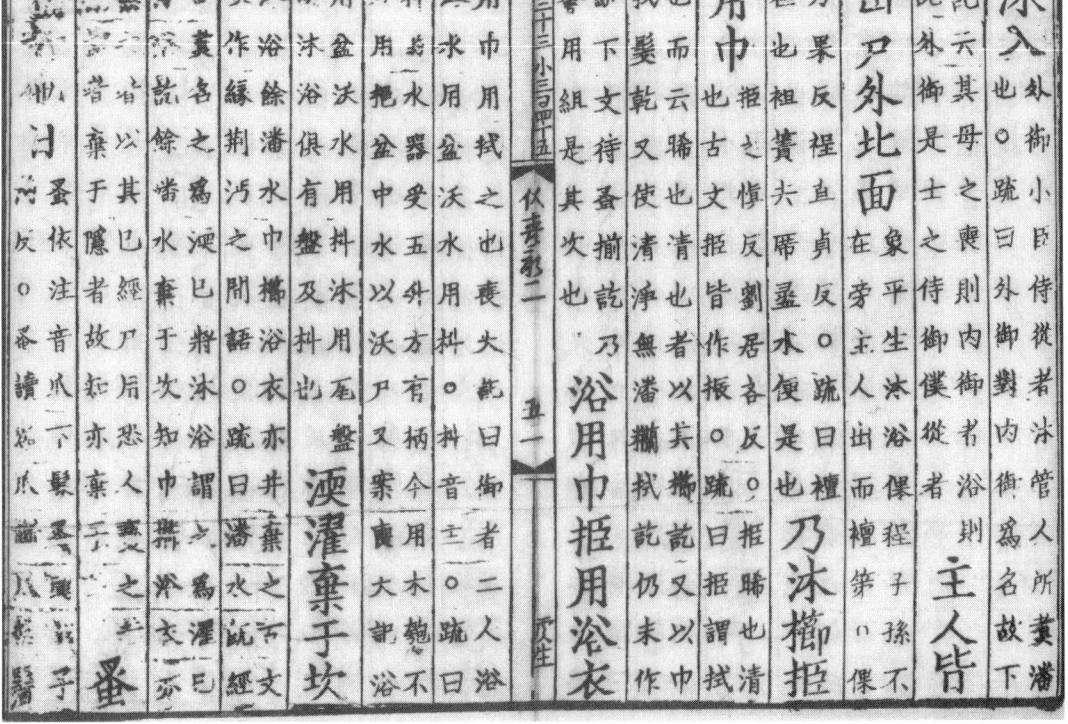

用巾用拭之也喪大記曰御者二人浴浴水用盆沃水用枓○枓音主○疏曰枓爲水器受五升方有柄今用木勺不方用杅盆中水以沃尸又案喪大記浴用盆沃水用枓沐用瓦盤則沐浴俱有盤及枓也渜濯棄于坎棄浴餘潘水巾櫛浴衣亦并棄之古文渜作緣荊沔之間語○疏曰潘水既經已煑名之爲渜已將沐浴謂之爲濯已沐浴訖餘潘水棄于坎知巾櫛浴衣亦皆棄于隱者以其已經尸用恐人褻之並棄于隱者故知亦棄于坎蚤揃如他日蚤依注音爪下髮蚤爪翦揃子淺反○蚤讀爲爪斷爪揃鬢

0011_0296-2

人君則小臣爲之他日平生[illegible]跡
曰鄭讀蚤從爪者此蚤乃是鵠云其蚤
獻羔祭韭古早字鄭讀從手爪之爪喪
大記云小臣爪足注云爪足斷足爪是
也
鬠用組乃笄設明衣裳用組組束髮古文鬠皆
爲括○疏曰鬠紒乃可設
明衣以蔽體是其次也
古沐浴○記曰夏祝淅米差盛之[illegible]
[illegible]反差七何反又初佳反劉藏何
反盛音成○差擇之○疏曰經[illegible]
云祝淅米于堂南面用盆不
言夏與盛之故記人言之
御者

大五十三　小三百六十
仪丧礼二　五三
刘[illegible]

0011_0297-1

四人抗衾而浴襢笫抗古浪反劉
音剛襢之善
反○抗衾爲其倮裎蔽之也襢袒
也袒簀去席盝水便○盝音禄
其母之喪則内御者浴鬠無笄鬠古
外反○内御女御也無笄猶丈夫
之不冠也○疏曰云内御女御者
以婦人稱内故以女御爲内御婦
人不死男子之手故知内御女御
也
設明衣婦人則設中帶中帶[illegible]
今之[illegible]
襂○褌音昆襂音衫○疏曰經[illegible]
云設明衣不辨男子與婦人故[illegible]

0011_0297-2

記人云設明衣者男子其婦人[illegible]
設中帶鄭云中帶若今之襌襂[illegible]
[illegible]目驗而言雖言中帶亦號
明衣取其圭絜也○本經記○[illegible]
人汲不說繘屈之盡階不升堂授
御者御者入浴小臣四人抗衾御
者二人浴浴水用盆沃水用枓挋
用巾挋用浴衣如他日小臣爪
足浴餘水棄于坎其母之喪則内

大五十八　小四十八
仪丧礼二　五四
[illegible]

0011_0298-1

御者抗衾而浴管人汲授御者[illegible]
者差沐于堂上君沐粱大夫
士沐粱甸人爲垼于西牆下
出重鬲管人授沐乃煑之甸人
所徹廟之西北厞薪用爨之管人
授御者沐乃沐沐用瓦盤挋用巾
如他日小臣爪手翦[illegible]

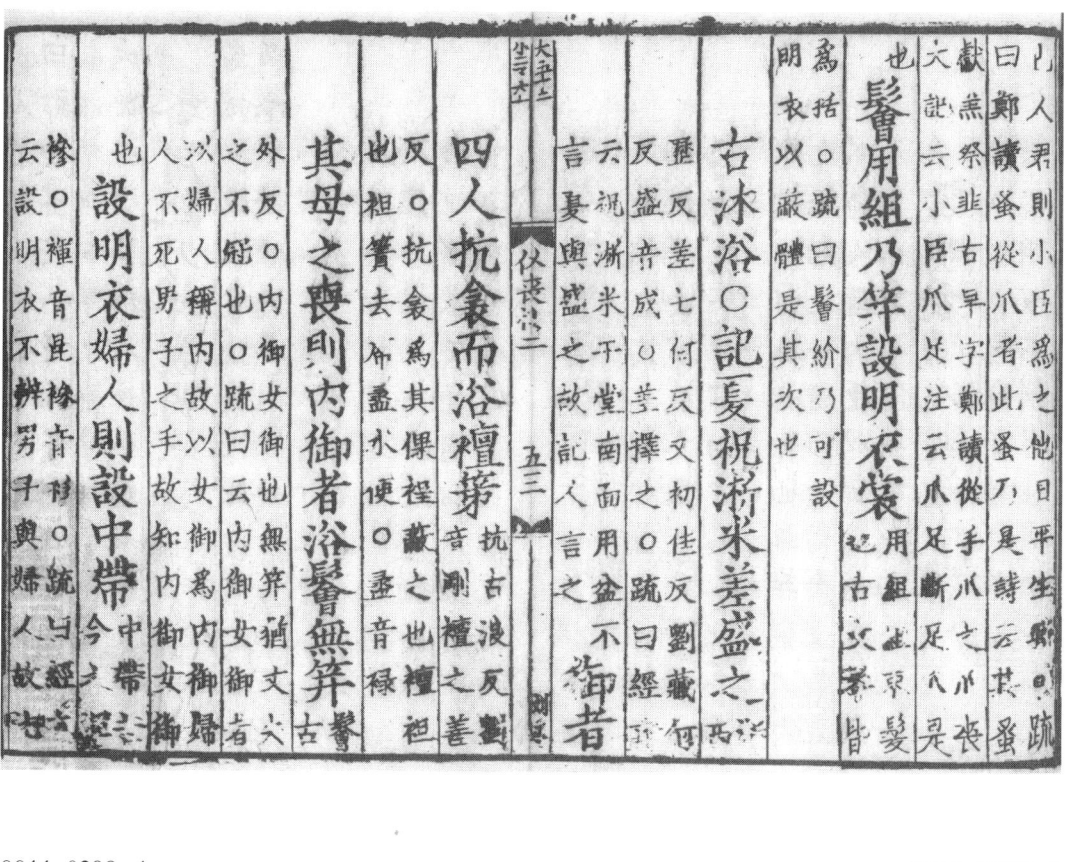

0011_0298-2

許見反大記○曾子之喪浴於爨室爨七亂反○見曾元之辭易簀終之以謙儉也禮死於適室○疏曰案上易簀之後反席未安而沒焉得有浴爨室遺語者曾子達禮不人病須浴於正寢今乃浴於爨室明知意有所爲故云矯之也士喪禮死於適室甸人掘坎于階間爲垼于西牆下新盆槃瓶廢于西階下乃浴於適室也於爨室爲謙儉甸人掘坎爲垼之事是儉也○檀弓

0011_0299-1

大二十三 小三十八 儀喪禮二 五五

主人入即位已設明衣可以入也○勞曰自此盡反位論布襲衣襲并飯含之事商祝襲祭服褖衣次商祝祝習商禮者商人教之以敬於接神宜襲布衣裳上衣服爵弁服皮弁服皆從君助祭之服大蜡有皮弁素服而祭送終之禮也襲衣於牀有牀次含牀之東衽如初也喪大記曰含一牀襲一牀遷尸於堂又一牀○疏曰云商祝祝習商禮者雖同若周祝仰習夏禮則曰夏祝仰習商禮則曰商祝也表記云殷人尊神率民以事神尊而不親故知設數以敬是以使襲於接神可此者[illegible]人[illegible]從不

0011_0299-2

奠小斂奠亦薦于神祖奠人遵奠也是夏祝爲之其閒雖不言祝者亦夏祝可知其徹之者亦不言祝名則周祝徹之也殷人教以敬但是接神皆商祝者之其閒行事皆祝取銘之類不言祝名者亦周祝可知唯旣夕開殯時以商祝徹饌而堂下二事不可使周記者是祝取銘置于重案周禮有大祝小祝喪祝詛祝甸祝此幕及旣夕言夏祝商祝皆當喪祝者也云襲布衣牀上者喪大記云襲一牀此雖布衣未襲待飯含說乃襲爵弁從君助祭宗廟之服雜記云上弁而祭於公是也皮弁從君聽朔之服玉藻云皮弁以聽朔於大廟是也

0011_0300-1

大二四 小三十七 儀喪禮二 五六

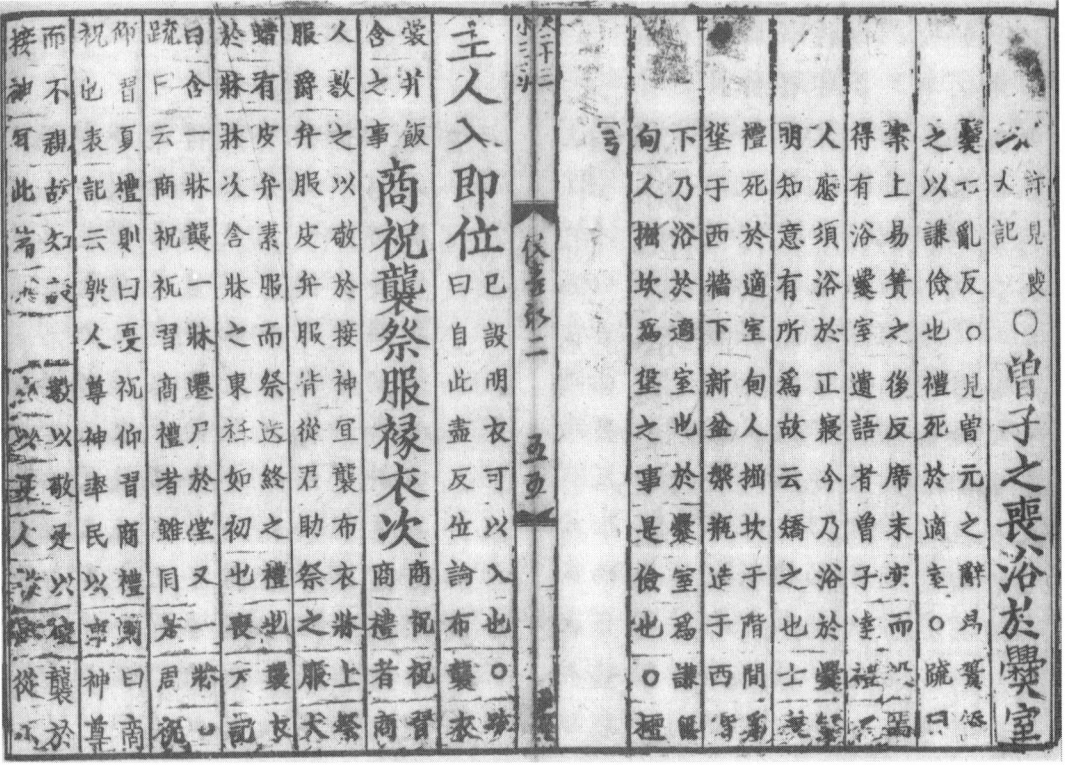

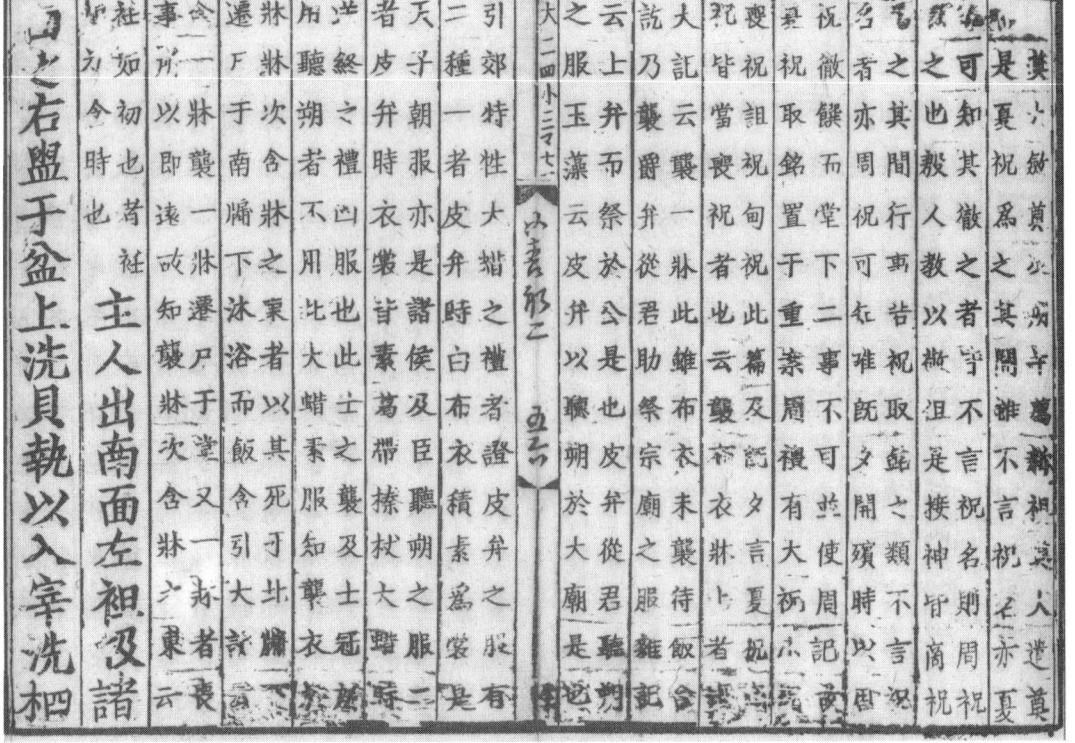

引郊特牲大蜡之禮者證皮弁之服有二種一者皮弁時白布衣積素爲裳是天子朝服亦是諸侯及臣聽朔之服二者皮弁時衣裳皆素葛帶榛杖大蜡時送終之禮凶服也此士之襲及士冠禮用聽朔者不用此大蜡素服知襲衣於牀牀次含牀之東者以其死于北牖下遷尸于南牖下沐浴而飯含引大記云含一牀襲一牀遷尸于堂又一牀者喪事所以即遠故知襲牀次含牀之東云衽如初也者衽卧衣今時也主人出南面左袒扱諸面之右盥于盆上洗貝執以入宰洗柶

0011_0300-2

建于米執以從扱初洽反劉初輒反○俱入劉才用反
鄉也今文宰不言執○疏曰面前是
袒左袖扱於右掖之下帶之內取便也
云洗貝執以入者洗訖還於笲內執之入
云宰洗柶建于米者亦於廢敦之內
建之鄭知俱入戶西鄉者以下經始云
主人與宰牀西東面故知此時西鄉也
商祝執巾從入當牖北面徹枕設巾徹
楔受貝奠于尸西當牖北面值尸南設巾覆面為飯之
米也如商祝之事位則尸南首明
○為飯上如偽反下扶晚反首手又反

儀禮疏二　五十七

0011_0301-1

○疏曰云受貝者就尸東主人邊受
貝從尸南過奠尸西牀上以待主
也鄭云當牖北面值尸南
設牀笫當牖衽下莞上簟遷尸於
是尸當牖今言當牖北面故知值尸
知設巾者為飯時恐有遺落米
故徹之也舊有解云遷尸於南
首者北首則祝當在北頭而南
為徹枕設巾要須在尸首便也今
事位以北面則尸南首明矣若北
已前不異於生皆南首檀弓云
北首者從鬼神尚幽闇鬼道事
唯有喪朝廟時北首
之事也上

0011_0301-2

於上□由不敢從首前也祝受貝米
奠之口實不由足也○疏
曰前文祝當牖北面是由尸首故受
三入貝奠之并受米奠于尸西以其口
實不可由足恐褻之故也祝又受米奠于貝北宰從
立于牀西在右米在貝北便扱者也宰
立牀西在主人之右當
佐飯事○疏曰祝先奠貝于尸西又
受米從首西過奠于貝南便矣今不於
貝南奠之而奠于貝北故云便主人之
設此云宰立牀西在主人之右當佐飯
事者此下取詔辭自右之義宜以米
在主人之右故宰亦在右故云當佐飯

儀禮疏二　五十八

0011_0302-1

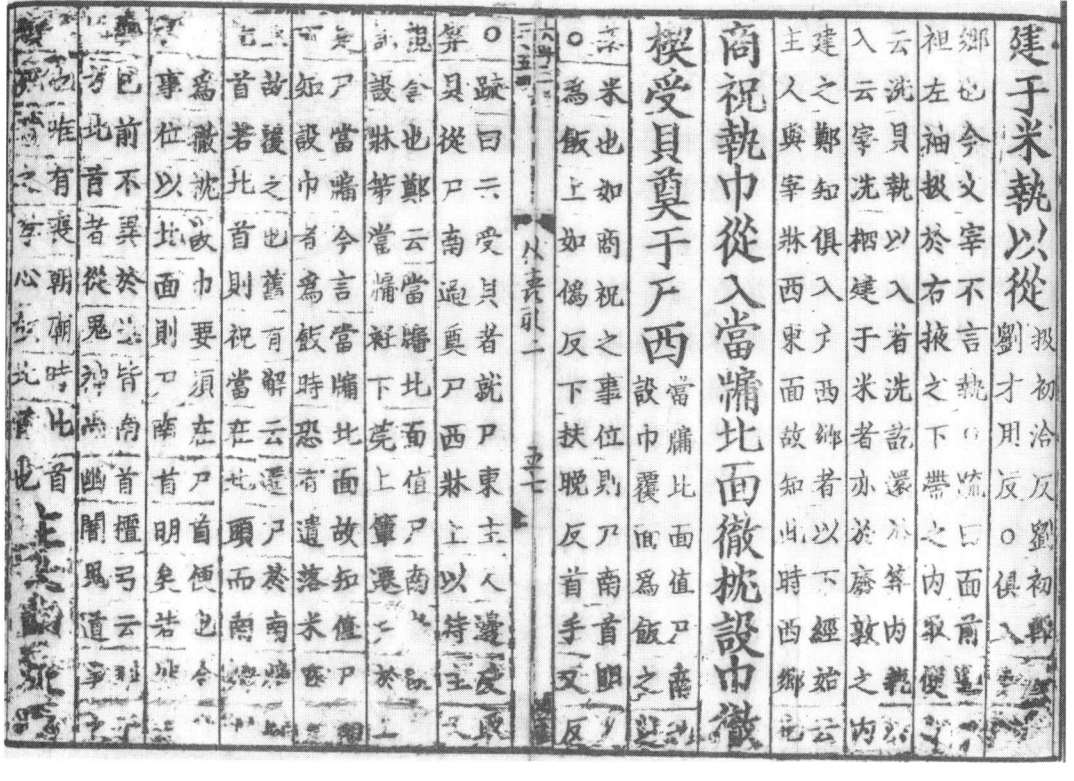

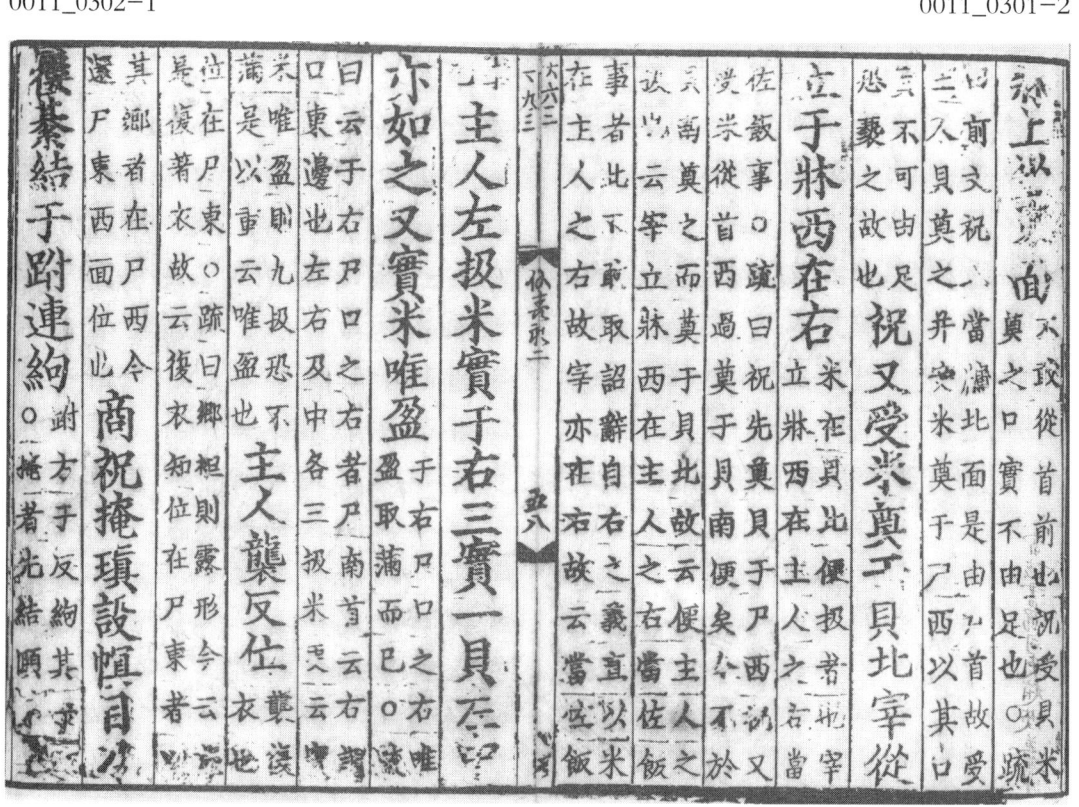

主人左扱米實于右三實一貝左中
亦如之又實米唯盈于右尸口之右唯
盈取滿而已○疏
曰云于右尸口之右者尸南首云右謂
口東邊也左右及中各三扱米更云實
米唯盈則九扱恐不
滿是以更云唯盈也主人襲反位襲復衣也
位在尸東○疏曰鄉祖則露形今云
是復著衣故云復衣知位在尸東者
其鄉者在尸西今
還尸東西面位也商祝掩瑱設幎目決
履綦結于跗連約○跗方于反約其俱反
掩者先結頤

傳本缺第五十九葉今用張本

[illegible]頤目乃還結項也則足上也[illegible]
如刀衣鼻在屨頭上以餘組連之止足
并也。○并丑宅反。○疏曰自此盡于坎
論襲尸之事經[illegible]言[illegible]後言瑱與幎目
鄭知[illegible]結[illegible]者以其[illegible]有四[illegible]後二脚
先結頤下[illegible]所結[illegible]結之者所以[illegible]
二脚[illegible]後[illegible]于項則[illegible]於耳又面兩邊
[illegible]故先結頤下待設瑱
[illegible]乃[illegible]後[illegible]足上謂
足背也[illegible]知[illegible]衣鼻在屨頭上
者以[illegible]在屨頭上以其
皆言[illegible]于中而過者也若無絇
則[illegible]之[illegible]見周禮屨人[illegible]氏注云以餘
組連[illegible]者以綦[illegible]結有餘組[illegible]

兩[illegible]之[illegible]兩足[illegible]不[illegible]
相[illegible]故云止足[illegible]也　乃襲三稱　[illegible]
云[illegible]襲具已陳[illegible]。○遷尸於襲上而衣
之[illegible]衣[illegible]者[illegible]不言設[illegible]牀又
不言遷尸[illegible]以[illegible]
衣[illegible]。○疏曰上文已布衣衾今
[illegible]上[illegible]今已飯含訖乃遷尸
以衣[illegible]云遷尸於襲上而衣之[illegible]
也喪大記云大斂小斂祭服不倒[illegible]
衽[illegible]絞不紐注云[illegible]小斂[illegible]左衽反生時
也[illegible]小斂小斂布衣[illegible]于斂上
及其小斂于[illegible]大斂于[illegible]其[illegible]有
異故也此[illegible]在[illegible]下小
[illegible]已無[illegible]尸[illegible]

0011_0303-2　0011_0304-1

一襲一稱[illegible]雜記注云士襲三[illegible]
襲三稱今公襲九稱則尊卑襲[illegible]
備矣諸侯七稱天子十二稱與以[illegible]
上文故云與以疑之。○紐女九反
明衣不在算　算數也不在數明衣禪衣不成稱也。○數所主反。○疏曰
喪大記云袍必有表不禪衣必有裳謂
之一稱其[illegible]禪與袍爲表故云稱
明衣禪亦無裏不成稱故不數也　設韐帶搢笏　韐帶韎韐緇帶
不言韎緇者省文亦欲見韐自有帶
帶用革搢插也插於帶之右旁古文韐
爲合也。○[illegible]反。○疏曰案上陳服
之時有韎韐有緇帶故云韎韐緇帶也

云不言韎緇者省文亦欲見韐自有帶
者韎韐用革帶也以其生時緇帶以束
衣革帶以佩韍玉之等生時有二帶死
亦備此二帶是以雜記云朱綠帶申加
大帶於上注云朱綠帶者襲衣之帶飾
之雜以朱綠異於生也此帶亦以素爲
之申重也重於革帶也革帶以佩韍必
言重加大帶者明雖有變必備此二帶
是也案玉藻云雜帶君朱綠大夫玄華
士緇辟又案雜記云率帶諸侯大夫皆
五采士二采注云此謂襲尸之大帶也
以[illegible]而言生時君大夫一色今死[illegible]
以五采士生時一色死更加二色[illegible]
於[illegible]若然又雜記朱綠帶注[illegible]

0011_0304-2

帶飾[illegible]長帶或[illegible]
[illegible]八亦生[illegible]
[illegible]
[illegible]同[illegible]大[illegible]
插[illegible]以右[illegible]

設決麗于掔自

飯持之設握乃連掔 掔烏亂反○麗施也掔手後節中也

飯大擘指本也決以韋為之藉有彄彄內
端為紐外端有橫帶設之以紐擐大擘
本也因沓其彄以橫帶貫紐結於掔之
表也設握者以綦繫鉤中指由手表與
決帶之餘連結之此謂右手也古文麗
亦為連掔作捥○為于偽反彄苦侯反

儀喪禮二　六一　六十四　小三十九

0011_0305-1

擐音患捥烏亂反○疏曰云決以韋為
之藉有彄彄內端為紐外端有橫帶者
以下當大擘本紙掌為內端為紐子[illegible]
手表為外端為橫帶也鄭云設之以[illegible]
擐大擘本者以鄭言之大指短其掌之
先以紐擐大擘本然後因沓其彄於掔
乃以橫帶繞手二匝紐反向手表[illegible]
之鄭雖云結于掔之表其內於帶間[illegible]
即結此橫帶即上組繫是也云設握[illegible]
案上云握手長尺二寸裹手一端繞
手表必重宜於上掩者屬一繫於[illegible]
以繫繞手一匝當手表中指向上[illegible]
中指又反而上繞取繫鄉下與決之帶
餘連結之云此謂右手也者以其右手

0011_0305-2

有決今[illegible]是古[illegible]
所云設握[illegible]謂左手[illegible]云手[illegible]

也

設冒櫜之幠用衾 櫜古刀反○櫜韜盛[illegible]

取事名焉衾者始死時斂衾今文櫜為
櫜○櫜音託○疏曰櫜是韜盛之名[illegible]
以冒韜盛尸故名為櫜是取盛物之
名焉鄭云幠用斂衾注云夫斂[illegible]
之衾今雖襲訖仍用大斂衾以大斂[illegible]
時無衾小斂之衾除之與前未襲同巾

巾柶鬠蚤埋于坎 也[illegible]鬠音[illegible]又音[illegible]○[illegible]

襲辟奠既則反之○辟婢亦反又音避
○疏曰上文直云浸濯棄于坎必至此
乃築之者以其斂事遽無暇即埋又應
更有須埋者故至此襲尸訖乃埋之云

儀喪禮二　六二　六十四　小三十八

0011_0306-1

將襲辟奠既則反之者始死設于尸東
為襲事必當辟之襲訖反之於尸東以
其不可空無所依故也案下記云小斂
辟奠不出室則此辟襲奠亦不出室仍
不言處大斂時辟小斂奠于序西南則
此宜室西南隅至大斂辟小斂奠則言
序西南有文可知也此奠襲後因名
襲奠故下鄭注云將小斂則辟襲奠

右襲飯含 案既襲後有為燎一節經文不具今以記附[illegible]

于[illegible]下○記飯於牖下 詳見士喪禮下記篇○[illegible]

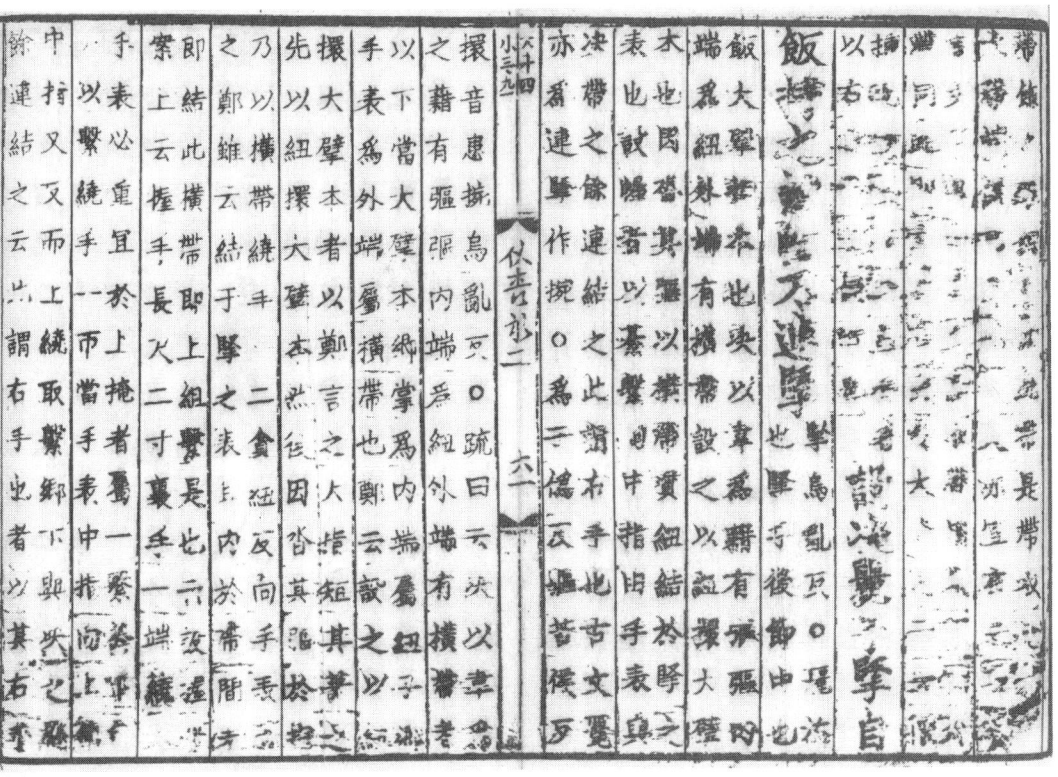

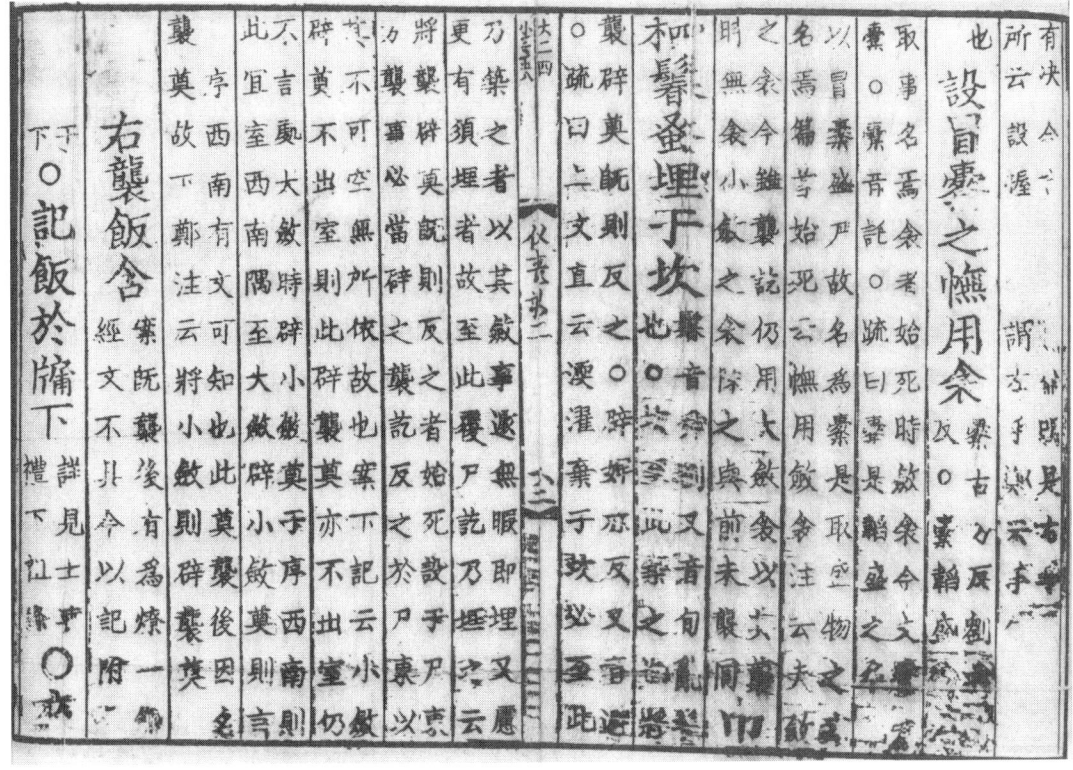

0011_0307-1　　0011_0306-2

□□反于笄實貝柱右齻左齻音笄

顛柱丁主反齻丁千反○旁齒堅○疏曰經直云實貝於尸左右及中不言遠近故記人辨之云右齻左齻謂牙兩畔最長者象生時齒堅也

夏祝徹餘飯徹去鬻○疏曰經不言夏祝徹故記人言之

瑱塞耳瑱他殿反○塞充窒○疏曰瑱用白纊用擿之不云塞耳恐同生人縣子耳旁故記人言之也○本經記○

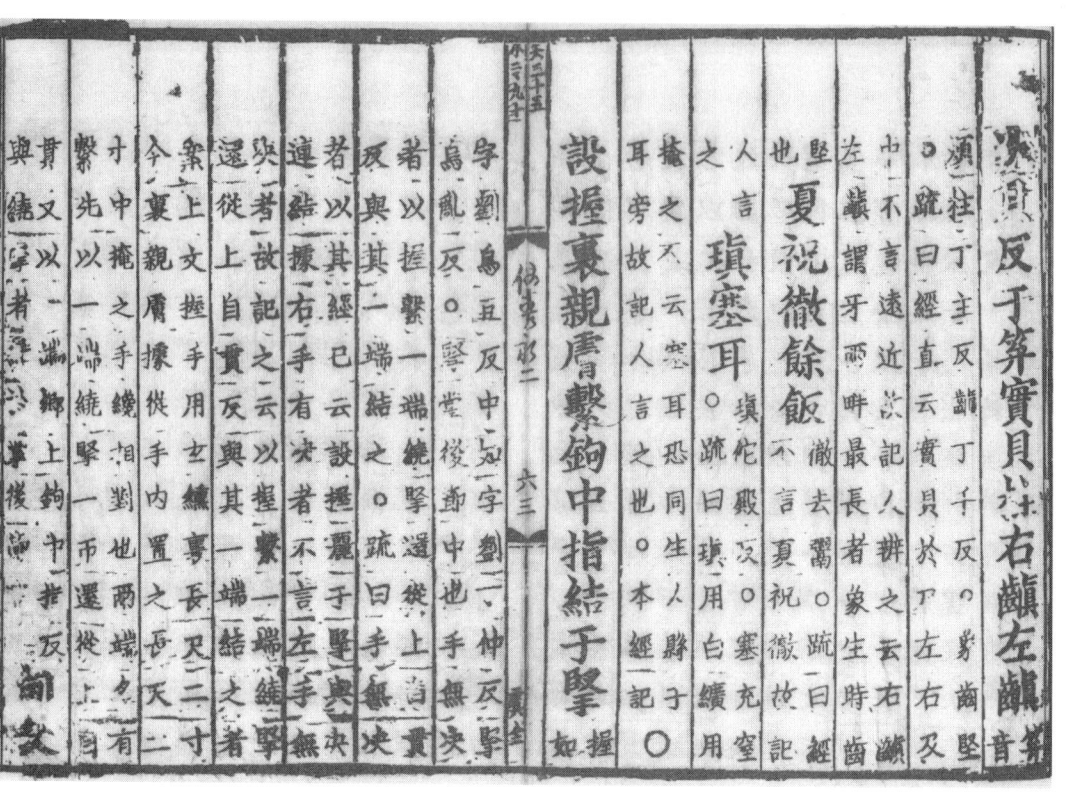

設握裹親膚繫鉤中指結于掔握如字劉烏豆反中知字劉一仲反掔烏亂反○掔掌後節中也手無決者以握繫一端繞掔還從上自貫反與其一端結之○疏曰手無決者以其經已云設握麗于掔與決連結擽右手有決者不言左手無決者故記之云以握繫一端繞掔還從上自貫反與其一端結之者案上文握手用玄纁裏長尺二寸今裏親膚擽從手內置之長尺二寸中掩之手纔相對也兩端各有繫先以一端繞掔一帀還從上自貫又以一端鄉上鉤中指反與繞掔者結於掌後節中□文

儀禮疏二　六三

0011_0308-1　　0011_0307-2

築坽坎□實土其中堅之字次之□白坽○疏曰每□掘還徒甸人築之也

隸人涅厠涅乃結反卷也○隸人兼人也今之徒役作者也涅塞也○復八復往褻之又亦鬼神不用○復扶又反○疏曰案周禮司隸職云其奴男子入於罪隸者則中國家人對夷隸蠻隸貉隸之等是征四夷所得也故鄭舉漢法今之徒作作者也云為人復往褻之又亦恐神不用者古者非直不共偪浴亦不共厠故得云死者不用也○同上○

鬠爪士埋之鬠音括○鬠亂髮也○疏曰此明死者之亂髮及手足之爪君大夫則實於揥角之中士賤亦有物盛髮爪而埋之○詳見喪大記○

司士賁告於子游曰請襲於牀子游曰諾縣子聞之曰汰哉叔氏專以禮許人賁音奔人名汰□□大音泰自矜大○叔□子游別字○疏曰喪大記始死□牀遷尸及襲皆在於牀當時□禮襲在於地故司士賁告子游子游曰諾其子游知襲在牀為是故

儀禮疏二　六四

0011_0308-2

則之縣子聞之曰我[illegible]也言人有來請[illegible]者當[illegible]哲之今子游[illegible]而襲禮[illegible]共己識縣子識之[illegible]言也也言[illegible]非禮也○註[illegible]

○鑿巾以飯公羊賈爲之也 疏士喪禮所由[illegible]士親飯必發其巾[illegible]賓爲飯當則有鑿巾○[illegible]主貴故使賓爲其親含[illegible]所憎穢故設巾覆尸面[illegible]穿之令含從入口也公羊賈是士自含其親而用鑿巾則是[illegible]穢其親故爲失禮也○[illegible]

儀禮卷二　六五

0011_0309-1

既襲宵爲燎于中庭 宵夜○燎曰[illegible]士之喪死日而襲經不云中庭設燎故記明之也○本經記

○士堂上一燭下一燭 詳見喪大記

重木刊鑿之甸人置重于中庭參分庭一在南 重直容反○木也縣物焉曰重刊斲治鑿之爲縣簪孔也士重木長三尺○疏曰以其有物縣於下相重累故得重名下云繫用靲用靲內此孔中云簪者若冠之笄謂之簪使連屬於紒此簪亦相連屬於木之名還

0011_0309-2

云士重木長三尺者鄭云士重木長三尺則大夫以上各有等當約銘旌之杠士三尺大夫五尺諸侯七尺天子九尺據豎之者橫者宜半之鄭不言大夫以上無正文故也

夏祝鬻餘飯用二鬲于西牆下 鬻本又作粥之六反○飯扶晚反○夏祝祝習夏禮者也夏人教以忠其於養宜鬻餘飯以飯尸餘米爲鬻也重主道士二鬲則大夫四諸侯六天子八與簋同差○養羊亮反○疏曰西牆下有竈明上文甸人爲垼是也云夏人教以忠其於養宜者案禮記表記云夏道道人而忠故此飯食使夏祝忠者養宜也前

儀禮卷二

0011_0310-1

帝祝其米飯者夏祝微之今乃鬻之而盛於鬲具以下記云夏祝徹餘飯注云徹去鬻是也云重主道也者始死未作三以重主其神靈之後以木主替重設故重是木主之道也云士二鬲則大夫四諸侯六天子八與簋同差者亦無正文以其同鬲黍稷故知同差也案特牲用二敦少牢用四敦同姓之大夫士用簋故皆以簋言之明堂位云殷之八簋詩云陳饋八簋明天子禮自上降殺以[illegible]殺也

冪用疏布久之繫用靲縣于重

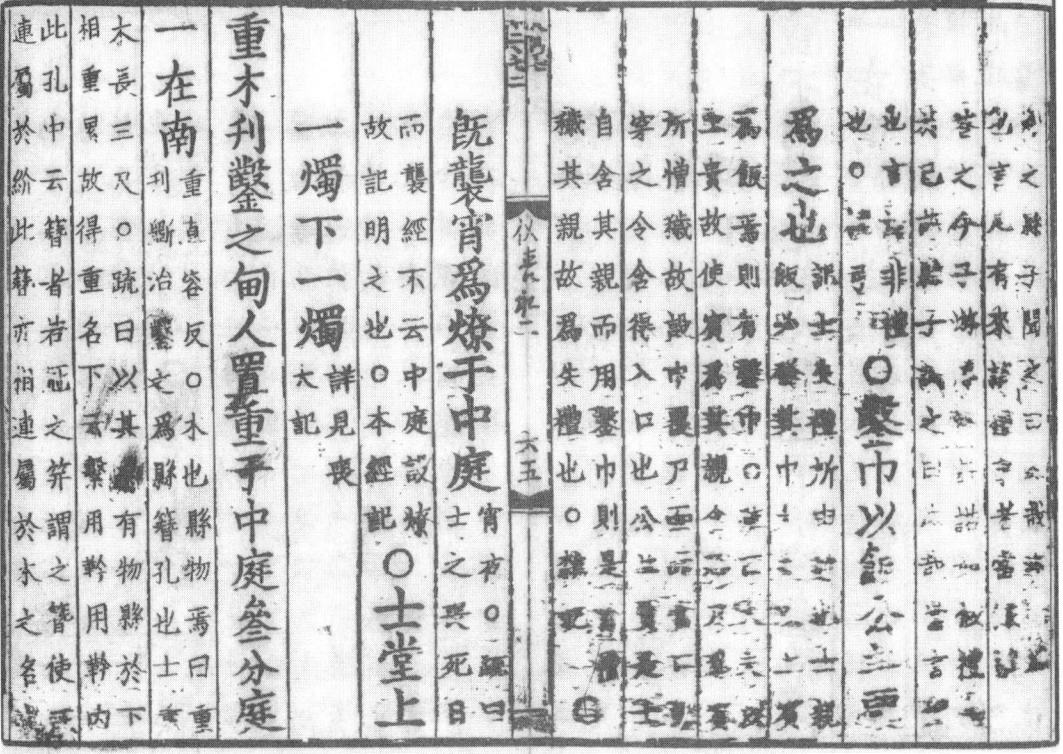

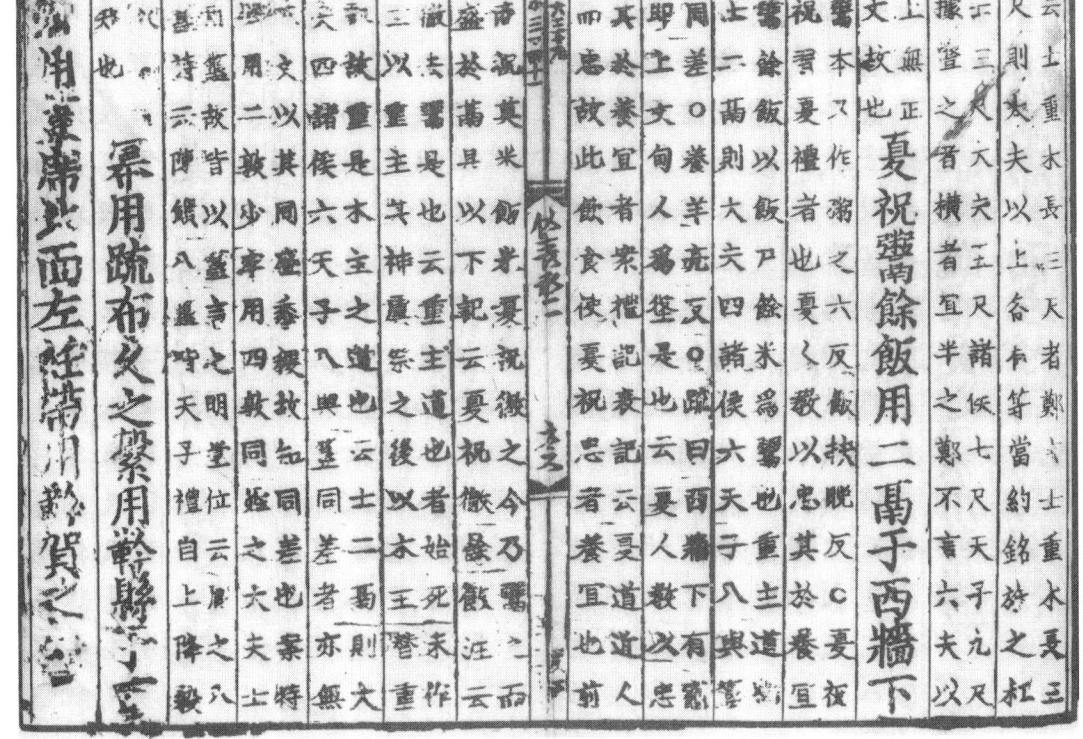

冪用葦席北面左衽帶用靲賀之結于後

0011_0310-2

後［小字漫漶］
基蒻曰竹鞫竹簽也以席覆重辟屈而
反兩端交於後左衽西端在上賀加也
文幂宵作密○幦音覺辟音璧○陸
疏久讀爲灸灸塞義謂用葦布益高口
一塞也云鞫竹簽也者顧命云敷重篾
席即此鞫簽一也謂竹之青可以爲繫
席云以席覆重辟屈而反兩端交於後
衽衽西端在上者據人北面以席先於
重北向兩猶之然後以東端爲下向西
西端爲上向東是爲辟屈而反兩端交
於後爲左衽然後
以繫加束之絡於後也
祝取銘置于重

0011_0311-1

祝習周禮者也○疏曰以重木待覆訖
乃置於肆今且置於重必且置于重者
重與主皆是錄
神之物故也

右設重置銘○重主道　詳見喪禮義

厥明陳衣于房南領西上綪絞橫三縮
一廣終幅析其末　絞户交反○綪屈也
絞所以收束衣服爲
堅急者也以布爲之縮從也橫者三幅
從者一幅析其末者令可結也喪大記
曰絞一幅爲三○從子容反○疏曰云
厥明者對昨日始死之日爲厥明此陳

0011_0311-2

衣將陳并取以斂皆用篋是以喪大記
云凡陳衣者實之篋取衣者亦以篋升
降者自西階是也云絞所以收束衣服
爲堅急者喪大記云小斂之絞也廣終
幅析其末以爲堅之強也大斂之絞一
幅三析用之以爲堅之急也記云凡絞
紟用布倫如朝服注云倫比也此絞直
言縱橫幅數不言長短者人有短長不
定取足而已引喪大
記證絞爲三析之事
緇衾赬裏無紞　赬丑
貞反赤也紞丁敢反○紞被識也斂衣
或倒被無別於前後也凡衾制同皆五
幅也○識甲志反○疏曰云斂衣或倒
者案下文云祭服不倒則餘服有倒者

仪礼二　六八

0011_0312-1

皆有領可記也云被無別於前後可也
者被本無首尾生時有紞爲記識前後
惡於後互換死者一定不須別其前後
可也云凡衾制同皆五幅也者此無正
文喪大記云紟五幅無紞
衾是紟之類故知亦五幅
祭服次　爵千
服反
弁服○疏曰凡陳斂衣先陳絞紟於上
次陳祭服於下故云祭服次至大斂陳
衣亦先陳絞紟衾次陳君襚祭服所以
然者以絞紟爲裹束衣故皆絞紟爲先
但小斂美者在内大斂美者在外故小
斂先布散衣後布祭服大斂則先布祭
服後布散衣是小斂美者在内大斂美
者在外也　朝衣陳　美者在外是三者相變

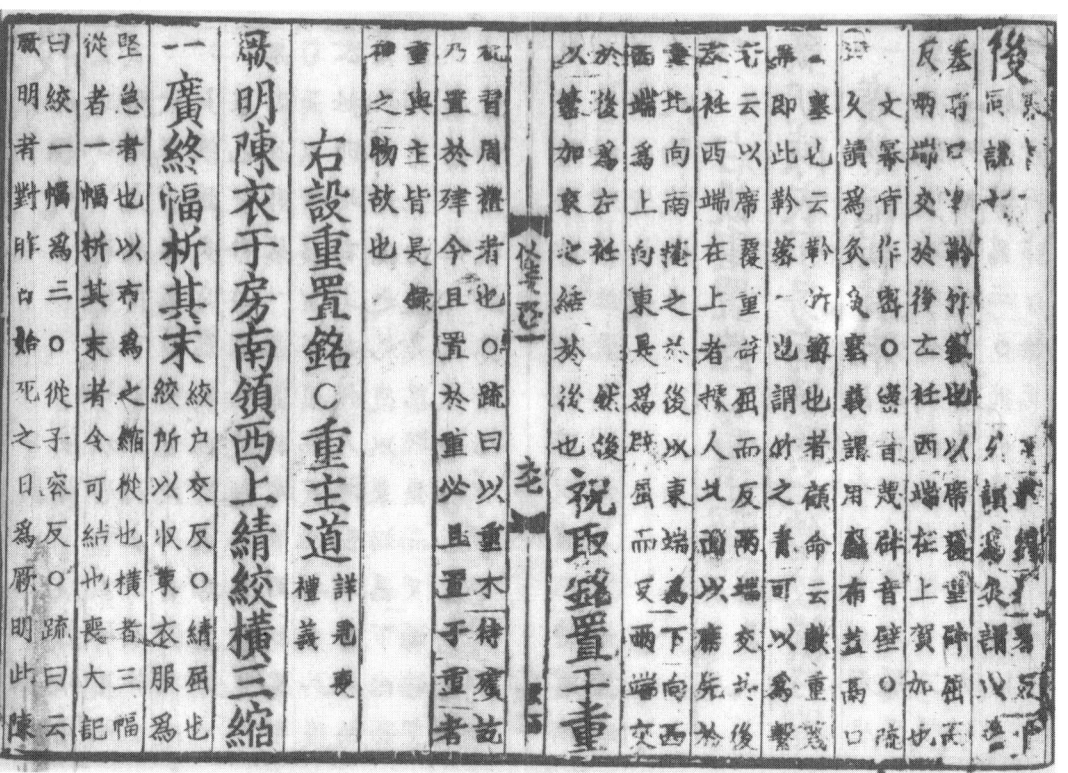

張本下象鼻題監生留成四字傳本剪去之

散衣次散息但反○祿衣以下袍繭之屬○疏曰袍繭有著之異
[illegible]入散[illegible]之屬也凡十有九稱祭服與散衣○疏曰士之服唯
[illegible]爵弁皮弁祿衣而已云十九稱當重[illegible]使充十九必十九者法天地之終數
記天地之初數天一地二終數天九地十人在天地之間而終故取終數爲斂
衣稱數尊卑云爲一節也陳衣繼之庶襚○疏曰襚時陳衣訖乃云
庶襚繼陳不用此亦陳衣訖乃云陳衣繼之明亦是庶襚不必盡用
盡津忍反○取稱而已不務多○疏曰事時言庶襚繼陳則全不用此陳衣繼

儀禮疏二　六十九

之下云不必盡用則兼用之不必盡而以其小斂用衣多主人自盡不足故
用之也云取稱而已不務多者衣服雖多不得過十九耳饌于東
堂下脯醢醴酒冪奠用功布實于簞在
饌東饌劉牀轉反一音士眷反後同○功布鍛濯灰治之布也凡在東西
堂下者南齊坫古文奠爲尊○坫丁念反○疏曰案喪服傳大功章云大功布
衰裳注云大功布者其鍛治之功麤沽之則此云功布者大功之布故云鍛濯
灰治之也云凡在東西堂下者南齊坫者既夕記云設棜于東堂下南順齊于

坫饌于其上兩甒醴酒若然則此饌於東西堂下者皆南與坫齊北陳之[illegible]
隅有坫以土爲之或謂堂隅爲坫也設盆盥于饌東有巾
爲奠設盥也喪事略故無洗也○疏曰爲設奠人設盥洗及巾喪事略故無洗
直以盆爲盥器也下云夏祝及執事盥執醴先酒即是於此盥也苴絰
大鬲下本在左要絰小焉散帶垂長三
尺牡麻絰右本在上亦散帶垂皆饌于
東方苴七如反鬲音革又作搹同絰大結反○苴絰斬衰之絰也苴麻者

儀禮疏二　七十

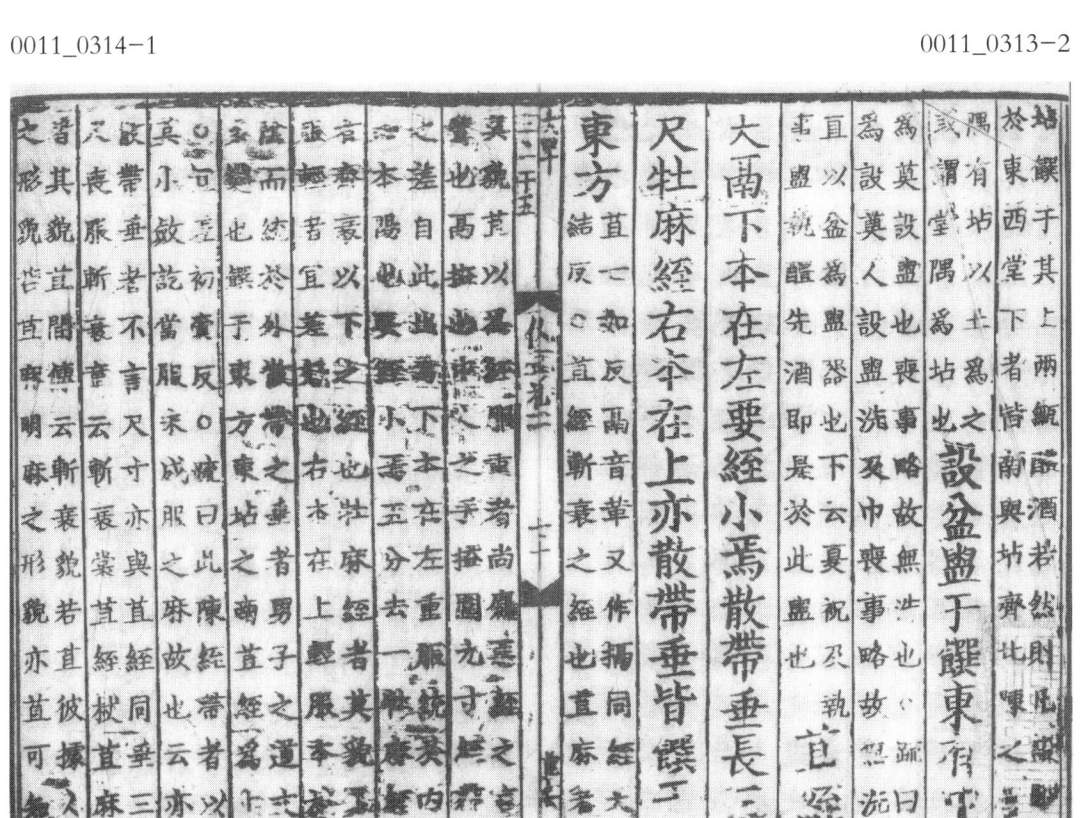

其貌苴以爲絰服重者尚麤惡絰之言實也鬲搤也中人之手搤圍九寸絰帶
之差自此出焉下本在左重服統於內而本陽也要絰小焉五分去一牡麻絰
者齊衰以下之絰也牡麻絰者其貌易服輕者宜差也右本在上輕服本於
陰而統於外散帶之垂者男子之道文多變也饌于東方東坫之南苴絰爲上
○苴七如反○疏曰此陳絰帶者以其小斂訖當服未成服之麻故也云亦
散帶垂者不言尺寸亦與苴絰同垂三尺喪服斬衰章云斬衰裳苴絰杖苴麻
者其貌苴間傳云斬衰貌若苴彼據人之形貌皆苴齊明麻之形貌亦苴可知

0011_0314-2

故此指麻之貌苴者以爲經服重者尚麤惡對齊衰已下服輕不尚麤惡故閒傳云齊衰貌若象大功貌若止是不麤惡也檀弓云經也者實也明孝子有忠實之心與服相稱不虛服此服也不爲搤也中人之手搤圍九寸爲是搤物之稱故據中人一搤而言大者據大搤指與大巨指搤之故言大爲云下本在左重服統於內而本陽也者謂斬衰絰於內以繫本在下而本陽以解在左對齊衰之經右本在上輕服本於陰而然外除雜記云親喪外除鄭云日月已竟而哀未忘兄弟之喪內除注云日月未竟而哀已殺此言統內統外者亦據哀

七二

0011_0315-1

者內外而言本陽本陰者亦據父者子之天爲陽母者子之地爲陰而言陰云要經小焉五分去一者首經圍九寸五分之五寸正去一寸得四寸餘四寸每寸爲五分四寸爲二十分去四分得十六分取十五分爲三寸餘一分在將得七寸五分寸之一云齊衰之經斬衰之帶也以其俱七寸五分寸之一又去五分一以爲帶七寸取五寸去一寸餘四寸彼二寸爲二十五分二寸爲五十分一分爲五分添前爲五十五分去去一分餘有四十四分二十五分爲一寸添前四寸爲五寸仍有十九分爲齊衰之帶總有五寸二十五分之

0011_0315-2

十九彼又云大功之經齊衰之帶誤五寸二十五分之十九又去五分以爲帶五寸去一寸得四寸餘二十分寸之十九者一分爲五分十分爲二十分又九分者爲四十五分添前五十邸爲九一五分去一者五十去十四十五去九擲得七十六據整寸破之而計此四十百二十五分寸之七十六以爲小功之經大功之帶以下仍有小功之帶但小功之帶以小功之經又五分去一下至緦麻之帶皆以五倍寸計之可知云牡麻經者齊衰以下之經也者案喪服齊衰大功皆言牡麻經小功又言澡麻傳云牡麻者象麻也對苴經擧

七三

0011_0316-1

此雄麻也好者是以鄭云服輕者宜差好也云散帶之垂者男子之道文多變也者上小斂經有散麻帶垂之至三日成服絞之對婦人陰質初而絞之與小功以下男子同知經于東方東坫之南苴經爲上者以其對下牡麻經衰之等至西坫南故此亦在東坫南也者然經直言東方知不在東堂下東方者以其小斂陳饌皆在東堂下若此亦在東堂下當言陳于饌東饌北何須言東方乎明此非東堂下也知苴經爲上者以其經先言苴經明依此爲首南陳之也

婦人之帶牡麻結本在房

婦人亦有苴經但言帶者

0011_0316-2

記其異此齊衰婦人斬衰婦人亦苴絰也○疏曰知婦人亦有苴絰者喪服首
云苴絰杖下經男子婦人俱陳則婦人亦有苴絰禮記服問之等每云婦人麻
絰之事故知婦人亦有絰今此經不言婦人苴絰者記其異謂男子帶有散麻
婦人之[illegible]結本是其異者也男子小功絰麻小斂有帶則散之亦結本婦人帶結
本可以兼之矣云此齊衰婦人者以其牡麻直言齊衰以下至緦麻皆同牡麻
也云斬衰婦人亦苴絰也者此亦據帶而言以其帶亦名絰則喪服云苴絰帶
鄭云麻在首在要皆曰絰彼經既兼男婦則婦人有苴麻爲帶絰可知經不言

士喪禮二　十三

0011_0317-1

者以義可知故省文也此帶牡麻兼要于小功以下陳之則別處以其男子陳
之于坫南此經云在房明知異處也牀笫夷衾饌于西坫
南笫簀也夷衾覆尸之衾喪大記曰自小斂以往用夷衾夷衾質殺之裁猶
冒也○殺色界反○疏曰小斂訖奉尸夷於堂幠用夷衾故陳之於西坫南案
曲禮云在牀曰尸在棺曰柩此夷衾小斂以往用之覆尸柩今直言覆尸者鄭
據此小斂未入棺而言云喪大記曰自小斂以往用夷衾則此夷衾本爲覆尸
覆柩不須入棺矣是以將葬啓殯覆棺亦用之矣云夷衾質殺之裁猶冒也者

0011_0317-2

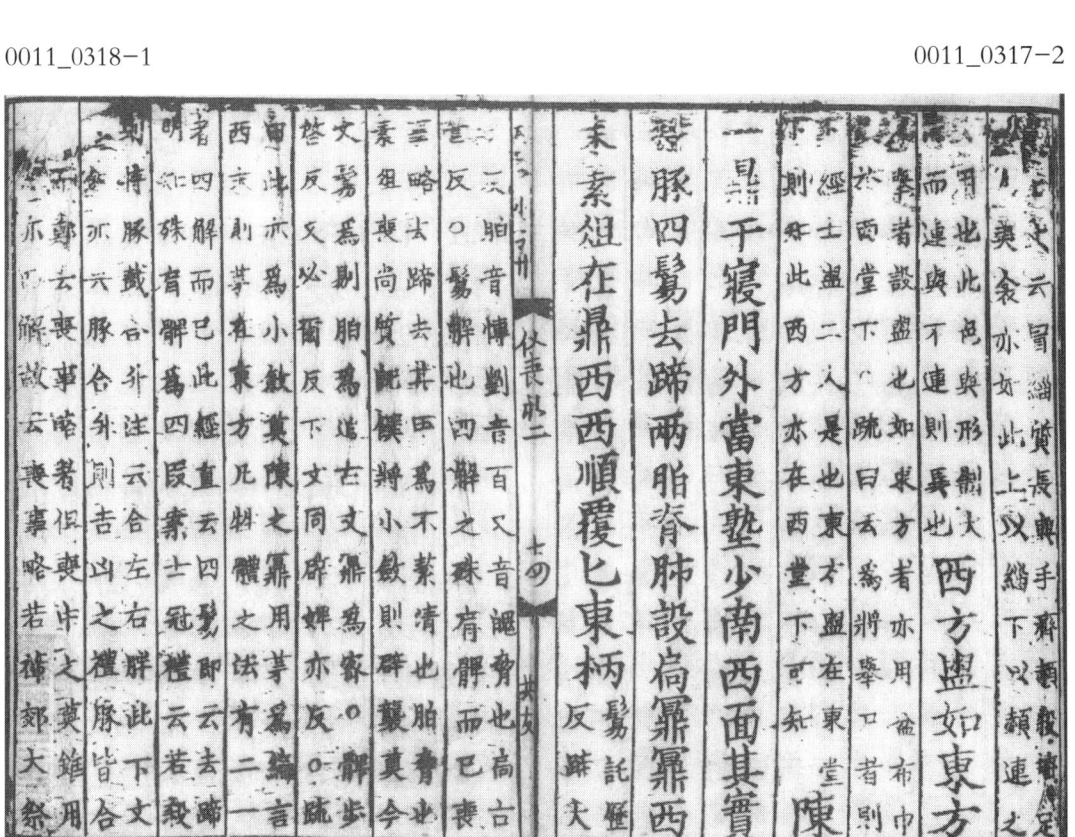

[illegible]文云冒緇質長與手齊赬殺掩足此夷衾亦如此上以緇下以赬連之
[illegible]冒也此色與形制大[illegible]而連與不連則異也西方盥如東方
[illegible]爲舉者設盥也如東方者亦用槃匜布巾[illegible]饌於西堂下○疏曰云爲將舉尸者則
[illegible]經士盥二人是也東方盥在東堂[illegible]則知此西方亦在西堂下可知陳
一鼎于寢門外當東塾少南西面其實
特豚四鬄去蹄兩胉脊肺設扃鼏鼏西
末素俎在鼎西西順覆匕東柄鬄託歷反蹄大

士喪禮二　十四

0011_0318-1

反胉音博劉音百又音䪹脅也扃古熒反○鬄解也四解之殊肩髀而已喪
事略去蹄去其甲爲不絜清也胉脅也素俎喪尚質既饌將小斂則辟襲奠今
文鬄爲剔胉爲迫古文鼏爲密○剔步歷反又必覓反下文同辟婢亦反○疏
曰此亦爲小斂奠陳之鼏用茅爲編言西末則茅在東方凡牲體之法有二一
者四解而已此經直云四鬄即云去蹄明知殊肩髀爲四段案士冠禮云若殺
則特豚載合升注云合左右胖此下文[illegible]亦云豚合升則吉凶之禮豚皆合
[illegible]鄭云喪事略者但喪中之奠雖用[illegible]亦[illegible]解故云喪事略若禫郊大祭

0011_0318-2

雖吉祭亦先有豚解後爲體解是以禮
運云腥其俎孰其殽鄭云腥其俎謂豚
解而腥之孰其殽謂體解而爛之國語
亦云禘郊之事則有全脀王公立飫則
有房俎親戚燕飲則有殽脀者若然禘
郊雖先有全脀後有體解此經云四鬄
并兩胉脊與脊總爲七體若豚解皆然
也云既饌將小斂則辟襲奠者即始死
之奠襲後改爲襲奠以恐妨斂事故知
辟襲奠前襲時已辟之今將小斂亦辟
之亦當於室之西南隅如將大斂辟小
斂奠於序西南也凡奠在室外經宿者
皆辟之於序西南小
斂奠與相奠是也

仪丧礼二　七五

0011_0319-1

右陳小斂衣絰帶奠○記小斂於
戶内大斂於阼士以葦席詳見喪大記
○厥明滅燎陳衣記節○疏曰云記節者爲小斂
陳衣當襲之明旦滅燎之時
正經不云故記人亦明之也凡絞
紟用布倫如朝服凡凡小斂大斂也倫比也今文
無紟古文倫爲輪○疏曰言凡非
一之言以其唯小斂至大斂有絞
大斂又有紟故知凡中有大小斂
也言類如朝服者雜記云朝服十

0011_0319-2

五升是也○本經記○小斂布絞縮者一橫
者三士緇衾一衣十有九稱士陳
衣于房中皆西領北上絞紟不在
列小斂之衣祭服不倒君無襚大
夫士畢主人之祭服親戚之衣受
之不以即陳君大夫士皆用複衣
複衾詳見喪大記○袍必有表不禪衣

大四六十一　小三十九

仪丧礼二　七六

0011_0320-1

必有裳謂之一稱凡陳衣者實之
篋取衣者亦以篋升降自西階凡
陳衣不詘非列采不入絺綌紵不
入詳見喪大記○絞紟衾冒死而後制
絞紟衾冒一日二日而可爲者○王制○大斂餘通用○設
棜于東堂下南順齊于坫饌于其
上兩甒醴酒酒在南篚在東南順

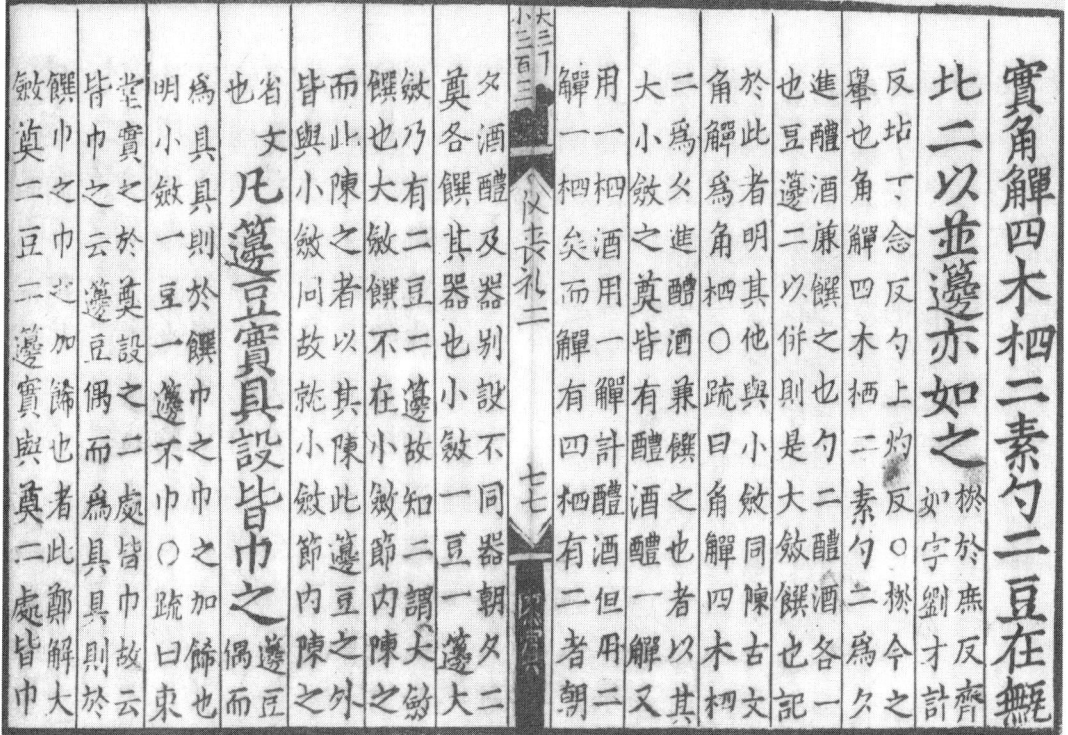

實角觶四木柶二素勺二豆在籩北二以並籩亦如之楙於焦反齊如字劉才計
反坫丁念反勺上灼反○楙今之
舉也角觶四木柶二素勺二爲夕
進醴酒兼饌之也勺二醴酒各一
也豆籩二以併則是大斂饌也記
於此者明其他與小斂同陳古文
角觶爲角柶○疏曰角觶四木柶
二爲夕進醴酒兼饌之也者以其
大小斂之奠皆有醴酒醴一觶又
用一柶酒用一觶計醴酒但用二
觶一柶矣而觶有四柶有二者朝

大三百 小三百三 儀禮卷二 七七

夕酒醴及器別設不同器朝夕二
奠各饌其器也小斂一豆一籩大
斂乃有二豆二籩故知二謂大斂
饌也大斂饌不在小斂節內陳之
而此陳之者以其陳此籩豆之外
皆與小斂同故就小斂節內陳之
也省文凡籩豆實具設皆巾之籩豆偶而
爲具具則於饌巾之巾之加飾也
明小斂一豆一籩不巾○疏曰東
堂實之於奠設之二處皆巾故云
皆巾之云籩豆偶而爲具具則於
饌巾之巾之加飾也者此鄭解大
斂奠二豆二籩實與奠二處皆巾

加飾明小斂奠一豆一籩堂東饌
時不巾不加飾若然小斂奠設于
牀東巾之爲在堂經又設堂埃加
故雖一豆一籩亦巾之檀弓云喪
不剝奠也與觶俟時而酌柶覆加
祭肉也與
之面枋及錯建之枋彼命反錯七故反○時朝夕
也檀弓曰朝奠日出夕奠逮日○
疏曰言此者記人恐饌時已酌於
觶故記云俟時而酌也引檀弓者
謂時是朝夕之時必朝奠待日出
夕奠須日未沒者欲得父母之神
隨陽而來故也○本經記○大斂

儀禮卷二 七八

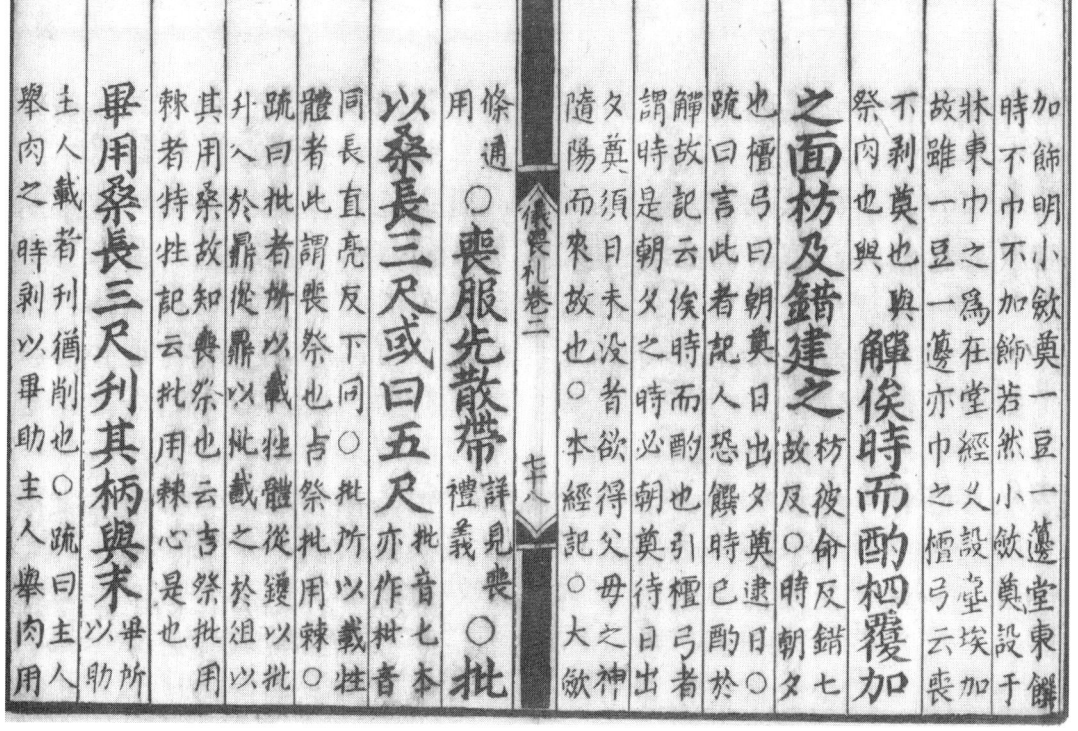

條通用○喪服先散帶詳見喪禮義○批
以桑長三尺或曰五尺批音七本亦作枇音
同長直亮反下同○批所以載牲
體者此謂喪祭也吉祭批用棘○
疏曰批者所以載牲體從鑊以批
升入於鼎從鼎以批載之於俎以
其用桑故知喪祭也云吉祭批用
棘者特牲記云批用棘心是也
畢用桑長三尺刊其柄與末畢所以助
主人載者刊猶削也○疏曰主人
舉肉之時則以畢助主人舉肉用

桑者亦喪祭故也刊其柄與末謂畢末頭亦刊削之畢既如此枇亦當然若吉時亦用棘○雜記大斂及凡喪祭陳鼎者通用奠以素器詳見喪禮義後凡奠通用

士盥二人以並東面立于西階下立俟舉尸也今文並爲併○疏曰舉尸謂小斂從襲牀遷尸於戶內服上即下文士舉遷尸反位是也布席于戶內下莞上簟有司布斂席也

商祝布絞衾散衣祭服祭服不倒美者

在中斂者趨方或顚倒衣裳祭服尊不倒之也美善也善衣後布於斂則在中也既後布祭服而又言善者在中明每服非一稱也○顚本又作顛倒丁老反○疏曰襲時衣裳少不倒小斂十九稱衣裳多取其要方除祭服之外或倒或否云祭服尊不倒者士之助祭服則爵弁服皮弁服并家祭服玄端亦不倒也云善衣後布於斂則在中也者以其斂衣半在尸下半在尸上今於先布者在下則後布者在中可知也祭服文在散衣之下即是後布祭服祭服則是善者復云善者在中則祭服之中更有善者可知故云每服非一稱以其總十

九稱之中善者非一稱也士舉遷尸反位遷尸於服上牀笫于兩楹之間衽如初有枕衽寢卧之席也亦下莞上簟○疏曰曲禮云請席何鄉請衽何趾鄭云坐問鄉卧問趾因於陰陽是衽爲卧席云亦下莞上簟者詩斯干宣王寢席而言下莞上簟是尋常寢席無問貴賤皆下莞上簟卒斂徹帷尸已飾主人西面馮尸踊無筭主婦東面馮亦如之馮音憑後皆同○馮服膺之主人髺髮袒衆主人免于房

髺音括鬠音活免音問後放此○始死將斬衰者雞斯將齊衰者素冠今至小斂變又將初喪服也髺髮者去笄纚而紒衆主人免者齊衰將袒以免代冠冠服之尤尊不以袒也免之制未聞舊說以爲如冠狀廣一寸喪服小記曰斬衰髺髮以麻免而以布此用麻布爲之狀如今之著幓頭矣自項中而前交於額上郤繞紒也于房于室釋髺髮宜於隱者今文免皆作絻古文髺作括○雞斯所買反纚霜綺反下作纚同紒音計著丁略反幓七消反絻音問○疏曰知始死將斬衰者雞斯者案禮記問喪云親始死雞斯徒跣鄭注云雞斯當爲笄纚

0011_0324-2

以成服乃斬衰是始死未斬衰故云始死將斬衰者雞斯也云將齊衰著素冠者喪服小記云男子冠而婦人笄冠笄相對問喪親始死男子云笄纚明齊衰男子素冠可知今至小斂變者謂服麻之節故云變也云又將初喪服也髻髮者去笄纚而紒者此即喪服小記云斬衰髻髮以麻爲母髻髮以麻免而以布是母雖齊衰初亦髻髮與斬衰同故云去笄纚而紒紒上著髻髮也云衆主人免者齊衰將袒以免代冠者此亦小斂節與斬衰髻髮同時此皆據男子若婦人斬衰婦人以麻爲髽齊衰婦人以布爲髽髽與髻髮皆以麻布自項而向前

儀喪禮二　八二

0011_0325-1

交於額上卻繞紒如著幓頭焉免亦然但以布廣一寸爲異也云于房于室釋髻髮宜於隱者并下文婦人髽于室兼言之也

婦人髽于室

髽側瓜反○始死婦人將斬衰者去笄而纚將齊衰者骨笄而纚今言髽者亦去笄纚而紒也齊衰以上至笄猶髽髽之異於髻髮者既去纚而以髮爲大紒如今婦人露紒其象也檀弓曰南宮縚之妻之姑之喪夫子誨之髽曰爾毋縱縱爾爾毋扈扈爾其用麻布亦如著幓頭然○縚他刀反毋音無縱茫音揔劉又在紅反扈扈竝音户○疏曰知婦人將斬衰者去笄而纚者喪服小記云男子冠

0011_0325-2

而婦人笄冠笄相對將斬衰男子既去冠而著笄纚則婦人將斬衰亦去笄而纚可知又知將齊衰者骨笄而纚者上引男子齊衰始死素冠則知婦人將齊衰骨笄而纚也云今言髽者亦去笄纚而紒也者謂今至小斂節亦如上將斬衰男子去笄纚而髻髮則此將斬衰婦人亦去笄纚而麻髽齊衰婦人去骨笄與纚而布髽矣鄭不云斬衰婦人去纚而云去笄纚者專據齊衰婦人而言文略故也鄭所以云而紒紒即髽也故喪服注亦云髽露紒也云齊衰以上至笄猶髽者謂從小斂著未成服之髽至成服之笄猶髽不改至大斂殯後乃著成

儀喪禮二　八二

0011_0326-1

服之髽代之也云髽之異於髻髮者既云纚而以髮爲大紒如今婦人露紒其象也者古者男子婦人吉時皆有笄纚有喪至小斂則男子去笄纚著髻髮婦人去纚而著髽髽形先以髮爲大紒紒上斬衰婦人以麻齊衰婦人以布其著之如男子髻髮與免故鄭依檀弓縱縱扈扈之後乃云其用麻布亦如著幓頭然既髻髮與髽皆如著幓頭而異爲名者以男子陽外物爲名而謂之髻髮婦人陰內物爲稱而謂之髽也但經云婦人髽于室者男子髻髮與免在東房若相對婦人宜髽于西房大夫士無西房故於室內戶西皆於隱處爲之也

0011_0326-2

髽髻○記夏后氏尚黑

□□黑為正 大事斂用昏 力驗下皆

□□○□□時亦黑此大事□喪事也 殷人尚白 以建丑之

月為正物色白 大事斂用日中 月中時亦白

□人尚赤 以建子之月為正而物萌色赤○疏曰案上商

尚白之下注云物牙色白此毫色赤不同者萌是牙之微細最建子

云萌建丑云牙若散而言之萌即牙也故書傳略說云周以至動殷

喪禮十三　八十三

以萌夏以牙此皆據一種之草去沉而言故建子始動建寅乃出至

如薺麥以秋而生月令仲冬荔挺生不在此例也 大事斂

用日出 日出時亦赤○禮三○大斂條通用 ○小斂

於戶內 詳見喪禮義之 ○小斂辟奠不出

室 辟婢亦反劉芳益反注辟襲奠同○未忍神遠之也辟襲奠以

辟斂既斂則不出於室設於序西南畢事而去○遠于萬反辟斂音

避○疏曰始死猶生事之不忍即為鬼神事之故奠不出室云辟斂

0011_0327-1

0011_0327-2

奠以辟斂者辟襲奠以辟斂若將大斂則辟小斂奠於序西南

亦不出於室云事畢而去者斂事畢奉尸夷于堂乃去而設小斂奠

于戶東○本經記 ○小斂而徹帷 詳見喪禮義

○無踊節 其哀未可節也○疏曰自死至此為節□□三拾

踊有三者三而云無踊節者除三者三之外其間雖皆無節即上文

踊無筭是也云其哀未可節也亦謂三者三之外無踊節而言 既

馮尸主人袒髺髮絞帶衆主人布

喪禮十四　八十四

帶 髺音括○報主人齊衰以下○疏曰小斂于戶內說主人袒髺

髮散帶垂絰不云絞帶及齊衰以下布帶故記者言之案喪服苴

絰之外又有絞帶鄭注云要絰象大帶又有絞帶象革帶齊衰以下

用孝齊衰無等皆是布帶也知主以非衆子其衆子皆斬衰絞帶

故知衆主人齊衰以下至緦麻皆免也○本經記 ○小斂

主人即位于戶內主婦東面乃斂

卒斂主人馮之踊主婦亦如之主

0011_0328-1

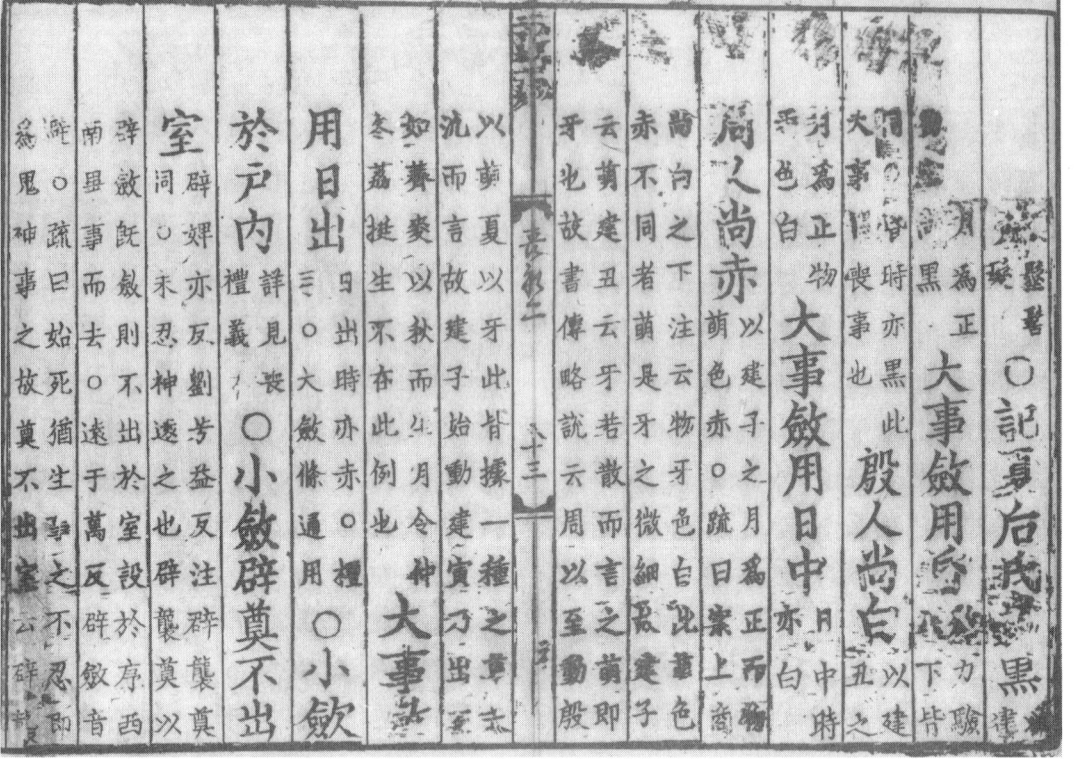

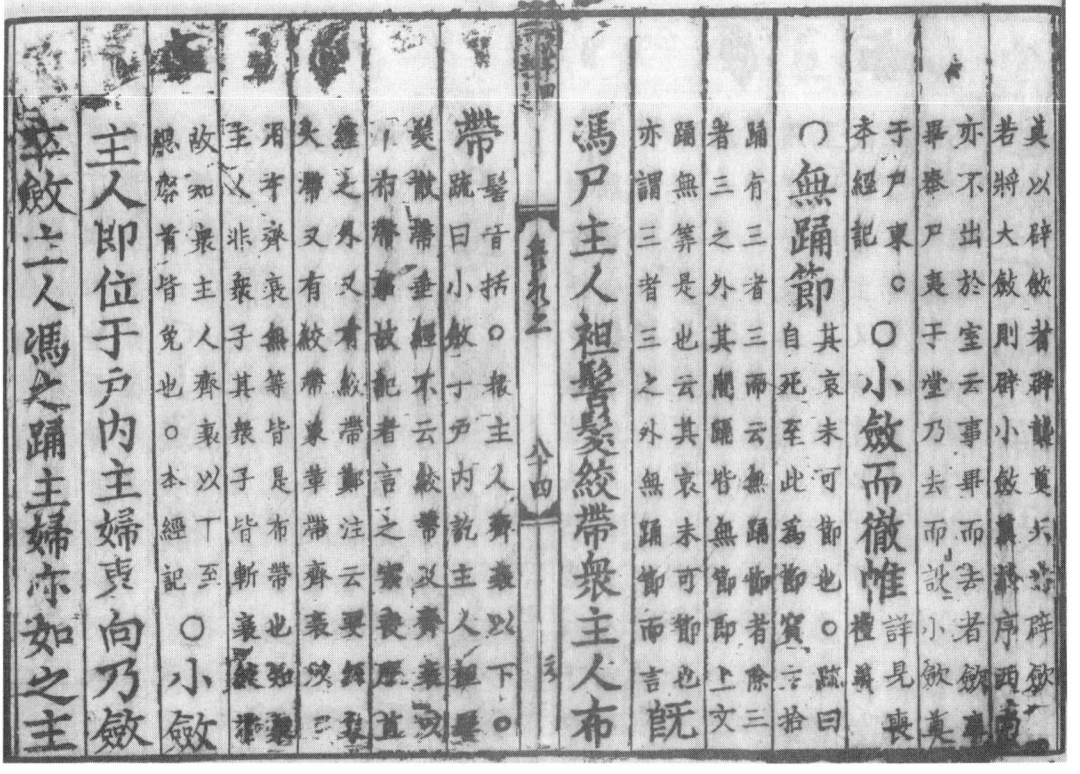

0011_0331-2

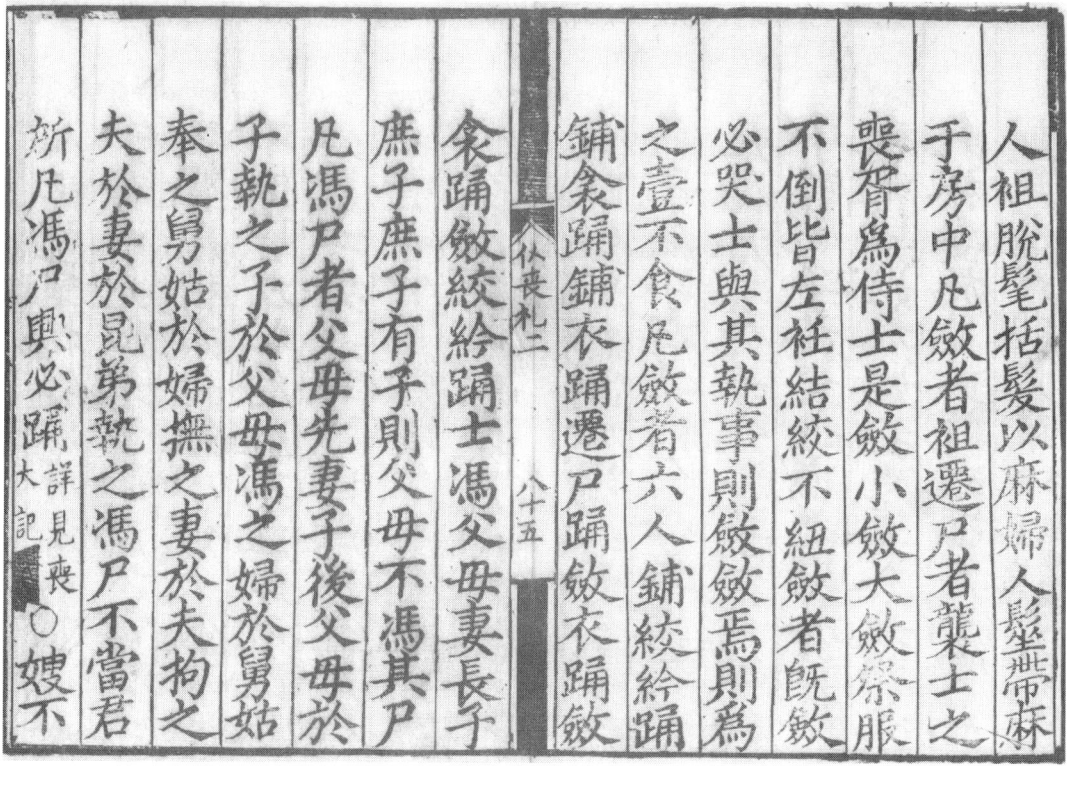

人祖脫髦括髮以麻婦人髽帶麻
于房中凡斂者袒遷尸者襲士之
喪胥爲侍士是斂小斂大斂祭服
不倒皆左衽結絞不紐斂者既斂
必哭士與其執事則斂斂焉則爲
之壹不食凡斂者六人鋪絞紟踊
鋪衾踊鋪衣踊遷尸踊斂衣踊斂

仪丧礼二　八十五

0011_0332-1

衾踊斂絞紟踊士馮父母妻長子
庶子庶子有子則父母不馮其尸
凡馮尸者父母先妻子後父母於
子執之子於父母馮之婦於舅姑
奉之舅姑於婦撫之妻於夫拘之
夫於妻於昆弟執之馮尸不當君
所凡馮尸興必踊詳見喪大記○嫂不

0011_0332-2

撫[illegible]遠別也○雜記○君不[illegible]
僕[illegible]
士舉男[illegible]奠于堂[illegible]文
如室位[illegible]○侇之[illegible]尸也[illegible]堂
謂[illegible]侇之[illegible]尸[illegible]○[illegible]曰
云侇之言[illegible]尸[illegible]衾[illegible]之
牀[illegible]
侇音[illegible]
依[illegible]言[illegible]
大斂之衾以小斂之衾當陳[illegible]

仪丧礼二　八十六

0011_0333-1

大斂[illegible]
覆棺之[illegible]衾以覆尸也[illegible]主人出于[illegible]
降自西階[illegible]主人衆即位婦人阼階上
西面主人拜賓大夫特拜士旅之即位
踊襲絰于序東復位拜賓鄉賓位拜之也即位踊東方位
襲絰于序東○[illegible]
即位者當主人降自西階[illegible]
之特衆主人遂東即位於阼階[illegible]
古洽反劉[illegible]○[illegible]衆主[illegible]東
位南西面也於時阼階上空故婦人[illegible]
向阼階上[illegible]西也[illegible]拜賓鄉賓位拜[illegible]

退○答于主人降以酒卿即云主人拜賓實下卿位而先拜賓是主人拜賓位拜賓可知主人拜賓訖即向東方阼階下即西面位踊踊訖襲絰也云襲絰于序東○東夾前者主人即位踊訖而去襲絰于序東謂鄉堂東東當序牆之東又言東夾之前非謂就堂上東夾前也云復位者復阼階下西面位

右奉尸于堂拜賓襲絰○記徹帷

男女奉尸夷于堂降拜士拜卿大夫於位於士旁三拜士妻特拜命婦氾拜衆賓於堂上主人即位襲帶絰踊母之喪即位而免哭尸于堂上主人在東方由外來者在西方諸婦南鄉婦人迎客送客不下堂下堂不哭男子出寢門見人不哭其無女主則男主拜女賓于寢門其無男主則女主拜男賓于階

阼階下子幼則以衰抱之人爲之拜在竟內則俟之在竟外則殯葬可也喪有無後無無主詳見大記○大夫弔當事而至則辭焉辭猶告也擯者以主人有事告也主人無事則爲大夫出○檀弓○士之喪於大夫不當斂則出詳見大記○士妻不當斂則爲命婦出同上○當

袒大夫至雖當踊絕踊而拜之反改成踊乃襲尊大夫來至則拜之不待事已也更成踊者新其事也於士既事成踊襲而后拜之不改成踊於士士至也事謂大小斂之屬○疏曰此明上有喪大夫及士來弔之禮當袒大夫至者謂士有喪當袒之時而大夫來弔也鄭云謂殷竟時也檀弓云大夫弔當事而至則辭焉是當大小斂時主人不出故辭大夫也此云絕踊而拜之故知是斂

0011_0335-2

尸黄裳□□時出也乃襲□
成踊於乃襲絰衣之衣也於士廬
手則襲畢則拜○大夫弔之雖
之也○兼記
必稽顙小記○小斂大斂啓皆辯拜
辯音遍○辯當事當事來者終不拜
明之也此既事皆拜○疏曰禮凡
當大斂小斂及啓殯之時唯有君
來則止事而出拜之若他賓客至
則不止事事竟乃即堂下之位哭
偏拜故二云皆辯拜也○雜記○六
夫弔以下十七
斂條通用

儀喪　卷二　八七

0011_0336-1

乃奠祝與執事爲之舉者盥右執匕卻之左執
俎橫攝之入阼階前西面錯錯俎北面
錯七故反下及注同○舉者盥出門舉
鼎者右人以右手執匕左人以左手執
俎因其便也攝持也西面錯錯俎
宜西面錯俎北面俎宜西順之○疏云
面反○疏曰右執匕左執俎者謂
入内東方爲右人西方爲左人故云
右人以右手執匕左人以左手執各
門内手舉鼎外手執匕俎故云
□鼎於此宜西面皆錯於門
□面陳鼎鄉内而□也右人一執

0011_0336-2

抽扃予左手兼執之取鼏委于鼎北
加扃不坐　抽扃取鼏加扃於鼏上皆右
手今文扃爲鉉古文鼏爲密
鼏爲密○疏曰云抽扃取鼏加扃於
上皆右手者以其經云左執匕則云
扃予左手兼執之不言用右手故知
之以其右人用左手執匕則知抽扃
下用右手似若左執爵用
右手祭脯祭薦取便也　乃朼載
于兩端兩肩亞兩胉亞脊肺在於中皆覆
進柢執而俟　朼必李反柢丁計反又丁禮反俎同○乃朼以朼次出牲體

儀喪　卷二　九十

0011_0337-1

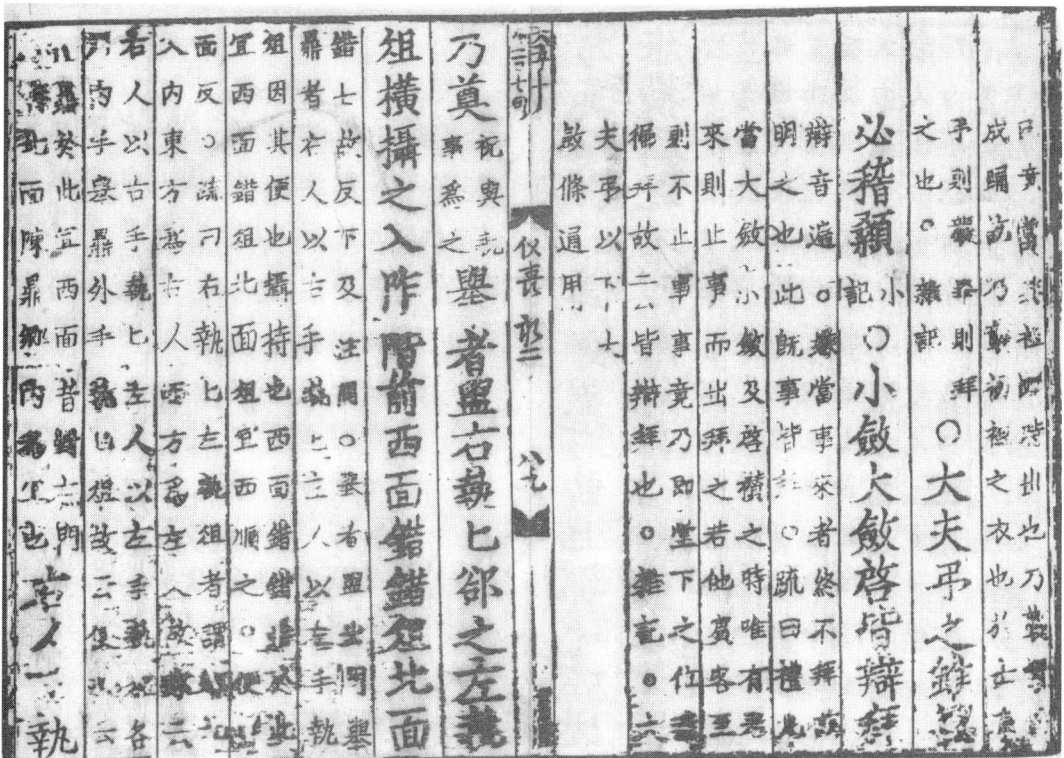

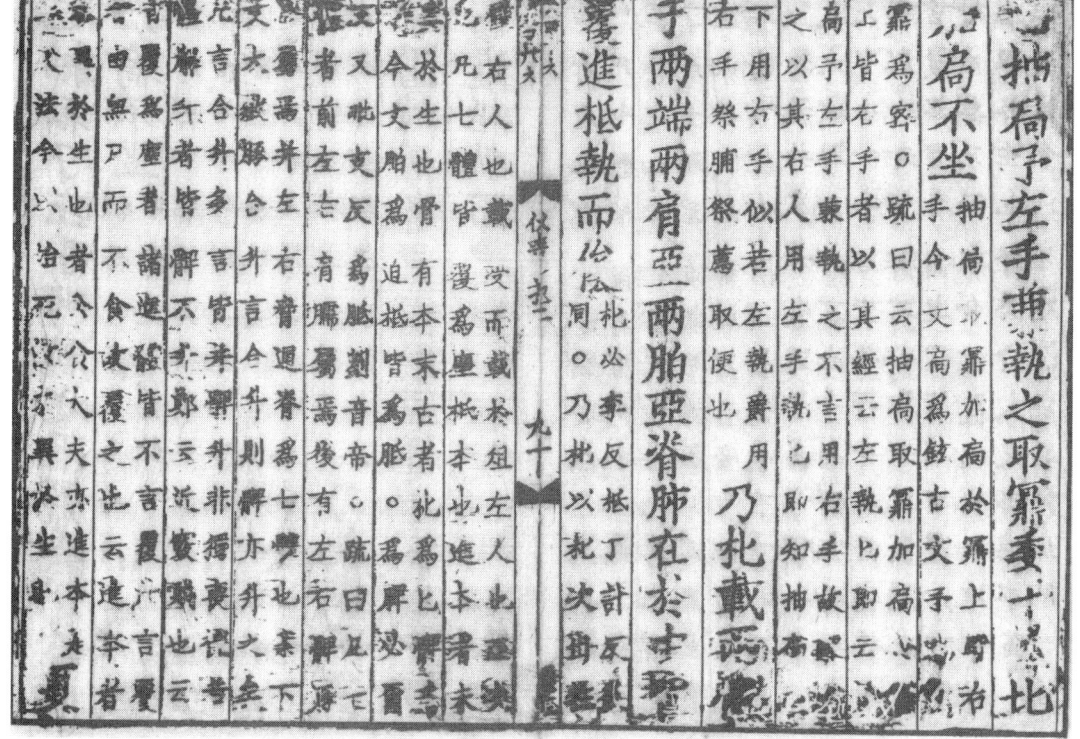

體右人也載受而載於俎左人也亞次
也凡七體皆覆爲塵柢本也進本者未
異於生也骨有本末古者朼爲匕體
今文胉爲迫柢皆爲胝○爲爲辟必百
反又胠支反爲胠劉音帝○疏曰足七
體者前左右肩臑腨爲後有左右髀
□者又以左右胉爲并左右脊爲七體也
文以爲并左右骨通脊爲七體也案下
文大斂辟合升言合升則辟亦升之矣
凡言合升多言皆并辯升非獨喪禮
禮辭升者皆辭不升鄭云近寶謂也云
者覆爲塵者諸進設皆不言覆此言覆
者由無尸而不食故覆之也云進本者
□□異於生也者今文入夫亦進本
□文法今以治死異於生是

0011_0337-2

祝及執…盛…酒脯醢…

阼階丈夫踊甸人徹鼎巾待于阼階下

從劉才用反○執事者諸執奠事者…

功布也執者不升已不設祝既錯醴將…

受之○疏曰云甸人徹鼎巾…

無事故徹案公食大夫云甸人舉鼎…

出奠于其所謂當門也云執者不升也

不設祝既錯醴將受之者此執者不升…

…執巾者故鄭云祝既錯醴將受…

之當以覆酒醴故下云祝受巾巾是也

于下東執醴酒北面西上 執醴酒者先升尊也立而…

以書禮二 九一

0011_0338-1

執後錯要成也

豆錯俎錯于豆東立于俎北西

上醴酒錯于豆南祝受巾巾之由足降

自西階婦人踊奠者由重南東丈夫踊

巾巾如字劉下居覲反重直龍反○

在…下婦人位在上故奠者升丈夫…

踊…者降婦人踊各以所見先後爲踊

之…也奠者…由重南東者…

其…

由重南而…北以…又踊也…云…

反其位者…盥之…

0011_0338-2

賓…門外 廟門外也○疏

于…寢…則曰廟門者士死

曰…廟也 乃代哭不以官

代更也孝子始有親喪悲哀…

其以…使之更哭不絕聲而已…

君以官尊卑士賤以親疏爲之三日之

後哭無時周禮挈壺氏凡喪縣壺以代

哭○挈苦結反縣音玄○疏曰云喪大

記云…喪縣壺乃官代哭大夫官代哭

不縣壺士代哭不以官注云自以親疏

哭是也注以言大夫君人君與士其大

夫有…可參以官可知故不言也云

三日…後哭無時者…有二無時之哭

以書禮二 九二

0011_0339-1

始死未殯哭不絕聲一無時殯後…

朝夕入於廟阼階下哭又於…

…是二無時…五日…

…

…

…士則無縣壺…

右小斂奠

…小斂奠…

…

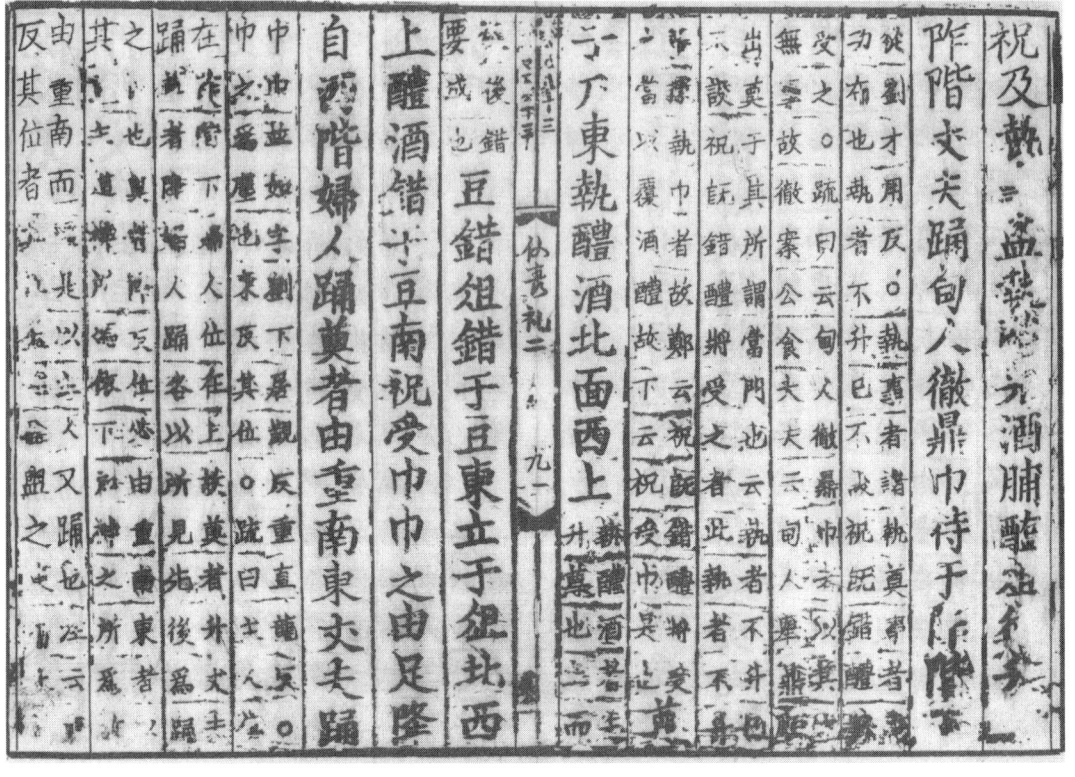

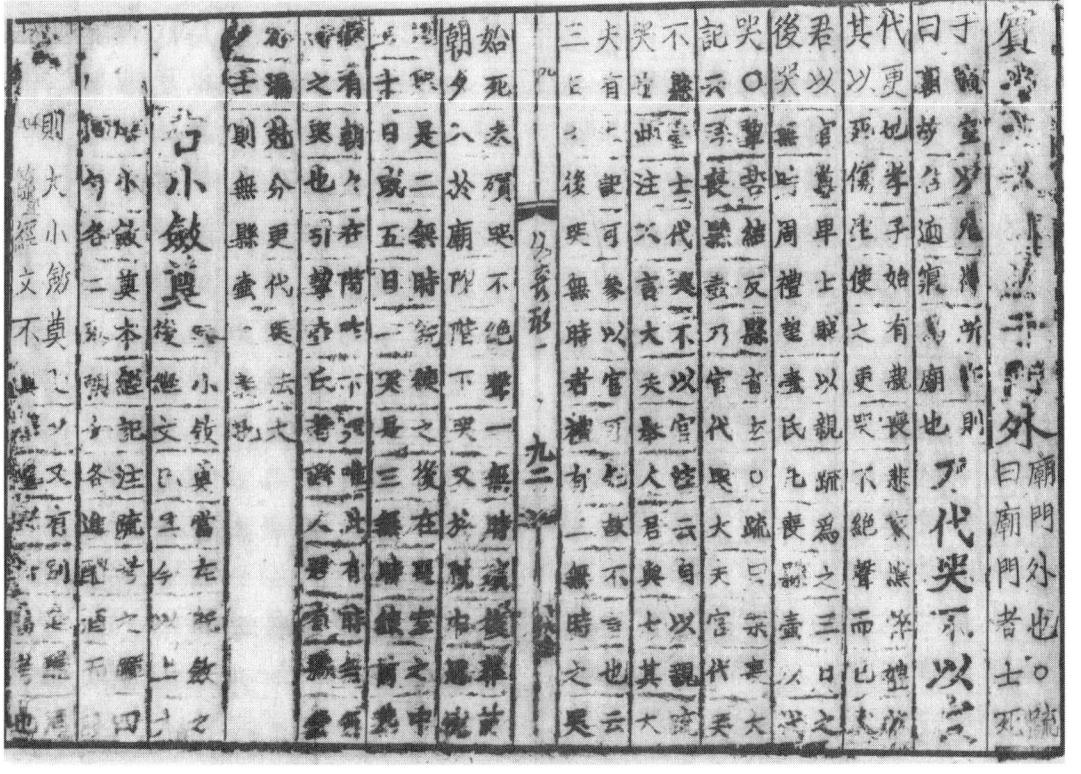

則大小斂奠…

0011_0339-2

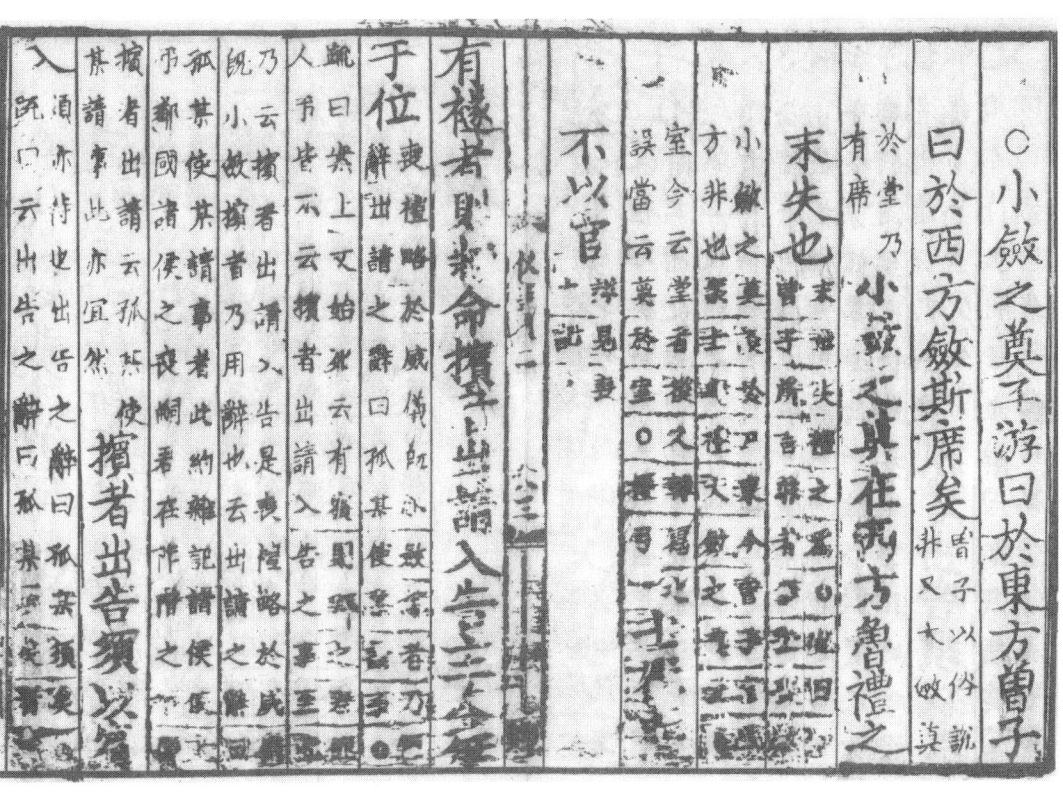

○小斂之奠子游曰於東方曾子曰於西方斂斯席矣（曾子以俗說非又大斂奠）於堂乃有席小斂之奠在西方魯禮之末失也（末世失禮之爲○疏曰[illegible]曾子所言[illegible]者[illegible]小斂之奠設於尸東今曾子云[illegible]方非也[illegible]斂之[illegible]室今云堂者[illegible]誤當云奠於室○[illegible]）

不以官（擇見妻 上記）

0011_0340-1

有襚者則將命擯者出請入告主人待于位（喪禮略於威儀既小斂擯者乃[illegible]辭出請之辭曰孤某使某請事○疏曰案上文始死云有襚[illegible]之[illegible]人予告不云擯者出請入告之事至[illegible]乃云擯者出請入告是喪[illegible]略於威儀既小斂擯者乃用辭也云出請之辭[illegible]孤某使某請事者此約雜記請使[illegible]予鄰國請使之辭[illegible]者在阼階之[illegible]擯者出請云孤某使某請事此亦宜然）擯者出告須以賓入（須亦待也出告之辭曰孤某須矣[illegible]既入[illegible]云出告之辭曰孤某[illegible]）

0011_0340-2

（[illegible]約雜記爲證也）賓入中庭北面致命主人拜稽顙賓升自西階出于足西面委衣如於室禮降出主人出拜送朋友親襚如初儀西階東北面哭踊三降主人不踊（朋友既委衣又還哭於西階上不背主人○疏曰云朋友親襚如初儀者謂[illegible]死時庶兄弟襚使人以將命于室朋友襚親以進是也云西階東北面哭踊三降主人不踊者案前初死時朋友親襚[illegible]進退哭不踊注云主人[illegible]不[illegible]以[illegible]

0011_0341-1

朋友不哭主人徒哭者若[illegible]俱來君之使者不哭[illegible]朋友亦[illegible]人退哭此朋友[illegible]無君命故哭[illegible]）襚者以褶則必有裳執衣如初徹衣者亦如之升降自西階以東（[illegible]帛爲褶[illegible]複與禪同[illegible]○[illegible]爲褶[illegible]成稱○周[illegible]表也以[illegible]以侍[illegible]也古文褶爲[illegible]復方服[illegible]者[illegible]○[illegible]曰[illegible]喪大云小斂君[illegible]衣[illegible]大斂君褶[illegible]大[illegible]小斂[illegible]然則士小大斂皆[illegible]而[illegible]褶者以[illegible]之[illegible]云[illegible]爲褶）

0011_0341-2

絭雖焚與禪同其裳乃成稱不用表也
者雜記云子羔之襲也繭衣裳與稅衣
乃爲一稱以其絮褻故須表此雖有表
裏爲褶衣裳別則裳文無絮非褻故有
衰乃成稱不須表也言雖複與禪同者
袷衣與複次相對有著爲複無著爲褶
散文褶亦爲複也案喪大記有衣必有
裳乃成稱據禪衣祭服之等而言此褶
若複與禪同亦得裳乃成稱也云藏
以待事也者以待大斂事而陳之也

右有襚者

宵爲燎于中庭 燎力吊反或力弔反○宵夜也燎火燋○燋劉

儀喪紀二　九五

0011_0342-1

哉約反又祖堯反又一音哉益反一本
作燭○疏曰案少儀云主人執燭抱燋
云未爇曰燋古者以荊燋爲燭故云
燋火燋也或解庭燎與手執爲燭別故
鄭特牲云庭燎之百由齊桓公始也注
云僭天子也庶燎之差公蓋五十侯伯
子男皆三十大夫士無文大燭或云以
麻纏葦以蠟灌之謂之庭燎則此云庭
燎亦如之云火大者
對手執者爲大也

右設燎士喪上一燭下一燭 詳見喪大記

厥明滅燎陳衣于房南領西上綪絞紟

0011_0342-2

衾二君襚祭服散衣庶襚凡三十稱

紟不在筭不必盡用 紟其鴆反劉居鴆反下同盡津忍反○

絞也衾二者始死斂衾今又後製
小斂衣數自天子達大斂衣數異矣
記曰大斂布絞縮者三橫者三○傳
又反○疏曰云君襚祭服散衣者
服有助祭爵弁服自玄之端服散衣
祭服朝服之等云庶襚者謂朋友兄
之等來襚者也云紟不在筭者案喪
記紟五幅無紞鄭云今之單被也以
不成稱故不在數內云不必盡用者
周禮守祧職云其遺衣服藏焉鄭云

儀喪紀二　九六

0011_0343-1

衣服大斂之餘也即此不盡用者也
衾二者始死斂衾今又復制者此亦
斂之衾二始死幠用斂衾以小斂之衾
當陳之故用大斂衾小斂已後用夷衾
覆尸故知更制一衾乃得二也案喪大
記君大夫小斂已下同云十九稱則天
子亦十九稱大斂則異案此云士喪大
斂三十稱喪大記士三十稱大夫五十
稱君百稱不依命數是亦喪數略則上
下之大夫及五等諸侯各同一節則天
子宜百二十稱此鄭雖不言襲之衣數
案雜記注云士襲三稱大夫五稱公九
稱諸侯七稱天子十二稱與以其
無文推約爲義故云與以疑之

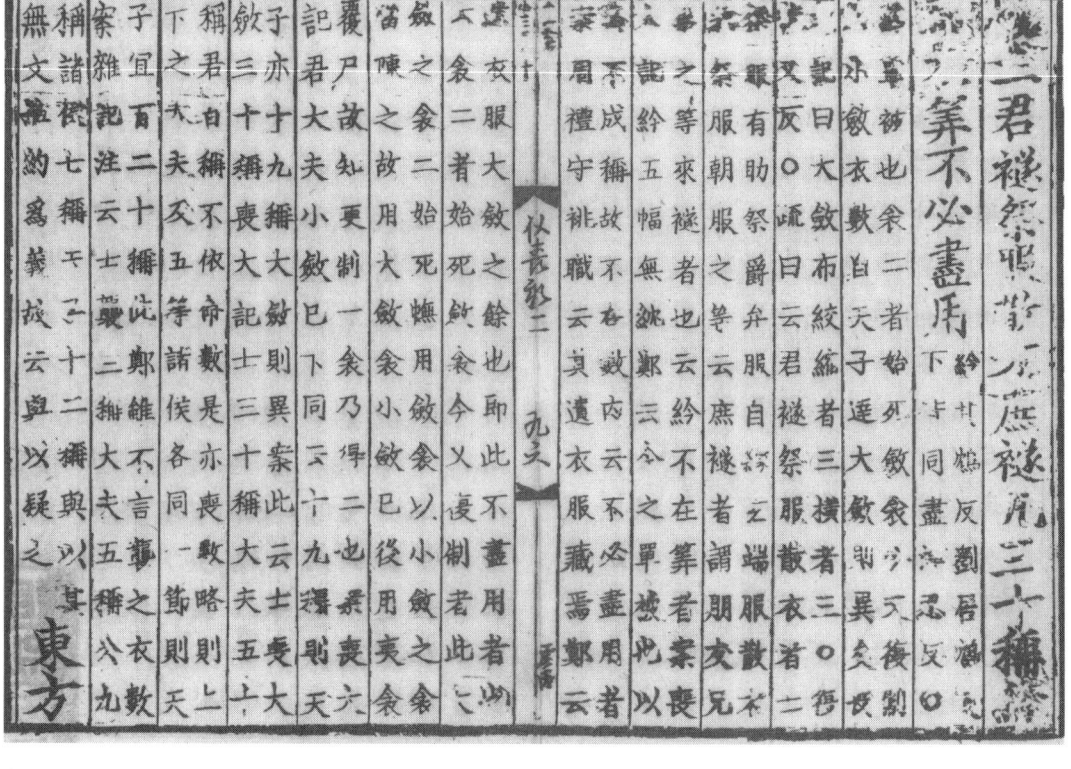

東方

0011_0343-2

□觶其實醴酒角觶木柶毼豆

兩　其實葵菹芋蠃醢兩籩無縢布巾其

實栗不擇脯四脡毼苦葛反芋于付反劉苦割反蠃力禾反

縢士登反脡大頂反○此饌但言東方則亦在東堂下也毼白也齊人或名全

菹為芋縢緣也詩云竹柲緄縢布巾之巾也籩豆具而有巾盛之也特牲饋食

禮有籩巾今文蠃為蝸古文縢為甸○緣悅面反緄古本反蝸古禾反○疏曰

案上亦敘之饌云于東堂下此直言東方略東堂下云齊人或名全菹為芋

儀禮疏卷第二　九七

0011_0344-1

者案鄭於周禮醢人注云細切為虀全物若牒為菹此菹者全物不得芋名此全

云齊人名全菹為芋者菹法舊短四寸者全之若長於四寸者亦切之則芋長

者自然切之乃為菹但長中之菹芙蓀長而不切取齊人全菹為芋之類也引

詩者欲見縢為緣義云籩豆具而有巾盛之也者欲小斂一豆一籩籩豆不具故

無巾方然後有巾豆籩巾者以豆盛醢濕故不嫌塵內故不言其實有巾者

案此注引特牲記籩巾鄭彼注云籩巾巾者果實之物多皮核優尊者此言優尊

之不同引之者以其彼為尸此食已為優尊此為神神不食故云優尊之

0011_0344-2

直取覆有巾覆之同奠席在饌北斂席在其東

奠而有席彌神之○疏曰云彌神之以其小斂奠無巾大斂奠有巾已是

之今於大斂奠又有席是彌神之也掘肂見衽掘其勿反又其月反

肂以二反劉音四見賢遍反衽而甚反○肂埋棺之坎者也掘之於西階上衽

小要也喪大記曰君殯用輴攢至于上畢塗屋大夫殯以幬攢置于西序塗不

暨于棺士殯見衽塗上帷之又曰君蓋用漆三衽三束大夫蓋用漆二衽二束

士蓋不用漆二衽二束○要一遙反輴勑倫反攢在官反暨其器反○疏曰肂

儀禮疏卷第二　九八

0011_0345-1

訓陳謂陳尸於坎鄭即以肂為埋棺之坎也知於西階上者檀弓孔子云夏后

氏殯於東階殷人殯於兩楹之間周人殯於西階之上故知士亦殯于西階之

上此殯時雖不言南首南首可知鄭注上文云如商祝之事位則尸南首檀弓

又云葬於北方北首則未葬已前不忍異於生皆南首唯朝廟時北首故既夕

云正柩于兩楹間用夷牀注云是時柩北首鄉北首者朝事當不背父母以首

鄉之故也引喪大記者見君殯四面及上畫塗之如屋然大夫不得如人君四

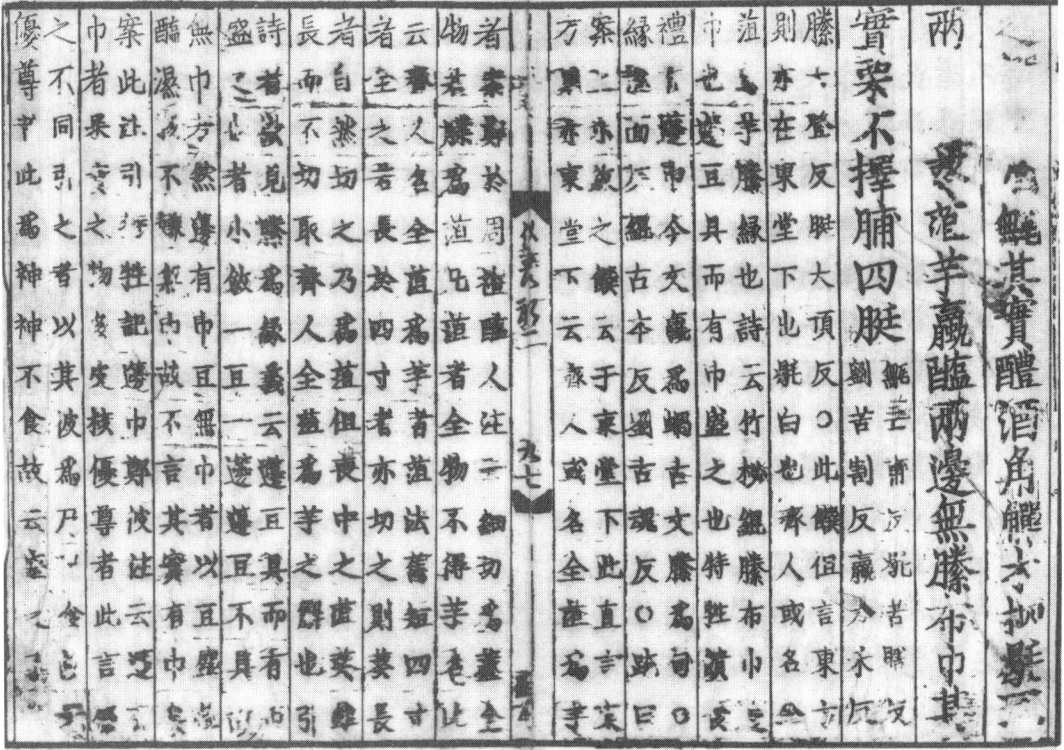

而攢之相過西序以木幬覆棺於西序攢之不斂取容棺但塗木不及

0011_0345-2

□□□□□□□一者所此經掘肆
□□□□於上塗之所已云帷之者
□神尚幽闇君大夫士皆也云又曰
君蓋用漆三衽三束者古者棺不釘故
鄭注云用漆者塗合牝牡之中也衽
要也棺蓋每一縫三道小要每道爲一
條支事之故云君蓋用漆三衽三束大
夫士降于君故二衽二束大夫有漆二
無漆也引之者證經肆與
衽之義也○詳見喪大記棺入主人不
哭升棺用軸蓋在下軸大六反○軸輁軸也輁狀如牀軸
其輪輓而行○輁九勇反輓音晚本又
作挽○疏曰案既夕云遷于祖用軸注

儀禮疏二　九九

0011_0346-1

云軸輁軸也軸狀如轉轔刻兩頭爲軹
輁狀如長牀穿程前後著金而關軸焉
大夫諸侯以上有四周謂
之輴天子畫之以龍是也熬黍稷各二
筐有魚腊饌于西坫南熬五羔反○熬所以惑蚍蜉令
不至棺旁也爲舉者設盆盥於西○盥
毗呼音浮○疏曰喪大記熬君四種
八筐大夫三種六筐士二種四筐加魚
腊焉注云熬者煎穀也將塗設於旁
所以惑蚍蜉使不至棺也引此士喪
日熬黍稷各二筐又曰設熬旁一筐大
夫三種加以粱君四種加以稻四筐則
手足皆一其餘設於左右者熬所以□

0011_0346-2

二筐首足各一筐見喪大記左右□□
也云爲舉者設盆盥於西者小斂時
亦設盆盥饌于東方明大斂用西方之
盆盥矣以其先陳盥後陳鼎故於鼎上
云之也陳三鼎于門外北上豚合升魚鱐
鮒九腊左胖髀不升其他皆如初鱐□□
鬻而專反鮒音附胖音判○合升合左
右體升於鼎其他皆如初謂豚體及匕
俎之陳如小斂時合升四鬄亦相互耳
○疏曰云如初如小斂時者謂豚體□
等一依前小斂時也云合升四鬄亦相
互耳者小斂云四鬄四解爲七體□

儀禮疏二

0011_0347-1

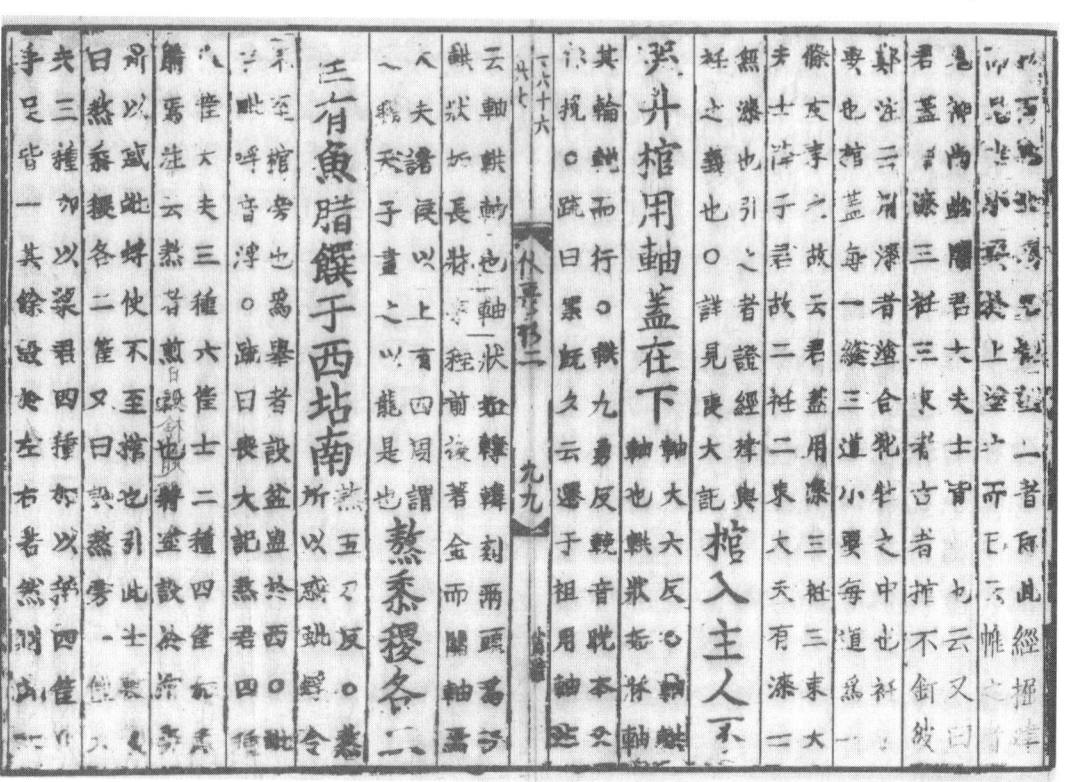

□古體合升今升左右體
亦髀□□也故云相互也
陳大斂衣奠及殯具○記□
來日死與往日與或爲予□□數也生數來日□
成服杖也死明日數也死數往日
謂殯斂以死日數也此士禮貶□
於大夫者大夫以上皆以來日數
及禮曰死三日而殯死明而小□
□斂大斂而殯則死三日而□言
二日□殯□代異日冬□大記曰
□之□三日而殯二日之朝上人
□二□□□□□□○助禮□

0011_0347-2

斂亦作士以葦席大記
布絞縮者三橫者五布紟二
君大夫士一也士陳衣于序東
三十稱西領南上絞紟如朝服絞
幅為三不辟紟五幅無紞大斂
大夫士祭服無算君褶衣褶衾
士猶小斂也上同○士棺六寸

0011_0348-1

不綠蓋不用漆二衽二束
大○右本曰喪吾觀諸縣子曰
喪不可不深長思也
買棺外內易我死則亦然
此孝子之事非所記○孝子既深思長慮故買棺之時
令精好斷削其內使之平子之言以語子
於我身者死則亦當我死非但父母

0011_0348-2

也○有虞氏瓦棺
虞氏上陶○疏曰案易下繫古之葬者厚衣之以薪葬之中野
不封不樹喪期無數後世聖人易之以棺槨蓋取諸大過今
棺故云始不用薪 夏后氏堲周 又堲子吾
火孰曰堲燒土冶以周於棺也或周由是也弟子職曰右手
折堲○疏曰弟子職云折燭之炎燼名之曰堲故知堲是火熟者云
土冶以周於棺也者謂鑿土為冶之形大小得容棺也云或謂

0011_0349-1

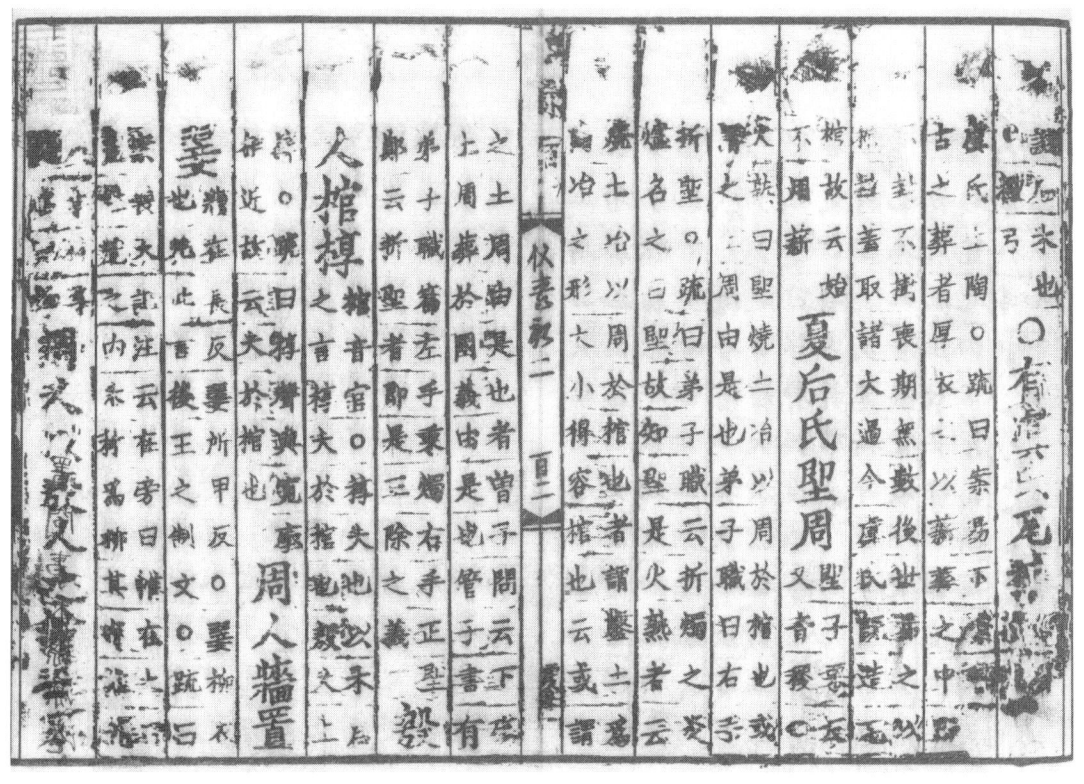

之土周於棺也者曾子問云下殤土周葬於園義由是也管子書有
弟子職篇左手秉燭右手正堲鄭云折堲者即是三除之義 殷
人棺槨 槨音郭○槨大也以木為之言槨大於棺也
○疏曰槨大也云大於棺也 周人牆置
翣 翣所甲反○翣柳也先後王之制文○疏
禮注云在旁曰帷在上曰

0011_0349-2

殤以夏后氏之堲周葬中殤下殤以有虞氏之瓦棺葬無服之殤丁丈反殤式羊反○堲[illegible]○疏曰有虞氏唯有瓦棺[illegible]堲周棺之外加堲周謂[illegible]至椁又言才為椁椁堲周居[illegible]椁[illegible]又更於椁傍置柳置翣扇是後王之制以漸加文也○同上

孔子初仕為中都宰中都魯邑制為養生送死之節為四寸之棺五寸之

0011_0350-1

槨因丘陵為墳不封不聚土以起墳不樹不樹松柏行之一年而西方之諸侯則焉魯國在東方故西方諸侯皆法則○家語○案始死奠脩奠以[illegible]喪小斂衣衾袍及有衾殯衣取衣衾死而後制設奠酒醴籩豆[illegible]凡奠五月脩奠陳大[illegible]衣英所通用當互者

燭俟于饌東燭燋也饌東方之饌有燭者堂雖明室猶闇火在地曰燎執之曰燭○疏曰云燋炬明室猶闇者前小斂[illegible]于[illegible]無[illegible]近戶得

0011_0350-2

明故無燭此大斂奠於室之奧故有燭以待之云在地曰燎者謂若郊特牲云庭燎之百又詩云庭燎之光如此之類皆在地曰燎此云執之曰燭及少儀云主人執燭抱燋此之類皆是人之手執燭也

祝徹盥于門外入升自阼階丈夫踊祝徹祝與有司當徹小斂之奠者小斂設盥于饌東有巾大斂設盥于門外彌有威儀○疏曰此直云祝徹盥于門外者不知何時設此案上小斂陳饌訖即言設盥則陳大斂饌訖亦設盥于門外也

祝徹巾授執事者以待授執巾者於尸東使先待

0011_0351-1

於阼階下為大斂奠又[illegible]祝還徹醴也○疏曰此小前為小斂奠巾之今祝徹巾還為大斂奠巾之前小斂奠升自阼階設于戶東祝受巾於阼階下而升今大斂奠亦升自阼階設于奧亦宜受巾於阼階下而升故知祝授巾於執巾者使先待於阼階下也又知祝還徹醴者下文徹饌先取醴故也

徹饌先取醴酒北面北面立相待俱降其餘取先設者出于足降自西階婦人踊設于序西南當西榮如設于堂為求神於庭孝子不忍使其親須臾

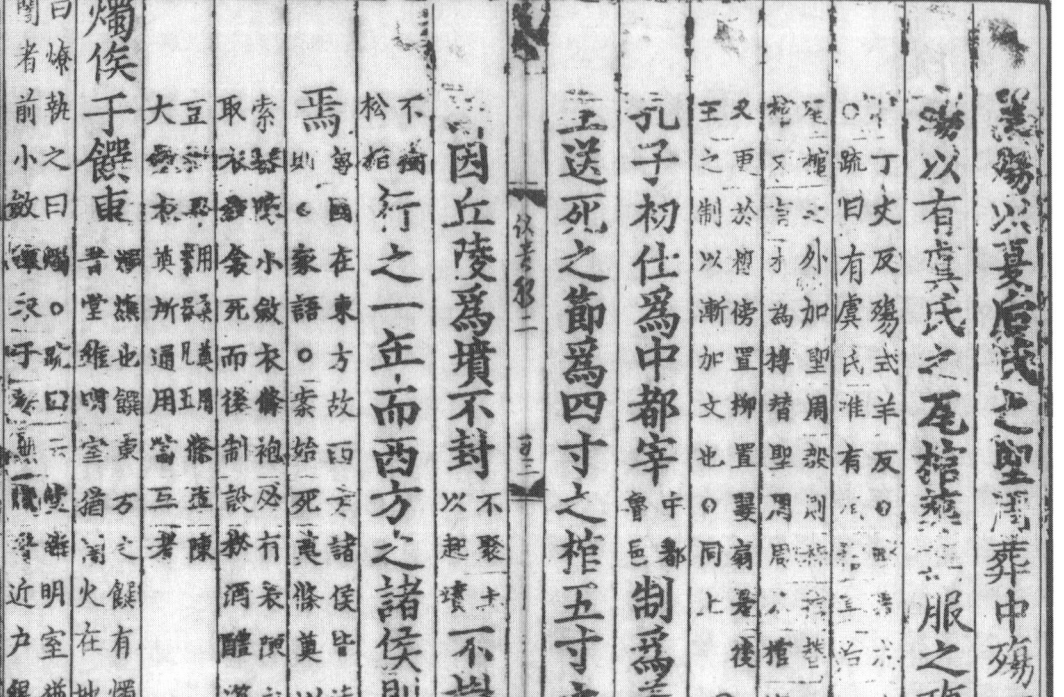

張本下象鼻題監生孫三字傳本剪去之

張本下象鼻題監生留成四字傳本剪去之

無所馮依也堂謂尸東也凡奠設于序西南者畢事而去之○疏曰堂謂尸東也者謂如尸東堂上陳設之次第凡奠謂小斂奠大斂奠遷祖奠祖奠但將設後奠則徹先奠於西序南待後奠事畢則去之故小斂奠設之於此不由以不久設故也

醴酒位如初執事豆北南面東上如初者如其醴酒北面西上也執醴尊不爲便事變位○疏曰前設小斂奠于尸東時醴酒先升北面西上執豆俎者立於俎北西上至此執豆俎者豆北東上爲便事事訖向東爲便故東上變位以執醴者尊仍西上是不得爲便事變

仪丧礼二　百五

位也**乃適饌**東方之新饌○疏曰以其將設大斂新饌於室故知是新饌也**帷堂**徹事畢

右徹小斂奠帷堂

婦人尸西東面主人及親者升自西階出于足西面袒袒大斂變也不言髺免髺髮小斂以來自若矣○疏曰知袒爲大斂變者前將小斂袒今言袒即行大斂事故知爲大斂變也小斂袒男有髺髮免婦人有髽今大斂袒不言者自小斂以來有此至成服乃

改若如也自如常有故不言之也**士盥位如初**亦既盥並立西階下○疏曰言亦者亦如小斂時士盥二人並立于西階下以待遷尸也**布席如初**亦下莞上簟鋪於阼階上於楹間爲少南○鋪普吳反又音孚○疏曰言阼階上故知於楹間爲少南近阼階也**商祝布絞紟衾衣美者在外君襚不倒**至此乃用君襚主人先自盡○疏曰始死君使人襚小斂不陳不以斂至大斂乃用主人先自盡也**有大夫則告**後來者則告以方斂非斂時則當降拜之○疏曰案檀弓

仪丧礼二　百六

大夫弔當事而至則辭焉注云辭猶告也擯者以主人有事告也主人無事則爲大夫出喪大記云士之喪於大夫不當斂則出注父母始死悲哀非所尊不出也上文有君命則出迎于門外是始死唯君命出若小斂後則爲大夫出故雜記云當袒大夫至雖當踊絶踊而拜之反改成踊若士來即成踊乃拜之也

士舉遷尸復位主人踊無筭卒斂徹帷

主人馮如初主婦亦如之疏曰士舉遷尸謂從戶外夷牀上遷尸於斂上

0011_0353-2

右大斂○記大斂于阼未忍便離主人位也○主人奉尸斂不棺則西階上賓之○疏曰經大斂時直云布席如初不言其處故記云大斂于阼阼是主人位故鄭云未忍便離主人位也喪事所以即遠斂訖即奉尸斂于棺則西階上賓客之故檀弓云周人殯于西階則猶賓之是也○本經記○士之喪將大斂君不在其餘禮猶大夫也詳見喪大記○大夫升自西階階東北面

0011_0354-1

東上視斂○疏曰知視斂者以其文承大斂下故知大夫升為視斂也既馮尸大夫逆降復位中庭西面位○疏曰知大夫位在中庭西面者上篇朝夕哭云主人入堂下直東序西面卿大夫在其南卿大夫與主人同西面向殯故知大夫位在中庭西面也○本經記○案小斂條夏后氏尚黑一條及几斂者祖至君不撫僕妾又奉尸夷于堂條大夫亦當事而至則辭亦大斂通用者當互考

0011_0354-2

主人奉尸斂于棺踊如初乃蓋棺在肂中斂尸焉所謂殯也檀弓曰殯於客位○疏曰云奉尸斂于棺謂從阼階斂上遷尸鄉西階斂於棺中乃加蓋於棺上也云棺在肂中斂尸焉者欲見先以棺入肂中乃奉尸入棺中以尸入棺名斂亦名殯也○主人降拜大夫之後至者北面視肂北面於西階東○疏曰小斂後主人阼階下今殯後拜大夫後至者殯訖不忍即阼階因拜大夫即於西階東北面視肂而哭也衆主人復位婦人東復位阼階上下之位

0011_0355-1

○疏曰衆主人與婦人於殯無事故殯後即鄉東阼階上下之位也設熬旁一筐乃塗踊無筭以木覆棺上而塗之為火備卒塗祝取銘置于肂主人復位踊襲為銘設柎樹之肂東○為于僞反柎方于反○疏曰始死則作銘訖置于重今殯訖取置于肂上銘所以表柩故也云肂東者以不使當肂於東可也

右殯○記死三日而殯詳見卒哭祔練

記○士庶人三日而殯三月而葬

0011_0355-2

王制○士殯見衽塗上帷之數二種

四篋加魚腊焉詳見喪大記○君於士

有賜帟帟音亦○注帟幕之小者所以承塵賜之則張於殯

上大夫以上幕人職供焉○疏曰賜惠賜也帟者幕之小者也大

以上喪則幕人職供之也士唯有君恩賜之乃得有帟也○檀弓

○既殯主人說髦說土活反劉詩悅反髦音毛○

既殯置銘于肂復位時也今文說皆作稅見生三月鬋髮爲鬌男角

0011_0356-1

女羈否則男左女右長大猶爲飾存之謂之髦所以順父母幼小之

心至此尸柩不見喪無飾可以去之髦之形象未聞○鬌丁果反又

徒禍反○疏曰凡說髦尊卑同皆三日知者喪大記云小斂主人即

位于戶內乃斂卒斂主人馮之主人袒說髦髻髮以麻注云士既殯

說髦此云小斂蓋諸侯禮也士之既殯諸侯之小斂於死者俱三日

也是尊卑同三月也必三日說髦者案禮記問喪云三日而不生亦

不生矣以髦是子事父母之飾父母既不生故去之云兒生三月鬋

0011_0356-2

髮爲鬌男角女羈否則男左女右若內則云彼注云夾囟曰角午達

曰羈引之者證鬌象幼時鬌之義故云長大猶爲飾存之謂之髦所

以順父母幼小之心是以曲年五十不失孺子之心者也云髦之形

象未聞者案詩云髧彼兩髦鄭云髦者髮至眉子事父母之飾以其

云髧髧者垂之貌又云兩髦故以髮至眉解之其狀猶未聞○本經

記

乃奠燭升自阼階祝執巾席從設于奧

0011_0357-1

東面從才用反奧一報反○執燭者先升堂照室自是不復奠於尸祝執

巾與執席者從入爲安神位室中西南隅謂之奧執燭南面巾委於席右○疏

曰云執燭者先升堂照室者以其設席于奧當先照之爲明也云自是不復奠

於尸者自始死已來襲奠小斂奠皆在尸旁今大斂奠不在西階上就柩所故

於堂內設之自此已下朝夕奠朔月薦新奠皆不於尸所知執燭南面者以其

燭先入室南面照之便故也云巾委於席右者以巾爲神故知委於席右也

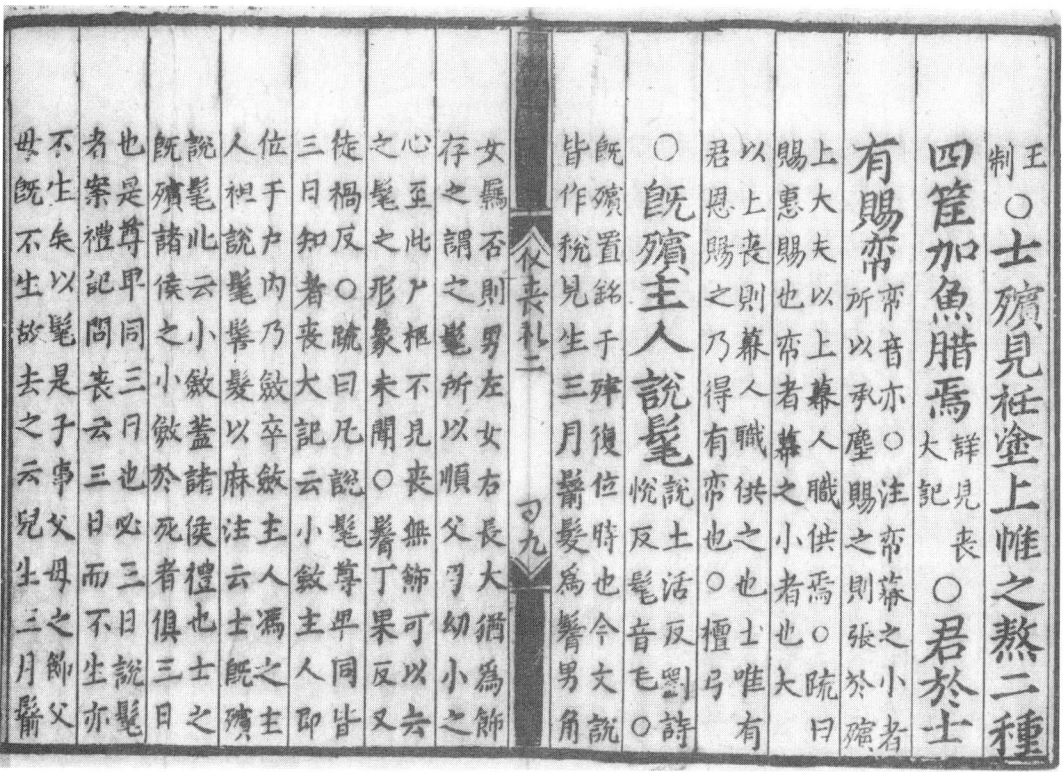

祝反降及執事執饌士方之饌士盥舉鼎入

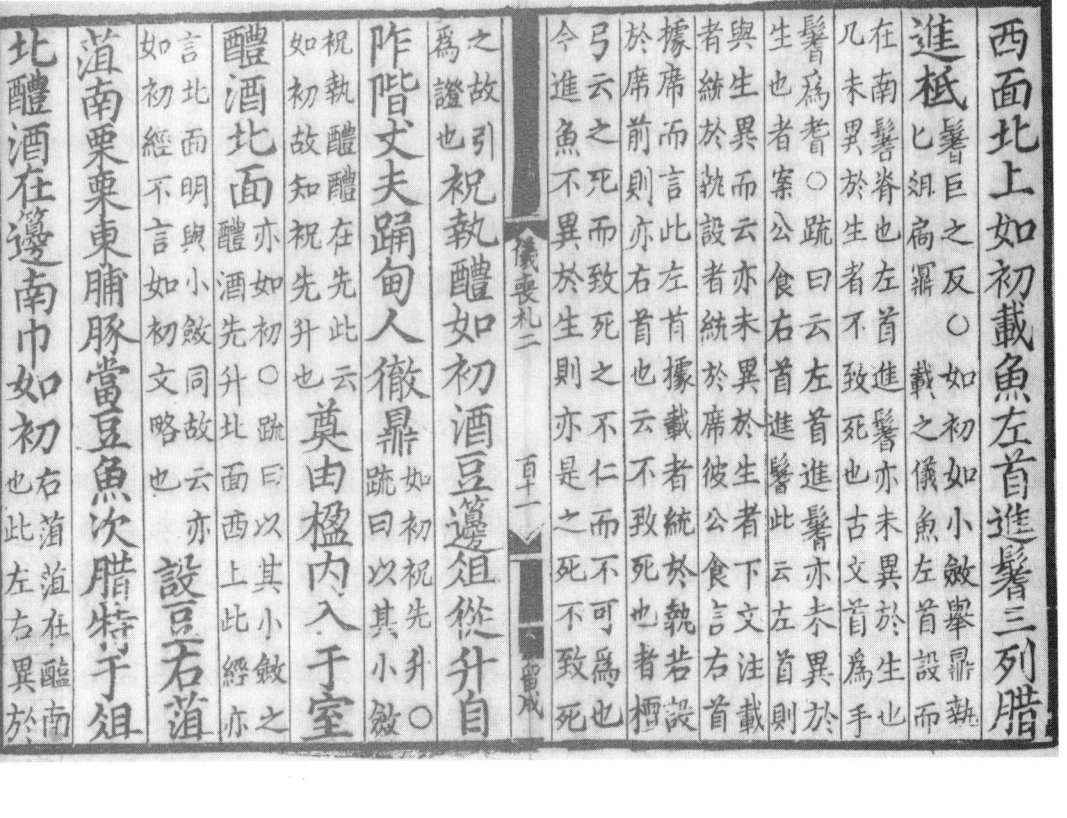

西面北上如初載魚左首進鬐三列腊進柢鬐巨之反○如初如小斂舉鼎執匕俎扃鼏載之儀魚左首設而在南鬐脊也左首進鬐亦未異於生也几未異於生者不致死也古文首爲手鬐爲耆○疏曰云左首進鬐亦未異於生也者案公食右首進鬐此云左首則與生異而云亦未異於生者下文注載者統於執設者統於席彼公食言右首據席而言此左首據載者統於執若設於席前則亦右首也云不致死也者檀弓云之死而致死之不仁而不可爲也今進魚不異於生則亦是之死不致死

之故引爲證也祝執醴如初酒豆籩俎從升自阼階丈夫踊甸人徹鼎如初祝先升○疏曰以其小斂祝執醴醴在先此云如初故知祝先升也奠由楹內入于室醴酒北面亦如初○疏曰以其小斂之醴酒先升北面西上此經亦言北面明與小斂同故云亦如初經不言如初文略也設豆右菹菹南栗栗東脯豚當豆魚次腊特于俎北醴酒在籩南巾如初右菹菹在醢南也此左右異於

魚者載者統於執設者統於席醴當栗南酒當脯南○疏曰云設豆右菹者凡設醢自然在左是以鄭云右菹菹在醢南也云此左右異於魚者載者統於執設者統於席者鄭以上文魚言左首據載者統於執故云左首及設則右首此言設豆右菹據設者統於席前若執來即左菹也云醴當栗南酒當脯南者以其陳饌要成尊者後設故先設栗脯於北乃於南設醴酒酒在東故醴在栗南酒在脯南也既錯者出立于戶西西上祝後闔戶先由楹西降自西階婦人踊奠者

由重南東丈夫踊闔戶牖反○爲神馮依之也○爲于僞反○疏曰鄭解丈夫見奠者至重即踊者重主道爲神馮依之故丈夫取以爲踊飾也賓出婦人踊主人拜送于門外入及兄弟北面哭殯兄弟出主人拜送于門外小功以下至此可以歸異門大功亦存焉○疏曰云北面哭殯者案喪大記云大夫士哭殯則杖哭柩則輯杖注云哭殯謂啟塗也哭柩謂啓後也此哭不言杖者文略也云小功以下至此可以歸者案喪服記云小功以下爲兄弟

張本下象鼻題監生留成四字傳本剪去之

0011_0359-2

兼從兄弟可以歸女子云異門大功亦得恩者大功亦有同門有同財以其喪家之法也既殯雖歸至朔月朝奠之門雖至此亦可以歸故云亦衣為猶右所歸既夕反哭云兄弟出主人拜送注言近者亦入哭限也若至葬時皆就位門大功亦可以歸是也云兄弟小功以下也異衆主人出門哭

止皆西面于東方闔門

0011_0360-1

右大斂奠○記巾奠執燭者滅燭

出降自阼階由主人之北東巾奠而室

儀喪禮卷二　百十三

事已○疏曰上篇大斂奠時直云丁奠燭升自阼階今執燭降由主人之北故記人言之云由主人之北東也云巾奠而室事已者既巾說是室事已故執燭者出也○本經記○曾子問曰

大功之喪可以與於饋奠之事乎

饋奠在殯時也孔子曰豈大功耳自斬衰

以下皆可禮也曾子曰不以輕服

而重相為乎恠以重服而為人執事孔子曰

0011_0360-2

非此之謂也非謂為人謂於其所為服也○疏曰孔子所論據所服者言之曾子又解孔子之旨謂言為他人故更問云若為他人不以輕已喪服而重他人相為饋奠乎孔子乃荅云我之所言據所為服者饋奠非此為他人之謂也天子諸侯

之喪斬衰者奠為君服者皆斬衰皆上人不奠大

夫齊衰者奠服斬衰者不奠辟正君也齊衰者其兄弟

○疏曰大夫之喪子服斬衰者不親奠此服斬衰謂大夫家臣雖服

儀喪禮卷二　百十四

斬衰不得饋奠辟天子諸侯之正君也云齊衰者其兄弟者以大夫之喪子及屬臣皆服斬衰今服齊衰唯兄弟耳士則朋友

奠不足則取大功以下者不足則

反之服齊衰者不奠辟大夫也言不足者謂殷奠時○疏曰殷奠謂月朔之奠以其有牲牢黍稷用人多也殷盛也以月朔之奠盛於常奠非月半之殷奠也以士月半不殷奠故也以次差之天子斬衰者奠大夫用齊衰士則應先取大功今先取朋友者以天子諸侯

0011_0361-1

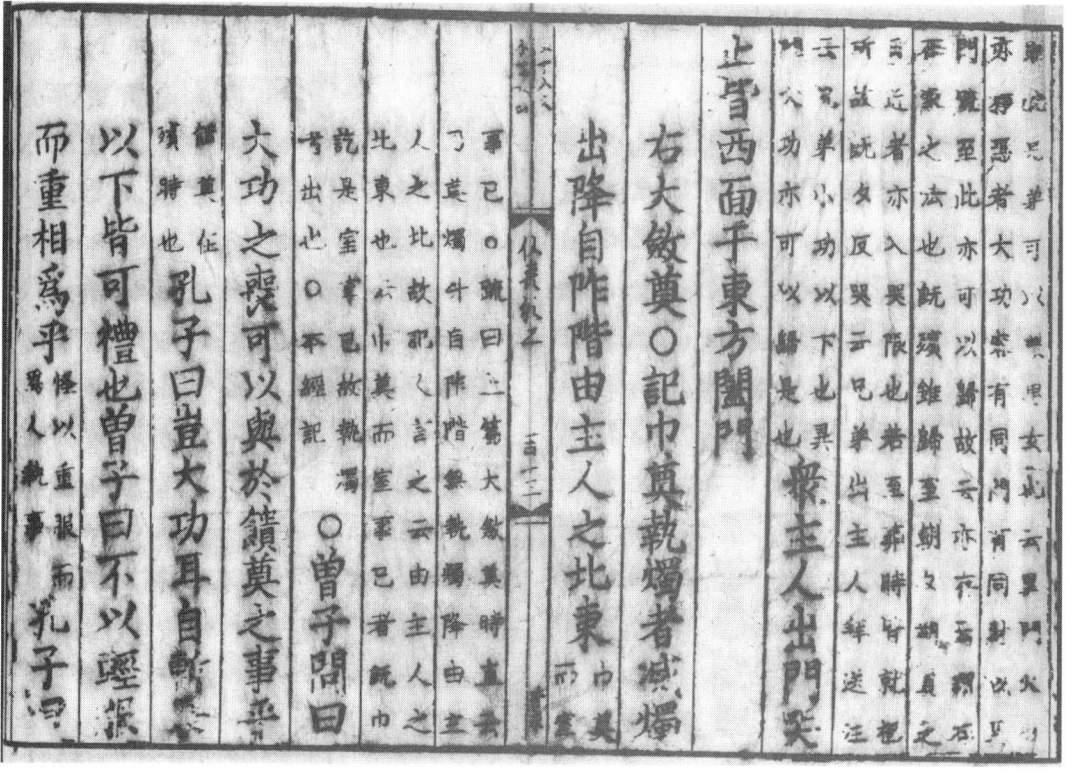

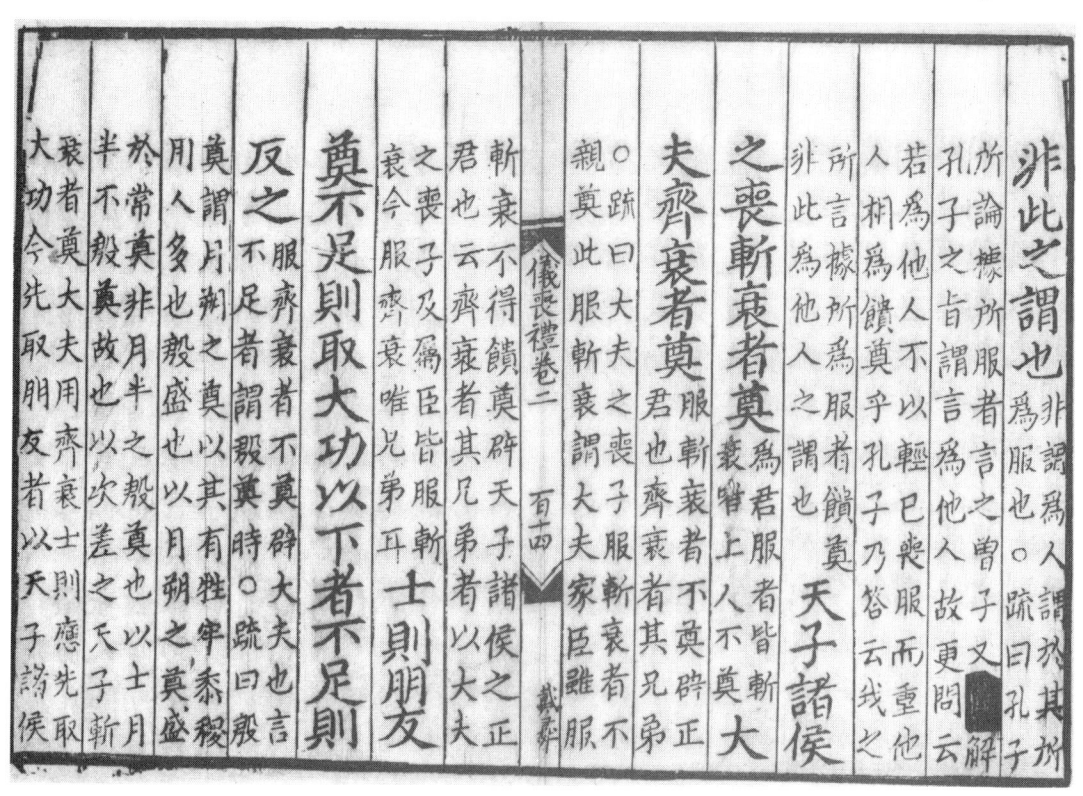

0011_0361-2

皆使臣爲奠大夫辟正君故遣兄弟奠士則位卑不嫌敵君故遣僚屬奠僚屬則朋友也案士虞禮祝免澡葛絰帶鄭云治葛以爲首絰及帶接神宜變也然則士之屬官爲其長弔服加麻矣祝則僚屬也及麻則朋友也○曾子問○朔月奠等條通用

主人拜就次 次謂斬衰倚廬齊衰堊室也大功有帷帳小功緦麻有牀[redacted]可也○堊音於各反○疏曰凡言次者廬堊室以下揔名是賓客所在亦名次也故引禮記間傳爲證案間傳云父母之喪居倚廬寢苫枕[redacted]不說絰

0011_0362-1

帶齊衰居堊室芐翦不納大功寢有席小功緦麻牀可也齊衰既居堊室故大功已下有帷帳也

右喪次○記居倚廬 倚木爲廬在中門外東方北[redacted]○疏曰初死居倚廬倚廬中門外東方者以中門內殯宮之哭位在阼階下西南鄉殯明廬在中門外亦東方鄉殯北户者以倚東壁爲廬一頭至地明北户鄉陰至旣虞之後柱楣翦屏乃西鄉開之

寢苫枕塊 苫失占反枕之鴆反○苫編藁塊[redacted]也○孝子

0011_0362-2

寢臥之時頭於苫以塊枕頭以哀親之在草枕塊者哀親之在土云苫編藁者案爾雅白蓋謂之苫郭云白茅苫也與此不同者彼取絜白之義此不取絜白故鄭因時人用藁爲苫而言編藁塊堛也者亦爾雅文

不說絰帶 ○哀戚不在於安疏曰云不說絰帶者冠衰自然不說以其絰帶在冠衰之上故舉絰帶而言也

哭晝夜無時 哀至則哭非必朝夕○疏曰此謂殯後在廬中除朝夕入哭於廬中思憶非則哭無時節故鄭云哀至則哭

喪事不言 不言所以爲親○疏曰喪服四制云不言而事

0011_0363-1

行者扶而起言而后事行者杖而起廬人面垢而已天子諸侯有不言而喪事得行者喪事亦不言大夫士是臣辟於君言而事行若然此士禮亦言而事行故於喪非喪事不言也孝經云言不文亦據之大夫士也曲禮云居喪未葬讀喪禮既葬讀祭禮喪復常讀樂章喪事不言亦兼此也

歠粥朝一溢米夕一溢 歠昌悅反粥之六反

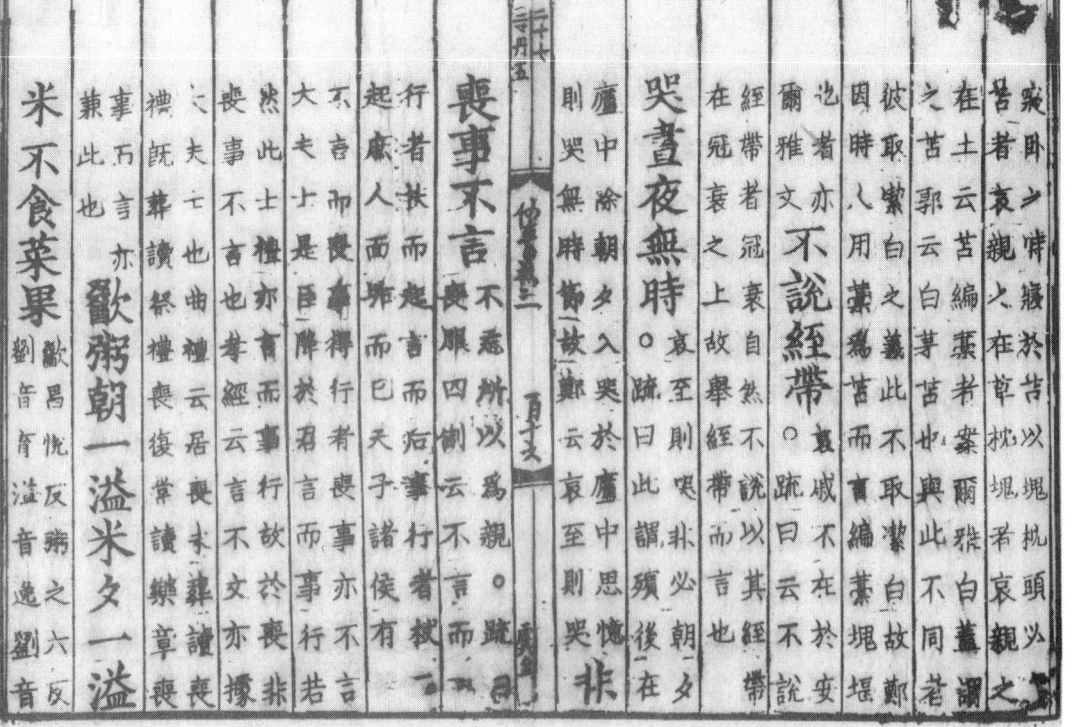

米不食菜果 劉音育溢音逸劉音

張本下象鼻題監生秦三字傳本剪去之

0011_0364-1　　0011_0363-2

寔○不在於飽與滋味粥糜也二十兩曰溢爲米一升二十四分升
之一實在木曰果在地曰蓏○疏曰云不在於飽者案用禮稟人中
歲人食三鬴注云六斗四升曰鬴三鬴爲米一斛九斗三升三十日
之食則日食米六升四合今日食米一溢二升有餘是不在於飽食
貨志臣瓚以爲在地曰蓏在樹曰果此云在木曰果在地曰蓏用臣
瓚之義在木曰果棗栗之屬在地曰蓏瓜瓠之屬○本經記○案喪
次居處之節亦非一事今姑存本經記於此凡它記所見者別見喪

儀喪禮二　百十七

通禮篇居處章○喪服傳斬衰條與此大同小異今各從其處

君若有賜焉則視斂既布衣君至賜恩惠也

斂大斂君視大斂皮弁服襲裘主人成服之後往則錫衰○疏曰案雜記云公
視大斂公升商祝鋪席乃斂注引喪大記曰大夫之喪將大斂既鋪絞紟衾君
至此君升乃鋪席則君至爲之改始新之此經上下不言改新者文不具也喪
大記云君於士既殯而往爲之賜大斂焉云君視大斂皮弁服襲裘者案喪服
小記云諸侯弔必皮弁錫衰言諸侯不言君者以其彼是弔異國之臣法緣弔

0011_0365-1　　0011_0364-2

異國之臣服皮弁則弔乎士未成服之可服皮弁襲裘之文出檀弓子游弔
小斂後襲裘帶絰而入此小斂後亦宜也云成服之後往則錫衰者亦約服
君弔卿大夫之法文王世子注同姓士緦衰異姓之士疑衰不同者彼謂
平之上此士於君有師之恩特賜與大夫同也**主人出迎于**
門外見馬首不哭還入門右北面及
衆主人袒不哭厭於君不敢伸其私恩**巫止于廟門**
外祝代之小臣二人執戈先二人後小臣

儀喪禮二　百十八

掌正君之法儀者周禮男巫王弔則與祝前喪祝王弔則與巫前檀弓曰君臨
臣喪以巫祝桃茢執戈以惡之所以異於生也皆天子之禮諸侯臨臣之喪則
使祝代巫執茢居前下天子也小臣君行則在前後君升則俠阼階北面凡宮
有鬼神曰廟○茢音列又音例○疏曰云小臣君行則在前後者非直爲弔喪
則凡平行皆有以其與君爲儀衛者云君升則俠阼階案顧命云二人雀弁夾
階是其類也云凡宮有鬼神曰廟者以經云廟謂適寢爲廟**君釋采**
入門主人辟采七代反○釋采者祝爲君禮門神也必禮門神者

0011_0365-2

明君無故不來也禮運曰諸侯非問疾弔喪而入諸臣之家是謂君臣爲謔

君升自阼階西鄉祝負墉南面主人中庭祝南面房中東鄉君墉謂之墉主人中庭進益北○疏曰祝必負墉南面以君者案喪大記云君視祝而踊祝相君之禮故須鄉君也云主人中庭進益北者前主人先入門右中庭之南今云中庭明益北至庭也君哭主人哭拜稽顙成踊出出不敢必君之卒斂事君命反行事主人復位大斂事君升主人主人

儀喪禮二　百十九

0011_0366-1

西楹東北面命王人使之升升公卿大夫繼主人東上乃斂公大國之孤四命也春秋傳曰吾公在壑谷○各反○疏曰案典命云公之孤四命故云大國之孤四命也引春秋者襄三十年左氏傳文鄭爲伯爵不合立孤但良霄鄭之公族大夫貴重之極以比大國之孤故臣子尊其君亦號爲公引之者證經公是公之孤也以其天子有三孤副貳二公大國無公唯有孤亦號爲公是以燕禮亦謂之爲公也卒公卿大夫逆降復位主人降出逆降者後升者先降

0011_0366-2

位如朝夕哭弔之位○疏曰卒者謂卒斂也云主人降出者亦是不敢久留君

先出君反主人主人中庭君坐撫當心主人拜稽顙成踊出撫手案之凡馮尸興必踊今文無成○疏曰云凡馮尸興必踊者喪大記文此經直云君坐撫當心主人直踊又不言馮尸而鄭云凡馮尸興必踊者欲見撫即馮之類與亦踊故得與主人拾踊也是以喪大記馮尸不當君所又云凡馮尸興必踊是馮爲揔名君反之復初位衆主人辟于東壁南面辟婢亦反○以

儀喪禮二　百二十

0011_0367-1

君將降也南面則當坫之東○疏曰君反之復初位初位即中庭位以其文承中庭位故也云以君將降者下文君降西鄉命主人馮尸則君降當在阼階下西面命之故衆主人辟君東壁南面南面則西頭爲首者當堂角之坫故云當坫之東也君降西鄉命主人馮尸主人升自西階由足西面馮尸不當君所踊主婦東面馮亦如之君必降者欲孝子盡其情奉尸斂于棺乃蓋主人降出君反之入門左視塗

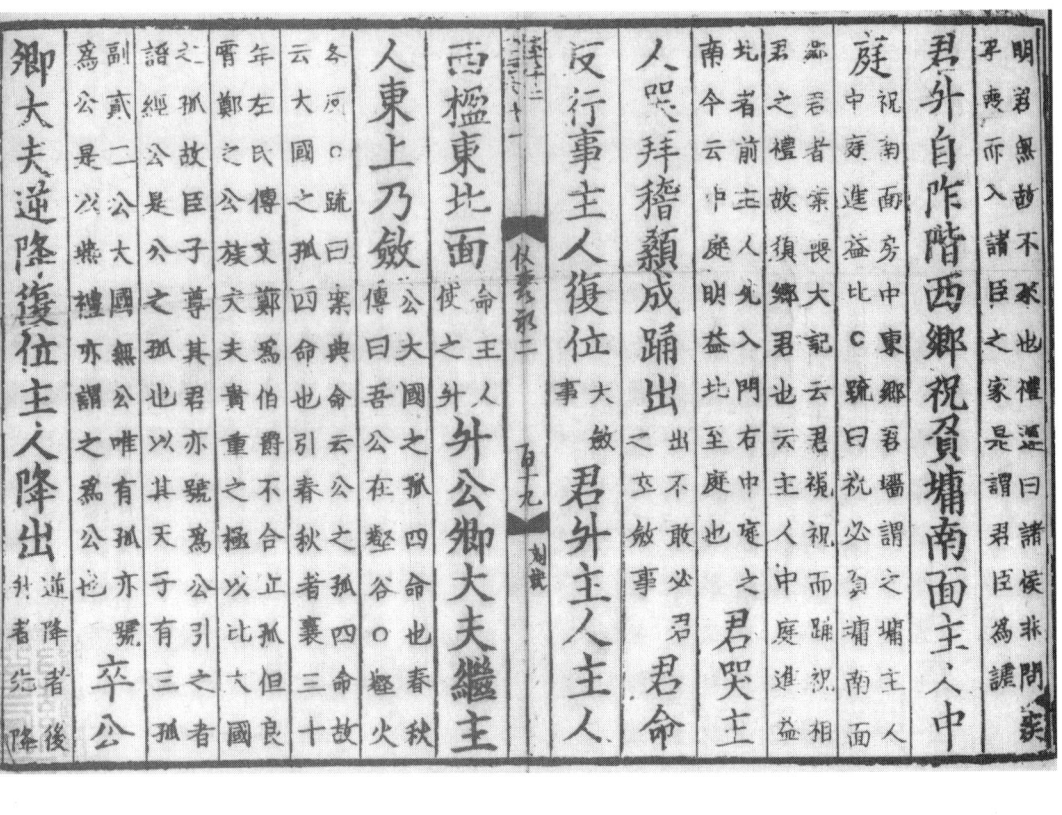

張本下象鼻題監生留成四字傳本剪去之

建在西階上入門左曰便趨族不敢久留君○便婢面反君升即位

衆主人復位卒塗主人出君命之反奠

入門右亦復中庭位○疏曰經云入門右注復中庭位謂在門右南北

當中庭也乃奠升自西階以君在阼○疏曰以其凡奠皆升自

阼階是為君在阼故辟之而升西階也君要節而踊主人

從踊節謂執奠始升階及既奠由重南東時也○疏曰云節謂執奠始升

階及既奠由重南東時也者案上云大斂奠升時丈夫踊降時婦人踊由重南

而東丈夫踊此注不云降時踊者以經直有君與主人丈夫踊節故不言降時

踊節也卒奠主人出哭者止以君將出不敢讙譁聒尊

者也○讙火官反又許元反囂許驕反劉五高反聒古活反君出門

廟中哭主人不哭辟君式之辟婢亦反○辟逡遁

辟位也古者立乘式謂小俛以禮主人也曲禮曰立視五巂式視馬尾○逡七

旬反遁音旬辟音避乘繩證反俛音免○疏曰君入臣家至廟門乃下車則貳

車本不入大門下云貳車畢乘主人哭拜送者明出大門矣云辟逡遁辟位也

者案曲禮云君出就車左右攘辟則此云辟亦是主人讓辟故云逡遁辟位也

云古者立乘者以其坐乘則不得式而小俛故云言者立乘也知式是禮主人

者曲禮云式宗廟皆于閭尸并畢而出卿大夫士皆下之口必式是凡式皆是

禮前物為式引曲禮者欲見式小俛若小俛為式則低頭視馬尾故連引曲禮

云式視馬尾也貳車畢乘主人哭拜送貳車副車也其

數各俛其命之等君出使異姓之士乘之在後君乎蓋乘象路曲禮曰乘君之

乘車不敢曠左左必式○疏曰案周禮大行人云上公貳車九乘侯伯貳車七

乘子男貳車五乘故知視命數也云君出使異姓之士乘之在後者禮坊記云

君不與同姓同車與異姓同車彼謂與君同在一車為御與車右者也此經云

貳車畢乘明亦使異姓之士乘之在後可知云君乎蓋乘象路者案周禮巾車

職王有五路玉金象革木諸侯則同姓金路已下異姓象路已下四衛革路已

下蕃國唯有木路若然唯王與同姓異姓得乎乘象路今云蓋乘象路者以諸

侯言之唯據上公與侯伯於王有親者得用象路乎臨其臣以巾車又云象路

以朝釋曰王以朝及燕出入雖不言乎然乎臨亦是出入之事故云蓋以疑

0011_0369-2

若四[illegible]王西親舊各乘已所賜之車華[illegible]不踰之等今
[illegible]於貳車之一言以乘貳者以其言貳其飾皆與正車同故以貳車以下言
之所乘車也引曲禮乘君之乘車車是也以其與君爲副貳則是君之
[illegible]車也彼注云君存惡空其位則此[illegible]亦君左云左必式者不敢空視[illegible]
爲式耳
襲入即位衆主人襲拜大夫之後至者成踊後至布衣而後來者若[illegible]知布衣而後來者若朱布
時來即入前鄉大夫從君之內[illegible]君大夫之下則言拜大夫士後至者

儀禮八二　百二三

0011_0370-1

布衣後來不得與前鄉大夫同時從君入者故鄭以布衣之後解之
賓出
主人拜送自賓出以下如君不在之時[illegible]○疏曰上經君在之時[illegible]
夫士從君者不得與王人爲禮君[illegible]有賓來即不得與其三人爲禮故云[illegible]
賓出以下如君不在之儀也
右君視斂○[illegible]君於士既殯而往
爲之賜大斂焉詳見[illegible]記○君視[illegible]
若不待奠加蓋[illegible]而出不視斂則[illegible]

0011_0370-2

[illegible]而至卒事○爲有他故及[illegible]事疏曰君於事[illegible]
而往有恩則與大斂既布君[illegible]奠訖乃出不辨不得終視斂之事
故記人明之云君視斂若不待奠加蓋而出者一爲君有恩事也[illegible]
是以不得待奠云不視斂則加蓋而至卒事者亦是君有辟忌不[illegible]
見尸柩是以加蓋乃來云卒事者待大斂訖乃出○本經記○
大夫士若君不戒而往不具殷奠
君退必奠詳見喪大記

儀喪記之　百二四

0011_0371-1

[illegible]成服杖既殯之明日全三日始歠粥矣曲禮曰生與來日○
[illegible]反粥之六反劉音育○疏曰云之明日者上歠明減燎者是三日
[illegible]大斂之事今別言三日成服[illegible]三日更加一日是四日矣而言三
[illegible]謂除死日數之爲三日也云全三[illegible]粥矣者謂成服日乃食粥除此
[illegible]是未全三日不食至四日乃食[illegible]大記云三日不食謂通死日不
[illegible]故云三日不食孝經三日而[illegible]除死日數故云三日而食也
[illegible]○記生與來日詳見上條大斂條

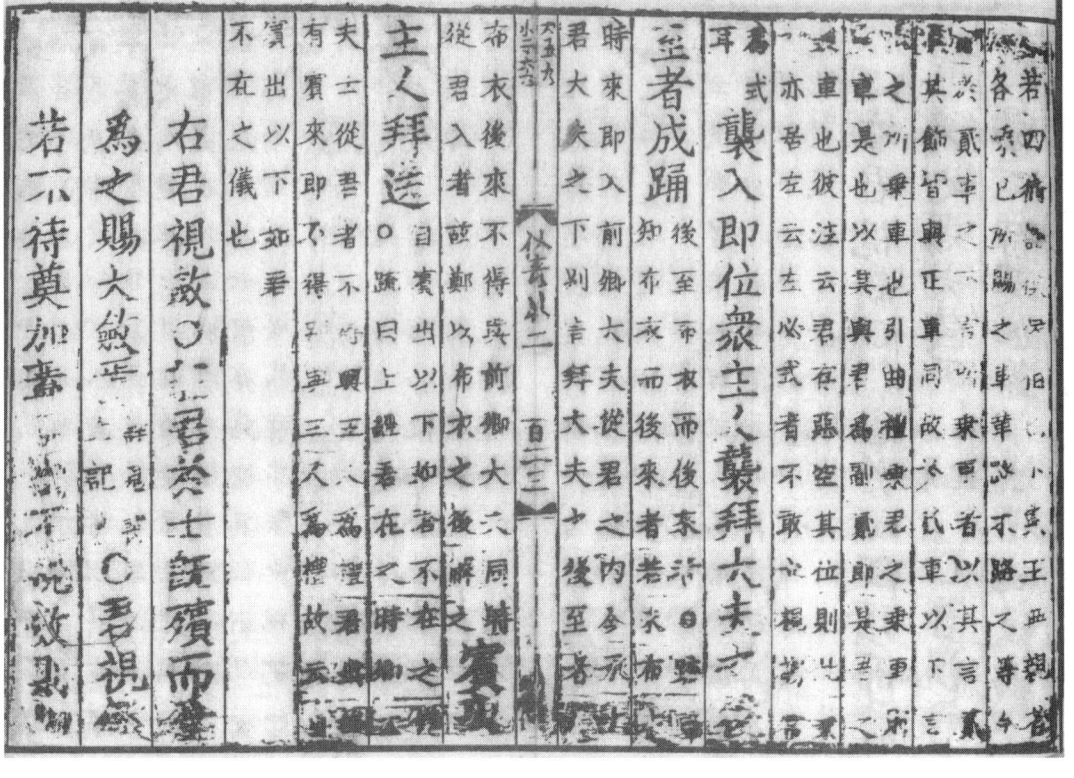

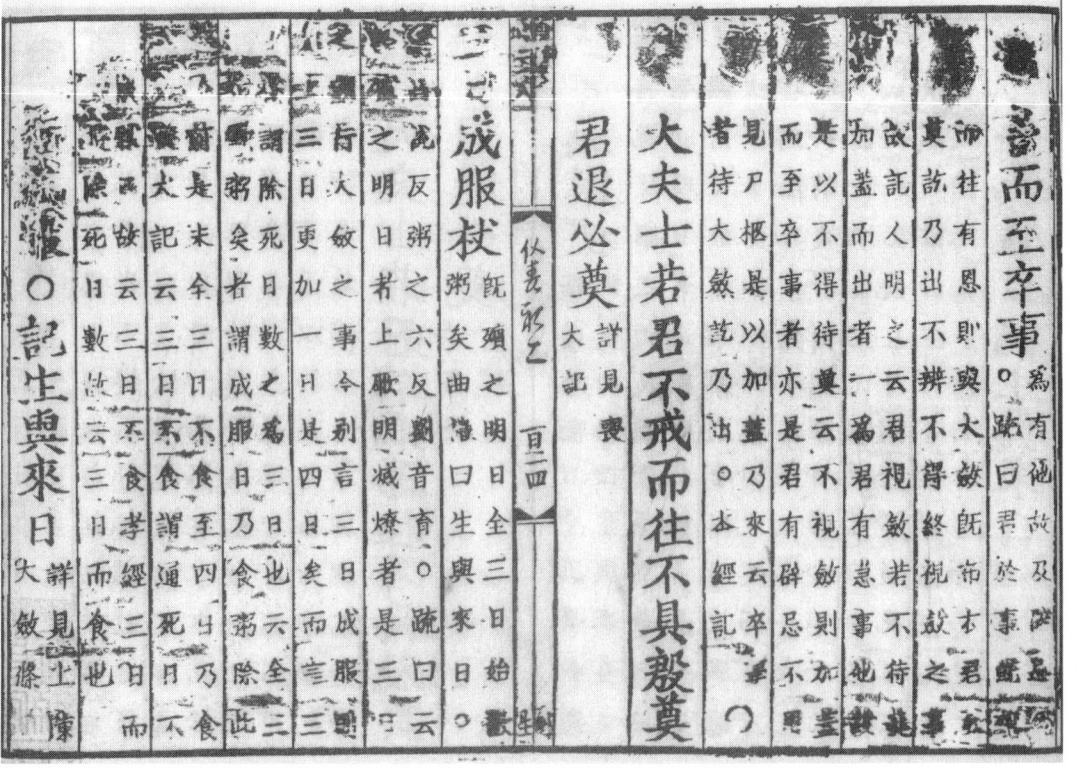

0011_0371-2

三日絞垂成服日絞要絰之散垂者○散悉但反○
疏曰以經小斂日要絰大功以上散帶垂不言成服之時絞之故註
人言之云成服日者士禮生與來日則除死三日則經云三日成服
此云三日絞垂之日也小功緦麻初而絞之不待三日也冠六
升外縪纓條屬厭縪音必劉又扶結反屬音燭厭
一涉反○縪謂縫著於武也外之者外其餘也纓條屬者通屈一條
繩爲武垂下爲纓屬之冠厭伏也○著直略反○疏曰云冠六升外者

儀禮疏卷二　百三五

0011_0372-1

據斬衰者而言齊衰以下冠衰各有差降云縪謂縫著於武者古者
冠吉凶皆冠武別材武謂冠卷以冠前後皆縫著於武若吉冠則從
武上鄉內縫之縪餘在內謂之內縪若凶冠從武下鄉外縫之謂之
外縪故云外之者外其餘也云纓條屬者通屈一條繩爲武垂下爲
纓屬之冠者吉冠則纓武別材凶冠則纓武同材以一繩從前額上
以兩頭鄉項後交過至耳各屬之於武使鄉下纓結之云屬之冠者
冠爲纓武訖乃後以冠屬著武故云[illegible]云厭伏也者以其[illegible]武

0011_0372-2

下過鄉上反縫著冠冠在武下故云厭也五服之冠皆厭但此文上
下據斬衰而言也衰三升衣與裳也○疏曰經直云衰鄭
兼言裳者以其衰裳升數同故經舉衰而通裳但首對身首爲尊故
冠六升衰三升裳同三升也是以吉時朝服十五升至於麻冕鄭
亦爲三十升布與服一倍而解之屨外納納收餘也○疏
曰管屨也云外納者謂收餘末鄉外爲之取醜惡不事飾故也杖
下本竹桐一也順其性也○疏曰案喪服記爲父斬

儀禮疏卷二　百三六

0011_0373-1

衰以苴杖竹爲母齊衰以削杖桐桐竹皆下本本謂根本鄭云順其
性者謂下其根本順木之性但爲父杖竹者義取父者子之天竹性
自然圓象天父子皆然至孝爲母杖桐者義取桐者同也同之於父
言至孝同之於父
拜君命及衆賓不拜棺中之賜禮尊者加惠明
日必往拜謝之棺中之賜不施已也○疏曰云禮尊者加惠明日必往拜謝之
者案既夕記云主人乘惡車注云拜君命[illegible]也

張本下象鼻題監生孫欽四字傅本剪去之

0011_0373-2

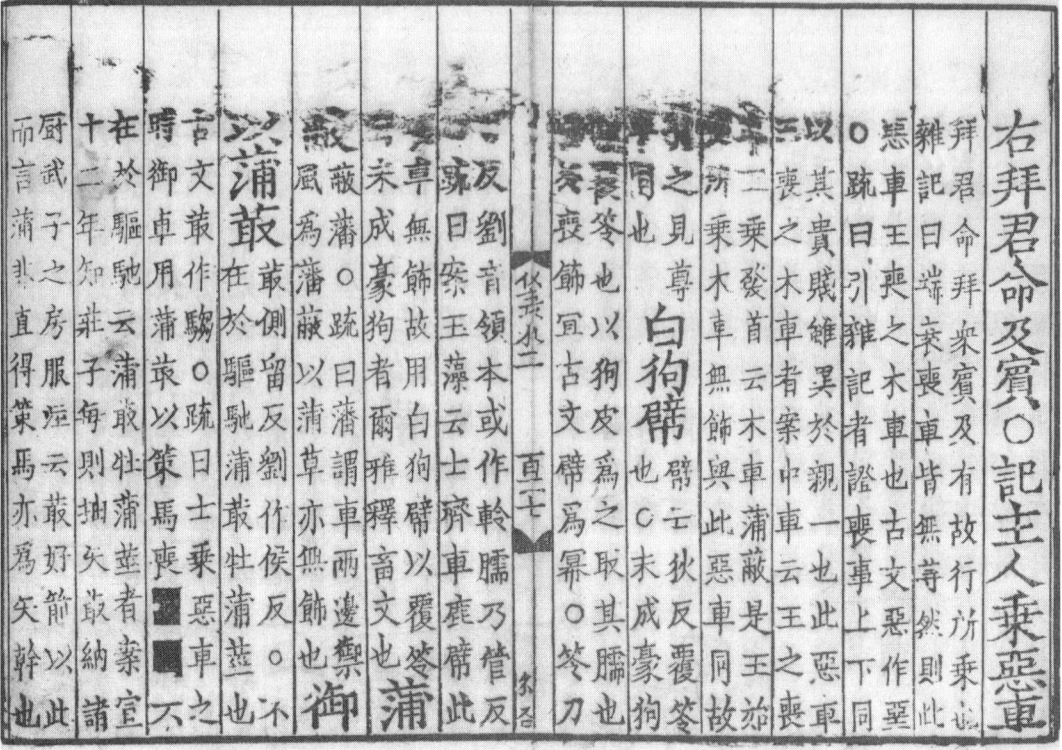

右拜君命及賓○記主人乘惡車
拜君命拜衆賓及有故行所乘也
雜記曰端衰喪車皆無等然則此
惡車王喪之木車也古文惡作堊
○疏曰引雜記者證喪事上下同
以其貴賤雖異於親一也此惡車
喪之木車者案巾車云王之喪
二乘發首云木車蒲蔽是王始
所乘木車無飾與此惡車同故
之見尊白狗幦
也幦覆苓也○末成豪狗
[illegible]覆苓也以狗皮爲之取其臑也
[illegible]喪飾冟古文幦爲冪○苓刀

0011_0374-1

反劉音領本或作軨臑乃管反
疏曰案玉藻云士齊車鹿幦此
[illegible]皁無飾故用白狗幦以覆苓蒲
[illegible]未成豪狗者爾雅釋畜文也
[illegible]蔽藩○疏曰藩謂車兩邊禦
風爲藩蔽以蒲草亦無飾也御
以蒲蔽蔽側留反劉作侯反○不
在於驅馳蒲蔽牡蒲莖也
古文蔽作騶○疏曰士乘惡車之
時御車用蒲蔽以策馬喪[redacted]不
在於驅馳云蒲蔽牡蒲莖者案宣
十二年知莊子每則抽矢蔽納諸
廚武子之房服注云蔽好節以此
而言蒲蔽直得策馬亦爲矢幹也

0011_0374-2

[illegible]
[illegible]
[illegible]
云[illegible]文實爲之取其堅固也[illegible]
白者帶用白狗皮明心亦用[illegible]
皮也木錧錧音管○取少聲今[illegible]
爲錧○錧户瞎反○[illegible]
是車錔常用金事取少聲也約綏約轡[illegible]
用不是取少聲也
以引升車○疏曰案襄十一年
傳云夫尋約其疑短杜注云爲
也故知此約亦謂繩也平常
綏轡須索爲之今喪中取其

0011_0375-1

故皆用[illegible]木鑣鑣彼苗反○[illegible]
爲之也少聲古文鑣[illegible]
○疏曰平常用馬鑣以金爲
之今用木故知亦取少聲也馬
齊髦齊如字又子淺反○齊翦
今文髦爲毛主人之惡車[illegible]
王之木車則齊衰以下其乘素
繅車駹車漆車與○繅音早駹
江反與音余○疏曰此注解文
於爲者直以釋不齊髦說別記
車義欲見云齊衰以下其乘素
繅車駹車漆車與案巾車王之喪
車五乘木車始死所乘素車卒哭
[illegible]

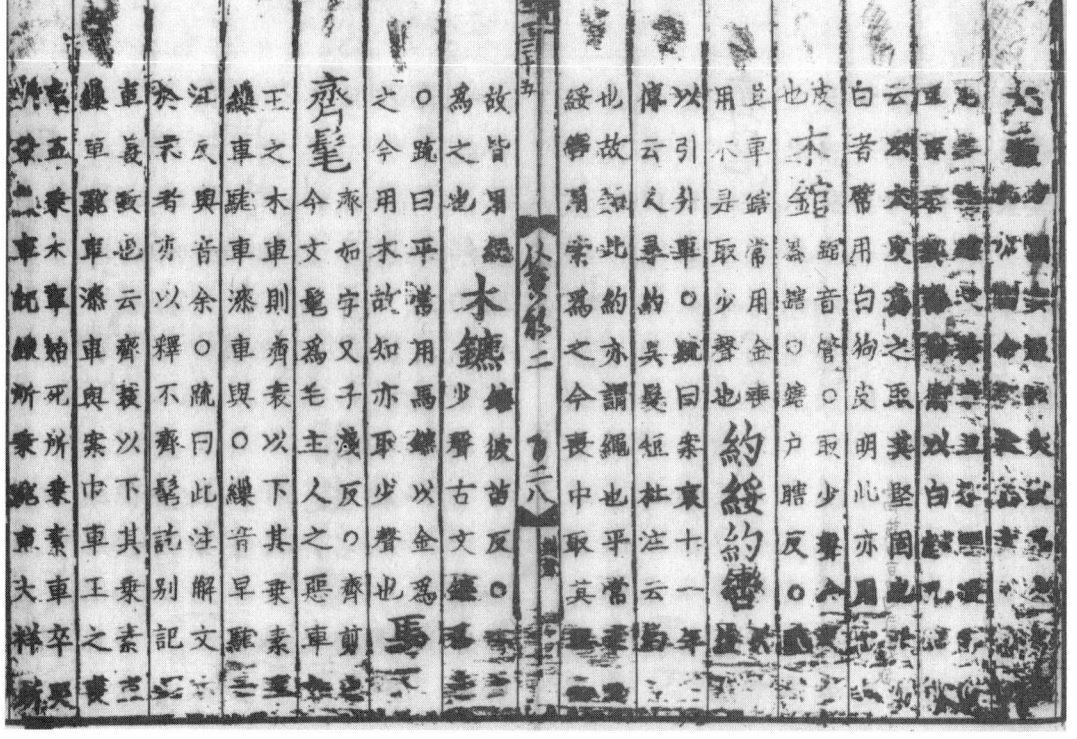

0011_0376-1　　0011_0375-2

承漆車既病所乘此士之喪車當亦乘主人乘惡車鄭云乘素車與卒哭同大功乘繅車與既練同小功乘駹車與大祥同緦麻乘漆車與既禫同主人至卒哭已後哀殺故鄭義以下節級約與主人同故鄭爲此義也者然士喪禮乘棧車不革鞔而漆之今既禫亦與王以下同乘漆車者禮窮則同也

主婦之車亦如之

疏布裧裧者車裳幃於蓋弓垂之○裧尺占反○疏曰疏布裧在亦如之之下見不異男子同云裧者車裳幃者案衛詩云漸車帷裳注云帷裳童容又案巾車云之襌車有容蓋容則童容也若然則裧與帷裳及容一也故注者互相曉也云於蓋弓垂之者案巾車云皆有容蓋容蓋相將其蓋有弓明於蓋弓垂之也

仪丧礼二　百二十九

貳車白狗攝服貳副也攝猶緣也狗皮緣服華飾○緣悅絹反華如字○疏曰敘正禮大夫以上有貳車士卑無貳車但以在長可貳之車案常法則有貳服服以白狗皮緣之謂之攝服云狗皮緣服華飾者對主人服此則有緣是差也

其他皆

0011_0377-1　　0011_0376-2

如乘車如所乘惡車○疏曰云其他者唯白狗攝服爲異其他謂惡車白狗幦以下齊髦以上皆同主人惡車也○本經記○**端**

喪車皆無等詳見喪服變除通記喪車條

朝夕哭不辟子卯既殯之後朝夕及哀至乃哭不代哭也子卯桀紂亡日凶事不辟吉事闕焉○疏曰殯後乍階下朝夕哭廬中思憶則哭云不代哭也者未殯以前大夫以上以官代哭士以親疏代哭不絶聲云子卯桀紂亡日詩云韋顧既伐昆吾夏桀左傳云乙卯昆吾稔之日昆吾與夏桀同時誅則桀以乙卯亡案尚書牧誓序云時甲子昧爽武王伐紂之日是紂以甲子日死王者以爲忌日云凶事不辟者即此經是也云吉事闕焉者檀弓云子卯不樂是吉事闕也

仪丧礼二　百三十

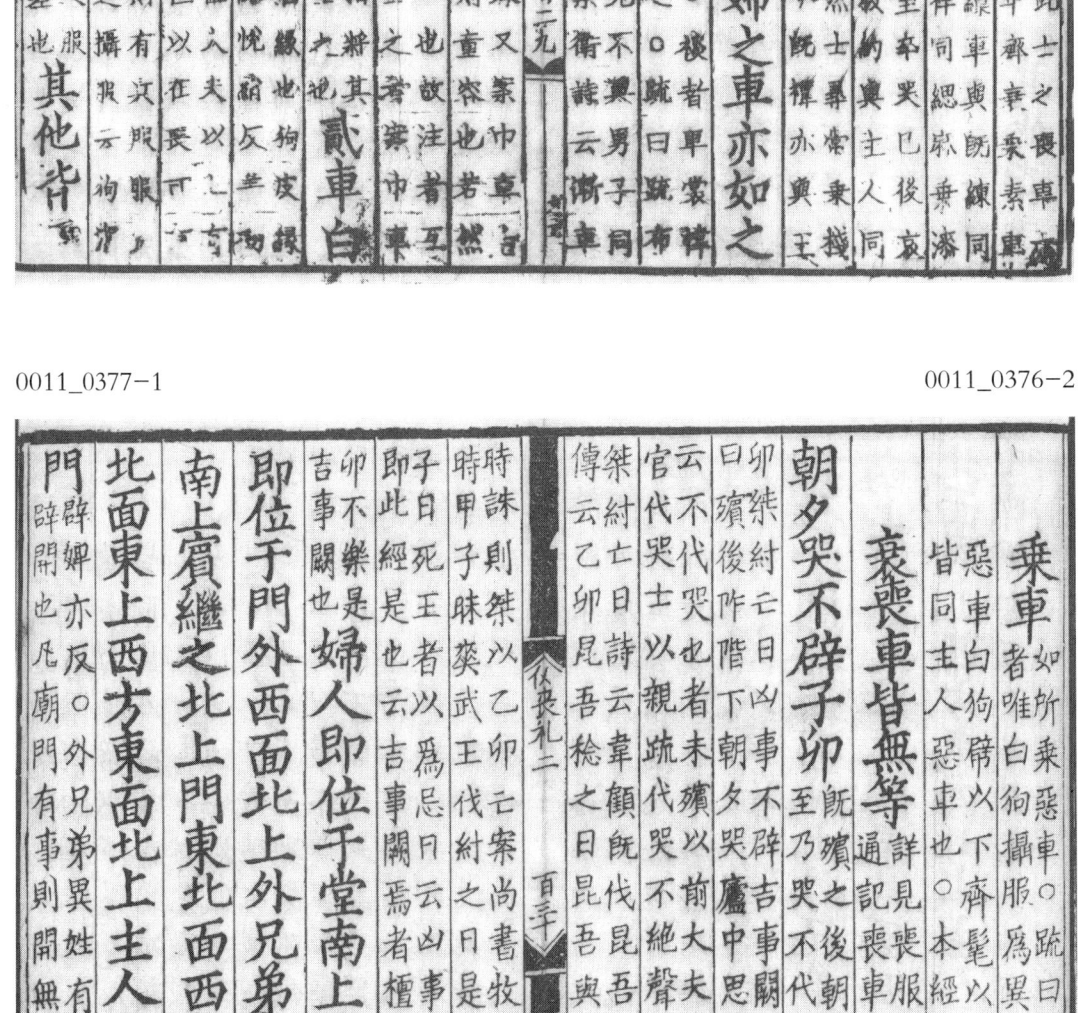

婦人即位于堂南上哭丈夫即位于門外西面北上外兄弟在其南南上賓繼之北上門東北面西上門西北面東上西方東面北上主人即位辟門辟婢亦反○外兄弟異姓有服者也辟開也凡廟門有事則開無事則閉

0011_0377-2

疏曰喪大記云祥而外無哭[illegible]則此[illegible]分直云婦人[illegible]入亦[illegible]也案下注云兄弟齊衰[illegible]主則哭小功緦麻亦即位[illegible]是也云外兄弟異姓有服者謂若[illegible]子姑姊妹從母之子等皆是有服[illegible]云凡廟門有事則開無事則閉者[illegible]謂朝夕哭及設奠之時無此事等[illegible]謂之鬼神幽闇故也**婦人拊心不哭**○拊芳甫反方有事止讙囂○跪曰云方有事者謂下經徹大斂奠設朝奠之事也**主人拜賓旁三右還入門哭婦人踊**[illegible]西[illegible]拜乃南面[illegible]拜

0011_0378-1

東面拜也○跪曰知先西面後東面者以經云旁三右還入門故知先西面後乃東遂北面入門以一面故云旁**主人堂下直東序西面兄弟皆即位如外位卿大夫在主人之南諸公門東少進他國之異爵者門西少進敵則先拜他國之賓凡異爵者拜諸其位**[illegible]直西[illegible]哭盡哀止主人[illegible]兄弟齊衰大功[illegible]主哭小功緦麻亦即位乃[illegible]

0011_0378-2

賓也言卿大夫則異亦賓爵少進前於列異爵卿大夫也他國卿大夫亦前於列尊之拜諸其位就其位特拜○跪曰疏云如外位又案外位主人之南[illegible]兄弟其南以賓此內位主人之南即有卿大夫不言兄弟者以外兄弟雖在之南以少退故卿大夫繼主人[illegible]云諸公門東少進者謂門東[illegible]云少進少進於士此所陳位[illegible]之東更者案大夫家臣位在門[illegible]之東更亦在門右又在賓之後此二者皆即此位乃哭盡哀止主人乃右還拜之者亦右還如外位也云兄弟齊衰大功者主人哭則哭者以其大功已上親

0011_0379-1

無門外內位但主人哭則亦哭矣小功緦麻疏故入即進前於士之列也云異爵卿大夫也者以主人是士明異爵是卿大夫也云他國卿大夫亦前於列者以經云他國之異爵者門西少進亦當前於士之位也云拜諸其位就其位特拜者以其異爵則亦卿大夫故知特拜一一拜諸其位也

右朝夕哭

○

記朝夕哭不帷帷位悲反○總孝子心欲見殯肂也既出則施其室鬼神尚幽闇也○跪曰孝子欲見殯故當朝夕進入廟門內[illegible]之時除去殯宮帷[illegible]哭竟則

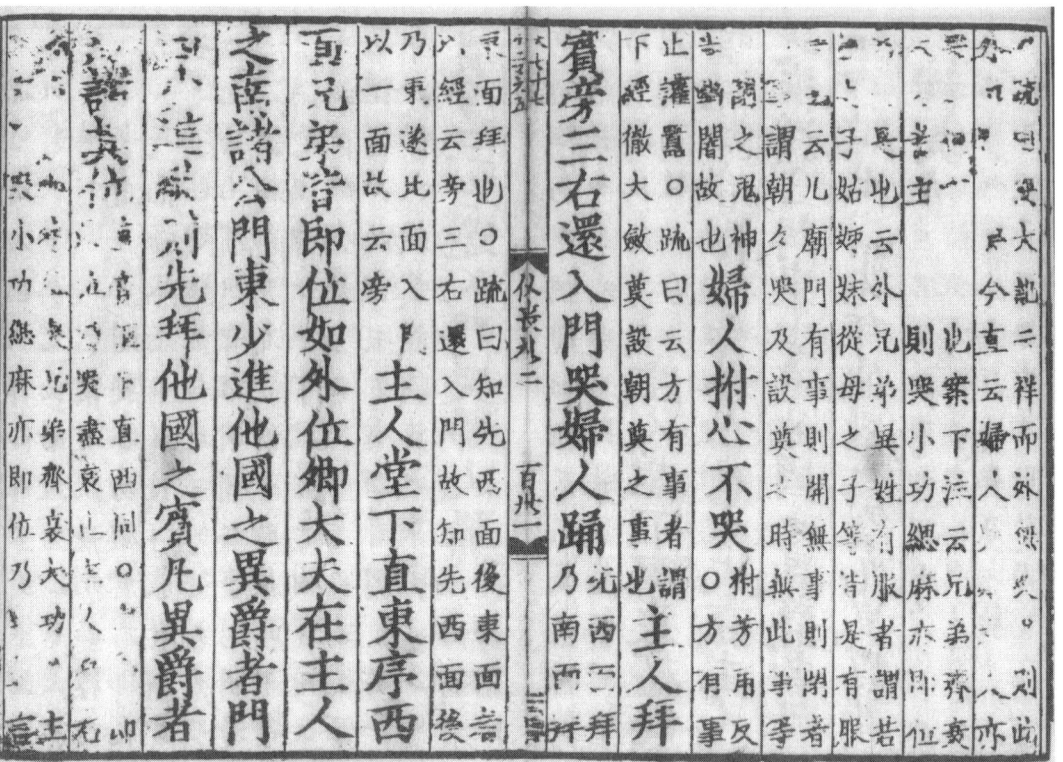

0011_0379-2

帷之注既出則施其㡘者案士喪禮君使人弔徹帷鄭云微帷㡘之事畢則下之㡘是褰舉之名初哭褰舉事畢則施下之○雜記

（帷殯非古也自敬姜之哭穆伯始也穆伯魯大夫敬姜穆伯妻也禮朝夕哭不帷○疏曰朝夕哭不帷以孝子思念其親故朝夕哭時乃褰徹其帷也今敬姜之哭穆伯以辟嫌之故遂朝夕哭不復徹帷故下文云穆伯之喪敬姜晝哭與此同也○檀弓

《儀禮二》　百卅三

0011_0380-1

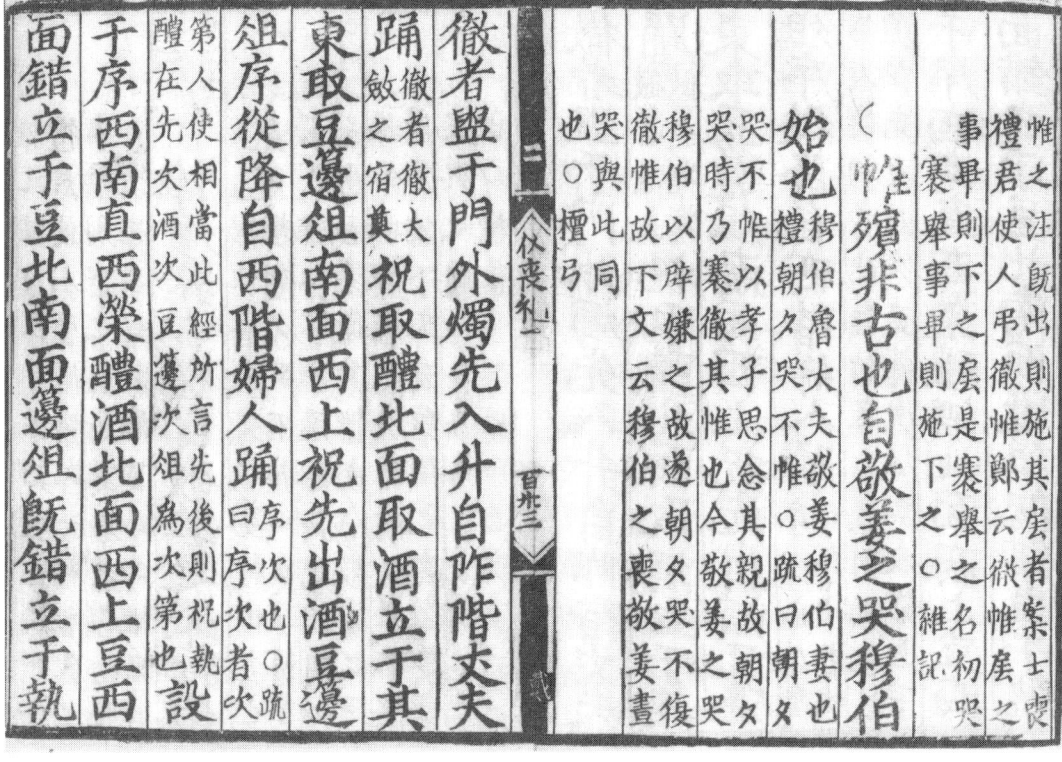

徹者盥于門外燭先入升自阼階丈夫踊徹者徹大斂之宿奠祝取醴北面取酒立于其東取豆籩俎南面西上祝先出酒豆籩俎序從降自西階婦人踊序次也○疏曰序次者次第人使相當此經所言先後則祝執醴在先次酒次豆籩次俎為次第也設于序西南直西榮醴酒北面西上豆西面錯立于豆北南面籩俎既錯立于執

0011_0380-2

豆之西東上酒錯復位醴錯于西遂由主人之北適饌遂先者明祝不復位也適饌適新饌將復奠○疏曰云遂先者明祝不復位也者以其云遂先先即祝不得復位遂適東相新饌也

右徹大斂奠

乃奠醴酒脯醢升丈夫踊入如初設不巾入入於室也如初設者豆先次籩次酒次醴也不巾無菹無栗也菹栗具則有俎有俎乃巾之○疏曰云入入於室也者以其設奠在室中故也云如初設者豆先次籩次酒次醴也者以其大斂有俎籩豆又多今言如初設直豆籩酒醴見用者先後次第耳云不巾無菹無栗也者以大斂奠兼有菹栗則巾之是以檀弓云喪不剥奠也與祭肉也與其大斂皆有俎俎有祭肉故巾之也若然朝廟之奠亦是宿奠無俎栗有巾者為在堂而久設塵埃故也錯者出立于户西西上滅燭出祝闔户先降自西階婦人踊奠者由重南東丈夫踊

大七五　小二司九　《儀禮卷二》　百三四　戴彝

0011_0381-1

0011_0382-1　　0011_0381-2

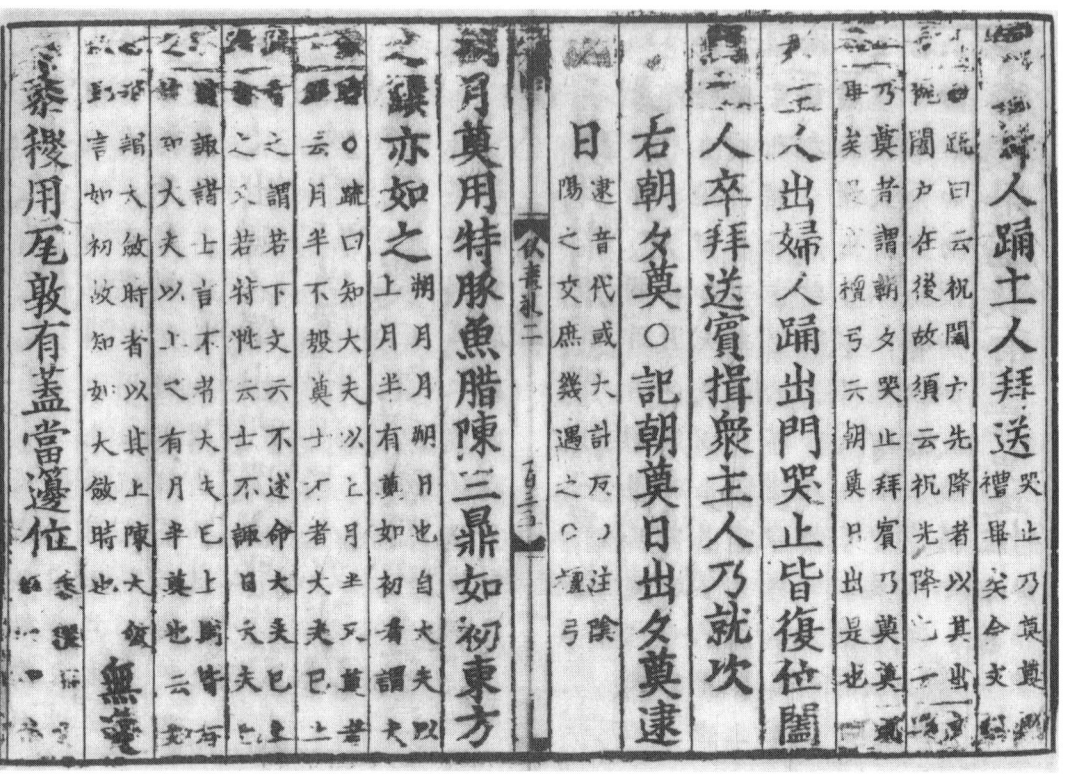

婦人踊主人拜送哭止乃奠禮畢矣今文
疏曰云祝闔戶先降者以其出闔戶在後故須云祝先降也
乃奠者謂朝夕哭止拜賓乃奠奠畢矣○檀弓云朝奠日出是也
丈夫出婦人踊出門哭止皆復位闔
門主人卒拜送賓揖衆主人乃就次
右朝夕奠○記朝奠日出夕奠逮
日逮音代或大計反○注陰陽之交庶幾遇之○檀弓

儀書礼二　百三十三

朔月奠用特豚魚腊陳三鼎如初東方
之饌亦如之朔月月朔日也自大夫以上月半有奠如初者謂大夫
○疏曰知大夫以上月半又奠者云月半不殷奠士不者大夫已上
之謂若下文云不述命大夫已上之又若特牲云士不諏日大夫已
諏諸士旨不嫌大夫已上時皆有知大夫以上有月半奠也云有
謂大斂時者以其上陳大斂言如初故知如大斂時也無籩
黍稷用瓦敦有蓋當籩位

0011_0383-1　　0011_0382-2

有黍稷死者之於朔月月半猶朝夕大祥之後則四時祭焉
又必性反○疏曰始死以來黍稷至此乃言之故於是云始有
也云死者之於朔月月半猶平常者謂猶生時朝夕之常食也案
記云燕養饋羞湯沐之饌如他日云燕養平常所用供養也饌朝夕食
四時之珍異若然彼謂下室中不生時殯宮中則無黍稷今至朔月
月半乃有之若朔月月半殯宮中有黍下室則無故既夕記云朔月若薦新
不饋于下室注云以其殷奠有黍稷下室如今之內堂是也是以云猶于

儀書礼一　百三十六

朝夕決之也云大祥之後則四時祭者士虞禮禫月吉祭猶未配是大祥
之後得四時祭若虞祭之後卒哭不四時亦有黍稷是其常也
主人拜賓如朝夕哭卒徹徹宿奠也舉鼎入升
皆如初奠之儀卒朼釋匕于鼎俎行朼
者逆出甸人徹鼎其序醴酒菹醢黍稷
俎後執執組者行鼎可以入之次○疏曰云組行者
執者行鼎可以出者案下文錯黍稷後設則俎宜在

0011_0384-1

0011_0383-2

前今在黍稷後而言俎行者欲見俎雖在黍稷前設以執之在後欲與鼎匕出爲節故云俎行卽匕鼎出也云其序升入之次者謂如經醴已下次第也其設于室豆錯俎錯腊特黍稷當籩位敦啓會郤諸其南醴酒位如初會古外反○當籩位俎南黍黍東稷會蓋也今文無敦○疏曰知當籩位俎南黍黍東稷者依特牲所設爲之也祝與執豆者巾乃出共爲之也主人要節而踊皆如朝夕哭之儀月半不殷

大八小二五六　仪丧礼二　百三七　康賓

奠殷盛也士月半不復如朔盛奠下尊者○疏曰云下尊者以下大夫以上有月半奠故也有薦新如朔奠薦五穀若時果物新出者○疏曰案月令仲春開冰先薦寢廟季春云薦鮪于寢廟孟夏云以彘嘗麥蓋以含桃先薦寢廟皆是薦新如朔奠者牲牢籩豆一如上朔奠也徹朔奠先取醴酒其餘取先設者敦啓會面足序出如入會古外反○啓會徹時不復蓋也面足執之令足間鄉前也敦有足則敦之形如今酒敦○疏曰以前設前卽不蓋至徹亦不蓋今經云

0011_0385-1

0011_0384-2

敦啓會嫌先蓋至徹啓之故云不復蓋也其設于外如於室外序西南右朔月奠薦新○朔月童子執帚郤之左手奉之童子隸子弟若內豎寺人之屬執用左手郤之示未用○疏曰案曲禮帚也者箕帚俱執此直執帚不執箕者下文埽室聚諸安故不用箕也左傳云士有隸子弟注云士卑自以其子弟爲僕隸祿不足以及宗是其有隸子弟也云示未用者以

仪丧礼二　百三八

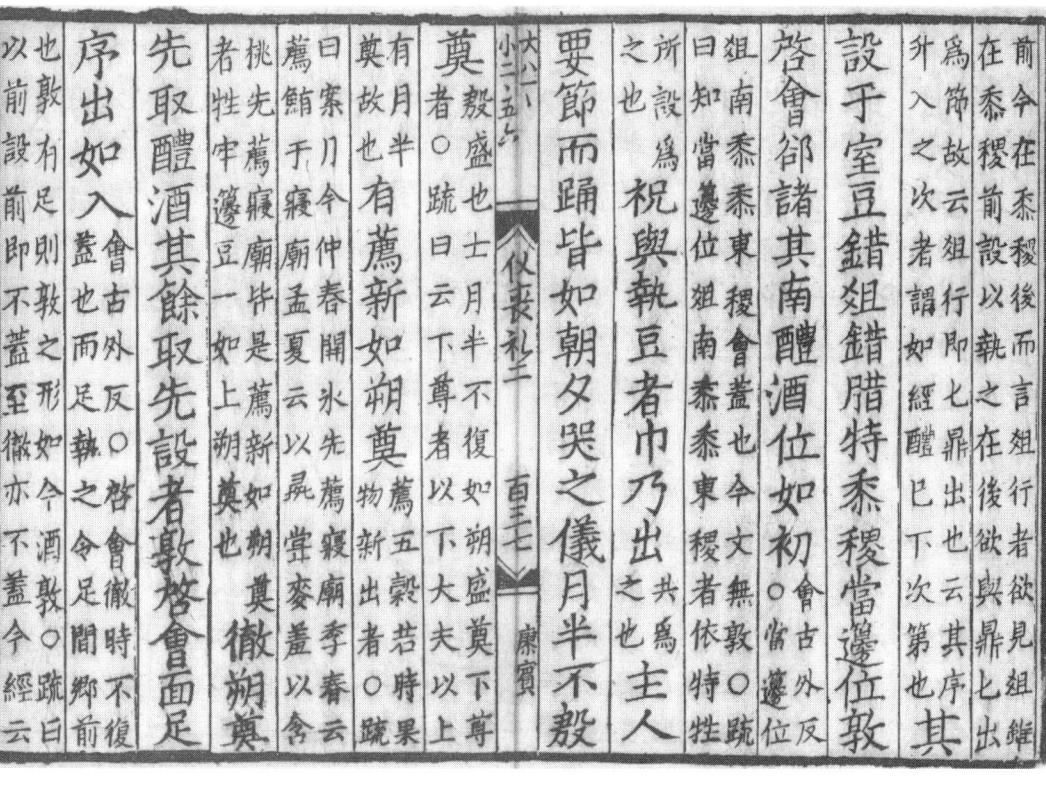

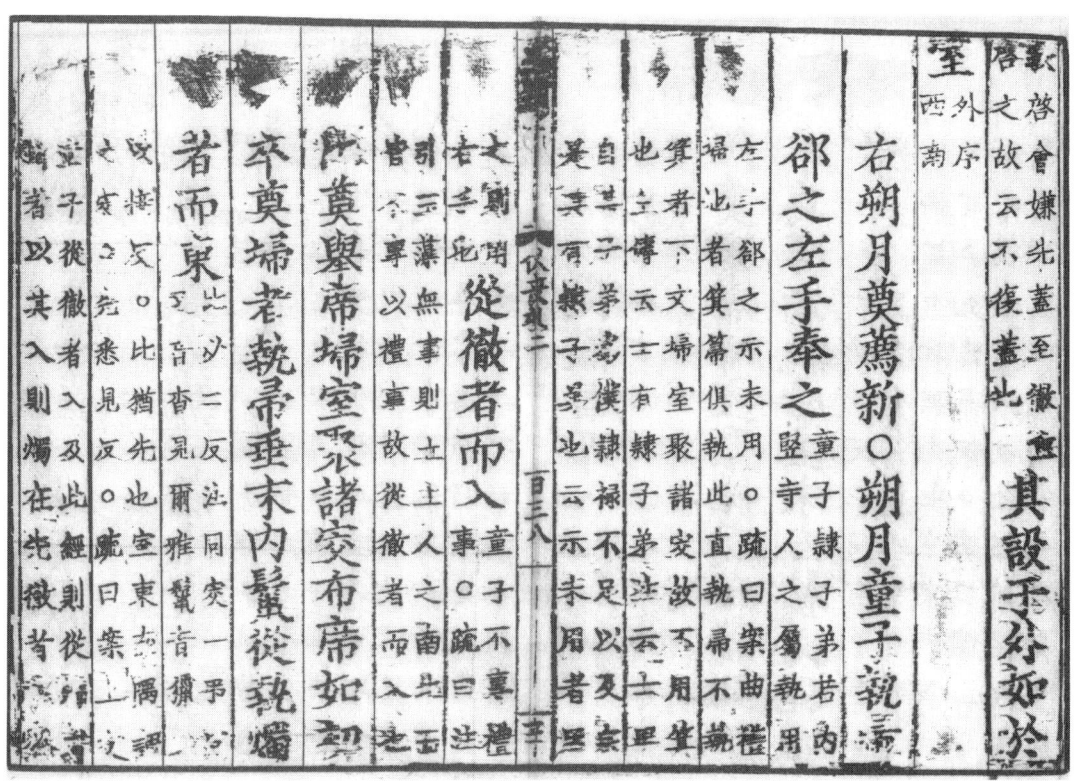

之則用右手也從徹者而入童子不專禮事○疏曰注引云藻無事則士主人之南出玉皆今專以禮事故從徹者而入之比奠舉席埽室聚諸窔布席如初卒奠埽者執帚垂末內鬣從執燭者而東比必二反注同窔一弔反又音杳見爾雅鬣音獵又接反○比猶先也室東南隅謂之窔○先悉見反○疏曰案上文童子從徹者入及此經則從徹者燭者以其入則燭在先徹者

出則燭者在先執燭者在後童子常在成人之後故出入所從不同也云室中東南隅之謂窔者爾雅釋宮文○本經記○燕養饋羞湯沐之饌如他日燕養平常所用供養也饋朝夕食也羞四時之珍異湯沐所以洗去汙垢內則曰三日具沐五日具浴孝子不忍一日廢其事親之禮於下室日設之如生存也進徹之時如其頃○供九用反洗悉禮反劉本作滓七對反○疏曰云燕養者謂在燕寢之中平生時所有共養之事則饋羞湯沐之

儀禮卷二　頁五十九

饌是也如他日者令死不忍異於生平之日也云饋朝夕食也者鄭注鄉黨云不時非朝夕日中時一日之中三時食今注云朝夕不言日中者或鄭略言亦有日中也或以死後略去日中直有朝夕食也知羞四時之珍異者聘禮有禽羞獻聘義云時賜鄭云時賜四時珍異故知此羞亦四時珍異也引內則者證經進湯沐亦依內則之日數知下室日設之者下經云朔月不饋食於下室明非朔月在下室設之也以其燕養在燕寢中設之可知云進徹之時如其頃者一

如其平生子進食於父母故雖死象生時若一食之頃也朔月若薦新則不饋于下室以其殷奠有黍稷也下室如今之內堂正寢聽朝事○朝直遥反○疏曰大小斂奠朝夕奠等皆無黍稷故上篇朔月有黍稷鄭注云於是始有黍稷唯有下室若生有黍稷今此殷奠自有黍稷故不復饋食於下室也若然大夫已上又有月半奠有黍稷亦不饋食於下室可知云下室如今之內堂者下室既為燕寢故鄭舉漢法內堂況之云正寢聽朝事者天

儀禮卷二　頁六十

子諸侯路寢以聽政燕寢以燕息案玉藻云朝玄端夕深衣鄭注云謂大夫士也則聽私朝亦在正寢也○本經記○有薦新如朔奠重新物為之殷奠○疏曰鼎今若有新物及五穀始熟薦於亡者則其禮牲物如朔之奠也大夫以上則朔望大奠若士但朔而不望○僵弓○陳小斂條朔半用繇大奠以熬黍條曾子問大功與饋奠以下當互考

筮宅冢人營之宅葬居也冢人有司掌墓地兆域者營猶度也

張本下象鼻題監生秦淳四字傳本剪去之

0011_0387-2

詩云經之營之○營一變大肖反之掘四隅外其壤掘中南

其壤爲葬將北首故也○疏曰云爲葬將北首者解掘中南其壤爲葬時

北首故壤在足處案檀弓云葬於北方北首三代之達禮也既朝哭

主人皆往兆南北面免經免拆字又音勉○兆域也

新營之處免絰者求吉不敢純凶○處昌慮反○疏曰案雜記云大夫卜宅與

葬日有司麻衣布衰布帶因喪屨緇布冠不蕤占者皮弁下又云如筮則史練

冠長衣以筮占者朝服彼有司與占者之服不純吉亦不純凶此乃主人之服

儀禮疏三十七

0011_0388-1

命筮者在主人之右不純吉免經亦不純凶也命尊者宜

由右出也少儀曰贊幣自左詔辭自右○少詩照反○疏曰云命尊者宜由右

出也者對贊幣畢者在左故引少儀爲證也筮者東面抽上

韇兼執之南面受命韇音獨藏筴之器也兼與

筴執之今文無兼○疏曰云抽上韇者則下韇未抽將用筮時乃并抽也命

曰哀子某爲其父某甫筮宅度茲幽宅

兆基無有後艱爲于僞反○某甫某字也若言山甫孔甫矣宅

0011_0388-2

居也度謀也茲此也基始也言爲其父筮葬居今謀此以爲幽冥居兆域之始

得無後將有艱難乎艱難謂有非常若崩壞也孝經曰卜其宅兆而安厝之古

文無兆基作期○疏曰上大夫以上卜而不筮故雜記云大夫卜宅與葬日下

文云如筮則史練冠鄭注云謂下大夫若士也則卜者謂上大夫上大夫卜則

天子諸侯亦卜可知但此注兆爲壙塋注兆爲吉兆不同者周禮大卜掌三兆

有玉兆瓦兆原兆孝經注亦云兆塋域此文云人皆往兆南北面兆爲塋域之

處筮人許諾不述命右還北面指中封

儀禮疏三十七

0011_0389-1

而筮卦者在左還音旋○還劉戶串反一音旋○述循也既受命而申言

之曰述不述者士禮略凡筮因會命筮爲述命中封中央壤也卦者識爻卦畫

地者古文述皆作術○畫音獲○疏曰云述命者案少牢是大夫筮禮筮上文云

主人曰孝孫某來日丁亥以下是爲命筮下又云遂述命曰假爾大筮有常是

也不述者士禮略卒筮執卦以示命筮者命筮者受視

反之東面旅占卒進告于命筮者與主

人占之曰從[illegible]

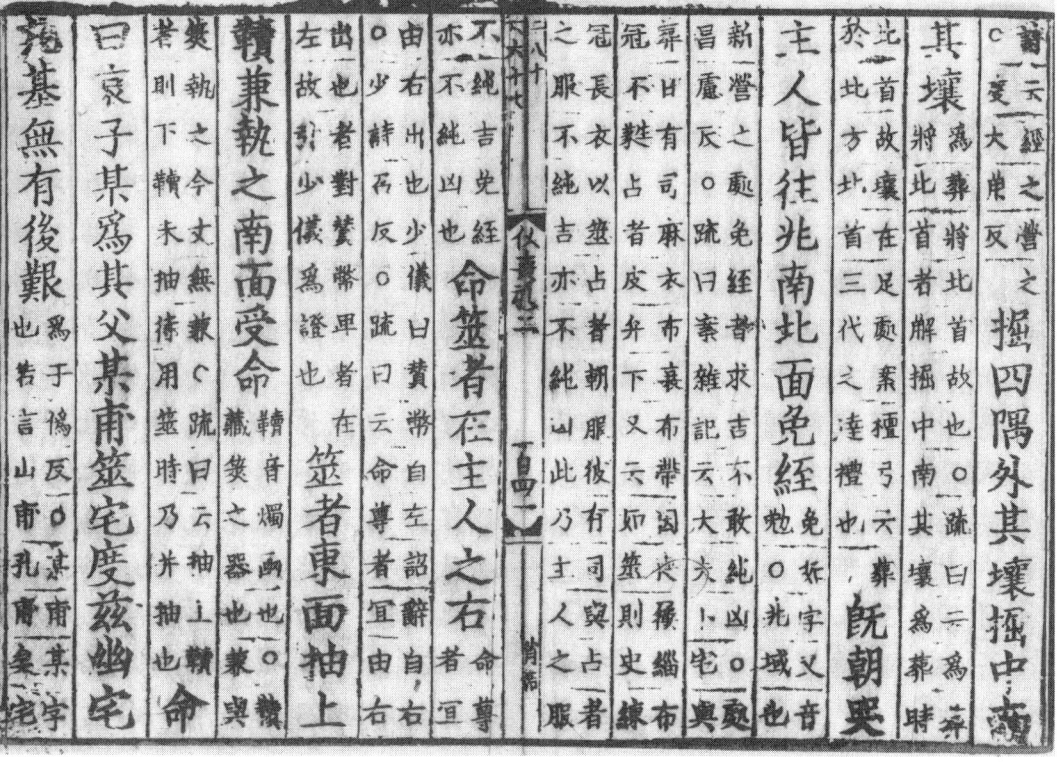

0011_0389-2

蓍[illegible]之辭[illegible]山[illegible]者[illegible]言也○疏曰經云卒筮執卦以示命筮者不言主人注云寫卦示主人不言命筮者其實皆示經直云命筮者以命筮人於彼言之審前據而言之是以下覆告命筮與主人二人并告明與前不異也

主人經哭不踊若不從筮擇如初儀

更擇地而筮之

歸殯前北面哭不踊

易位而哭明非常○疏曰朝夕哭當在阼階下西面今筮宅來歸北面哭者是易位非常故也

右筮宅○記筮宅冢人物土物猶相也

0011_0390-1

相其地可葬者乃營之○相息亮反○疏曰正經筮宅不物土故記人言之云相其地可葬者

○如筮則

史練冠長衣以筮占者朝服朝直遙反

0011_0390-2

○筮者[illegible]宅也謂下大夫若士也筮史筮人也長衣素純布衣也長衣練冠純以[illegible]服也朝服[illegible]非也大夫士[illegible]朝服以朝也○曰如筮者言下大夫乃士不命卜龜筮也卜時緇布冠麻衣者表緇以吉凶之服如筮則緇布長衣筮無故用純凶服也占者服者卜重故占者吉弁服筮輕故筮輕服者筮宅也謂下[illegible]云筮者以士喪禮云筮宅長衣此云深衣[illegible]宅長衣深衣之義以衆也者長衣深衣長衣深長衣是深衣之純以素青[illegible]

0011_0391-1

深衣純以采上經麻衣深衣[illegible]以布也經長衣純以素[illegible]深衣之純以素者也云長衣[illegible]純也服也者以長衣則布衣[illegible]以素也故禮云主人長衣練[illegible]以爰鄭注彼云長衣素純布[illegible]也練冠是以後以練冠[illegible]無布衣故云純以服云大夫士[illegible]朝服以朝也者謂緇衣素裳諸侯[illegible]之朝服每日視朝之服衣裳[illegible]天子族長涖卜及宗人吉服鄭注[illegible]言服玄端也此占者朝服者彼謂[illegible]士之卜禮故占者玄端此據[illegible]禮故占者朝服案上文禮注云士

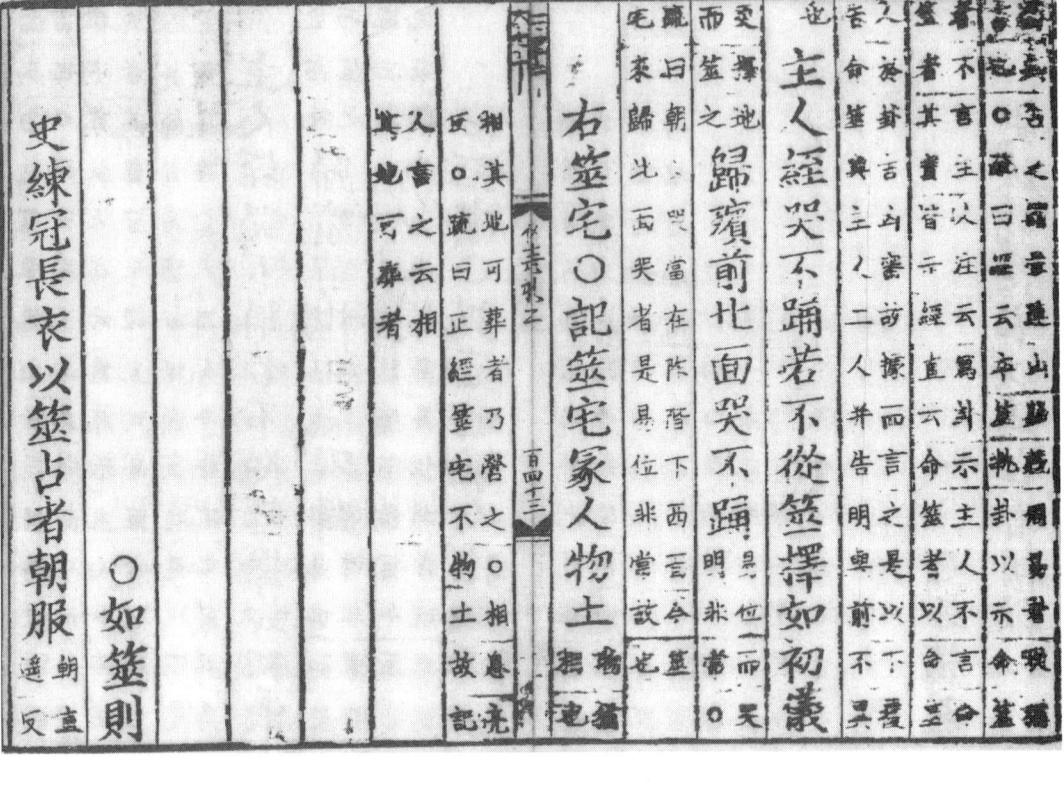

0011_0391-2

之屬吏爲其長卜[illegible]服加麻此史
筮冠長衣者此經入於六夫其匠
爲大夫以布帶繩屨故史練冠長
女若士之卜史當伦乎服不得練
冠長衣也○雜記 ○袒葬者不筮宅 宅葬地也
前人葬既筮之○小記 ○大司徒以本俗六
安萬民二曰族墳墓 族猶類也同宗者生相近
死相迫 ○墓田不請 受於公民不得私也請求也○
疏曰家藏之也公家所給族葬有常不得輒請求餘處○王制

儀禮旁註二　一百四十五

0011_0392-1

既井椁主人西面拜工左還椁反位哭
不踊婦人哭于堂 還劉户串反○既已也匠人爲椁刋治其
椁以井構於殯門外也反位拜位也既
哭之則往施之竁中矣主人還椁亦以
既朝哭矣○竁昌絹反○疏曰檀弓云
旣殯旬而布材與明器注云木工宜乾
腊則此云井椁及明器之材布之已久
豈今始獻材也但至此時將用故主人
親看視既哭之則往施之竁中也匠人
主木工之事以匠人爲椁刋治其材有
故主人拜之也下文獻材
殯門外則此亦在殯門外

0011_0392-2

右井椁○記既殯旬而布材與明
器 注木工宜乾腊且豫成材椁材也○疏曰既殯旬謂殯後十日
班告布下竟椁村及送葬明器之材或云布其木且乾腊故豫須暴
之也○檀弓 ○士雜木椁棺椁之間容
甒不虆筐 詳見喪大記 ○有子問於曾
子曰問喪於夫子乎 問喪或作問喪悉浪反下
皆同○有子孔子弟子有若也夫子卒後問也庶有異聞也喪謂仕

儀禮旁註二　一百四十六

0011_0393-1

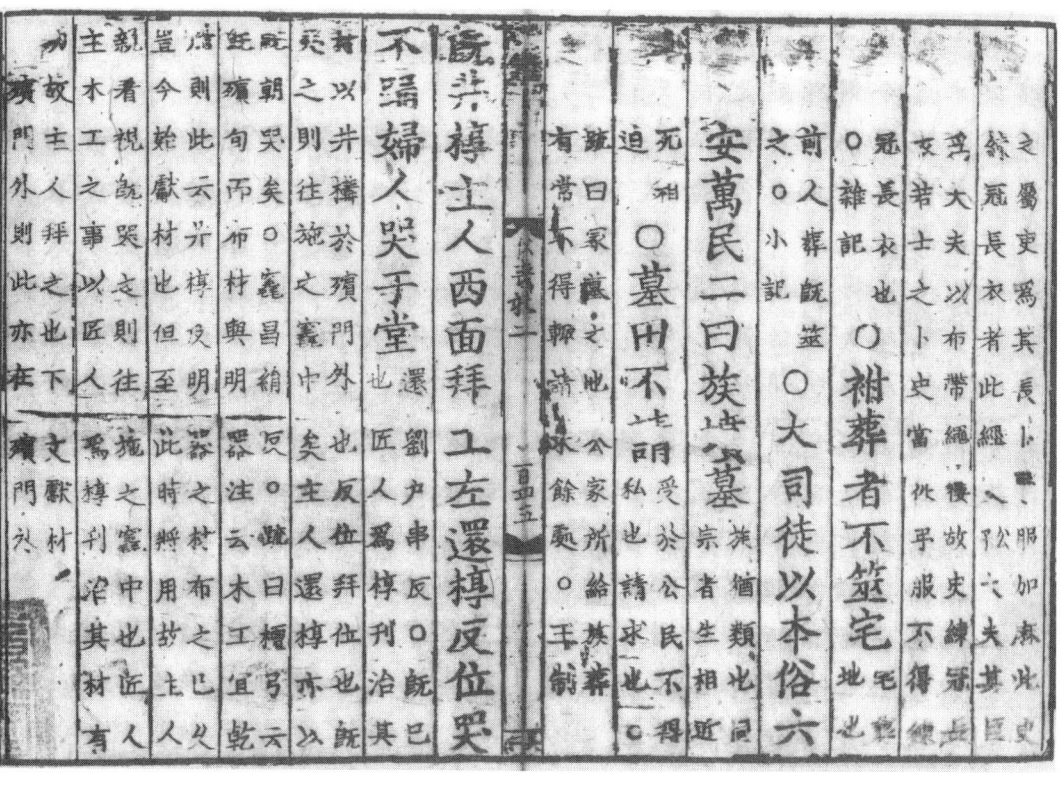

失位也曾昭公孫於齊曰喪人其何稱 曰聞之矣喪
欲速貧死欲速朽有子曰是非君
子之言也 貧朽非人所欲 曾子曰參也聞
諸夫子也有子又曰是非君子之
言也曾子曰參也與子游聞之有
子曰然然則夫子有爲言之也曾
子以斯言告於子游子游曰甚哉

0011_0393-2　0011_0394-1

有子之言似夫子也昔者夫子居於宋見桓司馬自爲石槨三年而不成（桓司馬宋向戌之孫爲魋）夫子曰若是其靡也（靡侈也）死不如速朽之愈也死之欲速朽爲桓司馬言之也南宮敬叔反必載寶而朝（敬叔魯孟僖子之子仲孫閲蓋嘗失位去魯得反載其寶來朝於君）夫子曰若是其貨也喪不如速貧之愈也喪之欲速貧爲敬叔言之也曾子以子游之言告於有子有子曰然吾固曰非夫子之言也曾子曰子何以知之有子曰夫子制於中都四寸之棺五寸之槨以斯知不欲速朽也（中都魯邑也孔子嘗爲之宰爲民作制孔子由中都宰爲司空）

0011_0394-2　0011_0395-1

（由司空爲司寇）昔者夫子失魯司寇將之荊（將應聘於楚）蓋先之以子夏又申之以冉有以斯知不欲速貧也（言汲汲仕於祿○疏曰案孔子世家失司寇在定十四年之楚在哀公六年其閒年月甚遠且失司寇之後鄕宋不嚮捨而去後魯司寇將之荊者謂失魯司寇之後將往之荊則哀公六年之荊亦是失司寇之後非謂失司寇之年即之荊也○檀弓）顏淵死顏路請子之車以爲之槨子曰才不才亦各言其子也鯉也死有棺而無槨吾不徒行以爲之槨以吾從大夫之後不可徒行也（集注曰胡氏曰孔子遇舊館人之喪嘗脫驂以賻之矣今乃不許顏路之請何耶葬可以無槨驂可以脫而復求大夫不可以徒行命車不可以與人而鬻諸市也且爲所識窮乏者得我而勉強以副其意豈誠心與直道哉○先進）

0011_0395-2

獻材于殯門外西面北上綪主人徧視之如哭椁獻素獻成亦如之綪音爭○材明器之材視之亦拜工左還形法定爲素飾治畢爲成○疏曰明器之材先獻之驗其善否也云形法定爲素飾治畢爲成以其言素是未加飾之名明是形法定言成是就之名明知飾治畢乃明器須招故有獻法上椁材既多故不須獻直還觀之而已

0011_0396-1

右獻明器○既殯旬而布材與明

器詳見井椁條○竹不成用瓦不成味木不成斲琴瑟張而不平竽笙備而不和有鐘磬而無簨簴詳見喪禮儀

夏后氏用明器殷人用祭器周人兼用之同上

卜日既朝哭皆復外位卜人先奠龜于西塾上南首有席楚焞置于燋在龜東

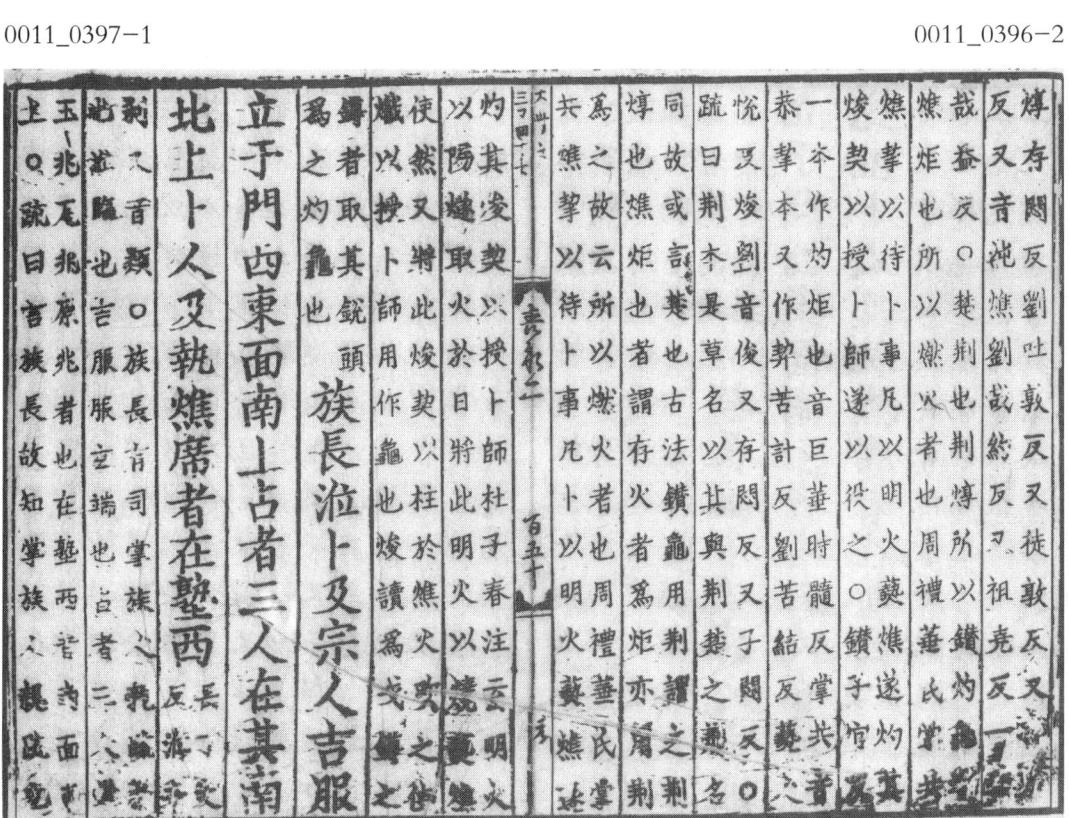

0011_0396-2

焞存悶反劉吐敦反又徒敦反又[illegible]反又音沌燋劉哉約反又祖堯反[illegible]哉叒反○楚荊也荊焞所以鑽灼龜者燋炬也所以然火者也周禮菙氏掌共燋契以待卜事凡卜以明火爇燋遂灼其焌契以授卜師遂以役之○鑽子官反一本作灼炬也音巨菙時髓反掌共音恭挈本又作挈苦計反劉苦結反爇[illegible]悅反焌劉音俊又存悶反又子悶反○疏曰荊本是草名以其與荊楚之楚名同故或言楚也古法鑽龜用荊謂之荊焞也燋炬也者謂存火者爲炬亦用荊爲之故云所以然火者也周禮菙氏掌共燋挈以待卜事凡卜以明火爇燋遂

0011_0397-1

灼其焌契以授卜師杜子春注云明火以陽燧取火於日將此明火以爇燋燧使然又將此焌契以柱於燋火吹之使熾以授卜師用作龜也焌讀爲戈鐏之鐏者取其銳頭爲之灼龜也

族長涖卜及宗人吉服立于門西東面南上古者三人在其南北上卜人及執燋席者在塾西長丁丈反涖音利又音類○族長有司掌族人親疏者也涖臨也吉服服玄端也古者三人[illegible]玉兆瓦兆原兆者也在塾西者亦面東上○疏曰言族長故知掌族人親疏者也

0011_0397-2

宗人直云吉服不言服名則祭服[illegible]
服士之祭服玄端而已宗人筆署攝歷記事[illegible]
書玄端則經文亦服緇冠長衣雜記[illegible]
云是求吉故筮者不純凶也○云占者三
人掌玉兆瓦兆原兆者案周禮大卜[illegible]
三兆之法云兆者灼龜發於火其形可
占者其象似玉瓦原之璺罅是用名之
焉上古以來作其法可用者有三原原
田也杜子春云玉兆帝顓頊之兆瓦兆
帝堯之兆原兆有周之兆此三兆者皆
代之別名又占之又有體色墨坼之等
故占人云君占體大夫占色史占墨卜
人占坼注云體兆象色兆氣墨兆廣[illegible]
兆璺也體有吉凶色有善惡墨有大小

0011_0398-1

坼有微明尊者視兆象而已卑者以次
詳其餘也周公卜武王占之曰體王其
無害凡卜體吉色善墨大坼明則逢吉
是其不專據此三兆也云在塾西南面
東上者以其取堂南行事明不得背之
北面故知南面取近爲尊故知東上也

闑東扉主婦立于其内扉門扉也席于闑西

閾外闑魚列反閾音域劉呼逼反○宗
爲卜者也古文闑作槷閾作蹙

宗人告事具主人北面免經左擁之涖卜

即位于門東西面涖臨也族長也更西面當代主人命卜○

0011_0398-2

曰涖卜族長也改鄉西面族長來直龜
高案行命龜之事也故云當代主人命
卜也

卜人抱龜燋先奠龜西首燋在北既奠

燋又執龜以待之○疏曰云卜人抱龜
燋者謂從塾上抱鄉闑外待也先奠龜
于席上乃復奠燋在龜北云既奠燋又
執龜以待之者先奠龜乃奠燋既奠燋
又取龜執之以待待者下經宗人受卜
人龜與宗人宗人受之是也

宗人受卜人龜示高以龜腹甲高起所當灼處示

涖卜也○疏曰凡卜法案禮
氣云擇見乎龜之四體鄭注云春灼
後左夏灼前左秋灼前右冬灼後右今

0011_0399-1

云腹甲高者謂就龜之四體腹下
之甲高起之處鑽之以示涖卜也

涖卜受視反之宗人還少退受命受涖卜命授龜宜近受命宜郤也

命曰哀子某來日卜葬其父某

甫考降無有近悔近附近之近○考登也降下也言卜此日
葬魂神上下得無近於咎悔者乎○疏
曰云某甫者亦上孔甫之類且字也云
魂神上下者總共一切神無所偏指
也云咎悔者亦謂冢墓有所崩壞也

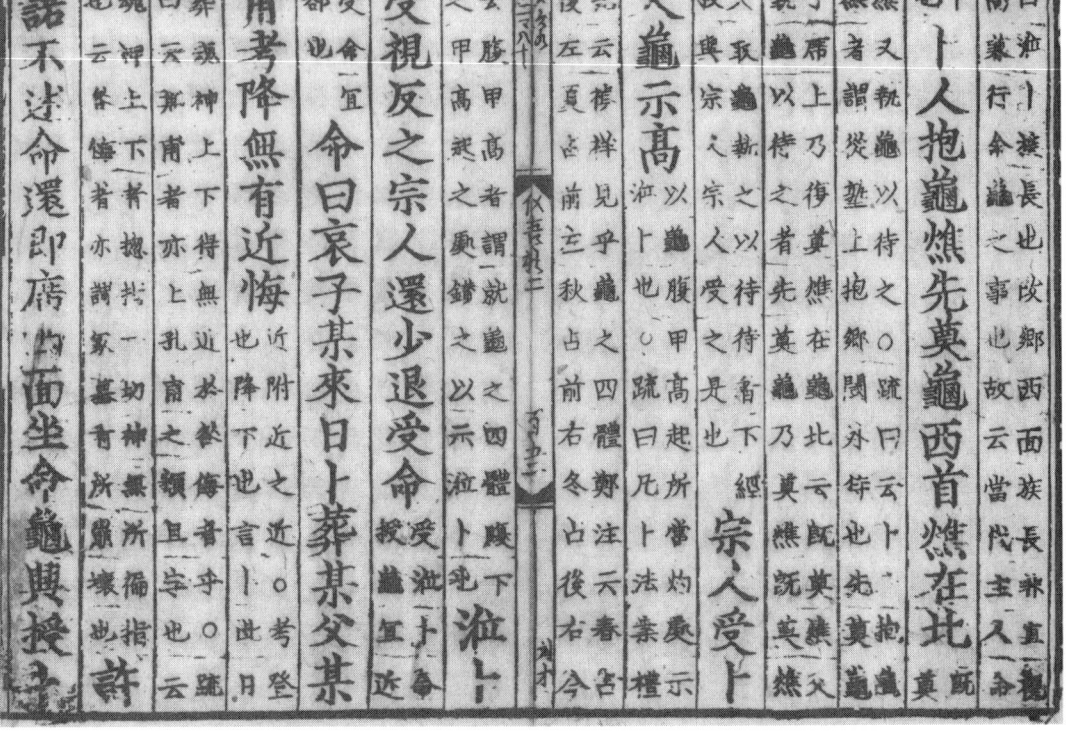

許諾不述命還即席西面坐命龜興授卜

0011_0400-1　　0011_0399-2

人龜負東扉宗人不述命亦士禮略述命命龜異龜重威儀

多也負東扉俟龜之兆也○疏曰云宗人不述命亦士禮略者以少牢述命此

云不述命故云士禮略云述命命龜異龜重威儀多者言此非一則大命

夫以上皆有述命述命與命龜異故知此不述而有即席西面命龜若大夫已

上有述命者自然與西面命龜異可知云凡卜述命命龜異龜重威儀多對筮

述命命筮同筮輕威儀少云從龜之兆也者下文告于主婦主婦哭是也

卜人坐作龜興作猶灼也周禮卜人凡卜事示高揚火以作龜

儀禮疏二

致其墨興起也○疏曰周禮卜師凡卜辨龜以作龜致其墨者此據小事故不

[illegible]作龜宗人受龜示涖卜涖卜受視

反之宗人退東面乃旅占卒不釋龜告

于涖卜與主人占曰某日從[illegible]

[illegible]授卜人龜告于主婦主婦哭[illegible]

[illegible]告于異爵者使人告于眾賓[illegible]

[illegible]

0011_0401-1　　0011_0400-2

之既言使人告明一不一而故知亦云不來者也卜人徹龜宗人

告事畢主人經入哭如筮宅賓出拜送

若不從卜擇如初儀

右卜葬日○記大夫士庶人三月

而葬王制○遂三日而殯三月而葬

詳見卒哭祔練祥禫記○士三月而葬同上○

凡卜筮日旬之外曰遠某日旬之

儀禮疏二

內曰近某日喪事先遠日吉事先

近日喪事葬與練祥也吉事祭祀冠娶之屬也○疏曰喪事葬

與練祥是奉哀之義也非孝子之所欲但制不獲已故卜先從遠日

而起示不汲急微伸孝心也宣八年左傳曰禮卜葬先遠日辟不懷

也杜云懷思也辟不思親此直年俱然○曲禮○祝稱

卜葬虞子孫曰哀夫曰乃兄弟曰

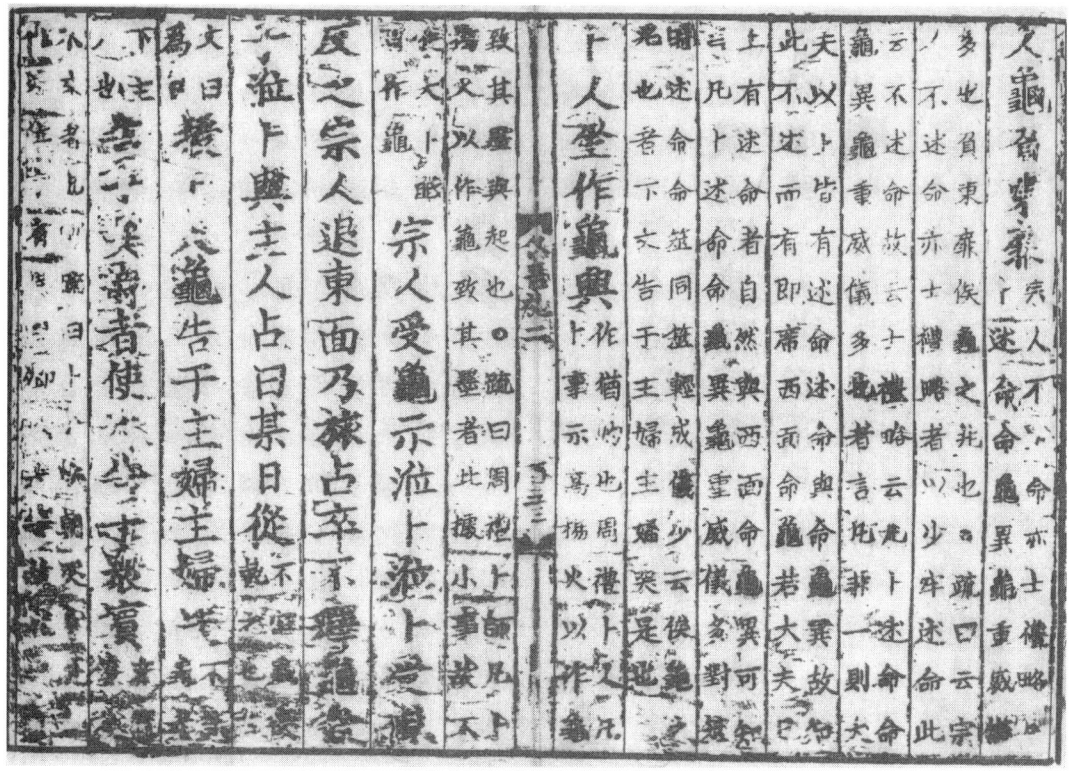

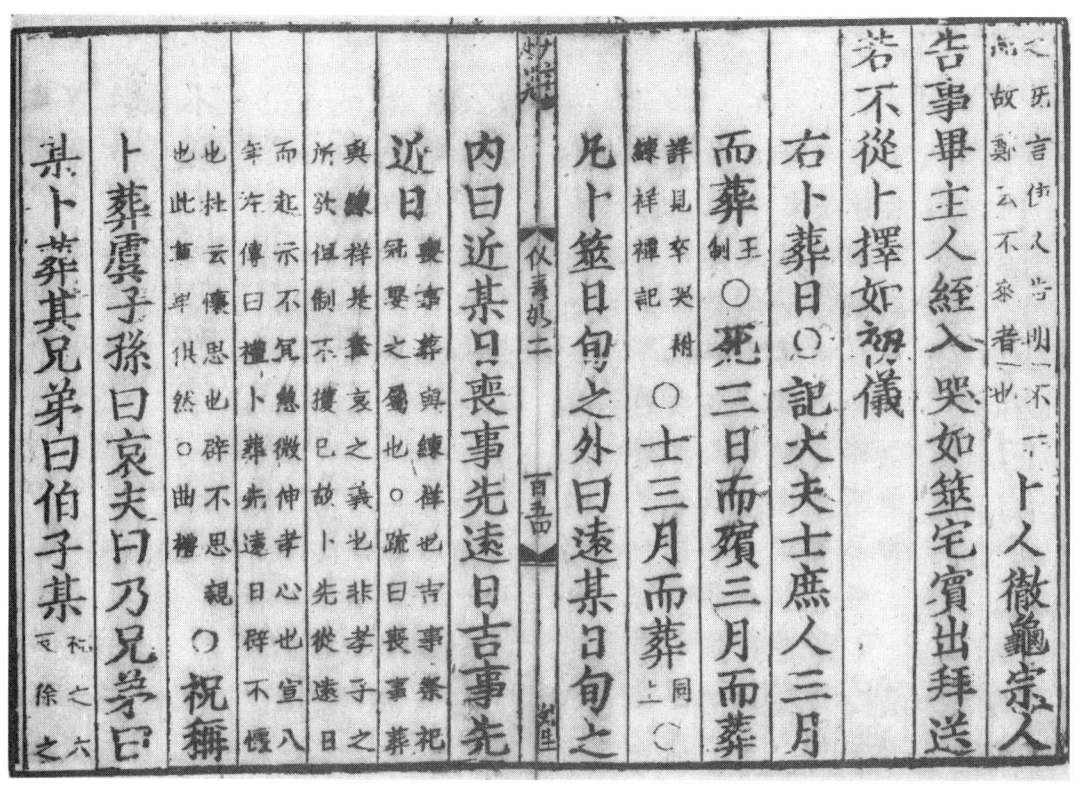

某卜葬其兄弟曰伯子某不祝之六徐之

又反稱昌升反徐尸證反○[illegible]
謂卜葬擇日而卜人祝龜所辭主
人之辭也而云葬事者虞用葬与
故并言葬虞也子孫曰哀者若子
卜葬父則祝辭稱云哀子某卜葬
其父某甫若孫卜葬祖則祝辭稱
云哀孫某卜葬其祖某甫若夫卜
葬其妻則祝辭云乃某卜葬其
某氏乃若言之助也妻卑故假助
句以明夫之尊也其弟爲兄則祝
辭云某卜葬兄伯子某若兄爲弟
則云某卜葬其弟某兄弟稱名
子孫與夫告稱名故鄭注云○
子孫通稱名可知也○右筮葬記

日吉告從于主婦主婦哭婦人皆
哭主婦升堂哭者皆止 事畢○疏曰正經
云闔東扉主婦哭不云主婦升堂
哭者皆止之事故記明之云吉
吉告從于主婦主婦哭吉堂上
人皆哭主婦升堂堂上婦皆止
哭○本經記下

儀禮經傳通解續卷第二

0011_0405-2

儀禮經傳通解續卷第三

士喪禮下三　喪禮二之下

鄭目録云既夕禮士喪禮之下篇也既已也謂先葬二日已夕之時與葬間一日凡朝廟日請啓期必容焉此諸侯之下士一廟其上士二廟則既夕哭先葬前三日別録名士喪禮下篇○䟽曰鄭目録云士喪禮下篇者依別録而言以其記下士之始死乃記葬時而揔記之故名士喪礼下篇也鄭云先葬二日與葬間一日者經云既夕哭請啓期告于賓明旦夙興開殯

0011_0406-1

即遷于祖一日又厥明即葬故知是葬前二日與葬間一日也云必容者請啓期在葬前二日中間容一朝廟日故云必容焉鄭又云此諸侯下士一一廟其士士二廟則既夕哭先葬前三日者以其一廟則一日朝二廟則二日朝故葬前三日中間容二日故三日若然大夫三廟者葬前四日諸侯五廟者葬前六日天子七廟者葬前八日差次可知○今按此篇名既夕禮鄭目録云別録名士喪禮下篇周禮注所引亦皆稱士喪礼下故今復士喪禮下以從舊名

0011_0406-2

經

既夕哭既巳也謂出門哭止復外位時○䟽曰此經論既夕哭請將啓殯之時主人於夕哭訖出寢門復外位鄭知復外位時者見上篇卜日云既朝哭皆復外位朝夕之哭其禮並同比不於既朝哭而待既夕哭者謂明日之朝始啓殯又不可隔夕哭故於既夕請也但復外位之時必有弔賓來亦在外位故請期因告賓也

請啓期告于賓○請舊七井反將葬當遷柩于祖有司於是乃請啓肂之期於主人以告賓賓宜知其時也今文啓爲開

0011_0407-1

○肂以二反劉音四

右請啓期

夙興設盥于祖廟門外祖王父也下士祖禰共廟○䟽曰夙興者謂夕哭請期訖明旦早起豫設盥盥於祖廟門外擬舉鼎之人盥手案小斂設盆盥在東堂下大斂設于門外雖不言東方約小斂盥在東堂下則大斂盥亦門外東方此下陳鼎如大斂奠則此設盥亦在門外東方如大斂也云祖王父也者祭法云曰考廟曰王考廟此云王父之言出於彼云下士祖禰

0011_0407-2

并廟者祭法云適士二廟官師一廟鄭注云官師中士下士此經所朝事據一廟者而言故曰設盥于祖廟丁記則據二廟言之

陳鼎皆如殯東方之饌亦如之

皆皆三鼎也如殯如大斂既殯之奠○疏曰案上文殯後大斂之陳三鼎有豚魚腊在廟門外西面北上此陳鼎亦如之彼大斂時云東方之饌兩瓦甒其實醴酒觶豆兩其實葵菹芋臝醢兩籩無縢布巾其實栗不擇脯四脡故今云東方之饌亦如之如大斂既殯之奠者以其大斂於阼階即移于棺而殯之殯訖乃于室中設大斂之奠故云如大斂既殯

0011_0408-1

之奠也

侇牀饌于階間

侇音夷本亦作夷饌劉士轉反○侇之言尸也朝正柩用此牀○朝直遥反○疏曰還尸於堂亦有夷尸盤衾皆依尸而言故云侇之言尸侇牀謂柩至祖廟兩楹之間尸北首之時乃用此牀故名夷牀也

右陳朝祖奠具○記夷牀輁軸饌于西階東

明階間者位近西也夷牀饌於祖廟輁軸饌於殯宮其二廟者於禰亦饌輁軸焉古文輁或作拱○疏曰其夷牀在

0011_0408-2

祖廟輁軸在殯宮以其西階東且同故併言之正經直云階間恐正當兩階之間故記人明之是以鄭云明階間者位近西以其柩當殯奠位之處故夷牀在西還當輁軸以候載柩故近西皆在西階東云其二廟者於禰亦饌輁軸焉者以其先朝禰故至禰廟一移柩升堂明旦乃移柩于輁軸上載以朝祖廟朝祖廟時亦柩訖明日乃蜃車輁軸不復更用不饌之故云二廟者於禰亦饌輁軸焉

其二廟則饌于禰廟如小斂奠乃啓

祖尊

0011_0409-1

禰卑也士事祖禰上士異廟下士共廟○疏曰此論上士二廟先朝禰奠訖及位次之事云其二廟則饌于禰廟者以先朝禰後朝祖故先於禰廟饌至朝設之故也云如小斂奠者則亦門外特豚一鼎東上兩甒醴酒一豆一籩之等也云祖尊禰卑也者欲見上文朝祖時如大斂奠此朝禰如小斂奠多少不同之意也○本經記○陳小斂奠條批見用桑大斂奠條大功與饋奠當互考

二燭俟于殯門外

早闇以爲明也燭用蒸○蒸之承反薪也

0011_0409-2

○疏曰燭徹與啓殯於此須備之云
用蒸者案周禮甸師氏云以薪蒸役
內饔注云大曰薪小曰蒸又案少儀云
主者執燭抱燋鄭云未爇曰燋即蒸
云燭用
蒸也
丈夫髽散帶垂即位如初髽側瓜反
散悉但反○爲將啓變也此互文以相
見耳髽婦人之變喪服小記曰男子免
而婦人髽男子冠而婦人笄如初朝夕
哭門外位○免音問冠古亂反○疏曰
云爲將啓變也者凡男子免與括髮散
帶垂婦人髽皆當小斂之節今於啓殯
時亦見尸柩故變同小斂之時故云爲
將啓變也此互文以相見者髽既是婦
三一六九　儀禮疏　五十
人之變則免是男子之變今丈夫見其
不見免則丈夫當免矣婦人見其髽
不見人則婦人當髽矣故云互文以相
見耳引喪服小記者證髽未成服已前
男子免而婦人髽既成服之後男子冠
婦人笄若然小斂之時斬衰男子括髮
齊衰以下男子免此不言男子括髮者
欲見啓殯之後雖斬衰亦免而無括髮
知者喪服小記云君弔雖不當免時也
主人必免不散麻雖異國之君免也親
者皆免注云不散麻者自若絞垂爲
君變於大斂之前既啓之後也注直
[illegible]不散麻於既啓之後則主人要
髽矣又此言之啓後主之著免可

0011_0410-1

經然後至卒哭其服同矣以其反哭之
時更無變服之文也云婦人髽及婦人
笄者若未成服之時婦人髽無笄故空
云髽成服之後婦人髽即有笄故喪服
斬衰婦人云箭笄檀弓云南宮縚之妻
之姑之喪夫子誨之髽蓋榛以爲笄是
成服有笄明矣云散帶垂者小斂節大
功已上男子皆然若小功已下及婦人
無問輕重皆初而絞之經直文即位如
初如如門外位者以[illegible]經始云主人拜
賓入即位袒明知此亦入
門在門外如朝夕哭位也
婦人不哭主
人拜賓入即位袒袒音但○此不蒙如
初者以男子入門不
三十五　三四十七　儀禮疏二　六　永
哭也不哭者將有事止讙囂也○讙火
官反囂許驕反又劉五高反○疏曰云此
不蒙如初者案上篇朝夕哭云主人即
位辟門婦人拊心不哭主人拜賓旁三
右還入門哭婦人踊此主人入門不哭
婦人不哭不踊故不得蒙如初也云將
有事者謂將有
啓殯之事也
商祝免袒執功布入升
自西階盡階不升堂聲三啓三命哭息三
聲反又如字下放此○功布灰治之布
也執之以接神爲有所拂仿也聲三三
有聲存神也啓三三言啓告神也舊說
以爲聲噫興也今文免作絻○拂芳味

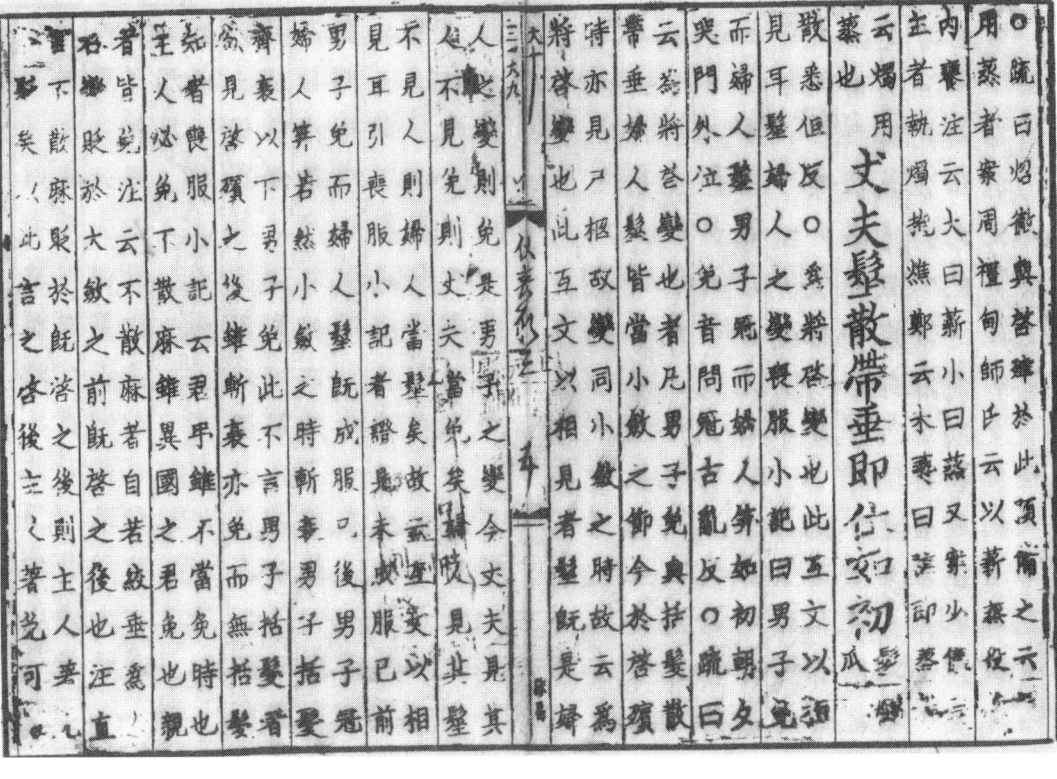

第六葉傳本稍有漫漶今改用張本

0011_0412-1 0011_0411-2

[illegible]噴於其反又於喜反緆音[illegible]○[illegible]云功布反治之布也者亦謂七十以下之布也拂仿猶言拂拭下經云商祝拂柩用功布是拂拭去壓也比若皆神亦用功布拂仿者謂拂仿去凶邪之氣也云三有聲存神也者案曾子問亦云祝聲三鄭云聲神也即此存神也云舊說以爲聲噫興者鄭注曾子問云聲噫歆亦是舊說也

燭入照徹與啓肂者○疏曰一燭於室中照徹奠一燭於堂亦[illegible]殯肂也

祝降與夏祝交于階下取銘置于重夏戶雅反祝之六反後皆放此重直龍反後放此○祝降者祝徹宿奠降也與夏祝交事相接也夏祝取銘置于重爲啓肂遷之吉事交相左凶事交相右今文銘皆作名○疏曰此祝不言商夏則周祝也燭既入室時周祝從而入室徹宿奠降時夏祝自下升取銘降置于重爲防啓殯故也宿奠謂昨暮所設夕奠經宿故謂之宿奠也此宿奠撤朝廟所用即下云重先奠從者是也此奠所徹所置之處雖不言案上篇大斂遷小斂奠于序西南此亦序西南可也云吉事交相左者則鄉射大射皆云降與射者交於階下相左是也云凶事交相右者凶事反於吉周祝降階時當近東夏祝升階當近西[illegible]

0011_0413-1 0011_0412-2

交相右也

踊無筭主人也○下文云商祝拂柩則踊無筭當知開棺之時以其踊爲哀號之巳甚故知主人也

商祝拂柩用功布幠用夷衾幠火吾反○拂去壓也幠覆之爲其形露○去起呂反○疏曰開柩已出時是棺南首夷衾本擬覆柩故斂時不用今得覆棺於後朝廟及入壙雖不言用夷衾又無徹文以覆棺言之當隨柩入壙矣

右啓○記啓之昕外內不哭昕音欣○將有事爲其讙囂既啓命哭古文啓爲開○疏曰將啓殯唯言婦人不哭不云男子故記以明之云內外男女不哭止讙囂故也○本經記

○啓辯拜詳見小斂條

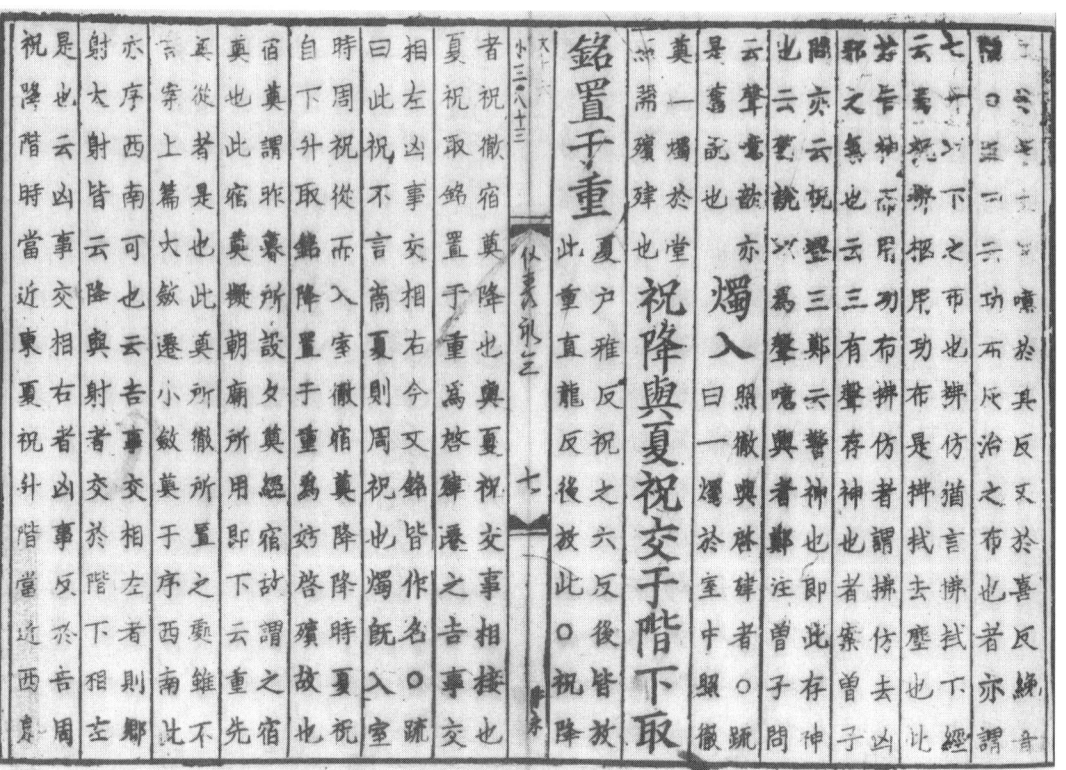

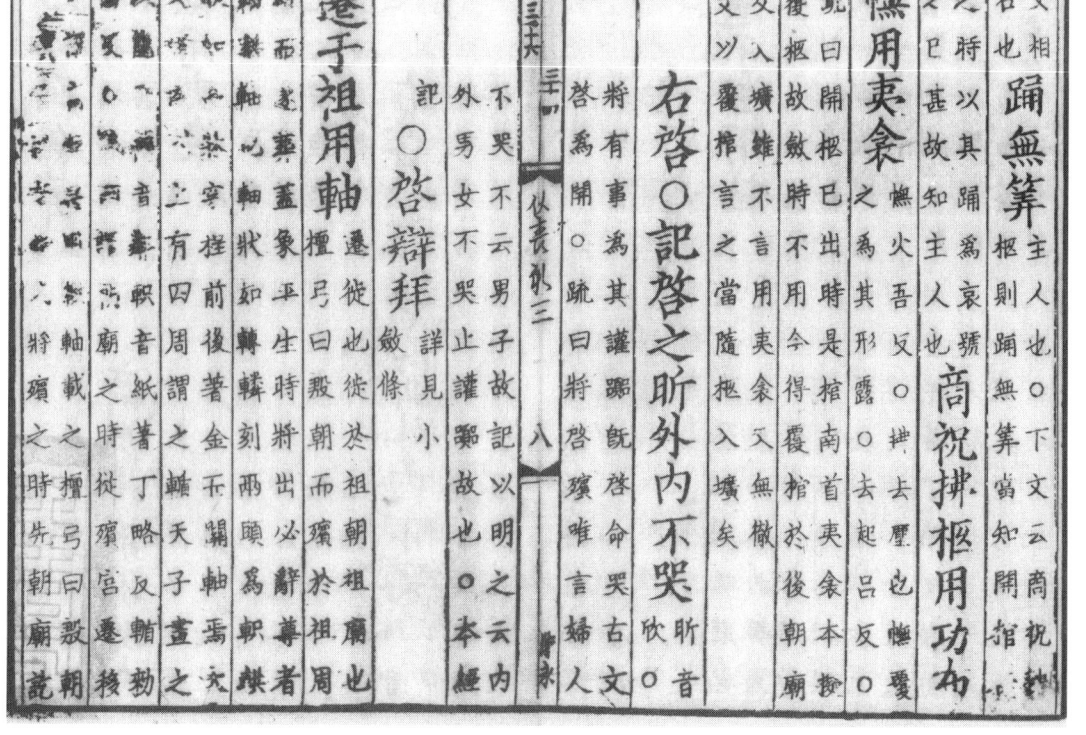

遷于祖用軸遷徙也徙於祖朝祖廟也檀弓曰殷朝而殯於祖周朝而遂葬蓋象平生時將出必辭尊者[illegible]軸也軸狀如轉轔刻兩頭爲軹輁狀如牀穿程前後著金而關軸焉大夫諸侯以上有四周謂之輴天子畫之以龍[illegible]音[illegible]軹音紙著丁略反輴勑倫反○[illegible]廟之時從殯宫遷移[illegible]軸載之檀弓曰殷朝[illegible]將殯之時先朝廟訖

張本下象鼻題監生孫欽四字傳本剪去之

0011_0414-1　0011_0413-2

乃殯至葬時不復朝也云周朝而遂葬
者周人殯于路寢至葬時乃朝朝訖而
遂葬將葬朝祖蓋象平生將出必辭尊
者曲禮云出必告反必面是也云軸狀
如轉轔者此以漢法況之漢時名轉軸
爲轉轔轔輪也云刻兩頭爲軹者以軸
頭爲軹刻軸使兩頭細穿入輁之兩畔
前後二者皆然云輁狀如長牀穿桯前
後著金而關輪焉者此輁餠云長如牀
則有先後兩畔之木狀如牀畔厚大爲
之兩畔爲孔著金釧於中前後兩畔皆
然然後關軸於其中言桯者以其厚大
可以容軸故名此木爲桯也云大夫諸
侯以上有四周謂之輴者大夫殯葬雖

儀禮疏三　九

不用輴士朝廟用輁軸則大夫朝廟當
用輴諸侯天子殯葬朝廟皆用輴但天
子畫轅爲龍謂之龍輴檀弓諸侯云輴
天子云敢塗龍輴是也此輴皆有四周
爲輴故名爲輴也

重先奠從燭從柩從燭從主

人從

從十用反後以意求之○行之序
也主人從者大夫由右婦人由左
以服之親疏爲先後各從其昭穆男賓
在前女賓在後○疏曰此論發殯宮鄉
祖廟之次第柩之前後皆有燭者以其
柩車爲陽恐闇故各有燭以照道若至
廟燭在前者升照王柩在後者在階下
照升柩故下記云燭先入者升堂東楹

0011_0415-1　0011_0414-2

楹西面後入者西階東北面在下是
經直云主人從者以主人爲首者而
故鄭據男子婦人并五服而言知
子由右婦人由左者以內則云道路
子由右女人由左鄭云地道尊右彼
吉時此雖凶禮亦依之也云親疏爲
知後各從其昭穆者假令昭親則在先
疏則在後就同昭穆之中又以尊之
大小爲先後男從主人後女從主婦後
云男賓在前女賓在後者謂無服者亦
各從五服男子婦
人之後爲序也

升自西階

柩也猶用
子道不由
作也○疏曰曲禮云爲人子者升降不
由阼階今以柩朝祖故用子道不由阼
也

儀禮疏三　十

奠俟于下東面北上

俟正柩也○疏
曰既升階當正
之於奠牀之上北
柩既正乃設奠

主人從升婦人升東

面衆人東即位

東方之位○疏曰主人
主婦從柩而升舉主婦
東面則主人西面可知故下文云主人
西面也云婦人東即位者唯主人主婦
升自西階主人以下從柩至西
階下遂鄉東階下即西面位

正柩于兩

楹間用夷牀

兩楹間象鄉戶牖也是時
柩北首○鄉許亮反○疏
曰云兩楹間象鄉戶牖也者以其戶牖
之間賓客之位亦是人君受臣子朝事

之處父母神之所在故於兩楹之間北面鄉之若言鄉戶牖則在兩楹門而近西矣故下記云夷牀輁軸饌于西階東饌夷牀俟正柩而言西階東則正柩于楹間近西可知矣云是時柩北首者既言朝祖不可以足鄉之又自上以來設奠皆升自阼階今此下文設奠升降皆自西階 鄭注云奠升不由阼階柩北首辟其足以此而言此時柩北首明矣

主人柩東西面置重如初如殯宮時也○䟽曰主人主婦從柩升即當西面東面鄉柩主婦上文即言東面至此乃言主人西面者以其主婦東面位不改故從柩升因

小三百六四大二七 儀喪礼三 十一

言東面男子在柩東西面既改西面位故待正柩訖乃西面也其重依上文序從之時重先不先置者以待正柩訖乃置之云如初者亦如上篇三分庭一在南二在北而置之故鄭云如殯宮時也

席升設于柩西奠設如初巾之升降自西階巾如字劉居覲反○席設于柩之西直柩之西當西階也從奠設如初東面也不統於柩神不西面也不設柩東東非神位也巾之者爲禦當風塵○䟽曰此論設宿奠直柩之西知當西階者以其柩當户牖之南席北鋪之自然當西階之上云從奠設如初東面

也者謂如殯宮朝夕奠設于室中者從柩而來此還是彼朝夕奠脯醢醴酒據神東面設之於席前也云不統於柩神不西面也者謂不近柩設奠若近柩則統於柩爲神不西面故不近東統于柩知神不西面者特牲少牢皆設席于奥東面則天子諸侯亦不西面可知云不設柩東東非神位也者此亦據神位在奥不在東而言也若然小斂奠設于尸東者以其始死未忍異於生大斂以後奠皆設于室中亦不統於柩此奠不設于室者室中神所在非奠死者之處故也云巾之者爲禦當風塵者案禮記檀弓云喪不剥奠[illegible]據小斂大斂之

大九一 小三七八 儀喪礼三 十二 庚寅

等也有牲肉不倮露故巾之以此宿奠脯醢醴酒無祭肉巾之者以朝夕奠在室不巾此雖無祭肉爲在堂風塵故巾之異於朝夕在室者也

主人踊無筭降拜賓即位踊襲主婦及者者由足西面設奠時婦人皆室户西南面奠畢乃得東面親者西面堂上

䟽者可以居房中○䟽曰降拜賓即位踊襲者賓位在殯宮者主人開殯朝祖之賓士人從殯宮中降拜賓入即位祖至此乃襲襲者先踊踊訖乃襲絰于序東云設奠時婦人皆室户西南面奠畢力得東面者案下記云將載柩祝及執

0011_0418-1　　0011_0417-2

事畢奠尸西南面東上則知此設之時婦人辟之亦尸西南面待設奠訖乃由柩足鄉柩東西面不即鄉柩東西面者以主人在柩東待設奠訖主人降拜賓婦人乃得東也若然云親者西面則大功以上相隨向西面也又云堂上迫跣者可以居房中者以其言親者西面明跣者小功以下不得堂上西面爲堂上迫狹自然在房中西面矣

薦車直東榮北輈

輈竹求反○薦進也進車者象生時將行陳駕也今時謂之魂車輈轅也車當東榮東陳西上於中庭○疏曰薦車者以明旦將行故豫陳車案曲禮云若車將駕則僕執策

立於馬前已駕僕展軨是生時將行陳駕今死者將葬亦陳車象之也云今時謂之魂車者鄭舉漢法况之以其神靈在焉故謂之魂車也云輈轅也者周禮考工記有輈人爲輈輈亦謂之轅故云輈轅也云車當東榮東陳西上於中庭者此車既非載柩之車即下記云薦乘車道車槀車以次言之則先陳乘車次陳道車次陳槀車知東陳西上者下云陳明器于乘車之西明器繼乘車而西明乘車在上東有道車槀車故知三者西上也乘車既當東榮則三者不當中庭而云中庭者據南北之中庭不據東西爲中庭也何者以下經云薦馬入門三分庭一在南馬右還出爲馬者當車南在庭近南明車近北當中庭矣

質明滅燭

質正也○疏曰自啓殯至此時在殯宮在道及祖廟皆有二燭爲明以尚早故也今至正明故滅燭也

徹者升自阼階降自西階

徹者辟新奠不設序西南已再設爲褻

乃奠如初升降自西階

爲遷祖奠也奠升不由阼階柩北首辟其足○疏曰云爲遷祖奠也者謂遷柩朝祖之奠也云如初者亦於柩西當階之上東面席前真饌則異以其上三鼎及東方之饌皆大斂之奠是也云奠升不由阼階柩

北首辟其足者以前大斂小斂及朝夕奠皆升自阼階降自西階今此遷祖奠升不由阼階故云辟足以其來往不可由首又飲食之事不可褻之由足故升自西階也若然徹時所以由足者奠畢去之由足無嫌也

主人要節而踊

節升降○疏曰云節升降者奠北時主人踊降時婦人踊由重南東婦人踊此不言婦人文不具也

薦馬纓三就入門北面交轡圉人夾牽之

駕車之馬每車二疋纓今馬鞅也就成也諸侯之臣飾纓以三色而三成此三色者蓋績纓也其著之如罽然天子之臣

0011_0419-1　　0011_0418-2

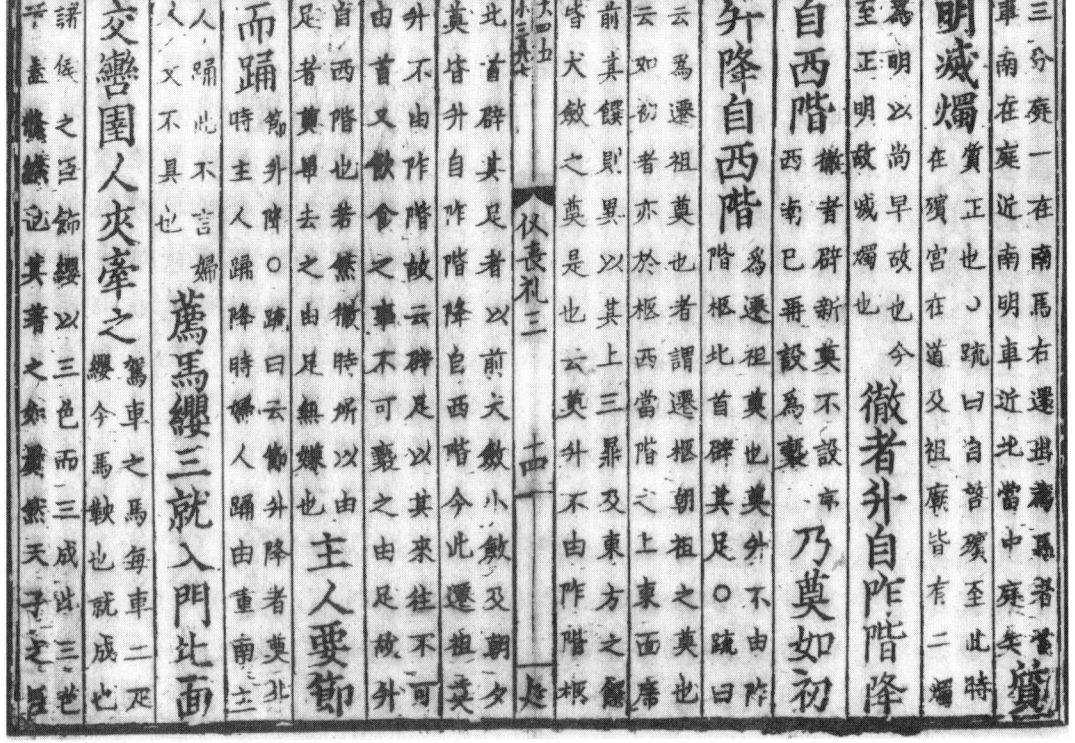

0011_0419-2

命數王之革路條纓圉人養馬者
右曰次既奠乃薦馬者爲其踐汙
也凡入門參分庭一在南○疏曰
并薦纓者纓爲馬設故與馬同時
宗下記云薦乘車又云纓轡貝勒
于衡此薦馬得有纓者以薦車時縣
薦至此薦馬時又來而用之故兩見
也云纓車之馬者即上文薦車之馬
云每車二疋者下經云公賵兩馬
兩馬士制也故知此車有三乘馬
云纓今馬鞅也者古者謂之
謂之鞅故舉漢法爲況也云罽著
曰飾纓以三色而三成者以此下
馬纓三就不依命數則大夫亦同三

儀禮疏三　十五

0011_0420-1

巾車上公纓九就侯伯纓七就子
男纓五就諸侯之臣不得與子男同五
就故知與七同三就此三色則如聘禮
三色朱白蒼也蓋絛絲也者謂以絛
爲絛無正文故云蓋以疑之云其著之
罽然者鄭注巾車云玉路之樊及纓
以五采罽飾之十二就其下金路九
就象路七就注皆云五色罽飾之此則
三采絲爲絛飾之但著之則同故云其
著之如罽然也云天子之臣如其命數
者案典命云三公八命其卿六命大夫
四命出封皆加一等命數雖卑於諸侯
又王人雖微猶序諸侯之上故得與同
依命數就依命數其色則無過五采罽

0011_0420-2

金路以下諸侯其飾與王同諸侯
既同三色明天子大夫已上亦三
罽與諸侯同也云王之革路條纓
革路不用罽而用絛絲爲纓與此纓
色者同故引爲證也云圉人養馬者
禮校人職云季馬一師四圉是圉人
馬故使之薦也六在左右曰夾者以
三乘馬則六匹每馬二人交轡牽之
也云既奠乃薦者車馬相將之物前
在奠上今此薦馬在奠後者欲
薦即出恐踐汙廟中故後薦之也云
門參分庭一在南者庭分爲三分
分在北則繼堂而言一分在南
門而言此既繼門故云三分庭一

儀禮疏三　十六

0011_0421-1

不言門左門
當門之比矣　御者執策立于馬後
哭成踊右還出　主人於是乃哭踊者
車之禮成於薦馬○
車得爲而成故前薦車時主人不哭
至薦馬乃哭是薦車之禮成於薦馬
也賓入哭踊訖馬則又
而出右者亦取便故也　賓出主人送
外

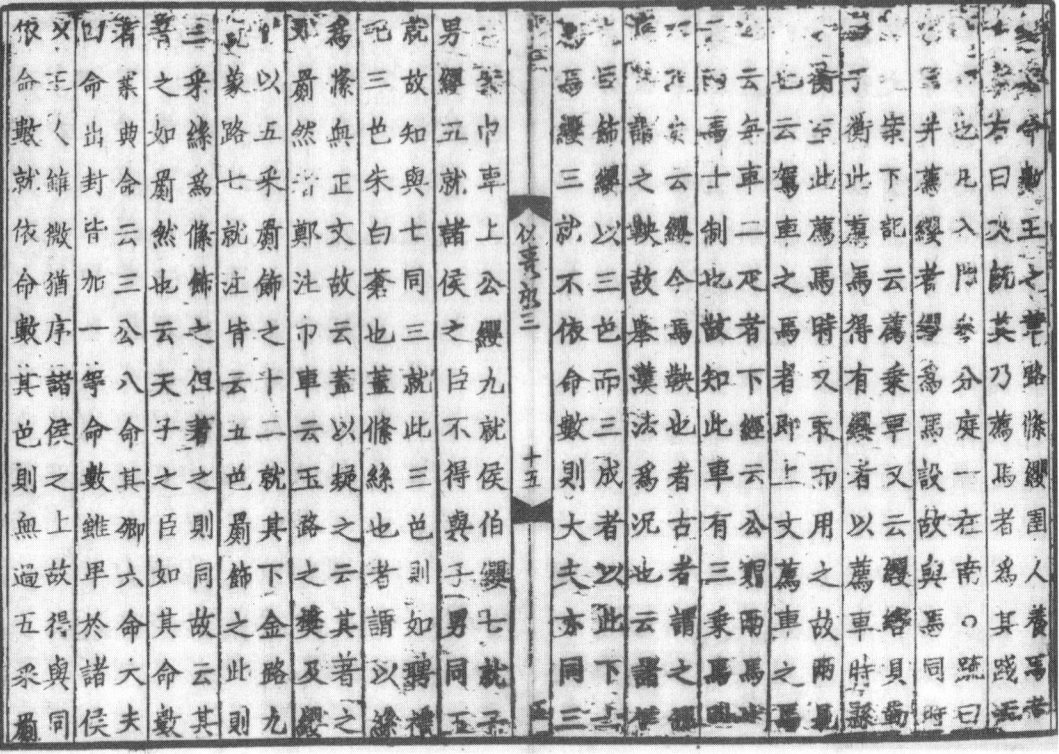

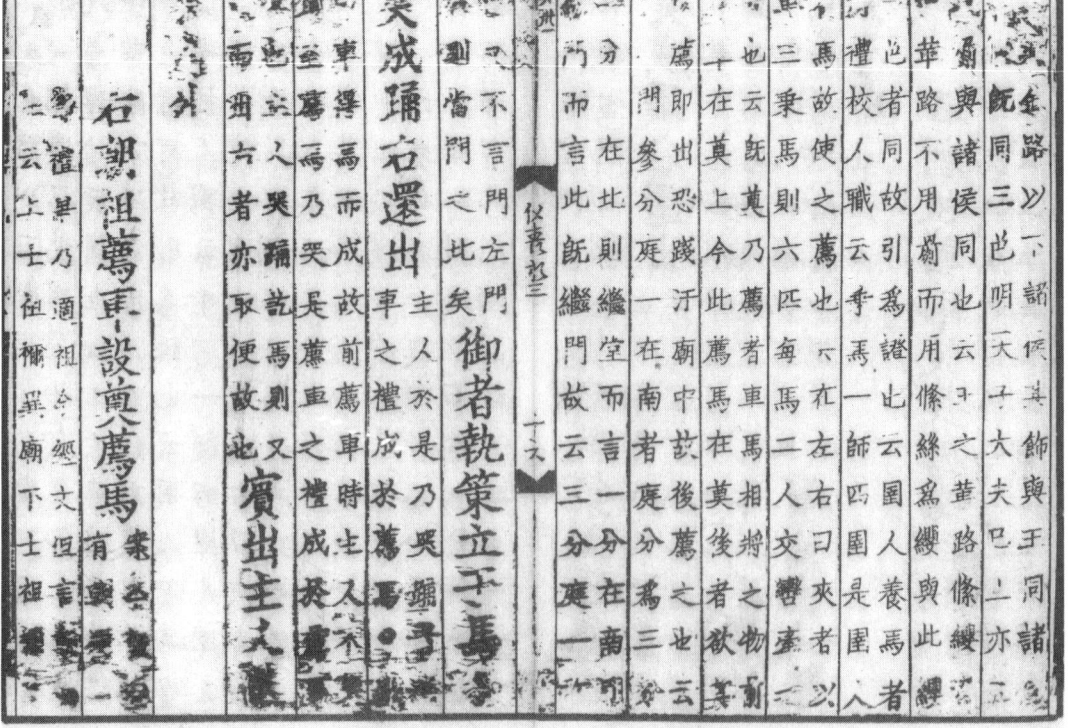

右設祖薦車設奠薦馬　案　有
禮其乃適祖今經文但言
云上士祖禰異廟下士祖

0011_0421-2

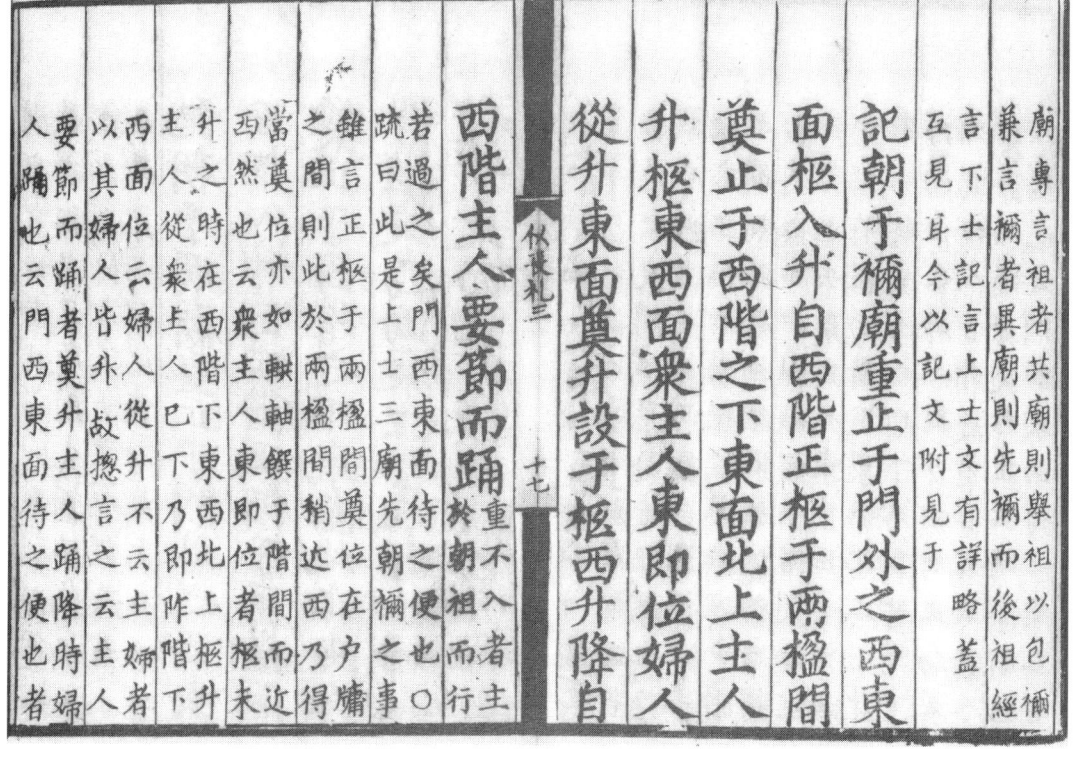

廟專言祖者共廟則舉祖以包禰
兼言禰者異廟則先禰而後祖經
言下士記言上士文有詳略蓋
互見耳今以記文附見于

記朝于禰廟重止于門外之西東
面柩入升自西階正柩于兩楹間
奠止于西階之下東面北上主人
升柩東西面衆主人東即位婦人
從升東面奠升設于柩西升降自

儀禮三　十七

0011_0422-1

西階主人要節而踊重不入者主於朝祖而行
若過之矣門西東面待之便也○
疏曰此是上士三廟先朝禰之事
雖言正柩于兩楹間奠位在户牖
之間則此於兩楹間稍近西乃得
當奠位亦如軼軸饌于階間而近
西然也云衆主人東即位者柩未
升之時在西階下東西北上柩升
主人從衆主人已下乃即阼階下
西面位云婦人從升不云主婦者
以其婦人皆升故揔言之云主人
要節而踊者奠升主人踊降時婦
人踊也云門西東面待之便也者

0011_0422-2

以其祖廟在東柩入禰廟明且出
門東鄉朝祖時其重於柩車亦東
鄉祖廟便也若先在東西面及柩
入乃廻鄉東則不便故云東面待
之便也燭先入者升堂東楹之南西
面後入者西階東北面在下照正柩者
先先柩者後後柩者適祖時燭亦
然互記於此○先先柩上如字下
西見反後後柩上如字户豆反下
○疏曰此燭本是殯宫中照開殯
者在道時一在柩前一在柩後今
又一升堂一在堂下故鄭云先先

儀禮三　十八

0011_0423-1

柩者後後柩者適祖時燭亦然互
記於此者上適祖時直有朝廟在
道柩前後之燭至廟直云質明滅
燭不見燭之升堂不升堂此文見
至廟燭升與不升不見在道燭故
云適祖時燭亦然互記於此以其
皆有在道及至廟燭升與不升之事也主人降即位
徹乃奠升自西階主人踊如初如其
降拜賓至於要節而踊不薦車不
徹此行○疏曰云如其降拜賓至
於要節而踊者案上經云朝祖
既正柩設從奠訖注人降拜賓

於要節而踊故此記所云如之云不薦車不從此行者案上祖廟共廟者朝廟日即薦車此二廟明日於祖廟薦車馬以其從祖廟行故薦今此禰廟不從此行故不薦也

祝及執事舉奠巾席從而降柩從序從如初適祖

此謂朝禰明日舉奠適祖之序也小祝執醴先酒脯醢俎從之巾席於後既正柩席升設設奠如初祝受巾巾之凡喪自卒至殯自啓至葬主人之禮其變同則此日數亦同矣序從主人以下今文無從○

疏曰此謂朝禰明日者以其下云朝祖之時序從如初中有燭若云日則朝祖之時已自明矣何須云有燭也以此言之則此朝祖與朝禰別日可知故鄭云舉奠適祖之序也云此祝執醴先酒脯醢俎從之者此禰奠與小斂奠同小斂奠時云夏祝及執事盥執醴酒先升醢俎從之云巾席為後既正柩席升設設奠如初祝受巾巾之者上正經朝祖時正柩于兩楹間訖席升設於柩西奠設如初巾之然後奠云巾之無祝受巾如彼受巾之者以上為設小斂奠訖祝受

巾之此與小斂奠同明設奠訖受巾巾之可知云凡喪自卒至殯自啓至葬主人之禮其變同者人常在喪位不出唯君命乃出及送其變同則此日數亦同故觶啓日朝禰又明日朝祖又記下葬與始死日襲明日小斂又日大斂而殯亦同日主人主婦亦服亦同以其小斂主人散帶主髽自啓至葬主人主婦亦同於殯也云序從者案上注云主人男子居右婦人居左以服與輕為位是也○

既正柩賓出遂匠納車

于階間

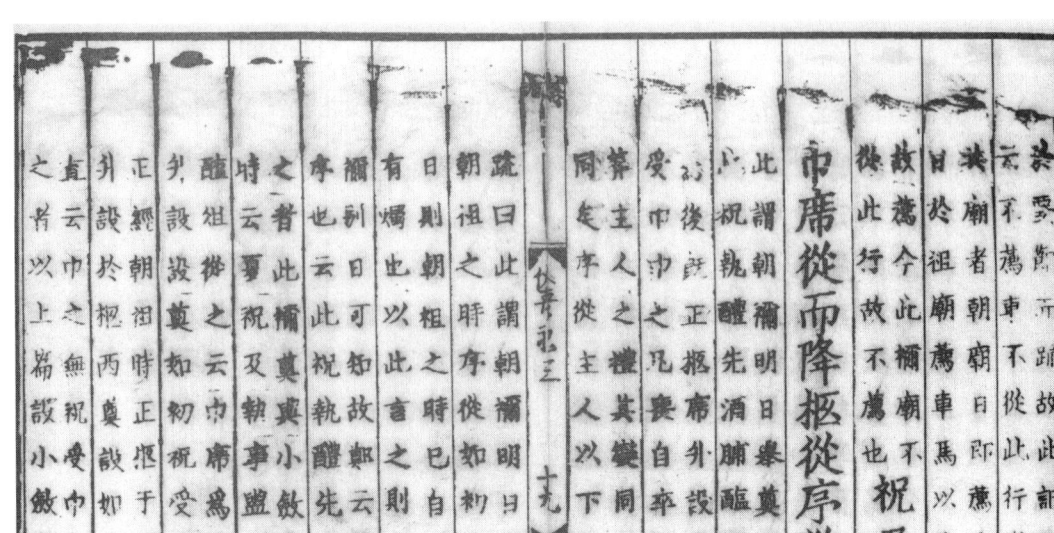

遂匠遂人匠人也遂人主陳徒役匠人主載柩窆職相左右也車載柩車周禮謂之蜃車記謂之團或作輇或作摶聲讀相附耳未聞孰正其車之轝狀非中央有轅前後出設前後輅上有四周下則前後有軸以輇為輪許叔重說有輻曰輪無輻曰輇○蜃市軫反之圍作輇作摶並音市專反又市轉反劉團及輇市專反溥大官反○疏曰正經不云納柩車時節故記人明之既朝正柩於兩楹之間當此之時遂匠納車車於階間周禮有遂人匠人天子

0011_0425-2

之官士雖無臣亦有遂人匠人[illegible]
其葬事案周禮遂人職云大喪帥[illegible]
六遂之役而致之掌其政令及[illegible]
詩而屬六綍及窆陳役又鄉師[illegible]
云及葬執纛以與匠師御匶而[illegible]
役又此遂人與匠人同納車于[illegible]
閒即匠人主載窆與遂人職掲[illegible]
右也云車載柩車者以其此云[illegible]
車于階閒正爲載柩若乘車道車
之等則當東榮不在階閒故知此
是柩車也云周禮謂之蜃車者[illegible]
遂師職云大喪使帥其屬以幄[illegible]
先及蜃車之役注云蜃車柩路[illegible]
輪迫地而行有似於蜃因取名[illegible]

儀禮疏三

0011_0426-1

是也云其車之轝狀如牀中央[illegible]
轅前後出者觀鄭此注其轝與[illegible]
同亦一轅爲之云設前後輅者[illegible]
經唯云前輅言前以對後明[illegible]
有後輅云轝上有四周者此亦[illegible]
轜車同云下則前後有軸以輇爲
輪者此則與轜異以其轜無輪[illegible]
有轉轔此有輇輪引許叔重說者
案許氏說文云有輪無
輻曰輇證此輇無輻也

薦乘車鹿淺幦干笮革靾載旜載皮弁服纓轡貝勒縣于衡

乘繩證反後皆同
靾息列反旜之然

0011_0426-2

反縣音玄下注同○士乘棧事[illegible]
淺鹿夏毛也幦覆笭○玉藻曰士[illegible]
車鹿幦豹犆干盾也笮矢箙也靾[illegible]
韁也旜旌旗之屬通帛爲旜孤卿[illegible]
之所建亦攝焉皮弁服者視朔之
服貝勒貝飾勒有干無兵有箙無
弓矢明不用古文靾爲殺旜爲膳
○夏毛戶嫁反齊側皆反犆音直
韁居良反劉本作繮音僵○疏曰
此并下皁三乘謂葬之蒐車云士
乘棧車者巾車之文云幦覆笭謂
車前式覽者笭子以鹿夏皮淺毛
著爲幦以覆式是以詩韓奕云鞹
鞃淺幭傳云鞹革也鞃軾中也[illegible]

儀禮疏三

0011_0427-1

虎皮淺色也幭覆軾也引玉藻[illegible]
彼注云犆謂緣也士之齊車與[illegible]
車同引之欲證此鹿幦亦以豹[illegible]
爲緣飾云旜旌旗之屬云云者[illegible]
司常云孤卿建旜大夫士建物[illegible]
士而用旜故云亦攝焉云皮弁[illegible]
者案玉藻云諸侯皮弁以聽朔[illegible]
太廟鄉黨孔子云素衣麑裘亦是
視朔之服君臣同服是以此士[illegible]
載皮弁視朔之服也云貝勒貝飾[illegible]
勒者貝水物故以貝飾勒云[illegible]
無兵有箙無弓矢明不用者以[illegible]
干與戈載亦縣及箙與弓矢皆[illegible]
纓乃用今有干無兵有箙無[illegible]

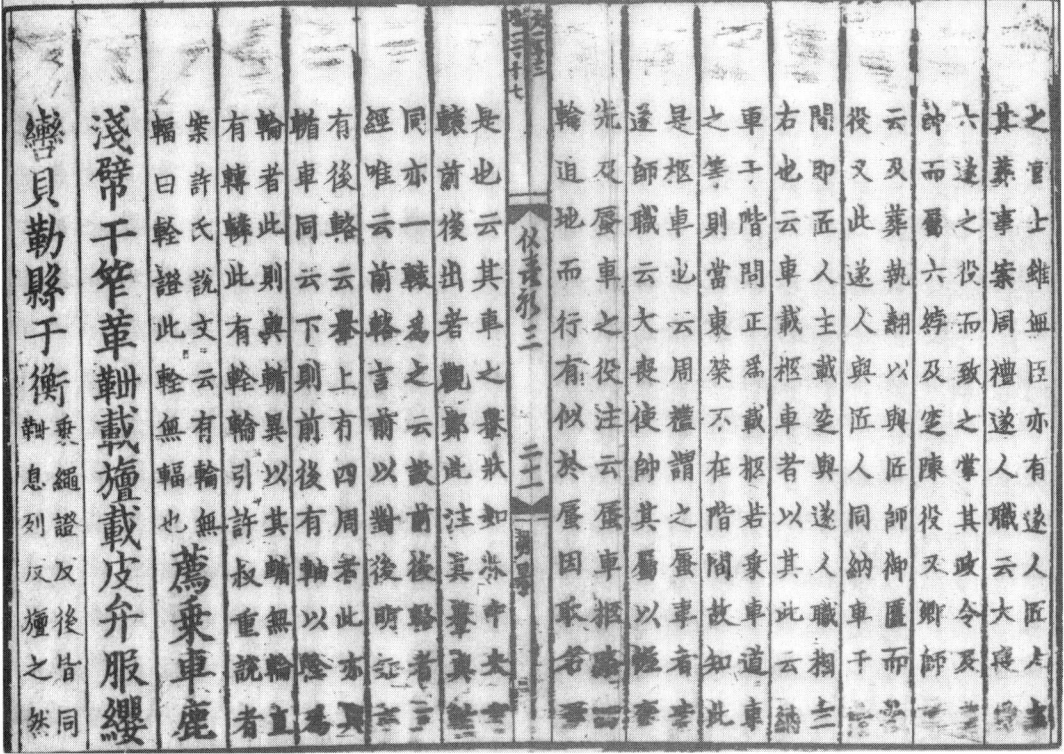

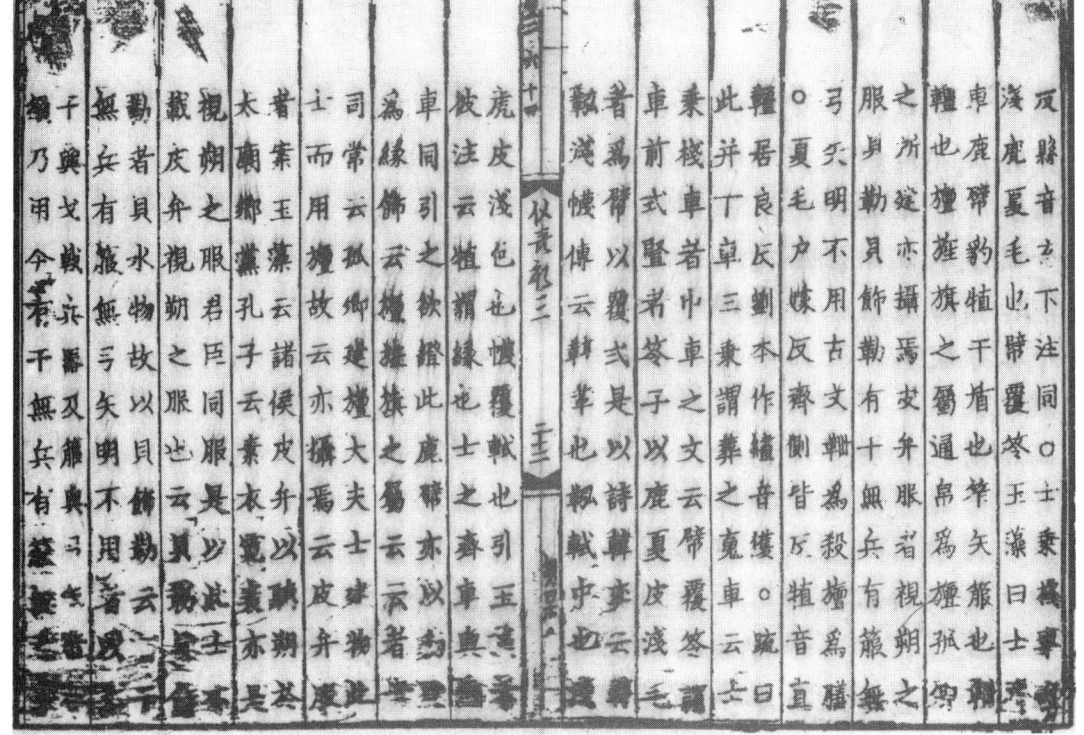

0011_0427-2

載旌者不用貳闕之也 **道車載朝服** ……

出入之車朝服日視朝之服……衣素裳○䟽曰士乘棧……

主而上云乘車下云稾車……車雖有一車所用各異……

道車稾車之名知道車載……者玉藻云朝玄端夕深衣……云謂

大夫士私朝之服春秋左氏傳云朝而不夕據朝君於是有朝無夕

云朝夕者士家朝朝暮夕當家私朝之車又云及燕出入者謂士家

游燕出入之車稾周禮夏官有道右道僕皆據象路而言道又稾同

大一十 小三百卅八 仪丧礼三 二三 虞

0011_0428-1

當云道車載朝服鄭注云王以朝夕燕出入與此道車同則士乘棧車

與王乘象路同名道云朝服日視朝之服者稾鄉黨云緇衣羔裘是

孔子所服鄭注云諸侯視朝之是君臣同服故玉藻云諸侯朝……

以日視朝士之道車而用朝君之服不用私朝玄端服者乘車既……

孫卿之語故道車亦載朝君之服也云玄衣素裳者士冠禮

主人玄冠朝服緇帶素韠注云云衣衣象冠色不云紫裳象韠

可知故云玄衣素裳也 **稾車載蓑笠** ……

0011_0428-2

到反蓑素禾反○稾猶散也散車以田以鄙之車蓑笠備雨服今文

稾為潦凡道車稾車之纓轡及勒亦縣于衡也○散悉但反○䟽曰

稾猶散也者案司常云斿車載旌注云斿車木路也王以田以鄙謂

王行小小田獵巡行縣鄙此散車與彼斿車同是斿散所乘亦謂從

王以田以鄙也若正田獵自用冠弁服乘棧車也云蓑笠備雨服者

案無羊詩云爾牧來思何蓑何笠彼注云蓑所以備雨笠所以禦暑

然鄭人士詩注笠所以禦雨喪事不辟暑是以并云備雨之服云今

大五字 小二百五四 仪丧礼三 二四

0011_0429-1

文稾為潦者案周禮輪人為蓋鄭云禮所謂潦車謂蓋車與若然彼

注此文則為潦車者義亦通矣凡道車稾車之纓轡及勒及縣於衡

者以車三乘皆當有馬有馬則有此二者但記人舉上以明下乘車

云纓轡貝勒縣於衡即此三者亦縣於衡可知○本經記○ **祥**

車曠左 ○空神位也祥車葬之乘車○䟽曰祥猶吉也吉車爲

平生時所乘也死葬時因爲魂車曠空也車上貴左故僕在右空左

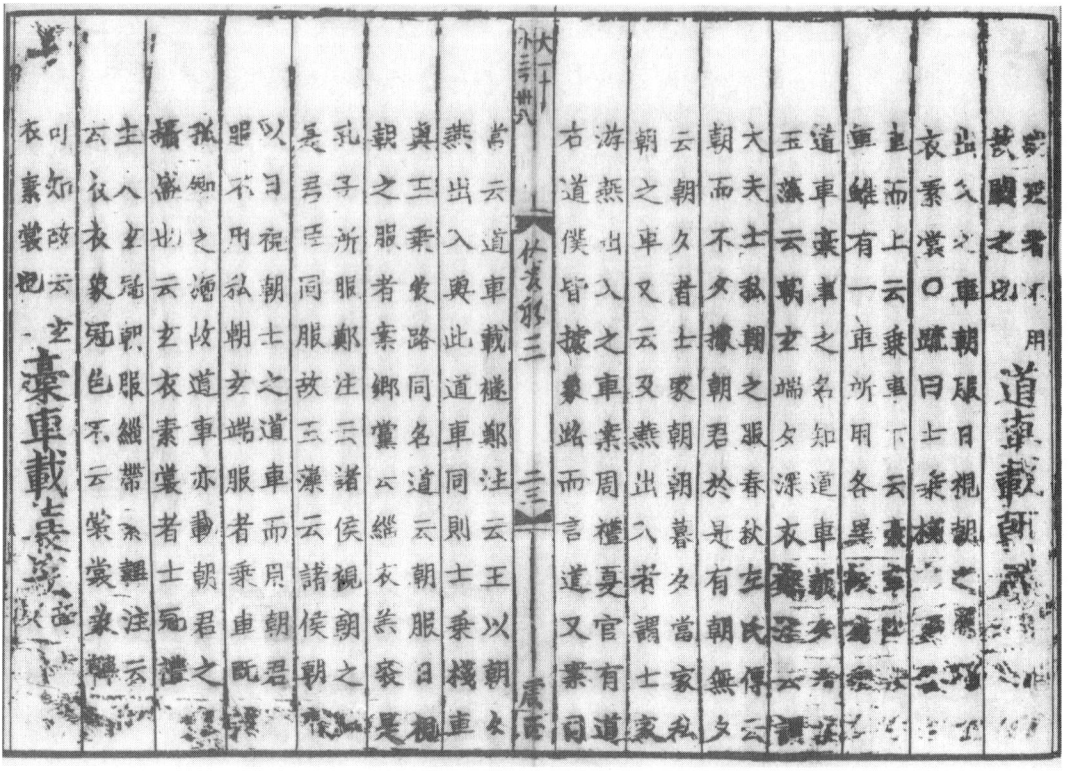

以擬神也知葬之乘車者以其大小二祥生人所乘之車無空左之

0011_0429-2

法○曲禮○士葬用國車二綍無碑比出宮用功布詳見記又長○士喪有與天子同者三其終夜燎及乘人專道而行燎力召反又力弔反乘繩證反○乘人謂使人執引也專道人辟之○疏曰言士喪與天子三事同也其終夜燎一也及乘人二也專道而行三也終夜燎謂柩遷之夜須光明故舉夜燎也乘人謂人引車不用馬也既夕禮云屬引鄭引古者人引柩專道行謂喪在路不辟人也三事爲重故云與天子同也○雜記

0011_0430-1

有司請祖期亦因在外位請之當以告賓每事畢輒出將行而飲酒曰祖祖始也○疏曰此賓即上來弔主人啓殯者朝廟事畢而出主人送之云亦因在外位請之者上既夕奠訖因外位請啓期故云亦也每事畢輒出者篇首云請啓期此云請祖期下文請葬期皆因出在外位請之故云每事也云將行而飲酒曰祖祖始也者案詩侯出祖出宿于屠顯父餞之清酒[illegible]將行飲酒曰祖此死者將行亦曰祖也曰日側[illegible]

0011_0430-2

時○疏曰有司請祖期主人[illegible]曰日側者昃是傍側轉爲昃者案[illegible]之義故從昃也云過中之時者則尚書無逸云文王至於日中昃與即側也

右請祖期

主人入祖乃載踊無筭卒束襲祖爲載變也舉柩卻下而載之束束棺於柩車賓出遂匠納車于階間謂此車○疏曰將載人先祖乃載故云爲載變也卻猶却也鄉柩在堂北首今卻下以足鄉前下堂載於車故謂之卻也云束束棺於柩車者喪大記云君蓋用漆三衽三束棰弓

0011_0431-1

云棺束縮二横三彼是棺束此經先云載下乃云卒束則束非棺束是載柩訖乃以物束棺使與柩車相持不動也降奠當前束下遷祖之奠也當前束猶當尸腢也亦在柩車西東有前後也○疏曰卒束乃云降奠則未束以前奠使人執之待束訖乃降奠當東也云當前束猶當尸腢也者下云云即牀而奠當腢彼在尸東此在柩車西當束束亦當腢也經既言前束則有後束可知故云有前後也

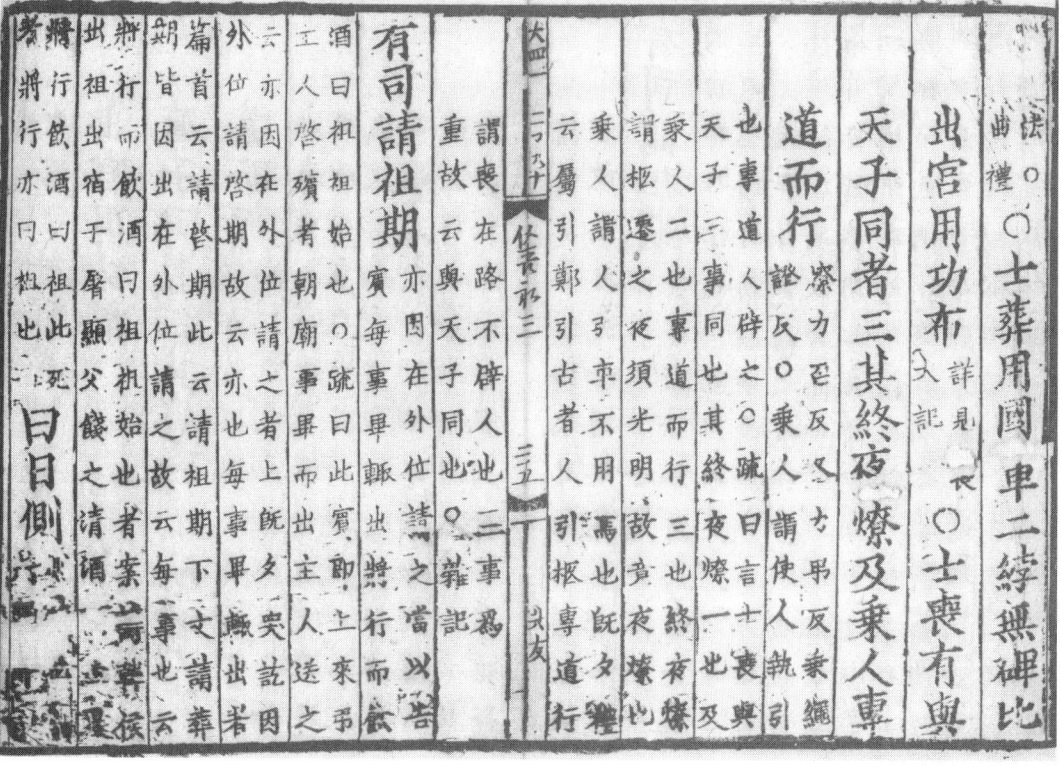

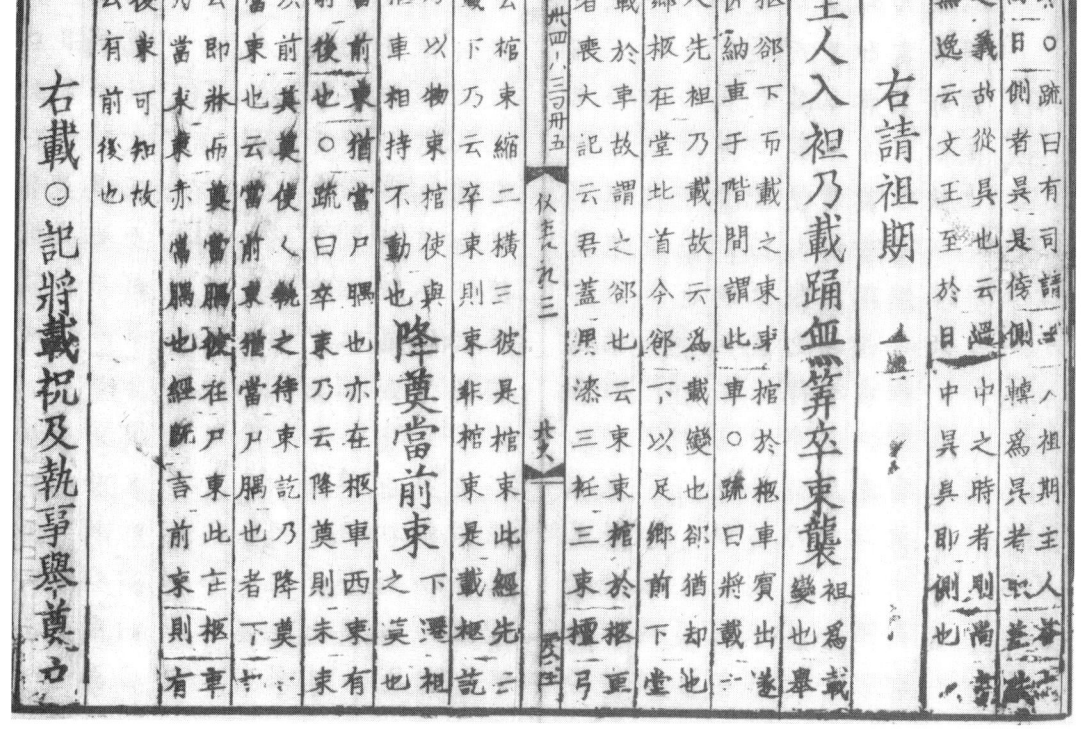

右載○記將載祝及執事舉奠

0011_0432-1　0011_0431-2

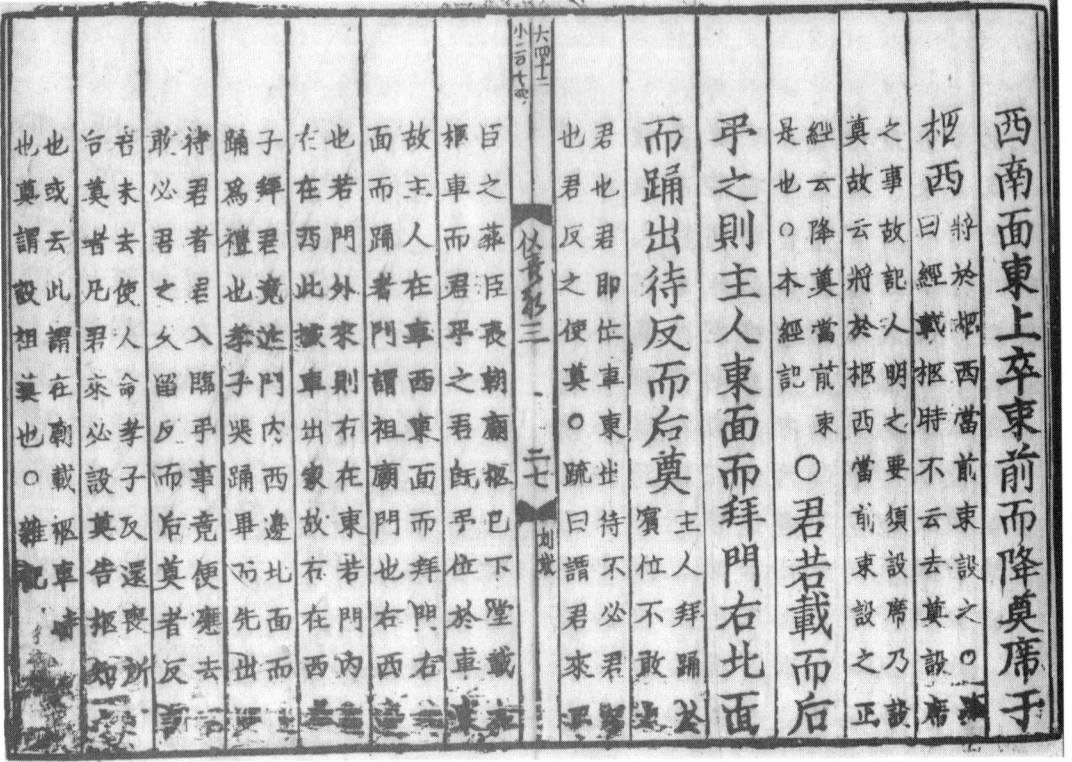

西南面東上卒束前而降奠席于柩西將於柩西當前束設之○疏曰經載柩時不云去奠設席之事故記人明之要須設席乃設奠故云將於柩西當前束設之正經云降奠當前束是也○本經記○君若載而后弔之則主人東面而拜門右北面而踊出待反而后奠主人拜踊於賓位不敢□□君也君即位車東出待不必君□也君反之使奠○疏曰謂君來□

大四十二 小二百七十四　儀禮經三　二十七　劉成

臣之葬臣長朝廟柩已下堂載柩車而君弔之君既弔位於車□□故主人在車西東面而拜門右面而踊者門謂祖廟門也右西□也若門外來則右在東若門內在西此據車出家故右在西□子拜君竟送門內西邊北面而踊為禮也孝子哭踊畢而先出待君者君入臨弔事竟使還去敢必君之久留反而后奠者反君未去使人命孝子反還喪所后奠者凡君來必設奠告柩知□也或云此謂在廟載柩車時也奠謂設祖奠也○雜記

0011_0433-1　0011_0432-2

商祝飾柩一池紐前經後緇齊三采□貝紐女九反經丑貞反齊如字劉才細反注同○飾柩為設牆柳也巾奠乃牆謂此也牆有布帷柳有布荒池者象宮室之承霤以竹為之狀如小車笭衣以青布一池縣於柳前士不揄絞紐所以聯帷荒前赤後黑因以為飾左右面各有前後齊居柳之中央若今小車蓋上蕤矣以三采繒為之上朱中白下蒼著以絮元士以上有貝○霤力又反笭力丁反衣以於既反縣音玄揄音遙絞戶交反蕤汝誰反○疏曰云飾柩為設牆柳也者即加帷荒是也云巾奠乃牆

十六大 三百八十八　儀禮經三　二十八

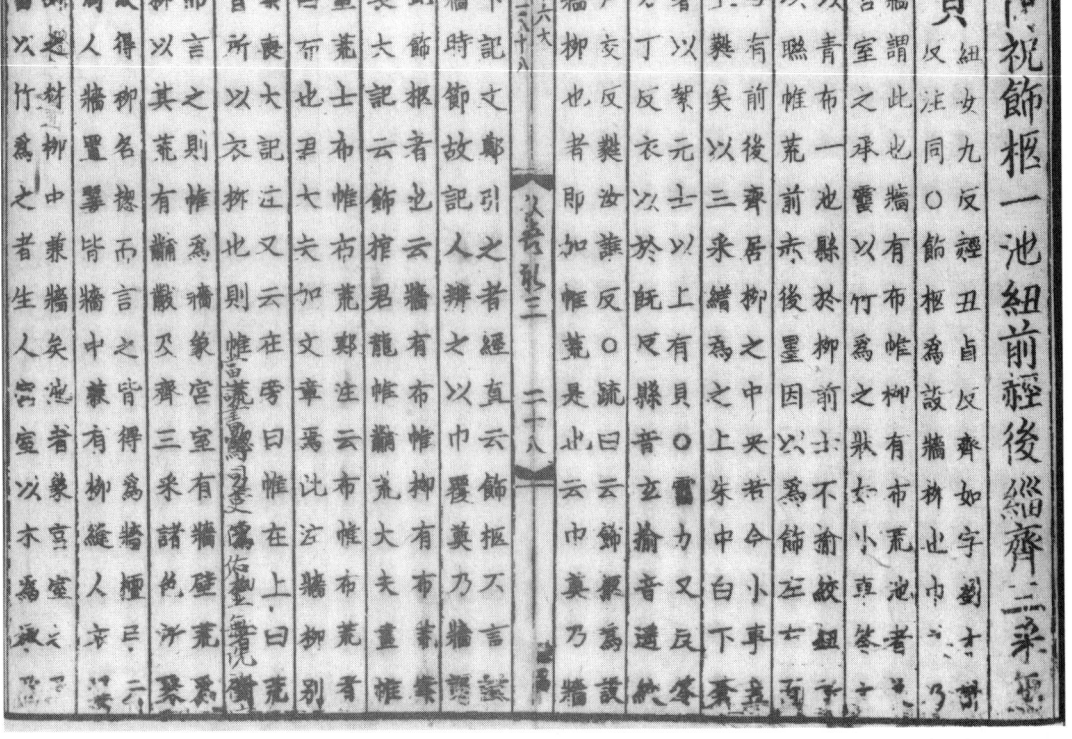

下記文鄭引之者經直云飾柩不言牆時節故記人辨之以巾覆奠乃牆謂此飾柩者也云牆有布帷柳有布荒者喪大記云飾棺君龍帷黼荒大夫畫帷畫荒士布帷布荒鄭注云布帷布荒者白布也君大夫加文章焉此注牆柳別喪大記注又云在旁曰帷在上曰荒皆所以衣柳也則帷□而言之則帷為牆象宮室有牆壁荒象柳以其荒有黼黻及齊三采諸色□□宜得柳名總而言之皆得為牆檀弓云周人牆置翣皆牆中兼有柳縫人衣□□材柳中兼牆矣池者象宮室之□以竹為之者生人宮室以木為承□

偽之以素錦承荒者無以書故云
而畫之直取象生有而已云歎
車容衣以青布者此鄭依漢禮而
一池縣於柳前者案喪大記君三池
夫二池士一池君三池三面而有
大夫二池縣於兩相士一池縣於柳
面而已云士不揄絞者爾雅釋鳥云
淮而南青質五采皆備成章曰鷂絞
者黃之色人君於倉黃色繒上又畫
雉之形縣于池下大夫則闕之故云
夫則不揄絞揄絞一名振容故喪大記
云大夫不振容振容者車行振動以爲
容儀但大夫不振容池下仍有銅魚若
之士不但不揄絞又無銅魚故喪大記

二九

大夫有魚躍拂池上則無鄭注云[illegible]
去魚云左右面各有前後者據車左
以有帷分兩相各爲前後故云前後
齊云齊居柳之中央者雖無正文
言齊若人之齊亦居身之中央也云
今小車蓋上蕤矣者漢時小車蓋
蕤在蓋之中央故舉以爲諭云一采
纁爲之案聘禮記云三采朱白蒼[illegible]
纁藉用三采先朱次白下蒼[illegible]用
三采亦當然故取以爲義也[illegible]
者既云齊當然觀見故知此[illegible]
高知元士以上有貝者案[illegible]
齊五采下貝大夫齊三采三貝[illegible]
采一貝鄭注云齊象車蓋蕤[illegible]

爲之形如爪分然綴貝落其上及旁
彼士爲天子元士元士已上皆有貝[illegible]
此諸侯之士故云無貝也

設披

披彼義反劉方奇反下同○披輅柳棺上
貫結於戴人居旁牽之以備傾虧大
記曰士戴前纁後緇二披用纁今文披
皆爲藩○疏曰喪大記注云戴之言
也所以連繫棺束與柳材使相值因而
結前後披也此注云披輅柳棺上貫結
於戴以此而言則戴頭皆結于柳材
又以披在棺上輅過然後貫穿戴之連
繫棺束者乃結于戴餘披出之於外使
人持之一畔有二爲前後披故下記云
執披者旁四人注云前後左右各二人

儀禮三　三十

是也人君則三披各三人持之備傾[illegible]
也引喪大記者證披連戴而施之也云
二披用纁者與戴所居異大夫與人君
用戴與披用物同故喪大記云君纁戴
六纁披六大夫戴前纁後玄披亦如之是其用物同也

屬引

屬音燭注[illegible]
同著也引音[illegible]又如字注引所以引同
後屬引皆放此○屬猶著也引所以
引車在軸輴曰紼古者人引柩○柩音秋
曰坐引而哭之三○著直略反○疏
謂紼繩屬著於柩車云在軸輴曰
士朝廟時用軸大夫已上用輴故
之言紼見繩體言引見用力故鄭
證亦云在車曰紼行道曰引云

0011_0435-2

人引柩者雜記乘人專道而行又云諸侯五百大夫三百皆是引人也言古者人引對漢以來不使人引也引春秋者案定公九年左氏傳云齊侯伐晉夷儀敝無存死之齊侯與之犀軒而先歸之坐引者以師哭之親推之三注云坐而飲食之此鄭注略引之云坐引者亦謂飲食而哭之亦以師哭之三者亦謂公親推之三也引之者證古者人引也

0011_0436-1

右飾柩。記巾奠乃牆。牆飾柩也疏曰正經直云降奠當前東商祝飾棺不云巾奠故記人辨之巾奠訖商祝乃飾棺牆即帷荒與棺爲飾故變飾棺云牆也○本經記○池視重霤重直容反。○如堂之有承霤也承霤以木爲之用行水亦宮之飾也柳宮象也以竹爲池衣以青布縣銅魚焉今宮中有承霤云以銅爲之。○疏曰池者柳車之池也重霤者屋承霤也以木爲之承於屋霤入此木中而霤於地故謂此木爲重霤天子四注四面爲重霤諸侯四注重霤則差降去後餘二大夫唯餘前後二士則唯一在前生時既屋有重霤以行水死時柳車亦象宮室而於車覆

0011_0436-2

鼈甲之下牆帷之上織竹爲之形如籠衣以青布以承鼈甲名之爲池以象重霤方面之數各視生時重霤○檀弓○飾棺士布帷布荒一池揄絞纁紐二緇紐二齊三采一貝畫翣二皆戴綏士戴前纁後緇二披用纁詳見喪大記○周人牆置翣詳見上篇陳殯具條○子張之喪公明儀爲志焉志亦謂章識褚幕丹

0011_0437-1

質以丹布幠爲褚葬覆棺不牆不翣蟻結于四隅畫褚之四角其文如蟻行往來相交錯蟻蚍蜉也殺之蟻結似今紐文畫殺士也學於孔子倣殺禮○疏曰此一節論孔子弟子送葬車飾學孔子行殺禮之事子張之喪公明儀是其弟子亦如公西赤爲章識焉褚幕丹質者褚謂覆棺之物若大夫以上其形似幄士則無褚今公明儀尊敬其師故特爲褚不得爲幄但以幕形故云褚幕以丹質之布而爲之也蟻結者蟻蚍蜉也又於褚之四角畫蚍

張本下象鼻題監生陳浚四字傳本剪去之

第三十三葉傳本稍有漫漶今改用張本

蟒之形交結往來故云蟒結于四
隅所以不牆不墨者用殺禮也書
贓者殺禮士葬之飾也有蓋亦或
取蚍蜉夫子聖人雖行殺禮弟子
尊之故葬兼三代大夫之禮今公
明儀雖尊其師猶用殺法不牆不
翣唯特加褚幭
而已○檀弓
陳明器於乘車之西
乘繩證反注及下
注乘車同○明器
藏器也檀弓曰其曰明器神明之也言
神明者異於生器竹不成用瓦不成味
木不成斲琴瑟張而不平竽笙備而不
和有鍾磬而無簨簴陳器於乘車之西

儀喪禮三　三十三

則重北也○味武葛反劉音妹○疏曰
云明器藏器也者自苞以下皆是藏器
故下云器西南上綪又鄭注云陳器
而北則自苞筲以下總曰鑄器以其
入壙也引檀弓者證從成器也
不可善用謂邊無縢沬書作沫沫靧
更云琴瑟張而不平竽笙備而不和
云無宮商之調又云有鍾磬而無簨
注云不聽之也横曰簨植曰簴云陳
乘車之西則重北者無正文上為車陳
直來柴繼廟呈而言上注云中庭不得
云近比明車近不在重今東陳於乘車
之西明重
文可知
折横覆之
折之設反後皆同
○折猶庪也方鑿

0011_0439-1　0011_0438-2

連寸為之蓋如牀而縮者三横者五無
簀窆事畢加之壙上以承抗席横陳之
者爲苞以下綍於其北便也覆之見
善面也○庪九委反窆彼驗反綍側耕
反見賢遍反○疏曰折横覆之者鄭云
蓋如牀則加於壙上時南北長東西短
今經云横明知其長者東西陳之言覆
之見善面則折加於壙時擬鄉上看之
爲面故善者鄉下今陳之取鄉下看之
故爲反覆善面鄉上也云折猶庪也者以
其窆畢加之於壙上所以承抗席若庪
藏物然故云折猶庪也云方鑿連木爲
之蓋如牀而縮者三横者五無簀者此
無正文以經云横覆之明有縱對之既

儀喪禮三　三十四

爲縱横即知有長短廣狹以承抗席故
爲如牀解之又知縮者三横者五亦約
茵與抗木但於壙口承抗席宜大於茵
與抗木故縮三横五也知無簀者以其
縮三横五以當簀處故無簀也云横陳
之者爲苞筲以下綍于其北便者折横
則東西廣是以苞筲陳之於北便也
抗木横三縮二
抗禦也所
以禦止上者其横與縮各足掩壙○疏曰
云所以禦止土者以其在抗木之上故
知以禦土也其横與縮各足掩壙者以
其壙口大小雖無文但明器之等皆由
羨道入諸侯以上又有輴車亦由羨道
入壙口唯以下棺則壙口大小容棺而

張本下象鼻題監生陳浚四字傳本剪去之

0011_0439-2

已今抗木亦足掩壙口也**加抗席三**抗古良反劉音剛後皆同○席所以禦塵○䟽曰旣陳抗木於折北又加此抗席三領於抗木之上知抗木不在折上者以抗木直言橫三縮二不言加明別陳於折北抗木之下而云加加於抗木之上可知抗席之下而云加茵明又加於抗席之上此三者以後陳者先用故先陳抗木於下次陳抗席而後陳茵先用取後陳於上者便[redacted]也是以下文及葬時茵先入壙窆事[redacted]加折壙上則先用抗席後用抗木是其次也若然折於抗席前用而不加於抗席之上者以長大故別陳於南用之仍在茵後

儀禮三　三十五

0011_0440-1

其茵用之在明器前入而陳之於明器上者以其同葬具故與亢木同陳於上也但抗席茵相重陳者以其入壙時相當又皆是縱橫重累之物故重加陳之也抗木在上故云禦二抗席在下隅抗木慮有塵鄉下故云禦塵**加茵用䟽布緇翦有幅亦縮二橫三**茵音因○茵所以藉棺者翦淺也幅緣之亦者亦抗木也及其用之木三在上茵二在下象天三合地二人藏其中焉今文翦作淺○䟽曰云加茵者謂以茵加於抗席之上此說陳器之時云用䟽布者謂用大功䟽麤之布云緇翦者緇則七入黑汁爲

0011_0440-2

公翦淺也翦淺爲淺緇之色言有幅絫下訖二兩幫用茶實綏澤焉用一幅亦爲之旁合兩邊幅爲袋不去邊幅以盛著也云茵所以藉棺者下葬時茵先入壙引乃窆則茵以與官爲藉故先入在棺之下也鄭云幅緣之者著縫今旣說乃更以物緣此兩邊幅縫合之鄭使之牢固不拆壞因爲飾也云亦者亦抗木也者抗木云縮二橫三此亦縮二橫三故知亦者亦抗木也云及其用之木三在上茵二在下者上抗木先云橫三後云縮二此茵先云縮二後云橫二並據此陳列之時鄭據入壙而言故云其用之也木三在上茵二在下各舉

儀禮三　三十六

0011_0441-1

一邊而言其實皆有二三云象天三合地二者渾天言之則地之上下外內周匝皆有天大奧茵皆有天二合地二人尸柩藏其中**器西南上綪**綪側耕反○器目言之也陳明器以西行南端爲上綪屈也不容則屈而反之○䟽曰云器目言之也者器與茵抗木下爲目即下文苞以下是也陳器次而北也○䟽曰茵非明器而事之者陳器從此茵鄉北爲次第故云之**苞二**所以裹奠羊豕之肉○䟽曰下文旣遣奠而云苞牲取下體故所裹二所以裹是羊豕之肉也**筲三黍稷麥**筲畚種類也其容

張本下象鼻題監生陳浚四字傳本剪去之

0011_0441-2

與簋同𣪘也○畚音本𣪘音斛又户
角反○疏曰案下記云菅筲三則筲以
菅草為之筲三各盛一種黍稷麥也云
筲畚種類也者舊說云畚器所以盛種
此筲與畚盛種同類也云其容蓋與簋
同𣪘也者案考工記旊人為簋實一𣪘
又云豆實三而成𣪘案昭三年晏子云
四升曰豆豆實三而成𣪘則𣪘受斗二
升筲與簋同盛黍稷知亦受一𣪘
斗二升無正文故云蓋以疑之也甕三
醯醢屑冪用疏布
甕烏弄反冪云狄反
本又作冪○甕瓦器
其容亦蓋一𣪘屑薑桂之屑也內則曰
屑桂與薑冪覆也今文冪皆作密○疏

儀禮疏三　三十七

0011_0442-1

曰云甕瓦器者以甕與甒等字從缶瓦
故知是瓦器云其容亦蓋一𣪘者[illegible]
致饔餼云甕斗二升則此甕約同之故
云蓋以疑之也云屑桂是薑桂者以內則
屑桂與薑同云屑
故引內則為證也
甒二醴酒冪用功布
甒亡甫反及注同○甒亦瓦器也
古文甒皆作廡○疏曰繼甕下而錄之
言亦
瓦器
皆木桁久之
桁户庚反又户郎反
久依注音灸○灸音九
以蔽包筲甕甒也久當為灸灸謂以蓋
塞其口每器異桁○疏曰自苞筲以下
皆甕之蓋於木桁也既皆久塞而甕甒
云冪者以其苞筲之等衆物宜空[illegible]

0011_0442-2

之而無冪甕甒濡物非直冪[illegible]又
加冪覆之云久當為灸此亦如上云重
苞冪用疏布久之讀從灸也云每器異
桁者以其言皆木桁故知每器別桁也
用器弓矢耒耜兩敦兩杅槃匜[illegible]音于
槃中南流
敦音對又都愛反又于[illegible]
木又作竽音同匜[illegible]音
徙何反○此皆常用之器也杅[illegible]
盤匜盛器也流匜口也今文杅爲[illegible]
槃音盤○疏曰謂常用之器弓矢[illegible]
耒耜農器敦杅食器槃匜浣盥之器[illegible]
象生時而
義之也
無祭器
士禮略也大夫[illegible]
祭用鬼器人器[illegible]

儀禮疏三　三十八

0011_0443-1

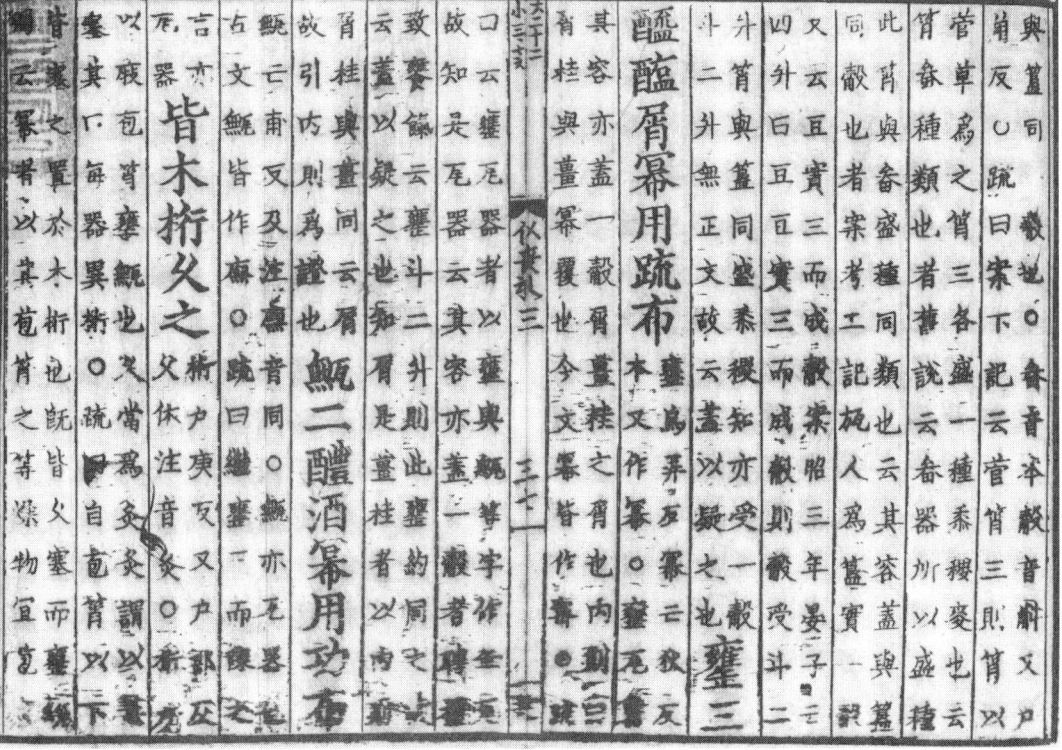

疏曰檀弓云宋襄公葬其夫人醯醢[illegible]
甕曾子曰既曰明器矣而又實之[illegible]
言名之為明器而與祭器皆實之[illegible]
鬼器與人器以此而言則明器鬼器[illegible]
祭器人器也士禮略無祭器有明器
實之大夫以上尊者備故兩有者有
則實祭器不實明器與襄公既
兩有而并實之故曾子非之
有燕樂
器可也
與賓客燕飲用樂之器也○疏
曰言可者許其得用故云可也
云與賓客燕飲用樂之器也者則
升歌有琴瑟庭中有特縣[illegible]擊也
役器
甲冑干笮
笮側白反矢服也○此皆
役之器甲鎧冑兜鍪干楯

0011_0443-2

矢箙○鏜苦代反，兜丁侯反，綮音[illegible]常允反，又音允。○疏曰此役器中[illegible]

笮無弓矢，示不用，故不具上周[illegible]用之器，故具陳之也。云甲謂冑兜鍪[illegible]

古者用皮，故名甲冑，後代用金，故名兜鍪，隨世爲名故也。但上下役用之[illegible]

皆翿沽爲之，故下記云弓矢之新沽[illegible]注云設之宜新，沽示不用，弓矢亍[illegible]

雖不言皆沽，可知也。但笮是送死之[illegible]下記云薦乘車鹿淺幦干笮革靾者[illegible]

寇車所載象生。

燕器杖笠翣

笠音立，翣所甲反。[illegible]者與此別也。

也○燕居安體之器也。笠竹𥰡蓋也。翣[illegible]扇○疏曰杖者所以扶身，笠者所以禦[illegible]

0011_0444-1

暑。翣者所以招凉，而在燕居用之，故云燕居安體之器也。云笠竹𥰡蓋也者，𥰡竹青之皮，以竹青皮爲之。

右陳器○記

抗木刊

剝削之，古文刊爲竿。○疏曰刊削也。而云剝者，大無皮者直削之，有皮者剝乃削之，故兼言剝。

茵著用荼實綏澤焉

荼大效反○荼茅秀也。綏廉薑也。澤澤蘭也。皆取其香且御濕。○御魚呂反，劉本作衘，音御。○疏曰茵著非直用茅秀，兼實綏澤取其香，知且御濕者，以其在壙下

0011_0444-2

須御濕之物，故與荼皆所以御濕。

葦苞長三尺一編

用便易也。○疏曰言便易者，葦草即長，截取三尺一道，編之用便易故也。

菅筲三其實皆瀹

菅古顔反，筲所交反。瀹餘若反。○米麥皆湛之湯，未知神之所享，不用食道，所以爲敬。○湛子廉反，又子鴈反。○疏曰經直云筲三，黍稷麥，不辨苞之所用，又黍稷生熟，故記之，明之是以云菅用菅草，黍稷皆淹而漬之，以其鬼神幽暗，生者不見，故淹而不熟，以其不知神之所饗故也。云不用食

0011_0445-1

道所以爲敬者，案檀弓云飯用米貝，不以食道，食道褻，則不敬。

弓矢之新沽功

沽音古，注同。○設之宜新，沽示不用，今文沽作古。○疏曰自此盡篇末，論死者用器弓矢麤惡之事，以其正經直云用器弓矢，不辨弓矢善惡，及弓矢之名，故記人明之，設之宜新者，爲死者宜用新物，云沽示不用者，沽謂麤爲之。

有弭飾焉

弭面爾反。○弓無緣者謂之弭，弭以骨角爲飾。○緣以絹反。○疏曰案爾雅云弓有緣謂之弓，無緣謂之弭。孫氏云緣繫約而漆之[illegible]

以纂約骨飾兩頭是説
詩云象弭魚服是用象骨弓弭
其弭骨明兩頭亦得用
聲抱云骨角爲飾
亦可張也
可張○疏曰此死者之弓雖
而沾略亦使可張故曰亦也
柲弓紮弛則縛之於弓裏備
損傷以竹爲之詩云竹柲緄
氏又柲作柴○弓紮音景弛式
紕古本反縢○大登反○疏曰
弓人造弓之時弓成納之紮
中定往來體此弓紮謂凡平弛
弓時以竹狀如弓縛之於弓裏
亦之爲柲者以若馬柲絃馬柲

儀禮三　四一

柲以制馬弓柲所以制弓使不頓
故謂之柲引詩云竹柲緄縢者
鍭也縢約也謂以竹爲柲以繩
縢之此經之柲雖麤略用亦如此
設依撻焉
撻他達反○依纏絃也撻弣側矢道也皆以韋
爲之今文撻爲銛○疏曰言依者
謂以韋依纏其弦即今時弓彄是
也云撻弣側矢道者所以撻矢令
出謂生時以骨爲之弣側今死者
用韋依與撻皆以韋爲之異於生者也
有韣
韣音獨○韣弓
衣也以緇布爲之○疏曰月令云
帶以弓韣韣知韣弓衣也鄭知韣

緇布爲之者此與上文鄭異
翭矢
當時弓衣用緇布而言也
一乘骨鏃短衛
翭音侯又音侯鏃子木反一音七木
反○翭猶候也候物而射之矢也
四矢曰乘骨鏃短衛亦示不用也
生時翭矢金鏃凡爲矢五分笴長
而羽其一○射食亦反笴古老反
○疏曰言候物而射之者案司
矢鄭注云可以司候射敵之近者
及禽獸鄭君兩注語異義同云骨
鏃短衛亦示不用也者案上文志
功鄭云示不用故此亦云云生時
翭矢金鏃者此亦爾雅釋器文案

儀禮三　四二

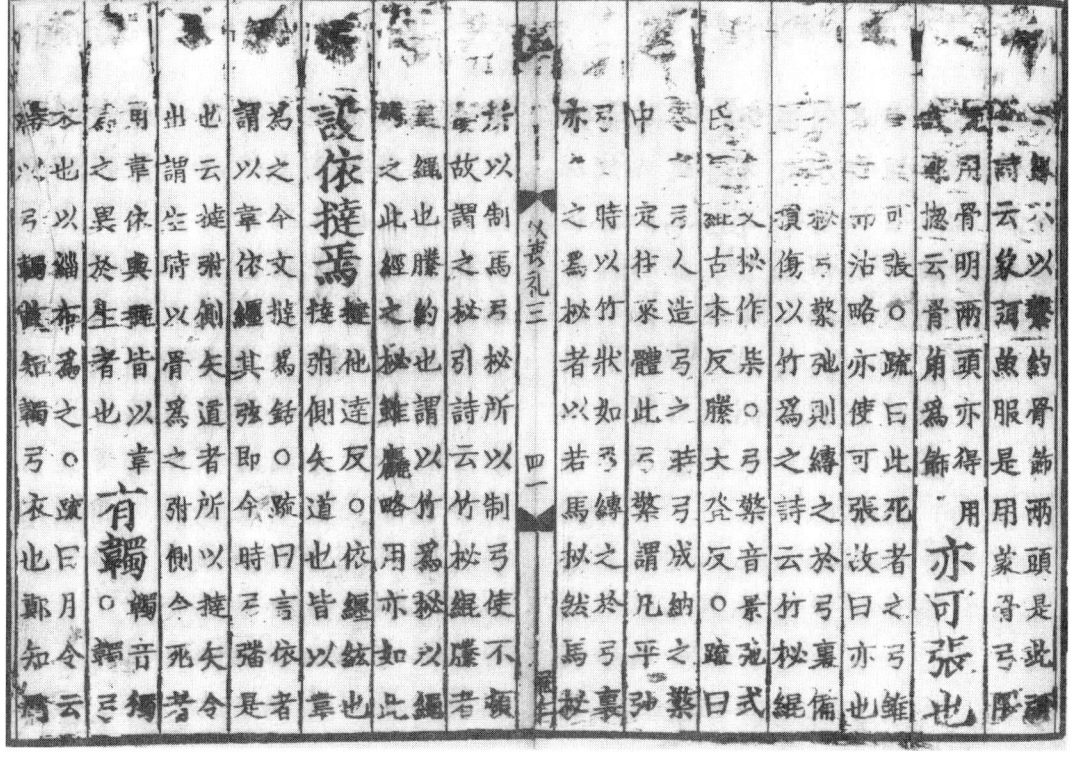

彼云金鏃翦羽謂之翭是也此言
短羽即翦羽也云凡爲矢五分笴
長而羽其一者案周禮矢人上陳
五矢下乃云五分其長而羽其一
故云凡以廣之也案鄭彼注云矢
笴長三尺五分羽一則六寸也謂
之羽者指體而言謂之衛者以其
無羽則不平正羽所以防衛其矢
故名羽爲衛
志矢一乘軒輖中亦短衛
輖音周字林云重也化一曰摯也又
音平○志猶擬也習射之矢書云
若射之有志輖摯也無鏃知備亦
不得生時志矢骨鏃凡爲矢前

0011_0447-1　0011_0446-2

緇布爲之者此無正文鄭驗當時弓衣用緇布而言也翭矢

一乘骨鏃短衛翭音侯又音候鏃子木反一音七木反○翭猶候也候物而射之矢也四矢曰乘骨鏃短衛亦云不用也生時翭矢金鏃凡爲矢五分笴長而羽其一○射食亦反笴古老反

○疏曰言候物而射之者案司弓矢鄭注云可以司候射敵之近者及禽獸鄭君兩注語異義同云骨鏃短衛亦示不用也者案上文沽功鄭云示不用故此亦云云生時翭矢金鏃者此亦爾雅釋器文案

儀禮記三　四二

彼云金鏃翦羽謂之翭是也此言短羽即翦羽也云凡爲矢五分笴長而羽其一者案周禮矢人上陳五矢下乃云五分其長而羽其一故云凡以廣之也案鄭彼注云矢笴長五尺五分羽一則六寸也謂羽者指體而言謂之衛者以其無羽則不平正羽所以防衛其矢故名羽爲衛

志矢一乘軒輖中亦短衛輖音周字林云重也一曰蟄也又音弔○志猶擬也習射之矢書云若射之有志輖蟄也無鏃短衛亦示不用生時志矢骨鏃凡爲矢前

0011_0448-1　0011_0447-2

[illegible]○[illegible]音至又作[illegible]書[illegible][illegible]字林竹二反○疏曰云志猶擬[illegible]者[illegible]射志有所準擬故云志猶[illegible]也云習射之矢者案司弓矢鄭[illegible]云恒矢之屬軒輖中所謂志以[illegible]言之則此恒矢也在八矢之下[illegible]是習射矢者以其矢中特輕於[illegible]宜也案六弓唐弓大弓亦授[illegible]一等者則此矢能唐大也引尚書[illegible]者證志爲準擬之事輖蟄者[illegible]謂輖從蟄以其車傍周非是軒[illegible]之蟄故讀從執下至云無鏃[illegible]亦示不用者知此矢無鏃者[illegible]翭矢言骨鏃此經不云鏃故知

儀禮記三　四三

無鏃示不用也若然翭矢生時用金鏃死用骨鏃志矢生時用骨鏃者則令去之云生時志矢骨鏃者亦爾雅釋器文案彼云骨鏃不翦羽謂之志此志矢是也云凡爲矢前重後輕也者案司弓矢鄭注云凡矢之制枉矢之屬五分二在前二在後殺矢之屬三分一在前二在後鍭矢之屬七分三在前四在後恒矢之屬軒輖中若然前重後輕者據殺矢翭矢枉矢絜矢恒矢弟矢而言引之者證此志是恒矢庳矢無前重後輕之義但[illegible]禮有八矢唯用此二矢者以其八矢[illegible]

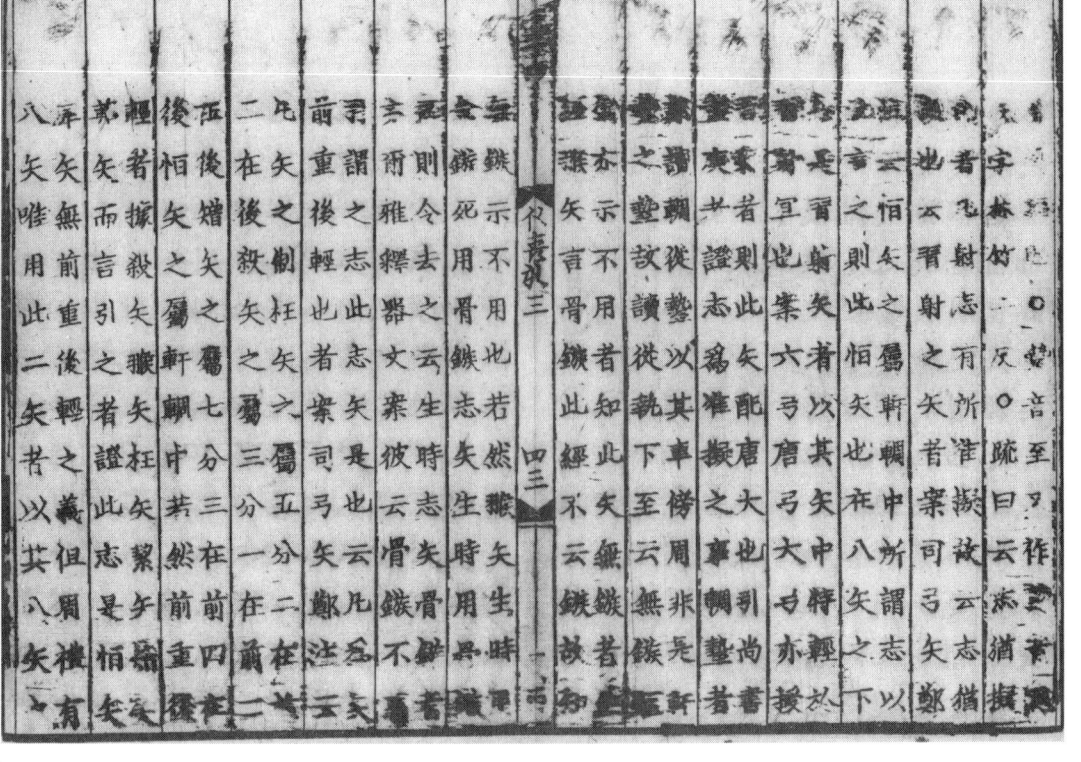

0011_0448-2

内腵矢居前最重恒矢居後最輕既不盡用故取其首尾者也○本

經　記

徹奠巾席俟于西方主人要節而踊巾席

俟於西方祖奠將用焉要節者來象升丈夫踊去象降婦人踊徹者由明器北

西面既徹由重南東不設於序西南者非宿奠也宿奠必設者爲神馮依之久

也○疏曰徹遷祖奠者爲將還遷車更設祖奠云巾席俟於西方祖奠將用焉

者以下經云祖還車還車訖布席設祖奠則布此巾席也故巾席俟祖奠在西

儀喪礼三　四十四

0011_0449-1

方也云節者來象升丈夫踊去象降婦人踊者案上篇徹小斂大斂奠時皆升

自阼階丈夫踊降自西階婦人踊今奠在庭無升降之事直有來往故云來象

升丈夫踊出象降婦人踊但此經直云主人要節知有婦人亦踊者以下經徹

祖奠將云徹者入丈夫踊設于西北婦人踊注云猶■附升肘也徹設於柩車

西此亦猶序西南是男子婦人並有踊文則知此要節踊内亦兼婦人也云徹

者由明器北西西既徹由重南東者凡奠於堂室者皆升自阼皆降自西階奠

於庭者亦由重此東方來陳由重北而西徹乾由重南而象象升自阼階降自

0011_0449-2

□□設奠於柩車西而□而則徹□奠東而西面徹之也云不設于序

□□非宿奠也者以其大斂小斂奠夕奠乃皆經宿故皆設之於序西南

爲神馮依此還祖奠旦始設之今自側徹之未經宿即徹故不設于序西南也

祖爲將祖變○疏曰下經商祝御柩乃祖是將祖故此主人祖祖即變也

商祝御柩亦執功布居前爲還柩車爲鄉○還劉者是○疏曰商祝

御柩者謂居柩車之前卻行詔傾虧使執披入知其節度云亦執功布者下經

商祝執功布以御柩執披故此亦如之而執功布乃祖還柩鄉外爲行

儀喪礼三　四十五

0011_0450-1

始○疏曰商祝既執功布爲御乃還柩車使轅鄉外也祖者始也爲行始去載

飭而□也踊襲少南當前東主人也柩還則當前東南○疏

曰前祖變今既祖訖故踊而襲云主人也者前祖身主人則此襲亦主人

也經云少南鄉云則當前東南者以奠車來還之時當前東近北今還車亦當

前東少南婦人降即位于階間爲柩將去有時也位□上

○疏曰婦人降者以柩還鄉外階閒空故婦人從堂上降在階閒云爲柩將去

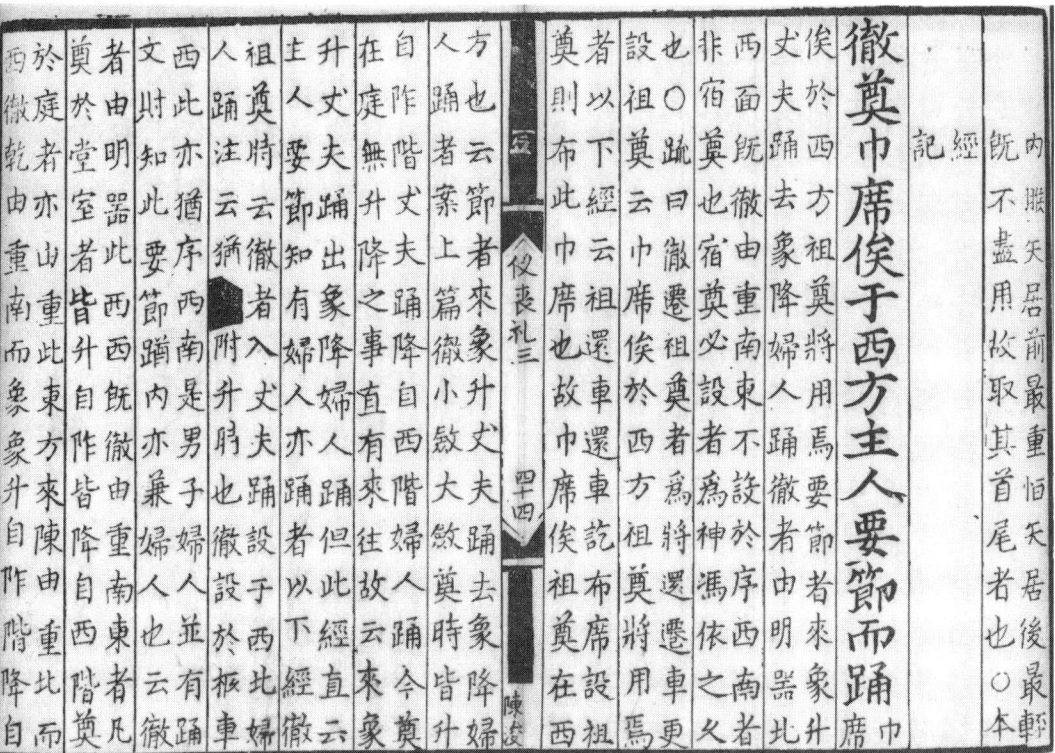

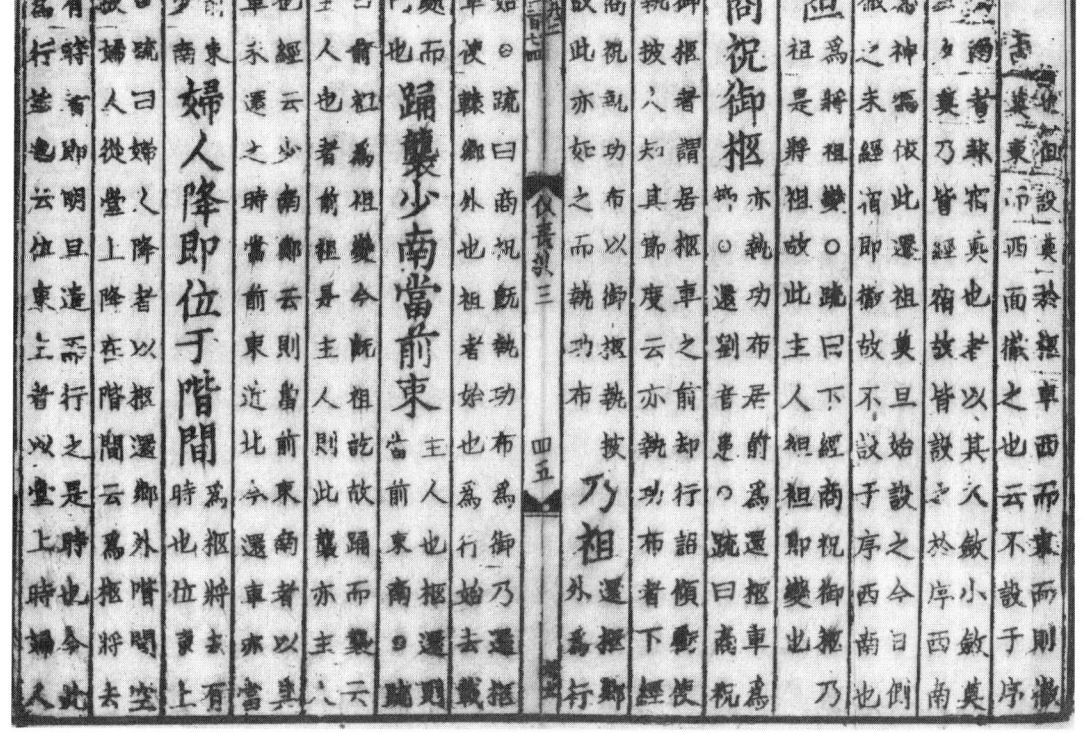

有時者鄉明旦遣而行之是時也今此爲行並也云位東主者以堂上時婦人

0011_0450-2

在阼階西面統於堂下男子今柩車南還男子亦在車東故婦人[illegible]東上統于男子也婦人不[illegible]車西[illegible]車西有祖奠故辟之在車後**祖還車**

不還器祖有行漸車亦宜鄉外也器之陳自已南上○疏曰祖還車者爲載時向北今爲行始故須還鄉南故覆云祖有行漸車亦宜鄉外也不還器者鄭云器之陳自已南上南上者即上文茵下注云茵在抗木上陳器次而北

是也**祝取銘置于茵**重不藏故於此移銘加於茵上○疏曰初死爲銘置於重啓殯祝取銘置于重祖廟又置于重今將行置于茵者重不藏

0011_0451-1

殯埋于廟門左茵是入壙之物銘亦入壙之物故於此移銘加於茵上也士無旌唯有乘車所建攝盛之旆并此銘旌而已大夫以上有廞旌通此二旌則有備三旌也

二人還重左還重與車馬還相反由便也○疏曰云重與車馬還相反由便也者以車馬至中庭之東以右還鄉門爲便重在門內面鄉北人在其南以左還鄉門爲便是以二者雖相反各由其便

布席乃奠如初主人要節而踊車已祖可以爲之奠也是之謂祖奠○疏曰云主人要節而踊者祖奠既與還祖奠[illegible]車西又皆也

0011_0451-2

車而來則此要節而踊一與還祖奠同云車已祖可以爲之奠也者奠本爲柩設具柩未安不得設奠今車已還名之曰祖尸柩已定可以爲奠也**薦馬**

如初柩動車還宜新之也○[illegible]曰上已薦馬今又薦馬者以柩[illegible][illegible]南爲行始宜新之故薦馬如初也

賓出主人送[illegible]

右祖奠薦馬○記祖於庭[illegible]

○**祖還車不易位**還音患○爲[illegible]外耳未行○[illegible]

口案正經乃祖還乘車道車[illegible]不辨還之遠近故記人[illegible]之

0011_0452-1

車不易本位爲鄉外[illegible]車車在階間婦人[illegible]

階間婦人降堂[illegible]易位而云不易位者[illegible]

爲三位重[illegible]其庭一[illegible]

易位**執**[illegible]也[illegible]

前後[illegible]後之[illegible]

人上[illegible]傾虧也○[illegible]記○**祝**[illegible]

主人之[illegible]

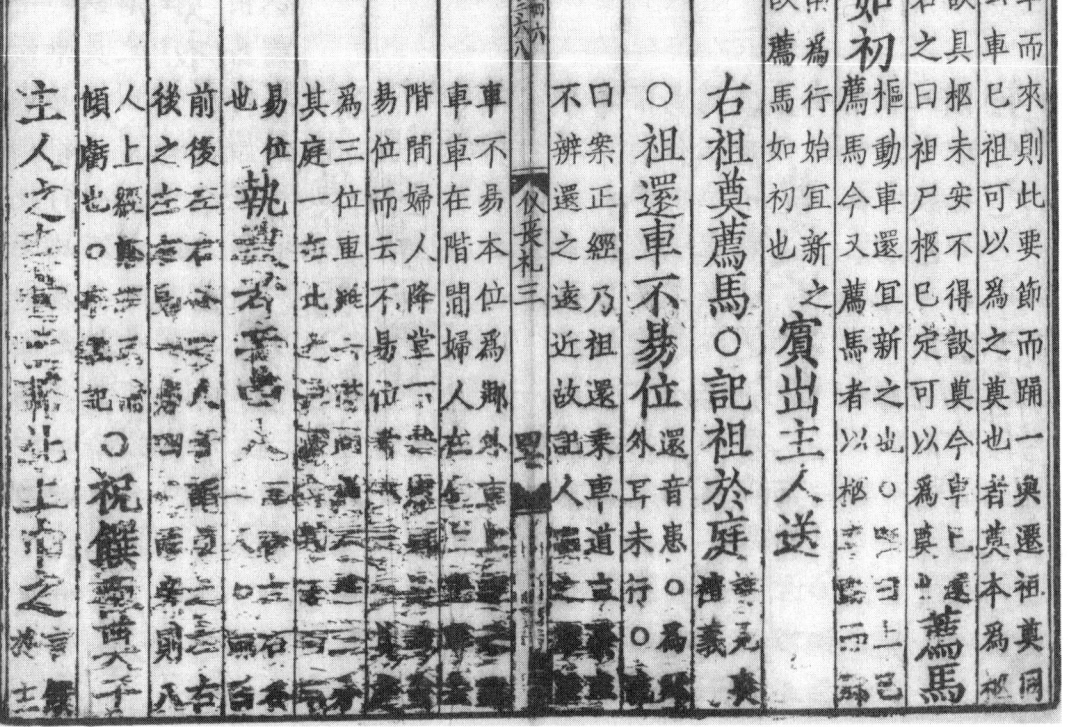

0011_0452-2

人之南當前輅則既祖祝乃饌○疏曰正經直云祖還車及還重訖乃奠如初不云饌處故記人明之既祖祝乃饌者以其未祖以前柩車鄉北輅在主人之北今云饌于主人之南明知既祖還乃鄉饌之○同上

有司請葬期亦因在外位時○疏曰上啓期祖期事畢在外位故此亦因事畢出在外位時請葬期也**入復位**主人也自死至於殯自啓至於葬主人及兄弟恒在內位○疏曰自死至於殯在內位據殯宮中自啓至

儀喪礼三　四八

0011_0453-1

於葬在內位據在祖廟中處雖不同在內不異故揔言之云在內位者始死未小斂已前位在尸東小斂後位在阼階下若自啓之後在廟位亦直阼階下也

右請葬期

公賵玄纁束馬兩○賵芳鳳反車馬曰賵公國君也賵所以助主人送葬也兩馬士制也春秋傳曰宋景曹卒魯季康子使冉求賵之以馬曰其可以稱旌繁乎○疏曰此論國君賵法之事云公國君也者公及大夫皆有臣臣皆尊其君呼之曰公故左氏傳伯有之臣曰吾公在壑谷今此云公則

0011_0453-2

國君非大夫君也以下云主人釋杖迎于廟門外與喪大記如此迎送若皆據國君也云賵所以助主人送葬也者車馬曰賵施於生及送死者下注云賵奠於死生兩施是也云兩馬士制也者謂士在家常乘之法若出使及征伐則乘駟馬其大夫以上則常乘駟馬引春秋者證公有賵馬助人之事**擯者出請入告主人釋杖迎于廟門外不哭先入門右北面及衆主人袒**尊君命也衆主人自若西面○疏曰云尊君命也者謂釋杖迎入故下文賓賵擯者出告須注云不

大四　小三六　儀喪礼卷三　四十九　戴舜

0011_0454-1

迎則此經皆是尊君命衆主人亦袒亦是尊君命云衆主人自若西面者以其主人一人迎賓入門門東而右其餘衆主人不迎賓明自若常位柩東西面可知也**馬入設**設於庭在重南○疏曰以馬是庭實故云設于庭知在重南者以庭實法皆三分庭一在南設之又重北陳明器不得設馬故知在重南也**賓奉幣由馬西當前輅北面致命**輅音路○賓使者幣玄纁也輅轅縛所以屬引中馬西則亦當前輅之西於是北面致命得鄉柩與奠柩車在階間少前三分庭之北輅有前後○疏曰案此使者

0011_0454-2

即士也士以禮君使人弔法使人士也禮使人各以其爵故知是士也云輅帪縛所以屬引者謂以木縛於柩車帪上以屬引於上而挽之故名輅縛也云由馬西則亦當前輅之西者以經直云當前輅不云東西及前後鄭以義言之以其馬在重南當門柩車在階間少南亦當門賓由馬西北行當前輅致命明當輅西可知賓當輅西經云北面致命明當奠柩之南北面是得鄉柩與奠也下記云遂匠納車于階間是柩車在階間也云少前者上經祖還車訖云少南當前東婦人降即位于階間明柩車少南是少前也云三分庭之北者以其中庭

0011_0455-1

陳明器不得在中庭故知在三分庭之北謂三分庭在北分之北此解賓致命之處

主人哭拜稽顙成踊賓奠幣于棧左服出

奠如字劉音定棧士板反劉才產反注輚同○棧謂柩車也凡士車制無漆飾左服象授人授其右也服車猶令云棧作輚○疏曰主人以賓致命訖遂哭拜也云成踊者三者三凡九踊云棧謂柩車也凡士車制無漆飾者也棧車即柩車也以其賓由輅西而致命云奠幣於棧有明此棧車柩車即蜃車四輪迫地無漆飾故言棧也云左服象授人授其右也者案聘禮宰授使者圭

0011_0455-2

聘云同面使者在左宰由左而授圭也此車北鄉以東爲左主在車上以左爲右故也左服客授尸之右也

宰由主人之北舉幣以東

柩東主人位以東藏之○疏曰云東主人位者解經由主人之北以幣在車東主人在車東故宰由主人位北爲鄉左服上取幣以東藏之於內也位此時主人仍在門東北面此位雖無主人既有定位故宰由位北而取幣不得履主人之位故由主人之北也

士受馬以出

此士謂胥徒之長也言勇力者受馬聘禮曰皮馬相間可也○疏曰受幣者宜尊受馬者宜卑故知

0011_0456-1

以馬是胥徒之長以其受馬故知有勇力者也若然昏禮記云士受皮注云士謂中士下士不爲胥徒者彼主人親受贄明受皮非胥徒是正士也引聘礼者欲見此用皮亦可也

主人送于外門外拜襲入復位杖

疏曰主人既送賓還入廟門車東復位杖也

右公賵

賓賵者將命

賓卿大夫士也○疏曰賓卿大夫士也者以其上云君下有兄弟則此賓是國中三卿五大夫二十七士可知言將命者身不來遣

0011_0456-2

者將命主人擯者出請入告出告須不□告曰
某須○疏曰案雜記諸侯使卿弔諸侯主人使擯者告賓云孤某須矣
引之義馬入設賓奉幣擯者先入賓從
命如初初公使者主人拜于位不踊柩車東位
既啓之後與在室同○疏曰云既啓後與在室同者案上篇始死時云云庶
兄弟使人以將命于室主人拜于位主人亦拜于位但是不爲賓出故云
在室同至于有命亦出迎也賓奠幣如初舉幣受

0011_0457-1

命如初擯者出請賓出在外請之爲其復有事○疏曰云賓
出在外請之爲其復有事者以其賓既致命訖出更請之爲其復有事若無事
則賓事畢去也若奠賓致可以奠也○疏曰謂賓不辭此釋所致之
或可[illegible]爲奠祭祀者也入告出以賓入將命如
初士受羊如受馬又請士亦謂胥徒之長又復也○疏
以其羊與馬同是類故知亦胥徒之類若賻賻音附賻之言
助也貨曰賻入告主人出門左西面賓東

0011_0457-2

面將命主人出者賻主施於主人○疏曰鄭知施於主人者以經下云
知生者賵是施於主人也案春秋文五年春王使榮叔歸含且賵傳譏一人兼
二事此賓所以兼事者彼譏一人獨行不與介各行故譏若雜記云上客弔卬
其介各行含襚賵則不譏則鄉大夫士禮一人行數事可也主人拜
賓坐委之宰由主人之北東面舉之反
位坐委之明主哀戚志不在受人物反位反主人之後位○疏曰鄭知反主
人之後位者以主人在門東西面而云宰由主人之北鄉賓舉幣之處舉幣明

0011_0458-1

宰位在主人之後故得由主人之北西行是以宰位在主人之後也若無
器則捂受之捂五故反○謂對相授不委地○疏曰以堂上授有
並受法以其在門外若有器盛之則坐委於地若無器則對面相授受故云捂
受之捂即逆也對面相逢受也又請賓告事畢拜送入
贈者將命贈送擯者出請納賓如初如其入告
出告須○疏曰謂如上賓賵時擯者出請入告出告須也賓奠幣如
初亦於棧左服若就器則坐奠于陳陳如字劉直[illegible]

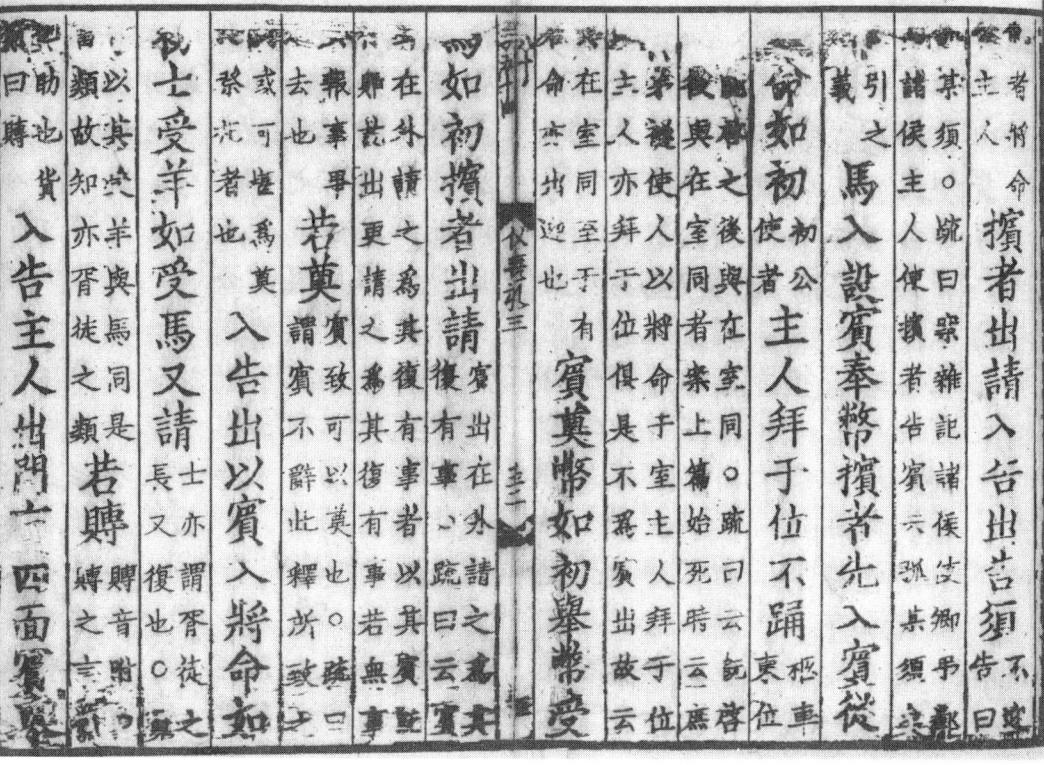

及下同○就猶善也贈無常唯玩好所有陳明器之陳○疏曰知贈無常者案下記云凡贈幣無常注云賓之贈也玩好曰贈在所有言玩好者謂生時玩好之具與死者相知皆可以贈死者故此經云若就器則坐奠于陳者就器則是玩好之器也云陳明器之陳者以其藏中所陳者唯明器即陳于車之西以此或言薦或言設無言陳者故指明器而言之

凡將禮必請而后拜送 雖知事畢猶請君子不必人意

兄弟賵奠可也 兄弟有服親者可且賵且奠許其厚也賵奠於死生兩施○疏曰知兄弟有服親者喪服傳云凡小功以下爲兄弟既言兄弟明有服親者也知非大功以上者以大功以上有同財之義無致賵奠之法云可且賵且奠許其厚也者所知許其賵不許其奠兄弟許其貳賵奠奠上經亦賓而有賵有奠有賻三者彼亦不使並行三禮之中有任行其一故此見之云賵奠於死生兩施者以下經云知死者贈知生者賻注云各主於所知死賵奠不傷害所生明於生死兩施也

所知則賵而不奠 所知通問相知也降於兄弟奠施於死者爲多故不奠○疏曰通問相知者明是服交通問相知言降於兄弟許奠不奠

奠也云奠施於死者爲多故不奠者但賵與奠皆生死兩施其奠雖兩施奠爲死者而行故知施於死者爲多所知爲疏不許行之非

知死者贈知生者賻 各主於所知○疏曰贈是玩好施於死者故知死者行之賻是補主人不足施於生者故知生者行之是今施於所知也

書賵於方 若九若七若五 方板也書賵奠賻贈之人名與其物於板[illegible]若九行若七行若五行○行並[illegible]○疏曰以賓客所致有賻有賵有奠直云書賵者舉首而言但於送有多少故行數不同

書遣於策 遣棄戰反汁及下讀遣并注同○策簡也遣猶送也謂所當藏物茵以下○疏曰編連爲策不編爲簡故春秋左氏云南史氏執簡以往上書贈云方此言書遣於策不同者聘禮記云百名以上書於策不及百名書於方以賓客贈物名字少故書於方則盡遣送死者明器之等并贈死者玩好之物名字多故[illegible]之於策策[illegible]明器之物藏在上文而此言之者遣中并有贈物故在賓客所與賵之一特書也

乃代哭如初 棺柩有時將去不忍絕聲[illegible]謂小斂時○疏曰案喪大記大夫[illegible]上官代哭士無官以親疏代哭云

0011_0461-1　　0011_0460-2

小斂時有奠與大斂小斂之禮夕士入奠不絕發士一日小斂

人偁怠而哭也宵爲燎于門内之右

反○爲哭者爲明○疏曰燎大燭必門内之右門東者奠於柩車西鬼神

幽闇不須明柩車東有主人階間婦人故於明右照之爲明而哭也

右親賓賵奠賻贈○記凡贈幣無

常賓之贈也玩好曰贈在所有○疏曰王經云公賵用玄纁束是

贈有常矣上又云賓贈奠幣如初直云奠幣如初不云物色與多少

儀禮三　五六

故記人明之以其賓客非一故云凡贈幣無常○本經記○義詳喪禮

賻贈事得失不同並詳見弔禮贈喪條○孟獻子之

喪司徒旅歸四布夫子曰可也

一詳見喪通財用條○子碩欲以賻布之

餘具祭器子柳曰不可君子不家

於喪請班諸兄弟之貧者同上

殷朔陳鼎五于門外如初鼎五羊豕魚腊鮮獸

0011_0462-1　　0011_0461-2

鼎也士祖特牲三鼎盛葬奠加一少牢也如初如大斂奠時○

之明陳大遣奠於廟門外之鼎豕魚腊鮮獸各一鼎者

以羊豕亦如之魚腊鮮獸皆如初少牢特同是也士特牲饋食禮陳三

鼎今大遣奠與大夫常祭用少牢同是盛此葬奠故加一等用少牢也云如初

如大斂在廟門外東方之饌也雖大饌鼎數仍不同以大斂三鼎此則五

大小斂時無黍稷朔月則有黍稷葬奠又無黍稷者以其葬奠婦死至殯自

至葬其禮同以無黍稷亦同也凡數或多或少不同者用特豚者或一特

儀禮三　五七

或三鼎若士冠禮醮子及婚禮盛饌士小斂之奠與朝禰之奠皆一鼎也

三鼎者禮同牢大斂禮及皆三鼎而以魚腊配之是也其

限少牢者或三鼎或五鼎三鼎者則有儀云陳三鼎如初以其繹祭殺之故

止祭故用少牢而鼎三也五鼎者少牢五鼎大夫之常事此葬奠七鼎之奠爲

少牢亦五鼎聘禮致饔衆介皆少牢亦五鼎玉藻諸侯朔月少牢亦五鼎其用

犬牢或七或九或十或十二其云七鼎九鼎者公食大夫下大夫牢鼎亡上大

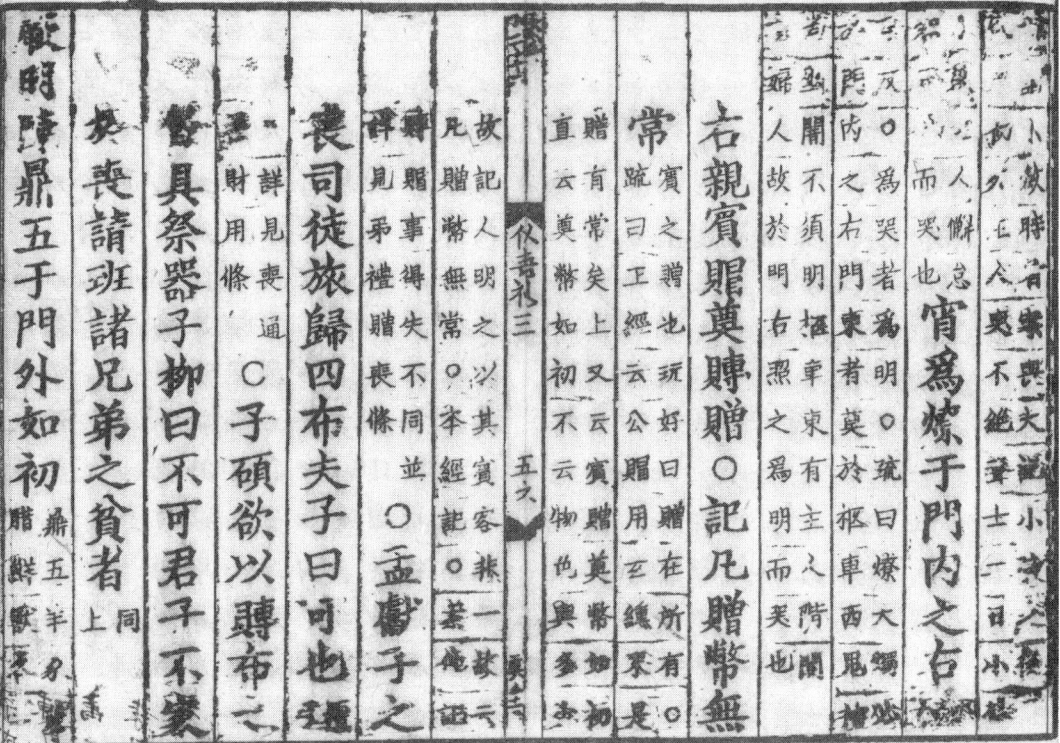

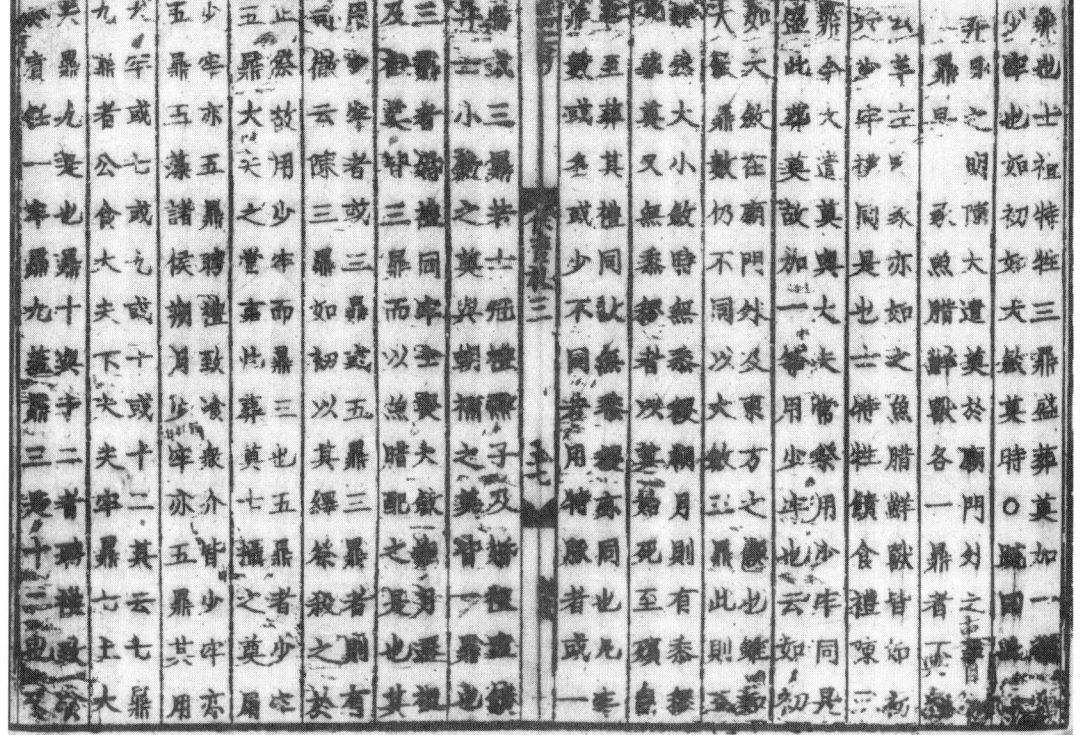

鼎九是也鼎十與十二者聘禮致饔賓一牢鼎九羞鼎三是十二鼎

0011_0462-2

而上介飪一牢鼎七羞鼎三是其大夫禮案郊特牲云鼎俎奇而籩豆偶以象陰陽鼎有十與十二者以其正鼎與陪鼎各別數則爲奇數也

其實羊左胖胖音判○反吉祭也言左胖者體不殊骨也○疏曰云反吉祭也者以其特牲少牢吉祭皆升右胖此用左胖故既言左胖則左邊共爲一段故云體不殊骨雖然下云髀不升則除髀以下膞胳仍升之則與上有脊脅別升則左胖仍爲二段矣而云體不殊骨據脊脅以上肫胳已下共爲一亦得爲體不殊骨也

髀不升髀步禮反又方爾反○周貴肩賤髀古文髀作脾○

0011_0463-1

疏曰云髀不升者則膞已上去之取膞胳已下云周貴肩賤髀者案祭統云殷人貴髀周人貴肩故云髀不升

腸五胃五亦盛之也○疏曰亦盛之者以其不用特牲而用少牢是盛葬奠祭少牢用腸三胃三今加至五亦是盛義也

莫離肺離搯○搯苦圭反○疏曰此非直升腸胃又升離肺者案少儀云牛羊之肺離而不提心注云提猶絕也搯離之不絕中央少者使易絕祭可此爲食祭亦祭離肺也

豕亦如之豕解無腸

[illegible]

0011_0463-2

無腸胃者君子不食溷腴○肫劉音純又之春反溷音患又尸困反腴音臾○疏曰鄭云如羊左胖謂豕與羊同者左胖雖同仍與羊異以其羊則體不殊骨上下共爲二段此豕之左胖則爲四段矣故別云豚解豚解總有七段今取左胖仍爲四段矣云前肩後肫脊脅而已者鄭欲爲四段與羊異也云君子不食溷腴者禮記少儀文彼鄭注文謂犬豕之屬食米穀者也腴有似於人穢引之者證不取腸胃之義也

魚腊鮮獸皆如初鮮新殺者士腊用兎加鮮獸而無膚者豕既豚解略之○疏曰云士腊[illegible]兎者謂此腊是其乾

0011_0464-1

者云鮮新殺者二者皆用兎必知士腊皆用兎者雖無正文案少牢禮大夫腊用麋鄭云大夫用麋士用兎與以無正文故云與以疑之此亦云士腊用兎但士腊宜小故宜用兎也云加鮮獸而用膚者以葬奠用少牢攝盛則當有膚與少牢同以豕既豚解四段喪事略則無膚者亦略之而加鮮獸也

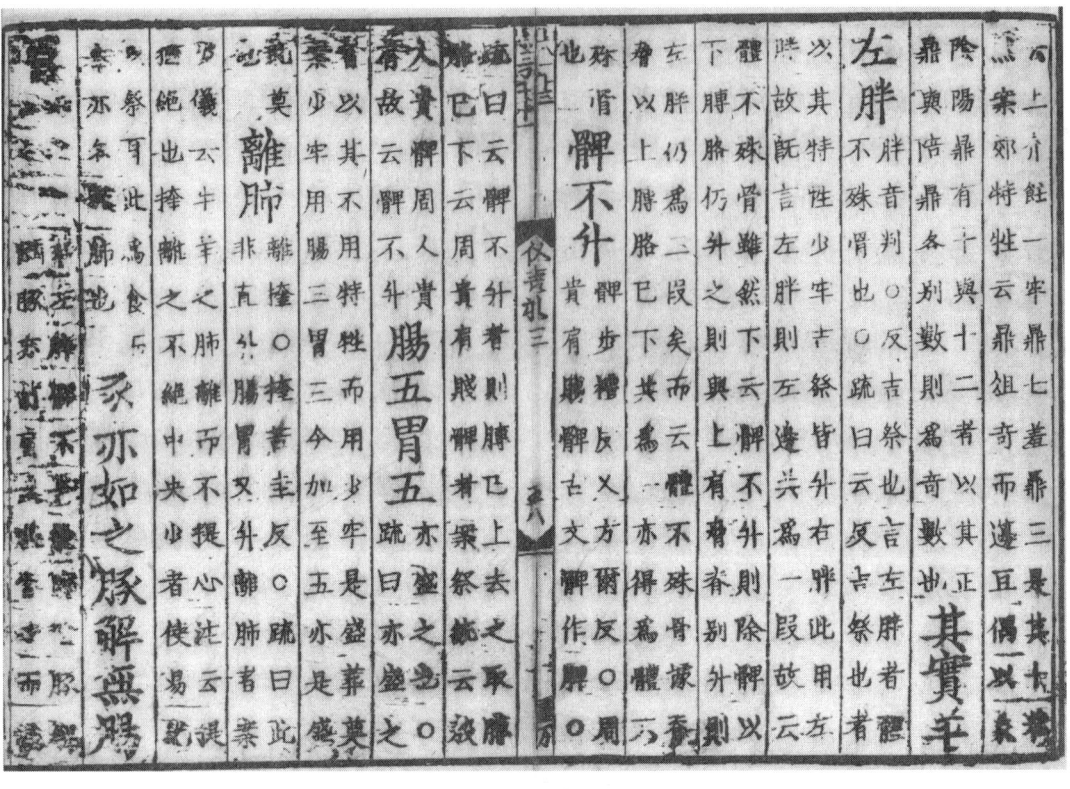

東方之饌四豆脾析蜱醢葵菹蠃醢脾劉音毗注同一音婢支反析思狄反蜱皮佳反蠃力禾反○脾讀爲雞脾肶之脾脾析百葉也蜱蜯也今文蠃爲蝸○肶尺之反蜯步講反蝸力禾反又古華反○疏曰陳

0011_0464-2

鼏既𦈢又陳東方之饌于主人之南前輅之東其豆有四脾析一蜱醢二葵菹三云醢四案周禮鄭注醢人云細切爲齏全物若牒爲菹又云齏菹之稱菜肉通又經一云菹者類皆是齏則此經云脾析者即齏也云脾讀爲雞脾肶之脾者此脾雖與脾腎之脾同正謂百葉名爲脾析故讀音從雞脾肶之脾時俗有此語故讀從之也案醢人注云脾析牛百葉也此不云牛者彼天子禮有牛此用少牢無牛當是羊百葉故不云牛也云蜱蜯也者即蛤也知蜱即蛤者以周禮醢人云蠯醢注云蠯蛤也此注云蜱蜯也以蜱蠯是一物故知蜱蜯即蠯蛤

0011_0465-1

也

四籩棗糗栗脯糗去九反○糗以豆糗粉餌○餌而志反○疏曰籩人云羞籩之實糗餌粉餈注云此二物皆粉稻米黍米所爲也合蒸曰餌餅之曰餈糗者擣粉熬大豆爲餌餈之黏著以粉之耳餌言糗餈言粉互相足者此本一物餌言糗謂熬之亦粉之餈言粉擣之亦糗之不言互文而云互相足者凡言互文者是二物各舉一邊而皆文故云互文此糗與粉唯一物分爲二文皆語不足故云互相足也又案籩人羞有二籩糗餌及粉餈此經直言糗則舉糗以見餌而無餈故鄭云糗以豆糗粉餌也

醴酒此東方之

0011_0465-2

饌與祖奠同在主人之南當前輅北上巾之○疏曰案下記云祝饌祖奠于主人之南當前輅北上巾之既是還柩鄉外乃饌之于主人之南自還車至此外車未動則此葬奠東方之饌亦饌于主人之南當與前同處故注云與祖奠同在主人之南但祖奠與大斂同二豆二籩此葬奠四豆四籩籩豆雖不同[illegible]同處耳云北上者蓋亦輤在北次南饌四豆豆南饌四籩也

陳器此夜斂藏之○疏曰朝祖之日已陳明器此復陳之者由朝祖至夜斂藏之[illegible]此厥明更陳之也

滅燎執燭俠輅北面照徹與葬奠也

0011_0466-1

○疏曰昨日朝祖日至夕云宵爲燎于門內之右至此滅燎既滅二人執燭俠輅北面一人在輅東一人在輅西輅西者炤徹祖奠輅東者炤葬奠之饌故注云炤徹與葬奠也

賓入者拜之明自啓至此主人無出禮○疏曰此時有弔葬之賓主人皆不出迎但在位拜之所以不出迎者[illegible]之後親尸柩不可離位以迎賓唯有君命乃出

右陳遣奠明器

○記凡糗不煎以膏煎之則褻非敬○疏[illegible]經奠互云四籩棗糗栗脯[illegible]糗之煎

0011_0466-2

不故記人明之凡糗直空糗而已不用脂膏煎和之是以鄭云以膏煎之則褻非敬故云不煎此篇唯葬奠有糗而云凡者記人通記大夫以上○本經記○陳小斂奠條枇畢用桑大斂奠條大功與饋奠以下當互考

徹者入丈夫踊設于西北婦人踊猶阼階升時也亦既盥乃入入由重東而主人踊猶其升也自重北西面而徹設於柩車西北亦曰序西南○疏曰將設葬奠先徹祖奠故云徹者入入謂祝與執事徹

仪丧礼三　六十二

0011_0467-1

祖奠亦既盥乃入由重東而主人踊至徹訖設柩車西北則婦人踊也云猶阼階升者謂徹小斂奠者門外盥訖入升自阼階丈夫踊今徹者亦門外盥訖入由重東主人踊故云猶其升也云自重北西面而徹設於柩車西北亦猶序西南者此徹祖奠設于柩車西北亦猶小斂大斂朔月奠設于序西南也徹者東由柩車北東適葬奠之饌○疏曰以其徹訖當設葬奠故徹者由柩車北東適葬奠之饌取而設于柩車西也知由柩車北而東者以其徹者設于柩車西北而云徹者東若柩車南不得云徹者東故知在柩車北東行也鼎

0011_0467-2

入舉入陳之也陳之蓋於重東北西面北上如初○疏曰以其徹者既東當設葬奠故五鼎皆入陳也云陳之蓋於重東北西面北上如初者以其上篇小斂奠大斂奠朔月奠遷祖奠皆在阼階下西面北上今此但云鼎入不言如初據正文故云蓋以疑之既疑而知在重東北西面北上者以其奠祭在室掌設者皆陳於阼階下西面如大小斂故知也乃奠豆南上綪籩嬴醢南北上綪○籩嬴醢南辟醴酒也辟音避○疏曰云籩嬴醢南辟醴酒也者如上所饌則先饌脾析於西南次北蜱醢次東葵菹次

仪丧禮三　六十三

0011_0468-1

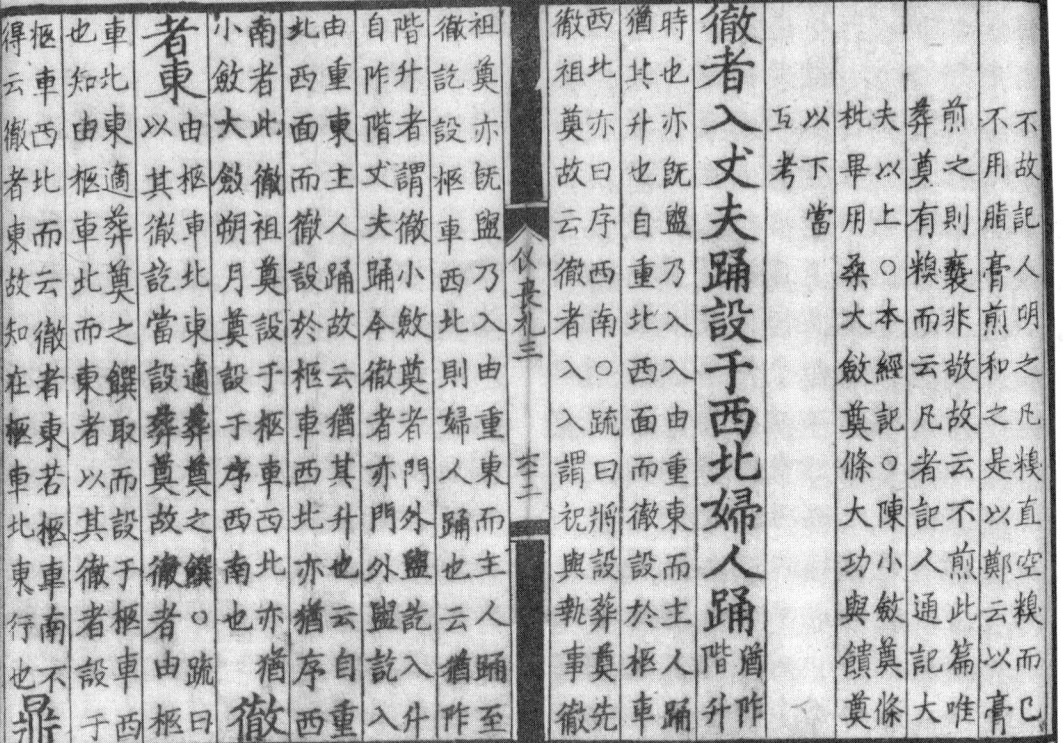

南嬴醢陳設要方則四籩宜亦設於脾析已南綪之為次今不於脾析已南為次而發嬴醢已南為次故知辟醴酒醴酒當設在脾析之南可知也俎二以成南上不綪特鮮獸成猶併也不綪者魚在羊東腊在豕東古文特為俎○併步頂反○疏曰知俎二以併不綪者若綪則宜先設羊於西南次北設豕次東設魚次南設腊今於西南設羊次北豕以魚設于羊東設腊于魚北還從南為始是不綪也其鮮獸在北北無偶故云特也是以鄭云不綪者魚在羊東腊在豕東也醴酒在籩西北上統於

0011_0468-2

豆也○疏曰云統於豆者豆即脾析也以其云北上上二觚醴酒繼豆言北上故云統于豆也奠者出主人要節而踊亦以往來為節

奠由重北西既奠由重南東○疏曰自广以來堂下設奠徹奠皆云主人要節而踊注皆云往來為節此主人要節而踊亦以往來為節奠來時由重北而西既奠由重南而東此奠饌在路之東言由重北者亦是由車前明器之北鄉車西設之設訖由柩車東南而來者禮之常也

右遣奠

0011_0469-1

甸人抗重出自道道左倚之○倚於綺反還重不言甸人抗重言之者重既虞將埋之言其官使守視之抗舉也出自道出從門中央也不由闑東西者重不反變於恒出入道左主人位今時有死者鑿木置食其中樹於道側由此○闑魚列反鑿疏曰論將葬重及車馬之等以次出之[?]云道左倚之者當倚於門東北壁云還重不言甸人者上云還重不言甸人至此乃言甸人也云重既虞將埋匠者雜記文彼注云就所倚處埋之但天子九虞諸侯七虞大夫五虞士三虞卒虞以前以重主其神虞所以安神

0011_0469-2

不作主祭其神所安於寢不假重為神主又士大夫無主明亦初虞即埋之也云不由闑東西者重不反變於恒出入者恒出入則闑東闑西也云道左主人位者檀弓云重主道注云始死未作主以重主其神則重主死者故於三人之位埋之也鄭云今時以下者引漢法證重倚道左之事也薦馬

馬出自道車各從其馬駕于門外西面而俟南上南上便其行也行者乘車在前道車槀車從○槀古老反○疏曰云南上者謂於門外之時南上云便其行也者以其葬於國北在路則南上上

0011_0470-1

者常在前故云便其行也云行者乘車在前道車槀車從者案下記云乘車載旜道車載朝服槀車載蓑笠是亨從也徹者入踊如初徹巾

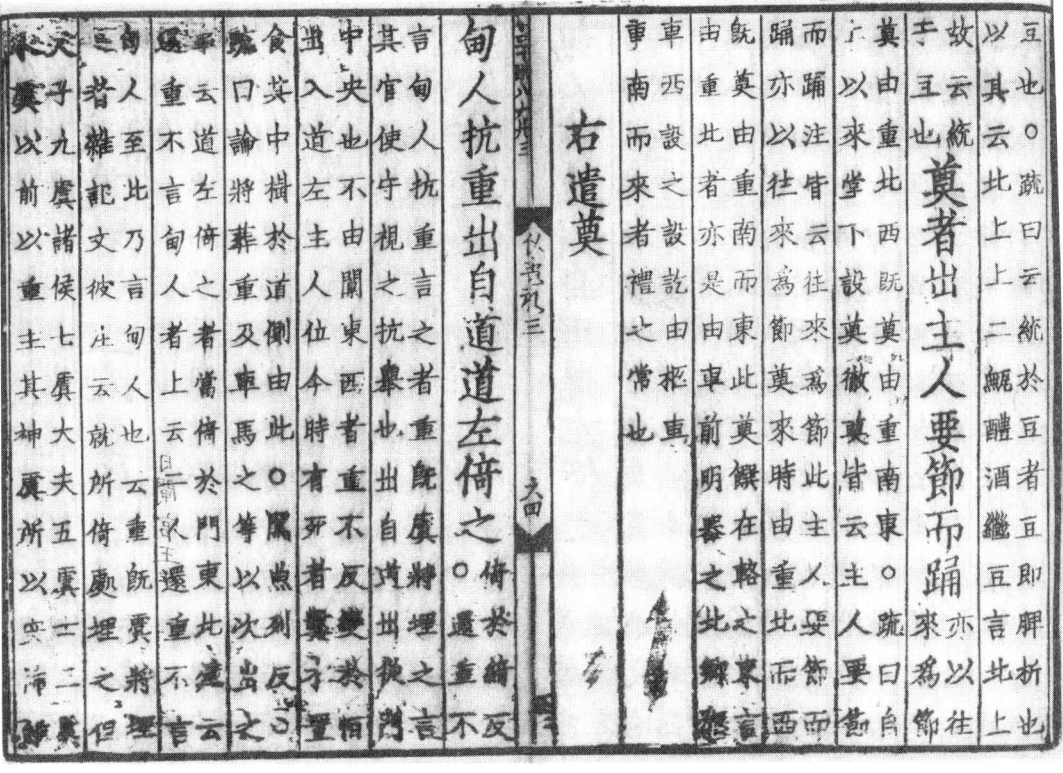

苞牲取下體苞者象既饗而歸賓俎者也取下體者脛骨象行又俎實之終始也士苞三个前脛折取臂臑後脛折取骼亦得俎釋三个雜記曰父母而賓客之所以為哀○脛户定反劉故孟反个古賀反臑乃到反骼劉音路一音各○疏曰云苞者象既饗而歸賓俎者也案雜記文而言之云取下體者以父母將行鄉殯故取前脛後脛下體行者以送之故云象行也云又一俎實

0011_0470-2

之終始也○疏葬奠用少牢其載牲體亦[illegible]與少牢同案少牢載俎云肩臂
臑肫胳在兩端又云[illegible]在上以此言之則肩臂臑在俎上端為俎實之始肫胳
在俎下端為俎實之終今取此兩端骨包以歸父母直取脛骨為象行又兩
端為俎實之終始也云士苞三个者自此之差案檀弓云國君七个遣車七乘
大夫五个遣車五乘注云人臣賜車馬者乃得有遣車遣車之差大夫五諸侯
七則天子九諸侯不以命數喪數略也个謂苞遣奠牲體之數也雜記曰[illegible]
車視牢具彼注云言車多少各如所苞遣遣奠牲體之數也然則遣車載所苞遣

儀喪疏三

0011_0471-1

奠而藏之者與遣奠天子大牢包九个諸侯亦大牢包七个大夫亦大牢包五
个士少牢包三个大夫以上乃有遣奠數此而言士無遣奠則所包者不載于
[illegible]直特之而已士有一包而云包三个[illegible]云个謂所包遣奠則士一包之中
[illegible]三个牲體故云前脛折取臂臑後脛取骼者若然大夫云遣車五乘包五
[illegible]一包之中有五个五五二十五一牢而為二十五體則亦取下體前脛
[illegible]臂臑後脛取骼三牲有九體又就九體折分為二十五个五包包各五个諸
侯亦大牢而包七个天子亦一大牢又[illegible]為牲牲別有三體則十一體就十

三體中細分為八十一个九包包各九个大夫以上皆不得全體謂若少儀云
大牢則以牛右肩臂臑折九个之數亦為不全體也云亦得俎釋三个者羊俎
又注云體不殊骨也其髀又不升則數別為一段在俎今前脛折取臂臑亦有
仍為髀為一段後脛折取骼仍有脫一節在俎則羊俎仍有兩段在俎豕則亦
髀脫解為四段在俎今前脛折取臂臑後脛折取骼仍有四段在俎若然羊豕
有二段豕俎有四段俎通則二俎俎皆三段在故得為俎釋三个亦特牲俎釋
三个注云為[illegible]饌於西北隅遺之則宜奠雖不啟為[illegible]西北隅留之亦為分禮

儀喪疏三　才忠

五祀也引雜記者案彼云曾子謂或人曰吾子不見大饗乎夫大饗既饗卷三
牲之俎歸于賓館父母而賓客之所以為哀也注云言父母家之主今賓客之
是遣子親之去也證此包牲歸父母亦是賓客父母之事也

不以魚腊

非正牲也○疏曰云非正牲也者正牲謂上三牲故不以魚腊

行器

目葬行明器在道之次○疏曰包牲訖明器當行鄉壙故云行器云目葬行明器者即下云茵苞已下是也故云目葬行也

茵苞器序從

如其陳之先後○疏曰此直云序從者序從即上文器西南上茵苞已下是也故此

0011_0472-2

亦吉莭苞以
北爲首故也
車從
次器○疏曰上陳明
器訖次列車以從明
器故云
大器也
徹者出踊如初
於是廟中當行
首唯柩車○疏
山徹者謂包牲訖當徹去所釋者出廟
下分禱五祀者徹者出時主人踊於是
廟中當行者唯有柩車在廟未出
故云於是廟中當行者唯柩車也
右重出車馬奠器從○記載粻有

0011_0473-1

子曰非禮也
粻涉良反○
粻米糧也
喪奠脯
醢而已
醢音海○言死者不食糧
也遣奠本無黍稷○疏曰
儀禮疏三　六八
遣車載粻有子譏其爲失也然藏
器皆三有黍稷麥但遣奠之饌無
黍稷故遣車之奠不合載粻又云
死者不食糧故遣奠不用黍稷而
牲體是脯醢之
義也○雜記
士人之史請讀賵執筭從柩東當前束
西面不命毋哭哭者相止也唯主人主
婦哭燭在右南面
毋音無○史北面請
既而與執筭西面於
主人之前讀書釋筭燭在右南面炤書
便也古文筭皆爲筴○疏曰鄭知史北

0011_0473-2

面請者以其主人於車東北面所請者
請於主人明史北面問之又知在主人
之前讀之對面當柩故知在主人之前
西鄉柩也請訖乃西面請時及入時書
在前筭在後則史西面之時筭在史南
西面今燭在史北近史炤書爲便若在
左則隔筭
不便也
讀書釋筭則坐
必釋筭者榮
其多○疏曰
讀書者立讀之敬也釋筭者坐爲釋之
便也云必釋筭者榮其多者以其所賵
之物言之亦得今必釋
筭顯其數者榮其多也
卒命哭滅燭書
與筭執之以逆出
卒已也○疏曰言逆
出則入時長在前出

0011_0474-1

儀禮疏三　六九
時長在後燭言滅不言出者以其燭
已滅不得言燭出其人亦出可知
公
史自西方東面命毋哭主人主婦皆不
哭讀遣卒命哭滅燭出
公史君之典禮
書者遣者入壙
之物君使史來讀之成其得禮之正以
終也燭俠輅○疏曰以其言公史故知
君史案周禮大史小史皆掌禮則諸侯
史亦掌典禮可知云成其得禮之正以
終者以其死葬之以禮是死者得禮之
終事故以君史讀而成之也知燭俠輅
[illegible]上陳設葬奠云執
燭俠輅北面可知也

右讀賵○記讀賵曾子曰非古也賵芳取反○曾子言非禮祖而讀賵賓致命將行主人之史又讀賵所以存錄之○檀弓

是再告也

商祝執功布以御柩執披居柩車之前若道有低仰傾虧則以布為抑揚左右之節使引者執披者知之士執披八人今文無以○仰五郎反○疏曰執功布者謂執大功之布麤者也云以御柩執披者葬時乘人故有柩車前引柩者及在旁執披者皆御治之故云御柩執披也云柩車之

仪丧礼三 十二

前若道有低仰傾虧則以布為抑揚左右之節者道有低則抑下其布使知下坂道有仰則揚舉其布使知上坂東轍下則下其布向東西邊執披者持之西轍下則下其布向西東邊執披者持之鄭云使引者執披者知之者執披者知其左右引者知其上下也知士執披八人者案下記云執披者旁四人注云前後左右各二人是士執披者八人也

主人袒乃行踊無筭

袒為行變也乃行謂柩車行也凡從柩者先後左右如遷子祖之序○疏曰云乃行謂柩車行者經云乃行文承主人袒下嫌主人行故云乃行謂柩車行人

行處[illegible]為之[illegible]行主人行[illegible]舉柩[illegible]行也○還于祖時注云主人[illegible]

曾子夫由[illegible]人由以服之[illegible]路[illegible]先後各從其昭穆男賓在前[illegible]賓在[illegible]

此從柩向壙之序一如

出宮踊襲

○哀次還葬往之事故如之也疏

曰云哀次者以經云出宮踊襲以宮大門外有賓客次舍之處父母生時接

攢之處故主人至此感而哀此亦是以有踊襲說如踊襲說而行也故檀弓云

哀次亦如之注云次你[illegible]客所受大門外全也孝子至此而是也

右柩行○記士喪有[illegible]子同[illegible]

仪丧礼三 七十一

乘人專道而行詳見袒條○及葬[illegible]

宗躐行出于大門殁之也孔子行

之詳見上篇始死毀竈綴足條○孔子在衛有

送葬者而夫子觀之曰善哉為喪

乎足以為法矣小子識之子貢曰

夫子何善爾也曰其往也如慕其

反也如疑識式志反又音式下注同○慕謂小[illegible]

0011_0477-1　　0011_0476-2

毋啼呼疑者哀親之在彼○疏曰
言慕如小兒啼呼者謂父母在前
而隨之今親喪在前孝子在後恐
嬰兒在後恐不及之故在後啼呼
不逮反如嬰兒之慕疑者謂凡人
意有所疑在彷徨不進今孝子哀
親在外不知神之來否如不欲還
然故如疑問喪云其反也如疑鄭
注云疑者不知神之
來否與此相彖乃是子貢曰豈若
速反而虞乎速疾也子曰小子識之
我未之能行也哀戚本也祭祀末也○檀弓

喪礼三　七十二

曾子曰葬引至于堩日有食之則
有變乎且不乎且如字徐子餘反堩古鄧反○堩道
也變謂異禮○疏曰曾子以葬引
至塗値日有食之則有變常禮而
停住乎且不變常禮而遂行
乎不審其事而問孔子也孔子
曰昔者吾從老聃助葬於巷黨及堩
日有食之老聃曰丘止柩就道右
止哭以聽變既明反而后行曰禮

張本下象鼻題監生陳浚四字傳本剪去之

0011_0478-1　　0011_0477-2

也從才用反又如字既明反[illegible]○巷黨黨名也就道右者行柩
左之變日食也反復也○疏曰老聃稱曰禮也就道右者行相左也
者就道右者以道東爲右也案儀禮云吉事交相左凶事交相右此
既柩行而交左者以其遭日食之變止哭停柩而不行凶禮故從吉
禮行相左此據北出傳柩在道東此嚮對南嚮行人爲交相右反
葬而丘問之曰夫柩不可以反者
也日有食之不知其已之遲數則

喪礼三　七十三

豈如行哉已止也數讀爲速○疏曰不知其日食休已之
遲速設若遲晚遂至於昏則豈如行哉言當疾行以至於墓赴其事
辰也老聃曰諸侯朝天子見日而行
逮日而舍奠大夫使見日而行逮
日而舍朝直遙反使色吏反下皆讀所使同○舍奠每將食
奠行之
夫柩不蚤出不莫宿蚤音早莫音暮
○優[illegible]　見星而行者唯罪人

0011_0478-2

奔父母之喪者乎日有食之安知其不見星也爲無日而慝作豫止也○慝他得反惡也且君子行禮不以人之親痁患痁始占反病也○痁病也以人之父母行禮而懼其有患害不爲也○疏曰言不可使人之親病於危亡之患也言君日食而務速葬以赴吉辰即慮有患害而遂停柩待明反而行禮也吾聞諸老聃云曾子問

0011_0479-1

至于邦門公使宰夫贈玄纁束邦門城門也贈送也○疏曰云邦門者案檀弓云葬于北方北首三代之達禮也此邦門者國城北門也贈用玄纁束帛者即是至壙變訖主人贈死者用玄纁束帛也以其君物所重故用之送終也主人去杖不哭由左聽命賓由右致命去起呂反○柩車前輅之左右也當時止柩車○疏曰此謂宰夫將致命主人乃去杖不由柩車前輅之左右鄭必知據前輅右者以柩車在廟時賓在柩車右主在柩車左故知亦當前輅左右也云當

0011_0479-2

時止柩車者下記云唯君命止柩于堩其餘則否注云不敢留神也此字亦致命時柩車北也主人哭拜稽顙賓升實幣于蓋降主人拜送復位杖乃行升柩車之前實其幣於蓋之柳中若親受之然復位反柩車後○疏曰賓既致公贈命訖主人乃哭拜稽顙賓乃升柩車實幣于棺之蓋中載以之壙上文在廟所贈之幣皆奠于左服此實于蓋中者彼贈幣生死兩施故奠左服此贈專爲死者故實于蓋中若親授之然云復位反柩車後者上在廟位在柩車東此行道故在柩車後也

0011_0480-1

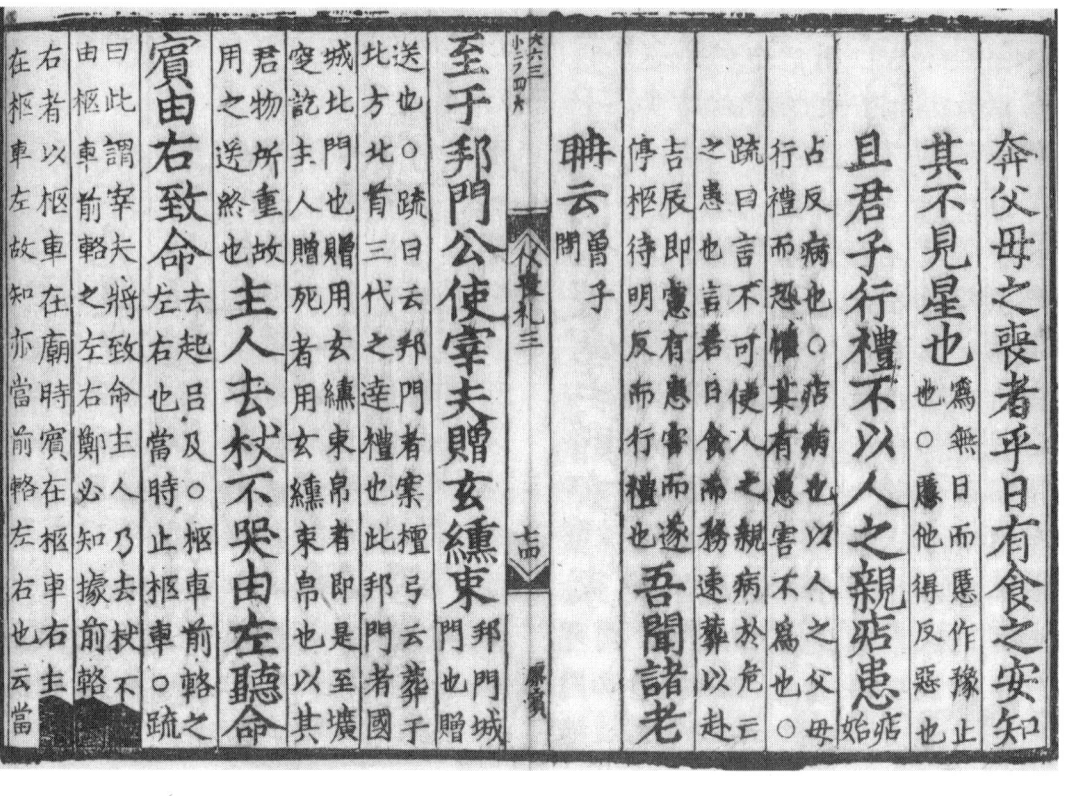

右公使人贈○記唯君命止柩于堩其餘則否堩古鄧反○不敢留神也北道也曾子問曰葬既引至於堩○疏曰正經直云柩至邦門君使宰夫贈不云止柩之事故記人明之引曾子問者彼爲日食此爲君命雖不同止柩是同故引之證止柩之事○本經記至于壙陳器于道東西北上統於壙疏曰統於壙者對廟中南上此則北上故云統于壙也茵先入當藉也元

0011_0480-2

則葬用輁軸加茵焉○疏曰云當藉柩也者解茵先入之意以其茵入乃後屬引下棺於其上以須藉柩故茵先入云元士則葬用輁軸加茵焉者元士謂天子之士葬時先以輁軸由羨道入乃加茵於其上乃下棺於中知元士葬用輁軸者檀弓云天子龍輴而椁幬諸侯輴而設幬以此言之天子諸侯殯葬皆用輴朝廟用輴可知大夫雖殯葬不用輴朝廟亦用輴故上注云大夫諸侯以上有四周謂之輴是也士殯葬不用輁軸朝廟得用之上文遷于祖用軸是也諸侯之大夫有三命再命一命殯葬不得用輴天子之元士亦三命再命一命葬

0011_0481-1

儀喪禮三　十六

得用輁軸考春秋之義王人雖微猶在諸侯之上明天子之士尊謂之爲元元者善之長故得用輁軸

屬引

於是說載除飾更屬引於縅耳古文屬爲燭○說土活反縅古咸反劉古陷反○疏曰柩車至壙解說去載與披及引之等除飾者解去帷荒池紐之等更屬引於縅耳者案喪大記云君封以衡大夫士以咸鄭注云衡平也人君之喪又以木横貫縅耳居旁持而平之今齊人謂棺束爲縅以此而言則棺束君三衽三束大夫士二衽二束束有前後於東末皆爲縅耳以紼貫結之而下棺[illegible]君又於横衾之上以屬紼也

主人袒

0011_0481-2

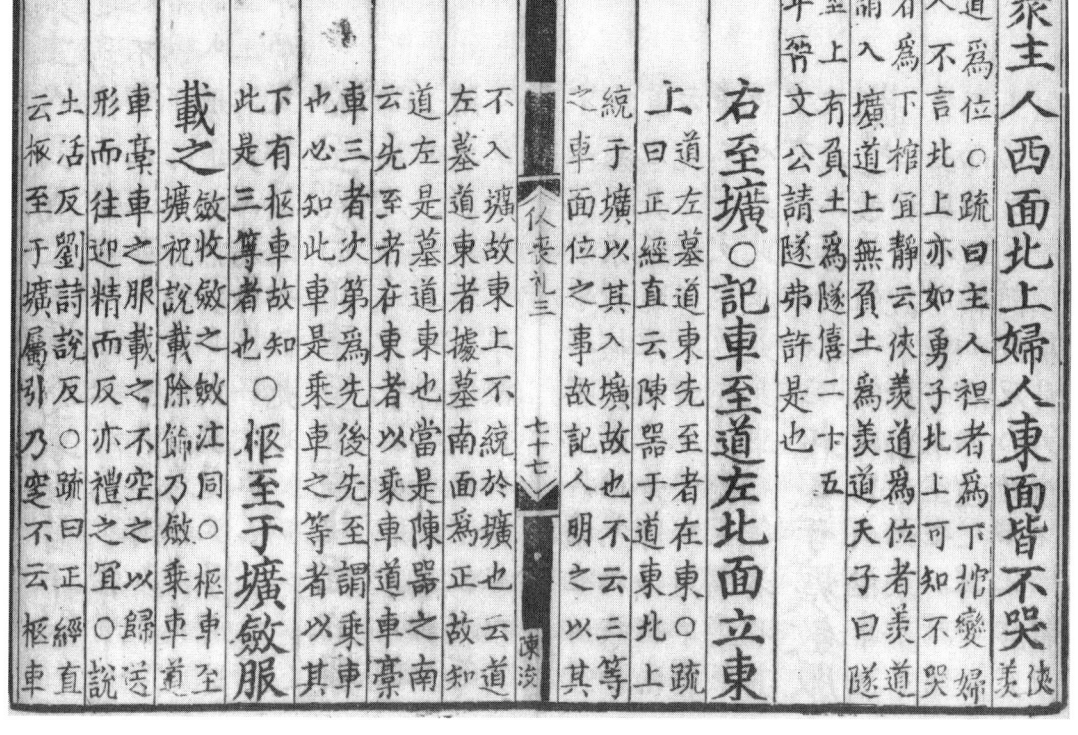

衆主人西面北上婦人東面皆不哭俠羨道爲位○疏曰主人袒者爲下柩變婦人不言北上亦如男子北上可知不哭者爲下棺宜靜云俠羨道爲位者羨道謂入壙道上無負土爲羨道天子曰隧塗上有負土爲隧僖二十五年晉文公請隧弗許是也

右至壙○記車至道左北面立東上

道左墓道東先至者在東○疏曰正經直云陳器于道東北上統于壙以其入壙故也不云三等之車面位之事故記人明之以其

0011_0482-1

儀喪禮三　十七

不入壙故東上不統於壙也云道左墓道東者據墓南面爲正故知道左是墓道東也當是陳器之南云先至者在東者以乘車道車槀車三者次第爲先後先至謂乘車也必知此車是乘車之等者以其下有柩車故知此是三等者也○

柩至于壙斂服

載之

斂收斂之斂注同○柩車至壙祝說載除飾乃斂乘車道車槀車之服載之不空之以歸送形而往迎精而反亦禮之宜○說土活反劉詩說反○疏曰正經直云柩至于壙屬引乃窆不云柩車

0011_0482-2

斂服載之故記人明之云柩車至
壙祝說載除飾乃斂乘道槀車服
載之不空之以歸者此解說載謂
下棺於地除飾謂除去荒帷柩車
既窆乃斂乘車皮弁服道車朝服
槀車蓑笠三者之服載之於柩車
示不空之以歸者也云送形而往
迎精而反者禮記問喪文引之證
此不空歸之義云亦禮之宜者形
往則送之主人隨柩路是也精反
則迎之主人隨精而反是
亦禮之宜然也○本經記○衛司
徒敬子之喪孔子相及墓男子西

0011_0483-1

大七十四 三七八 仪長礼三 七八

面婦人東面殺道也詳見喪禮義○國
昭子之母死問於子張曰葬及墓
男子婦人安位國昭子齊大夫子張曰司
徒敬子之喪夫子相男子西鄉婦
人東鄉相息亮反鄉許亮反○夾羨道為位夫子孔子也
曰噫毋噫本文作意司于其反○噫不寤之聲毋禁止之辭
曰我喪也斯沾斯音賜沾依注音覘勑廉反○斯盡

0011_0483-2

也沾讀曰覘覘視也國昭子自謂
齊之大家有事人盡視之欲人觀
之法其所為爾專之賓為賓焉主為主
焉專猶同也時子張相婦人從男子皆西鄉
非也○疏曰噫毋者止子張也子
張既相以男子西鄉婦人東鄉而
昭子不悟禮意乃曰噫毋得如此
男子西鄉婦人東鄉既止子張又
自言我居喪也既是齊之大家人
盡來覘視於我當須更為別禮豈
得以依舊禮專猶同也爾當同此
婦人與男子一處若婦女之賓為

大四十一 三七八 仪長礼三 十九

賓位焉與男子之賓同處婦女之
主為主位焉與男子之主同處於
是昭子家婦人從男子皆西鄉同
在主位賓之男子及賓之婦人皆
東鄉吉非也○檀弓

0011_0484-1

乃窆主人哭踊無筭窆下棺也今文窆為封○疏曰主人
哭踊不言處還於壙東西面也云窆下
棺者春秋謂之堋皆是下棺之名也
襲贈用制幣玄纁束拜稽顙踊如初丈八
尺曰制二制合之束十制五合○疏曰
云丈八尺曰制者朝貢禮及巡狩禮皆

0011_0484-2

有此文以丈八尺爲制昏禮幣用二丈取成數凡禮幣皆用制者取以儉爲節聘禮云釋幣制玄纁束注云凡物十曰束玄纁之率玄居三纁居二此注云二制合之束十制五合者則每端丈八尺二端爲一匹五匹合爲十制也**卒袒拜賓主婦亦拜賓即位拾踊三襲**拾其業反劉其輒反後放此○主婦拜賓拜女賓也即位反位也○疏曰卒謂贈卒更袒拜賓云反位者各反羨道東西位其男賓在衆主人之南女賓在衆婦之南**賓出則拜送**相問之賓也凡弔賓有五去皆拜之此舉中焉

儀喪礼三　八十

0011_0485-1

○疏曰案雜記云相趨也出宮而退相揖也哀次而退相問也既封而退相見也反哭而退朋友虞祔而退注云此弔者恩薄厚去遲速之節也相趨謂相聞姓名來會喪事也相揖嘗會於他也相問嘗相惠遺也相見嘗執摯相見也以此而言此經既葬而退是相見問遺之賓舉中以見上下五有去即皆拜送可知**藏器於旁加見**見賢遍反○器用器從器也見棺飾也更謂之見者加此則棺柩不復見矣先言藏器乃云加見者器在見內也內之者明君子之於事終不自逸也擅弓曰周人牆置翣○疏曰用器即上弓矢耒耜

0011_0485-2

之等役器即上甲胄干笮之屬此器中亦有燕器不言者省文知有用器役器者以下別云苞筲之等則此藏者是此器也云見棺飾也者飾則帷荒以其與棺爲飾此柩入壙還以帷荒加於柩更謂之見者加此則唯見此帷荒故名帷荒爲見是棺柩不復見也內之者明君子之於事終不自逸也者以用器役器近身陳之是不自逸也引擅弓者見帷荒在柩外周人名爲牆若牆屋然其外又置翣爲飾也**藏苞筲於旁**於旁者右見外也不言甕甒饌相次可知四者兩兩而居喪大記曰棺椁之間君容柷大夫容壺士容甒○柷尺六

儀喪礼三　八一

0011_0486-1

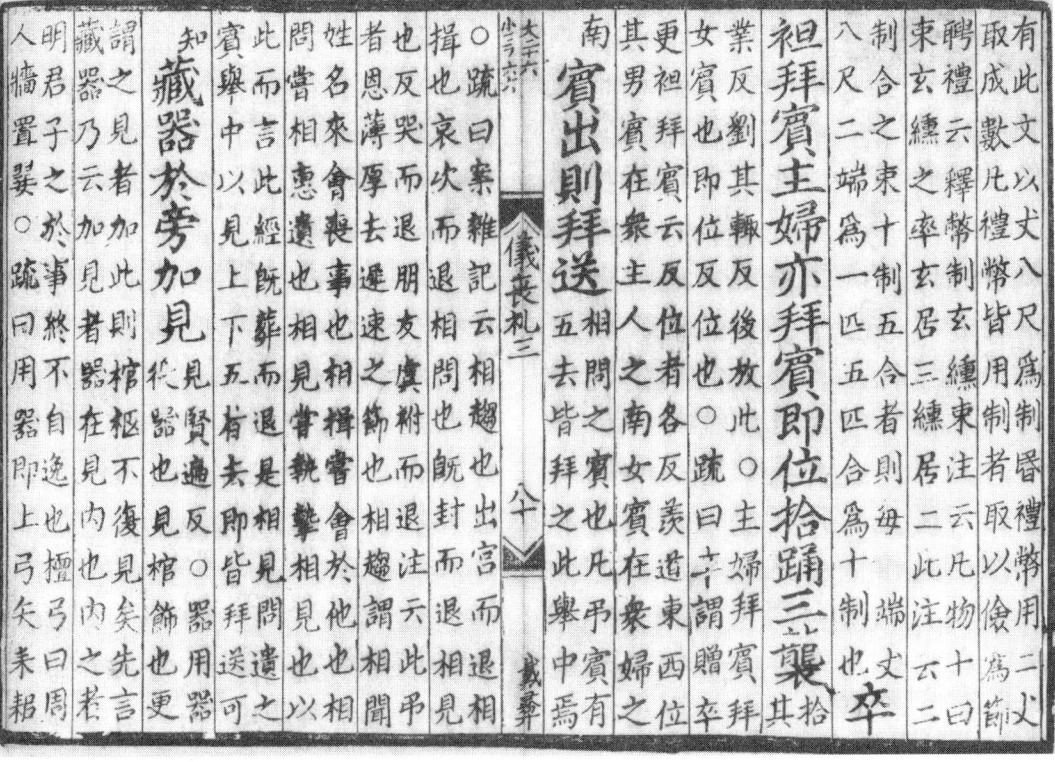

反○疏曰云於旁者在見外其者以其加見乃云藏苞筲故知見外也云不言甕甒饌相次可知者以其陳器之法後陳者先用先用甕甒後用苞筲苞筲藏明甕甒先藏可知云四者兩兩而居者謂苞筲居一旁甕甒居一旁故云兩兩而居也引喪大記者欲見椁內棺外所容寬狹得容器物之意也**加折郤之加抗席覆之加抗木**宜賜也○疏曰云宜次也者宜謂折上陳之羨面鄉上今用即美面鄉下抗席又覆之又折宜承席席宜承木皆是其宜也炎者木則先陳後用席則後陳先用是其次者**實土**

0011_0486-2

三主人拜鄉人謝其勤勞○疏曰案鄉記云鄉人五十者從反哭四十者待盈坎注云非鄉人則少長皆反以此而言於時主人未反哭鄉人並在故今至實土三徧主入拜謝之謝其勤勞勤勞者謂在道助執紼在壙助下棺及實之也即位踊襲如初哀親之在斯○疏曰謂既拜鄉人乃於羨道東即位踊無筭如初也云哀親之在斯者以親之在斯故哀號甚踊無筭

右窆○父爲大夫子爲士葬以大

0011_0487-1

夫祭以士父爲士子爲大夫葬以士祭以大夫朱氏章句曰周公制爲禮法以及天下使葬用死者之爵祭用主者之祿○中庸○並有喪葬先輕而後重解見喪變禮並有喪條○周禮

大司徒族師教灋于邦國都鄙四閭爲族使之相葬疏曰百家立一上士爲族師百家之內有葬者使之相助葢故云相葬○族師五家爲

0011_0487-2

十家爲聯五人爲伍十人爲四閭爲族八閭爲聯使之相保相葬埋○記喪三月而葬凡附於棺者必誠必信詳見喪禮義○既封主人贈而祝宿虞尸詳見士虞禮○魯人之贈也三玄三纁廣尺長終幅廣古曠反長直亮反幅方服反○言失之也士喪禮下篇曰贈用制幣玄

0011_0488-1

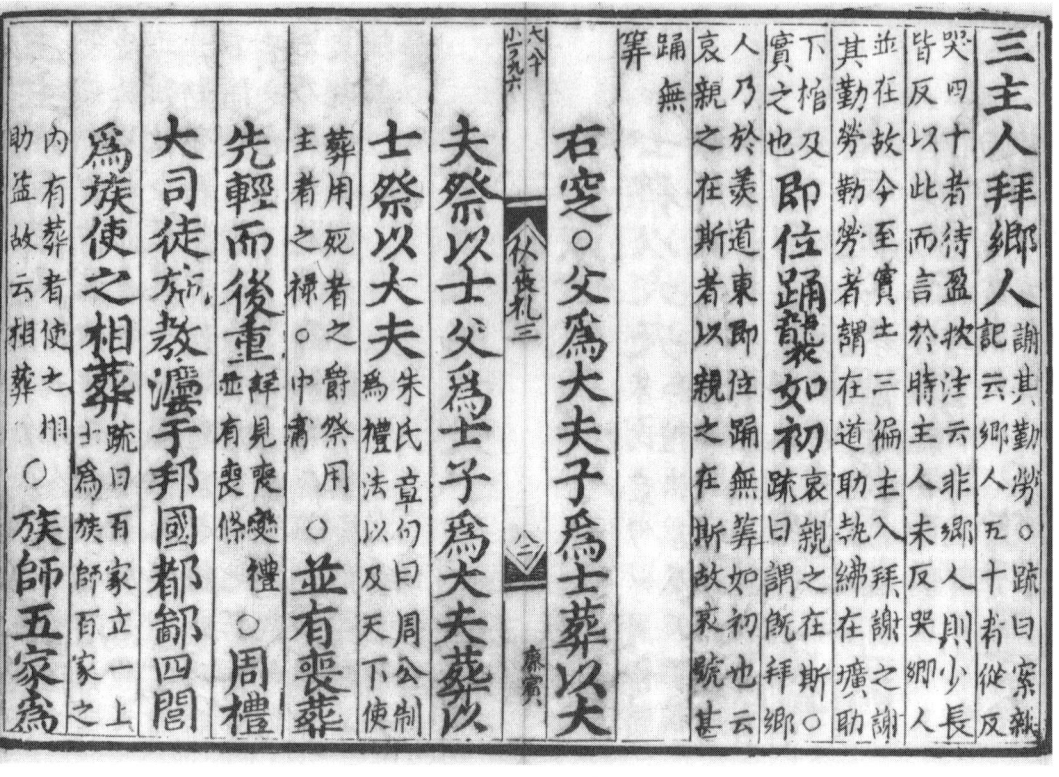

纁束○疏曰記魯失也贈謂以物送亡人於擴中也既夕禮曰贈用制幣玄纁束今魯人雖三玄二纁而用廣尺長終幅不復丈八尺則失禮也○雜記○醴者稻醴也甕甒筲衡實見間而后折入甕於貢反甒音武筲所交反衡依注作桁戶剛反徐戶庚反折之設反○此謂葬時藏物也衡當爲桁所以庪甕甒之屬聲之誤也實見間藏於見外椁內也折承席也○疏曰言此醴是爲稻米所爲甕者盛醯醢甒者盛醴酒筲者盛黍

0011_0488-2

攖衡者以大木爲桁置於地所以庾舉於輁軸之屬實見間見謂棺外之飾言實此翣無笭等於見外椁内一者之閒故云實見間而后折入者折謂椁上承席實物椁底既畢然後以此承席加於椁上又事既夕禮乃窆藏器於旁亦見注云器用器役器也見棺飾也先言藏器乃云加見者器在見内也飾之禮又云藏苞筲於旁注云於旁者在見外也則見内是用器役器見外足明器也此是士禮略實明器耳大夫以上則兼有人器明器也人器實明器虛○同上○

儀禮札三

0011_0489-1

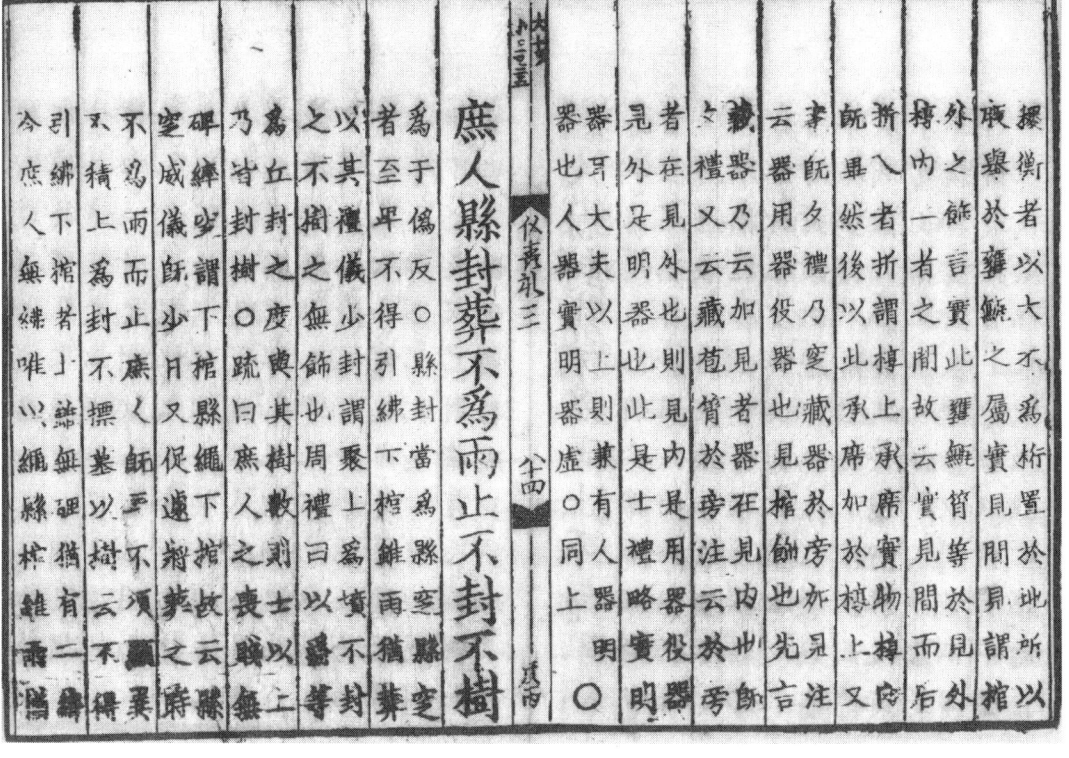

庶人縣封葬不爲雨止不封不樹爲于僞反○縣封當爲縣窆縣窆者至卑不得引紼下棺雖雨猶葬以其禮儀少封謂聚土爲墳不封之不樹之無飾也周禮曰以爵等爲丘封之度與其樹數則士以上乃皆封樹○疏曰庶人之喪賤無碑繂窆謂下棺縣繩下棺故云縣窆威儀既少月又促遽殺葬之時不爲雨而止庶人既卑不須[illegible]異又積土爲封不標墓以樹云不得引紼下棺者上綍無碑猶有二綍今庶人無紼唯以繩縣棺雖雨猶

0011_0489-2

葬以其禮儀少者案異義公羊說雨不克葬謂天子諸侯也卿大夫臣賤不能以雨止廢疾云雖庶人葬爲雨止公羊說卿大夫臣賤不能以雨止此等之說則在廟未發之時庶人及卿大夫亦得爲雨止若其已發在路及葬則不爲雨止其人君在廟及在路及葬皆爲雨止云封謂聚土爲之者以對上封爲窆故明之周禮曰以爵等爲丘封之度是周禮冢人文云周以士爲爵故云則士以上乃皆封樹是庶人不封樹彼注云王公曰丘諸臣曰封又引漢律曰列侯墳高四

儀禮札三

0011_0490-1

丈關內侯以下至庶人各有差又禮記云孔子合葬於防崇四尺鄭云蓋周之士制其樹數則無文案白虎通云天子松諸侯柏大夫栗士槐云○王制

○孔子爲中都宰制爲養生送死之節因丘陵爲墳不封不樹詳見陳殯具條○易墓非古也易以豉反注同○易謂芟治草木不易者丘陵也○疏曰墓謂冢旁之地易謂芟治草木不使荒穢不易者使有草木如丘陵然言易墓非古也則古者

0011_0491-1　0011_0490-2

殺以前墓而不墳是不治易也〇檀弓〇墳墓不培

喪服四制〇詳見喪服義〇國子高曰葬也者

藏也欲人之弗得見也是故衣足

以飾身棺周於衣槨周於棺土周

於槨反壤樹之哉詳見喪禮義〇舜葬

於蒼梧之野舜征有苗而死因留葬焉書說舜曰陟方

乃死蒼梧於周南越之地今爲郡蓋三妃未之從

也古者不合葬季武子曰周公蓋附附謂

合葬合葬自周公以來〇疏曰舜南巡守因征有苗而死以古代不

合葬且天下爲家故遂葬於蒼梧之野蓋三妃未之從也從猶就也

古不合葬故舜之三妃不就蒼梧與舜合葬也云蓋者録記之人傳

云舜時如此未知審悉故云蓋記者旣論古不合葬與周不同引季

武子之言云周公以來蓋始祔葬附即合也〇檀弓〇孔子

曰衛人之祔也離之祔音附〇祔謂合葬也離

0011_0492-1　0011_0491-2

之有以間其槨中魯人之祔也合之善夫

合音閤夫音扶〇善夫善魯人也祔葬當合也〇疏曰魯衛兄弟應

同周法故並之也祔謂合葬也離之謂以一物隔二棺之間於槨中

猶生時男女須隔居處也魯人之祔也合之善夫者魯人則合並兩

棺置槨中無別物隔之衞則異室死則同穴故善魯之祔也〇

〇孔子少孤不知其墓殯於五父

之衢父音甫下同衢求于反〇殯於家則知之者無由怪已欲

發問端五父衢名蓋聊曼父之鄰也人之見之者皆

以爲葬也於路見柩行其慎也蓋殯也

慎依注作引羊刃反〇慎當作引禮家讀然聲之誤也殯引飾棺以

輤葬引飾棺以柳翣孔子是時以殯引不以葬引時人見者爲不知

禮問於聊曼父之母然後得合葬

於防曼音萬〇曼父之母與孔子之母徵在爲鄰相善〇疏曰

孔子母旣死遂問曼父之母始知父墓所在而後得以父母尸柩合

0011_0492-2

葬於防不知其墓者謂不委曲適
知柩之所在不是全不知墓之去
處其或出辭入告總望本處而拜
今將欲合葬須正知處所故云不
知其墓今古不知墓處於事大有
而講者誼誼競爲異說恐非經記
之旨案家語云梁紇生子三歲而
後卒是孔子少孤云殯引飾棺以
輤者案雜記云諸侯行而死於道
其輤有裧緇布裳帷輤爲赤色大
夫以下雖無輤取諸侯輤
同名故飾棺以輤○同上○孔子
既得合葬於防言既得者少孤不知其墓曰吾

儀喪礼三　八十八

0011_0493-1

聞之古也墓而不墳墓謂兆域今之封塋也土
之高者曰墳今丘也東西南北之人不
可以弗識也識式志反於是封之崇四
尺東西南北言居無常也聚土曰封封之周禮也周禮曰以爵等
爲丘封之度崇高也高四尺蓋周之士制○疏曰天子之墳一丈諸
侯八尺其次降差以兩引周禮冢人云爲四尺蓋周之士制者其父
涤紇雖爲大夫周禮公侯伯之大夫再命與天子中士同云周之士

0011_0493-2

制者謂天子之士也孔子先反當修虞事門人後
雨甚至後待封也孔子問焉曰爾來何
遲也曰防墓崩言所以遲者修之而來孔子
不應以其非禮三三息暫反○三言之以孔子不聞孔
子泫然流涕曰吾聞之古不脩墓
泫胡犬反涕音體○脩猶治也○
疏曰防地之墓新始積土遇甚雨
而崩孔子自傷脩墓違古致令今
崩弟子重脩故流涕也○同上

儀喪礼三　八十九

0011_0494-1

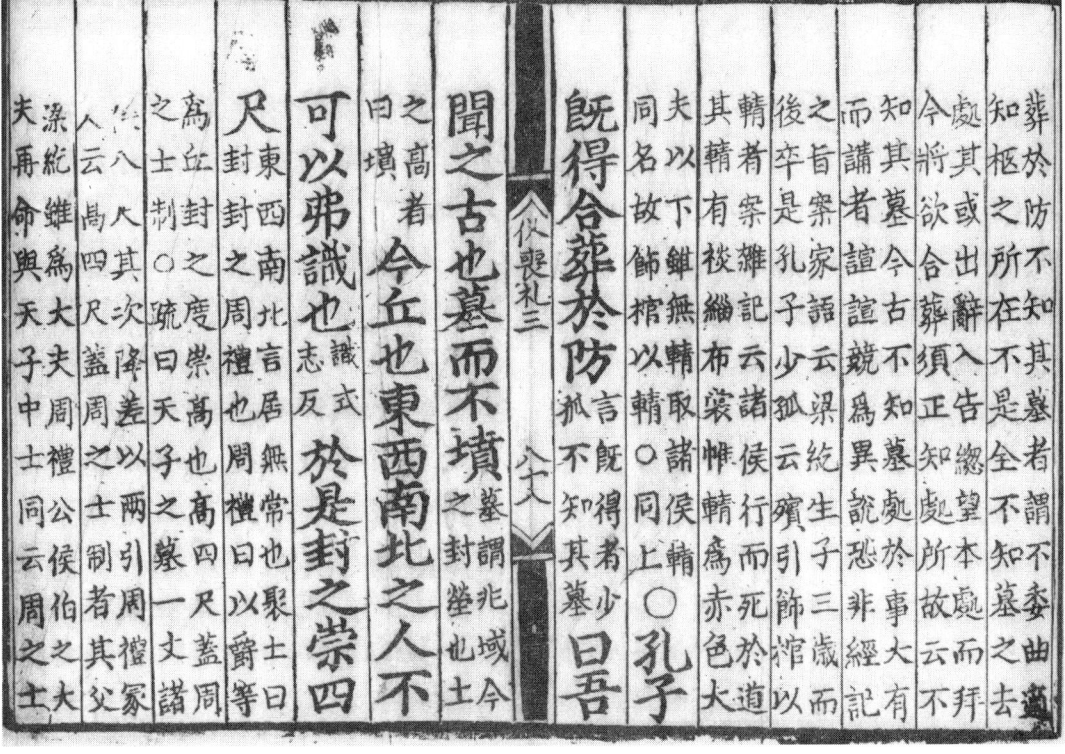

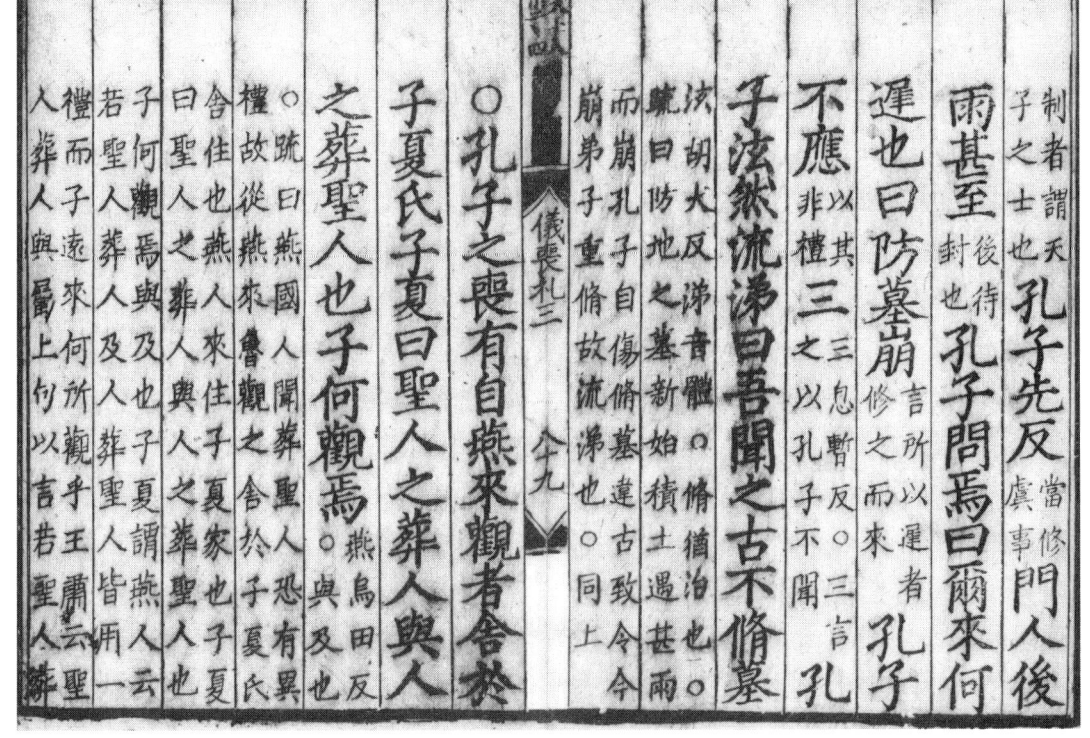

○孔子之喪有自燕來觀者舍於
子夏氏子夏曰聖人之葬人與人
之葬聖人也子何觀焉燕烏田反與及也
○疏曰燕國人聞葬聖人恐有異
禮故從燕來魯觀之舍於子夏氏
舍住也燕人來住子夏家也子夏
曰聖人之葬人與人之葬聖人也
子何觀焉與及也子夏謂燕人云
若聖人葬人及人葬聖人皆用一
禮而子遠來何所觀乎王肅云聖
人葬人與衆上何以吉者聖人葬

0011_0494-2

六與則人庶有異聞得來觀者甚人之葬聖人與凡人何異而子何
觀之又述昔聞夫子見四封之異者是許燕人學之故備陳其教以
趁遠觀之意昔者夫子言之曰吾見封
之若堂者矣封築土爲壟堂形四方而高見若
坊者矣坊形旁殺平上而長見若覆夏屋者
矣覆謂茨屋也夏屋今之門廡也其形旁廣而卑見若斧
者矣斧形旁殺刃上而長從若斧者焉孔子以爲

0011_0495-1

又上難登狹又易爲功馬鬣封之謂也鬣力輒反
閒今一日三斬板而已封板蓋廣二
尺長六尺斬板謂斷其縮也三斷土之無發蓋高四尺其廣袤未聞
也詩云縮以載尚行夫子之志乎哉尚庶
幾也○此上述孔子之言者欲以此與燕人之法封謂實之
也若見其四方而高見若坊者矣坊其上平而兩旁殺
其南北長也見若覆夏屋者矣殺以東始屋四阿夏家之室唯兩

0011_0495-2

下而已無四阿如漢之門廡又封如斧之形其刃鄉上長而高也
既言四墳之異夫子之意從若斧者焉以爲刃上難登狹又易爲功
力子夏既道若斧形恐燕人不識故擧俗稱馬鬣封之謂也以語燕
人馬鬣之上其肉薄封形似之今一日而三斬板子夏前述明夫
子語又更述其今葬孔子既是從斧之墳今一日者謂今作孔子墳
正用一日之功儉約不假多時於一日之中而三斬板者謂作墳法
也築墳之法所安板側於兩邊而用繩約板令立後復内土於板之

0011_0496-1

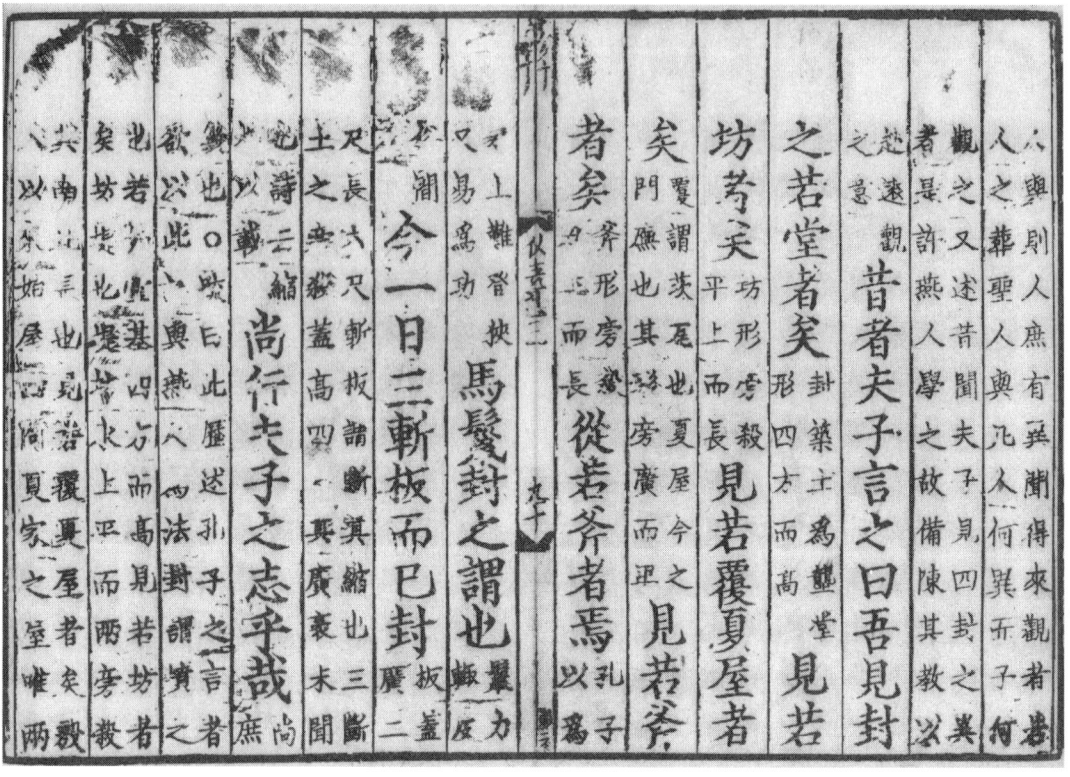

上中央築之令土與板平則斬所約板繩斷而更置於見築土上又
載土其中三徧如此其墳乃成而上已其封也故鄭注板蓋廣二尺
長六尺板廣二尺疊側三板應高六尺而云四尺者但形旁殺漸斂
上狹下寬如斧刃之形使三板取高四尺以合周制也尚行夫子之
志乎哉者尚庶幾也言今一日三斬板是庶幾行於孔子平生所
志也以示燕人孫毓難云孔子墓魯城北門外西墳四方前高後下
形似卧斧高八九尺今無馬鬣封之形不上于三板記者孫毓

0011_0496-2

云據當時所見其墳或後人增益不與元葬墳同無足怪也○同上

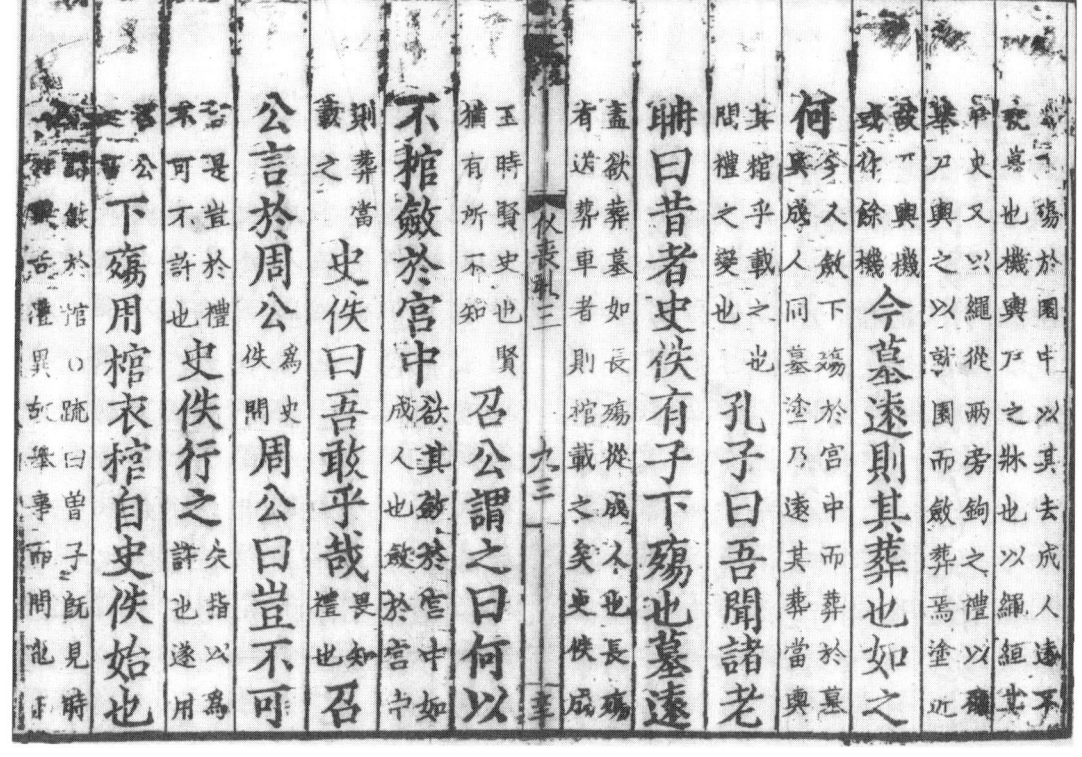

○季武子成寢武子魯公子季友之曾孫季孫宿

杜氏之葬在西階之下請合葬焉

許之入宮而不敢哭武子曰合葬

非古也自周公以來未之有改也

葬徐不浪反又如字合如字徐音閤後合葬同○自見夏人冢墓以爲宅欲文過○疏曰先儒皆以杜氏喪從外來就武子之寢與孔子

儀禮三　九三

0011_0497-1

合葬於防同與晏子春秋景公成路寢之臺逢於阿盆成逆後喪

[redacted]得附葬其公寢中與此同也吾許其大而不許

其細何居命之哭居音姬下同記此善其不奪

人之恩○疏曰聽之將喪而入葬是許其大而不許其細哭是細也

何居居語辭既許其大不許其細是何道理故云何居○同上　○

曾子問曰下殤土周葬于園遂輿機

而往塗邇故也土周堲周也周人以夏后氏之堲周

0011_0497-2

[illegible]殤於園中以其去成人遠不就墓也機輿尸之牀也以繩絙其

中央又以繩從兩旁鉤之禮以機舉尸輿之以就園而斂葬焉塗近

設[illegible]輿機或作餘機今墓遠則其葬也如之

何今人斂下殤於宮中而葬於墓與成人同墓塗乃遠其葬當輿

其棺乎載之也問禮之變也孔子曰吾聞諸老

聃曰昔者史佚有子下殤也墓遠

盡欲葬墓如長殤從成人也長殤有送葬車者則棺載之矣史佚成

儀禮三　九三

0011_0498-1

王時賢史也賢猶有所不知召公謂之曰何以

不棺斂於宮中欲其斂於宮中如成人也斂於宮中

則葬當歛之史佚曰吾敢乎哉召畏知禮也

公言於周公爲史佚問周公曰豈不可

言是豈於禮不可不許也史佚行之矣指以爲許也遂用

[illegible]公[illegible]下殤用棺衣棺自史佚始也

[illegible]斂於棺○疏曰曾子既見時[illegible]禮異於舉事而問也

殤謂入歲至十一也下殤去成人遠不可葬於成人之墓故用土周而葬於園中也遂輿機而往者輿謂抗也機者以木爲之狀如牀無脚及軟簀也先用一繩直於中央繫著兩頭之楇又别取一繩係一邊材横鉤中央直繩報還鉤材往還取一巾兩邊悉然而後以尺置於繩上抗舉以往園中臨斂時當聖周之上先縮除直繩則兩邊交鉤之繩悉各離解而尸從機中央零落入於聖周中故曰輿機而往也若成人墓遠則以棺衣棺於宮中此下殤葬於園是路去家甚近

故先用機舉尸往園中而後棺斂故曰塗邇故也案檀弓云周人以夏后氏之聖周葬中殤下殤故知土周是聖周也檀弓云中殤下殤此注直云以夏后氏之聖周葬下殤於園中者以經云下殤土周葬於園故指下殤爲言檀弓所云據士及庶人也若諸侯長中殤適者車三乘下殤車一乘既有遣車即不得聖周輿機而葬也諸侯庶長殤中殤車一乘則宗子亦不用聖周輿機其下殤則輿機其大夫之適長殤中殤遣車一乘亦不輿機下殤無遣則輿機也然則王

之適庶長中下殤皆有遣車亦不輿機士及庶人適庶皆無遣車則中下殤並皆輿機故熊氏云若無遣車中從下殤其長殤既無遣車於宮中載棺而往之墓從成人也年又長大不可與下殤同蓋棺斂曾子見時世禮變皆棺斂下殤於宮中而葬之於墓與成人同路今既遠不復用輿機於尸爲當用人抗輿棺而往墓爲當用車載棺而往墓邪問其葬儀故云如之何昔者史佚有子而死下殤也墓遠此舉失禮之人史佚周初良史有子下殤而死墓遠者史佚欲不葬於

園而載尸往墓及棺而葬之其墓稍遠猶豫未定召公故勸之令棺斂於宮中如成人也史佚曰吾豈敢乎哉者恐違禮者所譏故召公爲諮問於周公周公荅曰豈者拒之辭又云不可不可是不可之辭史佚不違其指故行棺於宮中之禮也此云自史佚爲始明昔非唯於宮中不棺亦不衣也○曾子問

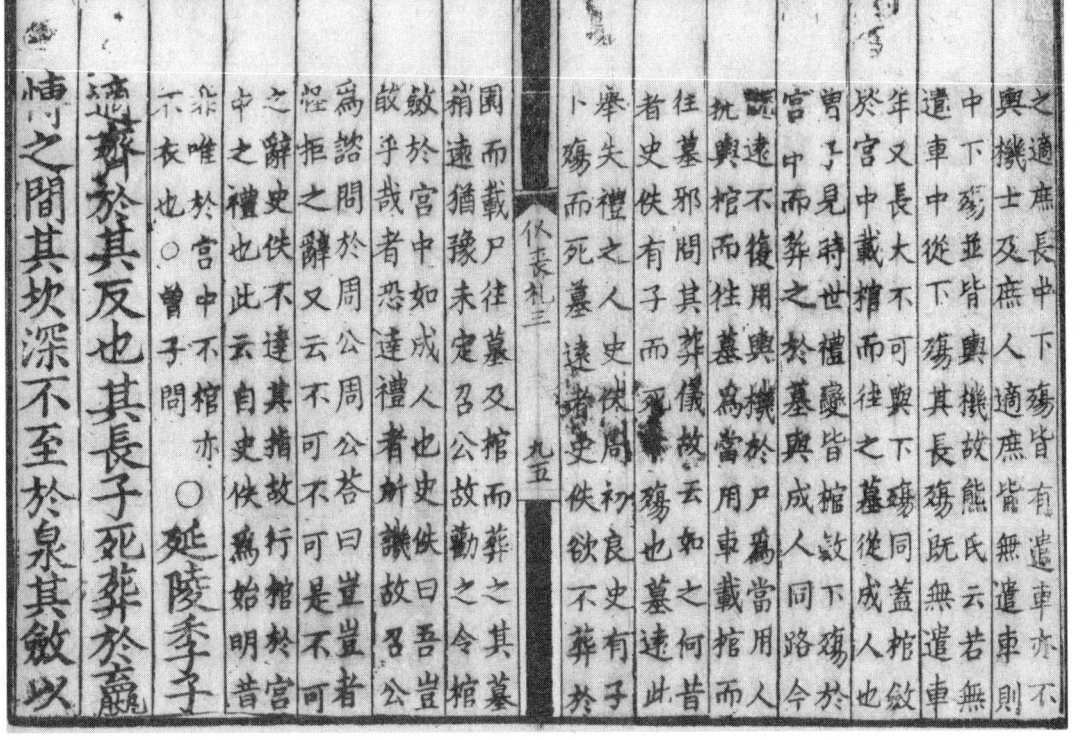

○延陵季子適齊於其反也其長子死葬於嬴博之間其坎深不至於泉其斂以

0011_0500-2

時服既葬而封廣輪揜坎其高可隱也詳見喪禮義

乃哭入升自西階東面衆主人堂下東面北上西階東面反諸其所作也反哭者於其祖廟不於阼階西面西方神位○疏曰此反哭者拜鄉人者反還家哭于廟入升自西阼東面哭檀弓云反哭升堂反諸其所作也注云親所行禮之處是也云反哭者於其祖廟者謂下士祖禰共廟故下經賓出主人送于門外遂適于殯宮適七二廟者

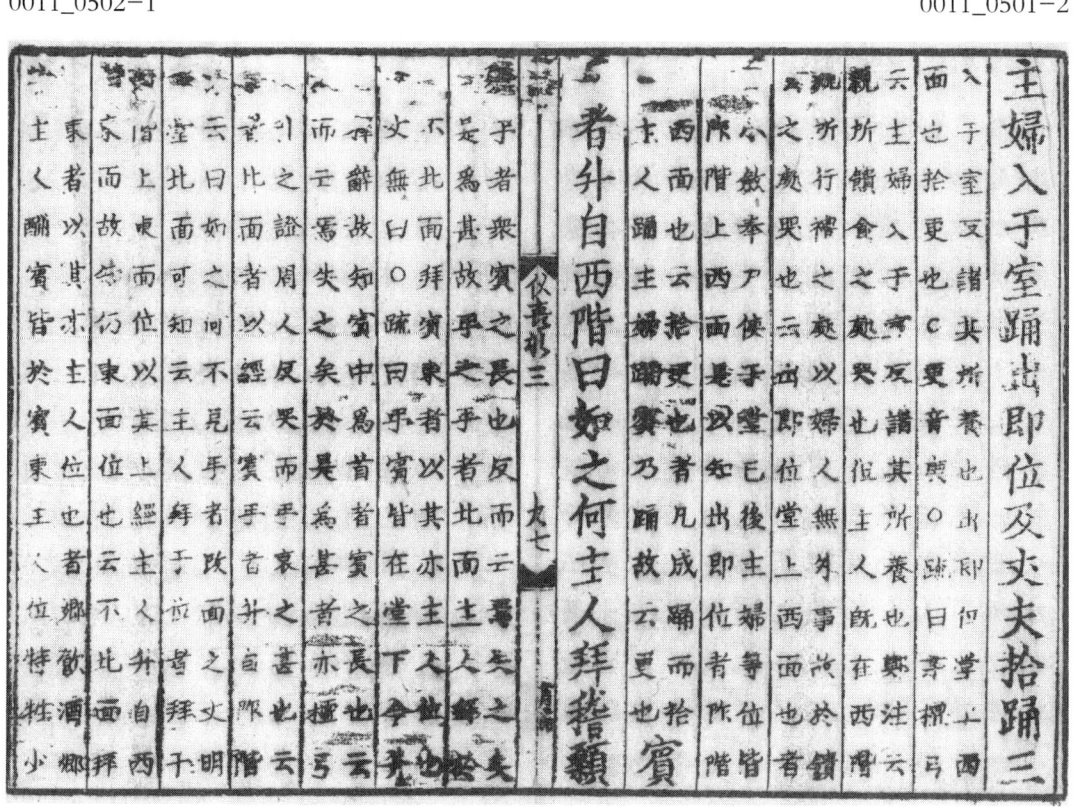

0011_0501-1

自殯宮先朝禰後朝祖今反哭則先於祖後于禰遂適殯宮也案春秋傳八年經書用致夫人左氏云凡夫人不殯於廟者春秋之世多行殺法不與禮合也云不於阼階西面西方神位者以特牲少牢主人行事升降皆由阼階今不於阼階故決之以西方神位知者特牲少牢皆布席于奧殯之在西階是西方神位主人非行事自奧而已故就神位

婦人入丈夫踊升自阼階辟主人也○疏曰反哭之禮主人男子等先入主婦婦人等後入故婦人入丈夫在位者皆踊婦人不升西階者由主人在西階故鄭云辟主人

0011_0501-2

主婦入于室踊出即位及丈夫拾踊三入于室反諸其所養也出即位堂上西面也拾更也○更音庚○疏曰檀弓云主婦入于室反諸其所養也鄭注云親所饋食之處哭也但主人既在西階親所行禮之處以婦人無外事故於饋之處哭也云出即位堂上西面也者小斂奉尸侇于堂已後主婦等位皆阼階上西面是以知出即位者阼階西面也云拾更也者凡成踊而拾主人踊主婦踊賓乃踊故云更也

賓者升自西階曰如之何主人拜稽顙

0011_0502-1

予者衆賓之長也反而亡焉失之矣是爲甚故乎之乎者北面主人拜稽不北面拜賓東者以其亦主人位也文無曰○疏曰乎賓皆在堂下今升辭故知賓中爲首者賓之長也云而云焉失之矣於是爲甚者亦檀弓引之證周人反哭而弔哀之甚也云北面者以經云賓弔者升自阼階云曰如之何不見弔者致命之文明堂北面可知云主人拜于位者拜于階上東面位以其上經主人升自西東而故云位東面位也云不北面拜東者以其亦主人位也者鄉飲酒鄉主人酬賓皆於賓東主人位特牲少

0011_0502-2

皆助祭之賓主人皆拜送于西階東故於東面不移以其亦主人位故也賓降出主人送于門外拜稽顙遂適殯宮皆如啓位拾踊三啓位婦人入升堂丈夫即中庭之位○疏曰案士喪禮朝夕哭位云婦人即位于堂南上主人堂下直東序西面啓殯時云主人位如初又云主人入即位則此如啓位婦人亦即位于堂東面主人即位于堂下直東序西面直東序西面即中庭位也兄弟出主人拜送兄弟小功以下也異門大功亦可以歸○疏曰知兄弟小功以

0011_0503-1

下也者此兄弟等始死之時皆來臨喪殯訖各歸其家朝夕哭則就殯所至葬開殯而來喪所至此反哭亦各歸其家至虞卒哭祭還來預焉故喪服小記云緦小功虞卒哭則皆免是也云異門大功亦可以歸者大功以上有同財之義爲異門則恩輕故可歸也衆主人出門哭止闔門主人揖衆主人乃就次次倚廬也○疏曰云衆主人出門者則主人拜送兄弟因在門外云闔門者鬼神尚幽闇云次倚廬也者以未虞以前仍依於初東壁下倚木爲廬齊衰居堊室大功張帷喪服傳云既虞柱楣翦

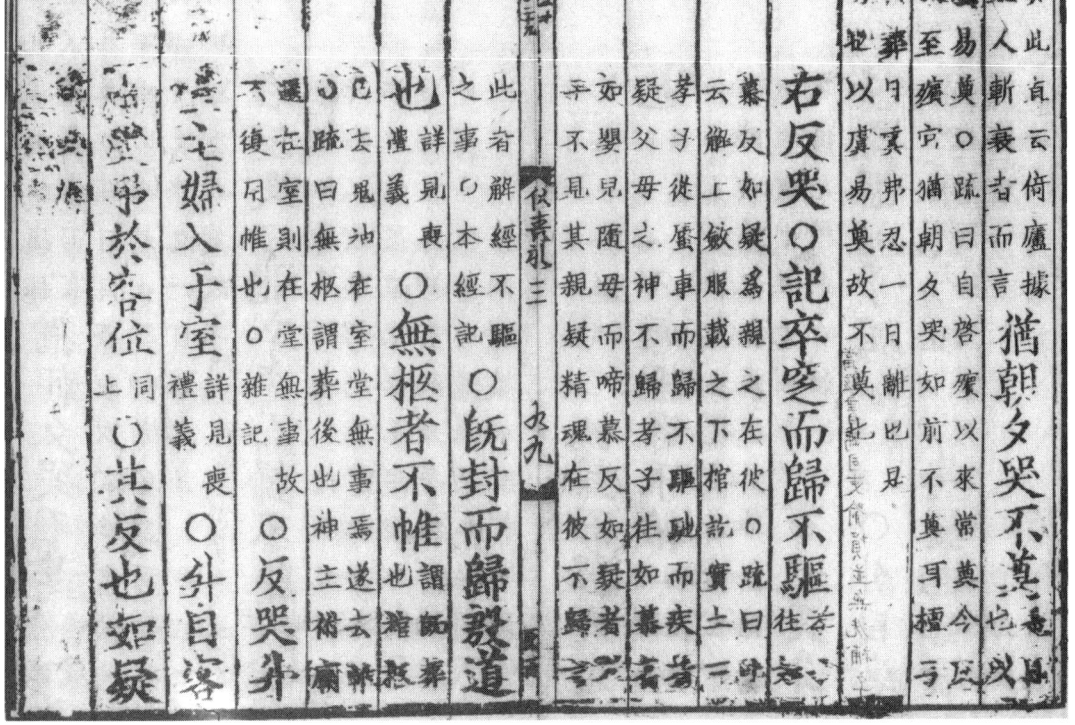

0011_0503-2

屏此直云倚廬據主人斬衰者而言猶朝夕哭不奠[illegible]虞易奠○疏曰自啓殯以來常奠今反哭至殯宮猶朝夕哭如前不奠耳檀弓云葬日虞弗忍一日離也是明以虞易奠故不奠若反哭○記卒窆而歸不驅孝子往如慕反如疑爲親之在彼○疏曰孝子云雖上斂服載之下棺訖實土三孝子從柩車而歸不驅而疾者疑父母之神不歸孝子往如慕者如嬰兒隨母而啼慕反如疑者乎不見其親疑精魂在彼不歸者

0011_0504-1

此省解經不驅之事○本經記○既封而歸殺道也詳見喪禮義○無柩者不帷謂既葬也柩在已去鬼神在室堂無事焉遂去帷○疏曰無柩謂葬後也神主祔廟還在室則在堂無事故不復用帷也○雜記○反哭升堂主婦入于室詳見喪禮義○升自[illegible]主人[illegible]於啓位同上○其反也如疑

[illegible]

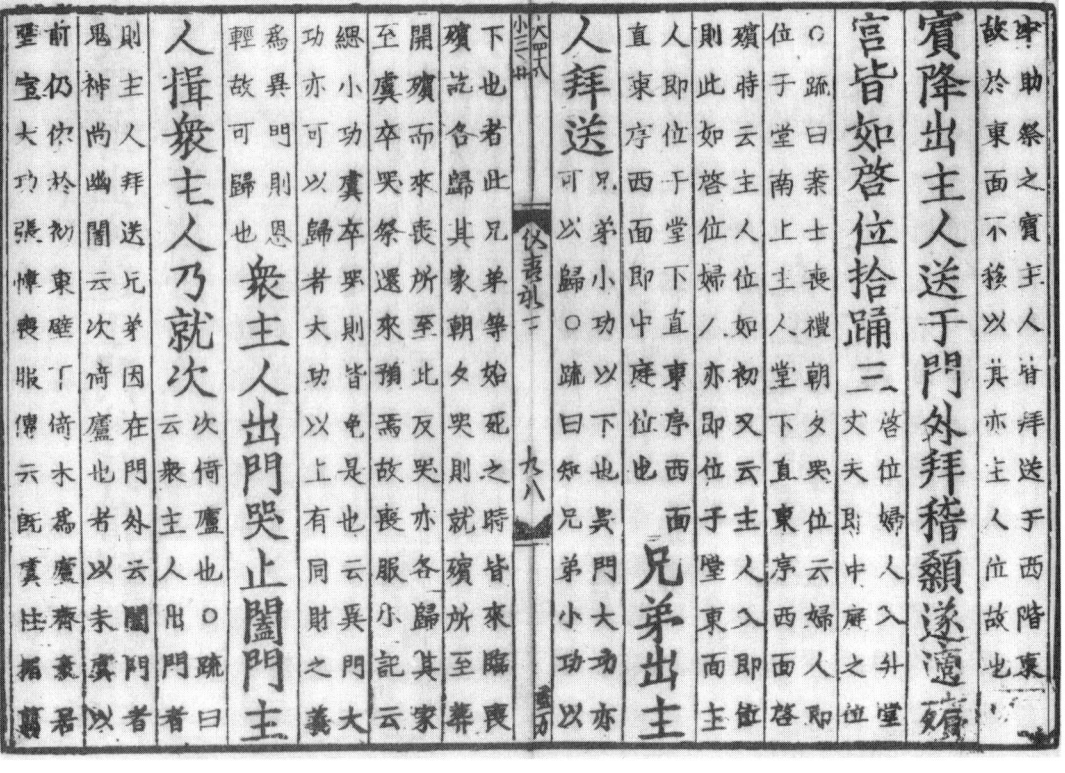

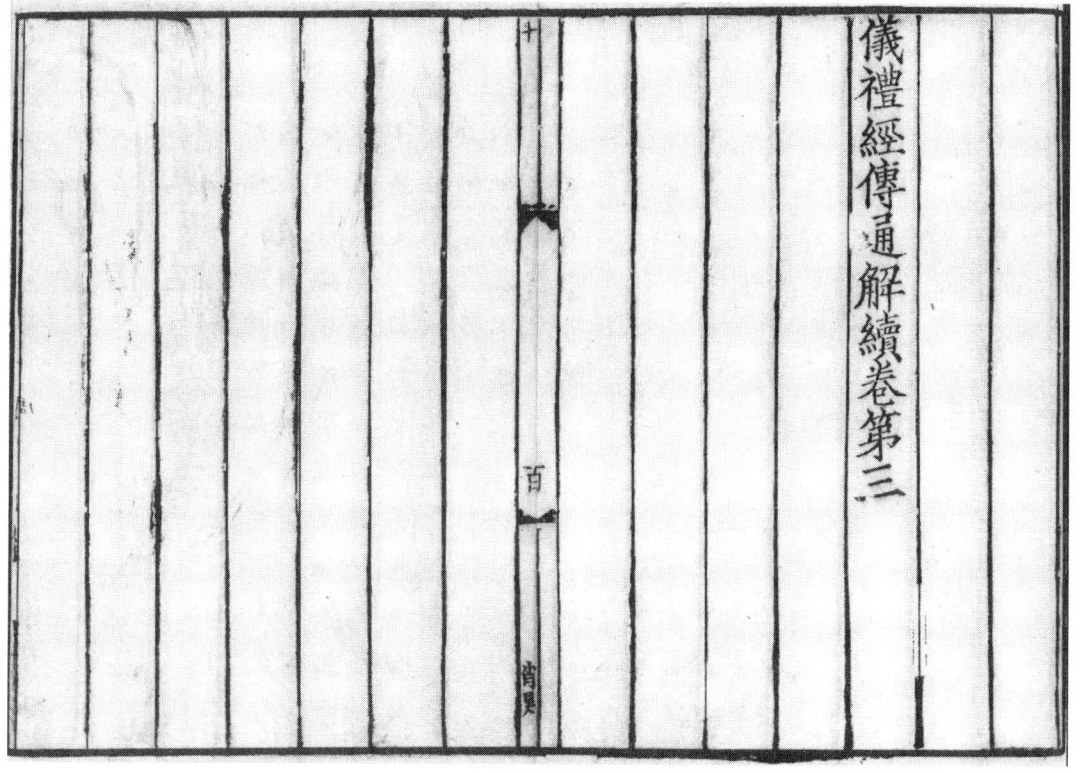

儀禮經傳通解續卷第三

十 百 肖昊

[illegible]解續卷第四

士虞禮 喪禮三 鄭目錄云虞安

也士既葬父母迎精而反日中而祭之於殯宮以安之虞於五禮屬凶○疏曰案此經云側亨于廟門外之右又記云陳牲于廟門外皆云廟而鄭云祭之殯宮者廟則殯宮也故鄭注士喪禮九寫有鬼神曰廟以其虞卒哭祔寢祔乃在廟是以鄭注喪服小記云虞於寢祔於祖廟是也

經十四

士虞禮

右篇目○記士三虞 詳見喪大記虞祭條 ○始虞用柔日再虞如初三虞卒哭他用剛日 詳見本篇饗神條 ○既封主人贈而祝宿虞尸既反哭主人與有司視虞牲有司以几筵舍奠於墓左[illegible]中而虞葬日虞是日也不

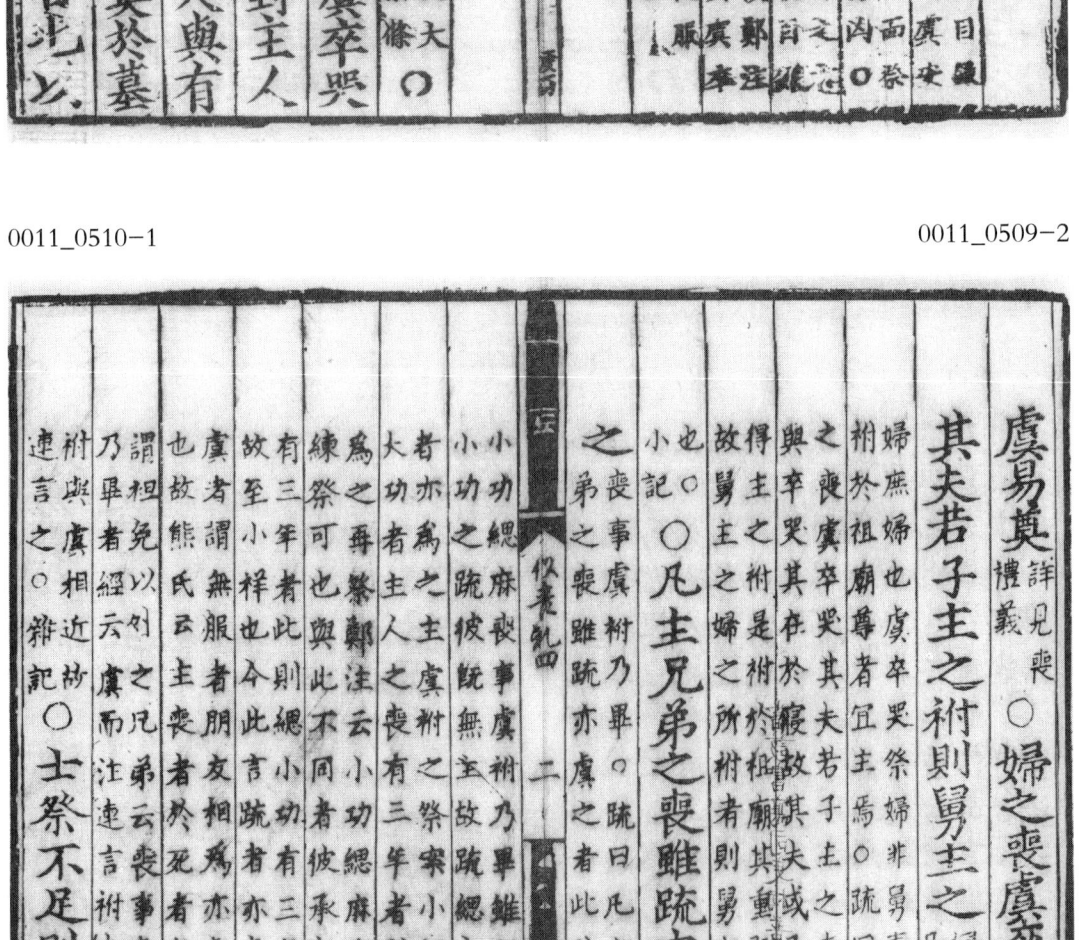

虞易奠 詳見喪禮義 ○婦之喪虞卒哭其夫若子主之祔則舅主之 婦謂凡適婦庶婦也虞卒哭祭婦非舅事也祔於祖廟尊者宜主焉○疏曰婦之喪虞卒哭其夫若子主之者虞與卒哭其在於寢故其夫或子則得主之祔是祔於祖廟其事既重故舅主之婦之所祔者則舅之母也○

小記○凡主兄弟之喪雖疏亦虞之 喪事虞祔乃畢○疏曰凡主兄弟之喪雖疏亦虞之者此疏謂

小功緦麻喪事虞祔乃畢雖服緦小功之疏彼既無主故疏緦小功者亦爲之主虞祔之祭案小記云大功者主人之喪有三年者則必爲之再祭鄭注云小功緦麻爲之練祭可也與此不同者彼承大功有三年者此則緦小功有三年者故至小祥也今此言疏者亦虞但虞者謂無服者朋友相爲亦虞祔也故熊氏云主喪者於死者無服謂祖免以外之兄弟云喪事虞祔乃畢者經云虞而注連言祔者以祔與虞相近故連言之○雜記○士祭不足則取

0011_0510-2

於兄弟大功以下者詳見喪大記虞祭條○
虞沐浴不櫛櫛莊乙反○沐浴者將祭自潔清不櫛未在於飾也唯三年之喪不櫛期以下櫛可也今文曰沐浴○本經記
○凡喪小功以上非虞祔練祥無
沐浴言不有飾事則不沐浴○䟽曰凡居喪之禮自小功以上恩重哀深自宜去飾以沐浴是自飾故不有此數條祭事則不自飾言小功以上則至斬同然各在其服限如此耳練祥不主大功小功

儀喪禮四　三

0011_0511-1

也若二年之喪虞祭之時但沐浴不櫛故士虞禮云沐浴不櫛鄭注云唯三年之喪不櫛期以下櫛可也又士虞禮云明日以其班祔沐浴櫛搔翦注云彌自飾此雖士禮明大夫以上亦然○雜記○自天子
達於庶人喪從死者祭從生者詳見士喪禮篇目下○父爲大夫子爲士祭以
士父爲士子爲大夫祭以大夫詳見士喪禮下窆條○報葬者報虞三月而后

0011_0511-2

卒哭報讀爲赴疾之赴謂不及期而葬也既葬即虞虞安神也卒哭之祭待哀殺也○䟽曰此一節論不得依常葬之禮也赴猶急疾也急葬謂貧者或因事故死而即葬不得待三月也急虞謂亦葬竟而急設虞虞是安神故宜急也三月而後卒哭者雖急即虞而不即卒哭猶待三月卒哭所以然者卒哭是奪於哀痛故不忍急而待哀殺也○喪服小記○並有喪虞先重而後
輕詳見喪變禮並有喪條○父母之喪偕先

儀喪禮四　四

0011_0512-1

葬者不虞祔待後事其葬服斬衰詳見喪服變除並有喪變服條○父母之喪將祭
而昆弟死既殯而祭如同宮則雖
臣妾葬而后祭祭主人之升降散
等執事者亦散等雖虞祔亦然詳見卒哭祔練祥禫記練條○朋友虞祔而已詳見喪通禮主後條○朋友虞祔而退詳見弔禮會葬

張本下象鼻題監生秦淳四字傳本剪去之

0011_0513-1　0011_0512-2

特豕饋食 饋其位反○饋猶歸也○疏曰左氏傳云卜日曰牲是以特牲云牲大夫以上稱牲亦稱牢故云少牢此虞爲喪祭又葬日虞故略無卜牲之禮故以豕體而言不云牲大夫以上亦當然雜記云大夫之虞也犆牲又此下記陳牲於廟門外檀弓云與有司視虞牲皆言牲者記人之言不依常例故也然少牢云司馬刲羊士擊豕不言牲者指事而言也云饋猶歸者謂以物與及人皆言饋是以此虞及特牲少牢皆言饋坊記云父母在饋獻不及車馬

儀禮四　五

是生死皆言饋又云饋者上下通稱陽貨饋孔子豚鄉黨云朋友之饋膳夫王之饋食用六穀其實通也

側亨于廟門外之右東面 亨普庚反劉虛兩反注同○側亨亨一胖也亨於爨用鑊不於門東未可以吉也是日也以虞易奠祔而以吉祭易喪祭鬼神所在則曰廟尊言之○胖音判鑊户郭反○疏曰案吉禮全左右胖皆云亨不云側此云側亨明亨一胖而已必亨一胖者以其虞不致爵自獻賓以後則無主人主婦及賓已下之俎故唯亨一胖也若然特牲亦云側殺者彼雖亨左右胖少牢二特牲一故以一牲爲

0011_0514-1　0011_0513-2

側各有所對故也云亨於爨用鑊者案少牢有羊鑊豕鑊云不於門東未可以吉也者特牲吉禮鼎鑊皆在門東此云廟門外之右是門之西未可以吉也云是日也以虞易奠祔而以吉祭易喪祭此檀弓文謂立尸而虞以易奠也云祔而以吉祭易喪祭者案下記云三虞卒哭他用剛日亦如初曰哀薦成事鄭注亦引檀弓文是日也以吉祭易喪祭如是則卒哭即是吉祭而鄭此注云祔爲吉祭者卒哭對虞爲吉祭卒哭比祔爲喪祭故下記卒哭祭乃餞云尊兩甒于廟門外之右少南水尊在酒西洗在尊東南水在洗東篚在西注云在門

儀禮四　六

之左又少南則鼎鑊亦在門左以此知卒哭對虞爲吉祭也又云明日以其班祔用專膚爲折俎取諸脰膉其他如饋食是祔乃與特牲吉祭同是以云祔而以吉祭易喪祭也鬼神所在則曰廟尊言之者廟與寢别今以既葬迎魂而反神還在寢故以寢爲廟

魚腊爨亞之北上 爨竈○疏曰上豕爨在門右東面此魚腊各别鑊言北上則次在豕鼎之北而云爨竈者周公經爲爨至孔子時爲竈故王孫賈問孔子曰寧媚於竈是前後異名故鄭舉後決前也

饎爨在東壁西面 饎尺志反○炊黍稷曰饎饎北

張本下象鼻題監生陳浚四字傳本剪去之

張本下象鼻題監生陳浚四字傅本剪去之

0011_0514-2

上上齊於屋宇於虞有亨饎之爨彌吉○疏曰以三鑊在西方反吉案特士云
主婦視饎爨于西堂下宗婦主之在西方今在東亦反吉也少牢廩爨饔爨牲
爨同在門外東方也周禮饎人云掌凡祭祀共盛即黍稷也云比上上齊于屋
宇者此案特牲記云饎爨在西壁鄭注云西壁堂之西牆下舊說云南北直屋
梠稷在南彼此東西皆言壁彼云屋梠此云屋宇故知此亦齊屋也云於虞有
亨饎之爨彌吉者以其小斂大斂未有黍稷朔月薦新之等始有黍稷向吉仍
亦有爨至此有亨饎之爨故云彌吉

設洗于西階西南

儀禮四　七

0011_0515-1

水在洗西篚在東反吉也亦當西榮南北以堂深○疏曰上
文設爨反吉此亦反古吉時設洗皆堂東榮南北以堂深今在西階西南亦當
西榮南北以堂深可知也

尊于室中北墉下當戶兩甒醴酒酒在東無禁冪用絺布加勺南
枋冪亡狄反○酒在東上醴也絺布葛屬○疏曰酒在東上醴也者吉禮玄
酒在酒上今以喪祭禮無玄酒則醴代玄酒在上故云上醴也云絺布葛屬者
絺綌以葛爲之布則以麻爲之今絺布並言則此麻葛雜故有兩號是以鄭云

0011_0515-2

葛屬也

素几葦席在西序下有几始鬼神也○疏曰[illegible]
凡席長有注唯云尸者以其大斂奠時已有席至此虞祭乃有几故也然天子
諸侯始死則几筵具周禮司几筵云每敦一几是始死即几席具也

苴刌茅長五寸束之實于篚饌于西坫上苴子
徐反劉子都反下及記同刌七本反○苴猶藉也○藉在夜反後皆同○疏曰
既苴而云藉祭故易云藉用白茅無咎

饌兩豆菹醢于西楹之東醢在西一鉶亞之醢在西南面取之得左取

五三　二ノ十

仪禮札の　八

0011_0516-1

菹右取醢便其設之○便婢面反後放此○疏曰此饌繼西楹言之則以西楹
爲主句東陳之云一鉶亞之者葅以東也云醢在西南取之得左取菹右取醢
便其設之者以其尸在奥東面設者西面設於尸前菹在南醢在北今於西楹
東饌之菹在東醢在西是南面取之得左取菹右取醢至尸前西面又左菹也
醢故云便也

從獻豆兩亞之四籩亞之北上

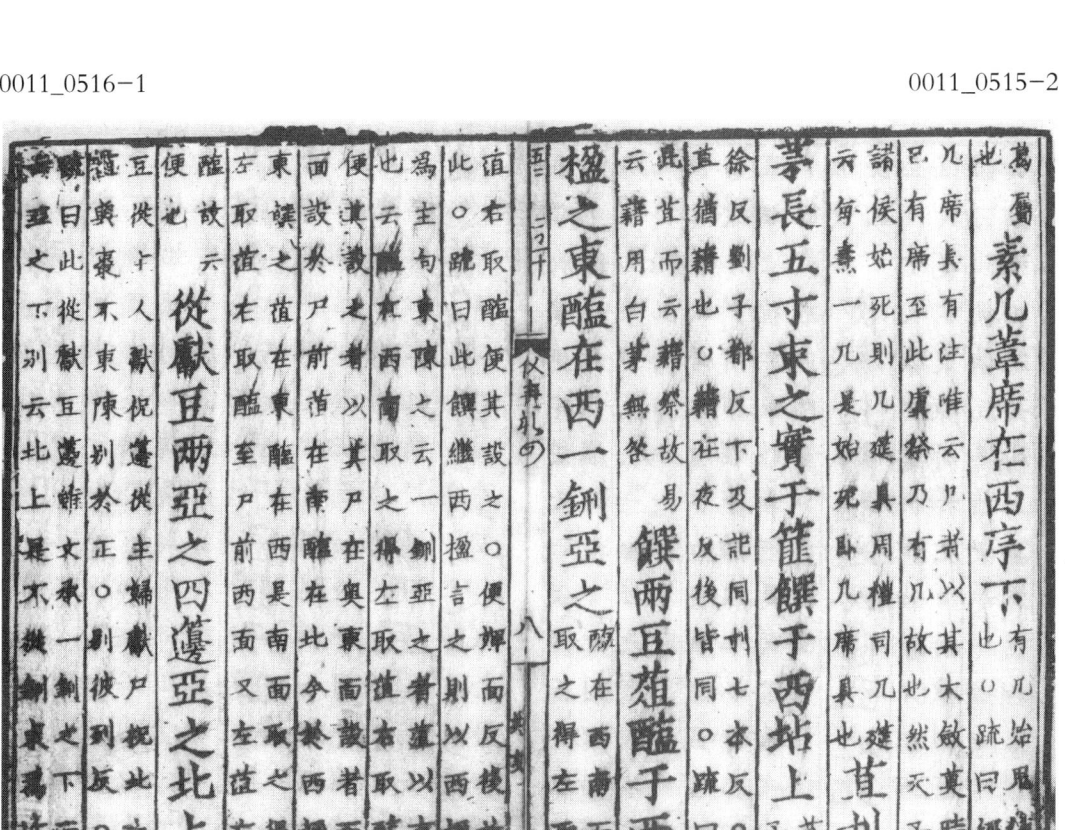

豆從主人獻祝籩從主婦獻尸祝此云籩與豆不東陳別於正○別彼列反○
疏曰此從獻豆籩雖文承一鉶之下而無亞之下別云北上是不從鉶東爲次

0011_0516-2

宜於鉶東北以北爲上向南陳之若然文承一鉶下而云亞之者以其次在鉶以東去極漸遠故云亞不謂亞鉶以東也據此陳之次然則亞北葅爲首次南醢醢東栗栗北棗東棗棗南栗北以東面取之而入北面設之祝前得右葅左醢其籩亦然先陳者先設後陳者後設棗在左亦得其設故鄭云北上葅與豆已設說以爲陰厭不名爲從此二豆棗也云豆從主人獻祝者以其尸前正主人先獻祝酒後乃薦豆故言從云籩從主婦獻尸祝者以其四籩二籩從主婦獻祝亦是從也云不東陳別於正者以二豆與鉶在尸爲獻前爲正此皆在

0011_0517-1

獻後爲非正故東北別也

饌黍稷二敦于階間西上藉用萑席○敦音對劉又都愛反後放此藉猶薦也古文藉爲席○疏曰謂先陳席乃陳黍稷於上是以陳席藉薦黍稷也

匜水錯于槃中南流在西階之南簞布在其東匜音移錯音七故反後同簞音丹○流匜吐水口也

陳三鼎于門外之右北面北上設扃鼏門外之右門西也今文扃爲鉉○鉉玄犬反○疏曰此扃鼏先云設其設扃在後知者案士喪禮小斂云右人

張本下象鼻題監生秦淳四字傅本剪去之

0011_0517-2

左執匕由扃于左手兼執之取鼏委于鼎北加扃則扃在鼏上故先抽扃後去鼏則鼏先設可知扃鼏雖在三鼎之下總言其實陳一鼎訖即設之知者案下記云皆設扃鼏注云嫌既陳乃設扃鼏是也

匕俎在西塾之西不饌於塾上統於鼎也塾有西者是室南鄉○鄉許亮反○疏曰云不饌於塾上統於鼎也者以下文羞燔俎在內西塾上乃云賓降反俎于西塾至於主婦亞獻訖直云賓燔從如初明尸受燔訖賓亦反俎于西塾上是互見義也

羞燔俎在內西塾上南順燔音煩○南順於南面取縮執之便也肝俎在燔東

0011_0518-1

右陳饌具○記虞而立尸有几筵疏曰有几筵者未葬之前殯宮雖有醴醢之奠不立几筵其大斂之奠雖在殯宮但有席而已亦無几也此席素席故前云奠以素器其下室之內有吉几筵今葬訖說虞祭有素几筵筵雖大練之時已有至於虞祭更立筵與几相配○疏云

○陳牲于廟門外北首西上寢右吉也牲在其西上變吉

0011_0518-2

寢右者當升左胖也腊用棜檀弓曰既反哭主人與有司視虞牲○
疏曰知腊在牲中者士虞唯有一家而云西上明知兼兔腊得云西
上也云西上變吉者案少牢二牲東上今此西上是變吉也云寢右
者當升左胖也者特牲腊在東置於棜東首牲在西尚右人虞禮反
吉故寢右汁左胖知腊用棜者案特牲陳鼎于門外北面北上棜在
南南順實獸于其上東首是也 **日中而行事** 朝葬日中
而虞君子舉事必用辰正也再虞三虞皆質明○疏曰云辰正者謂

儀喪禮四　十二

0011_0519-1

朝夕日中也以朝有葬事故云日中而行虞事也云再虞三虞皆質
明者以朝無葬事故皆質明而行虞事也 **殺于廟門西**
主人不視豚解 主人視牲不視殺凡爲喪事略也豚
解解前後脛脊脅而已熟乃體解升於鼎也今文無廟○疏曰特牲
饋食禮夙興主人立于門外東方南面視側殺然則特牲吉祭故主
人視牲又視殺今虞爲喪事故主人視牲不視殺是其略也解前後
脛脊脅而已熟乃體解升於鼎也者體解下文七體是也 **羹飪**

0011_0519-2

升左肩臂臑肫骼脊脅離肺膚祭
二取諸左膉上肺祭一實于上鼎
飪而甚反臑乃報反肫音純又之春反骼音格膉音益○肉謂之羹
飪熟也脊正脊也喪祭略七體耳離肺舉肺也少牢饋食禮
曰舉肺一長終肺祭肺三皆刌膉肥肉也古文曰左股上字從肉從
殳殳矛之殳聲○殳矛上音殊下莫侯反○疏曰特牲云不殊正脊
不奪正也然則此爲喪祭體數雖略亦不奪正故亦脊脅正脊正脅

0011_0520-1

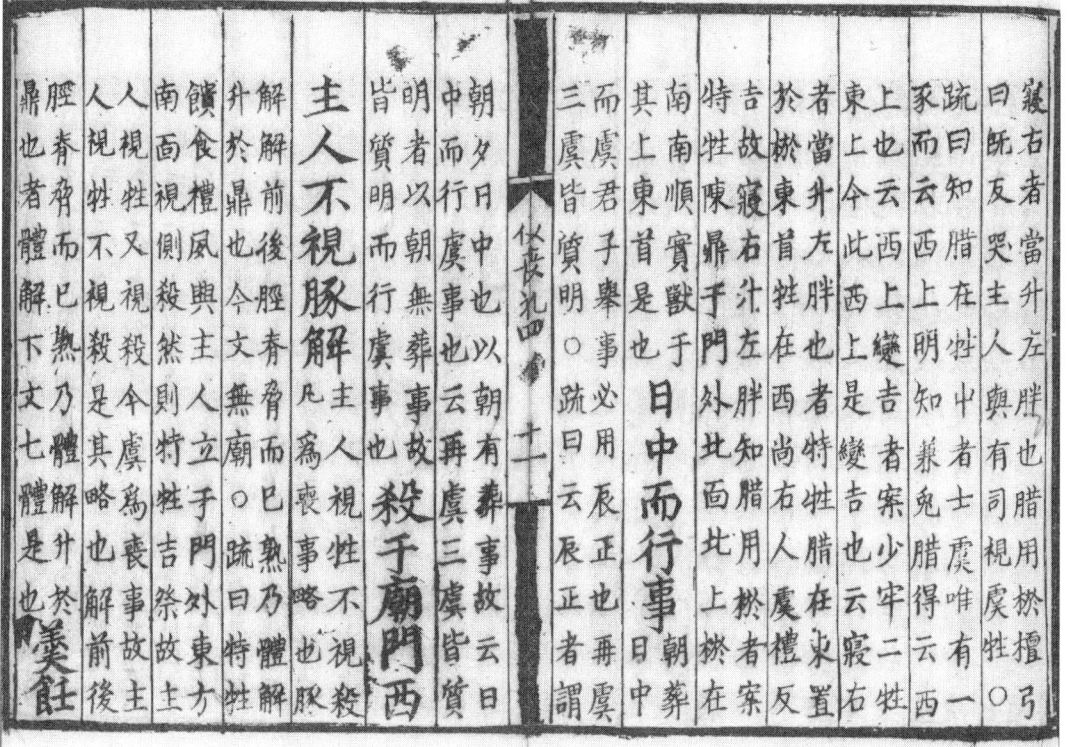

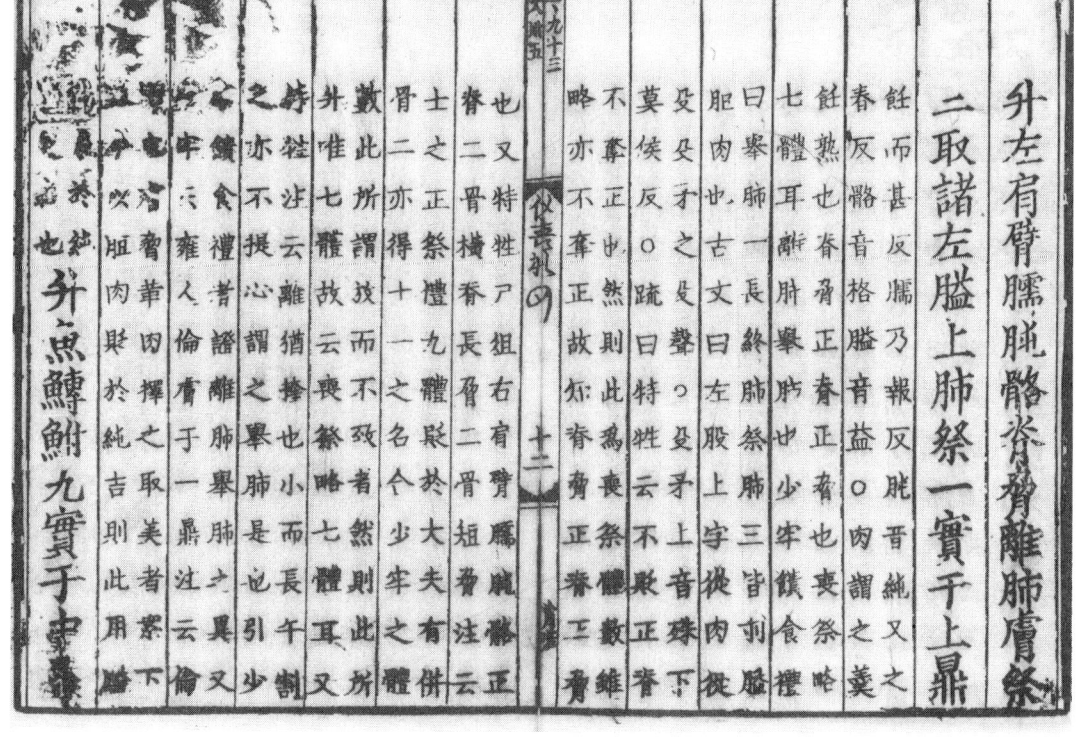

也又特牲尸俎右肩臂臑肫骼正脊二骨橫脊長脅二骨短脅注云
士之正祭禮九體貶於大夫有併骨二亦得十一之名今少牢之體
數此所謂放而不致者然則此所升唯七體故云喪祭略七體耳又
特牲注云離猶捖也小而長午割之亦不提心謂之舉肺是也引少
[illegible]饋食禮者證離肺舉肺之異又[illegible]牢六雍人倫膚于一鼎注云倫
[illegible]膂華因擇之取美者索下[illegible]脰肉與於純吉則此用膉
[illegible]於純也 **升魚鱄鮒九實于中鼎**

錄乍專反又市轉反斷音附○蒸減之○疏曰特牲魚十有五今兄喪祭略所用九故云差減之也

升腊左胖髀不升實于下鼎髀步禮反又方爾反○腊亦七體牲之類○疏曰上文升左肩臂臑肫骼脊脅是牲之七體今升腊左胖亦然特牲記云腊如牲骨是也

皆設扃鼏陳之嫌既陳乃設扃鼏也今文扃作鉉古文鼏作密○疏曰嫌既陳乃設扃鼏也者經云陳三鼎後言設扃鼏故記人辨之皆先扃鼏後陳之也○本經記

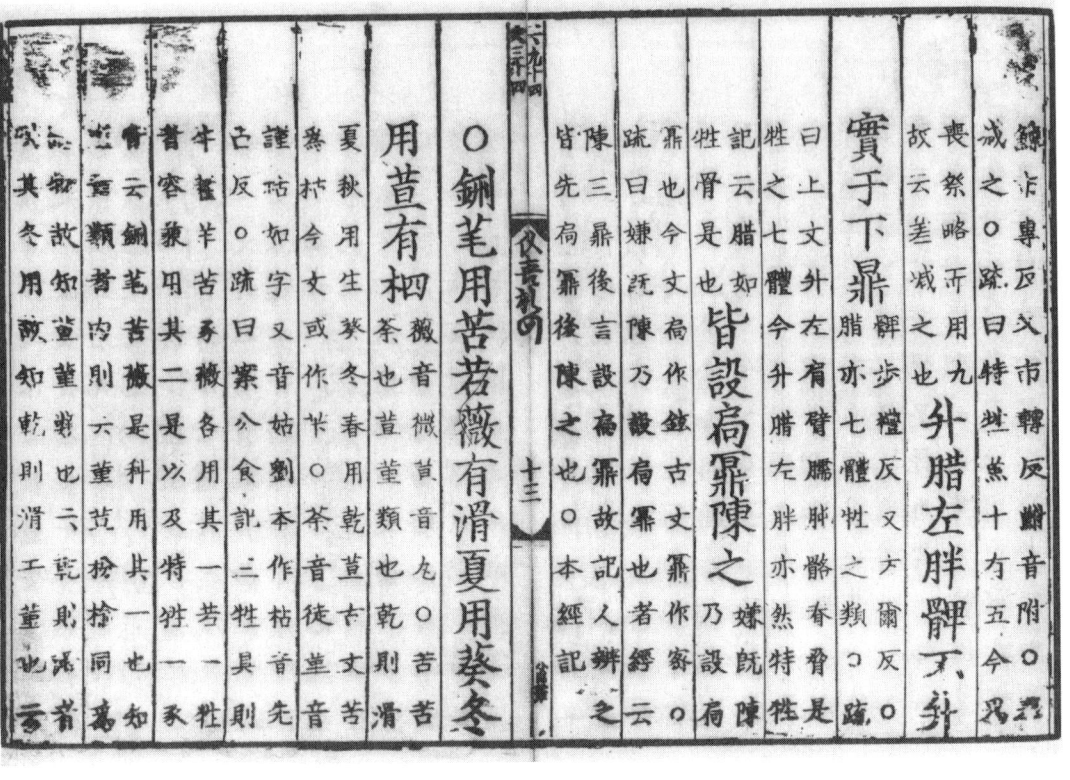

○鉶芼用苦若薇有滑夏用葵冬用荁有柶薇音微荁音丸○苦苦荼也荁堇類也乾則滑夏秋用生葵冬春用乾荁古文苦為枯今文或作芐○荼音徒堇音謹枯如字又音姑劉本作枯音先己反○疏曰案公食記三牲具則牛藿羊苦豕薇各用其一若一牲者容兼用其二是以及特牲一豕者云鉶芼苦薇是科用其一也知荁堇類者內則云堇荁枌榆同爲滑故知荁堇類也云乾則滑者其冬用乾知乾則滑工堇也云

夏秋用生葵冬春用乾荁者以其冬用荁一木生者故其與今苦長以新直士謂夏以乘秋冬以兼春也

豆實葵菹菹以西蠃醢籩棗烝栗擇蠃力禾反○棗烝栗擇則菹切也棗烝栗擇則豆不揭籩有縢也○揭苦瞎反又苦割反○疏曰案士喪禮大斂云毼豆兩其實葵菹芋蠃醢兩籩無縢布巾其實栗不擇脯四脡自大斂後皆云如初則葬奠四豆脾析葵菹亦長矣四籩棗糗栗脯亦不擇也至此乃云棗烝

栗擇則菹亦切矣豆籩有飾可知○同上○陳小斂奠條批畢用桑大斂奠條小功與饋奠以下當互考

○祝俎髀脰脊脅離肺陳于階間敦東不外於鼎賤也統於敦明神惠也祭以離肺下尸○下尸嫁反○疏曰云不升於鼎賤也者祝對上口俎羹飪升於鼎爲貴者也云統於敦明神惠也者案上文饌黍稷二敦于階間西上是神之黍稷今陳祝饌于神饌之東統于神物明惠由神也云祭以離肺下尸者以其尸祭用刌肺祝示屬

0011_0522-2

封賅肝離肺苦下尸也○本經記

主人及兄弟如葬服賓執事者如弔服皆即位于門外如朝夕臨位婦人及內兄弟服即位于堂亦如之臨力蔭反下同○葬服者既夕曰丈夫髽散帶垂也賓執事者賓客來執事也○髽側瓜反散悉但反○疏曰丈夫髽散帶垂者始虞與葬服同三虞皆同至卒哭卒去無時之哭則依其喪服乃變麻服葛也賓客皆執事者以其虞爲喪祭主人未執事故云賓客

十五

0011_0523-1

來執事也眾特牲賓中有公有司鄭注云士之屬命於其君者也又曾子問上則朋友奠不足則取於大功以下云云士祭不足則取於兄弟大功以下鄭云祭謂虞卒哭時以此而言則公有司執事雖屬官亦爲朋友也祝免澡葛絰帶布席于室中東面右几降出及宗人即位于門西東面南上免音問注同澡音早○祝亦執事免者祭祀之禮祝所親也澡治也治葛以爲首絰及帶接神宜變也然則士之屬官爲其長弔服加麻矣至於既卒哭主人變服則除右几於廬

0011_0523-2

繐衰三惹其子偶反下爲袖同長丁大至丈夫注同近附近之近後放亦令冠曰要服小記云緦麻小功虞卒哭則免今祝是執事屬吏之等皆無免云令雖以上同者免嫌其大重故云祭祀之禮祝所親而可以受服也

右門外位布席室中

宗人告有司具遂請拜賓如臨入門哭婦人哭臨朝夕哭○疏曰朝夕哭時門外送賓訖入門男子婦人共哭也主人即位于堂眾主人及兄弟賓即

十六

0011_0524-1

位于西方如反哭位既夕曰乃反哭入門升自西階東面眾主人堂下東面北上異於朝夕○疏曰此明賓將與祭主人及兄弟等即位之事祝入門左北面不與執事同位接神尊也○疏曰執事即上兄弟賓即位于西方如反哭位皆是執事故曾子問喪不足則取兄弟故云祝不與執事同位接神尊也宗人西階前北面當詔主人及賓之事○疏曰此宗人在堂下是主人在堂時若主人在室宗人即升堂是以下記云主人在室則宗人升户外北面注云當詔主人室事是也

右門内位

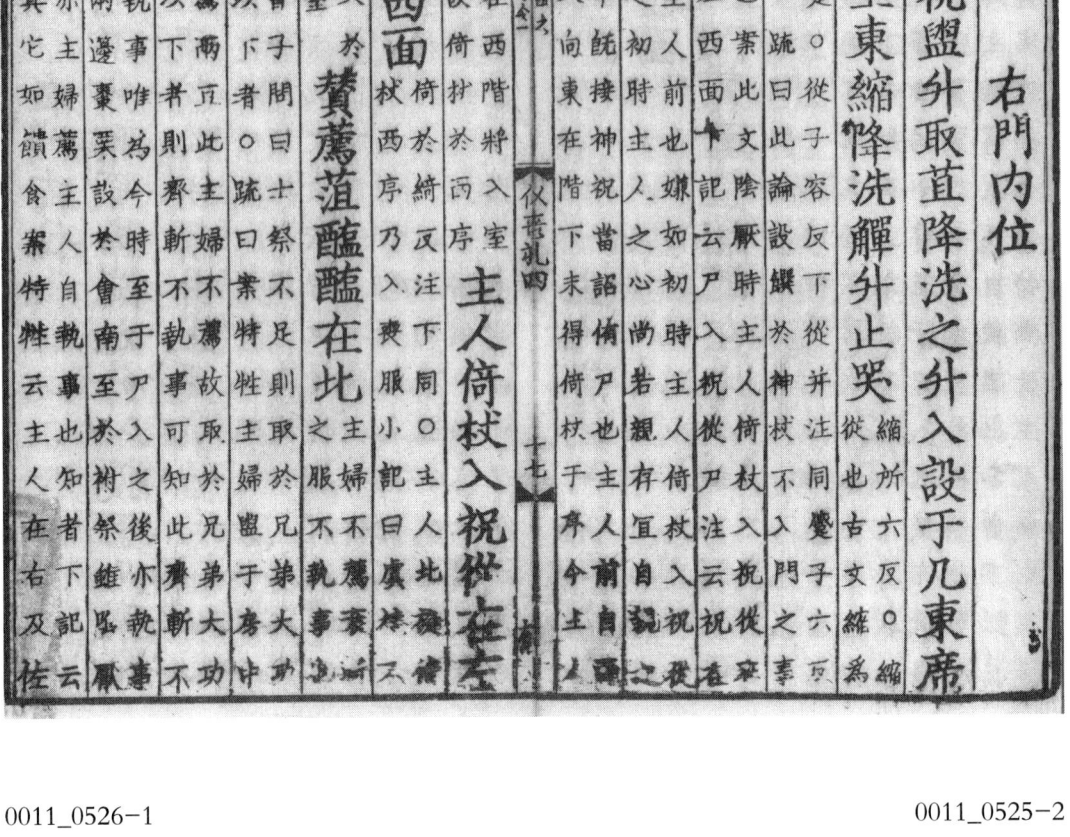

祝盥升取苴降洗之升入設于几東席上東縮降洗觶升止哭縮所六反○縮從也古文縮爲蹙○從子容反下從并注同蹙子六反○疏曰此論設觶於神杖不入門之事也案此文陰厭時主人倚杖入祝從在左西面下記云尸入祝從尸注云祝在右主人前也嫌如初時主人倚杖入祝從之初時主人之心尚若親存宜自親之今既接神祝當詔侑尸也主人前自詔入向東在階下未得倚杖于序今主人

在西階將入室故倚杖於西序主人倚杖入祝從在左西面倚於綺反注下同○主人北殺禮杖西序乃入喪服小記曰虞杖不入於室贊薦菹醢醢在北主婦不薦齊斬之服不執事也曾子問曰士祭不足則取於兄弟大功以下者○疏曰案特牲主婦盥于房中薦兩豆此主婦不薦故取於兄弟大功以下者則齊斬不執事可知此齊斬不執事唯為今時至于尸入之後亦執事兩籩棗栗設於會南至於祔祭雖服亦主婦薦主人自執事也知者下記云其它如饋食案特牲云主人在右及佐

食舉牲鼎是也若大夫以下尊不執事設少牢云主人出迎鼎注云道之也是不執事也佐食及執事盥出舉長在左舉舉鼎也鼎入設于西階前東長右左在西方位也凡事宗人詔之面北上匕俎從設左人抽扃鼏匕佐食及右人載載載於俎佐食載則亦在右矣今文扃為鉉古文鼏為密卒杝者逆退復位復賓位也俎入設于豆東魚亞之腊特亞次也今文無之贊設二敦于俎

南黍其東稷篹實尊黍也○疏曰西黍東稷以西上故云尊黍也經云敦注言篹者案特牲云佐食分篹鉶注六分篹者分敦黍於會爲有對也敦有虞氏之器也周制士用之變敦言篹容同姓之士得從周制耳然則此佐食言篹者亦謂同姓之士得用篹故也設一鉶于豆南鉶菜羹也○疏曰此鉶羹是湆羹佐食出立于户西饌已也今文無于户西○疏曰佐食出者以饌事不可以空立故出立于户西贊者[illegible]祝酌醴命佐食啓會佐食許

0011_0526-2

諸啓會卻于敦南復位會古外反後放此○會合也謂
敦蓋也復位出立于户西今文啓爲開○疏曰特牲少牢直言酌奠不言酌醴
者以彼直有酒故不言酒是酒可知也酒醴兩有今所奠者醴故須言醴也
然彼單酒此兩有者以其同小斂大斂朔月遷祖祖奠大遣奠等皆酒醴並
故此虞之喪祭亦兩有異於吉祭也祝奠觶于鉶南復位
復位復主人之左○疏曰云復主人之左者上主人倚杖入祝從在左
祝更有位故後主人左也

大四十一　小二百九十

仪喪礼四　十九

0011_0527-1

右設饌○虞杖不入於室祔杖不
升於堂哀益衰敬彌多也虞於寢祔於祖廟○疏曰此謂
殺去杖之節也案士虞禮虞卒又案檀弓云明日祔于祖是
祖廟也○小記○載猶進柢魚進鬐
○猶猶士喪既夕言未可以吉柢本也鬐脊也今文柢爲胝古文
鬐爲耆○胝音帝○疏曰鬐柢二者皆變於吉是以少牢云下利升
豕其載如羊皆進下注云變於食生也又曰腊一純而俎亦進下又

0011_0527-2

曰魚用鮒十有五而俎縮載右首進腴注云亦變於食生也是皆與
此反矣是變於吉也云猶士喪既夕言未可以吉也者云與言又
則明與生人同士喪禮小斂云皆覆進柢注云柢本也進本者未異
於生也至大斂載魚左首進鬐腊進柢鄭注云亦未異於生也又葬
奠云如初皆未異於生故記人以猶之是以鄉飲酒鄉射記皆云右
禮進腠是也○本經記○主人在室則宗人
升户外北面當詔主人室事○疏曰上經唯言宗人告

大三十六　小二百九十二

仪喪礼四　二十

0011_0528-1

有可具及詔主人踊皆堂下之事今主人入室宗人當升户外詔主
人室中之事故升堂也佐食無事則出户負
依南面依於堂反注同○室中尊不空立户牖之間謂之依
○疏曰此爾雅文謂户西南面也○同上
主人再拜稽首祝饗命佐食祭饗告神饗也此
祭於苴也饗神辭記所謂哀子某哀顯相夙興夜處不寧下至適爾皇祖某
甫饗是也○饗息亮反下文不相并同○疏曰下云祝祝卒注云祝祝者

0011_0528-2

孝子祭辭又下文迎尸後尸墮祭云祝祝主人拜如初此等三者皆有辭此文饗神引記者是陰厭饗神辭下文迎尸上釋孝子辭者經記無文案少牢迎尸祝孝子辭云孝孫某敢用柔毛剛鬣嘉薦普淖用薦歲事于皇祖伯某以某妃配某氏尚饗此是釋孝子辭此迎尸上釋孝子辭宜與彼同但稱哀爲異其迎尸後祝辭者即下記饗辭云哀子某圭爲而哀薦之饗鄭注云饗辭勸強尸之辭也凡吉祭饗尸曰孝子是以特牲迎尸後云祝饗注云饗勸強之也其辭取於士虞記則宜云孝孫某圭爲而哀薦之饗是也下二虞卒哭記皆有辭至彼別

0011_0529-1

釋　佐食許諾鉤袒取黍稷祭于苴三取膚祭祭如初祝取奠觶祭亦如之不盡益反奠之主人再拜稽首鉤袒如今擐衣也苴所以藉祭也孝子始將納尸以事其親爲神疑於其位設苴以定之耳或曰苴主道也則特牲少牢當有主象而無何乎○擐音患○疏曰鉤袒若漢時人擐衣以露臂故云如今擐衣也云設苴以定之者案上文祝取苴降洗設于几東者至此乃祭于苴下文乃延尸尸升孝子迎尸之前奠以將納尸以事其親爲神疑

張本下象鼻題監生陳浚四字傳本剪去之

0011_0529-2

於其位故設苴以定之艸預設苴之意也或曰苴主道也似重爲主道然鄭破之云若是苴爲主道特牲少牢吉祭亦當有主象亦宜設苴今而無苴是以苴爲藉祭非主道也若然此據文有尸而言將納尸有苴案下記文無尸者亦有苴又特牲少牢吉祭無苴案司巫祭祀則共匰主及蒩館常祀亦有苴者以天子諸侯尊者禮備故吉祭亦有苴凶祭有苴可知祝祝卒主人拜如初哭出復位祝祝劃下之又反○祝祝者釋孝子祭辭

右饗神謂陰厭○周禮喪祝掌喪祭

0011_0530-1

祝號喪祭虞也○記始虞用柔日葬之日日中虞欲安之柔日陰取其靜○疏曰葬之日日中者上文云日中行事是也葬用丁亥是柔日葬始虞用日中故云始虞用柔日也曰哀子某哀顯相夙興夜處不寧相息亮反○曰辭也祝祝之辭也喪祭稱哀顯相助祭者也顯明也相[illegible]也詩云於穆清廟肅雍顯相不寧悲思不安○思息似反敢用絜牲剛鬣敢昧冒之辭家曰剛鬣○昧冒上云北反下亡

0011_0530-2

報反○疏曰敢昧冒之辭者凡言
敢者皆是以卑觸尊不自明之意
云豕曰剛鬣者下曲禮文

香合

本又作薌音同
黍曰鄉合○黍
也大夫士於黍稷之號合言普淖
而已此言香合蓋記者誤耳辭次
黍又不得在薦上○疏曰案下曲
禮云黍曰香合粱曰香萁稷曰明
粢是也曲禮所云黍稷別號者是
人君法特牲少牢黍稷合言普淖
此別號黍為香合下將號稷為普
淖故知記誤也依設薦法先設菹
醢次設俎後設黍稷今黍在嘉薦
之上此亦記者之誤故鄭非之也

0011_0531-1

若然俎在後今黍在黍上者祭
以牲為主故先言非設時在前也

嘉薦普淖

普淖如孝反劉徒獻反
○嘉薦菹醢也普淖黍
稷也普大也淖和也德能大
和乃有黍稷故以為號云

明齊

溲酒

齊才計反注同溲所求反醆
同○明齊新水也言以新水
溲釀此酒也郊特牲曰明水涗齊
貴新也或曰當為明視謂兔腊也
今文曰明粢粢稷也皆非其次今
文溲為醙○疏曰鄭以溲求邊為
之與縮字義異謂以新水漬麴乃
溲釀此酒又引郊特牲明水涗齊

0011_0531-2

貴新也者彼云涗猶清也五齊
濁泲之使清謂之涗齊及取明水
皆貴新也據彼注明水則周禮司
烜氏所取只中之水與此明齊雖
異直取新義同故引為證非謂為
一物也云或曰當為明視謂兔腊
也今文曰明粢粢稷也皆非其次
者謂若以明粢當為明視作兔腊
解者應在上為次何因退在下今
文又為稷解者上已云普淖兼黍
稷何用又見稷也故
知二者皆非其次也

哀薦祫事

祫
音
合○始虞謂之祫事者主欲其祫
先祖也以與先祖合為安今文曰

0011_0532-1

古事○疏曰案公羊傳大祫者何
合祭也合先君之主於大廟故此
鄭亦以祫為合但三虞卒哭後乃
有祔祭祔合先祖今始虞而言祫
者鄭云以其先祖合為安故下文
云適爾皇祖某甫是始虞預言祫
之意
也

適爾皇祖某甫

爾女也女死
者告之以適
皇祖所以安之也皇君也某甫
皇祖字也若言尼甫○女音汝

饗

勸強
之也

再虞皆如初曰哀薦虞事

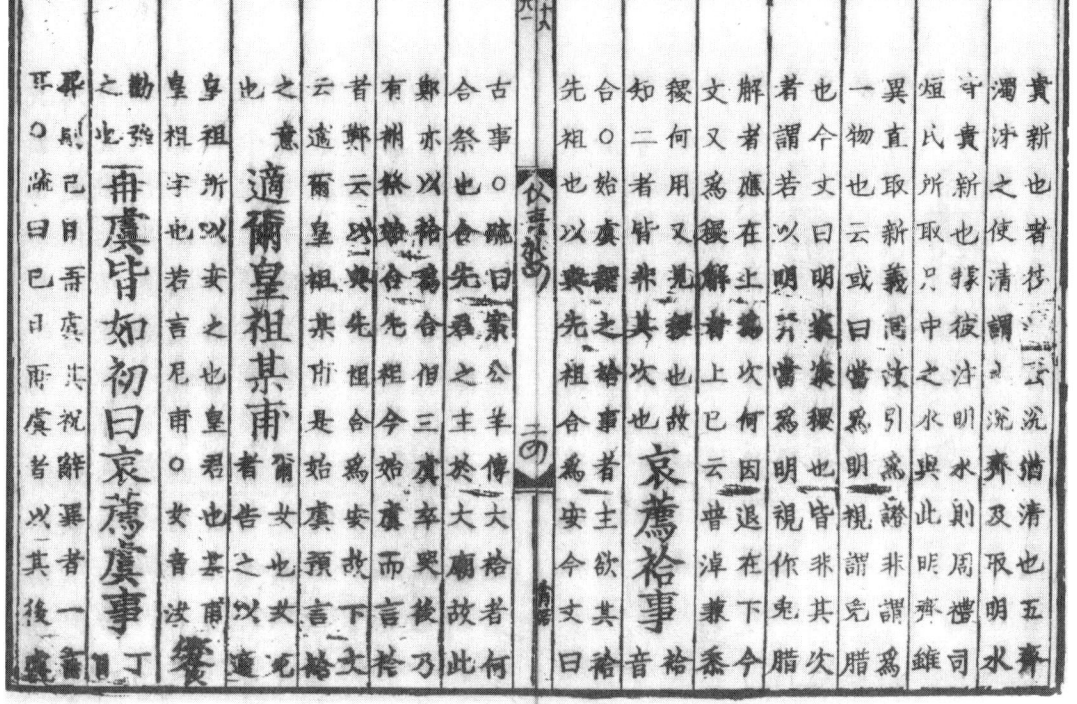

丁
日
聚則已日再虞其祝辭異者一言
耳○疏曰已日而虞者以其後虞

用剛日初虞再虞皆用柔日[illegible]用丁日陽戊日故知再虞用己[illegible]云一言耳者則一字也謂數一[illegible]云祫再虞云虞二虞云成是也

三虞卒哭他用剛日亦如初曰哀

薦成事

當祔於祖廟爲神安於此後虞改用剛日剛日陽也陽取其動也士則庚日三虞壬日卒哭其祝辭異者亦一言耳他謂不及時而葬者喪服小記曰報葬者報虞二月而後卒哭然則虞卒哭之間有祭事者亦用剛日其祭無名謂之他者假設言之文不在

卒哭上者以其非常也令正者自相亞也檀弓曰葬日中而虞弗忍一日離也是日也以虞易奠卒哭曰成事是日也以吉祭易喪祭明日祔於祖父如是虞爲喪祭卒哭爲吉祭今文他爲它○報葬檀記音芳付反下同令力呈反辭力智反○疏曰鄭云當祔於祖廟爲神安於此者知解初虞再虞祔祫爾虞之意今三虞文用剛日將祔於祖取其動義故也云士則庚日三虞壬日卒哭者以其己日爲再虞後改用剛日故亦取庚日爲三虞也卒哭亦用剛[illegible]庚日後降辛

日取壬爲卒哭云他謂不及時而葬者謂有故及家貧不及三月因三日殯日即葬於國北引喪服小記者彼鄭注云報讀爲赴疾之赴謂不待三日因殯日虞所以安神送形而往迎魂而反須安之故疾虞三月而後卒哭者鄭云卒哭待哀殺故至三月待葬常葬後乃爲卒哭祭也云其祭無名謂之他者謂虞卒哭祔祥皆有名此則無名故謂之他文不在卒哭上者此他祭在卒哭上今退在卒哭下者以其非常又非祭故也引檀弓者證卒哭辭稱成事之義但卒哭

爲吉祭者喪中自相對若據二十八月後吉祭而言禫祭已前總爲喪祭也○本經記

○喪稱哀子哀孫

詳見卒哭祔練祥禫記

祝迎尸一人衰絰奉篚哭從尸

奉篚芳勇反下芳鬼反本亦作篚從才用反○尸主也孝子之祭不見親之形象心無所繫立尸而主意焉一人主人兄弟檀弓曰既封主人贈而祝宿虞尸○封彼驗反劉逋鄧反○疏曰鄭知一人衰絰是主人兄弟者以主人哭出復位無從尸之[illegible]

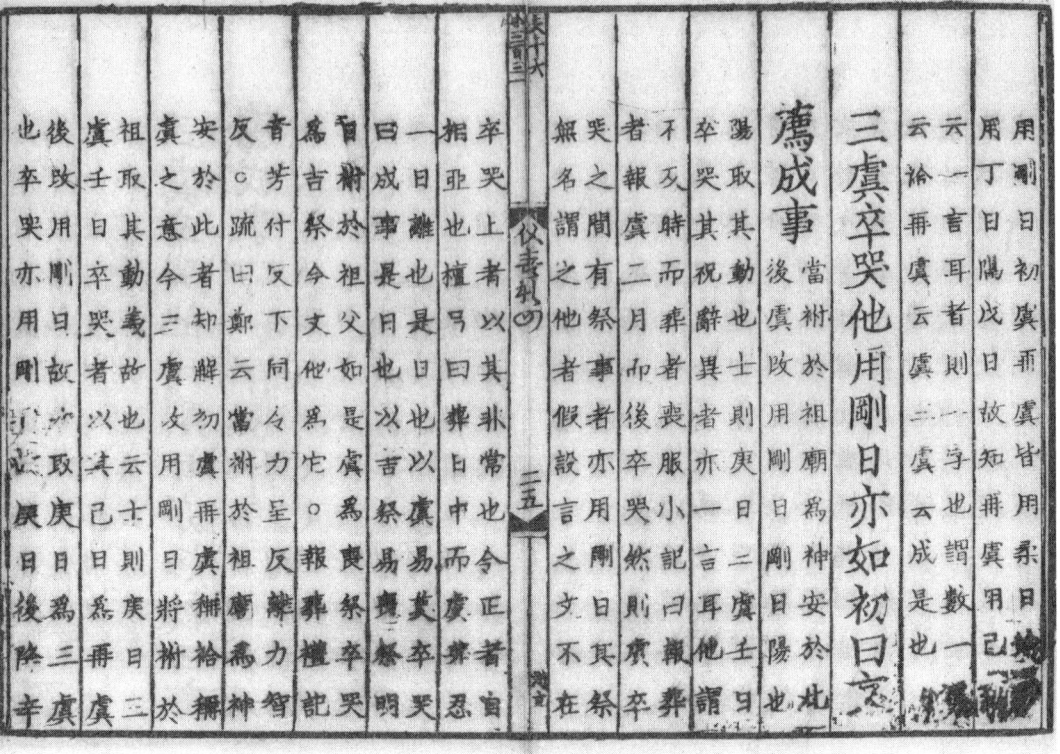

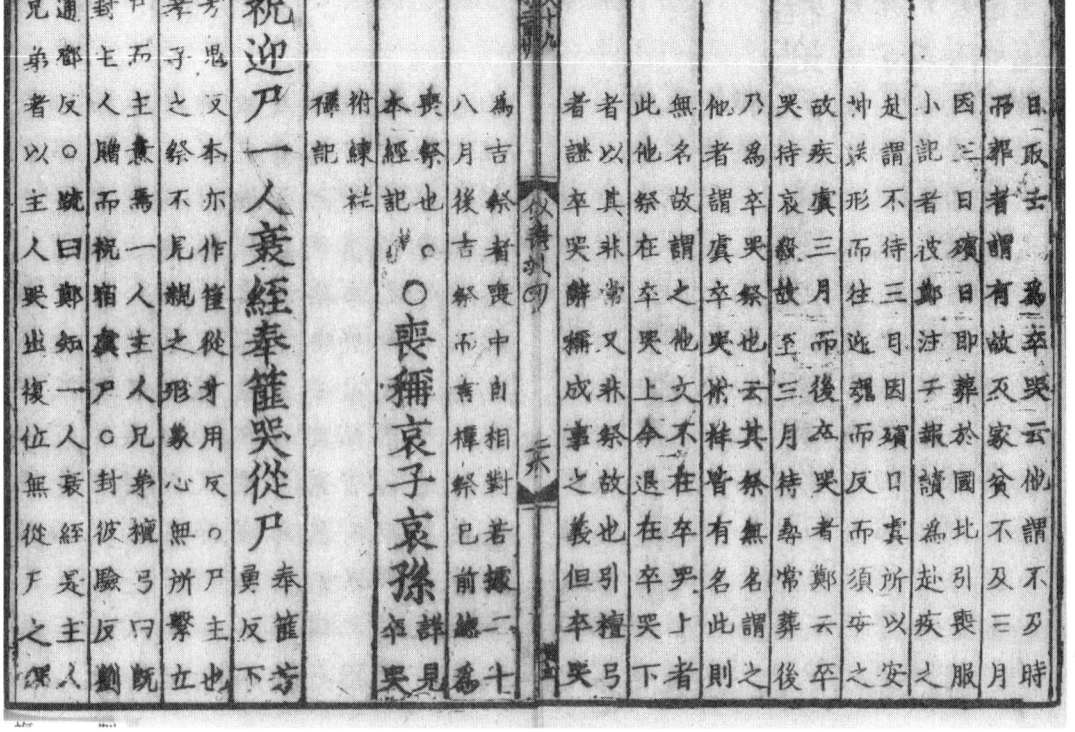

0011_0535-1　0011_0534-2

[illegible]人兄弟[illegible]

[illegible]祝[illegible]主人[illegible]先[illegible]虞

[illegible]尸入門丈夫踊婦人踊[illegible]

者[illegible]後也尸入主人不降者喪事主哀不主敬○釋曰主人在西序東面兄弟西階下亦東面婦人堂上當東序西面故主人及兄弟見尸先踊婦人後見尸故後踊是有先後云主哀不主敬者案特牲少牢尸入主人皆降立于阼階東待尸故此不降爲主哀

淳尸盥宗人授巾淳章純反注下同○淳沃也沃尸盥者賓執事者也○釋曰此直言盥不言面位案

儀禮疏卷四[illegible]　二十七

特牲云尸入門左北面盥宗人授巾上陳器時匜水之等在西階之東今在門左則以器就尸特牲注云侍盥者執其器就之云沃尸盥者賓執事者欲見上入賓與衆主人皆在執事之中既宗人授巾明沃盥亦賓執事也

尸及階祝延尸延進也告之以升○疏曰案特牲注云延進也在後詔[illegible]曰延少牢注云由後詔相之曰延則延者皆在後也若然記云尸[illegible]升[illegible]尸又曰降[illegible]如[illegible]尸注云降[illegible]以爲[illegible]之降在尸[illegible]云[illegible]外[illegible]同[illegible]

0011_0536-1　0011_0535-2

詔踊如初言詔踊如初則凡踊宗人詔踊之○疏曰上文無宗人詔踊并之事以此宗人詔踊云如初明前踊并[illegible]下少踊皆宗人詔之故鄭云凡也

尸入戶踊如初哭止哭止尊尸婦人入于房[illegible]事者○辟音避○疏曰以其婦人堂上執事者由堂東故辟之也

主人及祝拜妥尸尸拜遂坐妥他果反劉湯回反○妥安坐也○疏曰案特牲注云尸即至尊之坐或時不自安則以拜安之此亦然[illegible]安坐也[illegible]雅文

儀禮疏卷四[illegible]　二十八

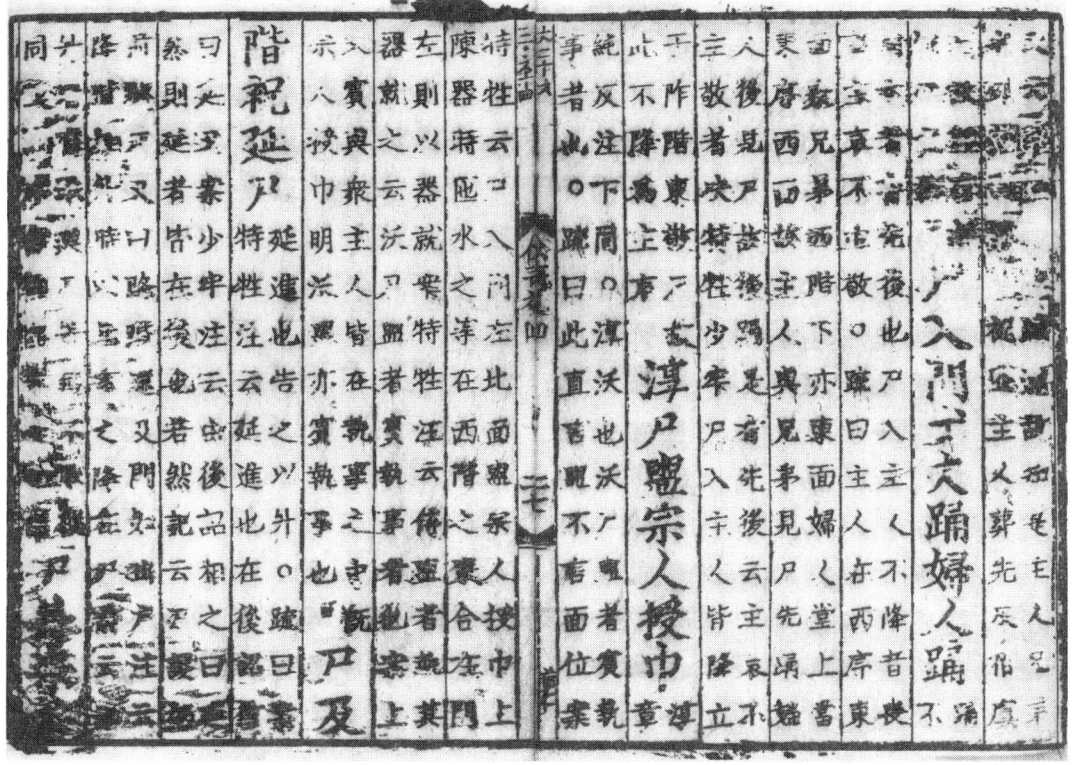

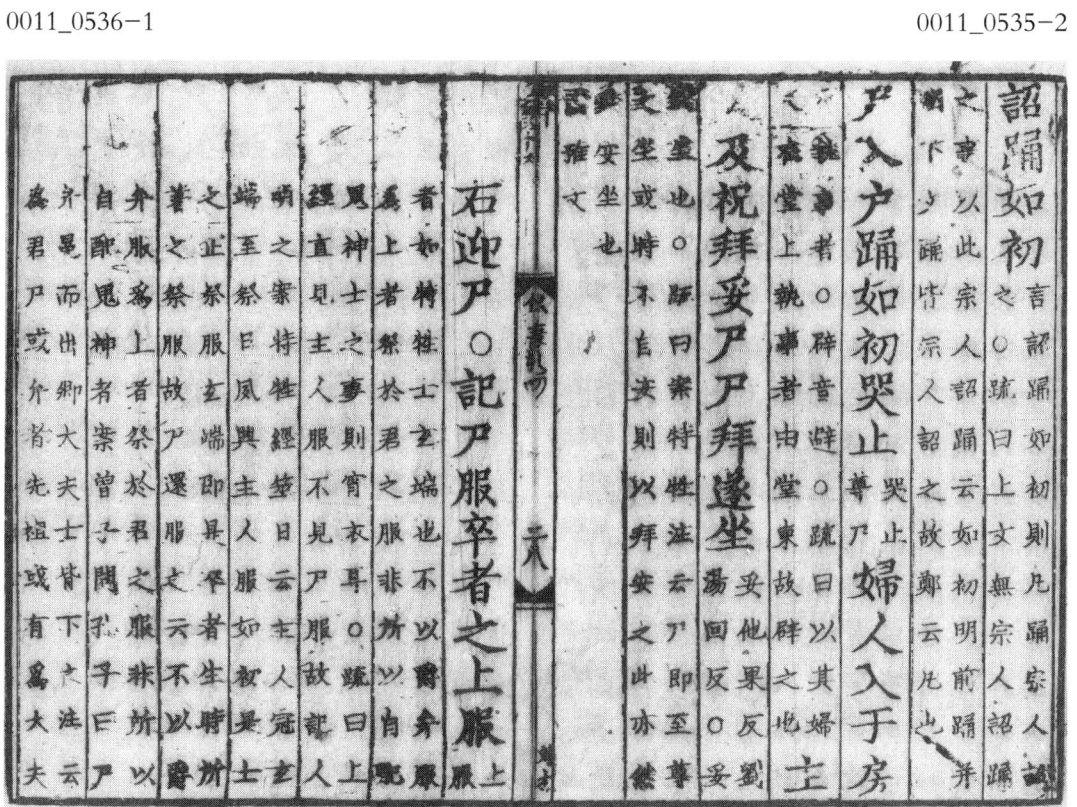

右迎尸○記尸服卒者之上服上服者如特牲士玄端也不以爵弁服爲上者祭於君之服非所以自配鬼神士之妻則宵衣耳○疏曰上經直見主人服不見尸服故記人明之案特牲經並曰云主人冠玄端至祭日夙興主人服如初是士之正祭服玄端即是孝者生時所著之祭服故尸還服之云不以爵弁服爲上者祭於君之服非所以自配鬼神者案曾子問孔子曰尸弁冕而出卿大夫士皆下之注云爲君尸或弁者先祖或有爲大夫

0011_0536-2

士者謂彼君之先祖爲士尸服爵弁不服玄端若子孫爲諸侯先祖爲士者乃服士服即祭君之服也云士之妻則宵衣耳者以其經直云尸不辨男女士虞既男女別尸故鄭并云士之妻也案特牲正祭主婦纚笄宵衣明是尸亦宵衣可知

男男尸女女

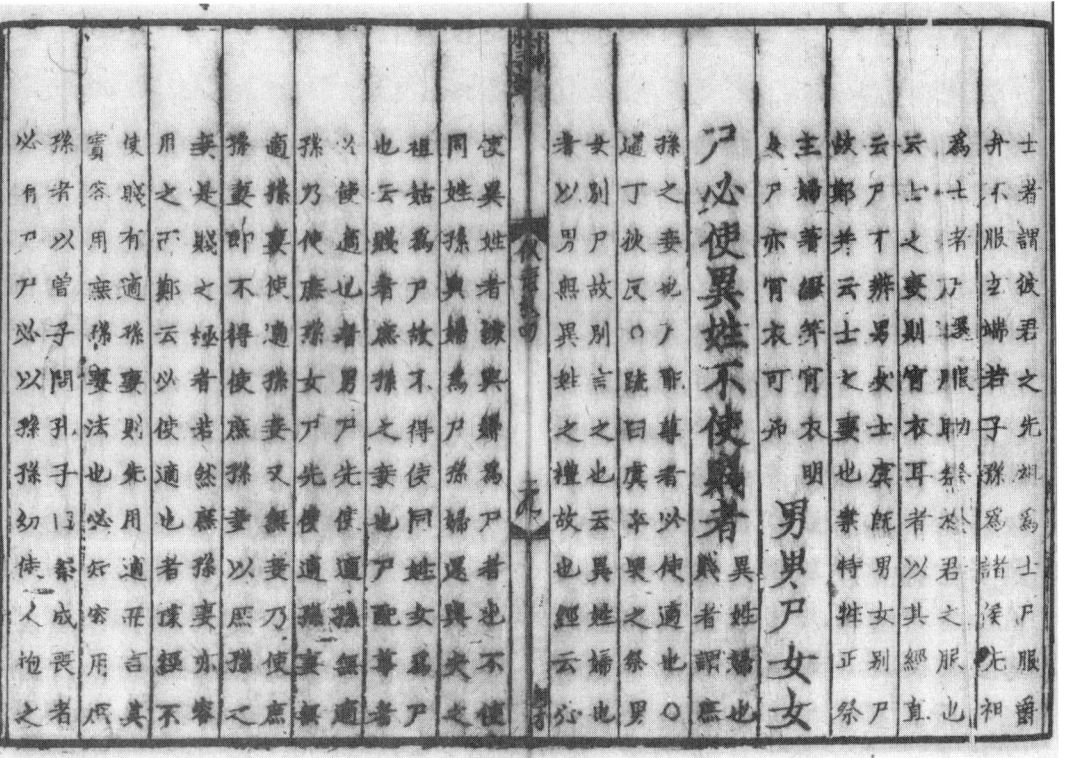

尸必使異姓不使賤者異姓婦也賤者謂庶孫之妻也卑者尊者以使適也○遂丁狄反○疏曰虞卒哭之祭男女別尸故別言之也云異姓婦也者以男無異姓之禮故也經云必

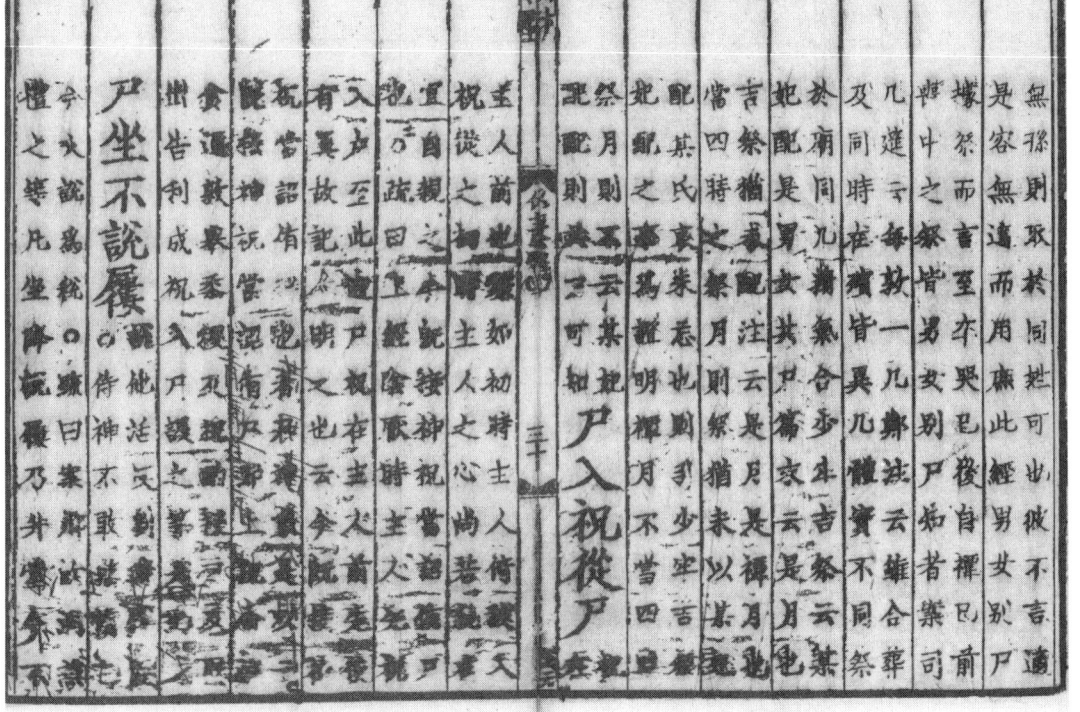

0011_0537-1

使異姓者謂與婦爲尸者也不言同姓孫與婦爲尸孫婦還與夫之祖姑爲尸故不得使同姓女爲尸也云賤者庶孫之妻也尸配尊者必使適也者男尸先使適孫無適孫乃使庶孫女尸先使適孫妻無適孫妻使適孫妻又無妻乃使庶孫妻即不得使庶孫妻以庶孫之妻是賤之極者若然孫妻亦容用之而鄭云必使適也者據經不使賤有適孫妻則先用適耳言其賓容用庶孫妻法也必容用庶孫者以曾子問孔子曰祭成喪者必有尸尸必以孫孫幼使人抱之

0011_0537-2

無孫則取於同姓可也彼不言適是容無適而用庶此經男女別尸據祭而言至卒哭已後自禪已前喪中之祭皆男女別尸婦者棄司凡進之每鼓一凡鄭注云雖合葬及同時在殯皆異凡禮實不同祭於廟同凡鑄氣合步卒吉祭云某妃配是男女共尸爲家云是月也吉祭猶未配注云是月是禪月也當四時之祭月則祭猶未以某妃配某氏哀某忌也則引少牢吉祭妃配之事爲證明禪月不當四時祭月則不云某妃配則某之可知

尸入祝從尸

0011_0538-1

主人前迎如初時主人倚杖入祝從之初主人之心尚若親存宜自親之今既接神祝當詔侑尸也○疏曰上經陰厭時主人先祝入戶至此尸入主人首先從有異故記明之也云今既接神祝當詔侑尸者祝告詔侑尸者說接神祝當詔侑尸食逼敦黍稷祔告利成祝入尸謖之等

尸坐不說屨○侍神不敢燕惰也

今文說爲稅○疏曰案鄉飲酒禮之等凡坐降說屨乃升尊卑不

說饗者爲侍神不敢燕惰故也淳尸盥執槃西[illegible]

執匜東面執巾在其北東面宗人

授巾南面槃以盛棄水爲淺污也執巾不授巾卑也[illegible]

淺音翦一音贊○疏曰上經直[illegible]淳尸盥宗人授巾不云執槃與[illegible]

匜執巾及宗人授巾等面位故記人明之○本經記○[illegible]

喪者必有尸尸必以孫孫幼則使

人抱之無孫則取於同姓可也[illegible]

儀禮疏四

有子孫爲成人子不殤父義當[illegible]也○疏曰以祭成人之喪者[illegible]

有尸以成人之喪威儀具備[illegible]有尸以象神之威儀也尸必[illegible]

若其孫幼則使人抱之若無孫[illegible]取同姓昭穆孫行適者可也以[illegible]

成人威儀既備有[illegible]之道不可無尸○曾子問[illegible]

從者錯篚于尸左席上立于其北

疏曰此虞禮篚象特牲所俎置于席此明此篚亦在席北以擬盛尸之饌也

尸取奠左執之取菹擩于醢祭于豆間

祝命佐食墮祭擩人悅反劉氏玄反一而誰反墮許恚反又相[illegible]

恚反○下祭曰墮墮之猶言墮下也周禮曰既祭則藏其墮謂此也今文墮爲

綏特牲少牢或爲羞失古正矣齊魯之間謂祭爲墮○疏曰云尸取奠左執之

者以右手將墮故也云下祭曰墮者以其尸祭皆手擧之向下祭之故云下祭

曰墮云墮之猶言墮下者案左傳云子路將墮三都以三都大高故墮下之取

墮爲下祭之義故讀從之引周禮守祧職云既祭藏其墮禮守祧同之耳云今

文墮爲綏之云特牲少牢或爲羞此二字皆非墮下之義是鄭從墮未從綏與

儀禮疏四　三十二

羞之意也案特牲云祝命挼祭注云挼祭祭神食也士虞禮古文曰祝命佐食

墮祭周禮曰既祭則藏其墮墮與挼同耳今文改挼皆爲綏古文此皆爲擩祭

也又少牢尸將酢主人時上佐食以綏祭鄭注云綏讀爲墮此三處經中墮皆

不同者此五字或爲墮或爲挼或爲羞或爲綏或爲擩此五者鄭既以挼綏及

羞三者已從墮挼云古文作擩以其時牲及此士虞皆有擩祭故亦兼擩解

佐食取黍稷肺祭授尸尸祭之祭奠祝

祝主人拜如初尸嘗醴奠之如初亦祝祝辛乃[illegible]

0011_0540-2

拜稽首○疏曰亦如上文迎尸前祝祝卒少非作稽首也 佐食舉肺
脊授尸尸受振祭嚌之左手執之 嚌才計反
○右手將有事也尸食之時亦奠肺脊于豆○疏曰案特牲祝命邇敦佐食邇
黍稷于席上舉肺脊以授尸尸受振祭嚌之彼舉肺脊在邇敦後此舉肺脊在
邇敦前者彼吉祭吉凶相變故也云右手將有事也者爲下文祭鉶嘗鉶是也
云尸食之時亦奠肺脊於豆者解經無奠文如不執以食卒者審下文云乃卒
食佐食受肺脊實于篚在尸手當云受肺脊又知在豆者特牲云尸實舉于菹

三十六 儀喪禮四 三三

0011_0541-1

豆是也案特牲尸乃食食舉注云舉言食者明凡解體皆連肉少牢云食舉注
云舉牢肺正脊也先飯啗之以爲道也此喪祭不言食舉亦食舉可知是以特
牲注云肺氣之主也脊正體之貴者先食啗之所以道食通氣也案下文注云
尸不受魚腊以喪不備味則亦不食庶羞矣 祝命佐食邇敦
佐食舉黍錯于席上 邇近也 尸祭鉶嘗鉶
不手也少牢曰以柶祭羊鉶遂以祭豕鉶嘗羊鉶○疏曰上文佐食舉肺脊授
尸尸受振祭嚌之左手執之鄭云右手將有事指此嘗鉶用右手也引少牢者

0011_0541-2

證此經嘗祭之時亦用柶用苦若薇有滑夏用葵冬用荁有柶是
用柶祭之義 黍羹湆自門入設于鉶南胾四
豆設于左 湆去及反胾側吏反○博異味也湆肉汁也胾切肉也○
疏曰云設于[redacted]南者以黍羹湆未設故繼鉶而言之其實辟北留空處以待黍
羹云胾四豆設于左者案特牲四豆設於左南上云左者正豆之左人少牢云
上佐食羞胾兩瓦豆有醢設于薦豆之北注云設於薦豆之北以其加也言北
亦是左也云博異味者以其有湆有胾故也 尸飯播餘于篚

儀喪禮四 三四

0011_0542-1

飯扶晚反注及下并下注九飯同○不反餘也古者飯用手吉時播餘于會古
文播爲半○疏曰古者飯用手者案曲禮云毋摶飯又云毋放飯飯黍毋以箸
故知古者飯用手言此者謚播飯去手爲放飯吉時播餘於會者可知 三
飯佐食舉幹尸受振祭嚌之實于篚 飯間
啗肉安食氣○啗大敢反○疏曰以其胳脅骨體連肉又在三飯之間故云飯
間啗肉安食氣 又三飯舉胳祭如初佐食舉魚
腊實于篚 胳音格一音各○尸不受魚腊以喪不備味○疏曰佐食

張本下象鼻題監生陳浚四字傳本剪去之

0011_0542-2

舉魚腊不云尸受祭之明尸不受魚腊可知云以喪不備味者案特牲三舉[illegible]腊尸皆振祭嚌之此云食舉魚腊實於篚尸不嚌此云喪不備味又三

飯舉膚祭如初後舉膚者貴要成也○疏曰祭統云周人貴肩故云貴者要成也要成者據後食即飽也舉魚腊俎俎釋三

个个古賀反○釋猶遺也遺之者君子不盡人之歡不竭人之忠个猶枚也今俗或名枚曰個音相近此腊亦七體如其牲也○個古賀反○疏曰此經直舉魚腊俎盛於篚俎釋三个不言盛者體者案下記云羹飪升左肩臂臑肫胳

儀禮疏四　三五

0011_0543-1

脊脅七體此上經佐食初舉脊次舉肩又舉骼終舉有總舉四體唯有臂臑肫三者佐食即當俎釋三个故直舉魚腊而已君子不盡人之歡不竭人之忠此曲禮文案彼注歡謂飲食忠謂衣服於此引之併據飲食者彼注對文此注散之則歡與忠通故總證牲體也又案特牲釋三个注云謂改饌於西北隅遺之與此注不同者此注亦有改饌之義又兼亍此不盡歡忠之禮云此腊亦七體如其牲也者案記牲有七體此腊亦不過於牲體故云如其牲言此以對彼案彼特牲吉祭十一體是以特牲記云腊如牲骨十一體與此二同吉禮異故

0011_0543-2

尸卒食佐食受肺脊實于篚反黍如

初設九飯而已士禮也篚猶吉祭之有肵俎○肵音祈後同○疏曰案上設黍稷在俎南西黍東稷以上文佐食舉黍錯于席上此尸卒食故反黍於本處如初設云九飯而已士禮也者少牢十一飯諸侯十三飯天子十五飯故云飯士禮也云篚猶吉祭之有肵俎者案特牲少牢尸舉牲體振祭嚌之皆加於肵俎此尸舉牲體振祭嚌之皆實於篚故云篚猶吉祭之有肵俎

右獻尸○記饗辭曰哀子某圭爲

儀禮疏四　三六

0011_0544-1

而哀薦之饗饗辭勸強尸之辭[illegible]圭絜也詩曰吉圭[illegible]饎凡吉祭饗尸曰孝子○疏曰[illegible]辭勸強尸之辭也者案特牲禮[illegible]尸入享尸即席坐主人拜妥尸[illegible]荅拜執奠祝饗鄭云勸強之也[illegible]辭引此士虞記則宜云孝孫某[illegible]爲孝薦之饗當此時爲之凡吉[illegible]饗尸曰孝子者此一辭說二虞卒[illegible]矣勸尸辭者祔及練祥吉祭[illegible]亦用此但改哀爲孝耳故鄭云凡以該之也○太經記

[illegible]人洗廢爵酌酒酳尸尸拜受爵[illegible]

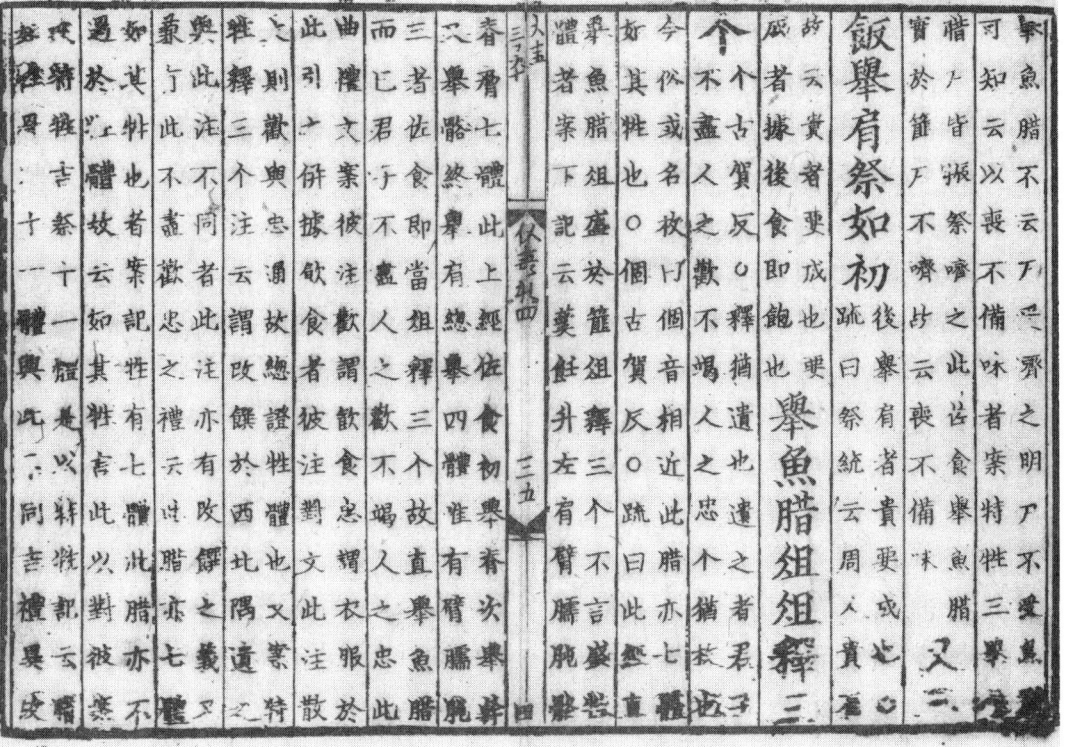

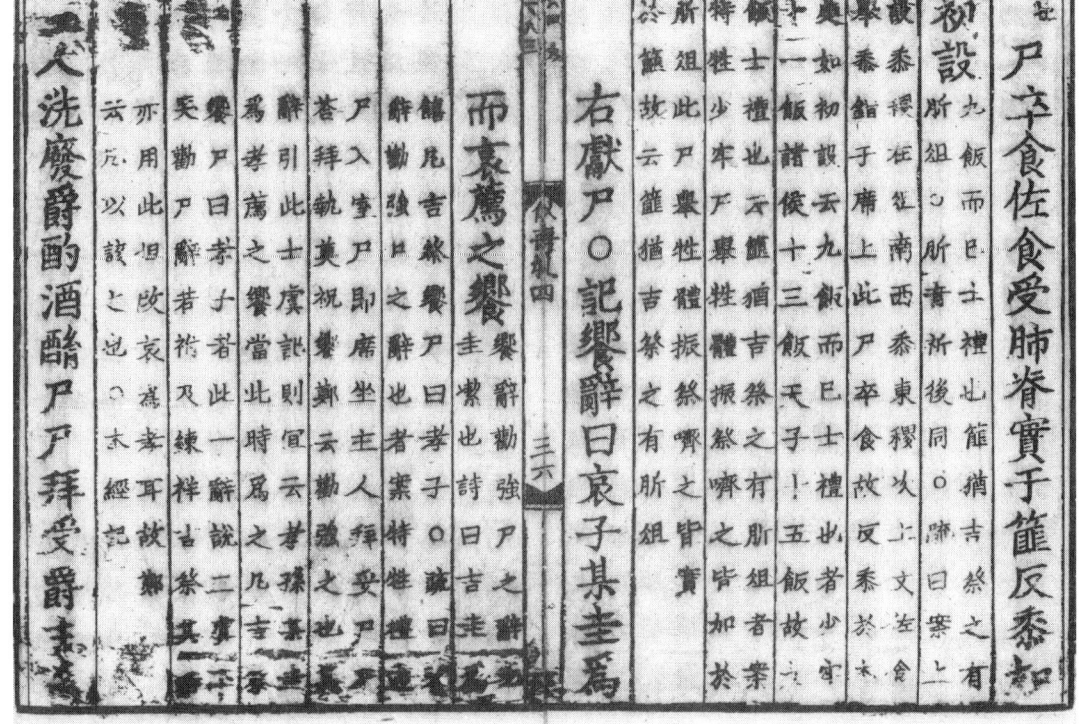

0011_0544-2

北面荅拜尸祭酒嘗之醋以[illegible]荅反○[illegible]

廢爵酳安食也主人北面[illegible]記也凡異者皆變吉古文酳作[illegible]曰自此盡升堂復位論主人[illegible]獻祝及獻佐食之事云對[illegible]書案下文主婦洗足爵鄉云[illegible]有飾也則主人喪重爵無足可[illegible]言廢者皆是無足廢敦之類是也云主人北面以酳酢變吉也者案特牲少牢尸拜受主人西面拜送與此面拜反故云變吉也特牲直有主人拜送爵不見主人面位約與少牢同皆西面也云凡異者皆變吉者案特牲云三人拜送此

0011_0545-1

云主人荅拜特牲云尸卒角祝受[illegible]曰送爵此不云送爵特牲專所[illegible]菹豆此齊肝託加於俎皆是異[illegible]於吉時故云凡異者皆變吉

肝從實于俎縮右鹽長丁丈反[illegible]皆同○[illegible]

實肝炙於俎也喪祭進[illegible]此便尸取之也縮執俎[illegible]併也○炙之夜反[illegible]頂反○疏曰與祭[illegible]猶進柢柢本也謂[illegible]云本體於俎[illegible]便尸[illegible]俎一頭向尸[illegible]之人[illegible]畔有鹽西面向尸口東面[illegible]

0011_0545-2

於俎右畔擩鹽於左畔是以鹽於俎之近北便尸取之云縮執俎言右鹽則肝鹽併也者謂[illegible]既縮執則夾肝鹽不容相遠是執俎之右畔有鹽左畔有肝故云併也

尸左執爵右取肝擩鹽振祭嚌之

加于俎賓降反俎于西塾復位取肝右手也加于俎從其牲體也以喪不志於味○疏曰復位者謂賓長也尸既振肝訖復西階前衆兄弟之南東面立云喪不志於味者特牲少牢尸嚌肝訖加菹豆以近身此虞禮尸嚌肝訖不加于菹豆而遠加於俎以同牲體者以喪志不在於味

0011_0546-1

故遠身加俎也若然特牲少牢祝不敢與尸同加於菹豆嚌肝訖加於俎與此尸同者祝無不在味之嫌禮窮則同故也

尸卒爵祝受不相爵主人拜尸荅拜不相爵喪祭於禮略相爵者特牲曰送爵皇尸卒爵

右主人酳尸

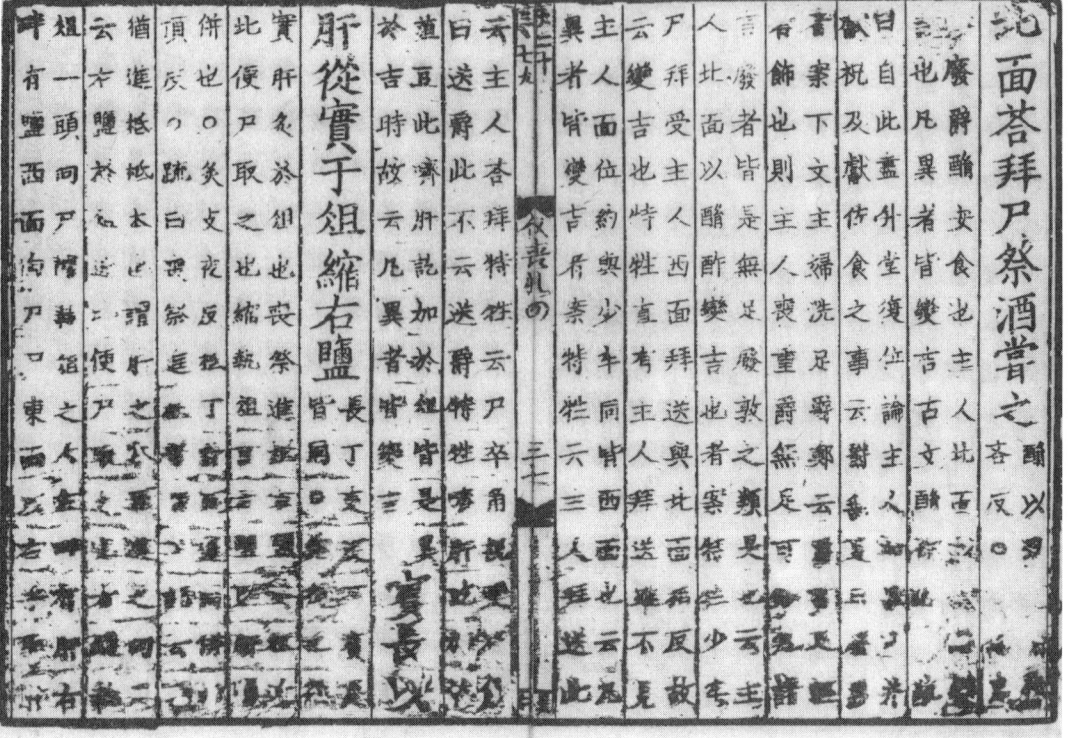

祝酌授尸尸以醋主人主人拜受爵尸荅拜醋才各反本亦作酢○醋[illegible]主人坐祭卒爵拜

0011_0546-2

尸荅拜

右尸醋主人

筵祝南面祝接神尊也筵用萑席○疏曰上文尸用葦席其祝席經記雖不言以尸用在喪故不用萑今祝宜與平常同故用萑也云祝接神尊也者解得先獻之事

主人獻祝祝拜坐受爵主人荅拜獻祝因反西南位○疏曰以少牢云主人受酢時主人拜受爵尸荅拜主人西面奠爵特牲云主人拜受角尸拜送主人退雖不言西面彼注云退者進受爵反位則西面也是吉祭時主人西面故上注云北面以醋酢變吉也

大七十　小三十六　儀禮疏四

0011_0547-1

今至酳酢及獻祝記明因反西面位可知也

薦菹醢設俎祝左執爵祭薦奠爵興取肺坐祭嚌之興加于俎祭酒嘗之肝從祝取肝擩鹽振祭嚌之加于俎卒爵拜主人荅拜祝坐授主人今文無擩鹽○疏曰此直言薦菹醢設俎者不見薦徹之人案下文云祝薦席徹入于房注云徹薦席者執事者此設者亦執事可知

0011_0547-2

右主人獻祝

主人酌獻佐食佐食北面拜坐受爵主人荅拜佐食祭酒卒爵拜主人荅拜受爵出實于篚升堂復位篚在庭不復入事已也亦因取杖乃東面立○疏曰云篚在庭者此雖無文約同薦車設邊豆之等也云不復入事已也亦因取杖乃東面立者上文哭時主人升堂西序東面又下文云主人倚杖入今升堂復位不復入室以其事已因得取杖復東面位也

大七十八　小二十八　儀禮四

0011_0548-1

右主人獻佐食

主婦洗足爵于房中酌亞獻尸如主人儀爵有足輕者飾也昏禮曰內洗在北堂直室東隅○直者值○疏曰如主人儀者即上主人酳尸尸拜受爵主人北面荅拜之等今主婦亞獻亦然故云如主人儀也云爵有足輕者飾也者主婦上人之婦爲舅姑齋褻是輕於主人故爵有足爲飾也引昏禮者證經洗爵于房中不言設洗處宜與昏禮同也

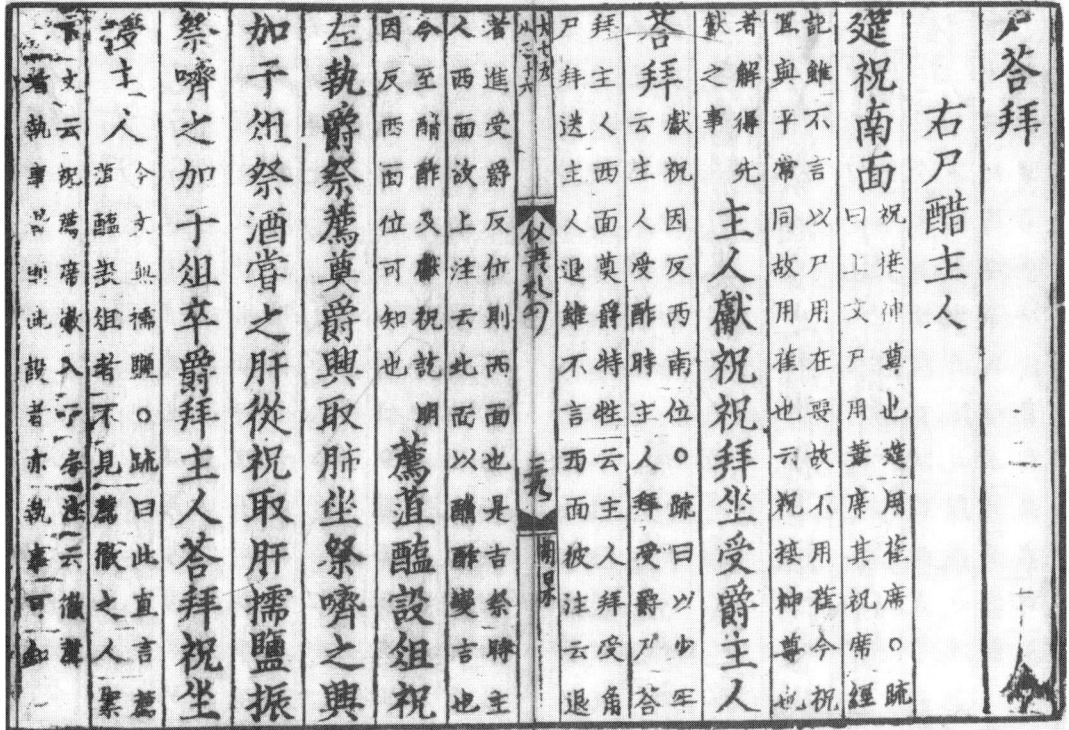

自反兩籩棗糗設于會南棗在西尚棗棗美

○案特牲宗婦執兩籩主婦受設于敦南此主婦自反兩籩不使宗婦者以喪尚從縱反吉故然上主人獻使賓薦此臨注云齊斬之服不執事者彼爲主人之獻故不使主婦薦此亞獻已有所事故自薦可知

尸祭籩祭酒如初賓以燔從如初尸祭燔卒爵如初

右主婦亞獻尸

酳獻祝籩燔從獻佐食皆如初以虛爵入于房 初主人儀○疏曰此尸祭籩已下至籩燔從獻佐食皆與主人獻尸賓長以肝從至佐食祭酒卒爵拜主人荅拜受爵出實于篚皆以士人儀故皆云如初也

右主婦獻祝及佐食

賓長洗繶爵三獻燔從如初儀 ……

張本第四十一葉有二此其一

○案特牲宗婦執兩籩主婦受設于敦南此主婦自反兩籩不使宗婦者以喪尚從縱反吉故然上主人獻使賓薦此臨注云齊斬之服不執事者彼爲主人獻故不使主婦薦此亞獻已有所事故自薦可知

尸祭籩祭酒如初賓以燔從如初尸祭燔卒爵如初

右主婦亞獻

酳獻祝籩燔從獻佐食皆如初以虛爵入于房 初主人儀○疏曰此尸祭籩已下至籩燔從獻佐食皆與主人獻尸賓長以肝從至佐食祭酒卒爵拜主人荅拜受爵出實于篚皆以士人儀故皆云如初也

儀禮四 四二 竪生師浚

右主婦獻祝及佐食

賓長洗繶爵三獻燔從如初儀 繶於力反○繶爵口足之閒有篆又彌飾○篆大轉反○疏曰繶爵口足之閒有篆又彌飾者案屨人繶是屨之身縫中之飾則此爵云繶者亦是爵口足之閒有飾可知云又彌飾以其主婦有足有飾今口足之閒又加飾也

婦人復位 復堂

此張本又一第四十一葉傳本同此葉而剪去下象鼻

尸謖面位事已尸將出當哭踊○疏曰自此盡拜稽顙論祭訖送尸及改饌爲陽厭之事云復堂上西面位者上云主人即位於門外如朝夕臨位婦人及內兄弟服即位於堂亦如之以下更不見別有婦人位明復位者還此位可知又案士喪禮凡臨位婦人即位于堂南上即西面位也云尸將出當哭踊者以哭送此喪祭故踊特牲吉祭不哭踊故亦無復位之事也

右賓長三獻

祝出戶西面告利成主人哭西面告告主人也利猶養也成畢也言養禮畢也不言養禮畢於尸間嫌○養羊亮反下同○疏曰云西面告告主人也者以其處主人東面故祝西面對而告之云不言養禮畢於尸間嫌若若言養禮畢即於尸中間有嫌諷天之或不閑作閑音以養尸事畢而尸空爲嫌諷云之皆哭夫夫婦人於主人哭斯哭矣○疏曰言上云主人哭則主人之外總來以上在位者皆哭故鄭總之夫婦人於主人哭斯哭矣

右祝告利成

祝入尸謖謖所六反起也○祝入而無事尸則知起矣不告尸者無遣尊者之道也古文謖或爲休○疏曰云不告尸無事尸亦如無事禮畢而起尸不告尸以禮畢者尸尊若告之則如發道尊者故云不告尸者無遣尊者之也哭從者奉篚哭如初初哭從尸祝前尸出戶三如初降堂踊如初出門亦如之前道也如云者出如入降如升三者之節悲哀同○道音導下前道道尸爲道同○疏曰案上文尸入門丈夫踊婦人踊尸及階祝延尸尸升宗人詔踊如初尸入戶踊

如初故此鄉云出如入降如升三者之節悲哀同是以如之得有三者也

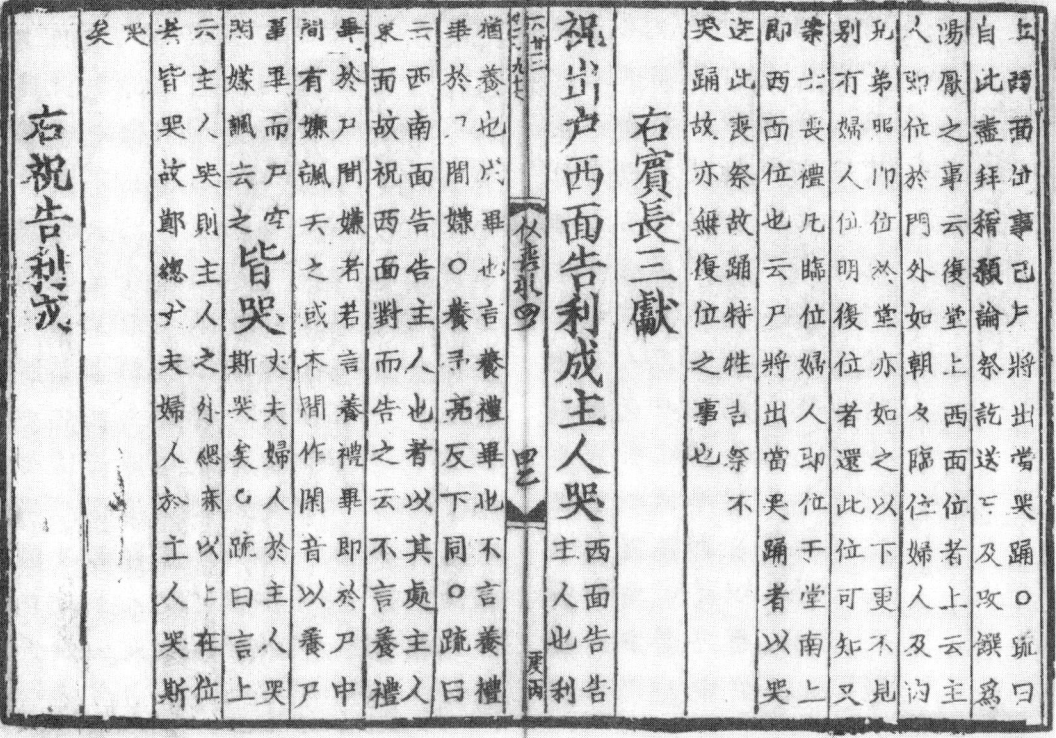

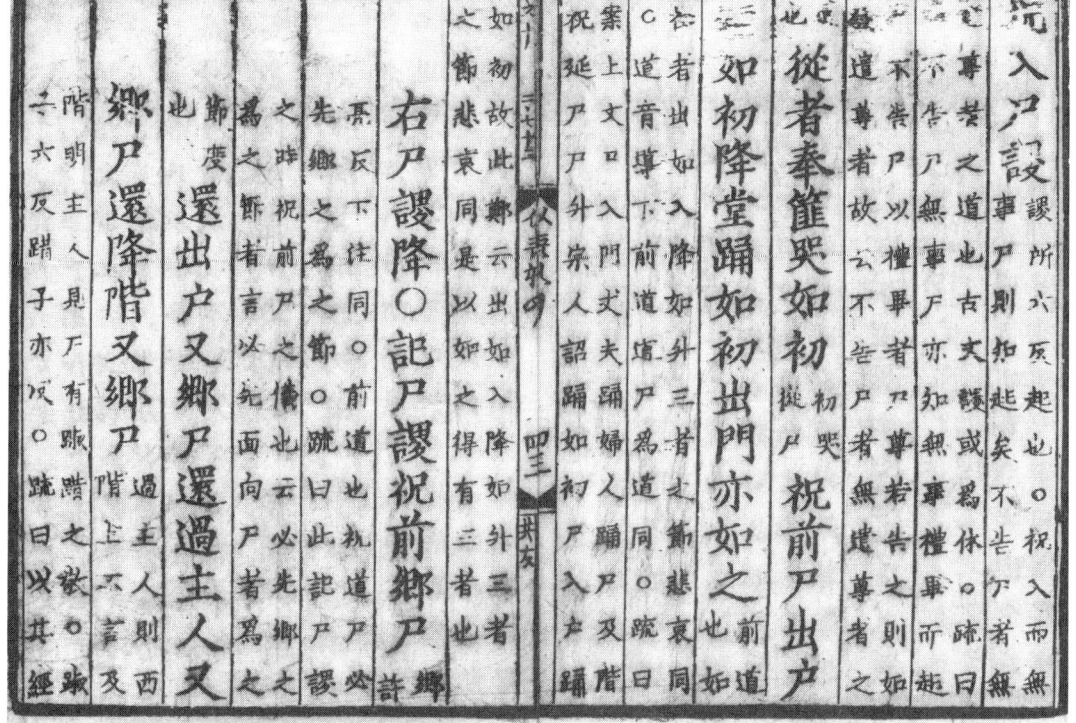

右尸謖降○記尸謖祝前鄉尸鄉許亮反下注同○前道也執道尸必先鄉之爲之節○疏曰此記尸謖之時祝前尸之儀也云必先鄉之爲之節者言以先面向尸者爲之節度也還出戶又鄉尸還過主人又鄉尸還降階又鄉尸過主人則西階上不言及階明主人見尸有踧踖之敬○踧子六反踖子亦反○疏曰以其經

出尸降階及門皆指物而言主人既在西階上不言西階而言主人者欲見主人見尸有踧踖之敬故設去階名而云主人也

降階還及門如出户

及至也言還至門明其間無節也降階如升時將出門如出户時皆還向尸也每將還必有辟退之容凡前尸之禮儀在此○辟音避○疏曰經自階已前皆不言及從階到門言及者以其自階到門其中道遠故特言及以殊之是以鄭云言還至門明其間無節謂無還鄉尸之節也云降階如升時將出門如

出户時皆還鄉尸也經直云及門如出户雖不言降階如升時以將出門如出户明降階如升時故鄭於出門以明降階也云皆還鄉尸者欲見經還者皆還鄉尸也謂鄉尸乃前道也云每將還必有辟退之容者辟退即逡巡謙讓之容也云凡前尸之禮儀在此者以儀禮一部所云前尸之禮儀在此經爲具悉者○本經訖

祝反入徹設于西北隅如其設也几在南厞用席

厞扶未反劉音非隱也○改設饌者不知鬼神之節改設

之席饌變所以爲厭飫也几在南變古文明東面不南面漸也厞隱也于厞隱之處從其幽闇○厭一豔反飫於據反○疏曰祝反入謂送尸出門而反徹神前之饌故設于西北隅也云如其設也者謂設于西北隅次第一如奧中東面設云几在南變古以者上文陰厭時設几席于室中東面右几今又几在南明其同以變文者案少牢大夫禮陽厭時南面亦几在右此言右几嫌與大夫同南面而右几故變文云几在南與前在奧同故云明東面也又以特牲云祝筵几于室中東面至於改饌云佐食徹尸薦俎敦設于西北隅几在南是與

此同也云不南面漸也者以特牲東面云几今虞爲喪祭示向吉有漸故設几與吉祭同厞隱也于厞隱之處從其幽闇者謂以席爲障使之隱故云厞隱也其幽闇也

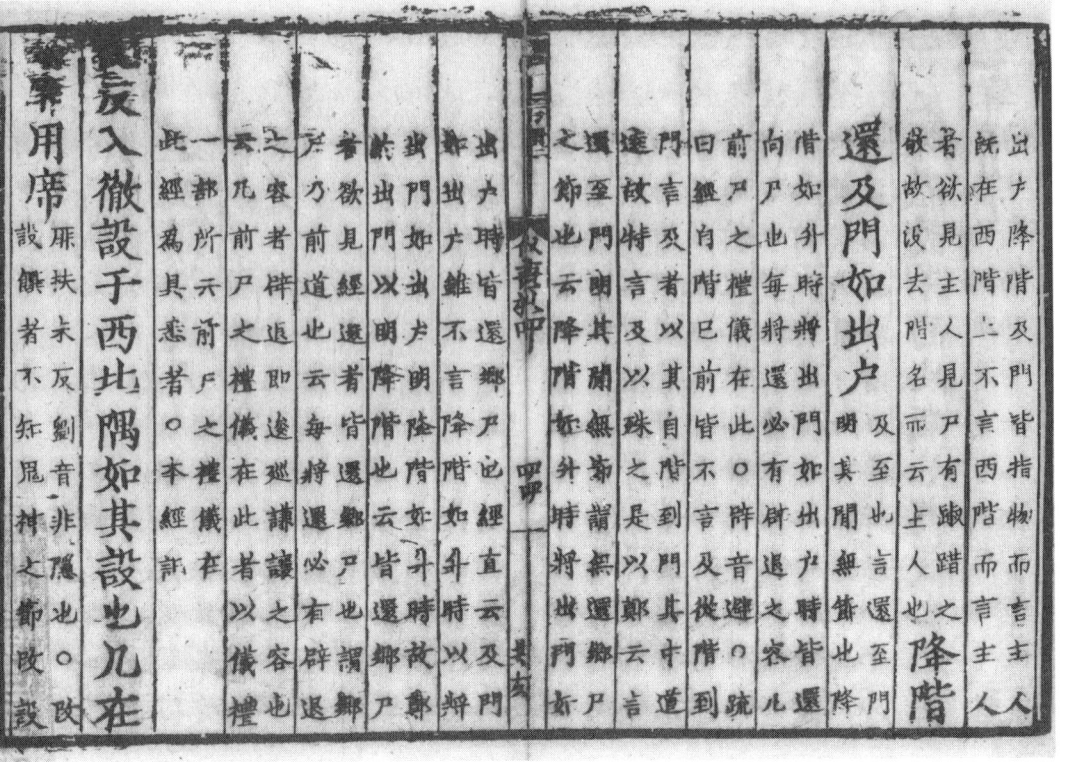

祝薦席徹入于房祝自執其俎出

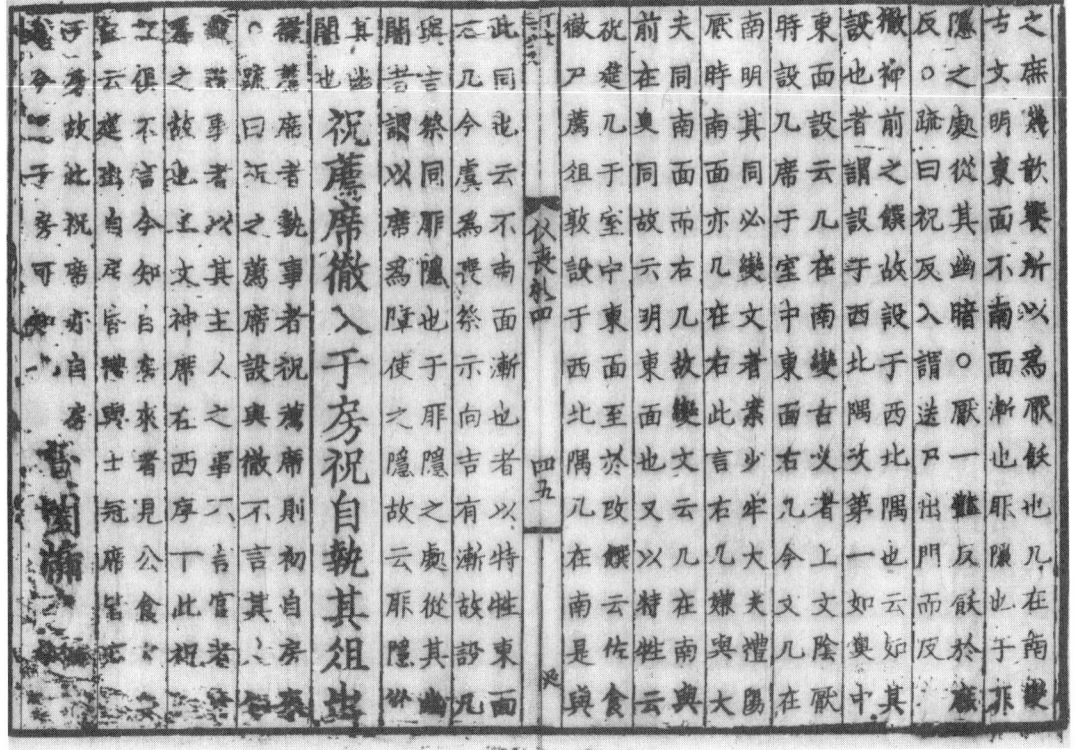

徹薦席者執事者祝薦席則初自房來○疏曰祝之薦席設與徹不言其人答執事者以其主人之事不言官者答爲之故也主文神席在西序下此祝答亦但不言今知自房來者見公食大夫記云筵出自房昏禮與士冠席皆亦于房故此祝席亦自房今入于房可知也

闔牖

尸佐食者○疏曰云右禮記郊特牲文此鄭注鬼神居幽闇或取遠人之贊佐食者自上以來行事唯有祝與佐食以其云祝自執其俎出故知闔牖户者是佐食也

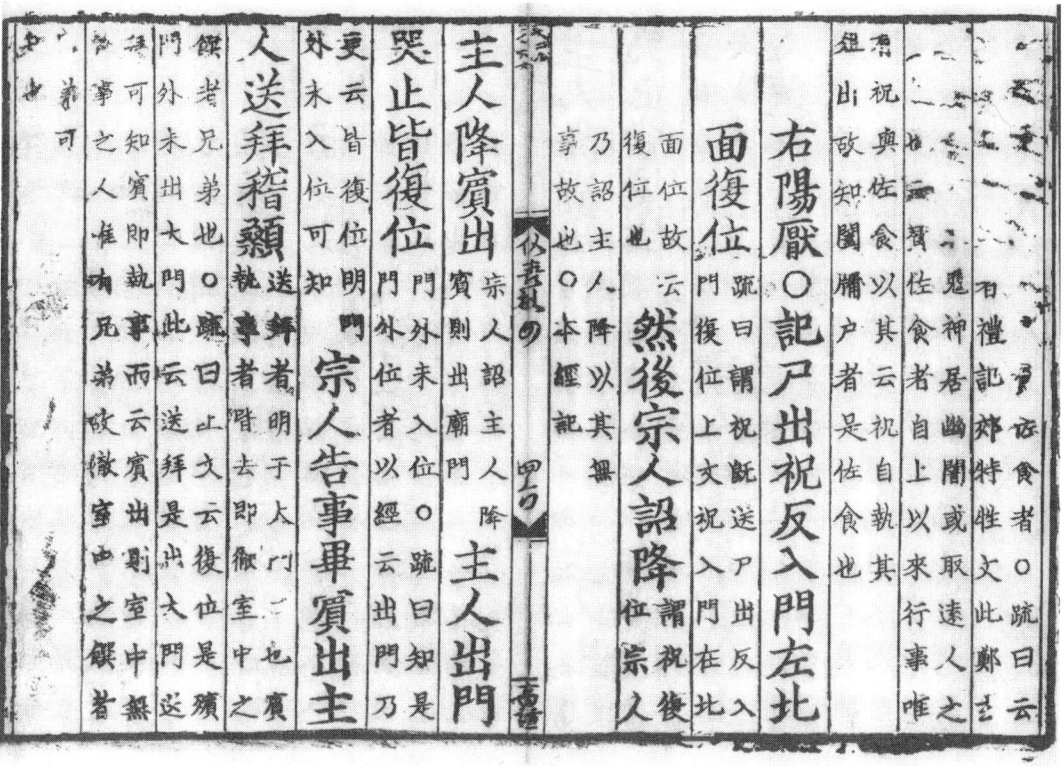

右陽厭○記尸出祝反入門左北面復位 疏曰謂祝既送尸出反入門復位上文祝入門在北面位故云復位也 然後宗人詔降 謂祝後位宗人乃詔主人降以其無事故也○本經記

主人降賓出 宗人詔主人降賓則出廟門 主人出門哭止皆復位 門外未入位○疏曰知是門外位者以經云出門乃更云皆復位明門外未入位可知 宗人告事畢賓出主人送拜稽顙 送拜者明于大門也賓執事者皆去即徹室中之饌者兄弟也○疏曰此文云復位是殯門外未出大門此云送拜是出大門送賓可知賓即執事而云賓出則室中饌徹事之人惟有兄弟故徹室中之饌者

…可

右事畢 案經言立尸之禮記有無尸之文經載其常記述其變令附見於下○記無尸則禮及薦饌皆如初 無尸謂無孫列可使者也殤亦是也禮謂衣服即位升降○疏曰自此盡詔降如初論喪祭無尸之事云無尸謂無孫列可使者禮記云無孫則取同姓之適則大夫士祭先取孫無孫取同姓之適是有孫列可使無同姓之適是無孫列可使者也云殤亦是也者禮記曾子問云祭成喪者必有尸明殤死無尸可知曾子問又云宗

大六七 小二五　儀禮四　四十七

子直有陰厭殤直有陽厭是無尸也云禮謂衣服即位升降者雖無尸主人亦如葬所服即位于西序及升降與有尸相似 既饗祭于苴祝祝卒 記異者之節○疏曰云既饗者正謂祝釋饗神辭告之使令祔之安之釋饗訖佐食取黍稷祭于苴云記異者謂記無尸者異於有尸何者有尸祝釋孝子辭釋辭訖爲祝祝卒別有迎尸已後之事今無尸者祝祝卒饗神訖無迎尸已後之事故下文云不綏祭之等是記異者之節也 不綏祭無

羹湆㦸從獻不綏言獻記終始也事尸之禮始於綏祭終於從獻綏當爲墮○疏曰此四事皆爲尸是以上文有尸者云舉尸而入祝命佐食綏祭又祭羹自門入設于鉶南獻四豆設于左又尸食之後主人獻賓長以肝從主婦亞獻賓長以燔從賓長獻奉如之無尸闕此四事自羹以下三事皆㮣無尸字解之云不綏言獻記終始也者以見經無尸具陳四事凡祭禮以獻爲終終尸以旦始得爲義今不但言獻記其終始其言四事者欲明始於綏祭終於從獻獻鄭既云事尸之禮始於綏祭終於從獻故具言之綏當爲墮祭者周禮守祧職云既祭藏其墮字爲正取藏爲義

主人哭出復位於祝祝卒○疏曰謂祝卒無尸可迎既無上四事

祝闔牖戶降復位于門西門西北面位○疏曰鄭此及下注皆云復位者門西北面位者據上文尸出祝反入門左面復位也

主人送即哭出復戶外東面位也

男女拾踊三拾其業反注下同○○拾更三更踊○更音庚○○疏曰言更踊者主人踊主婦踊賓乃踊三者三爲拾也

如食閒隱之如尸一食九飯之頃也○疏曰隱之者謂闔牖戶也九飯之頃

祝升止哭聲三啓戶聲者噫歆也將啓戶警覺神也今文啓爲開○疏曰云聲者噫歆也者若曲禮云將上堂聲必揚故云主人入親之事將與尸警覺神也之者謂有所牖鄉是親主人無事而入者是主人親至神所恭敬之事

主人入親之

祝從啓牖鄉如初牖先闔後啓扇有在內也鄉牖一名也如初者主人入祝從在左○疏曰云鄉牖一名也者詩云塞向墐戶注云北出牖也與此注不同者語異義同北牖名鄉鄉亦是牖一名也

主人哭出復位堂上位也○疏曰案下文宗人詔降如初注云詔主人降之乃降堂明此復位者復堂上東面位也

卒徹祝佐食降復位祝復門西北面位佐食復西位不復設西北隅者重閉牖戶褻也○重直用反○疏曰經云與佐食位而出者見主經云

0011_0557-2

江于学衆主人及兄弟賓即賓
西方佐食即賓也故知佐食亨
位復西方可知知祝復位復門
西北面位者上經祝入門左北面
注不與執事同位接神尊也明此
祝復位復門西北面位可知云重
閉牖戶褻也者上經有尸者有陰
厭有陽厭熱闔牖戶事今無尸
前陰厭時闔牖戶今更設饌於西
北隅復更闔牖戶為褻瀆故不為
也
宗人詔降如初初贊闔牖戶宗人詔主人降之
○疏曰降謂禮畢降堂也上經云
贊闔牖戶主人降賓出注云宗人

表紀四

0011_0558-1

詔主人降彼謂升堂故知此云如
初亦如上經詔降也○本經記
○重既虞而埋之重直龍反埋亡皆反○就所倚
處埋之○疏曰案既夕禮初喪朝
廟廟重止于門外之西不入重不
入者謂將饗祖廟者過之然故下
入明日自禰廟遷至祖廟庭厥明
將出之時重出自道道左倚之鄭
注云適主人位此注就所倚之
處埋之謂於祖廟門
外之東也○雜記

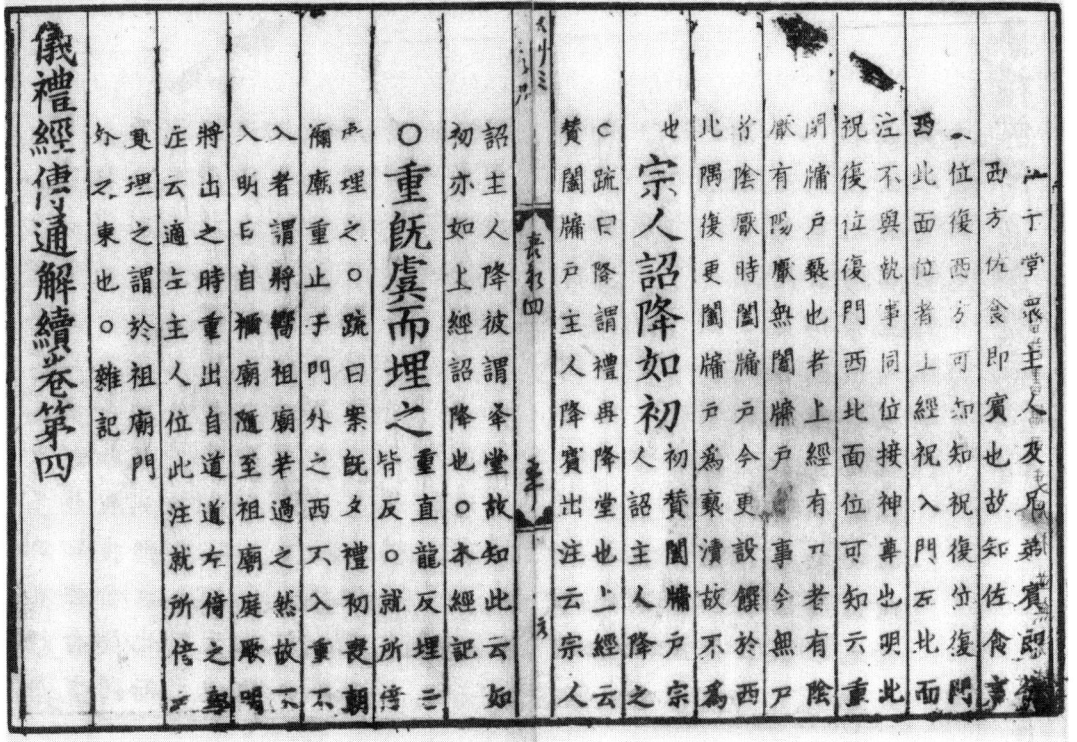

儀禮經傳通解續卷第四

0011_0561-2

儀禮經傳通解續卷第五

大記上五　喪禮四之上

補　案喪大記本小戴篇目孔氏疏案鄭目錄云記人君以下始死至殯卒之事今儀禮正經喪既夕虞三篇所載惟士禮國之大喪以及諸侯大夫之禮皆缺禮經既缺而身處衰貴者尤諱言凶事故雖崩薨大變臣子至痛而沿襲鄙陋反民庶之不若今以小戴篇名及本篇所述附以周禮禮記諸書載天子諸侯大夫之禮補爲此篇列之士禮正經之後其先後

0011_0562-1

次第之大畧並依士喪禮士喪禮有天子諸侯大夫所通用者不復重出讀禮者所當互考也

大宗伯以喪禮哀死亡哀謂親者服焉疏者含襚朝覲會同則爲上相大喪亦如之相詔王禮也出接賓曰擯入詔禮曰相相者五人卿爲上擯大喪王后及世子也○疏曰出接賓曰擯入詔禮曰相通而言之出入皆相者五人卿爲上擯據此大宗伯是對此上擯而言也云大喪王后及世子也者以其與王爲上相明是

0011_0562-2

王后及世子亦得見大宗伯爲或曰王則大喪中兼王與也○小宗伯掌五禮之禁令與其用等凡喪[illegible]禮佐大宗伯凡小禮掌事如大宗伯之儀○肆師之職凡卿大夫之喪相其禮凡國之大事治其禮儀以佐宗伯[illegible]之小事治其禮儀而掌其事如宗伯禮○職喪掌諸侯之喪及卿大夫士凡

0011_0563-1

有爵者之喪以國之喪禮涖其禁令序其事國之喪禮喪服士喪既夕士虞今存者其餘則亡事謂小斂大斂葬也○疏曰云國之喪禮喪服士喪既夕士虞今存者此據儀禮之內見在者而言云其餘則亡者但儀禮本數三千作其時有天子諸侯卿大夫士喪與既夕及虞卒哭與祔小祥大祥禮皆有遺篡秦而亡漢興惟得十七篇高堂生所傳即今儀禮是也云事謂小斂大斂葬也者以其事而言其閒仍有襲事亦掌

[illegible]子遷於廡[illegible]從死者祭從

0011_0563-2

者從死者謂衣衾棺椁從生者謂奠祭之牲器○[redacted]

右總目

疾病外內皆埽埽悉報反○為賓客將來問病也疾困曰病

君大夫徹縣士去琴瑟縣音玄注同去起呂反注同○

聲音動人病者欲靜也凡樂器天子宮縣諸侯軒縣大夫判縣士特縣云琴瑟

□不命之士○疏曰宮縣四面宮垂軒縣去其一面判縣又去其一面特縣又

去其一面縣於東方或階間鄭云諸侯之大夫卑天子之大夫西縣鍾東縣磬

0011_0564-1

□事天子之士縣磬而已□士不命之士謂子男之士寢東首於

北牖下首手又反牖音酉○為君來視之時也病者恒居北牖下

□疏曰論語鄉黨云疾君視□加朝服此云東首知是君來

□東方生長故東首鄉生氣□之東首於北牖下是恒在北

□不視之時則不恒東首隨病□氏所說今按病者雖恒在

□來視之時則暫時移□首今君得南面視之廢牀

□衣體一人牀士良反本或作床字褻息列

0011_0565-1

反○人始生在地去牀庶其生氣反徹褻衣則加新朝服矣互言之也

加朝服者明其終於正也體手足也四人持之為其不能自屈伸也男女

改服為賓客來問病亦朝服也庶人深衣屬纊以俟絕氣

屬音燭纊音曠新綿也一音古曠反○纊今之新綿易動搖置口鼻之上以為

候男子不死於婦人之手婦人不死於

男子之手君子重終為其相褻○疏大記○扶君卜人

師扶右射人師扶左謂君疾時也卜當為僕聲之誤也僕

人射人皆平時贊正君服位者君薨以是舉不忍變也周禮射人

大喪與僕人遷尸○疏曰知卜當為僕者以卜人無正君之事案周禮大僕職

掌正王之服位射人職掌國之三公孤卿大夫之位及王舉動悉隨王故知也

○檀弓○下遷尸奉尸夷于堂大小斂殯條通屬○君於大夫

疾三問之士疾一問之詳見殯後受弔條○卿

大夫疾君問之無筭士一問之三問者謂君自

行此云無筭謂遣使也○雜記○君夫人卒於路寢大夫

0011_0564-2

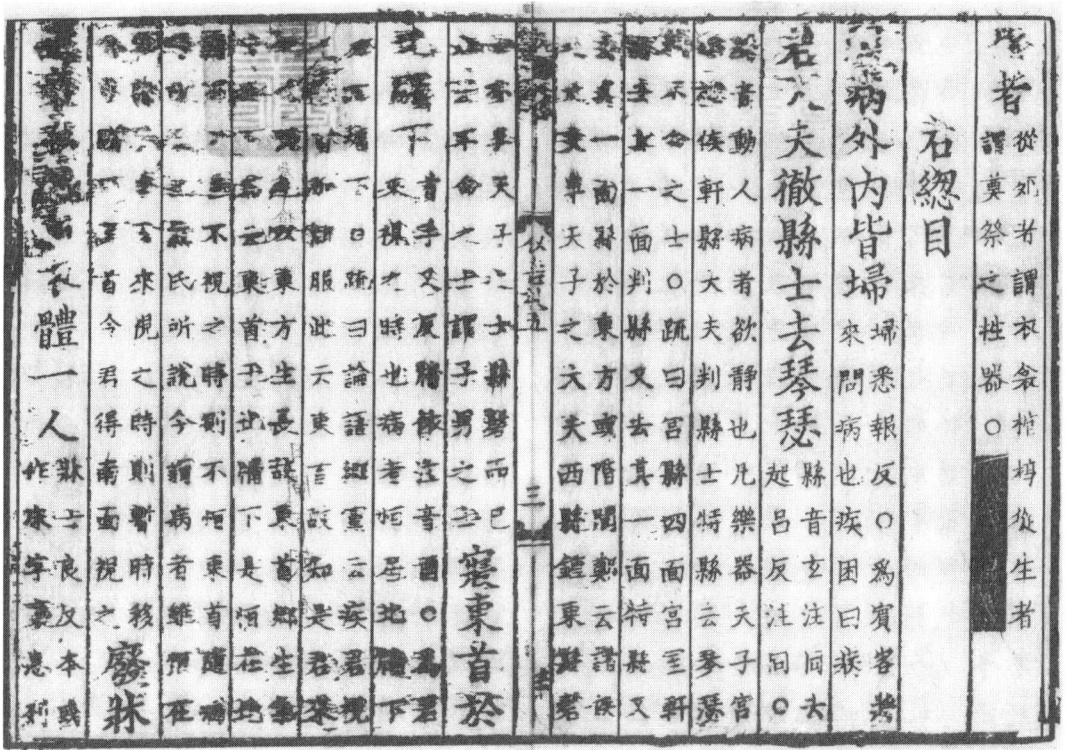

0011_0565-2

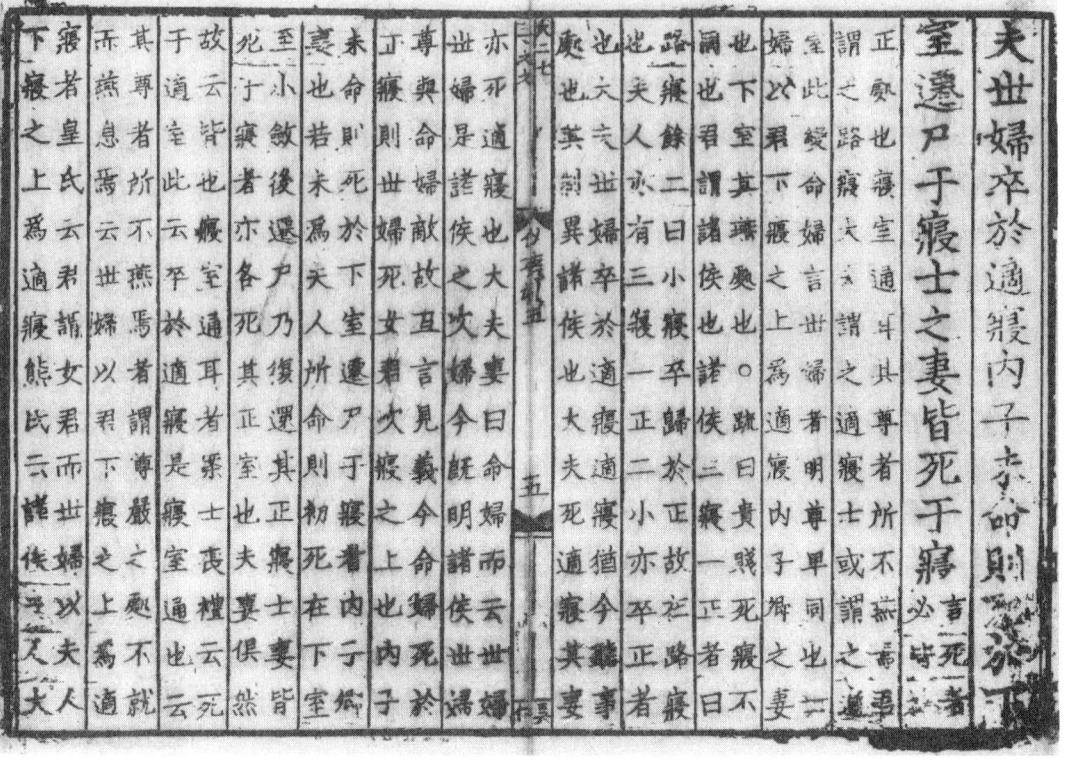

夫世婦卒於適寢内子未命則死于下室遷尸于寢士之妻皆死于寢言死者必皆於正處也寢室通耳其尊者所不燕焉事謂之路寢大夫謂之適寢士或謂之適室此變命婦言世婦者明尊卑同也世婦以君下寢之上爲適寢内子卿之妻也下室其燕處也。疏曰貴賤死寢不同也君謂諸侯也諸侯三寢一正者曰路寢餘二曰小寢卒歸於正故云路寢也夫人亦有三寢一正二小亦卒正者也文云世婦卒於適寢適寢猶今聽事處也其制異諸侯也大夫死適寢其妻

大二十七 小三十七 儀喪禮五 五

0011_0566-1

亦死適寢也大夫妻曰命婦而云世婦世婦是諸侯之次婦今旣明諸侯世婦尊與命婦敵故互言見義今命婦死於下寢則世婦死女君次寢之上也内子未命則死於下室遷尸于寢者内子卿妻也若未爲夫人所命則初死在下室至小斂後遷尸乃復還其正寢士妻皆死于寢者亦各死其正室也夫妻俱然故云皆也寢室通耳者案士喪禮云死于適室此云卒於適寢是寢室通也云其尊者所不燕焉者謂尊嚴之處不就而燕息焉云世婦以君下寢之上爲適寢者皇氏云君謂女君而世婦以夫人下寢之上爲適寢熊氏云諸侯夫人大

0011_0566-2

夫妻及士之妻卒皆於夫之正寢夫人卒於君之正寢世婦卒於君之下寢之上與皇氏異雖卒夫寢皆婦人供視之是亦婦人不死男子之手也案服虔注左傳義與皇氏同夫人之卒在於夫人路寢比君路寢爲小寢故僖八年夫人不薨于寢則不殯于廟服虔注云寢謂小寢也皇氏熊氏其說各異未知孰是故兩存焉知死正寢者案春秋成公薨於路寢道也僖公薨于小寢譏即安謂就夫人寢也隱公薨不書地失其所文公薨于臺下襄公薨于楚宮定公薨于高寢皆非禮也案莊三十二年公羊傳何休注云天子諸侯皆有三寢一曰高

大四十 小三十五 儀喪禮五 六

0011_0567-1

寢二曰路寢三曰小寢案周禮掌王之六寢之脩何休云天子三寢與周禮違不可用○喪大記

○始卒主人啼兄弟哭婦人哭踊凡哭尸于室者主人二手承衾而哭承衾者哀慕若欲攀援○同上

右始死案喪大記正以備天子以下喪禮大喪之禮莫重於嗣君即位今附見於記文之下

○二十有八載帝乃殂落殂落死也堯年十六即位七十載求禪試舜二載自

張本下象鼻題監生秦淳四字傳本剪去之

0011_0567-2

正月上日至崩二十八載堯凡壽一百一十七歲百姓如
喪考妣考妣父母言百官感德思慕三載四海
遏密八音遏絶密静也八音金石絲竹匏土革木四夷絶
音二年則華夏可知言感德恩化所及者遠○舜典○惟四
月哉生魄王不懌懌音亦○成王崩年之四月始
生魄月十六日王有疾故不悦懌甲子王乃洮頮
水相被冕服憑玉几洮他刀反徐音逃頮音悔

伙喪禮五　七

0011_0568-1

○王發大命臨羣臣必齋戒沐浴今疾病故但洮盥頮面扶相者被
以冠冕加朝服憑玉几以出命乃同召太保奭芮
伯彤伯畢公衞侯毛公奭音釋芮如鋭反彤
徒冬反○同召六卿下至御治事太保畢毛稱公則三公矣此先後
次第冢宰第一召公領之司徒第二芮伯為之宗伯第三彤伯為之
司馬第四畢公領之司寇第五衛侯為之司空第六毛公領之召芮
彤畢衞毛皆國名入為天子公卿師氏虎臣百尹

0011_0568-2

御事師氏大夫官虎臣虎賁氏石尹百官之長及諸御治事者
○疏曰周禮師氏中大夫掌以美詔王居虎門之左司王朝得失之
事師其屬守王之門重其所掌故與虎臣並於百尹之言之
訓正也故百尹為百官之長諸衛治事謂諸掌事者盖大夫皆被召
也王曰嗚呼疾大漸惟幾幾音機徐音饑
○自歎其疾大進篤惟危殆病日臻既彌留恐
不獲誓言嗣兹予審訓命汝病日至言

伙喪禮五　八

0011_0569-1

困甚已久留言無冢恐不得結信出言嗣續我志以此故我詳審教
命汝昔君文王武王宣重光奠麗陳
教則肄重直龍反○言昔先君文武布其重光累聖之德定
天命施陳教則勤勞肄不違用克達殷集大
命文武定命陳教雖勞而不違道故能通殷為周成其大命在
後之侗敬迓天威嗣守文武大訓
無敢昏逾侗音同又勑動反馬本作詷云共也○在文武

0011_0569-2

後之庶維成王自守敬迎天命言奉順繼守文武大敎

亂謂戰言戰慄畏慄○序昌亦反 今天降疾殆

興弗悟爾尚明時朕言 今天下疾我身甚危

殆不起不悟言必死汝當庶幾明是我言勿忽畧 用敬保

元子釗弘濟于艱難 釗姜遼反又音昭徐之肴

反○用奉我言敬安太子釗康王名大渡於艱難勤德政 釗 柔

遠能邇安勸小大庶邦 言當和遠又能和近

0011_0570-1

安小大衆國勸使爲善 思夫人自亂于威儀

爾無以釗冒貢于非幾 冒亡報反一音墨又

作勗貢如字又作贛音勑用反○羣臣皆宜思夫人夫人自治正於

威儀有威可畏有儀可象然後足以率人汝無以釗冒進于非危之

事○䟽曰汝羣臣等思夫人夫人畏國各自治正於威儀有威有儀

然後可以率人無威無儀則民不從命戒使謹威儀也汝無以釗冒

進於非事危事欲此令戒其不爲幾也 兹既受命還 羣

0011_0570-2

臣已受顧命各還本位 出綴衣于庭 [illegible]

丁衛反○綴衣幄帳羣臣既退出猶張於庭王寢於北牖下

東反初生○䟽曰綴衣者連綴衣物出之於庭則是從內而出下

云狄[illegible]黼扆綴衣則綴衣是黼扆之類[illegible]扆是王坐立之處王發顧

命在此黼扆幄帳之坐命訖乃復反於寢處以王病重不復能臨此

坐故撤出幄帳於府將欲爲死備也 越翼日乙丑王

崩太保命仲桓南宮毛 冢宰攝政故命二臣

0011_0571-1

桓毛名 俾爰齊侯呂伋以干戈虎賁

百人逆子釗于南門之外 伋居及反齊侯

名太公子[illegible]臣子皆侍左右將正太子之尊[illegible]出於路寢門外使桓

毛二臣各執干戈於齊侯呂伋索虎賁百人更新逆門外所以殊之

伋爲天子虎賁氏 延入翼室恤宅宗 明室路寢

延之使居憂爲天下宗主○䟽曰天子初崩太子必在其側於時臣

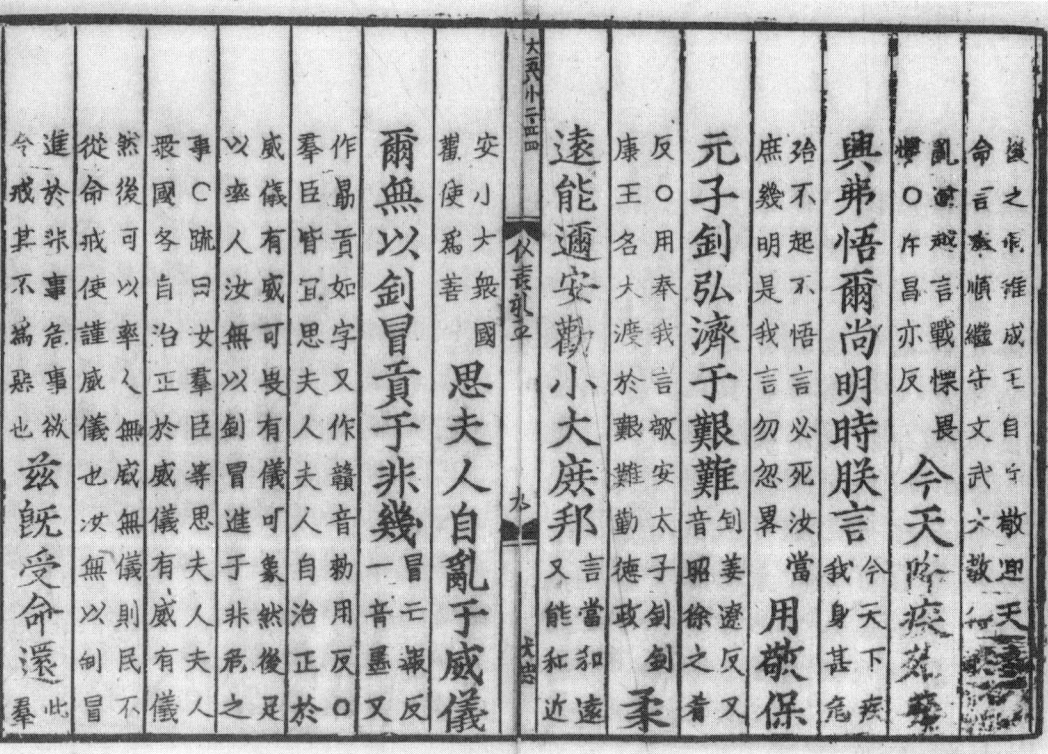

子皆侍左右將[illegible]太子之尊故使太子出於路寢門外更迎入所以

0011_0571-2

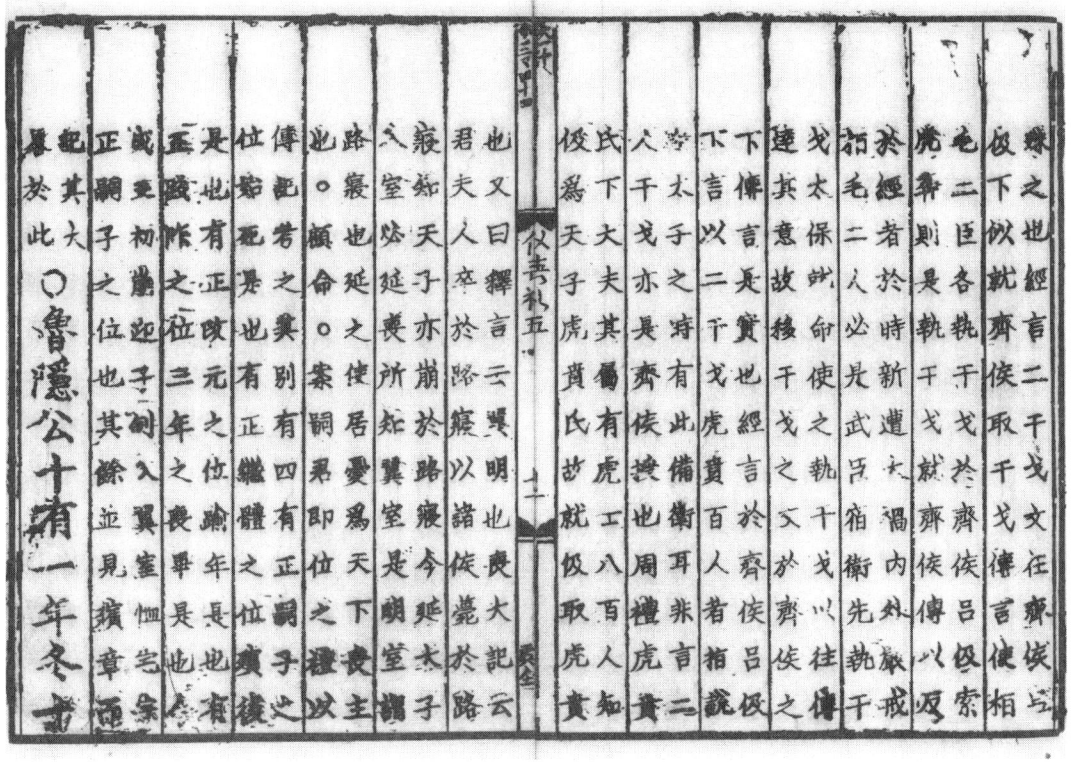

蘇之也經言二干戈文在齊侯与佽下似就齊侯取干戈傳言使柏毛二臣各執干戈於齊侯呂佽索虎奔則是執干戈就齊侯傳以反於經者於時新遭大禍内外戒莭毛二人必是武臣宿衛先執干戈太保此命使之執干戈以往傳達其意故稱干戈之文於齊侯之下傳言是實也經言於齊侯呂佽下言以二干戈虎賁百人者指說太子之將有此備衛耳非言二人干戈亦是齊侯揔也周禮虎賁氏下大夫其屬有虎士八百人知佽爲天子虎賁氏故就佽取虎賁

儀喪禮五　十二

0011_0572-1

也又曰釋言云翼明也喪大記云君夫人卒於路寢以諸侯薨於路寢知天子亦崩於路寢今延太子入室然延喪所知翼室是明室謂路寢也延之使居憂爲天下喪主也○顧命○案嗣君即位之禮以傳記考之異別有四有正嗣子之位踰君是也有正繼體之位攝後是也有正攝元之位踰年長也有正攝作之位三年之喪畢是也又武王初崩迎子釗入翼室恤宅宗正嗣子之位也其餘並見攝章通記其大略於此○魯隱公十有一年冬十

0011_0572-2

有一月壬辰公薨公薨不地故也不地不書路寢之比隱之不忍地也隱猶痛也○春秋穀梁傳○莊公三十二年八月癸亥公薨于路寢路寢正寢也寢疾居正寢正也男子不絕于婦人之手以齊終也齊絜也○同上又成十八年公薨于路寢傳同僖公三十有三年公薨于小寢公如

大口四十　小八十二　儀喪禮五　十二

0011_0573-1

齊反薨于小寢即安也小寢夫人寢也譏公就所安不終于路寢○左氏傳○小寢非正也非路寢也○穀梁傳○文公十有八年王二月丁丑公薨于臺下臺下非正也同上○襄公三十有一年公薨于楚宮楚宮非正也楚宮別宮名非路寢○同上○定公十有五年公薨于高寢高寢宮名不於

張本下象鼻題監生秦三字傳本剪去之

路其妨高寢非正也上同

唯哭先復復而後行死事氣絕則哭哭而復復而不
蘇可以為死事○疏曰氣絕而孝子即
哭哭訖乃復故云唯哭先復也復而猶
望生若復而不生故得行於死事謂
正尸於牀及浴襲之屬也○喪大記

夏采掌大喪以冕服復于大祖以乘車
建綏復于四郊乘繩證反綏而誰反依字作綏讀作緌耳○求
之王平生常所有事之處乘車玉路於
大廟以冕服不出宮也四郊以綏出國

門此行道也夏采天子之官故以冕服
復于大祖以乘車建綏復于四郊天子
之禮也大祖始祖廟也故書綏為禮杜
子春云當為綏禮非也玄謂明堂位曰
凡四代之服器魯兼用之有虞氏之旂
夏后氏之綏彼注云綏當為緌則旌旂
有是綏也綏以旄牛尾為之綴於橦上
所謂注旄於干首者王祀四郊乘玉路
建太常今以復去其旒異之於生亦因
先王有待綏者士冠禮及玉藻冠綏之
字故書亦多作綏者今禮家定作蕤○
緌音雖徐音遂○疏曰復者各依命數
天子則十二人各服朝服而復於太祖
之廟當升自東霤北面履危西上云皇

天子復如是者三乃卷衣投於前有司
以篋受之升自阼階入衣於尸復而不
蘇乃行死事也故云復於大祖也云以
乘車建綏復於四郊者以冕服不出宮
旌旗之綏又是行道之物故乘玉路之
乘車建綏而復於四郊也必於大祖四
郊者欲死者復蘇故於平生有事之處
皆復也天子七廟此經直云大祖大祖
則后稷廟也餘六廟案祭僕云大喪復
于小廟注云小廟高祖以下是親廟四
也隷僕職云大喪復於小寢大寢注云
小寢高祖以下廟之寢也始祖曰大寢
唯二祧無復文者案祭法親廟四與大
祖皆月祭二祧享嘗乃止無月祭則不

復也乘車玉路者案巾車云玉路以祀
祭天於郊用玉路明於四郊復乘玉路
可知云四郊者小宗伯云兆五帝於四
郊平生在四郊郊事神之處故復之也
引明堂位有虞氏之旂夏后氏之綏者
旗旂有綏謂系邊着旌非故云當作綏
為系邊着旌云綏以旄牛尾為之綴於
橦上所謂注旄於干首者爾雅云注旄
於干首是也生時九旗有綏有旒今死
去旒是異於生也徒綏空也有虞氏空綏
未有在下旗旒故云徒綏也今禮家定
作蕤者謂今說禮之家定作蕤賓之蕤
者蕤賓在午月一陰爻生陰氣委
蕤於下故旌旗之綏亦定作蕤也○祭

0011_0575-2

僕大喪復于小廟小廟高祖以下也始祖曰大廟春秋傳八年[illegible]七月禘于大廟○疏[illegible]時所用之處皆復○隸僕大喪復于小寢大寢小寢高祖以下廟之寢也始祖曰大寢高祖以[illegible]禰小始祖廟稱大[illegible]隨寢爲稱也○君復於小寢[illegible]小祖大祖庫門四郊尊者求之備也亦他日所[illegible]○疏曰此一節論人君禮備復[illegible]小寢以下明招魂處所也君[illegible]也於小寢者前曰廟後曰寢爾雅[illegible]有東西廂曰廟無東西廂有室曰

0011_0576-1

寢此小寢者所謂高祖以下寢也王侯同大寢謂天子始祖諸侯大祖也小祖高祖以下廟也王侯同大祖天子始祖[illegible]大祖廟也兩言於廟求神備也周禮夏采以冕服復於太祖廟是也其小廟則祭僕復之其小寢大寢則隸僕復之四郊則夏采復之故夏采云乘車建綏復於四郊此天子之事也其諸侯復[illegible]臣故喪大記云小臣復案周禮小臣上士四人案雜記云復西上注各[illegible]命數上公九命侯伯七命則小臣[illegible]明更有餘官又復人雖依命數復[illegible]衆則從人不足當於此[illegible]他處○禮弓○復有林

0011_0576-2

麓則虞人設階無林麓則狄人設階麓音鹿○復招魂復魄也階所以乘升屋者虞人主林麓之官也狄人樂吏之賤者階梯也簨虡之類○疏曰封內若有林麓則所主林麓虞人設階梯而升屋無林麓者謂官職卑小不合有林麓無虞人可使狄人是家之樂吏之賤者掌設簨虡簨虡階梯之類故狄人設階也○喪大記○小臣復復者朝服君以卷夫人以屈狄大夫以玄頳世婦以襢衣士以爵弁士妻以稅衣皆

儀禮五　十六

0011_0577-1

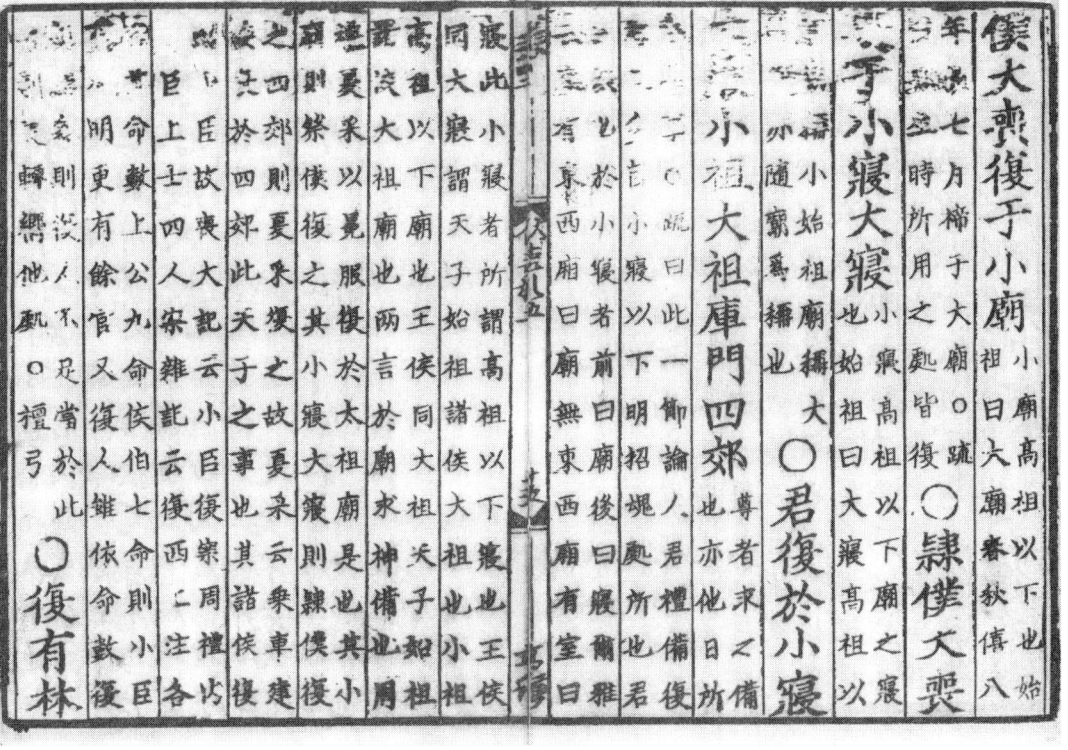

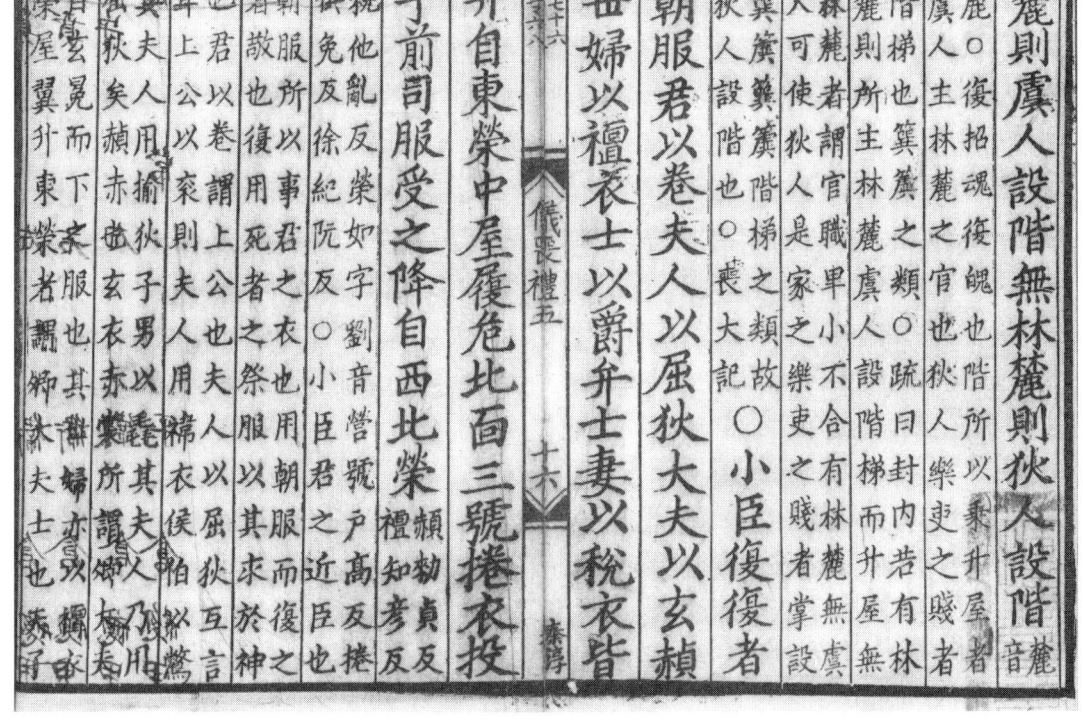

升自東榮中屋履危北面三號捲衣投于前司服受之降自西北榮頳勑貞反襢知彥反稅他亂反榮如字劉音營號戶高反捲俱免反徐紀阮反○小臣君之近臣也朝服所以事君之衣也用朝服而復之者敬也復用死者之祭服以其求於神也君以卷謂上公也夫人以屈狄互言耳上公以衮則夫人用褘衣侯伯以鷩其夫人用揄狄子男以毳其夫人乃用屈狄矣頳赤也玄衣赤裳所謂卿大夫自玄冕而下之服也其世婦亦以襢衣榮屋翼升東榮者謂卿大夫士也天子

0011_0577-2

諸侯言東霤危棟上出號若云皐某復
也司服以篋待衣於堂前○疏曰小臣
復復者朝服者此明諸侯小臣君之近
臣與君爲招魂復魂既是君之親近與
君魂神來依之則大夫士以下皆用近
臣也所復之人皆著朝服奉事君之魂
神故朝服君以卷者謂上公以袞冕而
下夫人以屈狄者謂子男之夫人自屈
狄而下大夫以玄赬者玄纁也言大夫
招魂用玄冕玄衣纁裳故云玄赬也世
婦以襢衣者世婦大夫妻也其上服唯
襢衣故用招魂也言世婦者亦見君之
世婦服與大夫妻同也士以爵弁者士
亦用助祭上服以招魂六冕則以衣名

0011_0578-1

冠爵弁則以冠名衣今言爵弁者但用
其衣不用其弁也士妻以稅衣者稅衣
六衣之下也士妻得服之故死用以招
魂也皆升自東榮者榮屋翼也天子諸
侯四注爲屋而大夫以下不得四注但
南北二注而爲直頭頭即屋翼也復者
升東翼而上也中屋者當屋東西之中
央履危者踐履屋棟上高危之處而復
也北面三號者復者北面求陰之義也
鬼神所嚮也三號號呼之聲三徧也必
三者一號於上冀神在天而來也一號
於下冀神在地而來也一號於中冀神
在天地之間而來也號輒云皐某復矣
鄭注士喪禮云皐長聲也捲衣投于前

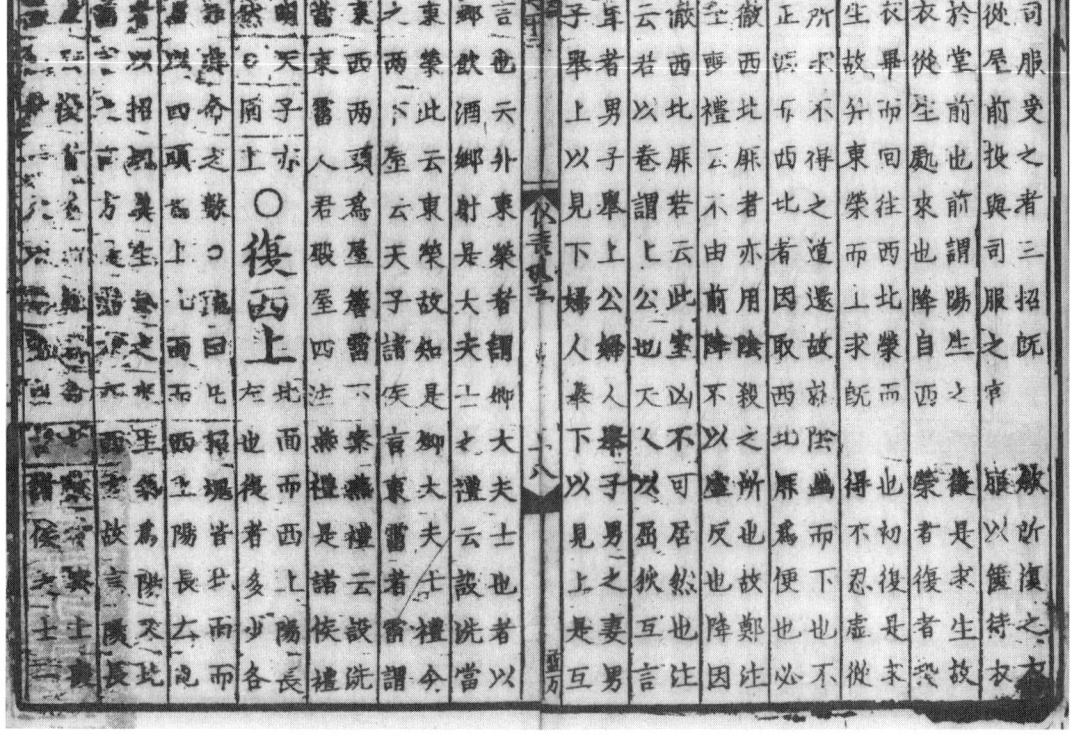

儀喪礼五　十七

0011_0578-2

司服受之者三招既[illegible]　斂所復之衣
從屋前投與司服之[illegible]　篋以篋待衣
於堂前也前謂陽生之　復是求生故
衣從生處來也降自西　榮者復者投
衣畢而回往西北榮而　也初復是求
生故升東榮而上求既　得不忍虛從
所求不得之道還故就陰幽而下也不
正西而西北者因取西北厞爲便也必
徹西北厞者亦用陰殺之所也故鄭注
士喪禮云不由前降不以虛反也降因
徹西北厞若云此室凶不可居然也注
云若以卷謂上公也夫人以屈狄互言
耳者男子舉上公婦人舉子男之妻男
子舉上以見下婦人舉下以見上是互

0011_0579-1

言也云升東榮者謂卿大夫士也者以
鄉飲酒鄉射是大夫士之禮云設洗當
東榮此云東榮故知是卿大夫士禮今
之兩下屋云天子諸侯言東霤者霤謂
東西兩頭爲屋簷霤下[illegible]燕禮云設洗
當東霤人君殿屋四注燕禮是諸侯禮
明天子亦然○[illegible]上 ○復西上 北面而西上陽長左也復者多少各
[illegible]命之數○疏曰[illegible]招魂皆北面而
[illegible]四頭[illegible]上[illegible]西而西上陽長左也
[illegible]以招魂[illegible]生[illegible]之來[illegible]生氣爲陰[illegible]
[illegible]言之[illegible]方[illegible]故言陰長
[illegible]
[illegible]

儀喪礼五　十八

0011_0580-1　　0011_0579-2

命而用一人明復者各依命數其復處
不同故檀弓云君復於小寢大寢庫門
四郊而云復西上者但有兩人以
上一處復者則西上也○雜記○玉
府大喪共復衣裳疏曰復招魄復魂司
服所掌是尋常衣服
玉府所掌皆玉之美物復衣
裳用死者上服故玉府共之○司服大
喪共其復衣服皆掌其陳序疏曰大喪
王喪也復
衣服謂始死招魂復魄之服案雜記云
復者升屋其人皆依命數天子則十二
人諸侯九人七人五人大夫士亦依命
數人執一領天子袞冕以下上公亦皆

儀喪礼卷五　十九

[illegible]
之服也○復諸侯以褒衣冕服爵弁服
復招魂復魄也冕服者上公五侯伯四
子男三褒衣亦始命爲諸侯及朝覲見
加賜之衣也褒猶進也○疏曰復諸侯
以褒衣者謂復時以始命褒賜之衣冕
服爵弁服者諸侯既用褒衣又以冕服
爵弁服而復也鄭注冕服者上公自袞
冕而下故爲五侯伯自鷩冕而下故爲
四子男自毳冕而下故爲三也凡服各
依其命數則上公五冕之外更加爵弁
服以下皮弁冠弁之等而滿九侯伯冕
服之外亦加爵弁以下而滿七子男冕
服之外加爵弁皮弁而滿五其褒衣若

0011_0581-1　　0011_0580-2

所特褒賜則宜在命數之外也故王制
云三公一命衮若有加則賜是褒衣故
不入命數也此褒衣或
是冕之最上者○雜記夫人稅衣揄
狄稅素紗言其招魂用稅衣上至揄狄
也狄稅素紗言皆以白紗縠
爲裏○疏曰此明婦人復衣也婦人衣
有六也夫人稅衣揄狄者諸侯夫人復
用稅衣上至揄狄謂諸侯伯夫人也狄
稅素紗者言從揄狄以下至於稅衣皆
用素紗爲
縠爲裏內子以鞠衣褒衣素紗下大
夫以禮衣其餘如士內子卿之適妻也
春秋傳曰晉趙姬

喪禮卷五　二十

請逆叔隗於狄趙衰以爲內子而已下
之是也下大夫謂下大夫之妻禮周禮
作展王后之服六唯上公夫人亦有褘
衣侯伯夫人自揄狄而下子男夫人自
闕狄而下卿妻自鞠衣而下大夫妻自
展衣而下士妻稅衣而已素紗若今紗
縠之帛也六服皆袍制不禪以素紗裏
之如今袿袍襈重繒矣褒衣者始爲命
婦見加賜之衣也其餘如士之妻則亦
用稅衣○疏曰此卿大夫以下之妻所
復之衣內子謂卿妻復以鞠衣褒衣者
始命爲內子尚所褒賜之衣復時亦用
此衣故云鞠衣褒衣褒衣則鞠衣訖但
上命時褒賜故曰褒衣矣素紗者言此

0011_0582-1　0011_0581-2

鞠衣褖衣亦以素紗爲裏下大夫以禮衣者是下大夫之妻所復禮衣也對卿妻爲下故復用禮衣周禮作展六服皆袍制不禪以素紗裏之袍制謂連衣裳有表有裏似袍也故云皆袍制不禪漢時有衬袍其袍下之襈以果繒爲之古之服皆以素紗爲裏似此袿袍襈之裏繒故注云如今之袿袍襈重繒也其餘如士者謂鞠衣禮衣之外其餘褖衣如士之妻士妻既用褖衣而復則內子下大夫妻等亦用褖衣也云裏衣者謂內子初嫁始爲卿妻加賜之以衣以裏褻之故云褖衣也○雜記○今案周禮內司服掌王后之六服褘衣揄狄闕狄鞠衣展衣褖衣素紗注云屈者音與闕相似禮與展相似狄當爲翟翟雉名伊雒而南素質五色皆備成章曰翬江淮而南青質五色皆備成章曰搖王后之服刻繒爲之形而采畫之綴於衣以爲文章褘衣畫翬者揄狄畫搖者闕狄刻而不畫此三者皆祭服從王祭先王則服褘衣祭先公則服揄翟祭羣小祀則服闕翟展字當爲襢褖衣雜記曰夫人服稅衣褕狄大記曰士妻以褖衣言褖者甚衆字或作稅褘揄狄展褖相近褖字之誤也

○婦人復不以袡

袡而纁反○袡婦人嫁時上服而非事鬼神之衣故不用招魂也緣襈衣

0011_0583-1　0011_0582-2

曰禍○大部

○復衣不以衣尸不以斂

尸衣於偽反斂力驗反○不以衣尸謂不以襲也復者庶其生也若以其衣襲斂是用生施死於義相反士喪禮云以衣衣尸浴而去之○疏曰復是求生若者復衣而襲斂是用生施於死於義爲襲並不得將衣襲尸及斂也○同上

○復與書銘自天子達於士其辭一也男子稱名婦人書姓與伯仲如不知姓則書氏

疏曰書銘謂書亡人名字於旌旗也天子書於大常諸侯以下書於旌旗達於士其辭一也者謂士與天子同也男子稱名者此並殷禮周世則士文王不名君天子復曰臯天子復矣諸侯復曰臯某復矣婦人書姓與伯仲者與不死復則婦人稱字此云書姓及伯仲是書姓也殷姓謂如魯姬齊姜而伯仲隨其次也此亦殷禮也周之文未必者伯仲當云夫人也如不知姓則書氏者如孟孫三家之屬○小記

○凡復男子稱名婦人稱字

疏曰自殷以下貴賤同呼名是則天子稱天子諸侯稱某甫字天大夫士稱名而婦六止稱字○喪大記

天子崩復曰天子

0011_0584-1　0011_0583-2

復矣 始死時呼魄辭也不呼名臣不名君也○疏曰復招魂復魄也精氣
爲魂身形爲魄人若命至終必是精氣離形而臣子罔極之至猶望應生故招
呼死者之魂令還復身中故曰復也普天率土王者一人而已故呼天子復而
王者以知呼己而返也以例而言之則王后死亦呼王后復也○曲禮
諸侯復曰某甫復矣 疏曰言某甫諸侯稱字是也○同上
右復
司士作士掌事 事謂奠斂之屬○疏曰始死則有奠○宰司士
所掌不但始死奠凡喪事皆掌之已詳其職於戒臣民條內始死奠他經所舉
故復見於此若其他所掌則不復重出
右始死奠
鼓人大喪則詔大僕鼓 始崩及窆時也○大僕
大喪始崩戒鼓傳達于四方 戒鼓擊鼓以警衆也故書戒爲駭○疏曰王喪始崩擊鼓以警戒衆人使傳達于四方以鼓聲相傳聞而達之也
○小宰以官府之六聯合邦治

0011_0585-1　0011_0584-2

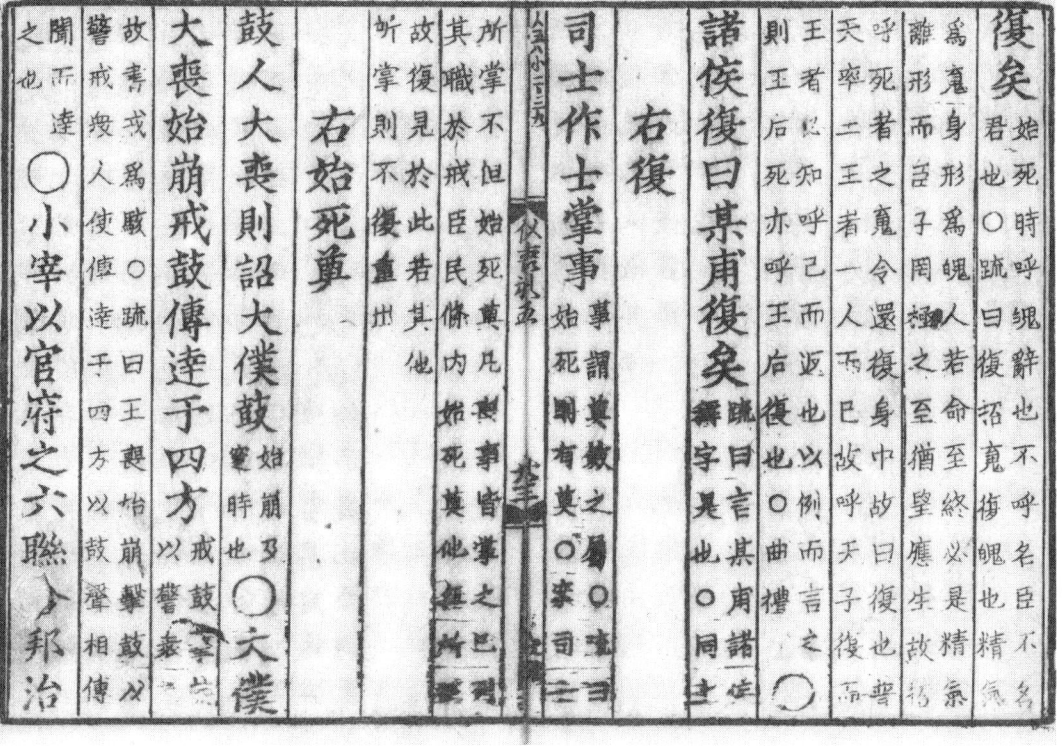

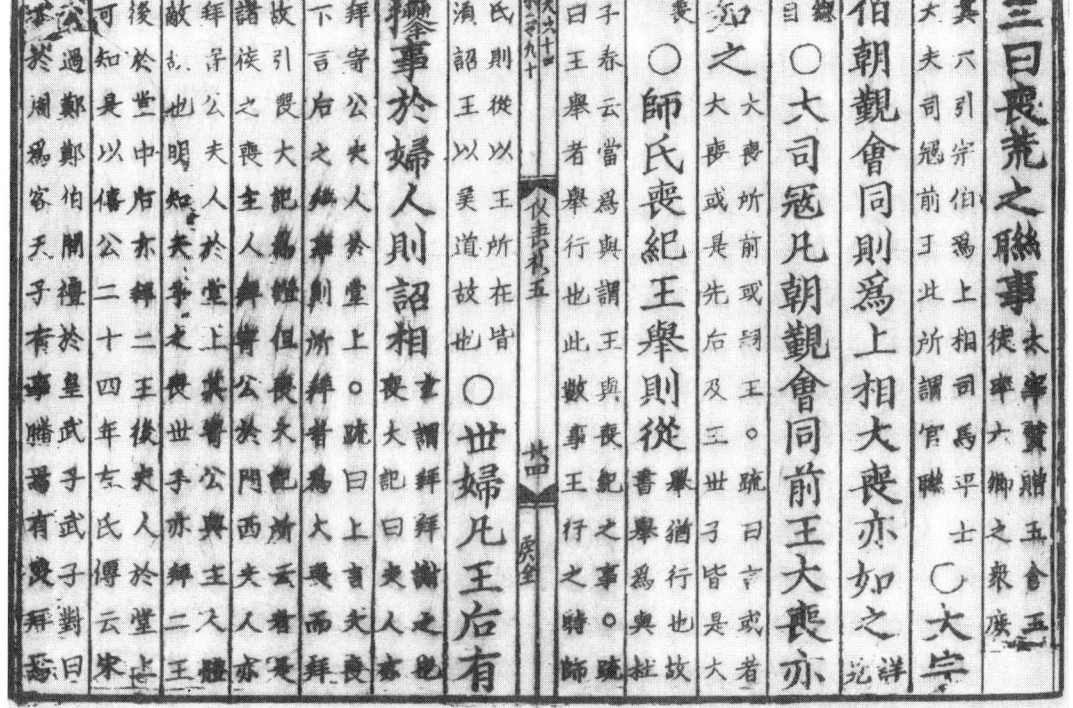

三曰喪荒之聯事 太宰贊贈玉含玉司徒率六卿之衆庶
其六引宗伯爲上相司馬平士大夫司寇前王此所謂官聯 ○大宗
伯朝覲會同則爲上相大喪亦如之 詳見
總目 ○大司寇凡朝覲會同前王大喪亦
如之 大喪所前或嗣王○疏曰言或者大喪或是先后及三世子皆是大
喪 ○師氏喪紀王舉則從 舉猶行也故書舉爲與杜
子春云當爲與謂王與喪紀之事○疏曰王舉者舉行也此數事王行之時師
氏則從以王所在皆須詔王以美道故也 ○世婦凡王后有
擯事於婦人則詔相 事謂拜謝之屬○喪大記曰夫人亦
拜寄公夫人於堂上○疏曰上言夫喪下言后之喪則所拜皆爲大喪而拜
故引喪大記爲證但喪大記所云者是諸侯之喪主人拜寄公於門西夫人亦
拜寄公夫人於堂上其寄公與主人體敵也明知夫人與王之后世子亦拜二王
後於堂中后亦拜二王後夫人於堂上可知是以僖公二十四年左氏傳云宋
公過鄭鄭伯問禮於皇武子武子對曰宋於周爲客天子有事膰焉有喪拜焉

謂王與二王後來奔嗣三拜之明二王後夫人來弔后有拜法若然二三後夫人得有赴王喪者或夫人家在畿內來歸寧值王喪則予赴也○大司馬大喪平士大夫平者正其職與其位○疏曰必使司馬平之者司馬之屬有司士主羣吏令王喪不使司士故司馬平之○司士大喪作士掌事事謂奠斂之屬○疏曰始死則有奠及至小斂大斂朔月月半薦新祖奠大遣奠皆是未葬已前無尸不忍異於生皆稱奠○宰夫大喪小喪掌小官之戒令帥執

仪喪礼五

事而治之大喪王后世子小喪夫人以下小官士也其大官則冢宰掌其戒令治謂共辦○小宰以法掌賓客之戒具喪亦如之戒官有事所當共法謂有舊法施行○雞人大祭祀夜嘑旦以𠻳百官嘑火吳反本又作呼𠻳古吊反○夜夜漏未盡雞鳴時也呼旦以警起百官使夙興喪紀亦如之○宰夫三公六卿之喪與職喪帥官有司而治之凡諸大夫之喪使其旅帥有

司而治之旅冢宰之□□疏曰三公六卿喪尊故宰夫與春官職喪帥其於喪家有事官有司而治之謂共辦之大夫之喪卑宰夫不自爲使在己之下其旅三十有二人師有事於喪家之有司而治之治之亦謂共辦之也○職喪掌諸侯之喪及卿大夫士凡有爵者之喪以國之喪禮涖其禁令序其事詳見總目○虎賁氏國有大故則守王門大喪亦如之非常之難要在門○疏曰大故謂兵災大喪謂王喪

仪喪礼五

非常之難須警備故云要在門○旅賁氏掌執戈盾夾王車而趨喪紀則衰葛執戈盾衰七雷反盾當準反又音允○葛葛絰武士尚輕○疏曰臣爲王貴賤皆斬衰斬衰麻絰至葬乃服葛今王始死即服葛故云武士尚輕○大司徒若國有大故則致萬民於王門令無節者不行於天下大故謂王崩及寇兵○司險國有故則藩阻路而止行者以其屬守之唯有節

者達之有故喪災及兵也閉塞要害之道備姦寇也○疏曰喪謂王喪

○天子崩巷市七日諸侯薨巷市三日疏曰者至天子諸侯之喪必巷市者庶人憂戚無復求覓財利要有急須物不得不求故於邑里之内而爲巷市○檀弓

右戒臣民

射人大喪與僕人遷尸僕人大僕也射人與射人俱掌王之朝位也王崩小斂大斂遷尸于室堂朝之象也檀弓曰扶君卜人師扶右射人師扶左君薨以是舉○疏曰知僕人大僕也者見大僕掌内朝射人掌王朝掌事是同周禮又更無僕人職故知是大僕是以鄭云僕人與射人俱掌王之朝位也云王崩小斂大斂遷尸於室堂者始死於北牖下遷尸於南牖下云小斂於户内是遷尸於室小斂訖遷尸於户外又遷尸大斂於阼階大斂訖又舉尸於西階以入棺是遷尸于堂也云朝之象也者君所在臣朝之故云象之象也○始死條有卜人右射人亡此條通用當互考

○王府六

喪共角枕角柶角枕以枕尸角柶角柶也以楔齒士喪禮曰楔

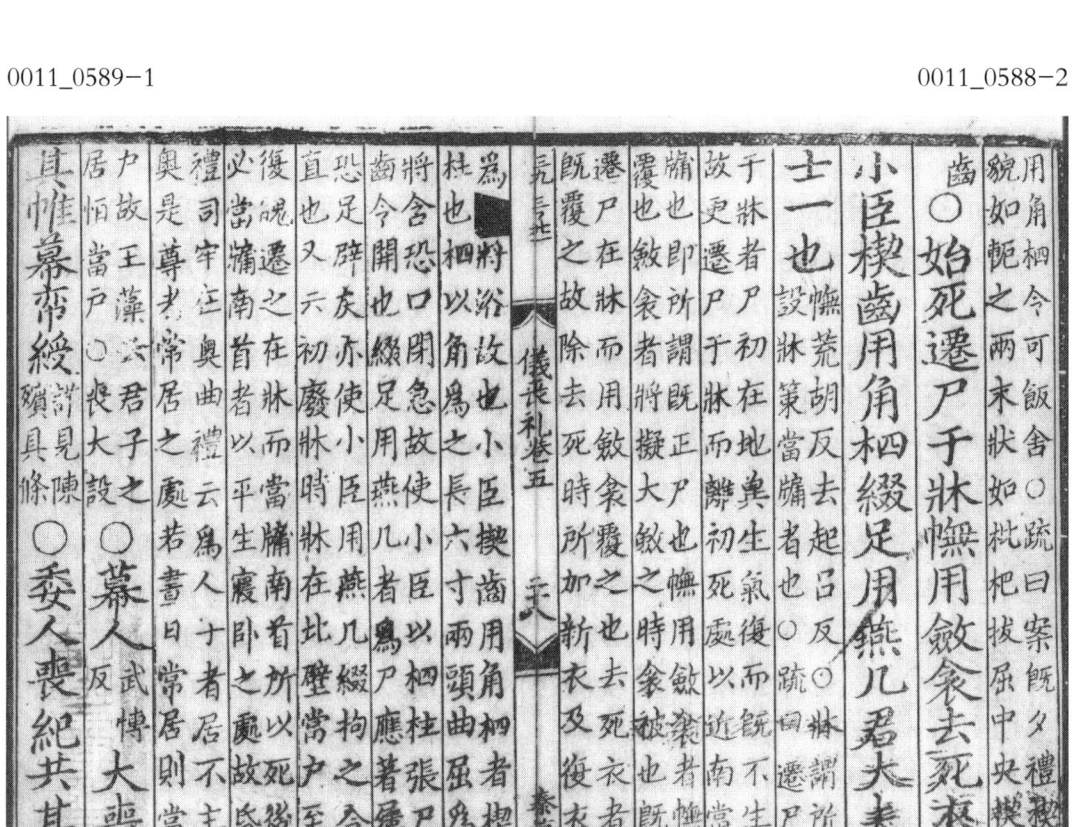

用角柶令可飯含○疏曰案既夕禮楔貌如軛之兩末狀如枕杷拔屈中央楔齒

○始死遷尸于牀幠用斂衾去死衣

小臣楔齒用角柶綴足用燕几君大夫士一也幠荒胡反去起呂反○牀謂所設牀第當牖者也○疏曰遷尸于牀者尸初在地冀生氣復而既不生故更遷尸于牀而離初死處以近南當牖也即所謂既正尸也幠用斂衾者幠覆也斂衾者將擬大斂之時衾被也既遷尸在牀而用斂衾覆之也去死衣者既覆之故除去死時所加新衣及復衣

爲[redacted]將浴故也小臣楔齒用角柶者楔拄也柶以角爲之長六寸兩頭曲屈爲將含恐口閉急故使小臣以柶拄張尸齒令開也綴足用燕几者爲尸應著屨恐足辟戾亦使小臣用燕几綴拘之令直也又云初廢牀時牀在北壁當户至復魄遷之在牀而當牖南首所以死後必當牖南首者以平生寢臥之處故昏禮司宮筵奧曲禮云爲人子者居不主奧是尊者常居之處若晝日常居則當户故王藻云君子之居恒當户○喪大設

○幕人武博反大喪

其帷幕帟綬詳見陳殯具條

○委人喪紀共其

0011_0589-2

木材木材給張事。此以上兩條陳續具條通用

石遷尸楔齒綴足帷堂

父兄命赴者謂大夫以上也士主人[illegible]命之○疏曰父兄命赴者亦復後之事赴謂死者生時於他人有恩識者今死則其家宜使人往相赴告也士喪禮則孝子自命赴者若大夫以上則父兄命之雖代命之猶稱孝子名也○檀弓○天子崩告喪曰天王登假告赴也登上也假已也上已者若僊去云耳○曲禮○凡訃於其君曰

0011_0590-1

君之臣某死訃音赴○訃或皆作赴赴至也臣死其子使人至君所告之○疏曰此明遭喪訃告於君及敵者并赴於鄰國稱謂之差○父母妻長子曰君之臣某之某死○長丁丈反疏曰上某是生者臣名下某是臣之親屬死者云君之臣某甲之父死也君訃於他國之君曰寡君不祿敢告於執事夫人曰寡小君不祿大子之喪曰寡君之適子某死大音泰適丁歷反○君夫人不稱薨告他國君謙也

0011_0590-2

○疏曰寡君不祿敢告於執事者以謙故稱寡君若云寡德之君雖復壽考仍以短折言之故云不祿不敢指斥鄰國君身故云敢告於執事也夫人曰寡小君不祿大子之喪曰寡君之適子某死者皆當云告於執事不言者略之故也大夫訃於同國適者曰某不祿訃於士亦曰某不祿訃於他國之君曰君之外臣寡大夫某死訃於適者曰吾子之外私寡大夫某不祿使某實訃於士亦曰

0011_0591-1

吾子之外私寡大夫某不祿使某實適依注音敵下同實依注音至下同○適讀爲匹敵之敵謂爵同者也實當爲至此讀周秦之人聲之誤也○疏曰訃於他國之君曰君之外臣寡大夫某死言外臣者大夫不屬他國故云外臣自謙退無德故云寡大夫某尊敬他君不敢申辭故曰某死訃於適者謂大夫死訃於他國大夫相敵體者謂訃告大夫以是別國私有恩好故曰外私以赴大夫其辭得申故云某不祿以身赴告故云使其實士訃於同國大夫曰某死訃於士亦

張本下象鼻題監生秦淳四字傳本剪去之

0011_0591-2

訃於他國之君曰君之外臣某
於大夫曰吾子之外私某死訃於
曰吾子之外私某死疏曰士賤訃大夫及士皆
死若訃他國之君及大夫士等皆死但於他君稱外臣於大夫士言
耳訃
右命赴○君氏卒隱不敢從正君之禮故亦不敢
備禮於其母聲子也不赴于諸侯不反

仪丧礼五　卅二

0011_0592-1

哭于寢不祔于姑故不曰薨不稱
夫人故不言葬夫人喪禮有三義則赴於同盟之國
一也既葬日中自墓反虞於正寢所謂反哭于寢二也卒哭而祔于
祖姑三也若此則書曰夫人某氏薨葬我小君某氏此備禮之文也
今聲子三禮皆闕○隱三年春秋左氏傳○滕侯卒不
書名未同盟也凡諸侯同盟於是
稱名故薨則赴以名告終稱嗣也

0011_0592-2

盟以名告神故薨亦以名告同盟告亡者之終稱嗣位之主以
繼好息民謂之禮經隱公七年春秋左氏傳
○葬蔡宣公卒何以名而葬不名
卒從正卒當赴告天子君前臣名故從君臣之正義言也
而葬從主人葬者有常月可知不赴告天子故從臣子
辭稱卒何以日而葬不日卒赴赴天子也
緣天子閔傷欲其知之而葬不告不告天子也○隱公
八年春秋公羊傳

仪丧礼五　卅三

0011_0593-1

唯天子之喪有別姓而哭使諸侯同姓異姓庶姓相
從而爲位別於朝覲爵同同位○疏曰此言朝覲爵同同位然覲禮諸侯受舍
於朝同姓西面異姓東面與此不同者覲禮先公而後私先侯而後伯是亦爵
同同位但同姓之中先爵尊耳○檀弓○肆師大喪令外
內命婦序哭序使相次秩○疏曰案下注六鄉以出及朝廷
卿大夫妻皆爲外命婦其內命婦即下經內命女是也謂三夫人已下至女御

也哭法以服之輕重爲先後若然則宮命婦爲王斬衰居前諸臣之妻從服齊衰者居後也○內宗大喪序哭者內宗凡內女之有爵者序次外內宗妾命婦哭王○九嬪若有賓客則從后大喪帥敘哭者亦如之亦從后帥猶道也后哭衆之次敘者乃哭○疏曰外內命婦哭時皆依尊卑命數在后後爲前後列哭之亦須帥導使有次序也○唯天子之喪別姓而哭肆師序哭內宗序哭九嬪帥敘哭皆朝夕哭條所通用○司士凡士之有守者令哭無去守疏曰此文承大喪之下令哭無去守則大夫士有使役守當姓同爲天子斬衰不可變事空官故令哭不得去守也○既正尸子坐于東方卿大夫父兄子姓立于東方有司庶士哭于堂下北面夫人坐于西方內命婦姑姊妹子姓立于西方外命婦率外宗哭于堂上北面正尸者謂遷尸牖下南首也子姓謂衆子孫也姓之言生也其男子立於主人後女子立於夫人北

0011_0594-2

0011_0595-1

命婦爲此命婦卿大夫之妻爲外命婦外宗姑姊妹之子○疏曰人君初喪哭位子坐于東方者子謂世子世子尊故坐于東方謂室內戶東故士喪禮云主人入坐于牀東是也卿大夫父兄子姓立于東方者子姓謂衆子孫所生也姓士禮父兄子姓大功以下立于室內東方今此經摠云卿大夫父兄子姓立于東方以士禮言之諸在室內但諸侯以上位尊不可不正世子之位故顧命康王之入翼室恤宅宗不宜與卿大夫父兄子姓俱在室內也卿大夫等或書在戶外之東乃遂繼主人之後有司庶士哭于堂下北面者以其卑故在堂下北面則諸父兄子姓等雖小功以下皆在堂上西面也夫人坐于西方者亦近尸故士喪禮云婦人俠牀東面士禮略但言俠牀人君則當以帷鄣之也內命婦姑姊妹子姓立于西方者內命婦是子婦也如姊妹謂君姑姊妹也子姓男女孫皆立于西方也外命婦率外宗哭于堂上北面者外命婦謂卿大夫妻外宗謂姑姊妹之女外命婦外宗等疏於內命婦故在戶外婦人無堂下之位故皆堂上北面又鄭注云世婦爲內命婦卿大夫之妻爲外命婦者前文云大夫世婦則世婦與大夫[illegible]敵比[illegible]婦[illegible]與[illegible]命婦相當故[illegible]

疏也案喪服傳云命婦者大夫之妻故云外命婦謂大夫妻又周禮命及於士妻其妻亦爲命婦鄭注内宰云士妻亦爲命婦士妻與女御相對俱稱本則君之女稱内命婦中兼之也云外宗姑姊妹之女者但姑姊妹嫁於外族其女是異姓所生故稱外宗案周禮外宗外宗之有爵者若其有爵則爲外命婦此則云外宗案無爵名女之女亦是異姓所生而不云者則上文所謂子姓也周禮有内宗内女之有爵者此不言者則前文姑姊妹是也但姑姊妹已嫁國中則爲命婦別云姑姊妹容在室女未嫁及嫁於他國或雖嫁國中從本親之位

故則云姑姊妹也不云舅之女及從母之女者外宗中兼之略可知也

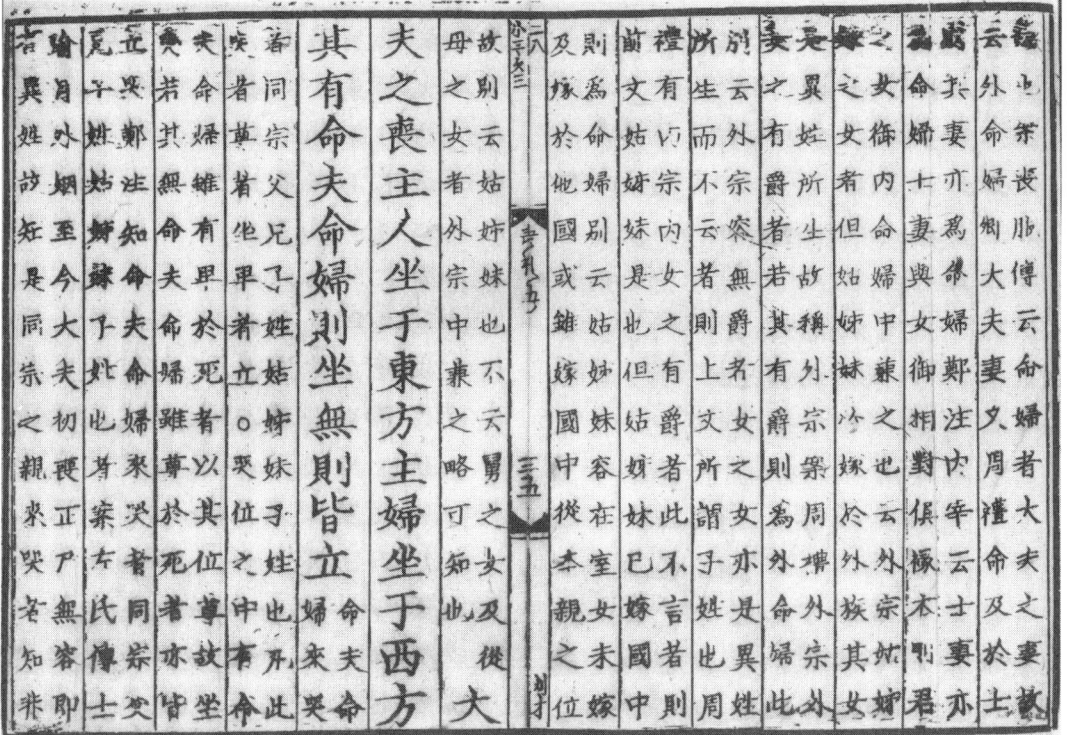

大夫之喪主人坐于東方主婦坐于西方其有命夫命婦則坐無則皆立命夫命婦來哭者同宗父兄子姓姑姊妹子姓也此哭者尊者坐卑者立○哭位之中有命夫命婦雖有卑於死者以其位尊故坐者若其無命夫命婦雖尊於死者亦皆立哭鄭注知命夫命婦來哭者同宗父兄子姓姑姊妹子姓也者案左氏傳士踰月外姻至今大夫初喪正尸無容卽有異姓故知是同宗之親來哭者知非

異姓卿大夫來弔者以其與主人等輩列哭位故知是爲喪來哭者若有弔者當位哭不得坐也此大夫之喪不顯父兄子姓及姑姊妹哭立者約上文君喪及下文士喪略可知也云凡此哭者尊者坐卑者立皇氏云凡謂君與大夫其哭者若爵位尊者則坐故上文君喪子及夫人坐大夫之喪主人主婦命夫命婦皆坐是也君之喪卿大夫皆立大夫之喪非命夫命婦者皆立是也此云尊卑非謂對死者爲尊卑也若其今所行之禮與古異也成服之後尊於死者則坐卑於死者則立也

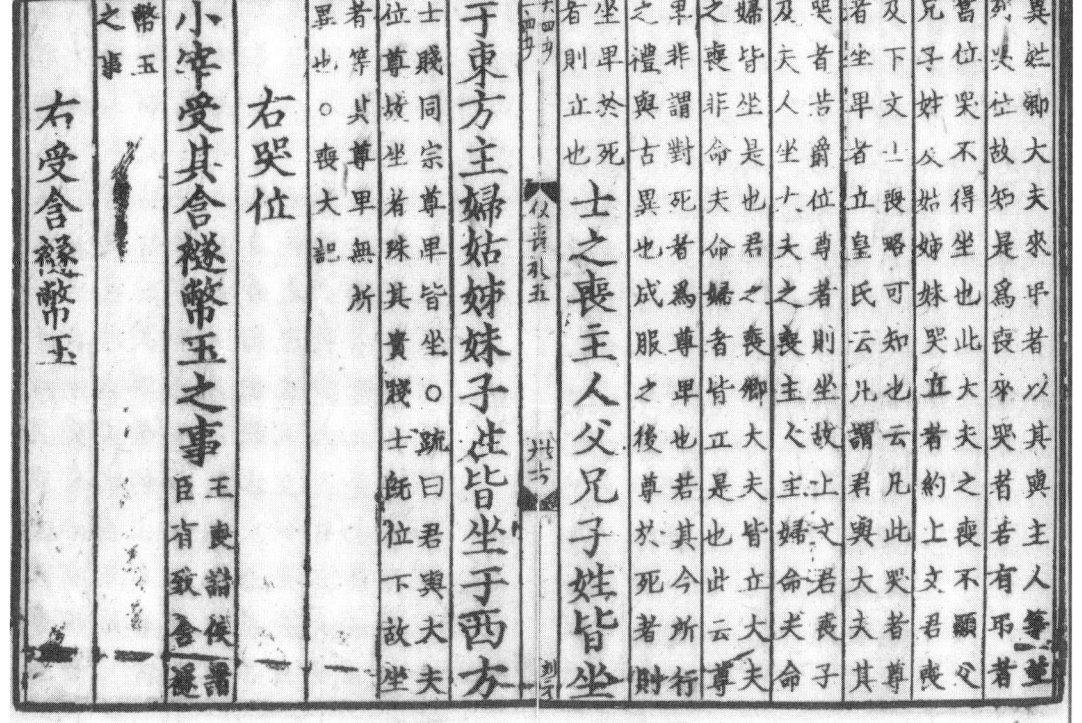

士之喪主人父兄子姓皆坐于東方主婦姑姊妹子姓皆坐于西方士賤同宗尊卑皆坐○疏曰君與大夫位尊故坐者殊其貴賤士既位下故坐者等其尊卑無所異也○喪大記

右哭位

小宰受其含襚幣玉之事王喪諸侯諸臣有致含襚幣玉之事

右受含襚幣玉

0011_0597-2

司常大喪共銘旌銘旌三則大常也士喪禮曰爲銘各以其物○疏曰士喪禮爲銘各以其物士則以緇長半幅赬末長終幅廣三寸書名於末此蓋其制也案禮緯云天子之旌高九刃諸侯七刃大夫五刃士三刃案士喪禮竹杠長三尺則死者以尺易刃天子九尺諸侯七尺大夫五尺士三尺其旌身亦以尺易刃也○書銘自天子達於士其辭一也詳見傳條

右爲銘

喪服五　卅七

0011_0598-1

鬯人大喪之大渳設斗共其釁鬯斗音主○斗所以沃尸也釁尸以鬯酒使之香美者鄭司農云釁讀爲徽○疏曰鄭云釁尸以鬯酒使之香美者案肆師云大喪築鬻則此鬯酒中兼有鬱金香草故得香美也司農云釁讀爲徽者以鬯釁尸故以徽爲莊飾義也○鬱人大喪之渳共其肆器肆器陳尸之器喪大記曰君設大盤造冰焉大夫設夷盤造冰焉士併瓦盤無冰設牀禮第有枕此之謂肆器天子亦用夷盤○肆師大喪大渳以鬯則築鬻[illegible]

0011_0598-2

鬻○築香草煑以爲鬯以浴尸[illegible]也○疏曰上小宗伯大喪以鬯渳則肆師與之築鬱金香草和鬯酒以浴尸使之香也○典絲喪紀共其絲纊組文之物纊音曠劉古曠反○以給線縷著盱口綦握之屬青與赤謂之文○著直略反下[illegible]徐猪略反盱香于反綦音其又音忌握爲學反劉烏豆反○疏曰此鄭並據士喪禮而言云以給線縷著謂所裁縫皆用線縷釋經絲也云著盱口綦握之屬者釋經纊組案士喪禮握手玄纁裏著組繫纊喪大記緇纊以候絶氣爲則云握者綦鄭云綦屨繫是用纊組之事

喪服五　卅八

0011_0599-1

[illegible]云青與赤謂之文繢人職文繡之屬亦用絲故連言也○内司服后之喪共其衣服凡内具之物内具紛帨線纊鞶袠之屬○疏曰后喪所共衣服者正謂襲時十二稱小斂十九稱大斂百二十稱及内具之物也案内則婦事舅姑有紛帨線纊鞶袠故死者入壙亦兼有數物又有刀礪小觿之物故云之屬以總之也○以上兩條下陳小斂六[illegible]玄[illegible]音通○公襲卷衣一玄端一朝服一素積一纁裳一爵弁二玄冕一襃衣一[illegible]

0011_0599-2

緑帶申加大帶於上卷音衮○朱緑帶者襲衣之帶飾之雜以朱緑異於生也此帶亦以素爲之申重也重於革帶也革帶以佩韍必言重加大帶者明雖有變必備此二帶也士襲三稱子羔襲五稱今公襲九稱是尊卑襲數不同矣諸侯七稱天子十二稱與○疏曰公襲以卷衣上服最在內者父身貴故以上服親身欲尊顯加賜故襲衣最外而細服居中也子羔襲繭卑服親身也玄端一者賀云燕居之服玄端朱裳也朝服一者緇衣素裳公日視朝之服也素積一者皮弁之服公視朔之服也纁裳一者賀云冕服之裳也

0011_0600-1

亦可鷩毳任取中間一服也爵弁二者玄衣纁裳二通也此是始命之服示之重本故二通也招魂君亦用爵弁服也玄冕之下又取一也襃衣一者所加賜之衣最上華君賜也自卷衣至此合爲弁二通合九稱注云朱緑帶者襲衣之帶飾之雜以朱緑異於生也者此帶既非革帶又非大帶祇是衣之小帶衣之小帶以素爲之而朱緑飾之亦異於生將也申重也重於革帶也者謂於革帶之上重加此大帶知非對小朱緑帶爲重者以朱緑小帶散在於衣非是摠束其身若摠束其身雖有革帶大帶故知對革帶爲重者必見革帶與大帶者明

0011_0600-2

雖有變必備此二帶天子諸侯以下襲之數士喪禮襲三稱子羔襲五稱此文公襲九稱是尊卑襲數不同雖天子諸侯無文故約之云諸侯七稱天子十二稱與與者疑辭也○雜記○君錦冒黼殺綴旁七大夫玄冒黼殺綴旁五士緇冒赬殺綴旁三凡冒質長與手齊殺三尺冒莫報反赬勑貞反殺色戒反徐所例反○疏曰冒謂襲後小斂前所用以韜尸也冒有質殺者作兩囊每輒橫縫合一頭又縫連一邊餘一邊不縫兩囊皆然也上者曰質下者

0011_0601-1

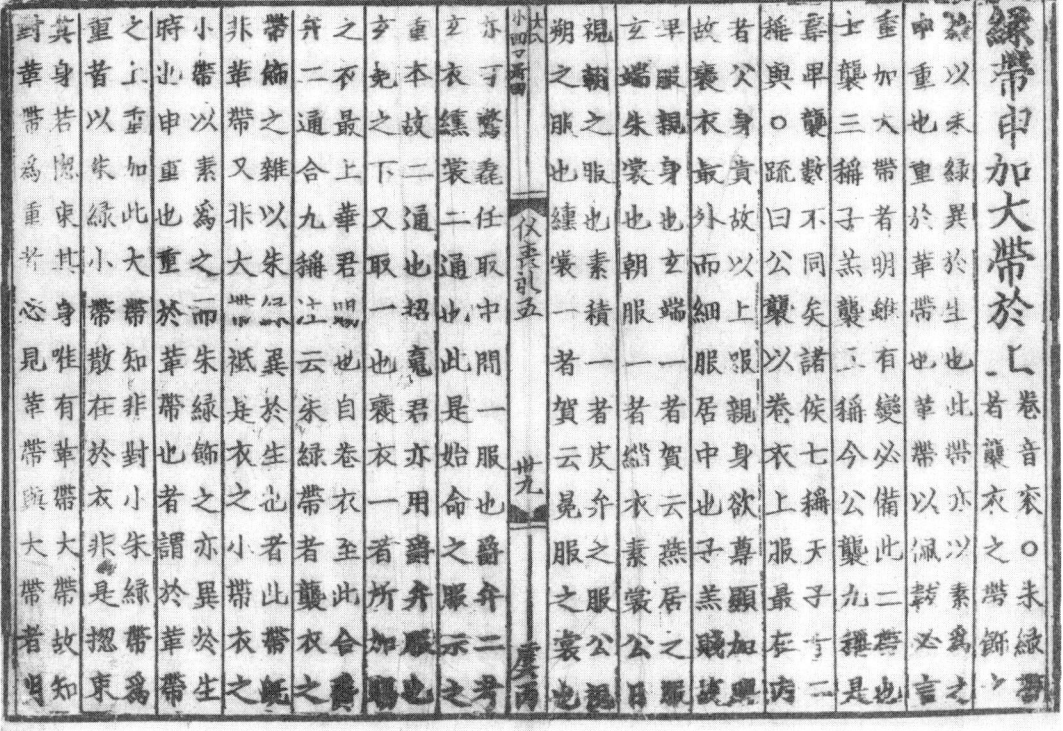

曰殺君質用錦殺用黼鄭注士喪禮云謂韜尸者制如直囊上曰質下曰殺質正也其用之先以殺韜足而上後以質韜首而下綴旁七者不縫之邊上下安七帶綴以結之故云綴旁七也大夫玄冒黼殺綴旁五士緇冒赬殺綴旁三者尊卑之差也鄭注士喪禮云上玄下纁象天地也以此推之士赬殺則君大夫亦殺爲斧文也凡冒質長與手齊者凡論貴賤冒通名也言冒之質從頭韜來至下長短與手相齊也殺三尺者殺從足韜上長三尺○喪大記○袍必有表不襌衣必有裳謂之一稱袍步毛反

0011_0601-2

音單○袍襲衣必有以表之乃成稱遺雜記曰子羔之襲繭衣裳與稅衣纁袡爲一是也論語曰當暑袗絺綌必表而出之亦爲其褻也○疏曰袍必有表衣禪者袍是褻衣必須在上有以衣表之不使禪露乃成稱也注引雜記者證子羔之襲有袍繭衣上加稅衣爲表乃成稱引論語者證衣上加表死則冬夏並用袍上加衣熊氏云襲衣所用尊卑不同士襲而用褻衣故士喪禮陳襲事爵弁服皮弁服褖衣注云褖所以表袍者是襲有袍士喪禮小斂云祭服次散衣次注云褖衣以下袍繭之屬是小斂有袍士喪禮大斂散衣是亦有袍若

0011_0602-1

大夫襲亦有袍案雜記云子羔之襲繭衣裳是也斂則必用正服不用褻衣故檀弓云季康子之母死陳褻衣注云將以斂敬姜曰將有四方之賓來褻衣何爲陳於斯命徹之若公則襲及大小斂皆不用褻衣○同上

○率帶諸侯大夫皆五采士二采率音律○此謂襲尸之大帶率繂也繂之不加箴功大夫以上更飾以五采亡以朱綠襲事成於帶變之所以異於生○疏曰此謂尸襲竟而著此帶也率謂繂帛邊而熨殺之不加箴功異於生也以五采飾之亦異於生也大夫與諸侯同而士二采並異於生而

0011_0602-2

尊者可同也然此士天子之士也諸侯之士則緇帶故士喪禮緇帶云此謂襲尸之大帶者以吉時大帶唯有朱綠玄華無五采小斂小斂衣數既多有絞不可加帶故知襲尸之大帶也以其稱率與大帶同故知是大帶也云襲事成於帶變之所以異於生者鄭以襲衣與生同唯帶與生異凡襲事著衣必加帶乃成故云襲事成於帶變之異於生也○雜記

○復衣不以衣尸詳見復條

○凌人凌力證反字從水或力升反大喪共夷槃冰漢禮器制度大槃廣八尺長丈二尺深三尺漆赤中凡度長短

0011_0603-1

曰長亘亮反度淺深曰深尸鴆反度廣狹曰廣光曠反度高下曰高古倒反相承用此音或皆依字讀○疏曰叔孫通前漢時作漢禮器制度多得古之周制故鄭君依而用之周謂之夷槃漢謂之大槃

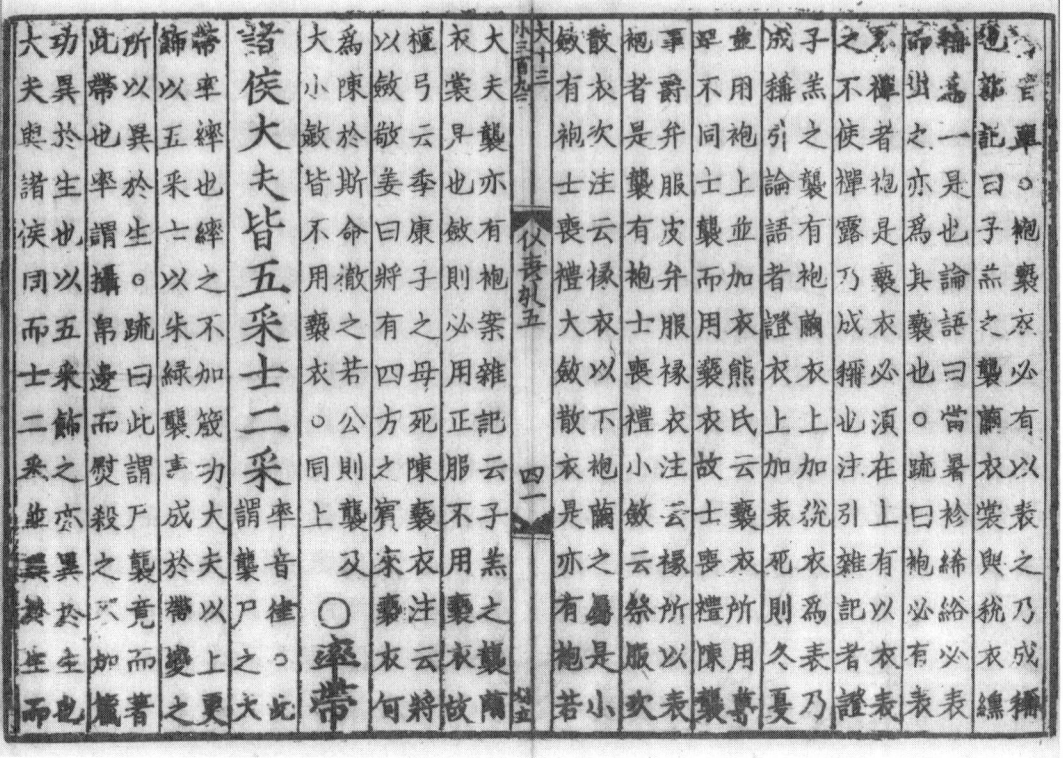

○君設大盤造冰焉大夫設夷盤造冰焉士併瓦盤無冰設牀襢第有枕襢之善反○造猶內也襢第袒簀也謂無席如浴時牀也禮自仲春之後尸既襲既小斂先內冰盤中乃設牀於其上不施席而遷尸焉秋涼而止士不用冰以瓦爲盤併以盛水耳漢禮大盤廣八尺

長丈二深三尺赤中夷盤小焉周禮天子夷盤士喪禮君賜水亦用夷盤然則其制宜同之○疏曰造冰者謂造內其冰於盤中也大夫設夷盤者夷盤小於大盤亦內冰焉士併瓦盤無冰者瓦盤既小故併盤士卑故無冰設牀襢第者置冰於下設牀於上去席襢露第簀有枕謂無席如浴時牀者浴時無席爲漏水也設冰無席爲通寒氣也云禮自仲春之後尸既襲既小斂先內冰盤中者若人君仲春則用冰若命夫命婦則火出之後而用冰故昭四年左傳云獻羔而啓之公始用之謂仲春也又云火出而畢賦周禮凌人夏頒冰是卿大夫以

下三月以後而得用冰也既襲謂大夫也既小斂謂士也皆是死之明日若天子諸侯亦在襲斂之前也云周禮天子夷盤者案周禮凌人云大喪共夷盤冰是也但天子之夷盤即此之大盤也依尸而言則曰夷盤此云夷盤者據大夫所用對君大盤爲小云其制之宜同之者以天子夷盤此大夫云夷槃三者俱有夷名是其制宜同但大小稍異○喪大記也○**典瑞大喪共飯玉含玉**飯扶晚反含戶暗反○飯玉碎玉以雜米也含玉柱左右顚及在口中者雜記口含者執璧將命則是璧形而小耳○疏曰鄭知飯玉碎

以雜米者以其與米同內於口耳故知碎之與米同知含玉柱左右顚乃在口中者案士喪禮云主人左扱米實于右三實一月左中亦如之雜記曰含者執璧將命則是璧形而小耳者彼是諸侯薨鄰國遣大夫來弔并行含禭賵之禮諸侯用璧天子雖用玉其形無文故取諸侯法以況之天子亦爲璧形而小以其入口故知小也案玉府已云大喪共含玉此又言之者蓋玉府主作之此官主其成事而共之○**玉府大喪共含玉**疏曰王者含玉璧形而小以爲口實○**含人喪紀共飯米**飯所以實口不

忍虛也君用梁大夫用稷士用粱皆四升實者唯盈○疏曰君用粱大夫用稷士用粱者此喪大記文彼據沐時所用今引證飯者■飯米沐米與重鬲所盛皿米皆同喪大記注又云差率而上天子沐黍與則天子飯用黍也○**天子飯九貝諸侯七大夫五士三**飯扶晚反○此蓋夏時禮也周禮天子飯含用玉○疏曰以非周制故疑夏禮故云蓋也典瑞云大喪共飯玉含玉是周禮天子飯含用玉案禮戴說天子飯以珠含以玉諸侯飯以珠含以璧大夫士飯以珠含以貝此等皆非周禮並夏商之法左傳成

0011_0606-1　0011_0605-2

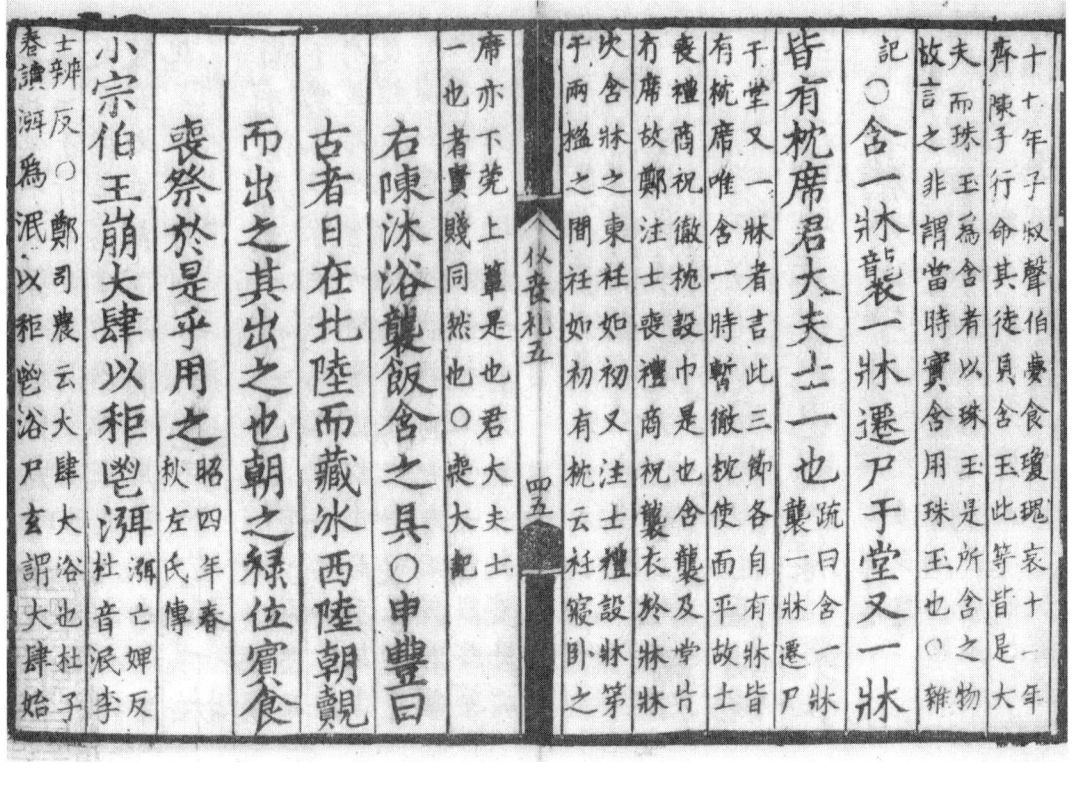

十十年子叔聲伯夢食瓊瑰哀十一年齊陳子行命其徒貝含玉此等皆是大夫而珠玉爲含者以珠玉是所含之物故言之非謂當時實含用珠玉也○雜記○含一牀襲一牀遷尸于堂又一牀皆有枕席君大夫士一也疏曰含一牀襲一牀遷尸于堂又一牀者言此三節各自有牀皆有枕席唯含一時暫徹枕使面平故士喪禮商祝徹枕設巾是也含襲及堂片有席故鄭注士喪禮商祝襲衣於牀牀次含牀之東衽如初又注士禮設牀第于兩楹之間衽如初有枕云衽寢臥之

仪丧礼五　四五

席亦下莞上簟是也君大夫士一也者貴賤同然也○喪大記

右陳沐浴襲飯含之具○申豐曰古者日在北陸而藏冰西陸朝覿而出之其出之也朝之祿位賓食喪祭於是乎用之昭四年春秋左氏傳

小宗伯王崩大肆以秬鬯渳渳亡婢反杜音泯李士辨反○鄭司農云大肆大浴也杜子春讀渳爲泯以秬鬯浴尸玄謂大肆始

張本下象鼻題監生秦淳四字傳本剪去之

0011_0607-1　0011_0606-2

陳尸伸之○疏曰肆訓爲陳爲伸故也以秬鬯浴尸使之香也大祝職云大喪始崩以肆鬯渳尸小祝又云大喪贊渳彼二官已掌之此言之者察其不如儀也○春官○大祝大喪以肆鬯渳尸肆必所設陸爲陳尸也○春官○小祝大喪贊渳故書渳爲漸杜子春云當爲渳渳謂浴尸○春官○女御大喪掌沐浴王及后之喪○疏曰王及后喪沐用潘浴用湯其男子不死於婦人之手今喪亦使女御浴者案士喪禮浴時男子抗衾則不使婦人今王喪婦人或亦供給湯物亦得

仪丧礼五　四六

詔之掌也○天官○管人汲不說繘屈之盡階不升堂授御者御者入浴小臣四人抗衾御者二人浴浴水用盆沃水用枓浴用絺巾挋用浴衣如它日小臣爪足浴餘水棄于坎其母之喪則內御者抗衾而浴管如字掌管籥之人又古亂反掌[illegible]之人汲音急說吐活反繘均必反[illegible]盆蒲奔反沃烏谷反枓音主又[illegible]絺勑其反一本作綌去逆反挋[illegible]

0011_0608-1　0011_0607-2

□他○充衾者蔽上重形也拊拭也
□人斷足爪也○疏曰鄭注士喪禮管
□有司主管含者汲謂汲水綆汲水桶
□也遽促於事故不說去升系但縈屈
□縮之於手中盡階不升堂者以水從西
□而升盡階不上堂知西階者以士喪
禮云爲垼于西墻下故知從西階而升
也浴水用盆者用盆盛浴水也沃水用
稱酌盆水沃尸熊氏云用盤於牀下承
浴水浴用絺布者絺是細葛除垢爲易
故用之也大夫上絺下綌士上下同用
綌註見士喪禮注拍用浴衣者拍拭也
用生時浴衣拭尸肉令燥也賀氏云以
布作之生時有此也如它日者謂如平
生尋常之日也小臣爪足者尸浴竟而
小臣剪尸足之爪也浴盆餘汁棄之於
坎中坎者是甸人所掘於階間取土爲
竈之坎其母之喪則內御者抗衾而浴
□內外宜別故用內御與衾也內御婦
人亦管人汲事事亦如前唯浴用人不

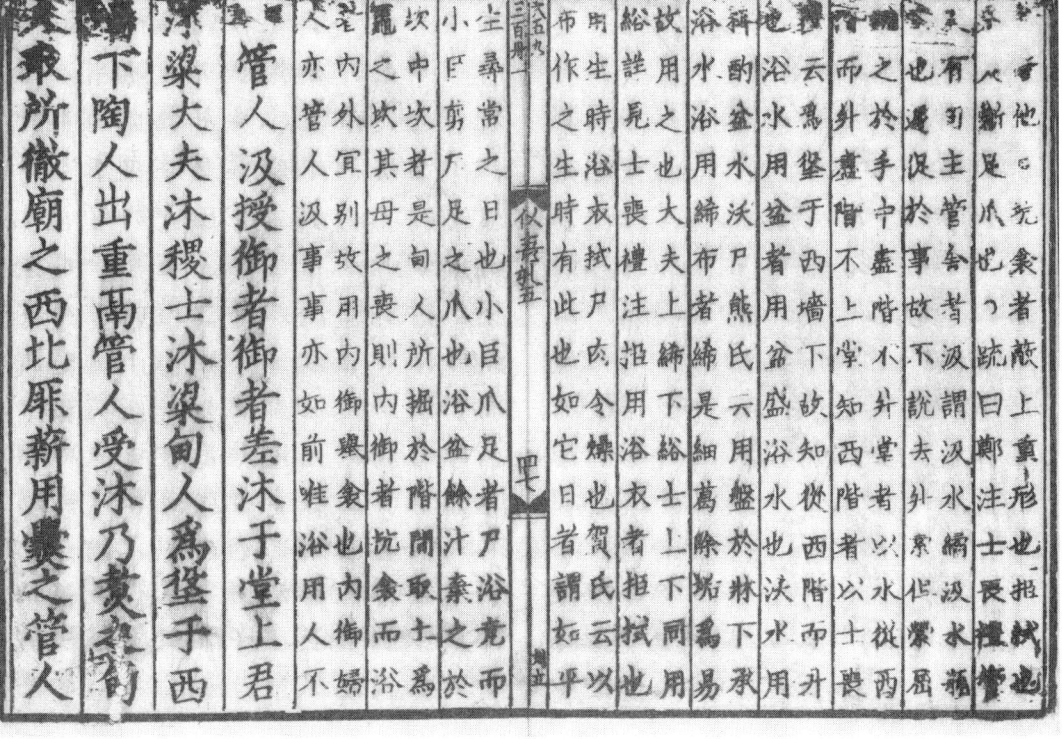

管人汲授御者御者差沐于堂上君沐粱大夫沐稷士沐粱甸人爲垼于西墻下陶人出重鬲管人受沐乃煑之甸人取所徹廟之西北厞薪用爨之管人

0011_0609-1　0011_0608-2

授御者沐乃沐沐用瓦盤挋用巾如它日小臣爪手翦須濡濯棄于坎差七何反沐音

木甸田遍反垼音役陶音桃重直龍反
鬲音歷煑諸許反厞扶味反爨七亂反
○差淅也淅飯米取其潘以爲沐也浴
沃用枓沐於盤中文相變也士喪禮沐
稻此云士沐粱蓋天子之士也以差率
而上之天子沐黍與○疏曰差謂淅米
取其潘汁也君沐粱大夫沐稷皆謂用
其米取其汁而沐也將沐之時甸人之
官爲垼于西墻下土垼甸人具此
爲垼竈以煑沐汁陶人作瓦器之官重
鬲者謂縣重之罌也是瓦瓶受三升以
沐米爲粥實於瓶以疏布冪口繫以篾
縣之覆以葦帶管人受沐乃煑之者新
於堂上管人亦升盡等不上堂而就御
者受淅汁下往西墻於垼竈鬲中煑之
也爨然也甸人爲竈竟取復魄人所徹
正寢西北厞以然竈煑沐汁也謂正寢
爲廟神之也然薪云厞是屋簷也謂抽
取屋西北簷也熊氏云厞謂西北隅厞
隱之處徹取屋外當厞隱處薪爨亦通
也取此薪而用者示主人已死此堂無
復用故取之也管人授御者沐者煑汁
孰而管人又取以升階授堂上御者御
者受汁入爲尸沐也士喪禮云[illegible]

又云抈用巾注云抈晞也清也如它日者事事亦如平生也小臣沐竟而翦手爪又治須象平生也濡濯棄于坎者皇氏云濡謂煩撋其髮濯謂不淨之汁也言所濡濯汁棄于坎中鄭注士喪禮云巾櫛浴衣亦并棄之於坎案既夕禮云掘坎南順廣尺輪二尺深三尺南其壤此沐汁棄於坎則浴汁亦然差具差摩故云淅詩云釋之叟叟是釋淅米也沐與浴俱有枓俱有盤浴云用枓沐云用盤是文相變也作[illegible]云云沐稻是諸侯之士今此云士沐粱故云蓋天子之士也云以差率而上之天子沐黍與者案公食大夫禮黍稷爲正饌稻粱爲加

是稻粱卑於黍稷就稻粱之内粱貴而稻賤稻是人所常種粱是穀中之美故曲禮云歲凶大夫不食粱故諸侯之士用稻天子之士用粱黍稷相對稷雖爲重其味短故大夫用之黍則味美而貴故特牲少牢爾黍于席以其味美故也詩頌云其饟伊黍鄭注豐年之時雖賤者猶食黍是黍貴也故天子用之無正文故疑而云與也○喪大記

右沐浴

大況大喪相飯疏曰云相飯者浴訖即飯含故宰相飯也不言

相含者大宰云大喪贊贈玉含玉此故不言○春官〔〕大宰大喪贊含玉助王爲之也○疏曰云助王爲之也者謂助嗣王也○天官一

右飯含襲飯含後有襲設冒一節今以其事附見于下一

○鬠巾以飯公羊賈爲之也詳見士喪禮襲飯含條〔〕子羔之襲也繭衣裳與稅衣纁袡爲一素端一皮弁一爵弁一玄冕一曾子曰不襲婦服繭衣

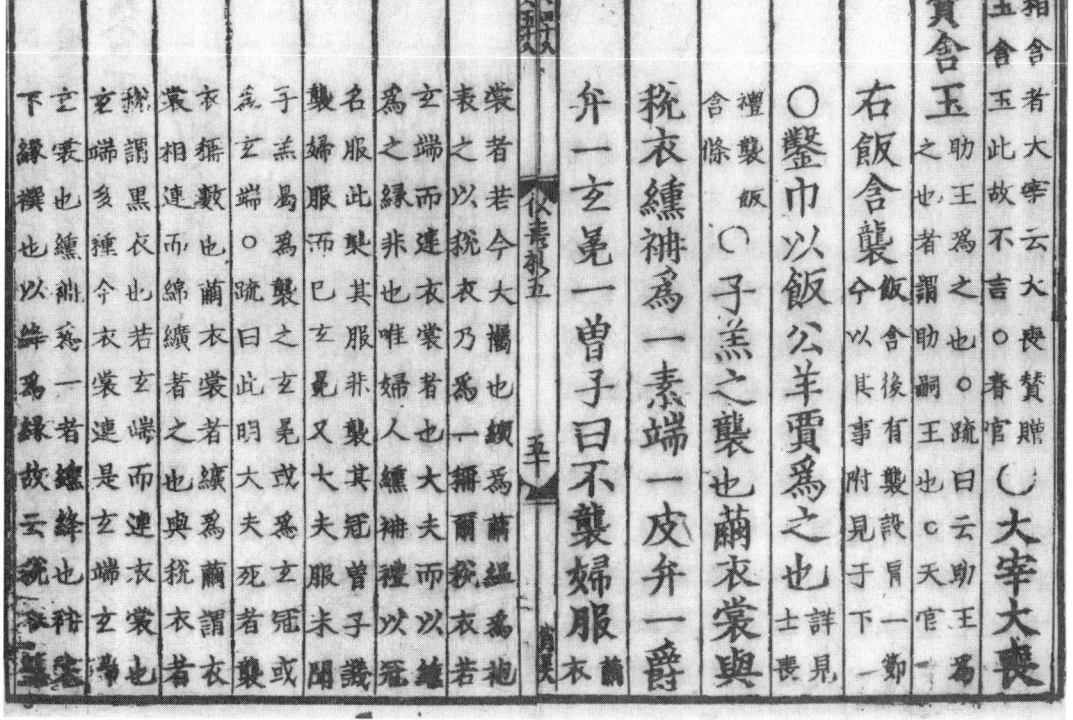

裳者若今大襹也纊爲繭緼爲袍表之以稅衣乃爲一稱爾稅衣若玄端而連衣裳者也大夫而以纁爲之緣非也唯婦人纁袡禮以冠名服此襲其服非襲其冠曾子譏襲婦服而已玄冕又大夫服未聞子羔爲襲之玄冕或爲玄冠或爲玄端○疏曰此明大夫死者襲衣稱數也繭衣裳者纊爲繭謂衣裳相連而綿纊著之也與稅衣者稅謂黑衣也若玄端而連衣裳也玄端多種今衣裳連是玄端玄端玄裳也纁袡爲一者纁絳也稱袷下緣襈也以絳爲緣故云稅衣纁

0011_0611-2

褶也繭衣既褻故以褖衣表之合
爲一稱故云褶衣裳與褖衣纁袡
爲一也素端一者此第二稱也以
服既不褻並無復別衣表之也庶
六布上素下皮弁服賀瑒云以素
爲衣裳也皮弁一者第三稱也十
五升白布爲衣積素爲裳也爵弁
一者第四稱也玄衣纁裳也玄冕
一者第五稱也大夫之上服也曾
子曰不襲婦服者曾子非之纁袡
是婦人之服而子羔襲用之故曾
子譏之依禮不合襲婦人之服鄭
注此襲其服非襲其冠者鄭恐經
云皮弁爵弁但云冠不云服恐襲

0011_0612-1

其冠不襲其服故云以冠名服此
襲其服非襲其冠子羔爲大夫無
文故注云未聞子羔
長爲襲之○雜記　○孔子之喪
公西掌殯葬焉唅以踈米二貝 [illegible]
米也禮記曰
稻曰嘉蔬　襲衣十有一稱加朝
服一冠章甫之冠珮象環徑五寸
而綦組綬　綦巨箕反組則古亙反○
綦雜色組綬所以繫象
環○
家語

0012_0002-2

君之喪未小斂爲寄公國賓出大夫之
喪未小斂爲君命出士之喪於大夫不
當斂則出　父母始死悲哀非所尊不出
也出者或至庭或至門國賓
聘大夫不當斂其來非斂時○疏曰此
明君人夫士等未小斂之前主人出迎
賓之節云或至庭者謂世子迎寄公及
國賓士出迎大夫也皆至庭故下文云
降自西階又云士於大夫親弔則與之
哭不逆於門外是也云或至門者謂大
夫於君命故下文公大夫於君命迎於
寢門外是也以此言之則世子於天子

0012_0003-1

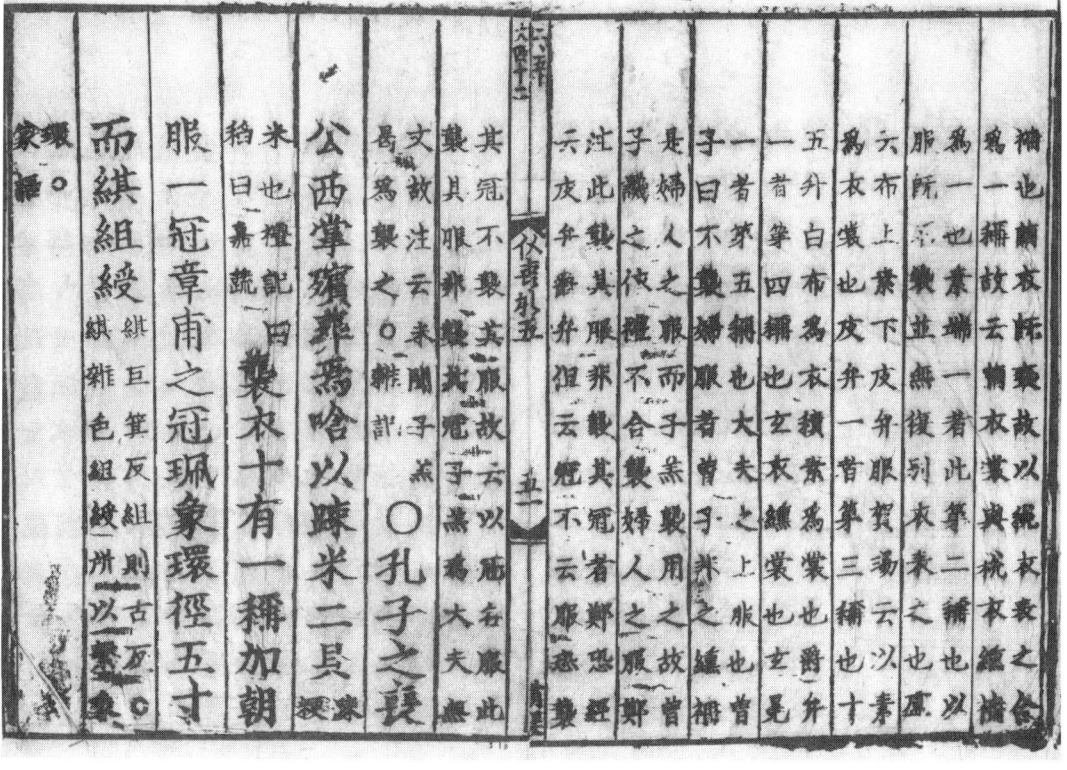

之命士於君命亦皆然也君與大夫云
未小斂謂未斂之前去小斂遠也士云
不當斂謂去小斂近大夫與士至小斂
相偪也士於大夫雖與小斂相偪不當
斂之時尚爲大夫出者未小斂之前爲
大夫出可知也案檀弓云大夫弔當事
而至則辭焉注云辭猶告也擯者以主
人有事告也主人無事則爲大夫出彼
亦謂小斂之事與此同斂謂大夫弔即
拜之故雜記云當袒大夫至絕踊而拜
之反改成踊是也此但云斂不云襲者
於襲之前雖士爲君命出其餘則不出
士喪禮未襲之前君使人弔主人迎
[illegible]門外見賓不哭先入門右北面是

0012_0003-2

君使臣主人哭拜送於外門外於時
賓有大夫則特拜之但送君使而拜之
非謂特出迎賓也此云不當斂則出迎
賓雜記云士喪當袒大夫至絕踊而拜
之與此違者皇氏云昔正當斂時則不
出若斂後而有大夫至則絕踊而拜之
凡主人之出也徒跣扱衽拊心降自西
階君拜寄公國賓于位大夫於君命迎
于寢門外使者升堂致命主人拜于下
士於大夫親弔則與之哭不逆於門外

喪禮五　五十三

0012_0004-1

拜寄公國賓於位者於庭鄉其位而拜
之此時寄公位在門西國賓位在門東
皆北面小斂之後寄公東面國賓門西
北面士於大夫親弔謂大夫身來弔士
也與之哭既拜之即位西階東面哭大
夫特來則北面○跣曰主人降自西階
者不忍當主位寄公謂失地之君國賓
謂鄰國大夫來聘者遇主國君之喪拜
於位者於庭鄉其位而拜之士之喪大
夫親來弔立於西階下東面主人則降
自西階下南面拜之拜訖即位西階下
與大夫俱哭不迎大夫於門外注云此
時寄公位在門西國賓位在門東皆北
面者熊氏云寄公有賓義故在賓位故

0012_0004-2

[illegible]在門西國賓[illegible]為[illegible]
使而遭主國之喪而行[illegible]
主人之位故知在門東云小[illegible]
[illegible]東面國賓門西北面者熊[illegible]
之後主人位於阼階下西面[illegible]
賓位東面鄉主人也國賓亦以[illegible]
[illegible]就門西賓位但爵是卿大夫[illegible]
之士喪禮云他國之異爵者門西[illegible]
是也云既拜之後即位西階東面[illegible]
[illegible]夫大夫身來弔士之時在西階之[illegible]
[illegible]自西階鄉其位而拜之拜訖主[illegible]
[illegible]士於西階下東面哭故士喪禮[illegible]
[illegible]大夫則袒拜之即位于西階下東[illegible]
不踊長也云大夫特來則北面者以[illegible]

喪禮五　五十四

0012_0005-1

夫與士若俱來皆東面故主人即[illegible]
[illegible]在大夫之北俱北面而哭今大夫[illegible]
[illegible]不與士相隨故大夫北面也[illegible]
[illegible]以凡特弔皆北面故檀弓云[illegible]
[illegible]面亦弔[illegible]也夫人為寄公夫人出命[illegible]
夫人之命出士妻不當斂則為命[illegible]
[illegible]此時新公[illegible]
[illegible]上兒面小斂之後尸西[illegible]
[illegible]婦人不下堂[illegible]
[illegible]上[illegible]尊[illegible]夫[illegible]
[illegible]此[illegible]
[illegible]

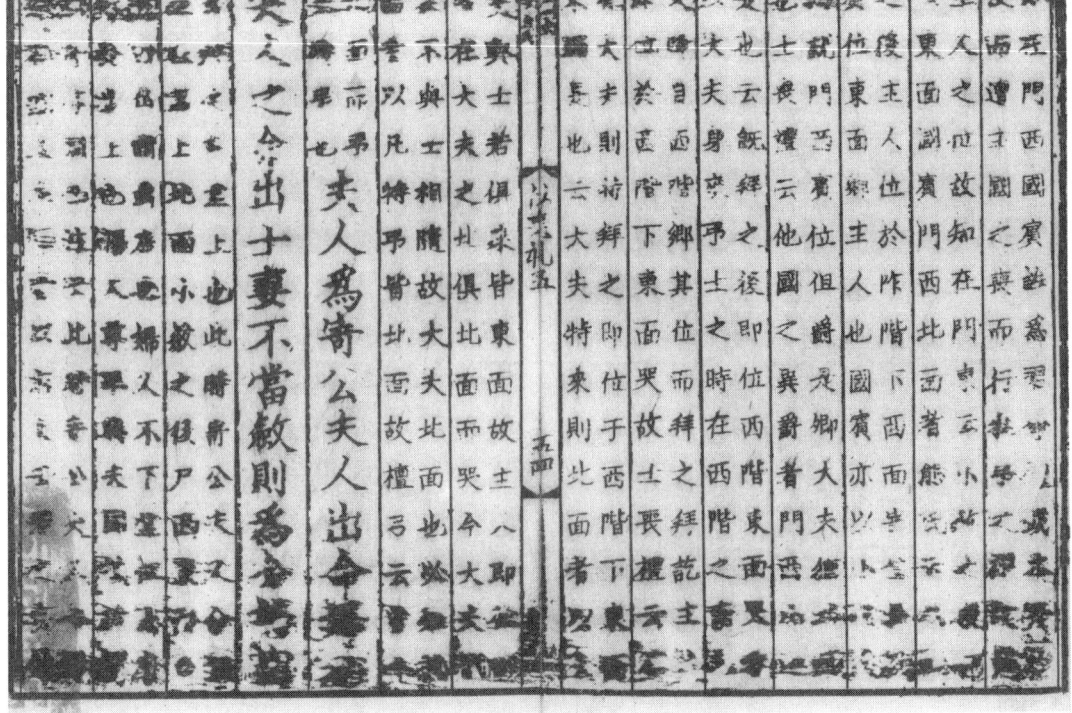

0012_0005-2

[illegible]精者外[illegible]升堂上北面[illegible]

[illegible]若堂上北面如賓公夫人亦皆[illegible]

[illegible]君禮他國異爵者門西北面[illegible]

[illegible]大夫則如賓公夫人亦與命婦[illegible]

[illegible]於堂故知從婦人之位在尸[illegible]

小斂之後尸西東面者以小斂[illegible]

[illegible]也。記。○大夫之喪庶子不受弔[illegible]

[illegible]爵者主。疏曰不受弔[illegible]

[illegible]嫡子受弔[illegible]

[illegible]不在則雖庶子不以受弔[illegible]

達也不可以賤者爲主爵者也

○夫庶子不受弔則士之庶子[illegible]

[illegible]禮弔○此條奉尸爲子[illegible]

0012_0006-1

[illegible]若受弔皆通用又奉尸夷于堂[illegible]

[illegible]入迎賓送賓一條覆後受弔[illegible]

[illegible]而後通[illegible]

[illegible]通問當互考

右吳弔○宋成公如鄭鄭伯將[illegible]

之問禮於皇武子鄭卿[illegible]對曰宋

先代之後也於周爲客天子有事

[illegible]焉[illegible]

有喪拜焉[illegible]

0012_0006-2

法皆主人拜其弔者謝其勤勞弔者不答拜以其爲事而來不自同於賓客此皆據弔及主人敵禮以上若其臣下來弔則主人不拜宋是先代之後王以敵禮待之故拜其來弔其餘諸侯則否○僖公二十四年春秋左氏傳○

小斂後殯後受弔通用

小斂於户内大斂於阼君以簟席大夫以蒲席士以葦席 葦于鬼反○簟細葦席也三者下皆有莞

○疏曰士以葦席與君同者士卑不嫌故得與君同用簟也知下皆有莞者案

0012_0007-1

士喪禮記云設牀當牖下莞上簟士喪經云布席于户内下莞上簟謂小斂席也大斂云布席如初注云亦下莞上簟知士始死至大斂用席皆同也士尚有莞則知君及大夫皆有莞也但此大夫辟君上席以蒲也若吉禮祭祀則蒲在莞下故同几筵諸侯祭祀席蒲筵繢純加莞席紛純與此異也○喪大記○

司服大喪共其斂衣服掌其陳序 疏曰云大喪王喪其中兼小喪也云斂衣服者小斂皆十九稱大斂則士三十稱大夫五十稱諸侯皆百稱天子蓋百二十稱○春官○此條陳大斂衣衾通用陳襲衣

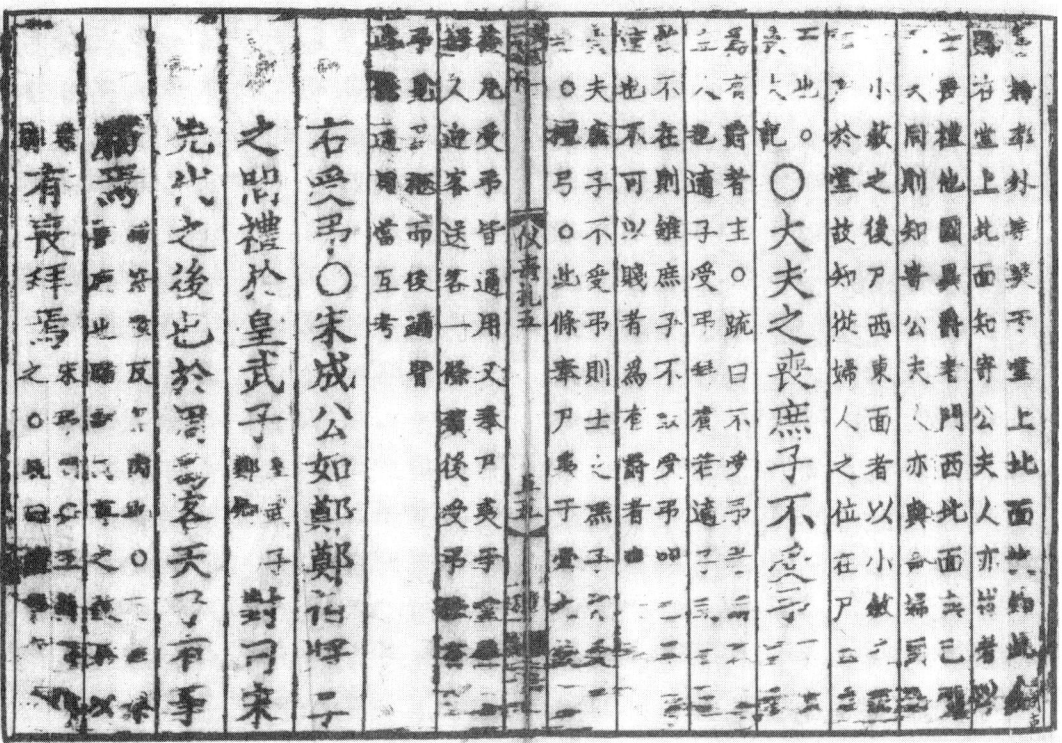

張本下象鼻題監生秦淳四字傳本剪去之

0012_0007-2

識內與絲共絲續內司服式衣服此條通用皆互考○小斂布絞縮者一橫者三君錦衾大夫縞衾士緇衾皆一衣十有九稱君陳衣于序東大夫士陳衣于房中皆西領北上絞紟不在列絞户交反縮所六反稱尺證反紟其鴆反○絞既斂所用束堅之者縮從也衣十有九稱法天地之終數也士喪禮小斂陳衣於房中南領西上與大夫異今此同亦蓋天子之士也絞紟不在列以其不成稱不連數也小斂無

大五十二 小三百十六 喪禮五 五十七

0012_0008-1

紟因絞不在列見之也或曰縮者三○疏曰布絞者以布為絞縮從也謂從者一幅豎置於尸下橫者三幅亦在尸下從者在橫者之上每幅之末析為三片以結束為便也君錦衾大夫縞衾士緇衾皆一者謂大夫士等各用一衾故云皆一舒衾於此絞上衣十有九稱者君大夫士同用十九稱衣布於衾上然後舉尸於衣上屈衣裹又屈衾裹之然後以絞束之君陳衣于序東大夫士陳衣於房中者謂將小斂陳衣也房中者東房也大夫士惟有東房故也絞紟不在列者謂不在十九稱之列不入數也小斂未[illegible]紟因絞不在列而等今[illegible]云衣

0012_0008-2

[illegible]一地二天三地四天五地[illegible]地八天九地十天數終於[illegible]紟於十也人既終故云以天地終[illegible]衣之也云亦蓋天子之士者[illegible]沐梁與士喪禮不同已云此蓋[illegible]之士此經陳衣與士喪禮衣不同故云亦蓋天子之士也云以其不成稱不連數也者上衣下裳相對故為成稱絞紟非衣故云不成稱經云不在列鄭恐今不在列故云不連數謂不連為十九稱之列其實亦布陳也云小斂無紟者以大斂始云布紟今此經直云布絞故知無紟也○喪大記○君無襚大

大卅三 小三百七十四 喪禮五 五十八

0012_0009-1

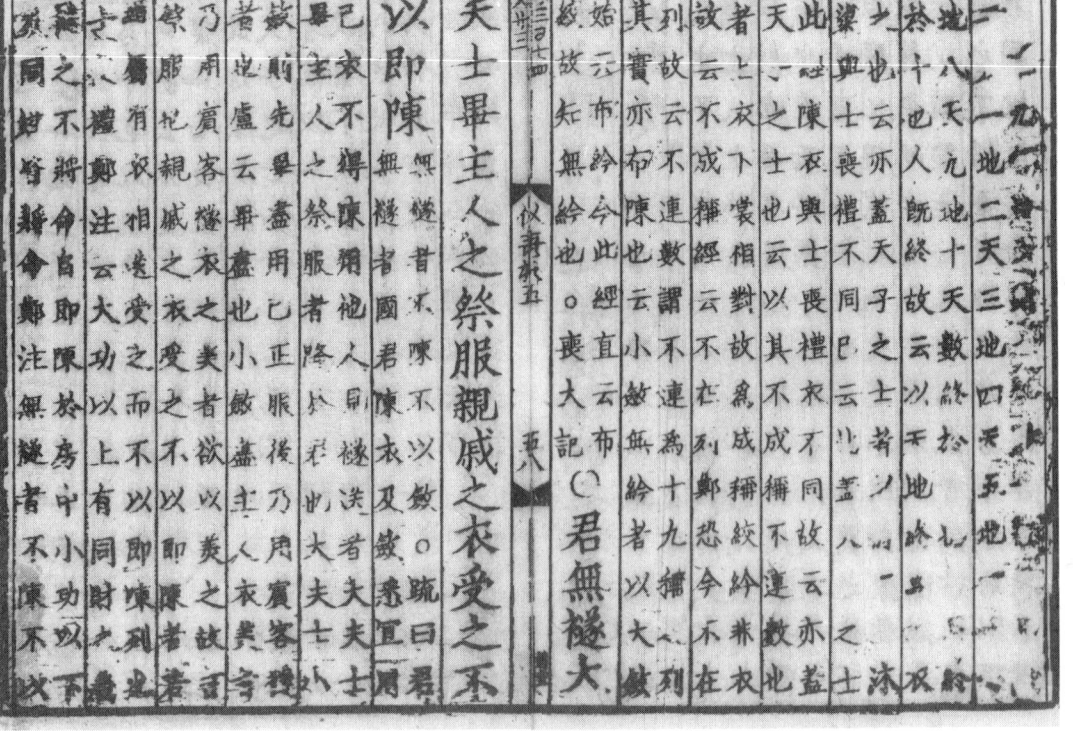

夫士畢主人之祭服親戚之衣受之不以即陳無襚者不陳不以斂○疏曰君無襚者國君陳衣及斂悉宜用己衣不得陳用他人所襚送者大夫士畢主人之祭服者降於君也大夫士以斂則先畢盡用己正服後乃用賓客襚者也盧云畢盡也小斂盡主人衣美者乃用賓客襚衣之美者欲以美之故言祭服也親戚之衣受之不以即陳者若[illegible]有衣相送受之而不以即陳列也士喪禮鄭注云大功以上有同財之義襚之不將命自即陳於房中小功以下及同姓皆將命鄭注無襚者不陳不以

0012_0009-2

皇氏之意臣有致襚於君之禮故
儀云臣致襚於君但君不陳不以斂
熊氏云君與襚大夫士謂小斂之時君
不合以衣襚大夫士雖有君襚不陳不
以斂故云與襚大夫士至大斂則得用
君襚故士喪禮大斂時云君襚祭服不
劉其義俱通故兩存焉　小斂君大夫士皆用複衣
複衾同上　○凡陳衣者實之篋取衣者亦
以篋升降自西階　篋苦協反○取猶受也　凡陳衣
不詘非列采不入絺綌紵不入　詘丘勿反紵直

儀喪礼五　五十六

0012_0010-1

呂反○不屈謂舒而不卷也列采謂正
服之色也絺綌紵者當暑之褻衣也襲
尸重形冬夏用袍及斂則用正服○疏
曰非列采不入者列采謂五方正色之
采非列采謂雜色也不入陳之也絺綌
紵不入者絺是細葛綌是麤葛紵是紵
布此褻衣故不入陳也注謂襲尸重形
冬夏用袍如熊氏之意此謂大夫以下
若公則襲亦不用袍○陳大斂衣條通用　○復衣不以
斂　音見復條　○封人凡喪紀則飾其牛牲　疏曰
喪紀有牲者除朝夕奠用脯醢以外大斂朔月月半薦新奠祖奠大遣等皆

0012_0010-2

有牲牢○地官　○牛人喪事共其奠牛　謂殷奠遣奠也
喪所薦饋曰奠○疏曰喪自未葬已前無尸飲食直奠停置于神前故謂之爲
奠朝夕之奠無尊卑皆脯醢酒而已無牲體殷大也唯有小斂大斂朔月月半
薦新祖奠及遣奠時有牲體大遣奠非直牛亦有馬牲故鄭注云謂殷奠遣奠
也云喪所薦饋曰奠以無尸故也○地官　○囿人喪紀共其
生獸死獸之物○地官　○獸人凡喪紀共
其死獸生獸○天官　○腊人喪紀共其脯

儀喪礼五　六十

0012_0011-1

腊凡乾肉之事○䱷人　䱷音魚本又作魚又音御　喪
紀共其魚之鱻薧○天官　○醢人凡祭祀
共薦羞之豆實喪紀亦如之　以上八官並陳大斂
奠至祖奠遣奠條通用○天官
右陳小斂衣奠
小斂主人即位于戶內主婦東面乃斂
疏曰主人即位于戶內者以初時尸在牖下主人在尸東今小斂當戶內故主

張本下象鼻題監生秦淳四字傅本剪去之

0012_0012-1　0012_0011-2

人在户内稍東○喪大記○上始死條
卜人右射人左遷尸條射人僕人遷尸
並此條通用當互考○小宗伯王崩及執事涖小
斂大斂帥異族而佐執事大祝之屬涖臨也親斂者蓋事
官之屬爲之異族佐斂䟽曰可以相助
○䟽曰大祝職云大喪贊斂明大祝執
事小宗伯涖之云親斂者蓋事官之屬
爲之者以其諸處更不見主斂事者事
官又主工巧之事以無正文故疑事官
之屬爲之也云異族佐斂䟽者可以相
助者此異族據姓而言之○大祝大喪贊斂冬官主斂事大

大五十　七十二　儀喪禮卷五　卆十一　秦淳

祝贊之○春官○喪祝凡卿大夫之喪掌事而
斂飾棺焉䟽曰言掌事者禮有降殺勸防以下皆掌之兼主斂事故
摠云掌事而斂飾棺焉○春官○君之喪大胥是斂衆
胥佐之大夫喪大胥侍之衆胥是斂士之
喪胥爲侍士是斂胥樂官也不掌喪事胥掌爲祝字之誤也
侍猶臨也大祝之職大喪贊斂喪祝卿
大夫之喪掌斂士喪禮商祝主斂○䟽
曰君之喪大胥是斂者大祝是接神者
故使之執斂事也是猶執也衆胥佐之

0012_0013-1　0012_0012-2

者衆祝喪祝也衆祝賤故副佐於大祝
也大夫之喪大胥侍之者侍猶臨也胥
尊故大祝親執斂大夫卑故大祝臨之
衆胥是斂者衆祝周禮喪祝卑故親斂
斂也士之喪胥爲侍者胥亦喪祝也士
卑故祝臨之士是斂者士之朋友來助
斂也士喪禮云士舉遷尸是也商祝者
案士喪禮注云商祝祝習商禮者商人
教之以敬於接神
且也○喪大記○凡斂者袒遷尸者
襲袒者於事便也○䟽曰凡斂謂執大
小斂事也事多故袒爲便也遷尸者
襲謂大斂於地乃遷尸入棺
之屬事少故襲也○同上○士與其

儀喪禮卷五

執事則斂斂焉則爲之壹不食凡斂者
六人與音預○斂者必使所與執事者
不欲哀人褻之○䟽曰士與其執
事則斂者釋前士是斂義也與執事謂
平生曾與亡者共執事若不經共執事
則褻惡之故不使斂也斂焉則爲之壹
不食者生經有恩今又爲之斂爲之廢
壹食也凡斂者六人者凡者貴賤同
也兩邊各三人故用六人○同上○
小斂之衣祭服不倒尊祭服也斂者要
方散衣有倒○䟽
曰祭服謂死者所得用祭服以上記小
斂十九稱不悉著之但用裹尸要取其

0012_0013-2

方而衣有倒領在足間若祭祭服
雖散不著而領不例在足也○同上
小斂大斂祭服不倒皆左衽結絞不紐
紐女九反舊而塡反○左衽衽鄉右反
生時也○疏曰皆左衽大斂小斂同故
云皆也衽衣襟也生鄉右左手解抽帶
便也死則襟鄉左示不復解也生時帶
並爲屈紐使易抽解若死則無復解○
義故絞束畢結之不爲紐也○同上
自小斂以往用夷衾夷衾質殺之裁猶
冒也疏曰往猶後也小斂前有冒故不
用夷衾自小斂後衣多不可用冒

0012_0014-1

故用夷衾覆之也士喪禮云撫用夷衾
覆尸柩之衾也裁猶制也言夷衾所用
上齊於手下三尺所用繒色及長短制
度如冒之質殺也但不復爲囊及旁綴
也熊氏分質字屬上殺字屬下爲句其
義非也然始死幠用斂衾是大斂之衾
自小斂以前覆尸至小斂時君錦衾大
夫縞衾士緇衾用之小斂斂訖別制夷
衾以覆之其小斂之前所用大斂之衾
者小斂以後停而不用至將大斂及陳
衣又更制一衾主用大斂也○今案士
喪禮幠用斂衾疏云大斂之時兩衾俱
用一衾承薦於下一衾以覆尸則始死
所用之衾至大斂即以承薦非淳而不

0012_0014-2

用也○
同上
○鋪絞紟踊鋪衾踊鋪衣踊遷
尸踊斂衣踊斂衾踊斂絞紟踊目孝子
踊節○
同上
○斂者既斂必哭疏曰斂者即大祝
衆祝之屬也既斂
是斂竟也斂竟必皆哭也所以然者以
其與亡者或臣舊或有恩今手爲執事
專心則增感故
哭也○同上
○君撫大夫撫內命婦
大夫撫室老撫姪娣撫以手案之也內
命婦君之世婦○
疏曰君撫大夫者大夫貴故自撫之撫
內命婦者命婦君之世婦撫內命婦則

0012_0015-1

不撫賤者可知也大夫撫室老撫姪娣
者大夫以室老爲貴臣以姪娣爲貴妾
死則爲之服故並撫之也
既撫姪娣則賤妾不撫也
君大夫馮父
母妻長子不馮庶子士馮父母妻長子
庶子庶子有子則父母不馮其尸凡馮
尸者父母先妻子後目於其親所馮也
馮謂扶持服膺○
疏曰君大夫馮父母妻長子者君及大
夫雖尊而自主此四人喪故同馮之馮
父母撫妻子而并云馮通言耳不馮庶
子者賤故不得也士馮父母妻長子庶

張本下象鼻題監生秦淳四字傳本剪去之

0012_0015-2　0012_0016-1

子者士賤故所馮及庶子也庶子若有子則父母亦不馮前所馮之庶子是無子者也然君大夫之庶子雖無子亦不得馮也凡馮尸者父母先妻子後者凡主人也父母妻子謂尸之父母妻子也父母尊故馮尸在先妻子卑故馮尸在後注謂目於其親者謂死者之親目於其親所馮謂題目所馮之人

君於臣撫之父母於子執之子於父母馮之婦於舅姑奉之舅姑於婦撫之妻於夫拘之夫於妻於昆弟執之

奉芳勇反拘音俱一古侯反○此恩之深淺尊卑之儀也馮之類必當心○疏曰君於臣撫之者此以下目恩深淺尊卑馮撫之異也君尊但以手撫案尸心身不服膺也父母於子執之者盧云執當心上衣也子於父母馮之者謂服膺心上也婦於舅姑奉之者盧云尊故捧當心上衣也舅姑於婦撫之者亦手案尸心與君爲臣同也妻於夫拘之者盧云拘輕於馮重於執也庾云拘者微引心上衣也賀云拘其衣衾領之交也夫於妻於昆弟執之者爲妻及自爲兄弟但執之盧無別釋而賀云夫於妻執其心上衣於兄弟亦執其心上衣馮者爲重奉次之拘次之執次之

0012_0016-2　0012_0017-1

尊者則馮奉卑者則執撫執雖輕於馮而恩深故君於臣撫父母於子執也若有尊卑深淺云馮之類必當心者士喪禮君坐撫當心此下云馮亦不敢當君所明君不撫得當君所也

馮尸不當君所

不敢與尊者所馮同處○疏曰所猶處也假令君馮心則餘人馮者不敢當君所馮之處則宜少避之

凡馮尸興必踊

悲哀之至馮尸必踊○疏曰凡者貴賤[illegible]然也馮尸竟則起但馮必哀殯故起必踊泄之也○同上

○君不撫僕妾

略於賤也○雜記○自小宗伯至此十三條大斂條通用

○[illegible]

於大夫世婦爲之賜則小斂焉夫人於世婦爲之賜小斂焉

詳見殯後受弔條

○卒斂主人馮之踊主婦亦如之主人袒說髦括髮以麻婦人髽帶麻于房中

馮皮[illegible]反說[illegible]早反髽側瓜反○士既殯說髦此云卒斂蓋諸侯禮也士之既殯諸侯之小斂於死者俱三日也婦人之髽帶麻於房中則西房也天子諸侯有左右房○疏曰既斂主人馮之踊主婦亦如之主人袒者向小斂不袒今方有事故袒衣[illegible]

0012_0018-1　　0012_0017-2

士喪禮馮尸尸竟而云髺髮迴[illegible]
髮先云袒者或人君禮也說髽者[illegible]
時翦髮爲之至年長則垂著兩髦
子事親恒有孺子之義也若父死[illegible]
髦母死說右髦二親並死則並說之
没不髦是也今小斂竟喪事已成故[illegible]
之也案鄭注士既殯說髦今小斂而[illegible]
者人君禮也括髮以麻者人君小斂[illegible]
髦竟而男子括髮用麻也士小斂後[illegible]
括髮但未說髦耳婦人髽亦用麻對[illegible]
子括髮也帶麻于房中者帶麻麻帶[illegible]
謂婦人要經也士喪禮云婦人之帶[illegible]
麻結本在房鄭云婦人亦有苴經但[illegible]
帶者記其異此齊衰婦人斬衰婦人[illegible]

苴經也男子帶經于東房而婦人帶[illegible]
在西房既與男子異處故特記其異[illegible]
婦人垂帶故云帶而略於經也于房[illegible]
者謂男子說髦括髮在東房婦人髽[illegible]
麻于西房也云士之既殯諸侯之[illegible]
於死者俱三日也者謂數往日也云[illegible]
人之髽帶麻于房中則西房也者案士[illegible]
禮主人髺髮袒衆主人免于房鄭注云[illegible]
釋髺髮宜於隱者是主人髺括髮在東[illegible]
房士喪禮又云婦人髽于室以男子在[illegible]
房故婦人髽于室大夫士唯有東房故[illegible]
也此經兼明諸侯之禮有東西房男[illegible]
既括髮於東房故知婦人髽及帶麻[illegible]
西房云天子諸侯有左右房者欲明

0012_0019-1　　0012_0018-2

房中是西房也天子路寢制如明堂[illegible]
氏云在房則東南火室也右房則西[illegible]
金室也諸侯路寢室在於中
房在室之東西也○同上

右小斂　案小斂所用之日以喪[illegible]義考之但有死三日而[illegible]
若並死日而數二日而小斂三日
而大斂今言三日而斂則恐當大
斂而不及小斂惟白虎通義云天
子諸侯三日小斂大夫士二日小
斂此乃小斂日數雖引以爲在禮
有之然無所考天子諸侯殯葬月
日與士不同則斂日亦當不同故
載其詳於喪禮義而記其略於此

徹帷男女奉尸夷于堂降拜　奉芳勇反　夷如字
或作侇同音移○夷之言尸也於遷尸[illegible]
主人主婦而下從而奉之孝敬之心[illegible]
拜拜賓也○疏曰徹帷者初死恐人[illegible]
之故有帷也至小斂衣尸畢有飾故[illegible]
帷也此士禮諸侯及大夫賓出乃徹[illegible]
夷陳也小斂竟相者舉尸將出尸往[illegible]
于堂而孝子男女親屬並扶之至[illegible]
以極孝敬之心也降拜者既陳於堂[illegible]
通子下堂　拜賓也
君拜寄公國賓大夫士拜[illegible]
大夫於位於士旁三拜夫人亦拜寄[illegible]

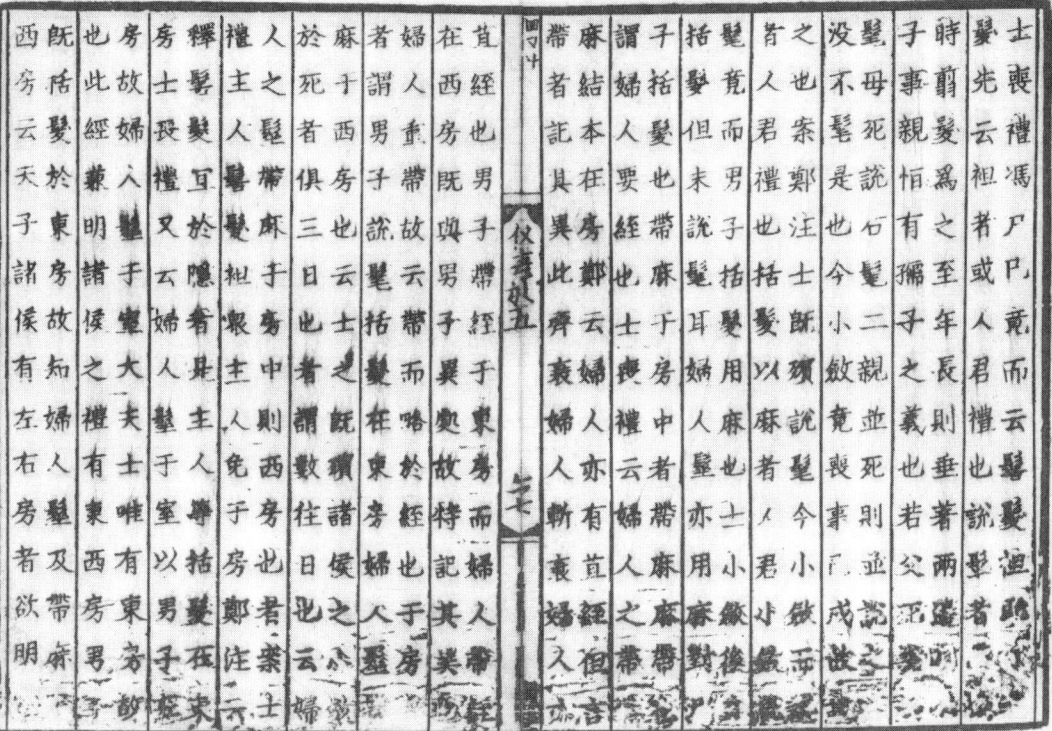

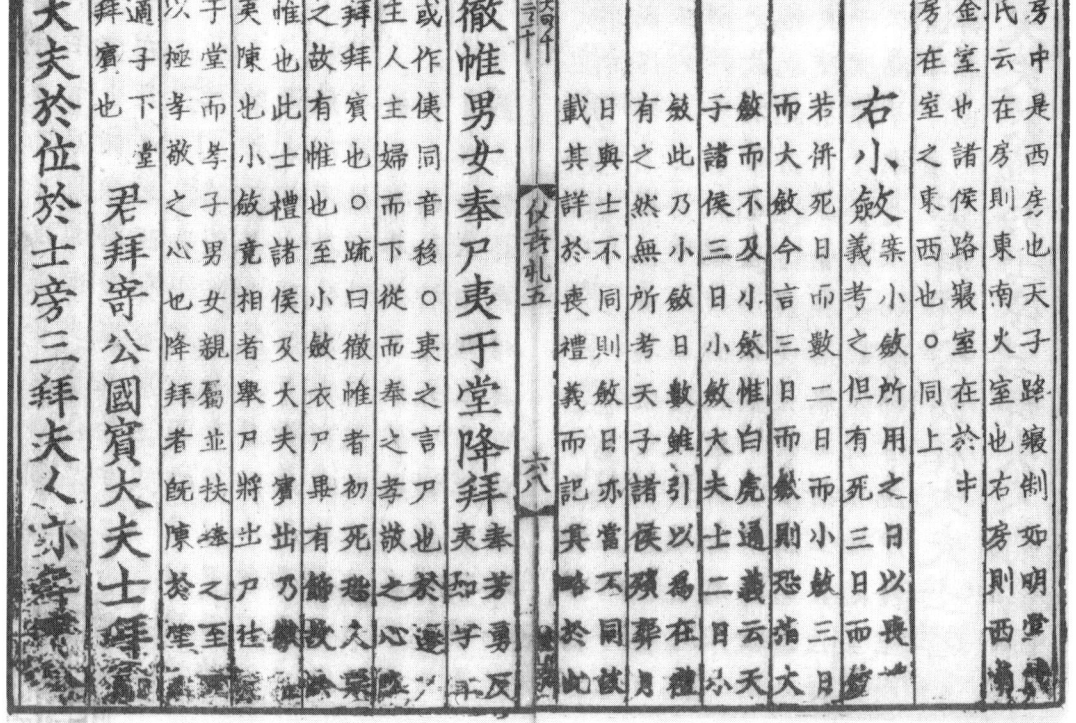

0012_0019-2

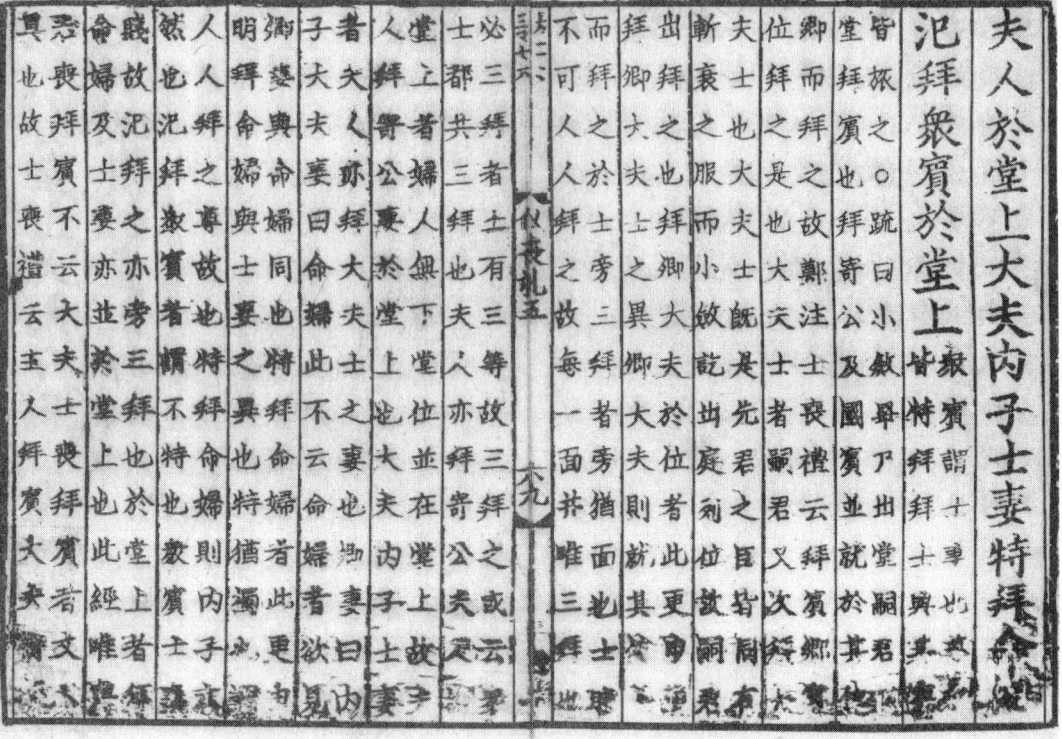

夫人於堂上大夫內子士妻特拜命[illegible]

汜拜衆賓於堂上衆賓謂士事也[illegible]皆特拜拜士與其[illegible]

皆旅之○疏曰小斂畢尸出堂嗣君[illegible]堂拜賓也拜寄公及國賓並就於其[illegible]

鄉而拜之故鄭注士喪禮云拜賓鄉[illegible]位拜之是也大夫士者嗣君又次拜大[illegible]

夫士也大夫士旣是先君之臣皆同有[illegible]斬衰之服而小斂訖出庭列位故嗣君[illegible]

出拜之也拜卿大夫於位者此更申[illegible]拜卿大夫士之異卿大夫則就其位[illegible]

而拜之於士旁三拜者旁猶面也士賤[illegible]不可人人拜之故每一面并唯三拜也

大二二 三寺七六 儀喪禮五 六十九

0012_0020-1

必三拜者士有三等故三拜之或云[illegible]士郡共三拜也夫人亦拜寄公夫人[illegible]

堂上者婦人無下堂位並在堂上故[illegible]人拜寄公妻於堂上也大夫內子士妻

者夫人亦拜大夫士之妻也卿妻曰內子大夫妻曰命婦此不云命婦者欲見

卿妻與命婦同也特拜命婦者此更申明拜命婦與士妻之異也特猶獨也[illegible]

人人拜之尊故也特拜命婦則內子[illegible]然也汜拜衆賓者謂不特也衆賓士妻[illegible]

賤故汜拜之亦旁三拜也於堂上者[illegible]命婦及士妻亦並於堂上也此經唯[illegible]

君喪拜賓不云大夫士喪拜賓若文[illegible]異也故士喪禮云主人拜賓大夫[illegible]

0012_0020-2

士旅之是也案上注未小斂寄公[illegible]門西國賓位在門東皆北面小斂[illegible]

寄公門西東面國賓門西北面夫[illegible]在門東北面士當在門西國賓之南[illegible]

面嗣君於阼階之下少南鄉其位而[illegible]之案上注云寄公夫人命婦小斂之[illegible]

尸西東面其嗣君夫人本位在西房[illegible]在西房之外南面拜女賓也若士妻於[illegible]

阼階上西面拜賓也以無西房故也[illegible]上皆是皇氏所説熊氏以爲大夫士拜[illegible]

卿大夫士者是大夫士家自遭喪小斂後拜卿大夫於位士旁三拜大夫士子

士妻亦謂大夫士妻家自遭喪小斂後拜命婦及拜士妻之禮大夫士喜[illegible]

大二十二 六二二ㄗ七五 儀喪禮五 七十

0012_0021-1

喪并言之者以其大夫士家喪小斂後拜賓同故也此即君大夫士之喪小斂[illegible]

後拜賓且與上文未小斂時文類其[illegible]踰於皇氏矣○喪大記○今案皇[illegible]者

拜大夫士之説非是始死條有卜人右[illegible]射人左遷尸條有射人與大僕遷尸並[illegible]

此條通用○當互考

哭尸于堂上主人在東方

由外來者在西方諸婦南鄉鄉許亮[illegible]○[illegible]

皆謂奔喪者也無奔喪者婦人猶[illegible]○疏曰此一節通用小斂後尸出[illegible]

時法也主人之位猶在尸東婦人[illegible]亦猶在尸西始室中也由外來[illegible]

0012_0021-2

奔喪者若於時有新奔喪從外來[illegible][illegible]居尸西方所以爾者作階有事故升自西階乃就西方又一通云欲見異於[illegible]家者故在西方也若未小斂而奔者[illegible]在東方也故奔喪注云其未小斂而至與在家同是也諸婦南鄉者諸婦王[illegible]以下在家者若無奔喪者則婦人位[illegible]在西方東鄉今既有外新奔者故[illegible][illegible]之而近北以鄉南也

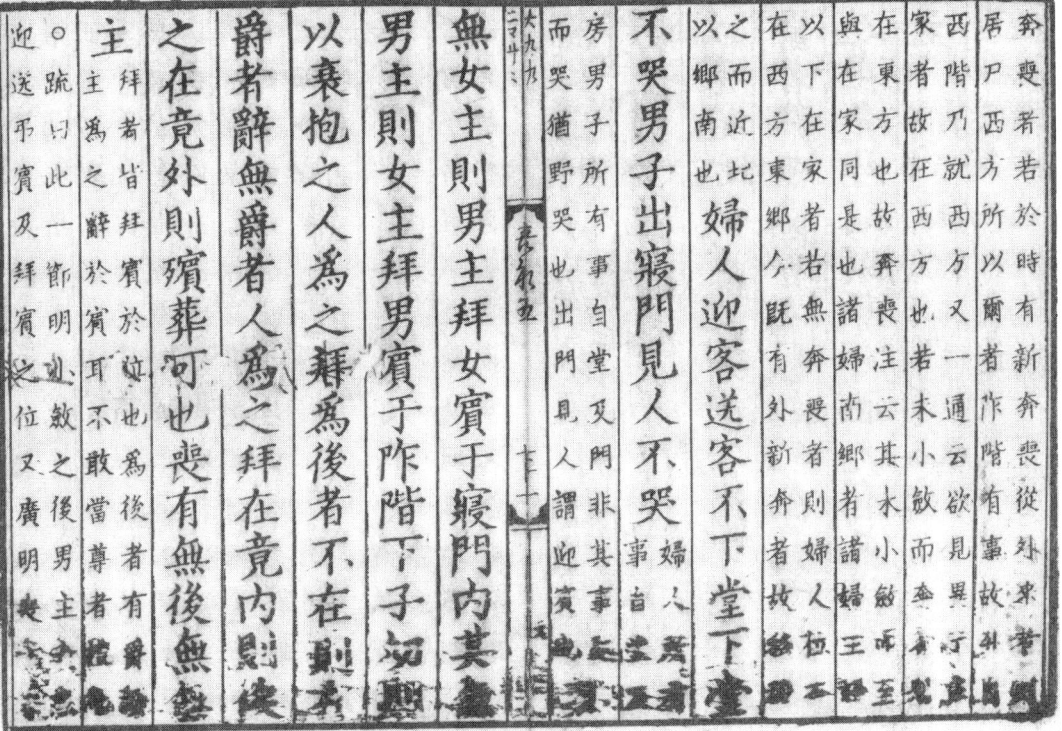

婦人迎客送客不下堂下堂不哭男子出寢門見人不哭

婦人[illegible][illegible]事自堂[illegible]房男子所有事自堂及門非其事[illegible][illegible]而哭猶野哭也出門見人謂迎賓[illegible][illegible]

0012_0022-1

無女主則男主拜女賓于寢門內其[illegible]男主則女主拜男賓于作階下子幼則以衰抱之人爲之拜爲後者不在則[illegible]爵者辭無爵者人爲之拜在竟內則俟之在竟外則殯葬可也喪有無後無[illegible]主

拜者皆拜賓於位也爲後者有爵[illegible]主爲之辭於賓耳不敢當尊者[illegible][illegible]

○疏曰此一節明小斂之後男主[illegible][illegible]迎送弔賓及拜賓之位又廣明[illegible][illegible]

0012_0022-2

在之義婦人質故迎客送客不下堂下堂不哭者敵者不下堂若有君夫人弔則主婦下堂至庭稽顙而不哭也男子出寢門見人不哭者男子遭喪敵者來弔不出門若有君命則出門亦不哭也故士喪禮君使人弔徹帷主人迎于寢門外見賓不哭是也其無女主則男主拜女賓于寢門內者此以下明喪無主而使人攝者禮也若有主則使男主拜男賓女主拜女賓若無女主則使男主拜女賓于寢門內也若無男主者亦使女主拜男賓于作階下位也鄉云女有下堂明謂此也男拜女賓于門內少遠階下而猶不出門也子幼則以衰抱之

0012_0023-1

人爲之拜者若有子雖幼小則以衰抱之爲主而人代之拜賓也爲後者不在者謂主出行不在而家有喪則有爵者辭謂不在家之主有官爵其攝主無官爵則辭謝於賓云已無爵不敢拜賓無爵者人爲之拜者謂不在之主無官爵其攝主之人而爲主拜賓也有竟內則俟之者若主行近在國竟之內則俟其還乃殯葬也在竟外則賓葬可也者謂主行在國外計不可待則殯殯後又不可待則葬可也喪有無後無無主者釋所以必使人攝及其衰抱幼之義無後則已自絕嗣無關於人故可無後也若無主則相對賓有闕故四鄰里拜主之

張本下象鼻題監生孫欽四字傅本剪去之

0012_0023-2

是無得無主也○喪大記○此條殯後
迎賓拜賓通用其婦人迎送不下堂一
節未小斂受
弔亦通用

右奉尸夷于堂拜賓

大祝大喪徹奠 疏曰此文承大喪之下
故奠爲始死之奠小斂
大斂奠並
大祝徹之

右徹始死奠

主人即位襲帶經踊 即位阼階之下位
也有襲經乃踊尊

大卅四 小二十四 儀喪禮卷五 七十三

0012_0024-1

卑相變也○疏曰主人拜賓後稍近北
即阼階下位襲帶經踊者拜賓時袒今
拜訖襲衣加要帶首經於序東復位乃
踊也前經注云未小斂主人即位西階
下東面位恐此亦然故明之云阼階之
下必知然者以士喪禮小斂後衆主人
東即位又云主人即位踊襲經于序東
復位故知此即位在阼階下也云有襲
經乃踊尊卑相變也者案士喪禮先踊
乃襲經此先襲經乃踊士爲卑此據諸
侯爲尊故云
尊卑相變■

母之喪即位而免 ○免音問
記異

者禮斬衰括髮齊衰免以至成服而冠
爲母重初亦括髮既小斂則免○疏曰

0012_0024-2

爲父喪拜賓竟而即阼階下位又序東
帶經猶括髮若爲母喪至拜賓竟即位
時不復括髮以免代之免以襲經至大
斂乃成服也所以異於父也○同上

乃奠 小斂奠也○疏曰拜賓襲經
踊竟後始設小斂之奠也

弔者

襲裘加武帶經與主人拾踊 ○拾其劫反
始死弔

者朝服裼裘如吉時也小斂則改襲而
加武與帶經矣武吉冠之卷也加武者
明不改冠亦不免也檀弓曰主人既小
斂子游趨而出襲裘帶經而入○疏曰
小斂之後來弔者揜襲裘之上裼衣若
未小斂之前來弔者裘上有裼衣裼衣

大卅五 小卅八 儀喪禮五 七十四

0012_0025-1

上有朝服開朝服露裼衣今小斂之後
弔者以上朝服揜襲裘上裼衣加武者
賀氏云武謂吉冠之卷主人既素冠素
弁故弔者加素弁於武帶經者帶謂要
帶經謂首經緦之經帶亦朋友之恩故
加帶與經也若無朋友之恩則無帶唯
經而已與主人拾踊者拾更也謂主人
先踊婦人踊弔者踊三者三是與主人
更踊也注云加武者明不改冠亦不免
也者凶冠則武與冠連不別有武免亦
無武今云加武明不改作凶冠亦不作
免弔所以有免以四代袒免親及朋友
皆在他邦嫌有免理故云亦不免引檀
弓曰以下者證小斂之前裼裘小斂之

0012_0025-2

爵褻裘賀氏以爲加爵弁於吉冠之武纓經文似便與鄭注不改冠其義相妨能氏云加武帶絰謂有朋友之恩以經加於武連言帶耳能氏以武上加絰與等之文相妨其義未善兩家之說未知孰是故備存焉

賓出徹帷

君與大夫之禮也士卒斂則徹帷徹或殯察○疏曰士小斂竟而徹帷此至小竟下階拜賓賓出後乃除帷是人君大夫禮舒也注云士卒斂即徹帷者士喪禮文○喪大記○未小斂受弔有夫子不受弔宋成公如鄭二條奉尸夷子堂有婦人迎送不下堂一條又殯後坐弔條有君弔見尸柩而後踊皆此條

0012_0026-1

遂用當互考

右襲帶經小斂奠

挈壺氏挈劉苦結反一音結又户結反凡喪縣壺以代哭者皆以水火守之分以日夜鄭司農云縣壺以爲漏代更也禮未大斂代哭以水守壺者爲沃漏也以火守壺者夜則視刻數也分以日夜者異晝夜漏也漏之箭晝夜共百刻冬夏之閒有長短焉天史立成法有四十八箭○疏曰禮未大斂代哭者未殯已前無問尊卑皆哭不絕

0012_0026-2

聲大斂之後乃更代而哭亦使哭不絕聲大夫以官士親疏代哭人君尊又以壺爲漏分更相代○君喪虞人出木角狄人出壺雍人出鼎司馬縣之乃官代哭代更也未殯哭不絕聲爲其罷倦既小斂可以爲漏刻分時而更哭也○疏曰虞人掌山澤之官故出木與角狄人樂吏主挈壺漏水之器故出壺雍人主亨飪故出鼎所以用鼎及水者冬月恐水凍則鼎漏遲遲更無准則故取鼎煖水用虞人木爨鼎煑之故取鼎及木也司馬夏官卿也其屬有挈壺氏掌知漏事故司馬自

0012_0027-1

臨視縣漏器之時節故挈壺氏云凡喪縣壺以代哭者縣漏分時使均其官屬更次相代而哭使聲不絕也大夫官代哭不縣壺下君也士代哭不以官自以親疏哭也○疏曰相代而哭使聲不絕也○喪大記

右代哭

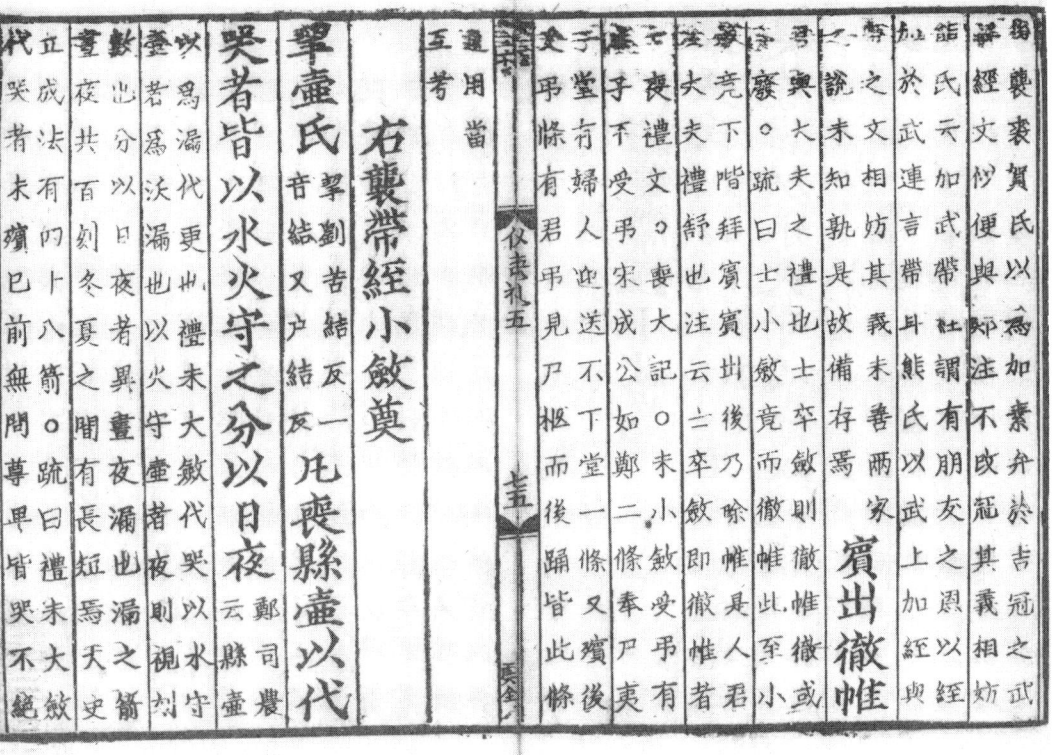

委人喪紀共其薪蒸木材薪蒸給炊及燎木材給張事○司烜氏凡邦之大事共墳燭庭燎

墳大也樹於門外曰大燭於門內曰庭燎○疏曰大事謂若大喪紀大賓客之時也庭燎在大寢之庭○君堂上二燭下二燭大夫堂上一燭下二燭士堂上一燭下一燭燭所以照饌也滅燎而設燭○疏曰有喪則於中庭終夜設燎至曉滅燎而日光未明故須燭以照祭饌也○喪大記

右設燎

大斂於阼詳見陳小斂衣條○陳小斂衣條內有君以簟席并司服

共斂衣服及陳襲衣條內典絲共絲績內司服共衣服皆此條通用當互考

○大斂布絞縮者三橫者五布紟二衾君大夫士一也君陳衣于庭百稱北領西上大夫陳衣于序東五十稱西領南上士陳衣于序東三十稱西領南上絞紟如朝服絞一幅爲三不辟紟五幅無紞幅方服反辟補麥反又音壁徐扶移反紞丁覽反○二衾者或覆之或爲

之紟朝服者謂布精麤朝服十五升小斂之絞廣終幅折其末以爲堅之强也大斂之絞一幅三析用之以爲堅之急也紞以組類爲之綴之領側若今被識矣生時禪被有識死者去之異於生也士喪禮大斂亦陳衣於房中南領西上與大夫異今此士陳衣與大夫同亦蓋天子之士紞或爲點○疏曰大斂布絞縮者三者謂取布一幅分裂之作三片直用之三片即共一幅兩頭裂中央不通橫者五者又取布二幅分裂作六片而用五片橫之於縮下也布紟者[illegible]氏云紟禪被也取置絞東之下擬舉尸也孝經云衣衾而舉之是也今

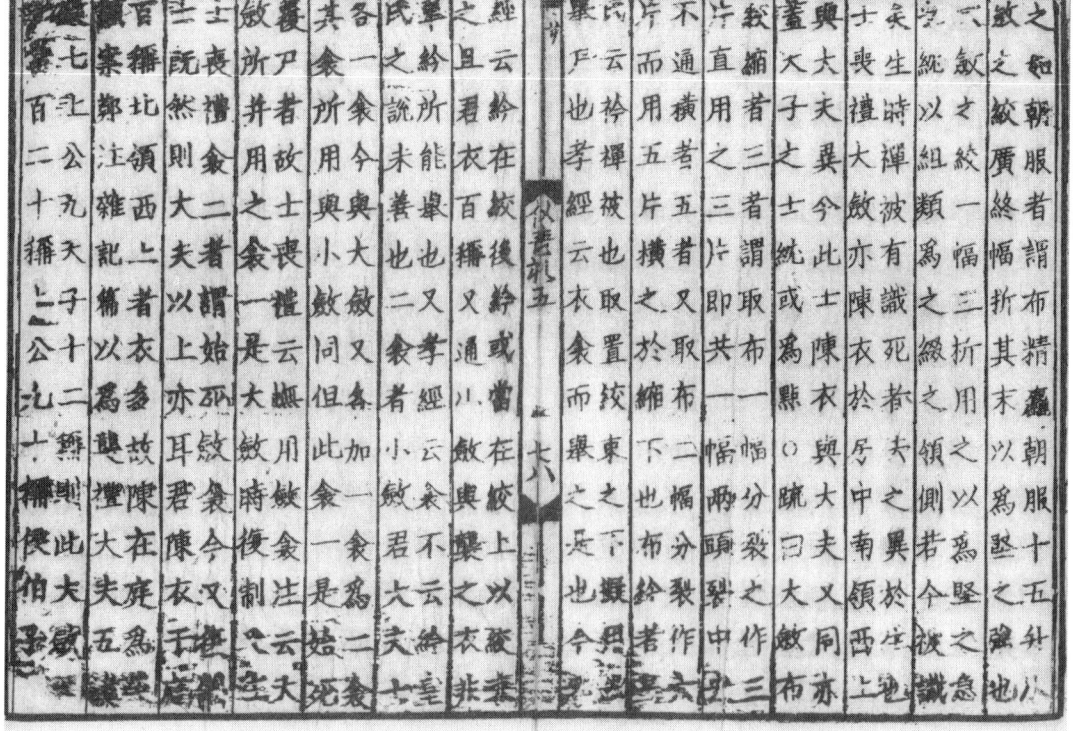

經云紟在絞後紟或當在絞上以絞束之且君衣百稱又通小斂與襲之衣非畢紟所能舉也又孝經云衾不云紟皇氏之說未善也二衾者小斂君大夫士各一衾今與大斂又各加一衾爲二衾其衾一所用與小斂同但此衾一衾是始死襲尸者故士喪禮云幠用斂衾注云大斂所并用之衾一是大斂時復制之士喪禮衾二者謂始死斂衾今又制二既然則大夫以上亦耳君陳衣于庭百稱北領西上者衣多故陳在庭爲[illegible]案鄭注雜記篇以爲襲禮大夫五稱[illegible]士七上公九天子十二稱則此大斂[illegible]百二十稱上公九十稱侯伯子

0012_0029-2

七十稱今云君百稱者據上公舉全數
而言之餘可知也或大斂襲五等同百
稱也比領者謂尸在堂也西上者由西
階取之便也大夫士陳衣于序東西領
南上異於小斂比上者小斂衣少統於
尸故北上大斂衣多故南上取之便也
絞紟二者布精麤皆如朝服十五升也
絞一幅爲三不辟者辟擘也言小斂絞
全幅析裂其末爲三而大斂之絞既小
不復擘裂其末但古字假借讀辟爲擘
也紟五幅無紞紟舉尸之禪被也紞謂
緣飾爲識所以組類繱邊爲識今無識
異於生也注謂以爲堅之強也者解小
斂衣少用全幅布爲絞欲得堅束力強

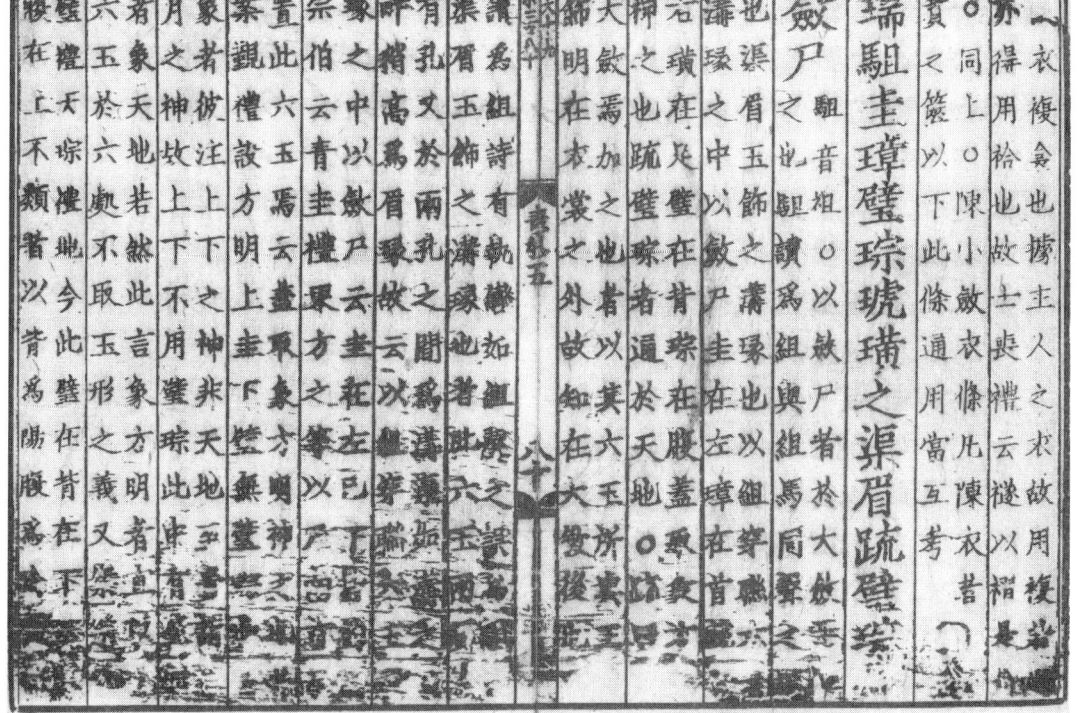

大廿三　小三亖　儀禮卷五　七十九

0012_0030-1

也云以爲堅之急也者解大斂一幅分
爲三片之意凡物細則束縛牢急以衣
多故須急也云紞以組類爲之者組之
般類其制多種故云組類云緣之領側
若今被識矣者領爲被頭側爲被旁識
爲記識言緣此組類於領及側如今被
之記識○喪大記
○大斂君大夫士祭服無筭
君褶衣褶衾大夫士猶小斂也○褶音牒　褶袷
也　若衣尚多去其著也○疏曰祭服謂
死者所得用祭服以上也筭數也大斂
之時所有祭服皆用之無限數也注謂
君多去其著者經云大夫士猶小斂則

張本下象鼻題監生孫欽四字傳本剪去之

0012_0030-2

一衣複衾也據主人之衣故用複[illegible]
亦得用袷也故士喪禮云襚以褶是[illegible]
○同上○陳小斂衣條凡陳衣者[illegible]
貴之篋以下此條通用當互考
瑞駔圭璋璧琮琥璜之渠眉疏璧琮
斂尸　駔音祖○以斂尸者於大斂[illegible]
之也駔讀爲組與組馬同聲之[illegible]
也渠眉玉飾之溝瑑也以組穿聯六
溝瑑之中以斂尸圭在左璋在首[illegible]
右璜在足璧在背琮在腹蓋取象方[illegible]
神之也疏璧琮者通於天地○疏曰[illegible]
大斂焉加之也者以其六玉所[illegible]
飾明在衣裳之外故知在大斂後[illegible]

儀禮卷五　八十

0012_0031-1

讀爲組詩有執轡如組[illegible]之誤
渠眉玉飾之溝瑑也者此六玉[illegible]
有孔又於兩孔之間爲溝瑑如[illegible]
呼稍高爲眉瑑故云以組穿聯六[illegible]
瑑之中以斂尸云圭在左已下[illegible]
宗伯云青圭禮東方之等以尸[illegible]
置此六玉焉云蓋取象方明神[illegible]
案覲禮設方明上圭下璧無[illegible]
象者彼注上下之神非天地至[illegible]
月之神故上下不用璧琮此[illegible]有
者象天地若然此言象方明者[illegible]
六玉於六處不取玉形之義又[illegible]
璧禮天琮禮地今此璧在背在下[illegible]
琮在上不類者以背爲陽腹爲陰[illegible]

0012_0031-2

腹背而置之故上地下鍾也云疏盤者通於天地者天地爲陰陽之主人之

腹背象之故云龜之通于地也○君即位而爲椑歲壹

漆之藏焉椑蒲歷反徐扶益反○疏椑杝棺親尸者椑堅著之言

一漆之若未成然藏謂虛之不合○曰君諸侯也言諸侯則王可知也椑

棺也漆之堅強甓甓然也是以……長而體尊備物故亦即位而造爲

也古者天子椑內有水兕而諸侯但用杝在內以親尸也歲一漆之者

年一漆示如未成也唯云漆杝則漆杝棺外屬等藏焉者棺中不欲空

天二十 卷三十八 儀喪記五 八十一

0012_0032-1

姑急有待也虛之不令也令善也言虛空便爲不善故藏物於其中一本

虛之不合者謂不以盡合覆其上不令覆不欲令人見故藏焉○禮

天子之棺四重尚深邃也諸公三重諸侯再重大夫一重士

重○疏曰四重著尊者尚深邃也四者水牛兕牛皮二物重故爲一重也

杝爲第二重也又屬爲第三重也又椑爲第四重也四重凡五物也以次

差之上公三重則去水牛餘兕杝屬棺也侯伯子男再重又去兕餘杝屬

椑大夫一重又去杝餘屬大棺也士不重又去屬唯單用大棺也天子大棺

0012_0032-2

八寸屬六寸椑四寸又二皮六寸合尺四寸也上公去水牛之三寸餘兕

屬大棺則合二尺一寸諸侯又去兕三寸餘合一尺八寸也列國上卿又

椑四寸餘合一尺四寸也大夫大棺寸屬四寸合一尺士則不重但大棺

寸耳故庶人四寸案云天子卿大夫與列國君同若天子之士與諸侯大夫

同也喪質不得依古時祭服也若言祭服則天子臣與諸侯同春秋時多

趙簡子言罰乃不設屬椑非也水兕革棺被之其厚

三寸疏云水兕二皮並不能厚三寸被之令各厚三寸也二皮能濕

大三十 卷三十八 儀喪記五 八十二

0012_0033-1

在裏近尸也杝棺一疏曰杝棺一者椴亦能濕故次皮也

一種諸侯無革則杝親尸也君即椑是也杝即椴木爾雅曰椴杝一

名名椴又名杝也梓棺二疏云杝棺之外屬棺屬棺之外又

大棺大棺與屬棺並用梓故云二也四者皆周疏云一重也周

也謂四重之棺上下四方悉周匝也唯椁不周下有茵上有抗席故也

束縮二衡三衽每束一衡亦當爲橫今小要衽或

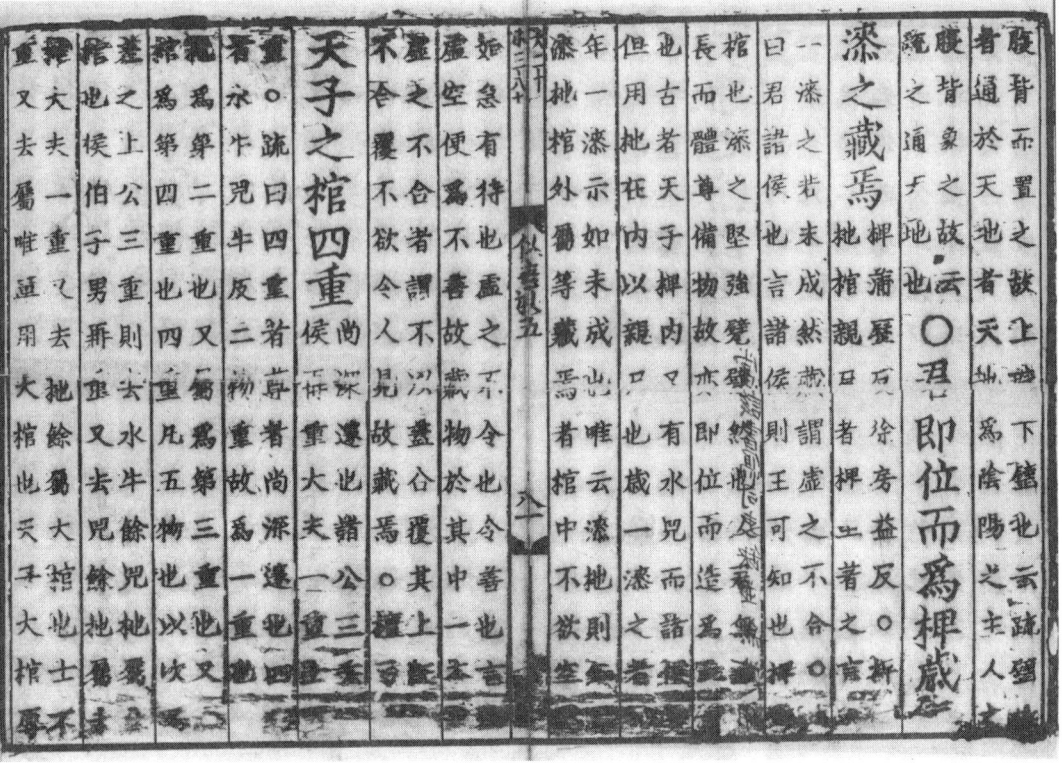

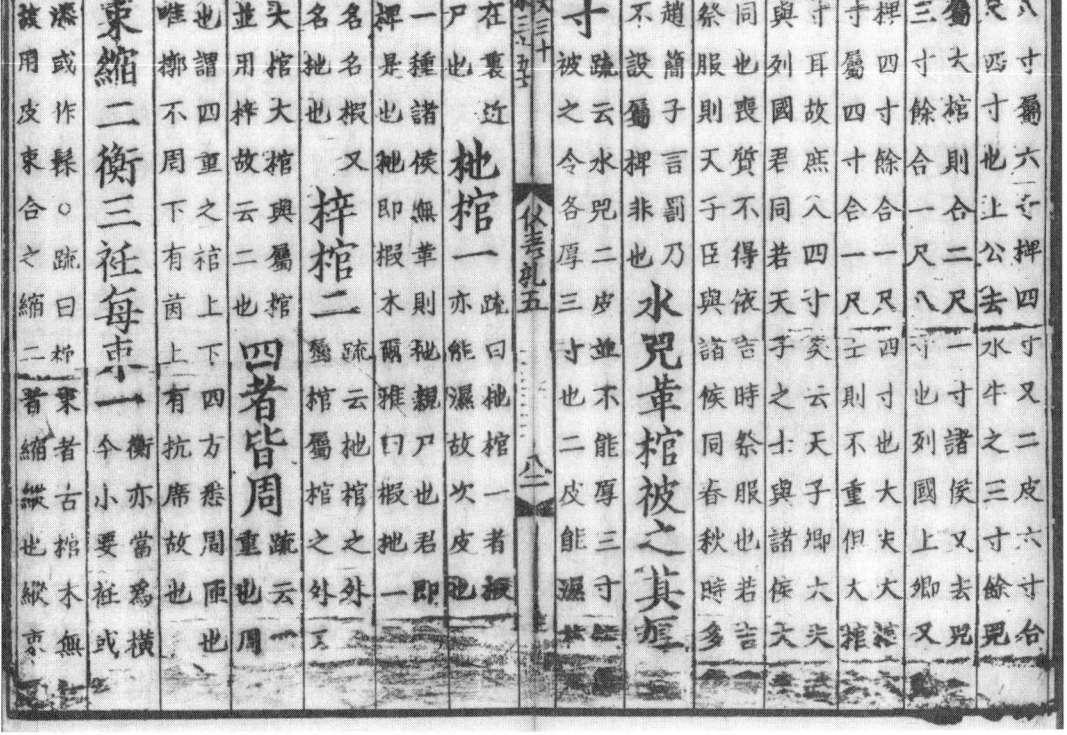

漆或作髹○疏曰棺束者古棺木無釘用皮束合之縮二著縮縱也縱束

0012_0033-2

二行也衡三者横束三行也衽每束一者衽小要也其形兩頭廣中央小也既不用釘棺但先鑿棺邊及兩頭合際處作坎形則以小要連之令固棺並相對每束之處以一行之衽連之若豎束之處則豎著其衽以連棺蓋及底之木使與棺頭尾之材相固漢時呼衽爲小要也○同上

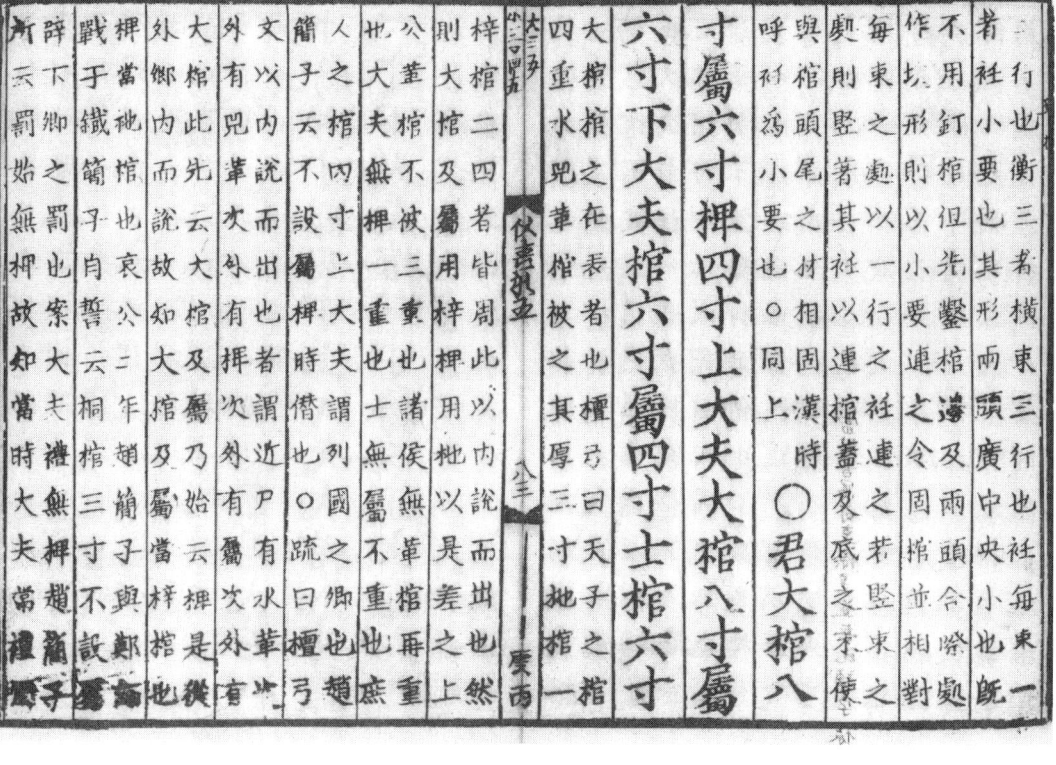

○君大棺八寸屬六寸椑四寸上大夫大棺八寸屬六寸下大夫棺六寸屬四寸士棺六寸

大棺之在表者也檀弓曰天子之棺四重水兕革棺被之其厚三寸杝棺一

大三五　小二百四五　仪禮疏五　八十　庚丙

0012_0034-1

梓棺二四者皆周此以内說而出也然則大棺及屬用梓椑用杝以是差之上公並棺不被三重也諸侯無革棺再重也大夫無椑一重也士無屬不重也庶人之棺四寸上大夫謂列國之卿也趙簡子云不設屬椑時僭也○疏曰檀弓文以内說而出也者謂近尸有水革次外有兕革次外有椑次外有屬次外有大棺此先云大棺及屬乃始云椑是從外鄉内而說故如大棺及屬當梓棺也椑當杝棺也哀公二年趙簡子與鄭戰于鐵簡子自誓云桐棺三寸不設屬辟下卿之罰也案大夫禮無椑趙簡子所云罰始無椑故知當時大夫當禮屬

0012_0034-2

椑是也僭也

○君裏棺用朱綠用雜金鐕大夫裏棺用玄綠用牛骨鐕士不綠

鐕子南反○鐕所以琢著裏○疏曰裏棺謂以繒貼棺裏也朱繒貼四方綠繒貼四角定本經巾綠字皆作琢琢謂鐕琢朱繒貼著於柠也用雜金鐕者鐕釘也舊說云用金鐕又用象牙之以琢朱綠著棺也隱義云朱綠皆爲之也雜金鐕尚書曰貢金三品黃白赤也大夫裏棺用玄綠者四面玄四角綠用牛骨鐕者不用牙金也士不綠者悉用玄也亦同大夫用牛骨鐕言從可知也○喪大記

大三五十一　小二百九三　仪禮疏五　八十一　丙

0012_0035-1

○舍人六八紀共熬穀

熬穀者錯于棺旁所以惑蚍蜉也○疏曰穎将之将熬穀以惑蚍蜉又有魚腊香蚍蜉欲向棺植此惑之也

○熬君四種八筐大夫三種六筐士二種四筐加魚腊焉

熬者煎穀也士喪禮曰熬黍稷各二筐又曰設熬旁一筐大夫三種加以粱君四種加以稻四筐則手足皆一其餘設於左右○疏曰加魚腊者魚腊謂乾腊案郊特牲士腊用魚少牢大夫腊用麋天子諸侯無文當用六獸之屬亦爲惑蚍蜉○喪大記

○幕人大喪共帷

0012_0035-2

幕帟綬爲賓客飾也帷以帷堂或與幕張之於庭幕在柩上○䟽曰始死帷堂小斂徹之及殯在堂亦帷之也三公及卿大夫之喪共其帟唯士無帟王有恵則賜之檀弓曰君於士有賜帟○䟽曰掌次云諸侯再重孤卿大夫不重此云三公不云諸侯與孤卿次云諸侯與孤不云三公者三公即是諸侯再重此不云孤孤與卿大夫同不重○掌次凡喪王則張帟三重諸侯再重孤卿大夫不重重直龍反○張帟柩上承塵○䟽曰喪言凡者以其王以

六四小二九十　儀喪禮五　今五

0012_0036-1

下至孤卿大夫兼有后及三夫人已下故言凡以廣之也后與王同三重世子三夫人與諸侯再重九嬪二十七世婦與孤卿大夫同不重一而已八十一御妻與士同無帟有賜乃得帟也○惟堂條委人共木材此條通用上一條始死帷堂及柩行○司几筵凡喪事設葦席通用當互考右素几其柏席用萑黼純諸侯則紛純每敦一几柏鄭音梓劉依司農音迫○喪事謂凡奠也萑如葦而細者鄭司農云柏席迫地之席葦居其上或曰柏席載黍稷之席玄謂柏椁字磨

0012_0036-2

滅之餘椁席藏中神坐之席也敦讀曰燾燾覆也棺在殯則椁燾既窆則加見皆謂覆之周禮雖合葬及同時在殯皆異几體實不同祭於廟同几精氣合○藏才浪反○䟽曰云喪事謂凡奠也者言凡非一之義士喪禮始死之奠乃至小斂之奠亦設於地未有席至大斂奠乃有席殯後則有朝夕奠朔月奠大夫已上兼有月半奠并有薦新奠葬時又有遷奠祖奠大遣奠葬乃虞奠而虞祭也故鄭云謂凡奠也云萑如葦而細者詩云萑葦淠淠同類之物但麤細爲異耳先鄭以柏席爲迫地或爲載黍稷其言無所依據故後鄭不從也玄謂柏椁

四廿　儀喪禮五　今六　孫樟

0012_0037-1

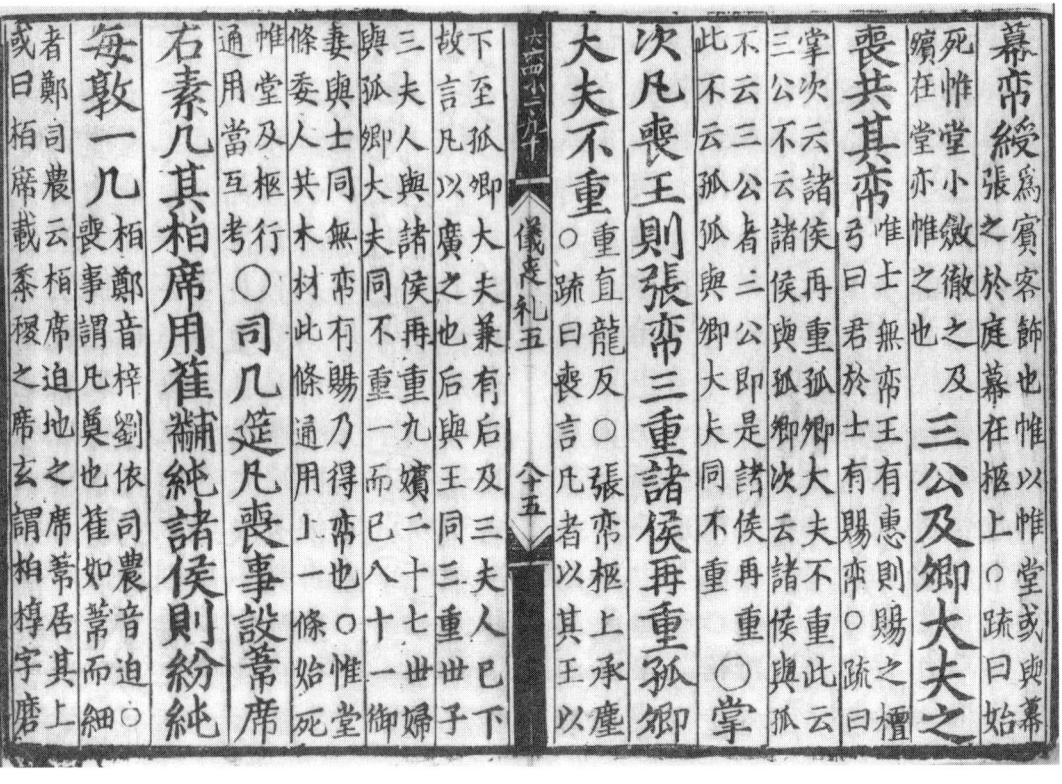

字磨滅之餘椁席藏中神坐之席也者謂於下帳中坐設之云敦讀曰燾燾覆也者謂若覆燾持載者也云棺在殯則椁燾者檀弓云天子菆塗龍輴以椁是也云既窆則加見者既夕禮下棺訖則加見見謂道上帳帷荒將入藏以覆棺言見者以其棺不復見唯見帷荒故謂之見也云皆謂覆之者此解經敦字以其二處皆當覆故云敦也云周禮雖合葬者檀弓云古者不合葬周公蓋附附謂合葬是周禮合葬也云及同時在殯者禮記曾子問云父母之喪偕鄭云同月死是同時在殯也云皆異几體實不同者解經每敦一几之義祭於廟同几

0012_0038-1　　0012_0037-2

精氣合者案禮記祭統云敷筵設同几
鄭云同之言詷也祭者以其妃配亦不
時几以其精氣合故也言祭於廟者謂
吉祭時以其禪自吉祭猶未配故知至
二十八月乃設同几也
凡凶事仍几故書仍爲乃鄭司農云吉
事變几變更其質謂有飾也乃讀爲仍
仍因也因其質謂無飾也書顧命曰翌
日乙丑成王崩癸酉牖間南鄉西序東
鄉東序西鄉皆仍几玄謂占祭主祭宗
廟裸於室饋食於堂繹於祊每事易几
神事文新之也凶事謂凡奠几朝夕
相因喪禮略○疏曰先鄭云變更其質
謂有飾又以仍几乃是前後相因不得

儀喪禮卷五　八十七　泰淳

爲几體故不從也顧命云牖間南鄉華
玉仍几西序東嚮文見仍几東序西嚮
彫玉盈几西來南嚮漆仍几孔云因生
時几皆有飾而先鄭引云者先鄭意直
取仍因之義也玄謂吉事祭宗廟裸於
室者洛誥云王入大室裸是也禮器云
設祭于堂爲祊于外此直云饋食於堂
謂饋獻節據有熟故言饋食其實未有
黍稷又不言朝踐者朝踐與饋獻同在
堂故略而不言也又饋獻後更延尸入
室進黍稷尸食之事不言者以其還依
裸於室之几故亦略而不言也云凶事
謂凡奠者即上文凡喪事右素几是也
也文見凡奠相因不易之意案檀弓云

0012_0039-1　　0012_0038-2

虞而立尸有几筵者據大夫士而言案
士喪禮大斂即有席而云虞始有筵者
以其几筵相將連言其實虞時始有几
其筵大斂即有也天子諸侯禮大初死
几筵並有故上云凡喪事設葦席右素
几也凡几之長短阮諶言几長五尺高
二尺廣二尺馬融以爲長三尺舊圖以
爲几兩端赤中央黑也○此條大斂奠
朝夕奠朔月奠以後凡奠並通用○陳
小斂奠條內有封人飾牛牲牛人共奠
牛囿人獸人共獸腊人共乾肉籩
人共鱻薨醢人共薦羞豆實之等

右陳大斂衣及殯奠之具○宋文

儀喪禮卷五　八十八　留成

公卒棺有翰檜君子謂華元樂舉
於是乎不臣詳見窆條○**齊姜薨初穆姜**
使擇美檟檟古雅反檟梓之屬○**以自爲櫬**
與頌琴櫬初覲反○櫬棺也頌琴琴名猶言雅琴皆欲以送
終○疏曰櫬親身棺也以親近其
身故以櫬爲名爲禮記曰喪大記
云君大棺八寸屬六寸椑四寸如
彼記云諸侯之棺三重親身之棺
名之爲椑椑即櫬是也其椑用椵
爲之屬與大棺乃用梓耳此以梓

0012_0040-1　　　　0012_0039-2

櫬者名之曰櫬其內必無梓也擇櫬爲櫬其櫬必用梓也季

文子取以葬君子曰非禮也禮無

所逆婦養姑者也虧姑以成婦逆

莫大焉穆姜成公母齊姜成公婦。襄公二年春秋左氏傳

○定姒薨不殯于廟無櫬不虞櫬親

身棺季孫以定姒本賤既無器備議其喪制欲殯不過廟又不反哭

。過古禾反匠慶謂季文子匠慶魯大匠曰

子爲正卿而小君之喪不成謂如季孫

所譏則爲夫人禮未成不終君也慢其母是不終事君

夫滇君長誰受其咎長丁丈反。言襄公長將

貴季孫初季孫爲己樹六檟於蒲

圃東門之外季文子樹檟欲自爲櫬匠慶請

木爲定姒作櫬季孫曰略不以道取爲略匠慶

用蒲圃之檟季孫不御御魚呂反止也，不御

0012_0041-1　　　　0012_0040-2

止也傳言季孫不能[illegible]禮故經無異文君子曰志所謂

多行無禮必自及也其是之謂乎

疏曰不以道取義[illegible]貢人是也季孫言終[illegible]他木也

官非無木可[illegible]其請不不順其意[illegible]略木爲

之也[illegible]又[illegible]無木可用故[illegible]季孫之[illegible]適我略

人我[illegible]女季[illegible]略匠慶奉命而略[illegible]且之季

孫此讀自是[illegible]略木是自反也[illegible]嘉左氏

傳○宋元[illegible]六卿曰

寡人不佞不能事[illegible]以

爲二三子憂若以羣[illegible]之靈獲保

首領以没唯是楄柎[illegible]藉幹者

楄蒲田反柎步口反[illegible]枏棺中笭牀也幹骸骨也[illegible]

丁反請無及先君仲幾對曰宋國之

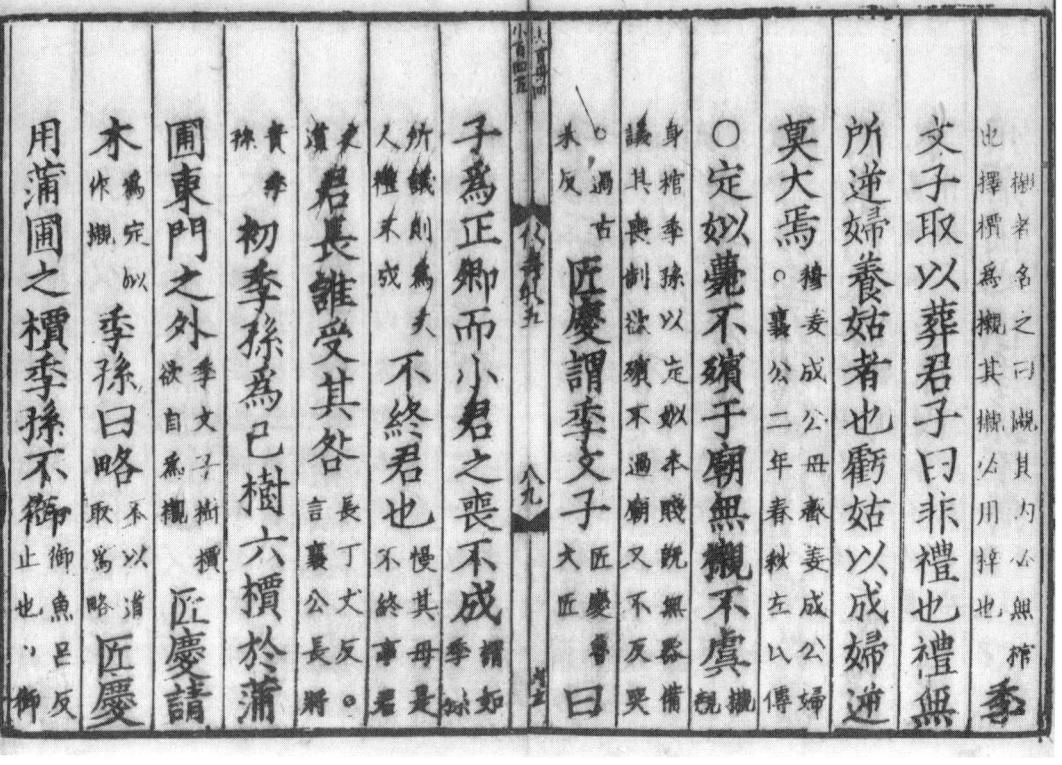

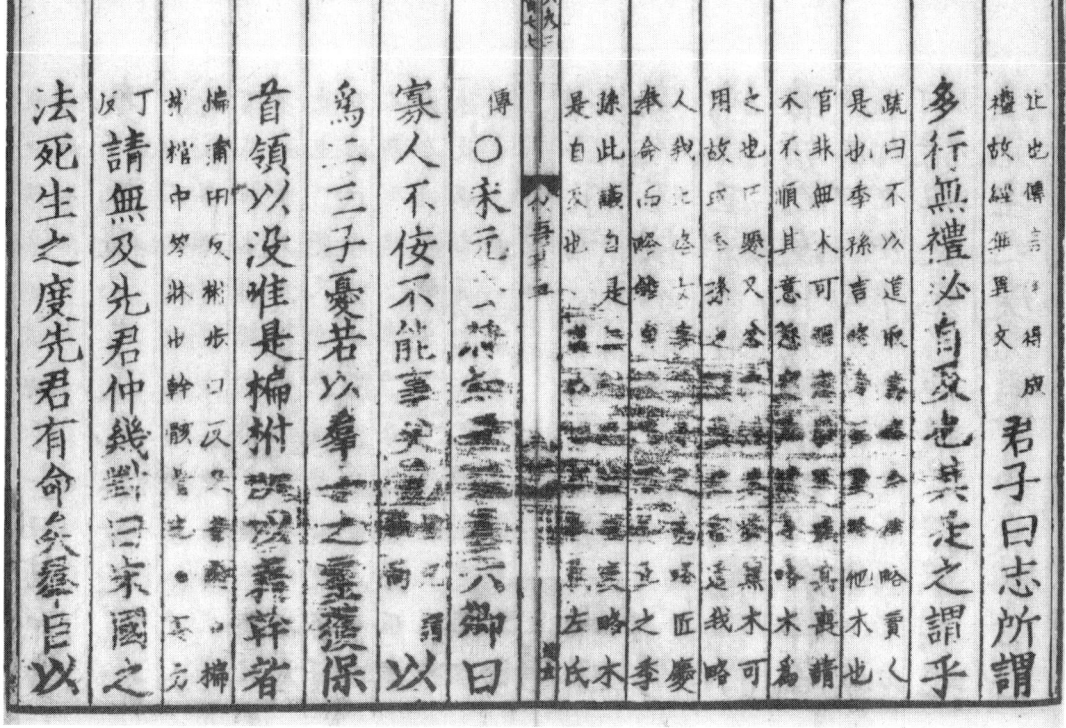

法死生之度先君有命矣羣臣以

0012_0042-1　　0012_0041-2

死守之弗敢失隊臣之失職常刑不赦臣不忍其死君命祇辱宋公遂行己亥卒于曲棘葬宋元公如先君禮也昭公二十五年春秋左氏傳○凡諸侯薨于朝會加一等死王事加二等於是乎有以袞斂詳見變禮道有喪○季平子卒將以君之璵璠斂贈以

珠玉孔子初爲中都宰聞之歷級而救焉歷級遂登階不聚足曰送而以寶玉是猶曝尸於中原也其示民以姦利之端而有害於死者安用之且孝子不順情以危親忠臣不兆姦以陷君兆姦爲姦之兆成也乃止家語○孔子之喪公西掌殯葬焉桐棺四寸柏棺五寸

0012_0043-1　　0012_0042-2

家語○孟子自齊葬於魯反於齊止於嬴充虞請曰前日不知虞之不肖使虞敦匠事嚴虞不敢請今願竊有請也木若以美然曰古者棺椁無度中古棺七寸椁稱之自天子達於庶人非直爲觀美也然後盡於人心不得不可以爲悅無財

不可以爲悅得之爲有財古之人皆用之吾何爲獨不然且比化者無使土親膚於人心獨無恔乎吾聞之君子不以天下儉其親詳見喪禮義○魯平公將見孟子嬖人臧倉曰孟子之後喪踰前喪君無見焉公曰諾樂正子入見曰君奚爲不

見孟軻也曰或告寡人曰孟子之後喪踰前喪是以不往見也曰何哉君所謂踰者前以士後以大夫前以三鼎後以五鼎與曰否謂棺槨衣衾之美也曰非所謂踰也貧富不同也 同上

大祝大喪徹奠 見始死奠條

右徹小斂奠

君將大斂子弁經即位于序端卿大夫即位于堂廉楹西北面東上父兄堂下北面夫人命婦尸西東面外宗房中南面小臣鋪席商祝鋪絞紟衾衣士盥于盤上士舉尸于斂上卒斂宰告子馮之踊夫人東面亦如之 子弁經者未成服弁如爵弁而素[illegible]

[illegible]端[illegible]弁經○疏曰[illegible]介紹即[illegible]序[illegible]東序[illegible]謂序之南頭也者大夫[illegible]位于堂廉楹西者卿大夫謂事[illegible]也堂廉謂堂基南畔廉稜之上楹謂[illegible]近堂廉者子位既在東序端故[illegible]臣列於基上東楹之西也案隱義云堂廉即堂上近南霤爲廉也北面東上者在基上俱北面東頭爲上也子在東尸在阼階故在基者以爲東上也父兄堂下北面者謂諸父諸兄不仕者以其賤故在堂下而鄉北以東爲上也若士則亦在堂下外宗房中南面者外宗君之姑姊妹之女及姨舅之女也輕故在房中而鄉南也皇氏云當在西房以東爲上也今謂尸在阼大夫命婦在尸西北外宗等當在東房小臣鋪席者謂下莞上簟敷於阼階上供大斂也士喪禮云布席如初注云亦下莞上簟也鋪於阼階上於堂南北爲少南商祝鋪絞紟衾衣者商祝亦是周禮喪祝也其鋪絞紟衾衣等致于小臣所鋪席上以待尸士盥于盤上者士亦喪祝之屬也周禮喪祝上士二人中士四人下士八人是[illegible]應舉尸故先盥手于盤上也雜[illegible]云士盥于盤北是也士舉遷尸于斂上者斂上即斂處也卒斂者大斂衣裳畢也宰告者大宰也斂畢大宰告孝子道斂畢也子馮之踊者孝子待得告乃馮尸而

0012_0045-2

起踊夫人東面亦如之者亦馮尸而踊婦者夫人命婦俱東嚮於尸西含獨云
夫人馮者命婦不得馮也馮竟乃斂於[illegible]注云士弁經者未成服者成服經
者弁冠也此云弁經是未成服此雖以大斂爲文云小斂時子亦弁經君大夫
士之子皆然故雜記云小斂環經一大夫士一也大夫之喪子亦弁經者素冠
記云大夫與殯亦弁經與他殯事尚弁經明自爲父母弁經可知其士則素冠
故武叔小斂投冠是諸侯大夫與天子士同○喪大記○夫人東
面坐馮之興踊雜記○案雜記自[illegible]房中南面而下至夫人[illegible]

0012_0046-1

東面文並與大記同江夫人東面之下有坐馮之興踊五字別雜記注云[illegible]
大記脫字重著於是今略其同記異[illegible]者如此○案始死絺有卜人扶者[illegible]
扶左還卩之絺有射人僕人遷尸亦[illegible]自小宗伯涖斂以下十三絺皆大斂
尸當互考○大夫之喪將大斂既鋪絞紟
衾君至主人迎先入門右巫止于門外
君釋菜祝先入升堂君即位于序端卿
大夫即位于堂廉楹西北面東上主人

0012_0046-2

房外南面主婦尸西東面遷尸卒斂宰
告主人降北面于堂下君撫之主人拜
稽顙君降升主人馮之命主婦馮之先入
門右者入門而右也巫止者君行必與巫巫主辟凶邪也釋菜禮門神也必禮
門神者禮君非問疾弔喪不入諸臣之家也主人房外南面大夫之子尊得升
視斂也○疏曰此明大夫大斂節也主人迎者主人適子也適子聞君至而出
門迎君也門右者門內東邊也適子出門迎君望見馬首不哭下拜而先還入

0012_0047-1

門右北面以待君至士喪禮云見馬首不哭還入門右北面注云不哭厭於君
不敢伸其私恩也巫止於門外者君臨臣喪巫祝桃茢以辟邪氣以禮敬主人
故不用將巫入故止巫於門外也士喪禮云巫止于廟門外祝代之君釋菜者
鄭云禮門神也君非問疾弔喪不入諸臣之家故禮門神而入也祝先入升堂
者巫止而祝代入故先於君而入門升自阼階也祝以其事接通鬼神者也君
[illegible]端者君隨祝掖而升堂即位[illegible]之東是適子臨斂
自阼階西鄉主人[illegible]

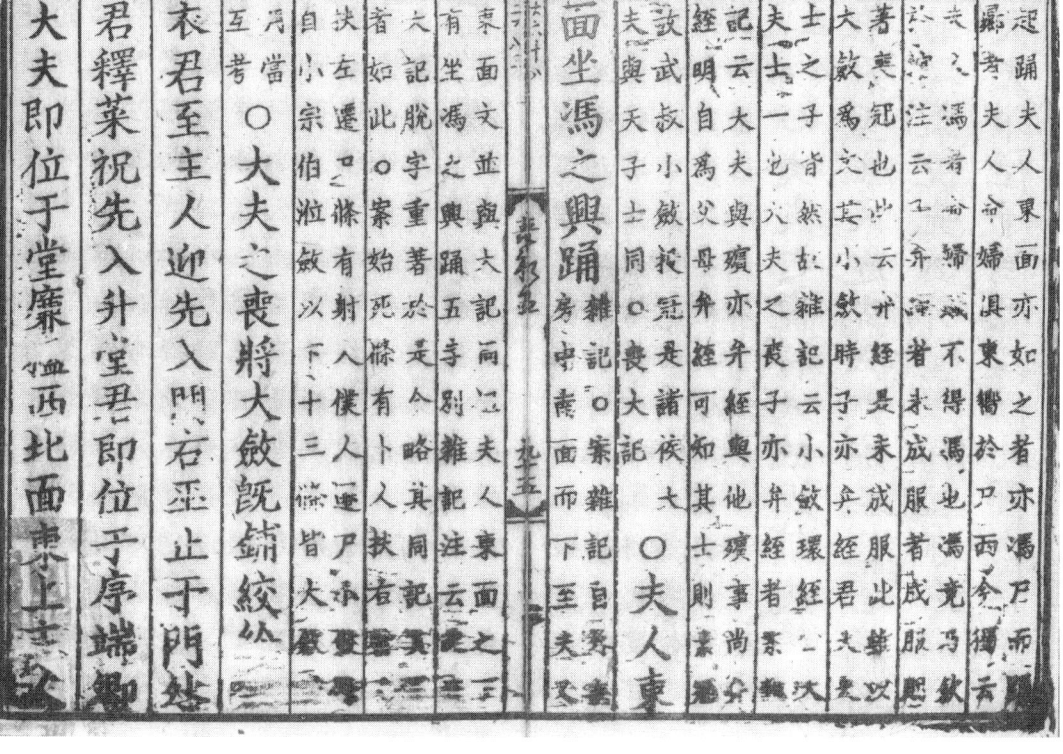

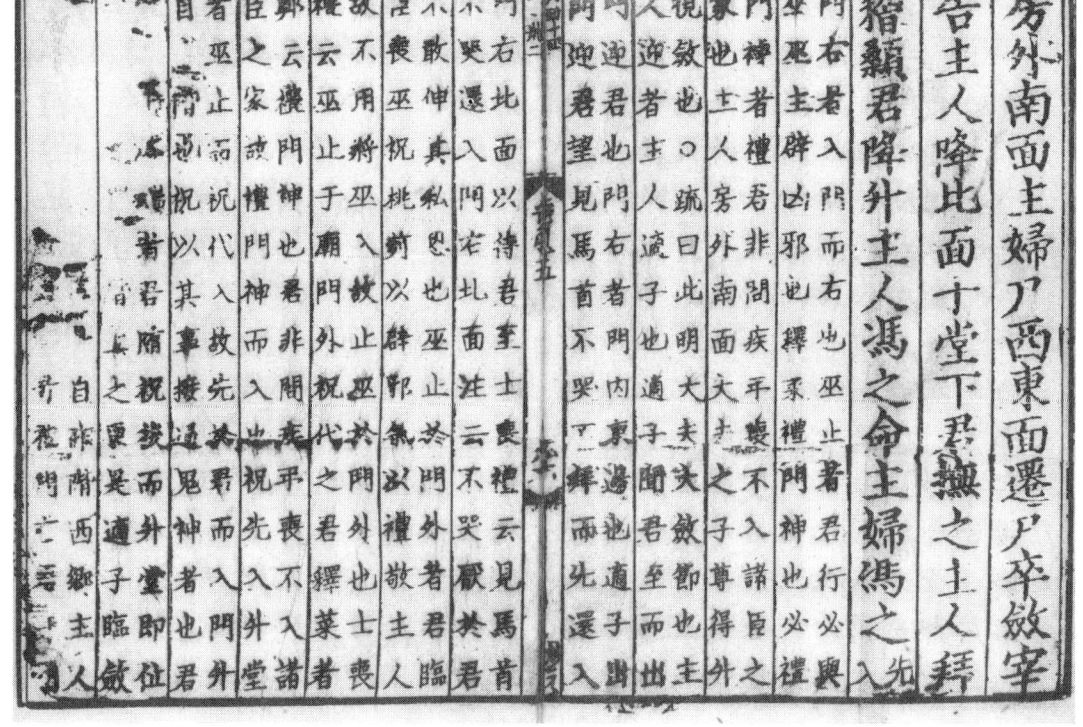

0012_0047-2

尸者鄉鋪絞紟衾衣而……

君至□□□□畢故舉尸于鋪衣上也□告主人□斂畢主人降西階堂下西鄉

北立待君也君撫之者君臣情重方爲分異故斂竟□君以手撫案尸與之别

也主人拜稽顙者主人在堂下鄉北見君撫尸故拜稽顙以禮君之恩君降者

君撫尸畢而下堂也升主人馮之者君命主人升還馮尸也主人升降皆西階

也士喪禮云主人中庭君坐撫當心主人拜稽顙君降西鄉命主人馮尸主人

升自西階由足西面馮尸不當君所命主婦馮之者君亦又命主婦馮尸也注

仪喪礼五　九七

0012_0048-1

云大夫之子尊得升視斂也者以士喪禮其子不得升今大夫之子將斂之時

在房外南面故云大夫之子尊得升視斂也**士之喪將大斂**

君不在其餘禮猶大夫也其餘謂卿大夫及主婦之

位○疏曰其餘禮猶大夫也者謂鋪衣列位男女之儀事悉如大夫也○喪大

記**○公視大斂公升商祝鋪席乃斂**疏曰

記喪大斂君未至之前主人雖已鋪席布絞紟衾閒君將來至則徹去之君至

升堂而商祝更鋪席待君至乃斂也所以□□著重榮君來爲新之也亦示事由

0012_0048-2

君也○雜記**○君於大夫世婦大斂焉於士**

爲之賜大斂焉夫人於世婦大斂焉於

諸妻爲之賜大斂焉詳見殯後受弔條

右大斂

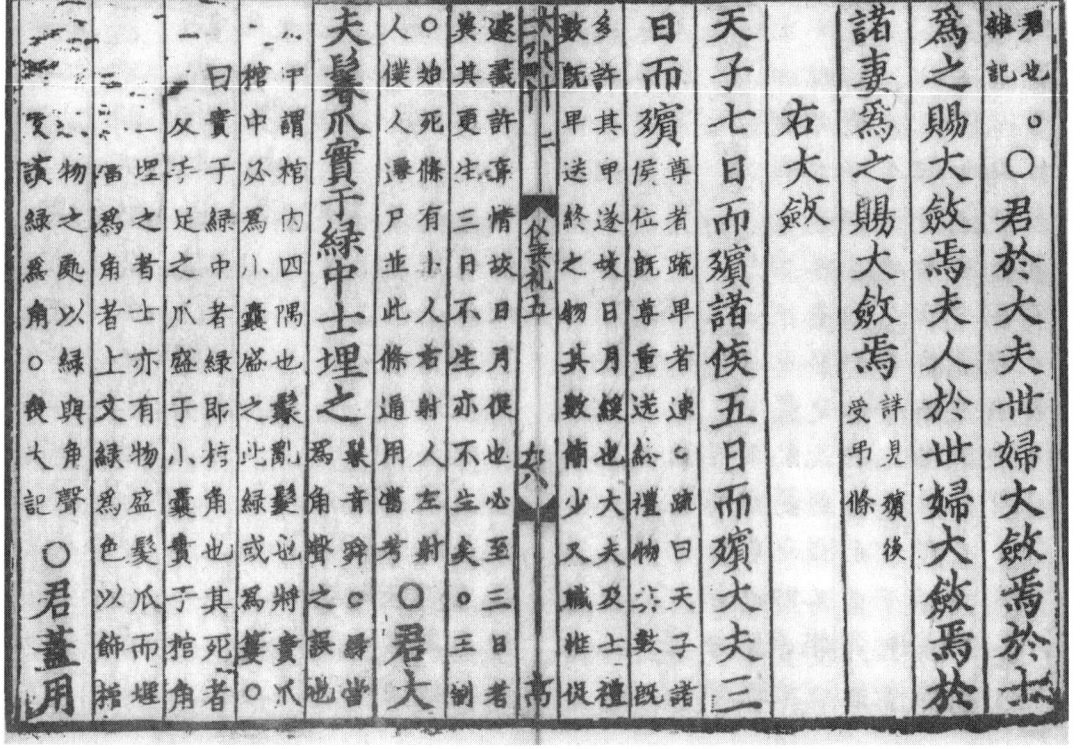

天子七日而殯諸侯五日而殯大夫三

日而殯尊者疏卑者速○疏曰天子諸侯位既尊重送終禮物亦數既

多許其申遂故日月緩也大夫及士禮數既卑送終之物其數簡少又職惟促

仪喪礼五　九八

0012_0049-1

遽義許其情故日月促也必至三日者冀其更生三日不生亦不生矣○王制

○始死條有士人若射人左射人僕人遷尸並此條通用當考**○君大**

夫鬊爪實于綠中士埋之鬊音舜○鬊當爲角聲之誤也

[illegible]干謂棺內四隅也鬊亂髮也將實爪棺中必爲小囊盛之此綠或爲簍○

[illegible]曰實于綠中者綠即棺角也其死者[illegible]又手足之爪盛于小囊實于棺角

[illegible]一埋之者士亦有物盛髮爪而埋[illegible]當爲角者上文綠爲色以飾棺

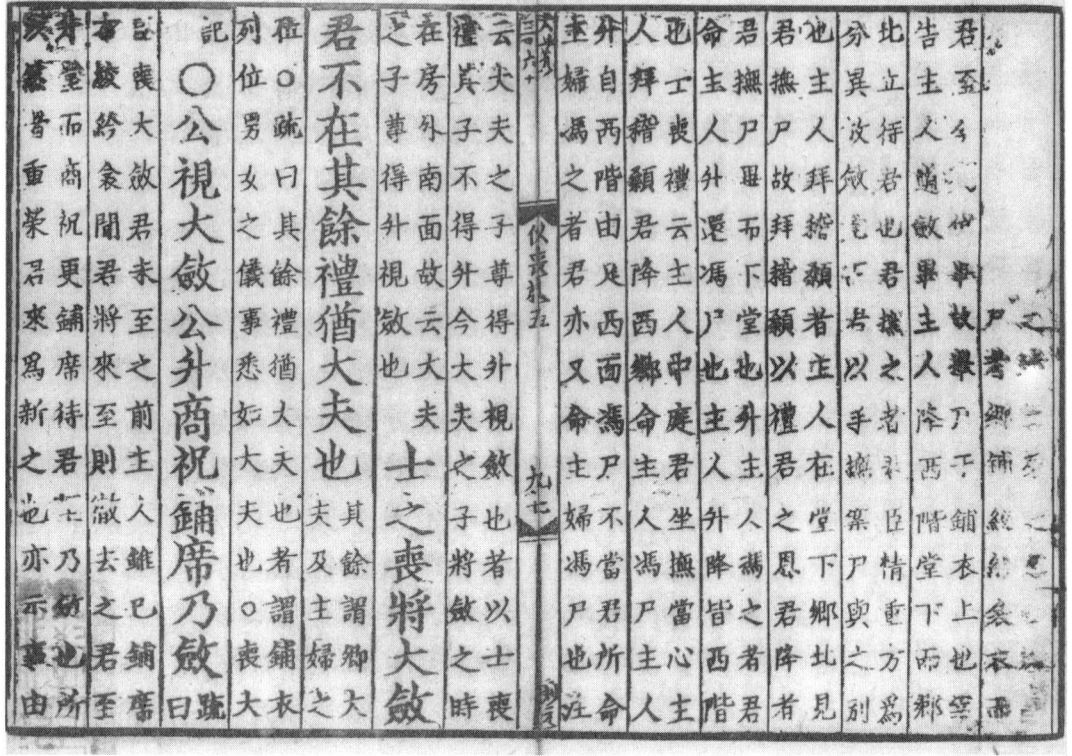

[illegible]物之處以綠與角聲[illegible]讀綠爲角○喪大記**○君蓋用**

0012_0050-1　　0012_0049-2

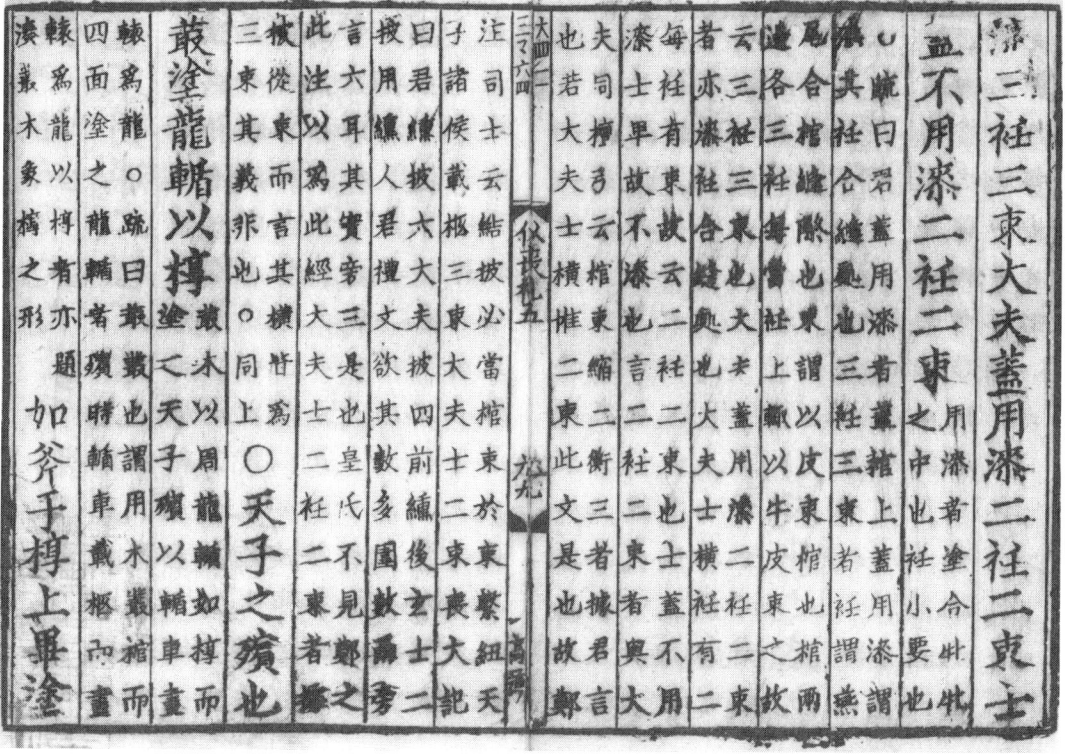

漆三衽三束大夫蓋用漆二衽二束士蓋不用漆二衽二束用漆者塗合牝牡之中也衽小要也疏曰君蓋用漆者蓋謂上蓋用漆謂漆其衽合縫處也三衽三束者衽謂燕尾合棺縫際也束謂以皮束棺也棺兩邊各三衽每當衽上輒以牛皮束之故云三衽三束也大夫蓋用漆二衽二束者亦漆衽合縫處也大夫士横衽有二每衽有束故云二衽二束也士蓋不用漆士卑故不漆也言二衽二束者與大夫同檀弓云棺束縮二衡三者據君言也若大夫士横惟二束此文是也故鄭

仪丧禮五

注司士云結披必當棺束於束繫紐天子諸侯載柩三束大夫士二束喪大記曰君纁披六大夫披四前纁後玄士二披用纁人君禮文欲其數多圍數兩旁言六耳其實旁三是也皇氏不見鄭之此注以爲此經大夫士二衽二束者據披從束而言其横皆爲三束其義非也○同上○天子之殯也菆塗龍輴以槨菆木以周龍輴如槨而塗之天子殯以輴車畫轅爲龍○疏曰菆叢也謂用木叢棺而四面塗之龍輴者殯時輴車載柩而畫轅爲龍以槨者亦題湊叢木象槨之形加斧于槨上畢塗

0012_0053-1　　0012_0052-2

屋斧謂之黼白黑文也以刺繡於縿帟加槨以覆棺已乃屋其上盡塗之也疏曰斧謂繡覆棺之衣爲斧文也先覆四面爲槨使上與棺齊而上猶開也以棺衣從槨上入覆於棺故云加斧于槨上也畢塗屋者畢盡也斧覆既竟又四注爲屋覆上而下四面盡塗之也天子之禮也檀弓○君殯用輴欑至于上畢塗屋大夫殯以幬欑置于西序塗不暨于棺欑猶叢也屋殯上覆如屋者也幬覆也暨及也此記參差以檀弓參之天子之殯居棺以龍輴欑木題湊

仪丧禮五

象槨上四注如屋以覆之盡塗之諸侯輴不畫龍欑不題湊象槨其他亦如之大夫之殯廢輴置棺西牆下就牆欑其三面塗之不及棺者言欑中狹小裁取容棺然則天子之諸侯差寬大矣士殯見衽塗上帷之士不欑掘地下棺見小要耳帷之鬼神尚幽闇也士達於天子皆然幬或作錞或作燾○喪大記○甸師喪事代王受眚烖粢盛者祭祀之主也今國遭大喪若云此黍稷不馨使鬼神不逞于王既殯大祝作禱辭授甸人使以禱藉田之神受眚烖弭後殃○疏曰言喪事者謂王喪既殯後甸

0012_0050-2

師氏於大祝取禱辭禱藉田之神㕍遺也代王受過災止後殃故爲此禱也大

禱禱辭在既殯後者見大祝職云授甸人禱辭在大斂後大斂則殯故知在

既殯後○天官

○大祝大喪言甸人讀禱言猶語也

禱六辭之屬禱也甸人與事代王受眚烖大祝爲禱祠語之使以禱於藉田之

神也○疏曰大祝掌六辭五曰禱故於王既殯作禱辭授甸人使以禱焉○春

官

○小祝設熬置銘疏曰熬謂熬穀殯在堂時設於棺旁

所以惑蚍蜉云置銘者銘謂銘旌書死者名既殯置於西階上所以表柩○春

0012_0051-1

官

右殯○布幕衛也縿幕魯也詳見喪禮

義

○孺子鞼之喪鞼叶潦反○[illegible]哀公之少子一

哀公欲設撥撥可撥引輴車所謂紼問於有

若有若曰其可也君之三臣猶設

之猶尚也以臣況子也三臣仲孫叔孫季孫氏顏柳曰

天子龍輴而槨幬輴殯車也畫轅爲龍幬覆也殯

[illegible]椁翣於而望之所謂若塗龍輴以椁○疏曰經直云龍輴[illegible]

爲龍者以輴之形狀庳下[illegible]無似龍形唯轅爲龍爲形[illegible]

知畫轅也菆[illegible]以椁者[illegible]逵從累其木[illegible]乃菆不爲

題湊爲四[illegible]椁制而[illegible]

侯[illegible]而設幬輴不畫龍

○疏曰以[illegible]直云輴故云不畫龍[illegible]湊故鄭注

喪大記云[illegible]侯不題湊[illegible]

故設撥以水澆揄

白灰之[illegible]攢地於引[illegible]

臣者廢輴而

設撥竊禮之不中者也而君何學

焉止其學非禮也[illegible]云也紼繫於輴三臣於禮去輴今有紼是用

輴僭禮也殯禮大夫菆置西序士掘肂見衽○疏云喪大記大夫二

綍二碑是大夫有綍綍即紼也又注既夕禮云大夫以上始有四周

謂之輴是大夫有輴也此云二臣於禮去輴用輴僭禮不周者大夫

以柩朝廟之時用輴紼唯殯時用軼軸不得用輴紼此丈據殯時大

記及既夕禮謂朝廟及下棺也云大夫菆置西序士掘肂見衽者是

傳本缺第一百二葉有補抄今用張本

傳本第一百三葉漫漶甚於張本今改用張本

喪大記文謂並纍其本以郸三面倚於西序牀謂穿地爲坎深淺知其捪盖上小要之衽言捪上小要之衽出於平地顛棜以有若對非其實然哀公從之以其正禮而言○檀弓

○帷殯非古也自敬姜之哭穆伯始也穆伯魯大夫敬姜穆伯妻文伯歜之母也禮朝夕哭不帷○疏曰下文云文伯之喪敬姜晝夜哭又國語云敬姜自績文伯諫之是也朝夕哭不帷是非禮記文以孝子思念其親故朝夕哭時乃褰徹其帷也今敬姜之哭穆

儀禮疏五　百卅三

伯以辟嫌之故遂朝夕哭不復徹帷故下文云穆伯之喪敬姜晝哭與此同也案春秋文十五年公孫敖之喪聲己不視帷堂而哭公孫敖亦是穆伯此不云聲己之哭穆伯始者聲己是帷堂非帷殯也聲己哭在堂[illegible]假穆伯不欲見其室故帷堂[illegible]上達嫌不敢見夫之[illegible]緊張遂答康歛云敬姜[illegible]以避嫌帷殯或亦辟嫌表示之兼己也○同上

君子諸侯之喪斬衰者奠大夫齊衰者奠

傳本缺第一百四葉有補抄今用張本

曾子問○詳見士喪禮大斂奠條注

右大斂奠

小宗伯辨吉凶之五服○司服掌之吉凶衣服○大僕喪紀正王之服位詔灋儀詔告也○內司服凡祭祀賓客共后之衣服及九嬪世婦凡命婦共其衣服共喪衰亦如之疏曰外命婦喪衰謂王服齊衰於后無服若九嬪已下及女御於王服斬衰於后服齊衰也○天官○追師追丁回反治玉石之名○一曰雕○追掌王后之首服爲九嬪

儀禮疏五　百卅四

及外內命婦之首服以待祭祀賓客喪紀共笄絰亦如之○天官○內宰凡喪事佐后使治外內命婦正其服位使其屬之上內命婦謂九嬪世婦女御鄭司農云命婦無大夫之妻王命其夫后命其妻○謂士妻亦爲命婦○疏曰凡有內宰皆佐后使其屬官治內外之

0012_0055-2

正其服之精麤位之前後也以外内命婦卑故内宰不自治之故經云使其屬之上士治之内命婦不言三夫人者三夫人從后不在治限故不言也司農云王命其夫后命其婦者先鄭見禮記玉藻云君命屈狄是子男夫人彼是后命之明王朝之臣亦王命其夫后命其婦可知玄謂士妻亦爲命婦者夏殷之禮爵命不及於士周之禮上士三命中士再命下士一命夫尊于朝婦榮于室明士妻亦爲命婦可知若然喪服命夫命婦皆據大夫不含士者彼據降服不降服爲説故惟據大夫嫣婦爲命婦不及士也○天官○諸子大喪

儀喪禮五　百五

0012_0056-1

正羣子之服位疏曰位謂在殯宫外内哭位也正其服者公卿大夫之子爲王斬衰與父同故雜記大夫之子得行大夫禮○肆師

禁外内命男女之衰不中灋者且授之杖外命男六鄉以出也内命男朝廷卿大夫士也其妻爲外命女喪服爲夫之君齊衰不杖内命女王之三夫人以下不中法違升數與裁制者鄭司農云三日授子杖五日授大夫杖七日授士杖此舊説也喪大記曰君之喪三日子夫人杖五日既殯授大夫世婦杖無七日授士杖文玄謂授杖日數王喪依諸

0012_0056-2

侯與七日授士杖四制云○疏曰外内命男女爲王雖有齊斬不同其衰皆有升數多少及裁制故禁之使依法也授之杖者外内命男及内命女皆爲王斬者有杖授之其外命女爲王齊衰無杖故云且者見不定之詞也喪服爲夫之君見喪服不杖齊衰章内命女三夫人以下者通九嬪二十七世婦八十一御妻皆爲王斬衰而杖也言升數者諸臣妻爲夫之君義服衰六升諸臣爲王義服斬衰衰三升半冠六升三夫人已下爲王正服斬衰衰三升是其數也言裁制者喪服云凡衰外削幅裳内削幅幅三袧以下具有裁制也司農所云授杖

儀喪禮五　百卌六

0012_0057-1

之日仍是四制之文也王喪諸臣等無授杖之日數以諸侯之臣與王之臣同斬衰杖竹故授杖日數亦宜同也檀弓云天子崩三日祝先服明子與夫人亦服矣則天子之子及后亦服矣五日官長服矣明天子三公已下及三夫人已下亦服矣但服杖同時有服即杖矣唯天子服授杖亦當七日矣是以王喪約同諸侯之制也○春官○天子崩三日祝先服祝佐含斂先病○疏曰祝大祝也服服杖也是喪服之數故以杖爲服祝佐含斂先病故先杖也然云祝服故子亦三日而杖也五日官長服官長大夫

0012_0058-1　0012_0057-2

士○疏曰官長大夫士也亦服杖也病在祝後故五日也**七日國中男女服**庶人○疏曰國中男女謂畿內民及庶人在官者服謂齊衰三月而除之必待七日者天子七日而殯殯後嗣王成服故民得成服也**三月天下服**諸侯之大夫○三月天下服者謂諸侯之大夫爲王總衰既葬而除之也近者亦不待三月今據遠者爲言耳然四條皆云服何以知其或杖服或棄服案喪大記云君之喪三日子夫人杖五日既殯授大夫世婦杖又喪四制云三日授子杖五日授大夫杖七日授士杖案如大記及四制則知

仪丧孔五　百卅七　康實

令云三日五日是服杖明矣其七日及三月者唯服而已無杖四制云七日授士杖此云五日士杖者士若有地德深則五日若無地德薄則七日崔氏云此據朝廷之士四制是邑宰之士也○檀弓**○君之喪三日子夫人杖五日既殯授大夫世婦杖**三日者死之後三日也爲君杖不同日人君禮大可以見親疏也○疏曰熊氏云子杖通女子子在室者若嫁爲他國夫人則不杖嫁爲卿大夫之妻與大夫同五日杖也君之女及內宗外宗之屬嫁爲士妻及君之女御皆七日杖也○喪大記

0012_0059-1　0012_0058-2

○大夫之喪三日之朝既殯主人主婦室老皆杖疏曰死後三日既殯之後乃杖應杖者三日悉杖也○同上**○士之喪二日而殯三日之朝主人杖婦人皆杖**士二日而殯下大夫也士之禮死與往日生與來日此二日於死日亦得三日也婦人皆杖者主婦容妾爲君女子子在室者○疏曰婦人是衆羣婦故云妾及女子子以其皆杖故也○同上**○子皆杖不以即位**子謂凡庶子也不以即位與去杖同○疏曰皇氏云

大七四　二十二　仪丧礼五　百八　康實

子謂大夫士之庶子也不以杖即位辟適子也○同上**○公之喪諸達官之長杖**謂君所命雖有官職不達於君則不服斬○疏曰公者五等諸侯也諸者非一之詞達官謂國之卿大夫士被君命者也不達於君謂府史之屬也賤不被命是不達於君也不服斬衰但齊衰三月耳故喪服齊衰三月章有庶人爲國君即此是也○檀弓

右成服

君於大夫世婦大斂焉爲之賜則小斂

0012_0062-2

爲爲之賜謂有恩惠也。疏曰此經以下至君退必奠明君於大夫及士并夫人於大夫士恩賜弔臨及主人迎送之節此論君於大夫世婦之禮此世婦并謂內命婦大斂爲常爲之恩賜則小斂而往然則君於大夫大斂是常小斂是恩賜案隱元年公子益師卒公不與小斂故不書日者熊氏云彼謂卿也卿則小斂焉爲之賜則未襲而往故昭十五年有事於武宮籥入叔弓卒去樂卒事公羊云君聞大夫之喪去樂卒事而往可也故鄭云去樂卒事而往未襲也是卿未襲而往案柳莊非卿衛君即弔急弔賢也於外命婦既加

0012_0063-1

蓋而君至於臣之妻略也。疏曰外命婦恩輕故既大斂入棺加蓋之後而君至也則知大夫及世婦未加蓋以前君至也於士既殯而往爲之賜大斂焉夫人於世婦大斂焉爲之賜小斂焉於諸妻爲之賜大斂焉於大夫外命婦既殯而往疏曰此經明君賜及夫人於大夫士及妻妾恩賜之差於諸妻爲之賜大斂焉諸妻姪娣及同姓女也同士禮故爲之賜大斂焉若夫人姪娣尊同世婦當大斂焉爲之賜小斂焉

0012_0063-2

於大夫外命婦既殯而往者謂夫人於大夫及外命婦既殯而往但有一禮無恩賜差降之事大夫士既殯而君往焉使人戒之主人具殷奠之禮俟于門外見馬首先入門右巫止于門外祝代之先君釋菜于門內祝先升自阼階負墉南面君即位于阼小臣二人執戈立于前二人立于後殷猶大也朝夕小奠至月朔則大奠君將來則具大奠之禮以

仪丧礼五　百十一　秦淳

0012_0064-1

待之榮君之來也祝負墉南面直君北房戶東也小臣執戈先後君君升而夾階立大夫殯即成服成服則君亦成服錫衰而往弔之。疏曰負墉南面者墉壁也祝先升自阼階在君之北立於房戶之東皆負壁而鄉南也擯者進當贊主人也始立門東北面主人拜稽顙若稱言視祝而踊主人踊稱言舉所以來之辭也視祝而踊祝相君之禮當節之也大夫則奠可也士則出俟于門外命之反奠乃反奠卒奠主人先俟于

門外君退主人送于門外拜稽顙迎不拜拜送者拜迎則爲君之荅己○疏曰此明君來弔士與大夫其禮不同大夫則奠殷奠于殯司也言對人君可爲此奠士可也君既在阼主人在庭踊畢則釋此畢不敢留君待奠故先出俟君于門外謂君將去也君使人命反設奠士乃反入設奠也卒奠者設奠畢也奠畢主人又先出門待君大夫士同然君退者出去也主人於門外送之而拜也云迎不拜拜送者拜迎則爲君之荅己者案曲禮凡非弔喪非見國君無不荅拜然則喪法孝子拜賓無荅拜之理今者君出

仪喪礼五　百十二　蔡淳

孝子雖拜君無荅理而云拜迎則爲君之荅己者以尋常禮敵孝子雖拜賓無意忍君之荅己故不敢拜迎尊卑禮隔荅理今君來臨臣臣既拜迎案僖二十四年左傳宋先代之後於周爲客有喪拜焉者謂其餘諸侯來弔国喪以其卑王不拜之若宋來弔王用敵禮拜謝之亦是主人拜賓之義也君於大夫疾三問之在殯三往焉士疾一問之在殯壹往焉所以致殷勤也君弔則復殯服復反也反其未殯未成服之服新君事也謂臣喪既殯後君始來弔也復或爲服○

疏曰謂臣喪大斂與殯之時君有故不得來至殯後主人已成服而君始來弔主人則反復殯時未成服之服反服此服新君之事其服則苴絰免布深衣也不散帶故小記云君弔雖不當免時也主人必免不散麻注云爲人君變貶於大斂之前既啓之後也夫人弔於大夫士主人出迎于門外見馬首先入門右夫人入升堂即位主婦降自西階拜稽顙于下夫人視世子而踊奠如君至之禮夫人退

仪喪礼五　百十三

主婦送于門內拜稽顙主人送于大門之外不拜視世子而踊世子從夫人以爲節也世子之從夫人位如祝從君也○疏曰此明夫人弔臣禮先入門右謂大門也謂孝子迎君之妻禮亦如迎君禮也夫人入升堂即位者亦升阼階西鄉如君也主婦臣妻也既夫人來弔故婦人爲主人當夫人升堂即位時而主婦從西階而下拜稽顙於堂下如男主也世子夫人之世子隨夫人來也夫人來弔則世子在前道引其禮如祝道君也奠如君至之禮者亦先成其殷奠夫人即位哭後主婦拜竟而設

張本下象鼻題監生孫欽四字傅本剪去之

0012_0066-2

奠事如君弔禮者若士則亦主人先出而聽命反奠也夫人退拄擗踊拜稽顙
者門寢門也婦人迎送不出門故夫人去於路寢門內而拜送之不拜迎而拜
送義與君同也主人送于大門之外不拜者亦如送君也而不拜者喪無二主
主婦已拜故主人不拜大夫君不迎于門外入即
位于堂下主人北面衆主人南面婦人
即位于房中若有君命命夫命婦之命
四鄰賓客其君後主人而拜入即位於下不升堂

0012_0067-1

而位阼階之下西面下正君也衆主人南面於其北婦人即位於房中君雖不
升堂猶辟之也後主人而拜者將拜賓使主人陪其後而君前拜不俱拜者主
人無二也○疏曰不迎于門外者與於正君請大夫下巨稱大夫爲君故曰大
夫君也大夫君入寢門不得升堂乃即阼階下位而西鄉也主人北面者主人
適子也其君既即阼階下位故適子辟之位所以在君之南北面也婦人之位
在堂其君既來故婦人並位于東房中也此言婦人即位于房中非止大夫之
君亦總正君來禮如此也又前君臨大斂云主婦尸西不言辟者大斂哀踊故

0012_0067-2

辟君今既殯後哀殺故辟也若當此大夫君來弔時或有其本國之君命或
有國中大夫命婦之命或有若經使四鄰之國卿大夫遣使來弔若或有此諸
賓在則此大夫之君代主人拜命及拜諸賓也所以爾者喪用尊者拜賓故
也君雖代爲主而猶不敢同於國君專代主故以主人陪置君之後也主人
在君後而拜謂君先拜主人後拜也云主人無二也者以經云其君後主人而
拜是君在前主人在後又君拜在前主人拜在後是主人立與拜皆在君後不
與君同時拜君既爲主當推君在前故云主人無二也君弔見尸

0012_0068-1

柩而後踊塗之後雖往不踊也○疏曰君弔臣唯見尸柩乃踊○者若
不見尸柩則不踊案前文既殯君往視視而踊者皇氏云雖殯未塗則得踊故
鄭此注云塗之後雖往不踊也是斷殯未塗得有踊也○此一節論未小斂斷小
斂受弔通用大夫士若君不戒而往不具殷
奠君退必奠榮君之來○疏曰君不先戒故臣不得具殷奠君退
必奠者君來不先戒當時雖不得殷奠而君去後必設奠告殯以榮君來故也
⊙喪大記○未小斂受弔條有庶子不受弔宗成公卿鄉又奉尸夷于堂後迎

0012_0068-2

賓送賓皆此條通用當互考

右殯後受弔

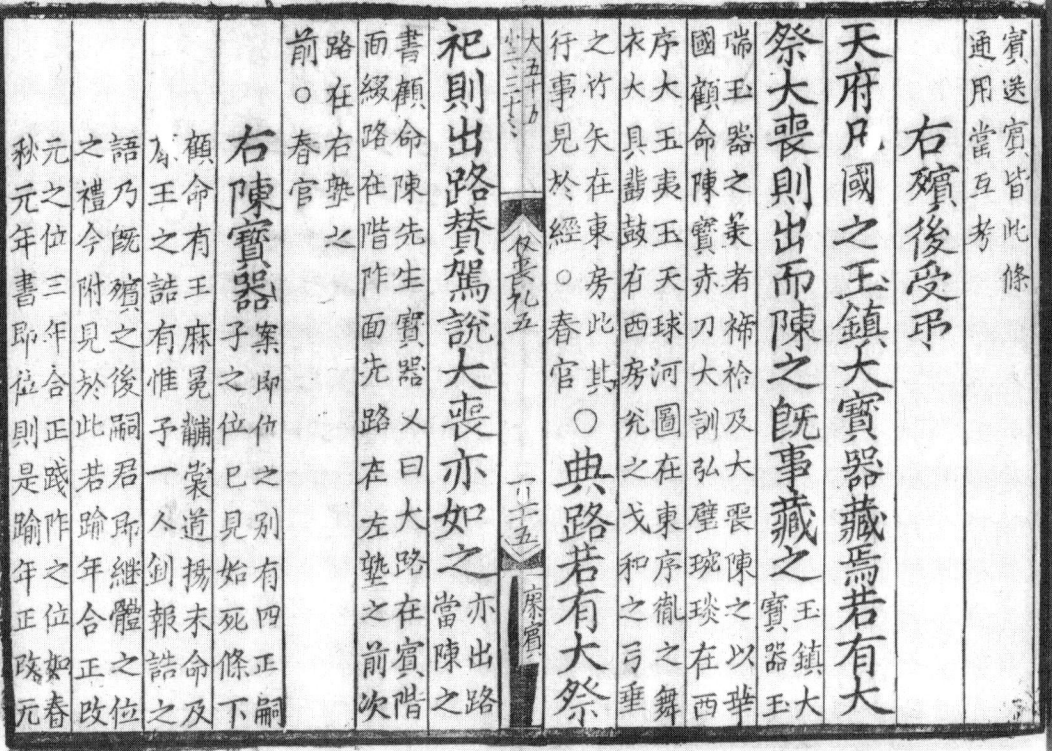

天府凡國之玉鎮大寶器藏焉若有大祭大喪則出而陳之既事藏之玉鎮大寶器玉瑞玉器之美者禘祫及大喪陳之以華國顧命陳寶赤刀大訓弘璧琬琰在西序大玉夷玉天球河圖在東序胤之舞衣大貝鼖鼓在西房兌之戈和之弓垂之竹矢在東房此其行事見於經○春官○典路若有大祭祀則出路贊駕說大喪亦如之亦出路當陳之書顧命陳先生寶器又曰大路在賓階面綴路在阼階面先路在左塾之前次路在右塾之前○春官

0012_0069-1

右陳寶器案即位之別有四正嗣子之位已見始死條下顧命有王麻冕黼裳道揚末命及康王之誥有惟予一人釗報誥之語乃既殯之後嗣君即繼體之位之禮今附見於此若踰年合正改元之位三年合正踐阼之位如春秋元年書即位則是踰年正改元

0012_0069-2

之位也正月元日舜格于文祖伊尹以冕服奉嗣王歸于亳則是三年正踐阼之位也然崩薨之日或在歲終則蓋有未殯而踰年者矣若踰年正繼體之位之禮遂無所附喪大記補經亦止於虞禮則三年之禮亦無所附今併列於此記之下其義則見於下文春秋傳注疏與喪禮義自處通之說所當通考也

乙丑王崩丁卯命作冊度三日命史為冊書法度傳顧命於康王越七日癸酉伯相命士須材伯相息甚

0012_0070-1

反○邦伯為相則召公於丁卯七日癸酉召公命士致材木須待以供喪用○疏曰須待也召公命士致材木須待以供喪用謂椁與明器是喪之雜用也案士喪禮將葬筮宅之後始作椁及明器此既殯即須材木者以天子禮大當須預營之故禮記云虞人致百祀之木可為棺椁者斬之與士禮不同狄設黼扆綴衣狄下士扆屏風畫為斧文置户牖間復設幄帳象平生所為○疏曰經於四坐之上言黼扆綴衣則四坐皆設之牖間南嚮

敷重篾席黼純華玉仍几嚮許亮反篾眠結反純之尹反又之閏反下同○篾桃枝竹白黑雜繒緣之華彩色華玉以飾憑几仍因也因生時几不改作此見羣臣覲諸侯之坐西序東嚮敷重底席綴純文貝仍几底之履反馬云青蒲也○東西廂謂之序底蒻苹綴雜綵有文之貝飾几此旦夕聽事之坐東序西嚮敷重豐席畫純彫玉仍几豐莞彩色爲畫彫刻鏤此養國老饗羣臣之坐西夾南嚮敷重筍席玄紛純漆仍几夾工洽反徐音頰筍悉允反○西廂夾室之前筍蒻竹玄紛黑綬此親屬私宴之坐故席几質飾越玉五重陳寶越玉馬云越地所獻玉也重直容反○於東西序坐北列玉五重又陳先王所寶之器物赤刀大訓弘璧琬琰琬紆晚反琰以冉反○寶刀赤刀削大訓虞書典謨大璧琬琰之珪爲二重○削音笑大玉夷玉天球河

圖在東序夷玉東夷之美玉說文夷玉即瑚玗琪天球音求馬云玉磬○三王爲三重夷常也球雍州所貢河圖八卦伏羲氏王天下龍馬出河遂則其文以畫八卦謂之河圖歷代傳寶之胤之舞衣大貝鼖鼓在西房鼖扶云反○胤國所爲舞者之衣皆中法大貝如車渠鼖鼓長八尺商周傳寶之西房西夾坐東兌之戈和之弓垂之竹矢在東房兌和古之巧人垂舜共工所爲皆中法故亦傳寶之東房東廂夾室大輅在賓階面綴輅在阼階面大輅玉綴輅金面前皆南向先輅在左塾之前次輅在右塾之前塾音孰一音育○先輅象次輅木金玉象皆以飾車木則無飾皆在路寢門內左右塾前北面凡陳列皆象成王生時華國之事所以重顧命二人雀弁執惠立于畢門之內弁皮彥反徐扶變反○士衛殯與在廟同故雀韋弁惠三隅矛路寢門一名畢門○疏曰

0012_0073-1　　0012_0072-2

士入廟助祭乃服雀弁於此服雀弁者士衛王殯與在廟同故雀韋弁也鄭玄曰赤黑曰雀言如雀頭色也雀弁制如冕黑色但無藻耳則雀弁所用當與冕同言雀韋弁皆蒼以周禮司服云凡兵事韋弁服此人執兵宜以韋為之異於祭服四人綦弁執戈上刃夾兩階戺綦音其馬本作騏云青黑色戺音俟徐音士○綦文鹿子皮弁亦上堂廉曰戺士所立處○廉力占反殺也一人冕執劉立于東堂一人

仪書礼五　百廿九

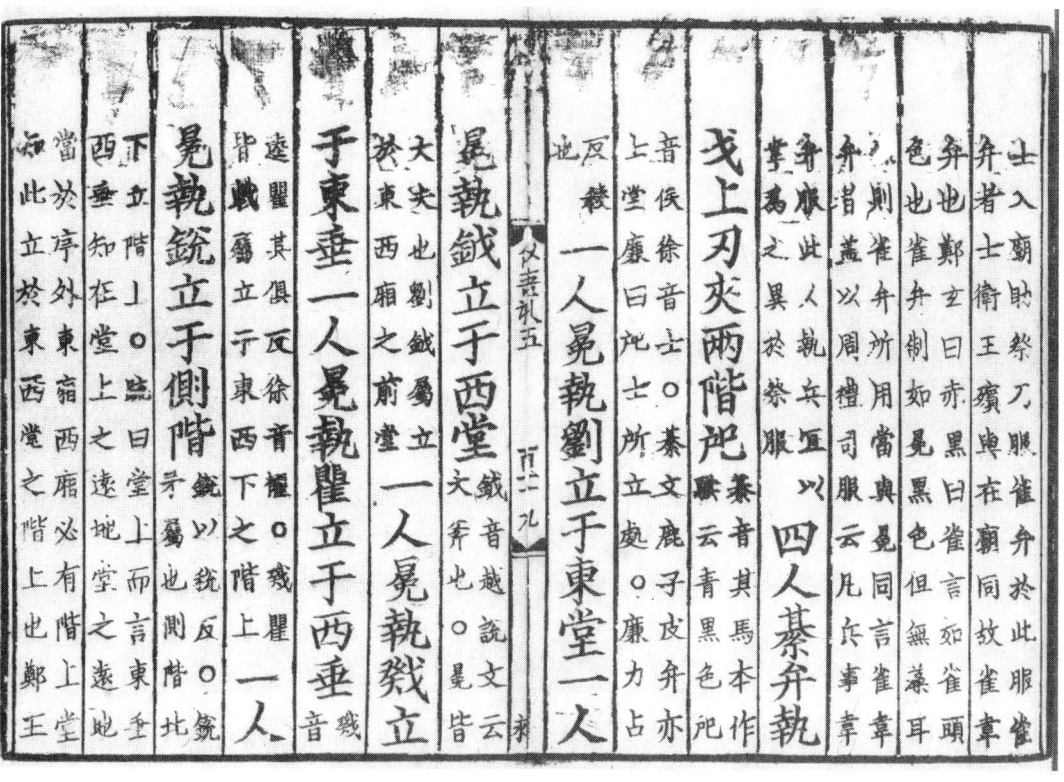

冕執鉞立于西堂鉞音越說文云大斧也○冕皆大夫也劉鉞屬立於東西廂之前堂一人冕執戣立于東垂一人冕執瞿立于西垂戣音遠瞿其俱反徐音權○戣瞿皆戟屬立于東西下之階上一人冕執銳立于側階銳以稅反○銳矛屬也側階北下立階上○臨曰堂上而言東垂西垂知在堂上之遠地堂之遠地當於序外東廂西廂必有階上堂知此立於東西堂之階上也鄭王

0012_0074-1　　0012_0073-2

皆以側階為東下階也然立于東垂者已在東下階上何由此人從共並立故傳以為北下階上謂堂北階北階則惟堂北一階而已則特也王麻冕黼裳由賓階隮隮子西反徐子詣反○王及羣臣皆吉服用西階升不敢當主卿士邦君麻冕蟻裳入即位蟻魚綺反○公卿大夫及諸侯皆同服亦廟中之禮蟻裳名色玄太保太史太宗皆麻冕彤裳執事各異裳彤纁也太保太宗即宗

尚書礼五　百廿　吳全

伯也太保承介圭上宗奉同瑁由阼階隮瑁莫告反○大圭尺二寸天子守之故奉以奠康王所位同爵名瑁所以冒諸侯圭以齊瑞信方四寸邪刻之用阼階升由便不嫌太史秉書由賓階隮御王冊命太史持冊書顧命進康王故同階○疏曰此絕傳顧命布設位次即上所作法度也邦君即位既定然後王始升階但以君臣之序先言王服因服之下即言升階從省文又曰禮績麻三十升以為冕王麻

0012_0074-2

冕著蓋夜冕也黼裳者以裳之章色黼黻有文也禮無蟻裳今云蟻
者裳之名也蟻者蚍蜉蟲也此蟲色黑知蟻裳色玄以色玄如蟻故
以蟻名之禮祭服皆玄衣纁裳此纁云玄裳者卿士邦君於此無事
不可全與祭同改其裳以示變於常也太保太史有所主者則純如
祭服暫從吉也太保太史太宗三官者皆執事俱彤裳而言各異裳
者各自異於卿士邦君也彤赤也禮祭服纁裳纁是赤色之淺者故
以彤爲纁言是常祭服也玉人云鎮圭尺有二寸天子守之鎮圭圭

仪丧礼五　百六

0012_0075-1

之大者介訓大也故知是彼鎮圭天子之所守故奉之以奠康王所
位以明正位爲天子也上宗奉同瑁則下文云天子受同瑁太保必
奠於位其奉介圭下文不言受者以同瑁并在其手故不得執之太
保必奠於其位但文不見耳禮於奠爵無名同者但下文祭酢皆用
同奉酒知同是酒爵之名也玉人云天子執冒四寸以朝諸侯鄭注
云名玉曰冒者言德能覆蓋天下也四寸者方以尊接卑以小爲貴
禮天子所以執瑁者諸侯即位天子賜之以命圭圭頭邪銳其瑁當

0012_0075-2

下邪刻之其刻闊狹長短如圭頭諸侯來朝執圭以授天子天子以
冒之刻處冒彼圭頭若大小相當則是本所賜其或不同則圭是僞
作知諸侯信與不信故天子執瑁所以冒諸侯之圭以齊瑞信者也
阼階者東階也禮凶事設洗於西階西南吉事設洗於東階東南此
太保上宗皆行吉事盥洗在東故用阼階升由便以卑不嫌與主人
也太史持冊書顧命欲以進王故與王同升西階鄭玄云御猶嚮也
王此時立賓階上少東太史東面於殯西南而讀冊書以命王嗣位

仪丧礼五　百九二

0012_0076-1

之事曰皇后憑玉几道揚末命命汝
嗣訓大君成王憑玉几所道稱揚終命所以感動康王命汝繼
嗣其道○疏曰以訓爲道臨君周邦率循大卞
卞皮彥反保抶變反○用是道臨君周國率羣臣循大法燮和
天下用荅揚文武之光訓言用和道和天
下用對揚聖祖文武之大教叙成王意王再拜興荅
曰眇眇予末小子其能而亂四方

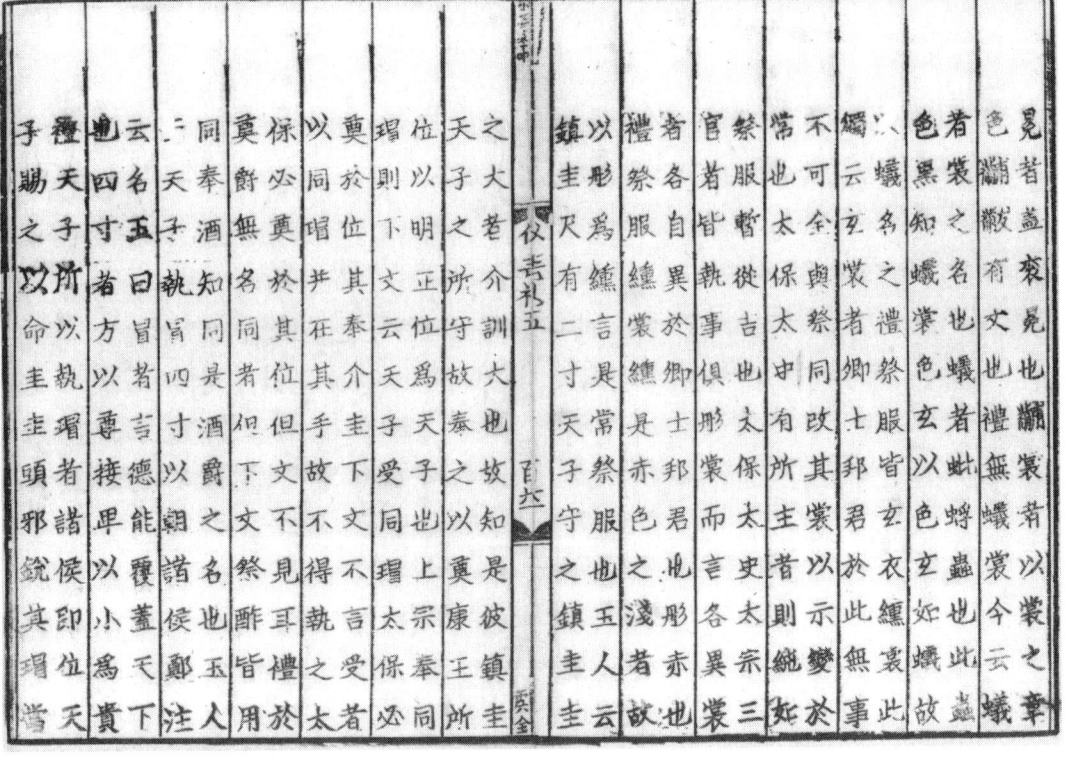

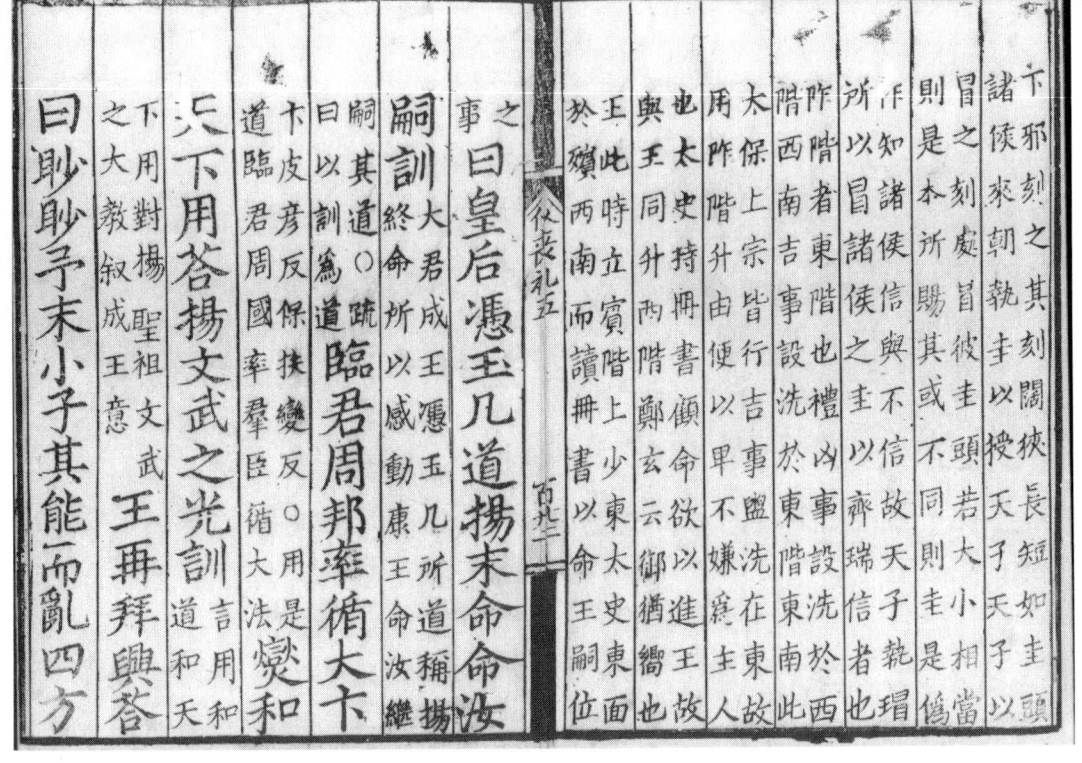

張本下象鼻題監生孫欽四字傅本剪去之

張本下象鼻題志監生秦淳五字傳本剪去之

0012_0076-2

以敬忌天威言微微我淺末小子其能如父祖治四方

以敬忌天威德乎謙辭託不能乃受同瑁王三宿

三祭三咤咤陟嫁反亦作宅又音妬徐又音托又豬夜反

說文作託丁故反奠爵也馬本作詫與說文音義同○王受瑁爲主

受同以祭禮成於三故酌者實三爵於王王三進爵三祭酒二奠爵

告已受羣臣所傳顧命○疏曰實三爵於王當是實三爵而續送三

祭各用一同非一同而三反也上宗曰饗祭必受福贊王

大四十一　三八十、　仪丧礼五　百廿三

0012_0077-1

曰饗福酒太保受同降受王所饗同下堂反於篚盥

以異同秉璋以酢酢才各反○太保以盥手洗異

同實酒秉璋以酢祭半圭曰璋臣所奉王以祭太保又祭報祭曰酢

授宗人同拜王荅拜宗人小宗伯佐太宗者太

宗供王宗人供太保拜白已傳顧命故授宗人同拜王荅拜尊所受

命○供音恭○疏曰太保所以拜荅白成王言已傳顧命訖也將欲

拜故先授宗人同拜者自爲拜神不拜康王但白神言已傳顧命主

0012_0077-2

荅拜者尊所受之命亦告神使知故荅拜也太保受同

祭嚌嚌才細反○太保既拜而祭既祭受福嚌至齒則王亦至

齒王言饗太保言嚌互相備○互音力宅授宗人同

拜王荅拜○宅如字馬同徐殆故反○太保居其所授宗人

同拜白成王以事畢王荅拜敬所白○疏曰宅訓居也太保居其所

於受福酒之處足不移爲將拜故授宗人同祭祀既畢而更拜者白

成王以事畢也既拜白成王以傳顧命事畢則王受顧命亦畢王荅

仪丧礼五　百廿四

0012_0078-1

拜敬所白也太保降收太保下堂立王下可知有司於

此盡收徹○徹丑列反徐直列反諸侯出廟門俟

言諸侯則卿士已下亦可知殯之所處故曰廟皆待王後命○書顧

命○康王既尸天子遂誥諸侯作

康王之誥既受顧命羣臣陳戒遂報誥之因事曰遂康

王之誥王出在應門之内出畢門立應門

之中庭南面太保率西方諸侯入應門

0012_0078-2　0012_0079-1

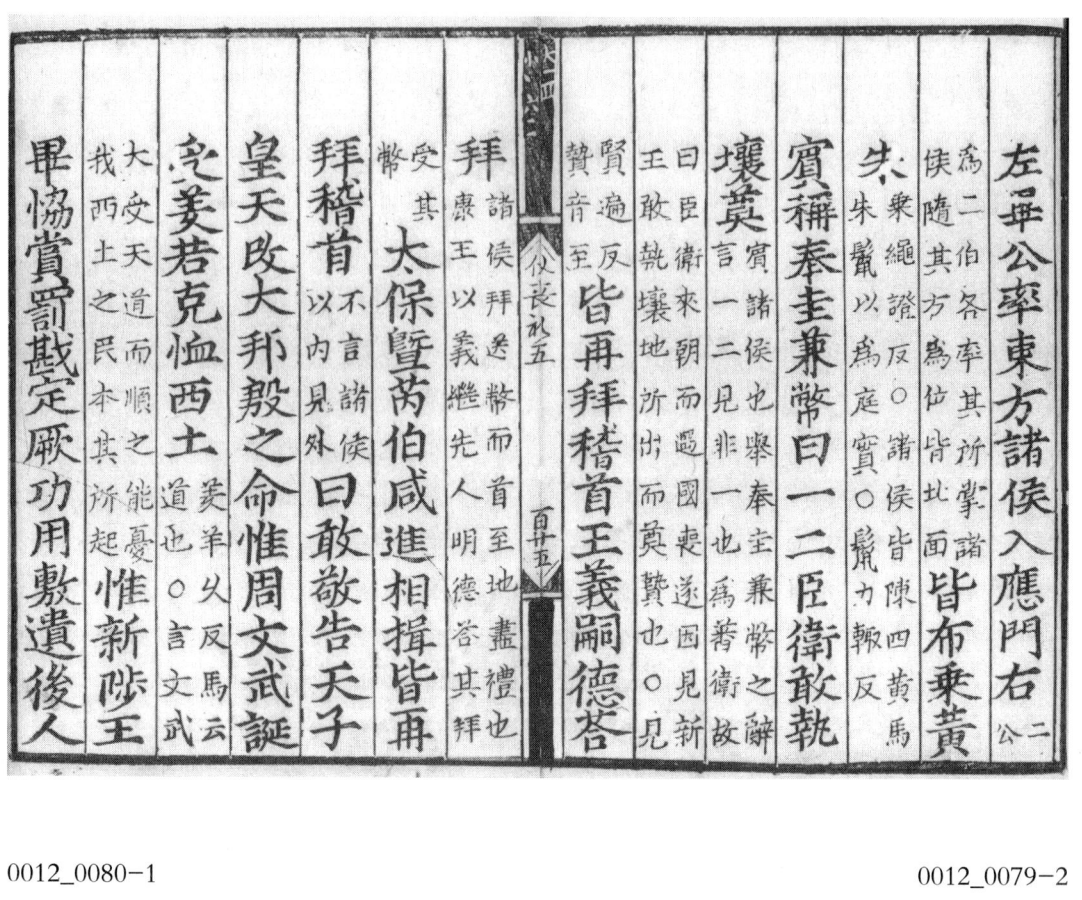

左畢公率東方諸侯入應門右二公為二伯各率其所掌諸侯隨其方為位皆北面皆布乘黃朱乘繩證反○諸侯皆陳四黃馬朱鬣以為庭實○鬣力輒反賓稱奉圭兼幣曰一二臣衛敢執壤奠賓諸侯也舉奉圭兼幣之辭言一二見非一也為蕃衛故曰臣衛來朝而遇國喪遂因見新王敢執壤地所出而奠贄也○見賢遍反贄音至皆再拜稽首王義嗣德荅

拜諸侯拜送幣而首至地盡禮也康王以義繼先人明德荅其拜受其幣太保暨芮伯咸進相揖皆再拜稽首不言諸侯以內見外曰敢敬告天子皇天改大邦殷之命惟周文武誕受羑若克恤西土羑羊久反馬云道也○言文武大受天道而順之能憂我西土之民本其所起惟新陟王畢協賞罰戡定厥功用敷遺後人

0012_0079-2　0012_0080-1

休今王敬之哉張皇六師無壞我高祖寡命無壞音恠○言當張大六師之衆無壞我高德之祖寡有之教命○疏曰王肅云美文王少有及之故曰寡有也王若曰庶邦侯甸男衛不言羣臣以外見內惟予一人釗報誥昔君文武丕平富不務咎言先君文武道大政化平美不務咎惡厎至齊信用昭明于天下厎之履反○致行至

中信之道用顯明於天下言聖德洽則亦有熊羆之士不二心之臣保乂王家用端命于上帝皇天用訓厥道付畀四方君聖臣良用受端直之命於上天天用順其道付與四方之國王天下乃命建侯樹屏在我後之人言文武所施命令立諸侯樹以為藩屏傳王業在我後之人謂子孫今予一二伯父尚胥暨顧綏爾先公

傳本第一百二十七葉墨筆描字較多今改用張本

之臣服[illegible]
二伯父[illegible]與頌[illegible]武之追[illegible]服於先王而法猶
之雖舊[illegible]乃心罔不在王室
用奉[illegible]無[illegible]鞠子羞
各[illegible]書[illegible]所行順適[illegible]自[illegible]子之羞辱
羣公
既皆聽[illegible]相揖趨出王釋冕反喪
成[illegible]王釋喪服而被袞冕且受[illegible]黃朱事[illegible]之嚴諸家以爲禮
服

仪表礼五　百三十　范洪

之[illegible]得募氏以爲禮之失朱先生
杏曰天子諸侯之禮與士庶人不
司故孟子有[illegible]未之學之語蓋謂
[illegible]耳如伊[illegible]元祀十二月期亦
[illegible]喪伊尹[illegible]奉嗣王祇見厥祖
[illegible]可用凶服[illegible]〇或問君喪朝
[illegible]先生曰[illegible]異乃是終服頓命
[illegible]以其[illegible]統事于宗廟
[illegible]用之著以其在廟而出[illegible]門以稱知門是爲否殯
[illegible]可入故也
[illegible]服則古者人君亮陰三年自
[illegible]祝朝之禮筆不知百官總
[illegible]家宰百官各以何服
[illegible]下至便用白冠黑帶也

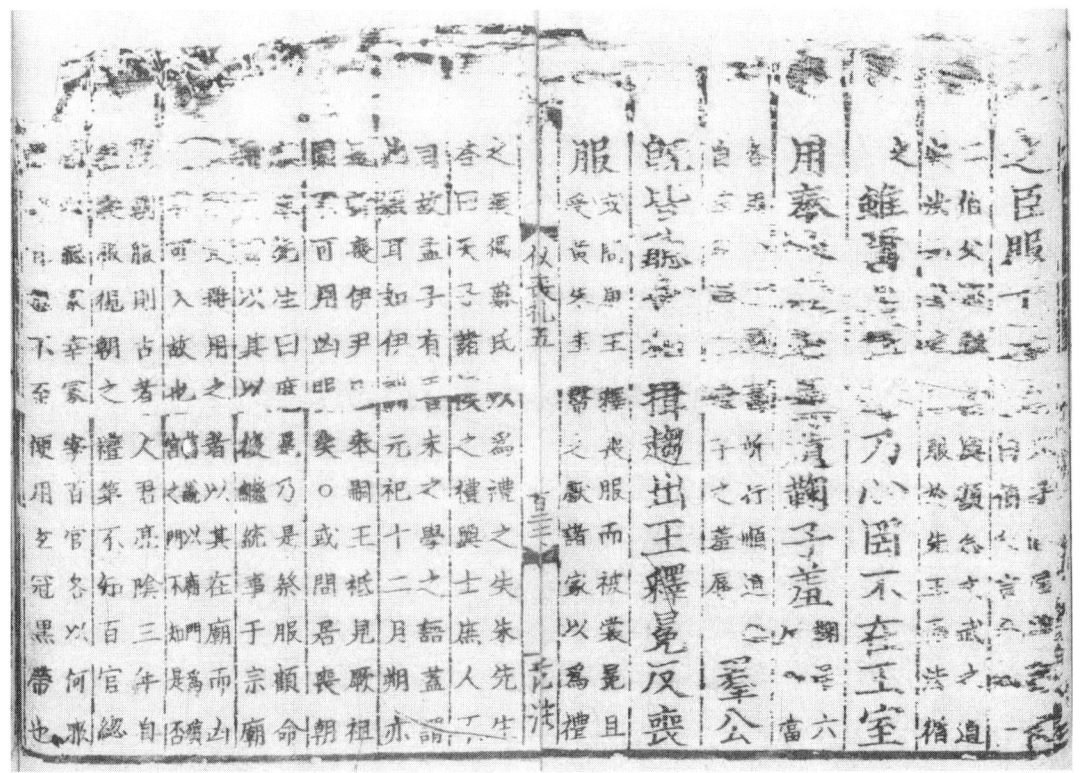

0012_0082-1　　0012_0081-2

後世既無亮陰總已之事人主不
免視朝聽[illegible]則豈可不酌其輕重
而爲之權制乎又況古者天子皮
弁素積以日視朝衣冠皆白不以
爲嫌則今在喪而白布衣冠以臨
朝恐未爲不可但入太廟則須吉
服而小變耳　〇成湯既没太甲元年太甲
太丁子湯孫也太丁未立而卒及湯没而太甲立稱元年　伊尹
作伊訓惟元祀十有二月乙丑伊
尹祠于先王　此湯崩踰月太甲即位奠殯而告〇疏曰

仪表礼五　百廿八　秦淳

傳解祠先王奠殯而告是言祠是
奠也祠喪于殯斂皆名爲奠虞祔
卒哭始名爲祭知祠非宗廟者元
祀是初喪之時未得祠廟故知祠
實是奠也奠祠俱是享神故可以
祠言奠亦由於時猶質未有節文
周時則有異故解祠爲奠耳又曰
太甲中篇云三祀十有二月伊尹
以冕服奉嗣王則是除喪即吉明
十二月服終禮記稱三年之喪二
十五月而畢知此年十一月湯崩
湯崩踰月太甲即位奠殯而告亦
如周康王受顧命尸於天子春秋
之世既有奠殯即位踰年即位此

0012_0082-2

踰月即位當奠殯即位也此言伊尹祠于先王是特設祀也嗣王祇見厥祖是始見祖也特設祀禮而王始見祖明是祖即王位告殯爲喪主也奉嗣王祇見厥祖侯甸羣后咸在百官總已以聽冢宰伊尹制百官以三公攝冢宰○春秋文公九年毛伯來求金何以不稱使當喪未君也踰年矣何以謂之未君據崩在八年踰年即位

仪丧礼五　百廾九

0012_0083-1

即位矣而未稱王也未稱王何以知其即位以諸侯之踰年即位亦知天子之踰年即位也以天子三年然後稱王亦知諸侯於其封內三年稱子也踰年稱公矣則曷爲於其封內三年稱子緣終始之義一年不二君故君薨稱子某既葬稱子緣臣民

張本下象鼻題監生秦淳四字傳本剪去之

0012_0083-2

之心不可曠年無君故踰年稱公緣孝子之心則三年不忍當也不忍當公位。公羊傳。又案曲禮曰天子未除喪曰予小子注云謙未敢稱一人春秋傳曰以諸侯之踰年即位亦知天子之踰年即位以天子三年然後稱王亦知諸侯於其封內二年稱子疏曰天子踰年即位無文約魯十二公諸侯三年內稱子亦無文約天子踰年不稱使也是天子諸侯互相明也又准左傳之義諸侯薨而嗣子即位凡有三時一

二十六　九十八　仪丧礼五　百三十

0012_0084-1

是始喪即適子之位二是踰年正月即一國正君臣之位三是除喪而見於天子天子命之嗣列爲諸侯之位今此踰年即位是遭喪明年爲元年正月即位白虎通云父沒稱子某屈於尸柩也既葬稱子者即尊之漸也踰年稱公者緣臣民之心不可一日無君終始之義一年不二君故踰年即位保臣民之心也○文公元年春王正月公即位先君未葬而公即位不可曠年無君○疏曰諸侯之禮既葬成君先君雖未葬既踰年而君即位不

傳本第一百三十一葉墨筆描字較多今改用張本

可擐年無君故也釋例云遭喪繼立者每新年必改元正位百官以序故國史書即位於策以表之文公成公先君之喪未葬而書即位因三正之始明繼嗣之正表朝儀以固百姓之心此乃國君明分制之大禮譬周康王麻冕黼裳以行事事畢然後反喪服也杜引顧命康王之事以譬此者彼既殯此是踰年雖時不同取其暫服吉服事相似耳又襄釋例曰尚書顧命天子在殯之遺制也推此亦足以章諸侯之禮矣○定公元年夏六月公之

儀禮疏五　一百三十一

喪至自乾侯戊辰公即位諸侯薨五日而殯殯則嗣子即位癸亥昭公喪至五日殯於宮定公乃即位○疏曰公羊穀梁傳皆云正棺於兩楹之間然後即位據正棺兩楹之間即殯所謂至于堂者也喪大記君之禮云既小斂乎女奉尸夷于堂尊云云之[illegible]變諸侯之小斂[illegible]者俱一日[illegible]辰去癸亥五日[illegible][illegible]之曰不[illegible]爲正棺即位也罪[illegible][illegible]殯[illegible]行[illegible]死既至於兩楹[illegible]適[illegible]云[illegible]所[illegible]

0012_0086-1　0012_0085-2

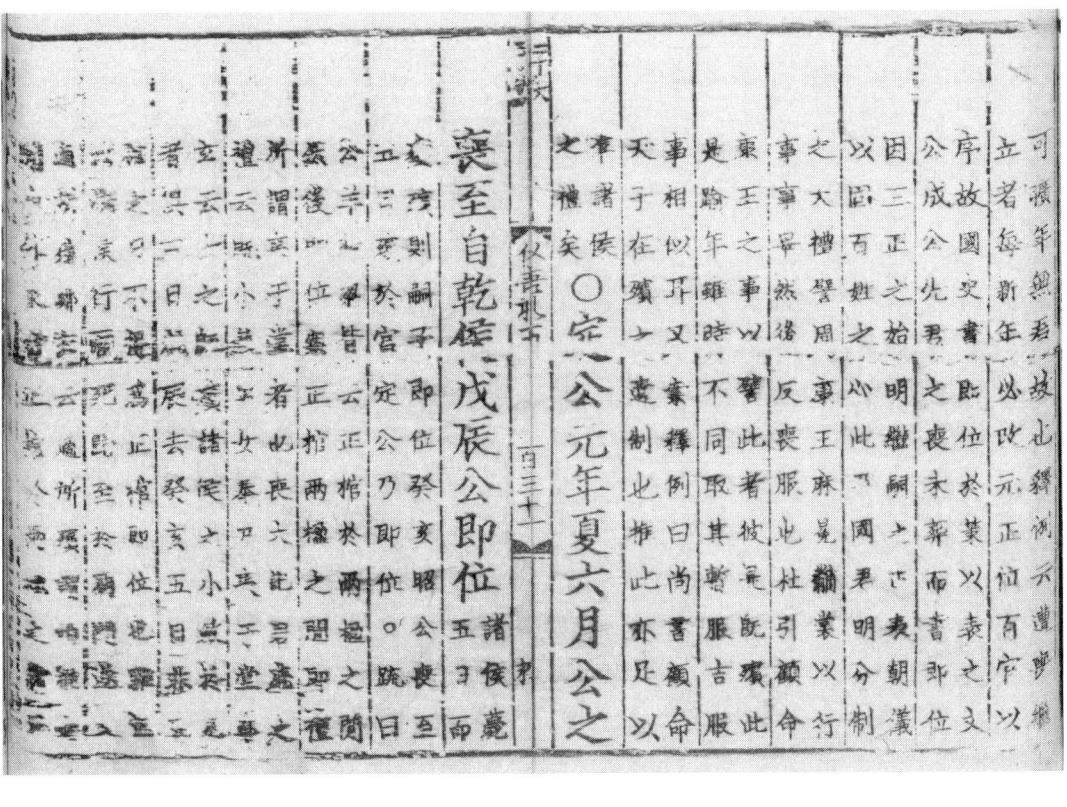

亦夷之於此因殯焉殯必於兩楹之間者以其死不於室而自外來留之於中不忍遠也鄭取二傳之說言死從外來者殯在兩楹之間若謂殯爲正棺則與杜言合矣○左氏傳○癸亥公之喪至自乾侯則曷爲以戊辰之日然後即位正棺於兩楹之間然後即位公羊傳○沈子曰正棺乎兩楹之間然後即位也内之大事日即

喪記卷五　百丰一

位君之大事也其不日何也以年決者不以日決也此則其日何也踰年即位厲也厲名也公喪在外踰年六月乃得即位危故日之於厲之中又有義焉先君未殯則後君不得即位未殯雖有天子之命猶不敢況臨諸臣乎以輕喻重也雖爲天子所召不敢背殯而往況君喪未殯而行即位之禮以臨諸臣乎○背殯佩

0012_0086-2

周人有喪魯人有喪周人弔魯人不弔周人曰固吾臣也使人可也魯人曰吾君也親之者也使大夫則不可也君至尊也去父之殯而往弔猶不敢況未殯而臨諸臣乎穀梁傳○月正元日舜格于文祖月正正月元日上日也舜服堯喪三年畢將即政故復至文祖廟告文祖

0012_0087-1

者堯文德之祖廟○惟三祀十有二月朔伊尹以冕服奉嗣王歸于亳詳見祥禪記禪易服

居倚廬不塗君爲廬宮之大夫士禮之宮謂圍障之也禮袒也謂不障○疏曰此論初遭喪君大夫士居廬之禮居倚廬者謂於中門之外東墻下倚木爲廬故云居倚廬不塗者但以章夾障不以泥塗之也君爲廬宮之者謂廬外以帷障之如宮牆大夫士禮之者禮袒也其

0012_0087-2

廬袒露不帷障也案既夕禮注云倚木爲廬在中門外東方北戶○喪大記

○宮正大喪則授廬舍辨其親踈貴賤之居廬倚廬也舍堊室也親者貴者居倚廬踈者賤者居堊室雜記曰大夫居廬士居堊室○疏曰云廬倚廬也者謂於路門之外東壁倚木爲廬云舍堊室也者舍對廬爲堊室堊室者兩下爲之與廬異故云堊室也云親者貴者居倚廬者親謂大功已上貴爲大夫已上者居倚廬云踈者賤者居堊室者踈謂小功緦麻賤謂士二者居堊室知義如此者以其經云辨其親踈貴賤明當如此解之也又引雜記者彼是諸侯之臣其大夫居廬士居堊室鄭注士居堊室亦謂邑宰也朝廷之士亦居廬○天官

0012_0088-1

右居廬○書曰高宗梁闇三年不言何謂梁闇也傳曰高宗居凶廬三年不言此之謂梁闇子張曰何謂也孔子曰古者君薨王世子聽于冢宰三年不敢服先王之服履

先王之位而聽焉以民臣之義則不可一日無君矣不可一日無君猶不可一日無天也以孝子之隱乎則孝子三年弗居矣隱痛也字或爲殷故曰義者彼也隱者此也遠彼而近此則孝子之道備矣尚書大傳○案禮記作諒闇鄭玄以爲凶廬論語作諒陰孔氏曰諒信也陰默也字義各不同禮記論語見喪通禮言語條○滕定公薨世子五月居廬未有命戒百官族人可謂曰知詳見喪服

外宗大喪則叙外内朝莫哭者内外宗及外命婦○疏曰經直云外内鄭云内外宗及外命婦則内中以兼外宗外中不兼内命婦也經不云内外宗内外命婦者意欲見内是内宗舉内以見外其外中則不得舉外以見内以其内命婦九嬪叙之也故九嬪職云大喪帥叙哭者注

云后哭衆乃哭是内命婦九嬪叙之故鄭亦不言内命婦○春官○世婦大喪比外内命婦之朝莫哭不敬者而苛罰之苛譴也○疏曰大喪謂王喪殯後有朝夕哭事外命婦朝廷卿大夫士之妻内命婦九嬪已下以尊卑爲位而哭而有不敬者則呵責罰之○春官○哭位條内有天子之喪別姓而哭肆師令序哭内宗序哭九嬪帥叙哭並此條通用當互考○朝夕哭不惟緣孝子心欲見殯肂也既出則施其室鬼神尚幽闇也○雜記○士備入而后朝夕踊備猶盡也國君之喪嫌主人哭入則踊○疏曰此一節論君喪羣臣朝夕哭踊之事備盡也國君喪嗣國孝子雖朝夕先入即位哭必待諸臣皆入列位畢後乃俱踊者也士早最後故舉士入爲畢也所入有前後而相待踊者孝子哀深故前入也踊須相視爲節故俟齊也○檀弓

右朝夕哭

大祝徹奠奠見始死奠條

右徹大斂奠

司服大喪共其奠衣服奠衣服今坐上魂衣也○疏曰守祧職云遺衣服藏焉鄭云大斂之餘也至祭祀之時則出而陳於坐上則此奠衣服者也○春官○陳小斂奠條内有封人飾牛牲等七官又陳大斂條内有司几筵設葦席素几皆此條所通用此條後凡奠通用當互考

右朝夕奠

籩人喪事共其薦籩羞籩謂殷奠時○疏曰殷猶大也大奠朔月月半薦新祖奠遣奠之類也○案士喪禮月半不殷奠注云士月

半不復加朔月盛奠下尊者疏云下尊者以下大夫以上有月半奠故士禮月半不殷奠而此有月半奠也○天官○陳小斂奠條内有封人等七官陳大斂條内有司几筵設葦席素几朝夕奠條内有司服共奠衣服皆此條通用此條凡後殷奠通用當考

○天子諸侯之喪斬衰者奠大夫齊衰者奠詳見大斂奠章○外饔凡小喪紀陳其鼎俎而實之疏曰小喪紀謂夫人以下之喪陳其鼎俎謂殷奠及虞祔之祭皆有鼎俎○天官

右朔月月半殷奠

小宗伯及執事眡葬獻器遂哭之卜葬兆甫竁亦如之竁昌絹反李依杜呂鋭反鄭音穿○兆塋域甫始也鄭讀竁爲穿杜讀竁爲毳謂葬穿壙也○疏曰亦如上獻明器哭之但明器材哭於殯門外此卜葬地在壙所則哭亦與在殯所哭之相似故云亦如之○春官

○冢人掌公墓之地辨其兆域而爲之圖先王之葬居中以昭穆爲左右

公君也圖爲畫其地形及丘壟所處而藏之先王造塋者昭居左穆居右夾處東西○疏曰訓公爲君者言公則諸侯之通稱言君則上通天子此既王之墓域故訓爲君也云圖謂畫其地及丘壟所處藏之者謂未有死者之時先畫其地之形勢豫圖出其丘壟之處也既爲之圖而藏之後須葬者依圖置之也云先王造塋者但王者之都有遷徙之法若文王居豐葬於畢即是造塋者子孫皆就而葬之即以文王居中文王弟當穆則武王爲昭居左成王爲穆居右康王爲昭居左昭王爲穆居右已下皆然至平王東遷死葬即又是造塋者子孫

0012_0092-2

繆昭穆夾處東西若然兄死弟及俱爲君則以兄弟爲昭穆以其弟已爲臣臣
子一列則如父子故列昭穆也但置塋以昭穆夾處與置廟同也凡諸
侯居左右以前卿大夫士居後各以其
族子孫各就其所出王以尊卑處其前後而亦併昭穆○併薄洽反○疏曰
言凡者非一以其王之子孫皆適爲天子庶爲諸侯先王子孫爲畿內諸侯王
朝卿大夫士死者則居先王前後之左右諸侯言左右卿大夫士下云各以其
族亙相通也注言子孫者據造塋者所生爲子已後左右王之所生累世皆是

0012_0093-1

孫言以尊卑處其前後者尊謂諸侯卑謂卿大夫士云亦併昭穆者論兄弟同
倫當昭自與昭併當穆自與穆併不謂昭穆併有也凡死於兵者
不入兆域○戰敗無勇投諸塋外以罰之疏曰曲禮云死寇曰兵注
云當饗祿其後即下又云凡有功者居前是也此是戰敗故投之塋外罰之也
凡有功者居前居王墓之前處昭穆之中央○疏曰云居前者
則不問爲諸侯與卿大夫士但是有功則得居王墓之前以表顯之也此則曲
禮云死寇曰兵兼餘功若司勳王功事功國功之等皆是也上云諸侯居左右

0012_0093-2

已前即是昭居左穆居右今云昭穆之中央謂正當王冢前由其有功故特居
中顯異之也以爵等爲丘封之度與其樹數
別尊卑也王公曰丘諸侯曰封漢律曰列侯墳高四丈關內侯以下至庶人各
有差○別彼列反○疏曰雖云度與樹數天子已下無差次之文注云別尊卑
尊者丘高而樹多卑者封下而樹少故云別尊卑也鄭知王公曰丘諸臣曰封
者此無正文爾雅云土之高曰丘高丘曰阜是自然之物故屬之王公也聚土
曰封人所造故屬之諸臣若然則公中可以兼五等也鄭引漢律者周禮丘封

0012_0094-1

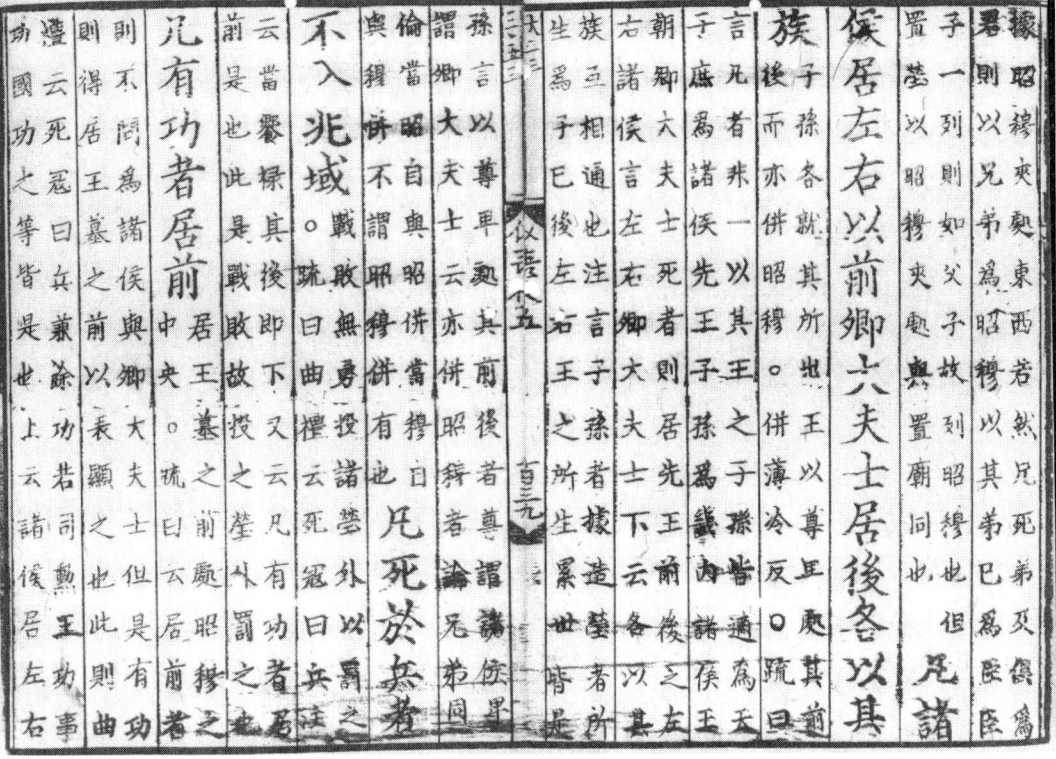

高下樹木之數無文以漢法况之也大喪既有日請度甫
竁遂爲之尸度待洛反○甫始也請量度所始竁之處地爲尸者
成葬爲祭墓地之尸也鄭司農云既有日既有葬日也始竁時祭以告后土冢
人爲之尸○疏曰大喪謂王喪有日謂葬日天子七月而葬葬用下旬云請度
甫竁者謂冢人請於冢宰量度始穿地之處也言遂爲尸者因事曰遂初請量
度至葬訖祭墓故冢人遂爲尸也先鄭以遂爲之尸據始穿時祭墓地冢人爲
之尸後鄭據始穿無祭事至葬訖成墓乃始祭墓故冢人爲尸不從先鄭者祭

0012_0094-2

小宗伯成葬而祭墓爲位則初穿地時無祭墓之事然引之在下者小宗伯雖無初祭墓之事亦得通一義故引之在下 **及竁以度爲丘隧** 隧羨道也度丘與羨道廣袤所至窆器下棺豐碑之屬喪大記凡封用綍六碑負引君封以衡大夫以咸○去起呂反咸又作緘同古咸反○疏曰上經已甫竁此經復云及竁者此更本初欲竁之時先量度作丘作隧道之廣狹長短故文重耳鄭案僖二十五年左傳云晉文公請隧不許則天子有隧諸侯已下有羨道隧與羨異者隧道則上有負土謂若鄭莊公與母掘地而相見者是羨

0012_0095-1

道無負土若然隧與羨別而鄭云隧羨道者對則異散則通故鄭舉羨爲况也 **凡諸侯及諸臣葬於墓者授之兆** 疏曰上文惟見王及子孫之墓地不見同姓異姓諸侯之墓地故此經揔見之若然此墓地舊有兆域今新死者隨卽授之耳○同上 **○葬於北方北首** 疏曰言葬於北國及北首者鬼神尚幽闇往詣幽冥故也檀弓時仍南首者孝子猶若其生不忍以神待之○檀弓 **○龜人若有祭事則奉龜以往喪亦如之** 疏曰喪謂卜葬宅及日皆亦奉

0012_0095-2

龜往不褻也○春官 **○大卜凡喪事命龜** 重喪禮次大祭祀也士喪禮則筮宅卜日天子卜葬兆凡大事大卜陳龜貞龜命龜眡高其他以差降焉○疏曰大子卜葬日與士同其宅亦卜之與士異者經云卜其宅兆亦據大夫已上若士則筮宅也云凡大事大卜陳龜貞龜命龜視高者此大卜所掌皆是大事故大卜或陳龜或貞龜或視高其他以差降者更有臨卜已下至作龜官之尊卑以次爲之是也○春官 **○大夫卜宅與葬日有司麻衣布衰布帶因喪屨緇布**

0012_0096-1

冠不蕤占者皮弁 有司卜人也麻衣白布深衣而著衰焉及布帶緇布冠此服非純吉亦非純凶也皮弁則純占之尤者也占者尊於有司卜求吉其服彌吉大夫士朝服皮弁○疏曰大夫卜宅謂葬地大夫尊故得卜宅并葬日有司謂卜人麻衣謂白布深衣布衰謂麤衰也皇氏云以三升半布爲衰長六寸廣四寸綴於深衣前當胷上云又有負版長一尺六寸廣四寸布帶以布爲帶因喪屨謂因喪之繩屨緇布冠不蕤者以緇布爲冠不加緌此服非純言亦非純凶也者謂麻衣白布深衣十五升是吉布衰是凶布帶亦凶緇

0012_0096-2

布冠是吉不純亦凶故云非純吉亦非純凶然緇布冠古法不純今特云緇布冠不雜者以後代緇布冠有雜此以凶事故不雜云皮弁則純吉之尤者也者以上麻衣緇布冠雜有吉禮此皮弁是純吉尤重者云卜求吉其服彌吉若解用皮弁之意云大夫士朔服皮弁若於諸侯是視朔之服於天子是視朝之服也

如筮則史練冠長衣以筮占者朝服

朝直遥反○筮者筮宅謂下大夫若士也筮史筮人也長衣深衣之純以素也長衣練冠純凶服也朝服純吉服也大夫士日朝服以朝也○疏曰如筮者下

0012_0097-1

大夫及士不合用卜故反用筮也下時緇布冠麻衣布衰雜以吉凶之服如筮則練冠長衣以筮輕故用純凶服也卜重故占者皮弁筮輕故占者朝服注云長衣深衣之純以素也者長衣深衣其制同凶時深衣純以布上經麻衣深衣亦純以布此經長衣則布衣純之以素也練冠是小祥以後以練爲冠都無吉象故云純凶服云大夫士日朝服以朝也者謂緇衣素裳諸侯每日視朝之服案士喪禮云族長涖卜及宗人吉服鄭注云吉服玄端也此占者朝服者彼謂士之卜禮故占者著玄端此據筮禮故占者朝服案士冠禮筮云士之屬吏爲

0012_0097-2

其長弔服加麻此史練冠長衣若比經文舍大夫其臣爲大夫以布帶繩屨故史練冠長衣、若士之卜史當從弔服不得練冠衣也○雜記

○大夫之喪大宗人相小宗人命龜卜人作龜

相悉亮反○卜葬及日也相主人禮也命龜告以所問事作龜謂揚火灼之以出兆○疏曰大夫謂卿也明卿喪用人及卜之法也大宗謂大宗伯也相佐威儀小宗謂小宗伯也命龜謂告龜道所卜之辭也卜人亦有司作謂用揚火灼之也並皆有司也皇氏云大小二宗皆並是其君之職亦爲喪事如司徒旅歸

0012_0098-1

四布是也故宗伯肆師云凡卿大夫之喪相其禮鄭注知卜葬及日者以文承上大夫卜宅與葬日之下故知此經是上大夫之卜葬宅及日也○雜記○龜人大卜而下凡四事皆卜非日條遍用

右卜宅○周公在豐致政老歸**將沒欲葬成周公薨成王葬于畢**尚書○又案尚書大傳曰周公化欲事宗廟死欲聚葬於畢畢者文王之墓地欲周公死成王不葬於周而葬之於畢

○太公封於營

丘比及五世皆反葬於周詳見禮義

○成子高寢疾成子高齊大夫國成伯高父也慶遺入請曰子之病革矣如至乎大病則如之何觀其意革急也子高曰吾聞之也生有益於人死不害於人吾縱生無益於人吾可以死害於人乎哉我死則擇不食之地而葬我焉不食謂不墾耕○檀弓

○公叔文子升於瑕丘蘧伯玉從二子衛大夫文子獻公之孫名拔文子曰樂哉斯丘也死則我欲葬焉蘧伯玉曰吾子樂之則瑗請前刺其欲害人良田瑗伯玉名○同上

虞人致百祀之木可以爲棺槨者斬之不至者廢其祀刎其人刎勿粉反徐亡粉反○虞人掌

山澤之官百祀畿內百縣之祀也○疏曰謂王頒後事也百祀者於畿內諸臣采地之祀言百者舉其全數也既頒旬而布材故虞人斬百祀之木可以爲周棺之槨者逆之也必取祀木者皆瑒云君者之著幽顯若存則人神均其處沒則靈祗等其哀傷也○檀弓

柏椁以端長六尺以端題湊也其方蓋一尺○疏曰柏椁者謂爲槨用柏也天子柏諸侯松大夫柏士雜木也鄭注方相職云天子椁柏黃腸爲裏而表以石焉以端者端猶頭也積柏材作槨並葺材頭也故云以端長六尺者天子槨材每段長六尺而方一尺注云

以端者以此木之端首題湊嚮內知其方蓋一尺者以庶人四寸之棺五寸之槨槨厚於棺一寸案喪大記君大棺八寸君謂諸侯則天子之大棺或當九寸其槨厚一尺故云其方蓋一尺則槨之厚也如鄭此言槨材並皆從下壘至上始爲題湊湊嚮也言木頭相嚮而作四阿也如此乃得槨之厚薄與棺相準皇氏以爲壘槨材從下即題湊槨六尺與槨全不相應又鄭何云其方蓋一尺皇氏之義非也○檀弓

○君松椁大夫柏椁士雜木椁椁謂周棺者也天子柏椁以端長六尺夫子制於中都使庶人之椁五寸

0012_0101-1　　0012_0100-2

五寸謂端方也此謂尊者用大材卑者用小材耳自天子諸侯卿大夫士庶人六等其棺長自六尺而下其方自五寸而上未聞其差所定也抗木之厚蓋與椁方齊天子五重上公四重諸侯三重大夫再重士一重○疏曰此明所用椁木不同君松椁者君諸侯用松爲椁材也盧云以松黃腸爲椁便云黃腸松心也大夫柏椁者以柏爲椁不用黃腸下天子也士雜木椁者士又卑不得同君故用雜木也庶人之椁五寸五寸謂端方也者每段厚薄廣狹五寸也端頭也謂材頭之方天子長六尺謂尊者用大材庶人方五寸是卑者用小材未聞其

儀喪礼五　百四十七　刘藏

差所定也者天子既六尺而下未知諸侯卿大夫士庶人節級之數庶人自五寸而上未知士及大夫卿與諸侯天子差益之數故云未聞其差所定抗木之厚蓋與椁方齊者以椁繞四旁抗木在上俱在於外故疑厚薄齊等云天子五重以下者據抗木之數言之故禮器天子五重八翣是也每一重縮二在下橫三在上故既夕注云象天三合地二也

棺椁之閒君容柷

大夫容壺士容甒 柷昌六反○閒可以藏物因以爲節○疏曰君容柷者柷如漆筩是諸侯棺椁閒所容也若天子棺椁間則差寬大故司

0012_0102-1　　0012_0101-2

几筵云柏席用萑玄謂柏椁字磨滅之餘椁席藏中神坐之席是也諸侯棺椁閒亦容席故司几筵云柏席諸侯則紛純稍狹於天子故此云容柷大夫容壺者壺是漏水之器大夫所掌甒盛酒之器士所用也

君裏椁虞筐

大夫不裏椁士不虞筐 裏椁之物虞筐之文未聞也○

喪大記

右井椁○顧命越七日癸酉伯相命士須材 詳見陳寶器條下 **○宋元公卒**

儀喪礼五　百四十八

椁有四阿君子謂華元樂舉於是乎不臣 詳見定條 **○晉魏舒合諸侯之大夫于狄泉將以城成周魏獻子屬役於韓簡子及原壽過而田於大陸焚焉還卒於甯范獻子去其柏椁以其未復命而田也** 范獻子代魏子爲政去其柏椁示貶之○定公元年春秋左氏傳 **○昔者**

0012_0102-2

夫子居於宋見桓司馬自爲石槨三年而不成夫子曰若是其靡也死不如速朽之愈也詳見士喪禮

小宗伯王崩及執事眡葬獻器遂哭之執事蓋梓匠之屬至將葬獻明器之材又獻素獻成皆於殯門外王不親哭有官代之○疏曰檀弓云既殯旬而布材與明器云執事眡葬獻器遂哭之謂獻明器之時小宗伯哭此明器哀其生死異也將葬獻明器之材者見士喪禮云

0012_0103-1

獻材于殯門外西面北上績主人徧視之如哭椁獻素獻成亦如之注云形法定爲素飾治畢爲成是其事也云王不親哭有官代之者決士喪禮主人親哭以其無官今王不親哭以其有官有官即小宗伯哭之是也○後陳明器一條並此條通用當互考

右獻明器

天子崩七月而葬諸侯五月而葬大夫二月而葬禮器○士三月而葬是月也卒

0012_0103-2

哭大夫三月而葬五月而卒哭諸侯五月而葬七月而卒哭尊卑恩之差也○疏曰大夫以上葬與卒哭異月者以其位尊念親哀情於時長士職卑位下禮數未申故三月而葬葬罷卽卒哭○雜記○卜宅條內有虞人大卜而下四事並此條通用當互考

右卜葬日○隱公三年葬宋繆公

葬者曷爲或日或不日不及時而

0012_0104-1

日渴葬也渴喻急也乙未葬宋繆公是也不及時而不日慢葬也慢薄不能以禮葬也八月葬蔡宣公是也過時而日隱之也隱痛也痛賢君不得以時葬丁亥葬齊桓公是也過時而不日謂之不能葬也解緩不能以時葬夏四月葬衛桓公是也當時而不日正也當丁浪反又如字下同○六月葬陳惠公是也當時而日危不得葬也公羊傳○

0012_0104-2

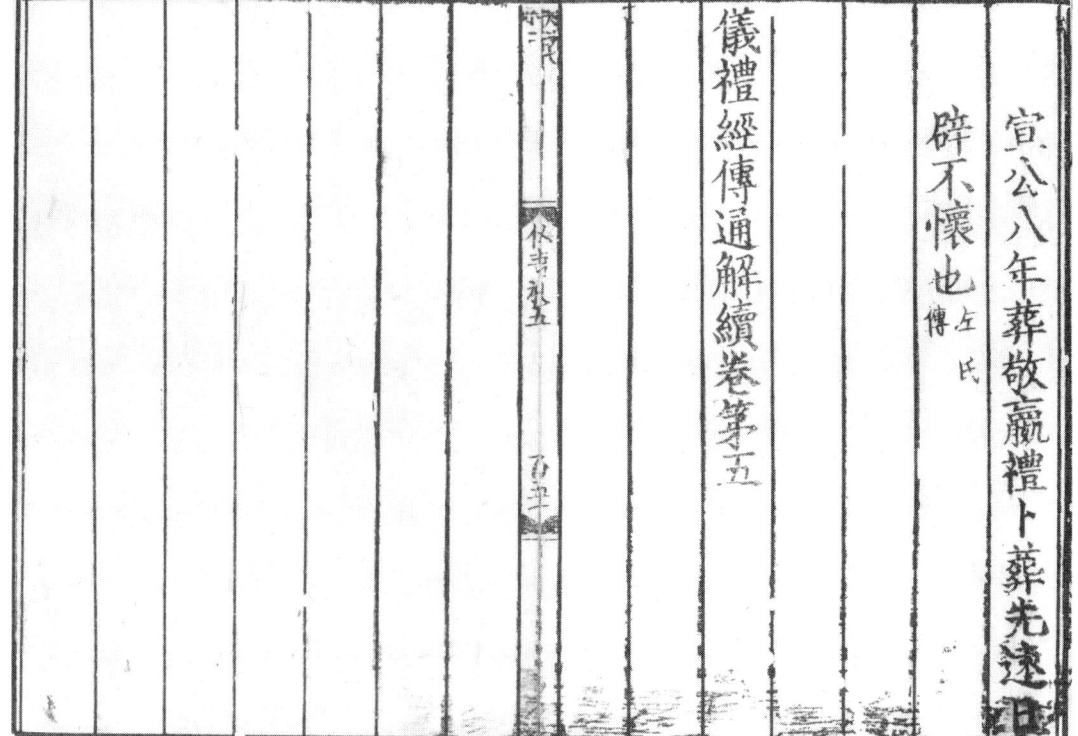

宣公八年葬敬嬴禮卜葬先遠日
辟不懷也左氏傳

儀禮經傳通解續卷第五

0012_0105-1

0012_0108-2　　0012_0109-1

儀禮經傳通解續卷第六

喪大記下六　　喪禮四之下

補

世婦掌喪紀之事帥女宮而濯摡爲齍盛 摡古愛反○摡拭也爲猶差擇○拭音式清也○[illegible]口喪紀謂大喪朝廟設祖奠及大遣奠時也 ○內豎若有喪紀之事則爲內人蹕 內人從世婦於廟者內豎爲之宮蹕者以其掌內小事○疏曰此謂喪朝廟爲祖奠遣奠時也皆爲內人蹕止行人也鄭知內人從世婦者內人卑不專行事明此內人從世婦而掘摡及爲粢盛也內豎掌內小事以其蹕止行人既是小事故還使內豎蹕也○小斂條內有封人等七官大斂條內有司几筵設几席朝夕奠條內有司服共奠衣服朔月月半奠條內有遂人共薦[illegible][illegible][illegible]外饔[illegible]薦俎天子既新喪者奠諸侯喪斧衰者奠皆此條所通用

此以上兩條祖奠遣奠通用惣五考

右陳朝祖奠

0012_0109-2　　0012_0110-1

喪祝及辟令啓 鄭司農云辟爲除菆塗椁也令啓謂喪祝主命役人開之也檀弓曰天子之殯也菆塗龍輴加斧于椁上畢塗屋○疏曰除菆塗棺者天子七月而葬七日殯殯時以椁菆塗其棺及至葬時故命役人開之

小喪亦如之 小喪王后世子已下之喪

右啓

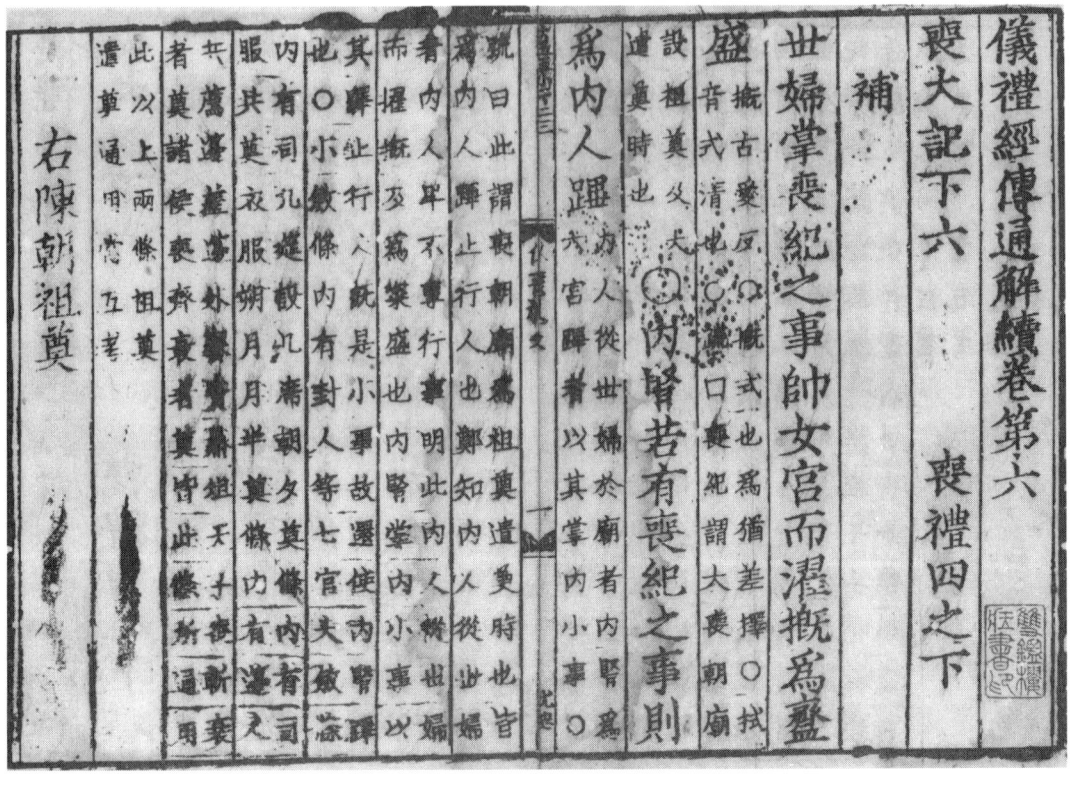

閽人喪紀之事設門燎蹕宮門廟門 燎地燭也蹕止行者廟在中門之外○疏曰喪紀設門燎蹕宮門廟門者大喪以下朝廟及出葬之時宮中及廟門皆設門燎蹕止行人也燎地燭也者燭在地曰燎謂若天子百[illegible]十侯伯子男皆三十所作之狀蓋百根葦皆以布纏之以蜜塗其上若今蠟燭矣對人手執者爲手燭故云地燭也又云廟在中門之外者謂若小宗伯云左宗廟是也○設燎條內有委人共薪蒸司烜氏共墳燭庭燎吾堂上二燭三條並此條所通用當考 ○士師諸侯爲賓則帥其屬而蹕于王宮大喪亦如之 疏曰大喪在宮中謂朝廟亦在宮中爲蹕也 ○內豎王后之喪

0012_0111-1　　0012_0110-2

遷于宮中則前蹕喪遷者將葬朝于廟○疏曰將葬而往朝七廟則亦使內豎在車前蹕止行人也○大司寇前王大喪亦如之大喪所前或嗣王○疏曰喪是王喪復云前王明是嗣王也言或者或是先后及王世子皆是大喪若先后及世子大喪則王為正也○小司寇前王而辟鄭司農云小司寇為王道辟除姦人也若今時執金吾下至令尉奉引矣后世子之喪亦如之疏曰謂后世子之喪當朝廟之時王出入亦為王而辟也○閭胥凡

仪丧礼六　三

喪紀之數聚眾庶喪紀大喪之事也王家喪紀閭胥為之聚眾庶以待驅使也○大司徒大喪帥六鄉之眾庶屬其六引而治其政令眾庶所致役也鄭司農云六引謂喪車索也六鄉主六引六遂主六紼○疏曰王喪至七月而葬大司徒帥六鄉之眾庶取一千人屬其六引挽柩鄉壙而治其政令者大司徒則檢校挽柩之事云眾庶所致役也者但六鄉七萬五千家唯取一千人致之使為挽柩之役也司農云六鄉主六引則此經是也云六遂主六紼者案遂人職云大

0012_0112-1　　0012_0111-2

喪帥六遂之[redacted]而致之掌其政令及葬帥而屬六紼在棺曰紼見繩體行道曰引見用力互文以見義也○遂人大喪帥六遂之役而致之及葬帥而屬六紼及窆陳役屬音燭紼音弗○致役致於司徒給墓上事及窆也紼舉棺索也葬舉棺者謂載與謚時也用紼旁六執之者天子其千人與陳役者立陳列之耳匠師帥監之鄉師以斧涖焉大喪之正棺殯啓朝及引六鄉役之載及窆六遂役之亦即遠相終始也○疏曰殯及引皆六鄉役之其墓上事及窆等六遂役之墓上則説載

仪丧礼六　四

下棺之等窆謂穿壙之等不言在廟載事亦六遂役之不言者略也必致於司徒者司徒雖主六鄉亦兼掌六遂之役故也云紼舉棺索者在棺則曰紼在道則曰引六遂之役不在道故據在棺而言紼也云陳役者謂下棺之時千人執紼背碑負引須陳列其人故知謂陳列之也案大司徒職云大喪帥六鄉之眾庶屬其六引此遂人云帥六遂之役屬六紼及窆陳役以六鄉近使主殯及啓朝為始在祖廟之中將行載棺於蜃車屬六紼則六遂為終也至於大道言引則還使六鄉為始至壙窆之下棺則還使六遂為終以二處各自為終始故云

張本下象鼻題監生陳浚四字傳本剪去之

0012_0112-2

卯遠爲終始也○小司徒大喪帥邦役治其政

教喪役正棺引窆復土○疏曰言正棺者謂若七月而葬朝廟之時正棺於

廟引謂葬時引柩車自廟至壙窆謂下棺於坎天子六綍四碑背碑挽引而下

棺云復土者掘坎之時掘土向外下棺後反復此土以爲丘陵故云復土也

○鄉師大喪用役則帥其民而至遂治

之治謂監督其事○疏曰言大喪用役謂若喪時輓六引之等鄉之大夫旣

主鄉民役用鄉民之時鄉師遂治之監督謂監當督察其事○以上五條柩行

0012_0113-1

通用內遂人小司徒二條并窆通用當互考○喪祝及朝御

匶鄭司農云朝謂將葬朝於祖考廟而後行則喪祝爲御柩也檀弓曰喪之

朝也順死者之孝心也其哀離其室也故至於祖考之廟而後行殷朝而殯於

祖周朝而遂葬故春秋傳曰凡夫人不殯于廟不祔于姑則弗致也晉文公卒

將殯于曲沃就宗廟晉宗廟在曲沃故曰曲沃君之宗也又曰丙午入于曲沃

丁未朝于武宮○疏曰言及朝者及猶至也謂侵夜啓殯昧爽朝廟故云及朝

云御柩者發殯宮輴車載至廟其時喪祝執纛居前以御正柩也案趙商問周

0012_0113-2

朝而遂葬則是殯于宮葬乃朝廟案春秋晉文公卒殯于曲沃是爲去絳就祖

殯與周禮異未通荅曰葬乃朝廟當周之正禮也其末世諸侯國何能同也傳

合不合當解傳耳不得難經何者旣夕將葬遷于祖用軸旣是周公正經朝

廟乃葬故云不得難經孔子發言凡不殯于廟不祔于姑則不致明正禮約殯

于廟發凡則是關異代何者孔子作春秋以通三王之禮先鄭引之者欲見春

秋之世諸侯殯于廟亦當朝廟乃殯小喪亦如之小喪者王后世

子已下之喪○升正柩諸侯執綍五百人四

0012_0114-1

綍皆銜枚司馬執鐸左八人右八人匠

人執羽葆御柩大夫之喪其升正柩也

執引三百人執鐸者左右各四人御柩

以茅枚音梅鐸大洛反葆音保引以慎反茅云交反○升正柩者謂將葬

朝于祖正棺於廟也五百人謂一黨之民諸侯之大夫邑有三百戶之制綍引

同耳廟中曰綍在塗曰引互言之御柩者居前道正之大夫士皆二綍○疏曰

升正柩者謂將葬朝於祖廟柩升廟之西階正於兩楹之閒其時柩北首故既

0012_0115-1　　0012_0114-2

夕禮云遷于祖用軸外自西階正柩于兩楹間是也四綍皆銜枚者謂執綍之人口皆銜枚止喧囂也司馬夏官主武故執金鐸率衆左右各八人夾柩以號令於衆也匠人執羽葆御柩者以鳥羽注於柄頭如蓋謂之羽葆葆謂蓋也此人主宮室故執羽葆君柩前御行於道示指揮柩於路爲進止之節也然周禮喪祝御柩此云匠人者周禮王禮此諸侯禮也案周禮注六鄉主六引六遂主六綍經云執綍則戀舉六遂而言黨者此非鄉遂之殊正取五百人是一黨之人數耳云諸侯之大夫邑有三百戶之制者謂小國中下大夫也故鄭注易

大明守一　儀禮就文　十

訟案云小國之下大夫采地方一成其定稅三百家故三百戶也其實大國下大夫亦三百戶故論語云管仲奪伯氏駢邑三百注云伯氏齊大夫是齊爲大國下大夫亦二百家也下大夫三百家一成之地一成所以三百家者一成九百夫宮室塗巷山澤三分去一餘有六百夫地又不易再易通率一家而受二夫之地是定稅三百家也○雜記○喪祝乃奠奠主謂乃奠置席奠○疏曰乃奠者案既夕禮朝廟之時重先奠從燭從柩從彼奠乃昨夜之奠至廟下稆於廟兩楹之間設此宿奠至明徹去宿奠乃設此朝廟之奠於柩西

0012_0116-1　　0012_0115-2

故云小奠小喪亦如之小喪王后世子已下之喪○天府凡吉凶之事祖廟之中沃盥執燭告事四時祭也凶事謂王喪朝于祖廟之奠○疏曰他官在祖廟中沃盥者小祝大祭祝沃尸盥小臣大祭祀沃王盥此二官掌沃盥在祖廟中則天府爲之執燭其者士師云祀五帝沃尸盥禮則天府與執燭也云凶事王后喪朝于祖廟之奠者王及后喪七月而葬將葬當朝六廟後乃朝祖廟祖廟中日則爲祖奠厥明將去爲大遣奠皆有沃盥之事○遂師大喪共蜃車

十五十三　小三、二十二　儀禮就文　八

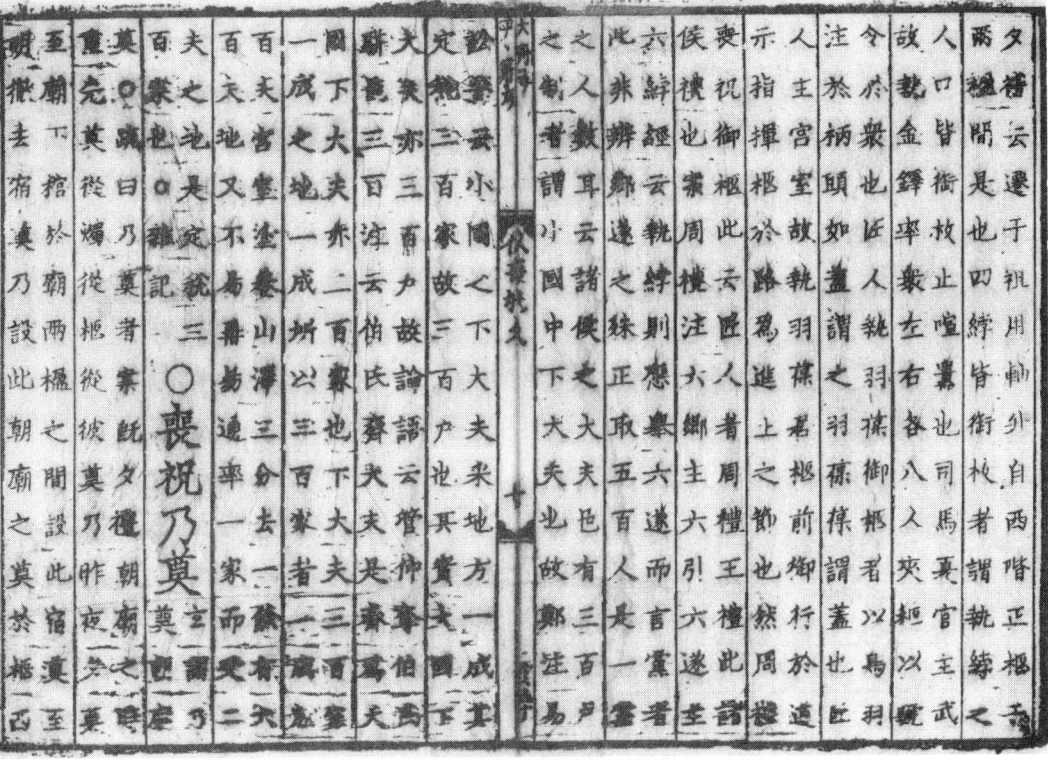

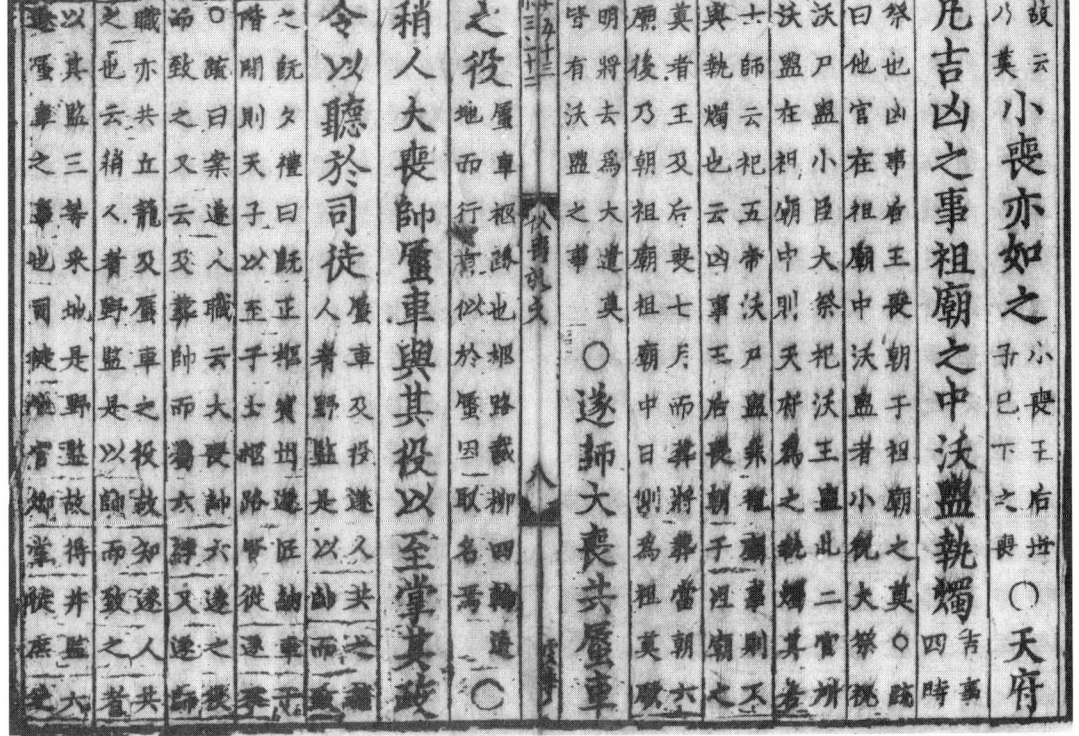

之役蜃車柩路也柩路載柳四輪迫地而行有似於蜃因取名焉○稍人大喪帥蜃車與其役以至掌其政令以聽於司徒蜃車及役遂人共之稍人者野監是以帥而致之○疏曰案遂人職云大喪帥六遂之役而致之又云及葬帥而屬六綍又遂師職亦共丘籠及蜃車之役故知遂人共之也云稍人者野監是以帥而致之者以其監三等采地是野監故得并監六遂蜃車之事也司徒是地官卿掌徒庶

0012_0116-2

或令故稍人帥衆以聽於司徒也云天子至士柩路皆從遂來者此經舉天子既夕下舉士則其中有諸侯卿大夫之喪柩路皆從遂人來可知○巾車小喪共匶路疏曰言大喪據王不別言后與世子則此與中可以兼之載柩車即蜃車○祥車曠左空神位也祥車葬之乘車○疏曰葬時魂車也車上貴左故僕在右空左以擬神也○曲禮○已上四條柩行通用又至壙條陳車窆條喪不以制此條通用當互考○圉人凡賓客喪紀牽馬而入陳喪紀之馬啓後所薦馬○

0012_0117-1

疏曰雖同牽馬入陳賓客喪紀所陳有異據賓客則在館天子使人就館而陳之若喪紀則謂將葬朝廟時既夕禮薦馬纓三就天子朝廟亦當在祖廟中陳設明器之時亦遣人薦馬及纓入廟陳之此馬謂擬駕乘車廞馬亦如之廞馬遣車之馬人捧之亦牽而入陳○疏曰此遣車則天子九乘載所苞遣奠以入壙皆人捧之云亦牽而入陳皆亦於祖廟陳此明器也但遣車及馬各使人別捧故上注云行則解脫之是也○柩行通用內廞馬一條陳明器通斥○士喪有與天子同者三其終夜

0012_0117-2

燎及乘人專道而行詳見士喪禮朝祖右朝祖奠薦車馬○叔孫豹卒杜洩將以路葬且盡卿禮季孫使杜洩舍路不可曰夫子受命於朝而聘於王在襄二十四年王思舊勳而賜之路感其有禮以念其先人復命而致之君豹不敢自乘君不敢逆王命而復賜之使三官書之吾子爲司徒實書名謂季

0012_0118-1

孫也書名定位號夫子爲司馬與工正書服謂叔孫也服車服之器工正所書孟孫爲司空以書勳勳功也今死而弗以是棄君命也書在公府而弗以是廢三官也若命服生弗敢服死又不以將焉用之遂使以葬昭四年春秋左氏傳○鄭

第十一葉兩本均缺

0012_0120-1　　0012_0119-2

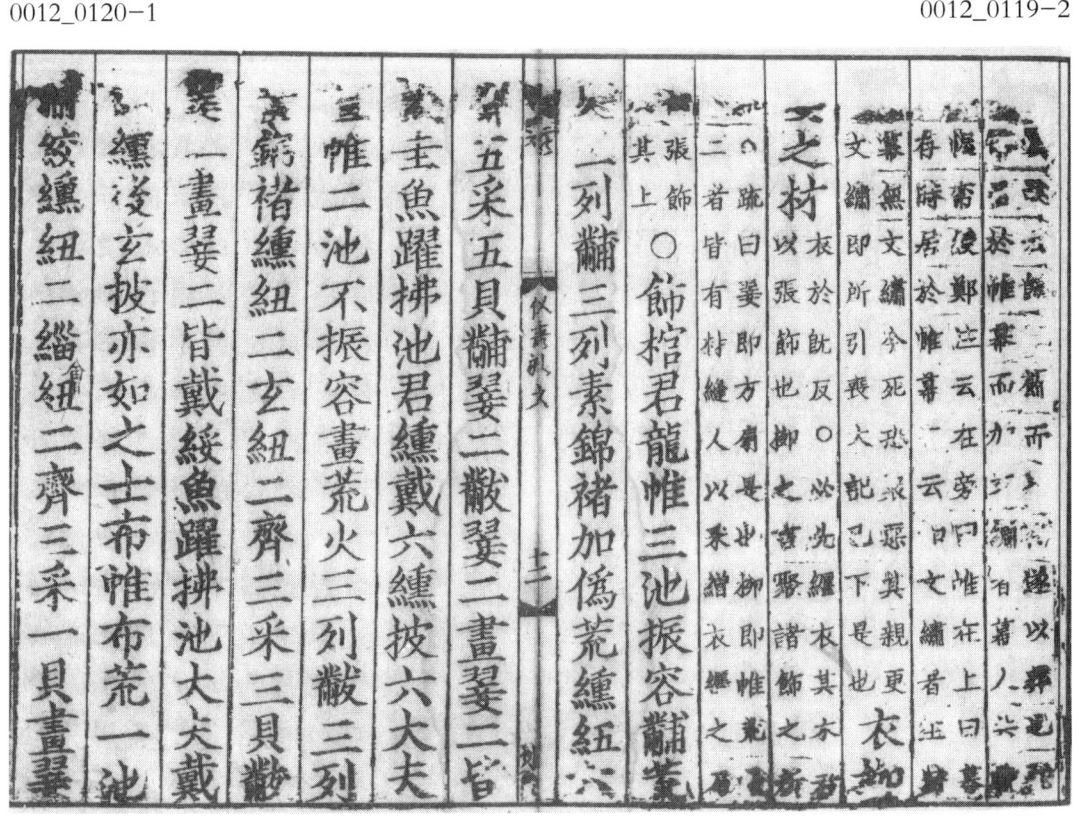

[illegible]云[illegible]飾[illegible]而[illegible]以翣[illegible]
[illegible]於帷荒而加之[illegible]有翦人[illegible]
[illegible]鄭注云在旁曰帷在上曰荒[illegible]
存時居於帷幕[illegible]云[illegible]文繡者注[illegible]
[illegible]無文繡今死恐衆惡其親更
文繡即所引喪大記已下是也衣柳
之材
衣於既反○必先纏衣其木[illegible]
以張飾也柳之言聚諸飾之所[illegible]
○疏曰萋即方扇是也柳即帷荒[illegible]
二者皆有材縷人以采繒衣纏之[illegible]
張飾
其上
○飾棺君龍帷三池振容黼荒
[illegible]一列黼三列素錦褚加僞荒纁紐六

仪禮疏文　十二

齊五采五貝黼翣二黻翣二畫翣二皆
戴圭魚躍拂池君纁戴六纁披六大夫
畫帷二池不振容畫荒火三列黻三列
素錦褚纁紐二玄紐二齊三采三貝黻
翣二畫翣二皆戴綏魚躍拂池大夫戴
前纁後玄披亦如之士布帷布荒一池
揄絞纁紐二緇紐二齊三采一貝畫翣

0012_0120-2

二皆戴綏士戴前纁後緇二披用纁論音

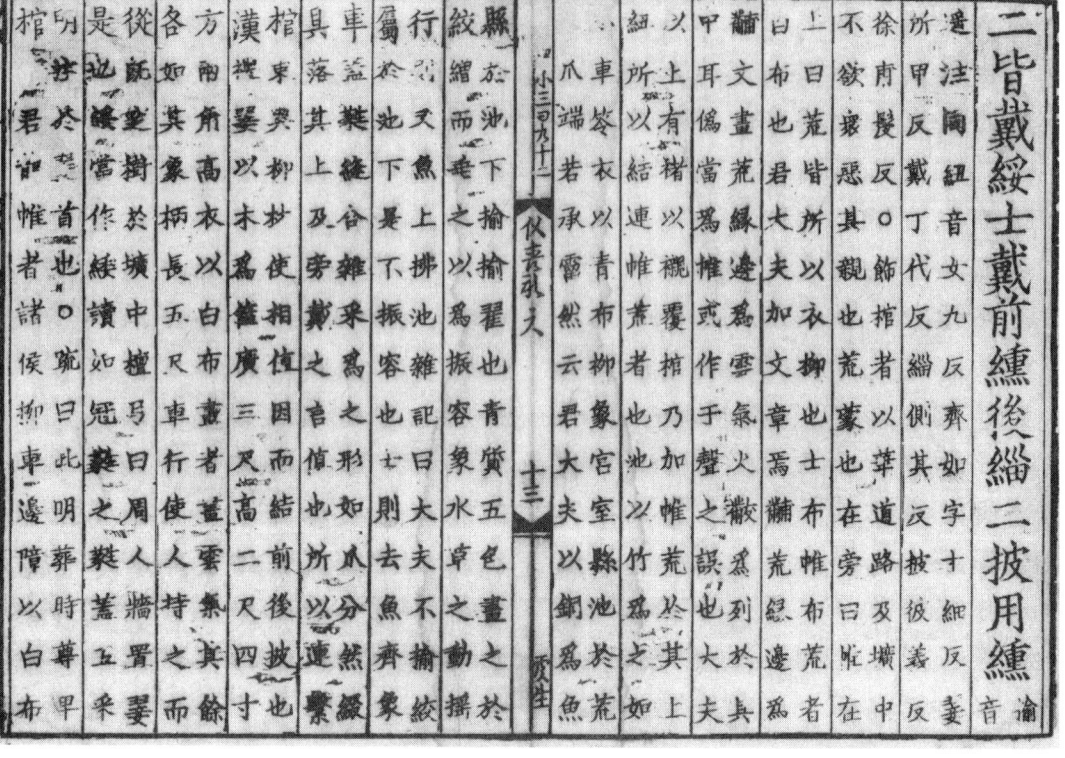

遷注綱紐音女九反齊如字寸細反妻所甲反戴丁代反緇側其反披彼義反

徐甫髮反○飾棺者以華道路及壙中不欲衆惡其觀也荒蒙也在旁曰帷在

上曰荒皆所以衣柳也士布帷布荒者白布也君大夫加文章焉黼荒緣邊爲

黼文畫荒緣邊爲雲氣火黻爲列於其中耳偽當爲帷或作于聲之誤也大夫

以上有褚以襯覆棺乃加帷荒於其上紐所以結連帷荒者也池以竹爲之如

小車笭衣以青布柳象宮室縣池於荒爪端若承霤然云君大夫以銅爲魚

小三百九十二　儀喪禮大　十三

0012_0121-1

縣於池下揄揄翟也青質五色畫之於絞繒而垂之以爲振容象水草之動搖

行則又魚上拂池雜記曰大夫不揄絞屬於池下是不振容也士則去魚齊象

車蓋蕤緌合雜采爲之形如瓜分然綴具落其上及旁戴之言值也所以連繫

棺束與柳材使相值因而結前後披也漢禮翣以木爲筐廣三尺高二尺四寸

方兩角高衣以白布畫者畫雲氣其餘各如其象柄長五尺車行使人持之而

從旣窆樹於壙中檀弓曰周人牆置翣是也緌當作綏讀如冠蕤之蕤蓋五采

羽[illegible]於其首也○疏曰此明葬時尊卑棺君飾帷者諸侯柳車邊障以白布

0012_0121-2

畫[illegible]檀畫爲龍象人君之德故云龍[illegible]池謂織竹爲籠衣以青布[illegible][illegible]

於[illegible]荒邊爪端象平生宮室[illegible][illegible]霤也天子生有四注屋四面承霤故亦四

[illegible]象[illegible]諸侯屋亦四注而柳降一池闕[illegible]後一[illegible]故三池也振容者振動也容飾

[illegible]謂以絞繒爲之長丈餘如幡畫幡上[illegible]縣於池下爲容飾車行則幡動故

[illegible]黼容黼荒者荒蒙也謂柳車上覆謂[illegible]四也緣荒邊爲白黑斧文故云黼荒

火三列者列行也於鼈甲黼文之上荒[illegible][illegible][illegible]畫爲火三行也火形如半環也

黻三列者又畫爲兩己相背爲三行也素錦白錦也褚屋也於荒下又用白錦

[illegible]　十四

0012_0122-1

爲[illegible][illegible]葬在路象宮室也故雜記云[illegible]錦以爲屋而行即褚是也加偽荒者

[illegible]著邊牆荒是上蓋褚覆竟而加帷荒[illegible]褚外也纁紐六者上蓋與邊牆相離

[illegible]又以纁爲紐連之於著旁各三凡用大紐[illegible]齊五采者謂鼈甲上當中央形

圓如車蓋高三尺徑二尺餘五采謂人君以五采繒衣之列行相次故云五采

色[illegible]貝者又連貝爲五行交絡齊上也[illegible]翣二黻翣二畫翣二翣形似翦以木

[illegible]之[illegible]路則障車入槨則障柩也凡有大[illegible]故一畫爲黼二畫爲黻二畫爲雲氣

[illegible]諸侯六天子八禮器云天子八翣諸侯大八[illegible]四鄭注縫人云漢禮翣[illegible][illegible][illegible]

0012_0122-2

[illegible]

事異飾增故更言君也纁戴謂用纁帛

繫棺紐著柳骨也戴值也謂[illegible]堅值[illegible]

横束有三每一束兩邊輒各屈皮爲紐

三束有六紐今穿纁戴於紐以繫柳骨

故有六戴也纁披六者[illegible]

之以一頭繫所連柳纁戴之中而出

一頭於帷外人牽之亦有六也謂之披

者若牽車登高則引前以防軒車適下則

0012_0123-1

後以防[illegible]車[illegible]則引右[illegible]則[illegible]

使車不傾覆也大夫畫帷者不得爲

[illegible]

[illegible]

0012_0123-2

也謂人君故不並用[illegible]

[illegible]

0012_0124-1

[illegible]

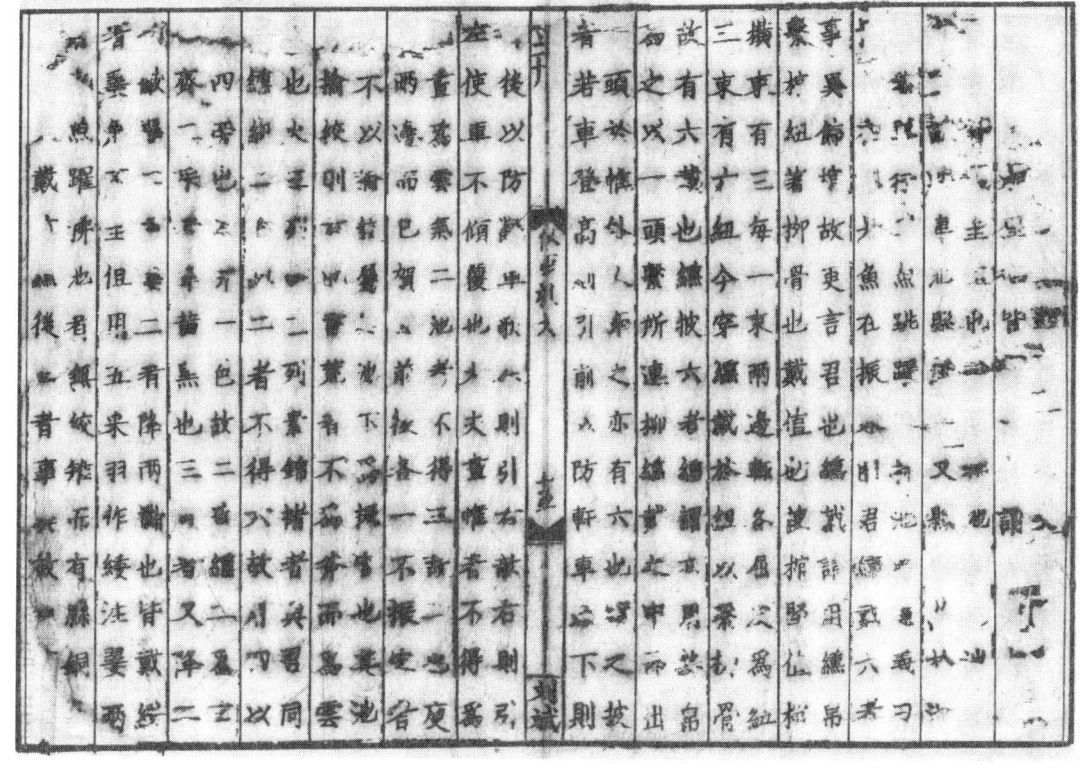

0012_0124-2

…子以…四分限熬也○喪大記…全褘采齊有限播如承 ○

…君…者揄絞纓於池下揄揄翟也采青黃之間曰揄翟

…君之柳其池繫絞繒於下而言翟焉名曰振容又有銅魚在其間

大夫去振容士去魚此無人君及士亦禮疏○疏曰諸侯以上則畫揄翟於旐

畫於池下若大夫降下人君不得畫以揄絞纓於池下其池上則畫揄絞也故

喪大記士亦有揄絞與大夫同但不得畫於池下○雜記○天子七

月而葬五重八翣諸侯五月而葬三重

儀禮經傳通解續　喪禮六　十七

0012_0125-1

六翣大夫三月而葬再重四翣重直龍反○天

子葬五重者謂抗木與茵也葬者抗木在上茵在下士喪禮下篇陳器曰抗木

橫三縮二加抗席三加茵用疏布緇翦有幅亦縮二橫三此士之禮一重者以

莚之上公四重○疏曰古者爲椁累於其四邊上下不周致茵於椁下所

藉椁從上下椁之後又置抗木於椁上所以抗載於土引士喪禮下篇陳

云二者以士禮一重諸此經葬五重皇二義也皇氏云下椁之後毛詩…

…上以承抗席折猶易也方鑿連…如祢縮者三橫者五無簀…

0012_0125-2

加抗木抗木之上加抗席三此爲一重如是者五則爲五重茵者藉棺外下縟

用淺色緇布爲之每將一幅輒合縫爲囊將茅秀及香草著其中如今有絮縟

也而縮二橫三每爲一重也抗木上橫三下縮二以其在上象天天數奇故上

三也下象地地數耦故下二也茵則上直二下橫三茵既在下下法地也上數

二象地下數三象天天以三含地二人中央也云以此差之上公四重者案天

子既五諸侯乃三案豆數及棺之重數上公與諸侯不同今諸侯既三明上公

四重凡儀禮之例一種席皆稱重故燕禮注云重席重蒲筵是也凡席有兩則

稱二重有一則稱一重與棺重別也○禮器○有虞氏之綏夏綏耳佳反

后氏之綢練殷之崇牙周之璧翣

綢吐刀反徐音籌翣所甲反○綏亦旌旗之緌也夏綢其杠以練爲之旒殷又

刻繒爲重牙以飾其側亦飾彌多也湯以武受命恃以牙爲飾也此旌旗又翣

皆喪葬之飾周禮大喪葬巾車執蓋從車持旌御僕持翣旌從遣車翣夾柩路

左右前後天子八翣皆戴璧垂羽諸侯六翣皆戴圭大夫四翣士二翣皆戴綏

孔子之喪公西赤爲志亦用此焉爾雅說旌旗曰素錦綢杠纁帛縿素升龍於

儀禮經傳通解續　喪禮六　十八

0012_0126-1

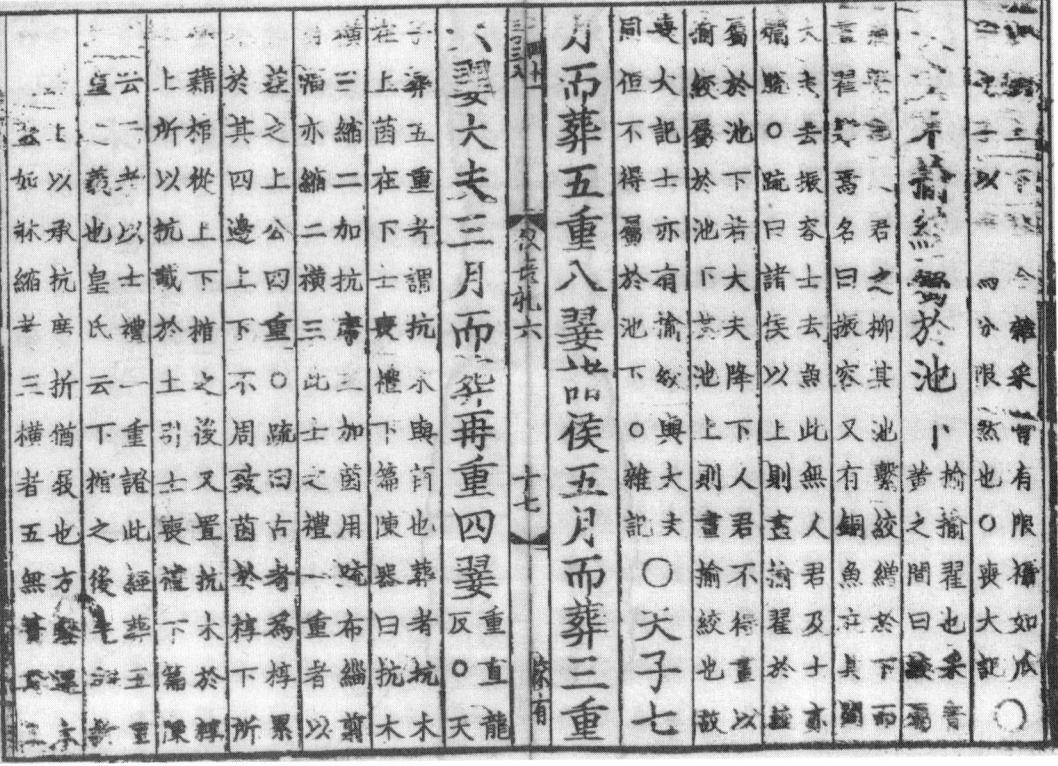

張本下象鼻題監生陳浚四字傳本剪去之

張本下象鼻題監生陳浚四字傳本剪去之

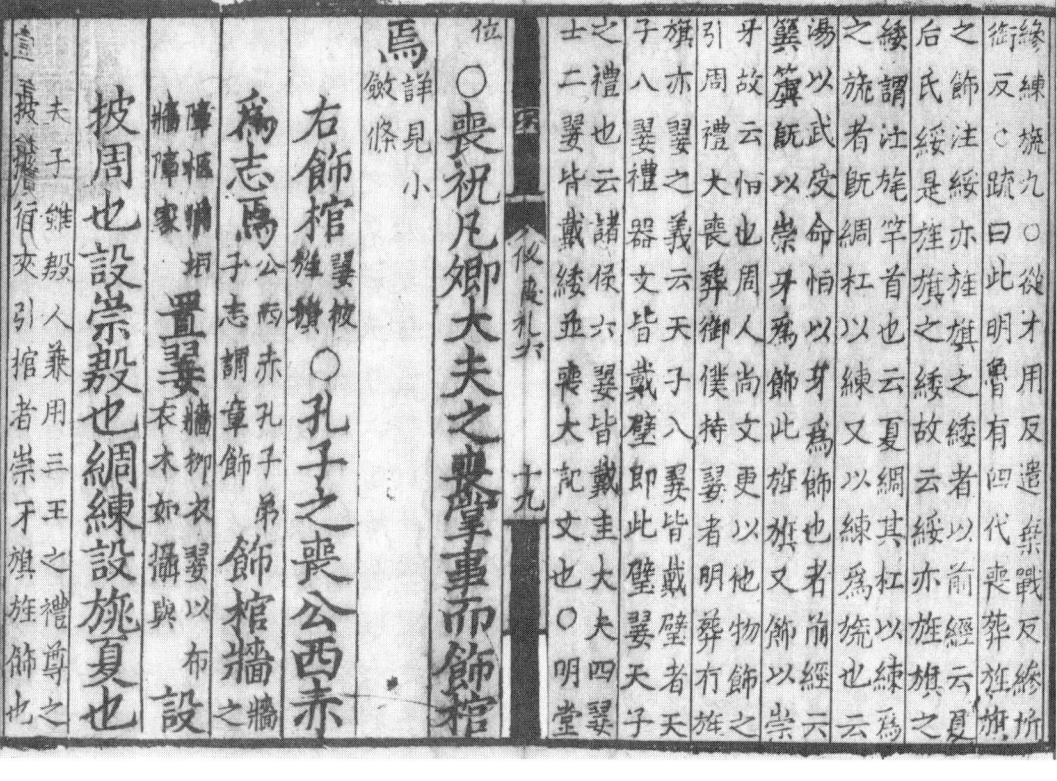

0012_0126-2

縿練旒九○縿才用反遺樂戰反縿所銜反○疏曰此明魯有四代喪葬旌旗之飾注綏亦旌旗之綏者以前經云夏后氏綏是旌旗之綏故云綏亦旌旗之綏謂注旄竿首也云夏綢其杠以練爲之旒者既綢杠以練又以練爲旒也云湯以武受命恒以牙爲飾也者前經云簨簴既以崇牙爲飾此旌旗又飾以崇牙故云恒也周人尚文更以他物飾之引周禮大喪葬御僕持翣者明葬有旌旗亦翣之義云天子八翣皆戴璧者天子八翣禮器文皆戴璧即此璧翣天子之禮也云諸侯六翣皆戴圭大夫四翣士二翣皆戴綏并喪大記文也○明堂

0012_0127-1

位

○喪祝凡卿大夫之喪掌事而飾棺焉詳見小斂條

右飾棺翣披維纘

○孔子之喪公西赤爲志焉公西赤孔子弟子志謂章飾飾棺牆牆之牆障柩惟帷牆障家置翣牆柳衣翣以布衣木如攝與設披周也設崇殷也綢練設旐夏也夫子雖殷人兼用三王之禮尊之[illegible]披[illegible]衍交引棺者崇牙旗旌飾也

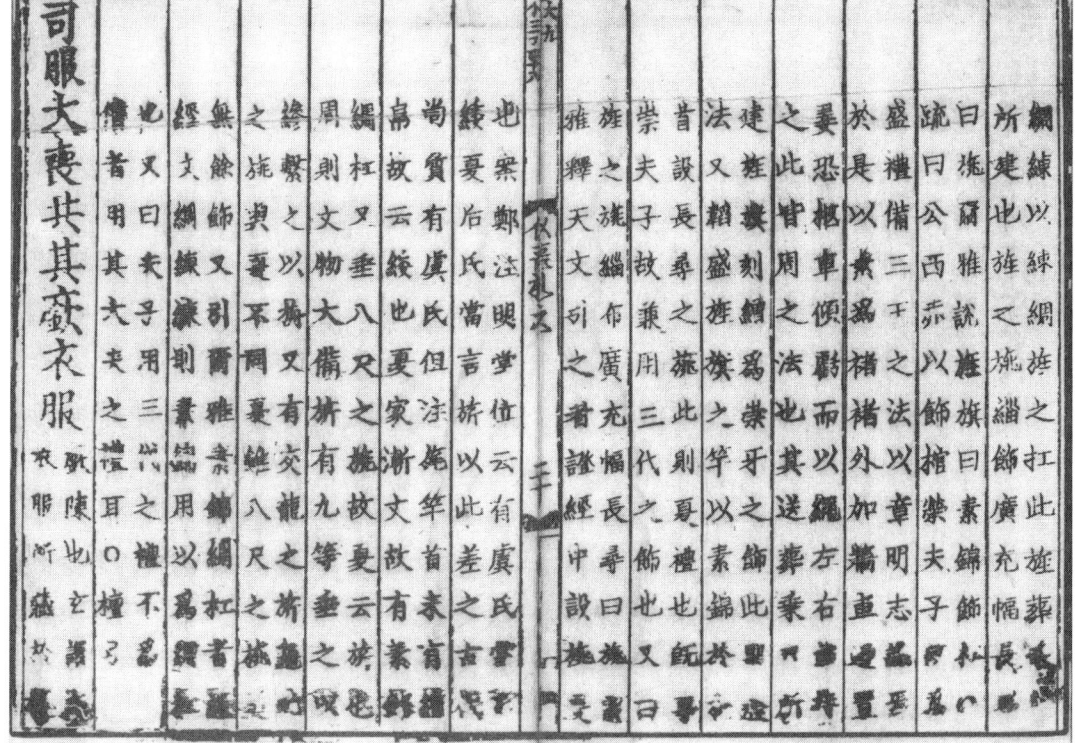

0012_0127-2

綢練以練綢旌之杠此旌葬[illegible]所建也旌之旐緇飾廣充幅長[illegible]曰旐爾雅說旌旗曰素錦飾杠[illegible]疏曰公西赤以飾棺榮夫子[illegible]盛禮備三王之法以章明志[illegible]於是以素爲褚褚外加帷荒[illegible]翣恐柩車傾虧而以繩左右[illegible]之此皆周之法也其送葬乘[illegible]建旌旗刻繒爲崇牙之飾此[illegible]法又韜盛旌旗之竿以素錦[illegible]昔設長尋之旐此則夏禮也既[illegible]崇夫子故兼用三代之飾也又曰旌之旐緇布廣充幅長尋曰旐[illegible]雅釋天文引之者證經中設旐[illegible]

0012_0128-1

也案鄭注明堂位云有虞氏[illegible]綏夏后氏當言旂以此差之古[illegible]尚質有虞氏但注旄竿首未有[illegible]帛故云綏也夏家漸文故有[illegible]綢杠又垂八尺之旒故夏云旐[illegible]周則文物大備旂有九等垂之[illegible]縿縿之以爲又有交龍之旂[illegible]之旒與夏不同夏緇八尺之旐[illegible]無餘飾又引爾雅素錦綢杠者[illegible]經文綢練綢練則素錦用以爲[illegible]也又曰天子用三代之禮不[illegible]僭者用其大夫之禮耳○檀弓

司服大喪共其斂衣服斂陳也玄謂[illegible]衣服所藏於[illegible]

0012_0128-2

□□日出則明器之衣服亦沽□
也○□自衣服以下並處明器偽造□
○司常大喪建廞車之旌及葬亦如之
鄭云建之則行廞車解說之○疏曰謂在廟時陳建之謂以廞旌建於遣□
之上及葬亦如之此謂入壙亦建之建之則行廞車解說之者在廟陳時
建葬時亦建惟有在道去之從人至遣車又當各執廞旌是行廞車解說
也○車僕大喪廞革車言興革車則車不徒衰□
闕革輅皆有焉○疏曰經不云戎路路而云革車亦是五戎之總名故知一

0012_0129-1

從戎路廣闕革輅皆有可知若然王遣車九乘除此五乘之外加以金玉
木四者則九乘矣○巾車大喪飾遣車遂廞
行之廞興也謂陳驂之行之使人以次之以如墓也遣車一曰鸞車○
曰遣車謂將葬遣送之車入壙者也飾者還以金象革飾之如生存之時
龘小為之耳注後鄭訓廞為興即言陳駕之者解廞為陳駕也案車僕云
與廞革車彼廞謂作之此文既言飾至已是作更言遂廞之故以陳駕解
也云行之使人以次舉之以如墓也□在朝廟之時於始祖廟陳之明□

0012_0129-2

奠之後則使人以次抗舉之者以如墓也案冢人云及葬言鸞車
□是名遣為鸞車○司裘大喪廞裘飾皮車
□車遣車之革路故書廞為淫鄭司□云淫裘陳裘也玄謂廞興也若詩之興
謂象似而作之凡為神之偶衣物必沽□小耳○疏曰飾皮車者亦謂明器之
□以皮飾之注皮車遣車之革路者□官考工記飾車欲侈棧車欲弇除
是之外皆用革鞔即此皮車非專革特云皮車革路者此司裘所飾唯□
□而已故書廞為淫鄭司農云淫裘陳□也此周禮一部之內稱廞者衆多□

0012_0130-1

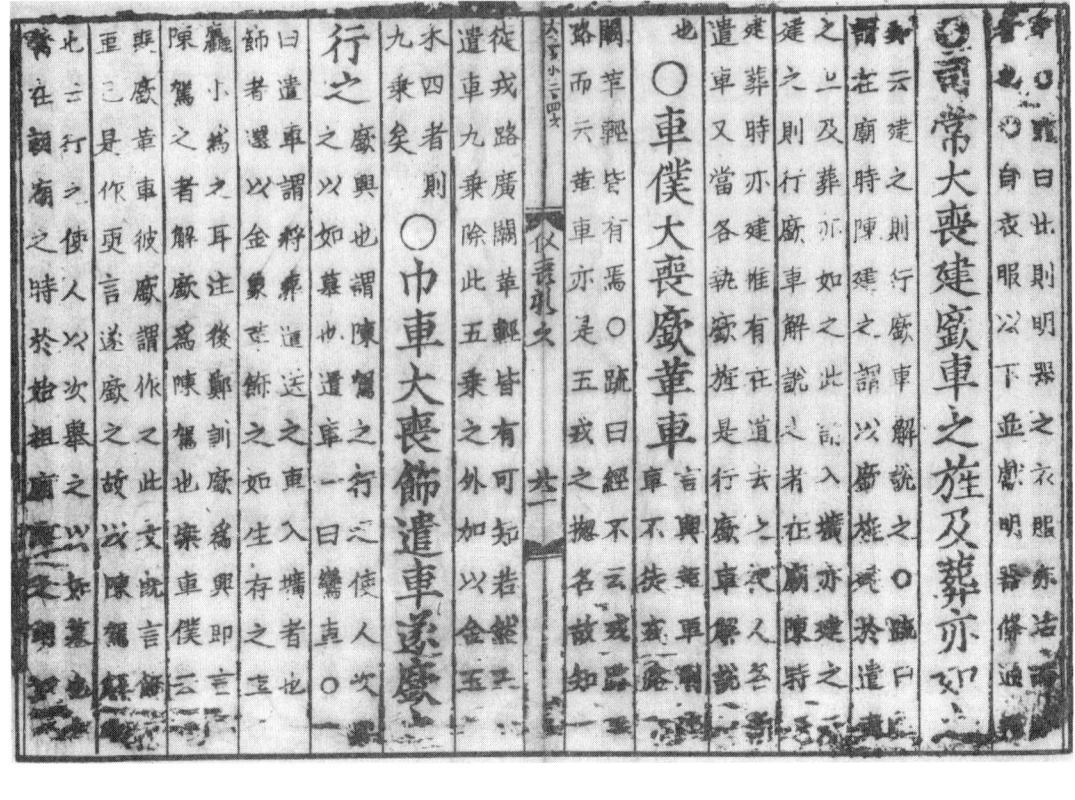

書皆為淫先鄭皆為陳後鄭皆破從興興謂象興生時之物而作之必知為像
非為興是者車僕云大喪廞革車圉人云廞馬亦如之即是所廞車馬又禮□
禮弓云竹不成用瓦不成味琴瑟張而不平竽笙備而不和皆是興象所作明
器非陳設之理故不從先鄭玄謂廞興也若詩之興謂象似而作之者象似生
時而作但□器而小耳○校人大喪飾遣車之馬
及葬埋之言埋之則是馬塗車之芻靈○疏曰檀弓孔子云塗車芻靈
靈自古有之謂為俑者不仁古者以□芻靈謂以芻草為人馬神靈□

0012_0130-2

周塗車仍存但刻木爲人馬替古者芻靈今鄭云塗車之芻靈則是仍用芻靈與檀弓違者鄭從舉古之芻靈況周耳非謂周家仍用芻靈也○定係內有冢人鸞車象人此條通用當互考○圉人凡喪紀廞馬詳見

朝祖奠條○遣車視牢具言車多少各如所包遣奠牲體之數也然則遣車載所包遣奠而藏之者與遣奠天子大牢包九箇諸侯亦大牢包七箇大夫亦大牢包五箇士少牢包三箇大夫以上乃有遣車○疏曰遣車從葬載牲體之車此牢具遣奠所包牲[illegible]之體貴賤各有數也一箇爲一具取一

0012_0131-1

車載之也故云視牢具遣車所用無文因此視牢具故云載所包遣奠而藏之者與與者疑辭也云天子大牢包九箇以下者以旣夕禮遣奠用少牢以上約之明大夫以上皆大牢包九箇者以檀弓云國君七箇大夫以上乃有遣車者諸侯大夫位尊雖無三命則有車馬賜及天子上士三命皆得有遣車諸士以下賤故無遣車也○雜記○君之適長殤車三乘

公之庶長殤車一乘大夫之適長殤

一乘皆下成人也自上而下降殺以兩人遣車五乘長殤三乘下殤

0012_0131-2

[illegible]事以此差之庶子言公卑遠之[illegible]大功之殤中從上○疏曰此一節[illegible]侯及卿大夫之子送葬遣車之數[illegible]車之數貴賤不同若生有爵命[illegible]之賜則死有遣車送之諸侯七乘大[illegible]乘諸侯旣七乘降殺宜兩則王宜[illegible]士三乘也今此所云並是殤未成[illegible]有爵命車馬之賜而得遣車者[illegible]有之得與子也王九乘若適子或[illegible]七乘在長殤而死則五乘中殤[illegible]五乘下殤三乘也若王庶子成[illegible]乃乘長殤中殤三乘下殤一乘[illegible]旣自得七乘其適子成人五乘[illegible]乘故君之適長殤車三乘也中[illegible]

0012_0132-1

[illegible]下殤則一乘也公之庶長殤車[illegible]公亦諸侯也適長殤旣三乘[illegible]成人乃三乘而長殤則一乘故云[illegible]冢也中殤亦從上若下殤則無[illegible]之適長殤車一乘者大夫自得五乘[illegible]成人三乘長殤降二故一乘也[illegible]上亦一乘若下殤及庶殤並不得[illegible]下注云人臣賜車馬乃得有遣車[illegible]三命始賜車馬但喪禮質略天子[illegible]與諸侯之臣命數雖殊喪禮不異故[illegible]云大夫以上乃有遣車文王天子大[illegible]其實兼諸侯大夫也鄭以士無遣車[illegible]文主諸侯之士其實亦兼天子中下[illegible]也雜記云遣車視牢具則遣車一[illegible]

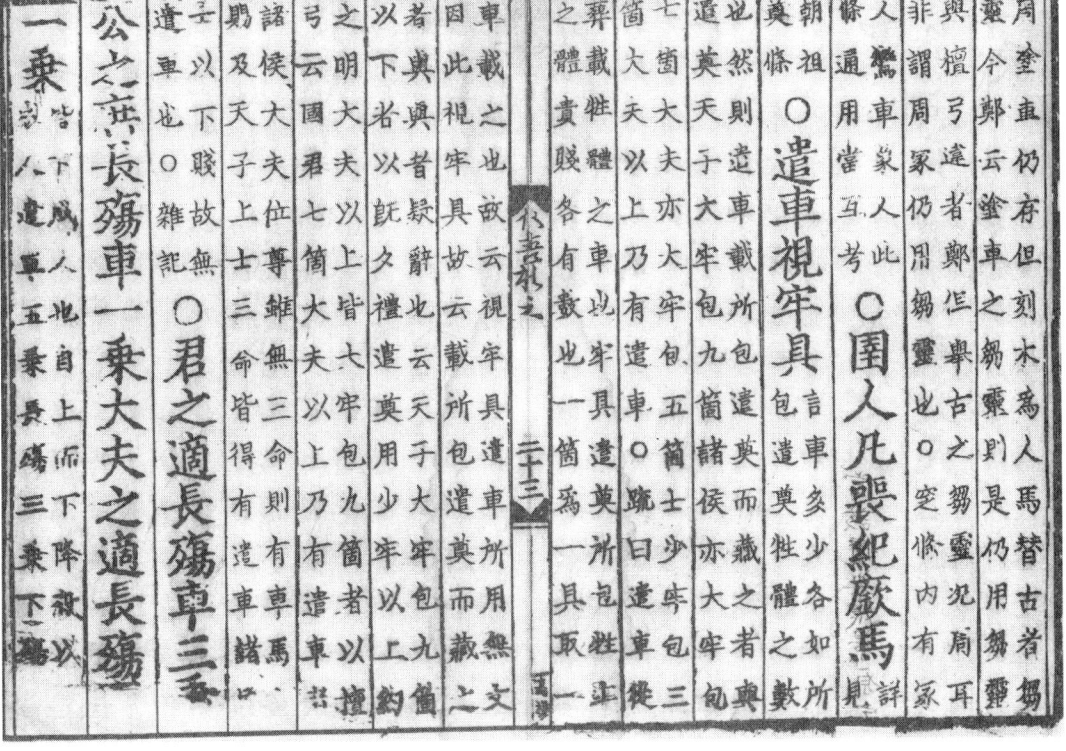

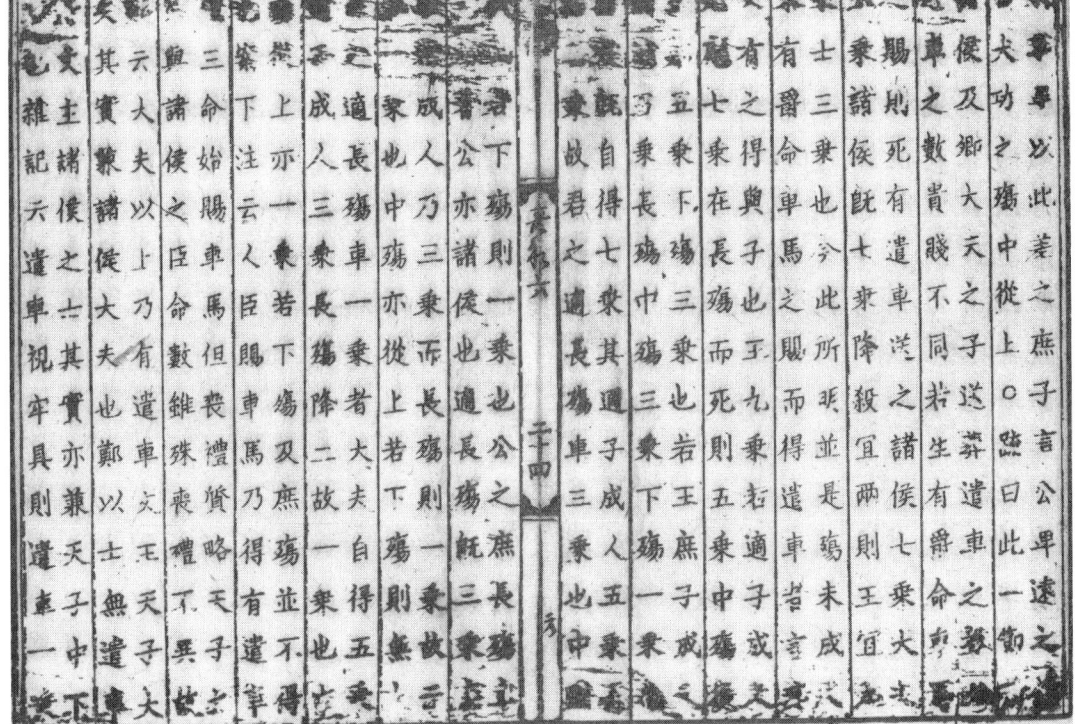

0012_0132-2

當苞一箇一無遣車既夕禮苞二箇亦是轉小殺大禮之義若服虔之說

左具者視饗餘牢具皆襄二十五年崔杼葬莊公下車七乘服注云上公饗餘

九牢遣車九乘與此異也注君是對曰之名有地大夫以上皆有君號公則五

等之上又同三公之尊今庶子言公就其尊號是卑遠於庶子也此有公君相

對故爲此解若又無所對嫡亦稱公故喪服云公子嫡子是也又引鄭喪服傳

云大功之殤中從上者證此遣奠亦從上也○檀弓○司兵大喪

廞五兵廞興作明器之役器五兵也士喪禮下篇有甲冑干笮○疏曰

0012_0133-1

案既夕禮明器之用器有弓矢役器有甲冑干笮彼雖不具五兵此既言五兵

明五者皆有也故鄭引士喪禮下篇甲冑干笮爲證○司弓矢大

喪共明弓矢弓矢明器之用器也士喪禮下篇曰用器弓矢○疏

曰明器中有用器役器役器中有甲冑下篇用器中有弓矢故鄭還引用器爲

證也○司干大喪廞舞器及葬奉而藏之

疏曰七官云以竹及羽籥及其所廞二千盾而已其羽籥籥師廞之○樂

師凡喪陳樂器則帥樂官帥樂官往陳之○疏曰喪

0012_0133-2

言凡者大喪小喪皆有明器之樂器言凡以該之樂師謂笙師鎛師之屬

樂藏之者也云往陳之謂如既夕禮陳器於祖廟之前庭及壙道東者也

大司樂大喪涖廞樂器及葬藏樂器亦

如之涖臨也廞興也臨笙師鎛師之屬興謂作之也○疏曰鄭知臨笙師

鎛師者案笙師鎛師皆云大喪廞其樂器奉而藏之司干亦云大喪廞舞器此不言

之即屬中兼之也此臨藏樂器還臨笙師鎛師等故彼皆云奉而藏之同

眡瞭大喪廞樂器疏曰大喪廞樂器明器故檀弓云木不

0012_0134-1

成斲瓦不成味竹不成用琴瑟張而不平竽笙備而不和是沽而小耳是臨時

乃造之○笙師大喪廞樂器及葬奉而藏

之廞興也興謂作之奉猶送○鎛師大喪廞其樂器

奉而藏之疏曰此官所廞謂作晉鼓鼖鼓○籥師大喪

廞其樂器奉而藏之疏曰此所廞作惟羽籥而已不作餘

器○典庸器大喪廞筍虡疏曰案檀弓有鍾磬而無

簨虡鄭注云不縣之彼鄭注見此文有簨虡明有而不縣以喪事略故也

0012_0134-2

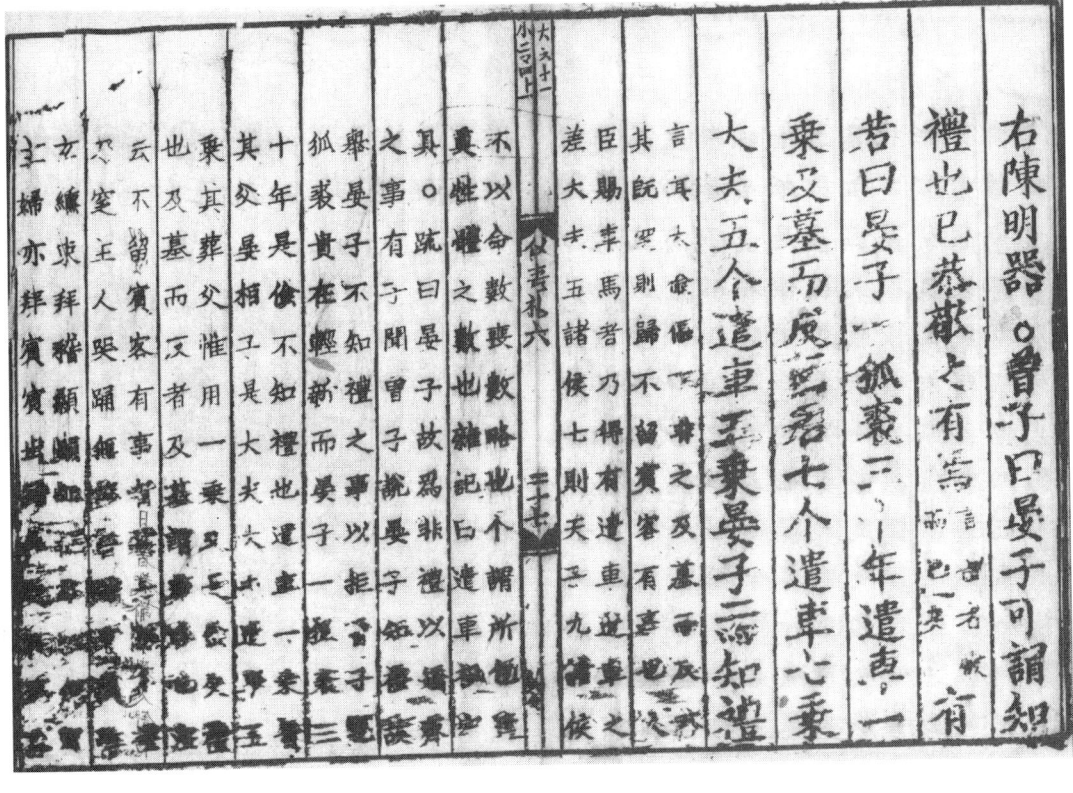

右陳明器○曾子曰晏子可謂知禮也已恭敬之有焉言者敬而已矣有若曰晏子一狐裘三十年遣車一乘及墓而反國君七个遣車七乘大夫五个遣車五乘晏子焉知禮

言其太儉偪下非之及墓而反其既窆則歸不留賓客有事也人臣賜車馬者乃得有遣車遣車之差大夫五諸侯七則天子九諸侯

0012_0135-1

不以命數喪數略也个謂所包遣奠牲體之數也雜記曰遣車視牢具○疏曰晏子故爲非禮以[illegible]之事有子聞曾子譏晏子[illegible]舉晏子不知禮之事以拒曾子[illegible]狐裘貴在輕新而晏子一[illegible]十年是儉不知禮也遣車一乘其父晏桓子是大夫大夫遣車五乘其葬父惟用一乘又及墓而反也及墓而反者及墓謂[illegible]云不留賓客有事[illegible]窆主人哭踊[illegible]女纓束拜稽顙[illegible]主婦亦拜賓賓出[illegible]

0012_0135-2

加見藏苞筲於旁加抗席覆之加抗木實土三主人拜鄉人乃反哭今晏子既窆贈幣拜稽顙踊訖則還不復拜賓及送賓之事故云不留賓客有事也又是儉失禮也國君七个遣車七乘大夫五个遣車五乘此更舉正禮以證晏子失禮也个謂所包遣奠牲體臂臑也析爲七段五段以十乘五乘遣車載之今晏子略不從禮數是不知也又注云言其太儉偪下非之大祭[illegible]三十年一狐裘并及墓而反也偪下解一乘也下謂其子及凡在已下者也大夫五乘適子三乘

0012_0136-1

今其父自用一乘則其子便無是偪下也曾子曰國無道君子恥盈禮焉國奢則示之以儉國儉則示之以禮時齊方奢[illegible]之是也○[illegible]

○宋襄公葬其夫人醯醢百甕曾子曰既曰明器矣而又實之[illegible]之爲明器而與祭器皆實之是亂鬼器與人器○疏曰案既夕禮陳明器後亦陳祭器鄭云士禮略也大夫以上兼用鬼器與人器若此

0012_0136-2

大夫諸侯並得人鬼兼用則空鬼而實人故鄭云與祭器皆實之是亂鬼器與人器也士既無人器則亦實明器故既夕禮云甕三醯醢又云甒二醴酒也夏后氏專用明器則分半以實之殷人全用祭器則亦分半以虛之周人兼用明器人器人器實之明器虛之○同上

喪祝及祖飾棺遂御鄭司農云祖謂將葬祖於庭象生時出則祖也故曰事死如事生禮也檀弓曰飯於牖下小斂於戶內大斂於阼殯於客位祖於庭葬於墓所以即遠也祖時喪祝主飾棺遂御之喪祝爲柩車御

0012_0137-1

也玄謂祖爲行始飾棺設披池紐之屬既飾當還車鄉外喪祝御之御之者執翿居前卻行爲節度○疏曰言及祖者及至也初朝禰次朝二祧次朝始祖后稷之廟至此廟中設祖祭祭既夕禮請祖期曰日側是至祖廟之中而行祖祖始也爲行始飾棺乃還車向外移柩車去載處至庭中車西設祖奠云遂御者加飾荒移柩車喪祝執纛卻行御正柩故云遂御之○小斂條有封人等七官大斂條有司几筵設葦席朝夕奠條內有司服共奠衣服朔月月半奠條內有籩人共薦籩羞籩外饔實鼎俎天子喪斬衰者奠諸侯喪齊衰者奠啓殯[illegible]

0012_0137-2

有出婦濯溉爲齍盛內豎爲內人蹕皆祖奠所通用當互考

右祖奠

大師大喪帥瞽而廞作匶謚廞興也興言王之行謂諷誦其治功之詩故書廞爲淫鄭司農云淫陳也陳其生時行迹爲作謚○疏曰大喪言凡則大喪中兼王后雖婦從夫謚亦須論行乃謚之言帥瞽者即帥瞽矇歌王治功之詩廞作匶謚者匶即柩也古字通用之以其興諭王治功之詩爲柩作謚故云廞作柩謚是以瞽矇職云諷誦詩謂作謚時也又注云廞

0012_0138-1

興也者周禮之內先鄭皆從淫爲陳後鄭皆爲興引之在下者以無正文亦得爲一義故也

○瞽矇諷誦詩世奠繫鼓琴瑟玄謂諷誦詩主謂廞作柩謚時也諷誦王治功之詩以爲謚世之而定其繫謂書於世本也雖不歌猶鼓琴瑟以播其音美之○疏曰諷誦詩謂於王喪將葬之時則使此瞽矇諷誦王治功之詩觀其行以作謚葬後當呼之也世奠繫者奠定也謂辨其昭穆以世之序而定其繫繫即帝繫世本是也鼓琴瑟者詩與世本二者雖不歌詠猶故琴瑟而合以美之

○小師大喪與

0012_0138-2

歛從大師○疏云大師歛作匶謚故小師從之也○大祝作六辭以通上下親疏遠近六曰誄誄謂積累生時德行以賜之命主爲其辭也春秋傳曰孔子卒哀公誄之此皆有文雅辭令難爲者也故大祝主作六辭或曰誄論語所謂誄曰禱爾于上下神祇○大史大喪遣之日讀誄遣謂祖廟之庭大奠將行時也人之道終於此累其行而讀之大師又帥瞽歛之而作謚瞽史知天道使共其事言王之誄謚成於天道○疏云人之道終於此者以其未葬已前孝子不忍異於

大三十七　小二百四十六　儀禮疏卷六　卅一

0012_0139-1

生仍以生禮事之至葬送形而往迎魂而反則以鬼事之故既葬之後當稱謚故誄生時之行而讀之此經誄即累也云大師又帥瞽歛之而作謚者瞽史既知天道又於南郊祭天之所稱天以誄之是王之謚成於天道也若然先於南郊制謚乃遣之日讀之葬後則稱謚凡喪事攷焉爲有得失小喪賜謚小喪卿大夫也○疏云大史雖賜之謚不讀使小史讀之故小史職云卿大夫之喪賜謚讀誄彼注云其讀誄亦以大史賜謚爲節事相成其卿大夫將作謚之時其子請於君君親爲之制謚謚成使大史往賜之小史至

0012_0139-2

遣之日往爲讀之檀弓云公叔文子卒其子戌請謚於君謚曰貞惠文子是其事也明王禮亦當然其諸侯之法案曲禮言謚曰類以其象聘問之禮見天子乃使大史賜之謚小史不讀之以其諸侯自有史此直言小喪賜之謚則三公諸侯亦在焉○小史大喪佐大史卿大夫之喪賜謚讀誄其讀誄亦以大史賜謚爲節事相成○疏曰賜謚大史之事非小史但小史於大史賜謚之時須誄列生時行迹而讀之故云其讀誄亦以大史賜謚爲節云事相成者謚法依誄爲之故云事相成○惟

儀禮疏卷六　三十二

0012_0140-1

周公旦太公望開嗣王發建功于牧野及終將葬乃制謚法遂叙謚法謚者行之迹號者功之表古者有大功則賜之善號以爲稱也車者位之章也是以大行受大名細行小名行出於己名生於人名是謚號壹民曰神以至無爲神道設教一德不懈曰簡不靖民則法曰皇靖安平易不訾曰簡無[illegible]

德象天地曰帝（同於天地）尊賢貴義曰恭（尊賢貴義）仁義歸往曰王（民往歸之）敬事供上曰供（供奉也）立志及衆曰公（志無私也）尊賢敬讓曰恭（敬有德讓有敵）執應八方曰侯（所執行八方應之）既過能改曰恭（自知也）賞慶刑威曰君（能行四也）執事堅固曰恭（守正不移）平正不阿曰君（民從之）愛民長悌曰恭（順長接下）揚善賦

簡曰聖（得人所善得賓所敬得簡）執禮御賓曰恭（迎待賓也）敬祀享禮曰聖（斷敬於祀能通神道）芘親之闕曰恭（修德以益之）照臨四方曰明（以明照之）尊賢讓善曰恭（不尊己善推之於人）譖訴不行曰明（逆知之政不行）威德悉備曰欽（威則可畏儀則可象）經緯天地曰文（成其道）大慮慈民曰定（思樹德）道德博聞曰文（無不知）純行不差曰定（行一不傷）學

勤好問曰文（不恥下問）安民大慮曰定（安民以[illegible]）慈惠愛民曰文（惠以成文）安民法古曰守（不一[illegible]）愍民惠禮曰文（惠而有禮）闢土有德曰襄（[illegible]）賜民爵位曰文（與同升）甲胄有勞曰襄（亟征伐）綏柔士民曰德（安之以[illegible]）小心畏忌曰僖（知難而退）諫諍不威曰德（不以威距諫）有伐而還曰釐（知難而退）剛強直理曰武（無[illegible]）

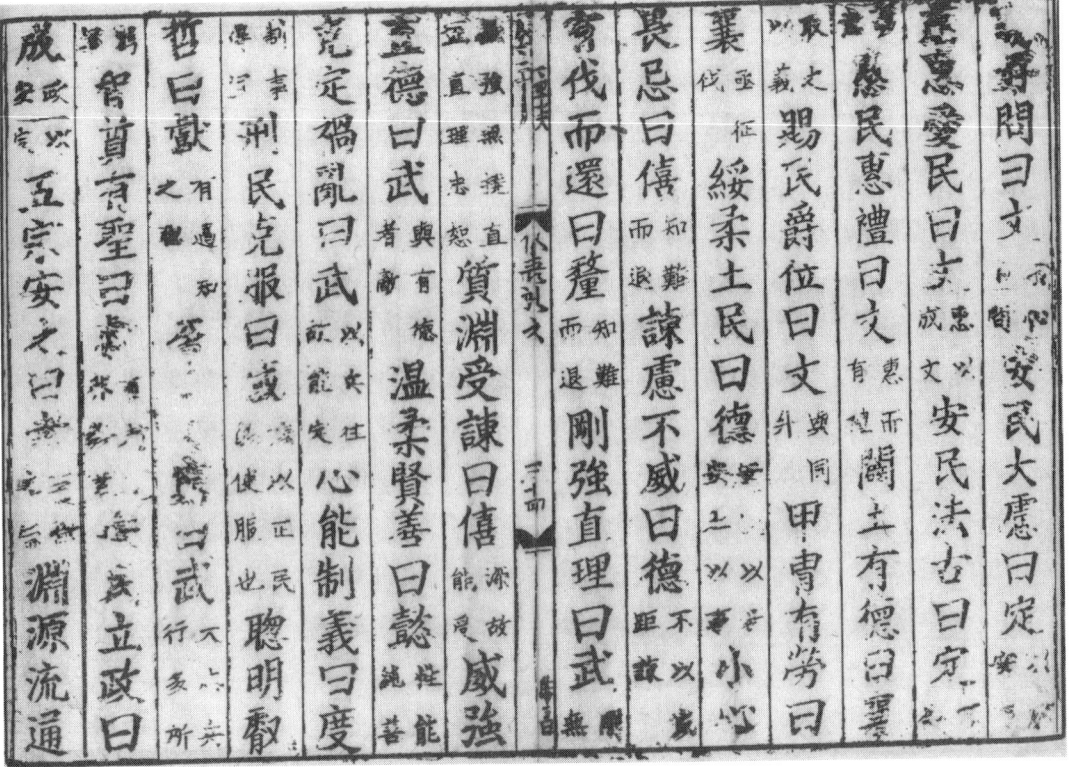

（強毅執正直理忠恕）寬淵受諫曰僖（寬能受諫）威強叡德曰武（與有德者敵）溫柔賢善曰懿（性純淑善）克定禍亂曰武（以兵征伐能定）心能制義曰度（[illegible]）刑民克服曰武（以正民使服也）聰明叡哲曰獻（有通知之聰）[illegible]曰武（行[illegible]所）知質有聖曰獻（有所[illegible]）[illegible]立政曰成（政以安定）五宗安之曰孝（五世之宗）淵源流通

0012_0143-1　　0012_0142-2

曰康性無忌慈惠愛親曰孝周愛親族溫年好
樂曰勤好豐年勤民事協時肇享曰孝協和肇始常如
初秉德不回曰孝順於德而不違安樂撫民曰
康無四方之虞令民安樂曰康富而教之執心克
莊曰齊能嚴有布德執義曰穆舜典四門穆穆輕
轉供就曰齊輶有所輕而供成中情見貌曰穆
叡心動懼曰性心叡也容儀供美曰昭
有儀可象行供可美敏以敬慎曰頃疾於所敬昭德有
勞曰昭能勞謙柔德[redacted]衆曰靜成衆使安聖善
周聞曰宣通於善道聲教宣聞供己解言曰靖恭己
正平少言而中治而無省曰平寬樂令終曰靖
性寬樂義以善自終執事有制曰平不任意威德剛
武曰圉樂禦亂患布綱治紀曰平施之政事彌年
壽考曰胡久其年忠義而濟曰景用義而成保

0012_0144-1　　0012_0143-2

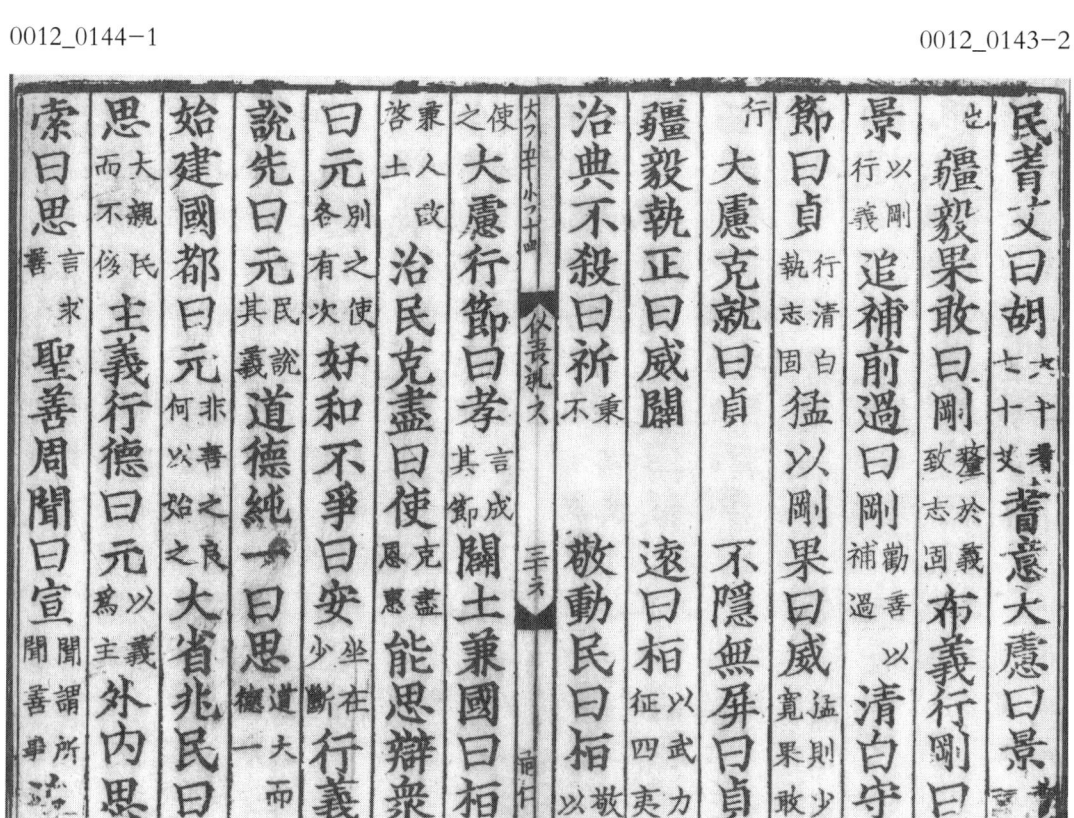

民耆艾曰胡六十曰耆七十曰艾耆意大慮曰景
也彊毅果敢曰剛致志於義布義行剛曰
景以剛行義追補前過曰剛勸善以補過清白守
節曰貞行清白執志固猛以剛果曰威猛則少寬果敢
行大慮克就曰貞不隱無屏曰貞
彊毅執正曰威闕遠曰桓以武力征四夷
治典不殺曰祈秉敬動民曰桓以敬
使之大慮行節曰孝言成其節闢土兼國曰桓
兼人啟土治民克盡曰使克盡恩惠能思辯衆
曰元別之使各有次好和不爭曰安坐在少斷行義
說先曰元民說其義道德純一曰思道大而德一
始建國都曰元非善之長何以始之大省兆民曰
思大親民而不倦主義行德曰元以義為主外內思
索曰思言求善聖善周聞曰宣聞謂所聞善事

0012_0144-2

悔前過曰思（過而能改）共堇□□
（嚴）行見中外曰愨（表裏如一）□周□
（孝國敵人能使服之）狀古述今曰譽□勝敵□□
壯（勝敵故能克亂）昭功寧民曰商（□□□所以安□）□
於原野曰壯（非嚴何以死難）克□□正曰夷□
（不任賢）屢征殺伐曰壯（以嚴整之）安民好靜曰
夷武而不遂曰壯（武功不成）勤□蓋□□

0012_0145-1

（稱人之善）柔質慈民曰惠（知其孤寡加施惠）□□□
曰殤（短未六十折未三十）愛民好與曰惠（□□□）□述
義不克曰丁（欲立志義而弗能成）夙夜敬戒曰敬
（敬身思戒）述事不弟曰丁（不□□）夙興恭事曰
敬（敬以佐事）有功安民曰烈（以武立功）象方益平
司敬（去常而知）秉德尊業曰烈（業以為通而德能尊）令
善典法曰敬（非敬何以善之）剛克為伐曰翼（伐□）

0012_0145-2

（也）剛德克就曰肅（成其敬使為）□□思慮深遠
曰翼（好遠思不任亂）執心決斷曰肅（言嚴果）外內
貞復曰白（正而後約始一）不生其國曰聲（生於外家）
不勤成名曰靈（任本性見賢思齊）□未家短折曰
傷（未家未娶）死而志成曰靈（志□□命）不愛民好
治曰戴（安養其民天下戴仰）死見神能曰靈（有鬼不為□）
廣曲禮不倦曰戴（倦過）亂而不損曰靈（□□）

0012_0146-1

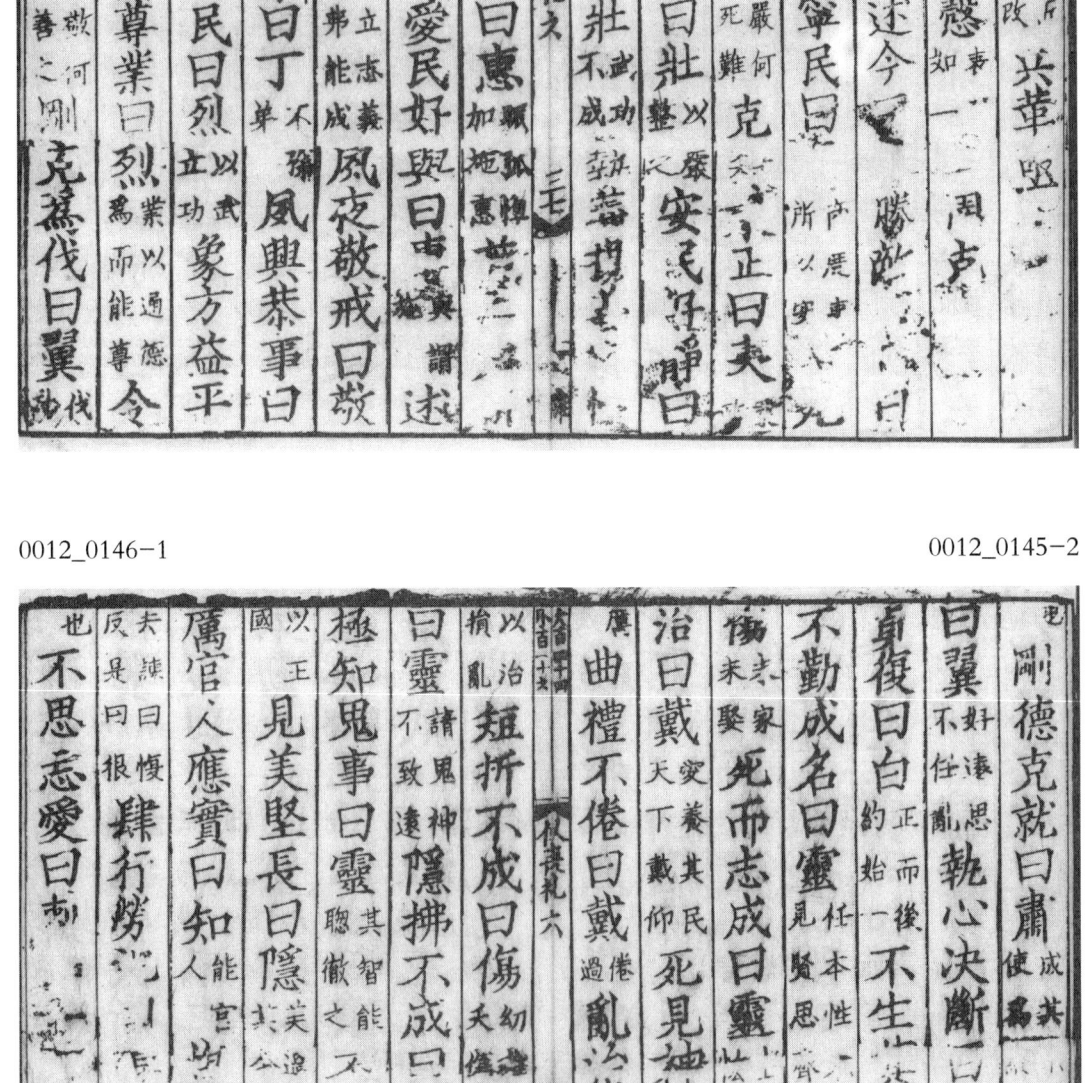

（以治損亂）短折不成曰傷（幼而夭傷）好祭鬼□
曰靈（請鬼神不致遠）隱拂不成曰隱（不以隱括改其性）
極知鬼事曰靈（其智能聰徹之）不顯尸國曰隱
（以王國）見美堅長曰隱（美過其令）誠□無□
屬官人應實曰知（能官人）□□□□
（夫諫曰愎反是曰很）肆行勞□□□
（也）不思忘愛曰刺□□

0012_0147-1　0012_0146-2

稱名）早孤短折曰哀（早未知人事）凶年無穀曰
穅（不務稼穡）好率動民曰躁（好改舊以勞動民）外內
從亂曰荒（家不治官不治）不悔前過曰戾（知而不改）
好樂怠政曰荒（淫於聲樂怠於政事）怙威肆行曰
醜（肆意行威）在國遭憂曰愍（仍多大喪）壅遏不通
曰幽（權臣擅命故令不達）在國逢難曰愍（兵寇之事）早
孤銷位曰幽（銷位即位而卒）禍亂方作曰愍　動

仪丧礼六　三十九

祭亂常曰幽（易神之班）使民悲傷曰愍（妨政賊害）
柔質受諫曰慧（受諫以爲慧）貞心大度曰匡
心正而名察）名實不爽曰質（名實內外相應不差）德正
應和曰莫　溫良好樂曰良（言其人可好可樂）施
勤無私曰惠　慈和徧服曰順　思慮果敢
曰趣　博聞多能曰憲（雖多能不至於大道）嗇於賜
與曰愛　滿志多窮曰戈（自足者必不足）危身奉

0012_0148-1　0012_0147-2

上曰忠（險不辭難）思慮不爽曰原（不越[illegible]）[illegible]
威棲行曰魏（有威而攀行）好內遠禮[illegible]
敬不奉禮）克威順禮曰魏（雖威不違禮）好內怠[illegible]
曰煬（內則淫聲外則荒政）怠政外交曰[illegible]
交）遠禮遠衆曰煬　教誨不倦曰長[illegible]
[illegible]位曰遠　肇敏行成曰直（[illegible]）義[illegible]
堅（云治）內外賓服曰正　華言無實曰夸[illegible]

仪丧礼六　四十

廉自克曰節（廉儉不傷財不害民）逆天虐民曰[illegible]
所尊大而逆）好更改舊曰易（變故改常）[illegible]
曰終　愛民在刑曰克（道之以政齊之以刑）擇善[illegible]
從曰比（比方善而從之）除殘去虐曰湯[illegible]
損爲靈（貪亂宜神靈[illegible]）[illegible]之方也[illegible]
之方也　施[illegible]
[illegible]

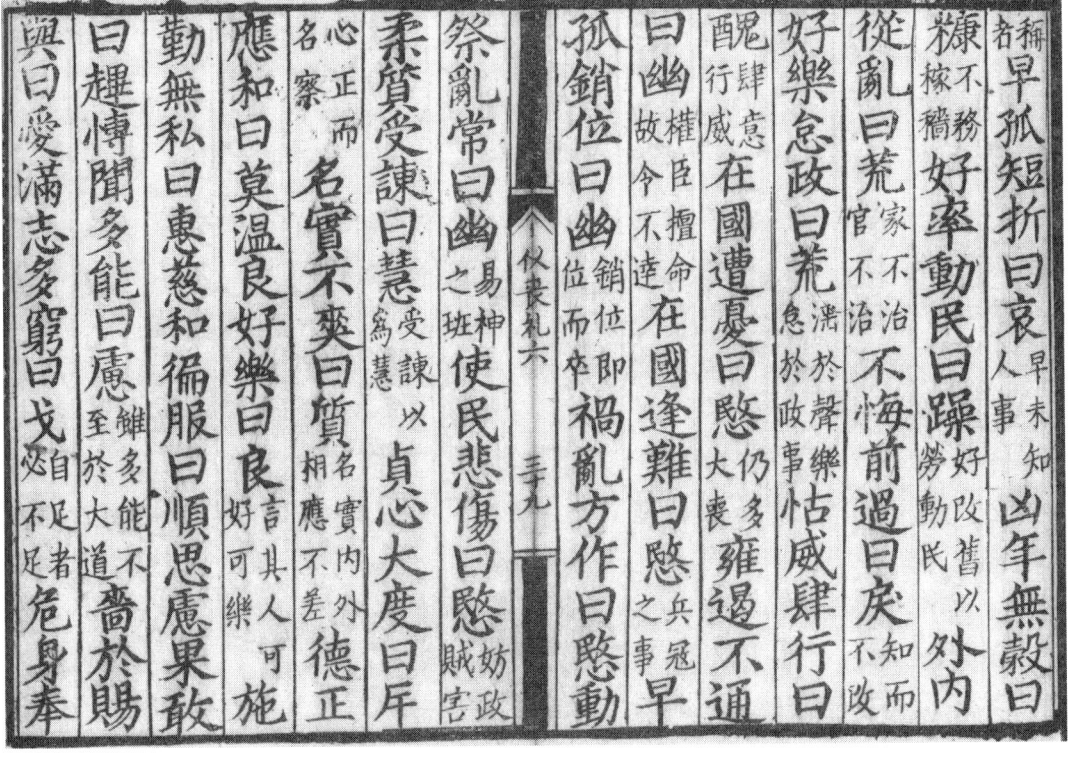

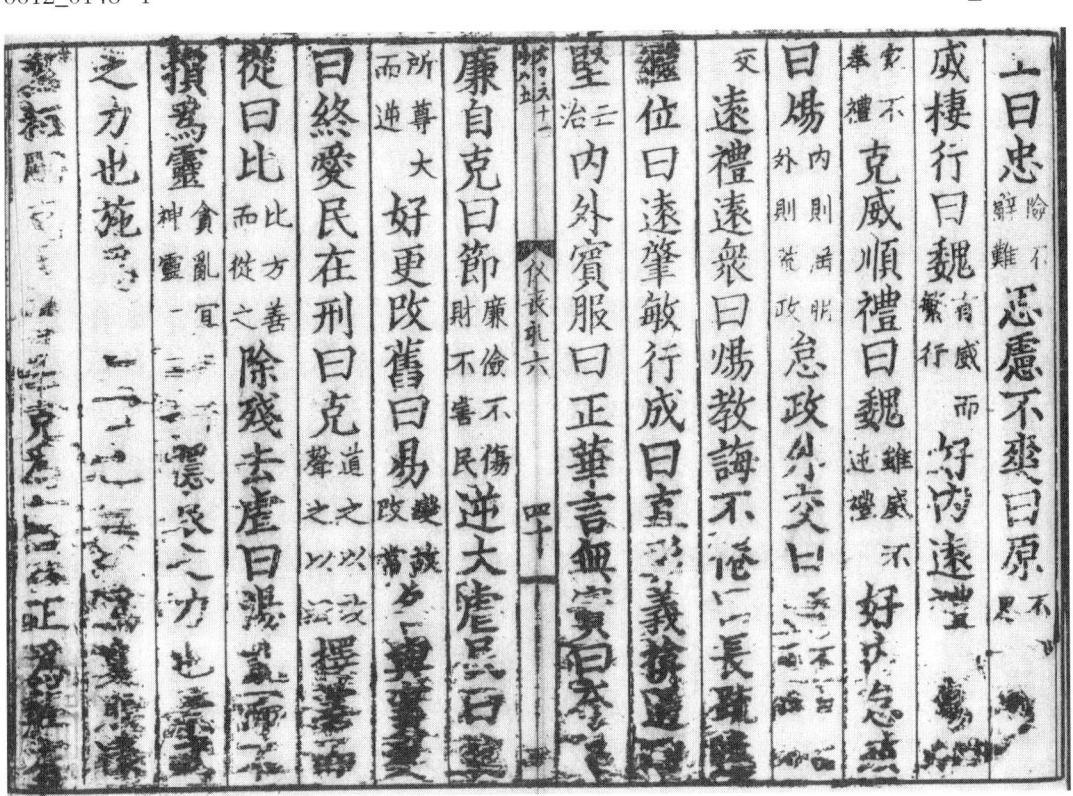

遇爲僖施而不私爲宣靈行所施日月無私鄉惠

無內德爲獻無內德謂惠不成也由義而濟爲景

失志無輔則以其明餘皆象也以其明而又爲謚象其事也○謚法

○賤不誅貴幼不誅長禮也誄累也累列生時行迹讀之以作謚謚當由尊者成○疏曰賤不誄貴誄累也謂賤不得累列貴者之行而爲謚幼不得累列長者之行而作謚如此是其禮也所以然者凡謚表其實行當由尊者所爲若使幼賤者爲之則各欲光揚在

上之美有乖實事故不爲也唯天子稱天以誄之以其無尊焉春秋公羊說以爲讀誄制謚於南郊若云受之於天然○疏曰唯天子稱天以誄之者諸侯及大夫其上猶有尊者爲之作謚其天子則更無尊於天子者故惟爲天子作謚之時於南郊告天示若有天命然不敢自專也又注以其無尊焉案鄭之時說公羊者而爲此言故白虎通云天子崩大臣之於南郊稱天以謚之者爲人臣子莫不欲褒大其君掩惡揚善故至南郊明不得欺天也

諸侯相誄非禮也禮當言誄於天子也天子乃使大史

賜之謚○疏曰非但賤不誄貴平敵相誄亦爲不可故云諸侯相誄非禮也案襄十三年左傳楚子囊爲共王作謚昔春秋亂世不能如禮又案白虎通云君薨請謚世子赴告於天子天子遣大夫會葬而謚之又案檀弓云公叔文子卒其子戍請謚於君大夫當請誄於君則諸侯理當言誄於天子云天子乃使太史賜之謚者案大史職云小喪賜謚鄭云小喪卿大夫也卿大夫言賜之謚明諸侯之喪亦然○曾子問

○幼名冠字五十以伯仲死謚周道也疏云幼名冠字者名以質生若無名不可分別

故始生三月而加名人年二十有爲人父之道朋友等類不可復呼其名故冠而加字年至五十者艾轉尊又捨其二十之字直以伯仲別之至死而加謚凡此之事皆周道也然則自殷以前爲字不在冠時伯仲不當五十以殷尚質不諱名故也又殷以上有生號仍爲死後之稱更無別謚堯舜禹湯之例是也周則死後別立謚故擅云周道也士冠二十已有伯某甫仲叔季此云五十以伯仲者二十之時雖云伯仲皆配某甫而言五十之時直呼伯仲耳禮緯含文嘉云質家稱仲文家稱叔周代是文故有管叔蔡叔霍叔康叔聃季等末者稱季

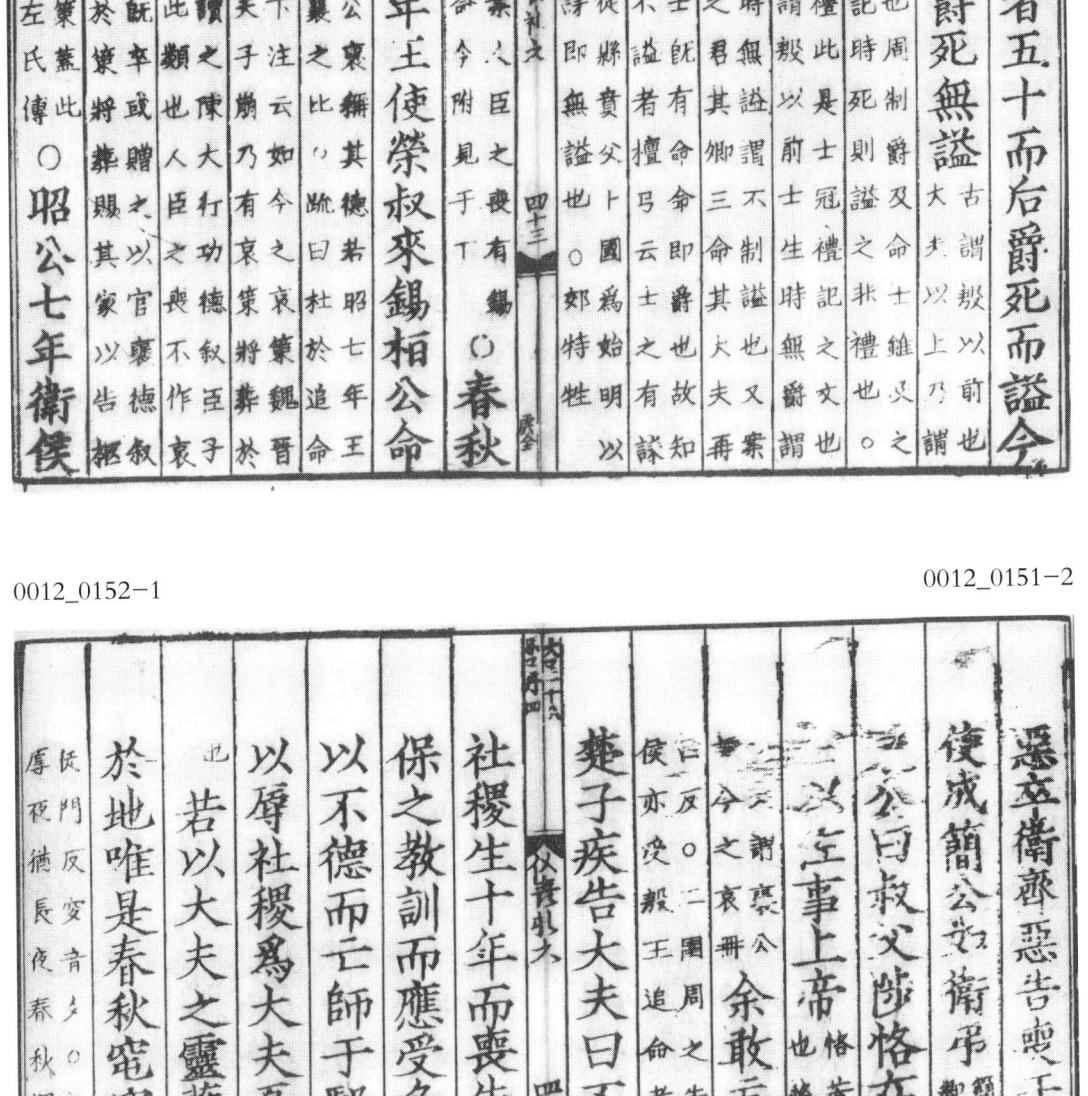

弓也。○古者五十而后爵死而謚今

也古者生無爵死無謚古謂殷以前也大夫以上乃謂

之爵死有謚也周制爵及命士雖及之猶不謚耳今記時死則謚之非禮也。

此一經明士禮此是士冠禮記之文也以士為主古謂殷以前士生時無爵謂

爵不及也死時無謚謂不制謚也又案典命云小國之君其卿三命其大夫再

命其士一命士既有命命即爵也故知爵及命士猶不謚者檀弓云士之有誄

自此始也既從縣賁父卜國為始明以前無誄也無誄即無謚也。郊特牲

右謚誄案人臣之喪有錫命今附見于下○春秋

莊公元年王使榮叔來錫桓公命

追命桓公褒稱其德若昭七年王追命衛襄之比。疏曰杜於追命

衛襄之下注云如今之哀策魏晉以來唯天子崩乃有哀策將葬於

是遣奠讀之陳大行功德叙臣子哀情非此類也人臣之喪不作哀

策良臣既卒或贈之以官褒德叙哀載之於策將葬賜其家以告柩

如今哀策蓋此類也。左氏傳○昭公七年衛侯

惡卒衛齊惡告喪于周且請命王

使成簡公如衛弔簡公王卿士也且追命

曰叔父陟恪在我先王之左

右以佐事上帝恪苦各反。陟登也恪敬也帝天也

謂襄公今之哀冊余敢忘高圉亞圉圉魚

呂反。二圉周之先也為殷諸侯亦受殷王追命者。左氏傳○

楚子疾告大夫曰不穀不德少主

社稷生十年而喪先君未及習師

保之教訓而應受多福多福謂為君是

以不德而亡師于鄢鄢音偃。鄢在成十六年

以辱社稷為大夫憂其弘多矣弘大

也若以大夫之靈獲保首領以没

於地唯是春秋窀穸之事窀張倫反一音

屯門反穸音夕。窀厚也穸夜也厚夜猶長夜春秋謂祭祀長夜謂

0012_0152-2

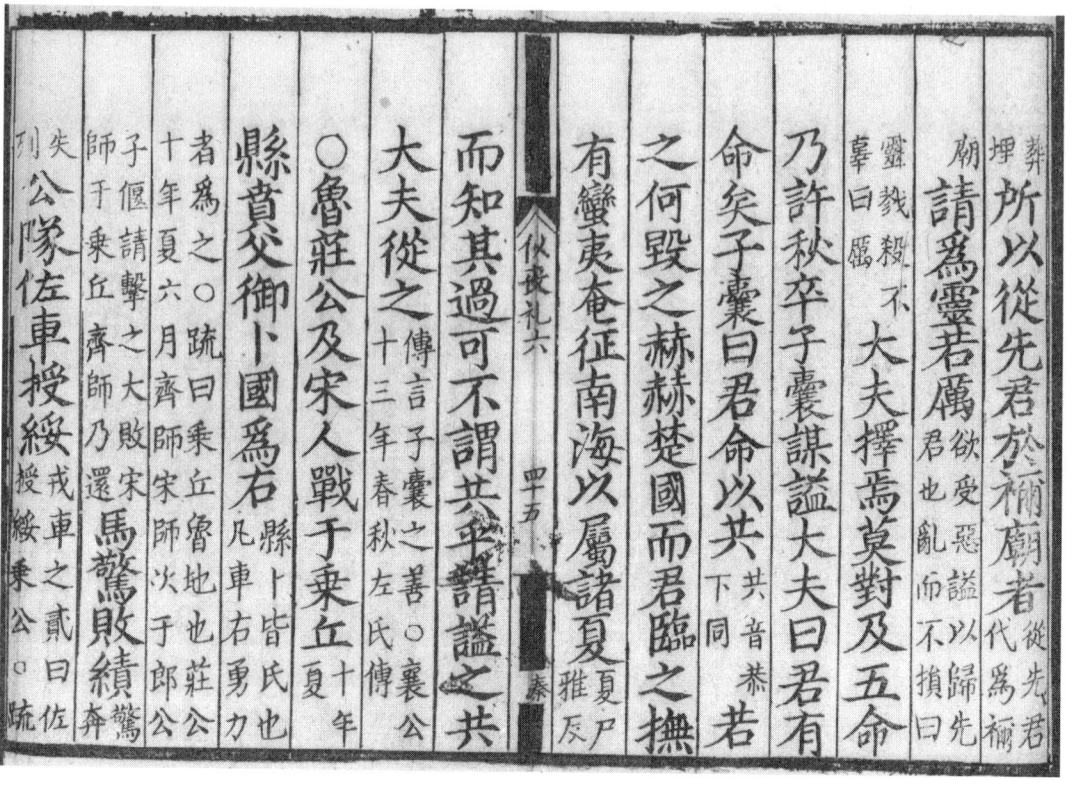

葬埋所以從先君於禰廟者從先君代爲禰廟

請爲靈若厲欲受惡謚以歸先君也亂而不損曰靈戮殺不辜曰厲大夫擇焉莫對及五命乃許秋卒子囊謀謚大夫曰君有命矣子囊曰君命以共共音恭下同若之何毁之赫赫楚國而君臨之撫有蠻夷奄征南海以屬諸夏夏戶雅反

仪禮六　四五　秦

0012_0153-1

而知其過可不謂共乎請謚之共大夫從之傳言子囊之善○襄公十三年春秋左氏傳

○魯莊公及宋人戰于乘丘十年夏

縣賁父御卜國爲右縣卜皆氏也凡車右勇力者爲之○疏曰乘丘魯地也莊公十年夏六月齊師宋師次于郎公子偃請擊之大敗宋師于乘丘齊師乃還馬驚敗績驚奔失列公隊佐車授綏戎車之貳曰佐授綏乘公○疏

0012_0153-2

曰案周禮戎僕掌倅車之政道僕掌貳車之政田僕掌佐車之政則戎車之貳曰倅此云佐者周禮相對爲文有異若散而言之則田獵兵戎俱是武事故同稱佐車少儀注戎獵之副曰佐是也熊氏以爲此皆諸侯法公曰末之卜也末之猶微哉言卜國無勇縣賁父曰他日不敗績而今敗績是無勇也公他日戰其御馬未嘗驚奔遂死之二人赴敵而死○疏曰知二人者以卜國被責縣賁父職掌馬

仪禮六　四六

0012_0154-1

事自稱無勇既序兩人於上即陳遂死於下明兩人俱死也圉人浴馬有流矢在白肉圉人掌馬者白肉股裏肉○疏曰圉人掌養馬者云白肉股裏肉者以股裏白故謂之白肉脉謂肉色白也公曰非其罪也流矢中馬非御與右之罪遂誄之誄其赴敵之功以爲謚士之有誄自此始也記禮失所由來也周雖以士爲爵猶無謚也殷大夫以上爲爵○疏曰知周以士爲爵者案掌客云凡介行人

張本下象鼻題監生陳浚四字傳本剪去之

0012_0154-2

宰史皆殯養餘以其爵等爲之宰禮之陳數凡介行人皆爲士而云爵等是士有爵也故鄭注大行人云命者五公侯伯子男爵者四孤卿大夫云猶無謚也者以此云士之有誄曰此始故知周士無謚也云殷大夫以上爲爵者案士冠禮云古者生無爵死無謚於士冠之下而爲此記又不云諸侯大夫明士無爵死無謚據士也士冠禮是周禮而云古者故知是殷以上○檀弓上○公叔文子卒文子衛獻公之孫名拔或作發其子戍請謚於

儀喪禮六　四七

0012_0155-1

君曰日月有時將葬矣請所以易其名者謚者行之迹有時猶言有數也大夫士三月而葬○疏曰生時之日君呼其名今既死將葬故請所以誄行爲之作謚易代其名者君曰昔者衛國凶饑夫子爲粥與國之餓者是不亦惠乎君靈公也昔者衛國有難夫子以其死衛寡人不亦貞乎難謂魯昭公二十年盜殺衛侯之兄縶也

0012_0155-2

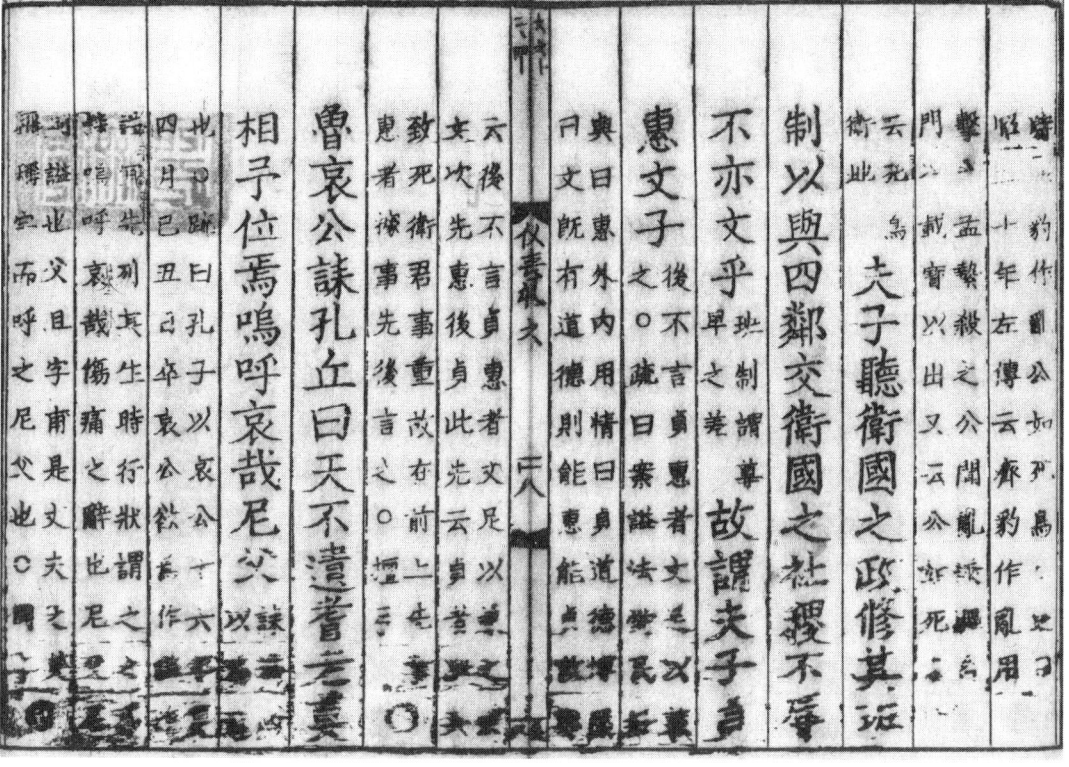

疏[illegible]豹作亂公如死鳥[illegible]昭二十年左傳云齊豹作亂用擊之孟縶殺之公聞亂乘驅自門入載寶以出又云公如死鳥云死鳥衛地夫子聽衛國之政修其班制以與四鄰交衛國之社稷不辱不亦文乎班制謂尊卑之差故謂夫子貞惠文子後不言貞惠者文足以兼之○疏曰案謚法慈民愛曰惠外內用情曰貞道德博聞曰文既有道德則能惠能貞故

儀喪禮六　四八

0012_0156-1

云後不言貞惠者文足以兼之次先惠後貞此先云貞者致死衛君事重故在前上先惠者據事先後言之○檀弓云魯哀公誄孔丘曰天不遺耆老莫相予位焉嗚呼哀哉尼父誄以也○疏曰孔子以哀公十六年四月己丑卒哀公欲爲作誄諸侯相誄生時行狀謂之之嗚呼哀哉傷痛之辭也尼是謚謂謚也父且字甫是丈夫之美稱字而呼之尼父也○

0012_0156-2

孔丘卒公誄之曰旻天不弔不憖
遺一老俾屏余一人以在位煢煢
余在疚嗚呼哀哉尼父無自律疚病
也律法也言喪尼父無以自律法子贛曰夫子之
言曰禮失則昏名失則愆失志為
昏失所為愆生不能用死而誄之
非禮也稱一人非名也君兩失之

儀喪孔六　四九

0012_0157-1

疏曰鄭玄禮記注云誄累也累列生時行迹讀之以作謚此傳唯說
誄辭不言作謚傳記羣書皆不載孔子之謚蓋唯累其美行示已傷
悼之情而賜之命爾鄭錯讀左傳云以字為謚妄為此解○哀十六
年春秋左氏傳
大司馬喪祭奉詔馬牲王喪之以馬祭者蓋遣奠也奉
猶送也送之至墓告而藏之○夏官○司尊彝大喪存奠
彝存省也謂大遣時奠者朝夕乃徹也○疏曰大喪之奠有彝尊盛鬱鬯唯

張本下象鼻題監生陳浚四字傳本剪去之

0012_0157-2

[illegible]為大遣時奠有之朝夕乃徹也者案禮云朝奠日出夕
奠逮日則朝奠至夕徹之夕奠至朝乃徹其大遣亦朝設至夕乃徹言此者欲
見所奠彝尊朝夕奠存省之意也○春官○鬱人大喪及葬
共其裸器遂貍之遣奠之彝與瓚也貍之於祖廟階間明奠
終於此○疏曰葬時不見有設奠之事[illegible]祭尸前奠小不合有彝器奠之大者
唯有遣奠故知於始祖廟中厥明將葬之時設大遣奠有此裸器也司尊彝云
大喪存奠彝是也以奠無尸直陳之於奠處耳言貍之於祖廟階間者此案曾

儀喪孔六　五十

0012_0158-1

子問無遷主者以幣帛皮圭以為主命行反還貍之於祖廟兩階之間此夫當
奠在始祖廟事就明亦貍之於階間也云明奠終於此者自此已前不忍異於
生設奠食象生而無尸自此已後葬訖及日中而虞則有尸以神事之謂之祭
異於生故云明奠終於此也○同上○小祝大喪及葬設
道齎之奠分禱五祀齎猶送也送道之奠謂遣奠也分其
牲體以祭五祀告王去此宮中不復反也王七祀五者司命大厲平生出入
不以告○疏曰齎送也送道之奠謂遣奠於祖廟之庭設大遣奠遣送死者

謂之送道之奠因分比奠以告五祀言
王去此宫中不復返也案既夕禮祖廟
之庭厥明設大遣奠包牲取下體是也
三分其牲體以祭五祀者謂包牲而取
下體下體之外分之爲五處祭也公王
七祀者祭法文云司命大厲平生出入
不以告者案月令春祀戶夏祀竈季夏
祀中霤秋則祀門冬則祀行此並是人
之以所由從之處非直四時合祭所以
出入亦宜告之案祭法王七祀之中有
司命大厲此經五祀與月令同月令不
祭司命及大厲之等此不祭則可知既
夕士禮亦云分禱五祀者鄭注云傳來
之依祭法士二祀○同上○小斂條內

有封人苻七官大斂條內有司凡筵設
凡席朝夕奠條有司脤共奠衣服朔月
月半奠條內有籩人共籩外饔實鼎俎
天子喪斬衰者奠諸侯喪齊衰者奠啓
條有世婦灌溉爲齍盛內豎爲
內人蹕皆遣奠所通用當互者

右大遣奠

量人掌喪祭奠竁之俎實竁亦有俎實謂所包遣奠
上喪禮下篇曰藏苞筲於旁○疏云此
長祭文連奠竁是壙內故鄭以喪祭
爲大遣奠解之是以大司馬喪祭亦爲
遣奠也又案冢人云請度甫竁竁穿壙

之名此言奠竁則奠入於壙是以云所
包遣奠也引士喪禮云藏苞筲於旁者
苞謂苞牲取下體葦苞二是也藏筲者
即既夕禮云筲三黍稷麥並藏之於棺
旁○夏官○大夫之喪既薦馬薦馬者哭踊
出乃包奠而讀書嫌與士異記之也既夕禮曰包牲取下體
又曰主人之史請讀賵○疏曰此明大
夫將葬啓殯朝廟之後欲出之時既薦
馬者士喪禮下篇云薦馬之節凡有三
時一者柩初出至祖廟設奠爲遷祖之
奠訖乃薦馬是其一也至日側祖奠之
時又薦馬是其二也明日將行設遣奠

之時又薦馬是其三也此云既薦馬謂
第三薦馬之時也以下則云包奠而讀
書於既夕禮當第三薦馬之節薦馬者
哭踊者謂主人見薦馬進也進馬至
乃哭踊出乃包奠者出謂馬出乃包奠
者取遣奠牲下體包裹之以遣送行也
然馬出在包奠之前而必云出乃包奠
明出即包奠包奠爲出之節故言出也
而讀書者書謂凡送亡者賵入壙之物
書也讀之者省錄之也注云嫌與士異
者案既夕禮薦馬馬出之後云苞牲取
下體也又云主人之史請讀賵今此大
夫亦薦馬出後包奠讀書與士同記者
嫌畏大夫之尊與士有異故特記之明

0012_0160-2

與士同也故引既夕禮以下者證包牲讀賵之節謂士人見薦馬送行物而哭踊故云薦馬者哭踊也所以馬進而主人哭踊者馬是牽車爲行之物今見進焉是行期已至故孝子感之而哭踊云既夕禮曰包牲取下體者上則羊豕也鄭注包者象既饗而歸賓俎者也前脛折取臂臑後脛折取骼也臂謂臑上膞下也臑謂肘後取骼謂髀下股骨也羊豕各三个必取下體者下體能行亦示將行也有遣車者亦先包之也云又曰主人之史請讀賵者賵猶送者人名也

記○雜

大二十 小二三　儀喪礼六　五十二

0012_0161-1

右包奠讀賵

遂師大喪使帥其屬以幄帟先道野役使以幄帟先者大宰也其餘司徒也幄帟先所以爲葬窆之閒先張神坐也道野役帥以至墓也○疏曰大喪王喪也以幄帟先者謂使大宰者帥其屬以幄帟先行至壙也道野役者謂司徒導引野中之役以出國城至壙也大宰之屬幂人共帷幕幄帟綬故大宰帥之司徒主衆庶故令野役也先張神坐者謂柩至壙脫載除飾柩則在地未葬窆之閒須有神坐之所故知大幂之下宜有幄

張本下象鼻題秦淳志三字傳本剪去之

0012_0161-2

之小帳小帳之内而有帟之承塵以爲神坐也○地官○陳殯具條幕人掌次此條通用朝祖條閒胥聚衆庶大司徒帥六鄉屬六引遂人屬六紼小司徒帥邦役治政政教鄉師帥其民而至又薦車馬及陳明器兩條並此章通用當互考○鄉士大喪紀各掌其鄉之禁令帥其屬夾道而蹕屬中士以下○疏曰大喪紀當葬所經鄉道並過六鄉路以是故各掌其鄉之禁令當各帥其屬夾道而蹕知屬是中士以下者鄉士身是上士故云中士以下○秋官○方相氏大喪先

仪喪礼六　五十□

0012_0162-1

匶先去聲匶音柩○葬使之道○道音導○疏曰喪所多有凶邪故使之導也○夏官○喪祝及葬御匶出宮乃代喪祝二人相與更也○疏曰及更也謂於祖廟厥明大奠後引柩車出喪祝於柩車前郤行御柩車出宮乃代者案序官云喪祝上士一人故鄭云二人相與更也小喪亦如之○春官○鄉師及葬執纛以與匠師御匶而治役匠師事官之屬其於司空若鄉師之於司徒也鄉師主役匠師主衆匠共主葬引翿羽葆幢也爾雅曰纛翳也以指麾挽

0012_0163-1　0012_0162-2

猶之役正其行列進退。行，戶剛反。○疏曰言及葬者及至葬引向壙纛謂葆幢也鄉師執纛恐卻行在柩車之前以與匠師御柩謂在路恐有傾覆故與匠師御正其柩而治役者亦謂監督人也注云其於司空猶鄉師之於司徒也者地官之考稱鄉師春官之考稱肆師秋官之考稱士師唯有天官之考稱宰夫夏官之考稱軍司馬自外皆稱師此經鄉師是司徒考明匠師亦是司空考故云其於司空若鄉師之於司徒案天官注冬官亡未聞其考此云匠師冬官考者彼據冬官亡故云未聞其考此據匠師與鄉師相對以義約之匠師冬官考

也云鄉師主役匠師主衆匠共主葬引者冬官亡雖無文以其主匠即知共葬地官也。○

司士作六軍之士執披。披，方寄反。○作謂使之也披柩車行所以披持棺者有紐以結之謂之戴鄭司農云披者扶持棺險者也天子旁十二諸侯旁八大夫六士四玄謂紐披必當棺束於束繫紐天子諸侯載柩三束大夫士二束喪大記下君纁披六大夫披四前纁後玄士二披用纁人君禮文欲其數多圍數兩旁言六耳其實旁三疏曰云六軍之士者即六鄉之民以其鄉出一軍六鄉故名六軍之士也天子千人而云六軍者

0012_0164-1　0012_0163-2

以天子千人出自六軍故號六軍之士非謂執披有七萬五千人也柩車則蜃車車兩旁使人持之若四馬六轡然故名持棺者爲披也云有紐以結之謂之戴者喪大記云纁戴者是也先鄭云披者扶持棺險者先鄭意蜃車行恐逢道險者有傾覆故云扶持棺險也云天子旁十二諸侯旁八大夫六上四者無所依據後鄭不從玄謂結披必當棺束於束繫紐者謂蜃車兩旁皆有柳材其棺皆以物束之故云天子諸侯載柩三束大夫士二束彼喪大記不言天子此言者欲見天子無文約與諸侯同也謂之戴者彼大記注云戴之言值也所以連

繫棺束與柳材使相值因而結前後披也披結於紐故引喪大記君纁披六已下其蜃車柳材與中央棺束數等人君三大夫士二記云君纁披六大夫披四者皆是禮文故圍數兩旁言六言四也上禮小無文故據一旁而言二者然大夫亦圍數兩旁言四直云人君○喪祝者據尊者而言之也。○夏官

掌大喪勸防之事。勸猶倡帥前引者防謂執披備傾虧。○疏曰勸猶倡帥前引者即經御柩也謂執纛居柩路前卻行左右車脚有高下則以纛詔告執披者使持制之不至傾虧倡先也故云倡帥前引者云防謂執

[illegible]儀[illegible]者案夏官司士作六軍之[illegible]
[illegible]氏[illegible]執披解以恐柩車傾倒故云
[illegible]經勸防因言所掌事及
[illegible]下文及朝御柩是也
小喪亦
[illegible]之[illegible]春
○大史大喪執纛以涖勸防
鄭司[illegible]勸防
[illegible]云[illegible]春官
○巾車大喪及葬執蓋從車持旌
從才用反○從車隨柩路持
蓋與旌者王平生時車建旌
[illegible]則有蓋今蜃車無蓋執而隨之象生
[illegible]有從[illegible]執者銘旌○疏曰及葬者謂
至葬時將向壙云執蓋從車者謂此柩
車之[illegible]執蓋以隨柩車持旌在柩車之

[illegible]而文在下一以執蓋[illegible]巾車因言持
[illegible]互非謂持[illegible]以車銘旌表
[illegible]象[illegible]時在柩[illegible]禮云祝取
[illegible]置于茵注云[illegible]於此[illegible]銘
而於[illegible]若然[illegible]行時在柩車前[illegible]
[illegible]亦與茵同在柩車前可知也旌云[illegible]
[illegible]柩[illegible]者鄭欲以經事為蜃車[illegible]
[illegible]之云今蜃車既設[illegible]不得設蓋是
[illegible]執而隨柩車[illegible]有[illegible]
云所執者銘旌者將葬[illegible]士有二旌
夫夫已上皆有三旌既[illegible]禮是[illegible]而
有要[illegible]所建旃是[illegible]用[illegible]所建
[illegible]之旃也大夫以至有[illegible]所建[illegible]
[illegible]上事[illegible]要以[illegible]常所建旌[illegible]

則六常孤卿建旃大夫亦應攝盛用旜
是一也又有旌旗又有銘旌也○春官
○御僕大喪持翣
喪大記注引漢禮以
木為匡廣三尺高二
尺四寸方兩角高衣以白布畫雲氣謂
之畫翣畫之以黼謂之黼翣之類是也
天子用八諸侯用六大夫用四士用二
在路夾柩車兩旁入壙則樹之四旁○
夏
官
○女御后之喪持翣
翣棺飾也持而
從柩車○疏曰
禮器云天子八翣后喪亦同將葬向壙
之前使此女御持之左右各四人故云
持而從柩車
也○天官
○冢人大喪及葬言鸞車

象人
鸞車巾車所飾遣車也亦設鸞旗
鄭司農云象人謂以芻為人言猶
語也語之者告當行若於生存者於是
巾車行之孔子謂為芻靈者善謂為俑
者不仁非作象人者不殆於用生乎○
疏曰及至也謂至壙冢人語巾車之官
將明器鸞車及象人使行向壙云亦設
鸞旗者遣車有鸞和之鈴兼有旌旗經
直云鸞車不言鸞旗故鄭言之先鄭云
象人謂以芻為人者後鄭不從以其上
古有芻人至周不用而象人則象人與
芻靈別也鄭引檀弓者欲破先鄭以芻
靈與象人為一若然則古時有塗車芻
靈至周仍存塗車唯改芻靈為象人○

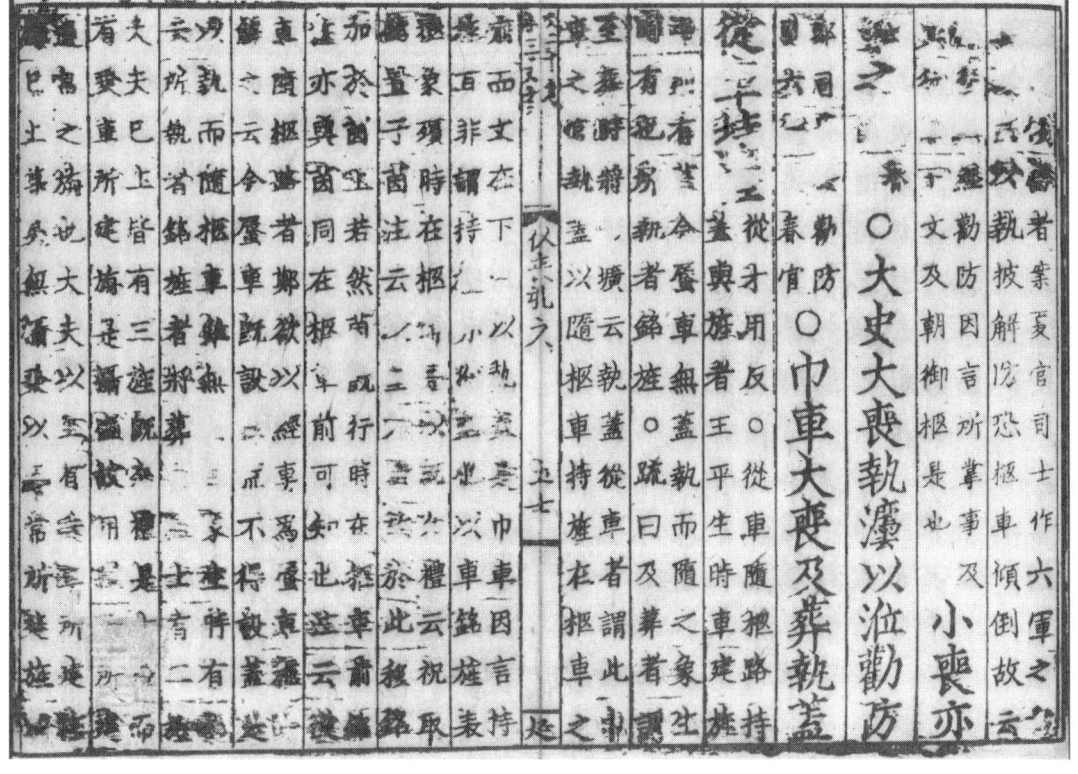

0012_0166-2

陳明器也　用之春官○虎賁氏及葬從遣車而

哭遣車王之魂魄所憑依○疏曰遣車者將葬載所苞奠遣送者之車其車

內既皆有牲體故云王之魂魄所憑依遣車多少之數天子無文鄭注雜記云

天子大牢苞九个遣車九乘苞肉皆取大遣奠之牲體天子大牢外更用馬牲

皆前脛折取臂臑後脛折取骼苞肉各九个皆細分其體以充數也○夏官

○內豎王后之喪及葬執褻器以從遣

車褻器振飾頮沐之器○疏曰從遣車者生時從后后之私褻小器並不振

五九

0012_0167-1

飾頮沐之器故爲此解也若然玉府云凡褻器鄭注以爲清器虎子不爲振飾

頮沐器者彼據生時故與牀笫等連文此注褻器爲振飾頮沐之器者案特牲

爲尸而有槃匜升有簞巾巾爲振飾槃匜爲盥手故既夕禮用器之中有槃匜

是送葬之時有褻器也○入官○君葬用輴四綍二碑

御棺用羽葆大夫葬用輴二綍二碑御

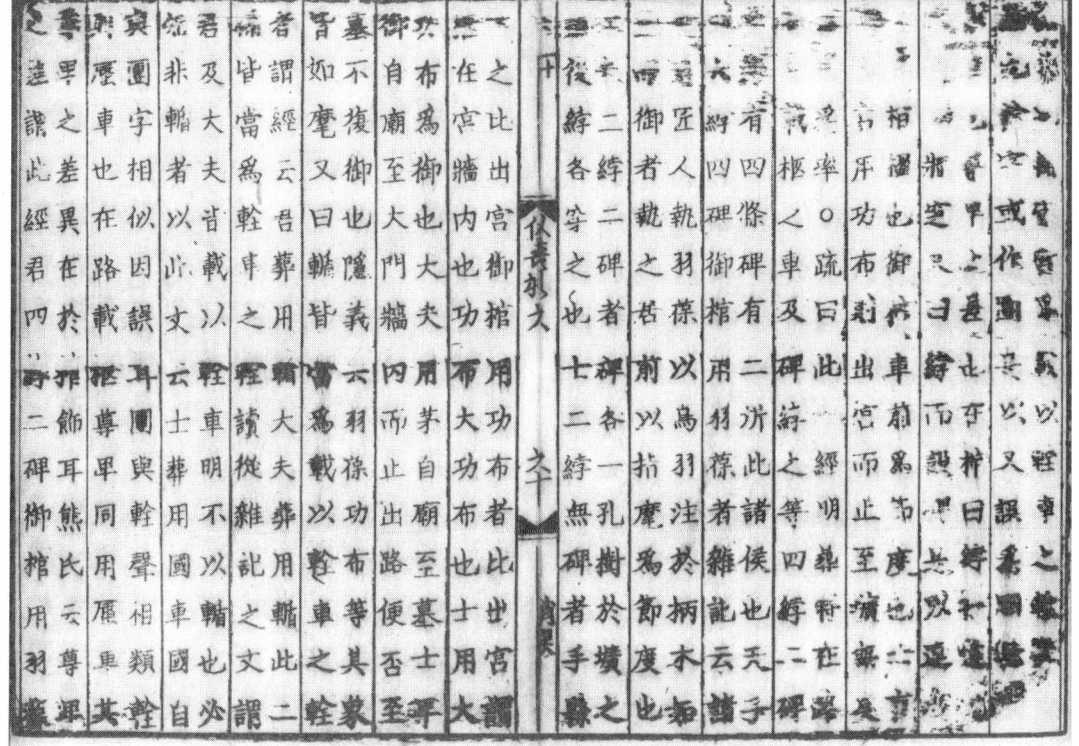

棺用茅士葬用國車二綍無碑比出宮

用功布輴音輇市專反王[illegible]綍音弗碑彼皮反○[illegible]

0012_0167-2

[illegible]以輇車之載[illegible][illegible]或作團是以又誤爲[illegible]

[illegible]上轝也字林曰輇[illegible][illegible]定又曰綍而設[illegible]以遂[illegible]

柩遷也御柩車前爲節度也[illegible]用功布引出宮而止至壙[illegible]

[illegible]率○疏曰此經明葬時在途載柩之車及碑綍之等四綍二碑

[illegible]有四條碑有二所此諸侯也天子六綍四碑御棺用羽葆者雜記云諸

[illegible]匠人執羽葆以爲羽注於柄末如四御者執之居前以指麾爲節度也

[illegible]二綍二碑者碑各一孔樹於壙之[illegible]從綍各穿之也士二綍無碑者手縣

六十

0012_0168-1

之比出宮御棺用功布者比出宮謂[illegible]在宮牆內也功布大功布也士用大

[illegible]布爲御也大夫用茅自廟至墓士用功布御自廟至大門牆內而止出路便否至

墓不復御也隱義云羽葆功布等其象皆如麾又曰輴皆當爲載以輇車之輇

者謂經云君葬用輴大夫葬用輴此二輴皆當爲輇讀從雜記之文謂

君及大夫皆載以輇車明不以輴也必知非輴者以下文云士葬用國車國自

與團字相似因誤耳團與輇聲相類輇與蜃車也在路載柩尊卑同用蜃車其

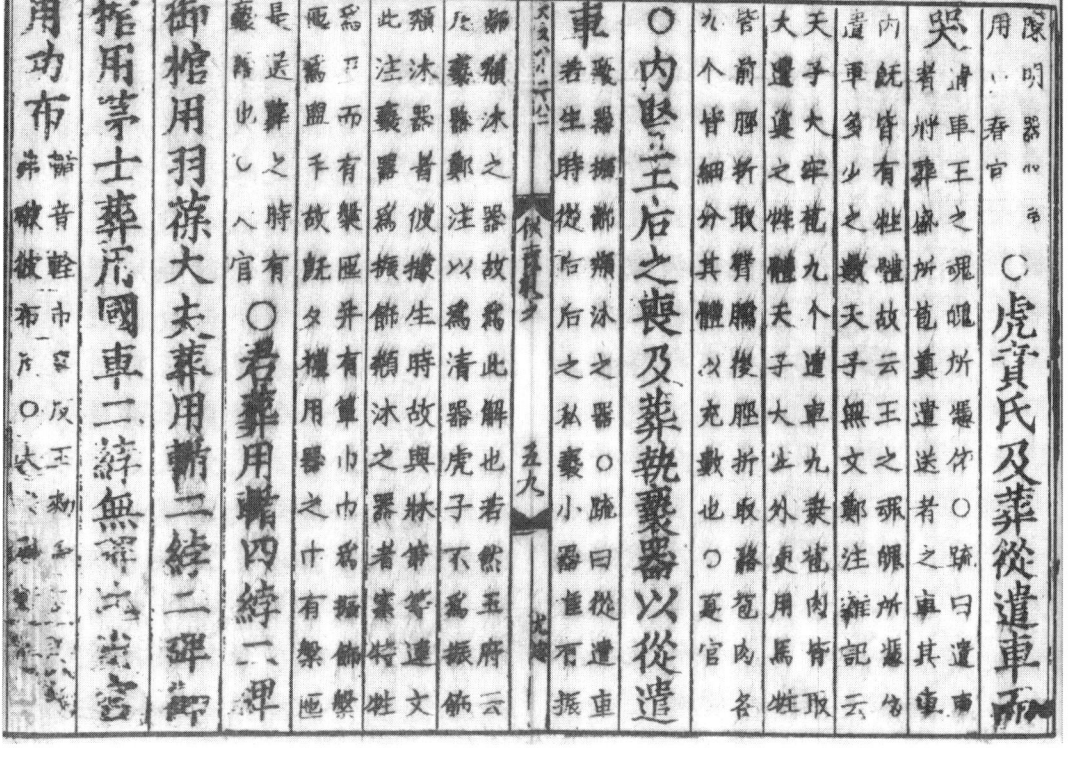

尊卑之差異在於披飾耳熊氏云尊卑之送讀此經君四綍二碑御棺用羽葆

輤非也輤皆當爲載以輇車之輇聲之
誤也輇字或作團是以又誤爲國輇車
柩車也尊卑之差也在棺曰綍行道曰
引至壙將窆又曰綍而設碑是以連言
之碑相楹也御棺車前爲節度也士言
比出宮用功布則出宮而止至壙無矣
綍或爲率○疏曰此一經明葬時在路
尊卑載柩之車及碑綍之等四綍二碑
者綍有四條碑有二所此諸侯也天子
則六綍四碑御棺用羽葆者雜記云諸
侯用匠人執羽葆以鳥羽注於柄木如
蓋而御者執之居前以指麾爲節度也
大夫二綍二碑者碑各一孔樹於壙之
前後綍各穿之也士二綍無碑者手縣

仪礼六　六十一　監生陳浚

下之比出宮御棺用功布者比出宮謂
柩在宮牆內也功布大功布也士用大
功布爲御也大夫用茅自廟至墓士卑
御自廟至大門牆內而止出路便否至
墓不復御也隱義云羽葆功布等其象
皆如麾又曰輤皆當爲載以輇車之輇
者謂經云君葬用輴大夫葬用輴此二
輴皆當爲輇車之輇讀從雜記之文謂
君及大夫皆載以輇車明不以輴也必
知非輴者以此文云士葬用國車國自
與團字相似因誤耳團與輇聲相類輇
則蜃車也在路載柩尊卑同用蜃車其
尊卑之差異在於棺飾耳熊氏云尊卑
之差謂此經君四綍二碑御棺用羽葆

此張本第六十葉

第六十一葉兩本均缺

事親自入鄉則鄉士爲公傳前驅而辟
云鄉官鄭爲盜賊道也者鄭謂鄭行往
不盜賊謂舊爲盜賊即不良之人故[?]
者內察鄭行者是盜賊之人使之道以
（況古鄉士爲道／類也○秋官）○遂士六卿有邦事則
爲之前驅而辟其喪亦如之（疏曰其喪／亦如之者）
（亦謂公卿大夫之喪死於其中／者亦爲之前驅而辟也○秋官）○縣士
大夫有邦事則爲之前驅而辟其喪亦
如之（疏曰其喪亦謂公卿大夫／之喪有死於此者○秋官）○士喪

有與天子同者三其終夜燎及乘人專
道而行（詳見士喪／朝祖條）
右柩行○季子皐葬其妻犯人之
禾（季子皐孔子弟子高柴孟氏之／邑成宰或氏季犯躐也○疏曰）
（子皐爲成宰高昇其正氏今言季／子皐該鄭云或氏季以身[?]季[?]）
（行以字爲氏而稱季也猶若子[?]／稱叔氏仲由稱季路皆其例也）
申祥以告曰請庚之（庚古衡反[?]／申祥子[?]）

（[?]償／也）子皐曰孟氏不以是罪予（[?]）
（後）朋友不以是弃予（言非／大故）以吾爲
邑長於斯也買道而葬後難繼也
（長丁丈反○恃寵虐民非也○疏／曰子皐見申祥請償故非之云孟）
（氏不以身犯禾之事罪責於我朋／友不以是犯禾之事離弃於我以）
（其小失非大故也以吾爲邑長於／此成邑乃買道而葬清儉太過在）
（後世之人難可繼續也以孟氏不／罪於己故鄭云恃寵虐民○[?]）

○鄭簡公卒將爲葬除（爲于僞反／○除葬道）
及游氏之廟（游氏子／太叔族）將毀焉子大
叔使其除徒執用以立而無庸毀
（用毀／廟具）曰子產過女而問（女音／汝）何故
不毀乃曰不忍廟也諾將毀矣（[?]）
（廟者／之辭）既如是子產乃使辟之司墓
之室有當道者（簡公別營葬地不／在鄭先君舊墓故）

0012_0171-2

適有臨時遷直也司墓之室鄭之塚公墓大夫徒屬之家○遷音于一音於

毀之則朝而塴塴北鄧反徐甫贈反下棺也禮家作窆義同

弗毀則日中而塴子大叔請毀之曰無若諸侯之賓何不欲久留賓

子產曰諸侯之賓能來會吾喪豈憚日中無損於賓而民不害何故不爲遂弗毀日中而葬君子

儀喪禮六　六十四

0012_0172-1

謂子產於是乎知禮禮無毀人以自成也疏曰用謂毀廟之具若今鍬钁之類也欲其除道之徒執所用作具以治丘而無用即毀廟非○昭公十有二年春秋左氏傳

○葬敬嬴旱無麻始用葛茀茀方弗反引棺索也○記禮變之所由茀所以引柩殯則有之以備火葬貶以下柩○宣八年春秋左氏傳

○吳伐齊將戰公孫夏命其徒歌虞殯賈逵云虞殯[illegible]

0012_0172-2

詩杜云送葬歌曲並不解虞殯之名禮啓殯而葬葬即下棺反日中而虞蓋以啓殯將虞之歌謂之虞殯歌者樂也喪者哀也送葬得有歌者蓋挽引之人爲歌聲以助哀今之挽歌是也舊說挽歌漢初田横之臣爲之據此挽歌之有久矣晉初荀顗制禮以吉凶不雜送葬不宜有歌去之摯虞駁之云詩云君子作歌惟以告哀歌不爲害也復存之○哀公十一年左氏傳

巾車大喪及墓嘑啓關陳車關墓門也車貳車也

儀喪禮六　六十五

0012_0173-1

士喪禮下篇曰車至道左北面立東上○疏曰鄭知車是貳車者以其遣車在明器之中案既夕陳明器在道東西北上此不言明器而別陳車是貳車可知天子貳車象生時當十二乘也士喪從云車至道左北面立東上者士無貳車惟據乘車道車稾車三乘此工禮亦有此三乘車於後別有貳車十二乘車然則此車非止二車而已鄭直云貳車者舉其士禮不見者而言耳○此條朝祖薦車通用柩行條遂師以幄帟先朝祖條樂師陳樂器此條通用當互考（春官）

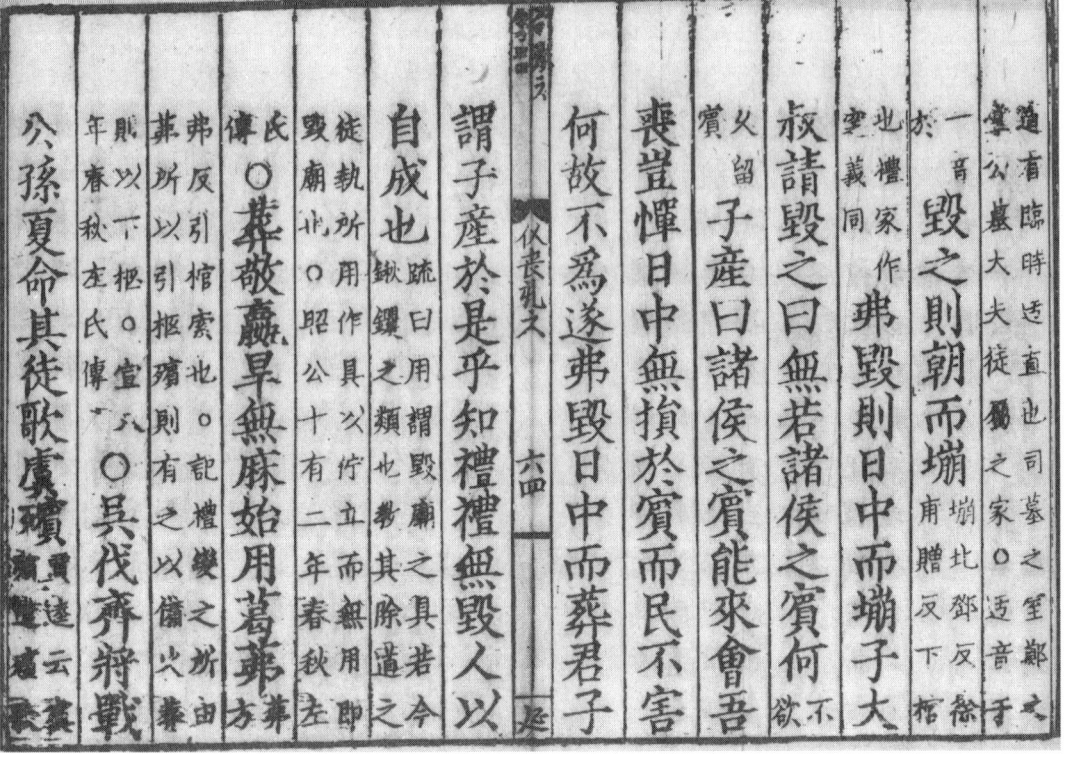

○方相氏大喪及墓入壙以戈擊四

0012_0173-2

隅毆方良 方良上音罔下音兩又如字○壙穿地中也方良罔兩也
天子之椁柏黃腸爲裏而表以石焉國
語曰木石之怪夔罔兩○䟽曰必破方
良爲罔兩者入壙無取於方良之義故
也云天子之椁柏黃腸爲裏而表以石
焉者欲見有罔兩之義故引漢法爲證
又檀弓云天子柏椁以端長六尺言椁
柏則亦取柏之心黃腸爲椁之裏故漢
依而用之而表之以石蓋周時亦表以
石故有罔兩也云國語者案國語水之
怪龍罔象土之怪夔罔兩則知方良當
爲罔兩也 ○喪祝及壙說載除飾 鄭司農云
○夏官

0012_0174-1

說載下棺也除飾去棺飾也四翣之屬
令可舉移安錯之玄謂除飾便其窆爾
○周人之葬牆置翣○翣所甲反亦作㛳
○䟽曰說載謂下棺於地除飾謂除去
帷荒下棺於坎訖其帷荒還入壙張之
於棺注云四翣之屬者案喪大記及禮
器士二翣大夫四翣諸侯六翣天子八
翣周人之葬牆置翣者謂帷荒與柩爲
鄣若牆然故謂之牆翣在道柩車傍
人執之入壙置之於椁傍故云置也 小
喪亦如之 小喪王后以下之喪○春官 ○掌蜃掌斂
互物蜃物以共闉壙之蜃 互户故反○互物蚌蛤之

0012_0174-2

蜃闉猶塞也將井椁先塞下以蜃禦濕
也鄭司農說以春秋傳曰始用蜃炭言
僭天子也○䟽曰案士喪禮筮宅還葬
掘於殯門之外注云既哭之則往施之
竁中是未葬前井椁材乃往施之竁中
則未施椁前已施蜃灰於椁下以禦濕
濕也引春秋者是成公二年宋文公卒
始厚葬用蜃炭雖二王之後不得純如
天子亦用蜃故被譏引之
者證天子之宜也○地官 ○稻人喪紀
共其葦事 葦以闉壙禦濕之物○䟽曰春秋左氏傳有井闉闉塞也
○地官 ○澤虞喪紀共其葦蒲之事 葦以闉塞

0012_0175-1

蒲以爲席○䟽曰蒲以爲席者謂抗席
又禮記云虞卒哭芐翦不納者是也○
地官 ○掌荼掌以時聚荼以共喪事 䟽曰荼既
又禮爲茵之法用緇翦布謂淺黑色之
布各一幅合縫著以荼柩未入壙之時
先陳於棺下縮二於下橫三於
上乃下棺於茵上是也○地官

右至壙

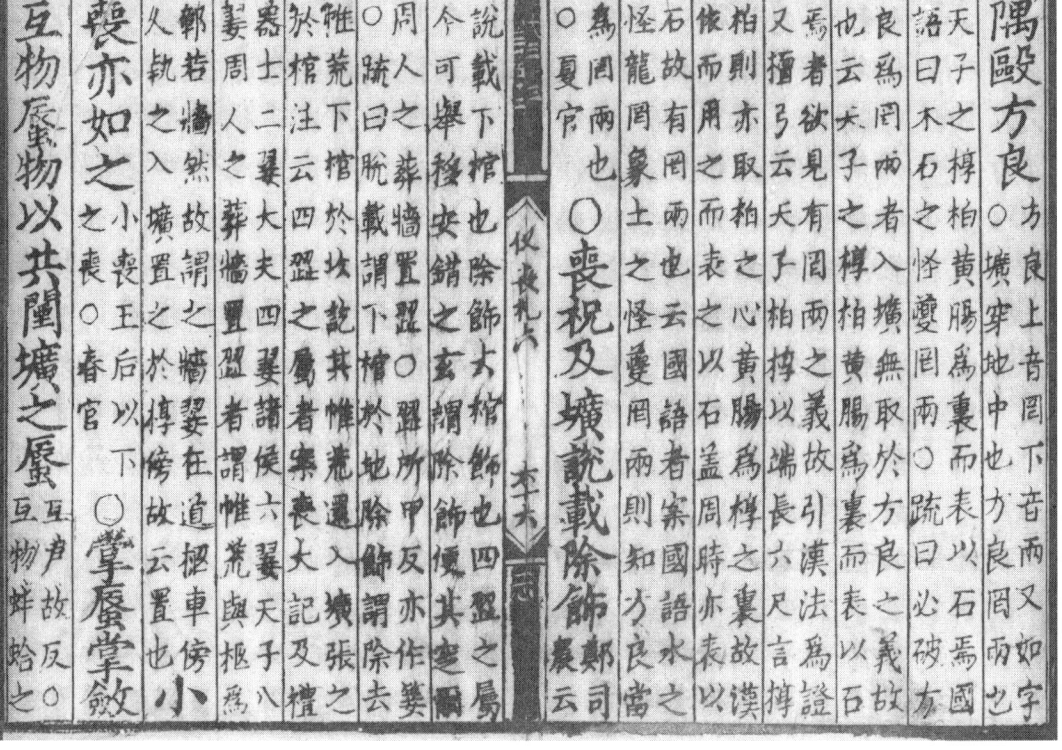

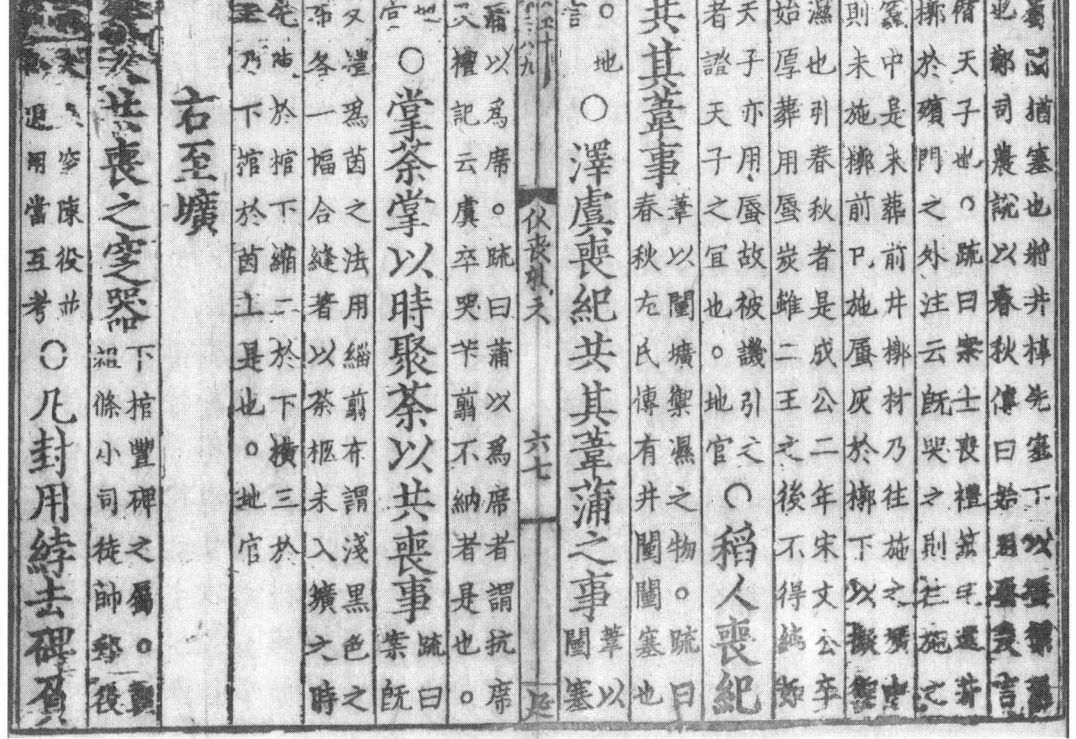

[illegible]共喪之窆器 下棺豐碑之屬○窆涖條小司徒帥邦役
[illegible]陳役[illegible]退用當互考 ○凡封用綍去碑負

0012_0176-1　0012_0175-2

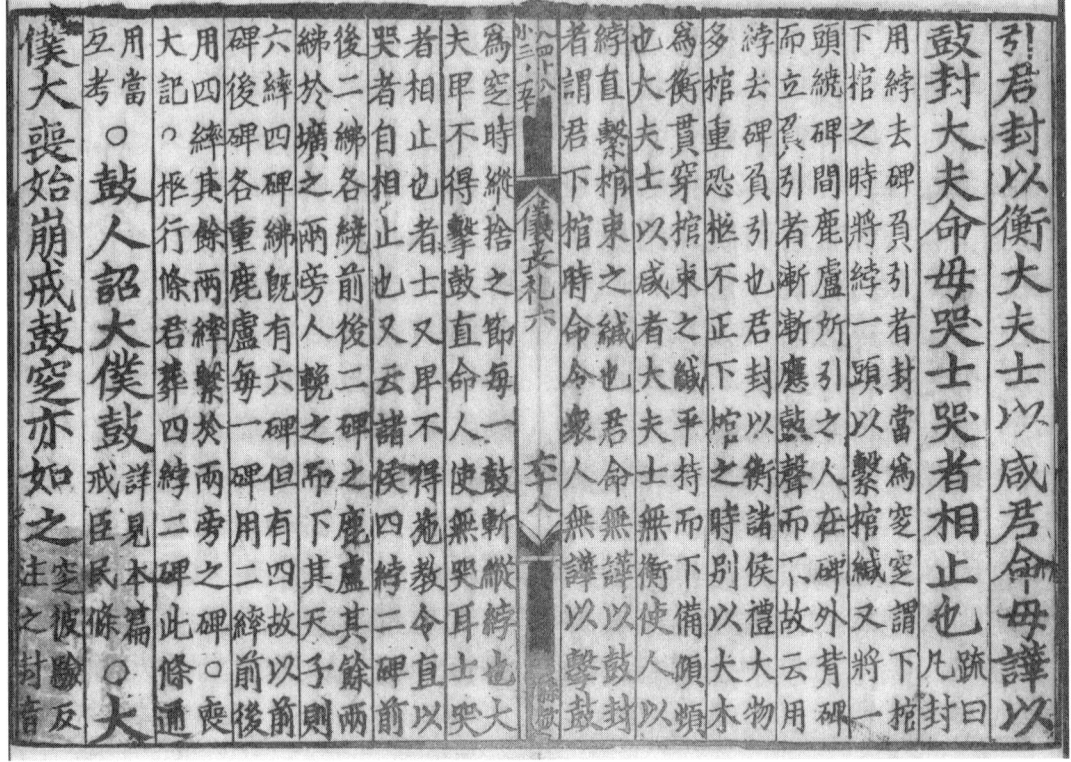

引君封以衡大夫士以咸君命毋譁以
鼓封大夫命毋哭士哭者相止也疏曰凡封
用綍去碑負引者封當爲窆窆謂下棺
下棺之時將綍一頭以繫棺緘又將一
頭繞碑間鹿盧所引之人在碑外背碑
而立負引者漸漸應鼓聲而下故云用
綍去碑負引也君封以衡諸侯禮大物
多棺重恐柩不正下棺之時別以大木
爲衡貫穿棺束之緘平持而下備傾頓
也大夫士以咸者大夫士無衡使人以
綍直繫棺束之緘也君命無譁以鼓封
者謂君下棺時命令衆人無譁以擊鼓
爲窆時緋捨之節每一鼓漸緋綍也大
夫畢不得擊鼓直命人使無哭耳士哭
者相止也者士又畢不得施教令直以
哭者自相止也又云諸侯四綍二碑前
後二緋各繞前後二碑之鹿盧其餘兩
緋於壙之兩旁人輓之而下其天子則
六綍四碑緋既有六碑但有四故以前
碑後碑各重鹿盧每一碑用二綍前後
用四綍其餘兩綍繫於兩旁之碑○喪
大記○抳行條君葬四綍二碑此條通
用當互考○鼓人詔大僕鼓詳見本篇戒臣民條○大
僕大喪始崩戒鼓窆亦如之窆彼驗反注之封音

0012_0177-1　0012_0176-2

同劉皆通鄧反○戒鼓以警衆也司農
云窆謂葬下棺也春秋傳所謂日中而
傰禮記謂之封皆下棺也音相似窆讀
如慶封氾祭之氾○崩捕鄧反氾方劒
反○詳見始死條○遂師大喪及窆抱磨共丘
籠及蜃車之役蜃車柩路也行至壙乃說更復載以龍輴役謂
執綍者磨者適歷執綍者名也遂人主
陳之而遂師以名行校之○疏曰云共
丘籠者主曰丘謂共爲丘之籠器以盛
上也謂下棺之後以壙上土反復而爲
丘壟皆須籠器以盛土也云適歷執綍
者名也者謂天子千人分布於六綍之
上謂之適歷者分布稀疏得所名爲適
歷也云遂人主陳之者案遂人云及窆
陳役是也遂師抱持版之名字巡行而
校錄之以知在否故云抱磨也○地官
○鄉師及窆執斧以涖匠師匠師主豐碑之事執
斧世涖之使成其事故書涖作立立讀
爲涖涖謂臨視也○疏曰及至也窆丁
棺也至壙下棺之時鄉師執斧以涖匠
師匠師主衆匠恐下棺不得所須有用
斧之事又執斧以臨視之云匠師主豐
碑之事者案檀弓云公室視豐碑三家
視桓楹鄭彼注天子斲大木爲之豐碑
也天子六綍四碑前後各一碑各重鹿

0012_0178-1　　0012_0177-2

盧兩畔各一碑皆單鹿盧天子千人分置於六綍皆背碑負引擊鼓以爲縱舍之節匠師主當之云執斧以涖之使戒其事者恐匠師不戒其事須有用斧之處故鄉師執斧助之使匠師戒其事涖謂臨視也者謂臨視匠師也○地官

○冢人及窆執斧以涖 疏曰案鄉師云執斧以涖匠師則此亦涖匠師兩官俱臨者鄉事大故二官共臨 遂人藏凶器 凶器明器○疏曰因上文窆下稽說即遂入壙藏明器 正墓位蹕墓域守墓禁 位謂丘封所居前後也禁所爲塋限○疏曰墓位即上文昭穆爲左右須正之使不失本位墓域謂四畔溝兆蹕謂止行人不得近之守墓禁謂禁制不得漫入注云禁所爲塋限者謂禁者以塋域爲限而禁之

○春官

○司常建廞車之旌及葬亦如之 詳見陳明器條

○樂師凡喪陳樂器則帥樂官及序哭亦如之 哭此樂器亦帥之○疏曰案小宗伯云及執事視葬獻器遂哭之注云至將葬獻明器之材以獻素獻成皆於殯門外王不親哭有代之法故執事大葬獻時小宗伯□□□是序哭明器之樂器文承陳樂器

0012_0119-1　　0012_0118-2

□而□序哭謂使人持此樂器□□及□葬之時序哭之也○春官

大司樂□藏樂器 詳見陳明器條

○笙師廞樂器及葬奉而藏之 上同

○鎛師廞樂器奉而藏之 上同

○籥師廞樂器奉而藏之 上同

○司干廞舞器奉而藏之 上同

○校人飾遣車之馬及葬埋之 上同

○典瑞大喪共贈玉 贈玉蓋璧也贈有束帛六幣璧以帛○疏曰贈玉者案既夕禮葬時柩入坎贈用玄纁束帛即天子加以玉是贈先王之物也注云贈玉蓋璧也者以既夕禮云士贈用束帛明天子亦有束帛也而小行人合六幣璧以帛故知贈既用帛明以璧配之鄭言此者恐天子與士異士用帛天子用玉嫌不用帛故言之也○春官

○大宰大喪贊贈玉 助王爲之也贈玉既窆所以送先王○疏曰大喪既是王喪云助王爲之也者謂助嗣王也案既夕士禮既窆主人贈用玄纁以入壙王喪雖無文應更有加亦當以玄纁爲主

○小宗伯成葬而祭墓爲位 成葬丘已封也

0012_0179-2

天子之冢蓋不一日而畢位壇位也先
祖形體托於此地祀其神以安之冢人
職曰大喪既有日請度甫竁遂爲之尸
○踈曰云天子之冢蓋不一日而畢者
案檀弓云有司以几筵舍奠於墓左反
日中而虞注云所使奠墓有司來歸乃
虞也則虞祭在奠墓後此上文既云詔
相喪祭則虞祭訖矣於下乃云成葬祭
墓爲位則虞祭不待奠墓有司來歸者
由天子之冢高大蓋不一日而畢故設
經喪祭在成葬之上也引冢人職者證
祭墓爲位時冢人爲尸以祭后土也○
春官○冢人凡祭墓爲尸 祭墓爲尸或禱祈焉鄭司農云

0012_0180-1

爲尸冢人爲尸○踈曰後鄭知此祭墓
爲禱祈者上文遂爲尸是墓新成祭后
土此文云凡故知謂禱祈也先鄭云爲
尸冢人爲尸者上文祭墓謂始穿地時
此文據成墓爲尸後鄭以此亦得通一
義故引之在下是以禮記檀弓云有司
舍奠於墓左彼是成墓所祭亦引此○
凡祭墓爲尸謂成墓之事也○春官○
冢人凡諸侯及諸臣葬於墓者爲之蹕
均其禁○大夫廢其事終身不仕死以
士禮葬之 以不任大夫也○踈曰大夫廢其事故知不堪任大夫也

0012_0180-2

致仕而退死得以大夫禮葬○王制
右窆○宣公八年冬十月己丑葬
我小君敬嬴雨不克葬禮也禮卜
葬先遠日辟不懷也 卜葬先遠日辟不思念其
親似欲汲汲而早葬之也○今若冒
雨而葬亦是不思其親欲得早葬
故舉卜葬先遠日以證爲雨而止
禮也王制云庶人葬不爲雨止者
鄭云云雖雨猶葬禮儀
小也○春秋左氏傳 葬既有日

0012_0181-1

不爲雨止禮也雨不克葬喪不以
制也 喪事有進無退又士喪禮有潦車載簑笠則人君之張設
固兼備矣禮先遷于廟其明昧爽
而引旣及葬日之晨則祖行遣奠
之禮設矣故雖雨猶終事不敢傳柩久次○穀梁傳○定公
十有五年秋九月丁巳葬我君定
公雨不克襄事禮也 襄成也雨而成事若汲汲
於欲葬○春秋左氏傳 葬既有日不爲雨止

禮也雨不克葬喪不以制也戊午日下稷乃克葬稷昃也下昃謂晡時乃急辭也不足乎日之辭也穀梁傳○孔子爲中都宰先時季氏葬昭公於墓道之南孔子溝而合諸墓焉謂季桓子曰貶君以彰己罪非禮也桓子平子之子今合之所以揜夫子之不臣家語○晉文公旣定襄王于郟郟古洽反○郟洛邑王城之地王勞之以地辭辭不受也請隧焉隧徐醉反○賈侍中云隧王之葬禮闕地通路曰隧王弗許曰昔我先王之有天下也亦唯是先王之服物釆章釆章釆色文章也以臨長百姓而輕重布之王何異之有輕重布之貴賤各有等也王何異之有言帝王皆然若

不然叔父有地而隧焉自制以爲隧也余安能知之文公遂不敢請受地而還還音旋○國語○又案左氏傳曰晉侯朝王請隧弗許曰王章也未有代德而有二王亦叔父之所惡也○事見傳公二十五年○許穆公卒于師葬之以侯禮也詳見變禮道有喪○臧僖伯卒公曰叔父有憾於寡人諸侯稱同姓大夫長曰伯父少曰叔父有恨恨諫觀魚不聽寡人弗敢忘葬之加一等加命服之等○隱五年春秋左氏傳○宋文公卒始厚葬用蜃炭益車馬始用殉重器備椁有四阿棺有翰檜蜃市忍反翰户旦反一音韓檜古外反徐音會○燒蛤爲炭以瘞壙多埋車馬用人從葬四阿四注椁也翰旁飾檜上飾皆王禮○疏曰周禮匠人云殷人四阿重屋鄭玄云阿棟也四角設棟也是爲四注椁也士喪禮云

0012_0184-1　　0012_0183-2

執木橫三縮二謂於槨之上設此木從二橫三以負土則士之槨上平也今此椁上四注而下則其上方而尖也禮天子椁題湊諸侯不題湊不題湊則無四阿釋詁云楨榦榦也又曰楨正也築牆所立兩木也榦所以當牆兩邊障土者也輴在牆之旁則知此輴亦在旁也詩云會弁如星鄭玄云會謂弁之縫中言其際會之處也會在弁之上知此櫬亦在上故以爲棺旁飾上飾也言椁有棺有則本不當有家公所僭必僭天子明此四阿輴櫬皆是王之禮也蜃炭言用亦本

儀禮卷六　七十六　界

不當用其蜃炭蓋亦王之禮也君子謂華元樂舉於是乎不臣臣治煩去惑者也是以伏死而爭今二子者君生則縱其惑死又益其侈是棄君於惡也何臣之爲成二年春秋左氏傳○季康子之母死公輸若方小公輸若匠師方小言尚幼未知禮斂般請以機封般音班封彼驗反○斂下棺於

0012_0185-1　　0012_0184-2

椁般若之族多技巧者見若掌斂事而年尚幼請代之而欲嘗其技巧將從之時人服般之巧公肩假曰不可夫魯有初初謂故事公室視豐碑碑彼皮反○言視者時僭天子也豐碑斲大木爲之形如石碑於椁前後四角樹之穿中於間爲鹿盧下棺以繂繞天子六繂四碑前後各重鹿盧也三家視桓楹時僭諸侯諸侯下天子也斲之形如大楹耳四植謂之桓諸侯四繂二碑碑如桓矣大夫二繂二碑士二

儀禮卷六　七十七　界

繂無碑○疏曰凡言視者不正相當比擬之辭也故王制云天子之三公視公侯卿視伯大夫視子男是也故云言視僭天子也豐碑斲大木爲之形如石碑者以禮廟庭有碑故祭義云牲入麗于碑儀禮每云當碑揖此云豐碑故知斲大木爲碑也云於椁前後四角樹之者謂椁前後及兩旁樹之角落相望故云四角非謂正當椁四角也云穿中於間爲鹿盧者謂穿鑿去碑中之木令使空於此空閒著鹿盧兩頭各入碑木六下棺以繂繞者繂即紼也以紼之一頭繫緘以

張本下象鼻題監生廖寅四字傳本剪去之

0012_0185-2

一頭繞鹿盧既說而人各背碑負紼末頭聽鼓聲以漸卻行而下之知唯前後碑重鹿盧者以棺之入椁南北豎長前後深也案春秋天子有隧以羨道下棺所以用碑者凡天子之葬掘地以爲方壙漢書謂之方中又方中之内先累椁於其方中南畔爲羨道以蜃車載柩至壙說而載以龍輴從羨道而入至方中乃屬紼於棺之緘從上而下棺入於椁之中於此之時用碑繂也注如大楹者以言視桓楹不云碑知不似碑形故云如大楹耳通而言之亦謂之碑故喪大記云

喪礼卷六　卄八

0012_0186-1

諸侯大夫二碑是也云四植謂之特者案說文桓亭郵表也謂亭郵之所而立表木謂之桓即今之橋旁表柱也今諸侯二碑兩柱爲一碑而施鹿盧故云四植謂之桓也

般爾以人之母嘗巧則豈不得以以已字言寧有強使女者與楷於禮有似作機巧非也以與已字本同其母以嘗巧者乎則病者乎毋音無○毋無也於女寧有病苦與止之噫不寤之聲弗果從檀弓○陳乾昔寢

0012_0186-2

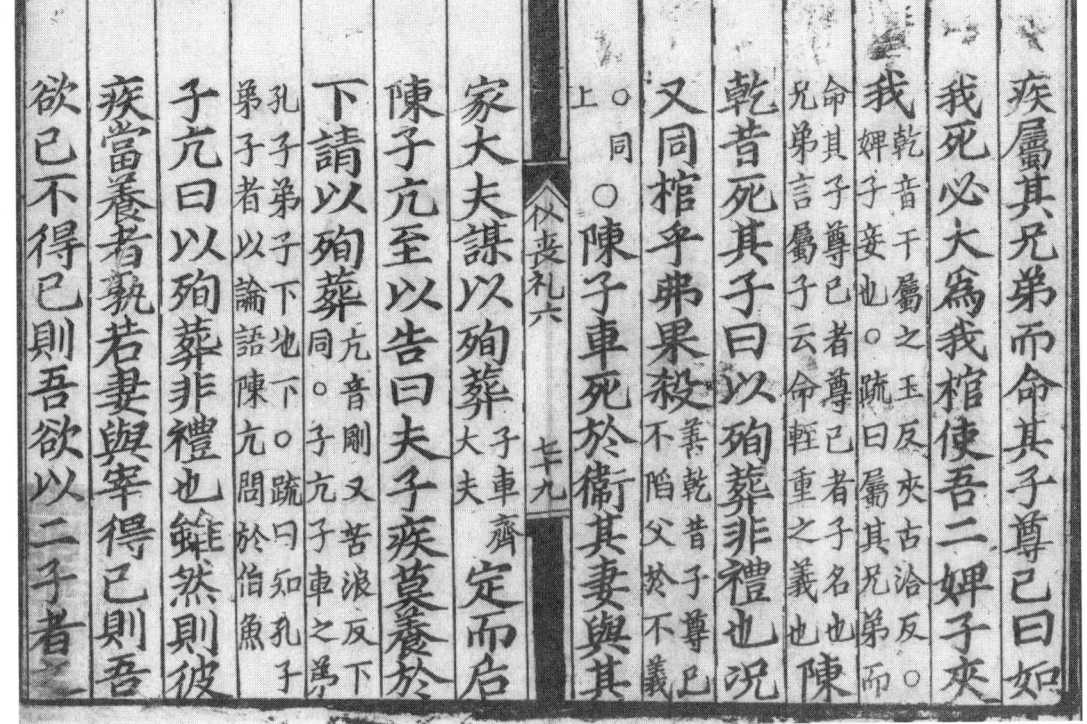

疾屬其兄弟而命其子尊己曰如我死必大爲我棺使吾二婢子夾我乾音干屬之玉反夾古洽反○婢子妾也○疏曰屬其兄弟而命其子尊己者尊己者子名也兄弟言屬子云命輕重之義也陳乾昔死其子曰以殉葬非禮也況又同棺乎弗果殺善乾昔子尊己不陷父於不義○同上○陳子車死於衛其妻與其

仪喪礼六　卄九

0012_0187-1

家大夫謀以殉葬子車齊大夫定而后陳子亢至以告曰夫子疾莫養於下請以殉葬亢音剛又苦浪反下同○子亢子車之弟孔子弟子下也下○疏曰知孔子弟子者以論語陳亢問於伯魚子亢曰以殉葬非禮也雖然則彼疾當養者孰若妻與宰得已則吾欲已不得已則吾欲以二子者之

0012_0187-2

爲之也（戾諫之不能止以斯言拒之也猶止也）於是

弗果用（果決也○同上）秦伯任好卒（任好）

（秦穆公名）以子車氏之三子奄息仲行

鍼虎爲殉（車音居行户郎反鍼其廉反殉似俊反○子車）

（秦大夫氏也以人從葬爲殉）皆秦之良也國人

哀之爲之賦黃鳥君子曰秦穆之

不爲盟主也宜哉死而棄民先王

違之猶詒之法而況奪之善人乎

君子是以知秦之不復東征也（文公六年）

0012_0188-1

春秋

[illegible]五諸侯七（尊卑恩之差也[illegible]天子至士葬即[illegible]）

[illegible]知天子至士葬即反虞者

[illegible]不忍一日未有所歸尊卑皆然故

[illegible]不[illegible]卑是貴賤同然也○雜記

[illegible]云諸侯七[illegible]然則天子九[illegible]

0012_0188-2

也初虞已葬日而用柔第二虞亦用柔

日假令丁日葬葬日而虞則己日二虞

後虞改用剛則庚日三虞也故鄭注士

虞禮云士則庚日三虞士之三虞用四

日則大夫五虞當八日諸侯七虞當十

二日天子九虞當十六日最後一虞與

卒哭例同用剛日此可以

補經文之闕故備録於此○小宗伯王

崩既葬詔相喪祭之禮（喪祭虞祔也檀弓曰葬日虞弗

忍一日離也是日也以虞易奠卒哭曰

成事是日也以吉祭易喪祭明日祔于

祖父○疏曰鄭知喪祭是虞祔也者以

文承卜葬之下成葬之上其中唯有虞

儀喪禮六　八一

0012_0189-1

祔而已故以虞祔解之也葬之朝爲大

遣奠反日中而虞是不忍一日使父母

精神離散故云不忍一日離也士虞禮

云男男尸女女尸爲神象鬼事之是以

虞易奠也云卒哭曰成事是日也以吉

祭易喪祭者案士虞禮三虞卒哭他用

剛日云哀薦成事故檀弓記人解士虞

禮云卒哭曰成事祭以吉爲成故云是

日也以吉祭易喪祭虞祭是也云明日

祔於祖父者引之證經喪祭爲虞祭又

爲祔祭士之禮葬用柔日假令丁日葬

葬日第一虞隅戊日己日爲第二虞後

虞改用剛用庚日卒哭亦用剛日隅辛

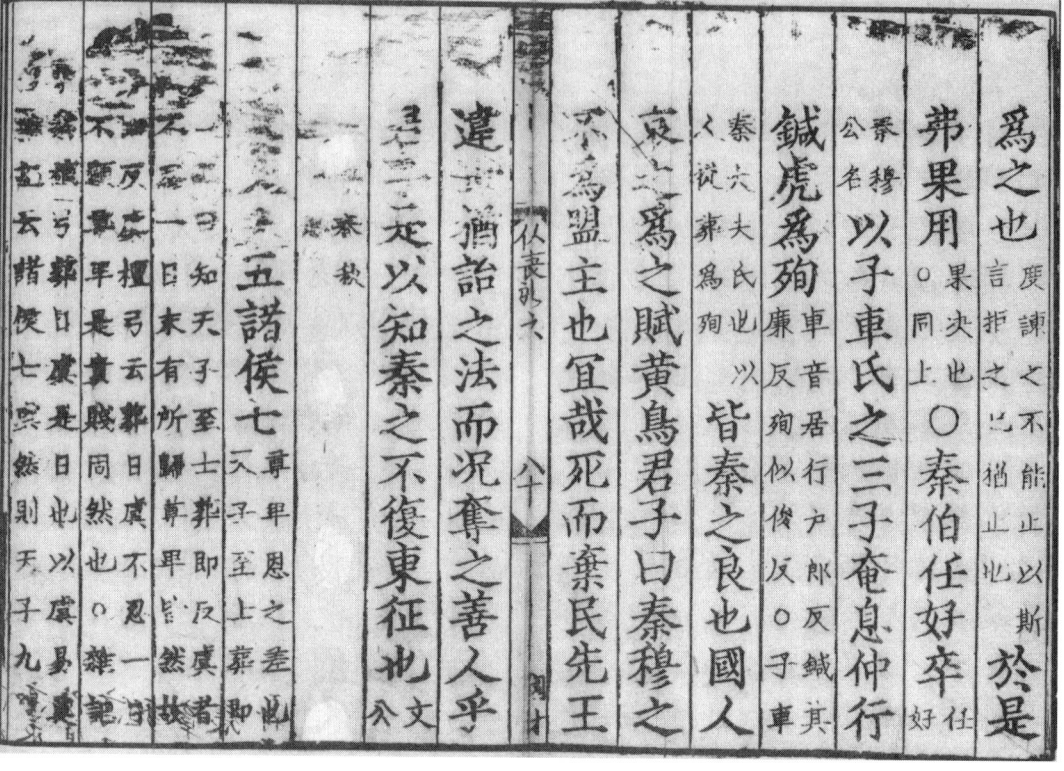

日壬日爲卒哭祭其祔祭又用柔日則

0012_0189-2

祭日爲祔祭是士從始虞至祔日總用七日以此差之大夫五虞諸侯七虞天子九虞相次日數可知耳此喪中自相對虞爲喪祭卒哭即爲吉祭以卒去無時哭哀殺故爲吉祭若喪中對二十八月復平常爲吉祭則禫祭已前皆爲喪祭也若然喪中自相對虞爲喪祭卒哭爲吉祭而鄭云喪祭虞祔并祔祭亦爲喪祭者此鄭欲引檀弓并祔祭總釋故喪中之祭總爲喪祭而言其實卒哭既爲吉祭祔祭在卒哭後是吉祭可知也○春官○職喪掌諸侯之喪及卿大夫士凡有爵者之喪凡其

0012_0190-1

喪祭詔其號治其禮鄭司農云號謂謚號玄謂告以牲號齍號之屬當以祝之○疏曰喪祭餘文皆爲虞此言凡者以其喪中自相對則虞爲喪祭卒哭爲吉祭若對二十八月爲吉祭則祥禫已前皆是喪祭故言凡以該之是以鄭亦不言喪祭爲虞也云治其禮者案大宗伯亦云治其禮鄭云謂簡習其事此治其禮義亦然也先鄭云號謂謚號後鄭不從者小宗伯云小賜謚讀誄不在此故後鄭云告以牲號齍號之屬當以祝之有牲號齍號謂若特牲少牢云柔毛剛鬛嘉薦普淖皆是祝辭故云當以祝之也凡公

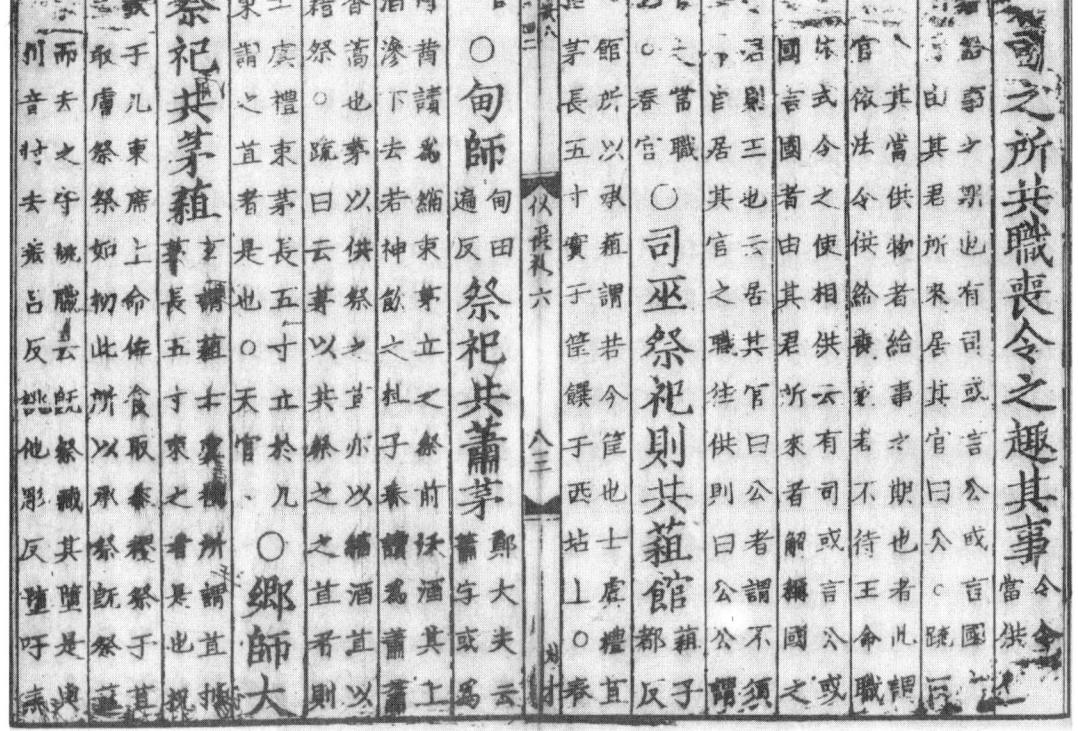

張本下象鼻題監生陳浚四字傅本剪去之

0012_0190-2

國之所共職喪令之趣其事令當供給事之眾也有司或言公或言國由其君所來居其官曰公○疏曰其當供物者給事之財也者此謂官依法令供給喪家者不待王命職依式令之使相供云有司或言公或國言國者由其君所來者解稱國之君則王也云居其官曰公者謂不須官居其官之職往供則曰公公謂之當職○春官○司巫祭祀則共藉館藉子都反館所以承藉謂若今筐也士虞禮苴茅長五寸實于筐饌于西坫上○春

儀禮六　八三

0012_0191-1

官○甸師甸田遍反祭祀共蕭茅鄭大夫云蕭字或爲莤莤讀爲縮束茅立之祭前沃酒其上酒滲下去若神歆之杜子春讀爲蕭蕭香蒿也茅以供祭之苴亦以縮酒苴以藉祭○疏曰云茅以共祭之苴者則士虞禮束茅長五寸立於几東謂之苴者是也○天官○鄉師大祭祀共茅藉玄謂藉士虞禮所謂苴刌茅長五寸束之者是也祝設于几東席上命佐食取黍稷祭于苴取膚祭祭如初此所以承祭既祭蓋而去之守祧職云既祭藏其墮是與刌音忖去羌呂反詘他彫反墮吁

羹鬻祖惠反與音餘○地官○庖人共喪紀之庶羞謂紀喪事之祭謂虞祔也○疏曰凡喪未葬已前無問朝夕奠及大奠皆無羞羞之法今言共喪紀庶羞者謂虞祔之祭乃有之又曰天子九虞後作卒哭祭虞卒哭在寢明日祔於祖廟今直云虞祔不言卒哭者舉前後虞則卒哭在其中共庶羞可知○天官○囿人獸人共獸腊人共乾肉魚人共鱻薨醢人共豆實詳見陳小斂條○地官○籩人共籩詳見朔月半月奠條○外饔饔鄭

於容反凡小喪紀陳其鼎俎而實之謂喪事之奠祭○疏曰言小喪紀者謂夫人已下之喪云陳其鼎俎者謂其殷奠及虞祔之祭皆有鼎俎故鄭云喪事之奠祭也○天官○上大夫之虞也少牢卒哭成事祔皆太牢下大夫之虞也犆牲卒哭成事祔皆少牢卒哭成事祔言皆則卒哭成事祔與虞異矣下大夫虞以犆牲與士虞禮同與○疏曰上大夫尋常吉祭其禮少牢虞依平常禮故用少牢也卒哭成事祔皆大牢者卒哭謂

之成事成事成吉事也故云卒哭成祔祔廟也此二祭皆大並加一等故用大牢也下大夫之虞犆牲者下大夫祭用少牢今虞祭降一等用犆牲卒哭成事祔皆少牢者依平常吉祭禮也不云遣奠加者略可知也鄭以士虞禮云三虞卒哭他用剛日先儒以此三虞卒哭同是一事鄭因此經云上大夫虞用少牢卒哭用大牢其牢既則明卒哭與虞不同鄭引此文破先儒之義故云卒哭成事與虞異矣○雜記○喪祝掌喪祭祝號喪祭虞也檀弓曰葬日虞不忍一日離也是日也以虞易奠卒哭曰成事是日也以吉祭易喪祭○春官

右虞祭○曾子問曰小功可以與於祭乎祭謂虞卒哭時孔子曰何必小功耳自斬衰以下與祭禮也曾子曰不以輕喪而重祭乎怪使重者執事孔子曰天子諸侯之喪祭也不斬衰者不與祭大夫齊衰者與祭士祭不

0012_0193-2

足則取於兄弟大功以下者疏曰祭謂虞卒哭時者以孔子荅云諸侯之與祭也故知此祭謂虞卒哭時也知非練祥者以士練祥之祭大功之服已除不得云取於兄弟大功以下者其天子諸侯則得兼練祥也以其練祥時猶斬衰與祭也○

曾子問

措之廟立之主曰帝同之天神春秋傳曰凡君卒哭而祔附而作主○疏曰措置也王葬後卒哭竟而祔皆於廟立王使神依之也白虎

儀禮疏六　八六

0012_0194-1

通云所以有主者神無依據孝子以繼心也主用木木有始終又與人相似也蓋記之以為題欲令後可知也方尺或曰尺二寸鄭云周以栗漢書前方後圓五經異義云主狀正方穿中央達四方天子長尺二寸諸侯長一尺天神曰帝今號此主同於天神故題稱帝云文帝武帝之類也崔靈恩云古者帝王生死同稱今云措之廟立之主曰帝者蓋是為記時有主入廟稱帝之義記者錄以為法也又曰凡君卒哭而祔卒哭者是葬竟虞數畢後之祭名也孝子親始死哭晝夜無時葬後虞竟行神事故卒其無時之哭猶朝夕各一哭故謂卒哭

0012_0194-2

為卒哭卒哭明日而立主祔於廟既虞祭謂祔祖父食卒哭卒哭時祔廟者是遷廟宮五小祥作主卒入廟乃埋重於祖廟門左埋重處故鄭云虞而作主至祔奉以祔祖廟既事畢反之殯宮之大夫士亦卒哭而祔祔左傳唯人君有主者皆之故云凡君鄭注祭法云大夫士無主也此言凡君明不關大夫士也崔靈恩云大夫士無主以幣帛祔竟並還殯宮至小祥而入廟也又禮器云重主道也鄭注引公羊傳云虞主用桑練主用栗則似虞已有主而左傳云祔而作主二傳不同者鄭注公羊者朝葬日中則作虞主鄭君以二傳之文雖

儀禮疏六　八七

0012_0195-1

異其義則兩皆是虞祭總了然後作主以作主去虞實近故公羊主像之於虞謂之虞主又作主為祔祔須故左氏據祔而言古春秋左氏說既葬反虞天子九虞九虞以柔日九虞十六日也諸侯七虞十二日也大夫五虞八日也士三虞四日也既虞然後祔死者於先死者祔而作主謂桑主也期年然後作栗主檀弓云虞而立尸有几筵鄭以為人君之禮唯立尸未作主也○曲禮

右作主○殺主綴重焉周主重徹焉詳見典禮義○魯文公二年作僖公

0012_0196-1　　0012_0195-2

[illegible]人以[illegible]入以[illegible]哉[illegible]設[illegible]遷入[illegible]○論曰[illegible]
[illegible]無正文今按公羊傳曰主者[illegible]虞主用桑練主用栗左傳[illegible]
[illegible]而作主[illegible]一[illegible]已非虞練吾作祭華之言不可[illegible]若此論語哀
公問社於宰我宰我對曰夏后氏以松殷人以柏周人以栗先儒舊
說者以爲宗廟主者故社依居今古者說及[illegible]皆以爲社主
又社三廟禮書土田主無單稱主者以張禹[illegible]等為廟主故社所
依用劉歆說此[illegible]親社逸表爲宰也○[illegible]

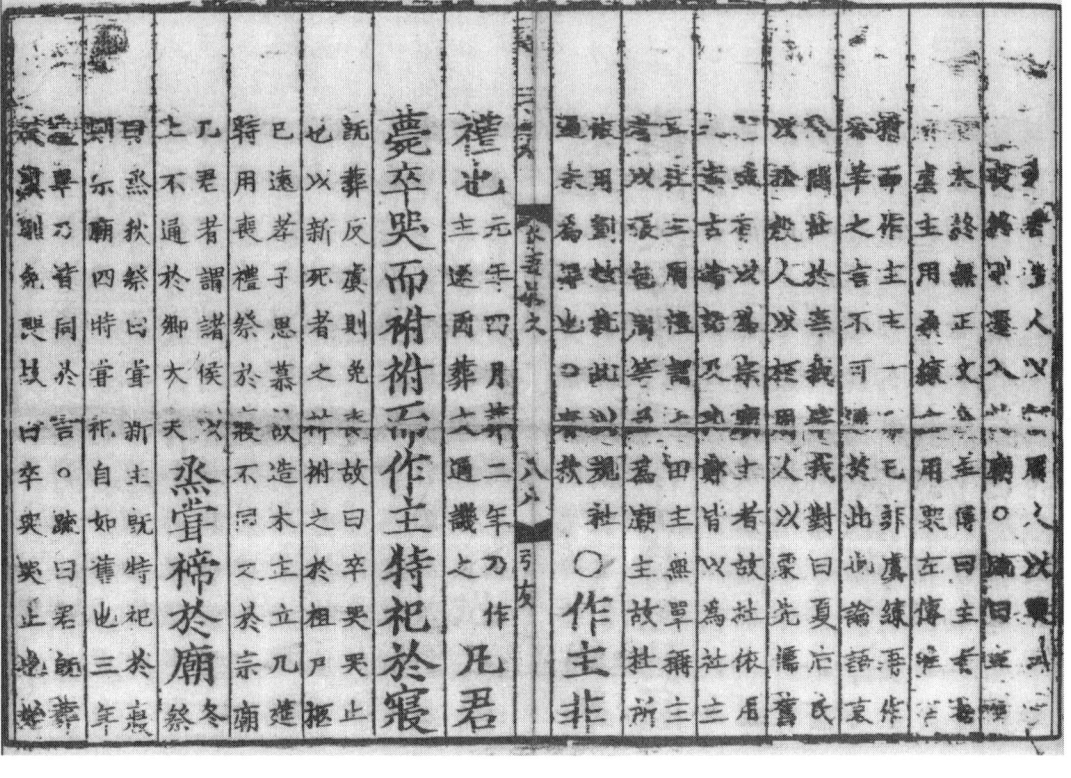

○作主非禮也元年四月葬二年乃作主遂兩葬之通譏之凡君薨卒哭而祔祔而作主特祀於寢

既葬反虞則免喪故曰卒哭哭止也以新死者之神祔之於祖尸柩
已遠孝子思慕故造木主立几筵特用喪禮祭祀於寢不同之於宗廟
凡君者謂諸侯以上不通於卿大夫烝嘗禘於廟冬祭
曰烝秋祭曰嘗新主既特祀於寢則宗廟四時常祀自如舊也三年
喪畢乃皆同於吉○疏曰君既葬衰[illegible]則免喪[illegible]曰卒哭哭止也

0012_0197-1　　0012_0196-2

虞[illegible]葬不祔遂共在一月之內杜[illegible]云既葬卒哭衰麻除讀之
[illegible]者此無祔之哭自此以後[illegible]哭耳天子諸侯則於此時
[illegible]不復哭也○左氏傳○杜謂天子諸侯既葬除喪服諒闇以
居心喪終制不與士庶同禮之議見晉書本傳於二氏傳注遂有既
葬反虞則免喪之說司馬公葬言其失矣然其言亦曰衰麻主於哀
戚然庸人無哀戚則哀戚不可得而勉又謂杜預辯則辯矣不若陳
逢之言質略而敦實也歷謂衰麻之制乃古先聖人訟孝子之情為

之制服蓋天理人心之所不容已者豈專為庸人設以勉其哀戚
乃杜預違經特論歎綱常為萬世之罪人坐以不孝褒大之法
而特言其不若陳逢之言質略而敦實非所以闡世教也先師朱文
公曰左氏所傳誤而作主則與禮家冀而作主者不合烝嘗禘於廟
則與王制喪三年不祭者不合杜氏用左氏之失遂有國君卒哭除
之說○作僖公主書何為僖公作主
[illegible]主狀正方穿中央達四方天子長尺二寸諸侯長一尺主

0012_0198-1　0012_0197-2

者曷用虞主用桑禮平明而葬日中而反反虞猶安神也用桑者取其名與其麤觕所以副孝子之心禮虞祭天子九諸侯七卿大夫五士三其葬竟猶吉祭練主用栗謂期年練祭也埋虞主於兩階之間易用栗也夏后氏以松殷人以栢周人以栗松猶容也想見其容貌而事之主人正之意也栢猶迫也親而不遠主地正之意也栗猶戰栗謹敬貌主天正之意也禮士虞記曰桑主不文吉主皆刻而謚之蓋爲禘祫時別昭穆也虞主三代同

儀禮札文　九十

者用意尚麤觕未暇別也用栗者藏主也藏于廟室中常所當奉事也質家藏於室作僖公主何以書譏何譏爾不時也其不時柰何欲久喪而後不能也禮作練主當以十三月文公亂聖人制欲服喪三十六月十九月作練主又不能卒竟故以二十五月也日者重失禮鬼神○公羊傳○立主喪主於虞其主用桑吉主於練其主用栗作僖公主

0012_0199-1　0012_0198-2

譏其後也僖公薨至此已十五月作主壞廟有時日於練焉壞廟壞廟之道易檐可也改塗可也檐以占反○禮過高祖則毀其廟以次而遷將納新神示有所加○疏曰案莊公之喪已二十二月仍譏其爲吉禘今万練而作主猶是凶服而曰吉主者三年之喪至二十五月猶未全吉故公子遂有納幣之譏莊公喪制未二十五月而禘祭故譏其爲吉此言吉者比之虞主故爲吉也然作主在十

儀禮札文　九十一

三月壞廟在三年喪終而傳連言之者此主終入廟入廟即易檐以事相繼故連言之非謂作主壞廟同時也或以爲練而作主之時則易檐改塗故此傳云於練焉壞廟於傳文雖順舊說不然故不從之直記異聞耳麋信引衛次仲云宗廟主皆用栗右主八寸左主七寸廣厚三寸若祭訖則納於西壁埳中去地一尺六寸右主謂父也左主謂母也何休徐邈並與范同云天子尺二寸諸侯一尺狀正方穿中央達四方是與衛氏異也白虎通亦云藏之西壁則紼之西壁

0012_0169-1　0012_0168-2

譏其後也僖公薨至此已十五月作主壞廟
有時日於練焉壞廟壞廟之道易
檐可也改塗可也檐以占反○禮過高祖則毀其
廟以次而遷將納新神示有所加
○疏曰案莊公之喪已二十二月
仍譏其爲吉禘今方練而作主猶
是凶服而曰吉主者三年之喪至
二十五月猶未合全吉故公子遂
有納幣之譏莊公喪制未二十五
月而禘祭故譏其爲吉此言吉者
比之虞主故爲吉也然作主在十

仪禮卷六　九十一

三月壞廟在三年喪終而傳連言
之者此主終入廟入廟即易檐以
事相繼故連言之非謂作主壞廟
同時也或以爲練而作主之時則
易檐改塗故此傳云於練焉壞廟
於傳文雖順舊說不然故不從之
直記異聞耳槃信引衛次仲云宗
廟主皆用栗右主八寸左主七寸
廣厚三寸若祭訖則納於西壁埳
中去地一尺六寸右主謂父也左
主謂母也何休徐邈並與范甡同
云天子尺二寸諸侯一尺狀正方
穿中央達四方是與衛氏異也白
虎通亦云藏之西壁則納之西壁

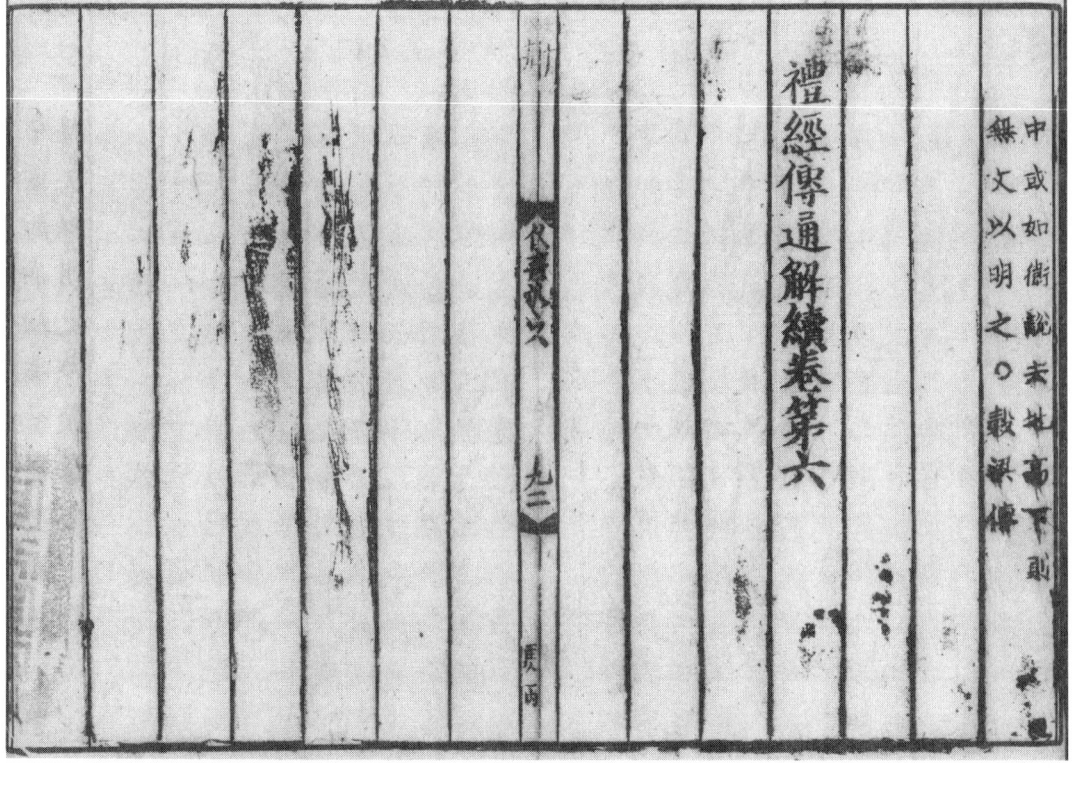

此傳本又一第九十一葉訂在第六十葉第六十二葉之間

0012_0200-1　0012_0199-2

中或如衛說未壯高下耶無文以明之○穀梁傳

禮經傳通解續卷第六

仪禮卷六　九二

儀禮經傳通解續卷第七

卒哭祔練祥禫記 吉祭忌日附 喪禮五

補 案喪禮但至虞禮而止卒哭祔練祥禫之禮經無文今取其散見於傳記者裒輯成編以備喪禮之缺大記補篇亦但止於虞禮若卒哭後少禮亦此篇通載故列於喪大記之後

死三日而殯三月而葬遂卒哭 雜記 謂士 大夫三月而葬五月而卒哭諸侯五月而葬七月而卒哭此記更從死起異之間異義或殊○疏曰遂卒哭不言虞者是記人略言之注云謂士也者此篇是士喪故知二日三月據士而引雜記者見大夫以上與士異者以王制大夫士同有三月而殯三月而葬之文雜記云大夫亦同三月而葬卒則士云三月大夫五月卒哭之月不同者曲禮云生與來日死與往日鄭云數也生數來日謂成服杖以死來日數也死數往日謂殯斂以死日數之夫以上皆以來日數若然士云三日三月葬皆通死日死月數大夫以上虞皆除死日死月數是以士之卒哭葬之三月内大夫三月葬除死月通

傳本缺第一葉今用張本

0012_0204－1

0012_0203－2

虞則四月大夫有五虞卒哭在五月諸侯已上以義可知云此記更從死起異之間其義或殊者上已論虞卒哭先後更從始死記之明非上記人是異人之間其辭或殊其實義亦異前記也○本經記○士三月而葬是月也卒哭大夫三月而葬五月而卒哭諸侯五月而葬七月而卒哭 詳見喪大記卜葬日條○又案檀弓卒哭曰成事疏云大夫三月而葬五月而卒哭諸侯五月而葬七月而卒哭約此○卒哭他天子七月而葬九月而卒哭

日剛日 詳見士虞禮 ○將旦而祔則薦 薦謂卒哭之祭○疏曰云祔則薦者記人見卒哭此卒哭而祔祭爲祔而設故連文云將旦而祔則○士虞禮記○是日也以吉祭易喪卒哭吉祭○婦之喪卒哭夫若子主○檀弓

○祭成喪者必有尸 詳見士虞禮

○男男尸女女尸 同上○以上兩條○祔練祥禫通用

嗣尸 用虞祔尚質未暇並尸○疏曰吉則從虞以至祔祭准用

一尸而已云虞祔尚質未暇筮尸書以其哀未殺故云尚質未暇筮尸若終練祥則筮尸矣故小記云練筮日筮尸大祥筮尸可知是以鄭上文注云饋尸旦將一始祔于皇祖是用一尸一○士虞記○祔通用○庖人共喪紀之庶羞詳見喪大記虞章囿人獸人共獸腊人共乾肉魚人共鱻薨醢人共豆詳見喪大記陳小斂奠條籩人共籩詳見朔月月半奠條○自天子達於庶人祭從生者詳見士虞禮○子爲士祭

以士子爲大夫祭以大夫同上○以主三條祔練禫禫通用○上大夫之虞也少牢卒哭成事附皆大牢下大夫之虞也犆牲卒哭成事附皆少牢詳見喪大記虞章○祭稱孝子孝孫喪稱哀子哀孫名以主義稱○疏曰祭吉祭謂自卒哭以後之祭也吉則申孝子心故祝辭云孝子孝孫或子或孫隨其人也喪稱哀子哀孫者謂自虞以前祭也喪則痛慕未申故稱哀也故士虞禮稱哀子卒哭乃稱孝子

○雜記○祔練祥禫通用○卒哭曰成事詳見喪禮義○曰哀薦成事詳見士虞禮○卒辭曰哀子某來日某隮祔爾于爾皇祖某甫尚饗卒辭卒哭之祝辭鄉外也尚庶幾也不稱饌明主爲告祔也今文隮爲齊○疏曰卒辭卒哭之祝辭者謂迎尸之前祝釋孝子辭云爾但卒哭之祭實有饌饌而不稱者以其卒哭祭主爲告神將祔於祖而設饌饌故不言也女子曰皇祖妣某氏女孫祔於祖母○疏曰此女子謂女未嫁而死或出

而歸或未廟見而死歸葬女氏之家既葬祔于祖母也婦曰孫婦于皇祖姑某氏不言爾曰孫婦婦差疏也○差所賣反○疏曰此對上文孫祔于祖而云祔于爾皇祖某甫此則不曰爾而變曰孫婦婦差疏變其言爾也考然上女子亦不云爾者文承孫下云孫可知直言其皇祖妣異者耳其他辭一也來日某隮祔尚饗○疏曰他辭一者正謂來日某隮祔尚饗女子及孫婦皆有此辭故云其他辭一也其祔女子云來日某隮祔爾于爾皇祖妣某氏尚饗其孫婦云來日某隮祔孫婦於皇祖姑某氏尚饗

0012_0206-2

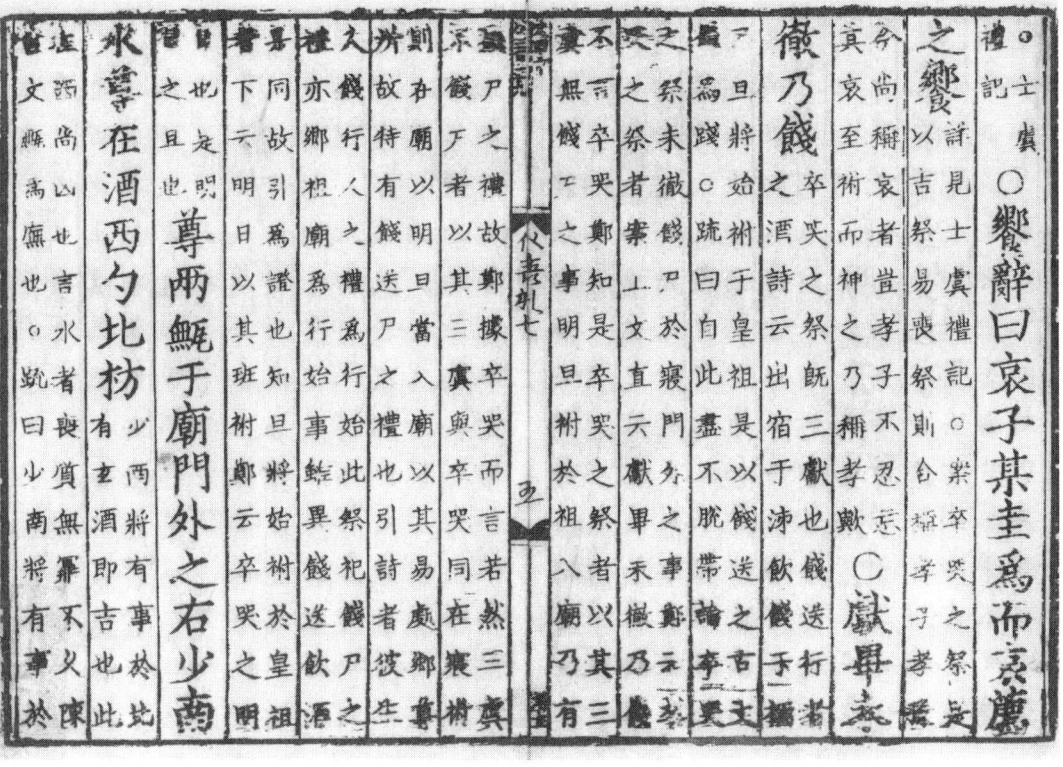

士虞禮記。○饗辭曰哀子某圭爲而哀薦之饗詳見士虞禮記○案卒哭之祭是以吉祭易喪祭則合稱孝子孝孫合尚稱哀者豈孝子不忍忘其哀至祔而神之乃稱孝歟○獻畢未徹乃餞卒哭之祭既三獻也餞送行者之酒詩云出宿于泲飲餞于禰尸旦將始祔于皇祖是以餞送之古文餞爲踐○疏曰自此盡不脫帶論卒哭之祭未徹餞尸於寢門外之事鄭云卒哭之祭者案上文直云獻畢未徹乃餞不言卒哭鄭知是卒哭之祭者以其三虞無餞尸之事明旦祔於祖入廟乃有

儀禮九七　五

0012_0207-1

餞尸之禮故鄭據卒哭而言若然三虞亦餞尸者以其三虞與卒哭同在寢祔則在廟以明日當入廟以其易處鄭爲所故特有餞送尸之禮也引詩者彼生人餞行人之禮爲行始此祭祀餞尸之禮亦鄉祖廟爲行始事雖異餞送飲酒是同故引爲證也知旦將始祔於皇祖者下云明日以其班祔鄭云卒哭之明日也是明旦之旦也尊兩甒于廟門外之右少南水尊在酒西勺北枋少西將有事於比有玄酒即吉也此在西尚凶也言水者喪質無鼏不久陳古文甒爲廡也○疏曰少南將有事於

0012_0207-2

[illegible]云尸出門右南面[illegible]吉[illegible]以其虞[illegible]無[illegible]卒哭[illegible]則與虞[illegible]今至[illegible]酒[illegible]則[illegible]常祭祀之禮非隆故云非吉也云此在西尚凶也有以其吉祭尊在房戶之閒至於虞祭尊在室是以今卒哭餞尸尊在門[illegible]西不在門東是尚凶故變於吉也在尊東南水在洗東篚在西在門之左又少南饌籩豆脯四脡脡徒頂反又他頂反酒宜脯也古文脡爲挺○有乾肉折俎二尹縮祭半尹在西塾[illegible]

儀禮九七　六

0012_0208-1

體之祖也如今涼州烏翅矣折以爲俎實優尸也尹正也雖其折之必使正縮從也古文縮爲蹙○從子容反○疏曰涼州烏翅者經云乾肉折俎則漢時乾脯似之故鄭以今曉古也尸出執几從席從祝又亦告利成入前尸尸乃出几席素几葦席也以几席從執事也○疏曰祝入亦告利成入前尸尸乃出者雖餞行飲酒尸將就之時祝亦虛祭告云利成尸乃與以前尸也知几席素几葦席也者上釋初虞云素几葦席在西序至及乎虞三虞及卒哭皆如初虞更設几席之文明同初虞時素几葦席今卒哭餞尸亦

0012_0208-2

於門外明是卒哭之几故如是素几葦席也尸出門右南

面侯設席也○疏曰知侯設席者尸在門右南面在坐北立下即云席設也

事明侯設席也席設于尊西北東面几在南賓

出復位將入臨之位士喪禮賓繼兄弟北上門東北面西上門西北面

東上西方賓面北上主人出即位于門東少南

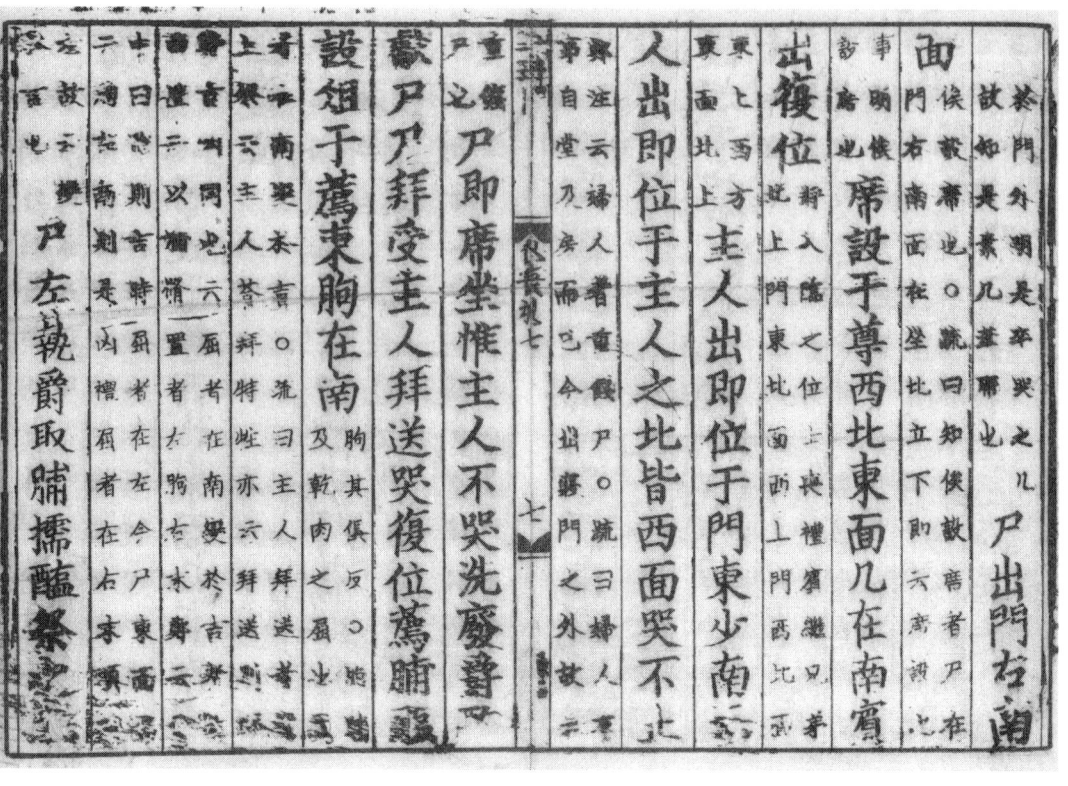

人出即位于主人之北皆西面哭不止

鄭注云婦人者重餞尸○疏曰婦人事自堂乃房而已今出寢門之外故云

儀禮經七　七

0012_0209-1

重餞尸之尸即席坐惟主人不哭洗廢爵酌

獻尸尸拜受主人拜送哭復位薦脯醢

設俎于薦東胸在南胸其俱反○疏曰及乾肉之屈也

者亦南嚮未言○疏曰主人拜送者上篇云主人答拜特牲亦云拜送

釋者胸同也云屈者在南變於吉者面禮云以禰胸置者右胸右末屈云

中曰屈則吉特一屈者在左今尸東面云湯豆南則是凶禮屈者在右事須

左故云變右也尸左執爵取脯擩醢祭之

0012_0209-2

食授嚌授乾肉之祭尸受振祭嚌反之祭酒

卒爵奠于南方反之反於佐食佐食反之於俎尸奠爵禮有終

○疏曰鄭知反之反於佐食者經云佐食授嚌尸受振祭嚌嚌訖而云反之明

反與佐食佐食乃反於俎可知也云尸奠爵禮有終者上經云三獻尸皆有酢

水餞尸三獻皆不酢而奠之是爲禮有終謂若主人拜送賓不答拜亦是禮有

終也主人及兄弟踊婦人亦如之主婦洗

足爵亞獻如主人儀無從踊如初賓長

儀禮經卷七　八

洗繶爵三獻如亞獻踊如初佐食取俎

實于篚尸謖從者奉篚哭從之祝前哭

者皆從及大門內踊如初男女從尸男由左女由右

及至也從尸不出大門者由廟門外無事尸之禮也古文謖作休○疏曰鄭知

男女從尸男由左女由右者約上文男子在南婦人在北南爲左北爲右因從

此位便故知男子由左婦人由右也云從尸不出大門者由廟門外無事尸之

禮也者在廟以廟爲限在寢門外以大門爲限正祭在廟廟門外無事尸之禮

0012_0210-1

0012_0210-2

令餞尸在寢門外則大門外無事尸之禮故鄭舉正祭況之從尸不出大門外取正祭比之故注云由廟門外無事尸之禮也**尸出門哭者止**以餞於外大門猶廟門○疏曰尸出大門哭者便止者正以餞於寢門以大門爲限似事尸在廟門爲限**賓出主人送**故鄭云大門猶廟門也于**拜稽顙**送賓拜於大門外○疏曰上從尸不出大門者有事尸限故不出大門送之送賓於大門外自是常禮故云送賓拜於大門外但禮有終賓無荅拜之禮也**主婦亦拜賓**女賓也不言出不言送拜之於闈門

大二八　三·七·二　儀禮記七　九

0012_0211-1

之內闈門如今東西掖門○疏曰上主人送男賓故知此主婦拜女賓也云不言出拜送之於闈門之內者決上文男主拜男賓言出送此明主婦送女賓于門之內以其婦人送迎不出門見兄弟不踰閾故也云闈門如今東西掖門者案爾雅釋宮云宮中之門謂之闈則闈門在宮內漢時宮中掖門在東西若人左右掖故舉以爲況也**丈夫說經帶于廟門外**卒哭當變麻受之以葛也夕日則服葛者爲祔期令文說爲稅○疏曰旣卒哭當變麻受之以葛也者喪服鄭注云大夫以上虞而受服士卒哭而受服士亦約

0012_0211-2

此文而言也云夕日則服葛者爲祔期者今日爲卒哭祭明旦爲祔前日之夕旦亦得變不要夕期之時變之夕時言爲祔祭之期變麻服葛是變重從輕明變麻服葛者鄭云爲祔期是因祔期即變之使賓知變節故也**入徹主人不與**入徹者兄弟大功以下言主人不與則知丈夫婦人在其中文與爲豫○疏曰鄭知入徹是大功以下者見曾子問云士祭不足則取於兄弟大功以下者經云入徹主人不與明取大功小功緦麻之等入徹也云言主人不與則知丈夫婦人在其中者上文直言丈夫說經不辨親疏下文婦人腰

儀禮記七　十

0012_0212-1

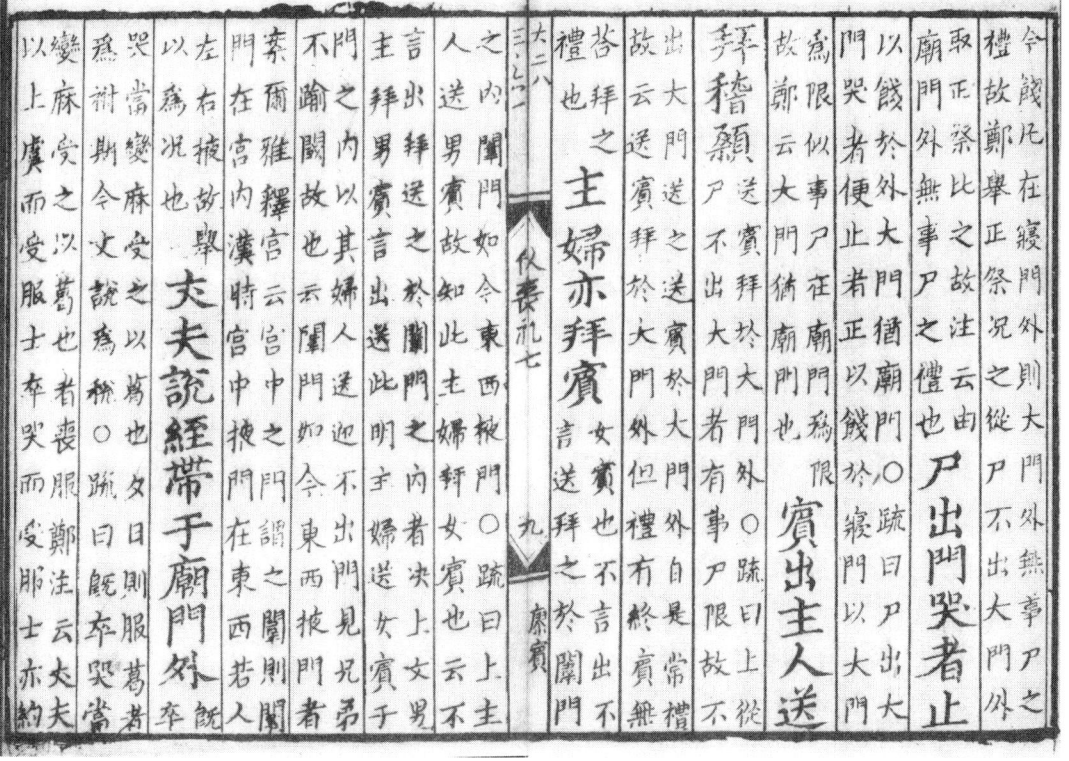

首經不辨齊斬婦人此云入徹摠大功以下則此文入徹主人不與之中丈夫婦人兼有可知以其平常祭時諸宰君婦廢徹不遲則凶祭丈夫婦人亦在但齊斬不與徹耳**婦人說首經不說帶**不說帶齊斬婦人帶不說也婦人少變而重帶帶下體之上也大功小功者葛帶時亦不說者未可以輕文變於主婦之質至祔葛帶以即位檀弓曰婦人不葛帶○疏曰知齊斬婦人帶不變也者案喪服小記云齊衰帶惡笄以終喪鄭云有除無變舉齊衰則斬衰帶不變可知齊斬帶不變則大功已下變可知云婦人少變者以其男

0012_0212-2

首經腰帶俱變男子陽多變婦葬直變首經不變帶故云少變也而重帶帶下體之上也者對男子陽首在上體婦人陰重腰腰是下體以下體故帶不變也云大功小功者葛者案大功章云布衰裳牡麻絰纓布帶三月受以小功衰即葛九月者又案小功章云布衰裳澡麻帶絰五月者二者章內皆男女俱陳明大功小功婦皆葛帶可知云詩亦不可說者未可以輕文變於主婦之質者變是文不變是質不可以大功已下輕服之文變主婦重之質故經直見主婦不見大功已下云至祔葛帶以即位者此鄭解大功

0012_0213-1

下雖夕時未變麻服葛至祔目亦當帶即位也知大功以下夕時未變麻葛者以其與主婦同在廟門外主婦變大功以下亦不變若然夕時不變後入室可以變故至祔且以葛帶即禮也引檀弓者亦證齊衰婦人不葛帶之事○詳見士虞記○無尸則不餕猶出几席設如初拾踴三以餕尸者本爲送神也丈夫婦人亦從几席而出古文席爲筵○疏曰自此至賓出論卒哭無尸可餕之事云几席設如初者雖尸送神不異故云如初故鄭云餕尸不爲送神也云丈夫婦人亦從几席

0012_0213-2

而出者以其云出几席設如初即云若踊三明在門外有尸行禮之處即知丈夫婦人從几席出可知言亦者亦餕尸之時也哭止告事畢賓出士虞禮記○脯曰尹祭曲禮祔通用○○父母之喪既虞卒哭疏食水飲不食菜果柱楣翦屏芐翦不納詳見通禮飲食居處條○天子崩國君薨則祝取羣廟之主而藏諸祖廟禮也卒哭成事而后主名反其廟藏諸主於

0012_0214-1

祖廟象有凶事者聚也卒哭成事先祔之祭名也○疏曰此實凶事而云象者以凶事生人自聚令主亦集聚似生人之象故云象也卒哭成事先祔之祭名者檀弓云卒哭曰成事又曰明日祔于祖是卒哭之事在祔祭之前鄭必云先祔之祭名者以卒哭主各反其廟者爲明日祔時須以新死者祔祭於祖故祖主先反廟也○曾子問○卒哭而諱諱辟其名○辟音避生事畢而鬼事始已謂不復饋食於下室而鬼神祭之已辭也既卒哭宰夫執木鐸以命于宮曰舍故

張本下象鼻題監生秦三字傅本剪去之

0012_0214-2

而諱新鐸大各反○故謂高祖之父當遷也者易説帝乙曰易之帝乙爲成湯書之帝乙六世王天之錫命疏可同名

自寢門至于庫門百官所在庫門宮外門明堂位曰庫門天子皐門○疏曰卒哭而諱者諱謂神名也古者生不相諱卒哭之前猶生事之故不諱至卒哭乃有神諱也生事畢而鬼事始已者既虞卒哭則生事畢鬼神之事方爲始也下室謂内寢生時飲食有事處也未葬猶生事當以脯醢奠殯又於下室饋設黍稷至朔月月半而殷奠殷奠有黍稷而下室不設也既虞祭遂用祭禮下室遂無事也

三十三　大卅三　仪丧礼卷七　十三

0012_0215-1

然不復饋食於下室文承卒哭之下卒哭之時乃不復饋食於下室皇氏以爲虞則不復饋食於下室於理有疑又曰高祖之父謂孝子高祖之父也於死者高祖也卒哭猶未遷故云當遷也至小祥乃遷毁也易説帝乙曰易之帝乙爲成湯者鄭引易緯六世不諱故卒哭而舍高祖之父也易説者鄭引云易緯也凡鄭云説者皆緯候文○檀弓

○卒哭而諱自此而鬼神事之尊而諱其名

王父母兄弟世父叔父姑姊妹子與父同諱父爲其親諱則子不敢不從諱也謂王父母以下之親諱

0012_0215-2

是謂士也天子諸侯諱羣祖

母之諱宮中諱妻之諱不舉諸其側與從祖昆弟同名則諱母之

所爲其親諱子孫於宮中不言妻之所爲其親諱夫於其側亦不言也孝子聞名心瞿凡不言人諱者亦爲其相感動也子與父同諱則子可盡曾祖之親也從祖昆弟在其中於父輕不爲諱與母妻之親同名重則諱之○疏曰王父母者謂父之父母於已爲曾祖父母正服小功不合諱也以父爲之諱故子亦同於父而諱之昆弟者是父之兄弟於已爲伯叔正服期父亦爲之期則是子

三十七十一　大廿三　仪丧礼卷七　十四

0012_0216-1

與父同有諱也世父叔父者是父之世父叔父於已是從祖也正服小功不合諱以父爲之諱故已從父而諱姑者謂父之姑也於已爲從祖姑在家正服小功出嫁緦麻不合諱以父爲之諱故已從父而諱姊妹者謂父之姊妹於已爲姑在家正服期出嫁大功九月是已與父同爲之諱也子與父同諱者言此等之親子之與父同爲之諱又曰云父爲其親諱則子不敢不從諱也者謂父之王父母世父叔父及姑等於已小功已下不合諱但父爲之諱故子不敢不從諱其父之兄弟及姊妹□爲合諱不假從父而諱鄭此注者據已不合諱者而

言之也云謂王父母以下之親諱是謂士也者此士背謂父身也以父身是士故諱王父若是庶人子不逮事父母則不諱王父母也直云王父母以下是矣皆是王父所生今爲之諱故云王父母復云之親諱者父之世父叔父與姑等以下之親諱也云天子諸侯諱羣祖者以其天子七廟諸侯五廟故知諱羣祖母之諱宮中諱者謂母所爲其親諱其子於一宮之中爲諱而不言也妻之諱不舉諸其側者謂妻諸親之諱其夫不得稱舉其辭於其妻之側但不得在側言之則於宮中遊處得言之也與從祖昆弟同名則諱者謂母與妻二者之諱

儀喪記七　十五

與已從祖昆弟名同則爲之諱不但宮中旁側其在餘處皆諱之又曰云子與父同諱則子可盡曾祖之親也者父爲王父諱於子則爲曾祖父之伯叔及姑則是子曾祖之親故云子與父同諱則子可盡曾祖之親也前經所云是也云從祖兄弟在其中者從祖昆弟共同曾祖之親故云在其中云於父輕不爲諱者從祖昆弟於父言之是父之同堂兄弟子也父服小功不爲之諱已不得從父而諱若與母妻之親同名重則諱之重謂重累謂母妻諱與從祖兄弟名相重累則諱之不但爲母妻而諱君從祖昆弟身死亦爲諱故云於父輕不爲之

乎母罷之親同名高則諱之親諱嫌是爲從祖昆弟諱而出文也○雜記

卒哭乃諱敬鬼神之名也諱辟也生者不相辟名衛侯名惡大夫有名惡君臣同名春秋不非

禮不諱嫌名二名不偏諱爲其難辟也嫌名謂音聲相近若禹與雨丘與區也偏謂二名不一一諱也孔子之母名徵在言在不稱徵言徵不稱在

逮事父母則諱王父母不逮事父母則不諱王父母逮也謂幼孤不識父母思不至於祖名尊子聞名心瞿諱之由心此謂庶人適

儀喪記七　十六

士以上廟事祖雖不逮事父母猶諱祖

君所無私諱謂臣言於君前不辟家諱尊無二

大夫之所有公諱辟君諱也

詩書不諱臨文不諱爲其失事正

廟中不諱有事於高祖則不諱曾祖以下尊無二也於下則諱上

夫人之諱質君之前臣不諱也質猶對也臣於夫人之家遠也

婦諱不出門婦親遠於宮中言辟之

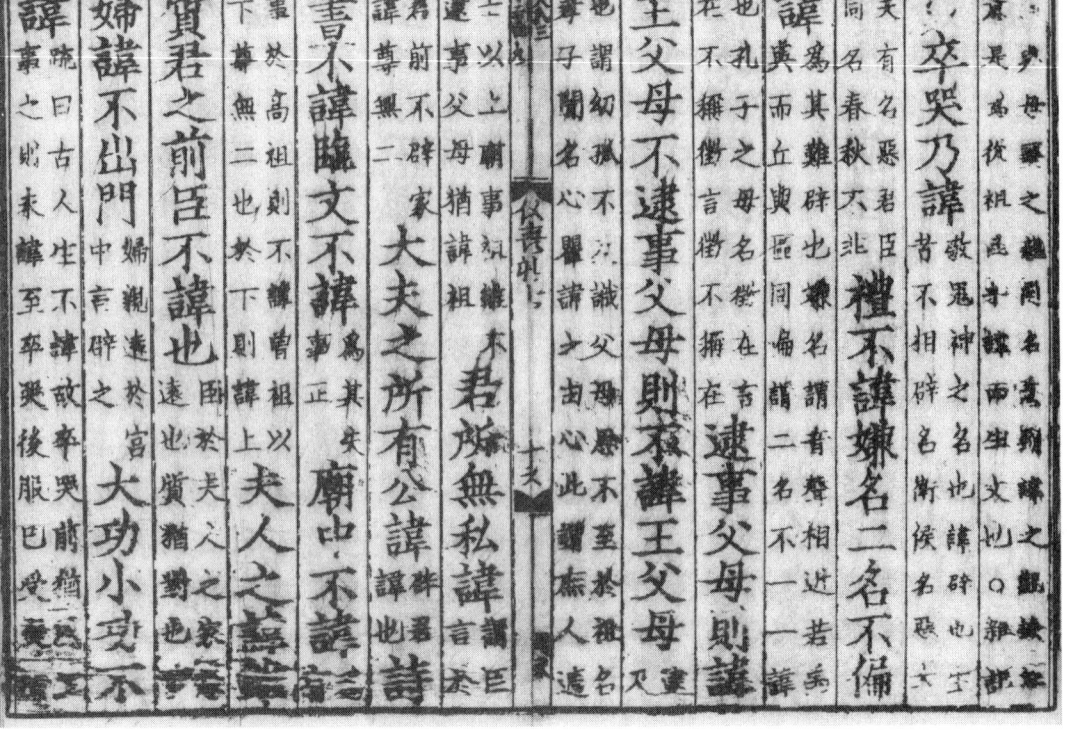

大功小功不諱疏曰古人生不諱故卒哭前猶以生事之既未諱至卒哭後服已受變

靈是屬乃神事之敬鬼神之名故諱之諱避也不相避名名以名蠻故言終不諱死則質職言之則感動孝子故諱之也逮及也王父母謂祖父母也若及事父母則諱祖也何以然孝子聞名心瞿祖舜父之所諱則子下敢言既已終不言若父母已亡所已便心○大夫士瞿讓父母故諱之也○曲禮

諸父兄弟之喪既卒哭而歸詳見喪通禮居處儀

○公之喪大夫俟練士卒哭而歸同上

○小功既卒哭可以冠取妻下殤之小功則不可大功卒哭可以冠子小功卒哭可以取妻下殤小功齊衰之親除喪而後可爲昏禮凡冠者其時當冠則因喪而冠之○雜記

○喪者不遺人人遺之雖酒肉受也從父昆弟以下既卒哭遺人可也言喪親之喪重志不在施惠於人○同上

○期之喪卒哭而從政詳見通禮動作章

○君既卒哭而服王事大夫士既卒哭弁絰帶金革之事無辟也同上

右卒哭○申繻曰周人以諱事神名終將諱之禮既卒哭以木鐸徇曰舍故而諱新謂舍親盡之祖而諱新死者故言以諱事神名終將諱之自父至高祖皆不敢斥言○桓六年春秋左氏傳

○子夏曰三年之喪卒哭金革之事無辟者禮與孔子曰昔者魯公伯禽有爲爲之也詳見喪禮義

明日以其班祔卒哭之明日也班次也喪服小記曰祔必以其昭穆亡則中一以上凡祔已復于寢如既祫主反其廟練而後遷廟古文班或爲辨辨氏姓或然今文爲胖○疏曰引喪服小記者彼解中猶間也一以上祖又祖孫祔祖爲正若無祖則祔于高祖以其祔必以昭穆孫與祖昭穆同故間一以上取昭穆相當者若婦則祔于夫之所祔之妃無亦間一以上若妾祔亦祔于夫之所祔之妾無則易牲祔女君也云凡祔已復于寢如既祫主反其廟者案曾子問云天子諸侯既祫祭主各反其廟今祔于廟祔已復于寢若大夫

0012_0219-2

右卒哭○申繻曰周人以諱事神名終將諱之禮既卒哭以木鐸徇曰舍故而諱新謂舍親盡之祖而諱新死者故言以諱事神名終將諱之自父至高祖皆不敢斥言○桓六年春秋左氏傳○子夏曰三年之喪卒哭金革之事無辟者禮與孔子曰昔者魯公伯禽有爲爲之也詳見喪禮義

大五七　小三五八　儀禮卷七　十八　戴堯

0012_0220-1

明日以其班祔卒哭之明日也班次也喪服小記曰祔必以其昭穆云則中二以上凡祔已復于寢如既祫主反其廟練而後遷廟古文班或爲辨辨氏姓或然今文爲胖○疏曰引喪服小記者彼解巾猶閒也一以上祖又祖孫祔祖爲正若無祖則祔于高祖以其祔必以昭穆孫與祖昭穆同故閒一以上取昭穆相當者若婦則祔于夫之所祔之妃無亦閒一以上若妾祔亦祔于夫之所祔之妾無則易牲祔女君也云凡祔已復于寢如既祫主反其廟者案曾子問云天子諸侯既祫祭主各反其廟今祔于廟祔已復于寢若大夫

0012_0220-2

士無木主以幣主其神天子諸侯有木主者以主祔祭訖主反于寢如祫祭訖主反廟相似故引爲證也云練而後遷廟者案文二年穀梁傳曰作主壞廟有時日於練焉壞廟是練而遷廟引之者證練乃遷廟祔遷于寢若然唯祔祭與練祭祭在廟祭訖主反於寢其大祥與禫祭其主自然在寢祭之○士虞記

明日祔于祖父祭告於其祖之廟其變而之吉祭也比至於祔必於是日也接詳見喪禮義○

程子曰喪須三年而祔若卒哭而祔則三年都無事禮卒哭猶存朝夕哭若無

大二十三　小三百七十二　儀禮卷七　十九

0012_0221-1

祭於殯宮則哭於何處古者君薨三年喪畢吉禘然後祔因其祫祧主藏於夾室新主遂自殯宮入于廟國語言日祭月享禮中豈有日祭之禮此正謂三年之中不徹几筵故有日祭朝夕之饋猶定省之禮如其親之存也至於祔祭須是三年喪終乃可祔也○高氏喪禮曰案禮既虞卒哭明日祔于祖父此周制也若商人則以既練祭之明日祔故孔子曰周已戚吾從殷蓋期而神之人之情也若卒哭而遽祔于廟亦太早矣然唐開元禮則既禫而祔夫孝子哀奉几筵至大祥而既徹之矣豈可復俟禫祭乃始祔乎唐禮禫祭祥祭兩月與此又失之於緩

0012_0221-2

故今於大祥徹靈座之後則明日祔于
廟緣孝子之心不忍一日末有所歸也
○朱文公先生曰衆言淆亂則折諸聖
孔子之言萬世不可易矣尚復何說況
朞而神之之意揆之人情亦爲允愜但
其節文次第今不可考而周禮則有儀
禮之書自始死以至祥禫其節文度數
詳焉故温公書儀雖記孔子之言而卒
從儀禮之制蓋其意謹於闕疑以爲既
不得其節文之詳則雖孔子之言亦有
所不敢從者矣程子之說意亦甚善然
鄭氏說凡祔已父于寢練而後遷廟左
氏春秋傳亦有特祀于主之文則是古
人之祔固非遂徹几筵程子於此恐其

大二十一　小三百十五　家禮輯覽七　二十

0012_0222-1

考之有所未詳也開元禮之說則高氏
旣非之矣然其自說大祥徹靈座之後
明日乃祔于廟以爲不忍一日末有所
歸殊不知既徹之後未祔之前尚有一
夕其無所歸也久矣凡此皆有未安恐
不若且從儀禮温公之說次序節文亦
自曲有精意如檀弓諸說可見○小宗伯旣葬詔相喪
祭之禮詳見喪大記虞條○大祝付練祥掌國
事付當附○疏曰付練祥掌國事者祔謂虞卒哭後祔祭於祖廟練謂十三
月小祥練祭祥謂二十五月大祥除衰
杖此三者皆以國事大祝掌之故云掌

0012_0222-2

國事也○春官○凡主兄弟之喪雖疏亦虞之
民事虞祔乃畢○疏曰經云虞而不連
言祔者以祔與虞相近故連言之○詳
見士虞禮婦之喪祔則舅主之婦謂凡適婦庶婦也○詳
見士虞禮○主妾之喪則自祔至於練祥皆
使其子主之其殯祭不於正室祔自爲之者以
其祭於祖廟○疏曰妾既卑賤得主之
者崔氏云謂女君死攝女君也則自祔
者以其祔祭於祖姑尊祖故自祔也
妾合祔於妾祖姑若無妾祖姑則祔於

大四十六　小二十八　家禮輯覽七　二十一

0012_0223-1

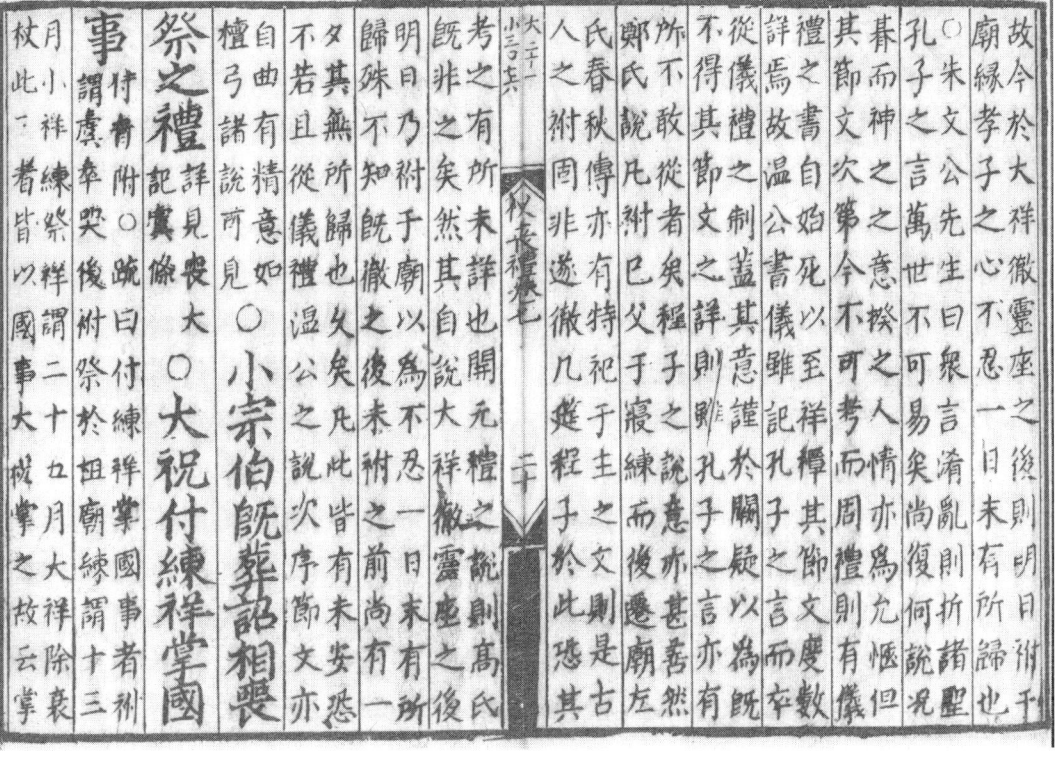

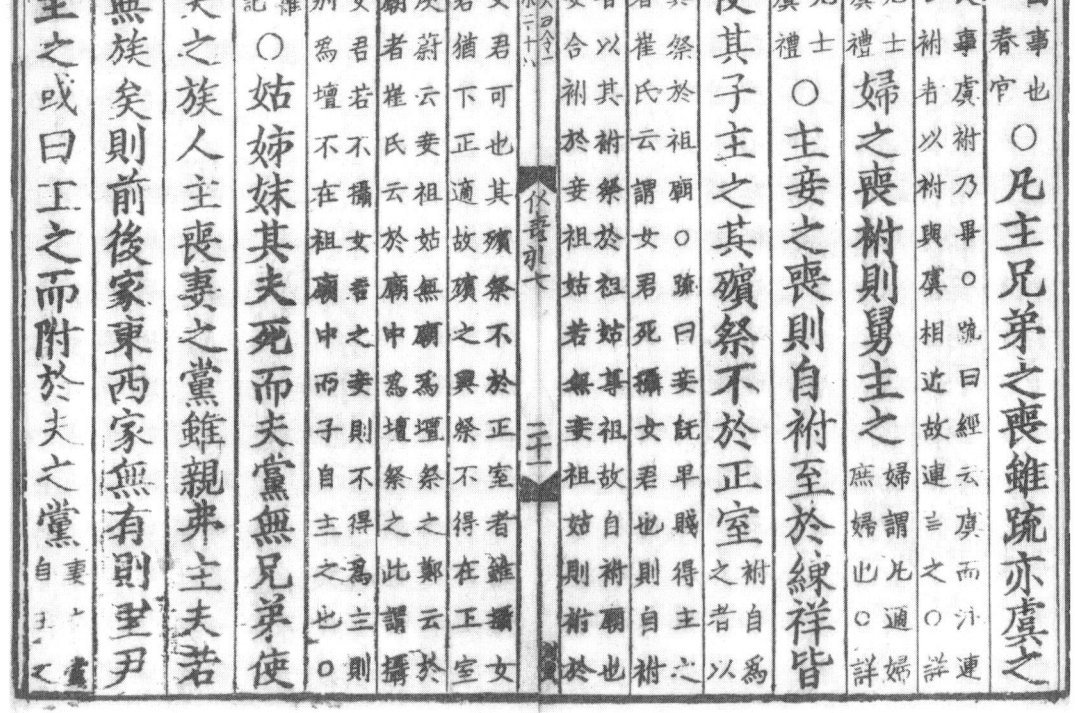

女君可也其殯祭不於正室者雖攝女
君猶下正適故殯之與祭不得在正室
庾蔚云妾祖姑無廟爲壇祭之鄭云於
廟者崔氏云於廟中爲壇祭之此謂攝
女君若不攝女君之妾則不得爲主則
別爲壇不在祖廟中而子自主之也○
雜記○姑姊妹其夫死而夫黨無兄弟使
夫之族人主喪妻之黨雖親弗主夫若
無族矣則前後家東西家無有則里尹
主之或曰主之而附於夫之黨妻之黨自主之

0012_0223-2

禰也夫之黨其祖姑也○疏曰云引之者或人之說云妻黨主之而祔祭之
禮主於夫之黨主之義非也○雜記言○沐浴櫛搔翦彌
飾也搔當爲爪今文曰沐浴搔翦或爲蚤揃揃或爲鬋○疏曰彌自飾也者上
文虞沐浴不櫛注云自絜清不櫛未在於飾鄭雖不言不在於飾沐浴少飾今
禫時櫛是彌自飾也○士虞禮○凡喪小功以上非虞
祔練祥無沐浴詳見士虞禮○祔杖不升於
堂哀益衰敬彌多也○喪小記○卒哭而祔祔而作

大五七 小三令二 仪丧礼七 二十二 刘藏

0012_0224-1

主特祀於主詳見喪大記作主條○卒哭章內有用尸三條此條
通用當互考○用專膚爲折俎取諸脰膉事猶
厚也折俎謂主婦以下俎也體盡人多折骨以爲之今以脰膉貶於純吉今文
字爲折俎而說以爲肵俎亦甚誣矣古文脰膉爲頭嗌也○膉音益○疏曰鄭
知折俎是主婦以下俎者特牲記云主婦俎瞉折佐食俎瞉折少牢云主婦俎
臑折是也○其他如饋食如特牲饋食之事或云以左胖虞右胖祔
今此如饋食則尸俎肵俎皆有肩臂豈復用虞臂乎其不然明矣○疏曰如特

0012_0224-2

牲饋食之事者知不如士虞饋食禮者虞不致爵則夫婦無俎矣上文有俎則
祔時夫婦致爵以祔時變麻服葛其辭稱孝夫婦致爵與特牲同故云如特牲
饋食之事也或云以左胖虞右胖祔者當鄭君時有人解者云虞祭與祔祭共
用一牲各用一胖以左胖爲虞祭右胖爲祔祭不是故鄭破之云今此經云如
饋食謂如特牲饋食之禮尸俎用右胖臑之主人俎左臂左胖之臂以爲虞祭
主人豈得復取虞時左胖之臂而用之乎明不然矣○士虞記○外饔
凡小喪紀陳其鼎俎而實之詳見喪大記虞條○

大八十 六八十 仪丧礼七 二十三 尚浩

0012_0225-1

卒哭章內有庖人以下三條此章通用當互考○上大夫祔太
牢下大夫祔少牢詳見卒哭章○大夫附於
士士不附於大夫附於大夫之昆弟無
昆弟則從其昭穆雖王父母在亦然附依
注作附者同昭常遙反○附皆讀爲祔大夫祔於士不敢以己尊自殊於其祖
也士不祔於大夫自卑別於尊者也大夫之昆弟謂爲士者也從其昭穆中一
以上祖又祖而已附者祔於先死者○疏曰大夫祔於士者謂祖爲士孫爲大

0012_0225-2

夫老死可以祔祭於祖之爲士者也士不附於大夫者謂先祖爲大夫孫爲士不可祔祭於大夫唯得祔於大夫之兄弟爲士者無昆弟則從其昭穆者謂祖爲大夫無昆弟爲士則從其昭穆謂祔於高祖爲士者若高祖爲大夫則祔於高祖昆弟爲士者雖王父母在亦然者謂孫死之後應合祔於三父王父見在無可祔亦如是祔於高祖也祔者祔祭於神當從示旁爲之云大夫之昆弟謂爲士者也鄭恐經云祔於大夫之昆弟恐大夫之昆弟身作大夫士亦得祔之故云六夫昆弟爲士者若大夫昆弟全無士者其孫雖士亦得祔之故前文云

三、三六　儀禮記七　二十四

0012_0226-1

大夫祔於士是孫之事可以祔祖之界也云從其昭穆中一以上祖又祖而已者謂父爲昭子爲穆中猶閒也謂自祖以上閒一世各當昭穆而祔之孝不得祔祖則閒去曾祖一世祔於高祖若高祖無可祔則閒高祖之父一世祔高祖之孫故云祖又祖而已是中一以上喪服小記文也○雜記

○**婦附於其夫之所附之妃無妃則亦從其昭穆之妃妾附於妾祖姑無妾祖姑則亦從其昭穆之妾**夫所附之妃於婦則祖姑○疏曰無妃謂無[illegible]

0012_0226-2

姑則亦從其昭穆之婣謂亦閒一以上祔於高祖之妃高祖無妃則亦祔於高祖之祖妃若其祖有昆弟之妃班爵同者則亦祔之○同上

○**男子附於王父則配女子祔於王母則不配**配謂并祭王母不配則不祭王父也有事於尊者可以及卑有事於卑者不敢援尊配與不配祭饌如一祝辭異不言以某妃配某氏耳女子謂未嫁者嫁未三月而死猶歸葬於女氏之黨○疏曰男子附於王父則配者謂祭王父并祭所配王母女子附於王母則不配者謂在室之女及已嫁未三月而死祔祭於

儀禮記卷七　二十五

0012_0227-1

王母則不祭所配之王父注云配與不配祭饌如一祝辭異不言以某妃配某氏耳者案特牲禮不云配少牢禮云以某妃配但士用特牲大夫用少牢其餘皆同是祭饌如一案少牢云以其妃配某氏鄭注云某妃某妻也某氏若言姜氏子氏也此是言配也不言配者若特牲云用薦歲事于皇祖某子不云以某妃配特牲雖是常祭容是禫月吉祭故不舉配云嫁未三月而死猶歸葬於女氏之黨者曾子問文也○同上

○**公子附於公子**不敢戚君○疏曰公子者若公子之祖爲君公子不敢祔之祔於祖之死弟爲公子者不

張本下象鼻題監生秦三字傳本剪去之

敢感君故也○同上○士大夫不得祔於諸侯祔於諸祖父之爲士大夫者其妻祔於諸祖姑妾祔於妾祖姑亡則中一以上而祔祔必以其昭穆士大夫謂公子公孫爲士大夫者不得祔於諸侯卑別也既卒哭各就其先君爲祖者兄弟之廟而祔之中猶間也○疏曰禮孫死祔祖今祖爲諸侯孫爲士大夫而死則不得祔祖謂祖貴宜自卑遠之故也祔於諸祖父之爲士大夫者諸祖疏諸祖之兄弟也既不得祔祖當祔

大四八 小三百六二 仪丧礼七 二十六

祖之兄弟亦爲大夫士者也其妻祔於諸祖姑者夫既不得祔祖故妻亦不得祔於祖姑而可以祔於諸祖姑也諸祖姑是夫之諸祖父兄弟爲士大夫者之妻也若祖無兄弟可祔亦祔宗族之疏不爲諸侯者也然上云士易牲祔於大夫而大夫不得易牲祔於諸侯者諸侯之貴絕宗故大夫士不得輕親也妾祔於妾祖姑者言妾死[illegible]云則中一以上而祔者亡無也中間也若夫祖無妾則又間曾祖而祔高祖之妾也凡祔必使昭穆同曾祖非夫同列也然此下云妾毋不世祭於孫否則妾無廟今乃云祔及高祖者當爲壇祔之

耳○小記○諸侯不得祔於天子天子諸侯大夫可以祔於士人莫敢卑其祖也○疏曰諸侯不得祔於天子者亦謂祔祭卑孫不可祔於尊祖也天子諸侯大夫可以祔於士者祖雖賤而孫雖貴祔之不嫌也若不祔之則是自尊欲卑於祖也○小記○婦祔於祖姑祖姑有三人則祔於親者謂舅之母死而又有繼母二人也親者謂所生○疏曰祖姑有三人則祔於親者謂舅之母有三人親者謂舅之所生者言婦祔於姑則祔於舅之所生者也○喪

仪丧礼七 二十七

小記○案張子曰祔葬祔祭極至理而論只合祔一人夫婦之道當其初婚未嘗約再配是夫只合一娶婦只是合一嫁今婦人夫死而不可再嫁如天地之大義夫豈得而再娶然以重者計之養親承家祭祀繼續不可無也故有再娶之理然其葬其祔雖爲同穴同筵几然譬之人情一室中豈容二妻以義斷之須祔以首娶繼室別爲一所可也○或問朱先生曰頃看程氏祭儀謂凡配止用正妻一人或奉祀之人是再娶所生即以所生配謂凡配上用正妻一人是也若再娶者無子或祔祭別位亦可也若奉祀者是再娶之子乃許用所生配

張本下象鼻題盖主藏三字傳本削去之

0012_0230-1　　0012_0229-2

正喪[illegible]不得[illegible]
先生只[illegible]必誤唐[illegible]中有論[illegible]
母無[illegible]當並無合祭與古
之禮[illegible]又曰夫婦之義如事
至自右一等[illegible]方[illegible]生有夫得有
妾而事[illegible]所天不容有二收於處
祔又非仕[illegible]下之比備集之說似不[illegible]
有太溫世[illegible]合從庸人所議爲允
又有前妻無子後妻有子之礙其勢
有所杌陧而不安者唯葬則一夫人
未必皆合葬繼室別營一域宜亦可矣
○今案喪服小記云婦祔於祖姑祖姑
有三人則祔於親者祖姑有二人皆得
祔於廟則其中必有再娶者則再娶之

妾自可祔廟程子張子特考之不
詳耳朱先生所辨正合禮也　○矣

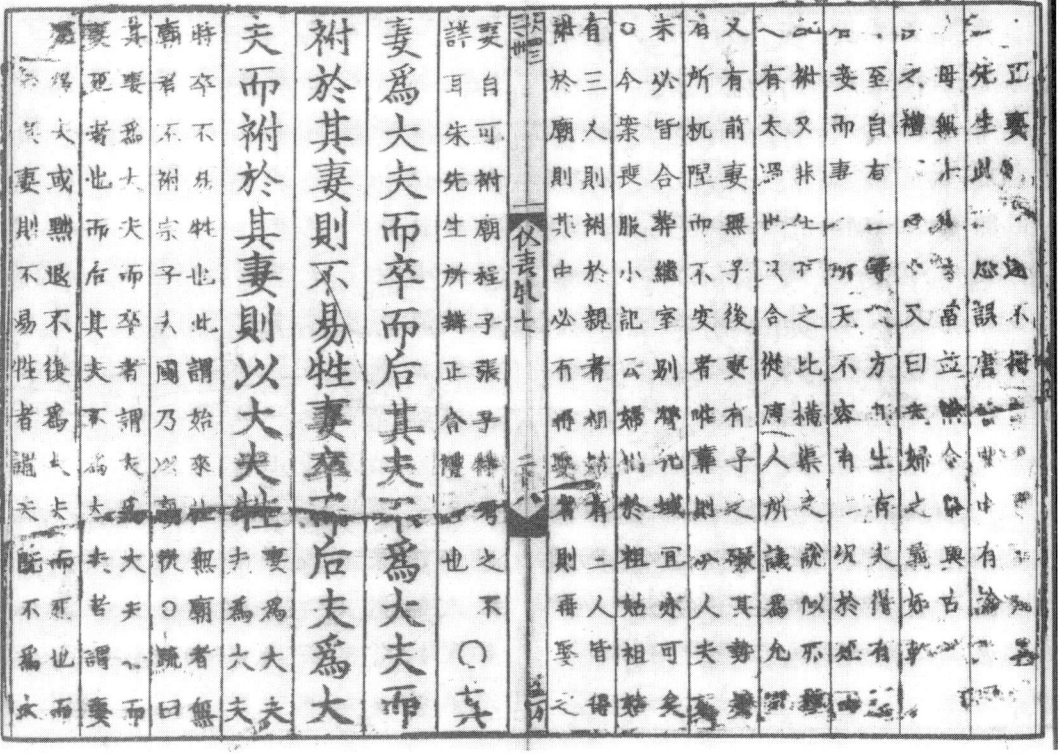

妻爲大夫而卒而后其夫不爲大夫而祔於其妻則不易牲妻卒而后夫爲大夫而祔於其妻則以大夫牲

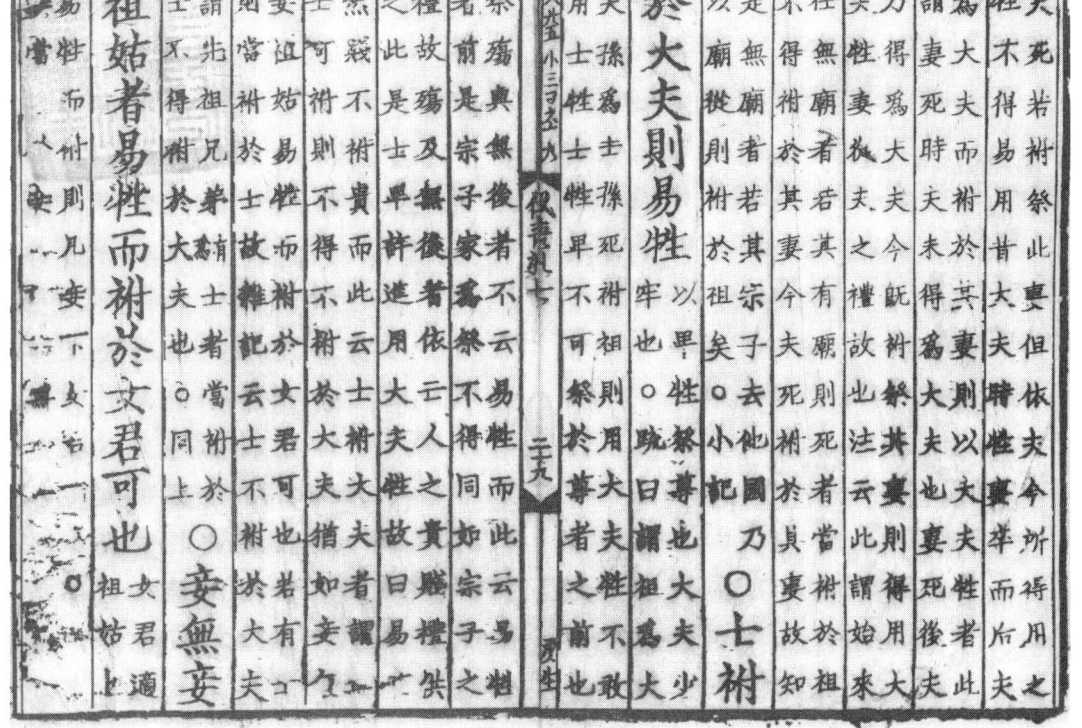

妻爲大夫
夫爲六夫
時卒不易牲也此謂始來仕無廟者無
廟者不祔宗子夫國乃以廟從○疏曰
其妻爲大夫而卒者謂夫爲大夫而
妻死者也而后其夫不爲大夫者謂妻
爲得大或黜退不復爲大夫而死也而
[illegible]妻則不易牲者謂夫既不爲大

0012_0231-1　　0012_0230-2

夫死若祔祭此妻但依夫今所得用之
牲不得易用昔大夫時牲妻卒而后夫
爲大夫而祔於其妻則以大夫牲者此
謂妻死時夫未得爲大夫也妻死後夫
乃得爲大夫今既祔祭其妻則得用大
夫牲妻從夫之禮故也注云此謂始來
仕無廟者若其有廟則死者當祔於祖
不得祔於其妻今夫死祔於其妻故知
是無廟者若其宗子去他國乃
以廟從則祔於祖矣○小記

○士祔於大夫則易牲

以卑牲祭尊也大夫少
牢也○疏曰謂祖爲大
夫孫爲士孫死祔祖則用大夫牲不敢
用士牲士牲卑不可祭於尊者之前也

祭殤與無後者不云易牲而此云易牲
者前是宗子家爲祭不得同如宗子之
禮故殤及無後者依亡人之貴賤禮牲
之此是士卑許進用大夫牲故曰易牲
然殺不祔貴而此云士祔大夫者謂
士可祔則不得不祔於大夫猶如妾亡
妾祖姑易牲而祔於女君可也若有亡
則當祔於士故雜記云士不祔於大夫
謂先祖兄弟爲士者當祔於
士不得祔於大夫也○同上

○妾無妾祖姑者易牲而祔於女君可也

女君適
祖姑也
易牲而祔則凡妾下女君一等○
[illegible]

0012_0231-2

[illegible]祖[illegible]

女君之牲[illegible]
是見在之[illegible]君故書[illegible]

曰女君牲牢與文既云[illegible]
君一等下於君一等者若[illegible]

則特牲若女君特牲
妾則特豚也○同上

○王父死未練祥

而孫又死猶是附於王父也

未練祥嫌
未祫祭序

於昭穆爾王父既附則孫可附焉猶當
爲由由用也附皆當作祔○疏曰禮孫

死祔祖今此明若祖喪雖未二祥而孫
死則孫亦得用是祔禮祔於祖也注禮

大十八 小三八十四 喪禮七 三十

0012_0232-1

祔在練前若祔後未練之前則得祔直
云未練是矣兼言祥者案文二年穀梁

傳云作主壞廟有時日於練焉壞廟壞
廟之道易檐可也改塗可也注云親過

高祖則毀其廟以次而遷將納新神故
示有所加以此言之則練時壞祖與高

祖之廟改塗易檐示有壞意其以先祖
入於太祖之廟其祖祔入高祖廟其新

死者入祖廟是練時遷廟也三年喪畢
祫於大祖廟是祥後祫也故云未練祥

嫌未祫祭序於昭穆爾兼言祥者恐未
祫故也故練祥兼言但祖祔祭之後即

得祔新死之孫故云王父既祔則孫可
祔焉然王父雖祔未練無廟孫得祔於

0012_0232-2

祖其孫就王父所祔祖廟之
中而祔祭王父○焉○雜記

○庶子不

祭殤與無後者殤與無後者從祖祔食

不祭殤者父之庶也不祭無後者祖之
庶也此二者當從祖祔食而已不祭祖

無所食之也共其牲物而宗子主其禮
焉祖庶之殤則自祭之凡所祭殤者惟

適子耳無後者謂昆弟諸父也宗子之
諸父無後者爲墠祭之○疏曰殤與無

後者從祖祔食者庶子所以不自義
也已不得祭父祖而以此諸親皆各從

其祖祔食祖廟在宗子之家
故已不得自祭之也○小記

○曾子問

喪禮七 三十一

0012_0233-1

曰女未廟見而死則如之何孔子曰不

遷於祖不祔於皇姑

詳見變
禮昏條

○有父母

之喪尚功衰而祔昆弟之殤則練冠附

於殤稱陽童某甫不名神也

此兄弟之
殤謂大功

親以下之殤也斬衰齊衰之喪練皆受
以大功之衰此謂之功衰以是時而祔

大功親以下之殤大功親以下之殤輕
不易服冠而兄爲殤謂同年者也兄十

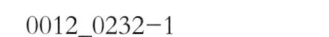

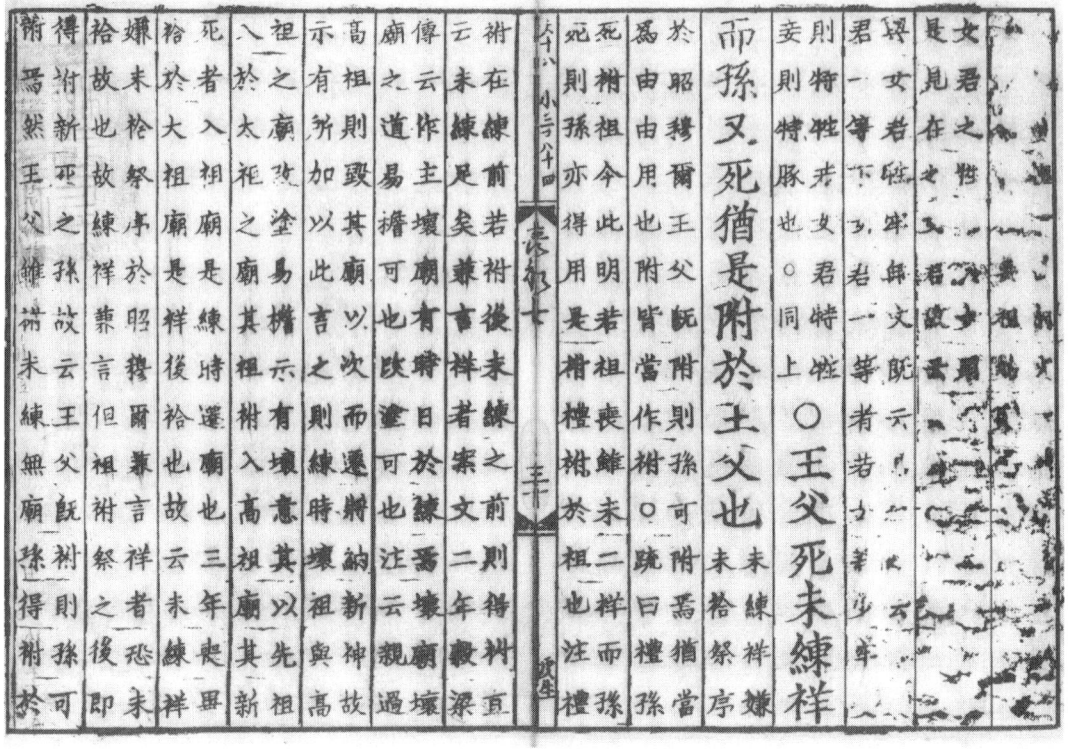

九而死已明年因喪而冠陽童謂庶殤
也宗子則[illegible]陰童童未成人之稱也某

甫且字也事神不名爲之造字○疏曰知大功親以下之殤者若大功正服則變三年之練此著練冠故知大功親以下之殤也若成人合服大功其長殤小功著成人小功其長殤則緦麻皆得著此三年練冠爲之祔故云大功親以下之殤言以下兼小功也已是祖之適孫若諸父大功兄弟長殤得在祖廟若小功兄弟長殤則是祖之兄弟之後當祔於從祖之廟其小功兄弟身及父是庶人不合立廟則曾祖適孫爲之立壇祔小功兄弟之長殤於從祖立神而祭也皇氏云小功兄弟爲士從祖爲大夫士不可祔於大夫當祔於大功親以下從

喪服　卷十　三十二

祖爲士故祔小功兄弟長殤於己祖廟義亦得通云大功親以下之殤輕不易服者案服問大功殤長中變三年之葛得易首絰腰帶不得易服故此祔祭著練冠也云冠而兄爲殤謂同年者也此鄭自難云弟冠而兄得爲殤者謂弟與兄同年十九也云兄十九而死已明年因喪而冠者此新死之兄既是小功之服不合變三年之練而得有因喪冠者謂己明年之初用父母喪之緦節而加冠以後始祔弟也云陽童謂庶殤也宗子則曰陰童未成人之稱也者曾子問[illegible]庶子[illegible]祭於室白故曰陽童[illegible]宗[illegible]陰童云其適

且字也者檀弓云五十以伯仲是正字二十之時曰某甫是且字言且爲之立字云尊神不名爲之造字者以冠時所有此兄去年已死未得有字雖云其甫是死後祔時爲之造字必造字者以神道事之不可觸名故也○雜記

○曰孝子某孝顯相夙興夜處小心畏忌不惰其身不寧稱孝者吉祭○疏曰對虞時稱哀案檀弓虞爲喪祭卒哭爲吉祭卒哭既爲吉祭祔在卒哭後不是吉祭故鄭以吉祭言之也用尹祭尹祭脯也大夫士祭無云脯者今不言牲號而云尹祭亦

小二一五二　大卅八　儀表卅七　三十三

記者誤矣○疏曰鄭知尹祭是脯者下曲禮云脯曰尹祭故知也但曲禮所云是天子諸侯禮用脯案特牲少牢無云用脯者故云大夫士祭無云脯者唯上餞尸有脯此非餞尸今不言牲號而云尹祭亦記者誤也以其上文初虞云敢用絜牲剛鬣今不言牲號而云尹祭是記人誤云亦者亦上文香合也嘉薦普淖普薦溲酒普薦鉶羹不稱牲記其異者今文溲爲醙○疏曰知普薦是鉶羹者案上文虞禮及特牲皆云祝酌奠于鉶南則鉶在酒前而設此亦普薦在酒上故知也但虞禮一鉶此云饋食則與特牲同二鉶故

0012_0234-2

且字也者檀弓云五十以伯仲是五字
二十之時曰某甫是且字言且爲之立
字云尊神不名爲之造字者以字者冠
時所有此兄去年已死未得有字雖云
某甫是死後祔時爲之造字心造字者
以神道事之不可觸名故也○雜記

○曰孝子某孝顯相夙興夜處小心畏
忌不惰其身不寧稱孝者吉祭○疏曰對虞時稱哀案檀弓
虞爲喪祭卒哭爲吉祭卒哭既爲吉祭
祔在卒哭後亦是吉祭故鄭以吉祭言
之也**用尹祭**尹祭脯也大夫士祭無云脯者今不言牲號而云尹祭亦

儀喪禮七　三十三

0012_0235-1

記者誤矣○疏曰鄭知尹祭是脯者下
曲禮云脯曰尹祭故知也但曲禮所云
是天子諸侯禮用脯案特牲少牢無云
脯脯者故云大夫士祭無云脯者唯上
餞尸有脯此非餞尸今不言牲號而云
尹祭亦記者誤也以其上文初虞云敢
用絜牲剛鬣今不言牲號而云尹祭
是記人誤云亦者亦上文香合也**嘉**
薦普淖普薦溲酒普薦鉶羹不稱牲記其異者今文溲爲
○疏曰知普薦是鉶羹者案上文虞禮
及特牲皆云祝酌奠于鉶南則鉶在酒
前而設此亦普薦在酒上故知也但虞
禮一鉶此云饋食則與特牲同二鉶故

0012_0235-2

云普薦也云不稱牲記其異者對與祔
虞之等稱牲但詞其異雖不詺牲之號
有號可知也若然云記其異者所以嘉
薦普淖普薦溲酒與前不異記之以其
普薦與前異將言設薦在普
淖後溲酒前故并言其次矣**適爾皇祖**
某甫以隮祔爾孫某甫尚饗欲其祔合兩告之曾
子問曰天子崩國君薨則祝取羣廟之
主而藏諸祖廟禮也卒哭成事而後主
各反其廟然則七之皇祖於卒哭亦反
其廟無主則反廟之禮未聞以其幣告
之乎○疏曰欲其祔合兩告之者欲使
死者祔於皇祖又使皇祖與死者合食

大十九　小二十
儀喪禮七　三十四

0012_0236-1

故須兩告之是以告死者曰適爾皇祖
某甫謂皇祖曰隮祔爾孫某甫二者俱
饗是其兩告也引曾子問者案彼鄭注
云象有凶事者聚也云卒哭成事而後
主各反其廟者至祔須得祖之木主以
孫祔祭故也天子諸侯有木主可言聚
與反廟之事大夫無木主聚而反之故
云無主則反廟之禮未聞云以其幣告
之乎者曾子問云無遷主將行以幣帛
爲主命此大夫士或用幣以依神而告
使聚之無正文故云乎以疑之○士虞
禮記○卒哭條有祭稱孝子孝孫脯曰
尹祭兩條此條通用當互考○案卒哭
有饗辭此祔禮既有尸則勸尸亦合有

此傳本第三十三葉

0012_0236-2

[illegible]記今哀卒哭[illegible]辭注云祔及練[illegible]祔但改文爲孝耳則其詞[illegible]

主爲而禮之祭[illegible]禮見于此練祥同○父[illegible]之喪皆[illegible]

者不虞祔待後事詳見[illegible]除[illegible]服[illegible]

喪稱祭條此通用當互考○祔練日[illegible]

據君子也主書之稱中其[illegible]言謙也祔練言[illegible]不[illegible]

○疏曰以祭[illegible]知己祔祥而[illegible]○少儀[illegible]○[illegible]大[illegible]侯[illegible]

而已喪服小記○詳見喪通禮主後條[illegible]大夫虞附而

0012_0237-1

遠詳見雜記○[illegible]壹會葬條

右祔○殷練而祔周卒哭而祔[illegible]

子善殷期而祔之情○檀弓○君長卒[illegible]

祔于姑詳見喪大記命赴條

朞而小祥小祥祭名祥吉也[illegible]祥內古文朞皆作基[illegible]

自祔以後至十三月小祥[illegible]祥祭檀弓者彼謂顏回之[illegible]

孔子彼云饋此云歸者饋[illegible]文言之引之者證小祥是祭[illegible]

0012_0237-2

士虞記○期而練詳見喪服義○十三月而練

同上○期之喪十一月而練十三月而祥

十五月而禫此謂父在爲母也○雜記○凡十筮日

喪事先遠日詳見士喪禮卜葬條○大祥通用○練筮

日筮尸視濯皆要絰杖繩屨有司告具

而后去杖筮日筮尸有司告事畢而后

杖拜送賓詳見喪服變除練條○大祝練掌國事

儀喪禮七　三十六

0012_0238-1

詳見祔條○大功者主人之喪有三年者則

必爲之再祭詳見喪通禮主後章○大祥通用○主妾

之喪則練使其子主之詳見附章○五廟之

孫祖廟未毀雖爲庶人練則告詳見士喪禮命

赴條○凡喪小功以上非練無沐浴詳見祔章

○練而慨然詳見喪通禮哀戚條○期而祭禮也

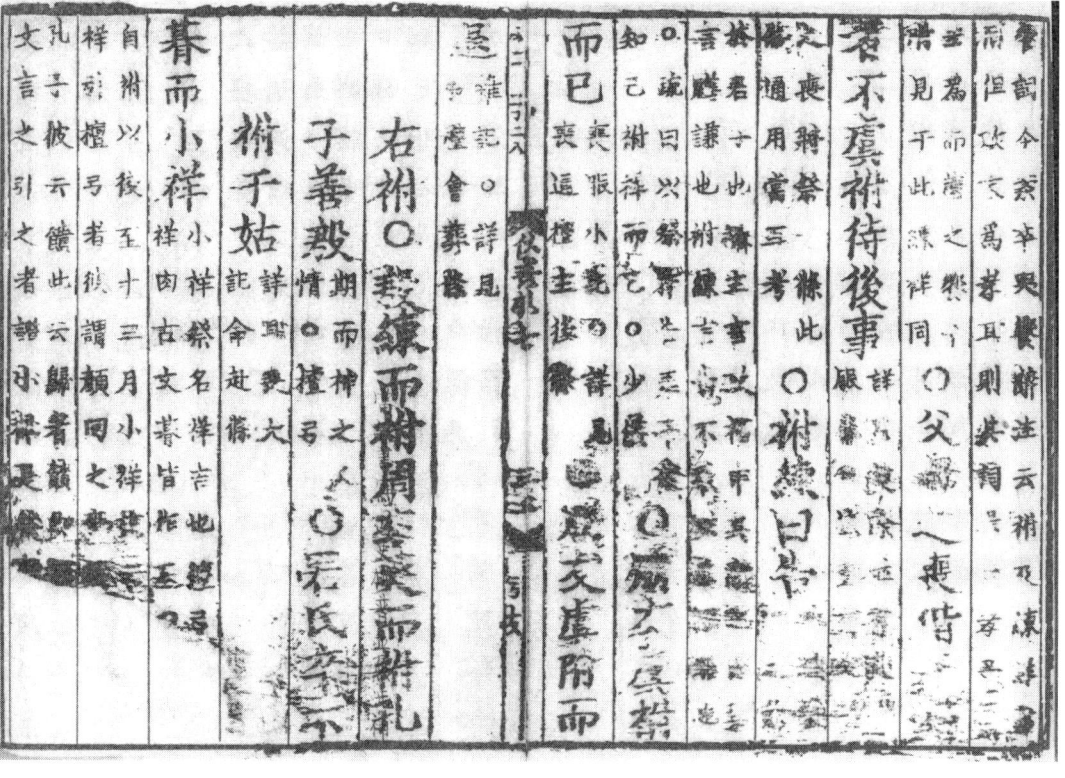

期而除喪道也祭不爲除喪也詳見變除練除

服條○練主用栗詳見喪大記作主條○吉主於練

同上○作主壞廟有時日於練焉壞廟壞

廟之道易檐可也改塗可也壞音怪檐以占反○

疏曰作主在十三月壞廟在三年喪終而傳連言之者此主終入廟入廟即易

檐以事相繼故連言之非謂作主壞廟同時也或以爲練而作主之時則易檐

改塗改此傳云於練壞廟於傳文雖順舊說不然故不從之直記異同耳○文

二年穀梁傳○作主之說已見喪大記作主條又案張子曰祔與遷自是兩事

祔者奉新死者之主而告新死者以將遷于此廟也既告則復新死者之主於

寢而祖亦未遷比至于練乃遷其祖入他廟或夾室而遷新死者之主于其廟

今案橫渠之說如此鄭注亦然既因練而遷則必易檐改塗而後遷此疏乃謂

壞廟在三年則失之矣但練雖遷主于廟祭訖復反主於寢詳見祔章明日以

其班祔注文當考○卒哭章祭成喪者必有尸以下二條又有人以下至祭以

大夫又祭稱孝子孝孫並此條通用當互考○曰薦此常事

祝辭之異者言常者朞而祭禮也古文常爲祥○疏曰注云祝辭之異者謂小

祥辭與虞祔之辭有異異者以虞祔之祭非常一期天氣變易孝子思之而祭

是其常事故祝辭異也云朞而祭禮也者喪服小記文案彼云期而祭禮也期

而除喪道也祭不爲除喪也注云此謂練祭也禮正月存親親亡至今而期期

則宜祭期天道一變哀惻之情益衰衰則宜除不相爲也是以謂小祥祭爲常

事也○士虞記○祔條饗辭此條所通用詳見祔禮經當互考○自諸

侯達諸士小祥之祭主人之酢也嚌之

衆賓兄弟則皆啐之大祥主人啐之

衆賓兄弟皆飲之可也嚌啐皆嘗也嚌至齒啐入口○

疏曰主人之酢者嚌之者謂正祭之後主人獻賓長賓長酢主人主人受賓長

酢則嚌之也衆賓兄弟則皆啐之者亦謂衆賓及兄弟祭末受獻之時啐之也

以其差輕故也大祥主人啐之者謂主人受賓酢之時主人啐之衆賓兄弟皆

飲之可也必知此主人之酢非受尸酢者以士虞禮主人主婦獻尸受酢之時

皆卒爵虞祭比小祥爲重尚卒爵今大祥祭主人受尸之酢何得唯嚌之而已

故知受賓酢也受尸酢神惠爲重雖在喪亦卒爵賓禮爲輕受賓之酢但嚌之

0012_0240-2

知喪祭有受賓酢者鄭注曾子問云虞不致爵小祥不旅酬大祥無筭爵故知大祥之祭旅酬之前皆爲之也○雜記○大夫士父母之喪既練而歸朔月忌日則歸哭于宗室詳見通禮居處條○婦人喪父母既練而歸同上○公之喪大夫俟練士卒哭而歸同上○既練舍外寢始食菜果飯素食哭無時詳見喪服斬衰章○既練居堊室不與人居君

儀喪禮十　三九

0012_0241-1

謀國政大夫士謀家事詳見通禮居處動作條○期而小祥居堊室寢有席詳見通禮居處條○三年之喪練不羣立不旅行詳見變禮弔條○三年之喪雖功衰不弔同上○如三年之喪則既穎其練祥皆行詳見變除並有喪變服條○父母之喪將祭而昆弟死既殯而祭如同官則雖臣妾葬而后祭祭主人之升

0012_0241-2

降散等執事亦散等雖虞祔亦然將祭謂練祥也言若同宮則是昆弟異宮也古者昆弟異居同財有東宮有西宮有南宮有北宮有父母之喪當在殯宮而在異宮者疾病或歸者主人適子散等栗階爲新喪略威儀○疏曰將祭謂將行大小祥祭也而昆弟死既殯而祭者若將祭而有兄弟死則待殯後乃祭也今不待葬後者兄弟輕故始殯後便可行吉祭也如同宮則雖臣妾葬而後祭者兄弟既殯後而行父母之祭謂異宮者耳若同宮雖臣妾之輕卑死猶待葬後乃行父母祭也所以爾者吉凶不相干故

儀喪禮十　四十

0012_0242-1

喪服傳云有死於宮中者則爲之三月不舉祭庾氏云小祥之祭已涉於吉尸柩至凶故不可以相干其虞祔則得爲之矣若喪柩即去者則亦祭不待於三月可知矣祭主人之升降散等者祭猶謂二祥祭散栗也等階也吉祭則涉級聚足喪祭則栗階故云散等也如此祥祭宜涉級於時爲有兄弟喪故少威儀作散等也執事者亦散等者助執祭者亦栗階也雖虞祔亦然者謂主人至昆弟虞祔而行父母二祥祭而執事者亦散等○雜記○此條前祔後大祥皆通用○君之喪服除而後殷祭禮也詳見喪變

0012_0242-2

○三年而后葬者必再祭其祭
間不同時而除喪 再祭練祥也間不同時者當異月也
祔明月練而祭又明月祥而祭必異者以葬與練祥本異歲宜異時也而已祥則除不禫○詳見變禮又兼條○殺祭以下二條大祥通用
練曰告 詳見祔條
冠練 祔章有數練而祔此章通用當互者 ○曾子問
曰祭如之何則不行旅酬之事

儀禮七 四十一

0012_0243-1

孔子曰聞之小祥者主人練祭而
不旅奠酬於賓賓弗舉禮也 奠尸
不致爵小祥不旅酬大祥無無算爵彌吉 昔者魯昭公
練而舉酬行旅非禮也孝公大祥
奠酬弗舉亦非禮也 疏曰練小祥祭也旅酬
疏曰虞祔尸虞不致爵至小祥吉但得致爵於賓而不得行旅
之事大祥乃得行旅酬而不得行算爵之事也此皆謂喪事簡

0012_0243-2

於禮未故也案士虞禮云男男
尸女女尸檀弓云虞而立尸是虞
時始立尸故云奠無尸奠所以無
尸者奠是未葬之前形體尚在未
忍立尸異於生故未立尸虞是既
葬之後形體已去鬼神事之故立
尸以象神也又案特牲云祝延尸
於奧尸即席坐主人拜妥尸尸荅
拜尸左執觶右取菹挼于醢祭于
豆間佐食取黍稷肺祭授尸尸祭
之祭酒啐酒祭鉶乃食九飯主人
洗角升酌酳尸尸卒爵祝酌授尸
尸以酢主人主人卒爵進祝南面
主人酌獻祝祝受卒爵主人酌獻

儀禮七 四十二

0012_0244-1

佐食佐食受卒爵此是主人之獻
也特牲又云主婦洗爵獻尸尸卒
爵尸酢主婦主婦卒爵主婦酌獻
祝祝卒爵酌獻佐食佐食卒爵此
是主婦之獻也賓三獻獻于尸尸
三爵止注云尸止爵者三獻禮成
欲神惠之均於室中云虞不致爵
者案士虞禮賓三獻尸尸卒爵禮
畢無致爵以下之事所謂虞不致
爵也案特牲又云尸止爵之後席
于戶內主婦洗爵酌致爵于主人
主人拜受爵主婦拜送爵主人卒
爵拜主婦荅拜受爵酌酢左執爵
拜主人荅拜主人降洗爵致爵于

張本下象鼻題監生留成四字傅本剪去之

0012_0244-2

主婦席于房中南面主婦拜受爵
主人西面荅拜主婦卒爵拜主人
荅拜主人更爵酢卒爵拜主婦荅
拜所謂致爵也三獻之賓作尸所
北爵尸飲卒爵酢賓賓飲卒爵獻
祝及佐食致爵于主人主婦畢主
人降作階升酌西階上獻賓及衆
賓訖主人洗觶于西階前北面酬
賓訖主人洗爵于作階上獻長兄
弟及衆兄弟及内兄弟于房中獻
畢賓乃坐取主人所酬之觶於作
階前酬長兄弟長兄弟受觶於西
階前酬衆賓衆賓酬衆兄弟所謂
旅酬也云小祥不旅酬者賓不舉

仪喪礼七　四十三

0012_0245-1

主人所酬之觶不行旅酬之事所
謂小祥不旅酬謂奠酬於主人主
入酬於賓賓不舉也旅酬之後賓
弟子兄弟弟子各酌于其尊舉觶
荅於其長賓取觶酬兄弟之黨長
兄弟取觶酬賓之黨所謂無筭爵
也云大祥無無筭爵彌吉者大祥
乃得行旅酬而不得行此無筭爵
之事故云大祥無無筭爵以其漸
漸備禮故云彌吉仍未純吉也昔
者魯昭公練而舉酬行旅非禮也
者練祭但得致爵於賓賓不合舉
此爵而行旅酬今昭公行之故曰
非禮也大祥彌吉禮行旅酬今孝

0012_0245-2

公不然亦同非禮○皆了問
又朞而大祥又復也○疏曰此謂二十五月大祥祭故云復朞也
○士虞記○父母之喪三年而祥祥見喪服義○
三年之喪二十五月而畢同上○期之喪
十三月而祥雜記○練章有喪事先遠日一條此條所通用當互
考○大祝祥掌國事詳見祔條○五廟之孫
祖廟未毀雖爲庶人祥必告詳見練條○主

仪喪礼七　四十四

0012_0246-1

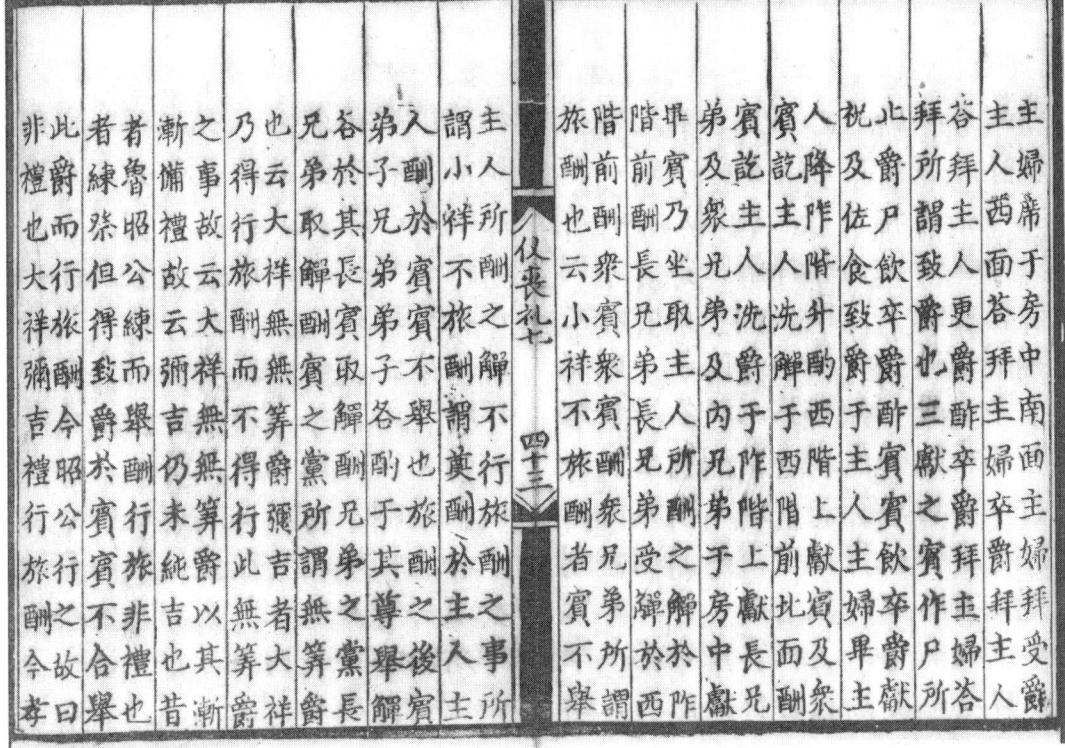

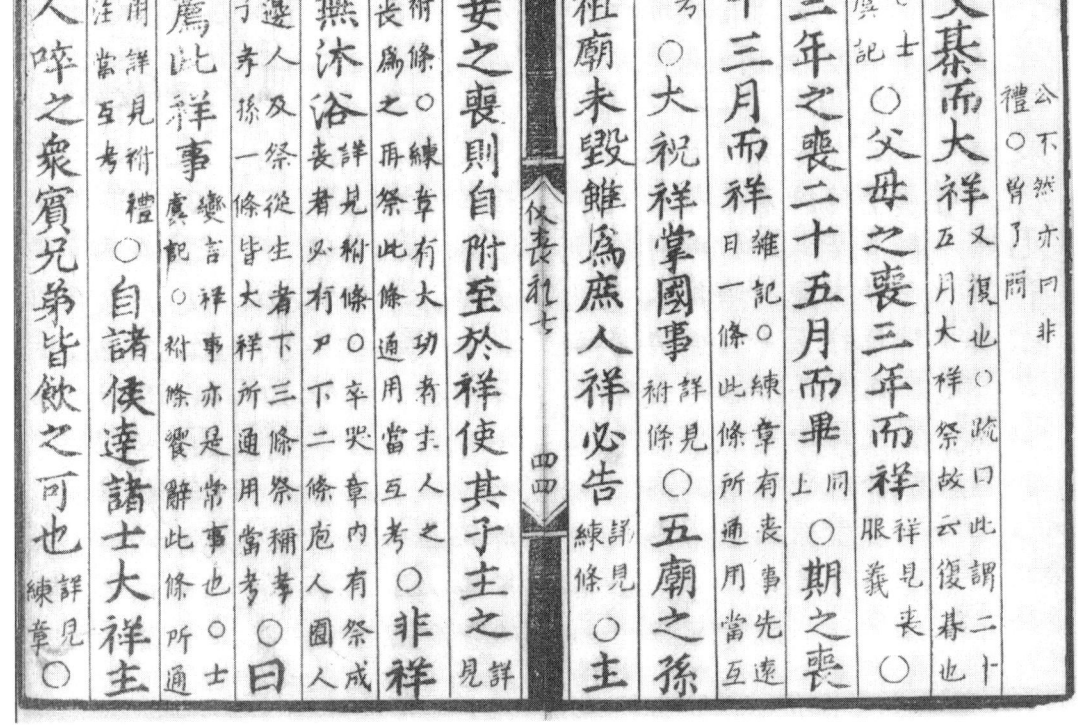

妾之喪則自附至於祥使其子主之詳見
祔條○練章有大功者主人之喪爲之再祭此條通用當互考○非祥
無沐浴詳見祔條○卒哭章内有祭成喪者必有尸下二條庶人圓人
遂人及祭從生者下三條祭稱孝子孝孫一條皆大祥所通用當考○曰
薦此祥事變言祥事亦是常事也○士虞記○祔條饗辭此條所通
用詳見祔禮注當互考○自諸侯達諸士大祥主
人啐之衆賓兄弟皆飲之可也詳見練章○

如三年之喪則既穎其練祥皆行詳見練章

○練章有父母之喪將祭又君之喪服除而后殷祭又三年而后葬者必再祭三條皆大祥所通用當互考

○祥而廓然詳見通禮哀戚條

○既祥黝堊詳見通禮居處條

○又期而大祥有醯醬居復寢素縞麻衣詳見變除

○祥而外無哭者禫而內無哭者樂作矣故也

外無哭者於門外不哭也內無哭者入門不哭也禫踰月而可作樂樂作無哭者○疏曰祥大祥也外中門外即堊室中也祥之日鼓素琴故中門外不哭也內中門內也禫已縣八音於庭故門內不復哭也樂作矣故也者二處兩時不哭是並有樂作故也○喪大記

○祥之日鼓素琴詳見喪服義

○喪復常讀樂章疏曰謂大祥除服之後也樂章謂樂書之篇章謂詩也○由禮

○三年之喪祥而從政詳見通禮動作條

○曾子曰廢喪服可以與於饋奠之事乎孔子曰說衰與奠非禮也以

擯相可也詳見變禮祭條

右大祥

○孝公大祥奠酬弗舉亦非禮也詳見練章

○孔子既祥五日彈琴而不成聲哀未忘也十日而成笙歌

踰月且異旬也祥亦凶事用遠日五日彈琴十日笙歌除由外也琴以手笙歌以氣○疏曰十日而成笙歌者上云彈琴而不成聲此云十日而成笙歌之聲音曲諧和也先彈琴後笙歌者由彈以手手是形之外故曰除由外也祥是凶事用遠日故十日得踰月若其卜遠不吉則用近日雖祥後十日亦不成笙歌以其未踰月也○檀弓

○子夏既除喪而見予之琴和之而不和彈之而不成聲樂由人心作而曰哀未忘也先王制禮而弗敢過也作起

子張既除喪而見予之琴和之而和彈之而成聲作而曰

0012_0248-2

先生制禮不敢不至焉雖其情異善俱順禮

○疏曰案家語及詩傳皆言子夏喪畢夫子與琴援琴而絃衎衎而樂閔子騫喪畢夫子與琴援琴而絃切切而哀與此不同者當以家語及詩傳爲正知者以子夏喪親無異聞焉能彈琴而不成聲而閔子騫至孝之人故孔子善之云孝哉閔子騫家語詩傳云援琴而絃切切而哀以爲正也熊氏以爲子夏居父母之喪異故不同也○同上

○魯人有朝祥而莫歌者子路

儀禮七　四十七

0012_0249-1

笑之笑其爲樂速夫子曰由爾責於人終無已夫三年之喪亦已久矣夫爲當時如此人行三年喪者希抑子路以善彼子路出夫子曰又多乎哉踰月則其善也又復

出○疏曰祥謂二十五月大祥歌哭不同日故仲由笑之也然祥月行何須笑之案喪服四制喪之日得鼓素琴也時人皆發而此獨能鼓素琴不識彈琴而識歌者琴以手笙歌以氣手在外而遠氣在內

0012_0249-2

而近也○同上

○顏淵之喪饋祥肉饋遺也孔子出受之入彈琴而后食之彈琴以散哀也○同上

中月而禫禫大感反○中猶閒也禫祭名也與大祥閒一月自喪至此凡二十七月禫之言澹澹然平安意也古文禫或爲導○猶閒閒側之閒下同○疏曰知與大祥閒一月二十七月禫徙月樂二十八月復平常正作樂也云禫之言澹澹然平常意也者禫月得無所不佩又於禫月將卿吉祭又得樂

大二十四　小三十四十

儀禮七　四十八

0012_0250-1

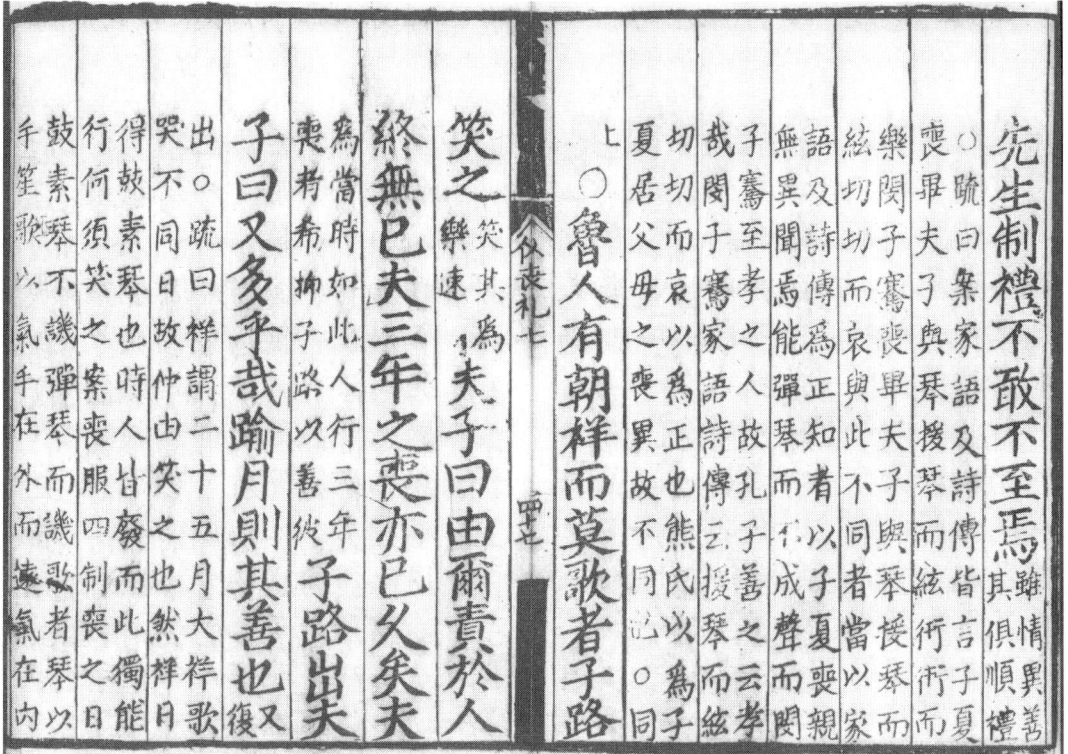

縣故云平安意也但至後月乃是即吉之正也○士虞記○檀弓疏云其祥禫之月先儒不同王肅以二十五月大祥其月爲禫二十六月作樂所以然者以下云祥而縞是月禫徙月樂又與上文魯人朝祥而莫歌孔子云踰月則其善是皆祥之後月作樂也又閒傳云三年之喪二十五月而畢又士虞禮中月而禫是祥月之中也與尚書文上中身享國謂身之中閒同又文公二年冬公子遂如齊納幣是僖公之喪至此二十六月而左氏云納幣禮也故王肅以二十五月禫除喪畢而鄭康成則二十五月大祥二十七月而禫二十八月而作樂

復平常鄭必以爲二十七月禫者以雜記云父在爲母爲妻十三月大祥十五月禫爲母爲妻尚祥禫異月豈容三年之喪乃祥禫同月若以父在爲母屈而不申故延禫月其爲妻當亦不申祥禫異月乎若以中月而禫爲月之中間應云月中而禫何以言中月乎案喪服小記云妾祔於妾祖姑云則中一以上而祔又學記云中年考校皆以中爲間謂間隔一年故以中月爲間隔一月也下云祥而縞是月禫徙月樂是也謂大祥者縞冠是月禫謂是此禫月而禫二者各自爲義事不相干故論語云子於是日哭則不歌文無所繼亦云是日文公

四九　仪丧礼七　四九　康賓

二年公子遂如齊納幣者鄭箴膏肓信公母成風主婚得權時之禮若公羊猶譏其喪娶其魯人朝祥而莫歌及喪服四制云祥之日鼓素琴及夫子五日彈琴不成聲十日成笙歌并此獻子禫縣之屬皆據省樂忘哀非正樂也其八音之樂工人所奏必待二十八月也即此下文是月禫徙月樂是也其朝祥莫歌非正樂歌是樂之細別亦得稱樂故鄭云笑其爲樂速也其三年問云三年之喪二十五月而畢據喪事終除衰去杖其餘哀未盡故更延兩月非喪之正也王肅難鄭云若以二十七月禫其歲末遭喪則出入四年喪服小記何以云再

期之喪三年如王肅此難則爲母十五月而禫出入三年小記何以云期之喪二年明小記所云據喪之大斷也又肅以月中而禫案曲禮喪事先遠日則大祥當在下旬禫祭又在祥後何得云中月而禫又禫後何以容吉祭故鄭云二十七月也戴德喪服變除禮二十五月大祥二十七月而禫故鄭依而用焉鄭以二十八月樂作喪大記何以云禫而内無哭者樂作矣似禫後許作樂者大記所謂禫後方將作樂釋其内無哭者之意非謂即作樂大記又云禫而從御吉祭而復寢間傳何以云大祥居復寢間傳所云者去堊室復殯宮之寢大記

五十　仪丧礼七　五十　康賓

云禫而從御謂禫後得御婦人必待吉祭然後復寢其吉祭者是禫月值四時而吉祭外而爲之其祝辭猶不稱以其妃配故士虞禮云吉祭猶未配○今案疏文所辨禫祭月日正讀禮者所當考元繫於孟獻子縣而不樂之下今移於此庶學者易於檢尋也

○**爲父母妻長子禫**目所爲禫者也○疏曰此一經鄭云目所爲禫者此一人而已然爲母亦宜禫也而下有庶子在父之室爲其母不禫則在父室爲慈母亦不禫也故不言之妻爲夫亦禫也但記文不具○小記

○**庶子在父之室則爲其**

0012_0252-2

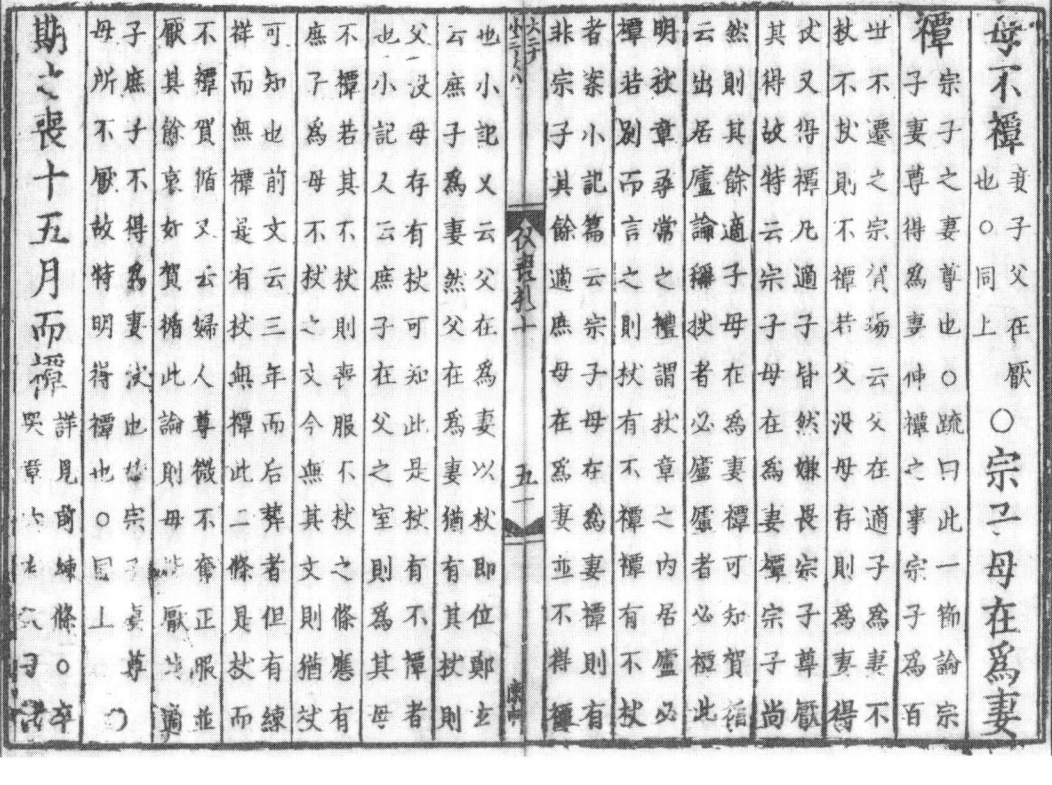

母不禫妻子父在厭也○同上○宗子母在爲妻禫宗子之妻尊也○疏曰此一節論宗子妻尊得爲妻伸禫之事宗子爲百世不遷之宗賀瑒云父在適子爲妻不杖不杖則不禫若父沒母存則爲妻得式又得禫凡適子皆然嫌長宗子尊厭其得故特云宗子母在爲妻禫宗子尚然則其餘適子母在爲妻禫可知賀循云出居廬論禰杖者必廬廬者必禫此明杖章爭常之禮謂杖章之內居廬必禫若別而言之則杖有不禫禫有不杖者案小記篇云宗子母在爲妻禫則有非宗子其餘適庶母在爲妻並不得禫

儀禮十　五十一

0012_0253-1

也小記又云父在爲妻以杖即位鄭玄云庶子爲妻然父在爲妻猶有其杖則父一沒母存有杖可知此是杖有不禫者也小記又云庶子在父之室則爲其母不禫若其不杖則喪服不杖之條應有庶子爲母不杖之文今無其文則猶杖可知也前文云三年而后葬者但有練祥而無禫是有杖無禫此二條是杖而不禫賀循又云婦人尊微不奪正服並厭其餘哀如賀循此論則母終厭尊適子庶子不得爲妻伸也○宗子尊○母所不厭故特明得禫也○同上

期之喪十五月而禫詳見前練條○卒哭章[illegible]

0012_0253-2

侯之喪不斬衰者不與祭一條祭成喪者必有尸下二條庖人圉人遵人乃祭從生者以下二條祭稱孝子孝孫一條又祔[illegible]辭皆此條通用當互考○

中月而禫禫而飲醴酒始飲酒者先飲醴酒始食肉者先食乾肉先飲醴酒食乾肉者不忍發御孚味○間傳○禫而牀｜○同上○禫而從御吉祭而復寢從御御婦人也復寢不復宿殯宮也○疏曰吉祭而復寢者謂禫祭之後同月之內值吉祭之節行吉祭訖而復寢

儀禮卷七　五十二

0012_0254-1

若不當四時吉祭則踰月吉祭乃復寢故士虞記云中月禫是月也吉祭猶未配注云是月是禫月也當四時之祭月則祭也亦不待踰月故熊氏云不當四時祭月則待踰月也案間傳旣祥復寢與此吉祭復寢不同者彼謂不復宿中門外復於殯宮之寢此吉祭後不復宿殯宮復於平常之寢文雖同義別故此注不復宿殯宮也明大祥後宿殯宮也○喪大記○禫而內無哭者樂作矣故也詳見前祥條○是月禫徙月樂言禫明月可以用樂○疏曰是月禫徙月樂者鄭志曰旣禫徙月而

0012_0254-2

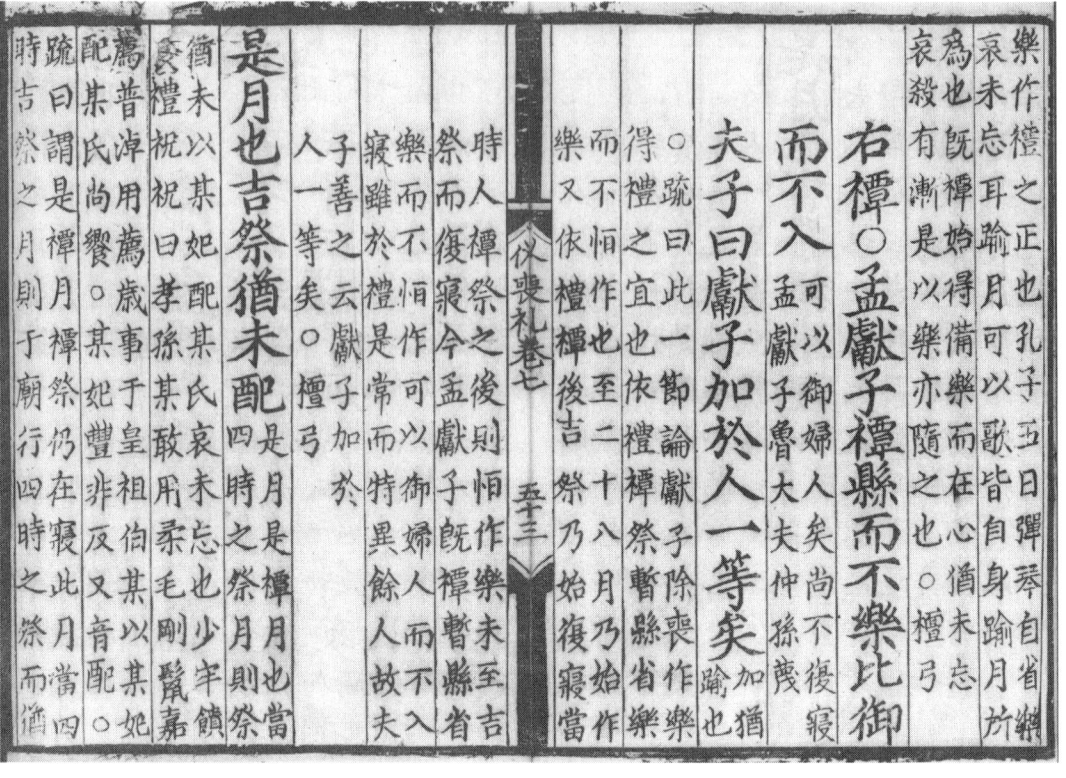

樂作禮之正也孔子五日彈琴自省樂哀未忘耳踰月可以歌皆自身踰月所爲也既禫始得備樂而在心猶未忘哀殺有漸是以樂亦隨之也○檀弓

右禫○孟獻子禫縣而不樂比御而不入可以御婦人矣尚不復寢孟獻子魯大夫仲孫蔑夫子曰獻子加於人一等矣加猶踰也○疏曰此一節論獻子除喪作樂得禮之宜也依禮禫祭暫縣省樂而不恒作也至二十八月乃始作樂又依禮禫後吉祭乃始復寢當

0012_0255-1

時人禫祭之後則恒作樂未至吉祭而復寢今孟獻子既禫暫縣省樂而不恒作可以御婦人而不入寢雖於禮是常而特異餘人故夫子善之云獻子加於人一等矣○檀弓

是月也吉祭猶未配是月是禫月也當四時之祭月則祭猶未以某妃配某氏哀未忘也少牢饋食禮祝祝曰孝孫某敢用柔毛剛鬣嘉薦普淖用薦歲事于皇祖伯某以某妃配某氏尚饗○某妃豐非反又音配○疏曰謂是禫月禫祭仍在寢此月當四時吉祭之月則于廟行四時之祭而猶

0012_0255-2

未得以某妃配哀未忘若喪中也言猶者如祥祭以前不以妃配也案禮記云吉事先近日喪事先遠日則大祥之祭仍從喪事先用遠日下旬爲之故檀弓云孔子既祥五日彈琴而不成聲十日而成笙歌注踰月且異旬也祥亦凶事先遠日案此禫吉禮然平安得行四時之祭則可從吉事先近日用上旬爲之若然二十七月上旬行禫祭於寢當祭月即從四時祭於廟亦用上旬爲之引少牢禮者證禫月吉祭未配後月吉如少牢配可知也○士虞禮○吉祭而復寢詳見禫條

0012_0256-1

右吉祭○僖八年秋七月禘于大廟用致夫人禘三年大祭之名大廟周公廟致者致新死之主於廟而列之昭穆夫人淫而與殺不薨於寢於禮不應致故僖公疑其禮歷三禘今果行之嫌異常故書之○殺音試○春秋

○秋禘而致哀姜焉非禮也凡夫人不薨于寢不殯于廟不赴于同不祔于姑則弗致也寢小寢同盟將葬又不

0012_0256-2

以殯過廟據經哀姜薨葬之文則爲祔廟赴同祔姑今當以不薨于寢不得致也○左氏傳閔二年夏五月乙

酉吉禘于莊公[illegible]年[illegible]畢致新死者之主於廟廟之遠主當遷入祧因是大祭以審昭穆謂之禘莊公喪制未闋時別立廟廟或而吉祭又不於大廟故詳書以示譏○闋苦穴反○春秋

○夏吉禘于莊公速也左氏傳○其言吉何據禘于大廟不言吉言吉者未可以

0012_0257-1

吉也都未可以吉祭經舉重不書禘于大廟嫌獨莊公不當禘于大廟可禘者故加吉明大廟皆不當曷爲未可以

吉未三年也禮禘祫從先君數朝聘從今君數三年喪畢遭禘則禘遭祫則祫○數所王反祫音洽三年矣曷

爲謂之未二年三年之喪實以二十五月時莊公薨至是適二十二月所以必二十五月者取期再期恩倍漸三年也孔子生三年然後免於父母之懷[illegible]

0012_0257-2

年之喪天下之通喪檀士虞記曰期而小祥曰薦此常事又期而大祥曰薦此祥事中月而禫是月也吉祭猶未配是月者二十七月也

傳言二十五月者在二十五月外可不譏其言于莊公

何據禘于大廟不言周公祫僖公不言僖宮未可以稱宮廟也曷爲未可以稱宮廟在三

年之中矣當思慕悲哀未可以鬼神事之吉禘于

莊公何以書譏何譏爾譏始不三

0012_0258-1

年也與託始同義○疏曰注經舉重不書者云春秋之義常事不書有善惡者乃始錄而美刺之今既已舉重特言于莊公不書於大廟則嫌莊公一廟獨不當禘大廟便可禘矣然莊公畢下始祖而言舉重者言三年之內作吉祭之時莊公最不宜吉故言舉重不謂

莊公尊于始祖也○公羊傳○吉禘于莊公三年

喪畢致新死者之主於廟廟之遠主當遷入太祖之廟因是大祭以審昭穆謂之禘莊公喪制未闋時別立廟廟成而吉祭又不於太廟

0012_0258-2

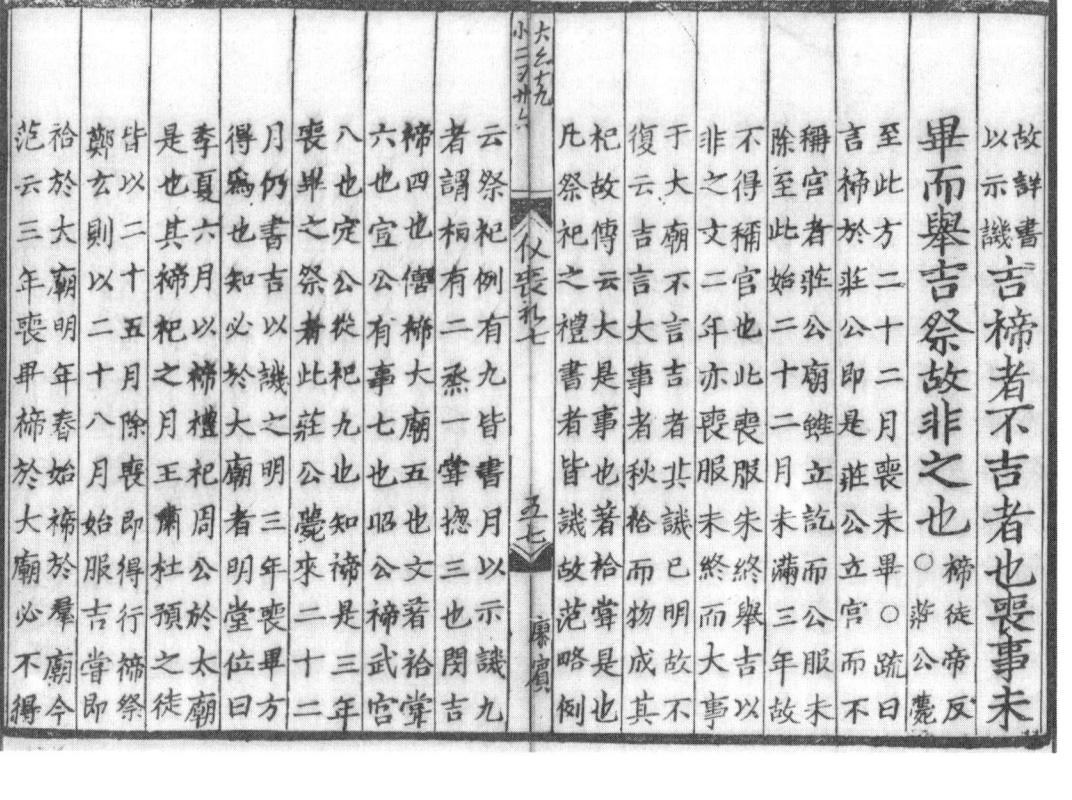

故詳書以示譏吉禘者不吉者也喪事未畢而舉吉祭故非之也○禘徒帝反莊公薨至此方二十二月喪未畢○疏曰言禘於莊公即是莊公立宫而不稱宫者莊公廟雖立訖而公服未除至此始二十二月未滿三年故不得稱宫也此喪服未終舉吉以非之文二年亦喪服未終而大事于大廟不言吉者其譏已明故不復云吉言大事者秋祫而物成其祀故傳云大是事也著祫嘗是也凡祭祀之禮書者皆譏故范略例

0012_0259-1

云祭祀例有九皆書月以示譏九者謂禘有二烝一嘗總三也閔吉禘四也僖禘大廟五也文著祫嘗六也宣公有事七也昭公禘武宫八也定公從祀九也知禘是三年喪畢之祭者此莊公薨來二十二月仍書吉以譏之明三年喪畢方得爲也知必於大廟者明堂位曰季夏六月以禘禮祀周公於太廟是也其禘祀之月王肅杜預之徒皆以二十五月除喪即得行禘祭鄭玄則以二十八月始服吉嘗即祫於大廟明年春始禘於羣廟今范云三年喪畢禘於大廟必不得

0012_0259-2

與明年春禘於羣廟同其除喪之月或與鄭合故何休注公羊亦以除喪在二十七月之後也方者未至之辭此實二十二月而云方者莊公以三十二年八月薨至此年五月始滿二十二月未盡其月爲禘祭故言方或可譏其大速以甚言之故云方也○穀梁傳

小史若有事則詔王之忌諱先王死日爲忌名爲諱○疏曰先王死日爲忌名爲諱者告王當避此二事春官○大夫士父母之喪既練而歸忌日則歸哭于

0012_0260-1

宗室詳見練章○君子有終身之喪忌日之謂也詳見喪禮義○喪三年以爲極亡則弗之忘矣故君子有終身之憂而無一朝之患故忌日不樂同上

右忌日○文王之祭也事死者如事生思死者如不欲生忌日必哀稱諱如見親詳見喪禮義

0012_0261-1　0012_0260-2

儀禮經傳通解續卷第七

喪禮七

張本下象鼻題監生孫欽四字傳本剪去之

0012_0264-2

續卷第八

服　喪禮六

補補服凡三有見本經傳記若如父卒爲祖後者服斬之類是也有見它記若如祖父卒而後爲祖母後者三年是也有見註疏者如天子諸侯父在爲祖斬衰無期是也又有心喪有弔服悉類而分之以補經文之缺

父卒爲祖後者服斬詳見不杖期章爲君之父母妻長子祖父母條傳

○與諸侯爲兄弟者服斬喪服小記

0012_0265-1

○見斬衰章君條下

○女爲父喪未練而出則三年既練而出則已既練而反則遂之喪服小記○詳見斬衰章子嫁反在父之室爲父三年條下○又案不杖期章爲君之父母妻長子祖父母疏云天子諸侯父在爲祖皆斬衰無期○又云爲曾祖後皆服斬○斬衰章子嫁反在父之室疏云天子之女嫁於諸侯諸侯之女嫁於大夫乃爲父不降斬衰三年○斬衰章諸侯爲天子條下爲天王斬衰疏云諸侯諸臣皆爲王斬衰○又斬衰章君條下與諸侯爲兄弟者服斬疏云凡與

0012_0265-2

諸侯有五屬之親者皆服斬謂諸侯尊不可以卑親輕服服之○又補[illegible]不杖期章爲王后齊衰疏云士爲國斬○又云大夫之適子爲君如士服衰○又云天子卿大夫適子爲天子如士服斬衰○已上八條經傳之文其今附見於此以補斬衰之缺下補疏衰三年至補緦並同

右補斬衰

祖父卒而后爲祖母後者三年喪服記○見不杖章祖父母條

○爲所後者之妻若子詳斬

0012_0266-1

章爲人後者傳

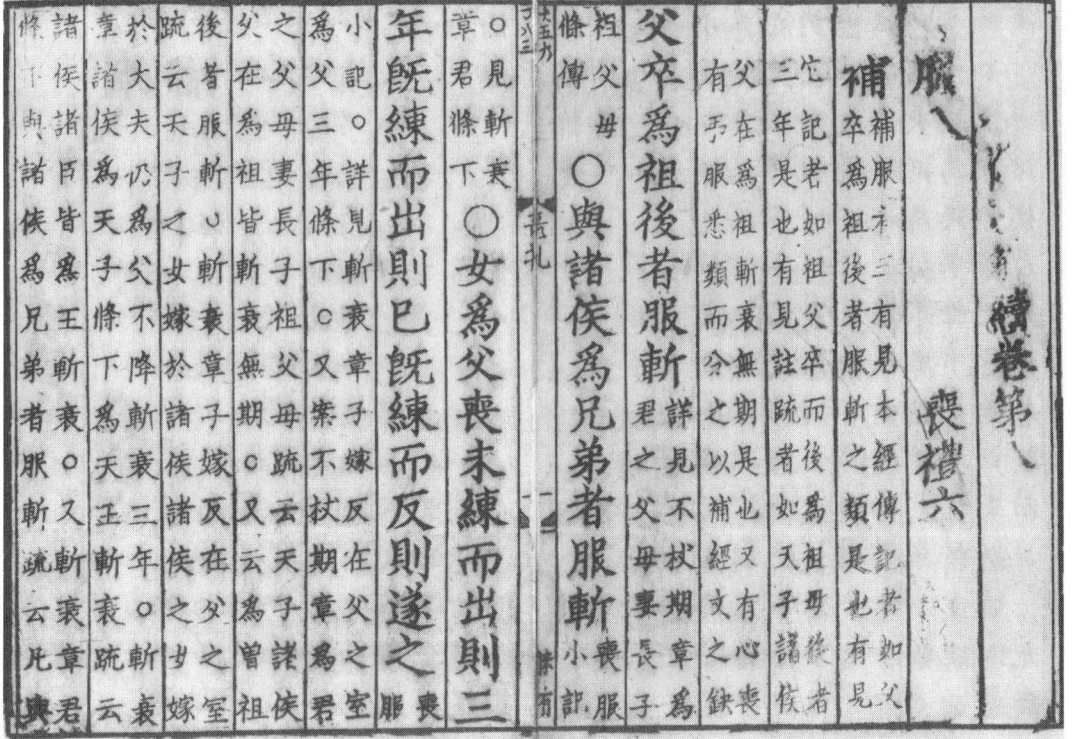

○女爲母喪未練而出則三年既練而出則已既練而反則遂之見斬章○又案不杖期章祖父母條祖父而后爲祖母後者三年疏云若祖卒父在已雖爲祖期今父沒祖母亡亦祖母三年○緦麻章庶子爲父後者其母傳注云大夫卒庶子爲母三年又云士雖在庶子爲母皆如衆人○衰章子嫁反在父之室疏云天子之嫁於諸侯諸侯之女嫁於大夫乃爲齊衰三年○已上見於注疏者凡四條

0012_0266-2

右補齊衰三年

後者之妻若子 詳見斬衰章[illegible]後者傳○又案[illegible]

祖父母條下祖父卒而后爲祖[illegible]
注云祖父卒適孫爲祖母服[illegible]
爲母亦衰杖期○不杖章大夫[illegible]適
爲子注云大夫之庶子爲妻杖期○
[illegible]之適子父沒爲妻
期已上[illegible]於注疏者三條

右補齊衰杖期

司服凡齊爲王后齊衰 王后小君也諸侯[illegible]

儀禮六　三

0012_0267-1

不杖期○疏云凡爲君者諸侯諸臣皆
天王斬衰○后齊衰故云凡以事之
[illegible]王后小君也者解經臣爲王
[illegible]之夫人鄭又云諸侯爲之不杖期者
[illegible]服不杖章云爲君之母妻傳曰
[illegible]期從服也但諸臣亦爲王斬衰
[illegible]從言諸侯者以其服斬衰章云
[illegible]諸侯爲天子及至不杖章直云
[illegible]不則見諸侯爲后之[illegible]
[illegible]不見[illegible]者以其[illegible]
[illegible]不别見[illegible]
[illegible]與諸臣[illegible]
[illegible]問云[illegible]
[illegible]

0012_0267-2

民同服服問又云大夫之適子爲君夫
人大子如士服注大夫不世子不嫌也
士爲國君斬小君期大子君服斬臣從
服期天子卿大夫適子亦當然故云如
士服也○君爲天子三年夫人如外宗之

爲君也 服問○詳見斬衰章諸侯爲天子條下 ○外宗爲

君夫人猶內宗也 雜記○見斬衰章君條下 ○大夫

之適子爲君夫人太子如士服 服問疏○詳見

斬衰章君條 ○女未練而反則期 ○喪服小記詳見斬

儀禮八　四

0012_0268-1

衰章子嫁反在父之室爲父三年條 ○世子爲妻與大夫

之適子同 小記○見不杖期章大夫之適子爲妻條下 ○公

子之妻爲其皇姑 詳見喪服義○又不杖期章世父母叔父

父母傳注及昆弟注並云爲姑姊妹在
室亦如之爲衆子注云女子子在室亦
如之今案姑姊妹女子子服經無明文
見於注疏者有此三條蓋姪之爲姑兄
弟之爲姊妹父母之爲女子子其服如
此則在室姑之爲姪在室姊妹之爲兄
弟在室女子子之爲父母及其餘親其
服並當與男子服同○齊衰杖期妻傳

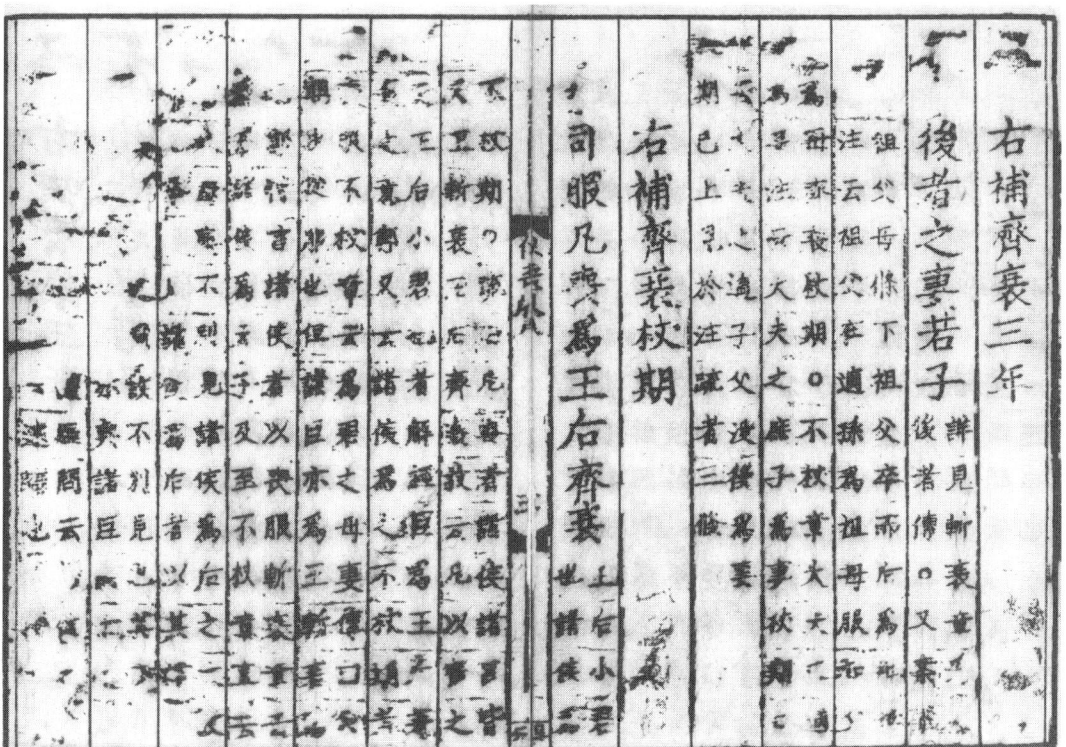

張本下象鼻題監生留成四字傳本剪去之

0012_0268-2

注云適子父在則爲妻不杖○王爲適孫適曾孫適玄孫適來孫皆齊衰出周禮司服凡凶事服弁服注云服弁喪冠也其服斬衰齊衰疏云服弁於上下文不顯者以是喪服故變其文也天子諸侯絶傍期正統之期猶不降故荣云齊衰其正服大功亦似不降也大功章曰適婦注云適子之婦傳曰何以大功也不降其適也既無所指斥明關之天子諸侯也又服問云君所主夫人妻大子適婦既言君所主服不降也如是則爲適孫之婦又當小功今注止云斬衰齊衰者以其正服齊衰是不降之首然則王爲適子斬衰其爲適孫適曾孫適玄

小四十十　儀喪服八　五　慶甫

0012_0269-1

孫適來孫則皆齊衰不杖章云適孫傳曰何以期也不敢降其適也有適子者無適孫孫婦亦如之注謂凡父於將爲後者非長子皆期然則王禮亦適子死有適孫適孫死有適曾孫向下皆然也○又案喪服傳云始封之君不臣諸父昆弟封君之子不臣諸父而臣昆弟天子之義亦當然若虞舜之與漢高皆庶人起爲天子蓋亦不臣諸父昆弟而有服也○不杖章爲君之父母妻長子祖父母條下爲王后齊衰疏云諸侯諸臣皆爲王后齊衰○又云士爲小君期○又云太子君服斬臣從服期○又云妾文適子爲夫人小子如士服期○又云

0012_0269-2

天子卿大夫適子爲王后太子如士服期○又斬衰章君爲下與諸侯爲兄弟者服斬疏云兄弟俱作諸侯則各依本服不杖期○大功章大夫之妾爲君之庶子注云士之妾爲君之衆子亦期○大功章適婦條適婦不爲舅後者注云凡父母於子將不傳重於適及將所傳重者非適服之皆如庶子不杖期○已上見於注疏者凡十二條

右補齊衰不杖期

宗子孤爲殤大功衰小功衰皆三月親

大三十九　小三百八十　儀喪服八　六　晏甫

0012_0270-1

則月筭如邦人詳見齊衰三月章大夫婦人爲宗子宗子之母妻條○爲所後者之祖父母若子詳見斬衰章爲人後者傳○又案齊衰三月章曾祖注疏云高祖齊衰三月○斬衰章君條外宗爲君夫人猶內宗也疏云內宗五屬之女嫁於庶人從爲國君齊衰三月○齊衰三月章庶人爲國君注疏云天子圻內之民爲天子齊衰三月又總衰章諸侯之大夫爲天子疏云圻內爲天子齊衰三月則圻外之民不服可知○已上見於注疏者三條

0012_0270-2

右補齊衰三月

夫爲人後者其妻爲舅姑大功小記見齊衰章爲人後者爲其父母報條○公叔木有同母異父之昆弟死問於子游木當爲朱春秋作戌衛公叔文子之子定公十四年奔衛子游曰其大功乎疑所服也親者屬大功是○疏曰喪服無文故子游疑之云親者屬大功是者鄭意以爲同母兄弟母之親屬服大功是也所以是若以同父同母則服朞今但同母而其兄弟是

0012_0271-1

親者血屬故降一等而服大功案聖證論王肅難鄭禮稱親者血屬謂出母之身不謂出母之子服也若出母之子服大功則出母之父母服應更重何以爲出母之父母無服王肅云同母異父兄弟服大功若謂繼父服齊衰其子降一等故服大功焉馬昭難王肅云異父昆弟恩繼於母不繼於父論以爲從繼父而服非也狄儀有同母異父之昆弟死問於子夏子夏曰我未之前聞也魯人則爲之齊衰狄儀行齊衰今之齊衰……

0010_0271-2

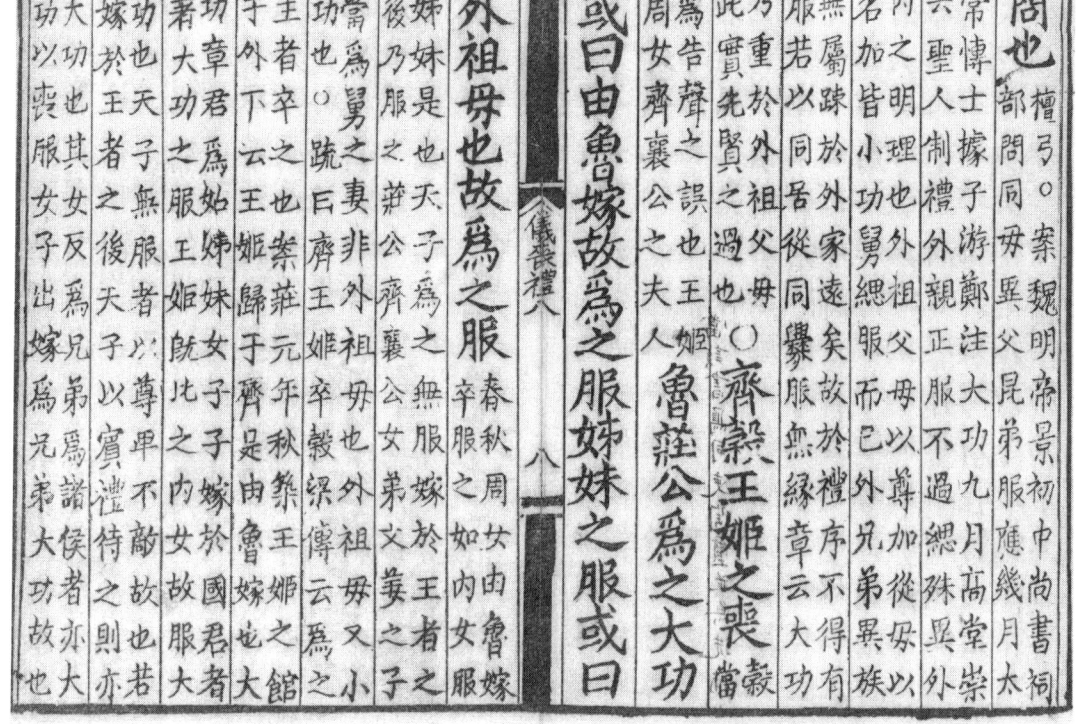

問也檀弓○案魏明帝景初中尚書祠部問同母異父昆弟服應幾月太常傅士據子游鄭注大功九月高堂崇云聖人制禮外親正服不過緦殊異外内之明理也外祖父母以尊加從母以名加皆小功舅緦服而已外兄弟異族無屬疏於外家遠矣故於禮序不得有服若以同居從同爨服無緣章云大功乃重於外祖父母○爲告聲之誤也王姬齊穀王姬之喪穀當此實先賢之過也周女齊襄公之夫人魯莊公爲之大功或曰由魯嫁故爲之服姊妹之服或曰

0010_0272-1

外祖母也故爲之服春秋周女由魯嫁卒服之如內女服姊妹是也天子爲之無服嫁於王者之後乃服之莊公齊襄公女弟文姜之子當爲舅之妻非外祖母也外祖母又小功也○疏曰齊王姬卒穀梁傳云爲之主者卒之也案莊元年秋築王姬之館于外下云王姬歸于齊是由魯嫁也大功章君爲姑姊妹女子子嫁於國君者著大功之服王姬既比之内女故服大功也天子無服者以尊卑不敵故也若嫁於王者之後天子以賓禮待之則亦大功也其女反爲兄弟爲諸侯者亦大功以喪服女子出嫁爲兄弟大功故也

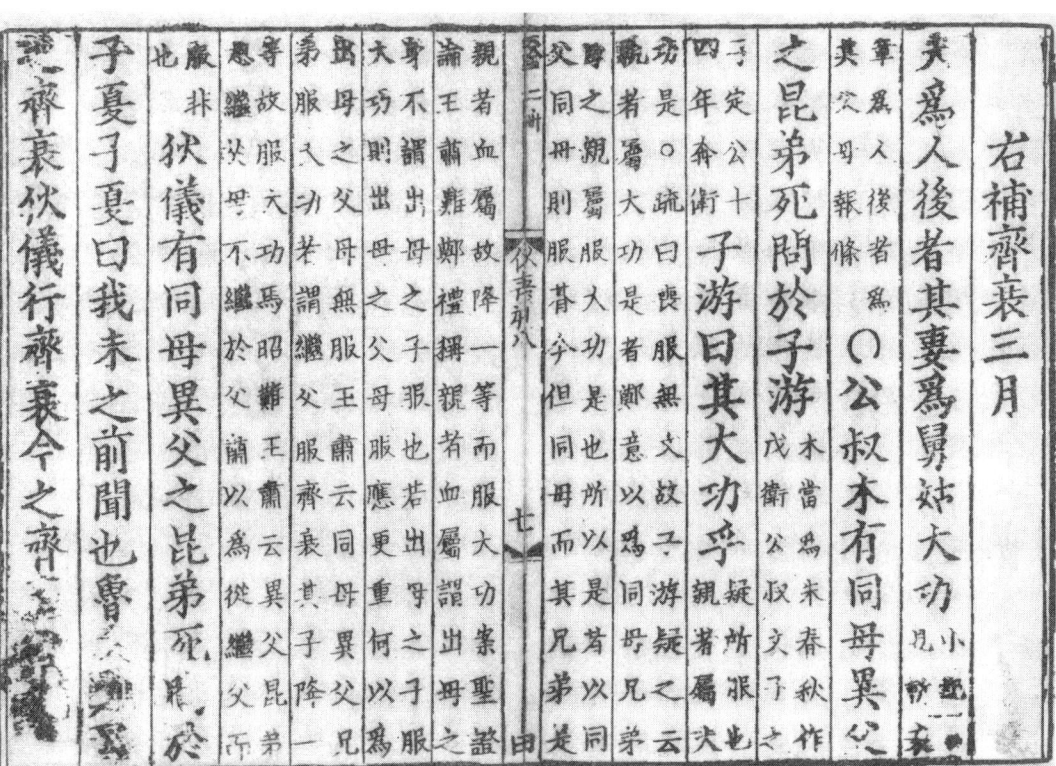

張本下象鼻題監生留成四字傳本剪去之

0010_0272-2

喪服云女子子爲父後者期謂大夫士七妻有往來歸宗之義故喪服傳云婦人雖在外必有歸宗曰小宗是也諸侯夫人父母卒無復歸寧之理故諸侯夫人爲昆弟爲諸侯但大功耳熊氏以爲服期非也案喪服小記云與諸侯爲兄弟者服斬卑賤降等雖不爲臣猶服斬衰與此別也○檀弓○又案不杖期章大夫之庶子爲適昆弟傳注云大夫適子爲庶昆弟大功○又云庶昆弟相爲亦大功○小功章大夫之妾爲庶子適人者注云君之庶女子在室大功嫁於大夫亦大功○大功章皆爲從父昆弟之爲大夫者注云適子爲從父昆弟

0010_0273-1

之爲大夫者大功○大功章庶孫注疏云女孫在室大功○又同服疏云天子諸侯爲適子之婦大功○

已上見於注疏者五條

右補大功

適婦不爲父後者則姑爲之小功 小記○詳見大功章 ○爲所後者妻之父母若子 適婦條下

詳見斬衰章爲人後者傳○又案小功章適婦條下適婦不爲舅後者注云舅姑於婦將不傳重於適及將所傳重者非適服之如庶婦小功又同服疏于天

0010_0273-2

子諸侯爲適孫之婦小功

右補小功

公子之妻爲公子之外兄弟 謂爲公子之外祖父母從母緦○詳見喪服義 ○爲所後者之妻之昆弟若子 詳見斬衰章爲人後者傳 ○爲所後者之妻之昆弟之子若子 上同 ○從母之夫舅之妻二夫人相爲服君子未之言也 從才用反二夫

0010_0274-1

人之夫音扶爲于僞反○二夫人猶言此二人也時有此二人同居死相爲服者甥居外家而非之○疏曰以下云同爨緦故知同居也云甥居外家而非之者以言從母及舅皆是外甥稱謂之辭故知甥也甥來居在外姓舅氏之家見有此事而非之也 或曰同爨緦 爨七亂反○以同居生緦之親可○疏曰甥既將爲非禮或人以爲於禮可許既同爨而食合有緦麻之親此皆據緦麻之正者非弔服也凡弔服不得稱服記云請喪夫子若喪父而無服時朋友弔服而稱無服故知此相爲服非弔服也○檀弓 ○士妾有

0012_0274-2

子而爲之緦無子則已士卑貴無男主則不服不別貴賤○疏曰大夫貴妾雖無子猶服之嫌大夫尊貴妾緦是別貴賤也士妾賤無子則不服不別貴賤也○小記

○改葬緦謂墳墓以他故崩壞將亡失尸柩也言改葬者明棺物毀敗改設之如葬時也其奠如大斂從廟之廟從墓之墓禮宜同也服緦者臣爲君也子爲父也妻爲夫也必服緦者親見尸柩不可以無服緦三月而除之○疏曰案既夕記朝廟至廟中更設遷祖奠云如大斂奠即此移柩向新葬之處所設之奠亦如大斂之奠士用豚三鼎則大夫

0012_0275-1

已上更加牲牢大夫用特牲士用少等天子用大牢可知又朝廟載柩之時士用輁軸大夫已上用輴不用蜃車飾以帷荒則此從墓之墓亦與朝廟同可知臣爲君子爲父妻爲夫惟據極重而言餘無服也不言妻爲君以不得體君差輕故也不言女子子婦人外成在家又非常故亦不言諸侯爲天子諸侯在儀外差遠改葬不來亦不言也君親死已多時哀殺已久可以無服但親見尸父尸柩故制服以表哀故首服緦也云三月而除者謂葬時服之及其除也亦法天道一時故亦三月除也若然鄭言[illegible]舉痛極者而言父爲長子子爲[illegible]

0012_0275-2

與此同也○喪服記○又案通典[illegible]德云制緦麻具而葬葬而除謂子爲[illegible]妻妾爲夫臣爲君孫爲祖後也無遺[illegible]之禮其餘親皆弔服緦王肅云司徒[illegible]子改葬其叔父關服於子思子思曰禮父母改葬緦葬而除不忍無服送至親也肅又云本有三年之服者道有遠近或有艱故既葬而除不待有三月之服也非父母無服無服則弔服加麻

○葬桓王改葬也改葬之禮緦舉下緬也緬亡善反遠也○疏曰緦者五服最下因葬桓王記改葬之禮不謂改葬緬上當服緦也江熙曰葬桓公舉五等之

0012_0276-1

上改葬禮緦舉五服之下以喪緬遠天子諸侯易服而葬以爲交於神明者不可以純凶况其緬者乎是故改葬之禮其服唯輕言緬緦所以緦也○莊公三年春穀梁傳○又案喪服小記以五爲九疏從父昆弟之孫緦麻○又云兄弟之曾孫緦麻○緦麻章夫之諸祖父母報注疏云夫之從祖祖父母報緦麻○又云夫之外祖父母報緦麻○又案凡言報者皆兩相爲服以夫之外禮又母服推之則外祖父母爲女子子之子之妻緦麻又以夫之從祖祖父[illegible]禮之則兄弟[illegible]

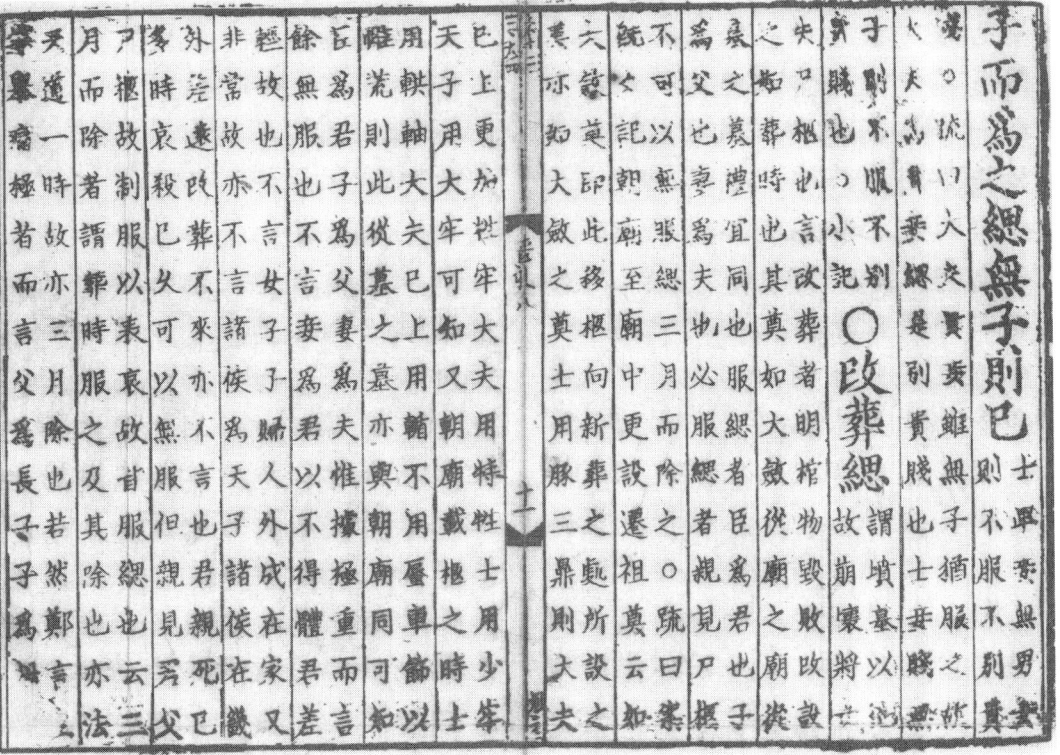

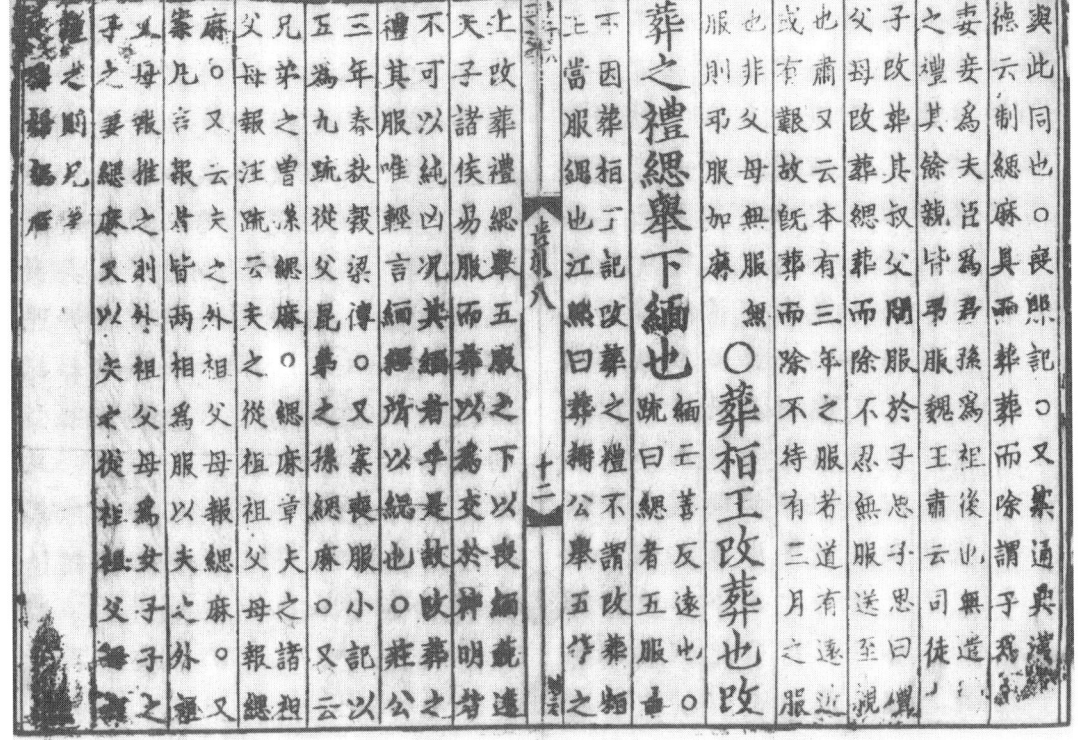

張本下象鼻題監生留成四字傳本剪去之

0012_0276-2

右補緦

五世袒免見喪服義○族之相爲也宜弔不

弔宜免不免有司罰之

右補五世袒免

事師無犯無隱服勤至死心喪三年詳見斬衰章父條○師無當於五服五服不得不

親當猶主也五服斬衰至緦麻之親○疏曰師於弟子不當五服之一也而

仪喪礼八　十三

0012_0277-1

弟子之家若無師誨則五服之情不相和親也故云弗得不親是師情有在三

年之義故亦與親爲類○學記○孔子之喪門人疑所

服子貢曰昔者夫子之喪顔淵若喪子

而無服喪子路亦然請喪夫子若喪父

而無服弔服而加麻心喪三年○疏曰禮喪師無服門人疑者以夫子

聖人與凡師不等當應特加喪禮故疑所服注知爲師弔服加麻者案喪服朋

友[illegible]麻其師與朋友同故知亦加麻也麻謂絰與帶也皆以麻爲之故云加麻

0012_0277-2

服記朋友麻鄭云朋友親而有同道之恩相爲服緦之絰

緦爲五服之輕又與疑衰之限故知緦之絰帶也論

朋友皆既葬除之凡弔服唯右與帶也周禮司服及服問但二弁

不云帶其朋友之服諸侯及大夫士疑衰故鄭注喪服云朋友之相爲

弔服也既特云弔服明諸侯大皆兵士之弔服唯加緦之經帶爲

喪服朋友麻鄭注云服緦之經帶下文子游羣集衰帶經而入鄭注云所

者朋友是朋友相爲加帶凡朋友相者雖不當事亦弁絰故下文云羣居

仪喪礼八　十四

0012_0278-1

絰是也○檀弓○又案朋友云三衰絰帶同有當考○孔子

之喪二三子皆絰而出尊師也出謂有所之適然則凡

服加麻者變服羣居則絰出則否羣謂七十二弟

子爲朋友服子夏曰吾離羣而索居檀弓○又案家語子游曰吾聞諸夫

子喪朋友居則絰出則否所尊雖絰而出可也○孔子沒三

年之外門人治任將歸入揖於子貢相

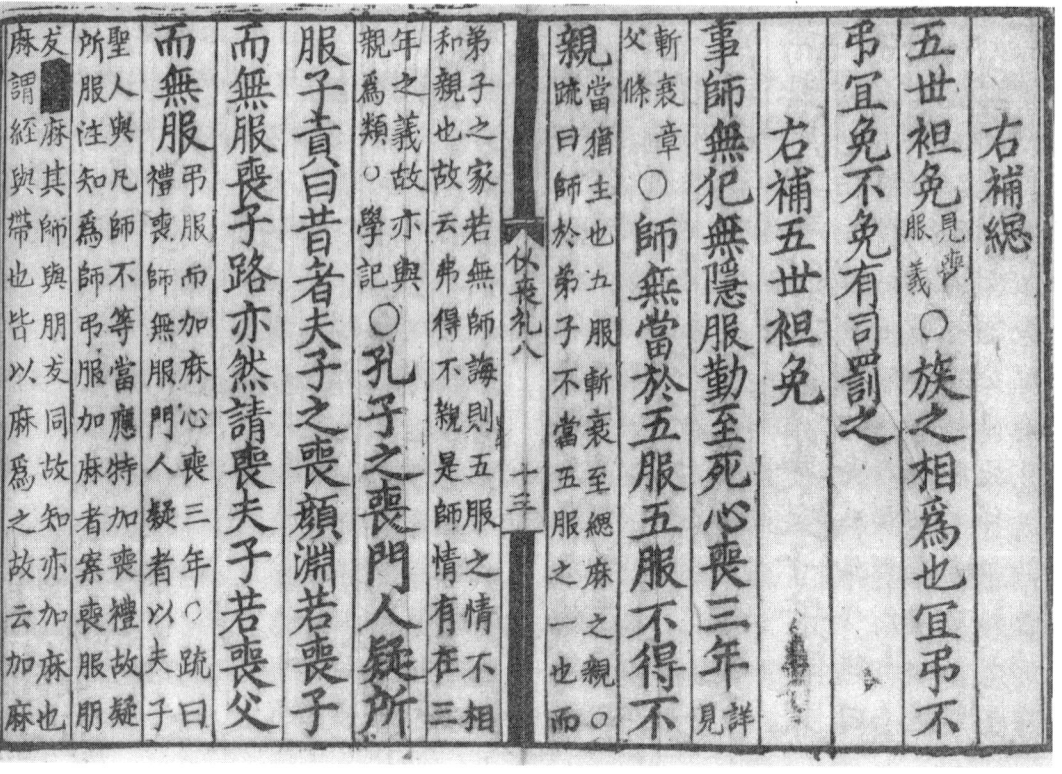

嚮而哭皆失聲然後歸子貢反築室於

張本下象鼻題監生留成四字傅本剪去之

0012_0278-2

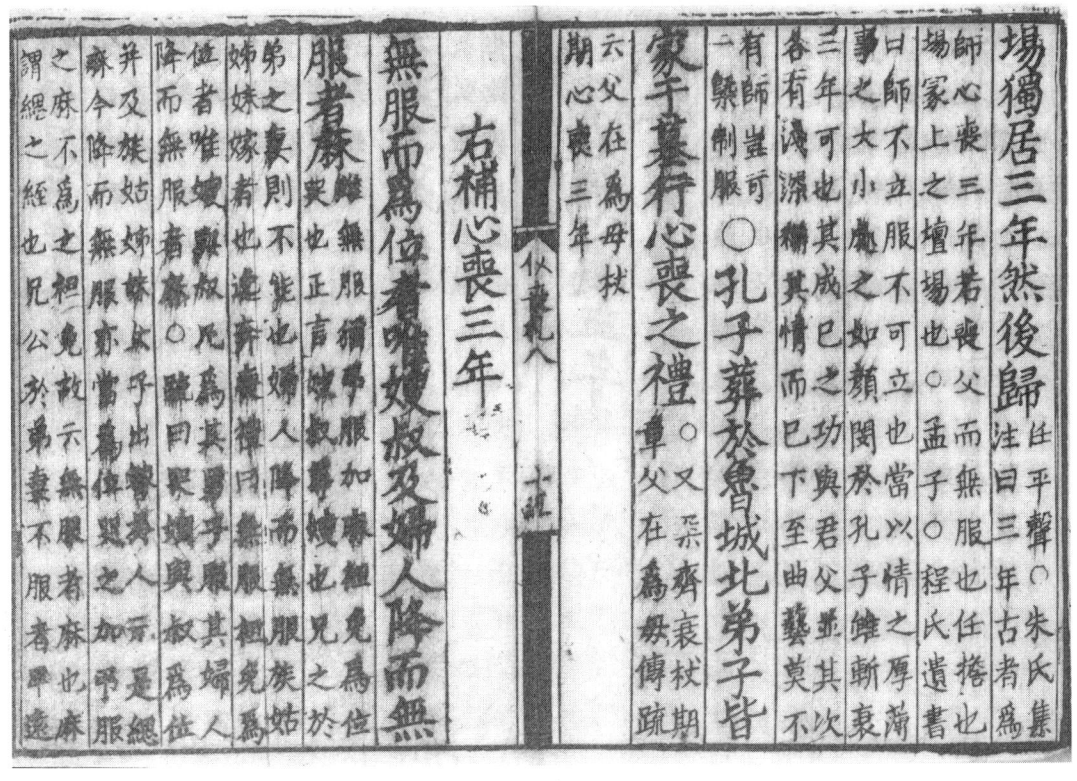

場獨居三年然後歸任平聲○朱氏集注曰三年古者爲師心喪三年若喪父而無服也任擔也場冢上之壇場也○孟子○程氏遺書曰師不立服不可立也當以情之厚薄事之大小處之如顏閔於孔子雖斬衰三年可也其成己之功與君父並其次各有淺深稱其情而已下至曲藝莫不有師豈可一一槩制服○孔子葬於魯城北弟子皆家于墓行心喪之禮○又云齊衰杖期章父在爲母傳疏云父在爲母杖期心喪三年

0012_0279-1

右補心喪三年

無服而爲位者唯嫂叔及婦人降而無服者麻雖無服猶弔服加麻袒免爲位哭也正言嫂叔尊嫂也兄之於弟之妻則不能也婦人降而無服族姑姊妹嫁者也逸奔喪禮曰無服袒免爲位者唯嫂與叔凡爲其男子服其婦人降而無服者麻○疏曰嫂與叔爲位并及族姑姊妹女子出嫁者人云是緦麻今降而無服亦當爲位與之加弔服之麻不爲之袒免故云無服者麻也麻謂緦之絰也兄公於弟妻不服者卑遠

0012_0279-2

之也弟妻於兄公不服者尊絕之也○爾雅釋親云婦人謂夫之兄爲兄公○奔喪禮云凡爲其男子服其婦人降而無服者麻者男子謂族伯叔族兄弟之等爲其族姑及姊妹既降無服其族姑姊妹爲族伯叔族兄弟亦無服男之於女女之於男皆無服而加麻○奔喪

○傳曰夫之昆弟何以無服也其夫屬乎父道者妻皆母道也其夫屬乎子道者妻皆婦道也謂弟之妻婦者是嫂亦可謂之母乎故名者

0012_0280-1

人治之大者也可無慎乎詳見大功夫之祖父母世叔父母條○嫂叔之無服也蓋推而遠之也檀弓○程氏遺書曰問嫂叔古無服今有之何也曰禮記曰推而遠之也此說不是古之所以無服者只爲無屬其夫屬乎父道者妻皆母道也其夫屬乎子道者妻皆婦道也今上有父有母下有子有婦叔父伯父父之屬也故叔母伯母之服與叔父伯父同兄弟之子子之屬也故兄弟之子之婦服與兄弟之子同若兄弟則己之屬也難以妻道屬其嫂此古者所以無服以義理推不行也

今之有服亦是當有同居之親而無服者○朋友麻朋友雖無親有同道之恩相爲服緦之經帶檀弓曰羣居則經出則否其服弔服也周禮曰凡弔當事則弁經其服有三錫衰也緦衰也疑衰也王爲三公六卿錫衰爲諸侯緦衰爲大夫士疑衰諸侯及卿大夫亦以錫衰爲弔服當事則弁經否則皮弁辟天子也士以緦衰爲喪服其弔服則疑衰也舊說以爲士弔服布上素下或曰素委貌加朝服論語曰緇衣羔裘又曰羔裘玄冠不以弔何朝服之有乎然則二者皆有似也此實疑衰也其弁經皮弁之時則如卿大夫然又改其裳以

仪礼八　十七

素辟諸侯也朋友之相爲服即士弔服疑衰素裳庶人不爵弁則其弔服素委貌加祖免○疏曰云朋友麻者據朋友在他國加祖免今此在國相爲弔服麻經帶而已注云朋友雖無親有同道之恩相爲服緦之經帶者案禮記禮運云人其父生而師教之朋友成之論語云以文會友以友輔仁以此而言人須朋友而成也故云朋友雖無親有同道之恩故爲之服知緦之經帶者以其緦是五服之輕爲朋友之經帶約與之等故云緦之經帶也云其弔服也者以其不在五服五服之外禮有弔服故引周禮弔服之等證此朋友麻實疑衰也案周禮司

[illegible]爲三公六卿錫衰爲諸侯緦衰[illegible]士疑衰其首服皆弁經又案服問[illegible]卿大夫錫衰以居出亦如之當[illegible]弁經大夫相爲亦然是諸侯及卿亦以錫衰爲弔服也云當事則弁經天子常弁經諸侯及卿大夫當大斂及殯時乃弁經非此時則皮弁時也士弔服則疑衰士卑無降服皆爲喪服不得復將緦爲弔服故向疑衰爲弔服也舊說者以士弔服文故以士弔服布上素下或曰素委加朝服前有此二種解者故鄭引論語云緇衣羔裘羔裘玄冠並是朝羔裘玄冠不以弔何朝服之有乎言

仪礼八　十八

設亦不合首加素委貌又布上素下是天子之朝服又不言首所加故[illegible]也故注總破二者而云此之所服實衰也云又改其裳以素辟諸侯者謂卿大夫否則皮弁辟天子此諸侯之今著疑衰而用素裳又辟諸侯也故朋友之相爲服即士弔服疑衰而素裳[illegible]鄭正解士之弔服庶人不爵弁則其冠素委貌不言其服則白布深衣也以曰布深衣庶人之常服又尊卑未成服以前服之故庶人得爲弔服也凡弔服[illegible]云素弁環經不言帶或云有經無帶但弔服既著衰首有經不可著吉時之大帶吉時之大帶有采麻既不加于衰

0012_0282-2

采可得加於凶服乎案此經注服經帶則三乘經帶同有可知其弔服除案雜記云君於卿大夫比葬不食比卒哭不舉樂是知未吉則弔服當依氣貲而除並與緦麻同三月除爲士雖比殯不舉樂既葬除之矣○

服記○**朋友皆在他邦袒免歸則已**謂親

當爲之主每至袒時則袒袒則去冠之以免已猶止也歸有主則止也主幼少則未止小記曰大功者主人之有三年者則必爲之再祭朋友虞祔已○疏曰朋友或共遊學皆在他國死者每至可袒之節則爲之袒而免

0012_0283-1

族五世祖免同鄭云無親者以其入五服今言朋友故知是義合之親者也既孤在外明爲之作主可喪至小斂節主人素冠環經以視説投冠括髮將括髮先祖乃括髮襍主人齊衰已下皆以免代冠以居肉祖之體故也主若幼少則未李以在外爲無士與之爲主今至若幼不能爲主則朋友猶爲之未小記者證主幼少不能主喪朋友之義以雖有子小不能主大功爲之再祭謂練祥朋友輕爲之以其又無大功已下之親此來及在家朋友皆得爲主

0012_0283-2

去六小功緦麻爲之練祭可也是親踈差降之法也○喪服記○今案注云無親謂在它邦無骨肉之親故朋友爲之主非謂朋友是義合之輕無親者也疏説并是○又案斬衰章君傳疏云士無臣故僕隸等爲之弔服加麻

右補弔服加麻

周服凡弔事弁經服弁經素加環經論語曰羔裘玄冠不以弔經大如緦之經其服錫衰緦衰疑衰諸侯及卿大夫亦以錫衰爲弔服喪服小記曰諸侯弔必皮弁錫衰則變其冠耳士當事弁經疑衰變

0012_0284-1

其裳以素耳國君於其臣弁經他國之臣則皮弁大夫士有朋友之恩亦弁經故書弁作絣鄭司農絣爲弁弁而加環經即弁經服○作絣音弁○疏曰言凡者以其弔事非一故亦云凡以廣之也云其服錫衰緦衰疑衰者據下文陳三等弔服錫衰以下而說也云諸侯及卿大夫亦以錫衰爲弔服者案服問云君爲卿大夫錫衰以居當事則弁經大夫相爲亦然故知之也云喪服小記曰諸侯弔必皮弁錫衰則變其冠耳者不言君而言諸侯則是弔異國之臣法不著弁經而云皮弁故云變其冠耳云國君於其臣弁經者服問云當事則弁經是

張本下象鼻題監生秦淳四字傳本剪去之

0012_0285-1　　0012_0284-2

也云他國之臣則皮弁者喪服小記丈是也大夫士有朋友之恩亦弁經者喪服記云朋友麻故知大夫於士士自相於有朋友之恩者服麻也大夫相於不假朋友恩以其服問卿大夫相爲亦錫衰弁經不言朋友也凡弔服天子之服下文具矣其諸侯弔服亦應三衰俱有但所用據文唯有服問云爲卿大夫錫衰以居出亦如之當事則弁經其用緦衰疑衰則文王世子注同姓之士緦衰異姓之士疑衰以其卿大夫已用錫衰故以二衰施於同姓異姓之士也案士喪禮注云君弔必錫衰者蓋士有朋友之恩者加之與大夫同用錫衰耳大夫

大二十三　小二七十三　仪丧礼八　三十一

相於必用錫衰者以大夫雖以降服仍有小功降至緦麻則不得以緦衰爲弔緦衰既不弔明疑衰亦不可爲故以錫衰爲弔服也士之弔服不用錫衰者避大夫疑衰不用疑裳者鄭注喪服云避諸侯也凡弔服皆既葬除之其大夫妻亦與大夫同故喪服云大夫弔於命婦錫衰命婦弔於大夫亦錫衰注云弔於命婦命婦死也是也服問云爲其妻出則不服與大夫小異耳○詳見喪服制度○庶人弔服見前篇朋友麻疏

○弁師王之弁經弁而加環經諸侯及孤卿大夫之弁經各

0012_0286-1　　0012_0285-2

以其等爲之而掌其禁令詳見喪制○凡弁經其衰侈袂同上○司服王爲三公六卿錫衰爲諸侯緦衰爲大夫士疑衰其首服皆弁經同上○天子之哭諸侯也爵弁經紂衣紂本又作緇又作純同側其反○服士之祭服以哭之明爲變也天子至尊不見尸柩不弔服麻不加於采此言經衍字也時人聞著弁絰因云之耳周禮王弔諸侯弁經緦衰○檀弓○公爲卿大夫錫

仪丧礼八　卅二

衰以居出亦如之當事則弁經大夫相爲亦然爲其妻往則服之出則否錫思歷反○弁經如爵弁而素加經也不當事則皮弁出謂以他事不至喪所○疏曰此明君爲卿大夫之喪成服之後著錫衰以居也出謂以他事而出不至喪所亦著錫衰其首則服皮弁君往弔卿大夫當大斂及殯并將葬啓殯當如此之事則首著弁經身不錫衰若於士雖當事首服皮弁故士喪禮云君視大斂注云皮弁服襲裘是也大夫相爲亦如君於卿大夫不當事則皮弁當事則弁經故雜記云大夫與

斂亦弁經是也大夫於士雖當事亦皮弁也公於卿大夫之妻及卿大夫相為其妻往臨其喪則服錫衰不怕著之以暑若餘事之出則不服也其當殯斂之事亦弁經也○服問

○諸侯弔必皮弁錫衰所弔雖已葬主人必免主人未喪服則亦不錫衰必免者尊人君為之變也未喪服未成服也既殯成服○疏曰皮弁錫衰者此有一種一云衣弁錫衰謂弔異國臣也若自弔己臣則素弁環經錫衰也故鄭注國君於其臣弁經他國之臣皮弁一云此亦為自弔己臣而未當事則皮弁錫衰至當事乃弁經耳所弔雖已葬主人必免者謂諸侯來弔主人必為之重禮五服自大功以上為重重服為免之節自始死至葬卒哭後乃不復免也小功以下輕服為免之節自始死至殯殯後不復免至葬啓殯之後而免以至卒哭如始死今若人君來弔雖非服免時必為免以尊重人君來故也必免謂大功以上也小功以下則不然也下云親者皆免注云大功以上是也云未成服謂未括髮未散帶麻經之屬云既殯成服者喪禮既殯三日成服

小記　喪服

○大夫有私喪之葛則於其兄弟之[illegible]喪則弁經疏曰私喪之葛謂妻[illegible]至卒哭以葛代麻之後[illegible]之時遭兄弟之輕喪緦麻亦當[illegible]經而往不以私喪之末臨兄弟也[illegible]服之後則錫衰未成服之前身著素而首服弁經也兄弟輕喪謂緦麻也此夫降一等雖不服以骨肉之親不可妻子未服而往哭之故服弁經也○[illegible]

記

○大夫之哭大夫弁經大夫與殯亦弁經弁經者大夫錫衰相弔之服也知爵弁而素加環經曰弁經○疏[illegible]大夫之哭大夫弁經者此謂成服以後大夫往弔哭身著錫衰首加弁經大夫與殯亦弁經者此謂未成服之前故與殯亦加弁經其餘則異身著當特所服之服故士喪禮注云主人成服之後往則錫衰主人未成服君亦不錫衰則著皮弁服也若此大夫主人未成服之前身亦皮弁服而弁經若主人未小斂之前則吉服而往不弁經也○同上

○大夫弔於命婦錫衰命婦弔於大夫亦錫衰傳曰錫者何也麻之有錫者也錫者十五升抽其半

0012_0288-2

無事其縷有事其布曰錫 謂之錫者治其布使之滑易也錫者不治其縷哀在內也緦者不治其布哀在外君及卿大夫弔士雖當事皮弁錫衰而已士之相弔則如朋友服疑衰素裳凡婦人相弔吉笄無首素緦○疏曰錫謂不治其縷治其布以哀在內緦則治縷不治布哀在外以其王為三公六卿重於畿外諸侯故也云君及卿大夫弔士雖當事皮弁錫衰而已者是士輕無服弁絰之禮有事無事皆皮弁若然文王世子注諸侯為異姓之士疑衰同姓之士緦衰今言士與大夫又同錫衰此言與士喪禮注同亦是君

儀喪禮八　二五

0012_0289-1

於此公士有師友之恩者也云凡婦人相弔吉笄無首素緦者婦人弔之首服無文故特釋錫衰傳後乃解之必知用吉笄無首素緦者下文女子子為父母卒哭折吉笄之首布緦此弔服用吉笄無首素緦又男子冠婦人笄相對婦人喪服又笄緦相對上注男子弔用素冠故知婦人弔亦吉笄無首素緦也○喪服記（）羔裘玄冠不以弔 喪主素吉主玄吉凶異服○疏曰凶主素吉主玄故羔裘玄冠不以弔喪也凡物無飾曰素又禮祭服皆玄衣是喪主素言主玄也○論語 ○季桓子死魯大夫朝

0012_0289-2

服而弔子游問於孔子曰禮乎夫子不荅他日又問夫子曰始死羔裘玄冠者易之而已汝何疑焉 家語○案檀弓曰始死羔裘玄冠者易之而已注云養疾者朝服羔裘玄冠即朝服也始死則易去朝服著深衣故云易之而已檀弓注據養疾者言之家語所載孔子荅子游之言據弔者言之文同而意則異 ○曾子襲裘而弔子游裼裘而弔曾子指子游而示人曰夫夫也為習

儀喪禮卷八　二六

0012_0290-1

於禮者如之何其裼裘而弔也 夫夫上音扶下如字○曾子蓋知臨喪無飾夫夫猶言此丈夫也子游於時名為習禮 主人既小斂袒括髮子游趨而出襲裘帶絰而入曾子曰我過矣我過矣夫夫是也 於主人變乃變也所弔者朋友○疏曰子游趨而出襲裘帶絰而入凡弔喪之禮主人未變之前弔者吉服而弔吉服謂羔裘玄冠緇衣素裳又袒去上服以露裼衣此則裼裘而弔是也主人既變之後雖著朝服而加武以絰又掩

張本下象鼻題監生秦三字傅本剪去之

0012_0290-2

其上服若是朋友又加帶則此襲衰帶
經而入是也案喪大記云弔者襲裘加
武帶絰是○衛司徒敬子死司徒官氏公子許之
也○檀弓
子夏弔焉主人未小斂絰而往子游
弔焉主人既小斂子游出絰反哭子夏
曰聞之也與曰聞諸夫子主人未改服
則不絰疏曰主人既小斂出絰反哭與子游前裼裘弔明友同也此雖
不云帶凡單云絰則知有帶猶如喪服
云苴絰檀弓爲師二三子皆絰而出及

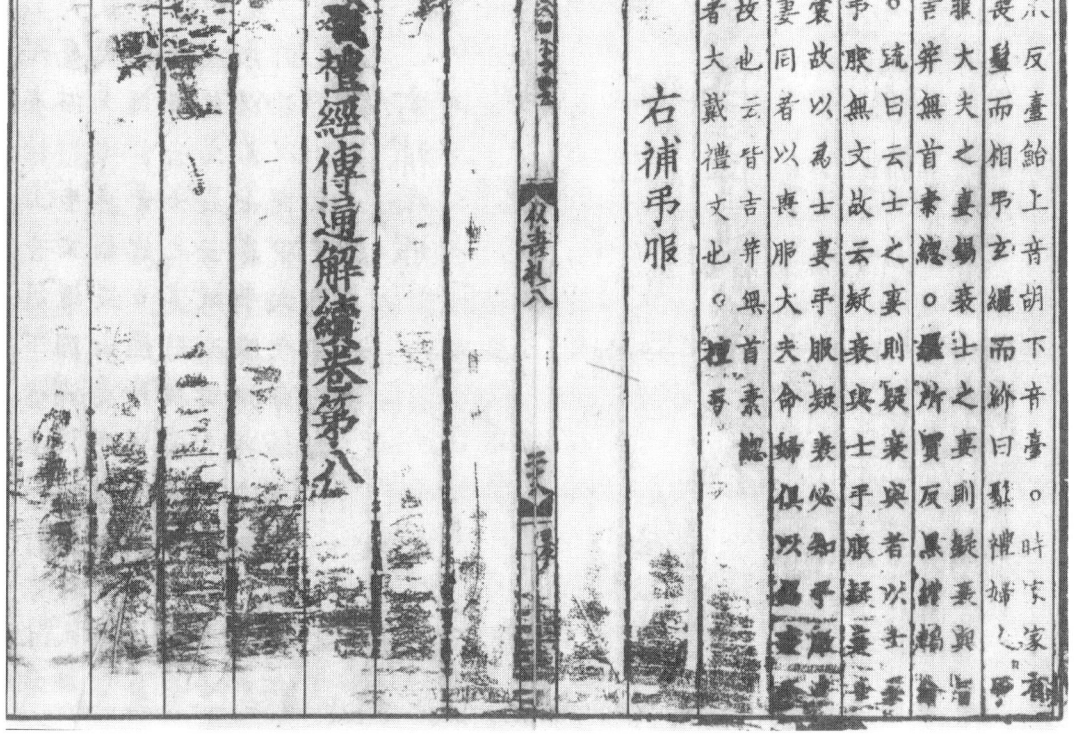

大石二十一百二十四　儀禮卷八　二十七

0012_0291-1

朋友羣居則絰皆是
包帶之文也○同上○魯昭公夫人吳
孟子卒不赴于諸侯孔子既致仕而往
弔焉適于季氏季氏不絰孔子投絰而
不拜以季氏無禮故已亦不成禮子游問曰禮與孔
子曰主人未成服則弔者不絰焉禮也
家語○又案春秋左氏傳云孔子與弔適季氏季氏不絻放絰而拜○魯
婦人之髽而弔也自敗於臺鮐始也髽側

0012_0291-2

不反臺鮐上音胡下音臺○時家有
喪髽而相弔去纚而紒曰髽禮婦人之[illegible]
士大夫之妻錫衰士之妻則疑衰與
言笄無首素總○[illegible]所貫反[illegible]
○疏曰云士之妻則疑衰與者以士
弔服無文故云疑衰與士弔服疑衰[illegible]
裳故以爲士妻弔服疑衰必知弔[illegible]
妻同者以喪服大夫命婦俱以[illegible]
故也云皆吉笄與首素總[illegible]
者大戴禮文也○[illegible]

右補弔服

0012_0292-1

儀禮經傳通解續卷第八

[illegible]

0012_0295-2

儀禮經傳通解續卷第九

喪服變除九　喪禮七

補

疾病男女改服爲賓客來問病亦朝服也庶人深衣○喪大記

養有疾者不喪服遂以主其喪不喪服求生主吉惡其凶也遂以主其喪謂養者有親也死則當爲之主其爲主之服如素無喪服○疏曰爲已先有喪服養疾之時不著己之喪服也養者若於病者

0012_0296-1

親疾時雖養死不得爲主今死得爲主故知養者於死者有親也云如素無喪服者身雖先有服養時既去其服不疾者身死已爲之主即當更服其服不家已先有之服也

非養者入主人之喪則不易己之喪服入猶來也謂養者無親於死者不得爲主其有親來爲主者素有喪服而來爲主與素無服者素無服事有服爲今死者當服則皆自成也○疏曰若來爲喪主者身本有服旣來爲主則爲此死者服始死親若本有喪服今來爲喪主仍○喪服主之所以然者已是死者之

0012_0296-2

當死者病時不得來爲養不經變服故今爲新死者不易己之喪服素無服素有服皆三日成也者謂己身若本有服及本無服若與死者有親則皆至三日成服皆爲死者服其服也若本有服重而新死者輕則爲一成服而反前服也若新死重則仍服死者新服也身本吉而來爲主則計今親而依服服之也

養尊者必易服養卑者否尊謂父兄卑謂子弟之屬

○疏曰易服謂易己之喪服○喪服小記

右疾病改服

仪喪礼九　二

0012_0297-1

親始死雞斯徒跣扱上衽交手哭雞斯依注爲笄纚音古兮反纚音色買反徐所綺反跣悉但反扱初洽反衽而鴆反又而甚反○親父母也雞斯當爲笄纚親始死去冠三日乃去笄纚括髮也徒猶空也上衽深衣之裳前○去起呂反○疏曰言親始死孝子先去冠唯留笄纚也徒空也無屨而空跣也扱上衽者上衽謂深衣前衽扱之於帶以號踊履踐爲妨故扱之○詳見喪禮義○夫子曰始死羔裘玄冠者易之而已易謂羔裘玄冠即朝服也始

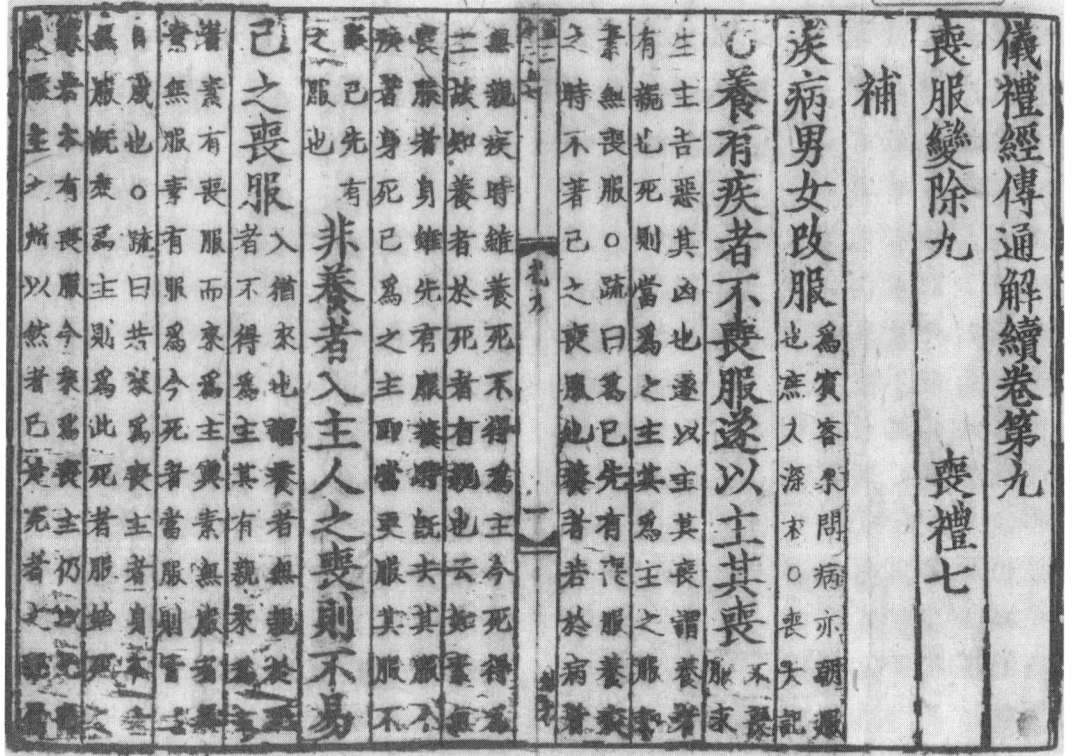

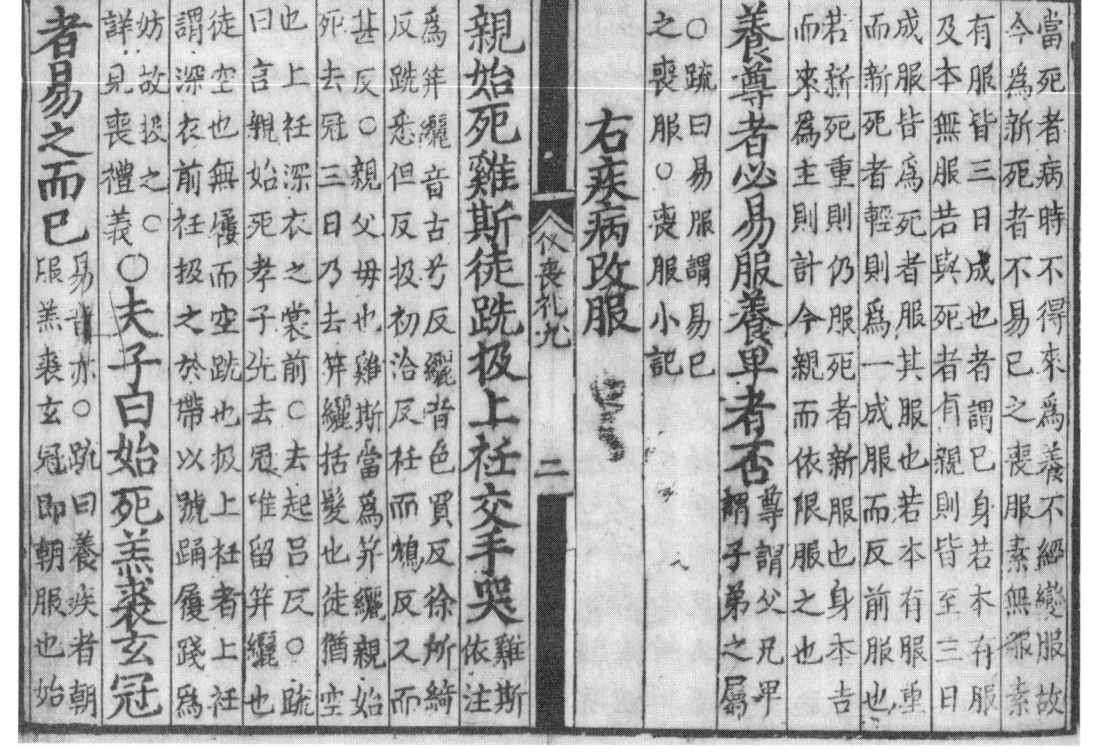

張本下象鼻題監生留成四字傳本剪去之

0012_0297-2

死則易去朝服著深衣故云易之而已。檀弓

○曾子問曰親迎女在塗而壻之父母死如之何孔子曰女改服布深衣縞總以趨喪

迎魚敬反縞古老反總音揔○布深衣縞總婦人始喪未成服之服○疏曰深衣謂衣裳相連前後深邃故曰深衣縞白絹也總束髮也長八寸女在塗以其聞喪即改嫁服故云未成服之服也士喪禮注始死婦人將斬衰者去笄而纚將齊衰者骨笄而纚至將斂齊衰婦人亦去笄纚而。髽皆不云縞總文不備也○曾子問

仪丧礼九　三

0012_0298-1

巾車王之喪服木車蒲蔽犬禎尾櫜疏飾

小服皆疏詳見制度

右始死變服

喪服小記疏崔氏變除云凡親始死將三年者皆去冠笄纚如故十五升白布深衣扱上衽徒跣交手而哭故禮記問喪云始死將斬衰者雞斯是也其婦人則去纚衣與男子同不徒跣不扱衽者問喪文知去纚者鄭注云喪禮云始死婦人將斬衰者去纚知著白布深衣者曾子問云女改服布深衣縞總以趨喪

0012_0298-2

喪注云婦人始喪未成服之服著齊衰以下男子婦人皆吉屨無絇其服皆白布深衣然者鄭注喪服變除文又曰始死以後小斂之前大夫與士皆加素冠於笄纚之上○案崔氏云始死婦人去纚扱鄭注士喪禮爲證今考鄭注云始死婦人將斬衰者去笄而纚將齊衰者骨笄而纚即無去纚之說乃知崔氏所得儀禮注本漏却笄而纚至骨笄而十字遂誤有是說當改正○又案崔氏云始死以後小斂之前皆加素冠於笄纚之上素衰服小記云將小斂去笄纚著素冠

0012_0299-1

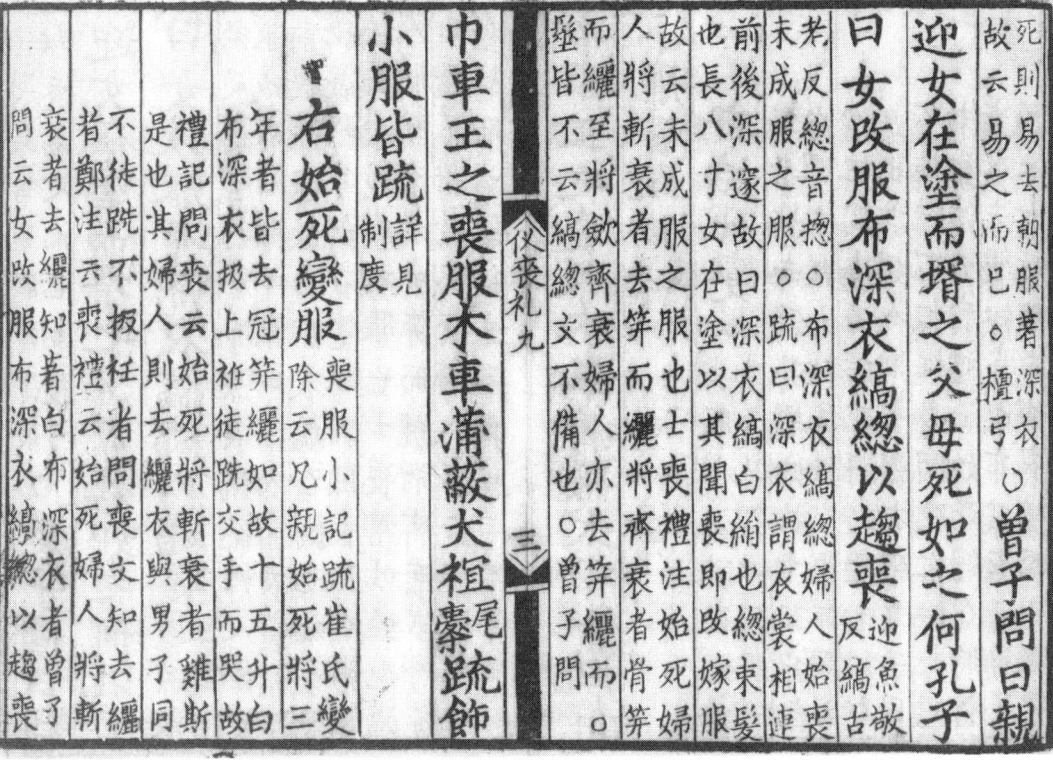

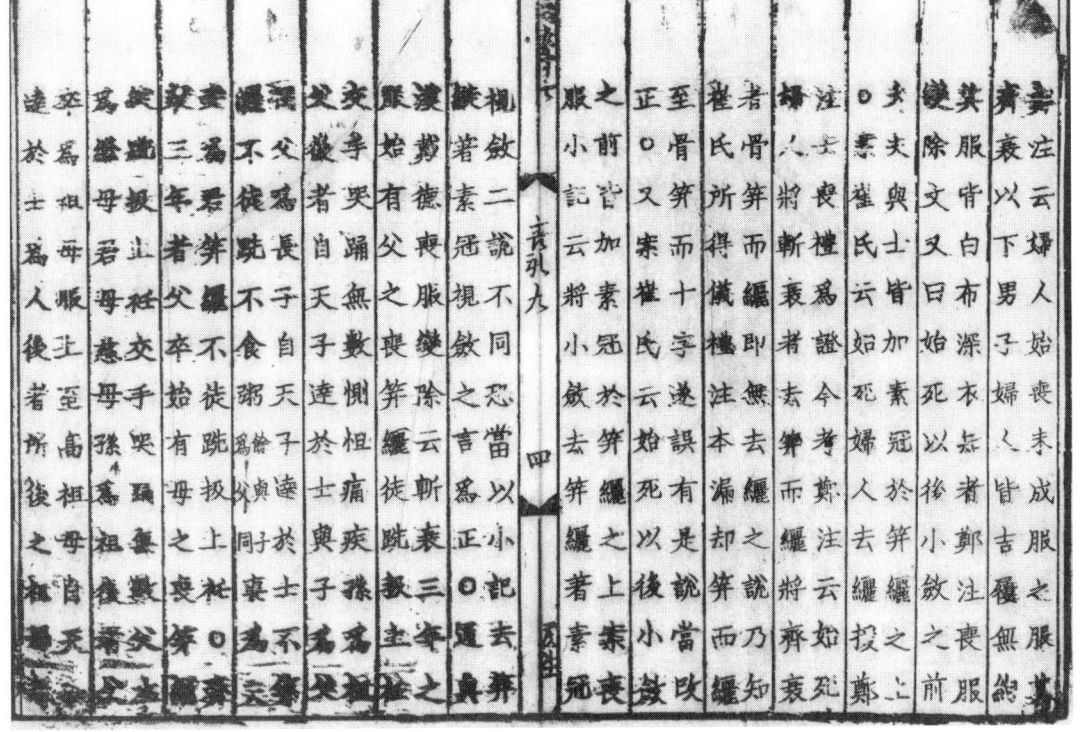

視斂二說不同恐當以小記去笄纚著素冠視斂之言爲正○通典漢戴德喪服變除云斬衰三年之服始有父之喪笄纚徒跣扱上衽交手哭踊無數惻怛痛疾孫爲祖父後者自天子達於士與子爲父禮父爲長子自天子達於士不杖纚不徒跣不食粥爲父後與同子爲妻爲宗妻爲君笄纚不徒跣扱上衽○齊衰三年者父卒始有母之喪笄纚徒跣扱上衽交手哭踊無數父卒爲繼母君母慈母孫爲祖後者父卒爲祖母服至高祖母皆天子達於士爲人後者所後之祖母

0012_0300-1　0012_0299-2

妻爲上母與同母爲子妾爲子[illegible]
長子皆不斬縗徒跣也女子子[illegible]
室父卒爲母始死笄縗不徒跣不
報上祖其父爲不服同者與○齊衰杖
期者父在始有母之喪笄縗徒跣
報上祖父手哭踊無數爲出母慈
母繼母慈母自天子達於士父卒
爲繼母嫁從繼母報繼子爲以上父在並
同爲母夫爲妻始死素冠深衣不笄
縗不徒跣女子子在室爲母不徒
跣不及上祖○齊衰不杖期者始
有祖父母之喪則白布深衣十五
升素冠吉屨無絇哭踊無數其麻繐
同並齊○齊衰三月者始有曾祖父

仪丧礼九　五

母之喪白布深衣十五升素冠吉
屨無絇服其除總麻同女子子適人者爲
曾祖父母素總除與同男○大功布
長中殤七月無受服始有昆弟長
殤喪白布深衣十五升素冠吉屨
無絇成人九月從父昆弟之喪與
殤同天子諸侯之庶昆弟與大夫
之庶子爲其母哭泣飲食居處思
慕猶三年也其餘與士爲從父昆
弟祖爲服同爲人後者爲其昆弟
大夫爲伯叔父母子昆弟之子爲
士者哭泣飲食思不以上並猶期
也又子爲姑姊妹女子子嫁於二
了後者諸侯爲姑姊妹女子子嫁

0012_0301-1　0012_0300-2

[illegible]人命婦大夫之子[illegible]
之適昆弟爲姑姊妹女子子[illegible]
[illegible]夫[illegible]者與士之[illegible]姑姊妹[illegible]
者[illegible]同天子之昆弟[illegible]
子子嫁於諸侯大夫者姑姊妹[illegible]
人者爲昆弟並異於男子者[illegible]
素總○小功五月無受服者[illegible]
叔父下殤之喪白布深衣十三升
素冠白布屨無絇天子諸侯大夫
爲嫡子嫡孫玄孫以下上殤並不爲次
飲食衎爾爲姑姊妹女子子之子
昆弟之子夫之昆弟之子下殤爲人
後者爲其昆弟姑姊妹之長殤並
哭泣飲食猶大功也大夫之子天

仪丧礼九　六

子諸侯之昆弟庶子姑姊妹女子
子爲從父昆弟從父姊妹祖父母
爲孫長以上殤與叔父之下殤同並
姊妹適人者爲昆弟姪之下殤爲從
父昆弟之長殤同成人小功者從
祖祖父母之喪與下殤小功同
餘總服者並同○緦麻三月之服
者從祖父母始死朝服素冠吉屨
無絇婦爲夫曾祖父母異於子
者以素總也○外玄云子爲[illegible]
衰始死笄縗如諸侯爲[illegible]
爲長子不徒跣爲次於內[illegible]
臣爲君不笄縗不徒跣餘與爲[illegible]
兩女子子嫁及在父室者及妻[illegible]

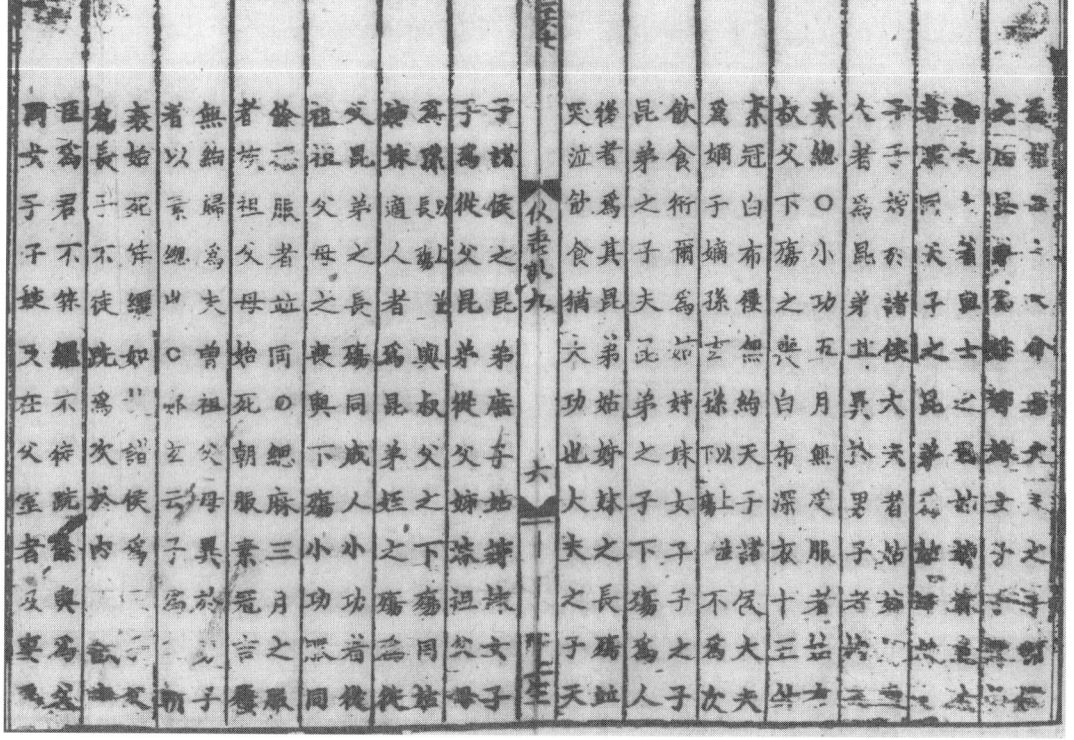

0012_0301-2

文妾爲君不扶跳不扱上衽爰曾拊心哭泣無數擗帶姑故餘與男子同○劉表云母爲長子齊衰三年始死不徒跣拊心哭泣女子已嫁而退在室父卒爲母與母爲長子同齊衰杖期者父在爲母不徒跣哭踊無數爲曾祖父母始死哭泣三日爲舊君之母妻與爲曾父母同

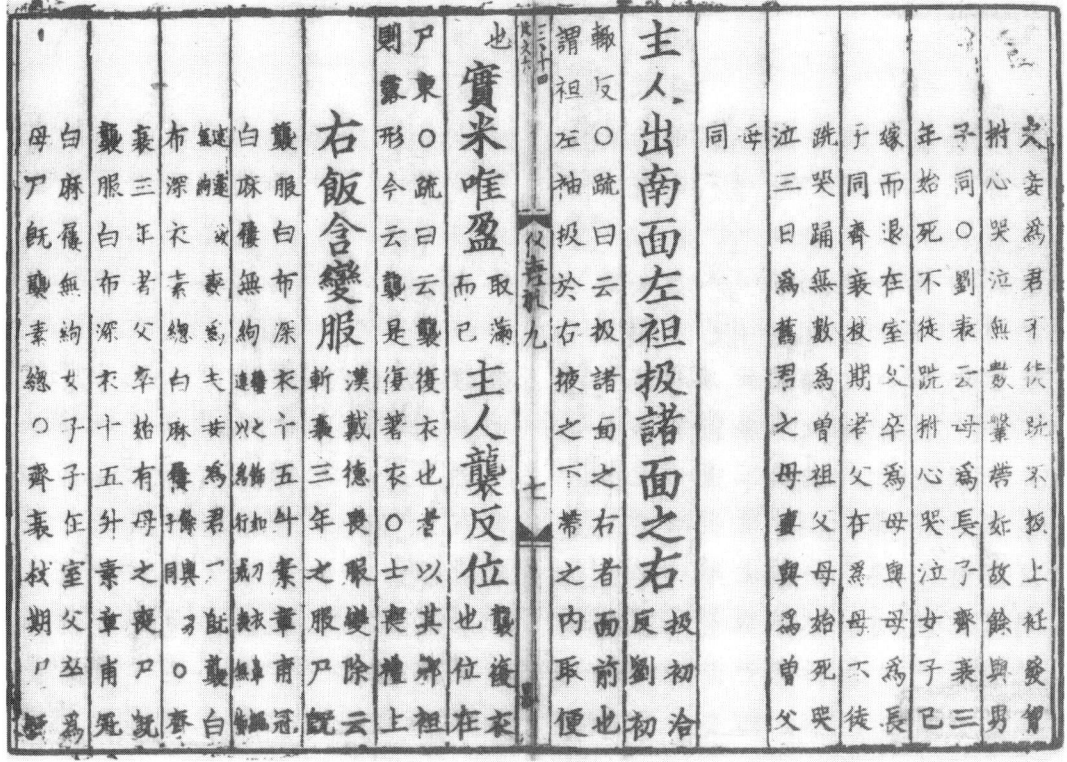

主人出南面左袒扱諸面之右扱初洽反劉初輒反○䟽曰云扱諸面之右者面前也謂袒左袖扱於右掖之下帶之内取便

儀禮記九　七

0012_0302-1

也**實米唯盈**取滿而已**主人襲反位**襲復衣也位在尸東○䟽曰云襲復衣也者以其袒則襲形今云襲是復著衣○士喪禮上

右飯含變服漢戴德喪服變除云斬衰三年之服尸旣襲服白布深衣十五升素章甫冠白麻屨無絇[illegible][illegible]妻爲夫妾爲君尸旣襲白布深衣素總白麻屨與子同○齊衰三年者父卒始有母之喪尸旣襲服白布深衣十五升素章甫冠白麻屨無絇女子子在室父亡爲母尸旣襲素總○齊衰杖期尸旣

0012_0302-2

襲白布深衣十五升素章甫冠白麻屨無絇○齊衰不杖期者始有祖父母之喪尸飾襲無變○鄭玄云子爲父斬衰尸旣襲衣十五升布深衣扱上衽徒跣交手哭

小斂環絰公大夫士一也環絰者一股所謂纏絰也士素委貌大夫以上素爵弁而加此絰焉散帶○股音古纏直連反○䟽曰環絰一股而纏也親始死孝子去冠至小斂不可無飾士素委貌大夫以上素弁而貴賤悉得加於環絰故云公大夫士一也云知以一股所謂纏絰者若是兩

儀禮記九　八

0012_0303-1

股相交則謂之絞今云環絰是周迴纏繞之名故知是一股纏絰也又鄭注弁師云環絰者大如緦之麻絰纏而不糾今此所謂彼經注也知士素委貌者武叔投冠括髮諸侯之大夫當天子之士也云大夫以上素爵弁者雜記云大夫與殯亦弁絰以大夫與他殯尚弁經則其子弁經明矣諸侯以上尊固宜弁經○雜記○今案叔孫武叔之母死旣小斂舉尸出戶袒乃投其冠括髮子游嗤其不知禮䟽云括髮在小斂之後奉尸夷于堂之前主人爲欲奉尸故袒而括髮在前今武叔奉尸夷堂之後乃投冠括髮失哀節故子游嗤之以此推之則

張本下象鼻題監生留成四字傅本剪去之

0012_0304-1　0012_0303-2

之詩士𦍒喪[illegible]
經可知反至大斂于[illegible]
鄭注環經之末自散[illegible]
人紋帶條下孔疏亦云[illegible]子
主人祖髻髮散帶垂今文免考之
斂但言婦人帶麻主人絞帶不言王
人帶經至奉尸侇于堂方言帶經而注
說則以小斂之時散帶既說又以爲既
小斂之後散帶其說不同皆不足爲據也○凡斂者袒遷尸
者襲袒者於事便也○疏曰凡斂謂孰大小斂事也事多故袒爲便也遷
尸者襲謂大斂於地遷尸入棺之屬事少故襲也○小斂卒斂

仪喪礼九　九

主人馮之踊主婦亦如之主人袒說髦
括髮以麻婦人髽帶麻于房中說不作稅同也
活反徐他外反髦音毛髽側瓜反○主既殯說髦此云小斂蓋諸侯禮也士之
既殯諸侯之小斂於死者俱三日也婦入之髽帶麻於房中則西房也天子諸
侯有左右房○疏曰士既殯說髦今小斂而說者人君禮也人小斂說髦竟
而男子括髮用麻也士斂後亦括髮但未說髦耳婦人髽亦麻對男子括
髮也帶麻于房中者帶麻帶也謂婦要經也[illegible]云婦[illegible]之帶牡麻結

0012_0305-1　0012_0304-2

本在房鄭云婦人亦苴經但言帶者婦人重帶故云帶而略於經也于房中者
謂男子說髦括髮在東房婦人髽帶麻于西房也○詳見喪大記○卒
斂馮尸馮音憑主人髺髮袒衆主人免于
房髺音括劉音活免音問○始死將斬衰者雞斯將齊衰者素冠今至小斂
變髺髮者去笄纚而紒衆主人免者齊衰將袒以免代冠○疏曰髺髮者去笄
纚而紒者紒上著髺髮也云衆主人免者齊衰將袒以免代冠者此亦小斂節
與斬衰髺髮同時此皆據男子言之婦人髽于室始死婦人將斬

仪丧礼九　十

衰者云笄而纚將齊衰者骨笄而纚今言髽者亦去笄纚而紒也齊衰以上至
笄猶髽○疏曰云齊衰以上至笄猶髽者謂從小斂著未成服之髽至成服之
笄猶髽不改至大斂殯後乃著成服之髽代之也○詳見士喪禮○既
馮尸主人絞帶衆主人布帶衆主人齊衰以下○
疏曰小斂于户内訖主人袒髺髮散帶垂經不云絞帶及齊衰以下布帶事故
記者言之案喪服苴經之外更有絞帶鄭注云經象大帶又有絞帶象革帶齊
衰以下用布齊衰無等皆是布帶也知衆主人非衆子者以其衆子皆斬衰絞

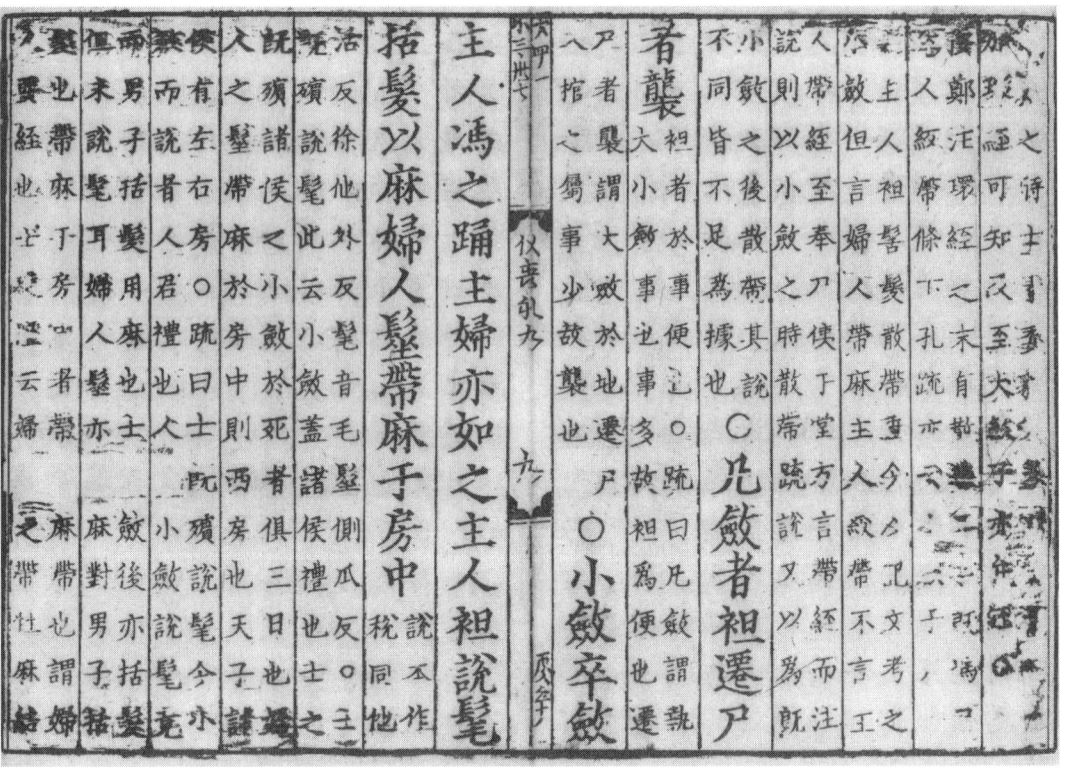

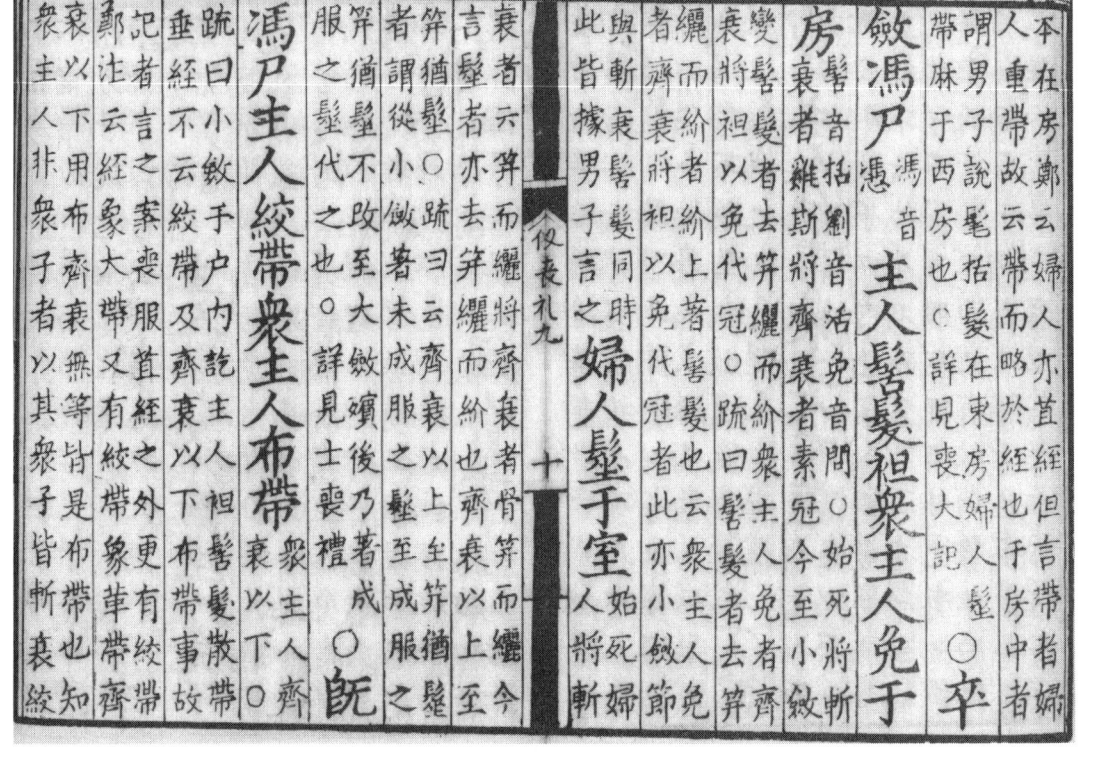

張本下象鼻題監生留成四字傳本剪去之

0012_0305-2

紒衆主人爲免以下至首者免也○士喪記○鬠尸與
[illegible]袒而踊婦人不宜袒詳見喪禮義
右小斂變服崔氏變除云士則死日襲明日小斂故
士喪禮云小斂主人髻髮若大夫死之明日襲而括髮故鄭注喪服
變除云尸襲去纚括髮在二日之斂之前是據六夫也大夫與士異
髮於死者俱二日故鄭注問喪云二日去笄纚括髮通明大夫士也
始死以後小斂之前大夫與士皆加素冠於笄纚之上故檀弓云叔

儀禮記九　十一

0012_0306-1

孫武叔之母死既小斂舉者出尸出户袒且投其冠括髮是素冠也
以其始死哀甚未服分别尊卑故大夫與士其冠皆同也至小斂投
冠括髮之後大夫加素弁士加素委貌故喪大記云君大夫之喪二
弁絰又喪服變除云小斂之後大夫以上冠素弁士則素委貌其素
弁素冠皆加環絰故雜記云小斂環絰君大夫士一也鄭注云大夫
以上素爵弁士素委貌是也凡括髮之後至大斂士成服以來括髮不
改故鄭注士喪禮云自小斂以至大斂括髮不[illegible]但死之三日説髦
之

0012_0306-2

之時以括髮因而襚揃更正其髻髮故士喪禮既殯説髦喪大記云
小斂説髦括髮是正其故括髮也非更爲之但士之既殯諸侯小斂
於死者皆三日説髦同也其齊衰以下男子[illegible]人括髮之時則著
免故士喪禮小斂主人髻髮衆主人免[illegible]喪服變除不杖齊衰
條云襲[illegible]時云括髮者誤也其婦人[illegible]者於男子髻髮之時
則以[illegible]故士喪禮云主人髻髮婦人[illegible]于室其齊衰者於男子
免時[illegible]則以布爲髽故此經云男子[illegible]婦人髽是也其大功以

儀禮記九　十二

0012_0307-1

下無髮[illegible]其服[illegible]畢至成服以來白布[illegible]不[illegible]其斬衰男子括髮
齊衰[illegible]免[illegible]謂喪之大事斂殯之時[illegible]不[illegible]斂殯則大夫以上
加素[illegible]加[illegible]皆於括[illegible]）叔孫武叔之
母死武叔[illegible]毀孔子[illegible]既小斂舉者出
尸出户袒且投[illegible]冠冠括髮尸出户乃變服
失哀節冠素委貌子游曰知禮[illegible]之[illegible]言之○[illegible]○
[illegible]

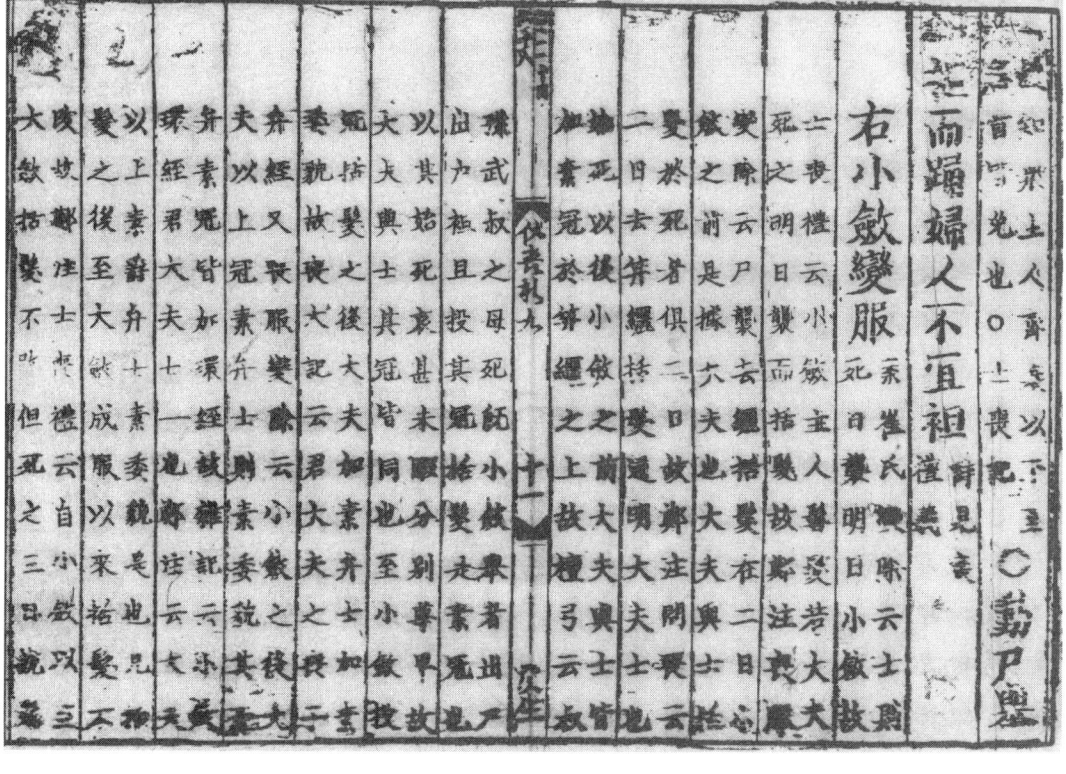

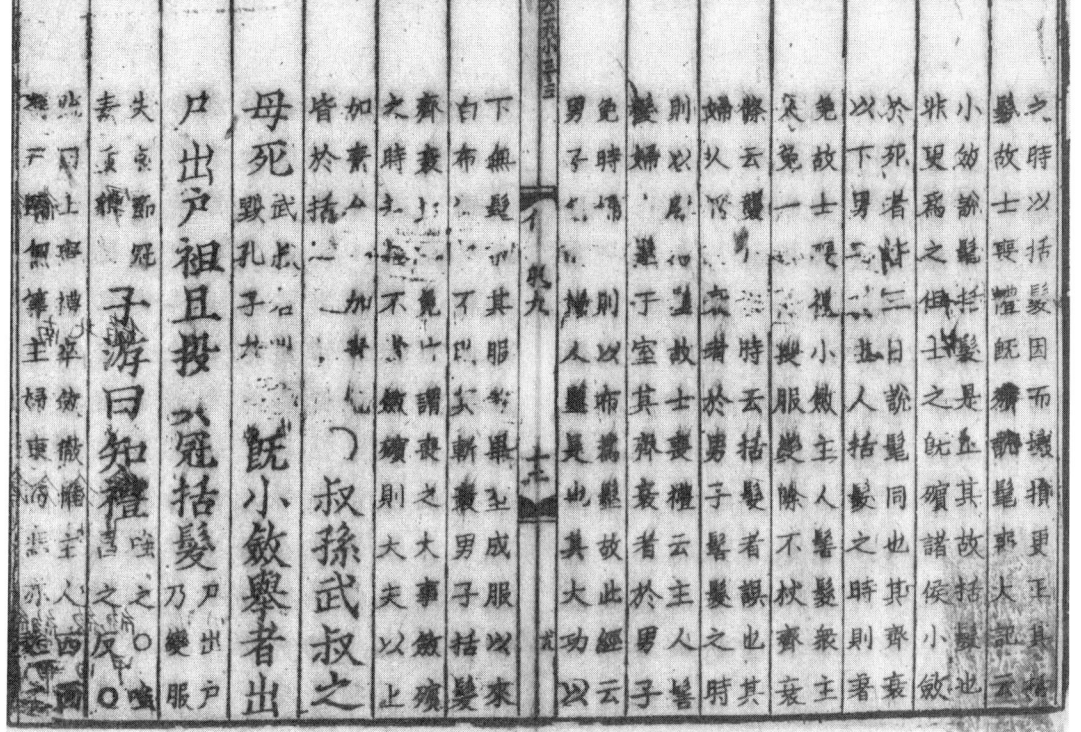

0012_0308-1　0012_0307-2

主人髻髮袒衆主人免下云士舉男女奉尸侇于堂喪大記亦云卒奉尸侇于堂是括髮在小斂之後小斂主人袒說髦括髮以麻下云奉尸侇于堂之前主人爲欲奉尸故袒而括髮在前今武叔奉尸侇堂之後乃投冠括髮故云尸出戶乃變之服失哀節云冠素委貌者案雜記云小斂環絰公大夫士一也注云士素委貌大夫以上素爵弁而加此絰焉鄭知然者以喪大記云君將大斂子弁絰大夫大斂無文明亦弁絰大斂旣爾明小斂亦然故云大夫以上弁絰案武叔投

小三十三　喪禮九　十三

冠武叔是諸侯大夫當天子之士故云士素委貌若然案士喪禮主人括髮鄭注云始死將斬衰者雞斯將括髮者去笄纚而紒無素委貌者熊氏云士喪禮謂諸侯之士故無素冠也皇氏云將小斂之時已括髮括髮後大夫以上加素弁士加素委貌至小斂說乃投去其冠而見括髮今案士喪禮及大記皆小斂卒乃括髮無小斂之前爲括髮者崔氏之言非也案士喪禮小斂括髮鄭注喪服變除云襲而括髮者彼據大夫以上禮死之明日而襲與士小斂同日俱是死

0012_0309-1　0012_0308-2

後二日也鄭注士喪禮一括髮之後凡至大斂自若所以大記云小斂主人袒說髦括髮是諸侯小斂之時更括髮者崔氏云謂說去其髮更正括髮非重爲括髮也○檀弓

男女奉尸夷于堂降拜賓主人即位襲帶絰踊踊即位阼階之下位也有襲絰乃踊尊卑相變也○疏曰襲帶絰踊者拜賓時袒今拜訖襲衣加要帶首絰於序東復位乃踊也云有襲絰乃尊卑相變也者案士喪禮先踊乃襲絰此先襲絰乃踊士爲卑此據諸侯爲尊故云尊卑相變也

大四十二　小三十二　儀喪禮九　十四

母之喪即位而免免音問○記異者禮斬衰括髮齊衰免以至成服而冠爲母重初亦括髮旣小斂則免○疏曰爲父喪拜賓竟而即阼階下位又序東帶絰猶括髮若爲母喪至拜賓竟即位時不復括髮以免代之免以襲絰至大斂乃成服也所以異於父也**乃奠**小斂乃奠○疏曰乃奠者奠謂小斂奠也拜賓襲絰踊竟後始設小斂之奠也○喪大記

○**動尸舉柩祖而踊**詳見小斂條○**大功以上散帶**小功緦輕初而絞之○疏曰小斂之後主人拜賓襲絰於

張本下象鼻題監生留成四字傳本剪去之

0012_0309-2

序東小功以下皆絞之大功以上散此
帶垂不忍即成之至成服乃絞○雜記
○士舉男女奉尸侇于堂主人拜賓即
位襲絰于序東 侇音夷○疏曰云即位者謂主人拜賓訖即鄉
東方阼階下西面踊踊訖襲絰也 乃奠 士喪禮上
右奉尸侇于堂變服 崔氏變除云士死後二
日襲帶絰故士喪禮小斂之前陳苴絰大鬲下本在左要絰小焉散
帶垂長三尺牡麻絰亦散垂斂訖主人拜賓乃襲絰于序東既夕禮

儀喪禮九　十五

0012_0310-1

三日絞垂鄭注云成服日絞要絰之散垂者是主人及衆主人皆絞
散垂此襲帶絰絞垂日數皆士之禮也其大夫以上成服與士不同
其襲帶絰之屬或與士同或與士異無文以言之
君將大斂于弁絰即位于序端 子弁絰者未成
服弁如爵弁而素大夫之喪子亦弁絰○疏曰成服則著喪冠也此云弁絰是
未成服此雖以大斂爲文其小斂時子亦弁絰君大夫士之子皆然故雜記云
小斂環絰公大夫士一也云大夫之喪亦弁絰者案雜記云大夫與殯亦弁

0012_0310-2

絰即他殯事尚弁絰明自爲父母弁絰可知其士則素冠故武叔小斂投冠□
諸侯大夫與天子士同○大記 ○主人及親者袒 袒士斂變
也不言髽免髽變小斂以來自若矣○疏曰知袒爲大斂變者前將小斂袒今
言袒下即行大斂事故知爲大斂變也云不言髽免髽變小斂以來自若矣者
決前小斂袒男有髽髮免婦人有髽今大斂袒不言者因小斂以來有此至成
服乃改也 卒塗主人復位襲乃奠 士喪禮上 ○凡
斂者袒遷尸者襲 詳見小斂變服條 ○動尸舉

儀喪禮九　十六

0012_0311-1

柩袒踊 同上 ○君若視斂 斂大斂君視大斂皮弁服襲裘
主人成服之後往則錫衰 主人及衆主人袒卒塗卒
奠君出門主人拜送襲入即位衆主人
襲 士喪禮 ○既殯主人説髦 既殯置銘于肂復位時也
今文説皆作挩○疏曰凡説髦尊卑同三日與大記云小斂卒斂主人説髦
異以麻注云士既殯説髦此云小斂者諸侯禮也士之既殯諸侯小斂於死
三日也○詳見喪禮殯條

0012_0311-2

右大斂變服

天子崩三日祝先服祝之六〔〕佐含斂先病五

日官長服官長大夫士七日國中男女服人

三月天下服諸侯之大夫○疏曰天子崩三日祝先服者〔〕

服杖也七日國中男女服謂畿內民〔〕

庶人在官者服謂齊衰三月而除之

月天下服者謂諸侯之大夫爲王〔〕

既葬而除之也然四條皆云服何〔〕

其或杖服或衰服素裳大記云君〔〕

〔版心：大斂七小斂三 儀禮記九 十七〕

0012_0312-1

二曰子夫人杖五日既殯授大夫世婦杖又喪服四制云三日授子杖五〔〕

六大夫杖七日授士杖案如大記〔〕則知今云三日五日是服杖時〔〕

〔〕三月者唯服而已〔〕杖○詳見喪大記成服條○三日〔〕

授五日授大夫杖七日授士杖〔〕

〔〕杖謂爲君斬衰也〔〕士之喪皆云三〔〕

〔〕今云五日七日〔〕爲君也○喪服四制〔〕

義、杖五日既殯授大夫世婦杖

0012_0312-2

者死之後三日也爲君杖不同日人禮之可以見親疏也○疏曰大夫之

既殯主人主婦室老皆杖今君喪親杖不同日是人君禮大可以見親疏

大夫之喪三日之朝既殯主人主婦

老皆杖疏曰三日之朝既殯謂死〔〕日既殯之後乃杖也主人〔〕

室老皆杖者室老三日悉杖也士之喪二日而殯〔〕

日之朝主人杖婦人皆杖士之禮一〔〕往日生與

死此二日於死者亦得三日也婦人〔〕謂主婦容妾爲君女子子在室者

〔版心：大斂七小斂三 儀禮記九 十八〕

0013-1

疏曰前經大夫之喪云主人主婦此之喪直云婦人皆杖婦人是衆婦

容妾爲君及女子子在室者也○詳見喪大記成服條○三日

服杖既殯之明日全三日○疏曰殯之明日者上厭明殯〔〕

日之朝行大斂之事今別言三日成則除上二日更加一日是四日矣而

三日者謂除死日數之○三日絞垂爲三日也○士喪禮上

〔〕絞要絰之散垂者○散息但反〔〕曰小斂日要絰大功以上散帶垂不〔〕

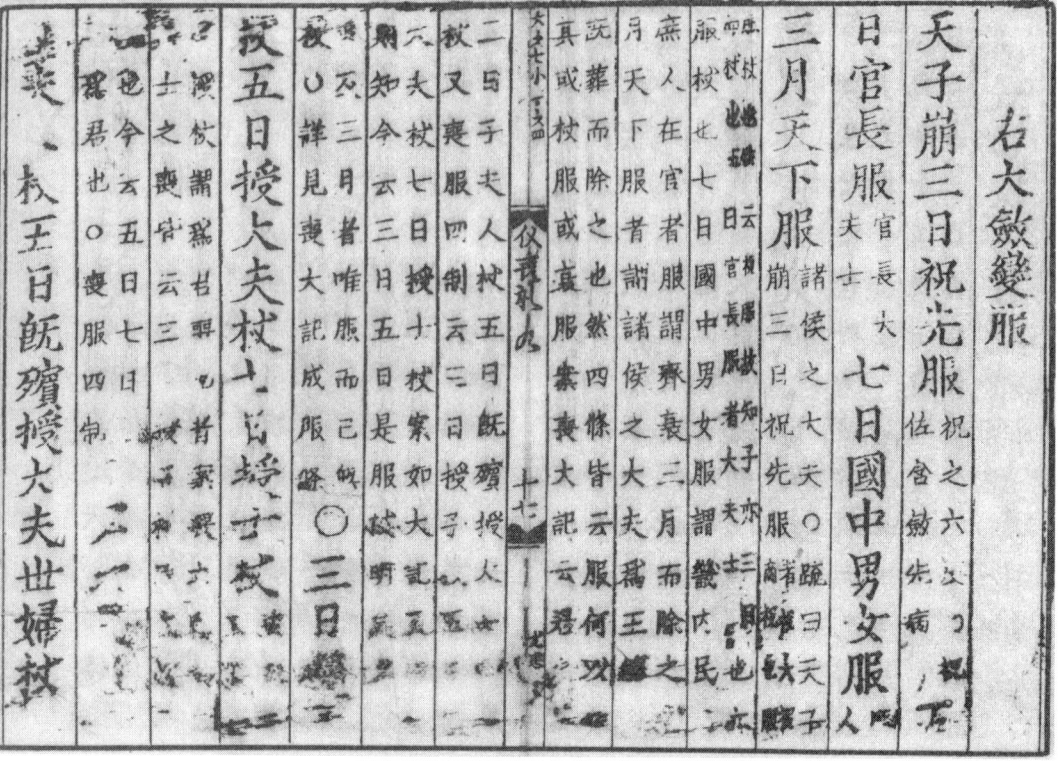

成服之時絞之故記人言之云成者士禮生與來日則除死月三日成〔〕

0012_0313-2

疏云三日絞垂之日也小功緦麻初而絞之不待三日也○士喪記

右成服素褚氏變除云天子七月成服諸侯五月大夫士三日成服

大夫卜宅與葬日有司麻衣布衰布帶因喪屨緇布冠不蕤占者皮弁有司卜人也麻衣白布深衣而著衰冠又布帶緇布冠此服非純吉亦非純凶也皮弁則純吉之尤者也占者尊於有司卜求吉其服彌吉大夫士朔服皮弁如筮則

十九

0012_0314-1

史練冠長衣以筮占者朝服○朝直遥反筮宅謂下大夫若士也筮史筮人也長衣深衣之純以素也長衣練冠純凶服也朝服純吉服也大夫士日朝服以務也○詳見喪大記卜宅條○筮宅主人皆往兆南北面免經兆域也所營之處免經者求吉不敢純凶○免亦字人音勉○疏曰案雜記云大夫卜宅與葬日有司麻衣布衰布帶因喪屨緇布冠不蕤占者皮弁下又云如筮則史練冠長衣以筮占者朝服彼有司與占者之服不純吉亦不純凶此乃主人之服免經亦不純凶也

0012_0314-2

卒筮主人經十喪禮上○聽卜有事於尸則

去杖大記

右筮宅卜日變服

丈夫髽散帶垂散悉但反○爲將啓變也此互文以相見耳喪服小記曰男子免而婦人髽○爲于僞反見賢遍反免音問冠古亂反○疏曰凡男子免與括髮散帶垂婦人髽皆當小斂之節今於啓殯時亦見尸柩故變同小斂之時故云爲將啓變也云此互文以相見耳髽婦人之變者髽既是婦

二十

0012_0315-1

人之變則免是男子之變今丈夫見其人不見免則丈夫當免矣婦人見其髽不見人則婦人當髽矣故云互文以相見耳引喪服小記者見未成服已前男子免而婦人髽既成服以後男子冠婦人笄若然小斂之時斬衰男子括髮齊衰以下男子免不言男子括髮者欲見啓殯之後雖斬衰亦免而無括髮云散帶垂者小斂節大功已上男子皆散若小功已下及婦人無問輕重皆初而絞之○士喪禮下○主人袒啓遷于祖正柩主人

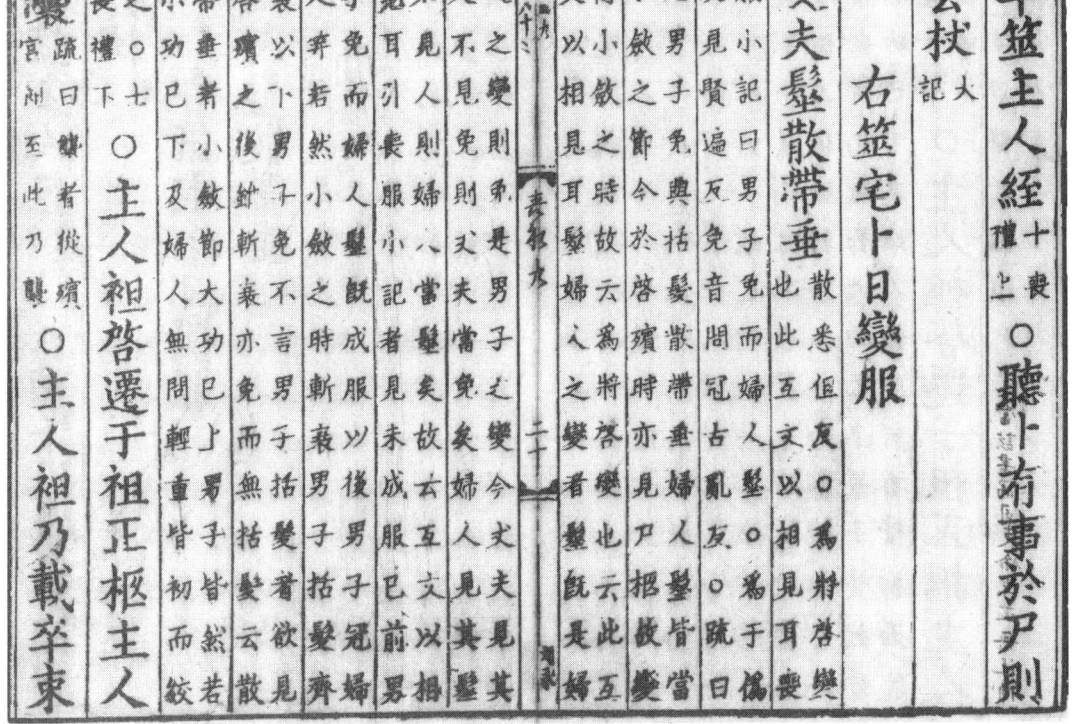

襲疏曰襲者從殯宫袒至此乃襲○主人袒乃載卒束

襲祖爲載變也○䟽曰將載主人先袒乃載故云爲載變也卒束是載柩訖柩車相持不動也○袒曰下經商祝御乃以物束棺使與○袒爲將祖變○䟽柩乃祖是將祖故商祝御柩乃祖襲䟽曰主人袒祖即變也前祖爲祖變今既○公賵主人及衆主祖訖故踊而襲人袒尊君命也衆主人自若西面賓出主人送于門外襲○主人袒乃行袒爲行變也乃行謂柩車行也出宫襲䟽曰襲訖而行也○已上並士喪禮○動尸舉柩袒

儀喪禮九　二十一

踊詳見小歛條○非從柩與反哭無免於堩免音問堩古鄧反○言喪服出入非此二事皆冠也免所以代冠人於道路不可無飾堩道路○䟽曰道路不可無飾故孝子唯送葬從柩去及葬竟還反哭時於道得免而行自非此二條則不得免於道路也此謂葬近而反哭者若葬遠反哭在道則著冠至郊則乃反著免故小記云遠葬者比反哭者皆冠及郊而後免是也○雜記

右啓殯朝祖柩行變服今案崔氏變除云大

夫及士男子散帶婦人髽與未成服時同其服則如喪服故既小歛云丈夫髽散帶垂是也

引於是說載除飾更屬引於緘耳○䟽説士活反緘古咸反又古陷反主人袒乃窆窆下棺也今文窆爲封○䟽曰主人袒者爲下棺變主襲贈用制幣玄纁卒袒拜賓襲䟽曰贈卒更袒拜賓○士喪禮○爲兄弟既除喪已及其葬也反服其服詳見虞變服條○實土主人

儀喪禮九　二十二

拜鄉人謂其勤勞襲如初士喪禮○非從柩與反哭無免於堩詳見上柩行條○遠葬者比反哭者皆冠及郊而后免反哭比必利反○墓在四郊之外○䟽曰遠葬者謂葬在四郊外遠處云比反哭者皆冠者既葬在遠處郊野之外不可無飾故至葬訖臨欲反哭之時乃皆著冠云及郊而后反哭者謂著冠至郊而后去冠著免反哭於廟○小記○既葬而不報虞則雖主人皆冠及虞則皆免報音赴……

0012_0317-2

哭古亂也○有故不得疾虞雖主人皆誣不可久無飾也皆免自主人至緦麻者
○疏曰前云赴葬者赴虞於疾葬者若虞今依時而葬不依時而虞主人以下
不可久無飾也經云及虞則皆免承上文緦小功之下故知主人及緦麻皆免
也○喪服小記

右葬及反哭變服崔氏變除云若天子諸侯則
首服素弁以葛爲環絰大夫則素弁加環絰士則素委貌加環絰故
下檀弓云弁絰葛而葬鄭注云接神不可以純凶天子諸侯變服而

喪服九　二十三

0012_0318-1

葬冠素弁以葛爲環絰是王侯與卿大夫士異也○弁絰
葛而葬接神之道不可以純凶天子諸侯變服而葬冠素弁
以葛爲環絰既虞卒哭乃服受服也雜記曰凡弁絰其衰侈袂周
人弁而葬殷人冔而葬冔況甫反○周弁殷
冔俱象祭冠而素禮同也○詳見喪禮義○子墨衰絰
敗秦師于殽以凶服從戎故墨之遂墨以葬
文公晉於是始墨後遂常以爲俗記禮所由變○

0012_0318-2

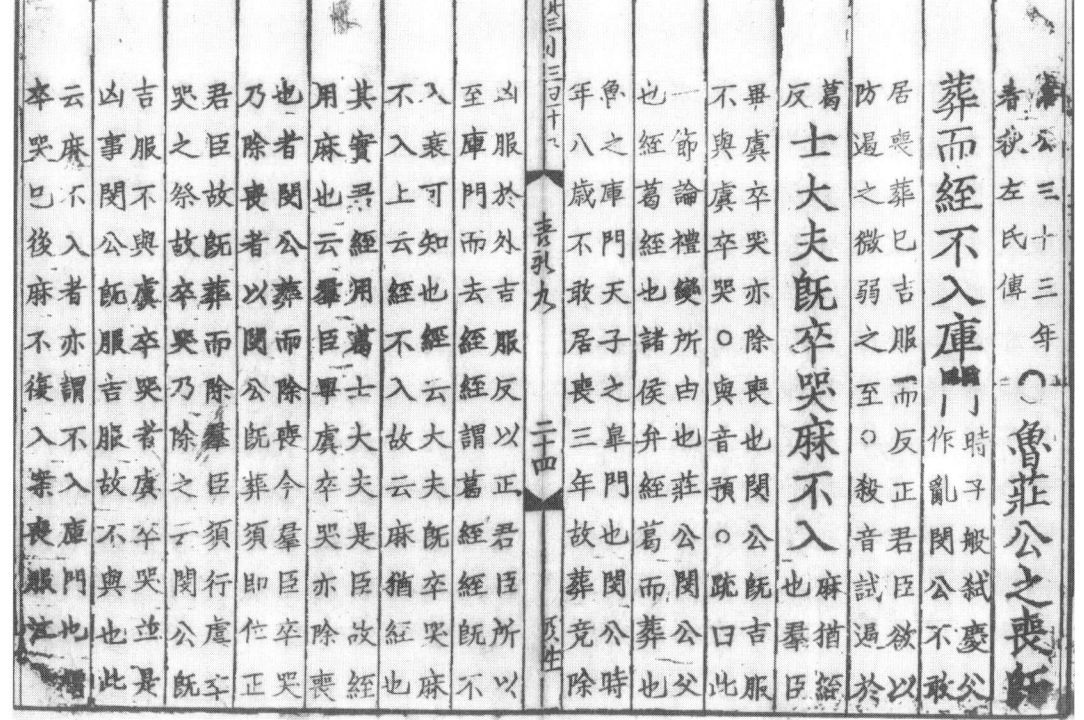

僖公三十三年春秋左氏傳○魯莊公之喪既
葬而絰不入庫門時子般弒慶父作亂閔公不敢
居喪葬已吉服而反正君臣欲以防遏之微弱之至○殺音試遏於
葛反士大夫既卒哭麻不入麻猶絰也羣臣
畢虞卒哭亦除喪也閔公既吉服不與虞卒哭○與音預○疏曰此
一節論禮變所由也莊公閔公父也經葛絰也諸侯弁絰葛而葬也
魯之庫門天子之皐門也閔公時年八歲不敢居喪三年故葬竟除

喪服九　二十四

0012_0319-1

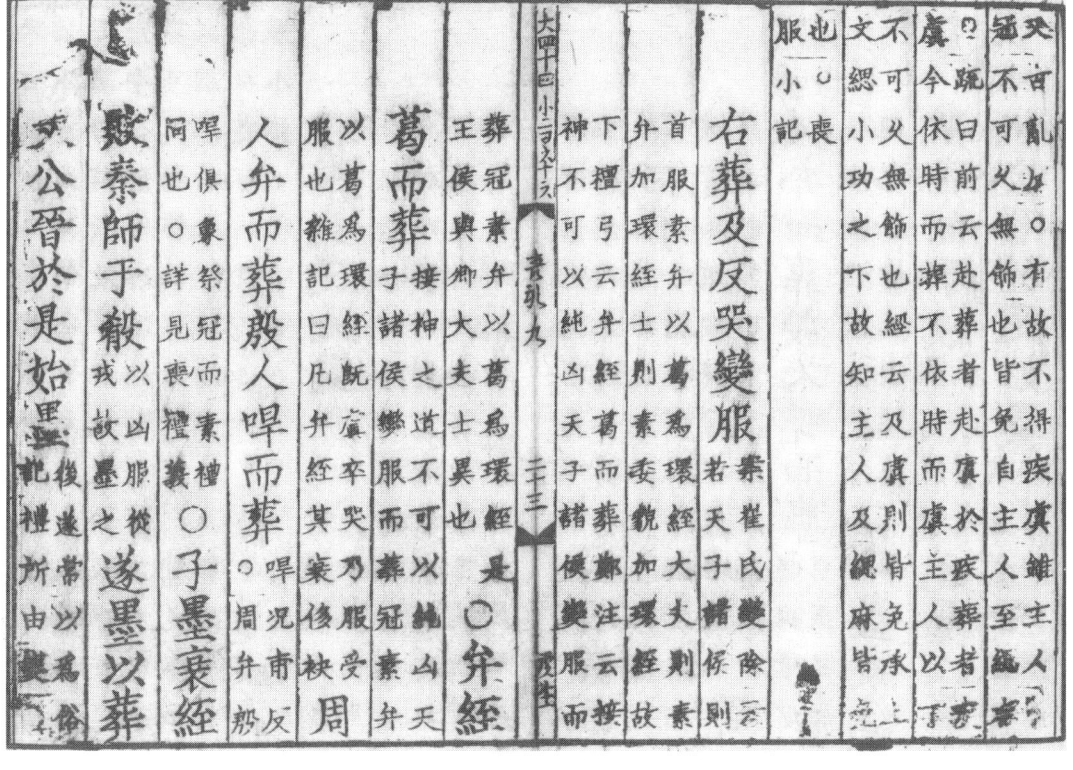

凶服於外吉服反以正君臣所以至庫門而去絰絰謂葛絰絰既不
入衰可知也經云大夫既卒哭麻不入上云絰不入故云麻猶絰也
其實君絰用葛士大夫是臣故絰用麻也云羣臣畢虞卒哭亦除喪
也者閔公葬而除喪今羣臣卒哭乃除喪者以閔公既葬須即位正
君臣故既葬而除羣臣須行虞卒哭之祭故卒哭乃除之云閔公既
吉服不與虞卒哭者虞卒哭並是凶事閔公既服吉服故不與也此
云麻不入者亦謂不入庫門也卒哭已後麻不復入案喪服注

0012_0319-2

大夫既虞士卒哭而受服則斷服葛時禍亂迫蹙君既服吉服

士大夫既虞不復受服至卒哭拗除○檀弓 ○葬晉悼

公踰月而葬速也 平公即位平公悼公子彪○彪彼蚪反

改服修官烝于曲沃既葬改喪服曲沃晉

祖廟烝冬祭也諸侯五月而葬既葬卒哭作主然後烝嘗於廟今晉

踰月葬作主而烝祭傳言晉將有溴梁之會故速葬○襄十六年春

秋左氏傳 ○王大子壽卒穆后崩既葬

0012_0320-1

除喪以文伯宴叔向曰王一歲而

有三年之喪二焉於是乎以喪賓

宴樂憂甚矣且非禮也三年之喪

雖貴遂服禮也詳見喪通禮哀戚條

主人及兄弟如葬服賓執事者如弔服

葬服者既久曰交大髽散帶垂也○疏曰謂葬日反日中而虞及二虞時其後

卒哭即服其故服是以既久記注云自卒至殯自啓至葬主人之禮其變同則

0012_0320-2

始虞與葬服同三虞皆同至卒哭無時之哭則依其喪服乃變麻服葛

祝免澡葛絰帶布席于室中免音問澡音早○澡

治也治葛以爲首絰及帶接神宜變也然則士之屬官爲其長弔服加麻矣

主人倚杖入祝迎尸一人衰絰奉篚哭

從尸一人主人兄弟○士虞禮 ○虞杖不入於室祔

杖不升於堂詳見士虞設饌條 ○緦小功虞卒

哭則免棺柩已藏嫌恩輕可以不免也言則免者則既殯先啓之間雖

0012_0321-1

有事不免 既葬而不報虞則雖主人皆冠及

虞則皆免有故不得疾虞雖主人皆冠不可久無飾也皆免自主人

至奔 緦爲兄弟既除喪已及其葬也反服

其服報虞卒哭則免如不報虞則除之

小功以下○疏曰緦小功虞卒哭則免若言遭緦小功之喪棺柩在時則皆

免○今至虞卒哭之時棺柩雖藏已久至虞卒哭之時亦著免也又曰言則免者

則既殯先啓之間雖有事不免者以經言虞卒哭則免明未虞之前則不免

0012_0321-2

者暴衰長之上事棺柩既啓著知變喪興卒哭□□既掩不後著疏言喪卒哭以明之也云有故不喪虞雖主人皆冠者前不赴葬者也於疾葬者疾虞今依時而葬不依時喪主人以下則皆冠不可以無飾也云及葬則皆免承上文緦小功之下次知主人及緦麻皆免也○小記○

事於尸則去杖詳見通禮喪服之變除

右虞變服

0012_0322-1

卒哭獻畢乃餞賓出丈夫說絰帶于廟門外既卒哭當變麻受之以葛也夕則服葛者為祔期今文說為稅○疏曰云夕日則服葛者為祔期者今日為卒哭祭明旦為祔前日之夕為祔祭之期變麻服葛鄭云為祔期是因期即變之使賓知變節故也

婦人說首絰不說帶不說帶齊斬婦人帶不變也婦人少變而重帶下體之上也大功小功者葛帶時亦不說者未可以輕文變於主婦之賓至為帶以即位○疏曰知齊斬婦人帶不變者案喪服小記云齊衰帶惡笄喪與鄭云有除無變齊衰大新喪變可知齊斬帶不變則大功已下

0012_0322-2

變可知大功小功婦人皆葛帶云齊下說者未可以輕文變於主婦之賓以其與王婦同在廟門外主婦不變功以下亦不變若然夕時不變久矣至可以變故至祔日以葛帶即位也○詳見士虞記

○斬衰三升既虞卒哭受以成布六升冠七升疏曰斬衰三升者此明父母之喪初死至練冠喪升數之變并明練後除脫之差也受以成布六升者以言三升四升五升之布其縷既麤疏未為成布也六升以下大縷漸細與吉布相參故稱成布也○間傳

0012_0323-1

○衰三升三升有半其冠六升以其冠為受受冠七升三以其冠為受受冠七升者據至虞變麻服葛時更以初冠之冠六升布為衰裳以七升布為冠以其葬後哀殺衰變亦隨而變輕故也○詳見喪服制度

○去麻服葛葛帶三重重直龍反○帶三重謂男子□云分去一而四糾之帶輕既變因為飾也婦人葛絰不葛帶舊說云三糾之練而帶去一股去一股則小於小功之絰與帶○去起呂反糾居黝反□○疏曰葛帶三重者既虞卒哭□□麻帶又差小於前以□□

0012_0323-2

唯有四分見在三重謂作四股糾之而相重四股則三重未受服之前麻帶爲兩股相合也此直云葛帶三重則首經雖葛不三重也猶既服糾之也云五分去一而四糾之者以喪服傳云五服經帶相差皆五分去一故知受服之時以葛代麻亦五分去一既五分去一唯有四分見在分爲四股而糾之云帶輕既變因爲飾也者男子重首而輕帶既變麻用葛四股糾之以爲飾也則知男子首經婦人要帶不三重爲飾也云婦人葛經不葛帶者案少儀云婦人葛經而麻帶又檀弓云婦人不葛帶謂齊斬之婦人也士虞禮曰婦人說首經不說

儀禮卷九　三十九

0012_0324-1

帶注云不說帶齊斬婦人帶不變也案大功已下婦人亦葛帶也故喪服大功章男女並陳及其變服三月受以小功衰即葛九月是男女共爲即知大功婦人亦受爲也云皆說云三糾之練而帶去一股者舊說云所至練之時又三分去一此既葬葛帶三重去其一股以爲練之帶也云去一股則小於小功之經似非也者斬衰既葬與齊衰之麻同斬衰既練與大功之麻同大功之帶即與小功首經同所云同者皆五分去一今乃三分斬衰既葬三重之葛帶去其一股以爲練帶則是三年練帶小於小功首經非五服之差以故云似非也○

0012_0324-2

傳○婦人不葛帶疏曰婦人重要而質不變所重故不葛帶至期除之卒哭直變經而已大功以下輕至卒哭並變爲葛與男子同經首經也婦人輕首重要故也○檀弓○婦人葛經而麻帶疏曰此謂婦人既虞卒哭其經以葛易麻故云葛經婦人尚質所貴在要帶則有除無變終始是麻故曰麻帶○少儀○斬衰絞帶疏曰經帶至虞後變麻服葛絞帶虞後雖不言所變案公士衆臣爲君服布帶又齊衰已下亦布帶則絞帶虞後變麻服布於義可也○喪服本章○布總箭笄

儀禮卷九　三十

0012_0325-1

髽衰三年總于孔反笄音雞髽側瓜反○疏曰三者並終三年乃始除之矣○案喪服小記云箭笄終喪三年注云於喪所以自卷持者有除無變○喪服○疏衰四升受以成布七升冠八升閒傳○齊衰四升其冠七升以其冠爲受受冠八升此謂爲母服也齊衰正服五升其冠八升義服六升其冠九升亦以其冠爲受○詳見喪服制度○齊衰帶惡笄以終喪笄所以卷髮帶所以持身婦人質於喪所以自卷持者言除

0012_0325-2

變。小記。〇疏衰杖期傳曰齊衰大功冠其受也疏曰正服齊衰五升冠八升既葬以其冠爲受受衰八升冠九升義服齊衰六升冠九升既葬以其冠爲受受衰九升冠十升降服大功衰七升冠十升既葬以其冠爲受受衰十升冠十一升正服大功衰八升冠十升既葬以其冠爲受受衰十升冠十一升義服大功衰九升冠十一升既葬以其冠爲受受衰十一升冠十二升帶緣各視其冠疏曰帶謂布帶象革帶者緣謂喪服之内中衣緣用布緣之二者之布升數多少視猶比也各比擬其冠也〇喪服本章〇

0012_0326-1

女子子適人者爲其父母卒哭子折笄首以笄布總折之設反〇疏曰卒哭女子子哀殺歸于夫氏故折吉笄之首而著布總也〇案斬衰章吉笄尺二寸斬衰以箭笄長尺檀弓齊衰惡笄以榛笄亦尺則齊衰已下皆與斬同一尺不可更變故折吉笄箭而已其總斬衰已六升長六寸鄭注總象冠數則齊衰總亦象冠數正服齊衰冠八升則正齊衰總亦八升笄總與斬衰長短爲差但笄不可更變折其首總亦可更變冝從功總十升之布總也傳曰折笄首者

0012_0326-2

折吉笄之首也吉笄者象笄也何以言子折笄首而不言婦終之也有首者若今時刻鏤摘頭矣卒哭而喪之大事畢女子子可以歸於夫家而著吉笄折其首者爲其大飾也〇鏤劉音陋摘他狄反大音泰劉唐餓反〇疏曰云吉笄象笄也者傳明吉時之笄以象骨爲之據大夫士而言案弁師天子諸侯笄皆玉也鄭時摘頭之物刻鏤爲之此笄亦在頭而去首爲大飾明首亦刻鏤之故舉漢法況之也出適女子與在家婦俱著惡笄婦不言卒哭折吉笄首女子子即言折吉笄

0012_0327-1

之首以女子外成既以哀殺事人可以加容故著吉笄仍爲大飾折去其首〇詳見喪服女子子適人者爲其父母條〇疏衰無受無受者服是服而除不以輕服受之〇疏曰此齊衰三月章凡變除皆因葬練祥乃行但此服至葬即除無變服之理故云服是服而除〇喪服本章〇大功無受傳曰何以大功也未成人也何以無受也喪成人者其文縟喪未成人者其文不縟故殤之經不樛垂蓋未成人

0012_0327-2

□絰居斜反○絰猶數也其文數者□
□受除之節也○疏曰成人之喪既□
□經服受之又變麻服葛至小祥男子
□於首婦人除於帶是有變除之節也
□年以殤喪象物不成則無此除之節□
□月隨則除之○詳見喪服制度經帶□
○大功三月受以小功衰即葛九月
者 疏曰此成人大功章 傳曰大功布九升小功布
十一升 此受之下也以發傳者明受盡於此也又受麻絰以葛絰間傳
曰大功之葛與小功之麻同凡天子諸侯卿大夫既虞士卒哭而受服正言三

儀喪服九 卅三

0012_0328-1

月者天子諸侯無大功主於大夫士也
○疏曰傳以受服不言降大功與正大
功直言義大功之受者鄭云此受之下
也者明受盡於此以其小功至葬唯有
變麻服葛因故衰無受服之法故傳□
義大功而言也引間傳者以大功既□
變麻爲葛五分去一大小與小功初□
同經正言三月者以天子諸侯絕旁□
無大功喪此言三月者王於大
夫士三月葬者○喪服本章 ○大□
八升若九升小功十升若十一升 □□
者並於受服欲其文相值○疏曰□
大功誤有三等□□□□二等□□□

0012_0328-2

小功衰受三大功之冠爲衰二大功初
死冠還用二小功之衰故轉相受也云
不言七升者主於受服者以其七升乃
是殤大功無受此主於受故不言七升
也云欲其文相值值者當也以其正大
功衰八升冠十升與降服小功衰十升
升義服大功衰九升其冠十一升與正
同既葬以其冠爲受受衰十升冠十一
服小功衰同既葬以其冠爲受受衰十
一升冠十二升初死冠皆與小功衰相
當故云文相值也是冠衰之○小功即
文相值○詳見喪服制度
葛五月 即就也小功輕三月變麻因故衰以就葛絰帶而五月也間傳

大 喪服九 卅四

曰小功之葛與緦之麻同○喪服本章
右既虞卒哭受服 崔氏變除云至既虞卒哭之
時乃服變服故鄭注喪服云天子
諸侯卿大夫既虞士卒哭而受服
其受服之時首絰要帶男子皆以
葛易之麻斬之婦人則易首絰不以
易腰帶大功小功婦人則易要帶
爲葛雖受變麻爲葛卒哭時亦未
說麻至祔乃說麻服葛故士虞禮
云婦人說首絰不說帶鄭云不說
帶齊斬婦人也婦人少變而重帶
大功小功者葛帶時亦不說者未

0012_0329-1

0012_0329-2

可以輕文變於主婦之質也要首帶以即位案文直云婦人不□

經重故鄭為此解

緦小功卒哭則免報虞卒哭則免詳見虞禮

當條○大夫士既卒哭弁經帶金革之事

無辟也詳見喪通禮動作章○巾車王之喪車素

車棼蔽犬𧜟素飾小服皆素詳見制度

右卒哭變服

0012_0330-1

緦衰既葬除之緦音歲○疏曰此緦衰是諸侯之臣為天子天

子七月葬既葬除之○公子為其母麻衣為其妻

麻衣皆既葬除之喪服○既葬各以其服

除卒哭當變衰麻者變之或有除者不視主人○疏曰既葬謂三月葬竟後

至卒哭重親各隨所受而變服若三月之親至三月數滿應除者葬竟各自除

不待主人卒哭之變故云各以其服除也○檀弓

右既葬除服今案喪服記明矣亦疏曰凡服卒服亦當

0012_0330-2

依氣節而除並與緦麻同三月除之矣為士雖比殯不舉樂其服亦

當既葬除矣○又案疏衰三月與受者緦麻三月者至三月數滿葬

竟各自除當附此章然天子諸侯大夫士葬月不同其三月除服者

入各以月數除服章

不杖麻屨喪服本章下同○疏衰無受○大功

無受傳曰其長殤皆九月其中殤皆七

月疏曰五服之正無七月之服唯此大功中殤有之故禮記云九月七月之

0012_0331-1

喪三時是也○詳見喪服制度○大功即葛九月此成人大

功章○小功五月疏曰此殤小功章不言無受者欲互見為義大

功言無受此亦無受此言五月彼則九月七月可知○小功即葛

五月疏曰此成人小功章○緦麻三月疏曰三月者凡喪服

變除皆法天道故此服之輕者法三月一時天氣變可以除之故三月而除○喪

服小記緦小功虞卒哭則免既□□□衰服俟卒哭始除可□○□

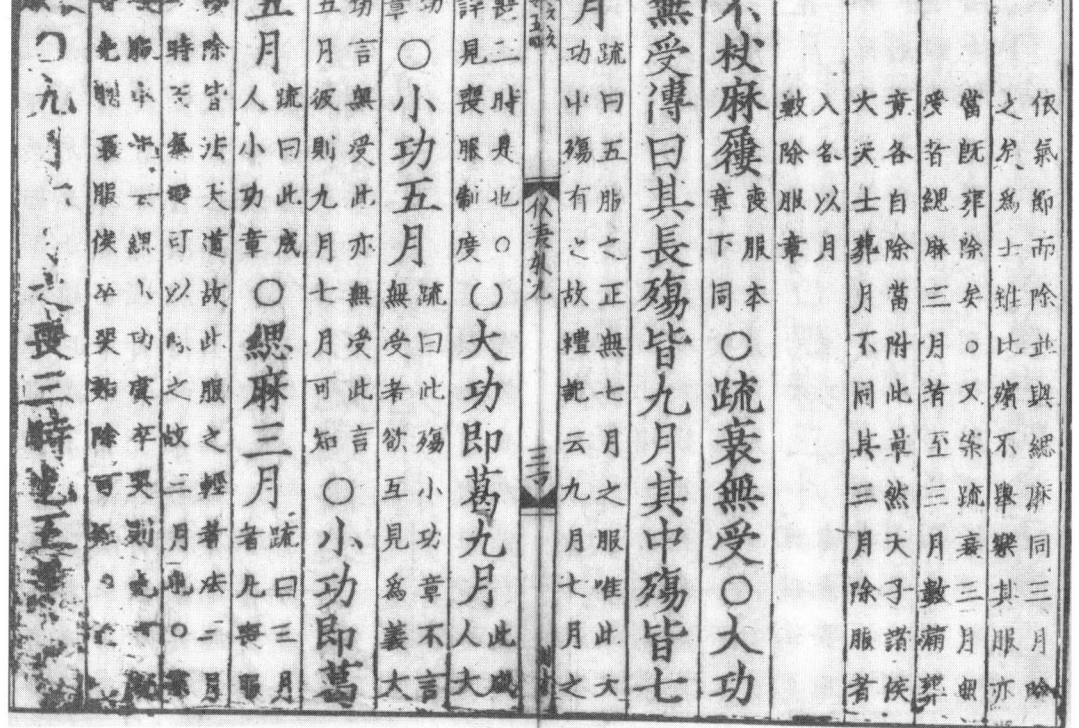

○九月□□之喪三時變五□

0012_0332-1　0012_0331-2

一時也三月之喪一時也言喪之節歲時之節○

小記○除殤之喪者其祭也必玄殤無變文不縟玄冠玄端黃裳而祭不朝服未純吉也於成人爲釋禫之服○朝直遥反○疏曰除殤之喪者謂除長殤中殤下殤之喪其祭也必玄者其除喪祭服必玄冠玄端黃裳異於成人之喪也云殤無變者無虞卒哭及練之變服所以然者文不縟意在於質不在繁縟若成人喪服初除著朝服禫祭始從玄端今除殤之喪即從禫服是文不繁縟也故鄭注喪服云縟數也玄冠玄端黃裳而祭不朝

儀吉禮九　卅七

服未純吉也者以經云以玄故知玄冠玄端也知黃裳者若其素裳則與朝服純吉同故知黃裳也知不玄裳者以玄黃相對之色故知釋禫之服若云玄裳即與上七吉服玄端同文非釋禫服也除成喪者其祭也朝服縞冠成成人也縞冠未純吉祭服也既祥祭乃素縞麻衣○疏曰成喪謂成人之喪其祥祭也衣朝服而縞冠所以朝服縞冠者未純吉也又古大夫朝服而祭朝服者玄冠緇衣素裳是純吉之祭服也今用縞冠是未純之祭服○同上○諸父昆弟之喪如當父母

0012_0333-1　0012_0332-2

之喪其除諸父昆弟之喪也皆服其服卒事反喪服雖有親之大喪猶爲輕服者除骨肉也唯君之喪不除私服言當者期之喪或終始皆在三年之中小功則不除殤長中乃除○疏曰如當者此諸親自始死至除服皆在父母服內故云如當也其除諸父昆弟之喪其服其除喪之服卒事反喪服者亦服除而除竟亦反先服也此亦謂哀葬後之時也何以知然既始末在二喪中則其除自然知在重喪之葬後上文爲父祥尚待母葬後乃除則輕

儀吉禮九　卅八

可知也然但舉此輕足明前之重而文云言母喪得爲父變除者庾氏云以變除事大故也云雖有親之大喪猶爲輕服者除骨肉之恩也者以在大喪之中得爲輕服除者輕服是骨肉屬親故得除之云小功緦麻則不除者著服問云緦之麻不變小功之葛小功之麻不變大功之葛據此言之是尋常小功緦麻不得易大功以上之服故知有大功以上之服不得爲小功緦麻除服也云殤長中乃除者以服問云殤長中變三年之葛既變三年之葛明在大功文上服中爲殤長中著一服者爲之除也○雜記○兄弟之喪

0012_0333-2

內除 詳見大祥除服條

右不杖以下各以月數除服○春

秋哀公五年閏月葬齊〻公閏不

書此何以書 據楚子昭卒不書葬 喪以閏數

數所主反○謂喪服大功以下諸喪當以閏月〻數 喪曷爲

以閏數喪數略也 略猶殺也以月數不數閏故并四

數○疏曰桃恋越南門曰文六年經曰閏月不告朔猶朝于廟數〻

0012_0334-1

傳云閏月附月之餘日喪不數不又哀五年閏月葬齊景公公羊

云閏月不書此何以書喪以閏喪數也此二傳〻反於禮者

何答曰居喪之禮以月數者數以年數者雖有閏無與于數也

則鄭氏之意以爲彼云喪事不數者謂恭與三年也此云喪以閏數

者謂大功以下也○公羊傳

祔杖不入於堂 詳見〻〻禮說 有

喪尚功衰而祔兄弟

0012_0335-1

古代反○疏曰練爲小祥也皆要經杖繩屨者爲喪至小祥男子除首經唯

有要經而病尚深故猶有杖繩屨是未服變爲繩麻將欲小祥前日豫筮古小

之日亦筮占小祥之尸及視濯祭則著小祥之服以臨此三事也所以然

者此筮三事並是爲祭祭欲吉故豫服不言喪與祥者亦同小祥矣有司告

具而后去杖者有司謂執事者將變服猶杖今執事之人既告三事辦具將

祭臨事去杖生十使去杖亦敬生故也筮者筮尸有司告事畢而后杖拜送賓者

筮日與尸二事皆有賓來向當臨事時去杖今時執事之人告筮占之事已畢

0012_0334-2

右祔變服 介葉士虞記卒哭婦人說首經不說帶注云大

功小功葛帶時亦不說者未可以輕文變於主婦之質至祔葛帶以

即位

筮日筮尸視濯皆要經杖繩屨有司

告具而后去杖筮日筮尸有司告事畢

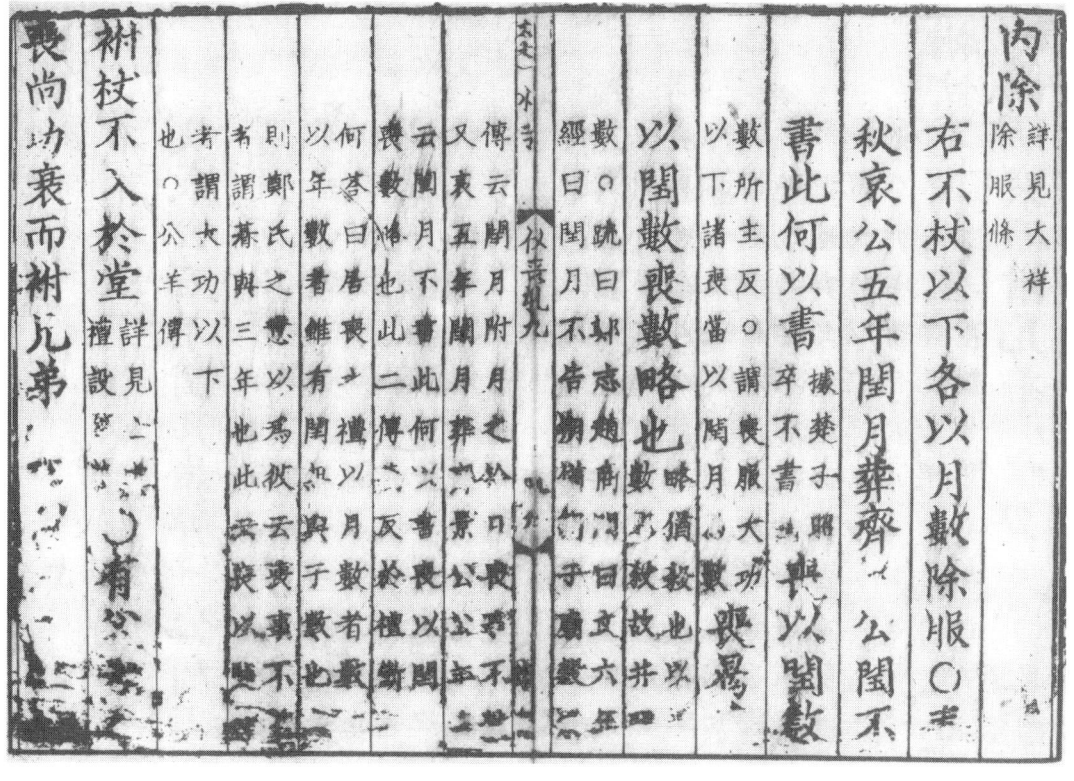

而后杖拜送賓 濯大角反○臨事去杖敬也濯謂溉祭器也○

0013_0335-2

則孝子更執杖以拜送於賓矣不言視
濯者視濯輕而無賓故不言也○喪服
小記

右練筮日筮尸變服

父母之喪十三月而練冠 喪服四制○期之
喪十一月而練 此謂父在為母也○雜記○案喪服疏云為妻
亦申餘親惟至十三○期而練 記大戴○
月而除之不練服也
練練衣黃裏縓緣 縓七絹反淺赤色今之紅也緣悅絹反○

0013_0336-1

小祥練冠練中衣以黃為內縓為飾黃
之色卑於纁縓纁之類明外除○纁許
云反○疏曰練小祥也小祥而著練冠
練中衣故曰練也練衣者練為中衣黃
裏者黃為中衣裏也正服不可變中衣
非正服但承衰而已故小祥而為之黃
袷裏也縓緣者縓為淺絳色也緣謂中
衣領及褎緣也裏用黃而領緣用縓者
領緣外也明其外除故飾見外也又曰
纁是赤色也具色華美黃雖是正色卑
質於纁爾雅釋器云一染謂之縓三染
謂之纁故言纁類也華者在外故云明
外除 葛要絰 要一遥反○疏曰葛要絰者亦小祥後事也小祥男子去

0012_0336-2

首絰唯余要葛也 繩屨無絇 絇其俱反○疏曰繩屨者謂父喪菅
屨卒哭受齊衰則藨蒯屨至小祥受大功繩麻屨也無絇者絇屨頭飾也吉有喪
無 角瑱 瑱吐練反○瑱充耳也吉時以玉人君有瑱○疏曰角瑱者瑱
充耳也人君平常士用玉為之以苔蓯耳在初喪亦無至小祥微飾以角為之
又曰案吉時君大夫士皆有瑱此唯云人吉有瑱者以經云角瑱故鄭云吉時
然三據人君吉時○云又君有瑱故知人君時亦有瑱 鹿裘衡長
袪 袪起魚反一音去○衡當為橫字之誤也袪謂褎緣袂口也緣而

0012_0337-1

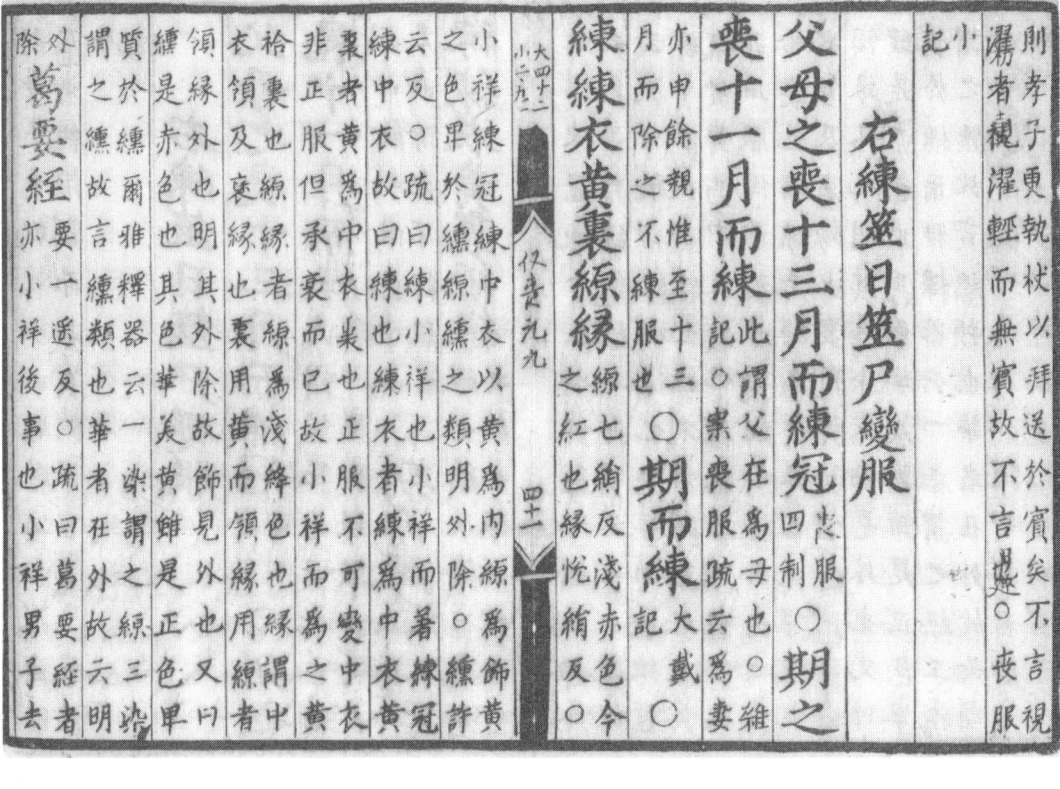

裘橫廣之又長之又為袪則先時狹無袪可知言時異○褎本又作袖
秀反袂面反○疏曰鹿裘者亦衣後也為冬時吉凶衣裏皆有裘吉時
則有異裘時則同用大鹿皮為之衰後近白與衰相宜也衡長袪者衡讀
袪喪緣亡也小祥之前裘狹而短袂又無袪至小祥稍飾則更易作橫廣長
寢已又長之又設其袪也練而為裘者為橫作是前時已有裘但短小至小祥
又作大長者橫廣之又長之為 袪裼之 不更新造之又加此三法也
裼者言曰裼裘裘也有袪而裼之所以飾也玉藻曰裘之裼也有裼而衣

0012_0337-2

裘之麛裘亦用絞乎○麛音迷本又作麑同鹿子也豻音岸胡地野犬絞古

表裘○疏曰袪褐之可也者褐謂裘上加衣也吉時裘上皆有褐衣喪已後

以凶質雖有裘裘上未有褐衣至小祥裘飾橫長又有袪為吉轉文故加褐之

可也案如此文明小祥時外有衰衰內有練中衣中衣內有褐褐衣內有鹿

裘鹿裘內自有常著襦衣又曰引玉藻者以此經鹿裘直云褐之可不知褐用

何衣大者曰鹿小者曰麛同類之物麛裘既用絞為褐則鹿裘亦用絞乎乎者

疑辭然麛裘用青豻為褏則鹿裘之褏亦用青豻也○檀弓　○期而

0012_0338-1

小祥練冠縓緣要絰不除男子除乎首

婦人除乎帶男子何為除乎首也婦人

何為除乎帶也男子重首婦人重帶除

服者先重者易服者易輕者　縓七戀反緣音掾悅

絹反○婦人重帶帶在下體之上婦人重之辟男子也其為帶猶五分絰去一

耳○疏曰期而小祥練冠縓緣者父沒為母與父同也至小祥又以卒哭後冠

受其衰而用練易其冠去又練為中衣以縓為領緣也云其為帶猶五分絰去

0012_0338-2

一寸者以婦人要衰不變帶以其重要故也婦人既重其要恐要帶與首經麤

細相似故云其為帶猶五分首經去一分耳以首尊於要但婦人避男子

而重要帶耳○間傳　○喪冠條屬以別吉凶三年

之練冠亦條屬右縫　詳見制度冠制條　○布總

箭笄髽衰三年　疏曰言三年者此三者並終三年乃始除之矣

案喪服小記云婦人帶惡笄以終喪彼謂婦人期服者帶與笄終喪此斬衰帶

亦練而除笄亦終三年矣又以三年言之○喪服　○疏衰三年

0012_0339-1

詳見疏衰章　○齊衰帶惡笄以終喪　詳見卒哭受服

假　○疏衰杖期　疏曰雜記云十一月而練父在為母也為妻亦

申○喪服　○再期之喪三年也期之喪二年

也故期而祭禮也期而除喪道也祭不

為除喪也　此謂練祭也禮正月存親親亡至今而期期則宜祭期天

一變哀惻之情益衰衰則宜除不相為○衰已追反○疏曰祭不為除喪

寺為此練祭自為存念其親不為除喪除喪自為天道減殺不為者

0012_0340-1　0012_0339-2

[illegible]兩事雖同一時不相妨也故云祭不[illegible]除喪也此除喪謂練時除喪也男子[illegible]首絰女子除要帶與小祥祭同時不[illegible]爲也若至大祥除喪此除喪亦葬之大祥祭除喪亦與同日不相爲元意別也但祭爲有親除喪爲天道之變[illegible]民賀氏並云祭爲存親幽隱難知除[illegible]事顯其理易識恐人疑祭爲除喪而[illegible]故記者特明之云祭不爲除喪也祭[illegible]不爲除喪除喪與祭同時摠而言之[illegible]祭祥祭亦名除喪也故下文云三年[illegible]后葬者必再祭其祭之閒不同時而[illegible]喪也又云除成喪者朝服縞冠○縞[illegible]練祥之祭摠名除喪○小記

仪丧礼九　四五

冠玄武子姓之冠也縞古老反又古報反○謂父有喪服子爲之不純吉也武冠卷也古者冠卷殊○爲于僞反卷起權反○疏曰姓生也孫是子之所生故曰子姓云不純吉也者武用玄玄是吉冠用縞縞是凶吉而雜凶故云不純吉也卷用玄而冠用縞冠卷異色故云古者冠卷殊如鄭[illegible]言則漢時冠卷共材○玉藻

○巾車王之喪車藻[illegible]

[illegible]蔽鹿淺幭革飾詳見制度

右練受服除服案祥氏變除云[illegible]斬衰至十三月

0012_0341-1　0012_0340-2

[illegible]除首絰練冠素纓中衣黃裏縓爲領袖緣布帶繩屨無絇若母三年者小祥亦然如父在爲母十一月而練其服變除與父沒爲母同○今案小祥後又有受服經傳本無文惟喪服斬衰章賈氏疏論斬衰不書受月之說云斬衰初服至葬後練後大祥後漸細加飾斬衰裳三升冠六升既葬後以其冠爲受衰裳六升冠七升小祥又以其冠爲受衰裳七升冠八升自餘齊衰以下受服之時差降可知又案通典亦云三月而卒哭男子受以六升布爲衰裳七升布爲冠十

大七十四　小二十五　仪丧礼九　四十六　秦序

三月小祥而練除首絰受以七升布爲衰裳當考

○季桓子喪康子練而無衰子游問於孔子曰既服練服可以無衰乎孔子曰無衰衣者不以見賓何以除焉家語

○子貢問曰練而牀禮邪孔子曰非禮也詳見喪禮義

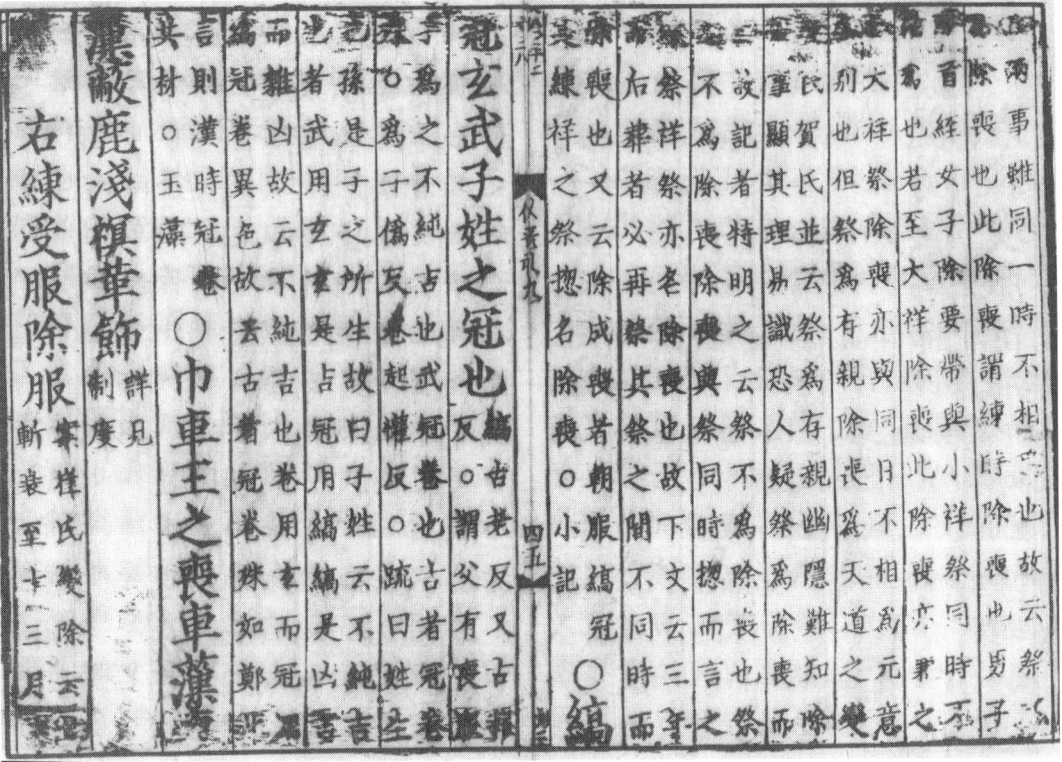

○古者臣有大喪則君三年不呼其門重奪孝子之心也已

0012_0341-2

[illegible]可以弁冕[illegible]服金革之[illegible]
謂以兵事使之　君使之非也臣行之禮也
閔子閔子騫以孝聞　要経而服事禮[illegible]男子除乎首婦人除乎帶
既而曰若此乎古之道
不即人心既事畢言古者不敢行君即近也　退[illegible]
致仕退退身也致仕還祿仕於君　孔子蓋善之
也善其服事外得事君之義內不失親親之恩○宣元年[illegible]公羊傳

0012_0342-1

大祥吉服而筮尸凡變除者必服其[illegible]服以即祭事不以[illegible]
臨吉也閒傳曰大祥素縞麻衣○縞[illegible]老反○疏曰大祥吉服而筮尸者云[illegible]
朝服也大祥之日縞冠朝服今將欲[illegible]亦於前日豫服大祥之服以臨筮日[illegible]
筮尸視濯今唯云尸不言日及濯者[illegible]小祥可知也大祥則弁去経杖編屨[illegible]
不云杖経屨云凡變除者必服其吉服[illegible]以即祭[illegible]不以凶臨吉也者下云大祥
朝服[illegible]之時[illegible]著朝服此筮尸又[illegible]著吉服不以凶臨吉

0012_0342-2

[illegible]
[illegible]又引以證[illegible]
右大祥[illegible]
父母之喪三年而祥喪服四制○期之喪十
三月而祥此謂父在為母也○雜記案喪服疏云為妻亦申餘[illegible]
期則除之已見上條○祥主人之除也於夕為[illegible]
朝服祥因其故服朝直遙反○為期至祭期也朝服以期至

0012_0343-1

明日而祥祭亦朝服始即吉正祭服[illegible]
喪服小記曰除成喪者其祭也朝服縞
冠是也祭猶縞冠未純吉也既祭乃[illegible]
大祥素縞麻衣釋禫之禮云玄衣黃裳[illegible]
則是禫祭玄冠矣黃裳者未大吉也既[illegible]
祭乃服禫服朝服綅冠踰月吉祭乃玄
冠朝服既祭玄端而居復平常也○禫[illegible]
大感反綅息廉反黑經白緯曰綅○[illegible]
曰祥謂祥祭之時主人除服之節於[illegible]
為期者謂於祥祭前夕豫告明日祥[illegible]
之期於此為期之時主人著朝服謂[illegible]
衣素裳其冠則縞冠也祥因其故服者[illegible]
[illegible]明旦祥之時主人因著其前夕故[illegible]
服也云始即吉正祭服也者以其[illegible]

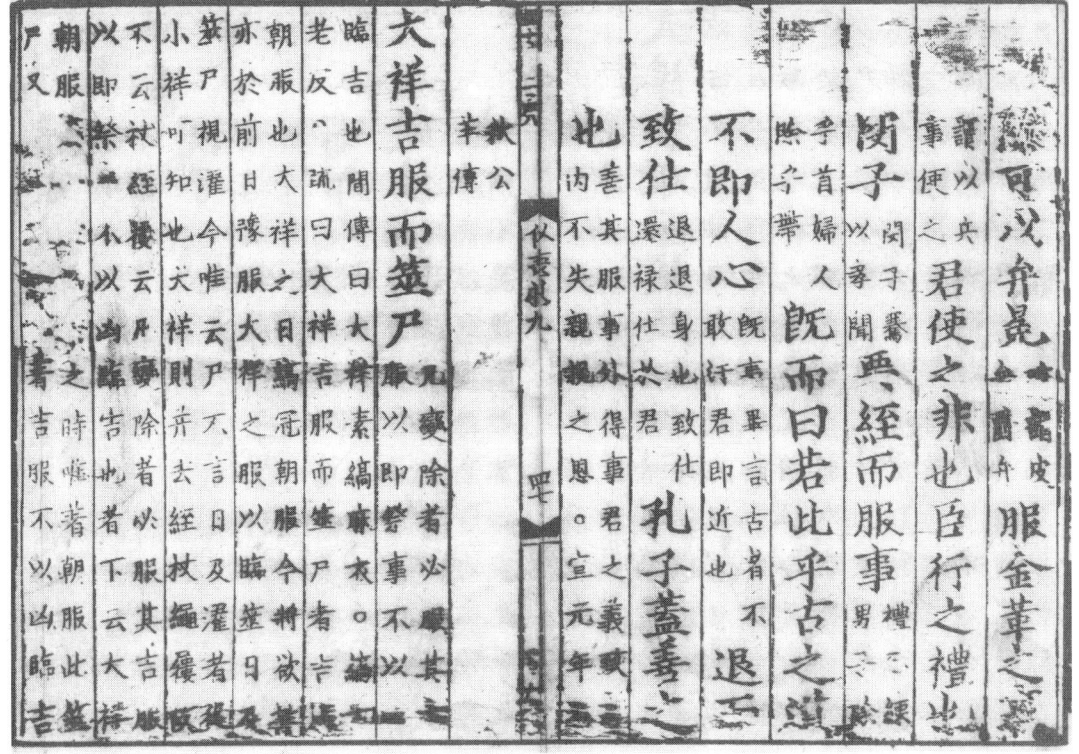

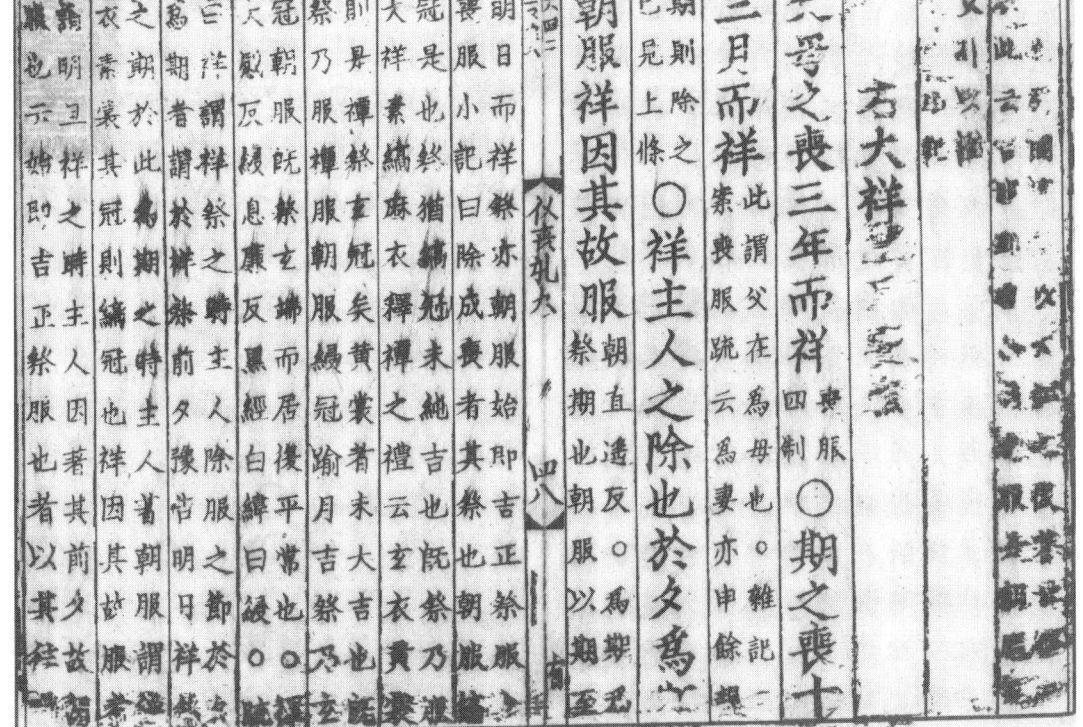

0012_0343-2

居喪今將除服故云始即吉於練祭之時不著祭服於此祥時正著祭服故云正祭服此朝服謂之正祭服者以諸侯卿大夫朝服而祭故少牢禮云主人朝服是也案上雜記端衰喪車皆無等前祥後并禫服尊卑上下無別皆服此緇衣素裳也此據諸侯卿大夫言之故云正祭服引喪服小記者證此經中朝服是除成喪之服云祭猶縞冠未純吉也者以純吉朝服玄冠今著縞冠故云未純吉云既祭乃服大祥素縞麻衣著閒傳文以祥祭奪情故朝服縞冠祥祭雖訖哀情未忘其服稍重加著縞冠素紕麻衣引禫禫之禮者是變除禮也其禮

小四三十　仪丧礼九　四九

0012_0344-1

云玄衣黃裳既著玄衣應著玄冠故云則是禫祭玄冠矣云黃裳者未大吉也者以大吉當玄衣素裳今用黃裳故云未大吉云既祭乃服禫祭朝服綅冠者亦變除禫文以祥祭之後乃著大祥素縞麻衣故知禫祭之後亦著禫服朝服綅冠也云踰月吉祭乃玄冠朝服者以少牢吉祭朝服故也若天子諸侯以下各依本官吉祭之服也云既祭玄端而居復平常也者謂既祭之後同平常無事之時故也從祥至吉凡服有六祥祭朝服縞冠一也祥訖素縞麻衣二也禫祭玄冠黃裳三也禫訖朝服綅冠四也踰月吉祭玄冠朝服五也既祭玄端而

0012_0344-2

居六也○雜記○祥而縞縞冠素紕也○䟽曰祥大祥也縞謂縞冠大祥月著之故小記除成喪者其祭也朝服縞冠是也○檀弓○縞冠素紕既祥之冠也紕音埤又婢支反○紕緣邊也紕讀如埤益之埤既祥之冠也已祥祭而服之也閒傳曰大祥素縞麻衣○䟽曰縞是生絹而近吉當祥祭之時身著朝服首著縞冠以其漸吉故也喪服小記云除成喪者朝服縞冠注云縞冠未純吉祭服也雜記曰祥主人之除也於夕爲期朝服鄭云祭服縞冠未純吉雜記又云既祥雖不當縞者必縞鄭云縞祥祭之服

六三十二　小三十十　仪丧礼九　五十

0012_0345-1

據此兩經二注皆云祥祭縞冠若既祥之後微申孝子哀情故加以素紕以素重于縞也故此文云既祥之冠○玉藻閒傳曰大祥素縞麻衣○玉藻○又期而大祥素縞麻衣喪服小記曰除成[illegible]者其祭也朝服縞[illegible]此素縞者玉藻所云縞冠素紕既祥[illegible]冠麻衣十五升布深衣也謂之麻者[illegible]用布無采飾也○䟽曰又期而大祥[illegible]縞麻衣者謂二十五月大祥祭此日[illegible]朕則首服素冠以縞紕之身著朝服[illegible]爲大祥之祭祭訖之後而哀情未除[illegible]反服微凶之服首著縞冠以素紕之[illegible]著十五升麻深衣未有采緣故云大[illegible]

0012_0346-1　0012_0345-2

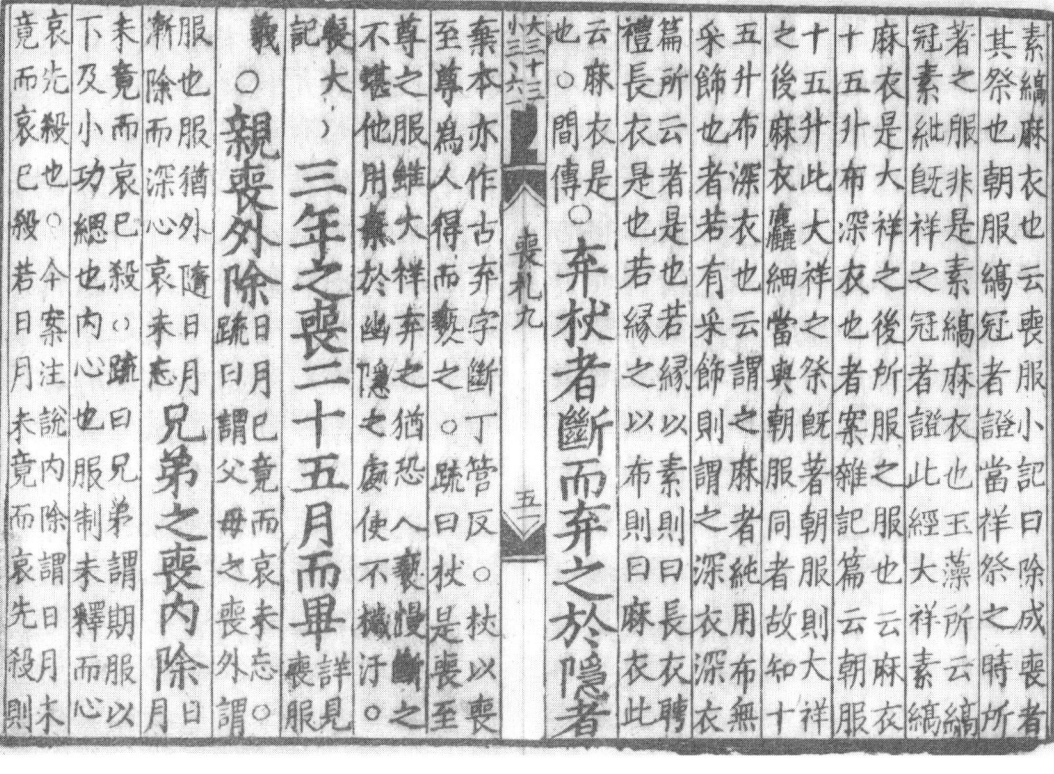

素縞麻衣也云喪服小記曰除成喪者其祭也朝服縞冠者證當祥祭之時所著之服非是素縞麻衣也玉藻所云縞冠素紕既祥之冠者證此經大祥素縞麻衣是大祥之後所服之服也云麻衣十五升布深衣也者案雜記篇云朝服十五升此大祥之祭既著朝服則大祥之後麻衣麤細當與朝服同者故知十五升布深衣也云謂之麻者純用布無采飾也者若有采飾則謂之深衣深衣篇所云者是也若純以素則曰長衣聘禮長衣是也若緣之以布則曰麻衣此云麻衣是也○間傳。弃杖者斷而弃之於隱者

大三十三　小三六二　喪礼九　五一

棄本亦作古弃字斷丁管反○杖以喪至尊爲人得而褻之○䟽曰杖是喪至尊之服雖大祥弃之猶恐人褻慢斷之不堪他用棄於幽隱之處使不穢汙○喪大記）三年之喪二十五月而畢詳見喪服義○親喪外除日月已竟而哀未忘○䟽曰謂父母之喪外謂服也服猶外隨日月漸除而深心哀未忘兄弟之喪内除日月未竟而哀已殺○䟽曰兄弟謂期服以下及小功緦也内心也服制未釋而心哀先殺也○今案注説内除謂日月未竟而哀已殺若日月未竟而哀先殺則

0012_0350-1　0012_0349-2

是不能終其喪也外除外除皆言日月已竟服重者則外雖除而内未除服輕者則不待外除而内亦除也注説失之○有父之喪如未没喪而母死其除父之喪也服其除服卒事反喪服没猶竟也除服謂祥祭之服也卒事既祭反喪服服後死者之服○䟽曰如未没喪者謂父喪小祥後在大祥之前未竟之時也于時又遭母喪故云而母死也母死既葬後値父應大祥除服以行祥事故云服其除服也卒事謂父祥竟更還服母服也故云卒事反喪服若母喪未葬而値

大一十三　小一九二　儀喪礼九　五十二

父二祥則不得服其祥服也所以爾者二祥之祭爲吉未葬爲凶故未忍凶時行吉禮也○雜記曾子問曰大夫士有私喪可以除之矣而有君服焉其除之也如之何孔子曰有君喪服於身不敢私服又何除焉於是乎有過時而弗除也君之喪服除而後殷祭禮也曾子問曰父母之喪弗除可乎孔子曰先王制禮過

0012_0350-2

時弗舉禮也非弗能勿除也患其過於

制也故君子過時不祭禮也詳見喪變禮並有喪條

○巾車王之喪車駹車雚蔽然複髹

飾詳見制度

右大祥除服案三年之喪二十五月杖期之喪十三月除之○又案崔氏變除云斬衰二十五月大祥朝服縞冠故雜記云祥主人之除也於夕爲期朝服又喪服小記云除成喪者其祭也朝

0012_0351-1

服縞冠既祥乃服十五升布深衣領緣皆以布縞冠素紕故間傳云大祥素縞麻衣父在爲母十三月而大祥其服變除與父沒爲母同

○素冠刺不能三年也庶見素冠

兮棘人欒欒兮勞心慱慱兮欒力端反

慱徒端反○朱氏集傳曰賦也庶幸也縞冠素紕既祥之冠也黑經白緯曰縞緣邊曰紕棘急也喪事欲其揔揔爾哀遽之狀也欒欒瘠貌慱慱憂勞之貌○祥冠祥則冠之禫則除之今人皆不能行三年

0012_0351-2

之喪矣安得見此服乎當時賢者庶幾見之至於憂勞也庶見

素衣兮我心傷悲兮聊與子同歸

兮賦也素冠則素衣矣與子同歸愛慕之詞也庶見素

韠兮我心蘊結兮聊與子如一兮

韠音畢蘊於粉反○賦也韠蔽膝也以韋爲之見服謂之韍其餘曰韠韠從裳色素衣素裳則素韠也蘊結思之不解也與子如一甚於同歸矣○詩檜國風

○有子蓋既祥而絲屨

0012_0352-1

組纓屨音句○譏其早也禮既祥白屨無絇縞冠素紕○絇其俱反○疏曰此絲屨組纓禫後之服今既祥而著故云譏其早也云禮既祥白屨無絇戴德喪服變除禮云縞冠素紕者玉藻文素紕當用素爲纓未用組今用素組爲纓故譏之案玉藻云玄冠綦組纓吉冠其綦組爲纓則當以玄色爲冠若既祥玄冠則失禮之甚不應直譏組纓也案士冠禮冬皮屨夏用葛無云綠屨者此綠屨以綠爲飾絇繶純之屨故士冠禮云白屨以絇繶純纁屨黑絇繶純鄭注屨人

0012_0352-2　0012_0353-1

云約纓頭飾纓是綴中綱紕纓此有子蓋亦白纓以素絲爲緣純也○檀弓

中月而禫自與至此凡二十七月○士虞記○期之喪十五月而禫此謂父在爲母也○雜記○禫而纖無所不佩纖息廉反○黑經白緯曰纖舊說纖冠者采纓也無所不佩紛帨之屬如平常也纖或作綅○綅音謂紛芬云反帨始銳反綅息廉反又音侵○疏曰中月而禫者中間也大祥之後更間一月而爲禫祭二十五月大祥二

儀禮抄九　三五

十七月而禫禫而纖者禫祭之時玄冠朝服禫祭既訖而首著纖冠身著素端黃裳又云黑經白緯曰纖者戴德變除禮文云舊說纖冠者采纓也者以無正文故以舊說而言之云無所不佩紛帨之屬如平常也者此謂禫祭既畢吉祭以後始得無所不佩若吉祭之前禫祭雖竟未得無所不佩以其禫後尚纖冠玄端黃裳故知吉祭以後始從吉也若吉祭在禫月猶未純吉士虞記云是月也吉祭猶未配注云是月是禫月也當四時之祭月則祭而猶未以其妣配則禫之後月乃得復平常○閒傳○巾車王之喪車漆車

0012_0353-2　0012_0354-1

藩蔽豻複雀飾詳見制度

右禫易服○惟三祀十有二月朔湯以元年十一月崩至此二十六月三年服闋伊尹以冕服奉嗣王歸于亳冕冠也踰月即吉服○疏曰周制君薨之年屬前君明年始爲新君之元年此殷法君薨之年而新君即位即以其年爲新君之元年惟三祀者太甲即位之三年也湯以元年十一月崩至此年十一月爲再期除喪服也至十二月服闋

儀禮抄九　三六

闋息也如喪服息即吉服○書太甲○王宅憂亮陰三祀高宗居憂信默三年不言既免喪其惟弗言除喪猶不言政○書說命

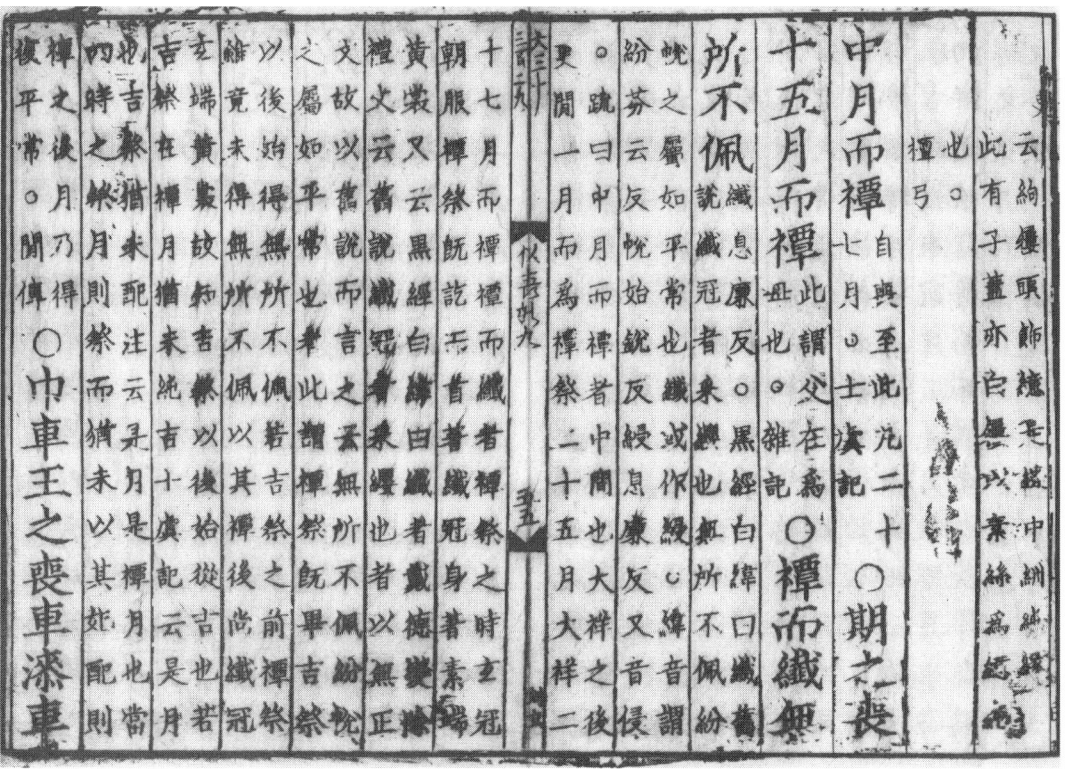

孤子當室冠衣不純采純諸允反又之閏反緣也○早喪親雖除喪不忘哀也謂年未三十者三十壯有室有代親之端不爲孤也當室適子也深衣曰孤子衣純以素○曲喪息浪反適丁歷反○疏曰孤子當一十九以下而無父者當室謂適子也[illegible]故雖除服猶自素也然深

子衣純以素則嫡庶悉然今云當室則似庶子不同崔靈恩云指謂當室者不當室則純采所以然者當室之孤內理孫當外交宗族所履之事莫不傷心故惟純素示哀也深衣不云當室者文略耳又曰三十以外遭喪者除服後即得純采今所言雖是除喪未三十不得純采若至三十則亦采也故云當室適子也○

曲禮○孤子衣純以素三十已下無父稱孤○疏曰深衣用十五升布鍛濯灰治者謂打洗鍛濯用灰治理使和熟也然則喪服麻衣雖以深衣之制不必鍛濯灰治以其雜凶故也○深衣

右既孤易服

曾子問曰父母之喪既引及塗聞君薨如之何孔子曰遂既封改服而往塗音徒○封亦當爲窆改服括髮徒跣布深衣扱上衽不以私喪包至尊○扱初洽反衽而審反又而鴆反○疏曰禮親始死笄纚小斂始括髮今臣聞君喪即括髮不笄纚者若尋常是吉今忽聞君喪故去冠而笄纚今臣有父母之喪葬在於塗首先服免忽聞君喪若著其笄纚則與尋常吉同以首不可無飾故括髮也○

曾子問○父母之喪偕先葬者不虞祔待後事其葬服斬衰偕音皆○偕俱也謂同月若同日死也先葬者母也曾子問曰葬先輕而後重又曰反葬奠而後辭於殯遂修葬事其虞也先重而後輕待後事謂如此也其葬服斬衰者喪之隆衰宜從重也假令父死在前月而同月葬猶服斬衰不葬不變服也言其葬服斬衰則虞祔各以其服矣及練祥皆然卒事反服重○疏曰葬母既竟不即虞祔而更修葬父之禮也所以不即虞祔者虞祔稍飾父喪在殯故未忍爲虞祔也待後事者後事謂

葬父也葬母竟不即虞祔待葬父竟先虞父乃虞母所謂祭先重而後輕也其葬服斬衰者言父母俱喪而猶服斬者從重也雖葬母亦服斬衰葬之以其父未葬而不得變服也云其葬服斬衰直以葬爲文明爲母虞祔練祥皆齊衰也云卒事反服重者卒事之日反服父喪故云卒事反服重○小記○除服者先重者易服者易輕者易服謂爲後喪所變也○辟音避○疏曰易服謂爲後喪所變也者以身先有前喪重今更遭後喪輕服欲變易前喪故云爲後喪所變也斬衰之喪既虞卒

哭遭齊衰之喪輕者包重者特疏曰衰之喪
既虞卒哭者謂士及庶人也故卒哭與虞並言之矣若大夫以上則虞受服故
喪服注云天子諸侯卿大夫既虞〻卒哭而受服輕者包言斬衰受服之時而
遭齊衰初喪男子輕要得著齊衰要帶而兼包斬衰之帶若婦人輕首得著齊
衰首經而包斬衰之經故云輕者包也重者特者男子重首特留斬衰之經婦
人重要特留斬衰要帶是重者特也○既練遭大功之喪
麻葛重此言大功可易斬服之節也斬衰已練男子除經而帶獨存婦

人除帶而經獨存謂之單單獨也遭大功之喪男子有麻經婦人有麻帶又皆
易其輕者以麻謂之重麻既虞卒哭男子帶其故葛帶經期之葛經婦人經其
故葛經帶期之葛帶謂之重葛○疏曰云既虞卒哭云云者謂大功既虞卒哭
之後大功葛帶輕於練之葛帶故男子反帶其練之故葛帶也云經期之葛經
者以男子練時首經既除今經大功又既著其首則經大功之葛經今云期之
葛經以大功葛經既與練之葛帶麤細相似非上下之差故大功葛經但麤細
[illegible]期之經同故云經期之葛經其[illegible]經也云婦人經其故葛經帶[illegible]

爲帶者大功既葬之後大功首經輕於練之葛經故反服其練之故葛經帶謂
婦人練後要帶已除今大功已葬其要則帶大功葛帶也謂之期葛帶者麤細
與期同其是是大功葛帶也○齊衰之喪既虞卒哭
遭大功之喪麻葛兼服之此言大功可易齊衰期服
之節也兼猶兩也不言包特而兩言者包特著其義兼者明有經有帶耳不言
重者三年之喪既練或無經或無帶言重者以明今皆有期以下固皆有矣兩
者有麻有葛耳葛者亦〻其重麻者亦包其輕○疏曰麻葛兼服之者即前文

輕者包重者特之義今齊衰既虞卒哭遭大功之喪易換輕者男子則大功麻
帶易齊衰之葛帶其首猶服齊衰葛經是首有葛要有麻故云麻葛兼服之文
據男子也婦人則首服大功之麻經要服齊衰之麻帶上下俱麻不得云麻葛
兼服之也又曰包特著其義兼者明有經有帶耳者以卑者可包尊須特著其
尊卑之義故於斬衰重服言之兼者不取其義直云經帶麻葛兼有故於男子
齊衰輕服言之也云不言重者三年之喪既練或無經或無帶言重者以明今
皆有者鄭以輕〻既〻練遭大功之喪麻[illegible]麻葛重下所以不稱麻葛

0012_0358-2

重首以三年之喪既練之後男子除首絰是或無絰也婦人除要帶是或無帶也所以稱重以於先既單令首絰皆有故須稱重云期以下固皆有矣者言期喪虞卒哭男子首之與要固當皆有絰帶婦人亦然既不似既練之單所以不得稱重也

斬衰之葛與齊衰之麻同齊衰之葛與大功之麻同大功之葛與小功之麻同小功之葛與緦之麻同同則兼服之此章言有上服既虞卒哭遭下服之差也唯大功有變三年既練之服小

0012_0359-1

功以下則於上皆無易焉此言大功之葛與小功之麻同小功之葛與緦之麻同主爲大功之殤長中言之○爲于僞反長丁丈反○疏曰此明五服葛之與麻麤細相同者與後兼前服也麻同則兼服之者以後服之麻與前服之葛麤細同則得服後麻兼前服葛也兼服問篇小功緦不得變大功以上此小功之麻得變大功之葛緦之麻得變小功之葛謂成人大功之殤在長中服問已釋○**兼服之服重者則易輕者也**服重者謂持之也則者則男子與婦人也凡下服虞卒哭男子反其故葛帶婦人反其故

0012_0359-2

葛絰其上服除則固自受以下服之受矣○疏曰兼服之服重者則前文重者特是也則易輕者也謂男子婦人則易換輕者前文輕者包是也又曰云則者則男子與婦人也者以前文府葛兼服之但施於男子不包婦人今此易輕者男子則易於要婦人則易於首男子婦人俱得易輕故云則者則男子與婦人也云凡下服虞卒哭男子反其故葛帶婦人反其故葛絰者此明遭後喪明初喪男子婦人雖易前服之輕至後服既葬之後還須反服其前喪故云男子反服其故葛帶婦人反服其故葛絰○間傳○横渠張先生曰舊注不可用此爲

0012_0360-1

三年之喪以上而言故作記者以斬衰及大功明之若斬衰既練齊衰既卒哭則首帶皆葛又有大功新喪之麻則與齊之首絰麻葛兩施之既不敢易斬帶之輕以斬葛大於大功之麻又不敢易齊首之重輕者方敢易去則重睹當存故麻葛之絰兩施於首若大功既葬則當服齊首之葛不服大功之葛所謂兼服之服重者則變輕者正謂此爾若齊衰未葛則大功之麻亦止當免則絰之而已如此喪變雖多一用此制前後禮文不相乖戾○**除喪者先重者**謂練男子除乎首婦人除乎帶**易服者易輕者**謂大

0012_0360-2

喪既■卒哭而遭小喪也其易喪服男子易乎帶婦人易乎首○䟽曰此一節論服之輕重相易及除脫之義重謂男首絰女要絰男重首女重要凡所重者有除無變所以卒哭不受以輕服至小祥各除其重也謂練男子除乎首婦人除乎帶是也易服者易輕者易謂先遭重喪後遭輕喪變先者輕則謂男子要婦人首也謂先遭斬服虞卒哭已變葛絰大小如齊衰之麻若又遭齊衰之喪齊衰要首皆牡麻牡麻則重於葛服宜從重而男不變首女不易要以其所重故也但以麻易男要女首是所輕故也男子易乎帶婦人易乎首若未虞卒哭

0012_0361-1

則後喪不能變也○小記

○斬衰之葛與齊衰之麻同絰之大俱七寸五分寸之一帶五寸二十五分寸之十九齊衰之葛與大功之麻同絰之大俱五寸二十五分寸之十九帶四寸百二十五分寸之七十六麻同皆兼服之皆者皆上二事也兼服之謂服麻又服葛也男子則絰上服之葛帶下服之麻婦人則絰下服之麻固自帶其故帶也所謂易服易輕者也兼服之文主於男子○䟽曰凡筭之法皆以五乘母乘母既訖納子餘分以為積數然後以寸法除之但其事繁

0012_0361-2

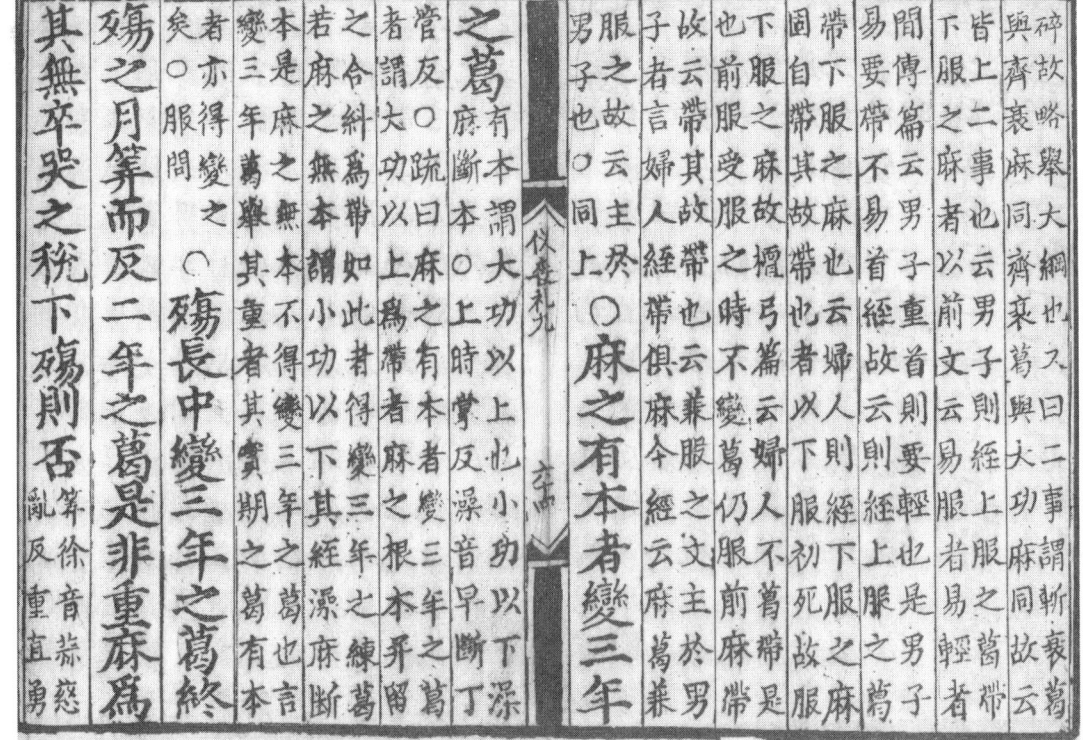

碎故略舉大綱也又曰二事謂斬衰葛與齊衰麻同齊衰葛與大功麻同故云皆上二事也云男子則絰上服之葛帶下服之麻者以前文云易服者易輕者間傳篇云男子重首則要輕也是男子易要帶不易首絰故云則絰上服之葛帶下服之麻也云婦人則絰下服之麻固自帶其故帶也者以下服初死故服下服之麻故檀弓篇云婦人不葛帶是也前服受服之時不變葛仍服前麻帶故云帶其故帶也云兼服之文主於男子者言婦人絰帶俱麻今經云麻葛兼服之故云主於男子也○同上

○麻之有本者變三年

0012_0362-1

之葛有本謂大功以上也小功以下澡麻斷本○上時掌反澡音早斷丁管反○䟽曰麻之有本者變三年之葛者謂大功以上為帶者麻之根本并留之合糾為帶如此者得變三年之練葛若麻之無本謂小功以下其絰澡麻斷本是麻之無本不得變三年之葛也言變三年葛舉其重者其實期之葛有本者亦得變之矣○服問

○殤長中變三年之葛終殤之月筭而反二年之葛是非重麻為其無卒哭之稅下殤則否筭徐音蒜悉亂反重直勇

張本下象鼻題監生秦三字傳本剪去之

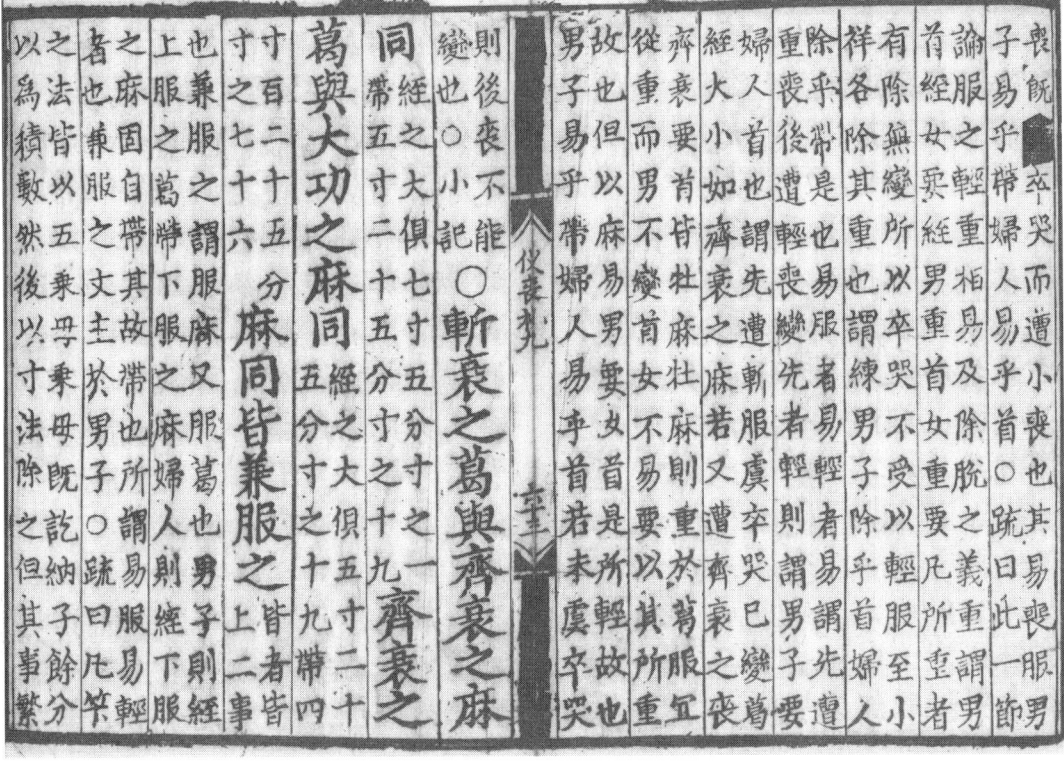

張本下象鼻題監生秦三字傳本剪去之

0012_0362-2

反徐治龍反○謂大功之親爲殤在緦小功者也可以變三年之葛正親親也三年之葛大功變既練齊衰變既虞卒哭凡喪卒哭受麻以葛殤以麻終喪之月數非重之而不變爲殤未成人文不縟耳下殤則否言賤也男子爲大功之殤中從上服小功婦人爲之中從下服緦麻○疏曰殤長中變三年之葛者謂本服大功之喪今乃降在長中殤男子則爲之小功婦人爲長殤小功中殤則緦麻如此者得變三年之葛也終殤之月算者謂著此殤喪服之麻終竟此殤之月算數還反服三年之葛也是非重麻爲其無卒哭之稅者言服殤長中之

小四十　喪禮九　六十五

0012_0363-1

麻不改又變三年之葛是非重此麻也所以服不改又變前喪葛者以殤服質略初死服麻已後無卒哭之時稅麻服葛之法以其質略其文不縟故也下殤則否者以大功以下殤謂男子婦人俱爲之緦麻其情既輕則不得變三年之葛也案上文麻之有本得變三年之葛則齊衰下殤雖是小功亦是麻之有本故喪服小記云下殤小功帶澡麻不絶本然齊衰下殤乃變三年之葛今大功長殤麻既無本得變三年之葛者以其殤服質略無虞卒哭之稅故特得變之若成人小功緦麻麻既無本故不得變也又曰云正親親也者以大功之親其

0012_0363-2

殤服以得變三年之葛者以大功是正親親故重其殤也云三年之葛大功變既練者則雜記篇云三年之練冠則以大功之麻易之是也云齊衰變既虞卒哭者則閒傳篇云斬衰之喪既虞卒哭遭齊衰之喪輕者包重者特是也云爲殤未成人文不縟耳者縟謂數也謂禮文繁數若成人以上則禮繁數故變麻服葛今殤是未成人唯在質略無文飾之繁數故不變麻服葛也○服問○

大夫有私喪之葛則於其兄弟之輕喪則弁絰私喪妻子之喪也輕喪緦麻也大夫降焉弔服而往不以私喪

大五十一　小三十九　儀喪禮九　六十六

0012_0364-1

之末臨兄弟○疏曰私喪之葛者謂妻子之喪至卒哭以葛代麻之後是私喪之葛則於其兄弟之輕喪則弁絰者於此之時遭兄弟之輕喪緦麻亦著弔服弁絰而往不以私喪之末臨兄弟也若成服之後則錫衰未成服之前身著素裳而首服弁絰也○雜記○**既練遭大功之喪麻葛重**注疏見上文○**有三年之練冠則以大功之麻易之唯杖屨不易**謂既練而遭大功之喪者也練除首絰要絰葛又不如大功之麻重也言練冠易麻互言之也唯杖屨不易言

其餘皆易也屨不易者練與大功俱用繩耳○要一遥反重直龍反○疏曰此一經明先有三年練冠之節乃遭大功之麻易之先師解此凡有三義案聖證論云范宣子一意以母喪既練遭降服大功則易衰以母之既練衰八升降服之大功衰七升故得易之其餘則否賀瑒意以三等大功皆得易三年練衰其三等大功衰雖七升八升九升之布有細於三年之練衰以其新喪之重故皆易之皇氏云或不易庾氏之説雖謂降服大功衰得易三年之練其餘七升八升九升之大功則不得易二年之練今依庾説此大功者特據降服大功也故

下文云而祔兄弟之殤雖論小功之兄弟而云降服則知此大功之麻易據殤也有三年之練冠者謂遭三年之喪至練時之冠以首經已除故特云冠則以大功之麻易之者初死者是降服大功則以此大功之麻易三年之練唯杖屨不易者言大功無杖無可改易三年練與大功初喪同是繩屨故杖不易又曰云練除首經者閒傳云首經既除故著大功麻經云要經葛又不如大功之麻重也者斬衰既練要經與大功初死要經麤細同斬衰是葛大功是麻故云要經葛又不如大功之麻重也云言練冠易麻互言之也者麻謂經帶大功言經

張本下象鼻題監生秦三字傳本剪去之

帶明三年練亦有經帶三年練云冠明大功亦有冠是大功冠與經帶易三年冠及經帶故云互言之云雖杖屨不易言其餘皆易也者經既言冠言麻以明故言其餘皆易謂冠也要帶也衰也言换易又云杖屨不易則知衰亦在易中悉易也然練之首經除矣無可易也又大功無杖亦無可易也而云易與不易者因其餘有易者連言之○雜記○

既練遇麻斷本者於免經之既免去經每可以經必經既經則去之○免音問下及注不免者皆同練無首經於有事則免經

如其倫免無不經經有不免其無事則自若練服也○疏曰既練遇麻斷本者此明斬衰既練之後遭小功之喪雖不變服得為之加經也既練之後遭遇麻之斷本小功之喪於免經之者以練無首經於小功喪有事於免之時則為之加小功之經也既免去經者謂小功以下之喪斂殯事竟既免之後則脱去其經也每可以經必經者謂於小功以下之喪當斂殯之節每可以經之時必為之加麻也既經則去之者謂不應經之時則去其經自若練服也又曰有事則免經如其倫者倫謂倫類雖為之不變服其應免經之時如平常有服之倫類

0012_0366-2

也云免無不經者解經於免經之於是免之時必著經則大斂小斂之節衆主人必加經也云經有不免者解經每可以經必經也云經謂不免但云經者謂旣葬之後虞及卒哭之節但著經不有免以服成故也是經有不免者也○服

問○小功不易喪之練冠如免則經其緦小功之經因其初葛帶緦之麻不變小功之葛小功之麻不變大功之葛以有本爲稅爲稅上如字下吐外反○稅亦變易也小功以下之麻雖

大八 小三三十三　仪喪礼九　六十九　秦淳

0012_0367-1

與上葛同猶不變也比要其麻有本者乃變上耳雜記曰有三年之練冠則以大功之麻易之唯杖屨不易也○䟽曰小功不易喪之練冠者言小功以下之喪不合變易三年喪之練冠其期之喪冠亦不得易也如免則經其緦小功之經者謂如當緦小功著免之節則首經其緦與小功之經所以爲後喪緦經者以前喪練冠首經已除故也上經云小功不易明緦不易下經云緦小功之經衰言緦者恐免經不及緦故也因其初葛帶者言小功以下之喪要中所著仍因其初喪練葛帶上文云期喪旣葬則帶練之故葛帶此小功已下之喪亦著

0012_0367-2

練之初葛帶不云故而云初者以期初喪之時變練之葛帶爲麻期旣葬之後還反服練之故葛帶故言故也謂其小功以下之喪不變練之葛帶故云初葛帶也緦之麻不變小功之葛小功之麻不變大功之葛者謂以輕喪之麻本服旣輕雖初喪之麻不變前重喪之葛也以有本爲稅者稅謂變易也所以緦之麻不變小功者以其緦與小功麻經旣無本不合稅變前喪唯大功以上麻經有本者得稅變前喪也又曰云稅亦變易也者以一經之内有變有稅而文故言稅亦變易也引雜記者欲明大功之麻非但得易期喪之葛亦得易三年練

大二九小三十一　仪喪礼九　七十　秦淳

0012_0368-1

冠之葛也

○服問○三年之喪旣練矣有期之喪旣葬矣則帶其故葛帶經期之經服其功衰期音基○帶其故葛帶者三年旣練期旣葬差相似也經期之葛經三年旣練首經除矣爲父旣練衰七升母旣葬衰八升凡齊衰旣葬衰或八升或九升服其功衰服麤衰○䟽曰三年之喪旣練矣有期之喪旣葬矣者謂三年之喪練祭之後又當期喪旣葬之節也則帶其故葛帶者故葛帶謂三年練葛帶也今期喪旣葬男子則應著葛帶與三年之葛帶麤細正同以父葛

張本下象鼻題監生留成四字傳本剪去之

0012_0368-2

爲重故帶其故葛帶經期之經者謂三
年練後首經既除故經期之葛經若婦
人練後麻帶除矣則經其故葛經帶期
之麻帶以其婦人不葛帶故也服其功
衰者功衰謂服父之練之功衰也又曰
三年既練期既葬差相似也者三年既
練要帶四寸二十五分寸之七十六
期之既葬其帶亦然故云葬相似但父
帶爲重故帶其故葛帶也云經期之葛
經三年既練首經除矣者以三年既練
男子除於首是男子首經除矣其首空
故經期之葛經此文上於男子也若其
婦人則首經練之故葛經練後麻帶已
除則要經期之麻帶也云爲父既練衰

儀禮疏九　七二

0012_0369-1

七升者以間傳斬衰三升既虞卒哭
受以成布六升則知既練衰七升也云
母既葬衰八升者此言八升者誤當云
七升故閒傳云爲母疏衰四升受以成
布七升是既葬受時爲母衰七升也云
凡齊衰既葬衰或八升或九升者以父
之既練母之既葬衰皆七升其齊衰仍
有八升九升故更言之八升者是正服
齊衰或九升者是義服齊衰也云服其
功衰服麤衰者功即麤也言齊衰既有
八升九升服其麤者謂七升父之衰
也經不云服其父衰而云功衰者經稱
三年之衰則父爲長子及父卒爲母皆
是三年今期服既葬服其服若言功

0012_0369-2

衰抑遏三人故不得特言服父衰也所
喪爲練雖衰八升與正服既葬齊衰同
以母爲重亦服母之齊衰也皇氏云
此三年既練之後初遭期喪今謂此忍
亦三年未練之前初有期喪未葬爲前
三年之喪爲練之祭至期既葬乃帶其故
爲喪經期之葛經也必知其期喪未葬
得前得爲三年練祭者雜記篇云三年
之喪既顯其練祥皆行彼謂後喪亦三
年既顯之後得行前三年之喪練祭則
知後喪顯年未顯之前得
爲三年之喪而行練也

有大功之喪亦如之

大功之麻變三年之練葛期既
葬之葛帶小於練之葛帶又當

儀禮疏九　十二　由

0012_0370-1

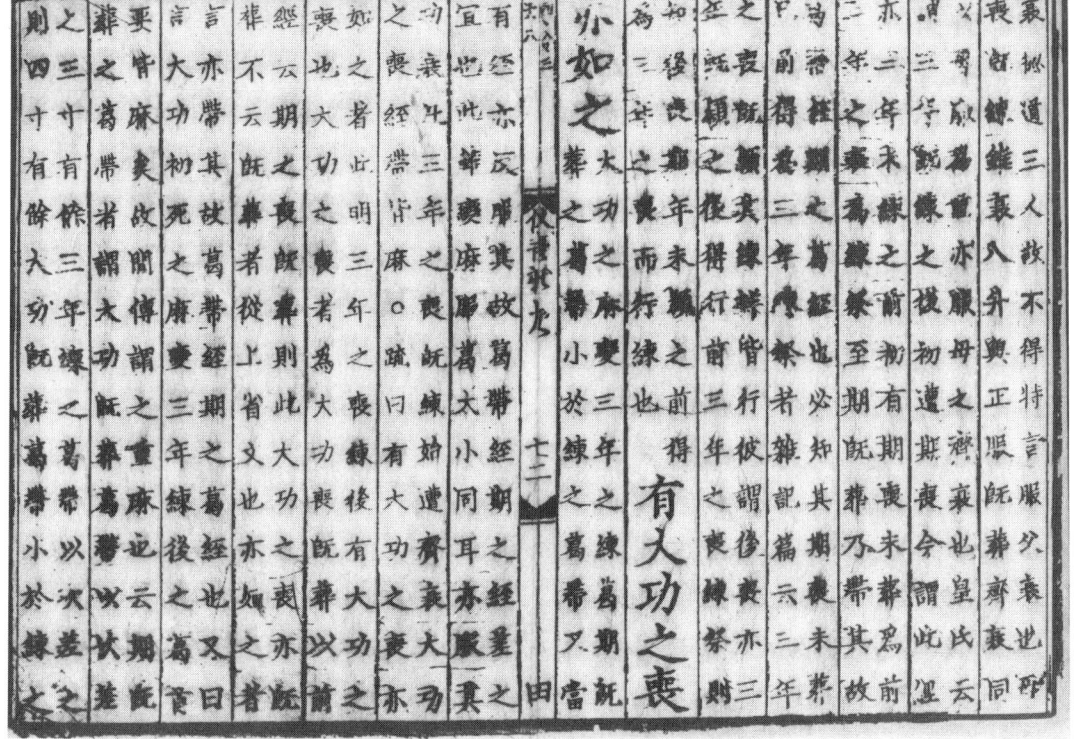

有經亦反服其故葛帶經期之經差之
宜也此雖變麻服葛大小同耳亦服其
功衰凡三年之喪既練始遭齊衰大功
之喪經帶皆麻○疏曰有大功之喪亦
如之者此明三年之喪練後有大功之
喪也大功之喪者爲大功喪既葬以前
經云期之喪既葬則此大功之喪亦既
葬不云既葬者從上省文也亦如之者
言亦帶其故葛帶經期之葛經也又曰
言大功初死之麻變三年練後之葛首
要皆麻矣故閒傳謂之重麻也云期既
葬之葛帶者謂大功既葬葛帶以次差
之三寸有餘三年練之葛帶以次差之
則四寸有餘大功既葬葛帶小於練之

0012_0370-2

葛帶故反服練之故葛帶也又大功既
葬者首絰四寸有餘若要服練之葛帶
首服大功既葬之葛絰既麤細相似不
得爲五分去一爲帶之差故首絰與期
之絰五寸有餘進與期之既葬同也故
云絰期之絰是差次之冝也此注亦主
於男子矣其婦人之服於下閒傳篇具
釋也云此雖變麻服葛大小同耳者大
功初喪服麻之時首絰五寸餘要帶四
寸餘大功既葬之後首絰應合四寸餘
要帶本合三寸餘既服練之要帶四寸
餘則其首絰合五分加一成五寸餘也
是大功初死之麻齊衰既葬之葛與初
死之麻大小同耳云亦服其功衰者亦

0012_0371-1

上文也服其功衰謂服父之練衰也以
大功初喪者衰七升八升九升然服父
七升也云凡三年之喪既練始遭齊衰
大功之喪經帶皆麻者閒傳篇云斬衰
既練遭大功之喪既重麻則知斬衰既
練遭齊衰以然重麻故云經帶皆麻也
此熊氏皇氏之說檢勘鄭意其義然也
崔氏云此經大功之喪承前經之下既
有三年之練又有期喪既葬合大功既
葬之後故帶其練之故葛帶絰期之葛
絰於此經入其義得通然於閒傳之文
於義不合案閒傳斬衰既虞卒哭遭齊
衰之喪又云既練遭大功之喪文各別
則此經文大功唯據三年練後不合期

0012_0371-2

衰既葬也注云男子絰期之葛絰婦人
帶期之葛帶其誤者爲期絰期帶謂其
大功之絰大功之帶然於鄭注
其義稍乖也當以熊皇爲正也
小功無變也
無所變於大功齊斬之服不用輕
累重也○累步彼反又步僞反○
疏曰小功無變也謂先有大功以上喪
服今遭小功之喪無變於前服不以輕
服減累於重
也○服問
○ **如三年之喪則既穎其練祥皆行**
穎口迥反徐孔穎反沈苦頂
反○言今之喪既服穎乃爲
前三年者變除而練祥祭也此主謂先
有父母之服今又喪長子者其先有長

0012_0372-1

子之服今又喪父母其禮亦然然則言
未沒喪者已練祥矣穎草名無葛之鄉
去麻則用穎○疏曰如三年之喪則既
穎其練祥皆行此明前後俱遭三年之
喪後喪既受葛之後得爲前喪練祥既
穎者謂後喪既虞卒哭合以變麻爲葛
無葛之鄉則用穎也後喪既穎之後其
前喪須練祭祥祭皆舉行之又曰云此
主謂先有父母之服今又喪長子者其
先有長子之服今又喪父母其禮亦然
者以經不云長子之喪而云三年之喪
既穎明三年之文互包父母故知先有
長子之喪既穎也依禮父在不爲長子
三年今云先有長子之服今又喪父母

0012_0372-2

者庾氏及熊氏並云有父者誤也當應云今又發母不得并稱父也庾氏又云後喪既潁又前喪練祥皆行若後喪既殯得爲前喪虞祔未知然否且依録之云未没喪者已練祥矣者以此經云三年之喪既潁不云未没喪則知既潁與未没喪者別也既潁是既虞受服之時没喪是既練之後稱言未没是將没之文故知練後也若先有父喪而後母死練祥亦然以前文父死爲母三年也故喪服齊衰三年章云父卒則爲母是也若先有母喪而後父卒母喪雖有期父喪既潁母之練祥亦皆行也○雜記

○有父母之喪尚功

仪喪礼九

0012_0373-1

衰而附兄弟之殤則練冠附於殤此兄弟之殤謂大功親以下之殤也斬衰齊衰之喪練皆受以大功之衰此謂之功衰以是時而附大功親以下之殤大功親以下之殤輕不易服○䟽曰明有父母之喪既練之後得附兄弟小功之殤尚功衰者衰謂三年練後之衰升數與大功同故云功衰今已有父母之喪猶尚身着功衰今兄弟有殤在小功者當須附祭故云而附兄弟之殤則練冠附於殤者小功以下既輕不令改練時之服則身着練冠附祭於殤○同上

0012_0373-2

右並有喪服

久而不葬者唯主喪者不除其餘以麻終月數者除喪則已其餘謂旁親也以麻終月數不葬者喪不變也○䟽曰久而不葬者謂有事礙不得依月葬者則三年服身皆不得祥除也今云唯主喪者亦欲廣說子爲父妻爲夫臣爲君孫爲祖得爲喪主四者悉不除也其餘以麻終月數者其餘謂期以下至緦也麻終月數者主人既未葬故諸親不得變葛仍猶服麻各至服限竟而除也除喪則已者謂月足而

仪喪礼九　七十六

0012_0374-1

除不待主人葬除也然此皆藏之至葬則反服之也故下云及其葬也反服其服是也然雖緦亦藏服以其未經葬故也盧曰其下子孫皆不除也以主喪爲正耳餘親者以麻各終其月數除矣案服問曰君所主夫人妻大子適婦謂此在不除之例以尊主卑不得同以卑主尊無緣以卑之未葬而使尊者長服衰經也主喪不除唯於承重之身爲其祖若子之爲父臣之爲君妻之爲夫此之不除也○小記○又案司徒文子曰喪服既除然後乃葬則其服何服子思荅曰三年之喪未葬服不變除何有焉期大功之喪服其所除之服以葬既葬而

張本下象鼻題監生孫欽四字傳本剪去之

0012_0374-2

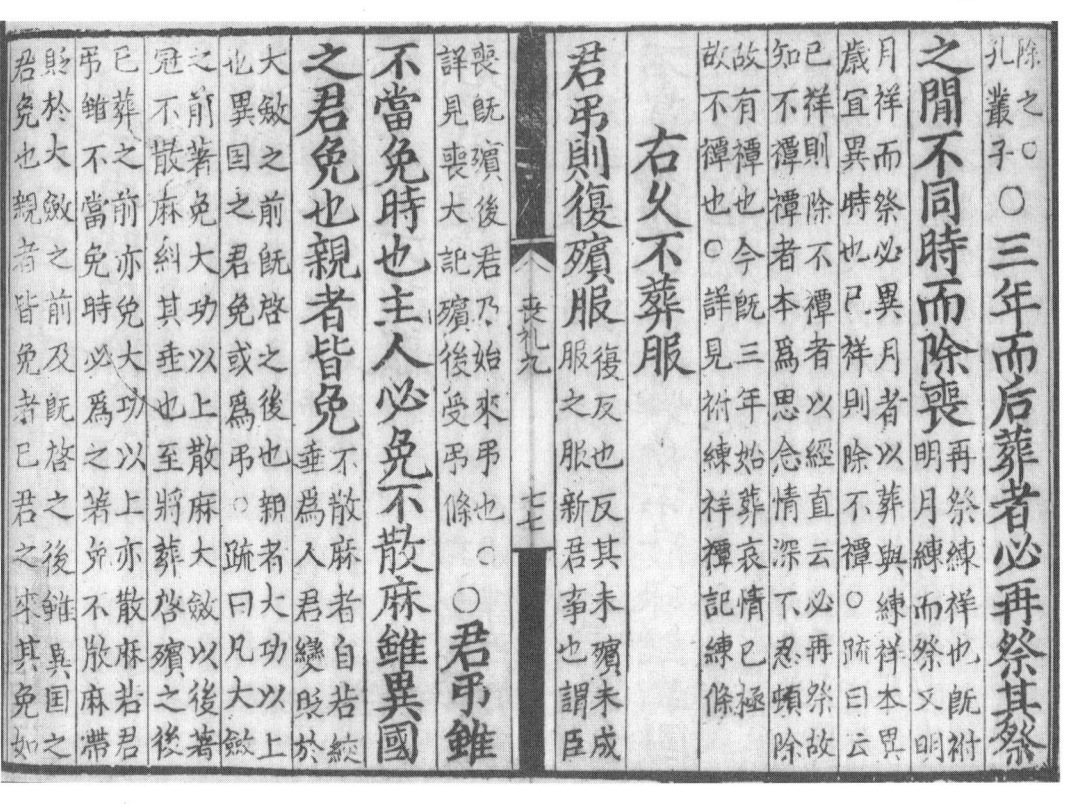

除之○孔叢子○三年而后葬者必再祭其祭之閒不同時而除喪再祭練祥也既祔明月練而祭又明月祥而祭必異月者以葬與練祥本異歲宜異時也已祥則除不禫○疏曰云已祥則除不禫者以經直云必再祭故知不禫禫者本爲思念情深不忍頓除故有禫也今既三年始葬哀情已極故不禫也○詳見祔練祥禫記練條

右久不葬服

君弔則復殯服復反也反其未殯未成服之服新君事也謂臣

0012_0375-1

喪既殯後君乃始來弔也○詳見喪大記殯後受弔條○君弔雖不當免時也主人必免不散麻雖異國之君免也親者皆免不散麻者自若絞垂爲人君變貶於大斂之前既啓之後也親者大功以上也異国之君免或爲弔○疏曰凡大斂之前著免大功以上散麻大斂以後著冠不散麻糾其垂也至將葬啓殯之後已葬之前亦免大功以上亦散麻若君弔雖不當免時必爲之著免不散麻帶貶於大斂之前及既啓之後雖異国之君免也親者皆免者已君之來其免如

張本下象鼻題監生留成四字傳本剪去之

0012_0375-2

此謂他國君來與已國君同主人爲之著免主人既免大功以上親者皆從主人之免敬異國君也異國之君尚然已君來弔主人著免則親者亦免可知也注云不散麻者自若絞垂者若如也大斂以前散麻帶垂大斂畢後絞其垂者今人君來弔自如尋常絞垂不散麻也所以然者爲人君變貶於大斂之前及既啓之後也○小記○當袒大夫至雖當踊絕踊而拜之反改成踊乃襲於士既事成踊襲而后拜之不改成踊詳見士喪禮奉尸侇于堂拜賓

0012_0376-1

條○諸侯弔雖已葬主人必免必免者尊人君爲之變也○小記○凡喪服未畢有弔者則爲位而哭拜踊客始來主人不可以殺禮待之○疏曰凡喪服未畢者是喪服未畢猶有餘日未滿其禮已殺若有人始來弔當爲位哭踊不以殺禮而待新弔之賓也言凡者五服悉然○雜記○主人未除喪有兄弟自他國至則主人不免而爲主親賓不崇敬也○疏曰夫免必有時若葬後唯君來弔雖非時亦爲之免

0012_0376-2

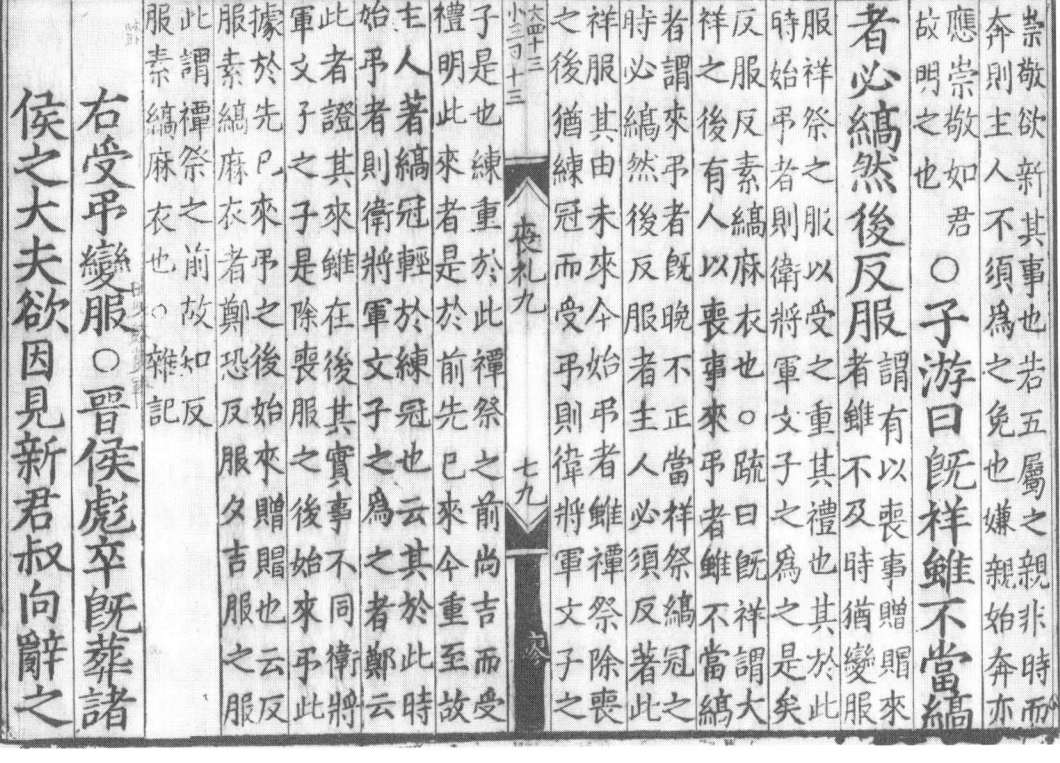

崇敬欲新其事也若五屬之親非時而
奔則主人不須爲之免也嫌親始奔亦
應崇敬如君故明之也○子游曰既祥雖不當縞
者必縞然後反服謂有以喪事贈賵來者雖不及時猶變服
服祥祭之服以受之重其禮也其於此時始弔者則衛將軍文子之爲之是矣
反服反素縞麻衣也○䟽曰既祥謂大
祥之後有人以喪事來弔者雖不當縞
者謂來弔者既晚不正當祥祭縞冠之
時必縞然後反服者主人必須反著此
祥服其由未來今始弔者雖禪祭除喪
之後猶練冠而受弔則偉將軍文子之

大四十三　小三百十三

喪礼九　七九

0012_0377-1

子是也練重於此禪祭之前尚吉而受
禮明此來者是於前先已來今重至故
主人著縞冠輕於練冠也云其於此時
始弔者則衛將軍文子之爲之者鄭云
此者證其來雖在後其實事不同衛將
軍文子之子是除喪服之後始來弔此
據於先已來弔之後始來贈賵也云反
服素縞麻衣者鄭恐反服夕吉服之服
此謂禪祭之前故知反服素縞麻衣也○雜記
右受弔變服○晉侯彪卒既葬諸
侯之大夫欲因見新君叔向辭之

0012_0377-2

曰大夫之事畢矣送葬禮畢而又命孤
孤斬焉在衰絰之中其以嘉服見
則喪禮未畢其以喪服見是重受
弔也大夫將若之何皆無辭以見
昭十年春秋左氏傳○將軍文子之喪既除
喪而后越人來弔主人深衣練冠
待于廟垂涕洟主人文子之子簡子瑕也深衣練冠
凶服變也待于廟受弔不迎賓也子游觀之曰將
軍文氏之子其庶幾乎云於禮者
之禮也其動也中中丁仲反○禮之變○䟽曰

仪喪礼九　八十

0012_0378-1

既除喪大祥祭之後身著深衣是
既祥之麻衣也首著練冠謂未祥
之練冠也又曰此謂由來未弔者
故練冠若曾來已弔祥後爲喪事
更來雖不及祥祭之日主人必服
祥之日服以受之故雜記云既祥
雖不當縞者必縞然後反服注云
謂有以喪事贈賵來者雖不及時

張本下象鼻題監生秦淳四字傳本剪去之

0012_0378-2

攝變則服祥祭之服以受之重其禮也雜記經文本爲重來者故緇冠衛將軍之子始來者故練冠故雜記注引此文者證祥後來弔之事一邊耳推此而言禫後始來弔者則著祥冠者禫後更來有事主人則著禫服其吉祭已後或來弔著其服無文除喪之後亦有弔法

故春秋文公九年秦人來歸僖公成風之禭是也○檀弓

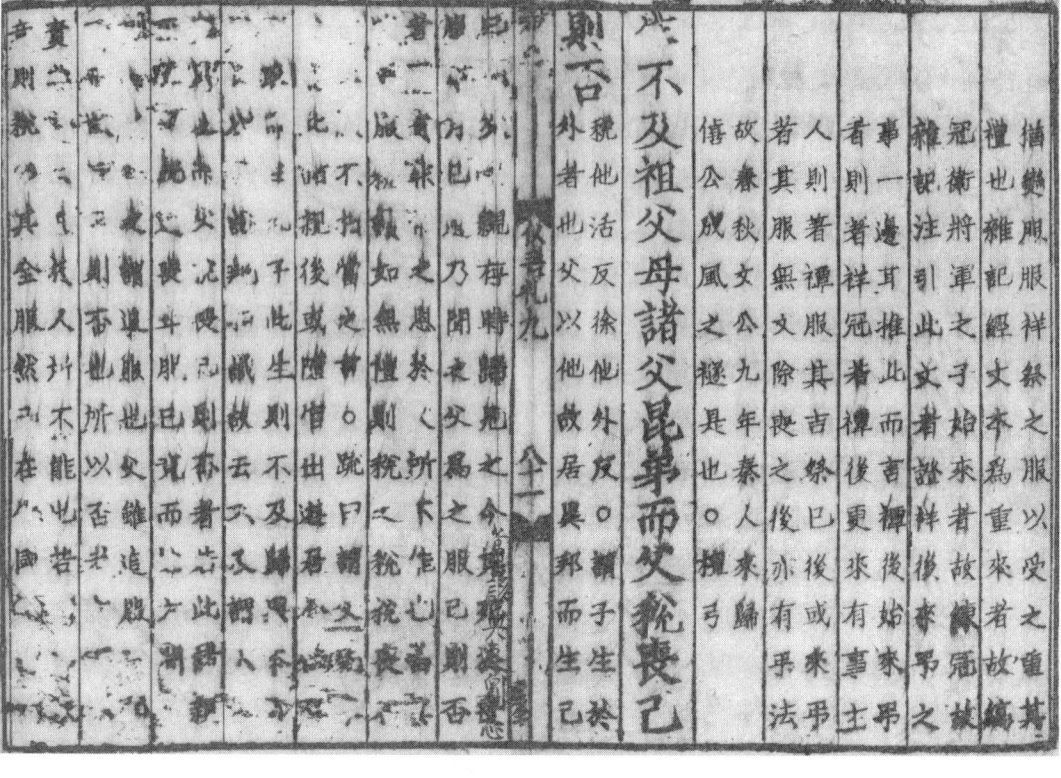

不及祖父母諸父昆弟而父稅喪己則否 稅他活反徐他外反○謂子生於外者也父以他故居異邦而生己

儀喪禮九

0012_0379-1

□□□親存時歸見之今□□□□□□□己□乃聞之父爲之服己則否者□責來之恩於□所□□□□□□服□如無禮則稅之稅稅喪□□□□不□當之節○疏曰謂□□□□此□禮後或隨官出遊□□□□□□此生則不及歸見□□□□□□□□去又及謂人□□□□□□況後□則稱者□此語□□□□□□□□已見而□□□□□□□□□□世父雖追□□□□□□則否也所以否者□□□□□人□不能也若□則稅□其全服然□在□□

0012_0379-2

本國有弟者謂假今父後又適他國更取所生之子則爲己弟故有弟也○小記○**聞遠兄弟之喪既除喪而后聞喪免袒成踊拜賓則尚左手** 小功緦麻不稅者也雖不服猶免袒尚左手吉拜也逸奔喪禮曰凡拜吉喪皆尚左手○疏曰此論小功以下之喪既除喪之後而始聞喪之節免袒成踊者小功以下應除之後服緦不稅而初聞喪亦免袒而成其踊也以本是五服之親爲之變也拜賓則尚左手者於時有賓來弔拜賓之時尚其左手謂左手在尚從吉拜也○奔喪○

儀喪禮九　全十二

0012_0380-1

爲君之父母妻長子君已除喪而后聞喪則不稅 臣之恩輕也謂卿大夫出聘問以他故久留 **在緦小功則稅之** 謂正親在齊衰大功者正親緦小功不稅矣曾子問曰小功不稅則是遠兄弟終無服也此句脫誤在是宜承父稅喪已則否○脫音奪 **近臣君服斯服矣其餘從而服不從而稅** 謂君出朝覲不時反而不知喪者近臣閽寺之屬也其餘羣介行人宰史也○疏曰近臣君服斯服矣者謂明臣獨行不稅此明賤臣從

0012_0380-2

君出朝覲在外或遇陰阻不時反國比
反而君諸親喪君自稅之而臣之卑近
者則從君服之非稅義也其餘爲臣之
貴者羣介行人宰史之屬若君親服限
未除而君既服之則臣下亦從而服之
也若限已竟而君稅之此臣不從君而
稅

君雖未知喪臣服已 從服者所從雖在外自若服也

○疏曰爲君之父母者此謂臣出聘不
在而君諸親喪而臣後方聞其喪時若
君未除則從爲服之若君已除則臣不
稅之所以然者恩輕故也降而在緦小
功者則稅之此句廣釋檀弓中曾子所
說也曾子所云小功不稅是正小功耳

儀喪禮九　八十三

0012_0381-1

若本大功以上降而在緦小功者○曾
則爲稅之本情重故也○小記

子曰小功不稅 據禮而言也日月已過乃聞喪而服曰稅大功

以上然小功輕不服○上時掌反 **則是遠兄弟終無服**

也 言相離遠者聞之恒晚 **而可乎** 以已恩怵之○疏曰此一節論

曾子怵於禮小功不著稅服之事曾子
以爲依禮小功之喪日月已過不更稅
而追服則是遠處兄弟聞喪恒晚終無
服而可乎言其不可也曾子仁厚禮雖
如此猶以爲薄故怵之此據正服小功
也故喪服小記云降而在緦小功者則

0012_0381-2

稅之其餘則否鄭康成義若限內聞喪
則追全服若王肅義限內聞喪但服殘
日若限滿即止假令如王肅之義限內
祗少一日乃始聞喪若其成服服未得
成即除也若其不服又何名追
服進退無理王義非也○檀弓

右稅服

席蓋重素不入公門 重直龍反○席蓋載喪車也雜記曰

士輤葦席以爲裳帷重素衣裳皆素也
○疏曰臣有死於公官可許將柩出門
不得將喪車凶物入之車比棺爲緩宜
停外也重素衣裳皆以素謂遺喪之服

儀喪禮九　八十四

0012_0382-1

亦不宜著入公門也注引雜記證席蓋
是喪車輤喪車｜｜｜邊牆也言席蓋
蓋謂士耳與士爲例御大夫喪車亦不得入 **苞屨扱衽厭冠**

不入公門 苞白素反扱初洽反衽而審反厭於涉反○此皆凶服也

苞藨也齊衰藨蒯之菲也問喪曰親始
死扱上衽深衣伏也喪冠厭伏苞或爲
菲○疏曰謂藨蒯之草爲齊衰喪屨扱
衽者親始死孝子徒跣扱上衽也厭冠
者素冠也厭帖無者纓爲五服喪所著
不得著入公門也苞謂杖齊衰之屨故
喪服杖齊衰章云疏屨者藨蒯之菲也
此云苞屨扱衽不入公門服問云唯公

0012_0382-2

[illegible]齊衰注云不杖齊衰也於公門[illegible]齊衰則大功有免絰也如鄭之言[illegible]入公門與否各有差降熊氏云父[illegible]喪惟杖上絰不入公門冠絰衰屨皆入也杖齊衰則屨不得入不杖齊衰又不得入其大功絰又不得入其小下[illegible]以下冠又不得入此厭冠謂小功以[illegible]之冠故云不入公門凡喪冠皆厭大功以上厭冠宜得入公門也凡喪屨宗喪服斬衰用菅屨杖齊衰用苞不杖齊衰用麻大功用繩故小記云齊衰三月與大功同者繩屨其小功以下鄭引舊說云小功以下吉屨無約

書方衰凶器不以告不入

0012_0383-1

公門此謂喪在內不得不入當先告君耳方板也士喪禮下篇曰書賵於方若九若七若五凶器明器也○疏曰此謂臣有死於公宮應須凶具此丁諸物並宜告而後入者也書謂條錄送死者物件數目多少如今死人移書也方板也者百字以上用方板書之衰者孝子喪服也厭冠苞屨尚不入衰告乃入者熊氏云上不入謂公宮庫雉路之門今此不入公門者國城之門謂卿大夫之喪從外來恐非也蓋公門非一或是公之外門及百官治事之處君許其在[illegible]殯及將葬之禮故[illegible]告乃入也○曲禮

○三年之喪以衰

0012_0383-2

裳入朝非禮也是謂君與臣同國臣有喪事而不歸反服其衰裳以入朝是謂君臣同國無尊卑也有喪不歸唯君耳臣有喪當致仕而歸○疏曰君之喪而在國臣有喪而不歸家是君與臣共國也○禮運

○凡見人無免絰雖朝於君無免絰唯公門有稅齊衰詳見喪服義○季武子寢疾蟜固不說齊衰而入見曰斯道也將亡矣士唯公門說齊衰蟜居表反說他活反本亦作稅

0012_0384-1

徐又申鋭反見賢遍反○季武子魯大夫季孫夙也世爲上卿強且專政國人事之如君蟜固能守禮不畏之矯失俗也道猶禮也○檀弓

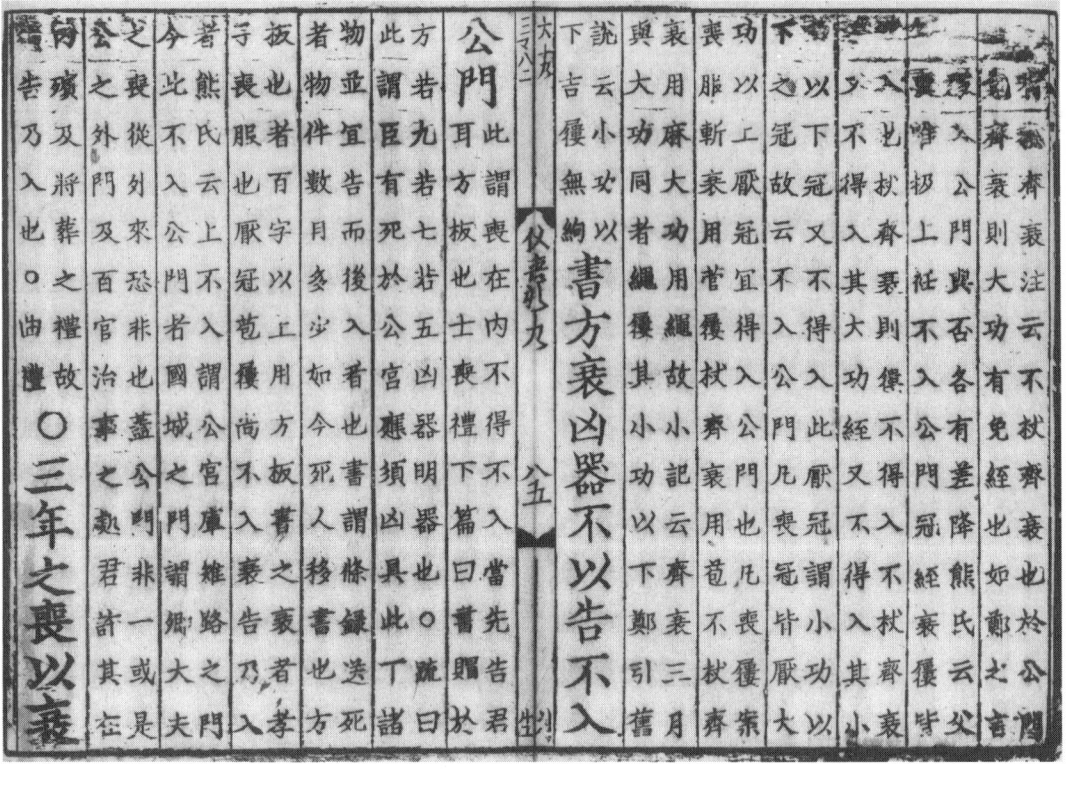

○麻者不紳執玉不麻麻不加於采紳音申○吉凶不相干也麻謂絰也紳大帶也喪以要絰代大帶也麻不加於采衣采者不麻謂弁絰者必服弔服是也采玄纁之衣○疏曰麻者不紳麻謂絰紳謂大帶言著要絰者而不得復著大帶也故在喪以絰代紳執玉不麻者謂平常手執玉行禮不得服衰麻也案聘禮已國君薨至於主國衰而出注云於是可以凶服將事

0012_0385-1　0012_0384-2

以行聘饗之事執玉得服衰經者彼謂受主君小灩得以凶服若行聘饗大事則吉服故鄭云其聘饗之事自若吉也謂得著吉服麻不加於采者謂弁經之府不得加於玄衣纁裳之采也○雜記○小功不說笏當事免則說之免音問○疏曰悲哀哭踊之時不在於記事也小功輕不當事可以搢笏也○玉藻○君之喪子大夫寢門之外杖寢門之內輯之夫人世婦在其次則杖即位則使人執之子有王命則

二十五 十二 喪礼九 八七

去杖國君之命則輯杖聽卜有事於尸則去杖大夫於君所則輯杖於大夫所則杖輯側立反去起呂反○輯斂也斂者謂舉之不以拄地也夫人世婦次於房中即位堂上近尸殯使人執杖不敢自持也子於國君之命輯杖下成君不敢敵之也卜卜葬卜日也凡喪祭虞而有尸大夫於君所輯杖謂與之俱即寢門外位也獨焉則杖君謂子也於大夫所扶俱爲君杖不相下也○拄知主反○疏曰子大夫寢門之外杖者子謂兼適庶及世子也寢門殯宮門

0012_0386-1　0012_0385-2

也子大夫廬在寢門外得持杖拄地行以至寢門也寢門之內輯之者斂之不拄地殯柩在門內神明所在故入門斂之不敢拄地也若庶子至寢門則去杖不得持入也此大夫與子同者謂大夫特來不與子相隨也若與子相隨子杖則大夫輯子輯則大夫去杖故下文云大夫於君所則輯杖是也夫人世婦在其次則杖者次謂婦人居喪之地在房內則得持杖拄地也即位則使人執之房者婦人之位在堂堂上有殯若出房即位則不復自執但使人代執之自隨不拄地也子有王命則去杖者子亦謂世子也世子若有天子之命對之則不敢

儀喪礼九 八八

杖故去之以尊王命也國君之命則輯杖者國君若鄰國之君使人來弔雖爲敵國而世子自卑未敢比成君故自斂杖以敬彼君命也聽卜有事於尸則去杖者聽卜謂卜葬卜日也有事於尸謂虞及卒哭祔祭事尸時也敬卜及尸故去杖也大夫於君所則輯杖者君謂世子也若大夫與世子俱來在門外位大夫則輯杖敬嗣君也於大夫所則杖者大夫若不與世子俱來而與諸大夫俱在門外位既同是爲君杖無相敬下故並得杖拄地也云大夫於君所輯杖謂與之俱即寢門外位也者以經云子大夫寢門之外杖故知是寢門外位若寢

0012_0386-2

門內位則君亦輯之大夫當去杖也▲大記○大夫之喪大夫有君命則去杖大夫之命則輯杖內子爲夫人之命去杖爲世婦之命授人杖爲于僞反○大夫有君命去杖此指大夫之子也而云大夫者通實大夫有父母之喪也授人杖與使人執之同也○疏曰大夫有君命則去杖者大夫即大夫嗣子也嗣子而云大夫者鄭云通實大夫有父母之喪也對君命亦然也大夫及嗣子有君命則去杖以敬之也大夫之命則輯杖者若嗣子對彼大

0012_0387-1

夫之使則斂杖以自卑下之也若兩大夫自相對則不去杖敵無所下也內子爲大夫之命去杖者內子卿妻若卿大夫妻有夫及長子喪君夫人有命弔已者皆爲夫人之命去杖也爲世婦之命授人杖者若有君之世婦命弔內子敬之則使人執杖以自隨也世婦卑於夫人隨而不去也經云大夫之喪不擧命婦而擧內子卿妻者擧內子則命婦可知也文相互也欲見卿喪與大夫同又曰經云大夫之喪則其子非大夫也今云大夫有君命是謂子爲大夫經雖以子爲主兼通身實爲大夫有父母喪也○士之喪於君命

0012_0387-2

夫人之命如大夫於大夫世婦之命如大夫疏曰於君命夫人之命如大夫者謂士之子於君命其妻於夫人之命如大夫之禮君命夫人之命皆去杖於人夫世婦之命如大夫者謂士之子於大夫之命其妻於世婦之命如大夫於大夫之禮大夫之命則輯杖世婦之命則授人杖也於大夫世婦之命如大夫定本如大夫作如夫人二字異義亦通云士之禮死與往日生與來日者殯是爲死者故數往日爲三日杖是爲生者故數來日爲三日云主婦容妾爲君女子子在室者前經大夫之喪云主人

0012_0388-1

主婦此士之喪直云婦人皆杖婦人是衆羣婦故知容妾爲君及女子子在室者也以其皆杖故也○子皆杖不以即位子謂凡庶子也不以即位與去杖同大夫士哭殯則杖哭柩則輯杖哭殯謂既塗也哭柩謂啓後也大夫士之子於父父也尊近哭殯可以杖天子諸侯之子於父父也君也尊遠杖不入廟門○疏曰子皆杖不以即位皇氏云子謂大夫士之庶子也不以杖即位辟適子也所以知此是大夫士庶子者見下有大夫士適子哭殯哭柩推此大夫士適子故知此是大夫士之庶子

張本下象鼻題監生留成四字傳本剪去之

0012_0388-2

也然案鄭注此云子謂凡庶子也凡於
貴賤則庶子是也容人君適子入門輯
杖猶得即位庶子宜在門外之位去之
故無即門內之位理也大夫士之適子
則得哭殯哭柩如下所說其庶子則宜
與人君之庶子同故並不得以杖即位
也熊氏云此文承上君大夫士之喪下
則此謂君大夫士之庶子故注云子謂
凡庶子義亦通也又曰不以杖即位鄭
恐人疑庶子雖不得以杖即位猶得輯
之入門故明之也言與去杖同凡去杖
者不復輯也大夫士哭殯則杖哭柩則
輯杖知大夫士謂大夫士之適子哭殯則
杖者既攢塗之後於父父也其尊偏近

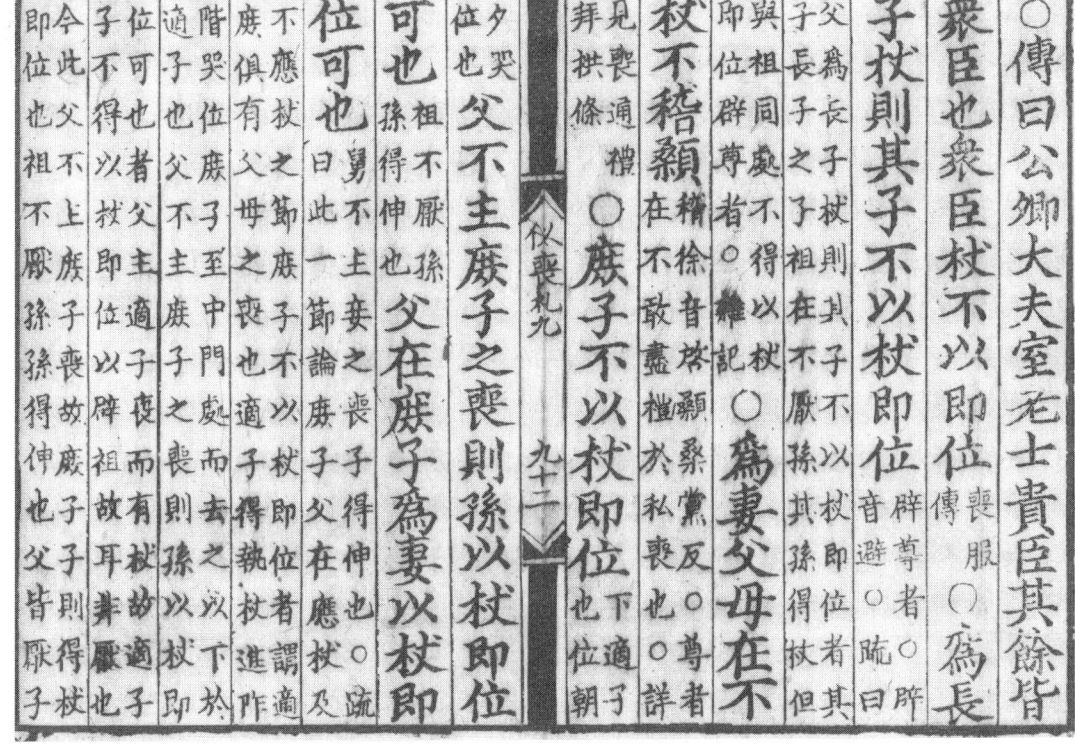

0012_0389-1

故哭殯可以杖也哭柩則輯杖者謂將
葬既啓之後對柩爲尊則斂去其杖又
曰哭柩謂啓後也者啓謂將葬啓殯而
出柩也知非未殯之前而哭柩者大夫
士之喪未殯之前則未杖也云天子諸
侯之子於父父也君也尊遠杖不入廟
門者天子諸侯其尊廣遠廟門去之內則杖廟
門謂殯宮所在故云廟也○已上大記

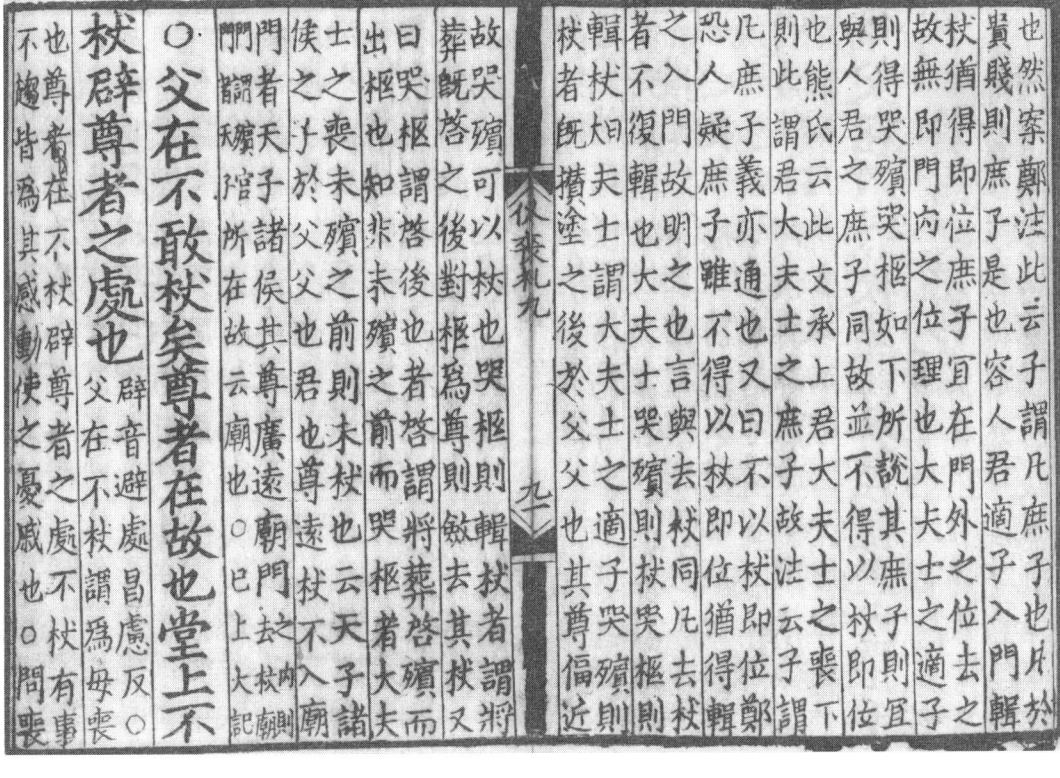

○父在不敢杖矣尊者在故也堂上不杖辟尊者之處也 辟音避處昌慮反○父在不杖謂爲母喪也尊者在不杖辟尊者之處不杖有事不趨皆爲其感動使之憂慼也○問喪

0012_0389-2

○傳曰公卿大夫室老士貴臣其餘皆衆臣也衆臣杖不以即位 喪服傳○爲長子杖則其子不以杖即位 辟尊者○辟音避○疏曰父爲長子杖則其子不以杖即位者其子長子之子祖在不厭孫其孫得杖但與祖同處不得以杖即位辟尊者○雜記 ○爲妻父母在不杖不稽顙 稽徐音啓顙桑黨反○尊者在不敢盡禮於私喪也○詳見喪通禮拜拱條 ○庶子不以杖即位 下適子也位朝

0012_0390-1

夕哭位也 父不主庶子之喪則孫以杖即位可也 祖不厭孫孫得伸也 父在庶子爲妻以杖即位可也 舅不主妾之喪子得伸也○疏曰此一節論庶子父在應杖及不應杖之節庶子不以杖即位者謂適庶俱有父母之喪也適子得執杖進阼階哭位庶子至中門處而去之以下於適子也父不主庶子之喪則孫以杖即位可也者父主適子喪而有杖故適子子不得以杖即位以辟祖故耳非厭也今此父不上庶子喪故庶子子則得杖即位也祖不厭孫孫得伸也父皆厭子

張本下象鼻題監生戴彝四字傅本剪去之

故舅主適婦喪而適子不杖大夫不服
賤妾妾子亦厭而降服以服其母也至
於祖雖尊貴而並不厭孫故大夫降庶
子而其孫不降其父也○鄭云謂雜記上
爲長子杖則其子不以杖即位鄭注辟
尊者禁祖不厭孫而長子之子不以杖
即位者以祖爲其父主喪辟尊不敢與
以杖即位耳猶如庶子之子亦非厭也
父不爲庶子主喪故其子以杖即位可也
父在庶子爲妻以杖即位可也者此謂
庶子也父不主其妻故其子得爲妻以
杖即位也雜記云爲妻父母在不杖亦
是庶子而云不杖者亦謂同官者也又
喪服注云爲其妻以杖即位謂庶子也

舅主適婦則適子不得杖舅不主庶
婦故庶子爲妻可以杖即位○小記○
女未廟見而死壻不杖不菲不次菲一本作
扉扶畏反○疏曰凡人爲妻齊衰杖而
菲屨今壻爲之不杖不菲不次菲草屨
也不次謂不別處止哀次也壻爲妻雖
服齊衰杖而菲屨及止哀次今未廟見
而死其壻唯服齊
衰而已○曾子問○童子何以不杖不
能病也婦人何以不杖亦不能病也詳見
喪服斬衰章○童子不杖不菲詳見喪服斬衰章○

婦人童子不杖詳見喪服衰○童子當室則
免而杖同上○古者貴賤皆杖叔孫武叔
朝見輪人以其杖關轂而輠輪者於是
有爵而后杖也轂工木反輠胡罪反又明尼反又胡管反○記
庶人失禮所由始也叔孫武叔魯大夫
叔孫州仇也輪人作車輪之官○仇音
求○疏曰關穿也輠廻也謂穿
車轂中而廻轉其輪○雜記○八十
齊喪之事弗及也王制○七十致政惟衰

麻爲喪同上○五十不成喪成猶備也所不能備謂不
致毀不散送之屬也七十唯衰麻在身言其餘居處飲食與
其時同也○疏曰散送謂絰帶垂散麻
以送葬玉藻云五十不散送注云送喪
不散麻○大記○五十不散送散悉但反○送喪不散麻始衰
不備禮○疏曰始死三日之前要絰散
垂三日之後乃絞之至葬啓殯已後亦
散垂既葬乃絞五十既衰不
能備禮故不散帶○玉藻○子幼則
以衰抱之人爲之拜大記○童子無緦服

0012_0393-1　　　0012_0392-2

聽事不麻皆爲幼小不備禮也雖不服緦猶[illegible]深衣無麻往給事也
○䟽曰無緦服者童子唯當室與族人
爲禮有恩相接之義故遂服本服之緦
耳若不當室則情不能至緦故不服也
聽事不麻者鄭注云雖不緦服猶免深
衣無麻往給事也案問喪及鄭注之意
皆以童子不當室則無免而此注云猶
免者崔氏熊氏並云不當室而免者謂
未成服而來也問喪云不當室不免者
謂據成服之後也知猶免深衣者以經
但云無緦服是但不著緦服耳猶同初
著深衣也知免者以問喪云免者不冠
者之服故知未成服童子雖不當室初

似喪礼九　九五

著免也○王藻○或問曰免者以何爲也爲于僞反
○恠本所爲施也曰不冠者之所服也禮曰童
子不緦唯當室緦緦者其免也當室則
免而杖矣緦音思○不冠者猶未冠也當室謂無父兄而主家者也
童子不杖不杖者不免當室則杖而免免冠之細別以次成人也緦者其免也
言免乃有緦服也○冠古亂反○問喪○婦人不宜袒同上
○禿者不髽傴者不袒禿吐木反傴紆主反袒徒旱反

0012_0394-1　　　0012_0393-2

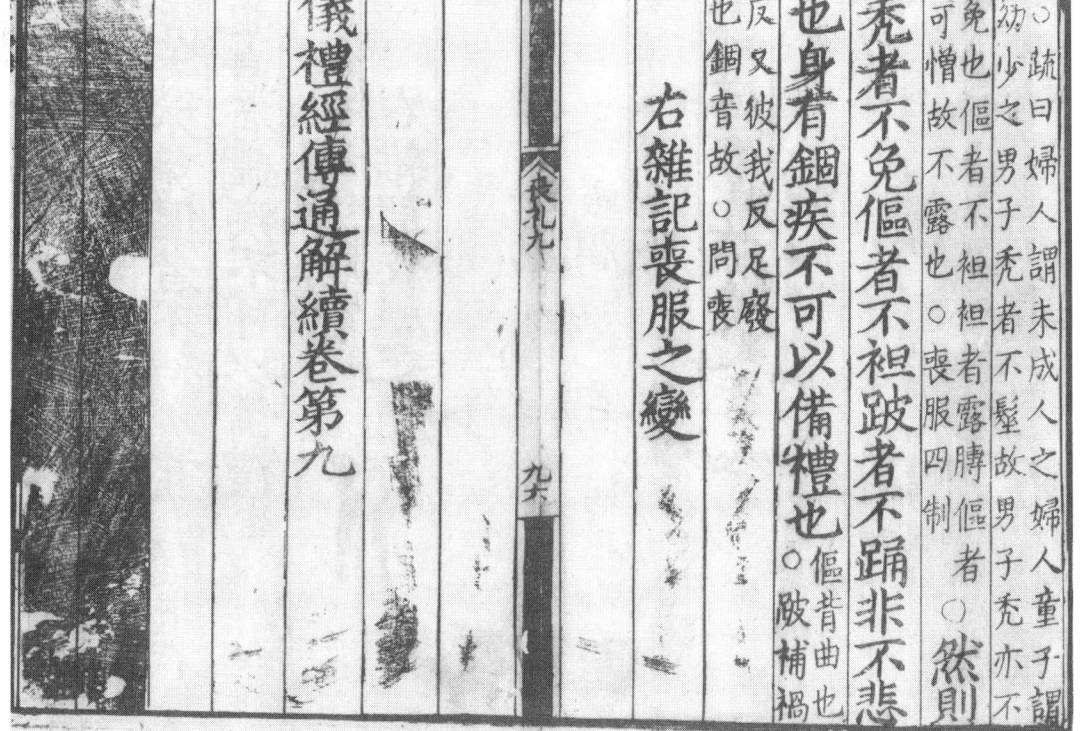

○䟽曰婦人謂未成人之婦人童子謂
幼少之男子禿者不髽故男子禿亦不
免也傴者不袒袒者露膊傴者
可憎故不露也○喪服四制然則
禿者不免傴者不袒跛者不踊非不悲
也身有錮疾不可以備禮也○傴背曲也跛補禍
反又彼我反足廢也錮音故○問喪
右雜記喪服之變

喪礼九　九六

儀禮經傳通解續卷第九

儀禮經傳通

喪服制度十

補 案喪服各有制度設官之不如度者禁之朝廷之制尚然則鄉黨亦自有制以故衣服不貳而風俗同後世漫無法度是以異政殊俗此知禮者所深嘆也故設為此篇以補其闕

小宗伯王崩縣衰冠之式于路門之外 縣音玄衰七雷反○制色宜齊同○疏曰式謂制及色故鄭云制色宜齊同知式中兼有色者案禮記問喪云斬衰貌若苴齊衰貌若枲齊斬之衰其色亦如貌故鄭知式中兼有色也○春官

○大僕縣喪首服之灋于宮門 首服之灋謂免髽笄總廣狹長短之數○夏官

○肆師禁外內命男女之衰不中灋者且授之杖 不中灋違升數與裁制者○春官

○司服掌王之吉凶衣服辨其名物與其用事 疏曰云辨其名物者衣服有名則物色有異同也○春官

○衰與其不當物也寧無衰 其不

亂禮不當物謂精麤廣狹不應法制○疏曰衰與其不當物也者此謂乃通於五服而初發斬衰也衰喪服也當猶應也物謂升縷及法制長短幅數也衰以表情故制有法度若精麤不應廣狹乖法便為失禮故云寧無衰也是雖有不如無也○檀弓

司服凡凶事服弁服 服弁喪冠也其服斬衰齊衰○此一條總言服制○春官

○斬衰冠六升外縪受冠七升 義服正服其冠皆同○疏曰斬章有正義故其冠同六升也云受冠七升者據至虞變除服葛時更以初死之冠六升布為衰更以七升布為冠

齊衰冠七升受冠八升 齊音咨○疏曰此據父卒為母齊衰三年而言也正服冠八升義服冠九升○喪服記

○齊衰大功冠其受也緦麻小功冠其衰也 疏曰齊衰大功冠其受服齊衰[illegible]升[illegible]人貫也大[illegible]升[illegible]服弁[illegible]

[illegible]為其衰入[illegible]

0012_0400-1　　0012_0399-2

爲受受衰九升冠十升降服大功衰七升冠十升既葬以其冠爲受受衰十升冠十一升正服大功衰八升冠十升既葬以其冠爲受受衰十升冠十一升義服大功衰九升冠十一升既葬以其冠爲受受衰十一升冠十二升以其初死冠升皆與既葬衰升[redacted]同故云冠其受也大功亦然云緦麻小功冠其衰也者以其降服小功衰十升正服小功衰十一升義服小功衰十二升緦麻十五升抽其半七升半冠皆與衰升數同故云冠其衰也○喪服疏衰杖期傳○

緦衰冠八升緦音歲○喪服記○此以上言冠之升數○

斬

儀喪禮十　三

衰冠鍛而勿灰鍛丁亂反○疏曰以冠爲首飾布倍衰裳而用六升又加以水濯勿用灰而已冠六升勿灰則七升已上皆用灰也○疏見喪服傳○

齊衰冠傳曰冠者沽功也疏曰斬冠六升不言功者六升縷麤之未得沽稱故不見人功此三年齊冠七升初入大功之境故言沽功始見人功沽麤之義故云麤功見人功麤大衰精者也○聲見喪服本章○

公子爲其母練冠爲其妻縓冠縓七絹反范會亂反○公子君之庶子也其或爲母謂妻子也○疏曰練

0012_0401-1　　0012_0400-2

冠者以練布爲冠縓者以布爲縓爲冠○詳見喪服父卒爲母條○此以上三條言冠之人功之異○

斬衰冠右縫外畢縫音逢又扶用反○右縫小功以下左縫外畢者冠前後屈而出縫於武也○疏曰云右縫小功以下左者大功以上哀重其冠三辟積鄉右爲之從陰小功緦麻哀輕其冠亦三辟積鄉左爲之從陽二者皆條屬但從吉從凶不同也云外畢者冠前後屈而出縫於武者也冠廣二寸落頂前後兩頭皆在武下鄉外出反屈之縫於武而爲之兩頭縫畢鄉外故云外畢○詳見喪服本章○

冠六升外縪縪音必○疏曰若吉冠則從武上鄉內縫之縪餘在內謂之內縪若凶冠從武下鄉外縫之謂之外縪○詳見士喪禮成服條

儀喪禮十　四

三年之喪冠亦右縫小功以下左左辟象吉輕也○辟必亦反○疏曰小功以下輕故縟同吉縫左也○雜記○

古者冠縮縫今也衡縫縮所六反衡依注音橫華彭反○縮從也今禮制衡讀爲橫今冠橫縫以其辟積多○辟子亦反

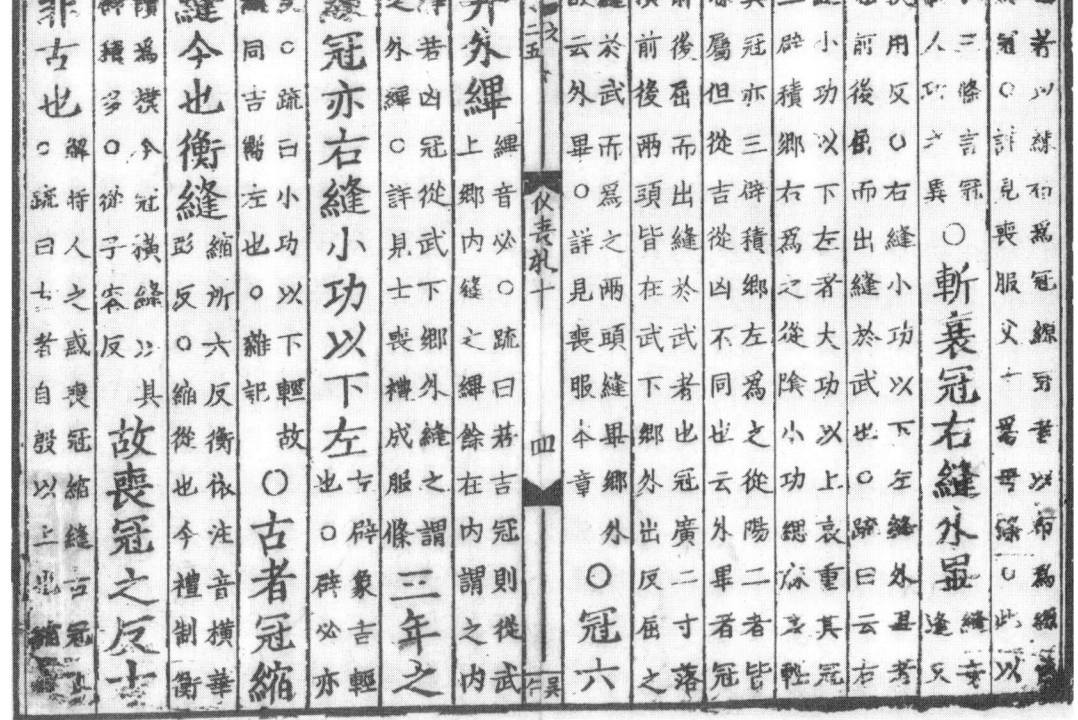

故喪冠之反吉非古也解時人之惑喪冠縮縫古冠亦○疏曰古者自殷以上質吉冠

0012_0401-2

也殺以上賀吉凶冠皆直縫直縫者[illegible]積褊少故一一前後直縫之今也衡[illegible]者今周也衡横也周世文冠多辟積不復一一直縫但多作褊而并横縫之故喪冠之反吉非古也者周吉冠文故多積褊而横縫也若喪冠質猶疏辟而直縫是喪冠與吉冠相反故云喪冠之反吉也而時人因謂古時亦喪冠與吉冠反故記者釋云非古也○王是周世如此耳古則吉凶冠同從縫○檀弓○此以上四條論冠縫之制○

斬衰冠繩纓

疏曰以六升布爲冠又屈一條繩爲武垂下爲纓又齊衰冠纓用布則知此繩纓不用苴麻用枲麻○喪

0012_0402-1

服本章○

疏衰冠布纓

疏曰此布纓亦如上繩纓以一條爲武垂下爲纓也○喪服本章○

緦冠繰纓

繰音早○繰當爲澡麻帶經之澡聲之誤也謂有事其布以爲纓○疏曰緦冠繰纓緦衰冠治縷不治布又用澡治緦布爲纓以輕故也又曰經之澡字絲旁爲之非澡治之義故讀從喪服小記下殤澡麻帶經之澡云謂有事其布以爲纓者緦麻既有事其縷就上澡之是又治其布故云有事其布謂據布俱治○雜記○

冠繩纓條屬

屬音燭○屬猶著也通屈一條繩爲武垂下爲纓著之冠也○

0012_0402-2

疏曰吉冠則纓武別材凶冠則纓武同材謂將一條繩從額上約之至項後交過兩相各至耳於武綴之各垂於頤下結之云著之冠者武纓皆上屬著冠冠六升外畢是○喪服本章○

纓條屬厭

厭一涉反○通屈一條繩爲武垂下爲纓屬之冠厭伏也○疏曰云厭伏也者以其冠在武下過鄉上反縫著冠冠在武下故云厭也○詳見士喪禮成服條○

喪冠條屬以別吉凶三年之練冠亦條屬

別徐彼列反○別吉凶者吉冠不條屬也條屬者通屈一條繩若布爲武垂下爲纓屬之冠象

0012_0403-1

大古喪事略也吉冠則纓武異材焉

○材才再反又如字○疏曰此言吉冠則纓與武各別喪冠則纓與武共材也條屬者屬猶著也謂取一條繩屈之爲武垂下爲纓以著冠故云條屬也吉凶既異故云別吉凶也三年之練冠亦條屬右縫者三年練冠小祥之冠也雖微入吉亦猶條屬與凶冠不異也吉冠則纓武異材焉者王藻云縞冠玄武之屬是異材也材謂材其○雜記○

喪冠不緌

○緌本又作綏同耳佳反○去飾○檀弓○此以上七條論纓武緌之制○

委武玄縞而后蕤

委武冠卷也秦人曰委齊

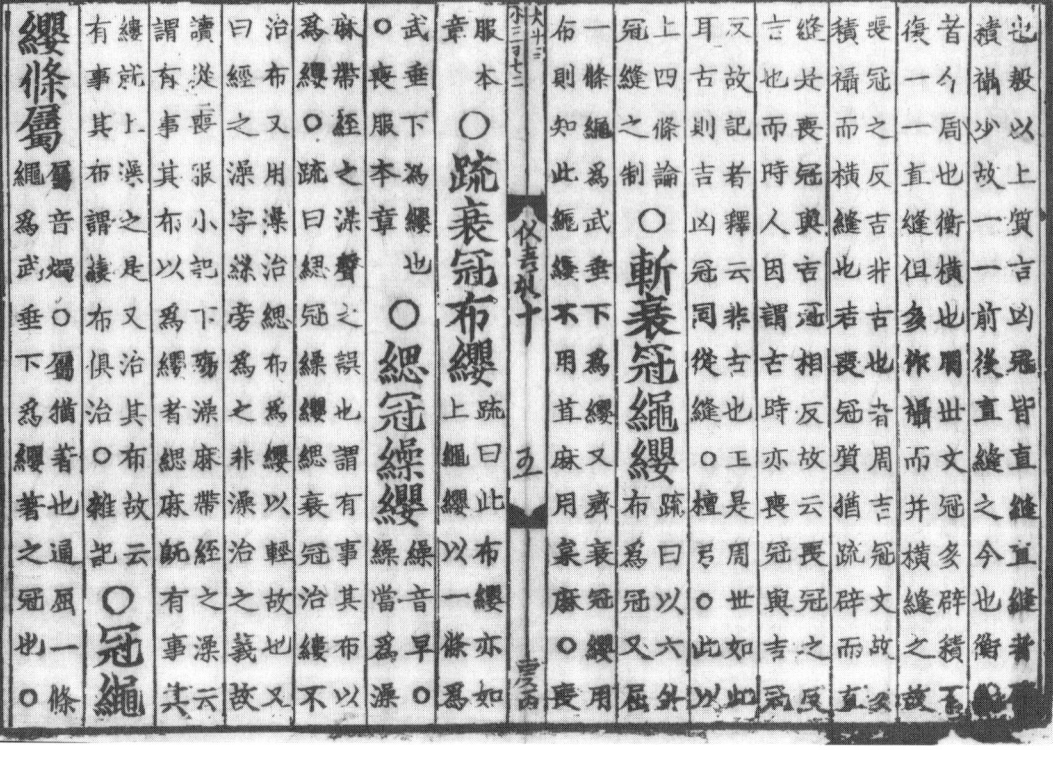

張本下象鼻題監生秦淳四字傳本剪去之

0012_0404-1　0012_0403-2

東曰武玄玄冠縞縞冠也○卷苦圓反
○跪曰委武玄縞而后蕤者委武皆冠
卷也秦人呼卷爲委齊人呼卷爲武也
玄玄冠也縞縞冠也玄縞二冠旣先有
別卷後乃可蕤故云而后蕤也而大祥
縞冠亦有蕤何以知之前旣云縞冠亦
絛屬右縫則知縞不絛屬旣
別安卷灼然有蕤也○雜記○縞冠玄
武子姓之冠謂父有喪服子爲之不純
吉也○跪曰武用玄玄是
吉冠用縞縞是凶故云不純
吉也○詳見變除練受服條○縞冠素
紕旣祥之冠跪曰紕緣邊謂緣冠兩邊
及冠卷之下畔其冠與卷

仪丧礼十　七

身皆用縞但以素緣耳縞是生綃而近
吉○詳見變除大祥除服條○此三條
論玄縞
冠制

右冠制又案檀弓練角瑱跪曰人
君平常用玉爲之以掩於
耳在初喪亦無至小祥微飾以角
爲之○詳見變除練條制度附見
於
此

斬衰苴絰傳曰苴絰者麻之有蕡者也
苴七如反絰大結反蕡扶云反○跪曰
爾雅云蕡枲實注云蕡麻子也以色言

0012_0405-1　0012_0404-2

之謂之苴以實言之謂之蕡下言牡
對蕡爲名言枲者對苴生稱也枲是牡
麻蕡是子麻
○喪服本章○跪衰牡麻絰傳曰牡麻
者枲麻也枲思似反○跪曰牡麻者枲
麻也者此枲對上章苴是惡
色則枲是好色故間傳云斬衰
貌若苴齊衰貌若枲也○本章○跪衰
期牡麻絰本章不杖者本章跪衰牡麻絰無
受本章大功牡麻絰無受本章大功牡麻絰
總衰牡麻絰本章小功澡麻帶絰跪曰謂以

仪丧礼十　八

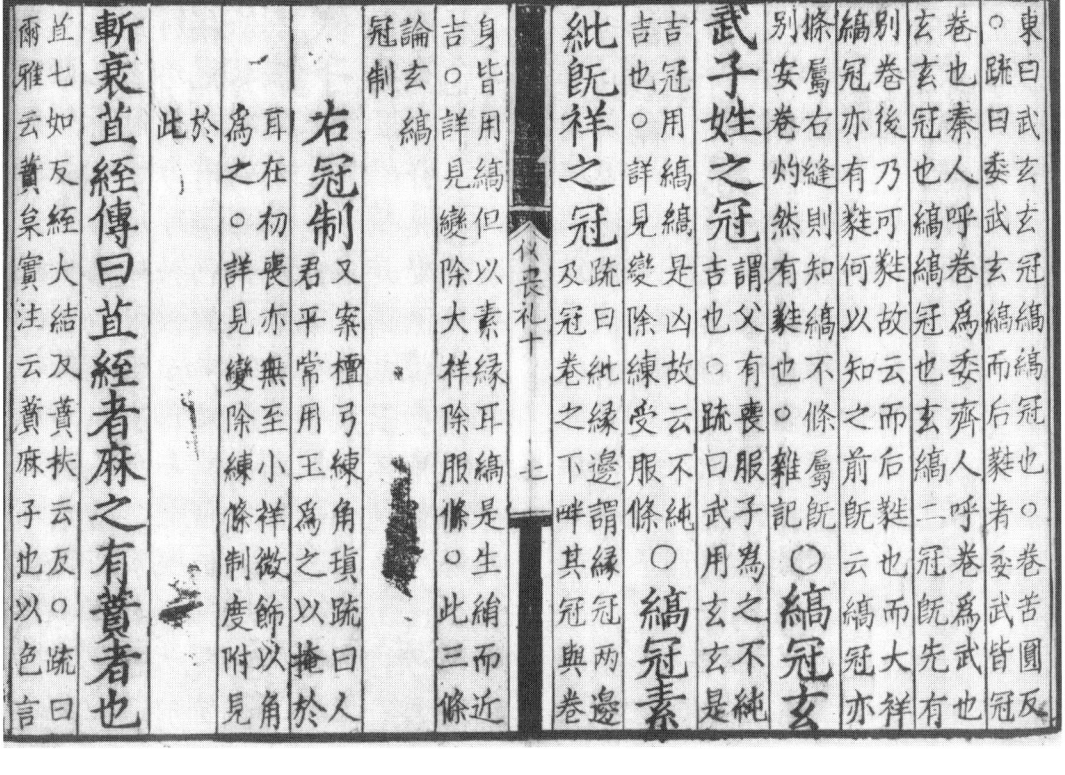

枲麻又治莩垢使之滑淨以其入輕
竟也○莩音敷垢古口反○本章小
功牡麻絰今案喪服齊衰大功小功皆
言牡麻絰則齊衰以下皆牡
麻絰惟殤小功一章
澡麻帶絰○本章○公子爲其母麻
爲其妻葛絰麻者緦麻之絰帶也葛絰
者以葛爲絰帶○跪曰云
麻者緦麻之絰帶也者以絰有二麻上
麻爲首絰腰絰知一麻而含二絰者斬
衰云苴絰鄭云麻在首在腰皆曰絰故
知此亦然知緦麻之麻者以其此言麻
緦麻亦云麻又見司服弔服環絰鄭云
大如緦之絰則此云子爲母雖在五服

0012_0405-2

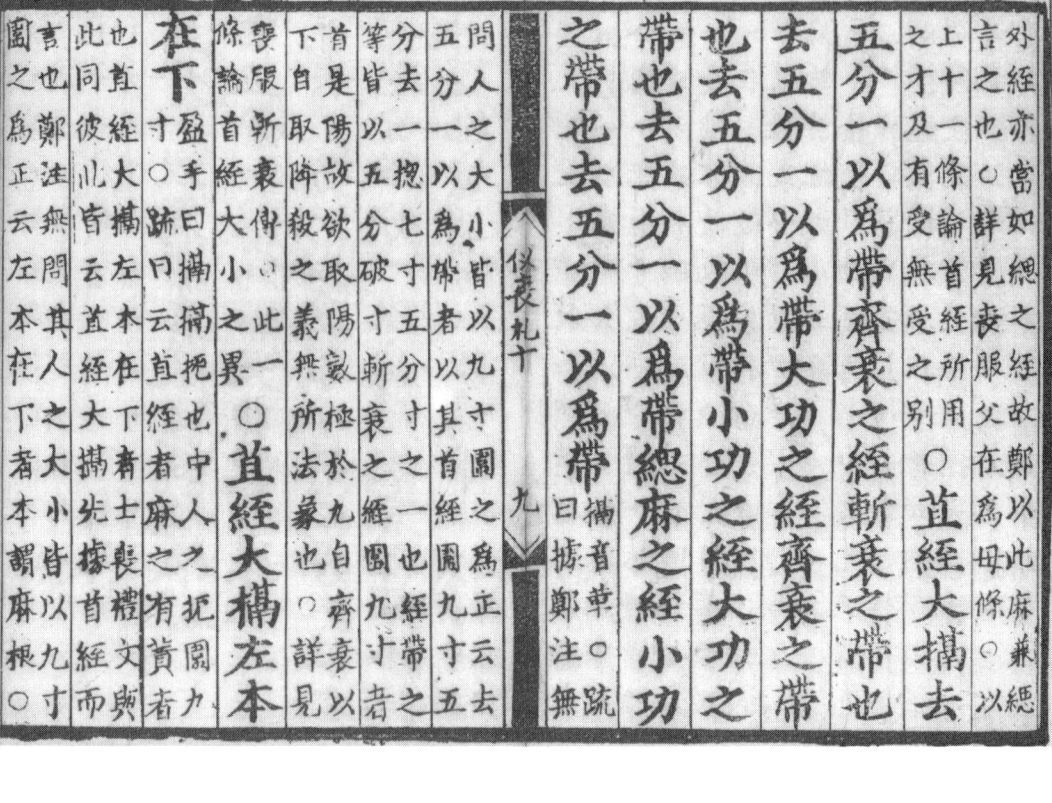

外經亦當如總之經故鄭以此麻兼總言之也○詳見喪服父在爲母條○以上十一條論首經所用之才及有受無受之别○苴經大搹去五分一以爲帶齊衰之經斬衰之帶也去五分一以爲帶大功之經齊衰之帶也去五分一以爲帶小功之經大功之帶也去五分一以爲帶總麻之經小功之帶也去五分一以爲帶搹音革○䟽曰據鄭注無

儀喪礼十　九

0012_0406-1

問人之大小皆以九寸圍之爲正云去五分一以爲帶者以其首經圍九寸五分去一摠七寸五分寸之一也經帶之等皆以五分破寸斬衰之經圍九寸者首是陽故欲取陽數極於九自齊衰以下自取降殺之義無所法象也○詳見喪服斬衰傳○此一條論首經大小之界○苴經大搹左本在下盈手曰搹搹扼也中人之扼圍九寸○䟽曰云苴經者麻之有蕡者也苴經大搹左本在下者士喪禮文與此同彼此皆云苴經大搹先據首經而言也鄭注無問其人之大小皆以九寸圍之爲正云左本在下者本謂麻根○

0012_0406-2

同上○牡麻經右本在上䟽曰云牡麻經右本在上者上章爲父左本在下者則此爲母故本本在上也○詳見喪服齊衰傳○苴經大鬲不本在左牡麻經右本在上苴經斬衰之經也牡麻經者齊衰以下之經也○詳見士喪禮○此以上三條論首經左右本○其長殤皆九月纓經其中殤皆七月不纓經經有纓者謂其重也自大功已上經有纓以一條繩爲之小功已下經無纓也○䟽曰經之有纓所以固經猶冠之有纓以固冠亦

儀喪礼十　十

0012_0407-1

結於頤下也五服之正無七月之服唯此大功中殤有之故禮記云九月七月之喪三時是也○詳見喪服大功章○大功牡麻經纓本章○此兩條論首經有纓無纓之别

右首經制

司服凡弔事弁經服弁經者如爵弁而素加環經經大如緦之經○䟽曰爵弁之形以木爲體廣八寸長尺六寸以三十升布染爲爵頭色赤多黑少今爲弁經之弁其體亦然但不同爵色之布而用素爲之故云如

0012_0407-2

爵弁而素云加環絰者凡五服之絰皆兩股絞之今言環絰即與絞絰有異矣謂以麻爲體又以一股麻爲體糾而横纏之如環然故謂之環絰加於素弁之上故言加環絰也云絰大如緦之絰者弔服環絰大小無文但五服之絰緦絰最小弔服之絰亦不過之是以約同緦絰故云絰大如緦之絰也○詳見補弔服

錫衰緦衰疑衰服皆弁絰疏曰三衰皆同弁絰

其婦人首服即鄭注喪服云凡婦人弔服吉笄無首素總是也○詳見錫衰緦衰疑衰之制條○又案大夫弔於命婦錫衰傳疏云凡婦人相弔吉笄無首素

0012_0408-1

總者女子子爲父母卒哭折吉笄之首布總此弔服用吉笄無首素總又男子冠婦人笄相對婦人喪服又笄總相對上注男子弔用素冠故知婦人弔亦吉笄無首素總也○春官

弁師王之弁絰弁而加

環絰弁絰王弔所服也其弁如爵弁而素而加環絰環絰者大如緦之麻絰纏而不糾司服職曰凡弔事弁絰服○疏曰云其弁如爵弁而素者案曾子問云麻弁絰鄭云麻弁絰者布弁而加環絰也此不言麻者皆素爲之故云而素也云而加環絰者謂先著素弁於下乃上加環絰故云加也環絰者大如緦

0012_0408-2

之絰者緦麻絰一服之輕者弔服亦然故約同也但緦之絰則兩股環絰以一股纏之不糾粗細同耳引司服者證弁絰是弔服之絰

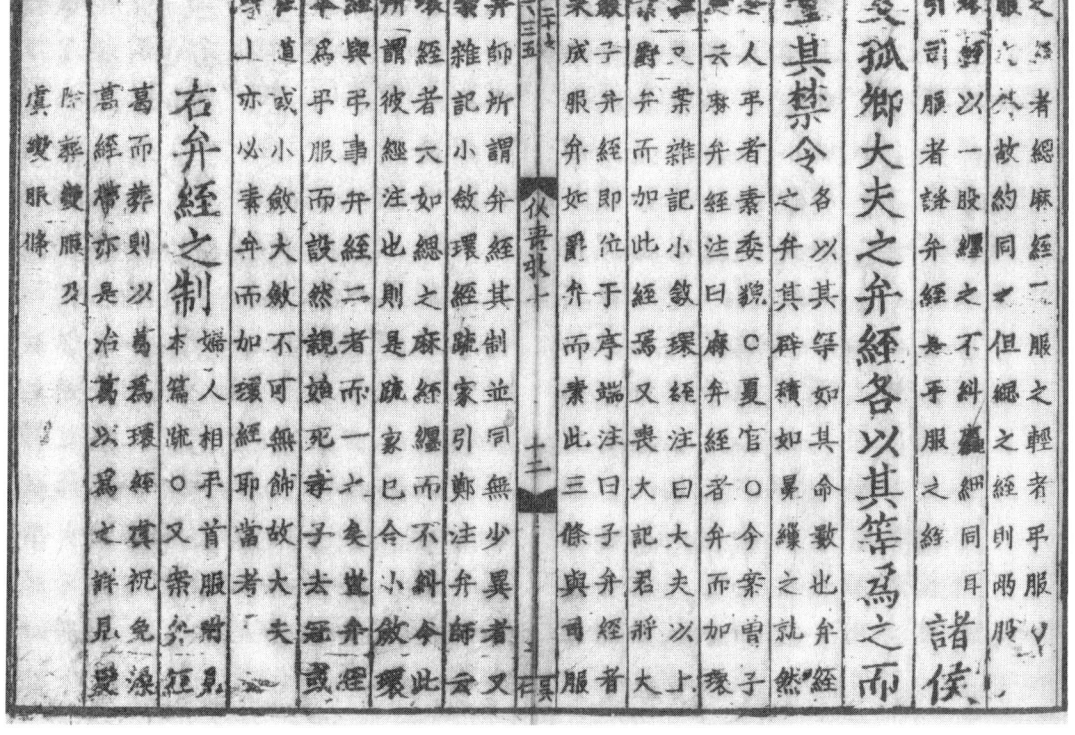

諸侯及孤卿大夫之弁絰各以其等爲之而

素其禁令各以其等如其命數也弁絰之弁其辟積如冕繅之就然

□人弔者素委貌○夏官○今案曾子問云麻弁絰注曰麻弁絰者弁而加環絰又案雜記小斂環絰注曰大夫以上爵弁而加此絰爲又喪大記君將大斂子弁絰即位于序端注曰子弁絰者來成服弁如爵弁而素此三條與司服

0012_0409-1

弁師所謂弁絰其制並同無少異者又案雜記小斂環絰疏家引鄭注弁師云環絰者大如緦之麻絰纏而不糾今此所謂彼緦注也則是疏家已合小斂環絰與弔事弁絰二者而一之矣豈弁絰本爲弔服而設然親始死孝子去冠或笄纚或小斂大斂不可無飾故大夫以上亦必素弁而加環絰耶當考者

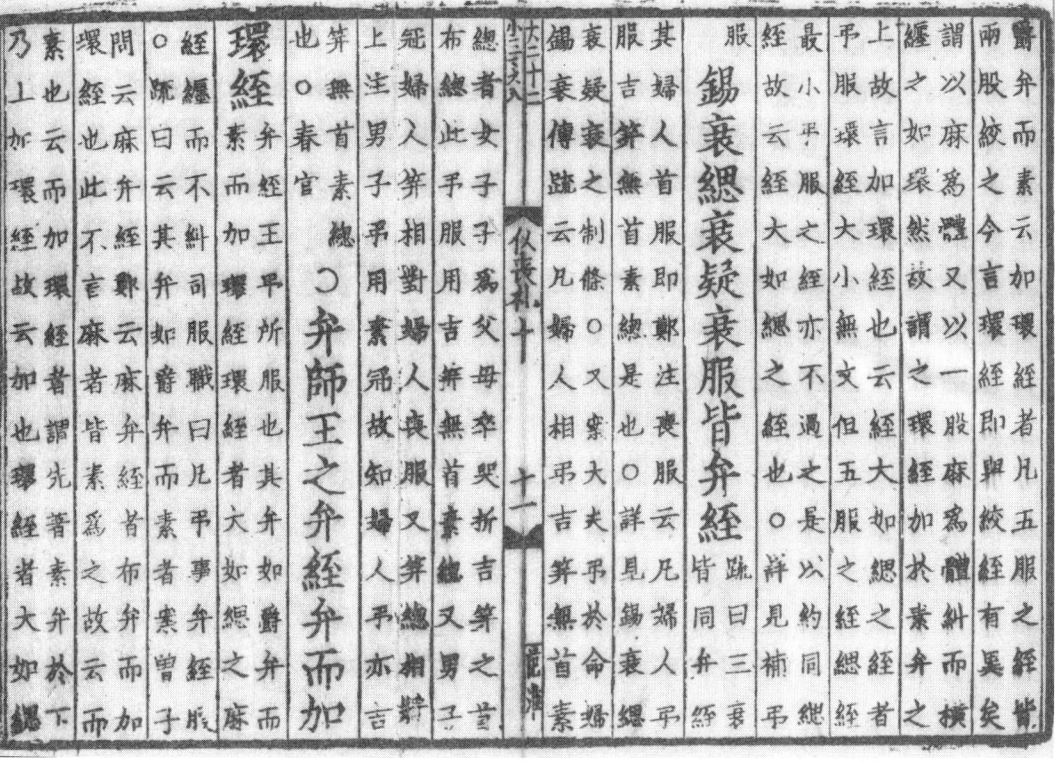

右弁絰之制婦人相弔首服附見本篇疏○又案弁絰葛而葬則以葛爲環絰虞祔免澡葛絰帶亦是冶葛以爲之詳見變除葬變服及虞變服條

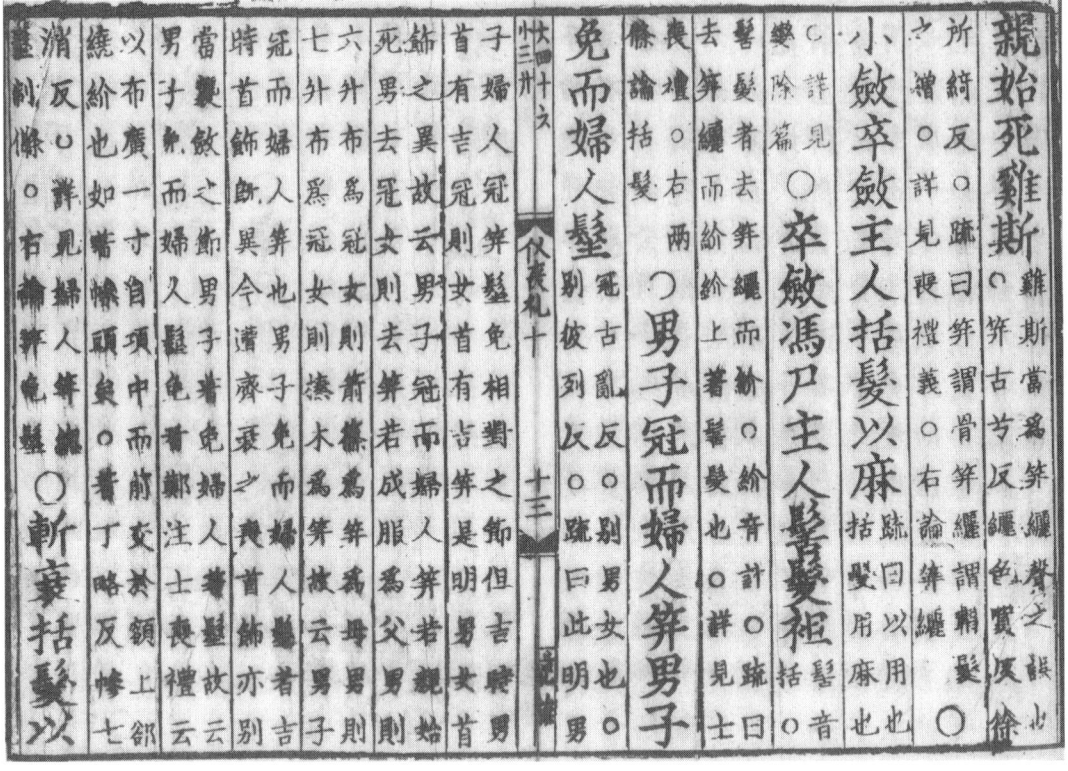

親始死雞斯雞斯當爲笄纚聲之誤也笄古兮反纚色買反徐所綺反○疏曰笄謂骨笄纚謂韜髮之禮○詳見喪禮義○右論笄纚○

小斂卒斂主人括髮以麻疏曰以用也括髮用麻也○詳見變除篇○

卒斂馮尸主人髻髮袒髻音括○髻髮者去笄纚而紒○紒音計○疏曰去笄纚而紒紒上著髻髮也○詳見士喪禮○右兩條論括髮○

男子冠而婦人笄男子免而婦人髽冠古亂反○別男女也○別彼列反○疏曰此明男

子婦人冠笄髽免相對之飾但吉時男首有吉冠則女首有吉笄是明男女首飾之異故云男子冠而婦人笄若親始死男去冠女則去笄若成服爲父男則六升布爲冠女則箭篠爲笄爲母男則七升布爲冠女則榛木爲笄故云男子冠而婦人笄也男子免而婦人髽著吉時首飾既異今遭齊衰之喪首飾亦別當襲斂之節男子著免婦人著髽故云男子免而婦人髽免著鄭注士喪禮云以布廣一寸自項中而前交於額上卻繞紒也如著幓頭矣○著丁略反幓七消反○詳見婦人笄纚髽制條○右論笄免髽○

斬衰括髮以

麻爲母括髮以麻免而以布疏曰括髮以麻者自項以前交於額上卻繞紒如著幓頭焉爲母初喪至小斂後括髮與父禮同故亦云括髮以麻也免而以布者此謂爲母與父異者也男女奉尸侇于堂記主人拜賓即位若爲父此時猶括髮若爲母於此時以免代括髮故云爲母又哭而免○喪服小記○

卒斂衆主人免于房衆主人免者齊衰將袒以免代冠冠服之尤尊不以袒也免之制未聞舊說以爲如冠狀廣一寸喪服小記曰斬衰括髮以麻免而以布此用麻布爲之狀如今之著幓

頭矣自項中而前交於額上卻繞紒也○上喪禮○右兩條論括髮免○

卒斂主人說髦疏曰說髦者髦幼時翦髮爲之至年長則垂著兩邊明人子事親有孺子之義也若父死說左髦母死說右髦二親並死則並說之親沒不髦是也○喪大記

既殯主人說髦既殯置髦于肂俟位時也兒生三月翦髮爲鬌男角女羈否則男左女右長大猶爲飾存之謂之髦所以順父母幼小之心至此尸柩不見喪無飾可以去之髦之形象未聞○肂以二反鬌丁果反劉徒禍反○疏曰云男角女羈否則男左女右者

0012_0411-2

內則云彼注云夾囟曰角午達曰羈其狀猶未聞○詳見士喪禮○右兩條論髽

右笄纚髽髮免髦之制

女攺服布深衣縞總以趨喪總音摠○縞白絹也

總束髮也長八寸○詳見變除始死變服條：○布總箭笄髽笄音雞髽側瓜反○此妻妾女子子喪服之異於男子者總束髮謂之總者既束其本又總其末箭笄篠竹也髽露紒也猶男子之括髮斬衰括髮以麻則髽

0012_0412-1

亦用麻以麻者自項而前交於額上卻繞紒如著幓頭焉小記曰男子冠而婦人笄男子免而婦人髽○篠素了反紒音計括如字劉音活○疏曰云謂之總者既束其本又總其末者為出紒後垂為飾者而言以其布總六升與男子冠六升相對故知據出見者而言也又云髽露紒也猶男子之括髮者髽有二種案士喪禮曰婦人髽于室注云始死婦人將斬衰者去笄而纚將齊衰者骨笄而纚今言髽者亦去笄纚而紒也齊衰以上至笄猶髽髽之異於括髮者既去纚而以髮為大紒如今婦人露紒其象也其用麻布亦如著幓頭然是婦人髽

0012_0412-2

之制也二種者一是未成服之髽即喪禮所云者是也將斬衰者用麻將衰者用布二是成服之後露紒之髽此經注是也云斬衰括髮以麻則髽用麻者案喪服小記云斬衰括髮以免而以布男子髻髮與免用布有文人髽用麻布無文鄭以男子髻髮婦髽同在小斂之節明用物與制度亦不殊但男子陽以外物為名名為括婦人陰以內物為稱稱為髽為異耳

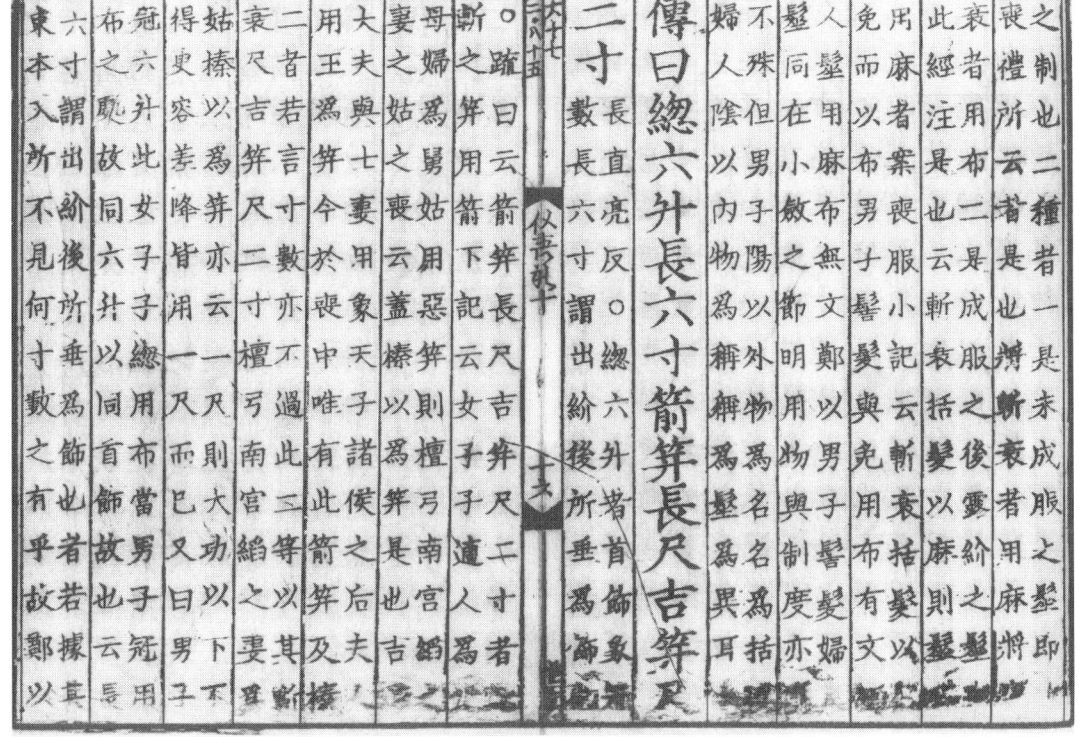

傳曰總六升長六寸箭笄長尺吉笄尺二寸長直亮反○總六升者首飾象數長六寸謂出紒後所垂為飾

0012_0413-1

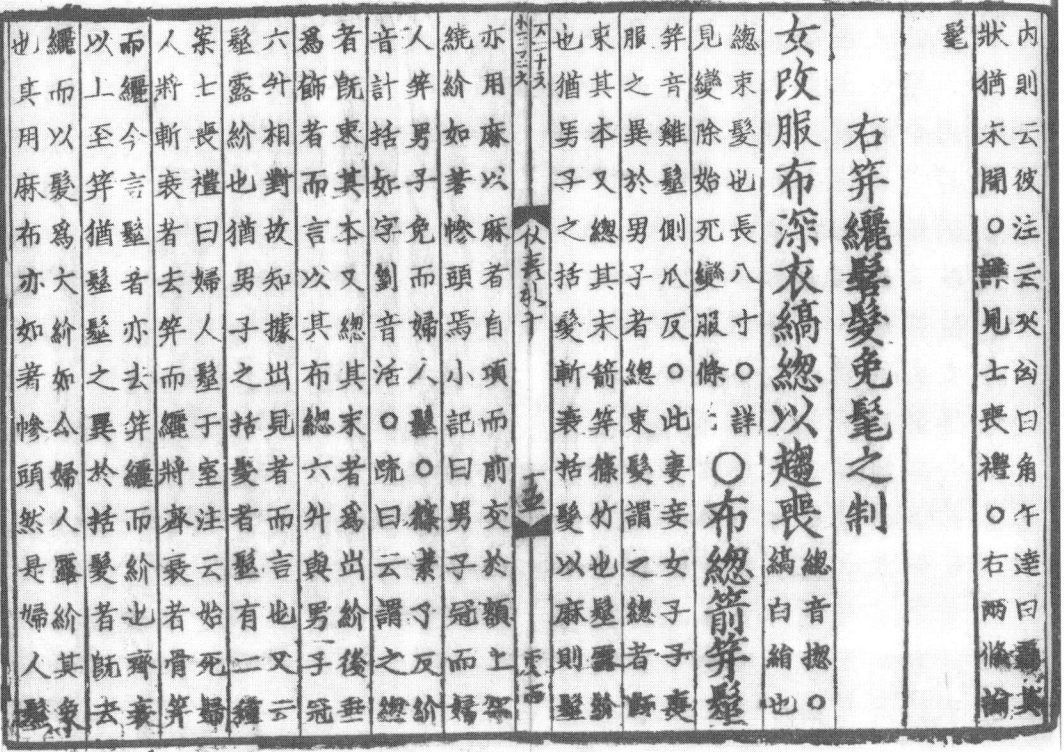

○疏曰云箭笄長尺吉笄尺二寸者斬之笄用箭下記云女子子適人為母婦為舅姑用惡笄則檀弓南宮縚妻之姑之喪云蓋榛以為笄是也吉大夫與士妻用象天子諸侯之后夫用玉為笄今於喪中唯有此箭笄及榛二者若言寸數亦不過此二等以其衰尺吉笄尺二寸檀弓南宮縚之妻姑榛以為笄亦云一尺則大功以下得更容差降皆用一尺而已又曰男子冠六升此女子子總用布當男子冠用布之數故同六升以同首飾故也云六寸謂出紒後所垂為飾也者若據其束本入所不見何寸數之有乎故鄭以

0012_0413-2

六寸據壹之首此斬衰六寸南宮縚之
爲姑總八寸以下雖無文大小當與斬

同八寸緦麻小功同一尺吉緦當尺二
寸與笄同也。○注見喪服斬衰章父條

○齊衰帶惡笄以終喪笄所以卷髮帶
所以持身也婦

人質於喪所以自卷持者有除無變。
卷俱免反。○疏曰惡笄者榛木爲笄也

訒。○小○箭笄終喪三年亦於喪所以自
卷持者有除無

變。○疏曰前云惡笄以終喪是女子爲
母也此云箭笄終喪三年謂女子在室

爲父也
○同上○女子子適人者爲其父母婦

大二十五 小三十九 儀禮經十 十七

0012_0414-1

爲舅姑惡笄有首以髽言以髽則髽有
著笄者明矣著

丁略反。●疏曰此二者皆期服但婦人
以飾事人是以雖居喪内不可頓去脩

容故使惡笄而有首云惡笄有首
以髽髽笄連言則髽有著笄明矣傳曰

笄有首者惡笄之有首也惡笄者櫛笄

也櫛莊乙反○櫛笄者以櫛之木爲笄
或曰榛笄○榛莊巾反○疏曰案玉

藻云沐櫛用樿櫛髮晞用象櫛鄭云樿
白理木爲櫛櫛即梳也以白理木爲梳

櫛也彼樿木與象櫛相對故鄭云櫛笄
者以櫛之木爲笄云或曰榛笄者案檀

0012_0414-2

弓云南宮縚之妻之姑之喪夫子誨之
髽曰蓋榛以爲笄長尺而總八寸彼吉

總用榛木爲笄此亦婦人爲姑與此同
一此用樿木彼用櫛木不同耳蓋二木

義用故鄭兩存之也○詳見喪
服女子子適人者爲其父母條○妻爲

女君君之長子惡笄有首布總疏曰妻
上文婦

事舅姑齊衰同惡笄有首布總
也○詳見齊衰母爲長子條○南宮

縚之妻之姑之喪縚吐刀反南宮縚字
子容其妻孔子兄女

夫子誨之髽曰爾毋從從爾爾毋扈扈

大三十四 小五二 儀禮經十 十八

0012_0415-1

爾毋音無從從音揔一音崇又仕江反
扈音户○誨教也爾女也從從謂大

高扈扈謂大廣爾語助○女
音汝大音泰一音勑佐反蓋榛以爲

笄長尺而總八寸榛側巾反木名又士
鄰反長直亮反○總

束髮垂爲飾齊衰之總八寸○疏曰夫
子誨之作髽法曰爾毋從從爾毋扈扈

扈爾者上爾爲女下爾語辭言期之髽
稍輕自有常法女造髽時無得從從而

大高又無得扈扈而大廣既教以作髽
又教以笄總之法其笄用木無定故教

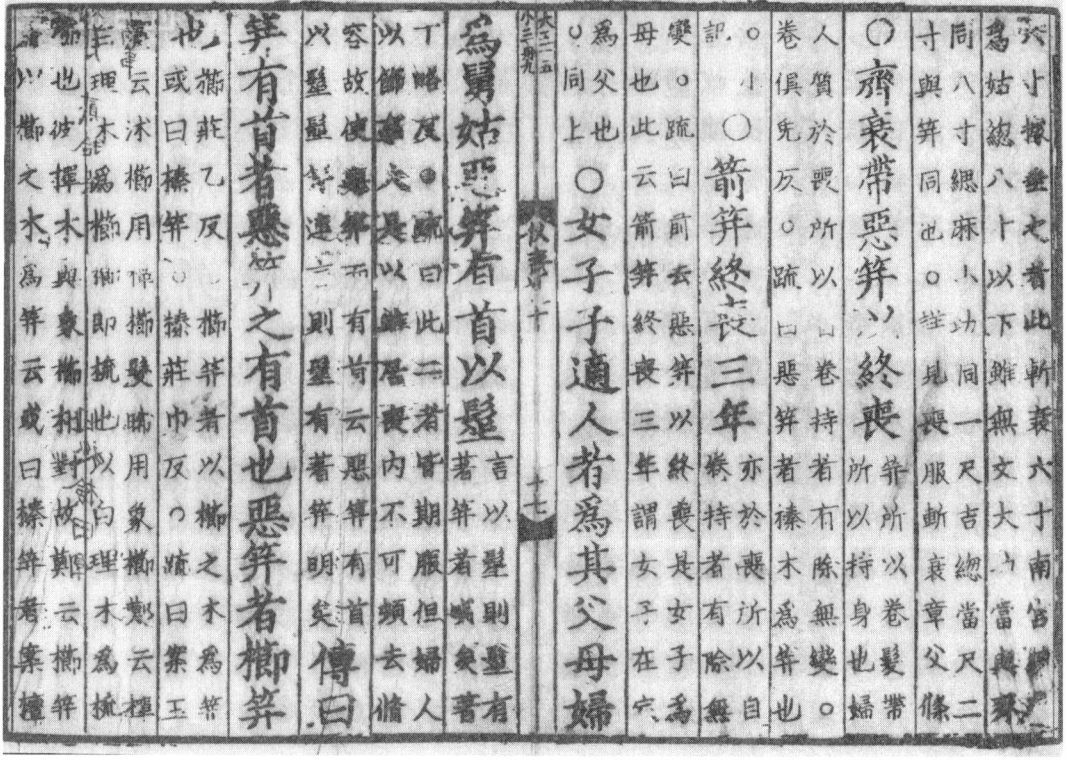

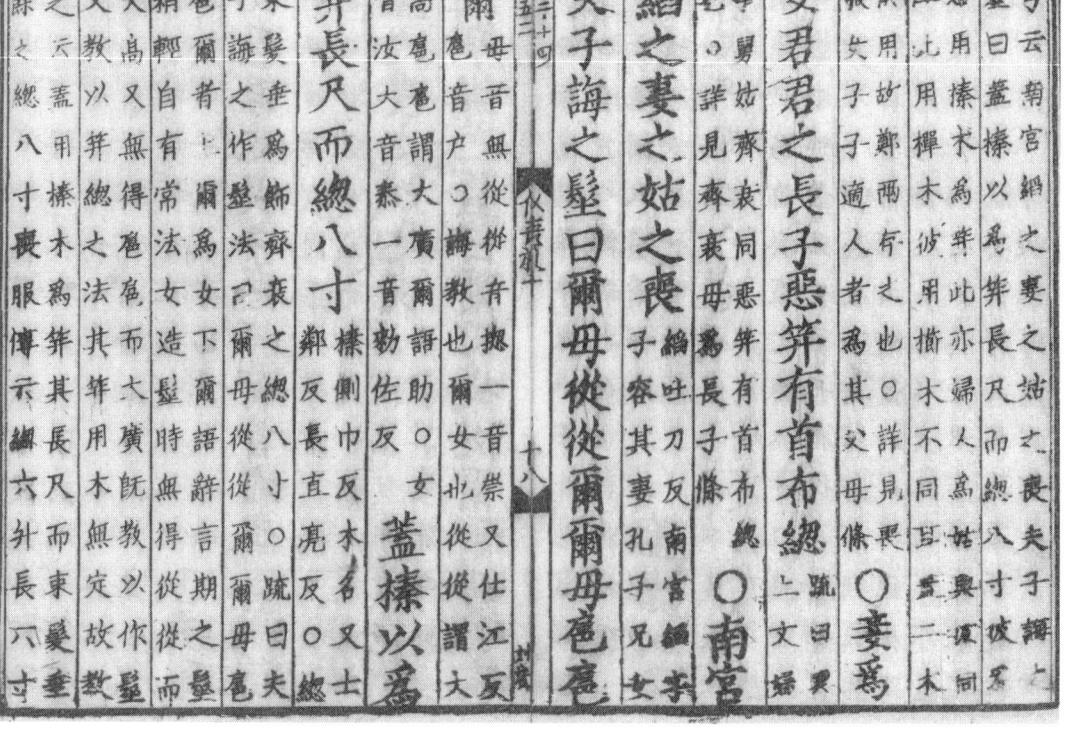

之云蓋用榛木爲笄其長尺而束髮垂
餘之總八寸喪服傳云總六升長六寸

0012_0415-2

謂斬衰也故此齊衰長八寸也以二寸
爲差也以下亦當然無文以言之喪服
箭笄長一尺吉笄長尺二寸㮣笄長尺
斬衰齊衰笄一尺降於吉笄二寸也但
惡笄或用櫛或用榛故喪服有櫛
笄故夫子稱蓋以疑之○檀弓

○**男子冠而婦人笄男子免而婦人髽**

疏曰髽者
形有多種有麻有布有露紒也其形有
異同謂之髽也今辨男女並何時應著
此免髽之服男子之免乃有兩時而唯
一種婦人之髽則有三其麻髽之形與
括髮如一以對男子括髮時也斬衰括
髮以麻則婦人于時髽亦用麻也男子

儀喪禮十　十九

0012_0416-1

括髮先去冠纚用麻婦人亦去笄纚用
麻又知有布髽者案此云男子免對婦
人髽男免既用布則婦人髽不容用麻
也是知男子爲母免則婦人布髽也知
有露紒髽者喪服傳云布總箭笄髽衰
三年明知此服並以三年三年之內男
不恒免則婦人不用布髽故知恒露紒
也故鄭注喪服云髽露紒也且喪服所
明皆是成服後不論未成服麻布髽也
何以知然喪服既不論男子之括免則
不容說女服之未成義也既以髽衰三
年並知恒髽是露紒也又就齊衰輕期
髽無麻布何以知然案檀弓南宮縚之
妻之姑之喪夫子誨之髽曰爾無總總

0012_0416-2

爾爾無扈扈爾是但戒其高大不云有
麻布別物是知露紒悉名髽也又案奔
喪云婦人奔喪東髽鄭云謂姑姊妹女
子子也去纚大紒曰髽若如鄭旨既謂
是姑姊妹女子子等還爲本親父母等
唯云去纚大紒不言布麻當知期以下
無麻布也然露紒恒居之髽則有笄何
以知然案笄以對冠男在喪恒冠婦則
恒笄也故喪服婦爲舅姑惡笄有首以
髽鄭云言以髽則髽有著笄者明矣以
兼此經注又知恒居笄而露紒髽也此
三髽之殊是皇氏之說今考校以爲正
有二髽一是斬衰麻髽二是齊衰布髽
皆名露紒必知然者以喪服女子子在

儀喪禮十　二十

0012_0417-1

室爲父箭笄髽衰是斬衰之髽用麻鄭
注以爲露紒明齊衰用布亦謂之露紒
髽也其義爲男子則免爲婦人則髽者
以其義於男子則免婦人則髽獨以別
男女而已非別有義也智瑒云男去冠
猶婦人去笄義盡於此無復別義也○
小記○又案襄公四年臧紇救鄫侵邾
敗於狐駘國人逆喪者皆髽魯於是乎
始髽注髽麻髮合結也遭喪者多故不
能備凶服髽而已疏曰髽之形制禮無
明文先世儒者各以意說鄭衆以爲枲
麻與髮相半結之馬融以爲屈布爲巾
高四寸著於顙上鄭玄以爲去纚而紒
案檀弓南宮縚之妻孔子之兄女

張本下象鼻題監生孫欽四字傳本剪去之

張本下象鼻題監生秦淳四字傳本剪去之

0012_0417-2

也緦母喪孔子誨之髽曰爾毋從從爾爾毋扈扈爾鄭玄云從從謂太高扈扈謂大廣若布高四寸則有定制何當譏其從從扈扈而誨之哉如鄭玄云纚而空露其紒則髽亦本無服矣喪服女子在室爲父髽衰三年空露紒髽安得異喪共文而謂之髽衰也魯人逆喪皆髽豈直露紒迎喪哉凶服以麻表髽字從髟是髮之服也杜以鄭衆爲長故用其說言麻髮合結亦當麻髮并也於時師大敗遭喪者多婦人迎子迎夫不[illegible]備其凶服惟髽而已同路迎喪以髽[illegible]弔傳言魯於是始髽者自此以後遂一髽爲弔服雖有吉者亦髽以弔人檀[illegible]

二八十七 四十三大 仪吉礼十 九一

0012_0418-1

曰魯婦人之髽而弔也自敗於臺駘始也鄭玄云時家家有喪髽而相弔知[illegible]是始髽者始用髽相弔也

右婦人笄總髽制婦人首亦有絰詳見要絰篇婦人之帶牡麻絰本䟽

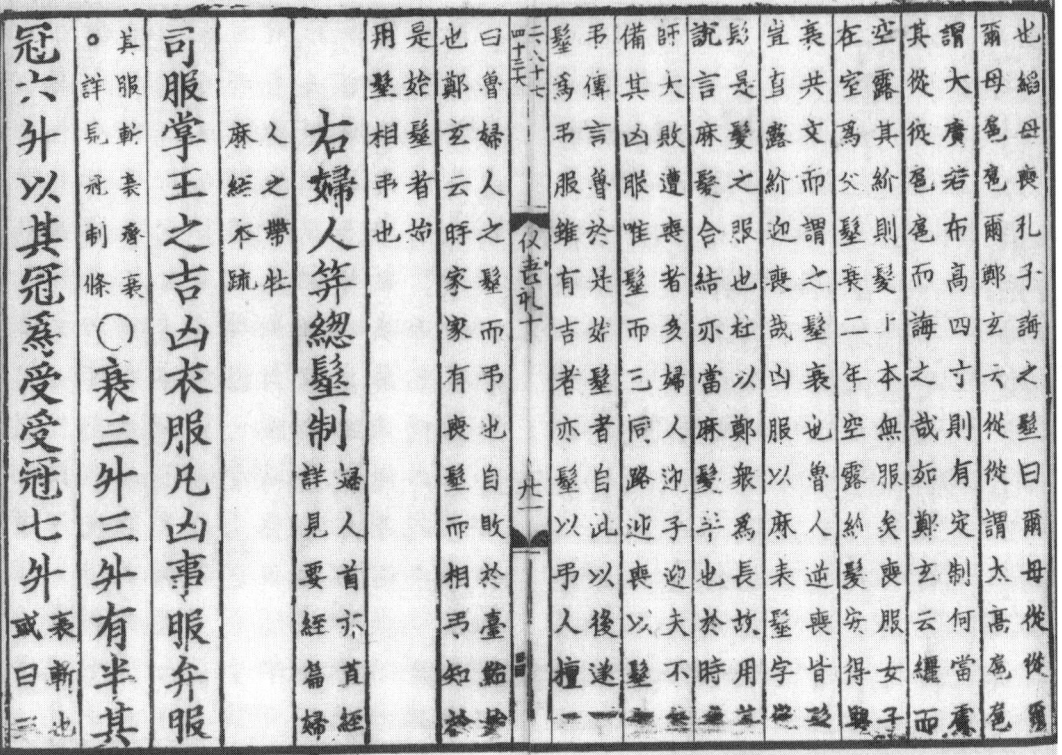

司服掌王之吉凶衣服凡凶事服弁服其服斬衰齊衰詳見冠制條○衰三升三升有半其冠六升以其冠爲受受冠七升衰斬也或曰三[illegible]

0012_0418-2

升半者義服也其冠六升謂章之下也斬衰正服變而受之此服也三升三升半其受冠皆同以服至尊宜少差也[illegible]䟽曰衰三升三升有半冠六升異[illegible]冠同者以其三升半謂之三升成[illegible]布還二升故其冠同六升也云不言[illegible]爲受受冠七升者據至虞變[illegible]葛時更以初死之冠六升爲受更以七升布爲冠以其冠[illegible]輕故也[illegible]衰章也云或曰三升[illegible]是也者以其斬章有正義子爲父[illegible]七之等[illegible]之等是[illegible]斬此三升半是[illegible]

七 仪吉礼十 廿二

文故引或人所解爲證也云大升[illegible]之下也者齊衰之[illegible]四[illegible]正三五[illegible]義服六升以其六升是義[illegible]二下[illegible]云斬衰正服變而受之此服也者下[illegible]六重者輕之故也云三升三升[illegible]冠皆同以服至尊宜少差也[illegible]以父[illegible]君等等恩情則故[illegible]恩淺者三升半成布還三升也

0012_0419-1

四升其冠七升以其冠爲受受冠八升言受以大功之上也此謂齊衰也齊衰正服五升其冠八升義服六升[illegible]升亦以其冠爲受凡不[illegible]之首主於父母。䟽曰此據父[illegible]

0012_0419-2

三年而言也若父在爲母在正服齊衰云言受以大功之上也者以其降服大功衰七升正服大功衰八升云齊衰正服五升其冠八升義服六升其冠九升亦以其冠爲受凡不著之者服之首主於父母者上斬言三升主於父此言四升主於母正服已下輕故不言從可知也

總衰四升有半其冠八升

此謂諸侯之大夫爲天子總衰也服在小功之上者欲著其縷之精麤也升數在齊衰之中者不敢以兄弟之服服至尊也○疏曰云服在小功之上者欲著其縷之精麤也者據升數合在杖期上以其升數雖少以縷精

喪礼十　六十三

0012_0420-1

麤與小功同不得在杖期上故在小功之上也云升數在齊衰之中者不敢以兄弟之服服至尊者據總如小功小功已下乃是兄弟故云不敢以兄弟之服服至尊至尊則天子是也

大功八升若九升小功十升若十一升

此以小功受大功之差也不言七升者主於受服欲其文相值言服降而在大功者衰七升正服衰八升其冠皆十升義服九升其冠十一升亦皆以其冠爲受也斬衰受之以下大功受之以正者重者輕之輕者從禮聖人之意然也其降而在小功者衰十升正服衰十一升義服衰十二

0012_0420-2

升皆以卽葛及緦麻無受也此大功不言受者其章旣著之○疏曰云此以小功受大功之差也者以其小功大功有三等此唯各言二等故云此以小功受大功之差也以此二小功衰受二大功之冠爲衰二大功初死冠還用二小功之衰故轉相受也云不言七升者主於受服者以其七升乃是殤大功殤大功章云無受此主於受故不言七升者也云欲其文相值值者當也以其正大功衰八升冠十升與降服小功衰十升同旣葬以其冠爲受受衰十升冠十一升義服大功衰九升其冠十一升與正服小功衰同旣葬以其冠爲受受衰十

儀喪什十　六十四

0012_0421-1

一升冠十二升初死冠皆與小功衰相當故云文相值也是冠衰之文相值云言服降而在大功者衰七升正服衰八升其冠皆十升義服九升其冠十一升亦皆以其冠爲受也降服旣無受而亦覆言之者欲見大功正服與降服冠同升數之意必冠同者以其自一斬及四齊衰與降大功冠皆校衰二等及至正大功衰八升冠十升冠與降人功同上校二等者若不進正大功冠與降同則冠宜十一升義大功衰九升者冠宜十二升則小功緦麻冠衰同降小功衰冠當十二升正服小功冠衰同十二升義服小功當冠衰十四升緦麻冠衰當十

張本下象鼻題監生秦淳四字傳本剪去之

五升十五升即與朝服十五升同與吉無別故聖人之意進正大功與降大功同則緦麻不至十五升若然正服大功不進之使義服小功至十四升緦麻七五升抽其半豈不得爲緦乎然者若使義服小功十四升則與疑衰同非五服之差故也云斬衰受之以下大功受之以正者重者輕之輕者從禮聖人之意然也者聖人之意重者恐至滅性故抑之受之以輕服之義服齊衰六升是也輕者從禮者正大功八升冠十升既葬衰十升受以降服小功義服大功衰九升冠十一升既葬衰十一升受以正服小功二等大功皆不受以義服小功是從

禮也是聖人有此抑揚之義也云其降而在小功者衰十升正服衰十一升義服衰十二升皆以即葛及緦麻無受者文出小功緦麻章以其小功因故衰唯變麻服葛爲異也其降服小功已下升數文出間傳故彼云斬衰三升齊衰四升五升六升大功七升八升九升小功十升十一升十二升緦麻十五升去其半有事其縷無事其布曰緦此哀之發於衣服者也鄭注云此齊衰多二等大功小功多一等服主於受是極列衣服之差也鄭彼注顧此文披多少而言云服主於受據此文不言降服大功小功緦麻之受以其無受又不言正服義服

齊衰者二者猶有受齊斬之受主于母故亦不言若然此言十升十一升小功者爲大功之受而言非小功有受彼注云是極列衣服之差者據彼經揔言是極盡陳列衣服之差降故其言之與此異也○以上並喪服記 ○斬衰三升齊衰四升五升六升大功七升八升九升小功十升十一升十二升緦麻十五升去其半有事其縷無事其布曰緦去起呂反縷力主反○此齊衰多二等大功小功多一等服主於受是極

列衣服之差也○差初佳反○疏曰有事其縷無事其布曰緦者以三月之喪治其麻縷其細如緦故云緦麻以朝服十五升抽去其半縷細而疏也有事其縷事謂鍛治其布纏縷也無事其布謂織布既成不鍛治其布以哀在外故也云此齊衰多二等大功小功多一等者案喪服記云齊衰四升此云齊衰四升五升六升多於喪服篇之二等故云多二等也喪服記云大功八升若九升此云大功七升八升九升喪服記又云小功十升若十一升此云小功十升十一升十二升是多於喪服一等也云服主於受者以喪服之經主於受服者而言

張本下象鼻題監生秦淳四字傅本剪去之

0012_0423-2

以大功之殤無受服故不列大功七升以喪服父母爲主故略齊衰五升六升而不言也云是極列衣服之差也者以喪服既略讀記者於是經所以齊衰多二等大功小功多一等也○閒傳○**斬衰裳**凡服上曰衰下曰裳○疏曰言斬衰裳者謂斬三升布以爲衰裳不言裁割而言斬者取痛甚之意案記云衰廣四寸長六寸綴之於心然衣亦揔號爲衰非止當心而已故諸言衰皆與裳相對至於弔服三者亦謂之爲衰也**傳曰衰三升**疏曰衰三升者不言裳裳與衰同故舉衰以見裳爲君義服三升半不言者以縷如

喪禮十　二七

0012_0424-1

三升半成布三升故直言三升○**疏衰**舉正以包義也○喪服本章**裳齊三年**章疏猶麤也○疏曰案上斬衰章中爲君三升半麤衰鄭注雜記云微細焉則屬於麤則三升正服斬不得麤名三升半成布三升微細則得麤稱麤衰爲在三升斬內以斬爲正故沒麤服之麤至此四升始見麤也至於大功小功更見人功之顯緦麻極輕又表細密之事皆爲衰有湅淺故作文不同也○本章○**疏衰裳齊期**本章○**不杖者**本章○**疏衰裳齊無受者**本章○**大功布衰裳無**

0012_0424-2

受者疏曰言[illegible]功者斬衰章傳云冠六升不加灰則此七升言鍛治可以加灰矣但麤沽而已言大功者用功麤大故沽疏其言小者對大功是用功細小○本章○**大功布衰裳**疏曰此成人大功章○**繐衰裳**疏曰此繐衰是諸侯之臣爲天子天子七月葬既葬除此不言帶屨者以其傳云小功之繐也則帶屨亦同小功可知**傳曰繐衰者何以小功之繐也**繐音歲○治其縷如小功而成布四升半細其縷者以繐輕也升數少者以服至尊也凡布細而疏者謂之繐○本章○

儀禮十　廿八

0012_0425-1

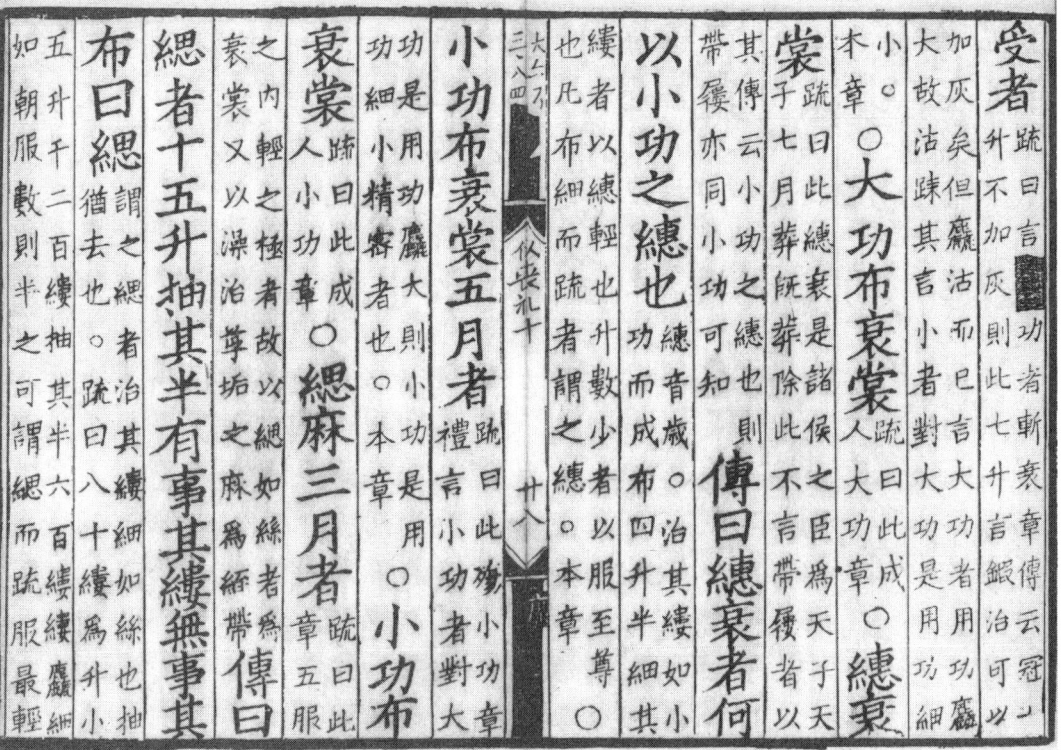

小功布衰裳五月者疏曰此殤小功章禮言小功者對大功是用功麤大則小功是用功細小精密者也○本章○**小功布衰裳**疏曰此成人小功章○**緦麻三月者**疏曰此章五服之內輕之極者故以緦如絲者爲衰裳又以湅治莩垢之麻爲絰帶**傳曰緦者十五升抽其半有事其縷無事其布曰緦**謂之緦者治其縷細如絲也抽猶去也○疏曰八十縷爲升十五升千二百縷抽其半六百縷縷麤細如朝服數則半之可謂緦而疏服最輕

0012_0425-2

故也云有事其縷無事其布曰緦者大夫弔於命婦錫衰傳曰錫者十五升抽其半無事其縷有事其布曰錫一者皆同升數但錫衰重故治布不治縷哀在內故也此緦麻衰治縷不治布哀在外故也○本章

○朝服十五升去其半而緦加灰錫也朝直遥反去起呂反

○緦精麤與朝服同去其半則六百縷而疏也又無事其布不灰焉○疏曰加灰錫也者取緦以為布又加灰治之則曰錫言錫然滑易也經云去其半而緦始云加灰錫明此緦衰不加灰不治布故也○雜記○此以上論衣裳升數之異

0012_0426-1

○公子為其母麻衣為其妻麻衣此麻衣者如小功布深衣為不制衰裳變也詩云麻衣如雪練冠而麻衣縓緣三年練之受飾也檀弓曰練練衣黃裏縓緣諸侯之妾子厭於父為母不得伸權為制此服不奪其恩也○疏曰麻衣者謂白布深衣○詳見喪服父在為母條

○斬衰裳傳曰斬者何不緝也疏曰此對下疏衰裳齊齊是緝此則不緝也

○疏衰裳齊傳曰齊者緝也疏曰緝則今人謂之為緶也言齊對斬

○凡衰外削

0012_0426-2

幅裳內削幅幅三袧袧劉音鉤又苦侯反○削猶殺也大古冠布衣布先知為上外殺其幅以便體也後知為下內殺其幅稍有飾也後世聖人易之以此為喪服袧者謂辟兩側空中央也祭服朝服辟積無數凡裳前三幅後四幅也○殺色界反劉色例反大音泰便婢面反辟音壁○疏曰云凡者總五服而言故云凡以該之云衰外削幅者謂縫之邊幅向外裳內削幅者亦謂縫之邊幅向內云幅三袧者據裳而言為裳之法前三幅後四幅幅皆三辟攝之以其七幅布幅二尺二寸幅皆兩畔各去一寸為削幅則二七十四

0012_0427-1

丈四尺若不辟積其腰中則束身不得就故須辟積其腰中也腰中廣狹任人麤細故袧之辟攝亦不言寸數多少但幅別以三為限耳鄭云大古冠布衣布者案禮記郊特牲云大古冠布齊則緇之鄭注云唐虞以上曰大古也是大古冠布衣布也云先知為上外殺其幅以便體也後知為下內殺其幅稍有飾之者此亦唐虞已上黃帝已下故禮運云未有麻絲衣其羽皮謂黃帝已前下文云後聖有作治其絲麻以為布帛後聖謂黃帝是黃帝始有布帛是時先知為上後知為下便體者邊向外於體便也飾者邊幅向內觀之善也云後世[illegible]

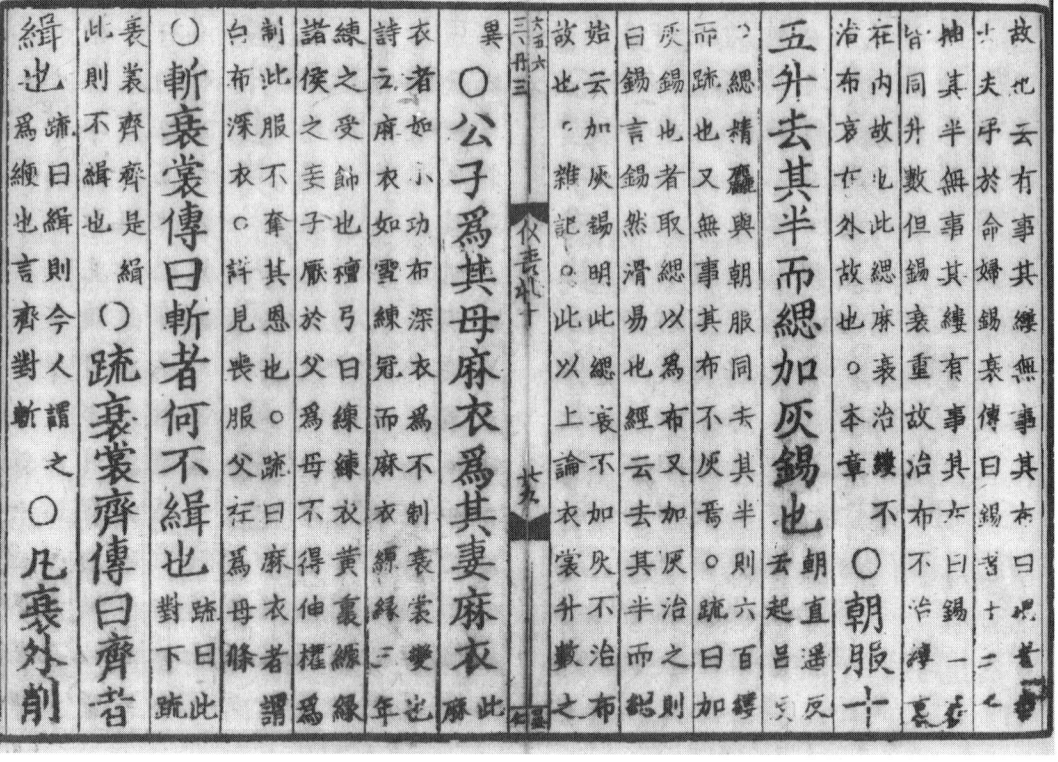

0012_0427-2

易之以此爲喪服者又案郊特牲云緇布冠冠而敝之可也注此重古而冠之耳三代改制齊冠不復用也以白布冠質以爲喪冠也以此言之唐虞已下冠衣皆白布吉凶同齊則緇之鬼神尚幽闇三代改制者更制牟追章甫委貌爲行道朝服之冠緇布冠三代將爲始冠之冠白布冠質三代爲喪冠若然此後世聖人指夏禹身也以其三代最先故也云袧者謂辟兩側空中■也者案曲禮云以脯脩置者左朐右末鄭云屈中曰朐則此言袧亦是屈中之稱一幅凡三處屈之辟兩邊相著自然中央空矣幅別皆然也云祭服朝服辟積無數者

儀喪禮十　三十二

0012_0428-1

朝服謂諸侯與其臣以玄冠服爲朝服天子與其臣以皮弁服爲朝服祭服者六冕與爵弁爲祭服不去玄端亦是士家祭服中兼之凡服唯深衣長衣之等六幅破爲十二幅狹頭向上不須辟積其它腰間已外皆辟積無數似喪冠三辟積吉冠辟積無數也然凡裳前三幅後四幅者前爲陽後爲陰故前三後四各象陰陽也唯深衣之等連衣裳十二幅以象十二月也**若齊裳內衰外**齊緝也凡五服之衰一斬四緝緝裳者內展之緝衰者外展之○疏曰據上齊斬五章有一斬四齊此據四齊而言不一斬者上文已論五服衰裳

0012_0428-2

緝之外內斬衰裳亦在其中此據衰裳之下緝之用針功者斬衰不齊無針功故不言也言若者不定辭以其上有斬不齊故云若也言裳內衰外者上言衰外削幅此齊還向外展之上言裳內削幅此齊還向內展之並順上外內而緝之此先言裳者凡齊據下裳而緝之裳在下故先言裳順上下也鄭云齊緝也者據上傳而言之也云凡五服之衰一斬四緝者謂齊衰至緦麻並齊裳既有針功緦之名則沒去齊名亦齊可知也言展之者若今亦先展訖乃行針功者也**負廣出於適寸**負在背上者也適辟領也負出於辟領外

儀喪禮十　三十三

0012_0429-1

旁一寸○疏曰以一方布置於背上上畔縫著領下畔垂放之以在背上故得負名適辟領即下文適也出於**適博四寸出於衰**博廣也辟領廣四寸則與闊中八寸也兩之爲尺六寸也出於衰者旁出衰外不著寸數者可知也○疏曰此辟領廣四寸據兩相而言云出於衰者謂被負前衰而言出也云博廣也者若言博博見寬狹之稱上下兩旁俱名爲博若言廣則唯據橫闊而言今此適四寸據橫故博爲廣見此義焉云辟領廣四寸者據項之兩相向外各廣四寸云則與闊中八寸也者謂兩

0012_0429-2

身當縫中央揔闊八寸一邊有四寸并
辟領四寸爲八寸云兩之爲尺六寸也
者一相闊與辟領八寸故兩之揔一尺
六寸云出於衰者旁出衰外者以兩旁
辟領向前望衰之外也云不著寸數者
可知也者以衰廣四寸辟領橫廣揔尺
六寸除中央四寸當衰衰外兩旁各
出衰六寸故云不著寸數可知也 衰
長六寸博四寸 廣袤當心也前有衰後有負版左右有辟領孝
子哀戚無所不在○疏曰衰長也據上
下而言也綴於外衿之上故得廣長當
心云前有衰後有負版者謂負廣出於
適寸及衰長六寸博四寸云左右有辟

儀喪禮十　三十三

0012_0430-1

領者謂左右各四寸云孝子哀戚無所
不在者以衰之言摧孝子有哀摧之志
負在背上者荷負其悲哀在背也云適
者以哀戚之情指適緣於父母不兼念
餘事是其四處皆有
悲痛是無所不在也 衣帶下尺 衣帶下尺者要
也廣尺足以掩裳上際也○廣古曠反
○疏曰謂衣腰也云衣者即衰也但衰
是當心廣四寸者取其哀摧在於偏體
故衣亦名爲衰今此云衣據在上曰衣
舉其實稱云帶者此謂帶衣之帶非大
帶革帶也云衣帶下尺者據上下闊一
尺若橫而言之不著尺寸者人有麤細
取足爲限也云足以掩裳上際也者若

0012_0430-2

無腰則衣與裳之交際之間露見裳
者腰則不露見故云掩裳上際也言上
際者對兩旁有衽
掩旁兩廂下際也 衽二尺有五寸 以
裳際也二尺五寸與有司紳齊也
一尺燕尾二尺五寸凡用布三尺五寸
○疏曰云掩裳際也者對上腰而
掩裳兩廂下際不合處也云二尺
與有司紳齊也者玉藻文彼
大帶垂之皆三尺又云有司二尺
寸謂府史紳即大帶也紳重也屬
故曰紳此但垂之二尺五寸故云與
司紳齊也云上正一尺者取布三尺
寸廣一幅留上一尺爲正正者正方不

儀喪禮十　三十四

0012_0431-1

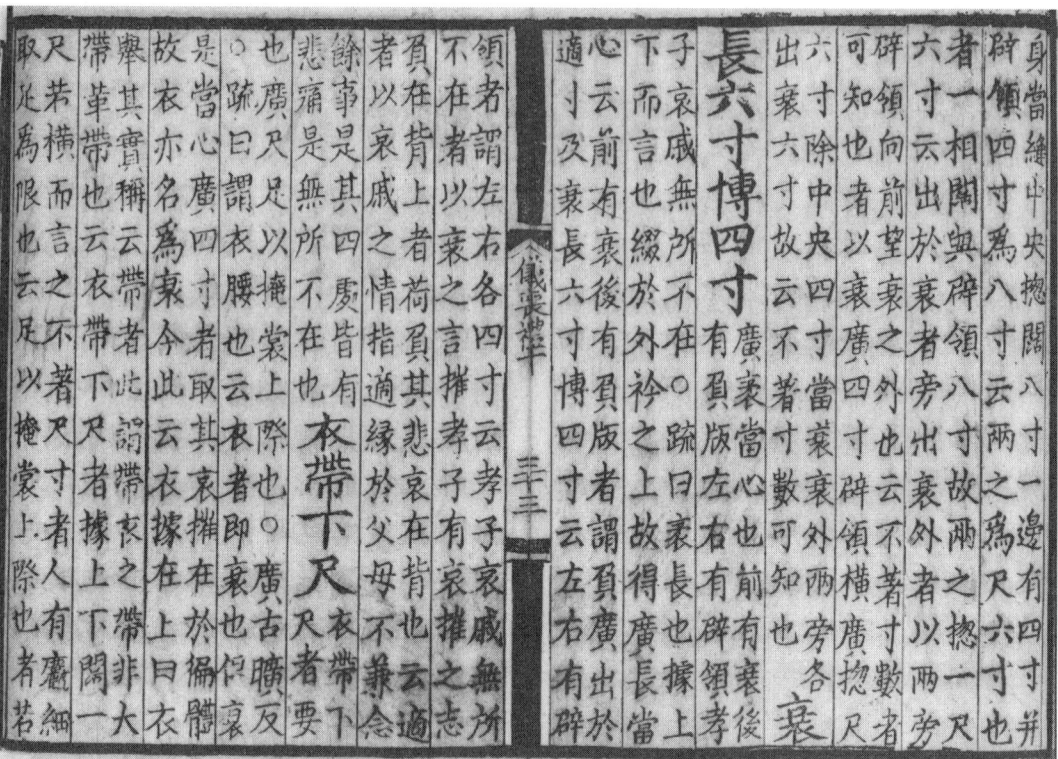

破之言也一尺之下從一畔旁入六寸
乃邪向下一畔一尺五寸去下畔亦六
寸橫斷之留下一尺爲正如是則用布
三尺五寸得兩條衽衽各二尺五寸兩
條共用布三尺五寸也然後兩旁皆綴
於衣垂之向下掩裳際此謂男子之服
婦人則無以其婦人之服連衣裳故鄭
上文注云婦人之服如深衣則衰無
帶下又無衽是也 袂屬幅 屬音燭又音蜀○屬猶連也連幅謂不
削○疏曰屬幅者謂整幅一尺二寸凡
用布爲衣物及射侯皆去邊幅一寸爲
縫殺今此屬連其幅則不削去其邊幅
取整幅爲袂必不削幅者欲取與下衣

0012_0431-2

衣二尺二寸同縱橫皆二尺二寸正方者也故深衣云袂中可以運肘二尺二寸亦足以連肘也

衣二尺有二寸

此謂袂中也言衣者明與身參齊二尺二寸其袖足以容中人之肱也衣自領至腰二尺二寸倍之四尺四寸加辟領八寸而又倍之凡衣用布一丈四寸○肱古弘反○䟽曰云此謂袂中也上云袂據從身向袪而言衣據從上向掖下而言云言衣者明與身參齊者袂所以連衣爲之衣即身也兩旁袂與中央身揔三事下與畔皆等變袂言衣欲見袂與衣齊三也故云與身參齊云二尺二寸其袖足以容中人之肱

仪丧礼卷十　二十五

0012_0432-1

也者案深衣云袂中可以運肘鄭注云肘不能不出入彼云肘此云肱也凡手足之度鄭皆據中人爲法故云中人也云衣自領已下云云者鄭欲計衣之用布多少之數自領至腰皆二尺二寸者衣身有前後今且據一相而言故云衣二尺二寸倍之爲四尺四寸總前後計之故云倍之爲四尺四寸也云加闕中八寸者闕中謂闕去中央安頸處當縫兩相總闕去八寸若去一相正去四寸若前後據長而言則一相各長八寸通前兩身四尺四寸揔五尺二寸也六而又倍之者更以一相五尺二寸并計之故云又倍之云凡衣用布一丈四寸者

0012_0432-2

此唯計身不計袂與袪及衽之等者亦當又尺寸自見又有全幅者故皆不言也

袪尺二寸

袪魚起反○袪袖口也尺二寸足以容中人之併兩手也吉時拱尚左喪時拱尚右手○併步頂反拱九勇反○䟽曰云袪袖口也則袂末接袪者尺二寸者複攝而言圜之則二尺四寸與深衣之袪同故云又二寸足以容中人之併兩手也以袪橫與深衣尺二寸據橫而言不言緣之深淺尺寸者綴口深淺亦與深衣同寸半可知故記人略不言也○喪服記○此以上論裁造衣裳之制○

端衰喪車皆無等

仪丧礼卷十　二十六

0012_0433-1

衰者衣衰及所乘之車貴賤同孝子於親一也衣衰言端者玄端吉時常服喪之衣衰當如之○䟽曰端衰謂喪服上衣以其綴大寸之衰於心前故亦曰衰端正也吉時玄端服身與袂同以二尺二寸爲正而喪衣亦如之用衰綴心前故曰端衰也等等差也言喪之衣衰及惡車天子至士制度同無貴賤等差之別也以孝子於其親情如一也案喪服記袂二尺二寸袪尺二寸共制正幅故云端此云端衰則衰重者同○雜記

苴衰不補

䟽曰苴衰不補者言齊麻之衰雖有不補○喪服制○此兩條論衰裳之○

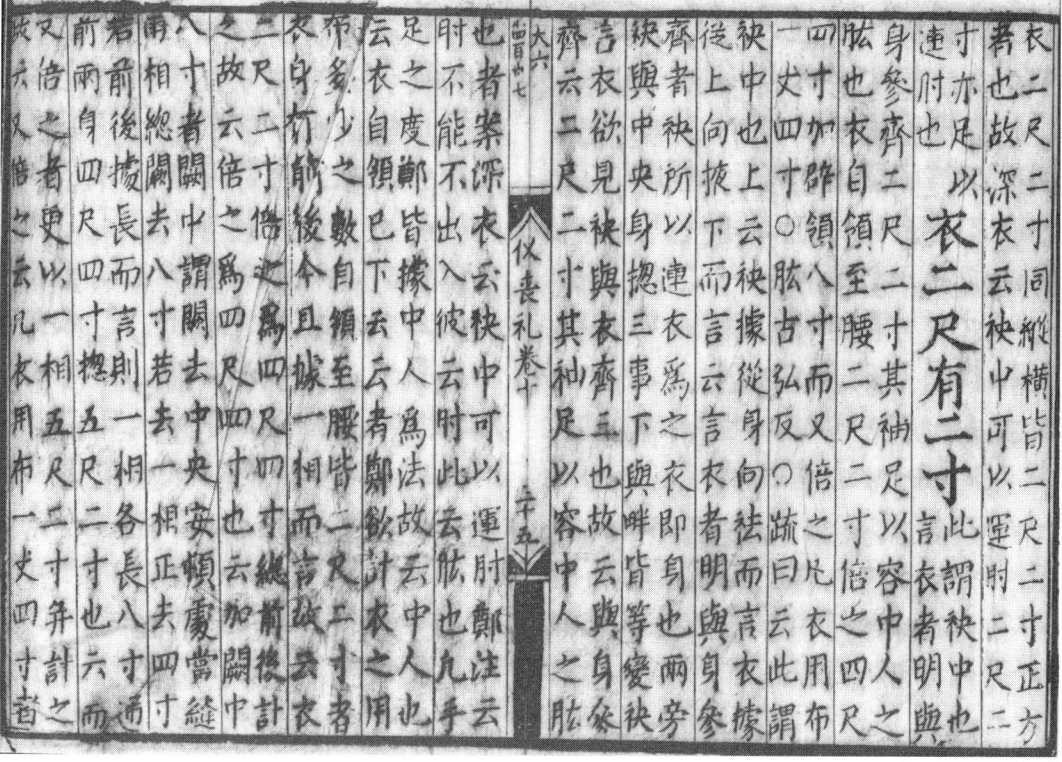

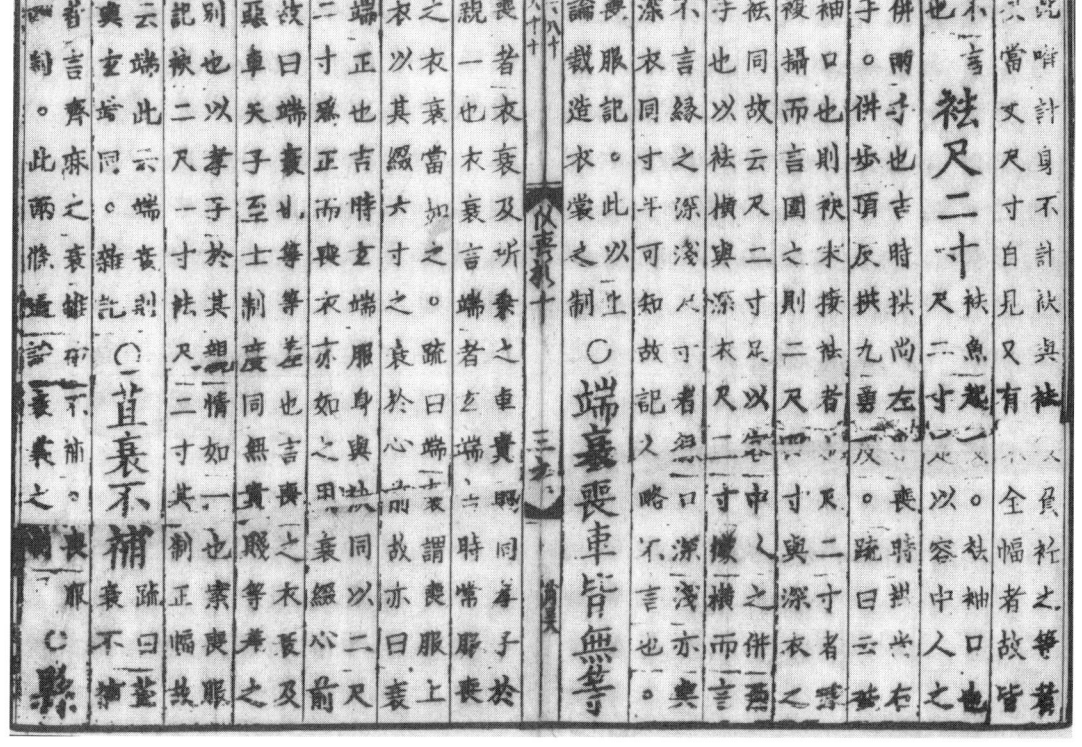

縣

0012_0433-2

傳曰總衰總裳非古也總去逆丁蠡蓋也總音歲而細而踈曰總，非時尚輕凉慢禮。踈曰紵葛也總布踈者漢特南陽鄧縣能作之記男時失禮多尚輕細故有喪者不服麤衰但踈薄爲衰總布爲裳故云非古也古謂周初制禮時也。擣弓。此論衰裳非古○練練衣黃裏縓緣踈曰練小祥也小祥而著練冠練中衣故曰練也練衣者練爲中衣黃裏者黃爲中衣裏也縓緣者縓爲淺絳色緣謂中衣領及衣緣也裏用黃而領緣用縓者領緣外也鹿裘衡長袪踈曰鹿裘者亦小祥

0012_0434-1

後也冬時吉凶衣裏皆有裘喪時同用大鹿皮爲之鹿色近白與喪相宜也袪橫也袪袂緣也。時已有裘但短小至小祥更作大長之橫廣之又長之爲袪更新造之又加之三法也袪裼之可也踈曰裼謂裘上又有衣吉時裘上皆有裼衣，已後雖有裘未有裼衣。至小祥衣既橫長又有故加裼之可也。○詳見變除後服除此說練衣裳之制

右衰裳制

汲子亨蒸室爲奴葬三年記服上曰衰下曰裳此但

0012_0434-2

言衰不言裳婦人不殊裳衰如男子衰下如深衣深衣則衰無帶下又無衽。踈曰婦人不殊裳者以其男子殊衣裳是以衰綴於衣衣統名爲衰故衰裳並見案周禮內司服王后六服皆單言衣不言裳以連衣裳不別見裳則此喪服亦連裳於衣衰亦綴於衣而名衰故直名衰無裳之别稱也云衰如男子衰者婦人衰亦如下記所云凡衰外削幅以下之制如男子衰也云下如深衣者如深衣六幅破爲十二闊頭鄉下狹頭鄉上縫齊倍要也云深衣則衰無帶下者案下記云衣帶下尺注云衣帶下尺者要也廣尺足以掩裳上際也今此裳既

0012_0435-1

縫著衣不見裏衣故不須要以掩裳上際也云又無衽者又案下記云衽二尺有五寸注云衽所以掩裳際也彼據男子陽多變故衣裳別制裳又前三幅後四幅開兩邊露裏衣是以須衽屬衣兩旁垂之以掩交際之處此既下如深衣縫之以合前後兩邊不開故不須衽以掩之也。詳見喪服斬衰章父條

右婦人衰制

斬衰苴絰踈曰云苴絰者謂苴麻爲首絰要絰傳曰苴絰大搹去五分一以爲帶齊衰之絰斬衰

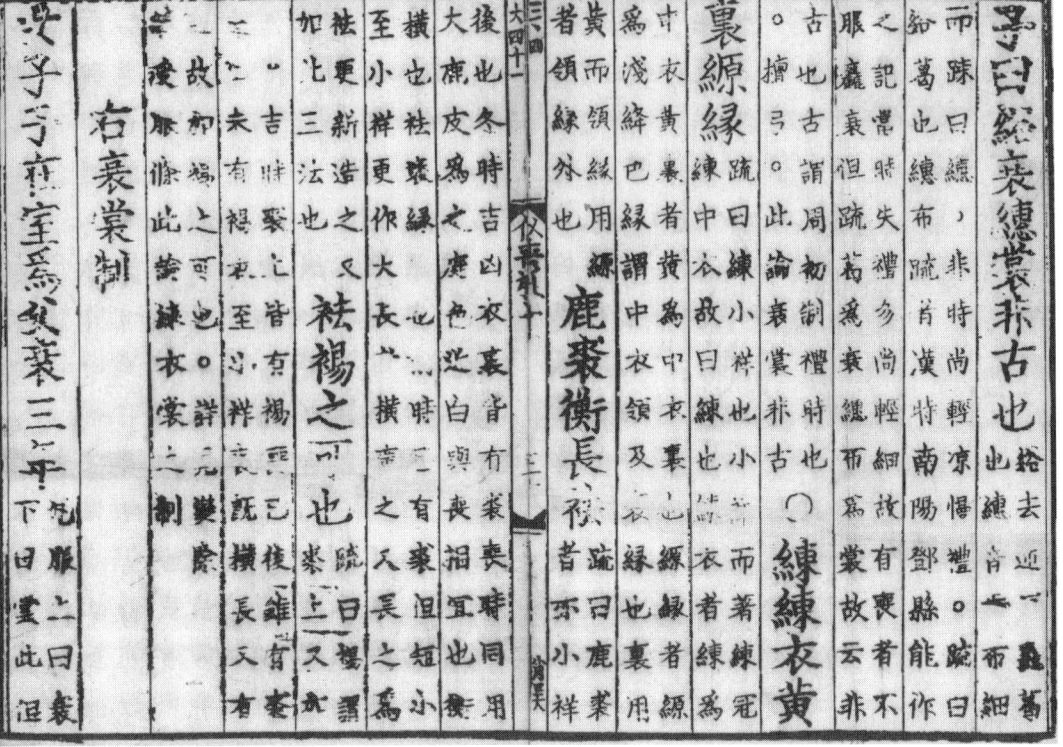

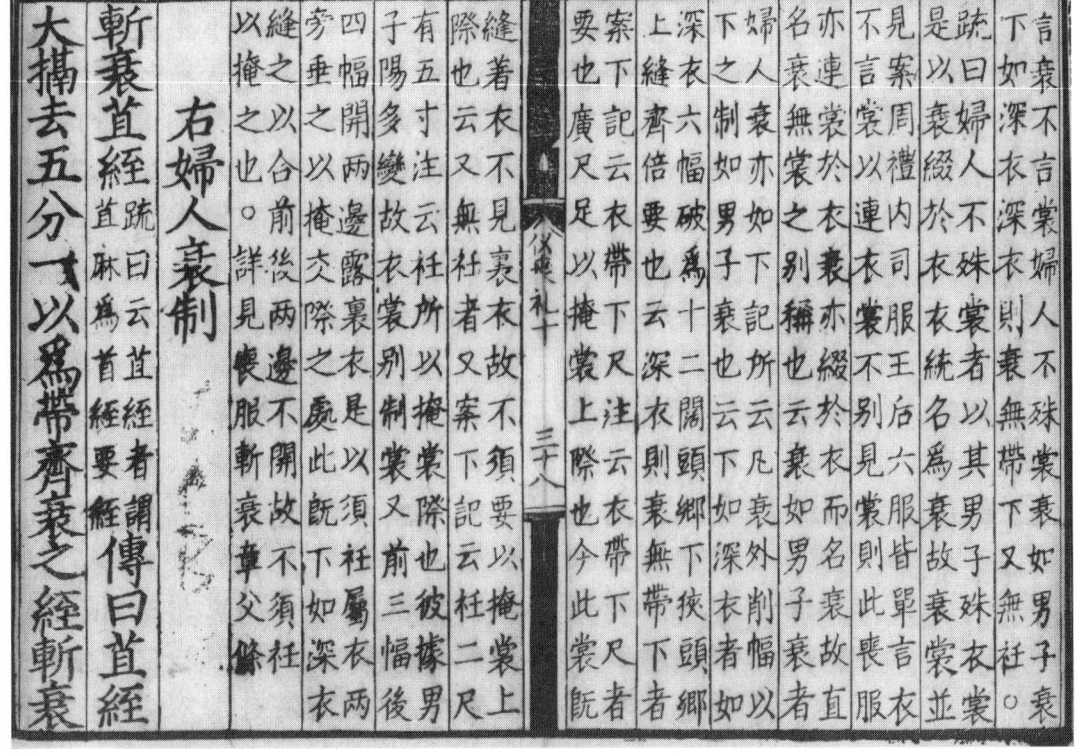

張本下象鼻題監生秦淳四字傳本剪去之

0012_0435-2

之帶也去五分一以爲帶大功之絰齊衰之帶也去五分一以爲帶小功之絰大功之帶也去五分一以爲帶緦麻之絰小功之帶也去五分一以爲帶[illegible]士喪禮云苴絰大鬲下本在左腰絰小焉注云絰帶之差自此出焉謂子夏言[illegible]絰之差出於士喪之絰○詳見首絰章○疏衰牡麻絰[illegible]斬衰疏曰云苴絰者謂苴麻爲首絰要絰此注麻絰亦謂牡麻爲首絰要絰○

儀禮九十　三十九

0012_0436-1

[illegible]章○小功澡麻帶絰澡者治去莩垢不絕其本也○[illegible]曰匹殤小功章自上以來皆帶在絰[illegible]者此帶在絰上者以大功已上絰帶有本小功以下斷本此殤小功中有下殤功帶不絕亦與大功同故進帶於絰上到文以見重與常例不同云澡者[illegible]者莩垢者澡以麋麻又治去莩垢使之淨以[illegible]其[illegible]○詳見[illegible]○絰殺五分而去一[illegible]○[illegible]麻

0012_0436-2

苴○葛絰麻者緦麻之絰帶也爲妻葛絰帶妻輕○詳見喪服少在爲母條○此以上論腰絰所用之才及大小之制○苴絰大鬲下本在左要絰小焉散帶垂長三尺牡麻絰右本在上亦散帶垂苴七如反鬲音革又作搹絰大結反○苴絰斬衰之絰也牡麻絰者齊衰以下之絰也○疏曰小斂說當服未成服之麻也云亦散帶垂者不言尺寸亦與苴絰同垂三尺首絰大鬲鬲是搤物之稱故據中人一搤而言大者據大拇指與大巨指搤之故言大

儀吉禮十　四十

0012_0437-1

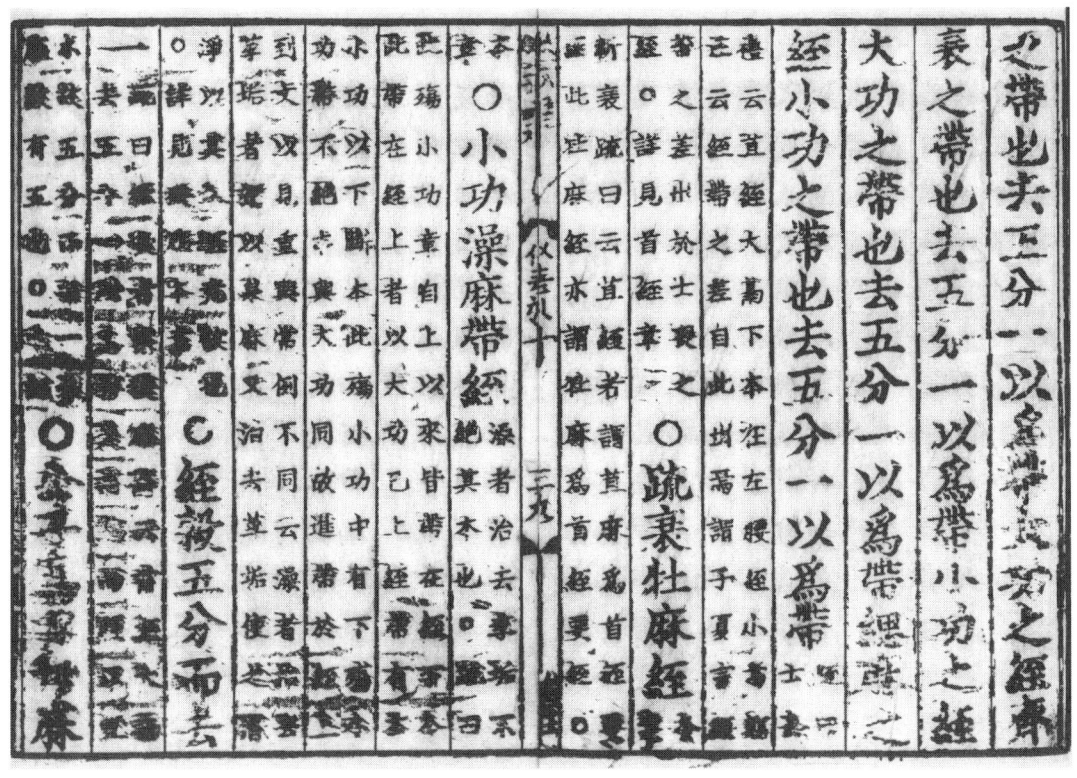

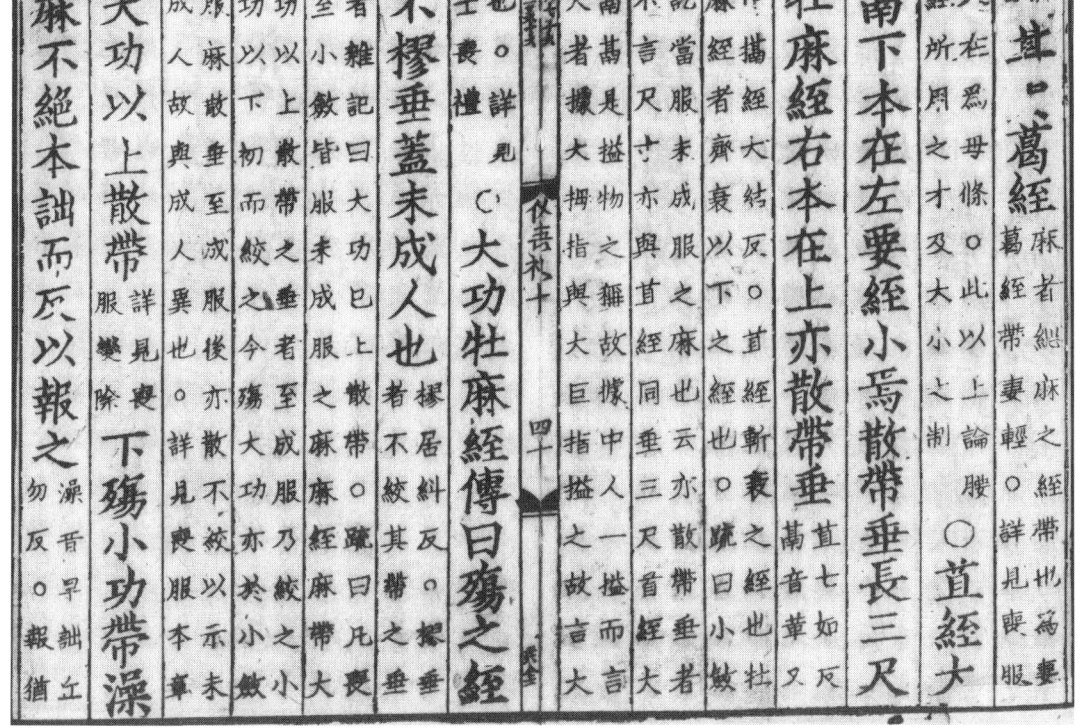

也○詳見士喪禮○大功牡麻絰傳曰殤之絰不樛垂蓋未成人也樛居糾反○樛垂者不絞其帶之垂者雜記曰大功以上散帶○疏曰凡喪至小斂皆服未成服之麻麻絰麻帶大功以上散帶之垂者至成服乃絞之小功以下初而絞之今殤大功亦於小斂服麻散垂至成服後亦散不絞以示未成人故與成人異也○詳見喪服本章大功以上散帶詳見喪服變除下殤小功帶澡麻不絕本詘而反以報之澡音早詘丘勿反○報猶

0012_0437-2

□也下殤小功⊥齊衰之親其經帶澡率治麻爲之帶不絕其本屈而上至要中合而糾之明親重也凡殤散帶垂○澡所律反又音律糾居黝反徐吾糾反散先但反○疏曰澡率治麻爲之者謂以澡率其麻使其絜白也云帶不絕其本屈而上至要者其帶本垂今乃屈所垂散麻上至於要然後中分麻爲兩股合而糾之以垂嚮下也所以然者明親重也凡殤散帶垂者謂成人大功以下之殤其殤既輕唯散麻帶垂而下不屈而上糾之異於下殤小功故也○小記○此以上論腰絰制造之異

○斬衰苴絞帶傳曰絞帶

仪喪礼十　四十一　刘崴

0012_0438-1

者繩帶也絞古交反○疏曰以絞麻爲繩作帶故云絞帶也王肅以爲絞帶如要絰焉雷氏以爲絞帶在要絰之下言之則要絰五分去一爲絞帶○詳見喪服本章○疏衰布帶疏曰布帶者亦象革帶以七升布爲之此即下章帶緣各視其冠是也○詳見喪服本章○疏衰期

傳曰齊衰大功冠其受也緦麻小功冠其衰也帶緣各視其冠疏曰帶謂布帶象革帶者○詳

公士大夫之衆臣爲其君布帶疏曰

0012_0438-2

其布帶則與齊衰同○詳見喪服斬衰章○此以上論絞帶之制○斬

衰既虞卒哭去麻服葛葛帶三重疏曰既虞卒哭之帶以葛代麻帶又差小於前以五分去一唯有四分見在三重謂作四股糾之積而相重四股則三重未受服之前麻帶爲兩股相合也此直云葛帶三重則首絰雖葛不三重也猶兩股糾之也○詳見變除既虞卒哭受服條○練葛要絰疏曰小祥男子去首絰唯餘要葛也○詳見練受服條

仪喪礼十　四十二

0012_0439-1

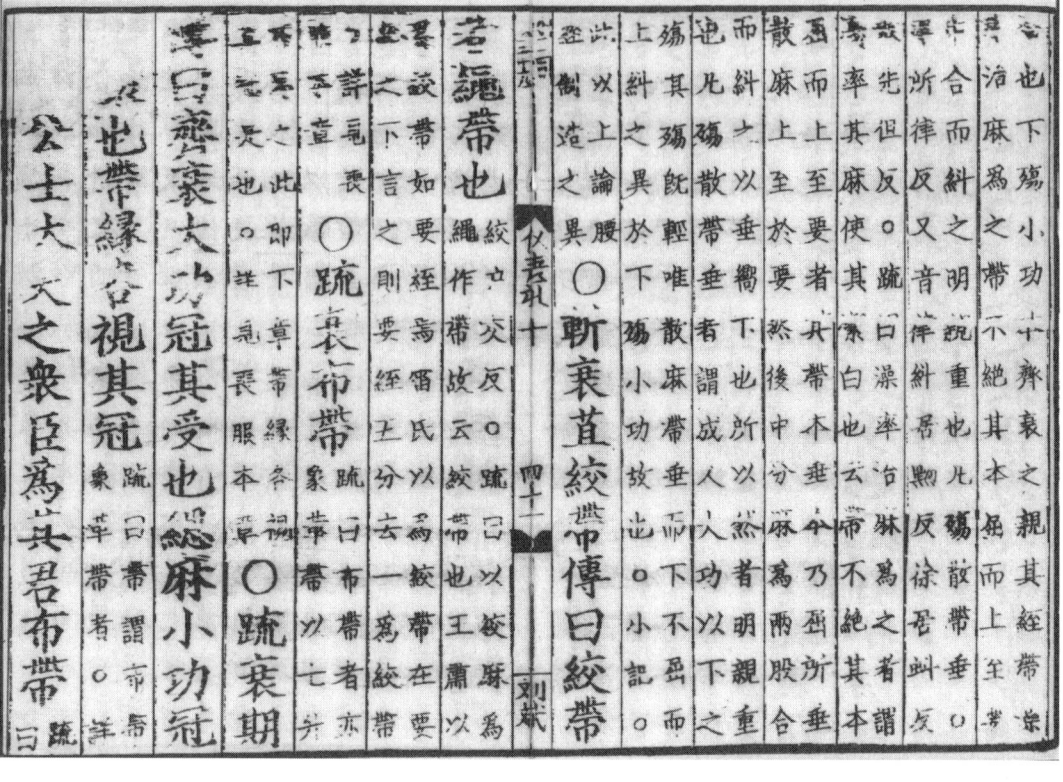

右要絰帶制集本朝淳化五年贊善大夫胡旦奏議曰小記篇有絰帶差降之數斬衰葛帶與齊衰初死麻之絰同故云絰俱七寸五分寸之一所以然者就苴絰九寸之中五分去一以五分分之去一分故云七寸五分寸之一其帶又就葛絰七寸五分寸之一之中又五分去一故五寸二十五分寸之十九也齊衰既虞變葛之特又漸細降初與一等與大功初死麻絰帶同俱五寸二十五分寸之十九也其帶五分首絰去一就五寸二十五分寸之十九之中

0012_0440-1　0012_0439-2

去其一分故餘有四寸一百二
五分寸之七十六也大功既虞變
葛之時又漸細降於與小
功初死麻經同俱四寸一百二十
五分寸之七十六其帶五分首經
又五分去一就四寸一百二十五
分寸之七十六之中五分去其一
分得三寸六百二十五分寸之四
百二十九小功既虞變葛之時又
降初喪一等與緦麻初死麻經同
其帶五分首經去其一就三寸六
百二十五分寸之四百二十九之
中又于分去其一分故其餘有二
寸三千一百二十五分寸之二千
九百六十六分是緦麻已上變麻
服葛之數也詔五服差降宜依所
奏

婦人之帶牡麻結本 婦人亦有苴經但言帶者記其異此
齊衰婦人斬衰婦人亦苴經也○疏曰
知婦人亦有苴經者喪服首云苴經杖
下經男子婦人俱陳則婦人亦有苴經
今此經不言婦人苴經者記其異謂男
子帶有散麻婦人則結本是其異者云
此齊衰婦人者以其牡麻宜言齊衰以
下至緦麻皆同牡麻也云斬衰婦人亦
苴經也者此亦據帶而言以其帶亦名

0012_0441-1　0012_0440-2

經喪服云苴經杖鄭云麻在首在要皆
曰經則婦人有苴麻爲帶經可知○祥
見士喪禮上○此一○**婦人葛經而麻**
條論婦人腰絰之制
帶 疏曰婦人既虞卒哭其經以葛易麻故云葛經帶則有除無變終始是麻
故曰麻帶○詳見變除既虞卒哭受服
條○此一條論婦人虞卒哭腰絰之制

右婦人要經帶制 斬衰婦人苴麻經見本篇注疏

司服王爲三公六卿錫衰爲諸侯緦衰
爲大夫士疑衰 君爲臣服弔服也鄭司農云錫麻之滑易者十
五升去其半有事其布無事其縷緦亦
十五升去其半有事其縷無事其布疑
衰十四升玄謂無事其縷哀在內無事
其布哀在外疑之言擬也擬於吉○易
以豉反去起呂反○疏曰天子臣多故
三公與六卿同錫衰諸侯五等同緦衰
大夫與士同疑衰不見三孤者與六卿
同又不辨同姓異姓亦以臣故也云君
爲臣服弔服也者欲見臣爲君斬君爲
臣無服直弔服既葬除之而已鄭司農
服破升皆爲登布八十縷爲登登成也
今云十五升則千二百縷去其半則六
百縷也云有事其縷又有事其布者謂
謂以水濯治去其垢者也玄謂疑之言

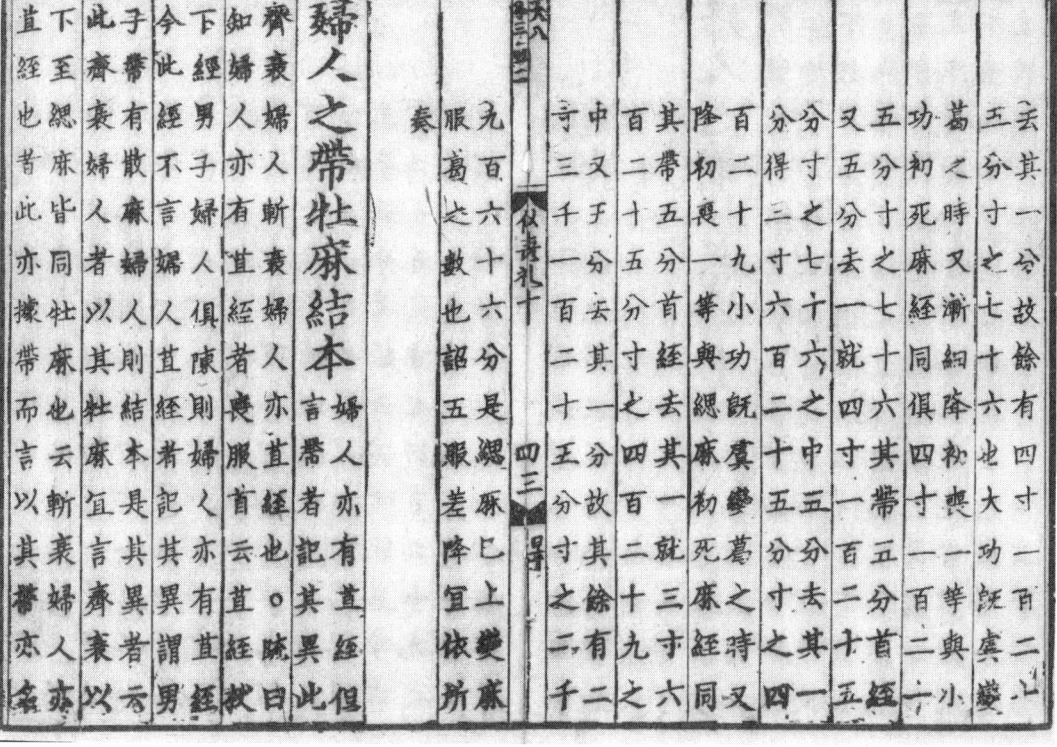

張本下象鼻題監生戴彝四字傅本剪去之

0012_0441-2

擬也擬於吉者以其吉服十五升今疑衰十四升少一升而已故云擬於吉者同故喪服云大夫弔於命婦錫衰命婦也凡弔皆不見婦人弔服者以婦與夫弔於大夫錫衰是婦與夫同。此一條論錫緦疑衰之等

凡弁經其衰侈袂後呂氏反袂彌世反。侈猶大也弁經服者弔服也其衰錫也緦也疑也袂之小者二尺二寸大者半而益之則侈袂三尺三寸。疏曰弁經者謂弔服也其首著弁經身著錫衰緦衰疑衰侈大也其此等三衰大作其袂凡衰之袂二尺二寸此等三衰其袂半而益一袂大三尺三寸也若士則其衰

0012_0442-1

不侈也故周禮司服有玄端素端注云變素服言素端者明異制大夫已上侈之明士不侈故稱端。雜記。此一條論弔服之制

錫者何也麻之有錫者也錫者十五升抽其半無事其縷有事其布曰錫謂之錫者治其布使之滑易也錫者不治其縷衰在內也緦者不治其布衰在外。易以鼓反。疏曰但言琛者以承衰布之縷也又云錫者十五升抽其半者以其縷之多少與緦同。詳見補服大夫弔於命婦錫衰傳。此一條論錫衰之制

0012_0442-2

右錫衰緦衰疑衰之制婦人弔服與夫同

附見本篇疏

曾子問曰親迎女在塗而壻之父母死則如之何曰女改服布深衣縞緫以趨喪疏曰深衣謂衣裳相連前後深邃故曰深衣。詳見變除篇

○夫子曰始死羔裘玄冠者易之而已疏曰始死則易去朝服著深衣。詳見變除篇。此論始死深衣之服

○齊衰

0012_0443-1

大功冠其受也緦麻小功冠其衰也帶緣各視其冠緣如深衣之緣。疏曰云緣如深衣之緣者案深衣目錄云深衣連衣裳而純之以采素純曰長衣有表則謂之中衣此既在喪服之內則是中衣矣而云深衣以其出衣與深衣同是連衣裳其制大同故就深衣有篇目者而言之案玉藻云其爲長中繼揜尺注云其爲長衣中衣則繼袂揜一尺若今褎矣若然出衣與長衣袂手外長一尺案檀弓云練時鹿裘衡長袪注云袪謂褎緣袂口也練而爲裘橫廣之又長之又爲袂則先時狹短無袪

0012_0443-2

可知若然此初喪之中衣緣亦狹短不得如玉藻中衣繼揜一尺者也喪中緣用布明中衣亦用布中衣用布緆無明文亦當視冠。詳見冠制條。此論齊衰大功小功緦麻初喪中衣之制

○公子爲其母麻衣縓緣其妻麻衣縓緣麻衣者如小功布深衣爲不制衰裳變也。䟽曰云縓緣者以緇爲緅色與深衣爲領緣云爲不制衰裳變也者以其爲深衣不與喪服同故云變也詩云麻衣如雪者彼麻衣及禮記檀弓云子游麻衣并間傳云大祥素縞麻衣注皆云十五升布深衣與此小功布深衣異

0012_0444-1

引之者證麻衣之名同取升數則異經之通例麻衣與深衣制同但以布緣之則曰麻衣以采緣之則曰深衣以素緣之袖長在外則曰長衣又以采緣之袖長在衣內則曰中衣此三者之衣皆用朝服十五升布六幅分爲十二幅而連衣裳袖與純緣則異深衣連衣裳而純以緣素純曰長衣有表則謂之中衣以此言之則長衣中衣皆用素純。詳見喪服父在爲母條。此論公子爲母妻齊衣之制

○大祥素縞麻衣麻衣十五升布深衣也謂之麻者純用布無采飾也。詳見變除大祥變服。此論大祥麻衣之制

0012_0444-2

右深衣麻衣長衣中衣之制

斬衰苴杖傳曰苴杖竹也削杖桐也䟽曰經唯云苴杖不出杖體所用故言苴杖者竹也下章直云削杖亦不辨木名故因釋之云削杖者桐也

○䟽衰削杖本章母爲長子削杖嫌服男子當杖竹也母爲長子服不可以重於子爲己。小記

○杖各齊其心皆下本䟽曰云杖各齊其心者杖所以扶病病從心起故杖之高下以心爲斷也云皆下本者本根也。本章杖下

0012_0445-1

本竹桐一也順其性也。䟽曰云順其性也謂下其根本順木之性。士喪記

○絰殺五分而去一杖大如絰如要絰也要一遥反。䟽曰杖大如絰者謂如要絰也以其同在下之物故也。小記。此言杖體所用及大小之制

右杖制

斬衰菅屨傳曰菅屨者菅菲也外納屨九具反。䟽曰周公時謂之屨子夏時謂之菲案士喪禮屨外納鄭注云納收餘

0012_0446-1　0012_0445-2

以喪……疏曰前則菅屨也本章○記屨外納云外納者謂收餘

鄉外為之……服不事飾故也○疏衰疏屨三年傳

曰疏屨者藨蒯之菲也藨皮表反又則扶表反蒯苦怪反

疏曰藨是草名案玉藻云……蒯亦草類○本章○疏衰疏

屨杖期本章○不杖麻屨此亦齊衰言其屨異於上○本章○

齊衰三月與大功同者繩屨疏曰大功以上同名

喪服故大功與齊衰三月可同繩謂以麻繩為屨○喪服小記○小

仪礼卷十　四十九

功舊說小功以下吉屨無絇也○疏曰絇言案周禮屨人職屨舄皆有絇繶

純者於繶口緣邊者牙底接處縫中者絛絇者屨鼻頭有飾為行戒吉時有

行戒故有絇凶中無行戒故無絇以其小功輕故從吉屨爲其大功卽放無絇也

○喪服本章○公士大夫之衆臣為其君布

帶繩屨傳曰繩屨者繩菲也繩菲今時不借也○

喪服斬衰條○此以上八條論屨制輕重之別○練繩屨無絇之絇

者其俱又○疏曰繩屨者謂父喪菅屨卒哭受齊衰……屨至小祥受大功繩

0012_0447-1　0012_0446-2

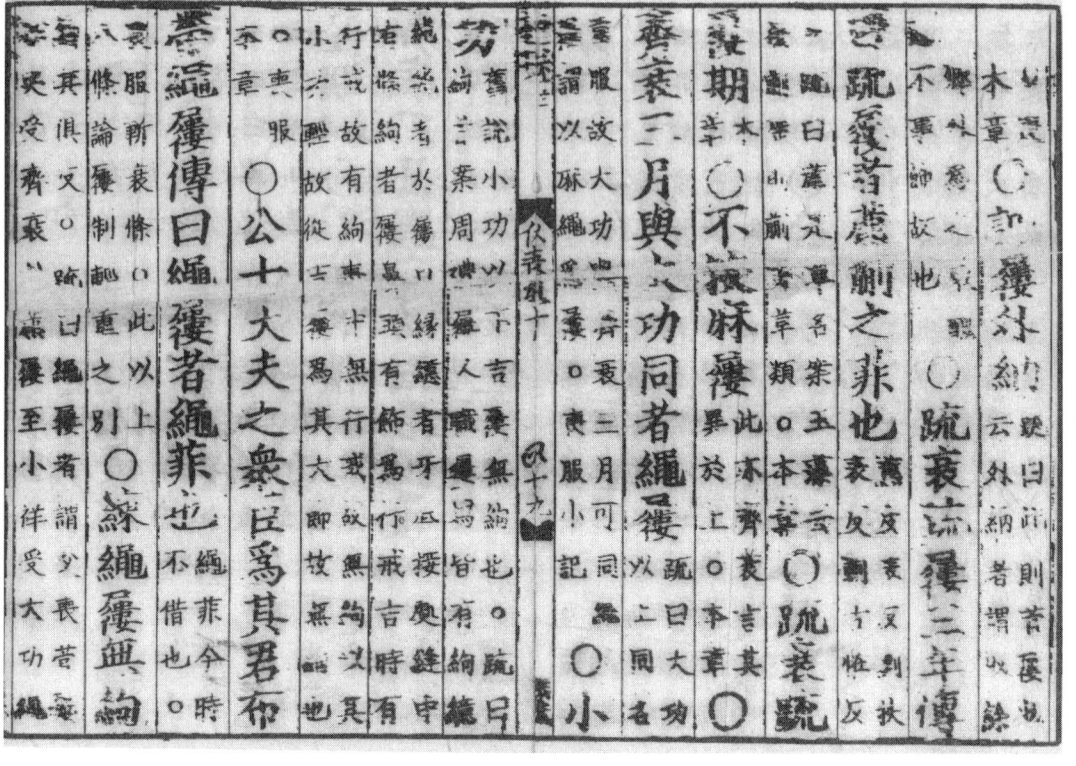

麻屨也無絇者絇屨頭飾也吉有喪○無○檀弓○此一條論練屨之制

周禮屨人掌王及后之服屨素屨葛屨

屨有絇有繶有純者飾也素屨者非純吉有凶去飾言葛屨明有用皮時○疏

曰素屨者大祥時所服去飾也葛屨者自赤舄以下夏則用葛爲之若冬則用

皮爲之在素屨下者欲見素屨亦用葛與皮故也下經注云散屨與此素屨同

是大祥時則大祥除衰杖後身服素縞麻衣而著此素屨故云非純吉言去飾

者經素屨不云絇繶純故知去飾無絇繶純也辨外內命夫命

仪礼卷十　五十

婦之散屨○散素但反○散屨亦謂去飾

舄屨訖此明臣妻及嬪以下之屨也凡四時之祭祀以宜

服之○祭祀而有素屨散屨者惟大祥時○疏曰惟大祥時者此據外內命

夫命婦為王斬衰而言初死著菅屨卒哭與齊衰初死同疏屨既練與大功初

死同繩屨大祥與小功初死同吉屨無絇是以上經注云非純吉故云唯大祥

時也但小經據卑云散散與素一也○此論大祥素屨散屨之制○天官○

不屨繐屨繐音歲○繐屨喪屨也屨不灰治白繐○疏曰案喪服記

0012_0447-2

云繐衰四升有半繐衰既是喪服明繐屨亦是喪屨云繐不灰治曰繐若斬苴冠六升傳云鍛而勿灰則繐衰四升半不灰治可知言此者欲見大功未可以冠子恐人以冠子故於屨末因禁之也○士冠禮○此條因冠禮見繐屨之制

右屨制

周禮巾車王之喪車五乘木車蒲蔽犬複尾櫜疏飾小服皆疏乘繩證反複莫歷反櫜沈音羔劉姑道反○木車不漆者鄭司農云蒲蔽爲藩蔽車以蒲爲蔽天子喪服之車

0012_0448-1

漢儀亦然犬複以犬皮爲覆笭玄謂蔽車旁禦風塵者犬白犬皮既以皮爲覆笭又以其尾爲戈戟之弢麤布飾二物之側爲之緣若攝服云服讀爲箙小箙刀劍短兵之衣此始遭喪所乘爲君之道尚微備姦臣也書曰以虎賁百人逆子釗亦爲備焉○麤晉火反劉音果笭力丁反劉音泠弢吐刀反緣悅絹反○疏曰云木車不漆若喪中無飾後至禫乃漆之此明木車及下素車等皆未漆也先鄭云謂藺車者此舉漢時有麤者藺禁不善之車故舉以訛之也云犬複以犬皮爲覆笭者古者男子立乘須軾上取皮覆之故云犬複櫜謂蔽

0012_0448-2

車旁禦風塵者上文重翟厭翟之等爲蔽皆是禦風塵故知此蔽亦是禦風塵也云犬白犬皮者士喪記主人乘惡車白狗幦是也云既以皮爲覆笭又以其尾爲戈戟之弢者明複與櫜共用犬櫜則弢也云麤布飾二物之側爲之緣者案喪服齊衰已下皆稱疏禮之通例凡皆疏布者皆據大功布而言若然則以八升布爲二物之緣也云若攝服者案既夕記云貳車白狗攝服注云攝猶緣也狗皮緣服差飾也小箙刀劍短兵之衣者此小箙即既夕記云主人乘惡車白狗幦蒲蔽大服鄭彼注云笭間兵服以犬皮爲之是也云此云遭喪所乘者

0012_0449-1

此喪車五乘貴賤皆同乘之是以上喪禮主人乘惡車鄭注引雜記曰端衰喪車皆無等然則此惡車王喪之木車也是其尊卑同也云爲君之道尚微備姦臣也者案士喪有大服則此小服亦是其常个言爲君之道尚微備姦臣者此言非爲小兵服以戈戟人君乃有之然則備姦臣爲兎櫜戈戟而言也引書曰者顧命文彼以成王崩子釗康王也康王常在尸所以爲嫡子故使康王出卿門外以虎賁百人更以大子之禮迎之別於宾子必用虎賁備姦臣者謹人君有戈戟亦是備姦臣

素車棼蔽犬複素飾小服皆

0012_0449-2

素棼扶云反。素車以白土堊車也棼讀爲蕡蕡麻以爲蔽其襮服以素繒爲緣此卒哭所乘爲君之道益著在車可以去戈戟。堊烏路反又烏洛反蕡扶文反。疏曰鄭知素車以白土堊者爾雅釋宮云地謂之黝牆謂之堊堊謂以白土爲飾則此素車亦白土爲飾可知云棼讀爲蕡蕡麻者義取用麻爲蔽之志云其襮服以素繒爲緣者禮之通例素有二種其義有色飾者以素爲白土義有以繒爲飾即以素爲繒故鄭釋二云以白繒別釋之也云此卒哭所乘者案士喪禮卒哭丈夫說經帶于廟門外婦人說首經不說帶是卒哭變服即

仪丧礼十　五十三

0012_0450-1

乘車案喪服大功章注云凡天子諸侯卿大夫既虞士卒哭而受服此鄭云卒哭據士而言也云爲君之道益著在車可以去戈戟者以經不云尾橐明去戈戟故爲記解也藻車藻蔽鹿淺䄠革飾故書藻作䡾杜子春讀爲華藻之藻玄謂藻水草蒼色以蒼土堊車以蒼繒爲蔽也鹿淺䄠以鹿夏皮爲覆笭又以所治去毛者緣之既練所乘。疏曰鄭以蒼色者且藻之水草是爲蒼艾色也云鹿淺䄠以鹿夏皮爲豻笭者夏時鹿毛新生爲淺毛故鄭云鹿夏皮爲覆笭也云又以所治去毛者緣之者以經云革飾皮去毛曰

0012_0450-2

革以去毛言之云此既練所乘者王十三月練是變除之節故知此即既練所乘也駹車雚蔽然䄠髤飾雚音丸髤香求反。故書駹作龍髤爲軟杜子春云龍讀爲駹軟讀爲桼垸之桼直謂髤桼也玄謂駹車邊側有桼飾也雚細葦席也以爲蔽者漆則成藩即吉也然果然也髤赤多黑少之色韋也此大祥所乘。軟音次桼音七垸胡翫反。疏曰後鄭知駹爲邊側之飾者以下文漆車全有漆則此不全爲漆故知駹是邊側少有漆也髤則成藩者下文藩蔽者因此舊云漆之則藩者以此爲本故云漆則成

仪丧礼十　五十四

0012_0451-1

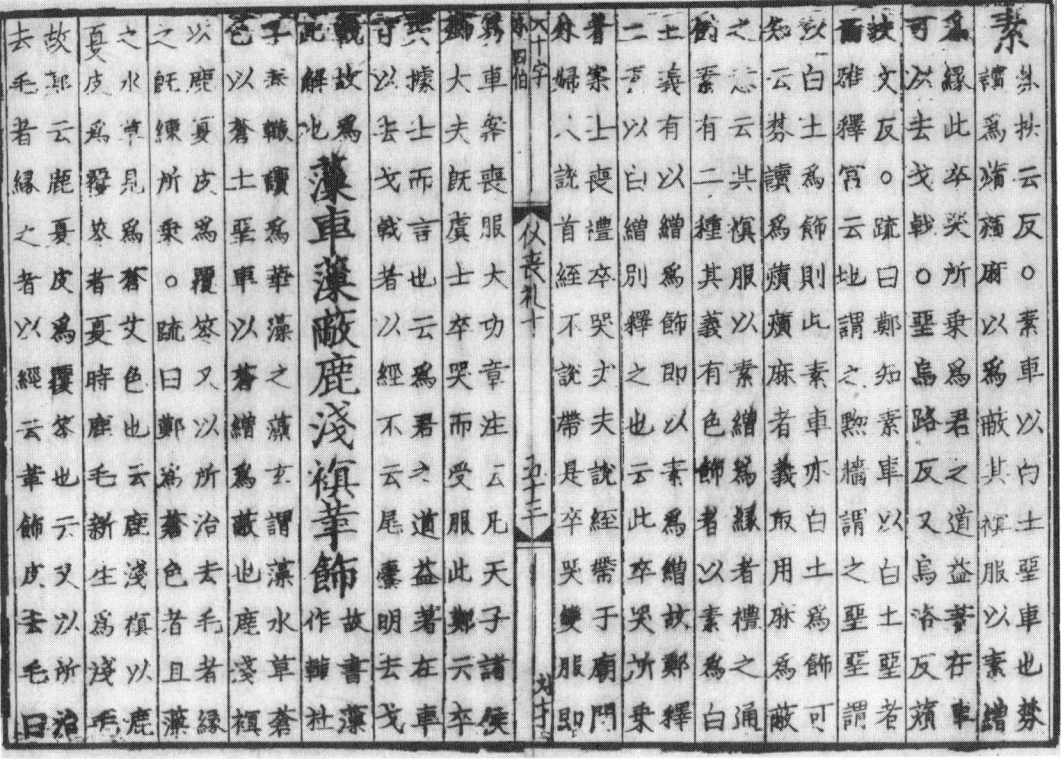

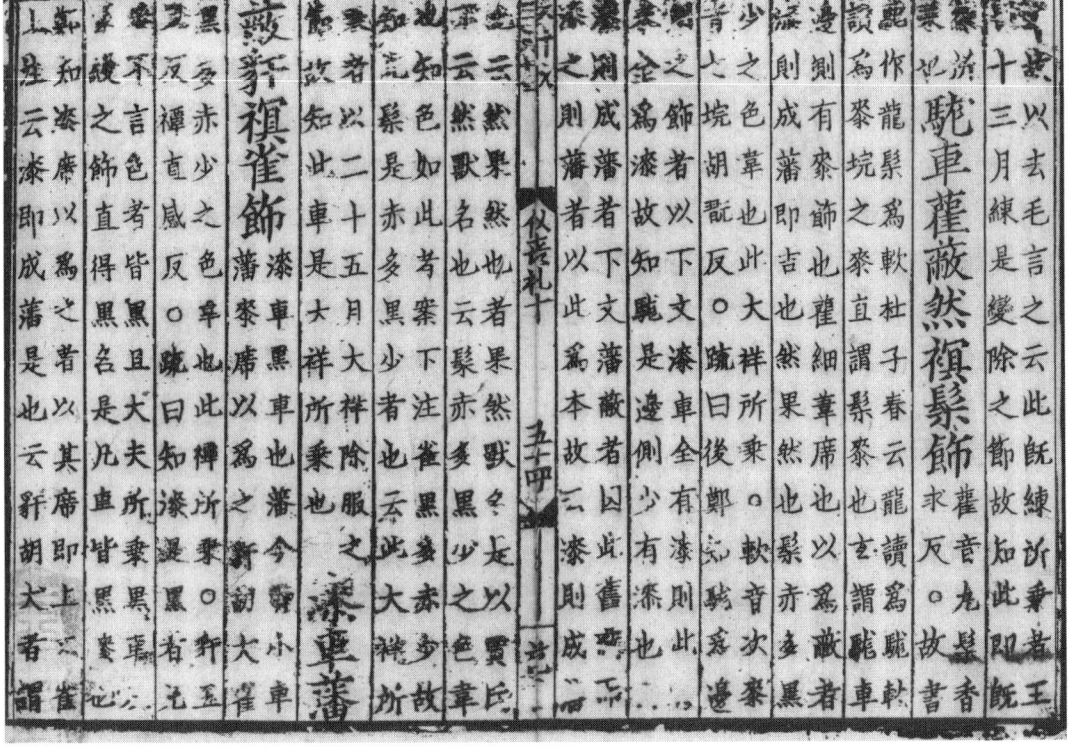

藩云然果然也者果然獸冬左以貫氏云然獸名也云髤赤多黑少之色韋也知色如此考案下注雀黑多赤少故知云髤是赤多黑少者也云此大祥所乘者以二十五月大祥除服之也故知此車是大祥所乘也漆車藩蔽豻䄠雀飾漆車黑車也藩今時小車藩桼席以爲之豻胡犬雀黑多赤少之色韋也此禫所乘。豻五旦反禫直感反。疏曰知漆是黑者以不言色者皆黑且大夫所乘墨車是漆之飾直得黑名是凡車皆黑漆也鄭知漆席以爲之者以其席即上雀上注云漆即成藩是也云豻胡犬者謂

胡地之野犬云雀黑多赤少之色韋也者鄭以目驗雀頭黑多赤少雀即緅也此禫所乘者以二十七月禫祥之節素縞麻衣而服禫服朝服綅冠故知當禫所乘也案下文大夫乘墨車士乘棧車皆吉時所乘之車既言天子至士喪車五乘尊卑等則大夫士禫亦得乘漆車所以大夫士禫即乘漆車與吉同者禮窮則同也○春官

○主人乘惡車詳見士喪禮拜賓及賓章

端衰喪車皆無等喪車惡車也喪者衣衰及所乘之車貴賤同孝子於親一也○雜記

右喪車之制

大廿八 小百六十三　儀喪礼十　五十五　秦亨

儀禮經傳通解續卷第十

0012_0455-2

儀禮經傳通解續卷第十一

喪服義十一　喪禮九

補

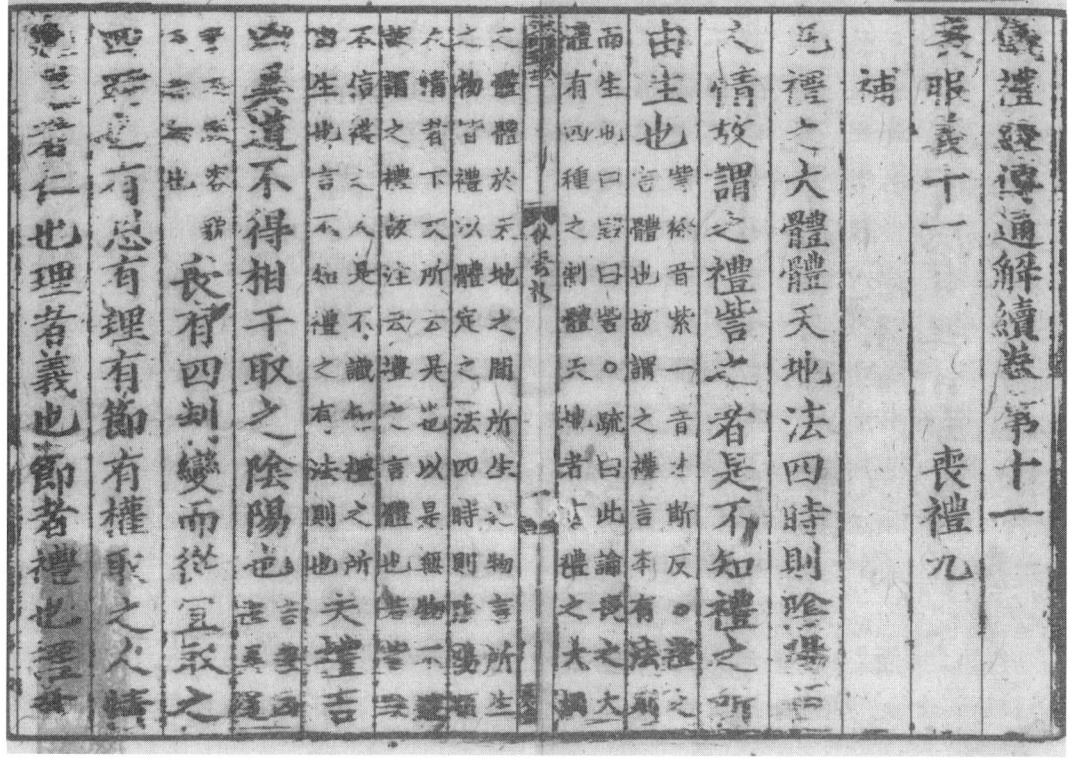

凡禮之大體，體天地，法四時，則陰陽，順人之情，故謂之禮。訾之者，是不知禮之所由生也。訾，徐音紫，一音子斯反。○注言體也，故謂之禮，言本有法則而生也。曰訾○疏曰：此論總之大禮有四種之制。體天地者，言禮之大綱

0012_0456-1

之體，體於天地之間所生之物，言所生之物皆禮以體定之。法四時，則陰陽，順人情者，下文所云是也。以是無物不體，故謂之禮。故注云禮之言體也。訾者，訾不信禮之人，是不識知禮之所由生也，言不知禮之有法則也。夫禮，吉凶異道，不得相干，取之陰陽也。言吉凶注異道[illegible]喪有四制，變而從宜，取之四時也。有恩，有理，有節，有權，取之人情。[illegible]恩者仁也，理者義也，節者禮也，權者

0012_0456-2

知也。仁義禮知，人道具矣。取之四時謂其數也，取之人情謂其制也。○疏曰：喪有四制，變而從宜者，言門內主恩，若於門外則變而行義，尊卑有定，禮制有恒，以節為限，或有事故不能備禮，則變而行權，是皆變而從宜，取之人情也。其恩厚者其服重，故為父斬衰三年，以恩制者也。為，于偽反。○服莫重斬衰也。○疏曰：父最恩深，故特以父而言之，其實門內諸親為之著服，皆是恩制也。門內之治恩掩義，門外之治義斷恩。資於事父以事君而敬同，貴貴尊尊，義之大者也。故為君亦斬衰三年，以義制者也。治，直吏反。掩，於檢反。斷，丁亂反。○資由也。貴貴謂為大夫君也，尊尊謂為天子諸

0012_0457-1

侯也。○疏曰：此四制之中義制也。門內之治恩掩義者，以門內之親恩情既多，得行私恩，不行公義，若公羊傳云有三年之喪，君不呼其門是也。門外之治義斷恩者，門外謂朝廷之門，既事公朝，當以公義斷絕私恩，若曾子問父母之喪既卒哭，金革之事無辟是也。資於事父以事君而敬同者，言操持事父之道以

0012_0457-2

害於君則敬君之禮與父同貴貴謂大夫之日事大夫爲君者也大夫始入直
覽則是貴也此臣盡敬此君故云貴貴也尊尊謂天子諸侯之臣事天子諸侯
爲君者也天子諸侯同爲南面則是尊也此臣極敬此君故曰尊尊也雖復大
夫與王侯有異而其臣敬不殊故並云義之大者也故爲君亦斬衰三年以義
制者也三日而食三月而沐期而練毀不
滅性不以死傷生也喪不過三年苴衰
不補墳墓不培祥之日鼓素琴告民有

儀禮記十一　三

0012_0458-1

終也以節制者也資於事父以事母而
愛同天無二日土無二王國無二君家
無二尊以一治之也故父在爲母齊衰
期者見無二尊也期音基苴七余反墳扶云反培步回反徐
扶來反齊音咨見賢遍反○食食粥也沐謂將虞祭時也補培猶治也鼓素琴
於符樂也三年不爲樂樂必崩○跪曰見正制之中節制也直麻之衰雖破不
補一成丘陵之後不培益其上大祥之日得鼓素琴此教其民哀有終極也皆

0012_0458-2

此以上皆節制之事從此以下更申明節制欲尊歸其一故更明無二尊之理
實於事父以事母而愛同者言操持事父之道以事於母而恩愛同恩愛雖同
而服乃有異以不敢二尊故也故以天無二日及家無二尊之等明皆歸於一
以治理之也沐謂將虞祭時者雜記云非虞祔練祥無沐浴於祥月而鼓素琴
是存省此樂縣而作樂在既禫之後杖者何也爵也三日
授子杖五日授大夫杖七日授士杖或
曰擔主或曰輔病婦人童子不杖不能

儀禮記十一　四

0012_0459-1

病也百官備百物具不言而事行者扶
而起言而後事行者杖而起身自執事
而後行者面垢而已禿者不髽傴者不
袒跛者不踊老病不止酒肉凡此八者
以權制者也擔是豔反又食豔反又餘墊反垢音苟禿吐木反髽
側瓜反傴紆主反袒徒旱反跛彼我反乙五日七日授杖謂爲君喪也扶而起
謂天子諸侯也杖而起謂大夫士也面垢而已謂庶民也髽婦人也男子免而

0012_0459-2

婦人髽髽或爲免。疏曰此四制之中稚制也有不應杖而杖又有應杖而不杖皆是權宜杖之所設本爲扶病而已爵者有德其恩必深其病必重故杖爲爵者而設也或曰擔主喪服傳文鄭注云擔假也尊其爲主假之以杖或曰輔病者亦喪服傳文非主而杖者何輔病也謂庶子以下雖非適子皆杖爲其輔病故也婦人童子所以不杖爲其不能病也婦人謂未成人之婦人童子謂幼少之童子百官備百物具不言而事行者謂王侯也喪具觸事委任百官不假自言而事得行故許子病深雖有扶病之杖亦不能起又須人扶乃起也言而

卷四之二　儀喪禮十一　五

0012_0460-1

后事行者謂大夫士既無百官百物須已言而後喪事乃行故不許極病所以杖而起不用扶也身自執事而后行者謂庶人也男無人可使但身自執事不可許病故言杖不得用但使面有塵垢之容而已也子於父母貴賤情同而病不得一故爲權制髽者是婦人之大紒重喪觕麻繞髮禿者無髮故不髽也女禿不髽男子禿亦不免也袒者露膊傴者可憎故不露也踊是跳躍跛人脚蹇故不跳躍也孝子悲哀非病不食滋味若老及病身已羸瘠又使備禮必致滅性非制所許故酒食養之凡此八者以權制者也八者謂應杖不杖不應杖而

0012_0460-2

杖一也扶而起二也杖而起三也面垢四也禿者五也傴者六也跛者七也老病者八也

始死三日不怠三月不解期悲哀三年憂恩之殺也聖人因殺以制節解佳買反殺色戒反。不怠哭不絕聲也不解不解衣而居不倦息也。不解古買反此喪之所以三年賢者不得過不肖者不得不及此喪之中庸也王者之所常行也書曰高宗諒闇三年不言善之

儀喪禮十一　六

0012_0461-1

也諒闇依注諒讀爲梁闇讀爲鶉音烏南反下同徐又竝如字案徐後音是依杜預義鄭謂卒哭之後翦屏柱楣故曰諒闇即廬也孔安國讀爲諒陰諒信也陰默也。諒古作梁楣謂之梁闇讀如鶉鶴之鶴闇謂廬也廬有梁者所謂柱楣也。楣音眉鶉音淳柱知主反王者莫不行此禮何以獨善之也曰高宗者武丁武丁者殷之賢王也繼世即位而慈良於喪當此之時殷衰而復興禮廢而復起故善之

張本下象鼻題監生秦淳四字傳本剪去之

0012_0462-1　　0012_0461-2

善之故載之書中而高之故謂之高宗三年之喪君不言書云高宗諒闇三年不言此之謂也然而曰言不文者謂臣下也衰色追反後扶又反言不文如字徐音問○言不文者謂喪事辨不所當共也孝經説曰言不文者指士民也○辨本又作辯同禮斬衰之喪唯而不對齊衰之喪對而不言大功之喪言而不議緦小功之喪議而不及樂唯余癸反徐以水反○此謂與賓客也唯而不對侑者爲之應耳言謂先發口也父母之喪衰冠繩纓菅屨三日而食粥三月而沐期十三月而練冠三年而祥疏曰三日不怠者謂哭不休息三月不解者謂不解衣而居期悲哀者謂期之間朝夕恒哭三年憂者寧不復朝夕哭但憂戚而已恩之殺也者自初以降是恩漸減殺也聖人因殺以制節者言聖人因其孝子情有減殺制其節此喪之中庸也者庸常也言三年之喪賢者不得過不肖者不得不

0012_0463-1　　0012_0462-2

及是賢之中平常行之無過三者之所常行也書曰高宗諒闇三年不言善之此引書者明古來王者皆三年喪諒讀曰梁闇讀曰鶉謂廬也謂既虞之後拖華而柱楣故云梁闇之中二年不言政事善之者言是古人載之於書美善之故此三年之喪君不言者是記者引古禮三年之喪君則不言國事書云高宗諒闇三年不言此之謂也者此記者引書高宗所行中節是君不言之事故云此之謂也然而曰言不文者謂臣下也者是記者既稱古禮君不言故又云言不文故記者復解云言不文者謂臣下之禮斬衰之喪唯而不對者謂與賓客言也但稱唯而已不對其所問之事侑者爲之對不旁及也齊衰之喪對而不言者但對其所問之事不餘言也大功之喪言而不議者但言説他事不與人論議細問荅也緦小功之喪議而不及樂者得議他事但不能聽及於樂也三年而祥者此章從上以來至比終茲三節者此皆明三年之喪制節之事比終茲三節者仁者可以觀其愛焉知者可以觀其理焉強者可以觀其志焉禮以治之義以正之孝子弟弟貞婦皆可得而察

0012_0463-2　　0012_0464-1

爲義此劫利反知音智○仁有恩者也理義也節滿知也○疏曰三節者自初
喪至於一也十三月練二也三年祥三也能終此三節者仁者可以觀其愛知
者可以觀其理強者可以觀其志是言也言初遭喪至於喪畢有三者之節仁
者可以觀其愛焉者孝子居喪□有恩錯居喪思慕可以觀其知愛觀之者
不愛親則非仁恩也知者可以觀□□慕者孝子有知則居喪合於道理□□
合於道理則非知也強者可以觀□□壽者孝子堅強其居喪則能守其□
者無志節則非堅強禮以治之者言用禮以治居喪之事義以正之者謂用義

仪喪礼十一　九

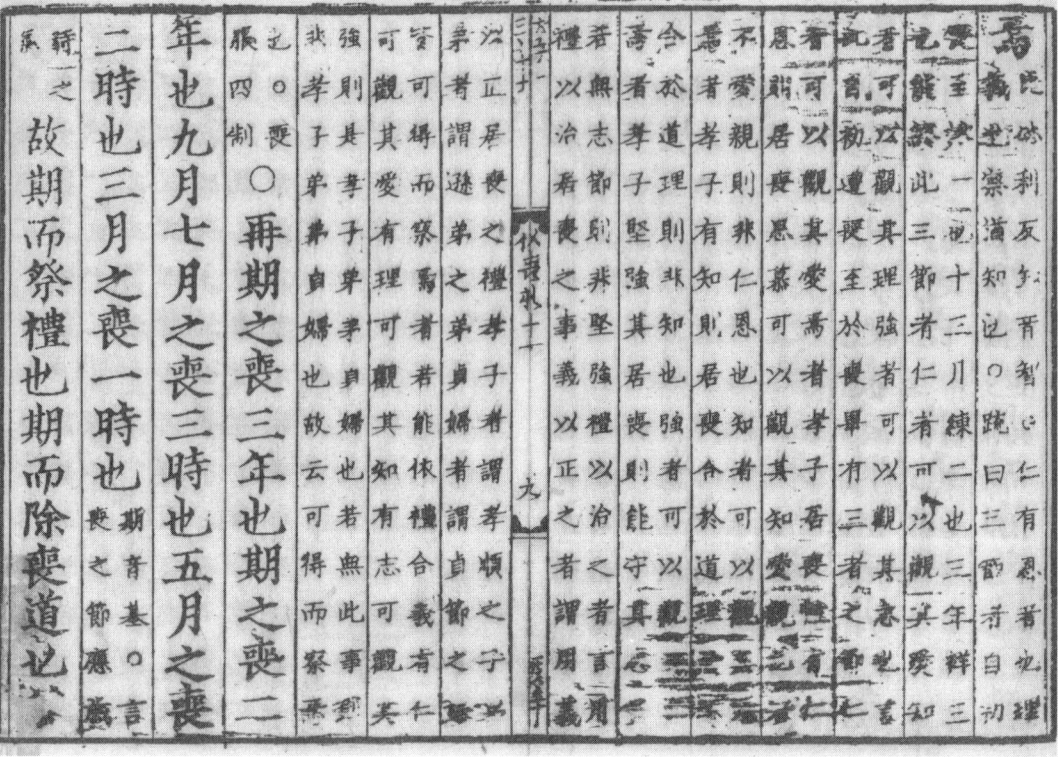

以正居喪之禮孝子者謂孝順之子弟弟者謂遜弟之弟貞婦者謂貞節之婦
皆可得而察焉者若能依禮合義有仁可觀其愛有理可觀其知有志可觀其
強則是孝子弟弟貞婦也若無此事難非孝子弟弟貞婦也故云可得而察焉
之○喪服四制○再期之喪三年也期之喪二
年也九月七月之喪三時也五月之喪
二時也三月之喪一時也期音基○言喪之節應歲
時之氣故期而祭禮也期而除喪道也

0012_0464-2　　0012_0465-1

不爲除喪也此謂練祭也禮正月存親親士至今而期期則宜終
期天道一變哀惻之情益衰衰則宜除不相爲也○疏曰孝子之喪親應歲時
之節序改易隨時悽感故一期而爲練祭是孝子存親之心於禮當然也親終
一期天道改變哀情益衰而除說其喪天道當然也祭不爲除喪也者言爲此
練祭自爲存念其親不爲除喪而設除喪自爲天道減殺不爲存親兩事雖同
一時不相爲也此除喪謂練時除喪也男子除首絰女子除腰帶與小祥祭同
時不相爲也若至大祥祭與除喪亦同日此亦兼言之也○小記○三

仪喪礼十一　十

年之喪何也曰稱情而立文因以飾羣
別親疏貴賤之節而弗可損益也故曰
無易之道也稱尺證反別彼列反亦下同○稱情而立文稱
人之情輕重而制其禮也羣謂親之黨也無易猶不易也○疏曰立文立禮之
節文也飾謂章表也羣謂五服之親也因此三年之喪差降各表其親黨別親
疏貴賤之節而弗可損益也者親謂大功以上疏謂小功以下貴謂天子諸侯
絶期卿大夫降期以下賤謂士庶人服族其節分明使不可損益也故曰無易

0012_0466-1　0012_0465-2

之道也者引舊語成文也並有差品其道不可改易創鉅者其日久痛深者其愈遲三年者稱情而立文所以爲至痛極也斬苴衰杖居倚廬食粥寢苫枕塊所以爲至痛飾也創初良反鉅音巨○愈音庾遲直移反倚於綺反枕之鴆反○飾情之章表也○疏曰鉅大也夫創小則易差創大則難愈故云創鉅其日久也愈差也賢者喪親傷腎乾肝斬斫之痛其痛既甚故其差亦遲也既痛甚差遲故稱其痛情而立三年之文以

儀禮疏十一　十一

表是至痛之極者也三年之喪二十五月而畢哀痛未盡思慕未忘然而服以是斷之者豈不送死有已復生有節也哉復生除喪反生者之事也○疏曰言賢人君子於此二十五月之時心之悲哀摧痛猶未能盡憂思悲慕猶未能忘然而外貌喪服以是斷割者不斷以二十五月則孝子送死子之情何時得已復吉反常之禮何有限節故聖人裁斷止限二十五月豈不是送死須有已止反復生禮須有限制也哉凡生天地之閒

0012_0467-1　0012_0466-2

者有血氣之屬必有知有知之屬莫不知愛其類今是大鳥獸則失喪其羣匹越月踰時焉則必反巡過其故鄉翔回焉鳴號焉蹢躅焉踟躕焉然後乃能去之小者至於燕雀猶有啁噍之頃焉然後乃能去之故有血氣之屬者莫知於人故人於其親也至死不窮屬音燭喪息浪反

儀禮疏十二　十二

如字巡詞均反過音戈又古卧反翔音豪蹢直亦反又治革反躅直録反又治六反踟音馳躕直誅反啁張留反噍子流反頃苦穎反莫知之知音智○[illegible]偶也言燕雀之迴不如鳥獸大鳥獸不如人含血氣之類人最有知而恩深也於其五服之親念之至死無已也○疏曰天地之閒血氣之類皆有所知至於鳥獸小大各能思其種類況在於人能有窮止也將由夫患邪淫之人與則彼朝死而夕忘之然而從之則是曾鳥獸之不若也夫焉能相

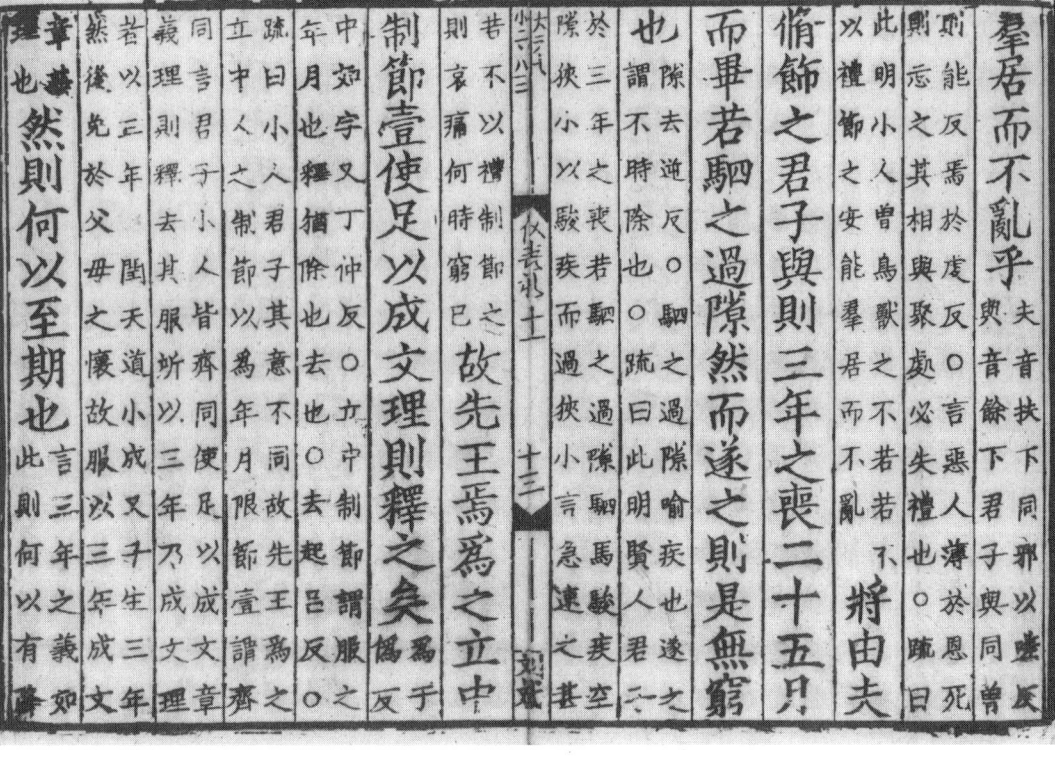

羣居而不亂乎夫音扶下同邪以嗟反與音餘下君子與同曾則能反焉於虔反○言惡人薄於恩死則忘之其相與聚處必失禮也○疏曰此明小人曾鳥獸之不若若不以禮節之安能羣居而不亂將由夫脩飾之君子與則三年之喪二十五月而畢若駟之過隙然而遂之則是無窮也隙去逆反○駟之過隙喻疾也遂之謂不時除也○疏曰此明賢人君子之於三年之喪若駟之過隙駟馬駿疾空隙狹小以駿疾而過狹小言急速之甚

大三六八　小二一八三　儀表禮十一　十三　劉蔵

若不以禮制節之則哀痛何時窮已故先王焉爲之立中制節壹使足以成文理則釋之矣爲于僞反中如字又丁仲反○立中制節謂服之年月也釋猶除也去也○去起呂反○疏曰小人君子其意不同故先王爲之立中人之制節以爲年月限節壹謂齊同言君子小人皆齊同使足以成文章義理則釋去其服所以三年乃成文理若以三年閏天道小成又子生三年然後免於父母之懷故服以三年成文章義理也然則何以至期也言三年之義如此則何以有降

至於期也期者謂爲人後者父在爲母也○疏曰鄭意以三年之喪何以有降至於期者故云爲人後者爲本生之父母及父在爲母今尋經意至親以期斷是明一期可除之節故禮期而練男子除絰婦人除帶下云加隆故至三年是經意不據爲人後及父在爲母期鄭之此釋恐未盡經意但既祖鄭學今因而釋之曰至親以期斷言服之正雖至親皆期而除也○疏曰謂至親本以期斷故雖爲他後及父在爲母但一期也是何也問服斷於期之義也曰天地則已易矣四時則已變矣

大三六八　小二一八三　儀表禮十一　十四　劉蔵

其在天地之中者莫不更始焉以是象之也法此變易可以期也○疏曰言期是一年之間而天地之氣換矣前時已畢今時又來是變改矣其在天地之中動植之物無不於前事之終更爲今事之始也聖人以人事法象天地故期年也然則何以三年言法此變易可以期何以乃爲三年曰加隆焉爾也焉使倍之故再期也焉如字一於虔反下同倍步罪反○言於父母加隆其恩使倍期也○疏曰此釋因期及三年義故設問何以三年加

0012_0469-2

隆焉爾者本實應期但子恩加隆重三年也焉使倍之故再期也者焉猶也子既加隆於父母故然猶如是倍之言倍一期故至再期也由九月以下何也曰焉使弗及也言使其恩不及父母故三年以爲隆緦小功以爲殺期九月以爲閒上取象於天下取法於地中取則於人人之所以羣居和壹之理盡矣取象於天地謂法其變易也自三年以至緦皆歲時之數也言既象天地又足以盡

仪禮疏十一　十五

0012_0470-1

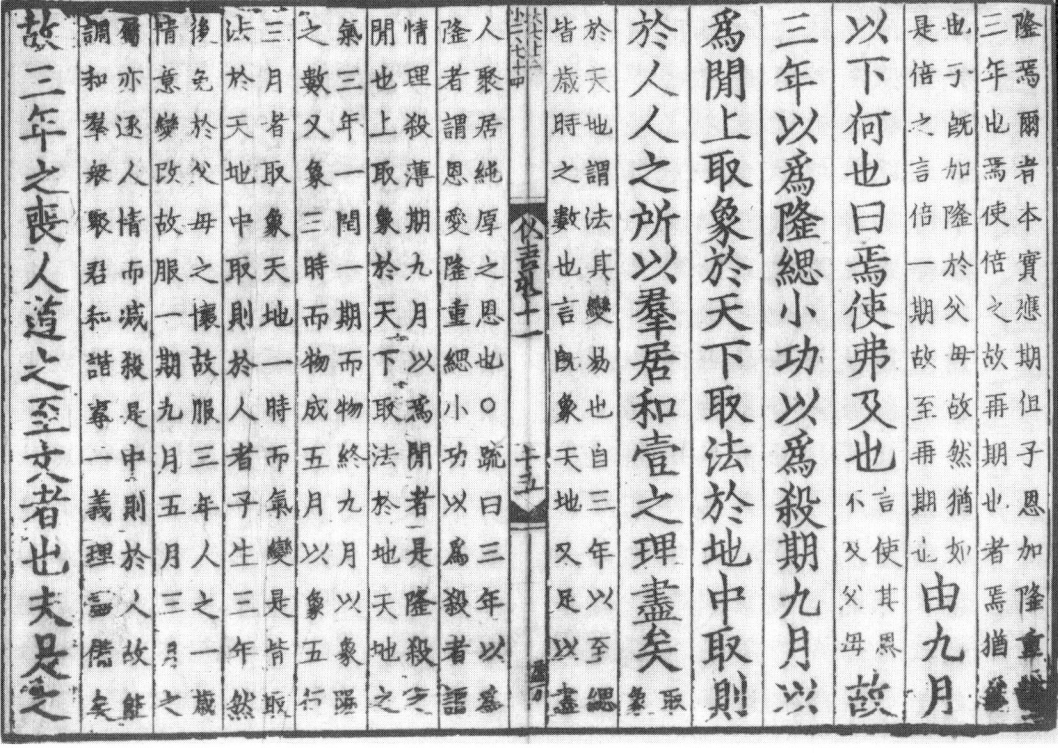

人聚居純厚之恩也○疏曰三年以爲隆者謂恩愛隆重緦小功以爲殺者謂情理殺薄期九月以爲閒者是隆殺之閒也上取象於天下取法於地天地之氣三年一閏一期而物終九月以象陽之數又象三時而物成五月以象五行三月者取象天地一時而氣變是皆取法於天地中取則於人者子生三年然後免於父母之懷故服三年人之一歲情意變改故服一期九月五月三月之屬亦逐人情而减殺是中則於人故能調和羣衆聚居和諧寡一義理盡備矣故三年之喪人道之至文者也夫是之

0012_0470-2

謂至隆言三年之喪禮之最盛疏曰三年與禮於人禮之中至是百極文理之盛者則期以下非其至極也至隆者恩之至極隆重也王之所同古今之所壹也未有知其所由來者也不知其從來喻此三年之喪前世行之久矣○疏曰未有知其所由來者言三年之喪行之自遠未能識知從何代而來孔子曰子生三年然後免於父母之懷夫三年之喪天下之達喪也達謂自天子至於庶人○疏曰案易

仪禮疏十一　十六

0012_0471-1

繫辭喪期無數尚書云百姓如喪考妣三載此云不知所由來者但上古云期無數謂無葬練祥之數其喪父母之哀猶三年也故堯崩云如喪考妣三載則知堯以前喪考妣已三年但不知定在何時其喪服所起則黃帝堯舜之時雖有衣裳仍未有喪服也但唐虞已前喪服與古服同皆以白布爲之故郊特牲云大古冠布齊則緇之若不齊則皆用白布也鄭注喪服其冠衰之異從三代以來由唐虞以上曰大古吉凶皆同白布則知二代吉凶異也○三年問

○滕定公薨世子謂然友曰昔者孟子

0012_0471-2

子與我言於宋於心終不忘今也不幸
至於大故吾欲使子問於孟子然後行
事集注曰定公文公父也然友世子之傅也大故大喪也事謂喪禮然
友之鄒問於孟子孟子曰不亦善乎親
喪固所自盡也曾子曰生事之以禮死
葬之以禮祭之以禮可謂孝矣諸侯之
禮吾未之學也雖然吾嘗聞之矣三年

0012_0472-1

之喪齊疏之服飦粥之食自天子達於
庶人三代共之齊音資疏所居反飦諸延反○當時諸侯莫能
行古喪禮而文公獨能以此爲問故孟子善之又言父母之喪固人子之心所
自盡者蓋悲哀之情痛疾之意非自外至宜乎文公於此有所不能自已也但
所引曾子之言本孔子告樊遲者豈曾子嘗誦之以告其門人歟三年之喪者
子生三年然後免於父母之懷故父母之喪必以三年也齊衣下縫也不緝曰
斬衰緝之曰齊衰疏麤也麤布也飦糜也喪禮三日始食粥既葬乃疏食此古

0012_0472-2

今貴賤通行之禮也然友反命定爲三年之喪父
兄百官皆不欲曰吾宗國魯先君莫之
行吾先君亦莫之行也至於子之身而
反之不可且志曰喪祭從先祖曰吾有
所受之也父兄同姓老臣也滕與魯俱文王之後而魯祖周公爲長
兄弟宗之故滕謂魯爲宗國也然謂二國不行三年之喪者乃其後世之失非
周公之法本然也志記也引志之言而釋其意以爲所以如此者蓋爲上世以

0012_0473-1

來有所傳受雖或不同不可改也然志所言本謂先王之世舊俗所傳禮文小
異而可以通行者耳不謂後世失禮之甚者也謂然友曰吾他
日未嘗學問好馳馬試劒今也父兄百
官不我足也恐其不能盡於大事子爲
我問孟子然友復之鄒問孟子孟子曰
然不可以他求者也孔子曰君薨聽於
冢宰歠粥面深墨即位而哭百官有司

0012_0473-2

莫敢不哀先之也上有好者下必有甚
焉者矣君子之德風也小人之德草也
草尚之風必偃是在世子好爲皆去聲復扶又反歟
川悅反○不我足謂不以我滿足其意也然者然其不我足之言不可他求者
言當盡之於己蓋學六卿之長也歠飲也深墨甚墨色也即戚也尚加也論語
作上古字通也偃伏也孟子言但在世子自盡其哀而已然友反命
世子曰然是誠在我五月居廬未有命

0012_0474-1

戒百官族人可謂曰知及至葬四方來
觀之顏色之戚哭泣之哀弔者大悅諸侯
五月而葬未葬居倚廬於中門之外居喪不言故未命令教戒也可謂曰知疑
有闕誤或曰皆謂世子之知禮也○林氏曰孟子之時喪禮既壞然三年之喪
惻隱之心痛疾之意出於人心之所固有者初未嘗忘也惟其溺於流俗之弊
是以喪其良心而不自知耳文公見孟子而聞性善堯舜之說則固有以啓發
其良心矣是以至此而哀痛之誠心發焉及其父兄百官皆不欲行則亦反躬

0012_0474-2

自責悼其前行之不足以取信而不敢有非其父兄百官之心雖其資質有過
人者而學問之力亦不可誣也及其斷然行之而遠近見聞無不悅服則以人
心之所同然者自我發之而彼之心悅誠服亦有所不期然而然者人性之善
豈不信哉○孟子○宰我問三年之喪期已久
矣期音基下同○集注曰期周年也君子三年不爲禮
禮必壞三年不爲樂樂必崩恐居喪不習而崩壞
也舊穀既沒新穀既升鑽燧改火期可

0012_0475-1

已矣鑽祖官反○沒盡也升登也燧取火之木也改火春取榆柳之火夏
取棗杏之火夏季取桑柘之火秋取柞楢之火冬取槐檀之火亦一年而周也
已止也言期年則天運一周時物皆變喪至此可止也尹氏曰短喪之說下愚
且恥言之宰我親學聖人之門而以是爲問者有所疑於心而不敢強焉爾
子曰食夫稻衣夫錦於女安乎曰安夫音
扶下同衣去聲女音汝下同○禮父母之喪既殯食粥麤衰既葬疏食水飲受
以成布期而小祥始食菜果練冠縓緣要絰不除無食稻衣錦之理夫子欲宰

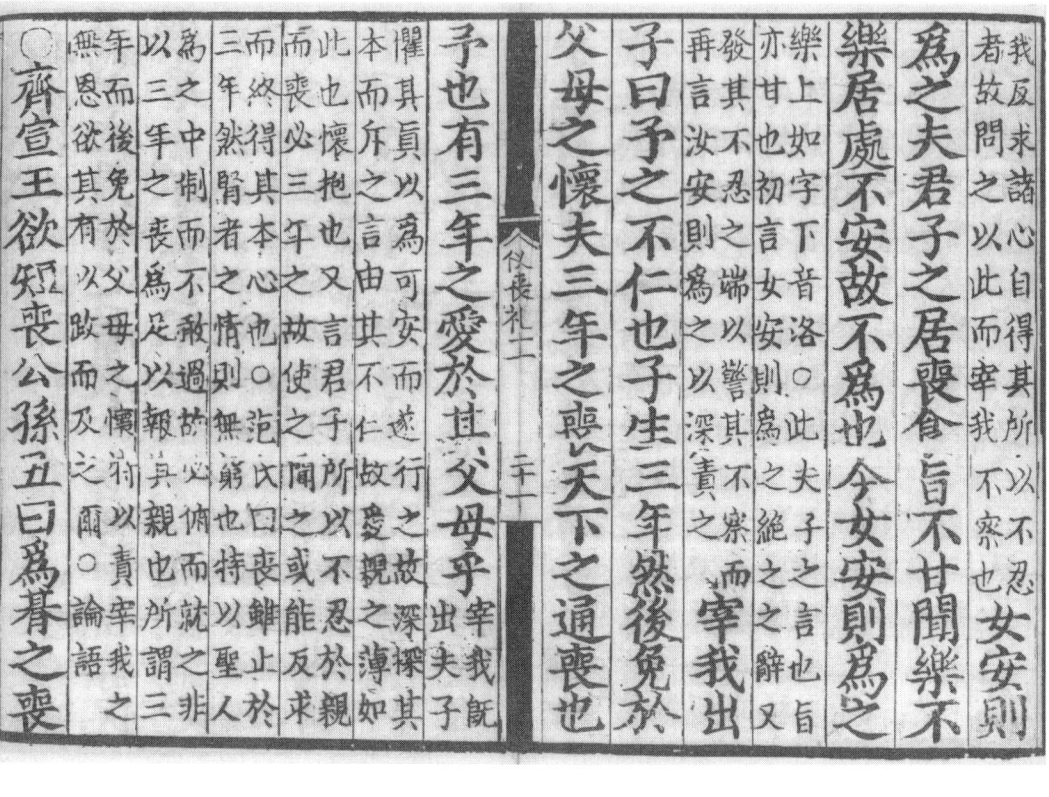

我反求諸心自得其所以不忍者故問之以此而宰我不察也女安則爲之夫君子之居喪食旨不甘聞樂不樂居處不安故不爲也今女安則爲之樂上如字下音洛○此夫子之言也旨亦甘也初言女安則爲之絶之之辭又發其不忍之端以警其不察而再言汝安則爲之以深責之宰我出子曰予之不仁也子生三年然後免於父母之懷夫三年之喪天下之通喪也

予也有三年之愛於其父母乎宰我既出夫子懼其眞以爲可安而遂行之故深探其本而斥之言由其不仁故愛親之薄如此也懷抱也又言君子所以不忍於親而喪必三年之故使之聞之或能反求而終得其本心也○范氏曰喪雖止於三年然賢者之情則無窮也特以聖人爲之中制而不敢過故必俯而就之非以三年之喪爲足以報其親也所謂三年而後免於父母之懷特以責宰我之無恩欲其有以跂而及之爾○論語

○齊宣王欲短喪公孫丑曰爲朞之喪

張本下象鼻題監生秦淳四字傳本剪去之

猶愈於已乎已猶止也孟子曰是猶或紾其兄之臂子謂之姑徐徐云爾亦教之孝弟而已矣紾之忍反○紾戾也教之以孝弟之道則彼當自知兄之不可戾而喪之不可短矣孔子曰子生三年然後免於父母之懷子也有三年之愛於其父母乎所謂教之以孝弟者如此蓋示之以至情之不能已者非強之也王子有其母死者其傅爲之請數月之喪公孫丑曰若此者何如也

聲○集注曰陳氏曰王子所生之母厭於嫡母而不敢終喪其傅爲請於王欲使得行數月之喪也時又適有此事丑問如此者是非何如案儀禮公子爲其母練冠麻衣縓緣既葬除之疑當時此禮已廢或既葬而未忍即除故請之也

曰是欲終之而不可得也雖加一日愈於已謂夫莫之禁而弗爲者也夫音扶○

[illegible]

0012_0477-2

示之至情則不肖者有以企而及之矣○孟子○喪父三年喪君三年示民不疑也不疑於君之尊也君無骨肉之親不立其服至尊不明○疏曰君無骨肉之親若不爲重服民則疑君不尊今喪君三年與父同示民不疑[illegible]之尊也○坊記天子之與后猶父之與母也故爲天王服斬衰服父之義也爲后服資衰服母之義也疏曰父母者[illegible][illegible]於婦子者故其服同資[illegible]當爲齊聲之誤也○[illegible]喪○君之喪

0012_0478-1

所以取三年何也問君之喪何取於三年之制曰君者治辨之主也文理之原也情貌之盡也相率而致隆之不亦可乎治辨謂誰治人使人辨別也文理法理條貫也原本也情盡誠也貌恭敬也致志也言人所極思致無盡於君者則臣下相率服喪而至於三年不亦可乎詩曰愷悌君子民之父母彼君子者固有爲民父母之説焉父能生之不能養之養謂哺乳之也

0012_0478-2

養或爲食母能食之不能教誨之食音飼君者已能食之矣又善教誨之者也食謂襁稟教誨謂制命也三年畢矣哉君者兼父母之恩以三年報之猶未畢也乳母飲食之者也而三月慈母衣被之者也而九月君曲備之者也三年畢乎哉曲備謂兼飲食衣被得之則治失之則亂文之至也文謂法度也治亂所繫非有法度之至也得之則安失

0012_0479-1

之則危情之至也情謂忠厚有使人危就安是忠厚之至也兩至者俱積焉以三年事之猶未足也直無由進之耳直但也○荀子○齊宣王曰禮爲舊君有服何如斯可爲服矣爲去聲下[illegible]注曰儀禮曰以道去君而未絶者服齊衰三月王疑孟子之言太重故問此禮[illegible]問曰諫行言聽膏澤下於民有故而去則君使人導之出疆又先於其

0012_0479-2

所往去三年不反然後收其田里此之謂三有禮焉如此則爲之服矣導之出疆防剽掠也先於其所往稱道其賢欲其收用之也三年而後收其田祿里居前此猶望其歸也今也爲臣諫則不行言則不聽膏澤不下於民有故而去則君搏執之又極之於其所往去之日遂收其田里此之謂寇讎寇讎何服之有極窮也窮之於其所往之

0012_0480-1

國如晉錮欒盈也○潘興嗣曰孟子告齊王之言猶孔子對定公之意也而其言有迹不若孔子之渾然也蓋聖賢之別如此楊氏曰君臣以義合者也故孟子爲齊王深言報施之道使知爲君者不可不以禮遇其臣耳若君子之自處則豈處其薄乎孟子曰王庶幾改之予日望之君子之言蓋如此○孟子○

親親尊尊長長男女之有別人道之大者也言服之所以隆殺○疏曰此論服之降殺之義親親謂父母也尊尊謂祖及曾祖高祖也長長謂兄及旁親也不言卑幼舉尊長則卑幼可知男女

0012_0480-2

之有別者若爲父斬爲母齊衰姑姊妹在室期出嫁大功爲夫斬爲妻期之屬是男女之有別也人道之大者也言○此人間道理最大者○喪服小記

親親以三爲五以五爲九上殺下殺旁殺而親畢矣殺色界反○已上親父下親子三也以父親祖以子親孫五也以祖親高祖以孫親玄孫九也殺謂親益疏者服之則輕○疏曰親親以三爲五者又以父上親祖以子下親孫爲者三今加祖及孫故言五也以五爲九者已上祖下孫則是五也又以曾祖故親高祖曾孫故親玄孫上加曾

0012_0481-1

高二祖下加曾玄兩孫以四籠五故爲九也然已上親父下親子應云以一爲三而云以三爲五者父子一體無可分之義故相親之說不須分矣祖孫非已一體故有可分之義而親名著也又然祖親曾祖以孫親曾孫應云以五爲七今言九者庾氏云由祖以親曾高二祖由孫以親曾玄二孫服之所同義由於此也上殺者據已上服父祖而減殺故服父三年服祖減殺至期以次減之應曾祖大功高祖小功而俱齊衰三月者喪服注云重其衰麻尊尊也減其日月恩殺也不可以大功小功旁親之服加至尊故皆服齊衰也下殺者謂下於子

孫而減殺子服父三年父亦宜報服而父子首足不宜等衰故父服子期也若正適傳重故喪服云不敢降是也父服子期孫卑理不得祖報故爲九月若傳重者亦服期也爲孫既大功則曾孫宜五月但曾孫服曾祖正三月故曾祖報亦一時也而曾祖是正尊自加齊衰服而曾孫正卑故正服緦麻曾孫既緦麻三月玄孫理不容異故服不依次減殺略同三月旁殺者世叔之屬是也父是至尊故以三年若據祖期斷則世叔宜九月而世叔是父一體故加至期也從世叔既疏加所不及據期而殺是以五月族世叔又疏一等故宜緦麻此外無

儀喪禮十一　二七

服也此是發父而旁漸至輕也又祖是父一體故加至期而祖之兄弟非已一體故加亦不及據於期之斷殺便正五月族祖又疏一等故宜緦麻此外無服是發祖而旁漸殺也又曾祖據期本應五月曾祖之兄弟謂族曾祖既疏一等故宜三月也自此以外及高祖之兄弟悉無服矣又至親期斷兄弟至親一體相爲而期同堂兄弟疏於一等故九月從祖兄弟又疏一等故小功族之昆弟又殺一等故宜三月此外無服是發兄弟而旁殺也又父爲子期而兄弟之子但宜九月而今亦期者且已與兄弟一體兄弟之子不宜隔異欲見猶子之義

張本下象鼻題監生秦淳四字傳本剪去之

子尊所以至期故檀弓云兄弟之猶子也蓋引而進之是也又同堂兄弟之子服從伯叔無加則從伯叔亦正月族兄弟之子又疏故宜緦耳正發子而旁殺也又孫服祖期祖尊故孫大功兄弟之孫服從祖五月故從殺之小功也同堂兄弟之孫既疏爲自緦麻其外無服矣曾祖爲曾孫月爲兄弟曾孫以無尊降之故亦爲月而親畢矣者結親親之義也始自畢終於族人故云親畢也且五屬之者同父則期同祖則大功同曾祖則功同高祖則緦麻高祖服亦是畢也○同上

○傳曰罪多

儀喪禮十一　二八

刑五喪多而服五上附下附列也等列

也○疏曰列等也言罪之與喪其數多其限同五其等列相似故云列也

服○服術有六一曰親親二曰尊尊三曰名四曰出入五曰長幼六曰從服

猶道也親親父母爲首尊尊君爲首世叔母之屬也出入女子子嫁者在室者長幼成人及殤也從服若之父母妻爲夫之黨服○疏服術之制也一曰親親者父母伯叔二曰尊尊者君

0012_0484-1　　0012_0483-2

次以公卿大夫三曰名者若伯叔母及
子婦并弟婦兄嫂之屬也四曰出入者
若女子子在室爲入適人爲出及出繼
爲人後者也五曰長幼者長謂成人幼
謂諸殤六曰從服者即下從服有六等
是也案從服有六略舉夫妻相爲而言
之也

從服有六有屬從子爲母之黨○疏曰屬謂親屬以其親屬爲其支黨鄭舉一條耳妻從夫夫從妻並是也

有徒從臣爲君之黨○疏曰與彼無親空服彼之支黨鄭亦略舉一條妻爲夫之君妾爲女[redacted]之黨庶子爲君母之親子爲母之君母並是也

儀喪禮十一　二十九

有從有服而無服公子爲其妻之父母○疏曰嫂叔無服亦是也

有從無服而有服公子之妻爲公子之外兄弟○疏曰娣姒亦是也

有從重而輕夫爲妻之父母○疏曰舅之子亦是也

有從輕而重公子之妻爲其皇姑

自仁率親等而上之至於祖名曰輕自義率祖順而下之至于禰名曰重一輕一重其義然也自猶用也率循也用恩則父母重而祖輕用義則祖重而父母輕恩重者爲之三年義重者爲之齊衰然

張本下象鼻題監生秦淳四字傳本剪去之

0012_0485-1　　0012_0484-2

如是也○疏曰仁恩也親謂父母也等差也子孫若用恩愛依親親節級而上至於祖遠者恩愛漸輕故名曰輕也義主斷割用義循祖順而下之至於禰其義漸輕祖則義重故名曰重也若義則祖重而父母輕者仁恩父母重而祖輕一輕一重義宜也言人情道理宜合如是案喪服條例衰服恩者高曾之服本是緦麻小功而進以齊衰殺數等之服豈非爲尊重而然也至親以期斷而父母加三年寧不爲恩深故亦然矣○大傳

有從輕而重公子之妻爲其皇姑皇君也諸侯妾子之妻爲其君姑齊

儀喪禮十一　二十

衰與爲小君同舅不厭婦也○疏曰公子謂諸侯之妾子也皇姑即公子之母也諸侯之尊厭妾子使爲母練冠諸侯沒妾子得爲母大功而妻子妻不辨諸侯存沒爲夫之母期也其夫練冠是輕也而妻爲期是重故云有從輕而重也云皇君也者此妾既賤若惟云姑則有嫡女君之嫌今加皇字自明非女君而此婦所尊與女君同故云君姑也

有從重而輕爲妻之父母妻齊衰而夫從緦麻不降一等言非服差

有從無服而有服公子之妻爲公子之外兄弟謂爲公子

0012_0485-2

之外祖父母從母緦麻○疏曰公子之妻兄弟者謂公子之外祖父母也公子被厭不服己母之外家是無服也妻猶從公子而服公子外祖父母從母緦麻是從無服而有服也經云從公子外兄弟知非公子姑之子者以喪服小記云夫之所爲兄弟服妻皆降一等夫爲姑之子緦麻妻則無服今公子之妻爲之有服故知公子之外祖父母從母也此等皆小功之服凡小功者謂爲兄弟若同宗直稱兄弟以外族故稱外兄弟也

有從有服而無服

公子爲其妻之父母

凡公子厭於君降其私親女君之子

0012_0486-1

不〼也○疏曰謂爲公子之妻猶爲〼〼是有服也公子被厭不從妻服〼〼從有服布〼服○服斷

○從服者所從亡則已

〼若爲君母之父〼昆弟從母也

屬從者所從雖沒也

服

謂若自爲已之母黨

妾從女君而出則不爲女君之子服

妾爲女君之黨服得與女君同而今俱出女君猶爲〼〼

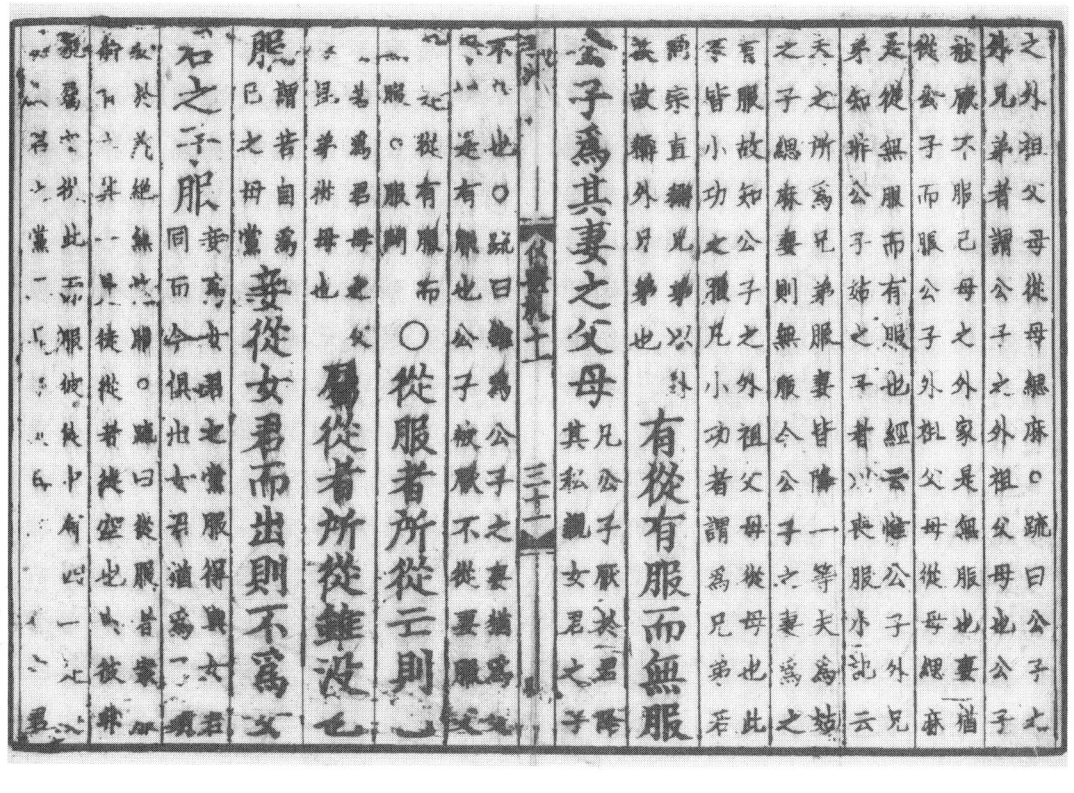

〼於先絕無從服○疏曰從服者案解下文其一一是徒從者從空也以彼舉親屬空此而服彼然中有四一之〼〼君之黨〼〼〼〼〼〼〼〼〼

0012_0487-2

是[illegible]拍明也但經記文[illegible]正不知幾世之適得遂益極服馬季長注喪服云此爲五世之適父乃爲之斬也而鄭注此云言不繼祖禰則長子不必五世矣庾氏云用恩則禰重用義則祖重父之與但各有一重故至已承二重而爲長子斬若不繼祖則不爲長子斬也如庾氏此言則父適二世承重則得爲長子三年也而鄭不明言世數者鄭是馬季長弟子不欲正言相非故依違而言曰不必也然孫系於祖乃爲長子三年而此不言庶孫不得爲長子必云庶子者孫語通遠嫌或多世今欲明此祖非遠故言子以示近既義須繼祖言不繼祖自

儀喪禮十一　三十三

0012_0488-1

足又曰與禰者庾氏云若直云不繼祖恐人謂據庶子長子死者之身不繼祖故更言不繼祖與禰欲明死者之父不繼祖與禰非據死者之身鄭注喪服云此言爲父後者然後爲長子三年則是父之適子即得爲長子三年此經云必爲父適祖適乃得爲長子斬者但禮有適子者無適孫雖已是祖正若父猶在則已未成適則不得重長重長必是父沒後者故云爲父後者然後爲長子三年也然已身雖是祖庶而是父適則應立廟立廟則已長子傳重當祭而不爲斬者以是祖庶厭降故不敢服斬且死者其父見在父自供祭然禮爲後者有

0012_0488-2

四條皆不爲斬何者有體而不正有正而不體有傳重而非正體有正體而不傳重是也體而不正庶子爲後是也正而不體適孫爲後是也傳重非正體庶孫爲後是也正體不傳重適孫有廢疾不立是也四者皆期悉不得斬也唯正體又傳重者乃極服耳○小記

○庶子不得爲長子三年不繼祖也

疏曰庶子不得爲長子三年不繼祖也者案小記云庶子不爲長子斬不繼祖與禰斬則三年與此一也小記云詳故云不繼祖與禰此文簡略故直云不繼祖也其義具在小記已備釋之○大傳

○爲父後者爲出母無服無服也者喪者不祭故也

適子正體於上當祭祀也○小記

○子上之母死而不喪

子上孔子曾孫子思伋之子名白其母出

門人問諸子思曰昔者子之先君子喪出母乎曰然

禮爲出母期父卒爲父後者不服耳

子之不使白也喪之何也子思曰昔者吾先君子無所失道道隆則從而隆道汚則從而汚

汚猶

儀喪禮十一　三十四

0012_0489-1

殺也有隆有殺進退如禮伋則能安自子不能及爲伋也
妻者是爲白也母不爲伋也妻者是不
爲白也母故孔氏之不喪出母自子思
始也記禮所由廢非之○疏曰案喪服齊衰杖期章出妻之子爲母又云
出妻之子爲父後者則爲出母無服傳
云與尊者爲一體不敢服其私親是也
子思既在子上當爲出母有服故門人
疑而問之云子之先君子謂孔子也今
子喪出母子思曰然然猶如是也言
是喪出母故也伯魚之母被出死期而

大文七 小二百八字　儀禮十一　三十五

猶哭是喪出母也子思曰昔者吾先君
子無所失道者道猶禮也言吾之先君
子無所失道道有可隆則從而隆謂父
在爲出母宜加隆厚爲之著服道汚者
汚猶殺也若禮可殺則從而殺謂父卒
子爲父後上繼至尊不敢私爲出母禮
當減殺則不爲之著服伋則安能者子
思自以才能淺薄不及聖祖故云伋則
何能鄭云自予不能及予猶
許也自許不能及也○檀弓○喪服小記
弟之子猶子也蓋引而進之也嫂叔
之無服也蓋推而遠之也或引或推○記者嫂叔

正經中有下三事兄弟之子姑姊妹
出適大功皆喪服經文嫂叔無服喪服
傳文已子服期昆弟之子應降一等服
大功今乃服期故云引也昆弟相爲服
期其妻應降一等服大功今乃使之無
服是推使疏而斥遠之也何乎叔云夫
男女相爲服不有骨肉之親則有尊卑
之異也嫂叔親非骨肉不異尊卑恐有
混交之失推而使無服也姑姊妹之薄也蓋有受我
而厚之者也欲其一心於厚之者姑姊妹嫁大功夫爲妻期○疏
曰姑姊妹未嫁之時爲之厚今姑姊妹
出嫁之後爲之薄蓋有夫壻受我之厚
重而親之欲一心事於厚重故我爲之薄也○同上○四世而緦
服之窮也五世袒免殺同姓也六世親
屬竭矣四世共高祖五世高祖昆弟六世以外親盡無屬○疏曰四世
謂上至高祖下至己兄弟同承高祖之
後爲從兄弟相報緦麻是服盡於此故
緦麻服窮是四世也爲親兄弟期一從
兄弟大功再從兄弟小功三從兄弟緦
麻共承高祖爲四世而緦服盡也五世
謂共承高祖之父者也言服袒免而無
至服減殺同姓也六世謂共承高祖之
祖者也言不復袒免同姓而已故云親

兩本均缺第三十六葉今錄張本補抄

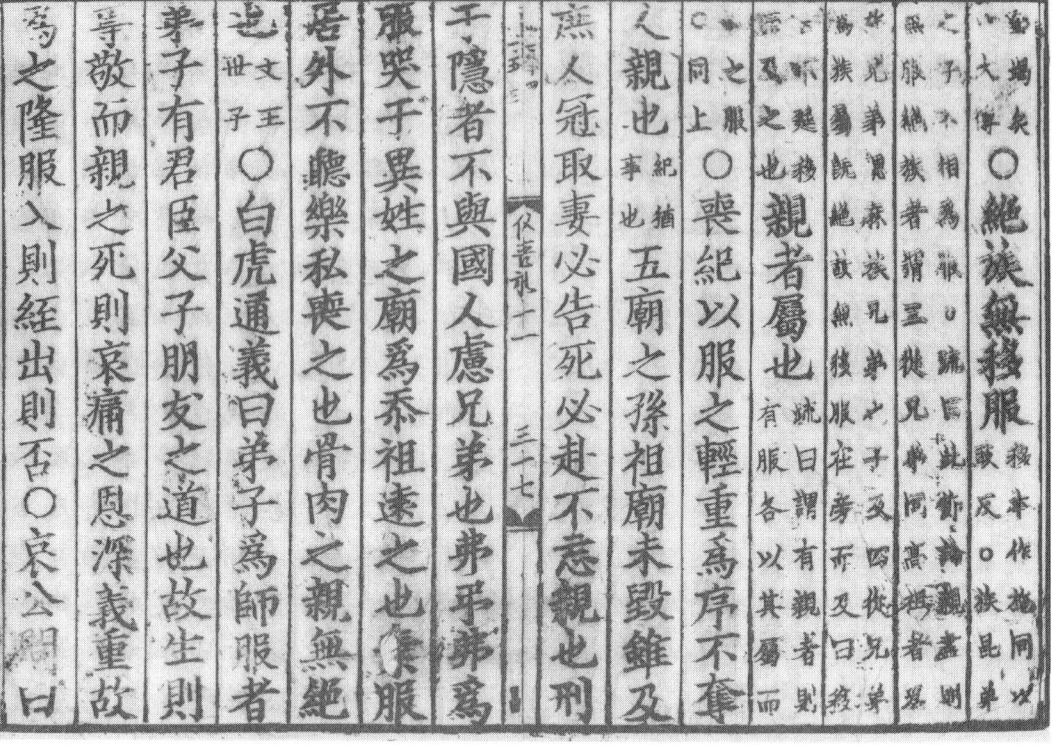

竭矣大傳○絕族無移服移本作施同以豉反○族昆弟之子不相為服○疏曰此節論親盡則無服族者謂三從兄弟同高祖者無服兄弟緦麻族兄弟之子及四從兄弟為族屬既絕故無移服在旁而及曰移言不延移及之也親者屬也疏曰謂有親者則有服各以其屬而之服○同上○喪紀以服之輕重為序不奪人親也紀猶事也五廟之孫祖廟未毀雖及庶人冠取妻必告死必赴不忘親也刑

于隱者不與國人慮兄弟也弗弔弗為服哭于異姓之廟為忝祖遠之也素服居外不聽樂私喪之也骨肉之親無絕也文王世子○白虎通義曰弟子為師服者弟子有君臣父子朋友之道也故生則尊敬而親之死則哀痛之恩深義重故為之隆服入則經出則否○哀公問曰

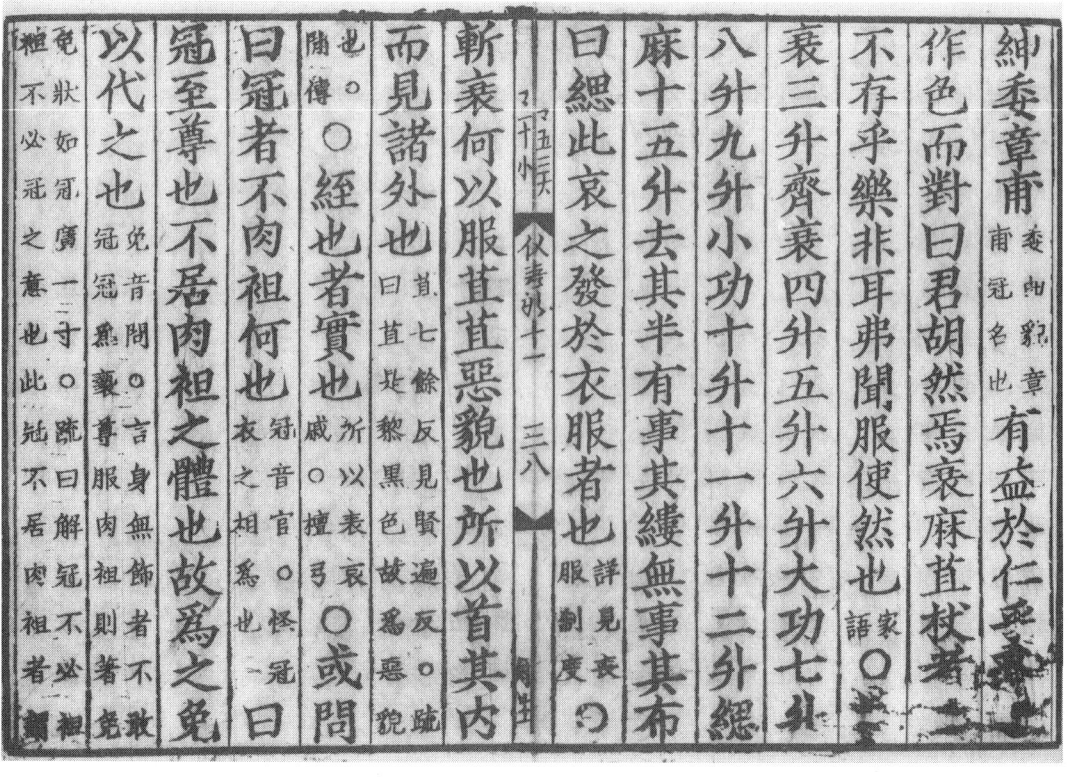

紳委章甫委曲貌章甫冠名也有益於仁乎[illegible]作色而對曰君胡然焉衰麻苴杖者[illegible]不存乎樂非耳弗聞服使然也家語○[illegible]衰三升齊衰四升五升六升大功七升八升九升小功十升十一升十二升緦麻十五升去其半有事其縷無事其布曰緦此哀之發於衣服者也詳見喪服制度○

斬衰何以服苴苴惡貌也所以首其內而見諸外也苴七餘反見賢遍反○疏曰苴是黎黑色故為惡貌也○陽傳○經也者實也所以表哀戚○檀弓○或問曰冠者不肉袒何也冠音官○怪冠衣之相為也曰冠至尊也不居肉袒之體也故為之免以代之也免音問○言身無飾者不敢冠冠為褻尊服肉袒則著免免狀如冠廣一寸○疏曰解冠不必袒袒不必冠之意也此論不居肉袒者[illegible]

0012_0493-2

心款悲哀肉袒形褻故不可褻其尊服而冠也若有吉事而內心肅敬則雖袒而著冠故郊特牲云君袒而割牲是也然則禿者不免傴者不袒跛者不踊非不悲也身有錮疾不可以備禮也故曰喪禮唯哀爲主矣女子哭泣悲哀擊胷傷心男子哭泣悲哀稽顙觸地無容哀之至也禿吐鹿反傴於僂反又紆矩反跛補禍反又彼我反錮音故稽音啓顙桑朗反○將踊先袒將袒先

0012_0494-1

免此三疾俱不踊不袒不免顧其所以不者各爲一耳擊胷傷心稽顙觸地不踊者若此而可或問曰免者以何爲也爲于僞反○疏曰禮成人肉袒之時須著免今童成人肉袒亦有著免故問之曰不冠者之所服也禮曰童子不緦唯當室緦緦者其免也當室則免而杖矣不冠者猶未冠也當室謂無父兄而主家者也童子不試不杖者不免當室則杖而免免冠之緦別以次成人也緦者其免也言免乃實緦服也○疏曰不冠謂童子未冠者

0010_0494-2

著免也童子不緦者喪服經云記者引之故稱禮曰不緦言不爲族人著緦服也唯當室緦者謂童子無父兄當室孝緣事乃爲族人著緦服緦者其免也者謂者云所以此童子爲族人得著緦者以其無父兄當室之時即著免也孤兒爲室則得免而杖爲族人得著緦也不當室則不得免及杖也○問喪○男子冠而婦人笄男子免而婦人髽其義爲男子則免爲婦人則髽冠古亂反髽側瓜反○別男女也○疏曰此明男子婦人冠笄髽免相對之事其義爲男子則免爲

0010_0495-1

婦人則髽者案喪服云其義於男子則免婦人則髽獨以別男女而已非別有義也賀瑒云男去冠猶婦人去笄義盡於此無復別義○詳見制度○或問曰杖者何也曰竹桐一也故爲父苴杖苴杖竹也爲母削杖削杖桐也言所以杖者義一也顏所用異耳或問曰杖者以何爲也曰孝子喪親哭泣無數服勤三年身病體羸以杖扶病也言得杖乃能起也數或爲時則父在

0012_0495-2

不敢杖矣尊者在故也堂上不杖辟尊
者之處也堂上不趨示不遽也此孝子
之志也人情之實也禮義之經也非從
天降也非從地出也人情而已矣辟音避處
昌慮反遽其慮反○父在不杖辟尊者之處不杖有事不趨皆爲其感動使之
憂戚也○疏曰堂上是父之所在辟尊者之處所以爲母堂上故不杖也爲母
所以堂上不爲趨者示父以閒暇不促遽也若趨則感動父情使父憂戚故不

大一百三十一 小一百七十七 儀喪禮卷十一 四十一

0012_0496-1

扶不趨輿不悲哀於父也此孝子之志意人情之實事○問喪○裘之
裼也見美也裼星曆反見賢遍反○君子於事以見美爲敬○疏
曰裘之裼也謂裘上加裼衣上雖加他服猶開露裼衣裼衣之美以爲敬也
弔則襲不盡飾也喪非所以見美也○玉藻○白虎
通義曰玄冠不以弔者不以吉服臨人
凶示助哀也○凡見人無免經雖朝於
君無免經唯公門有稅齊衰傳曰君子

0012_0496-2

不奪人之喪亦不可奪喪也免音[illegible]吐活[illegible]
見人謂行求見人也無免經經重[illegible]猶免也古者說或作稅有免齊衰[illegible]
杖齊衰也於公門有免齊衰則大功[illegible]免經也○疏曰凡見人無免經者[illegible]
有齊衰之喪無免去經重故也雖齊衰君無免經者以經重繐往朝君亦無免
說於經也唯公門有稅齊衰者謂已有杖齊衰之喪至公門稅去其衰經[illegible]
不去也若杖齊衰及斬衰雖入公門衰亦不稅也其大功非但稅衰又免去經
也傳曰君子不奪人之喪亦不可奪喪也解朝君無免經之意引舊記以明之

大六十六 小六十九 儀喪禮十一 四十二

0012_0497-1

言君所以許臣不免經而入朝以君子之人以己恕物不可奪人喪禮使之免
經故許著經也亦不可奪喪也非但不奪人喪亦不可自奪喪所以己有重喪
猶經以見君申己喪禮也○服問○男子除乎首婦人
除乎帶男子何爲除乎首也婦人何爲
除乎帶也男子重首婦人重帶除服者
先重者易服者易輕者易服者何爲易
輕者也斬衰之喪既虞卒哭遭齊衰之

喪輕者包重者特既練遭大功之喪麻葛重齊衰之喪既虞卒哭遭大功之喪麻葛兼服之斬衰之葛與齊衰之麻同齊衰之葛與大功之麻同大功之葛與小功之麻同小功之葛與緦之麻同麻同則兼服之兼服之服重者則易輕者也詳見變除練受服及並有喪變服條○不能三年之喪而緦小功之察放飯流歠而問無齒決此之謂不知務孟子

儀禮經傳通解續卷第十一

儀禮經傳通解續卷第十二　喪禮十

喪通禮

補喪禮有可以先後次第見者如士喪禮至卒哭祔練祥禫六篇是也亦有終喪通用而不可以次第見者各隨其事析爲門目補爲此篇

凡喪父在父爲主與賓客爲禮宜使尊者父沒兄弟同居各主其喪各爲其妻子之喪爲主也祔則宗子主之親同長者主之父母沒如昆弟之喪宗子主之不同親者主之從父昆弟之喪○疏曰凡喪父在父爲主者言子有妻子喪則

儀喪礼卷十二　一　戴彝

其父爲主案服問云君所主夫人妻大子適婦不云主庶婦若此所言則亦主庶婦是與服問違者服問所言通命士以上父子異宮則庶子各自主其私喪今此言是同宮者也父沒兄弟同居各主其喪者謂各爲其妻子爲喪主也此言父沒同居各主之當知父在同居則父主之親同謂同三年朞者若同父母喪者則推長子爲主若昆弟喪亦推長者爲主也不同謂從父昆弟親近自主之也○奔喪○君所主夫人妻大子適婦言妻

0012_0502-1

0012_0501-2

見大夫以下亦爲此三人爲喪主也○服同○士之子爲大夫則其父母弗能主也使其子主之無子則爲之置後禮大夫之子得用大夫之禮而士不得也置猶立也○疏曰士之子身爲大夫若死則父母是士故不可爲大夫喪主云大夫之子得用大夫之禮者則傳云大夫之適子服大夫之服是也若無適子則以庶子當適處若無庶子則以族人之子當適子之處皆得用大夫之禮○雜記

○婦之喪虞卒哭其夫若子主之祔則

仪喪礼十二　二

舅主之詳見士虞禮○主妾之喪則自祔至於練祥皆使其子主之其殯祭不於正室詳見卒哭祔練祥禫記祔條○大功者主人之喪有三年者則必爲之再祭朋友虞祔而已謂死者之從父昆弟來爲喪主有三年者謂妻若子幼少大功爲之再祭則小功緦麻爲之練祭可也○疏曰謂死者無近親而從父昆弟爲之主喪故云主人喪也有三年者謂死者有妻若子妻不可爲主而子猶幼少未能爲主

傳本缺第一葉今用張本

張本下象鼻題監生鄧志昂五字傳本剪去之

0012_0502-2

故大功者主之爲之練祥再祭朋友虞
於大功不能爲練祥但爲之虞祔而已
然則大功尚爲練祥則虞祔亦爲之可
知又曰親重者爲之遠祭親輕者爲之
近祭故大功爲之祥及練小功緦麻
爲之練朋友但爲之虞祔也○小記
凡主兄弟之喪雖疏亦虞之詳見士虞禮
男主必使同姓婦主必使異姓謂爲無主後者
爲主也異姓同宗之婦也婦人外成○
疏曰男主以接男賓女主以接女賓或
無適子適婦爲正主以他人攝主若攝
男主必使喪家同姓之男若攝婦主必

儀禮卷十二　三

0012_0503-1

使喪家異姓之女又云異姓同宗之婦
謂喪家同宗其婦必與喪家異姓云姑
姊外成者以其外成適於他族故不得
自與己同宗爲主此云異姓者與夫家
爲異姓○小記其無女主則男主拜女賓于
寢門內其無男主則女主拜男賓于阼
階下子幼則以衰抱之人爲之拜爲後
者不在則有爵者辭無爵者人爲之拜
在竟內則俟之在竟外則殯葬可也喪

0012_0503-2

有無後無無主詳見喪大記奉尸○姑
姊妹其夫死而夫黨無兄弟使夫之族
人主喪妻之黨雖親弗主此謂姑姊妹無子寡而死
也夫黨無兄弟無緦之親也其主喪不
使妻之親而使夫之族人婦人外成主
必宜得夫之姓類夫若無族人則前後家東西
家無有則里尹主之喪無無主諸侯弔於異國之臣則其
君爲主里尹主之亦斯義也○疏曰周
禮六鄉之內二十五家爲閭閭置一胥

儀禮卷十二　四

0012_0504-1

中士也六遂之內二十五家爲里里置
一宰下士也然不曰里士而曰里尹故
注引王度記以證之其記云百戶爲里
里一尹其祿如庶人在官者則里尹之
祿也云諸侯弔於異國之臣則其君爲
主者以己臣在國而死他國君來弔則
君爲主死者雖有至親不得爲主今此
婦人之死里尹主之妻家之親不得爲
主亦斯義也或曰主之而附於夫之黨妻之黨自
主之非也夫之黨其祖姑也○雜記○大夫不主士之喪
士之喪雖無主不敢攝大夫以爲主○
疏曰謂士死無主後其親屬有爲大夫

0012_0504-2

者尊不得主之○小記○士不攝大夫士攝大夫

唯宗子上之喪雖無主不敢攝大夫以爲主宗子尊可以攝之○疏曰

士喪無主不敢使大夫兼攝爲主士卑故也若宗子爲士而無主後者可使大

夫攝主之宗子尊則可以攝之也○同上○大夫之喪庶子

不受弔詳見喪大記未小斂受弔條○宗子爲殤而

死庶子弗爲後也詳見喪服爲人後者條○養有

疾者不喪服遂以主其喪非養者入主

大、廿三 小、四三 儀喪礼卷十二 五

0012_0505-1

人之喪則不易己之喪服詳見變除改服條

右主後○曾子問曰喪有二孤廟

有二主禮與恠時有之孔子曰天無二

日土無二王嘗禘郊社尊無二上

疏云嘗禘郊社之時雖衆神並在猶先尊後卑一祭之不一時總

祭故云尊無二上未知其爲禮也昔者齊

桓公亟舉兵作僞主以行及反藏

0012_0505-2

諸廟廟有二主自桓公始也僞猶假也

舉兵以遷廟主行無野主命爲假主非也喪之二孤則

昔者衛靈公適魯遭季桓子之喪

衛君請弔哀公辭不得命公爲主

客入弔康子立於門右北面公揖

讓升自東階西鄉客升自西階弔

公拜興哭康子拜稽顙於位有司

儀喪礼十二 六

0012_0506-1

弗辨也今之二孤自季康子之過

也辨猶正也若康子者君弔其臣之禮也鄰國之君弔君爲之主

主人拜稽顙非也當哭踊而已靈公先桓子以魯哀公二年夏卒桓

子以三年秋卒是出公也○疏曰桓公名小白作霸主多數也僞假

也言作假主以行而反藏於祖廟故有二主也舉兵爲南伐楚北伐

山戎西伐白狄故云數舉兵也辨猶正也有司謂當時執事之有司

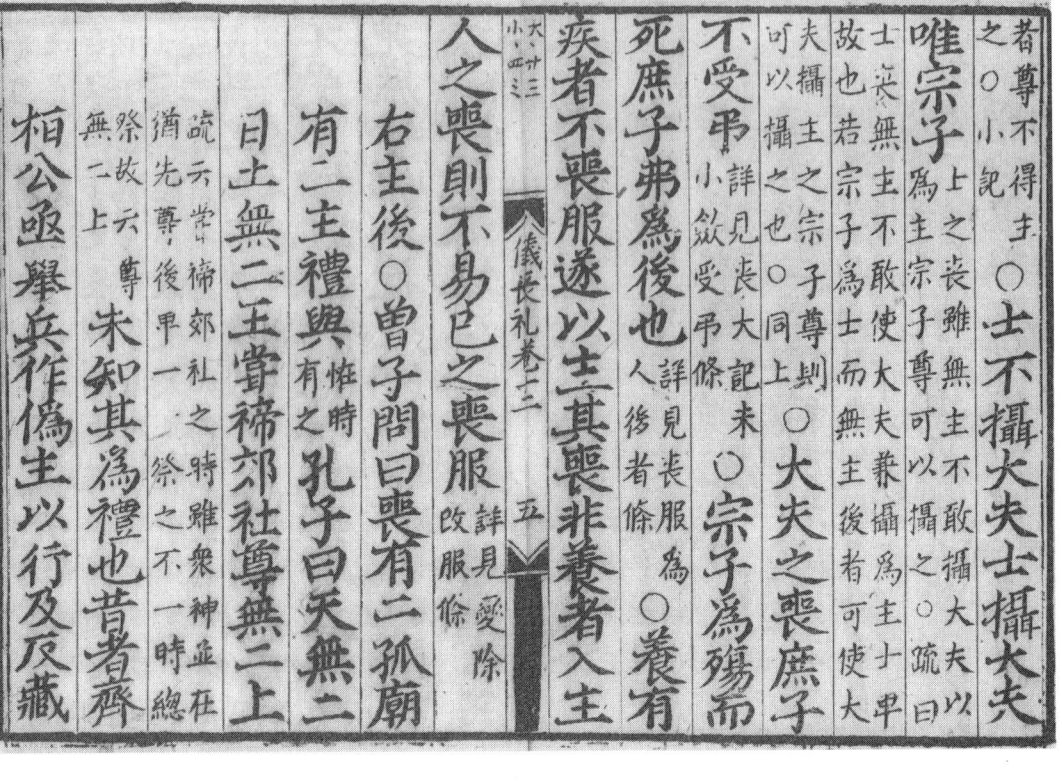

長康子之威不敢辨正故云若康子者君弔其臣之禮也○曾子問

○公儀仲子之喪檀弓免焉故爲非禮以非仲子也禮朋友皆在他邦乃袒免○疏曰喪服記云若他邦奔遠家而無主猶爲之免故鄭注云歸有主人乃立明無主猶袒免也若朋友俱在則弔服加麻加麻者素弁上加總之環絰若一在一否亦然故云皆在在他邦乃袒免明不皆在者則否仲子舍其孫而立其子疏其所立非也公儀蓋魯同姓周禮適子死立適孫爲後○疏曰案史記魯相公儀休此云子服伯子故疑魯同姓也春秋有公爲公若公儀同稱公姓知同姓檀弓曰何居我未之前聞也居讀爲姬姓之姬齊魯之間語助也前猶故也趨而就子服伯子於門右曰仲子舍其孫而立其子何也去賓位就主人兄弟之賢者而問之子服伯子蓋仲孫蔑之玄孫子服景伯蔑魯大夫○疏曰案賓位之法隨主人而變小斂之前主人未忍在主位有事在西階下則賓亦入門西鄉於西階下故士喪禮弔使人從主人拜送拜賓即位階下東面鄭云未忍即主人位也小斂之後尸則出堂簾然後有爵主人位則在阼階下西面賓乎者入門東於東階下乎也故士喪禮小斂訖奉尸俟於堂主人降自西階即位踊襲絰于序東鄭云即位踊東方位也則衆主人不接賓發初在東耳檀弓之來當在小斂之前初于西階行讓乎而主人未覺後乃趨向門右問伯子焉必知小斂前者以仲子初喪即正適庶之位故也未小斂而著免者故爲非禮之乎亦異常也然則子游之乎

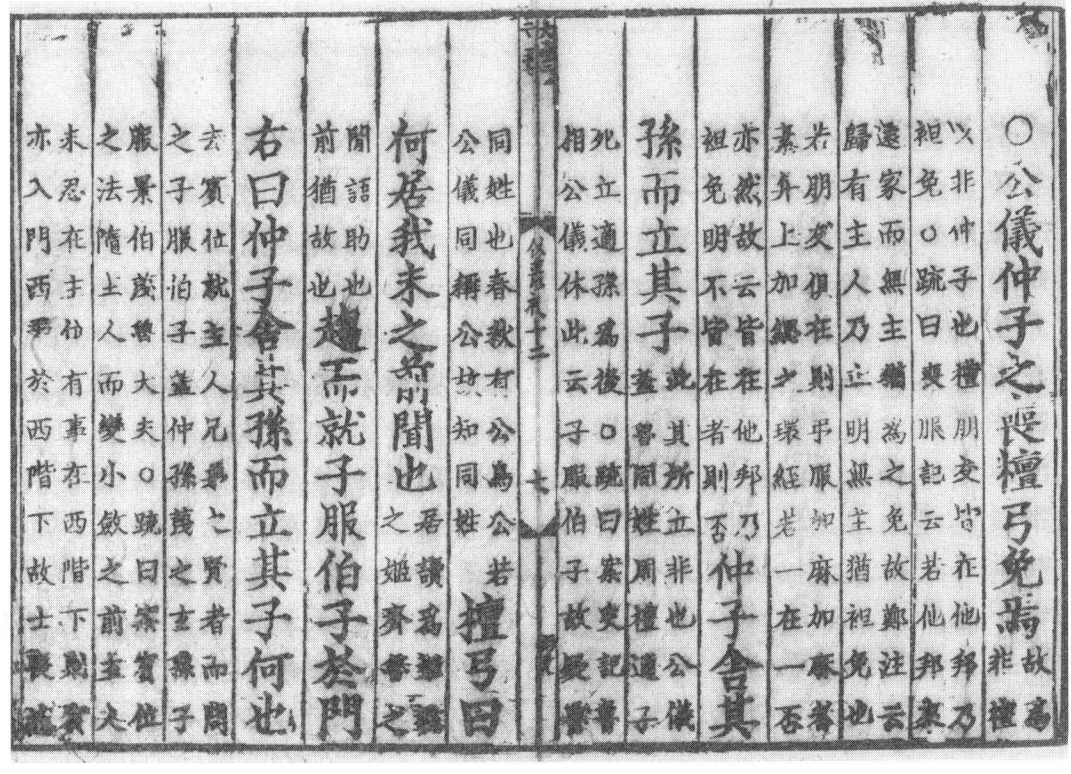

惠子是小斂後故服衰而在門東詳見本文注伯子曰仲子亦猶行古之道也昔者文王舍伯邑考而立武王微子舍其孫腯而立衍也夫仲子亦猶行古之道也伯子爲親者隱耳立子非也文王少立武王權也微子適子死立其弟衍殷禮也○疏曰文王在殷之世殷禮自得舍伯邑考而立武王而言權者殷禮若適子死得立弟今伯邑考在而立武王故云

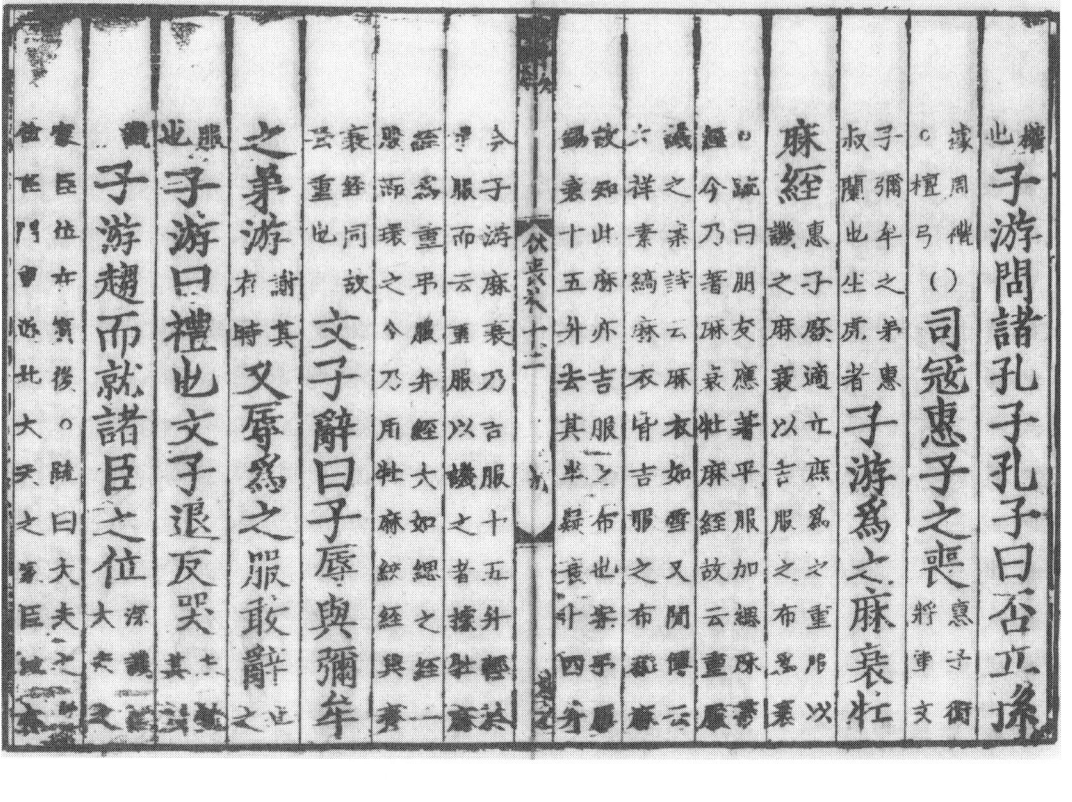

攝也子游問諸孔子孔子曰否立孫

○檀弓（　）司寇惠子之喪惠子衛將軍文子彌牟之弟惠叔蘭也生疾者子游爲之麻衰牡麻絰惠子廢適立庶爲之重服以譏之麻衰以吉服之布爲衰○疏曰朋友應著平服加緦麻經今乃著麻衰牡麻經故云重服譏之案詩云麻衣如雪又閒傳云大祥素縞麻衣皆吉服之布麻衣故知此麻亦吉服之布也案喪服錫衰十五升去其半緦衰十升四分今子游麻衰乃吉服十五升輕於弔服而云重服以譏之者據牡麻經爲重弔服弁經大如緦之經一股而環之今乃用牡麻絞經與齊衰經同故云重也文子辭曰子辱與彌牟之弟游謝其有時又辱爲之服敢辭止之服也子游曰禮也文子退反哭其止譏子游趨而就諸臣之位深譏大夫家臣位在賓後○疏曰大夫之家臣位在門東近北大夫之家臣在門東而南近門並皆北鄉也在賓後也故盧云與賓後主人後在門東家臣後則近南也賓文子又辭曰子辱與彌牟之弟游又辱爲之服又辱臨其喪敢辭止之臣位子游曰固以請吾不從命文子退扶適子南面而立曰子辱與彌牟之弟游又辱爲之服又辱臨其喪虎也敢不復位所覺譏也虎適子名文子親扶而辭敬子游也南面而立則諸臣位在門內北面明足子游趨而就客位○所譏行同上○

石駘仲卒駘仲衛大夫石碏之族無適子有庶子六人卜所以爲後者莫適立也曰沐浴佩玉則兆○言齊絜則得吉兆疏曰既有庶子六人莫適立也故卜所以堪爲後者其掌卜之人謂之曰若沐浴佩玉則得吉兆所以須有卜者春秋左氏昭二十六年云年鈞以德德

0012_0510-2

鈞以卜王不立愛公卿無私若公羊隱元年云立適以長不以賢立子以貴不以長何休云適夫人無子立右媵右媵無子立左媵左媵無子立嫡姪娣嫡姪娣無子立右媵姪娣右媵姪娣無子立左媵姪娣質家親親先立娣文家尊尊先立姪嫡子有孫而死質家親親先立弟文家尊尊先立孫其雙生也質家據見立先生文家據本意立後生何休作膏肓難左氏云若以其卜隱桓以禍皆由此作乃曰古制固亦誤矣鄭箴之云立長以嫡不以賢立長矣立子以貴不以

0012_0511-1

[illegible]矣若長均貴均何以別禮有討立君卜立君是

[illegible]五人者皆沐浴佩玉

石祁子曰孰有執親之喪而沐浴佩玉者乎不沐浴佩玉心正且知禮○疏曰居親之喪必衰絰憔悴安有居親之喪而沐浴佩玉者乎言不可鄭云心正且知禮者不信邪言是心正居喪不沐浴佩玉是知禮也

石祁子兆衛人以龜爲有知也同上

0012_0511-2

○成公十有五年仲嬰齊卒仲孫嬰齊者何疑仲遂後故問之公孫嬰齊也兼見於經爲公孫嬰齊今爲大夫死見於經爲仲嬰齊曷爲謂之仲嬰齊爲兄後也爲兄後則曷爲謂之仲嬰齊據本公孫爲人後者爲之子也其稱仲何孫以王父字爲氏也嬰齊孰後後歸父也歸父

0012_0512-1

使于晉未反何以後之叔仲惠伯傅子赤公子遂殺叔仲惠伯弑子赤而立宣公宣公死成公幼臧宣叔者相也君死不哭聚諸大夫而問焉曰昔者叔仲惠伯之事孰爲之皆曰仲氏也於是遣歸父之家然後哭歸父使晉還至檉聞君薨

0012_0512-2

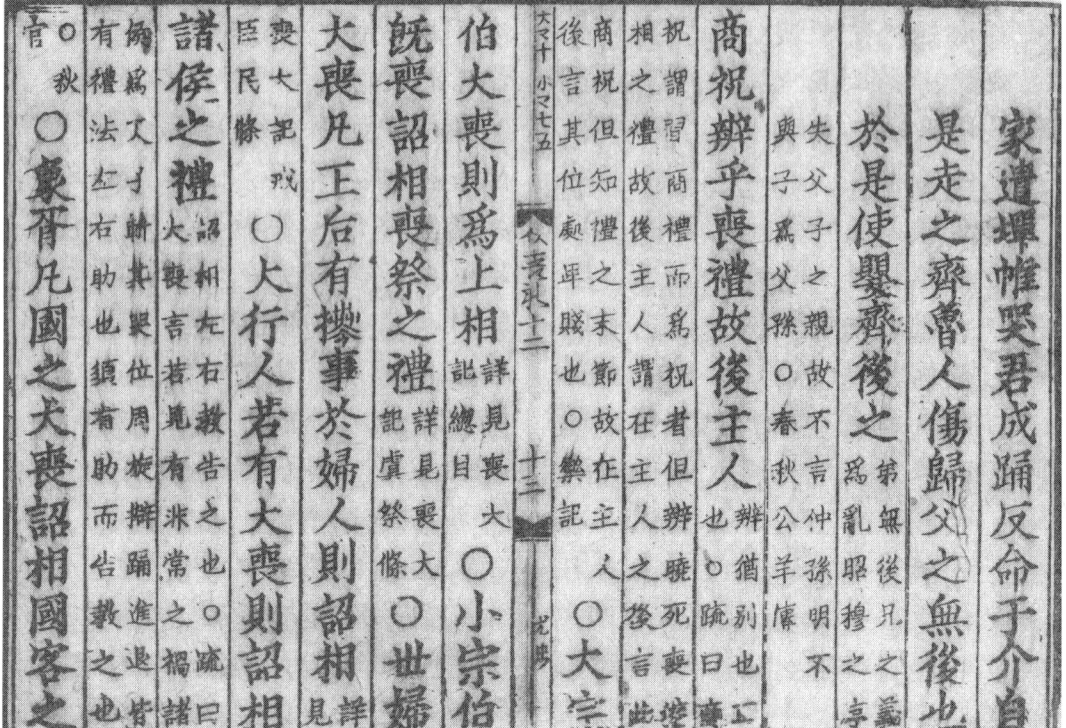

家遺墠帷哭君成踊反命于介自是走之齊曾人傷歸父之無後也於是使嬰齊後之弟無後兄之義爲亂昭穆之序失父子之親故不言仲孫明不與子爲父孫○春秋公羊傳

商祝辨乎喪禮故後主人辨猶别也工也○疏曰襲祝謂習商禮而爲祝者但辨曉死喪變相之禮故後主人謂在主人之後言此商祝但知禮之末節故在主人後言其位卑賤也○雜記○大宗

大ヌ十　小ヌ七五　仪喪礼十二　十三

0012_0513-1

伯大喪則爲上相詳見喪大記總目○小宗伯既喪詔相喪祭之禮詳見喪大記虞祭條○世婦大喪凡王后有攀事於婦人則詔相詳見喪大記戒臣民條○大行人若有大喪則詔相諸侯之禮詔相左右教告之也○疏曰大喪言若見有非常之禍諸侯爲天子斬其服位周旋擗踊進退皆有禮法左右助也須有助而告教之也○秋官○象胥凡國之大喪詔相國客之

0012_0513-2

禮儀而正其位客謂諸侯使臣來弔者○疏曰大喪王后世子也言凡則非王喪又象胥本主夷狄之使亦兼掌中國之使○秋官○内小臣若有祭祀賓客喪紀則擯詔后之禮事相九嬪之禮事正内人之禮事爲后傳辭有所求爲詔相正者異尊卑也○疏曰三者事至無常故云若若不定之辭也此二者后皆有事九嬪以下從往也后爲上三事須物則小臣擯贊而傳辭與諸司求物供所爲也后尊云詔詔告而已九嬪稍卑則言相相佐助之

大六七八　小六六七　仪喪礼卷十二　十四

0012_0514-1

言也女御卑直正之而已○天官○肆師凡卿大夫之喪相其禮相其適子○疏曰庶子無事適子則有拜賓送賓之事且卿大夫適子爲天子斬衰故知所相者適子也○春官

右祝相○有若之喪悼公弔焉悼公魯哀公之子子游擯由左擯必刃反○擯相侑喪禮者喪禮廢云時人以爲此儀當如詔辭而皆由右相是善子游正之孝經說曰以身擯侑○疏曰在主人曰擯在客曰介使尉云相主人

0012_0515-1　　0012_0514-2

以禮接賓皆謂之擯大宗伯注出
接賓曰擯入詔禮曰相少儀云詔
辭自右鄭云立者尊右若已傳君
之詔辭詔辭爲尊則宜處右若喪
事則推賓居右而已自居左當時
禮廢言相喪亦如傳君詔辭已自
居右子游知禮故推賓居右已居
左也云孝經說曰以身擯侑證擯
是相侑也論語云君召使擯是也○檀弓
○泄柳之母死相者由左泄柳死其徒由右相
由右相泄柳之徒爲之也柳良久反相息

仪丧礼卷十三　十五

亮反○亦記失禮所由始也泄柳
魯穆公時賢人也相相主人之禮
柳○疏曰相主人之禮相者由左泄
死其徒黨相禮由右故云記失
禮所由始也案孟子云魯穆公時
公儀子爲政子柳子思爲臣子柳
即此泄柳也○雜記○杜橋之母之喪宮中
無相以爲沽也相息亮反沽音古沽猶略也○疏曰
此論喪須立相導之事沽麤略也
孝子喪親悲迷不復自知禮節皆
須人相導而杜橋家母死宮中不
立相導故時人謂其於禮麤略○

0012_0516-1　　0012_0515-2

同上○孔子在衛司徒敬子之卒大
子弔焉主人不哀夫子哭不盡聲
而退蘧伯玉請曰衛鄙俗不習喪
禮煩吾子相焉孔子許之詳見喪禮
義
君天下曰天子疏曰父天母地是上天之子又爲天所命子養
下民崩曰天王崩史書策辭○疏曰此謂告土者升假而史書載

大八十二　三十　仪丧礼十二　十六

於方冊之辭王者死如從天墜下故曰崩然崩通於壞敗之稱則防墓崩及春
秋沙鹿崩是也復曰天子復矣始死時呼魄辭也不呼名臣不
名君也諸侯呼字字者一則臣子不疏曰王者不呼名名君二則普天率
土王者一人而已故呼天子復而王者必知呼已而返也以例而言之則王后
死亦呼王后復也告喪曰天王登假假音遐○告赴也登
上也假已也上已者若仙去云耳○疏曰此謂天王崩而遣使告天下萬國之
辭言天子上升已矣若仙去然也措之廟立之主曰帝

0012_0516-2

詳見喪大記○天子未除喪曰予小子謙未敢稱
一人春秋傳曰以諸侯之踰年即位亦
知天子之踰年即位以天子三年然後
稱王亦知諸侯於其封內三年稱子生名之死亦名之生名
之曰小子王死亦曰小子王也晉有小子侯是僭取天子號也○疏曰嗣王既
呼爲小子若於喪中而死亦謚爲小子王喪質故不變稱也晉有小子侯哀侯
之子也應稱嗣子其不得同天子稱小子是僭取之諸侯在凶服
曰適子孤適音的○凶服亦謂未除喪○疏曰諸侯謂五等諸侯適

儀禮卷十二　十七

0012_0517-1

子孤者謂擯者告賓之辭雜記云相者告曰孤某須矣但彼文不云適子文不
備此直云適子孤不云名亦文不具也稱孤稱名者皆謂父死未葬之前也故
雜記曰孤某須矣凡諸侯在喪之稱公羊未葬稱子某者莊三十二年子般卒
襄三十一年子野卒皆是君薨未葬稱子某也既葬稱子則文公十八年子惡
卒經書子卒是也踰年稱君則僖公十年里克殺其君卓及文公元年公即位
是踰年稱君也謂臣子稱君若其君自稱猶曰子故公羊傳文九年諸侯於其
封內三年稱子是也死曰薨亦史書策辭○疏曰諸侯之薨亦史策辭

0012_0517-2

知生於諸侯則辭當稱退故雜記云赴於諸侯曰寡君不祿復曰某
甫復矣其甫且字既葬見天子曰類見代父受國
類猶象也執皮帛象諸侯之禮見也其禮亡○疏曰類象也言葬後未執玉而
執皮帛以象諸侯見故曰類見然春秋之義三年除喪之後乃見而今云既葬
者謂天子或巡守至竟故得見也若未葬者正君臣故雖天子巡守亦不見也
言謚曰類使大夫行象聘問之禮也言謚者序其行及謚所宜其禮
亡○疏曰言謚謂將葬就君請謚也將葬之前使人請之於王子若檀弓云其

儀禮卷十二　十八

0018_0518-1

子成請謚於君曰日月有時將葬矣請所以易其名者是言謚於君也而曰類
者王肅云請謚於天子必以其實爲謚類於平生之行也何以云類其德而稱
之如經天緯地曰文之類鄭云使大夫行象聘問之禮也今案注皆謂吉時遣大
夫行則曰聘今請謚是大夫不得曰聘而名曰類者類象聘而行禮也天
子死曰崩諸侯曰薨大夫曰卒士曰不
祿庶人曰死死名異人盡其終者澌不藏也自上顛壞
曰崩薨顛壞之聲卒終也不祿不終其祿死之言澌也○疏曰

0012_0519-1　0012_0518-2

（襄異號至葬同者以臣子藏其君父安厝貴賤同也）在牀曰尸在棺曰柩（柩音舊○疏曰尸陳也未殯斂陳列在牀故曰尸白虎通云失氣亡神形體獨陳是也柩究也三日不生斂之在棺死冤竟於此也白虎通曰柩究也久也然尸柩亦通左氏傳贈死不及尸是呼未葬之柩爲尸）死寇曰兵（異於凡人當饗祿其後○疏曰言人能爲國家捍難禦侮爲寇所殺者謂爲兵兵器仗之名言其爲暴代之用也故君恒祿恤其子異於凡人也故鄭云當饗祿其後）生曰父曰母曰妻死曰考曰

喪禮十二　十九

妣曰嬪（嬪婦人有法度之稱也周禮九嬪掌婦學之法以教九御婦德婦言婦容婦功○疏曰生時所稱不言祖及夫者以生號無別稱也生死異稱言其別於生時耳者通而言之亦通也尚書云大傷厥考心又云聰聽祖考之彝訓倉頡篇云考妣延年又云嬪于虞詩大明云嬪于京周禮九嬪之官並非死死異稱）壽考曰卒短折曰不祿（○折市設反謂有德行任爲大夫士而不爲者老而死從大夫之稱少而死從士之稱○疏曰此並是有德未經仕而死者之稱也壽考者也短折少也鄭知有德行任爲大夫士）

0012_0520-1　0012_0519-2

（不爲老者實是大夫士前文已驗更別云卒與不祿同大夫士之稱故知藝爲大夫士而不者也○曲禮）○高曰崩（崩梁山）厚曰崩（沙鹿崩）尊曰崩天子之崩以尊也（壊三年春穀梁傳）○大凡生於天地之閒皆曰命其萬物死皆曰折人死曰鬼此五代之所不變也（疏曰萬物無知死者皆曰折人爲有識故死曰鬼○祭法）○復與書銘自天子達於士其辭一也男

喪禮十二　二十

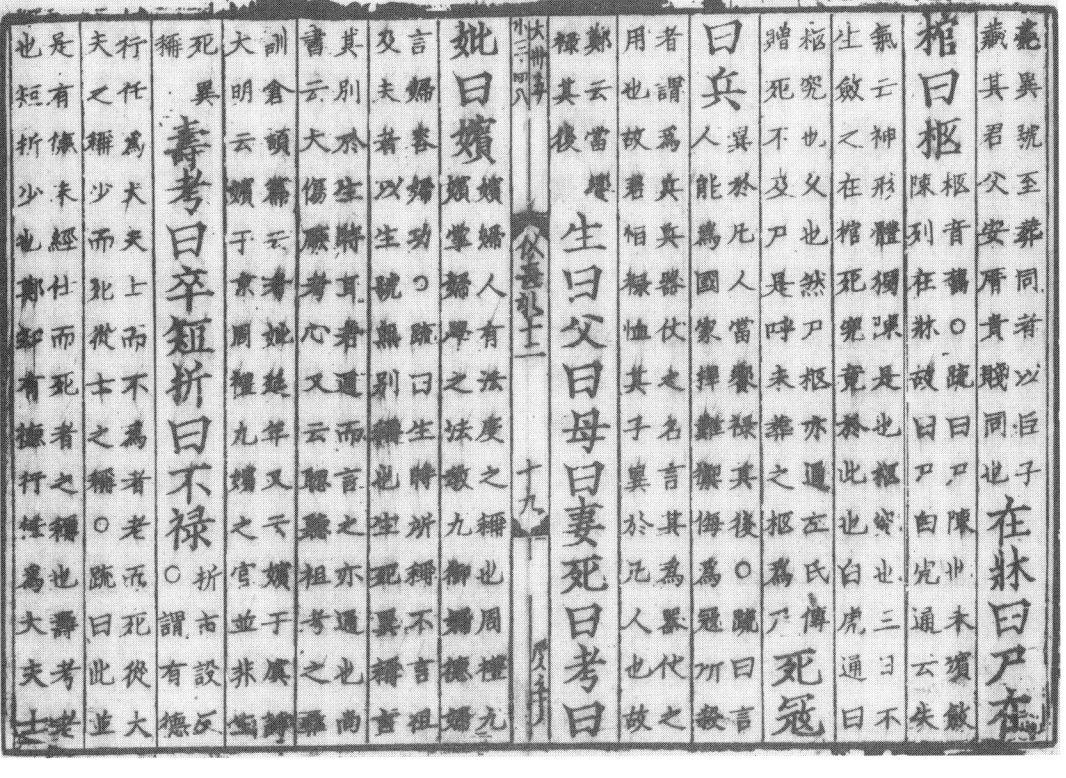

子稱名婦人書姓與伯仲如不知姓則氏（詳見喪大記復條）○君存稱世子（明當世父位爲）君薨稱子某（緣民臣之心不可一日無君故稱子某明繼父名者尸柩尚存以臣前臣名也）既葬稱子（不名者無所屈也緣終之義一年不二君故稱子也）踰年稱公（不可曠年無君○莊三十二年春公羊傳）○未沒喪不稱君示民（八）爭也故魯春秋記晉喪曰殺其

0012_0520-2

□君 沒於□也春秋諸侯於□内三年□子至

□年則謂之君矣○疏曰□九年九月晉侯佹諸卒其年冬□年

卓子弑是踰□稱君○坊記 ○春秋不稱楚越之王

喪禮君不稱天大夫不稱君恐民之惑

也 楚越之君僭號稱王不稱其喪謂不書葬也春秋傳曰吳楚之君不書葬

辟其僭號也○僭子念反辟音避○坊記 ○祭稱孝子孝孫

喪稱哀子哀孫 詳見卒哭祔練祥禫記 ○有父母

0012_0521-1

之喪尚功衰而附兄弟之殤則練冠附

於殤稱陽童某甫不名神也 詳見祔練祥禫記

○祝稱卜葬虞子孫曰哀夫曰乃兄弟

曰某卜葬其兄弟曰伯子某 詳見□

條() 既王尸子坐于東[illegible]

[illegible]

[illegible]

0012_0521-2

立于西方外命婦率外宗哭于堂上北

面 詳見喪大記 ○庶子之正於公族者其公

大事則以其喪服之精麤爲序雖於公

族之喪亦如之以次主人 正者政也庶子司馬之屬掌國子之倅爲政於公族者大事謂死喪也其爲君雖皆斬衰序之必以本親也主人主喪者次主人者主人恒在上主人雖有父兄猶不得下齒○疏曰大事謂君喪其臣雖皆斬衰其庶子列次之時則以其本服之精麤爲序衰麤者在前衰精者在後非但公喪如此雖於公侯之内有死喪之事相爲亦麤者居前精者居後故云亦如之以次主人者謂雖有庶長父兄尊於主人仍次於主人之下使主人在上居喪主也○文王世子 ○喪紀以服之

輕重爲序不奪人親也 紀猶事也○疏曰臣服君皆斬衰又以本輕者爲下本重者爲上不計爵尊卑爲次序者是不奪人本親之恩故也○同上 ○哭泣之位皆如其國之故

謹脩其法而審行之 詳見喪禮義 ○大夫之

0012_0522-1

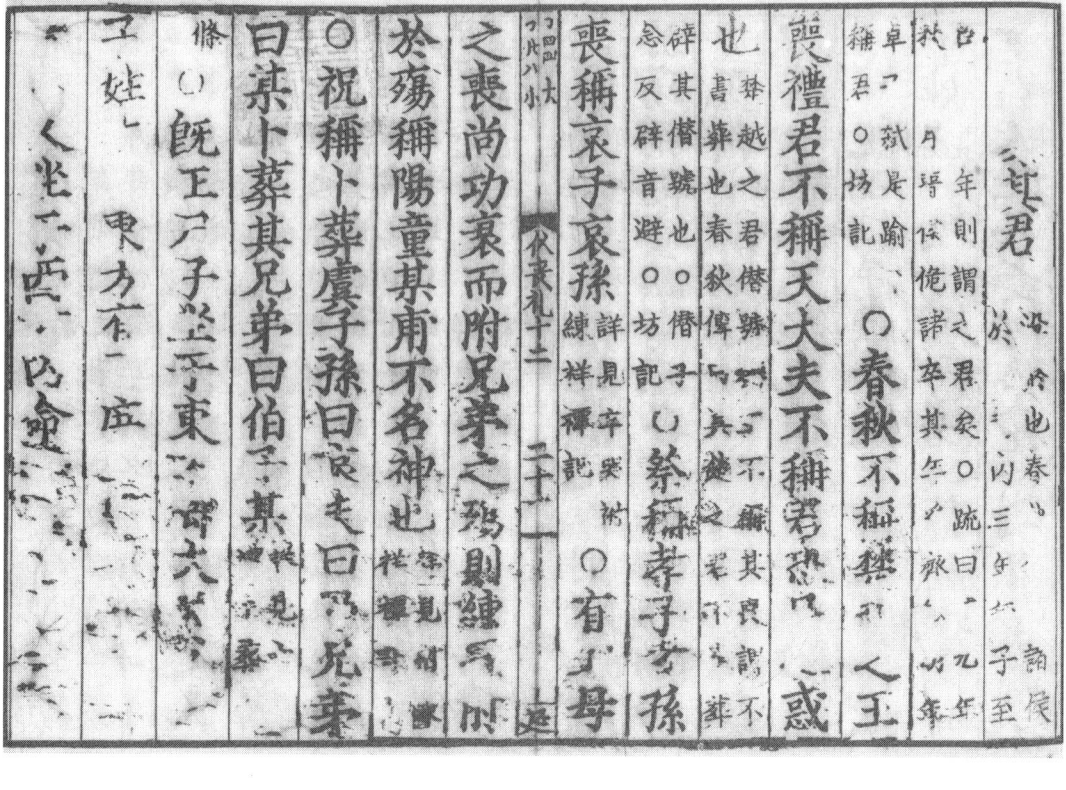

[illegible]爲[illegible]父母服大夫服也

[illegible]齒 詳見喪服斬衰章父條○尸

[illegible]大夫[illegible]爵位 婦人無專制生禮死事以夫爲尊卑

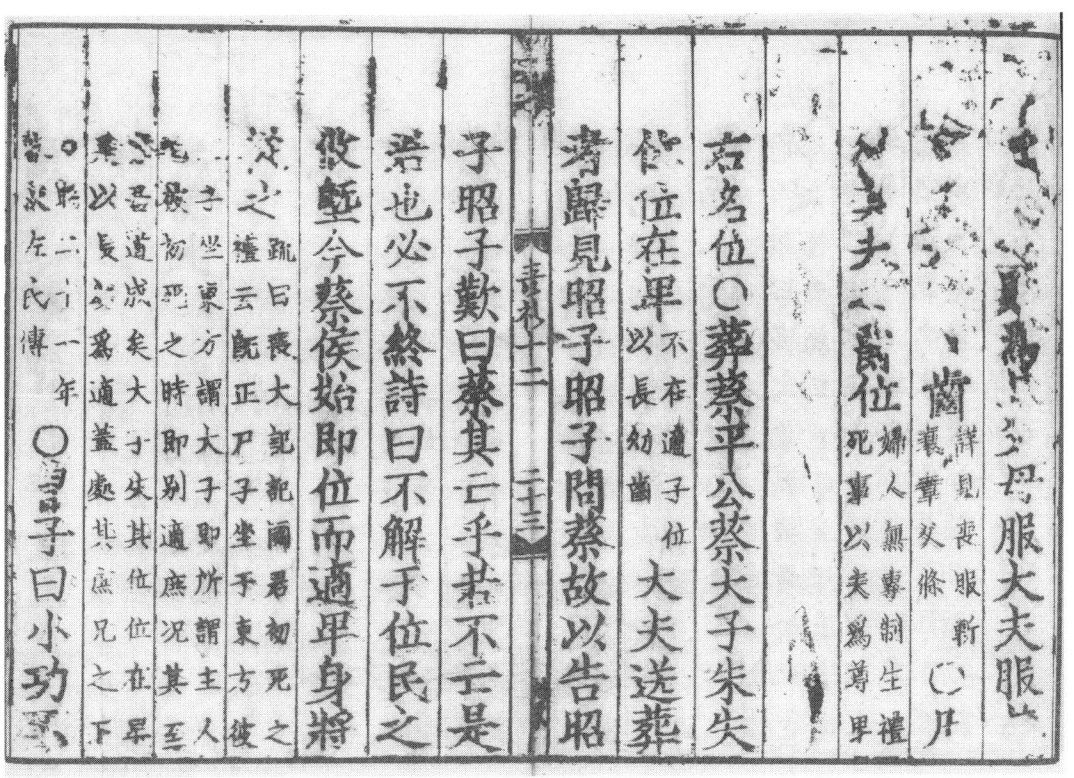

右名位○葬蔡平公蔡大子朱失

位位在卑 不在適子位以長幼齒 大夫送葬

者歸見昭子昭子問蔡故以告昭

子昭子歎曰蔡其亡乎若不亡是

君也必不終詩曰不解于位民之

攸塈今蔡侯始即位而適卑身將

從之 疏曰喪大記記禮君初死之禮云既正尸子坐于東方彼子坐東方謂大子即所謂主人也始死之時即別適庶况其至於喪道成矣大子失其位位在卑葬以長幼爲適蓋處其庶兄之下

○昭二十一年春秋左氏傳 ○曾子曰小功不

爲位也者是委巷之禮也 譏之也位謂以

親疏敘列哭也委巷猶衖曲委曲所爲也 子思之哭嫂

也爲位 善之也禮嫂叔無服 婦人倡踊 有服者娣

姒婦小功倡先也 申祥之哭言思也亦然

疏曰時有哭小功不爲位者故曾子非之云若哭小功不爲位者是

委細栖曲衖巷之禮言禮之末略非禮儀正法既言其哭乃引衖禮

之人子思哭嫂爲親疏之位於時子思婦與子思之嫂有小功之服

[illegible]子思之婦先踊子思乃隨之而[illegible]直子思如此其申祥哭妻之

[illegible]言婦亦如子思也又曰亦位[illegible]嫂叙列者以其子思哭嫂爲

位[illegible]婦人倡踊婦人在[illegible]爲位也○檀弓

從用三[illegible] 喪大事用三歛之什一 喪祭用不

足[illegible]暴[illegible]浩 暴猶耗也浩猶饒也○疏曰暴是殘暴物

[illegible]云暴猶耗也浩浩是[illegible]云浩浩猶天○王制

[illegible]以[illegible]式均節財用三曰喪荒之

0012_0525-1　　0012_0524-2

式式謂用財之節荒凶年○疏曰喪二若諸侯諸臣之喪含襚贈奠賻賵之
類王家之喪所用大非此所共也○天官○小宰以灋掌祭
祀朝覲會同賓客之戒具喪荒亦如之
令百官府共其財用共音恭禮本供字皆作共可以意求
之○法謂其禮法也戒具戒官有事者所當共○同上○大府山
澤之賦以待喪紀同上○外府喪紀共其
財用之幣齎齎音咨一音祖係反○疏曰謂王使公卿已下聘問
諸侯之行道所用則曰幣齎○同上○封人凡喪紀則飾

儀禮喪禮卷十二　二十五

其牛牲牛人喪事共其奠牛囿人喪紀
共其生獸死獸之物獸人凡喪紀共其
死獸生獸腊人喪紀共其脯腊凡乾肉
之事𩠆人喪紀共其魚之鱻薨醢人凡
祭祀共薦羞之豆實喪紀亦如之詳見喪大
記陳小歛奠條○籩人喪事共其薦籩羞籩外

0012_0526-1　　0012_0525-2

饔凡小喪紀陳其鼎俎而實之詳見喪大記朔
月半薦奠條○掌客凡禮賓客札喪殺禮凡
賓客死致禮以喪用詳見變禮聘有喪條○六十
歲制七十時制八十月制九十日脩唯
絞紟衾冒死而後制絞户交反紟其[illegible]反冒亡報反○[illegible]
紟衾冒一日二日而可爲者○疏曰六十歲制者明九十而須爲送終之具也歲
制謂棺也然此謂大夫以下耳人君即位爲椑不待六十也其楃則死後爲之

儀禮喪禮卷十二　二十六

檀弓云旬而布材是也七十時制者謂一時可辦是六物之難得也年轉老所
須辨轉切也十月制者月制之謂一月可辦衣物易者也漸老彌切也九十
日脩者至九棺衣皆畢但日日脩理之爲近於終也唯絞紟衾冒四物易
成故須云乃制也故檀弓云一日二日而可爲也故君子弗爲也○王制○
喪具君子恥具一日二日而可爲也者
君子弗爲也[illegible]絞紟衾[illegible]○檀弓○大司徒以荒
政十有二聚萬民八曰殺哀殺哀爲省凶禮○注見

0012_0526-2

○鄉師歲稽其鄉器比共吉凶二

族共喪器鄉共吉凶禮樂之器吉服者祭服也凶服者弔服也比長主集爲之喪器者夷槃素俎楬豆輁軸之屬族師主集爲之此三者民所以相共也凶器若族喪器者也此鄉器者旁使相共則民無廢事上下相補則禮行而教成○鄭曰知凶服是弔服者若人來弔是常服主人自共其冔服是暫服可以相共其庶人弔服無過素冠與深衣而已素裳大記士併瓦盤大夫乃用夷盤今庶人喪不得用夷槃引之者以況喪器非謂

0012_0527-1

庶人得用夷槃也云素俎楬豆者案士喪禮小斂有素俎大斂有毼豆兩籩無縢此不言籩無縢者文略也素俎亦禮士朝廟用輁軸以載柩庶人得輁軸引之者亦以況義知非族内有大夫士得用夷槃輁軸者以其大夫自有祿位不在共限也不言相椁亦主人自共之也○同上

○閭師凡庶民

不樹者無椁不績者無衰疏曰不樹者無椁者庶人五畮之宅樹以桑麻今宅不毛非直罰以里布死後又無五寸之椁也不績者無衰者衰以布爲之其婦人不績其麻者死則不爲之著衰裳以罰之也○

0012_0527-2

同上

○司市國凶荒札喪則市無征而作

布疏曰荒謂年穀不熟札謂疫病喪謂死喪恤其之困故市無征也○同上

○泉府凡賒者喪紀無過三月鄭司農云賒貰也以祭祀喪紀故從官貫買物○疏曰先鄭之意以祭祀喪紀二者事大故賒與民不取利○同上

○酇長酇作管反以時校登其夫

家比其衆寡以治其喪紀祭祀之事疏曰謂民之喪紀者族共喪器之類○同上

○土均禮俗喪紀

0012_0528-1

祭祀皆以其地媺惡爲輕重之灋而行

之掌其禁令疏曰皆以地之美惡輕重者地美則重行之地惡則輕行之以其禮許儉不非無故也云掌其禁令者恐有僭踰與奢逼故禁之也○同上

○朝士若邦凶荒札喪則令邦國

都家縣鄙慮刑貶慮謀也貶猶減也謂當謀緩刑且減國用爲民困也所貶視時爲多少之法○秋官

○小行人若國札

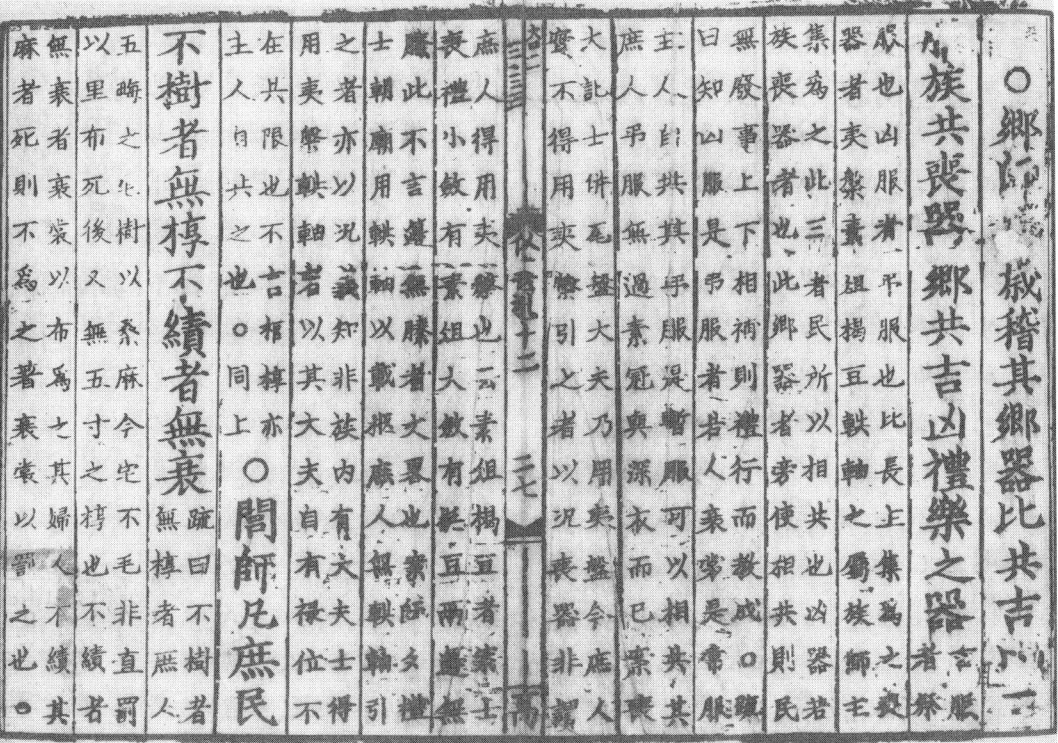

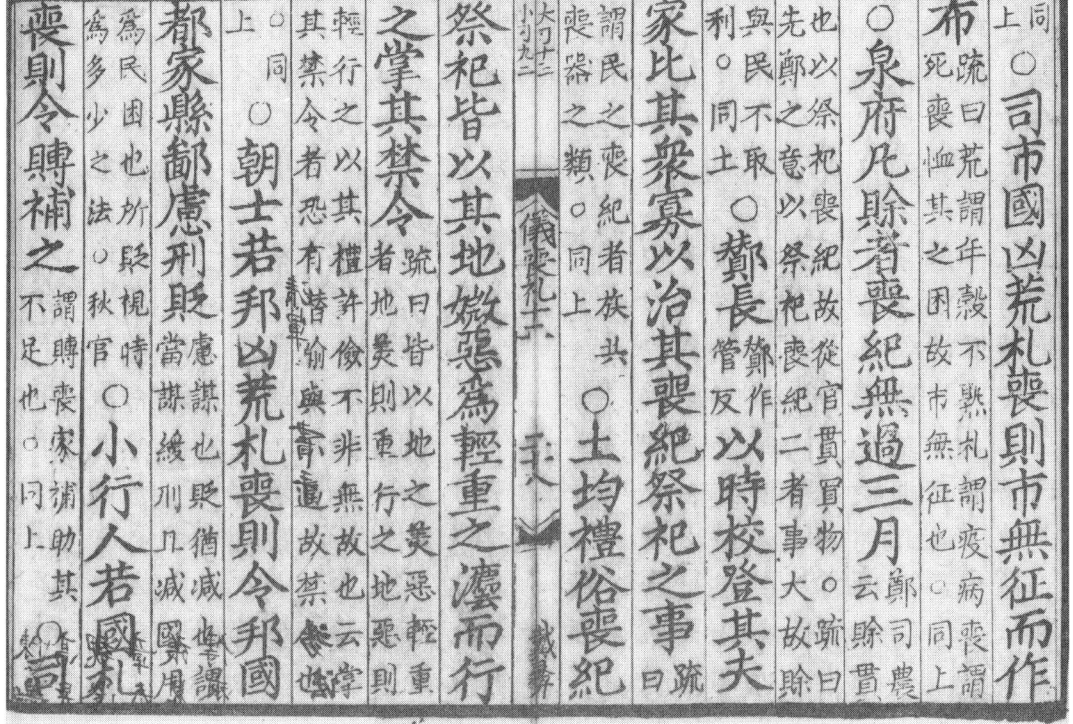

喪則令賻補之謂賻喪家補助其不足也○同上

0012_0528-2

凡財物犯禁者舉之（舉之沒入官）以其賈

貸死政之老與其孤（財所謂關門之委積也死政死國事者之父母也孤其子○地官）

右財用○隱公三年秋武氏子來

求賻喪事無求求賻非禮也（詳見手禮）

賻○文公九年毛伯來求金非禮

也不書王命未葬也（左氏傳）○子思

0012_0529-1

曰有其禮無其財君子弗行也有

其禮有其財無其時君子弗行也（詳見喪禮）○孔子曰斂手足形還葬

而無槨稱其財斯之謂禮（同上）○子

柳之母死子碩請具（具葬之器用子柳魯叔仲皮之子子碩兄）子柳曰何以哉（言無財）子碩

曰請粥庶弟之母（粥謂嫁之也）

0012_0529-2

子柳曰如之何其粥人之母以葬

其母也不可既葬子碩欲以賻

布之餘具祭器（古者謂錢爲泉布所以通布貨財）

子柳曰不可吾聞之也君子不家

於喪（惡因死者以爲利）請班諸兄弟之貧

者（以分死者所矜也祿多則與鄰里鄉黨○檀弓）○孟獻

子之喪（獻子魯大夫仲孫蔑）司徒旅歸四布

0012_0530-1

（旅下士也司徒使下士歸四方之賻布）夫子曰可也（時人皆貪善其能廉○疏曰孟獻子之喪送終既具賻布有餘其家臣司徒敬子稟承主人之意使旅下士歸還四方賻主人之泉布也皇氏以爲獻子有餘布歸之於君君令國之司徒歸賻於四方案春秋魯上卿季氏也仲孫蔑之卒季氏無譏曰獻子若皇氏之言非也熊氏以爲獻子家臣爲司徒故左傳叔孫氏之司馬鬷戾是家臣亦有司徒司馬也○同上）

0012_0530-2

喪事主哀少儀○君子以喪過乎哀易小過

○子曰喪與其易也寧戚詳見喪禮義○曾

子曰吾聞諸夫子人未有自致者也必

也親喪乎集注曰致盡其極也蓋人之眞情所以不能自已者○論

語○子游曰喪致乎哀而止集注曰致極其哀不

尚文飾也○同上○子路曰吾聞諸夫子喪禮

與其哀不足而禮有餘也不若禮不足

0012_0531-1

而哀有餘也詳見喪禮義○子曰臨喪不哀

吾何以觀之哉論語○始死充充如有窮

旣殯瞿瞿如有求而弗得旣葬皇皇如

有望而弗至練而慨然祥而廓然瞿紀具反

○皆憂悼在心之貌也求猶索物○疏曰親始死孝子匍匐而哭之心形充屈

如急行道極無所復去窮急之容也旣殯心形稍緩也瞿瞿眼目速瞻之貌瞿

瞿如有所失而求覓之不得然也旣葬又漸緩栖栖皇皇無所依託如有望彼

0012_0531-2

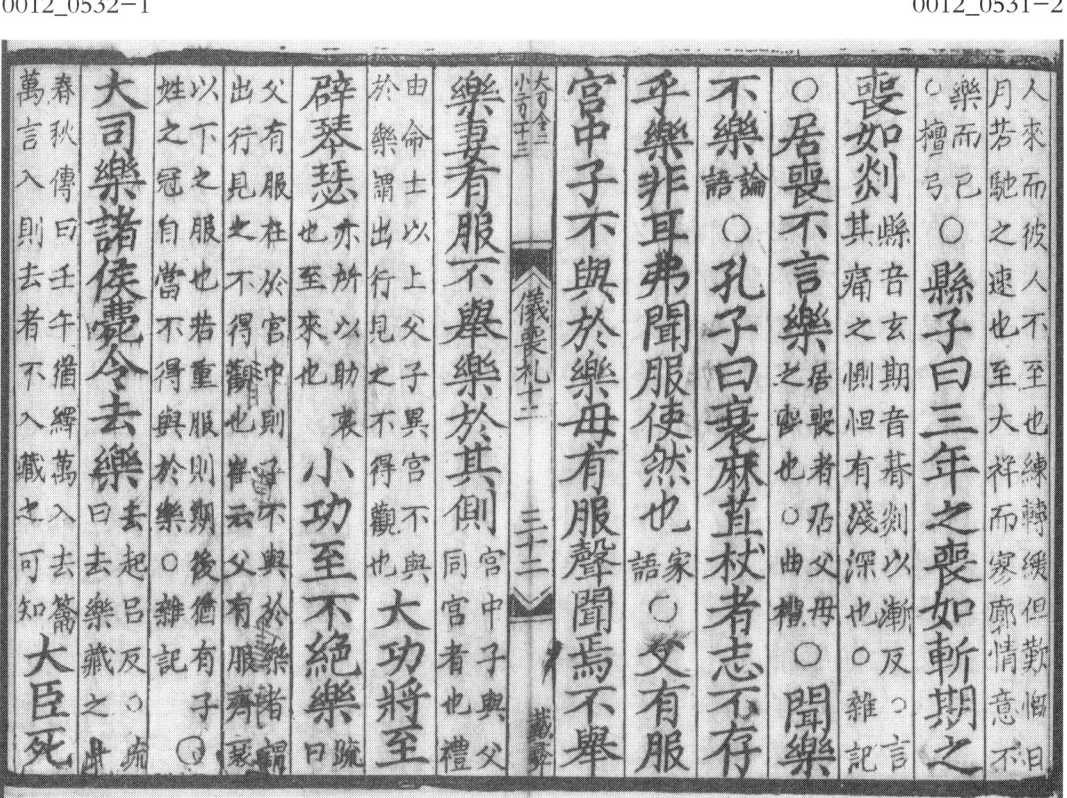

人來而彼人不至也練轉緩但歎惘日月若馳之速也至大祥而寥廓情意不

樂而已○檀弓○縣子曰三年之喪如斬期之

喪如剡縣音玄期音朞剡以漸反○言其痛之惻怛有淺深也○雜記

○居喪不言樂居喪者忍父母之喪也○曲禮○聞樂

不樂論語○孔子曰衰麻苴杖者志不存

乎樂非耳弗聞服使然也家語○父有服

宮中子不與於樂母有服聲聞焉不舉

0012_0532-1

樂妻有服不舉樂於其側宮中子與父同宮者也禮

由命士以上父子異宮不與於樂謂出行見之不得觀也大功將至

辟琴瑟亦所以助哀也至來也小功至不絕樂疏曰

父有服在於宮中則子不與於樂諸侯出行見之不得觀也鄭云父有服齊衰

以下之服也若重服則期後猶有子姓之冠自當不得與於樂○雜記○

大司樂諸侯薨令去樂去起呂反○疏曰去樂藏之

春秋傳曰壬午猶繹萬入去籥萬言入則去者不入藏之可知大臣死

0012_0532-2

令弛縣弛釋之若今休兵鼓之爲○君於卿大夫比
卒哭不舉樂爲士比殯不舉樂雜記○節
哀順變也詳見喪禮義○三日而食三月而
沐期而練毀不滅性同上
右哀戚○孔子曰少連大連善居
喪三日不怠三月不解期悲哀三
年憂東夷之子也少詩召反解佳賣反期音朞○

仪喪礼十二　三十三

0012_0533-1

言其生於夷狄而知禮也怠惰也
解倦也○疏云三日之內禮不怠
謂水漿不入口之屬三月不解者
謂未葬之前朝奠夕奠及哀至則
哭之屬期悲哀者謂練以來常悲
哀朝哭夕哭之屬三年憂以服未
除憔悴憂戚○雜記○顏丁善居喪顏丁魯人始
死皇皇焉如有求而弗得及殯望
望焉如有從而弗及既葬慨然如
不及其反而息從隨也慨憊貌○疏曰始死皇皇猶

0012_0533-2

彷徨如有所求物不得及殯望望焉如有從逐人後行而不及之貌
既葬之後中心悲慨然如不復所及既不可及其反而息者上殯後
云從而不及似有可及之理既葬慨然如不及謂不復可及所以文
異也○檀弓○高子皐之執親之喪也
子皐孔子弟子名柴泣血三年言泣無聲如血出未
嘗見齒言笑之微君子以爲難言人不能然○
疏云人涕泣必因悲聲而出若血出則不由聲也今子皐悲無聲其

仪喪礼十二　三十四　戴彝

0012_0534-1

涕亦出如血之出故云泣血凡人之情哀至則泣血樂至則微笑凡
入大笑則露齒本中笑則露齒微笑則不見齒○同上○孟
獻子禫縣而不樂比御而不入夫
子曰獻子加於人一等矣詳見卒哭祔練
祥禫○孔子既祥五日彈琴而不
成聲十日而成笙歌同上○衛定公
卒夫人姜氏既哭而息見大子之

下象鼻戴彝上張本陰刻監生二字傳本剪去之

0012_0534-2

不哀也不内隃歎曰是夫也將
不唯衛國之敗其必始於未亡人
(定姜言獻公行無禮必從已始下言暴妾使余是也)嗚呼天
禍衛國也夫吾不獲鱄也使主社
稷大夫聞之無不聳懼(成公十四年春秋左
氏傳)○立公子裯(昭公名)穆叔不欲曰
是人也居喪而不哀在慼而有嘉

儀禮經傳通解續卷十二　二十三

0012_0535-1

容是謂不度不度之人鮮不爲患
武子不聽卒立之比及葬三易衰
衰衽如故衰於是昭公十九年矣
猶有童心君子是以知其不能終
也(襄三十一年春秋左氏傳)○九月葬齊歸公
不慼晉士之送葬者歸以語史趙
史趙曰　思親祖不歸也(言不思親一[illegible])

0012_0535-2

(爲祖考所歸祐)叔向曰魯公室其卑矣君
有大喪國不廢蒐有三年之喪而
無一日之慼國不恤喪不忌君也
君無慼容不顧親也國不忌君君
不顧親能無卑乎殆其失國(昭十一年
春秋左氏傳)○衛石共子卒(石買)悼子不
哀(石買之子石惡)孔成子曰是謂蹶其本

儀禮經傳通解續卷十二　二十六

0012_0536-1

(蹶猶拔也)必不有其宗(果二十八年石惡出奔傳○襄
十九年春秋左氏傳)○孔子之故人曰原壤
其母死夫子助之沐椁(沐治也)原壤
登木曰久矣予之不託於音也(木椁
材也託寄也謂叩木以作音)歌曰貍首之斑然
執女手之卷然(說人辭也)夫子爲弗聞
也者而過之(佯不知)從者曰子未可

0012_0536-2

以巳乎巳猶止也夫子曰丘聞之親者毋失其爲親也故者毋失其爲故也壤如丈反貍力知反卷音權從才用反○疏曰此一節論孔子無大故不遺故舊之事原壤登棺者而言曰我遭母喪以來日月久矣我不得託寄此木以爲音聲故是乎叩木爲歌曰貍首之班然執女手之卷然在喪而歌非禮之甚夫子爲若不聞也者而過去之從者謂夫子曰何既無禮子未可休巳乎言應可休巳不須爲治椁也

0012_0537-1

夫子對從者曰丘聞之與我骨肉有親者雖有非禮毋失其爲親之道故舊者雖有非禮毋失其爲故之道原壤母死登木而歌夫子聖人與之爲友者論語云故舊無大故則不相遺棄彼注云大故謂惡逆之事雖登木之歌未至於此○檀弓○六月乙丑王太子壽卒秋八月王穆后崩太子壽之母也晉荀躒如周葬穆后籍談爲介既葬除喪以文伯宴樽以魯壺

0012_0537-2

此欠狄反○文伯荀躒魯壺魯所獻壺樽王曰伯氏諸侯皆有以鎮撫王室晉獨無有何也籍談歸以告叔向叔向曰王其不終乎王一歲而有三年之喪二焉天子絕期唯服三年故后雖期通謂之三年於是乎以喪賓宴又求彝器樂憂甚矣且非禮也三年之喪雖貴遂服禮

0012_0538-1

也王雖弗遂宴樂以早亦非禮也昭十有五年春秋左氏傳○杞孝公卒晉悼夫人喪之悼夫人晉平公母杞孝公姊妹平公不徹樂非禮也襄二十二年春秋左氏傳○吳公子札自衛如晉宿於戚戚孫文子之邑聞鐘聲焉曰夫子獲罪於君以在此懼猶不足而又何樂夫子之在此也

0012_0538-2

猶燕之巢于幕上君又在殯而可以樂乎遂去之不止宿文子聞之終身不聽琴瑟襄二十九年春秋左氏傳○知悼子卒未葬知音智○悼子晉大夫荀盈魯昭九年卒○疏曰此一節論君有大臣之喪不得有作樂飲酒之事平公飲酒與羣臣燕平公晉侯彪○彪彼虯反師曠李調侍調如字左傳作外嬖嬖叔○侍與君飲也燕禮記曰請旅侍臣鼓

0012_0539-1

鍾樂作也燕禮賓入門奏肆夏既獻而樂闋獻君亦如之○疏曰鼓猶奏也謂燕奏鍾樂也案燕禮記云若以樂納賓則賓及庭奏肆夏賓拜酒主人荅拜而樂闋是賓入門奏肆夏既獻而樂闋燕禮記又云公拜受爵而奏肆夏公卒爵主人升受爵以下而樂闋是獻君亦如之知非工入升歌下管間歌合樂之後無時奏鍾必以爲賓初入門奏肆夏者以鍾師云以鍾鼓奏九夏故知聞鍾是初奏肆夏也杜蕢自外來聞鍾聲曰安在蕢苦怪反

0012_0539-2

○江之也廿蕢亦作屠蒯曰在寢燕於寢杜蕢入寢歷階而升酌曰曠飲斯又酌曰調飲斯又酌堂上北面坐飲之降趨而出三酌皆罰平公呼而進之曰飲於鴆反下飲斯飲之飲曠飲調飲寡人皆同爾飲曠何也曰子卯不樂紂以甲子死桀以乙卯亡王者謂之疾日不擧樂爲吉事以自戒懼○疏曰案尚書時甲子昧爽武王朝至于

0012_0540-1

商郊是紂甲子死也案昭十八年一月乙卯周毛得殺毛伯過而代之萇弘曰毛得必亡是昆吾稔之日也詩云韋顧既伐昆吾夏桀昆吾既乙卯而亡明桀亦以乙卯被放也知悼子在堂斯其爲子卯也大矣言大臣喪重於疾日也雜記曰君於卿大夫比葬不食肉比卒哭不擧樂曠也大師也不以詔是以飲之也詔告也大師典奏樂爾飲調何也曰調也君之褻臣也

爲一飲一食忘君之疾是以飲之也疏曰調是君之嬖褻之臣臣當規正君過唯欲行燕食貪求一飲一食忘君違禮之疾而不諫是以飲之爾飲何也曰蕢也宰夫也非刀匕是共又敢與知防是以飲之也匕必李反共音供與音預防音房又扶放反○防禁放溢○疏曰皇氏云非不也杜蕢言宰夫不以刀匕是共乃又敢與諫爭越官侵職是以飲也平公曰寡

人亦有過焉酌而飲寡人聞義則服杜蕢洗而揚觶觶之豉反字林音支又云酒器○舉爵於君也禮揚作騰揚舉也騰送也揚近得之○疏曰案燕禮獻君之後行酬之初媵爵者洗象觶升實之序進坐奠于薦南是舉爵於君也據作騰者謂燕禮大射凡舉爵皆爲騰比云揚觶鄭云揚舉也燕禮云媵故鄭云媵送也揚騰義得兩通但此云杜舉揚訓爲舉故揚近得之○今案燕禮注云媵送也讀或爲揚揚舉也今文媵皆作騰○

者曰如我死則必毋廢斯後世爲戒至于今既畢獻斯揚杜舉此爵遂因杜蕢爲名畢獻獻賓與君○疏者云我死之後則必毋廢恒當留之爲後世鑒戒至畢獻之後此所揚之觶在舉表明此爵實杜蕢所舉君與賓者以杜蕢此事舉爵禮之初賓主既入得杜蕢之可即曆唯獻君與賓燕事則春秋與此小異亦所聞不同

○昭十有五年二月癸酉有事于武宮籥入叔弓卒去樂卒事禮也祭樂之中聞大夫之喪則去樂卒事禮也祭樂者君在廟中祭作樂君在祭之中大夫有變以聞可乎變謂死喪大國體也君之卿佐是謂股肱故曰國體古之重死君命無所不通死者不可復生重莫

0012_0543-1　　0012_0542-2

是以君雖在於樂之中大一以聞可也○春秋穀梁傳○

三十有一年公薨于楚宮立

敬歸之子子野胡歸姓之國敬歸襄公妾

季氏秋九月癸巳卒毀也過哀

以致滅性以左氏傳

晝夜無時既虞朝一哭夕一

哭無時詳見喪服斬衰傳○父母

之喪使必知其反也詳見喪禮義○

往而不反齊衰之哭若往

哭三曲而偯小功緦麻哀

之發於聲音者也偯於起反說文

○三曲一舉聲而三折也也○疏曰斬衰之哭一舉

而氣往而不卻反聲也哀小功緦麻其情既輕哀聲

曾申問於曾子曰哭父

0012_0544-1　　0012_0543-2

母有常聲乎曰中路嬰兒失其母焉何

常聲之有若小兒亡母啼號安得常聲乎○雜記○無事

不辟廟門鬼神尚幽闇也廟殯宮哭皆於其次無時

哭也有事則入即位○疏曰此論在殯無事之時次謂倚廬唯朝夕哭及賓來

弔之時則入門內即位耳若晝夜無時之哭則皆於廬次之中也○小記○

童子哭不偯不踊不杖不菲不廬菲扶味反

○未成人者不能備禮也當室則杖○疏云案問喪云童子當室則免而杖矣

戴德云童子當室謂十五以上若丗子生則杖故曾子問云子衰杖成子禮是

也皇氏云童子當室則備此經中○禫五事特云杖者舉重言也○雜記

而外無哭者禫而內無哭者詳見卒哭祔練祥禫

記○國禁哭則止朝夕之奠即位自因

也禁哭謂大祭祀時不哭備朝夕奠自因自用故事○疏曰有大祭祀禁哭

之時則止而不哭孝子於殯宮朝夕所奠之時即阼階下位自因其故事而設

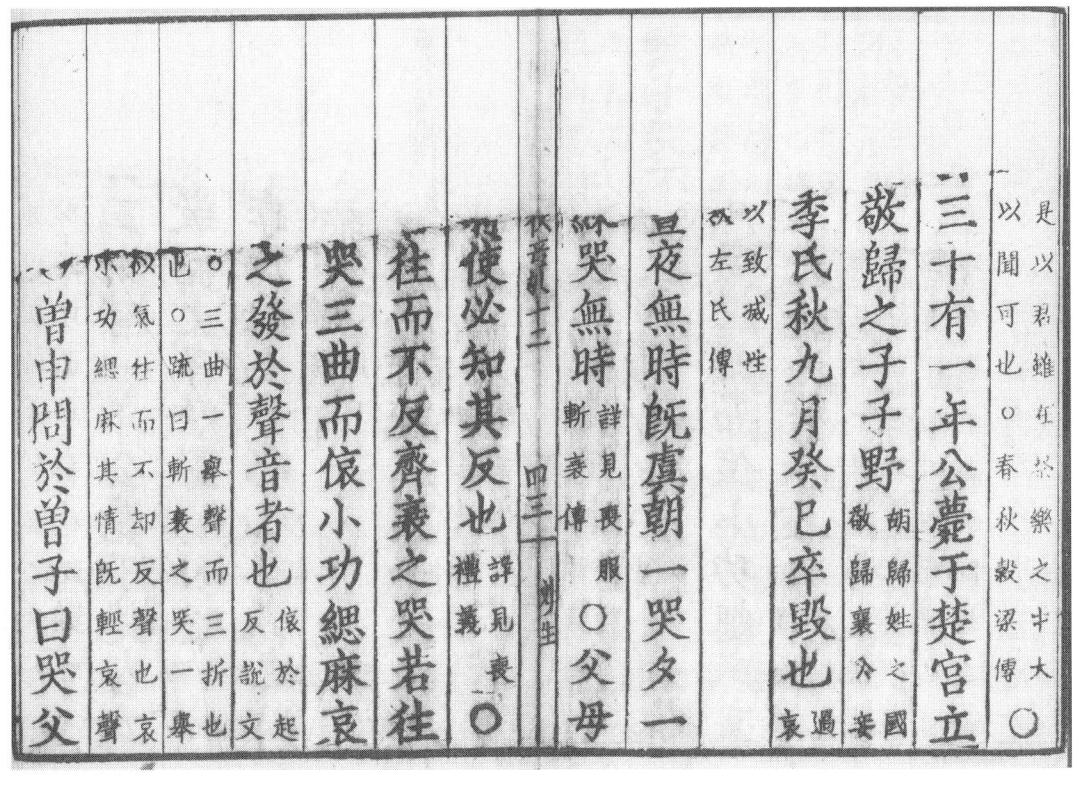

奠也○雜記○祭之日喪者不哭不敢凶服

疏曰郊祭之旦人之喪者不哭又不敢凶服而出以干王之吉祭也○郊特牲

○孔子惡野哭者爲其變衆周禮銜枚氏禁行歌哭於國中之道者○檀弓

○公七踊大夫五踊婦人居間士三踊婦人皆居間疏曰此一經明諸侯至士初死在室殯踊節及明貴賤踊數也公諸侯去死日五日而殯則合死日六日也七踊者始死一踊明日襲之時又一踊襲明日朝一踊又明日小斂朝一踊爲四也其日晚小斂時又一踊是小斂日再踊就於前三日爲五也小斂明日朝又踊爲

大三四 小言五 儀禮十二 四五

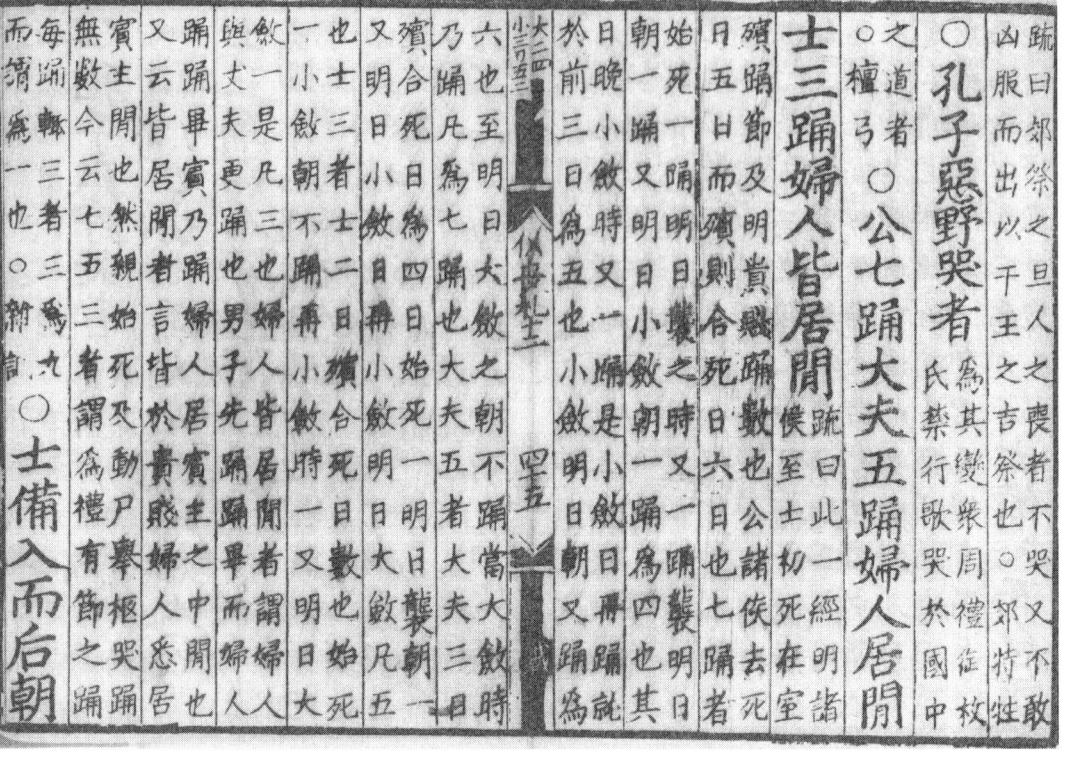

六也至明日大斂之朝不踊當大斂時乃踊凡爲七踊也大夫五者大夫三日殯合死日爲四日始死一明日襲朝一又明日小斂日再小斂明日大斂凡五也士三者士二日殯合死二日數也始死一小斂朝不踊再小斂時一又明日大斂一是凡三也婦人皆居間者謂婦人與丈夫更踊也男子先踊踊畢而婦人踊踊畢賓乃踊婦人居賓主之中間也又云皆居間者言皆於貴賤婦人悉居賓主間也然親始死及動尸擧柩哭踊無數今云七五三者謂爲禮有節之踊每踊輒三者三爲九○士備入而后朝夕踊

夕踊備禮盡也國君之喪嫌主人哭入則踊○疏曰國君喪羣臣朝夕即位哭踊嗣君孝子雖先入即位哭必待羣臣皆入列位畢後乃俱踊者也士畢最後故擧士入爲畢也所入有前後而相待踊者孝子哀深故前入也踊須相視爲節故俟齊也○檀弓

○孔子曰伯母叔母疏衰踊不絕地姑姊妹之大功踊絕於地如知此者由文矣哉由文矣哉言由用也知此踊絕地不絕地之情者能用禮文哉能用禮文哉美之也伯母叔母義也姑姊妹骨肉也○雜記

○戚斯嘆嘆斯辟辟斯踊品節

儀喪禮十二 四六 鄧志昂

斯斯之謂禮詳見喪禮義

○跛者不踊喪問

右哭踊

○弁人有其母死而孺子泣者孔子曰哀則哀矣而難爲繼也夫禮爲可傳也爲可繼也故哭踊有節詳見禮義

○子蒲卒哭者呼滅滅蓋子蒲名子皐曰若是野哉非之也唯

0012_0546-2

復呼名子皐孔子弟子高柴哭者改之復……
蓋其聞名而反哭則敢……呼其名而此家哭獨呼娥子……
識之故云野哉非之乃改也○檀弓○文伯之喪敬
姜據其牀而不哭曰昔者吾有斯
子也吾以將爲賢人也吾未見其有才藝吾
未嘗以就公室未嘗與到公室其行也季氏曾之
宗卿敬姜有會見之禮今及其死也朋友諸

儀禮卷十二　四七

0012_0547-1

臣未有出涕者而內人皆行哭失
聲斯子也必多曠於禮矣夫內人妻妾
○疏曰此不哭者謂哭時不哭盡上云晝夜哭是也家語云文伯
歌卒其晝哭皆行哭失聲敬姜戒之曰吾聞好外者士死之好內者
女死之今吾子早夭吾惡其好內聞也孔子聞之曰女智莫若婦
氏之婦知禮矣無同音……婦人而成子之德……
……一邊相……

0012_0547-2

哭文伯之喪晝夜哭孔子曰知
矣喪夫不夜哭嫌思情性也○同上○華周杞
之妻姜哭其夫而變國俗孟子
保氏掌諫王惡而養國子以道乃
六儀酉曰喪紀之容鄭司農云喪紀之容涕滂
玄謂喪紀之容顛顛○地官○斬衰貌若苴齊
疏若枲大功貌若止小功緦麻容貌

儀禮卷十二　四八

0012_0548-1

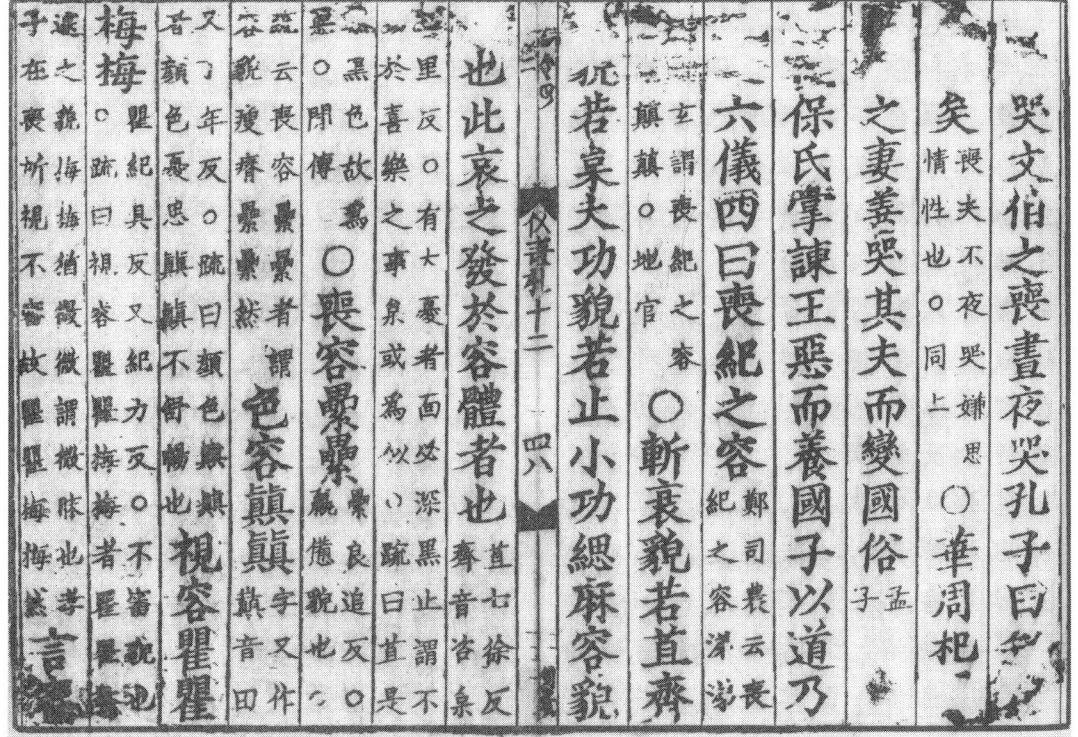

也此哀之發於容體者也苴七餘反齊音咨枲
里反○有太憂者面必深黑止謂不於喜樂之事枲或爲似○疏曰苴是
黑色故爲惡○間傳○喪容纍纍纍良追反○羸憊貌也
疏云喪容纍纍者謂容貌瘦瘠纍纍然色容顛顛顛字又作顛音田
又丁年反○疏曰顛色與顛皆顛色憂思顛顛不舒暢也視容瞿瞿
梅梅瞿紀具反又紀力反○不審貌也○疏曰視容瞿瞿梅梅者瞿瞿梅
遽之貌梅梅猶微微謂微昧也孝子在喪所視不審故瞿瞿梅梅然言

0012_0549-1　0012_0548-2

繭繭繭古典反。○聲氣微也。○疏曰言繭容繭繭者，猶綿綿聲氣微細繭繭
然。○玉藻 ○君子衰絰則有哀色 表記 ○喪事
欲其縱縱爾 縱依注音揔，急遽趍事貌。縱讀如揔領之揔。 吉
事欲其折折爾 折大兮反。○安舒貌。詩云好人提提。 故喪
事雖遽不陵節，吉事雖止不怠 陵躐也。止立俟事時也。怠惰也。
故騷騷爾則野 騷素刀反。○謂大疾。 鼎鼎
爾則小人 謂大舒。 君子蓋猶猶爾 疾舒之中。○疏
曰詩云好人提提者，魏風葛屨之詩也。魏俗褊薄，遣新來婦人縫作衣裳，故述
而刺之云美好婦人初來之時提提然。引之者證安舒之意。喪事欲疾，吉事欲
舒，故云喪事雖須促遽，亦當有常，不得陵越喪禮之節。吉事雖有止住之時，不得
得怠惰寬慢，故喪事騷騷耳。過爲急疾，則如田野之人急切無禮。若吉事鼎鼎
爾不自嚴敬，則如小人然形體寬慢也。若君子之人於喪事之內得疾之中，於
吉事之內得舒之中，蓋行禮之時明閑法則，志意猶猶然。猶猶是曉達之貌。○
檀弓 ○居喪之禮，毀瘠不形，視聽不衰 爲其

0012_0550-1　0012_0549-2

廢喪事，形謂骨見。○曲禮 ○視不明，聽不聰，行不正，
不知哀，君子病之 詳見飲食條 ○孔子曰身
有瘍則浴，首有創則沐，病則飲酒食肉。
毀瘠爲病，君子弗爲也。毀而死，君子謂
之無子 雜記 ○子貢問喪，子曰敬爲上，哀
次之，瘠爲下。顏色稱其情，戚容稱其服。
問喪 問居父母之喪。○同上 ○毀不危身 詳見喪禮義 ○
毀不滅性 同上 ○五十不致毀，六十不毀。
詳見飲食條 ○三月而沐 詳見哀戚條 ○凡喪，小
功以上，非虞祔練祥無沐浴 詳見士虞禮 ○
妻視叔父母，姑姊妹視兄弟，長中下殤
視成人 視猶比也，所比者，哀容居處也。○疏曰此一經明此等之親服
雖有異，其哀戚輕重各視所比之親。妻居廬而杖，抑之，視叔父母，姑姊妹出適
服輕，進之視兄弟，長中下殤服輕，從本親，視其成人也。○雜記

張本下象鼻題監生秦淳四字傳本剪去之

0012_0550-2

右容貌

周禮大祝辨九𢷬五曰吉𢷬六曰凶𢷬

𢷬音拜○吉拜拜而後稽顙謂齊衰不杖以下者言吉者此殷之凶拜周以其拜與頓首相近故謂之吉拜云凶拜稽顙而後拜謂三年服者○疏曰云吉拜謂一齊衰不杖已下與拜而云吉者對凶爲輕此拜先作頓首後作稽顙稽還是頓首但觸地無容則謂之稽顙二齊衰不杖已下者以其杖齊衰入凶中故雜記云父在爲妻不杖不稽顙知父没爲妻杖而稽顙是以知此吉

儀禮十二　五十一

0012_0551-1

謂齊衰不杖已下此殷之凶拜者弓云拜而後稽顙乎其頎也稽後拜頎乎其至也三年之喪吾從其者鄭注云自期以下如殷可言自是齊衰不杖已下用殷之喪拜故云殷之凶拜也云周以其拜與頓首謂之吉拜云者言相近者非謂義是拜體相近以其先作頓首後作稽顙還依頓首而爲之是其拜體相以其約義故言云以縣之云凶拜稽而後拜謂三年服者此雜記云三年喪即以拜喪拜非三年喪以其吉拜又弓云稽顙後拜頎乎其至孔子云三之喪吾從其至者若然上吉拜齊[illegible]

0012_0551-2

杖已下則齊衰入此凶拜中鄭不言之者以雜記云父在爲妻不杖不稽顙父卒乃稽顙則是適子爲妻有不得稽顙時故略而不言○爲父母長子稽顙爲于僞反下同長丁丈反稽音啓顙素黨反下同○疏曰爲父母長子稽顙者謂重服先稽顙而後拜者也父母長子並重故也其餘期以下先拜後稽顙也大夫弔之雖緦必稽顙尊大夫不敢以輕待之○疏曰前爲父母長子稽顙謂平等來弔亦先稽顙而後拜若爲不杖齊衰以下則先拜賓後稽顙今大夫弔士雖是緦麻之親必亦先稽顙而

儀禮十二　五十二

0012_0552-1

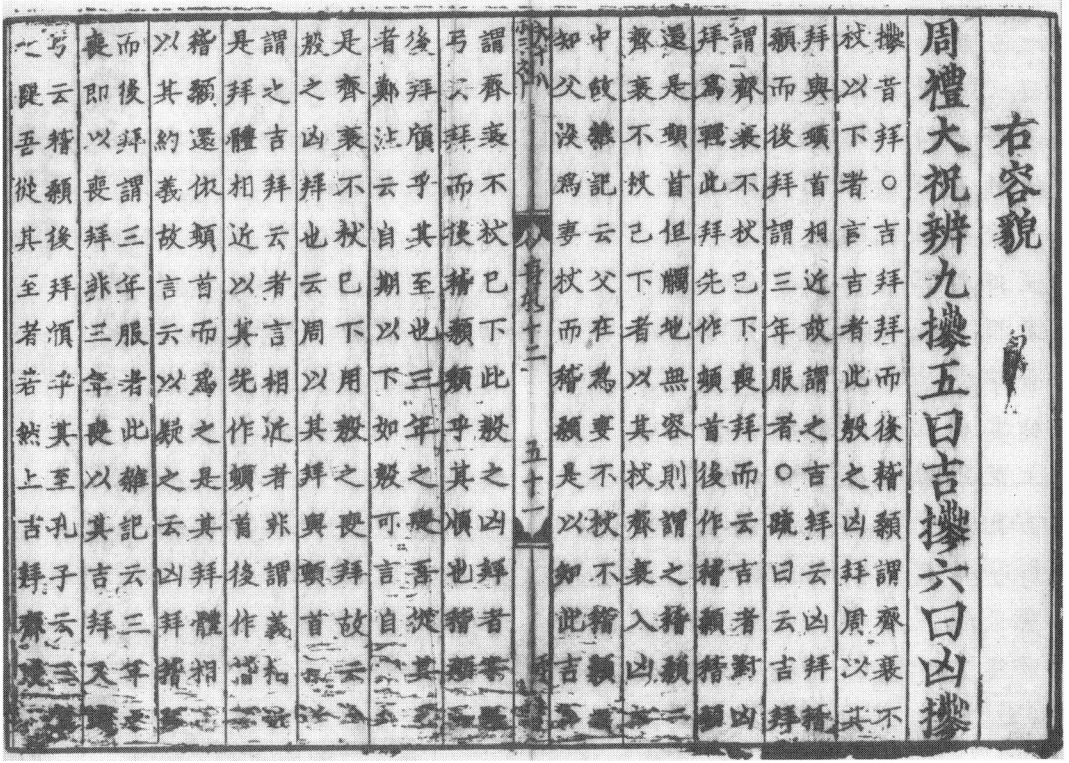

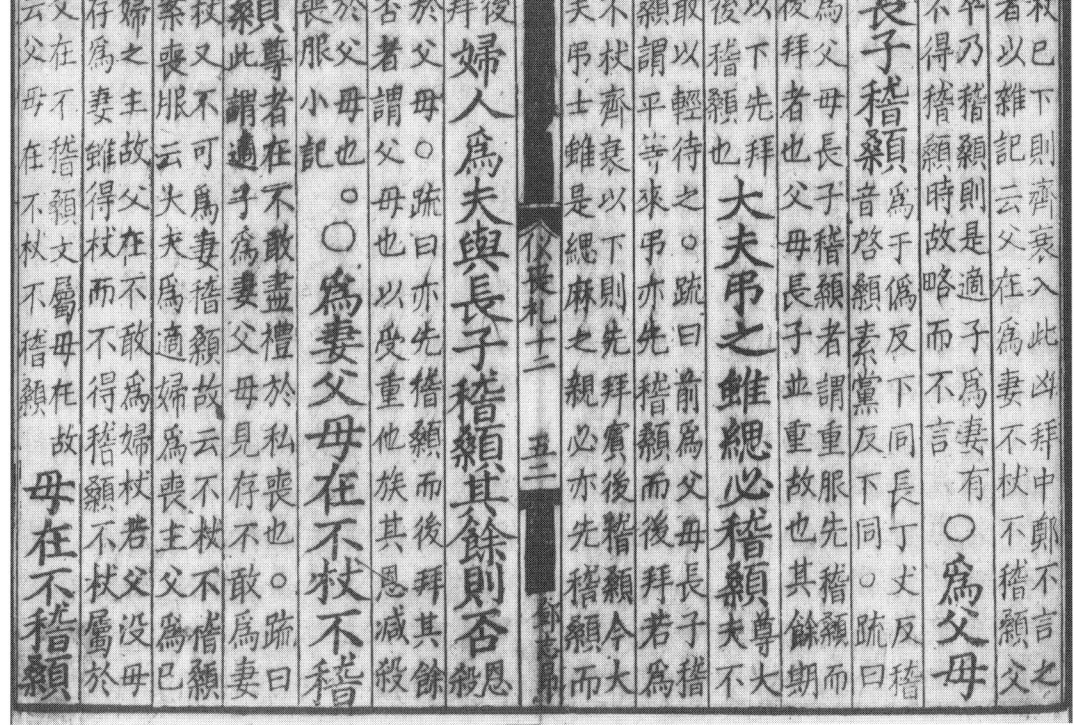

後拜婦人爲夫與長子稽顙其餘則否恩殺於父母○疏曰亦先稽顙而後拜其餘否者謂父母也以受重他族其恩減殺於父母也○喪服小記○爲妻父母在不杖不稽顙尊者在不敢盡禮於私喪也○疏曰此謂適子爲妻父母見存不敢爲妻杖又不可爲妻稽顙故云不杖不稽顙案喪服云大夫爲適婦爲喪主父爲已婦之主故父在不敢爲婦杖若父没母存爲妻雖得杖而不得稽顙不杖屬於父在不稽顙文屬母在故云父母在不杖不稽顙母在不稽顙

0012_0552-2

稽顙者其贈也拜言獨母在於贈拜得稽顙則父在贈拜不得稽顙。疏曰前明父母俱在故不杖不稽顙此明父没母在爲妻得有稽顙母在不稽顙者謂母在爲妻子尋常拜賓之法也其稽顙者有他人以物來贈已其恩既重其謝此贈之人時爲拜得稽顙故云其贈也拜於此拜時而得稽顙。雜記

○婦人吉事雖有君賜肅拜爲尸坐則不手拜肅拜爲喪主則不手拜肅拜拜低頭也手拜手至地也婦人以肅拜爲正凶事乃手拜耳爲尸爲祖姑之尸

儀禮卷十二 五三

0012_0553-1

也士虞禮曰男男尸女女尸爲喪主不手拜者爲夫與長子當稽顙也其餘亦手拜而已雖或爲唯或曰喪爲主則不手拜肅拜也。疏曰此論婦人拜儀婦人吉禮不手拜但肅拜肅拜如今婦人拜也吉事及君賜悉然也爲尸坐者士虞禮男男尸女女尸謂虞祭婦人爲祖姑作尸也周禮坐尸嫌婦人或異故明之也若平常吉祭則共以男子一人爲尸主於夫故設同几而已手拜手至地婦人爲尸或答拜時但肅拜而不手拜也爲喪主則不手拜者婦人若有喪而不爲主則手拜也若爲夫及長子喪主則稽顙不手拜注云手拜手至地者

0012_0553-2

手拜之拜但以手至地則周禮空首鄭注周禮空首拜頭至手此云手至不同者此手拜之法先以手至地而後至手故兩注不同其實一也云婦以肅拜爲正者言肅拜是婦人之常昏禮拜扱地以其新來爲婦盡禮於姑故也左傳穆嬴頓首於宣子之門有求於宣子非禮之正也云凶事乃拜耳者言婦人除爲喪主其餘經喪事乃有手拜耳鄭如然者以經云爲主則不手拜明不爲喪主則手拜故凶事乃有手拜耳或曰喪爲主則不拜肅拜也者鄭更引或解之辭云爲主不作手拜但爲肅拜與前爲夫爲

儀禮十二 五四

0012_0554-1

子稽顙義相非也。少儀

○非爲人喪問與賜與上減脫未聞其首云何。疏曰注云上減脫未聞其首云何此語接上之與語助也豈非爲人有喪而問遺人之有喪而具與之與乎歟則問則賜故云與賜與

三年之喪以其喪拜非三年之喪以吉拜謂受問受賜者也稽而後拜曰喪拜拜而稽顙曰吉拜。雜記

○孔子曰拜而后稽顙頹乎其順也稽顙而後拜頎乎其至也

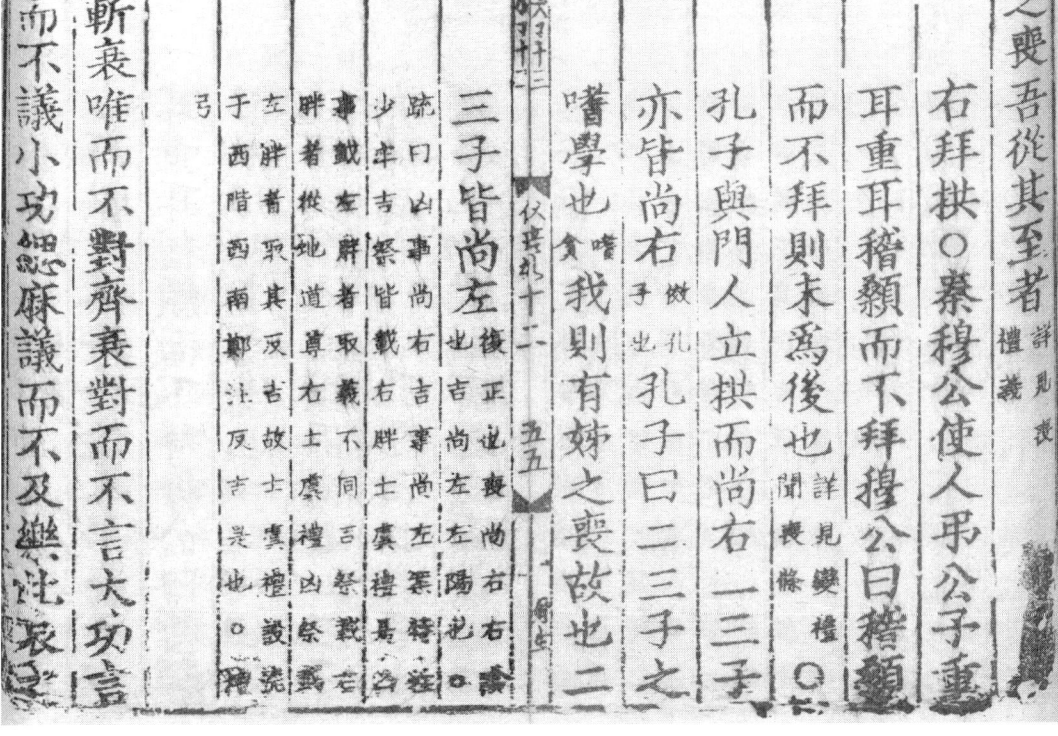

之喪吾從其至者詳見設禮義
右拜拱○秦穆公使人弔公子重
耳重耳稽顙而不拜穆公曰稽顙
而不拜則未爲後也詳見變禮聞喪條○孔
孔子與門人立拱而尚右二三子
亦皆尚右做孔子也孔子曰二三子之
嗜學也嗜貪我則有姊之喪故也二
三子皆尚左後正也喪尚右右陰也吉尚左左陽也○
疏曰凶事尚右吉事尚左案特牲少牢吉祭皆載右胖士虞禮是喪
事載左胖者取義不同吉祭載右胖者從地道尊右士虞禮凶祭載
左胖者取其反吉故士虞禮設洗于西階西南鄭注反吉是也○檀
弓
斬衰唯而不對齊衰對而不言大功言
而不議小功緦麻議而不及樂此哀之

發於言語者也齊音咨○議謂陳説非時事也○疏曰斬衰唯
而不對者鄭氏以爲親始死但唯而已不以言對案雜記云三年之喪對而不
問爲在喪稍久故對也大功言而不議者大功稍輕得言他事而不議論時事
之是非雜記云三年之喪言而不語彼謂言己事故鄭彼注云言言己事也爲
人説爲語與此言異也○閒傳○三年之喪言而不語
對而不問言言己事也爲人説爲語○疏曰二年之喪言而不語者
謂大夫士言而後事行者故得言己事不得爲人語説也對而不問者謂有問
者得對而不得自問於人此謂與有服之親若行事之時若與賓客疏遠者言
則閒傳云斬衰唯而不對齊衰對而不言是也○雜記○父母之
喪寢苫枕凷非喪事不言既葬與人立
君言王事不言國事大夫士言公事不
言家事既練君謀國政大夫謀家事此當
禮也○疏曰此一經明居喪常禮既葬與人立者未葬不與人並立既葬後可
與人並立也猶不羣立耳君諸侯也謂天子也既可而立則諸侯可得言於

0012_0556-2

乎之事而猶不自私言己國事也公君也大夫士葬後亦得言君事而未可言私事也庾氏云案曾子問三年之喪練不羣立不旅行此言既葬而與人立得爲常禮者鄭以下經君既葬王政入於國既卒哭而服王事是權禮故以此經不言國事及不言家事大判爲常禮也且曾子問據無事之時故不羣立不旅行此有事須言故與人立也○喪大記

○言容繭繭詳見容貌章

○居喪不言樂○非其時也曲禮

○子張問曰書云高宗三年不言言乃讙有諸時人

0012_0557-1

君無行三年之喪禮者問有此與怪之之讙喜說也言乃喜說則臣民望其言之

仲尼曰胡爲其不然也古者天子崩王世子聽於冢宰三年冢宰天官卿貳王事者三年之喪使之聽朝○疏曰此一節論世子遭喪冢宰聽政之事言乃讙者尚書無逸云言乃雍雍讙字相近義得兩通故鄭隨而解之○檀弓

○三年之喪君不言書云高宗諒闇三年不言此之謂也然而曰言不文者謂臣下也孝經

0012_0557-2

謂曰言不文者指士民也○喪服四制

○百官備百物具不言而事行者扶而起言而后事行者杖而起身自執事而后行者面垢而已疏曰不言而事行者此謂王侯也喪具備事委任百官不假自言而事得行故許子病深有扶病之杖亦不能起故又須人扶乃起也言而后事行者此謂大夫士既無百官百物須己言而後喪事乃行故不許亟病所以杖而起不用扶也身自執事謂無人卑無人可使但身自執事不可許病故有杖而不得用但使面有塵垢之容而已○同上

0012_0558-1

○子夏問於孔子曰居君之母與妻之喪如之何孔子曰居處言語飲食衎爾於喪所則稱其服而已家語

右言語

斬衰菅屨杖而歠粥者志不在於飲食喪大記

○歠粥朝一溢米夕一溢米既虞

食水飲既練始食菜果飯素食詳見喪服

衰○斬衰三日不食

功三不食小功緦麻再不食士與斂

焉則一不食故父母之喪既殯食粥朝

一溢米莫一溢米齊衰之喪疏食水飲

不食菜果大功之喪不食醯醬小功緦

麻不飲醴酒此哀之發於飲食者也父

母之喪既虞卒哭疏食水飲不食菜果

期而小祥食菜果又期而大祥有醯醬

中月而禫禫而飲醴酒始飲酒者先飲

醴酒始食肉者先食乾肉與音預斂力驗反粥之六

反溢音逸莫音暮食音嗣醯本亦作醓

呼反醴音禮期音基中月如字徐丁

感反禫大感反○先飲醴酒食乾肉者

不忍發御厚味○疏曰斬衰三日不食

者三日之內孝經云三日而食者謂

之外乃食也齊衰二日不食者皆

云謂正服齊衰也喪大記云三不食

醬是義服齊衰小功緦麻再不食者

喪大記云互不食再不食則壹不食謂

緦麻再不食謂小功也與此不同者蓋

所聞異也父母之喪既虞卒哭者此明

父母終喪所食之節也又期而大祥有

醯醬者謂至大祥之節食醯醬則小祥

食菜果之時但用鹽酪也若不能食者

喪祥食菜果之時得用醯醬也故喪大

記云小祥食菜果以醯醬中月而禫禫

而飲醴酒又云食肉者先食乾肉喪大

記云祥而食肉者所聞異也注云者以

醴酒味薄乾肉又澀所以先食之者以

喪服除孝子不忍發初御醇厚之味故

醴酒食乾也○間傳○三日而食詳見[illegible]條○功

衰食菜果飲水漿無鹽酪不能食食鹽

酪可也酪音洛食食上如字下音嗣○功衰齊斬之末也酪酢截○雜

記○周禮膳夫王日一舉殺牲盛饌曰舉王日一舉

以朝食也后與王同庖○疏曰以朝食也者一日食有三時同食一舉大

喪則不舉疏曰臣子一皆爲王喪毁粥故大喪不舉也○天官○

君之喪子大夫公子衆士皆三日不食

0012_0560-2

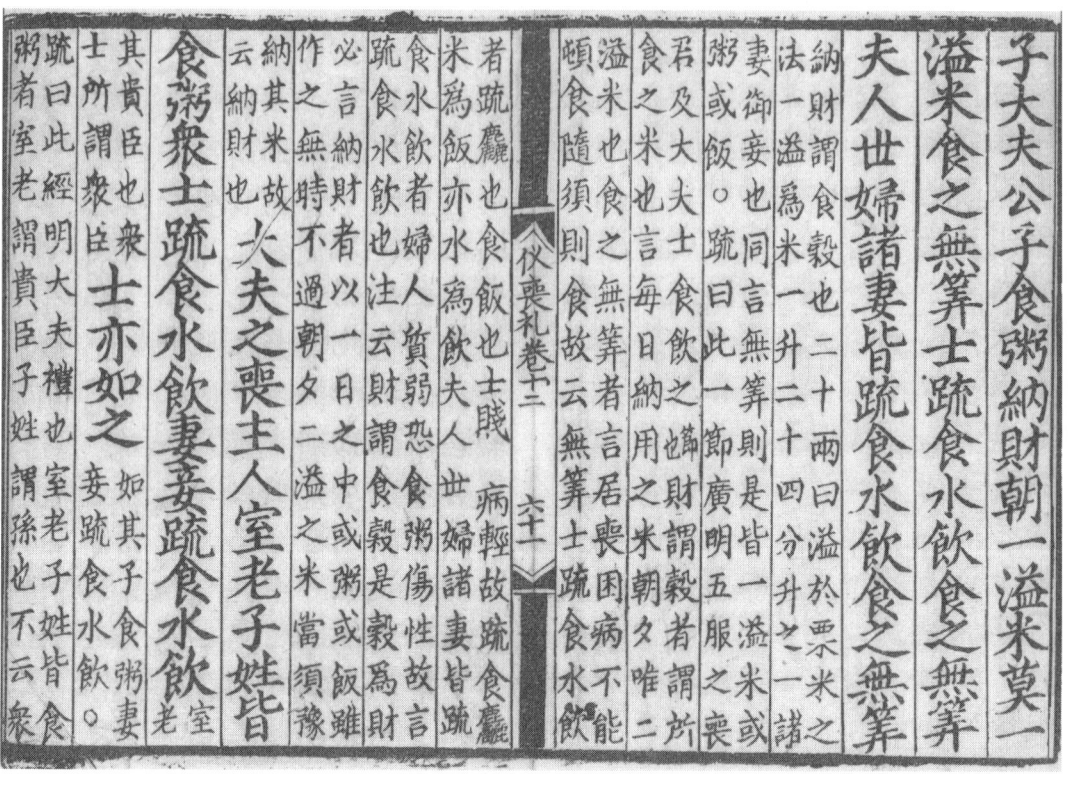

子大夫公子食粥納財朝一溢米莫一溢米食之無筭士疏食水飲食之無筭夫人世婦諸妻皆疏食水飲食之無筭納財謂食穀也二十兩曰溢於粟米之法一溢爲米一升二十四分升之一諸妻御妾也同言無筭則是皆一溢米或粥或飯。疏曰此一節廣明五服之喪君及大夫士食飲之節財謂穀者謂所食之米也言每日納用之米朝夕唯二溢米也食之無筭者言居喪困病不能頓食隨須則食故云無筭士疏食水飲

儀喪礼卷十二　六十二

0012_0561-1

者疏麤也食飯也士賤病輕故疏食麤米爲飯亦水爲飲夫人世婦諸妻皆疏食水飲者婦人質弱恐食粥傷性故言疏食水飲也注云財謂食穀是穀爲財必言納財者以一日之中或粥或飯雖作之無時不過朝夕二溢之米當須豫納其米故云納財也大夫之喪主人室老子姓皆食粥衆士疏食水飲妻妾疏食水飲室老其貴臣也衆士所謂衆臣士亦如之如其子食粥妻妾疏食水飲。疏曰此經明大夫禮也室老子姓皆食粥者室老謂貴臣子姓謂孫也不云衆

0012_0561-2

子者主人中兼之衆士疏食者謂非室老也案喪服傳云卿大夫室老士貴臣其餘皆衆臣鄭注云士邑宰此不云者邑宰雖貴以其遠於君與衆臣同案檀弓主人主婦歠粥此夫人世婦妻皆疏食者熊氏云檀弓云主婦謂女主故食粥也既葬主人疏食水飲不食菜果婦人亦如之君大夫士一也練而食菜果祥而食肉果瓜桃之屬。疏曰此一節明既葬至練祥君大夫士之食節也主人疏食水飲者熊氏云既葬食粥哀殺可以疏食不復用一溢米也食粥

儀喪禮卷十二　六十三

0012_0562-1

於盛不盥食於篹者盥食菜以醯醬始食肉者先食乾肉始飲酒者先飲醴酒盥古緩反篹本又作匴又作篹悉緩反又蘇管反。盛謂今時杯杅也篹竹筥也歠者不盥手飯者盥篹或作籑。疏曰食粥於盛不盥者以其歠粥不用手故不盥食於篹者盥者篹謂竹筥飯盛於篹以手就篹取飯故盥也食菜以醯醬者謂練而食菜果者食之時以醯醬也始食肉者先食乾肉始飲酒者先飲酒醴文承既祥之下謂祥後也期之喪三不食食疏食

0012_0562-2

飲不食…三月既葬食肉飲酒…
…不…肉不飲酒父在爲母爲妻九
月之喪食飲猶期之喪也食肉飲酒不
與人樂之 期音基爲于僞反與音預 ○食肉飲酒亦謂既葬
疏曰請之喪三不食者謂大夫士父母之喪三不食者謂義服也其正服則二
日不食也故閒傳云齊衰二日不食 月之喪食飲猶期之喪也者謂…
也
五月三月之喪壹不食再不食可也

大十八 小八分 喪禮十二 之三

0012_0563-1

比葬食肉飲酒不與人樂之叔母世母
故主宗子食肉飲酒 比必利反○疏曰… 恩輕也故主謂…
君也言故主者關大夫及君也 不能食粥羹之以菜可
謂性不能者可食飯菜羹 有疾食肉飲酒可也
衰縗 五十不成喪 成猶備也所不能備謂不致毀不散送之屬也
七十唯衰麻在身 言其餘皆無飲食與吉時同也○疏曰此
一經明五月三月喪食之節壹不食再 縗麻再不食謂小功緦言之也…

0012_0563-2

之經…再不食義服小功壹不食 以壹不食再不食再不食結之故閒傳云小功
緦麻再不食猶降者也○喪大記 ○居喪之禮頭有創
則沐身有瘍則浴有疾則飲酒食肉疾
止復初不勝喪乃比於不慈不孝 創初良反
又初亮反瘍音羊本或作痒勝音升 五十不致毀六十不
毀七十唯衰麻在身飲酒食肉處於內
疏曰不勝喪謂疾不食酒肉創瘍不沐浴而滅性者也不留身繼世是不孝也

大廿四 小廿七 儀禮記十二 之四

0012_0564-1

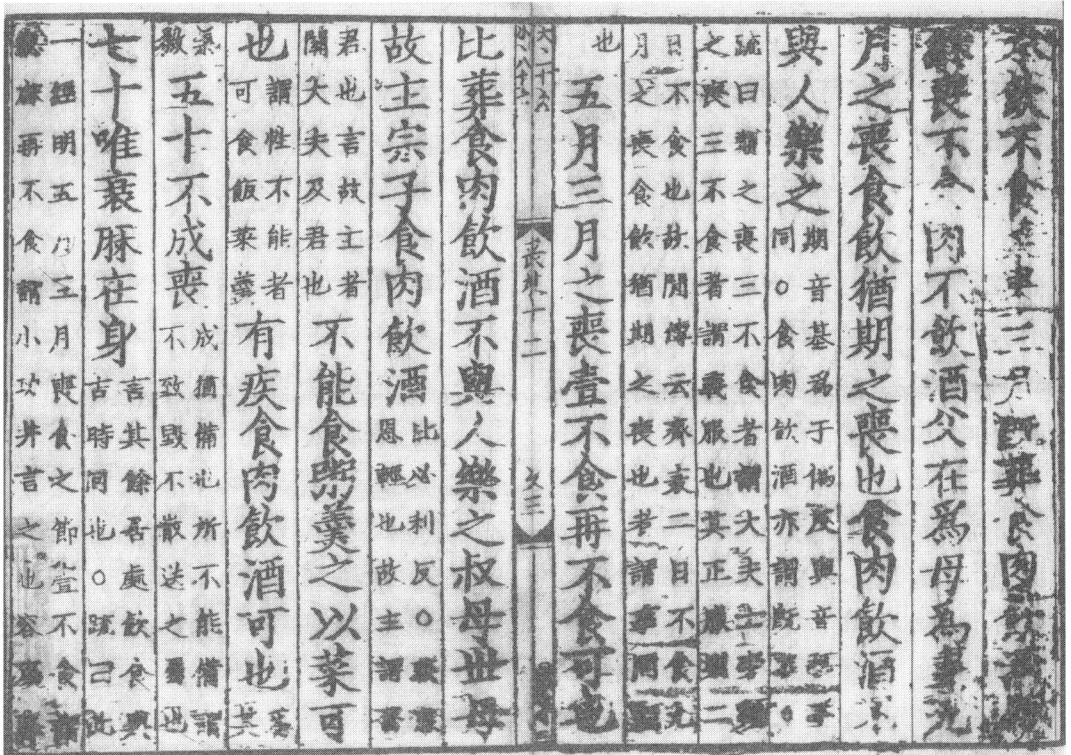

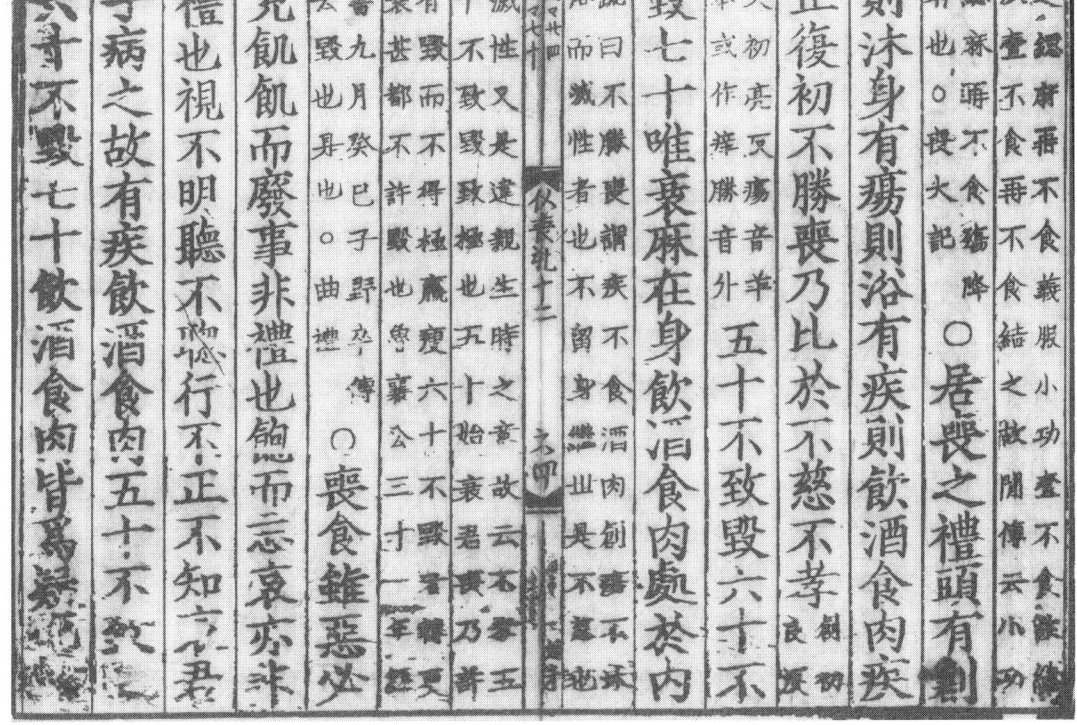

滅性又是違親生時之意故云不孝五十不致毀致極也五十始衰君…乃許
有毀而不得極羸瘦六十不毀…衰甚都不許毀也魯襄公三十一年經
書九月癸巳子野卒傳云毀也身也○曲禮 ○喪食雖惡必
充飢飢而廢事非禮也飽而忘哀亦非
禮也視不明聽不聰行不正不知哀君
子病之故有疾飲酒食肉五十不致
毀六十不毀七十飲酒食肉皆爲…

0012_0564-2

憂也。疑猶恐也。○雜記 ○曾子曰：喪有疾，食肉飲酒，必有草木之滋焉。滋音咨。○增以香味，爲其疾不嗜食。以爲薑桂之謂也。薑，居良反。○曾子言云草木之滋者，謂薑桂。○檀弓 ○既葬，若君食之則食之，大夫父之友食之則食之矣，不辟粱肉，若有酒醴則辭。食音嗣，下同。辟音避。粱音良。○尊者之前可以食美也，變於顏色亦可。○疏曰：此一經明己有喪，既葬，尊賜食之禮。葬後情殺，可從尊者奪也。

0012_0565-1

之謂君食臣也。大夫謂大夫食士。友謂父同志者也。其人並尊，若命子則可從之食也。不辟粱肉者，粱也。雖以粱米之飯及肉命食，尊子若有酒醴則辭者，若酒醴飲之則顏色，故辭而不飲也。○喪大記 張人召之食，不往。大功以下既葬，人食之，其黨也食之，非其黨弗食。見食則可食也，爲食而往則不。黨猶親也。非親而食，則食於人無厭也。只夫親族不多，食則其食有數。非親而食，則無厭限數，必言。

0012_0565-2

○雜記 ○三年之喪，如或遺之酒肉，則受之，必三辭，主人衰絰而受之。遺，于季反。○受之必正服，明不苟於滋味。○疏曰：如或遺之酒肉至主人衰絰而受之者，雖受之猶不得食也。尊者食之，乃得食肉，猶不得飲酒，故喪大記云：既葬，若君食之則食之，大夫父之友食之則食之矣，不辟粱肉，若有酒醴則辭是也。如君命，則不敢辭，受而薦之。薦於廟，貴君之禮。喪者不遺人，人遺之，雖酒肉受也。從父昆弟以

0012_0566-1

下，既卒哭，遺人可也。言齊斬之喪重，志不在施惠於人。○同上 ○視君之母與妻比之兄弟，發諸顏色者，亦不飲食也。疏曰：視，比也。謂比視君之母與君之妻，輕重之宜比於己之兄弟，若其酒食不發見於顏色，則得飲食之，若發見於顏色者，亦不得飲食也。○同上 ○君之母與妻之喪，飲食衎爾。詳見前言語條。

右飲食 ○曾子謂子思曰：伋，吾執

0012_0566-2

親之喪也水漿不入於口者七日伋音急漿子良反○言已以疾時禮而不如子思曰先王之制禮也過之者俯而就之不至焉者跂而及之故君子之執親之喪也水漿不入於口者三日杖而后能起俯音甫跂丘豉反○爲曾子言難繼以禮抑之○疏曰曾子謂子思巳居親之喪水漿不入於口七日意疾時人行

儀喪禮卷十二　六七

0012_0567-1

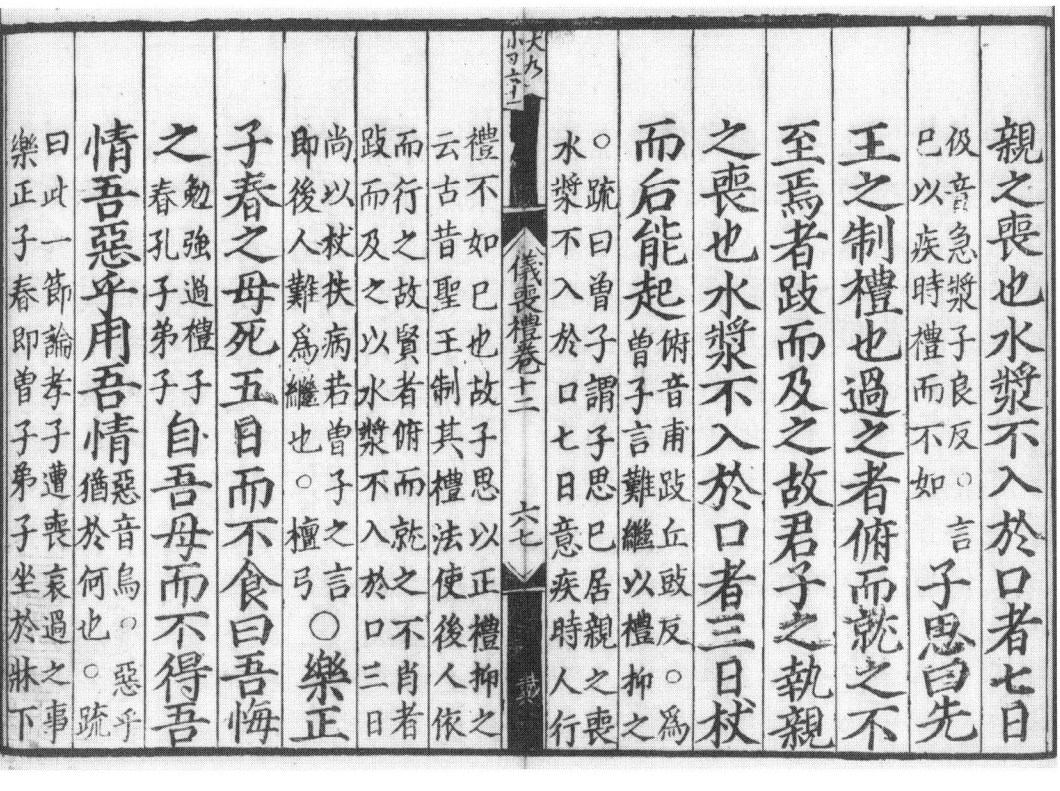

禮不如巳也故子思以正禮抑之云古昔聖王制其禮法使後人依而行之故賢者俯而就之不肖者跂而及之以水漿不入於口三日尚以杖扶病若曾子之言即後人難爲繼也○檀弓○樂正子春之母死五日而不食曰吾悔之勉強過禮子春孔子弟子自吾母而不得吾情吾惡乎用吾情惡音烏○惡乎猶於何也○疏曰此一節論孝子遭喪哀過之事樂正子春即曾子弟子坐於牀下

0012_0567-2

者是也禮三日其五日過二日曰吾悔之者悔其不以實情勉強而至五日自我母死而不得用吾之實情而矯詐勉強爲之更於何處用吾之實情乎○同上○悼公之喪季昭子問於孟敬子曰爲君何食悼公魯哀公之子昭子康子之曾孫名強敬子武伯之子名捷敬子曰食粥天下之達禮也吾三臣者之不能居公室也四方莫不聞矣言鄰國皆

儀喪禮卷十二　六十八

0012_0568-1

知吾等不能居公室以臣禮事君也三臣仲孫叔孫季孫氏勉而爲瘠則吾能毋乃使人疑夫不以情居瘠者乎哉我則食食瘠在益反夫音扶食食上如字下音嗣○傷時不盡忠喪又不盡禮非也孔子曰喪事不敢不勉○同上

宮正大喪則授廬舍辨其親疏貴賤之位詳見喪大記○射人作卿大夫掌事比其

0012_0568-2

廬不敬者苛罰之苛謂詰問之○疏曰作卿大夫掌事者謂王臣宜各有職掌比其廬者謂若宮正所云親者貴者居廬當比其本服親踈及貴賤○哭皆於其次小記○詳見哭踊條○居倚廬寢苫枕塊既虞翦屏柱楣寢有席既練舍外寢詳見喪服斬衰傳○童子不廬詳見哭踊條○父母之喪居倚廬寢苫枕塊不說經帶齊衰之喪居堊室芐翦不納大功

0012_0569-1

之喪寢有席小功緦麻牀可也此哀之發於居處者也父母之喪既虞卒哭柱楣翦屏芐翦不納期而小祥居堊室寢有席又期而大祥居復寢中月而禫禫而牀倚於綺反寢本亦作寑七審反苫始占反枕之鴆反塊苦對反又苦怪反說吐活反芐戶嫁反蒲苹也翦子淺反牀徐士良反柱知矩反一音張駐反楣音眉復音伏期音基中如字徐丁仲反禫大感反○疏曰此居處之異也

0012_0569-2

下翦不納者芐爲蒲苹爲席翦頭爲之不編納其頭而藏於內也斬衰居倚廬齊衰居堊室論其正耳亦有斬衰不居倚廬者則雜記云大夫居廬士居堊室是士服斬衰而居堊室也亦有齊衰之喪不居堊室者喪服小記云父不爲衆子次於外注云自若居寢是也○閒傳○三年之喪廬堊室之中不與人坐焉在堊室之中非時見乎母也不入門堊烏各反字亦作惡同見賢遍反注同○在堊室之中以時事見乎母乃後入門則居廬時不入門疏衰皆居

0012_0570-1

堊室不廬廬嚴者也言廬哀敬之處非有其實則不居○疏曰廬堊室之中不與人坐者案喪大記云練居堊室不與人居居即坐也與此同○雜記○父母之喪居倚廬不塗寢苫枕凷非喪事不言君爲廬宮之大夫士襢之凷苦內反襢章善反○宮謂圍障之也襢袒也謂不障既葬柱楣塗廬不於顯者君大夫士皆宮之不於顯者不塗見面○見賢遍反○疏曰既葬柱楣者既葬情殺故柱楣稍舉

0012_0570-2

戒納日光又以泥塗翦屏不於顯處言塗廬不塗廬外顯處君大夫士皆一塗

者以大夫士故稱皆宮之既凡非適子者自未葬

以於隱者爲廬適丁歷反○不欲人屬自蓋廬於東南角既祔

矣然○屬音燭○疏曰凡非適子謂庶子也既非喪主不欲人所屬目故於東

南角隱映爲廬經雖云未葬矣實葬竟亦然也○喪大記○既練

居堊室不與人居既祥黝堊黝於糾反堊烏路反

又烏各反注同○黝堊堊室之飾也地謂之黝牆謂之堊○疏曰不與人居者

儀喪禮十二　七二

0012_0571-1

謂在堊室之中猶不與人居也既祥黝堊者祥大祥也黝黑也平治其地令黑

也堊白也新塗堊於牆壁令白稍飾故也禫而從御吉祭而

復寢復扶又反○從御御婦人也復寢不復宿殯宮也期居廬

終喪不御於內者父在爲母爲妻齊衰

期者大功布衰九月者皆三月不御於

內爲母爲妻并于僞反○疏曰此釋禫節禫時從御御婦人於內也吉祭而

復寢者謂禫終之後同月之內值吉祭是節行吉祭訖而後復寢若不當四時

0012_0571-2

書祭則踰月吉祭乃復寢案閒傳既祥復寢不同者彼謂不復宿中門外復於

殯宮之寢此吉祭後不復宿殯宮寢於平常之寢文雖同義別婦人不

居廬不寢苫喪父母既練而歸期九月

者既葬而歸歸謂歸夫家也○疏曰女子出嫁爲祖父母及兄弟

爲父後者皆期九月謂本是期而降在大功者案喪服女子爲父母卒哭折笄

首注云卒哭喪之大事畢可以歸於夫家此云既練歸不同者熊氏云喪服注

云卒哭可以歸是可以歸之節其實歸時在練後也公之喪大夫

大四十二　小三十五　儀喪禮十二　七二

0012_0572-1

俟練士卒哭而歸此公公士大夫有地者也其大夫士歸者

謂素在君所食都邑之臣○疏曰公之喪者臣下呼此有地大夫之君爲公故

云公之喪知此公是公士大夫有地者以其臣大夫待練士待卒哭故知非正

君若正君案雜記大夫次於公館以終喪士練而歸彼謂正君與此殊故知此

正君云其大夫士歸者謂素在君所食都邑之臣者皇氏云案先也君所食都

邑謂公大夫之君采地言公士大夫祥朝廷而死此臣先在其君所食之采邑

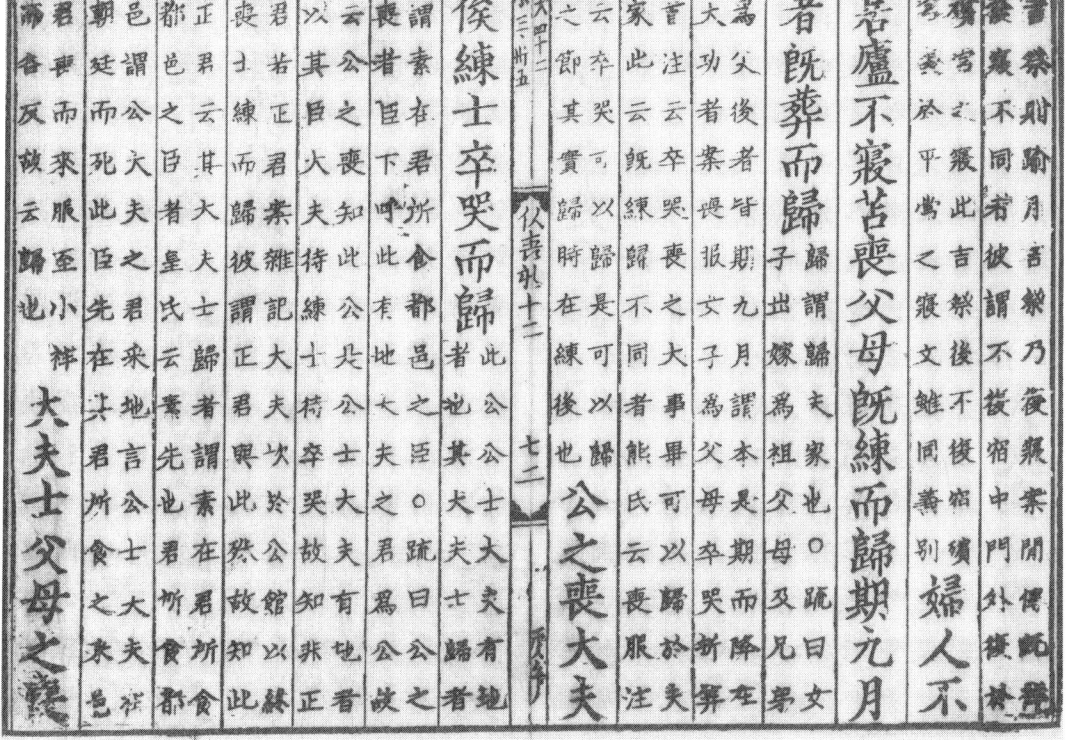

君喪而來服至小祥而舍反故云歸也大夫士父母之喪

0012_0572-2

既練而歸朔月忌日則歸哭于宗室諸父兄弟之喪既卒哭而歸歸謂歸其宮也忌日死日也宗室宗子之家謂殯宮也禮命士以上父子異宮○疏曰此明庶子遭喪歸家之節大夫士謂庶子為大夫士也禮命士以上父子異宮故大夫士有父母之喪至小祥各歸其宮也若適子於喪在殯宮也練月朔望也忌日死日也宗室適子家殯宮也庶子練各歸至忌日及朔望則歸殯宮也諸父諸兄弟並期為輕故至卒哭而各歸賀氏云此弟謂適弟則庶兄為之次云至卒哭乃歸

0012_0573-1

也下云兄不次於弟謂庶弟也父不次於子兄不次於弟謂不就其殯宮為次而居○同上○父不為衆子次於外於庶子略自若居寢○疏曰衆子庶子次謂中門外次也庶子賤略之故父不為之次自若常居於寢也長子則次於外為與次也○喪服小記○大夫次於公館以終喪士練而歸士次於公館大夫居廬士居堊室公館公宮之舍也練而歸之士謂邑宰也練而猶處公館朝廷之士亦如大夫三年無歸大夫

0012_0573-2

居廬謂未練時也士居堊室亦謂邑宰也朝廷之士亦居廬○疏曰大夫恩深祿重故為君喪居廬終喪乃還家也士練而歸謂邑宰之士也士卑恩輕故至小祥而反其所治邑也士次於公館者此謂朝廷之士雖輕而無邑事故亦留次公館三年也大夫位尊恩重故居廬士位卑恩輕故居堊室案閒傳云斬衰之喪居倚廬既練居堊室此經云大夫居廬明未練時也士未練之前亦當居廬此經云士居堊室亦謂邑宰之上士降於大夫故也若朝廷之士俱服斬衰其未練之前亦居廬也然周禮宮正注云親者貴者居廬疏者賤者居堊室司

0012_0574-1

此雜記云大夫居廬士居堊室則是大夫以上定居廬士以下居堊室此云朝廷之士亦居廬是也若與王無親身又是士則居堊室則此經士居堊室是也故鄭於宮正之注云此士居堊室謂賤者居堊室也若與王親雖疏但是貴者則亦居廬也庾氏熊氏並為此說熊氏或說云若天子則大夫居廬士居堊室則雜記言是也若諸侯則朝廷大夫士皆居廬也邑宰之士居堊室宮正之注是也此義得兩通故並存焉○雜記○有憂者側席而坐側猶特也憂不在接人不布他面席有喪者專席而坐降者

0012_0574-2

動也尊猶尊也○疏曰事亦謂[illegible]
也衛猶獨也獨者謂獨坐不當位[illegible]
明憂不在接人故也案雜記云[illegible]
公側受醴是側猶特也尊者尊卑[illegible]
實設有室居之禮若父母[illegible]
廬卒哭後乃有寢不納自[illegible]
疾而有帶並不重○夫晝居於內問
降君處也○曲禮
其疾可也夜居於外弔之可也[illegible]
是故君子非有大故不宿於外[illegible]
非致齊也非疾也不晝夜居於內[illegible]

喪禮十二　十七

0012_0575-1

有○疏曰平常無事之時或出[illegible]
寢是於外有喪入內時雖夜居於內[illegible]
有疾於時無事有疾無問晝夜[illegible]
於內故云非致齊也非疾也不晝[illegible]
於內齊云內至寢之中恐內是燕[illegible]
云正寢也常以正寢者以其經云[illegible]
致齊不齊於內必在正寢疾則或[illegible]
不在於正寢○檀弓○
居君之母與妻之喪居處衎爾詳見[illegible]

右居處

居喪之禮升降不由阼階出入不當門[illegible]

0012_0575-2

隧常若親存隧道也○曲禮○齊衰不以邊坐大功
不以服勤爲褻裘服邊偏倚也○疏曰邊坐則大功可也大功不勤
則齊衰固不可而小功可也○檀弓○居喪未葬讀喪禮
既葬讀祭禮喪復常讀樂章爲禮各於其時○疏
曰居喪者居父母之喪也喪禮謂朝夕奠下室朔望奠殯宮及葬等禮也此禮
皆未葬以前既葬讀祭禮者祭禮虞卒哭祔小祥大祥之禮也復常謂大祥除
服之後也樂章謂樂書之篇章謂詩也禫而後吉祭故知禫後宜讀之此上三

伙喪禮十二　七十六　鄭志郝

0012_0576-1

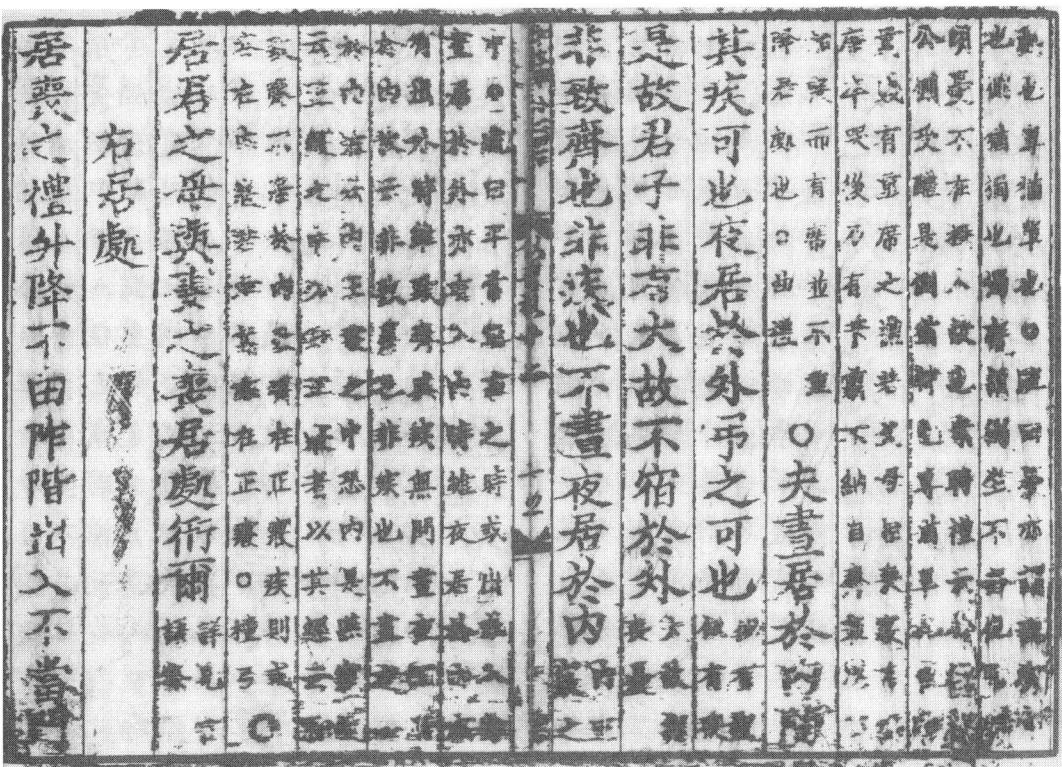

節事須預習故皆許讀之○曲禮○大功廢業或曰大
功誦可也許其口習故也○疏曰業謂所學習業學業則身有外營
思慮他事恐其忘哀故廢業也誦則在身所爲其事稍靜不慮忘哀故許其口
習言或曰者以其事疑故稱或曰然錄記之人必當明禮應事無疑使後世作
法今撿禮記多有不定之辭仲尼門徒親承聖旨子游裼裘而弔曾子襲裘而
弔又小斂之奠或云東方或云西方同母異父昆弟魯人或云爲之齊衰或云
大功其作記之人多云蓋多云或曰皆無指的並非[illegible]以時經[illegible]之亂

0012_0576-2

衰晉之強國異家殊樂崩禮壞諸侯奢僭與法訛外作記之人隨後撰錄
書惡兼載得失備書記人所以不定止爲失禮者亦兼有或人之言也○檀弓
○男女非祭非喪不相授器祭嚴喪遽不嫌也○
疏曰以經云非祭非喪不相授器則是祭與喪時得相授器祭是嚴敬之處喪
是促遽之所於此之時不嫌男女有婚邪之意其相授則女受
以篚其無則皆坐奠之而后取之篚非鬼反
○奠停地也○內則○疏衰之喪既葬人請見之

0012_0577-1

則見不請見人小功請見人可也大功
不以執摯唯父母之喪不辟涕泣而見
人言重喪不行求見人舊人來求見已亦可以見之矣不辟涕泣言至哀無
飾也○疏曰小功輕可請見於人舊言亦功可則大功不可也此小功文承疏
喪既葬之下則此小功亦謂既葬也言見人者謂與人尋常相見不論執摯之
事故云父母之喪不辟涕泣而見人是尋常相見也而皇氏以爲見人謂執摯
相見若然父母之喪豈謂執摯見人乎皇氏則非也○雜記○既練

0012_0577-2

君謀國政大夫士謀家事練後漸輕故得自謀己國
家事也○喪大記○君既葬王政入於國既卒
哭而服王事大夫士既葬公政入於家
既卒哭弁經帶金革之事無辟也辟音避下
注猶辟司○此權禮也弁經帶者變喪服而弔服輕可以即事也○疏曰若值
國家有事孝子不得遵常禮故從權事此云既葬謂葬竟未卒哭也王政入於
國者謂王政令之事入於己國也既卒哭而服王事者謂身出爲王服金革之

0012_0578-1

事也大夫士既葬公政入於家者亦權事也謂國之政令入大夫之家也既卒哭
弁經帶金革之事無辟也者此謂服國事也弁經帶者弔服也言卒哭則有變
服今有事不得服己變服而服弔服以從金革之事無所辟也變服重弔服輕
故從戎便也此與君互也此言服弁經則國君亦弁經國君言服王事此亦服
國事也但君尊不言奪服耳然此云弁經帶弁經謂弔服帶謂喪服要經明雖
弔服而有要經異凡弔也○此權禮也者曾子問云金革之事無辟也者魯
公伯禽有爲爲之是權禮也○同上○庶人喪不貳事貳之

言二也庶人終事無二事不使從政也

喪大記曰大夫士旣葬公政入於家旣

卒哭弁絰帶金革之事無辟○疏曰貳

之言二也者上貳是副貳之貳下二是

二三之二喪不貳事者謂不爲兩事故

讀從二三之二也引喪大記以下者證

大夫士在喪有二事也○王制

○父之喪三年不從政

齊衰大功之喪三月不從政同上○三年

之喪祥而從政期之喪卒哭而從政九

月之喪旣葬而從政小功緦之喪旣殯

而從政以王制言之此謂庶人也從政從爲政者教令謂給繇役○疏

儀禮九十二　七九

曰王制云父母之喪三年不從政齊衰

大功三月不從政此云期之喪卒哭而

從政九月之喪旣葬而從政與王制不

同者此庶人依士禮卒哭與旣葬同三

月故王制省文總云三月也若大夫士

三年之喪期不從政是正禮也卒哭金

革之事無辟是權禮也○雜記

右動作○僖公九年公會齊侯宋

子衛侯鄭伯許男曹伯于葵丘宋

其稱子何也未葬之辭也禮柩在

堂上孤無外事今背殯而出會以

宋子爲無哀矣春秋穀梁傳○文公十

有六年秋八月辛未夫人姜氏薨

僖公夫人毁泉臺喪不貳事貳事

也喪事主哀而……是以喪爲緩○……

曰金革之事無辟也者……

儀禮九十二　八十

曰吾聞諸老聃曰昔者……

有爲爲之也詳見喪禮○子……

敗秦師于殽詳見變除○古者……

喪則君三年不呼其門已練……

弁冕服金革之事君使之非也臣

行之禮也閔子要絰而服事旣而

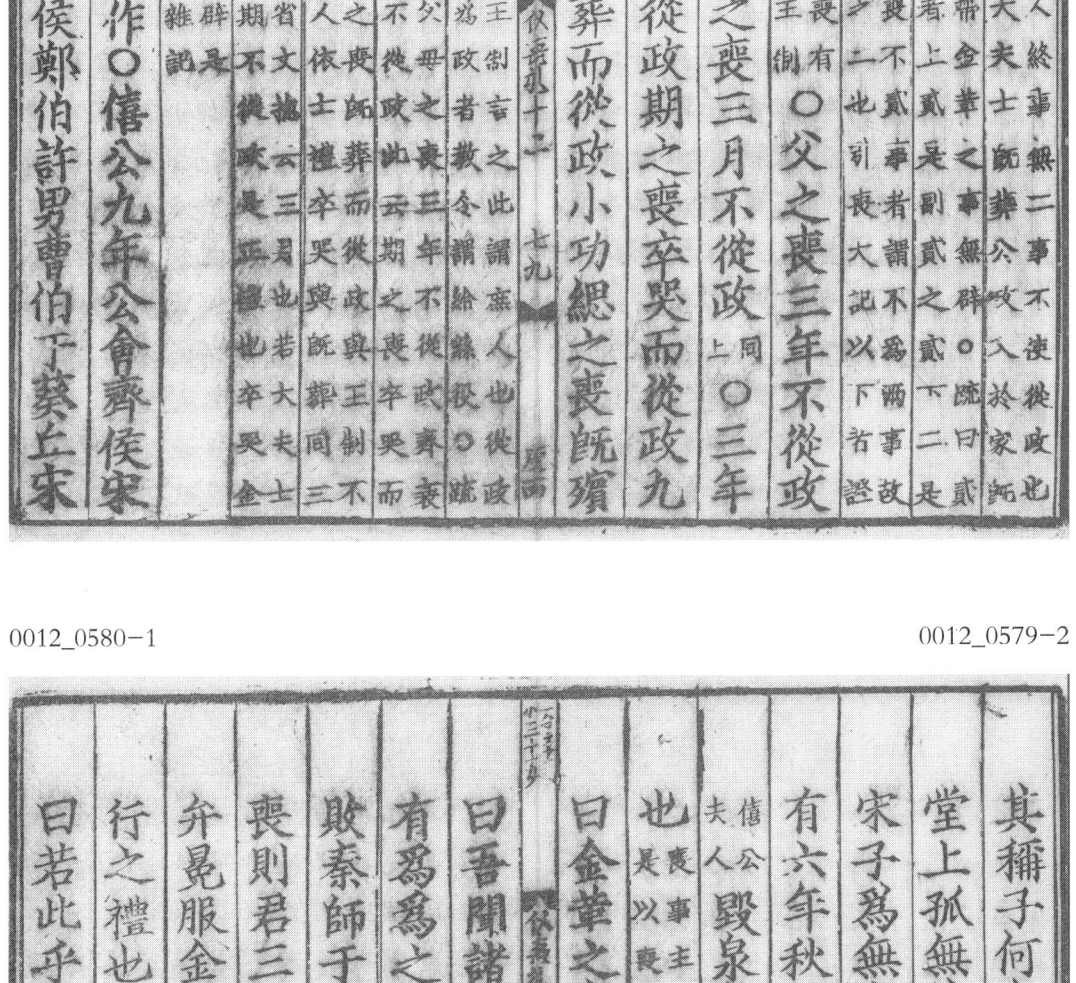

曰若此乎古之道不即人心退而

0012_0580-2

致仕孔子蓋善之也詳見樂[illegible]

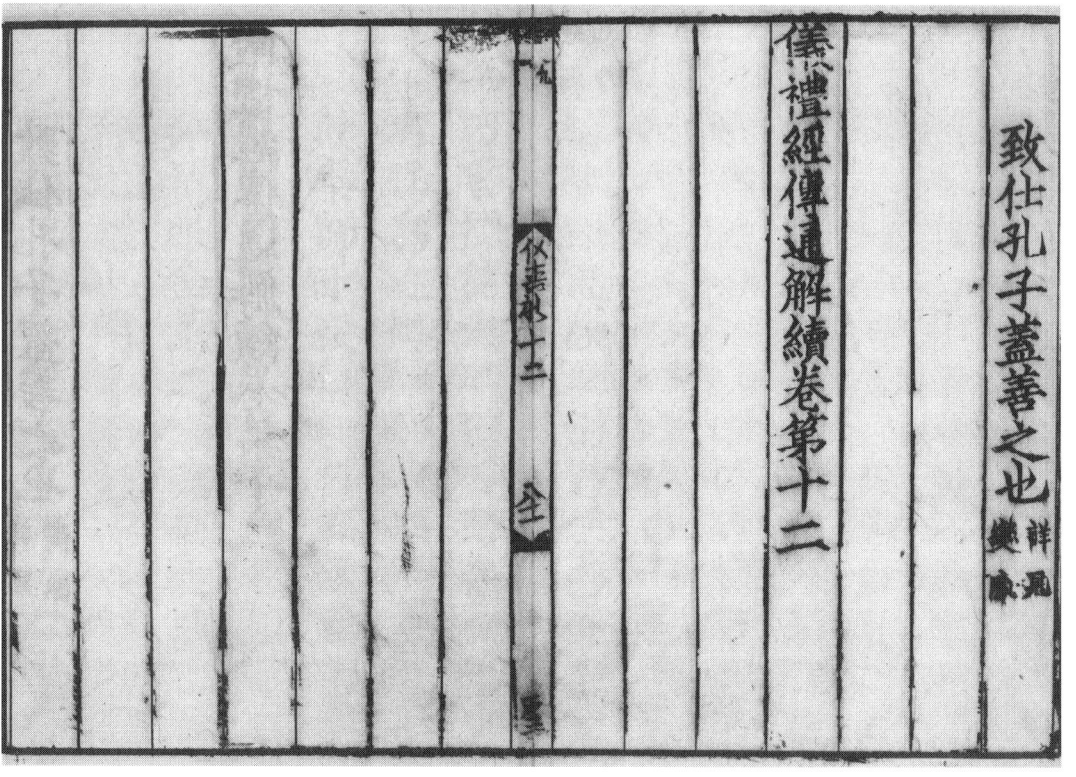

儀禮經傳通解續卷第十二

仪礼卷十二　　全

0012_0581-1

0013_0003-1　　0013_0002-2

喪禮

之禮始聞親喪以哭荅使者

故父哭盡哀 親父母也以哭荅使 驚怛之哀無辭也問

親喪所由也雖非父母 喪而哭其禮亦然也 遂行日行一

不以夜行 雖有哀戚猶辟害 之分別於昏明哭

仪書礼十三　一

不位 唯父母之喪見星而行見星

晨冒昏彌益促也言唯著異也○ 日行百里不以夜行唯父母之喪

而行別云唯父母 知以前兼五服也 若未得行則

治行 請以君命有爲者也成 行則行○疏曰此奉

事未了不可以己私 成服以俟君命則之代已

竟哭盡哀而止

而誓衆使次介假 去時親在今返

0013_0004-1　　0013_0003-2

辟 其 哭

哭曰下云 人功望門而哭則知可哀望

哭雖云斬衰 之齊衰亦然 至於家入門左升自

阼殯東西面坐哭盡哀括髮袒 括袒

飾也未成服者素委貌深衣已成 同自喪服矣○疏曰曲禮云爲人

升降不由阼階今父母新死未忍 子不忍當阼階故升自西也若尋

家始喪則笄纚至明日小斂尋 未成服者素委貌深衣者案曾

仪書礼十三　二

云婿親迎女在塗遭喪女改服 縞總女子之縞總似男子之素

布深 冠 降堂東即位西鄉哭成踊

在下○疏曰士喪禮小斂訖降 即位故知殯畢位在下小斂之

之前雖降在堂下但更升堂至 後則長在阼階少下故云既殯

襲經于序東絞帶反位拜賓成踊

衣已不於又哭乃經者發喪已 於是可也其未小斂而至與在

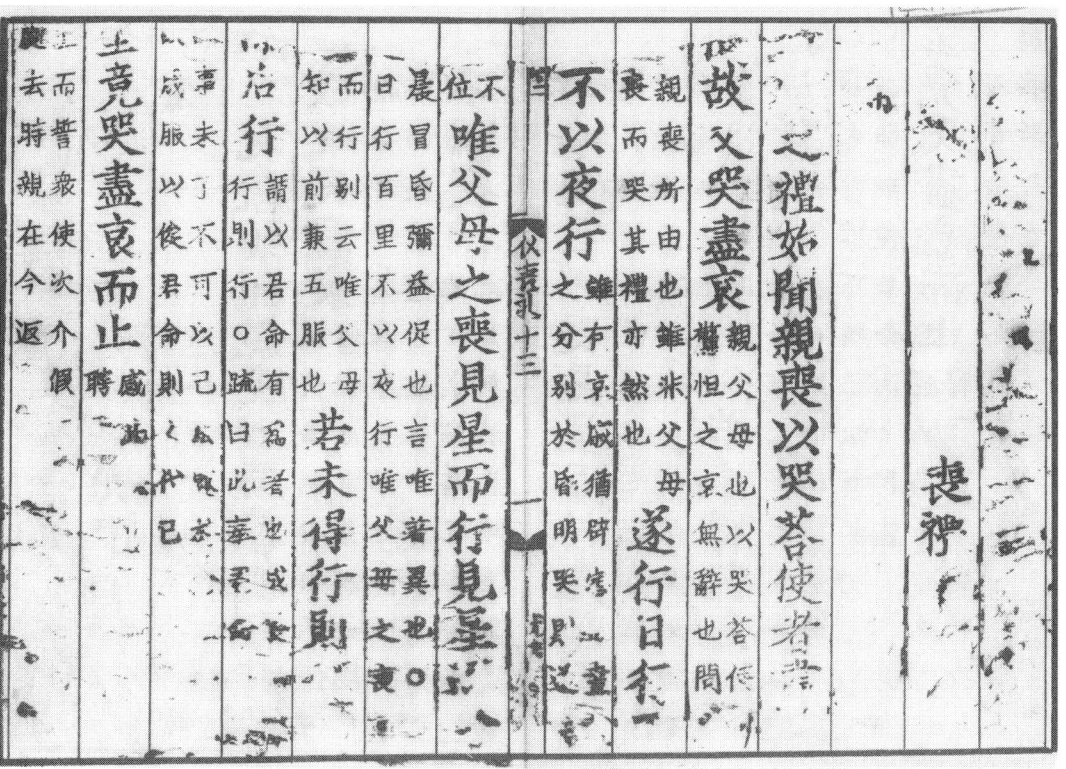

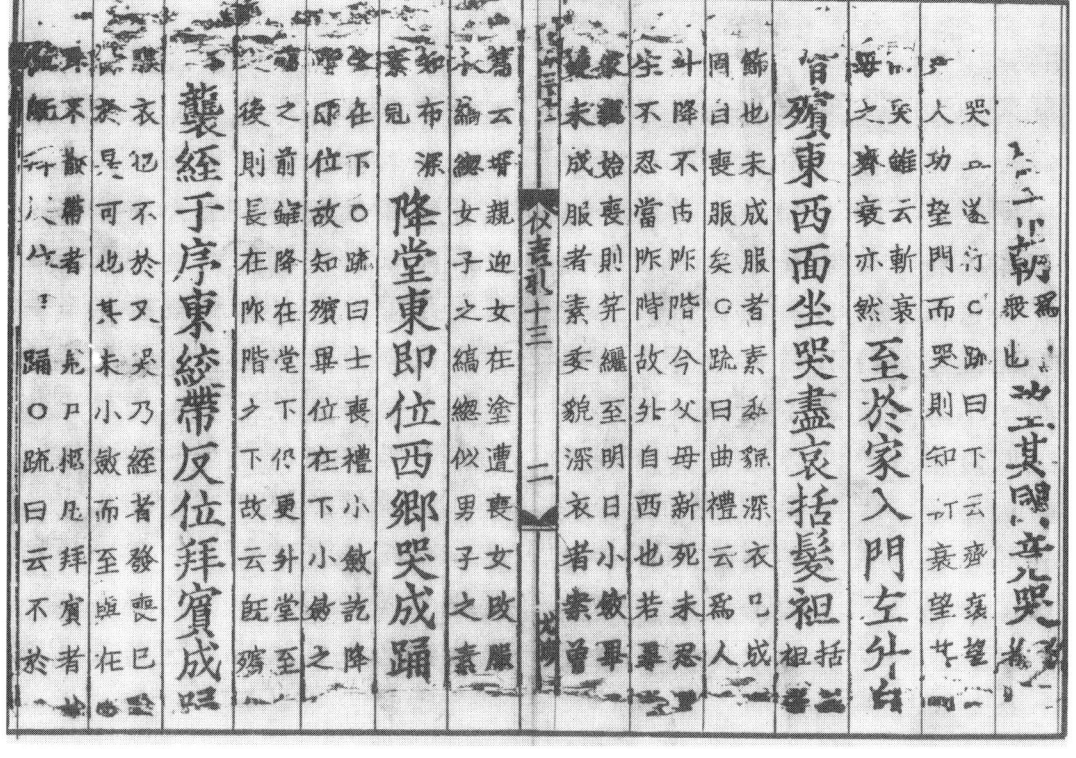

不散帶者尸拜賓者 踊○疏曰云不於

0013_0005-1　0013_0004-2

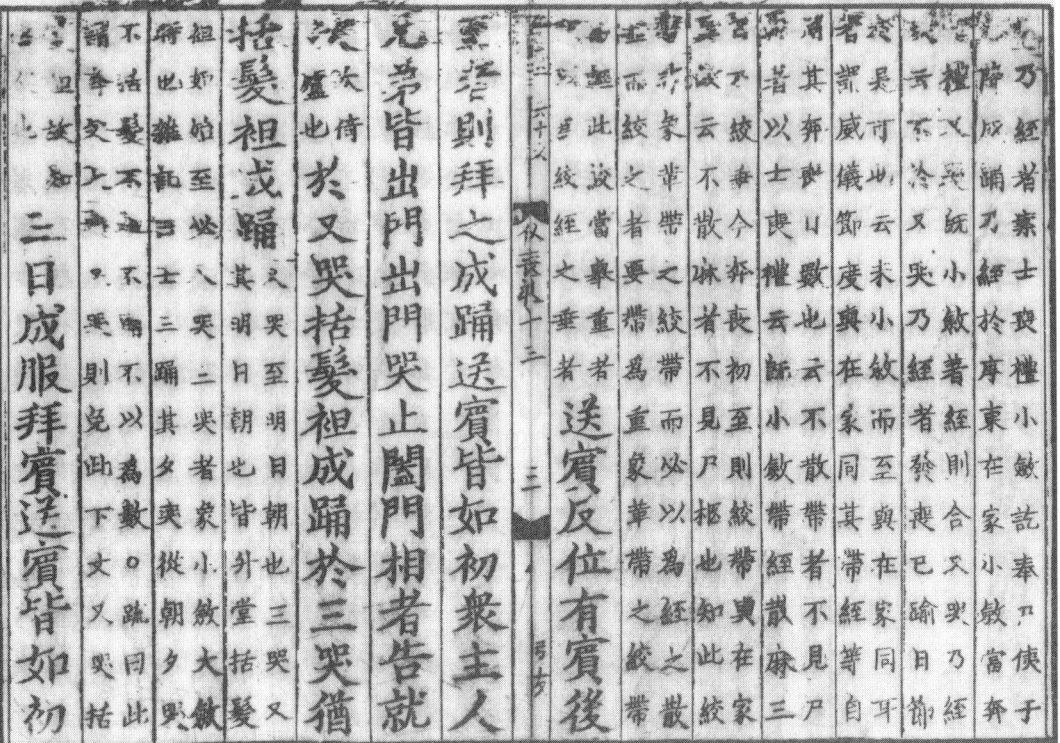

□乃經者案士喪禮小斂訖奉尸侇于□階反踊乃絰於序東在家小斂當奔□禮又哭絰小斂著絰則合又哭乃絰□云不冷又哭乃絰者發喪已踰日節於是可也云未小斂而至與在家同耳者謂威儀節度與在家同其帶絰等自尚其奔喪山數也云不散帶者不見尸□著以士喪禮云既小斂帶絰散麻三者不絞垂今奔喪初至則絞帶異在家垂散云不散麻者不見尸柩也知此絞帶者象革帶之絞帶而必以爲絰之散垂而絞之者要帶爲重象革帶之絞帶□經此說當與重者□以其絞絰之垂者

送賓反位有賓後

儀喪禮十三　三

至者則拜之成踊送賓皆如初衆主人兄弟皆出門出門哭止闔門相者告就次次侍廬也於又哭括髮袒成踊於三哭猶括髮袒成踊又哭至明日朝也三哭又其明日朝也皆升堂括髮袒如始至必入哭二哭者象小斂大斂將出雖訖曰士三踊其夕哭從朝夕哭不括髮不通不數不以爲數○疏曰此踊者文不見哭則免此下文又哭括□立數如

三日成服拜賓送賓皆如初

0013_0006-1　0013_0005-2

□□三哭猶明日也既哭成□踊反位於序東○奔喪○

奔喪者非主人則主人爲之拜賓送賓奔喪者自齊衰以下入門左中庭北面哭盡哀免麻于序東即位袒與主人哭成踊□升□又者非父母之喪緦於主人也麻亦□帶也於此言麻者明所奔喪雖有輕□不至喪所雖改服也凡袒者於位襲□序東袒襲不相因位此麻乃袒變於□父母也○疏曰前云奔喪升自西階□云由廂北面故云非父母之喪統爲

儀喪禮十三

□主人以主人待奔之人但在事階之□不升堂故奔喪者在庭中北面繼統於堂又也主人唯饋奠有事之時不得升堂若無常無事恒在堂下也

於又哭三哭皆免袒有賓則主人拜賓送賓又哭三哭亦入門左中庭北面如始至時也

丈夫婦人之待之也皆如朝夕哭位無變也待奔喪者無變嫌賓□之也於賓客以哀變爲敬此骨肉哀□之哀矣於此乃言待之明奔喪者至□哭猶不以序入也○疏曰若千當五□□哭則與主人爲次重一者前輕者後

0013_0006-2

奔喪者急哀[illegible]獨[illegible]哭不俟主人[illegible]
[illegible]序拜唯初至如此至主人又哭[illegible]
宮髽故於三哭之下明[illegible]之無[illegible]
悉如初至三哭猶不以[illegible]以
者婦人奔喪則待異[illegible]子[illegible]奔[illegible]
賓客同故異主人拾踊[illegible]
之喪西面哭盡哀括髮[illegible]即位
西鄉哭成踊襲免經[illegible]
皆如奔父之禮於又[illegible]哭而於
免輕於父也其他皆[illegible]曰此謂適
子故經云拜賓送賓皆[illegible]父之禮若

仪丧礼十三　五

0013_0007-1

庶子則主人爲之
拜賓送賓○同上
○奔父之喪括髮於
堂上袒降踊襲經于東方奔母之喪不
括髮袒於堂上降踊襲免于東方經即
位成踊出門哭止三日而五哭三袒 凡奔
喪謂道遠已殯乃來也爲母不括髮以
至成服一而已與於父也即位以下於
父母同也三日五哭者始至訖夕[illegible]
哭乃出就次一哭也與明日又明日之
朝夕而五哭三袒者始至袒與明日以
明日之朝而三也○[illegible]奔父之喪括

0013_0007-2

髮於殯宮堂上不笄纚者奔喪異於初
死也袒謂堂上去衣降堂阼階東而踊
爲踊故袒也襲謂掩所袒之衣帶經東
方謂既踊畢升堂襲帶經於東序東奔
母之喪不括髮者初時括髮至又哭以
後至於成服不括髮袒於堂上降踊者
與父同襲免于東方者東方亦東序東
父則括髮而加經母則不括髮而加免
此是異於父也經即位成踊者著免加
經已後即位於阼階之東而更踊故云
成踊其即位成踊父母同於此之時賓
來弔者則拜之奔喪禮所謂反位拜賓
成踊是也出門哭止者出殯宮之門就
於廬故哭者止初來一哭與明日又明

仪丧礼十三　六

0013_0008-1

日朝夕之哭爲五哭也三袒者初至袒
明日朝袒又明日朝袒故爲三袒雖其
初死在家之時哭踊無節今聞喪已久
奔喪禮殺故三日五哭異於在家也又
云此謂已殯而來者若未殯之前而
來當與在家同不得減殺也○小記○
老聃曰見星而行者唯罪人與奔父母
之喪者乎 曾子問 ○凡奔喪有大夫至袒
拜之成踊而后襲於士襲而后拜之 主人
袒降哭而大夫至因拜之不敢成已禮
乃禮尊者或曰大夫後至者袒拜之爲

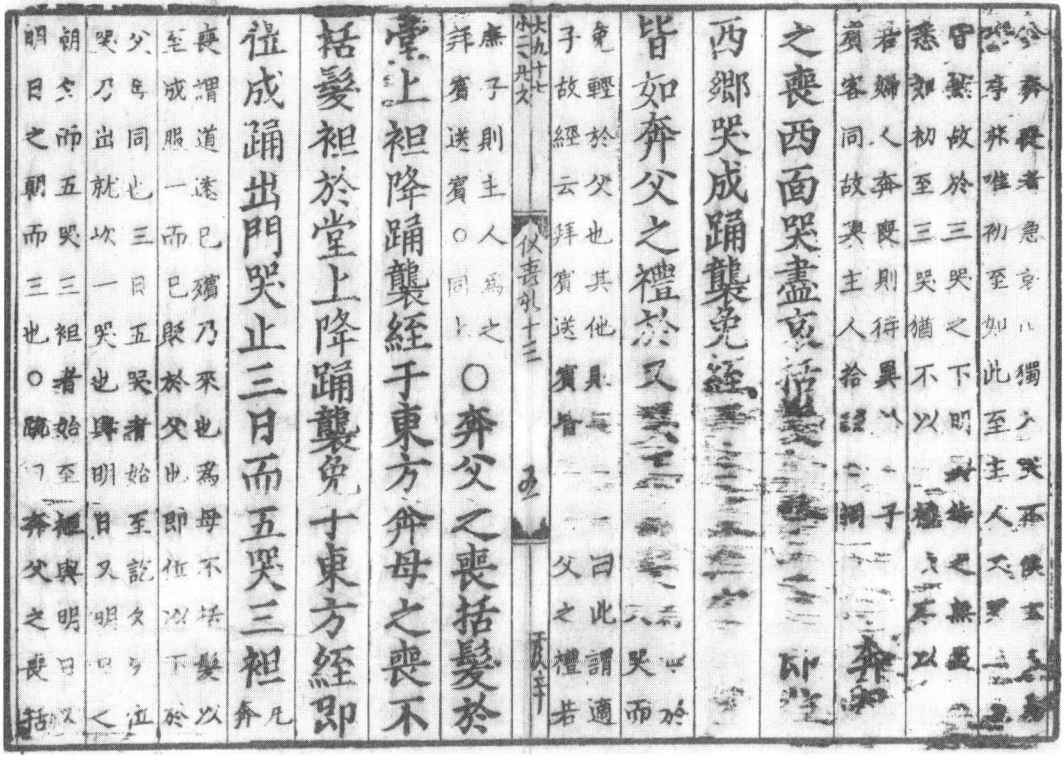

張本下象鼻題監生秦淳四字傳本剪去之

0013_0008-2

[illegible]曰凡主人謂奔喪者[illegible][illegible]奔喪主人拾踊於堂上乃降堂[illegible]於此時大夫至因拜之於東階下[illegible]成巳踊乃襲絰帶之事待拜後始[illegible]襲絰帶也若士來平則降堂先成[illegible]踊襲絰帶之後乃拜之士謂西士[illegible]然則與兩大夫相敵則亦襲後乃[illegible]云或曰大夫後至者袒拜之爲之[illegible]者以此經但云袒拜之成踊其餘[illegible]文云大夫後至袒拜之爲之成踊[illegible]據文字多少不[illegible]云或曰○奔喪

○婦人非三年之喪不踰封而弔如三年之喪則君夫人

儀喪禮十三　七

0013_0009-1

[illegible]爲父母[illegible]喪也

夫人其歸也以諸侯之弔禮[illegible]待之也若待諸侯然謂夫人行道車服主國致禮

其夫人至入自闈門升自側階君在阼其他如奔喪禮然女子子不自同於女賓也宮中之門曰闈門爲宮[illegible]禮通言婦人亦著階也他謂哭踊髮[illegible]奔闈門或爲帷門。疏曰女子出適爲父母期而云三年者以本親言也夫人[illegible]歸入自旁側闈門不由正門升自旁階[illegible]嘗不升正階異於女賓也上國之貴[illegible]之客阼階之上不降階哭迎也賓位[illegible]

0013_0009-2

[illegible]喪麻之屬如似奔喪之禮然後[illegible]哭夫人位賓與卿大夫之妻禮畢故[illegible]記

○婦人奔喪升自東階殯東西面坐哭盡哀東髽即位與主人拾踊髽側[illegible]衣豆於其坳反○婦人謂姑姊女子子也東階東面階也婦人入者由闈門[illegible]也髽於東序不髽於旁變於在室者也二纚大紒曰髽拾更也主人與之更[illegible]賓客之○去起呂反○疏曰婦人入者由闈門雜記文以諸侯夫人奔喪入自闈門明卿大夫以下婦人皆從闈門入也闈門謂東邊之門云髽於東序

儀喪禮十二　八

0013_0010-1

者以男子之免在東序故知婦人亦髽[illegible]東序就掩映之處在堂上也男子則室下也經云升自東階者謂東面之階[illegible]記云升自側階云不髽於房變於在[illegible]者熊氏云亦未殯之前婦人髽於室[illegible]禮云婦人髽于室若既殯之後[illegible]袒衤之所處婦人在堂當髽於東[illegible]今此婦人始來奔喪故髽於東序耳[illegible]天子諸侯之禮案大記云婦人髽[illegible]于旁中注云天子諸侯之禮房中[illegible]也

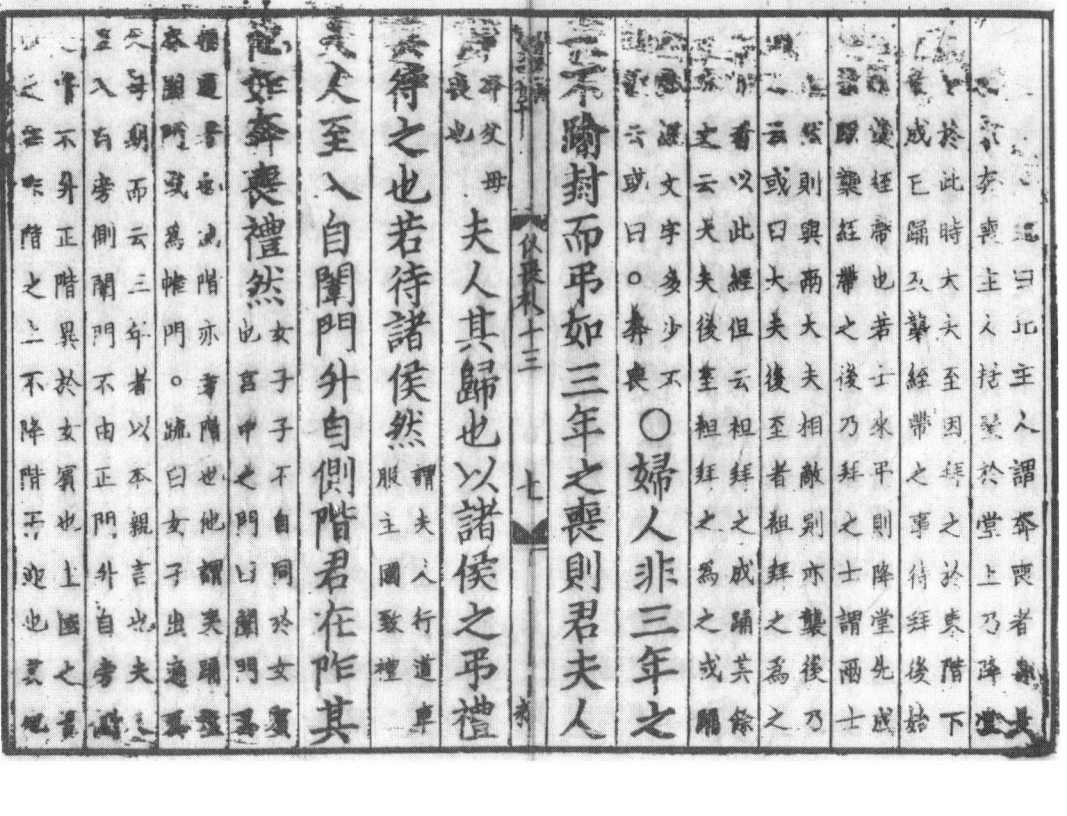

○奔喪者不及殯先之墓北[illegible]面坐哭盡哀主人之待之也即位於墓

0013_0010-2

左婦人墓右成踊盡哀括髮東即主人位經絞帶哭成踊拜賓反位成踊相者告事畢主人之待之謂在家者也哭於墓爲父母則袒告事畢者於此後毋事也遂冠歸入門左北面哭盡哀括髮祖成踊東即位拜賓成踊賓出主人拜送有賓後至則拜之成踊送賓如初衆主人兄弟皆出門出門哭止相者告就

0013_0011-1

次於又哭括髮成踊於三哭猶括髮成踊三日成服於五哭拾者告事畢又哭三哭不袒者哀戚已殺之也逸奔喪禮說不及殯日於又哭猶拾髮即位不袒告事畢者五哭而不復哭也成服之朝爲凶哭此謂既期乃後歸至者也其未期猶朝夕哭不止於五哭○疏曰此論既葬之後奔父母之喪禮主人之待之也即位於墓左婦人墓右者主人謂先在家者非謂適子也此奔喪者身是適子故經云拜賓反位成踊拜非適子則不得拜賓也三日成服謂來奔喪日後三

0013_0011-2

日通奔日則爲四日於此日成服則五哭矣相者告事畢謂成服之日爲四哭成服明日之朝爲五哭此謂既葬已後而來歸故惟五哭○同上○爲母所以異於父者壹括髮其餘免以終事他如奔父之禮壹括髮者謂歸入門哭時也於此乃言爲母異於父者明及殯不及殯其異者同○疏曰鄭恐一括髮一是墓所括髮入門則不括髮故明之云壹括髮謂入門哭時者謂以迨凡在堂不應入門遂不括髮故云謂入門時也云於此乃言爲母異於父者明及殯不及殯其異者同釋

0013_0012-1

爲母異於父應從上文及殯奔母之喪言之今乃於不及殯後始言爲母異於父之意若及殯則言異於父恐不包不及殯若不及殯與而言之則及殯之喪灼然可知是舉後揔明前也故云明及殯不及殯其異者同謂及殯壹括髮不及殯亦壹括髮是異於父者其事同也○同上○凡異居始聞兄弟之喪唯以哭對可也惻怛之情不以辭言爲對也其始麻散帶經與居家同也凡喪小斂而麻未服麻而奔喪及主人之未成經也疏者與

0013_0012-2

主人皆成之親者終其麻帶絰之日數疏○謂小功以下親者大功以上疏者及主人之節則用之其不及者亦自用其日數。○疏曰凡異居者言凡非一之辭異居別所而始聞兄弟之喪亂隱情重不暇問其餘事惟哭對使者於禮可也其始麻散帶絰者此謂大功以上見喪其初聞喪始服麻之時散垂要之帶絰若小功以下服麻則紒垂不散也未服麻而奔喪者謂道路既近聞喪即來至在主人小斂之前故云及主人之未成絰也疏謂小功以下值主人成服之節則與主人皆成就之親謂大功以上

儀禮十三　十一

0013_0013-1

初來奔至雖值主人成服未即成之必終竟其麻帶絰滿依禮日數而後成服也又曰奔喪之後至三日而成服也。雜記○聞兄弟之喪大功以上見喪者之鄉而哭適兄弟之送葬者弗及遇主人於道則遂之於墓言骨肉之親不待主人也。○疏曰見喪者之鄉而哭者謂此親兄弟同氣及同堂兄弟也奔喪禮云齊衰望鄉而哭大功望門而哭此云大功以上者盡云謂降服大功者也鄭無別解當同盧也遭兄弟之送葬者此兄弟通緦小功也遭

0013_0013-2

往也謂往送五服之親葬而不及過孝子葬竟已還而此往送葬之人不得隨孝子而歸仍自獨往於墓也。同上○齊衰以下不及殯先之墓西面哭盡哀不北面者亦統於主人免麻于東方即位與主人哭成踊襲有賓則主人拜賓送賓賓有後至者拜之如初相者告事畢不言袒言襲者齊衰親者或袒可遂冠歸入門左北面哭盡哀免袒成踊東即位

儀禮十三　十二

0013_0014-1

拜賓成踊賓出主人拜送於又哭免袒成踊於三哭猶免袒成踊三日成服於五哭相者告事畢爲父於又哭括髮而不袒此又哭三哭皆言袒袒衍字也。○疏曰此明反葬之後奔齊衰以下喪禮但齊衰以下有大功小功緦麻日月多少不同若奔在葬後而三月之外大功以下則有免麻東方三日成服若小功緦麻之喪則不得有三日成服小功以下不拘無道服之理若葬後通葬前未滿五月小功則亦三日成服其緦麻之喪止臨喪節而來亦

0013_0015-1　　0013_0014-2

[illegible]三日成服也求即位拜賓成踊者案[illegible]位謂奔喪者於東方就哭位拜賓謂

[illegible]人代之拜賓成踊謂奔喪者於主人[illegible]賓之時而成踊凡言成踊每一節有

[illegible]踊凡三節九踊乃謂之成也云不言[illegible]言髽者容齊衰親者或袒可者案經

[illegible]直言免麻于東方即位不稱袒而下[illegible]成踊襲下既稱襲則有袒理經若言

袒恐亦衰以下皆袒故不得據言袒也經稱髽者容有齊衰重爲之得髽故言

襲知爲父於又哭括髮而不袒者案上文爲父不及殯歸入門左北面哭盡哀

括髮袒下文云相者告就次於又哭括髮成踊不言袒是爲父於又哭括髮而

儀禮十三　十三

不袒也云又哭三哭皆言袒衍字也著今齊衰以下之喪經文於又哭三哭

乃更言袒經喪而袒非其冝故知經之袒衍餘之字也○奔喪○奔兄

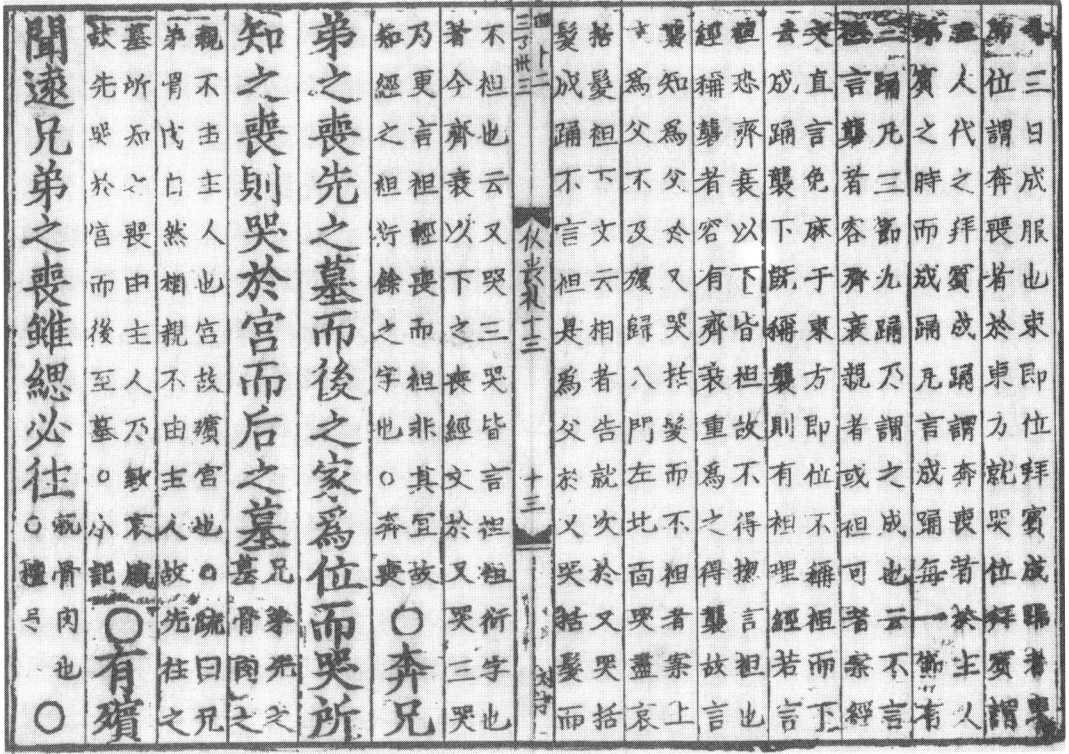

弟之喪先之墓而後之家爲位而哭所

知之喪則哭於宮而后之墓兄弟先之墓骨肉之

親不由主人也宮故殯宮也○疏曰兄弟骨肉自然相親不由主人故先往之

墓所知之喪由主人乃致哀戚故先哭於宮而後至墓○今記○有殯

聞遠兄弟之喪雖緦必往親骨肉也○禮号○

0013_0016-1　　0013_0015-2

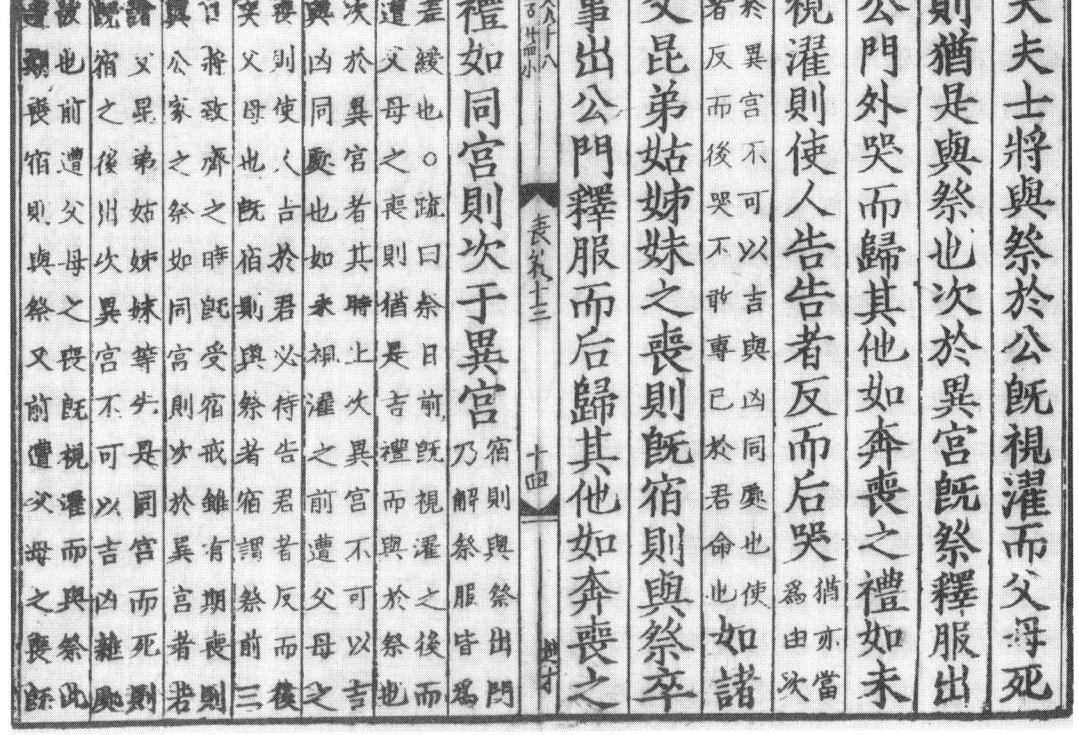

大夫士將與祭於公既視濯而父母死

則猶是與祭也次於異宮既祭釋服出

公門外哭而歸其他如奔喪之禮如未

視濯則使人告告者反而后哭猶亦當爲由次

於異宮不可以吉與凶同處也使者反而後哭不敢專已於君命也如諸

父昆弟姑姊妹之喪則既宿則與祭卒

事出公門釋服而后歸其他如奔喪之

喪禮十三　十四

禮如同宮則次于異宮宿則與祭出門乃解祭服皆爲

[illegible]緌也○疏曰祭日前既視濯之後而遭父母之喪則猶是吉禮而與於祭也

次於異宮者其將上次異宮不可以吉與凶同處也如未視濯之前遭父母之

喪則使人告於君必待告君者反而後哭父母也既宿則與祭者宿謂祭前三

日將致齊之時既受宿戒雖有期喪則與公家之祭如同宮則次於異宮者君

[illegible]父昆弟姑姊妹等是同宮而死則既宿之後別次異宮不可以吉凶雜處

故也前遭父母之喪既視濯而與祭此遭期喪宿則與祭又前遭父母之喪既

0013_0016-2

紛紛服乃出公門此者皆服並出門不解紛服以其期喪差緩於父母故云紛爲差緩。○雜記

○若除喪而後歸則之墓哭成踊東括髮袒經拜賓成踊送賓反位又哭盡哀遂除於家不哭東即主人位如不及殯者也遂除除於墓而歸

主人之待之也無變於服與之哭不踊無變於服自若時服也亦與位于墓左婦人墓右○疏曰此一節明除服之後奔父母喪節則之墓哭成踊者亦謂主人遣子初在墓

大六二 二百九五 仪丧礼十三 十五

0013_0017-1

北面哭成踊乃來就主人之位括髮袒也主人之待之也無變於服者主人亦謂在家者無變於服謂著平常之吉服不踊者以在家者其服已除哀情已殺故不踊也云東東即主人位者以東方是主人之位經云東故云即主人之位云如不及殯者也以上文奔父母之喪不及殯先之墓北面哭下云哀即主人之位哀喪之後奔其位亦如不及殯之待云遂除於墓而歸者以經云遂除於家不哭鄭恐來至家始除服故明之云遂除謂於墓所遂除服至於家不復哭也

自齊衰以下所以異者免麻○疏曰此明齊衰以

0013_0017-2

不除服之後奔喪之節唯著免麻不袒墓所哭罷即除此免麻者當謂至家麻也。奔喪

○凡爲位非親喪齊衰以下皆即位哭盡哀而東免經即位袒成踊謂無君事又無故可得奔喪而以己私未奔者也唯父母之喪則不爲位其哭之不雖聞喪之親齊衰以下更爲位而哭皆可行乃行

襲拜賓反位哭成踊送賓反位相者告就次三日五哭卒主人出送賓衆主人兄弟皆出門

大七七 二百六四 仪丧礼十三 十六

0013_0018-1

哭止相者告事畢成服拜賓三日五哭者始聞喪記夕爲位乃出就次一哭也與明日又明日之朝夕而五哭不五哭而數朝夕備五哭而止者亦爲急奔喪己私事當畢亦明日乃成服凡云五哭者其後有賓亦與之哭而拜之。○疏曰前云三日成服於五哭皆數朝哭五日而五哭此三日數夕哭爲五哭者前文三日五哭成服之後乃云五哭故數成服後日之哭乃爲五此三日五哭畢三日之內數夕哭爲五哭凡云五哭者其後有[illegible]亦與之哭而拜之總結從是以來四節五哭之文也

若所爲位[illegible]

0013_0019-1

0013_0018-2

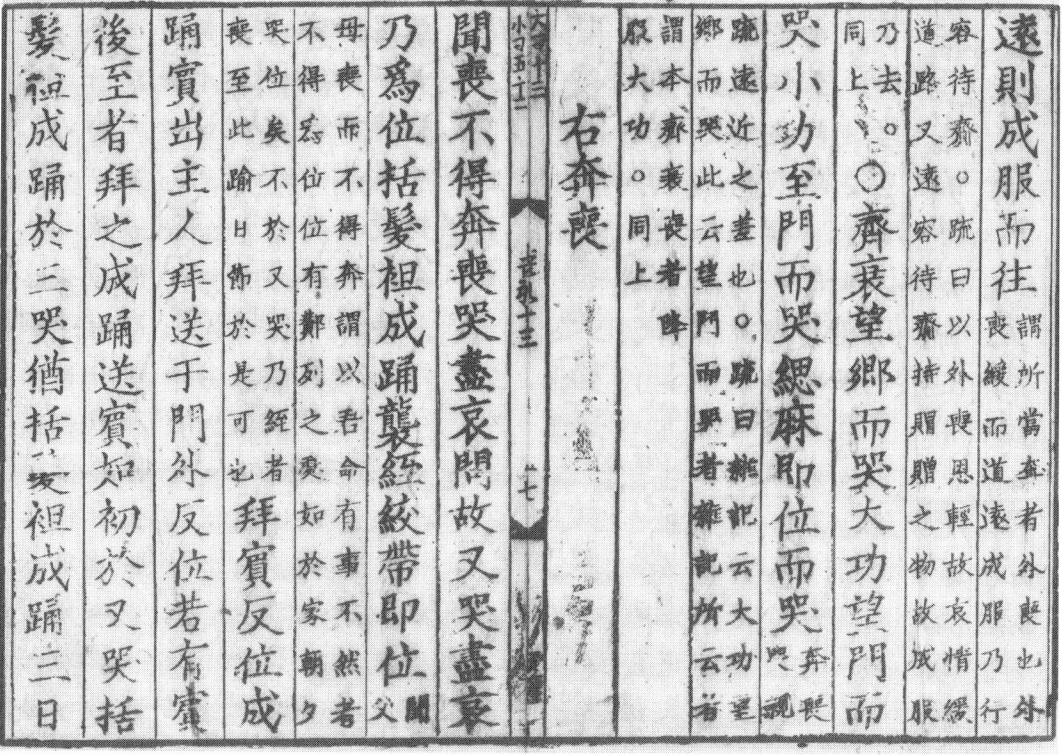

遠則成服而往謂所當奔者外喪也外喪緩而道遠成服乃行容待齋。疏曰以外喪恩輕故哀情緩道路又遠容待齋揖賵贈之物故成服乃去。同上。◯齊衰望鄉而哭大功望門而哭小功至門而哭緦麻即位而哭奔喪禮記疏遠近之差也。疏曰雜記云大功望鄉而哭此云望門而哭者雜記所云者謂本齊衰降者降服大功。同上

右奔喪

大全十三 小日五十二 喪禮十三 十七

聞喪不得奔喪哭盡哀問故又哭盡哀乃爲位括髮袒成踊襲絰絞帶即位聞父母喪而不得奔謂以君命有事不然者不得爲位位有鄰列之處如於家朝夕哭位矣不於又哭乃經者喪至此踰日節於是可也拜賓反位成踊賓出主人拜送于門外反位若有賓後至者拜之成踊送賓如初於又哭括髮袒成踊於三哭猶括髮袒成踊三日

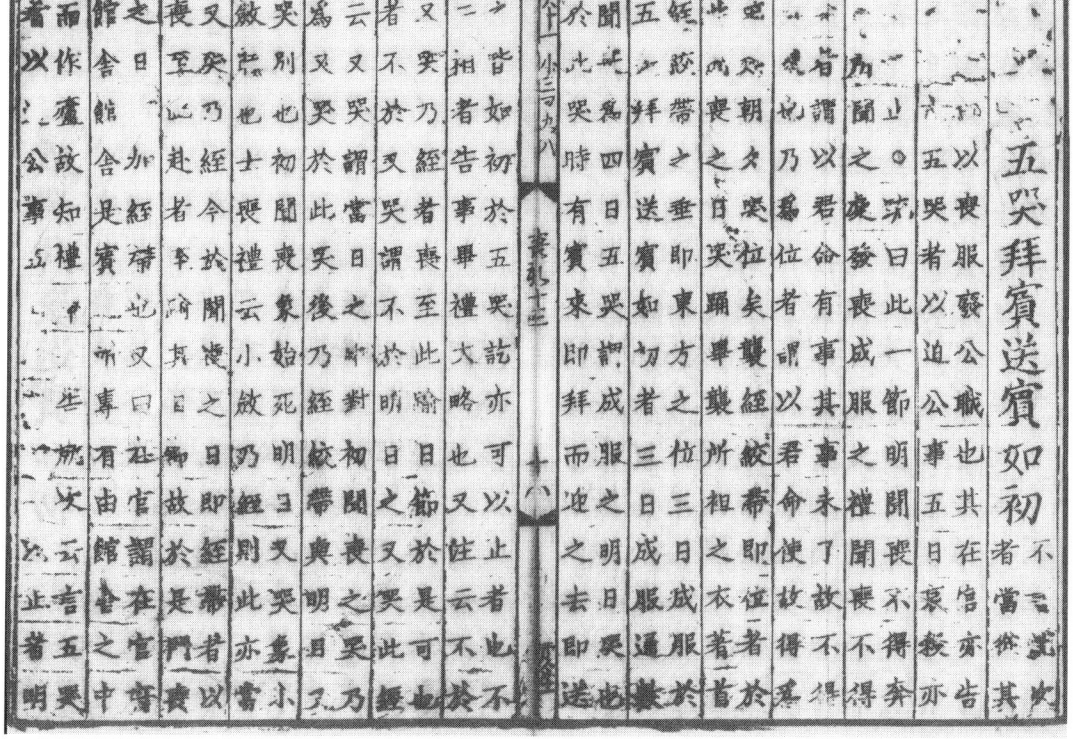

0013_0020-1

0013_0019-2

五哭拜賓送賓如初不[illegible]者當從其[illegible]以喪服發公職也其在官亦告[illegible]五哭者以迫公事五日哀殺亦止。疏曰此一節明聞喪不得奔爲聞之處發喪成服之禮聞喪不得[illegible]若謂以君命有事其事未了故不得[illegible]乃爲位者謂以君命使故得爲也哭朝夕哭位矣襲絰絞帶即位者於此成喪之日哭踊畢襲所袒之衣著首絰絞帶之垂即東方之位三日成服於五哭拜賓送賓如初者三日成服通數聞喪爲四日五哭謂成服之明日哭也於此哭時有賓來即拜而迎之去即送

大全十二 小三百九十八 喪禮十三 十八

之皆如初於五哭訖亦可以止者也不二袒者告事畢禮大略也又註云不於又哭乃經者喪至此踰日節於是可也者不於又哭謂不於明日之又哭此經云又哭謂當日之哭對初聞喪之哭乃爲又哭於此哭後乃經絞帶與明日哭哭別也初聞喪象始死明日又哭象小斂也士喪禮云小斂乃經則此亦當又哭乃經今於聞喪之日即經帶者以喪至以赴者事竟其日故於是經帶之日加經帶也又曰在官謂在官寄館舍館舍是賓所專有由館舍之中而作奄故知禮[illegible]告於[illegible]云吉五哭者以[illegible]公事[illegible]止者明

0013_0020-2

五哭之後不復朝夕有哭故以五哭斷之○奔喪○父母之喪若未得行則成服而後行詳見奔喪條○哭天子九諸侯七卿大夫五士三此臣聞君喪而未奔爲位而哭尊卑日數之差也士亦有屬吏賤不得君臣之名○奔喪○大夫哭諸侯不敢拜賓此謂在他國聞喪者哭其舊君不敢拜賓辟爲主諸臣在他國爲位而哭不敢拜賓謂大夫士使於列國與諸侯爲兄弟亦爲位而

大八十三 小二十四九 仪丧礼十三 十九

0013_0021-1

哭族親昏姻在異國者○疏曰已上三條皆在他國聞喪者知大夫哭諸侯謂哭舊君者以下文諸臣在他國爲位而哭見事之君則知此是哭舊君也與諸侯異姓之昏姻又在他國不與諸侯爲臣身又無服故暫爲位而哭若與諸侯同姓是五服之内○有殯聞遠兄弟皆服斬也○同上之喪哭于側室嫌哭殯無側室哭于門内之右近南者爲之變位○疏曰尋常爲主當在阼階東西面今稱門内之右故知近南爲之變位也必變之者以哭於大門内之右旣非常哭之處故繼

張本下象鼻題監生秦淳四字傅本剪去之

0013_0021-2

門而近於南也鄭云近南則猶西面但近南耳○檀弓○有殯聞外喪哭之他室明所哭者異也哭之爲位入奠卒奠出改服卽位如始卽位之禮謂後日之朝入奠哭於其殯旣乃更卽位就他室如始哭之時○疏曰有殯謂父母喪未葬喪柩在殯宮者也外喪謂兄弟喪在遠者也他室别室也若聞外喪哭於殯宮然則嫌是哭殯則於别室哭之明所哭者爲新喪也入奠者明日之朝著已重喪之服入奠殯宮及下室卒奠出者謂卒繇已奠而出改已重喪服著新死未成服之

仪丧礼十三 廿

0013_0022-1

服卽位卽阼日他室之位如昨日始聞喪卽位之時○雜記○聞遠兄弟之喪旣除喪而后聞喪免袒成踊拜賓則尚左手詳見變除稅服條○哭父之黨於廟母妻之黨於寢師於廟門外朋友於寢門外所識於野張帷奔喪○哭朋友於門外之右南面變於有親者也門外寢門外○疏曰門外寢門外也右西邊也南面鄉南也鄉南爲主以對荅弔客又曰案檀弓云

張本下象鼻題監生秦淳四字傅本剪去之

0013_0022-2

者殯聞遠兄弟之喪哭于側室無側室哭于門內之右今哭門外是變於有親也云門外寢門外者檀弓云朋友吾哭諸寢門之外是也○小記○所識者弔先哭于家而後之墓皆爲之成踊從主人北面而踊從主人而踊拾踊也北面自外來便□主人墓左西面○疏曰所識謂與死者相識今弔其家後乃往墓就於主人殺也皆爲之成踊者雖相識輕亦爲之成踊也皆賓主拾之從主人北面而踊者主人在墓左西鄉賓從外來而北面踊徑也主人先踊賓從之故云從主人

仪书卷十三　二十二

0013_0023-1

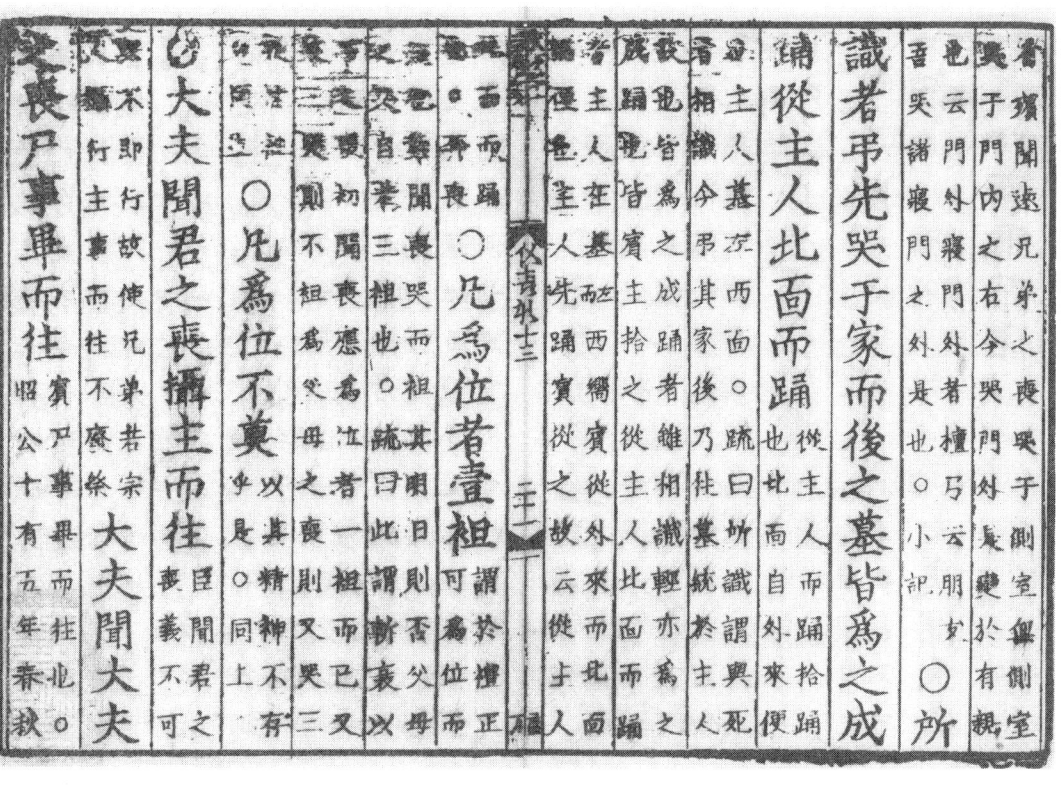

□而西面踊□○再喪○凡爲位者壹袒謂於禮正可爲位而□喪聞喪哭而袒其明日則否父母□免自壹三袒也○疏曰此謂斷喪以□事□喪初聞喪應爲位者一袒而已又□三哭則不袒爲父母之喪則又哭三□□□□□□○凡爲位不奠以其精神不存乎是○同上大夫聞君之喪攝主而往臣聞君之喪義不可□□不即行故使兄弟若宗人攝行主事而往不廢祭大夫聞大夫之喪尸事畢而往賓尸事畢而往也○昭公十有五年春秋

0013_0023-2

公羊傳○君在祭樂之中大夫有變以聞可乎大夫國體也古之人重死君命無所不通詳見通禮哀戚條

右聞喪○晉獻公之喪秦穆公使人弔公子重耳獻公殺其世子申生重耳辟難出奔是時在翟就弔之且曰寡人聞之亡國恒於斯得國恒於斯吉在喪代之際雖吾子

大文十四　小八十
仪书卷十三　二十三

0013_0024-1

儼然在憂服之中喪亦不可失也時亦不可失也孺子其圖之謂其反國以喪亡欲納之喪謂亡失位孺稱也以告舅犯舅犯重耳之舅狐偃也字子犯舅犯曰孺子其辭焉喪人無寶仁親以爲寶寶謂善道可守者仁親親親行仁義父死之謂何又因以爲利欲反國求爲後是利父死而天下其孰能說之孺子

0013_0024-2

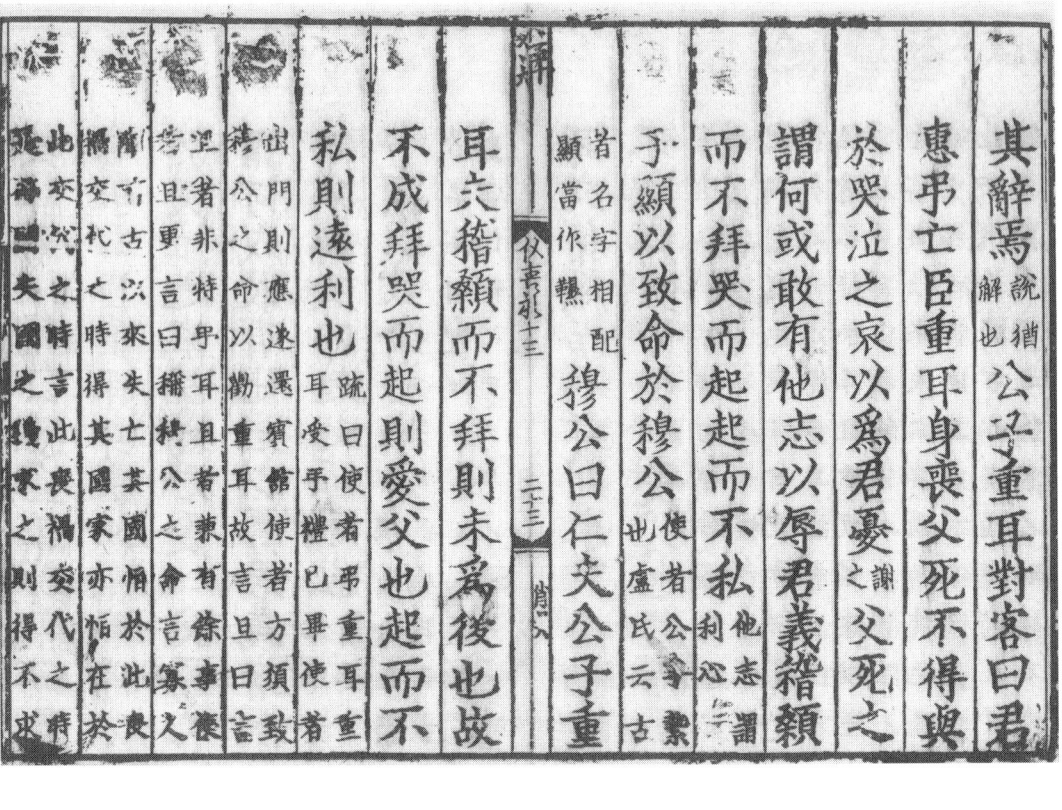

其辭焉說猶解也公子重耳對客曰君惠弔亡臣重耳身喪父死不得與於哭泣之哀以爲君憂謝之父死之謂何或敢有他志以辱君義稽顙而不拜哭而起起而不私他志謂利心□使者公子縶也盧氏云古子顙以致命於穆公首名字相配顙當作䫜穆公曰仁夫公子重

0013_0025-1

耳夫稽顙而不拜則未爲後也故不成拜哭而起則愛父也起而不私則遠利也疏曰使者弔重耳重耳受弔禮已畢使者出門則應遂還賓館使者方須致秦穆公之命以勸重耳故言且曰言且者非特弔耳且若兼有餘事後言且更言曰稱穆公之命言寡人聞古以來失亡其國恒於此喪禍交代之時得其國家亦恒在於此交代之時言此喪禍交代之時死亡之際失國之後求之則得不求

0013_0025-2

則失雖吾子儼然端靜在憂戚服之中喪求國之意然身喪在外亦不可又爲言辛苦也得國之時亦不可失言當求也故云孺子其圖之父死之謂何言父身死亡謂之何事正是凶禍之事既是凶禍豈得又因此凶禍以有爲己利欲求反國必其如此而天下聞之其誰能說我以爲無罪公子重耳用易犯之言出而對客既敘其爭意又謝其欲納之言又道不可之意言以父死謂是何事豈後敢求衰之外別有他志以蚤辱君之義事乎言已無他志不敢受君勸以反

0013_0026-1

國之義言義者宜也穆公之意以重耳反國爲宜故云義也稽顙而不拜則未爲後也者此穆公本意勸重耳反國重耳若其爲後則當拜謝其恩今不受其勸故不拜謝穆公以其不拜故云未爲後也所以稽顙者自爲父喪哀號也凡喪禮先稽顙而後拜乃成今直稽顙而不拜故云不成拜也今既聞父死勸其反國之義哀勸而起若欲攀轅然故云哭而起則愛父也既哭而起不私與使者言必無心反國是遠利也鄭注在舊悉之及使者公子縶者並國語文云縶子

0013_0026-2

重耳而退弔公子夷吾於梁如弔重耳之命夷吾見使者再拜稽首起而不哭退而私於公子縶曰里克與我矣吾命之以汾陽之田百萬丕鄭與我矣吾命之以負蔡之田七十萬亡人苟入埽除宗廟定社稷且入河外列城五亡人之所懷衆國語之說夷吾則穆公羨重耳之言皆是形夷吾而起○檀弓○吳子壽夢卒夢莫公反臨力蔭反○文王廟也周臨於周廟禮也公出文王魯立其廟凡諸侯之喪異姓臨於

0013_0027-1

外於城外向其國同姓於宗廟所出王之廟同宗於祖廟始封君之廟同族於禰廟父廟也同族謂高祖以下是故魯爲諸姬臨於周廟諸姬同姓國爲邢凡蔣茅胙祭臨於周公之廟即祖廟也六國皆周公之支子別封爲國共祖周公○襄公十二年春秋左氏傳○曾子與客立於門側其徒趨而出徒謂客之徒曾子

0013_0027-2

曰爾將何之曰吾父死將出哭於巷以爲不可發凶於人館曰反哭於爾次次舍也禮館人使專之若其自有然曾子北面而弔焉檀弓○子思之母死於衛嫁母也姓庶氏赴於子思子思哭於廟門人至曰庶氏之母死何爲哭於孔氏之廟乎門人弟子也嫁母與廟絶子思曰吾過矣吾過

0013_0028-1

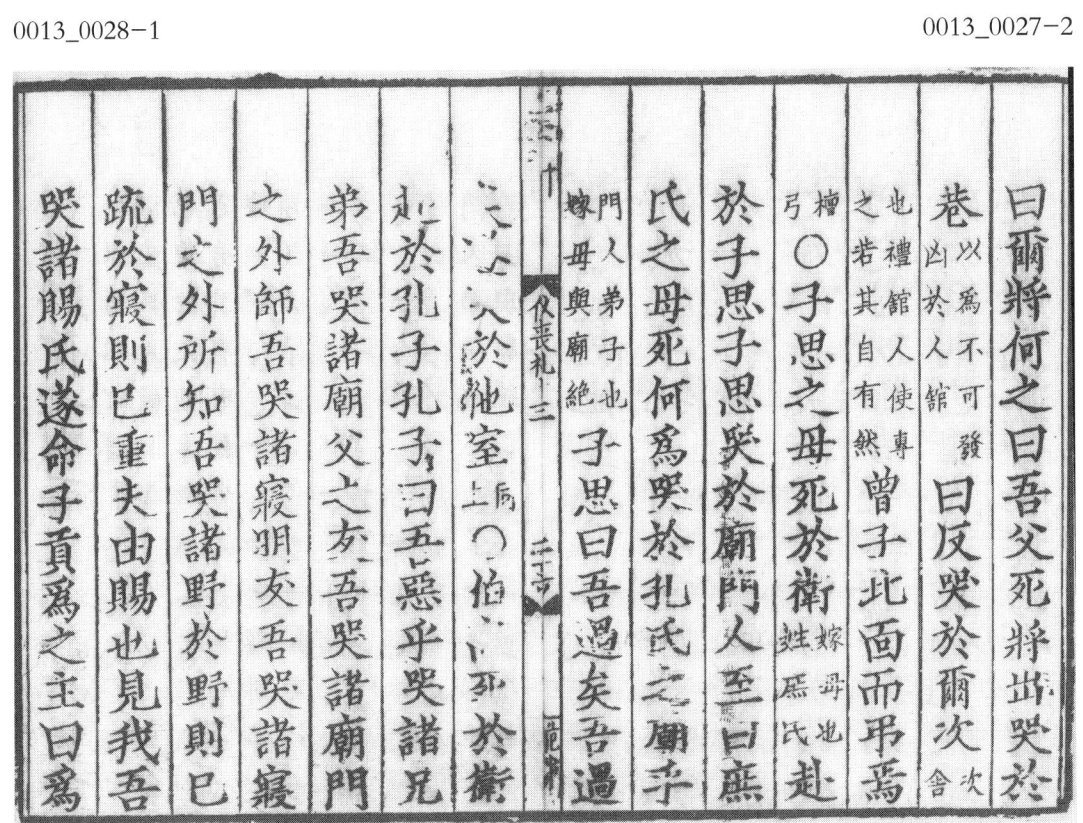

矣遂哭於他室上同○伯高死於衛赴於孔子孔子曰吾惡乎哭諸兄弟吾哭諸廟父之友吾哭諸廟門之外師吾哭諸寢朋友吾哭諸寢門之外所知吾哭諸野於野則已疏於寢則已重夫由賜也見我吾哭諸賜氏遂命子貢爲之主曰爲

0013_0028-2　0013_0029-1

爾哭也來者拜之知伯高[illegible]

勿拜也（哭於正主○疏曰[illegible]正主勿生[illegible]死[illegible]）

（今與伯高[illegible]而來不得[illegible]故云[illegible]）○孔子

哭子路於中庭[illegible]有[illegible]

拜者而夫子拜之[illegible]

者而問故[illegible]使者[illegible]

曰醢之矣遂[illegible]陳莊子

儀禮記十三

死赴於魯魯人欲勿哭[illegible]

（陳莊子齊大夫陳恒之孫名伯）繆公召縣子[illegible]

問焉縣子曰古之大夫束脩之問

不出竟雖欲哭之安得而哭之[illegible]

之大夫交政於中國雖欲勿[illegible]

得而勿哭且[illegible]有二[illegible]

愛而哭之[illegible]大之公[illegible]

0013_0029-2　0013_0030-1

則如之何而可縣子曰請哭[illegible]

姓之廟（明不當哭）於是哭諸縣氏[illegible]

曾子問曰並有喪如之何何先何後

（父母若親同者同月死）孔子曰葬先輕而後重其

奠也先重而後輕禮也自啓及葬不奠

（不奠務於當葬者○疏曰若皆奠[illegible]恐葬事遲晚務欲輕喪先葬使[illegible]）

行葬不哀次（不哀次輕於在殯者[illegible]曰以父喪在殯[illegible]）

儀禮記十三　六八

（在殯者所壓不敢爲母伸哀[illegible]殺云不哀次輕於在殯者）

反葬奠而后辭於殯遂脩葬事（殯當爲[illegible]也辭於賓[illegible]）

（啓期也○疏曰知殯當爲[illegible]君葬既夕禮云主人請啓期告于[illegible]後即陳設事設盥陳鼎饌[illegible]云祝告三是告殯之事今[illegible]）

（[illegible]云遷脩葬事故云殯當[illegible][illegible]告賓也與既夕同[illegible]）

其虞也先重而後輕禮也（疏曰[illegible]母亦[illegible][illegible]母同日異日[illegible]焦氏[illegible][illegible]之喪既虞則爲之[illegible]）

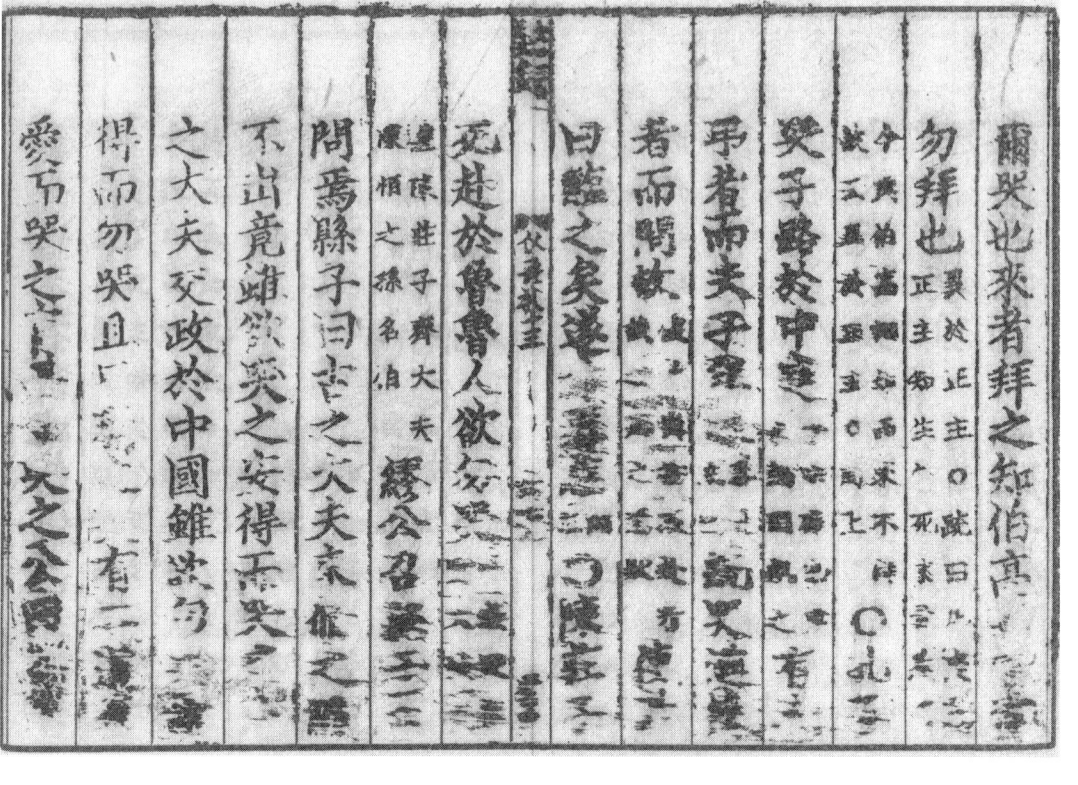

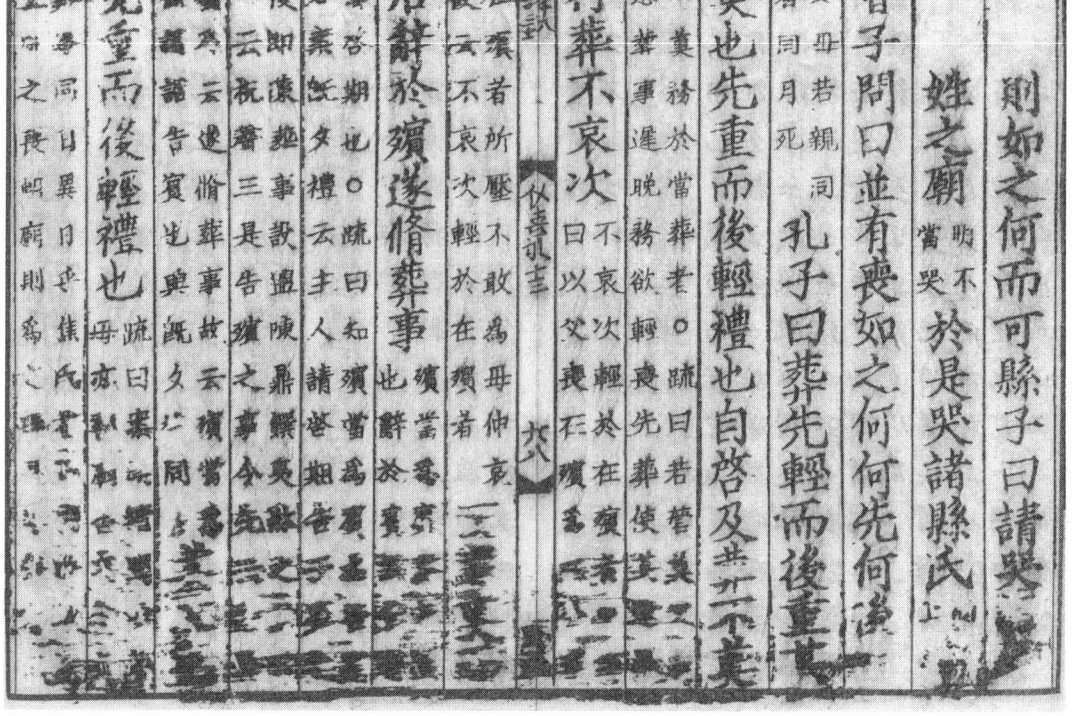

親喪當異日
[illegible]曾子問
○父母之喪偕先葬者
不虞祔待後事其葬服斬衰詳見變除並有喪變
[illegible]條
○有父之喪如未沒喪而母死其除
父之喪也服其除服卒事反喪服詳見變除
○如三年之喪則既穎其練祥皆行詳見
變除並有喪變條
○曾子問曰君未殯而臣有父
母之喪則如之何孔子曰歸殯反于君

所有殷事則歸朝夕否其哀雜主於君○疏曰歸殯父
母訖反于君所以殯君恒在君所家有
殷事之時則暫歸於家若尋常朝夕則
不得歸也故云朝夕否盧氏云歸殯反
于君所者人君五日而殯故可以歸殯
父母而往殯君也若其臨君之殯則歸
哭父母而來殯君則殯君訖乃還殯父
[illegible]也以此言之臣有父母之喪未殯而
有君喪夫君殯日雖遠祗得待殯君訖
而還殯父母以其君尊故也又曰以君
家殯則君哀重而父母又喪是親哀[illegible]
[illegible]君與親哀既半相雜君為尊
[illegible]至一處於君故尋常恒在君所大夫室

老行事士則子孫行事疏曰以大[illegible]
有殷事[illegible]
之時則在家之朝夕之奠有闕[illegible]
恒在君所之時則在家朝夕之[illegible]
奠不可廢其大夫尊故遣室老[illegible]
行其事士卑則子孫攝行其事大[illegible]
內子有殷事亦之君所朝夕否疏曰[illegible]
夫[illegible]
妾之禮節此明婦人之進止君既殯而
婦有舅姑之喪大夫者卿之總號內子
皆卿之適妻此明君既殯後而猶有[illegible]
姑之喪歸居于家君有殷事之時亦之
君所云亦者亦同其夫也非但夫[illegible]
所妻亦往君所也若尋常朝夕則不[illegible]

君所舉此一條婦同於夫則君既[illegible]
君未殯而有舅姑之喪其禮悉同夫[illegible]
○曾子問
○曾子問曰君薨既殯而臣有父
母之喪則如之何孔子曰歸居于家有
殷事則之君所朝夕否居家者因[illegible]
後隆於父[illegible]
事朔月月半薦新之奠也○疏曰[illegible]
殷謂君所無事父母所喪故歸於[illegible]
給父母之喪若君喪有朔月月半[illegible]
大事則臣之適君所以奠君若然[illegible]
今則下往哭君唯在家為父母[illegible]
云殷奠否若臣有父母之喪[illegible]

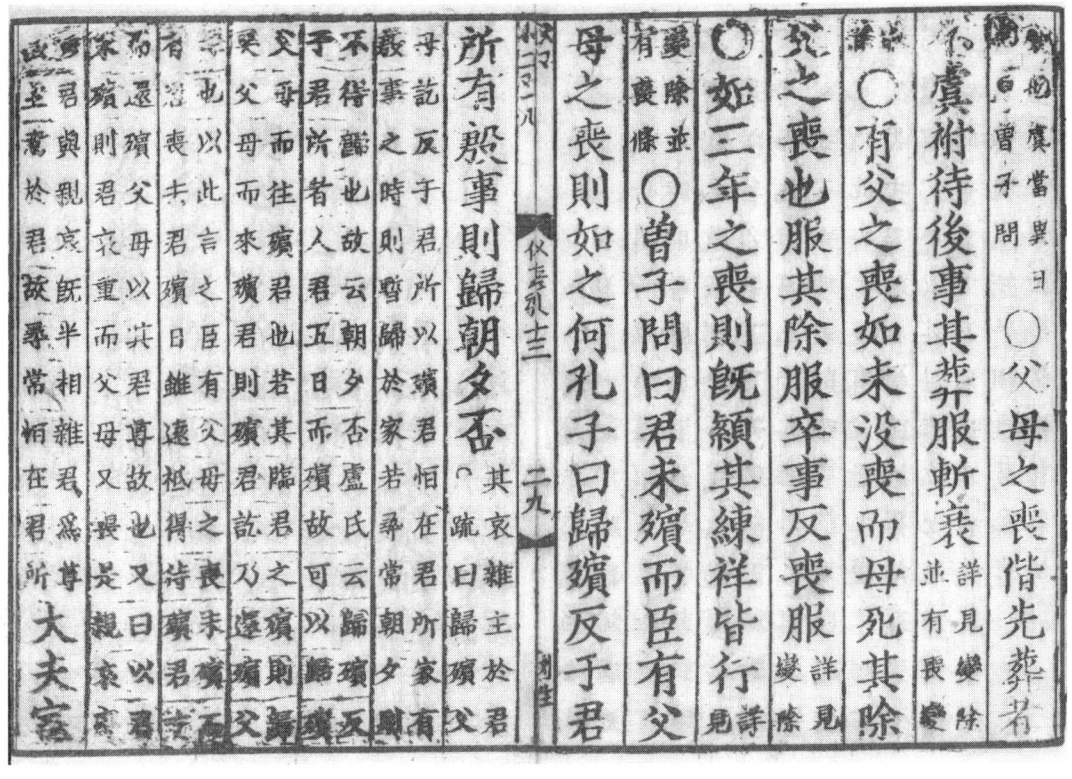

0013_0032-2

者君喪則歸君所若父母之喪有殷事之時則來歸家平常朝夕則不來而在君處。同上

○曾子問曰君既啓而臣有父母之喪則如之何孔子曰歸哭而反送君言送君則既葬而歸也歸哭者服君服而歸不敢私服也○疏曰歸哭父母而反往送君既畢還來歸家而治父母之喪以此言之父母之喪既啓而有君之喪則亦生哭於君所而反送父母父母葬畢而居君所又曰知既葬而歸者以言送君則葬罷而歸不待君之虞祭也其君喪祔與卒哭未知臣往君

0013_0033-1

所與否云歸哭者服君服而歸不敢私服也者謂歸哭父母猶服君服不私服也上文云有君喪於身不敢私服故知不私服也○同上

○曾子問曰君之喪既引聞父母之喪如之何孔子曰遂既封而歸不俟子遂遂送君也封當爲窆嗣君也○同上

○曾子問曰父母之喪既引及塗聞君薨如之何孔子曰遂既封改服而往封亦當爲窆改服括髮徒跣布深衣扱上衽不以私喪包至尊○同

0013_0033-2

上○曾子問曰大夫士有私喪可以除之矣而有君服焉其除之也如之何孔子曰有君喪服於身不敢私服又何除焉重喻輕也私喪家之喪也疏服四制曰門外之治義斷恩於是乎有過時而弗除也君之喪服除而后殷祭禮也謂主人也支子則否○疏曰門外之治義斷恩若身有君服後遭親喪則不敢爲親制服也又何除焉者謂成喪服爲重恥除服爲輕末在親

0013_0034-1

始童之日尚不得伸況輕末之時而可行乎故云又何除焉君之喪服除而后殷祭禮也殷祭謂小大二祥祭也以其禮大故曰殷也言初乃爲尊有君服不敢爲親私除君服除後乃可爲親行私喪二祥之祭以伸孝心也皮疏云今月除君服明月可小祥又明月可大祥猶若久喪不葬者也若未有君服之前私服已小祥者除君服後但大祥而可也注云謂主人也支子則否者主人嫡適子仕官者適子主祭祀故二祥之祭君服而後行也若支子仕官雖不得爲私服而其家適子已行祥祭庶子於後無所復行祭故云否也曾子問

0013_0035-1　　0013_0034-2

問父母之喪弗除可乎疏曰曾子問云聖人制喪禮
之期情禮之殺使送死有已復生有節也不許人子有不除之喪若適子除君
服後乃有殺祭之事如喪久不葬者此則可解若庶子除君服後無復殺祭之
等是其為父母之服一生不否除説之事此於禮可乎孔子曰先
王制禮過時弗舉禮也非弗能勿除也
患其過於制也故君子過時不祭禮也
疏曰言今日不追除服者非是不能除改也為此不除正是患其過於聖人之
儀禮祖十三　三十三
禮制也又引君子過時不祭之事以證也謂春雨露既濡君子履之怵惕思親
故設祭若春時或有事故不得行祭至夏乃行夏祭不復追補春祭是過時不
祭以為禮也故當時則祭過時不補前祭者是其為感時正是孝子為存親存親
則前後無異故除君服與仲孝心也○同上○雖諸父昆弟
之喪如當父母之喪其除諸父昆弟之
喪也皆服其除喪之服卒事反喪服詳見
變除○父母之喪將祭而昆弟死既殯而

0013_0036-1　　0013_0035-2

祭如同宮則雖臣妾葬而後祭祭主人
之升降散等執事者亦散等雖虞祔亦
然詳見卒哭祔練祥記練條○有殯聞外喪哭之
他室明所哭者異也入奠卒奠出改服即位如
始即位之禮詳見聞喪條○王父死未練祥
而孫又死猶是附於王父也詳見卒哭祔練祥禪
記
右並有喪○周人有喪魯人有喪
周人弔魯人不弔周人曰固吾臣
也使人可也魯人曰吾君也親之
者也使大夫則不可也故周人弔
魯人不弔以其下成康為未久也
君至尊也去父之殯而往弔猶不
敢忘未殯而臨諸臣乎

0013_0036-2

[illegible]行而死於館則其復如於其國如於道則升其乘車之左轂以其綏復館主國所致舍復招魂復魄如於其國主國館賓與使有之得升屋招魂用褒衣也如於道道上廬宿也升車左轂象升屋東榮綏當爲緌讀如蕤賓之蕤字之誤也緌謂旌旗之旄也去其旒而用之異於生也○疏曰王與諸侯朝覲天子及魯朝會之屬死於館者謂主國有司所致館舍也雖在他國所授之舍若復

0013_0037-1

於之禮則與在己本國同故云如於其國也如於道者如若也道路也謂若諸侯在道路死則復魄與本國異也乘車其所自乘之車也其旌旗則俱升其所乘車左邊轂上而復魂也此車以南面爲正則左在東也升車左轂象在家升屋東榮也其王等之復人數各如其命數今轂上狹則不知以幾人崔氏云一人而已綏旌旗綏也在路死則用旌旗之綏亦冀魂魄望見識之而還也若王喪於國亦建綏而復周禮夏采云以乘車建綏復于四郊是也其輤有裧緇布裳帷素錦[illegible]以爲屋而行輤載柩[illegible]

0013_0037-2

[illegible]讀如蒨旆之蒨[illegible]也[illegible]者也將[illegible]識柩之事飾曰柳裧謂[illegible]邊緣緇布裳帷圍棺者也裳帷用緇則輤用赤矣輤象宮室屋其中小帳櫬覆棺者若未大斂其載尸而歸車飾皆如之○疏曰輤謂載柩之車有裧者謂輤之四旁有物裧垂象鱉甲邊緣緇布裳帷者輤下棺外用緇色之布以爲裳帷以圍繞棺也素錦以爲屋者於此裳帷之中又用素錦以爲屋小帳以覆棺而行者於死既殯此飾而後行之輤載柩將殯之車飾也者以下經云遂入適所殯是將殯車飾也云輤取名於櫬與蒨者言此車所以

0013_0038-1

名輤凡有二義一者取名於櫬櫬近尸也二取名於蒨蒨草也故云取名於櫬與蒨云讀如蒨旆之蒨者言經中輤字讀如蒨旆之蒨案左傳定四年祝佗云封康叔以綪茷綪以蒨草染旆爲赤色故讀此輤與彼同是亦蒨草以染赤也云將葬載柩之車飾曰柳者證此經中輤非將葬車也云裧謂鱉甲邊緣者覆說輤象鱉甲覆於棺上中央隆高四面漸下裧象邊緣垂於輤之四邊與輤連體則亦赤也若葬車之飾則上用荒不用輤也至於廟門不毀牆遂入適所殯唯輤爲說於廟門外[illegible]

0013_0039-1　　0013_0038-2

殯宮階□□□□也遍於殯帽兩□之間猶乃□□門以其入自言言室也□爲繖尺柩自外小者正於西楹之間亦俟之於此皆因殯焉異者柩入自闔升自西階尸入自門升自阼階從殯必於兩楹之間者以其不於室而自外家者之於不忍遠也**大夫士死於道則升其乘車之左轂以其綏復如於館死則其復於家**綏亦綏也大夫復於家以空冕士以爵弁服**大夫以布爲輤而行至於家而說輤載以輲車入自門至於阼階下而說車舉自阼階升適所殯**大夫輤言用布白布不染也士輤者達合也不言裳帷與用布無所別也至門亦說輤乃入言載以輲車入自門明車不易也輲讀爲輇或作槫許氏說文解字曰有輻曰輪無輻曰輇周禮又有蜃車天子以載柩蜃輇聲相近其制同乎輇崇蓋半乘車之輪諸侯言不毀牆大夫士言不易車互相明也不易者不易以輤也廟中有載柩以輤之禮注不耳**士輤葦席以爲屋蒲席以爲裳帷**言以葦席爲屋輤無素錦爲帳

0013_0040-1　　0013_0039-2

○疏曰用葦席屈之以爲輤棺之屋又以蒲席爲裳帷圍繞於屋旁也言以士云葦席以爲屋屋當帷帳之處故云無素錦爲帳矣然大夫無以他物爲屋之文則是用素錦爲帳矣與諸侯同案諸侯與大夫上有輤旁有裳帷內有素錦屋今士唯云葦席以爲屋蒲席以爲裳帷不云屋上所有之物據文言之葦席爲屋則當覆上輤處將蒲席爲裳帷接屋之四邊以鄭棺或可大夫旣有素錦爲帳帳外上有布輤旁有布裳帷則士之葦席屋之外旁有蒲席裳帷則屋上當以蒲席爲輤覆於上但文不備○其也未知孰是故兩存焉○雜記

爲賓則公館復私館不復其在野則升其乘車之左轂而復私館卿大夫之家也不於之復爲主人之惡○喪大記

○曾子問曰爲君使而卒於舍禮曰公館復私館不復凡所使之國有司所授舍則公館已何謂私館不復也孔子曰善乎問之也自卿大夫士之家曰私館公館與公所爲曰公館公館

張本下象鼻題監生秦淳四字傳本剪去之

0013_0040-2

饗此之謂也公館若今縣官宮也疏爲君所命使舍已者○曰私館者謂非君命所使私相停舍之之私館公館謂公家所造之館與公所之命與及也謂公之所使爲命停舍之處亦謂之公館君所命停客之處即是卿大夫之館也但有公命亦謂之公館也○曾子問○曾子問曰君出疆以三年之戒以椑從君薨其入如之何其出有喪備斂喪入必異也戒猶備也謂衣衾親身棺曰椑其餘可死乃具也○疏曰諸侯之君或出謂朝會其出之時以三年之戒以椑從

仪喪礼十三　卅九

0013_0041-1

戒備也謂以三年喪備衣衾之屬并以椑棺而從出疆有備今其入也如之何云其餘可死乃具也謂除椑之外大棺之屬若在家年老亦死前爲之今出疆則從年未老故大棺等死後乃具也孔子曰共殯服此謂君已斂殯服謂布深衣苴絰散帶垂殯時三入所服共之以待其來也其餘殯事亦皆具焉○疏曰士喪禮小斂苴絰大鬲散帶垂又禮親始死布深衣至成服以麻不散故知殯服布深衣苴絰散帶垂其首服崔氏云小斂之前大夫士皆素笄纚袒括髮之後士則加素冠大夫加[illegible]一其[illegible]殯事亦皆[illegible]弔以殯不[illegible]

0013_0041-2

[illegible]讀如異焉則子麻弁絰疏衰菲杖棺柩未安不忍成服於外也麻弁絰者布弁而加環絰也布其如爵弁而用布杖者爲已病○疏曰身著疏衰裳是斬衰出是菲屨菲謂藨屨也其身已病者拄杖故云疏衰菲杖也入曰案上喪禮云三日成服今君喪在外仍著麻弁疏衰故知不忍成服於外也云麻弁絰者布弁而加環絰也者布弁謂吉布十五升與[illegible]於麻衰及詩云麻衣如雪詞知加環絰者雜記云小斂環絰是也云布弁如爵弁而用布者案檀弓云周人弁而葬殷人冔而葬冔是殷之祭冠明弁絕似周之

仪喪礼十三　四十

0013_0042-1

祭冠故知爵弁也云杖者爲已病者故士喪禮服杖同時今服未成而已杖故云爲已病也入自闕并自西階闕謂毀宗柩毀宗而入異於生也升自西階亦異於生也宗殯宮門西小斂此正棺而服殯服既塗而成服殯柩出毀宗周柩入[illegible]相變也○疏曰鄭恐是門關故下記謂毀此宗廟之牆其處空闕[illegible]云柩毀宗而入異於生也公羊定元年癸亥公之喪至自乾侯戊辰公即位傳正棺於兩楹之間然後即位注云正衾既小斂夷於堂也於此之時服既云既塗而成殯者叢塗既畢

成服也檀弓云毀宗躐行殷道也既云毀宗始云躐行先毀宗後躐行是從内
而出故云柩出毀宗殷 如小斂則子免而從柩 謂君
已小斂也主人布深衣不括髮者行遠不可無飾○疏曰士喪禮從死至成服
主人皆著深衣故知小斂主人布深衣也士喪禮云小斂主人髻髮今著免者
以在外遠行不可無飾故著免也 入自門升自阼階 親未
在棺不忍異於生使如生來反○疏曰入自門不自闑也升自阼階不由西階
也 君大夫士一節也 疏曰非但君死於道路亦然諸侯與

大夫士一等也○同上 ○掌客凡賓客死致禮以
喪用 死則主人爲之具而殯矣喪用者饋奠之物○疏曰若諸侯之君出
行則以三年之戒以椑從死時除棺之外主人皆借之若臣從者死棺物皆共
之
右道有喪○許穆公卒于師葬之
以侯禮也 男而以侯禮加一等 凡諸侯薨于
朝會加一等 諸侯命有三等公爲上等侯伯爲中等子

男爲下等 死王事加二等 謂以死勤王事 於是
有以衮斂 衮衣公服也謂加二等○疏曰朝會亦王事而
別言死王事者謂因王事或戰陳而死故別其文也○僖公十年春
秋左氏傳

曾子問曰將冠子冠者至揖讓而入聞
齊衰大功之喪如之何 冠者賓及贊者 孔子曰
內喪則廢 內喪同門也○疏曰若是大門內之喪則廢以加冠在廟

廟在大門之內吉凶不可同處 外喪則冠而不醴 不醴不醴
子也○疏曰外喪謂大門外之喪喪在他處猶可以加冠但平常吉時三加之
後設醴以禮冠者之身今既有喪故直三加而已不醴之 徹饌而埽
即位而哭如冠者未至則廢 饌任戀反埽悉報反
○其廢者喪成服因喪而冠○疏曰初欲迎賓之時未知有喪醴及饌具既已
陳設今忽聞喪故徹去醴與饌具又埽除冠之舊位令使清潔更新乃即位而
哭如賓及贊者未至則廢而不冠也云其廢者喪成服因喪而冠者以下文未

張本下象鼻題監生秦淳四字傳本剪去之

0013_0044-2

及期日因喪服而冠是也 **如將冠子而未及期日而有齊衰大功之喪則因喪服而冠** 禮廢吉因喪冠俱成人之服及至也○疏曰吉冠是吉時成人之服喪冠是喪時成人之服今既有凶廢吉禮而因喪冠故云俱成人之服也 **除喪不改冠乎** 疏曰曾子問云此人因喪服而冠除喪之後不更改易而行吉冠之禮乎 **孔子曰天子賜諸侯大夫冕弁服於大廟歸設奠服賜服** 疏曰此孔子引類荅曾子謂諸侯幼

0013_0045-1

弱未冠總角從事至當冠之年因朝天子天子而賜諸侯大夫或弁或冕之服於天子大廟之中榮君之賜歸設奠祭於已宗廟此時身服所賜之服更不改冠也 **於斯乎有冠醮無冠醴** 醮子妙反○酒爲醮冠禮醴重而醮輕此服賜服酌用酒尊賜也不醴明不爲改冠改冠當醴之○疏曰斯此也於此之時唯有冠之醮法行醮以相燕飲無有冠之醴法謂不用醴以禮受服者之身所以然者凡改冠則當用醴今既受服於天子不可歸還更改爲初冠禮法然則既因喪而冠不可除喪更改爲吉冠也又曰案士冠禮云若

0013_0045-2

不醴則醮用酒是酌酒爲醮鄭注云酌而無酬酢曰醮皇氏云醴亦無酬酢而云酒無酬酢者以酒有酬酢爲常禮故無酬酢乃謂之爲醮云冠禮醴重而醮輕者案士冠禮適子三加於阼乃醴於客位醴是古之酒故爲重士冠禮又云若庶子則冠于房外南面遂醮焉醮既用酒酒是後代之法故爲輕也案士冠禮若不醴則醮用酒注云若不醴謂國有舊俗可行聖人用焉不改者也如鄭此言則行周禮者適子用醴庶子用醮若用先王舊俗者雖適子與庶子同用醮先王是夏殷也雖在周前因而用也醮之所以異於醴者醴則三加之後揔

0013_0046-1

一醴之醮則每一加而行一醮凡三醮也云酌用酒尊賜也者謂諸侯大夫既受賜服而歸祭告之後使人酌酒以飲已榮上之賜不酬酢也云不醴明不爲改冠者受賜服而來若其改而更冠應從適子之尊冠必酌醴以醴之今既不醴明不改冠也 **父沒而冠則已冠埽地而祭於禰已祭而見伯父叔父而后饗冠者** 饗謂禮之○疏曰孔子既荅其問又釋父沒加冠之禮已冠之後埽地而祭於禰廟已祭之而見伯父叔父見伯叔之後乃饗食冠者案士冠禮醴賓以壹獻之礼此

0013_0046-2

冠者前注云冠者賓及贊者此即變賓及贊者此以沒而冠案士冠禮若孤子則父兄戒宿冠之日主人紒而迎賓拜揖讓立于序端則冠身自迎賓皇氏云冠者爲父迎賓非禮也○曾子問○曾子問曰昏禮既納幣有吉日女之父母死則如之何吉日取女之吉日孔子曰壻使人弔如壻之父母死則女之家亦使人弔必使人弔者未成兄弟○疏曰以夫婦有兄弟之義故曰未成兄弟下云不得嗣爲兄弟父喪

0013_0047-1

稱父母喪稱母禮宜各以其敵者父使人弔之辭云某子聞某之喪某子使某如何不淑母則若云宋蕩伯姬聞姜氏之喪伯姬使某如何不淑凡弔辭一耳○疏曰禮各宜以敵若彼家父死則此家遣使弔當稱父遣使弔也若彼家母死則此家亦稱母遣使弔也云凡弔辭一耳者謂男弔女家女弔男家皆云使某如何不淑是弔辭一也父母不在則稱伯父世母弔禮不敢也伯父母又不在則稱叔父母○疏曰此家父不在彼家父亡則稱伯父某子使若伯父其亦不在則稱叔父壻已葬

0013_0047-2

壻之伯父致命女氏曰某之子有父母之喪不得嗣爲兄弟使某致命女氏許諾而弗敢嫁禮也必致命者不敢以累年之喪使人失嘉會之時○疏曰必待已葬者葬後哀情稍殺始兼他事不待踰年者不可曠年廢人昏禮也不得嗣爲兄弟者夫婦有兄弟之義或據壻爲妻父母有緦麻之服故謂之兄弟壻免喪女之父母使人請壻弗取而後嫁之禮也請請成昏○疏曰壻免喪之後則應取婦

0013_0048-1

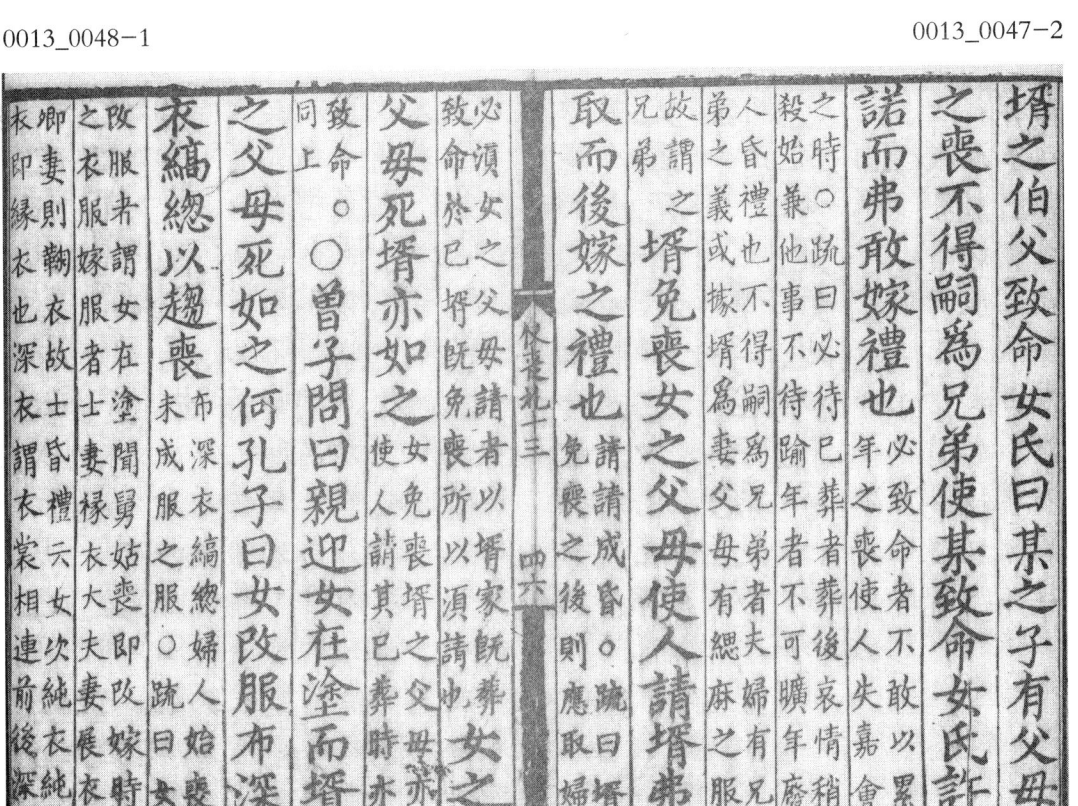

必須女之父母請者以壻家既葬致命於已壻既免喪所以須請也女之父母死壻亦如之女免喪壻之父母亦使人請其已葬時亦致命○同上○曾子問曰親迎女在塗而壻之父母死如之何孔子曰女改服布深衣縞總以趨喪布深衣縞總婦人始喪未成服之服○疏曰女改服者謂女在塗聞舅姑喪即改嫁時之衣服嫁服者士妻褖衣大夫妻展衣卿妻則鞠衣故士昏禮云女次純衣純衣即緣衣也深衣謂衣裳相連前後深

0013_0048-2

遂故曰深衣縞白絹也總束髮也長八寸女在塗以其聞喪即改嫁服故云未成服之服也士喪禮注始死婦人將斬衰者去笄而纚將齊衰者骨笄而纚至將斂齊衰婦人亦去笄纚而髽皆不云縞總文不備也

女在塗而女之父母死則女反奔喪服期○疏曰經云女反故知奔喪服期云女子在室爲父箭笄髽衰三年今既在塗非復在室故知服期但在室之女父卒爲母亦三年今既在塗故爲父母同皆期也於時女亦改服布深衣縞總反而奔喪

如壻親迎女未至而有齊

儀禮十三　四七

0013_0049-1

衰大功之喪則如之何孔子曰男不入改服於外次女入改服於内次然後即位而哭不開喪即改服者昏禮重於齊衰以下○疏曰女既未至聞壻家有齊衰大功之喪則廢其昏禮男女變服就位哭男謂壻也不入大門改其親迎之服服深衣於門外之次女謂婦也入大門改其嫁服亦服深衣於門内之次男女俱改服畢然後就喪位而哭謂於壻家爲位也皇氏以爲就喪爲位哭也然曾子唯問齊衰大功不問小功者以小功輕不廢昏禮待昏禮畢乃哭

0013_0049-2

必數[illegible]云小功可以冠子取婦明矣大功及期異也此不見喪而改服奔喪稱注云不見喪不改服者崔氏云奔喪[illegible]見喪不改服謂不改素冠而著免其服吉服著布深衣素冠聞喪即改之又云上文云女聞壻之父母喪在塗即改服今女聞壻齊衰大功之喪入門始改者故云不聞喪即改服者昏禮重於齊衰以下

曾子問曰除喪則不復昏禮乎猶復償也○疏曰復是反覆之義故爲償也曾子以初昏遭喪不得成禮除喪之後豈不酬償更爲昏禮乎

孔子曰祭過時不祭禮也

儀禮十三　四八

0013_0050-1

又何反於初重喻輕也間年乃饋饗相飲食之道○疏曰過時不祭謂四時常祭也謂祭重而昏輕重者過時尚廢輕者不復可知熊氏云若喪祭又禘祫祭雖過時猶追而祭之故禘祫志云昭十一年齊歸薨十三年會于平丘冬公如晉不得祫至十四年乃追而祫之十五年乃禘也又僖公八年春當禘以正月會王人于洮故七月而禘故雜記云三年之喪既穎其練祥皆行是追行前練祥禘也○同上

○曾子問曰女未廟見而死則如之何孔子曰不遷於祖不祔

0013_0051-1　0013_0050-2

□□□杖不菲不次歸葬于女氏
之黨示未成婦也遷朝廟也壻雖不喪禮猶爲之服齊衰
也○疏曰婦既死於已殯耦及喪於□氏之黨故其柩不遷移朝於壻之祖廟
祔祭之時又不得祔於皇姑廟也皇大也君也稱皇者尊之也菲草屨也不次
謂不別處止哀次也壻爲妻合服齊衰衰而菲屨乃止哀次今□廟見而死其
壻唯服齊衰而已其柩還歸葬於女氏之黨以其未廟見不得舅姑之命示若
未成婦然其實已成婦但示之未成婦禮欲見其不敢自專也又曰此經但云

儀禮記十三　四十九

杖不菲不云不服故知服齊衰其女父母則爲之降服大功以其非在室
爲之服齊衰非子也○同上○曾子問曰取女有
日而女死如之何孔子曰壻齊衰而
既葬而除之夫死亦如之未有期三年之恩也
服斬衰○疏曰所以既葬除者以其未有期之恩女於壻未有三年之恩
□齊服齊衰故知□服斬衰○同上○曾子問曰諸侯
□見天子入門不得終禮廢者幾□□孔子

0013_0052-1　0013_0051-2

曰四請問之曰大廟火日食后之喪雨
霑服失容則廢皆大廟始祖廟宗廟然主於始祖耳曾子
問曰諸侯相見揖讓入門不得終禮廢
者幾孔子曰六請問之曰天子崩大廟
火日食后夫人之喪雨霑服失容則廢
夫人君之夫人○曾子問曰天子嘗禘郊社五祀
之祭簠簋既陳天子崩后之喪如之何

大之五十三　小之十四　喪禮十三　五十

孔子曰廢既陳謂夙興陳饌牲器時也天子七祀言五者關中言之
○疏曰天子七祀言五者周天子七祀諸侯五祀大夫三祀五居其中舉五而
言則通七下下通三欲見天子及大夫其祭皆然闕通也同上○孔子
曰天子崩未殯五祀之祭不行既殯而
祭其祭也尸入三飯不侑酳不酢而已
矣自啓至于反哭五祀之祭不行已葬
而祭祀畢獻而已既葬彌吉畢獻祝而後止郊社亦然惟嘗禘宗

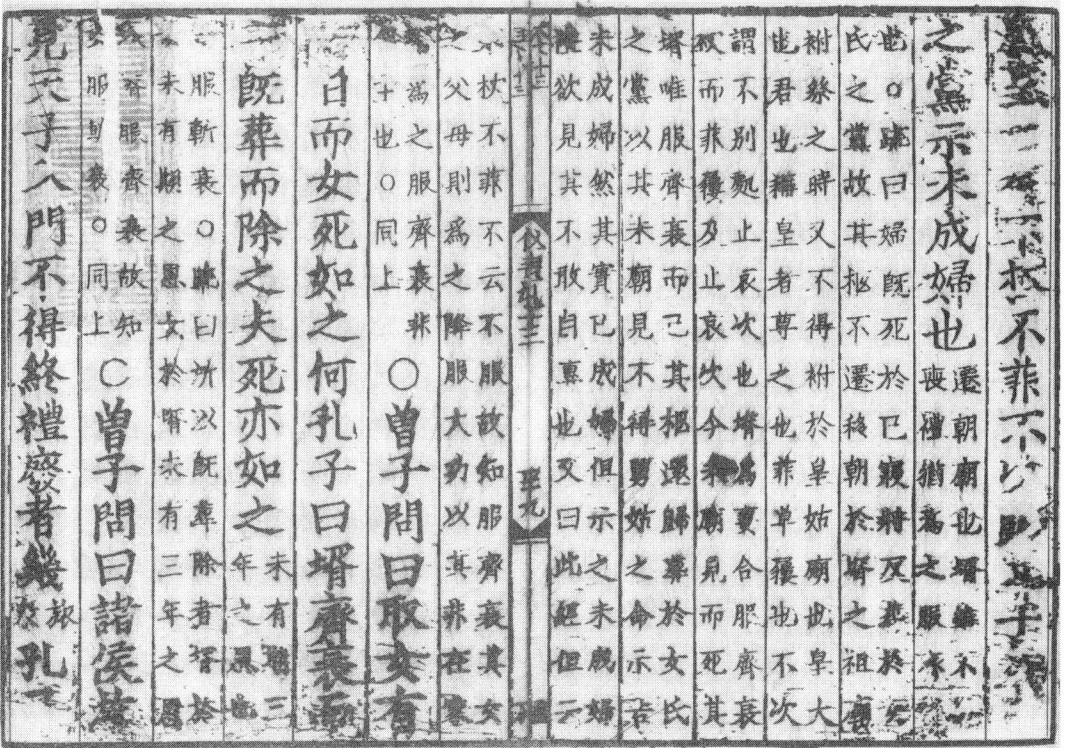

張本下象鼻題監生秦三字傅本剪去之

0013_0052-2

廟侯吉也○曾子問曰諸侯之祭社稷俎豆既陳聞天子崩后之喪君薨夫人之喪如之何孔子曰廢亦謂夙興陳饌牲器時也自薨比至于殯自啓至于反哭奉帥天子比必利反○帥循也所奉循如天子者謂五祀之祭也社稷亦然○疏曰天子諸侯祭禮既亡今儀禮唯有大夫士祭禮案特牲饋食禮祝延尸于奥迎尸而入即延坐三飯告飽祝侑尸尸又飯至於九飯畢若大夫依少牢饋食尸食十一飯而畢

儀喪九十三　五十三

0013_0053-1

鄭注少牢云士九飯大夫十一飯也則其餘有十三飯十五飯也秦此説則諸侯十三飯天子十五飯又案特牲禮尸九飯畢主人酌酒酳尸尸飲卒爵酢主人主人受酢飲畢酌獻祝祝飲畢主人又酌獻佐食此是士之祭禮也今約此而説天子五祀之祭也天子崩未殯五祀之祭不行者以初崩哀慼未遑祭祀雖[illegible]五祀祭時不得行但五祀外神不可[illegible]已私喪久廢其祭故既殯哀情稍殺[illegible]祭也其祭也尸入三飯不侑酳不[illegible]而已矣者今喪既殯不得純如吉禮[illegible]宜降殺侑勸也故迎尸入奥之後[illegible]則止祝更不勸侑其食

0013_0053-2

事蒲當欲也又熊氏云謂迎尸入奥之後尸三飯即止祝不勸侑至十五飯於時冢宰攝主酌酒酳尸尸受卒爵不酢攝主故云三飯不侑酳不酢而已者謂唯行此而已不爲在後餘事也自啓至于反哭五祀之祭不行者謂[illegible]殯云後葬畢反哭以前靈柩既見哀摧更甚故云五祀之祭不行已葬反哭殯宮畢而行其祭但既葬彌吉尸入三飯之後祝乃侑尸尸食十五飯攝主酳尸尸飲卒爵而酢攝主攝主飲畢酌而獻祝祝受飲畢則止無獻佐食以下之事所以然者以禮後來甚吉唯行此禮而已郊社亦然者王制云唯祭天地社稷爲越

儀喪九十三　五十三

0013_0054-1

紼而行事是與五祀同也趙商問云自啓至反哭五祀之祭不行注云郊社亦然王制云唯祭天地社稷爲越紼而行事既云葬時郊社之祭不行何得有越紼而行事鄭荅越紼行事喪無事時也郊社有常日自啓少至反哭自當之[illegible]言無事者謂未殯以前是有事殯以後未葬以前無事得行祭禮有[illegible]事鄭云郊社有常日自啓及[illegible]群之者郊社既有常日自至反哭[illegible]時此郊社之日[illegible]葬其[illegible]不使相妨五祀既畢若與喪[illegible]五祀群其尊卑也鄭[illegible]稷[illegible]遠余時論[illegible]

0013_0054-2

[illegible]
[illegible]禮以祭[illegible]廟[illegible]待於吉故王制[illegible]年不祭大也[illegible]在喪祭郊社之
所朝夕[illegible]雜記云國禁哭則之奠即[illegible]因也人臣尚羅明
也[illegible]云帥循也所奉循如天子天子有祭五祀之文今諸侯五
祀[illegible]天子諸侯祭社稷其遭喪廢制與[illegible]同故云社稷亦然案天子崩后
喪諸侯當奔赴得奉循天子之禮者諸侯或不自親奔而身在國者或唯據君
薨及夫人之喪其嗣子所薨得奉循天子也○同上○曾子問曰

0013_0055-1

大夫之祭鼎俎既陳籩豆既設不得成
禮廢者幾孔子曰九請問之曰天子崩
后之喪君薨夫人之喪君之大廟火日
食三年之喪齊衰大功皆廢外喪自齊
衰以下行也齊衰異門則祭其齊衰之祭也尸
入三飯不侑酳不酢而已矣大功酢而
已矣小功緦室中之事而已矣室中之事謂賓

0013_0055-2

賓長[illegible]士之所以異者緦不祭[illegible]則士不[illegible]成禮者[illegible]
所祭於死者無服則祭謂若舅舅之子從母昆弟○疏
曰齊衰則祭若遭異門齊衰之喪其祭迎尸入室但三飯則止祝更不勸侑使
至十一但三飯耳主人酌酒酳尸尸不酢主人唯此而已大功酢而已矣大功
纓經祭禮稍備尸三飯祝侑至十一飯而止主人酌酒酳尸尸酢主人主人乃
事[illegible]云小功酢而已矣若小功緦室中之事而已矣者小功與緦麻其服轉輕
祭禮轉備其祭尸十一飯訖主人酳尸尸卒爵酢主人主人獻祝及佐食畢又

0013_0056-1

主婦獻尸尸酢主婦主婦又獻祝及佐食次賓長獻尸尸若平常之祭尸得賓長
獻爵則止不舉待致爵之後尸乃舉奠今既廢賓長獻尸尸飲以酢賓賓又
獻祝又佐食而祭畢止凡尸在室之奧祝在室中北牖南面佐食在室中戶西
北面但主人主婦及賓獻尸及祝佐食事三人異則止故云室中之事而已矣
若致爵之時主婦在房中南面主人獻賓堂上北面皆不在室中其室中者
尸以能食耳故此注云室中之事謂賓長獻此小功緦麻輕內外知者以前文
云內喪大功以上廢則知內喪小功下不廢也案雜記云臣妾死於宮中三

0013_0056-2

月而後祭之此内喪緦麻不廢祭者此謂鼎俎既陳臨祭之時故不廢也若不當祭時有臣妾死於宮中及大夫爲貴妾緦庶子爲父後者爲其母緦之屬皆不祭上之所以異者緦不祭孔子見冒孝歷問至大夫必應及士故因廣舉士以語之大夫唯至大功爲九而士又加緦小功二等合爲十一此亦謂祭宗廟鼎俎既陳而值喪也大夫祭值緦小功不辨内外皆不廢祭而禮則小異耳士値緦小功不辨内外一切皆廢祭士輕故爲輕親伸情也所祭於死者無服則祭謂若舅舅之子從母昆弟此等於己緦服緦而於祖禰則無服然此皆母禮

0013_0057-1

而得云無服者祭祀以祖禰爲主母親於己服緦於祖禰無服此皆母親以夕爲主也其從母父姊無非己爲小功熊氏云亦廢祭也案經云緦不祭所祭於死者無服則祭祿緦爲文似不關小功故鄭以緦服解之皇氏横加小功其義非也○而上

○大夫士將與祭於公既視濯而父母死則猶是與祭也次於異宮既祭釋服出公門外哭而歸其他如奔喪之禮如未視濯則使人告告者反而后

0013_0057-2

哭如諸父昆弟姑姊妹之喪則既宿則與祭卒事出公門釋服而后歸其他如奔喪之禮如同宮則次于異宮詳見奔喪條

○曾子問曰卿大夫將爲尸於公受宿矣而有齊衰内喪則如之何孔子曰出舍於公館以待事禮也吉凶不可以同處○疏曰出舍於公館以待事禮也者云且舍公館待事畢然後歸哭也所以出於公館者以祭是吉凶不可同處也○曾子問

0013_0058-1

○聘君若薨于後入竟則遂既接於主國君也○疏曰自此盡唯稍受之論聘者遭己君之喪行非常之禮事云接於主國者謂闗人闗人告君君使士請事是接於主國矣故入境則遂也赴者未至則哭于巷衰于館未至謂赴告主國君者也哭于巷者哭于巷門未可爲位也衰于館未可以凶服出見人其聘享之事自若吉也今文赴作訃○疏曰本國遭喪赴者有兩使一使告聘者一使告主國以其赴主國之使未至是以未可爲位哭人弔禮云

0013_0058-2

竟于館未可以凶服出見人若對下經无者至則衰而出云其聘享之事自若吉者下云受饔餼之禮故云先行聘享乃後受禮以其主國未得赴告故自若吉也受禮受饔餼也不受饗食亦不受加赴者至則衰而出禮爲鄰國闕於是可以凶服將事也○疏曰主國君使者衰而出則主國可以闕樂云於是可以凶服將事者謂主人所歸禮則賓可以凶服受之其正行聘享則著吉服矣故雜記云執玉不麻是也唯稍受之稍所教反○稍廩食也○疏曰禮君行師從卿行旅從從者既多不可闕於稍

大四十一　小三百六　仪丧礼十三　子七　吳丙

0013_0059-1

食案周禮每云稍事皆謂米廩以其稍稍給之故謂米廩爲稍歸執圭復命于殯升自西階不升堂復命于殯者臣子之於君父存亡同子即位不哭將有告請之事宜清淨也不言升子着君薨孔韜皆待之亦皆如朝夕哭位○疏曰臣子一列上下文唯言子不言擧位與子同在如朝夕哭位者素奔喪云弁父之喪在家者待之皆如朝夕哭位故如此亦然辯復命如聘自陳幣至于上介以公賜告無勞○疏曰上文君存時使者復命自陳公幣已下至賜告之等今復命於殯所亦盡

0013_0059-2

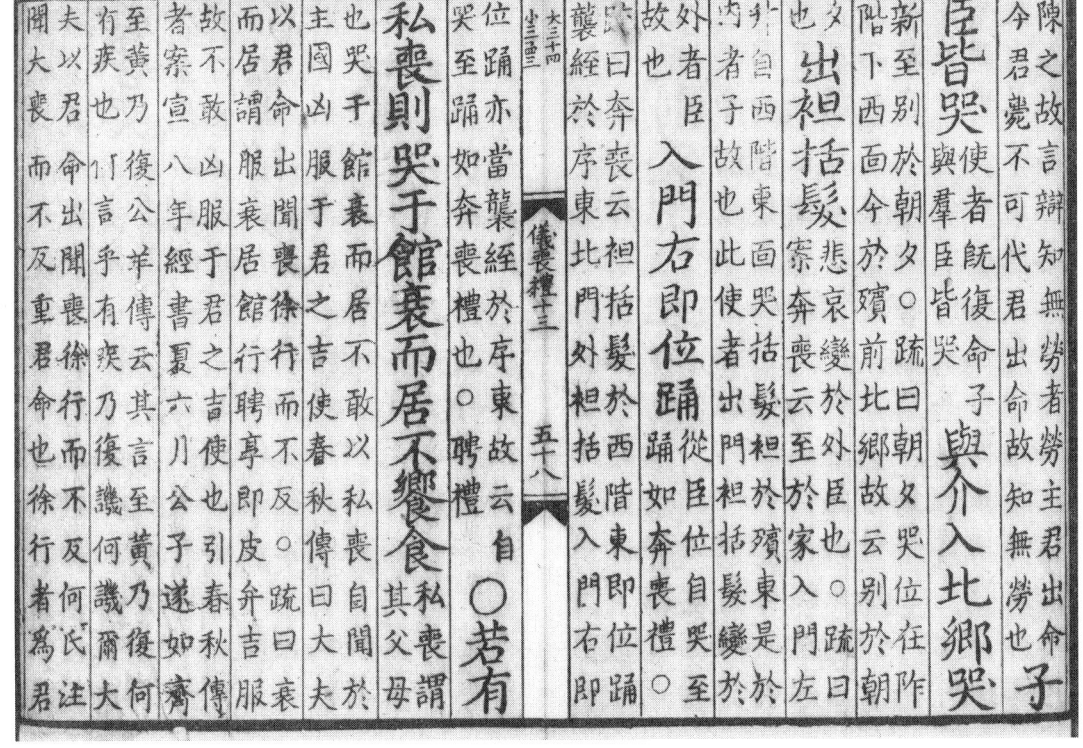

陳之故言辯知無勞者勞主君出命今君薨不可代君出命故知無勞也子臣皆哭與使者既復命子與羣臣皆哭與介入北鄉哭新至別於朝夕○疏曰朝夕哭位在阼階下西面今於殯前北鄉故云別於朝夕也出袒括髮悲哀變於外臣也○疏曰案奔喪云至於家入門左升自西階東面哭括髮袒於殯東是於內者子故也此使者出門袒括髮變於外者臣故也入門右即位踊從臣位自哭至踊如奔喪禮○疏曰奔喪云袒括髮於西階東即位踊襲經於序東北門外袒括髮入門右即

大三十四　小二百三　儀喪禮十三　五十八

0013_0060-1

位踊亦當襲經於序東故云自哭至踊如奔喪禮也○聘禮○若有私喪則哭于館衰而居不饗食私喪謂其父母也哭于館衰而居不敢以私喪自聞於主國凶服于君之吉使春秋傳曰大夫以君命出聞喪徐行而不反○疏曰衰而居謂服衰居館行聘享即皮弁吉服故不敢凶服于君之吉使也引春秋傳者案宣八年經書夏六月公子遂如齊至黃乃復公羊傳云其言至黃乃復何有疾也何言乎有疾乃復譏何譏爾大夫以君命出聞喪徐行而不反何氏注聞大喪而不反重君命也徐行者爲君

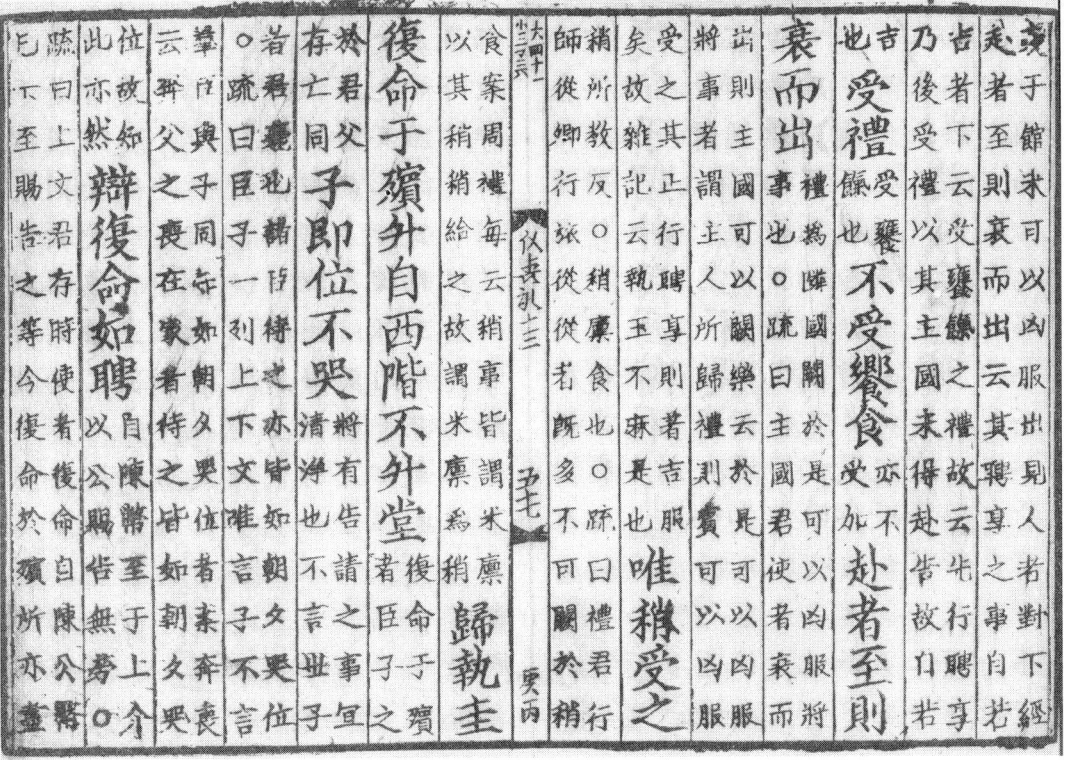

張本下象鼻題監生秦淳四字傅本剪去之

0013_0060-2

當使人追代之以喪踰疾者喪猶不還
而況疾乎是也以此言之使雖未出國
境聞父母之喪遂行不敢以私廢王事
君使人代之可也以此言之明至彼所
使之國雖聞父母之喪不反
可知是以哭于館衰而居
歸使衆介先衰而從之
已有齊斬之服不忍顯然
趨於往來其在道路使介
居前歸又請反命已猶徐行隨之君納
之乃朝服既反命出公門釋服哭而歸
其他如奔喪之禮吉時道路深衣○疏
曰已有齊斬之服者爲父斬衰爲母齊
衰也不忍顯然趨於往來者解經使衆
介先衰而從之之意經云歸據反國時

大九 小四百 儀禮十三 五十九

0013_0061-1

恭云往者鄭意云時聞父母之喪不敢
即反亦使衆介先衰而從之故往來並
言云在道路使介居前者謂向彼國時
云歸又請反命已猶徐行隨之者此謂
還國至近郊使人請反命君許入猶使
介居前徐行於後隨介至國也君納之
乃朝服者以其行聘之時猶不以凶服
于君之吉使而服吉服知此反命時亦
不以凶服于君之吉使而服朝服如吉
時反命矣云出公門釋服哭而歸者案
雜記云大夫士將與祭於公既視濯而
父母死則猶是與祭也次於異宮既祭
釋服出公門外哭而歸明此亦出公門
釋朝服而歸但彼祭服不可著出故門

0013_0061-2

[illegible]可以[illegible]門[illegible]
[illegible]如奔喪之禮[illegible]
[illegible]家入門左升自西階殯東西[illegible]
[illegible]盡哀括髮降堂東即位西[illegible]
[illegible]襲絰于序東絞帶反位拜賓成踊[illegible]
[illegible]位有賓後至者則拜之成踊送[illegible]
[illegible]初衆主人兄弟皆出門出門[illegible]
[illegible]相者告就次於又哭括髮袒成踊[illegible]
[illegible]三哭猶括髮袒成踊三日成服[illegible]
[illegible]皆如初云吉時道路深衣者以[illegible]
[illegible]服之下唯有深衣不爲人之常服既[illegible]
[illegible]服反命出門去朝服還服吉時深衣
三日成服乃
去之○同上
○掌客賓客有喪惟芻稍

[illegible] 儀禮十三 六十

0013_0062-1

之受
稍所教反徧踈諾反○不受饔食
饔食加也喪謂父母死也客則又
有君喪芻給牛馬稍人廩也其正禮饔
饔餼主人致之則受○疏曰喪謂父母
死也者據正賓而言若諸侯正聘母死
而有父者或始封之君舊爲卿大夫容
有父或父有廢疾不立己爲位於祖亦
有父也云客則又有君喪者謂介尸
下非直有父母又有君喪以其俱三年
故饔禮皆有私喪則哭于館衰而居云
芻給牛馬者從行之牛馬云稍人稟也
習師從於從者須給稍即月稟是也殯
饔餼主人或之則受者以正禮故受之
饔食加主人致之亦不受也○周禮

0013_0062-2

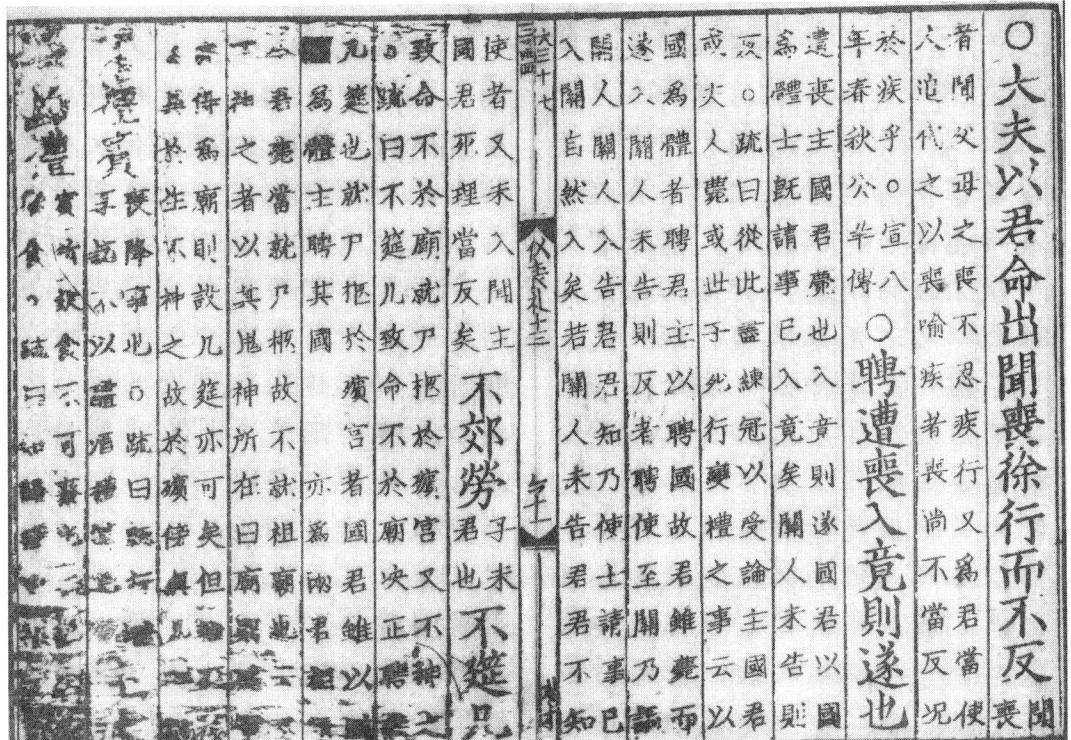

〇大夫以君命出聞喪徐行而不反聞喪

旹聞父母之喪不忍疾行又為君當使人追代之以喪喻疾者喪尚不當反況

於疾乎〇宣八年春秋公羊傳〇聘遭喪入竟則遂也

遭喪主國君薨也入竟則遂國君以國為禮士既請事已入竟矣關人未告則

反〇疏曰從此盡練冠以受論主國君或夫人薨或世子死行變禮之事云以

國為體者聘君主以聘國故君雖薨而遂入關人未告則反者聘使至關乃請

關人關人入告君君知乃使士請事已入關旨然入矣若關人未告君君不知

仪丧礼十三

0013_0063-1

使者又未入關主國君死理當反矣不郊勞子未君也不筵几

致命不於廟就尸柩於殯宮又不神之〇疏曰不筵几致命不於廟決正聘[illegible]

几筵也就尸柩於殯宮者國君雖以[illegible][illegible]為禮主聘其國亦為兩君[illegible]

君薨當就尸柩故不就祖廟也云[illegible]神之者以其鬼神所在曰廟[illegible]

言停為廟則設几筵亦可矣但[illegible]與於生不神之故於殯停具几[illegible]

不禮賓喪降事也〇疏曰[illegible]以禮酒[illegible]

[illegible]禮賓[illegible]饗食不可[illegible]食〇疏曰[illegible]

0013_0063-2

食者饗食亦有生法故主人亦歸之[illegible]賓唯饔餼之受受正

不受加也〇疏曰饔餼之禮是其正自饗食之等是其加也不賄不

禮玉不贈喪殺禮為之不備〇疏曰不賄者謂不以束紡不禮玉者

謂不以束帛乘皮以報享不贈者賓出至郊不以物贈之也〇聘禮〇遭

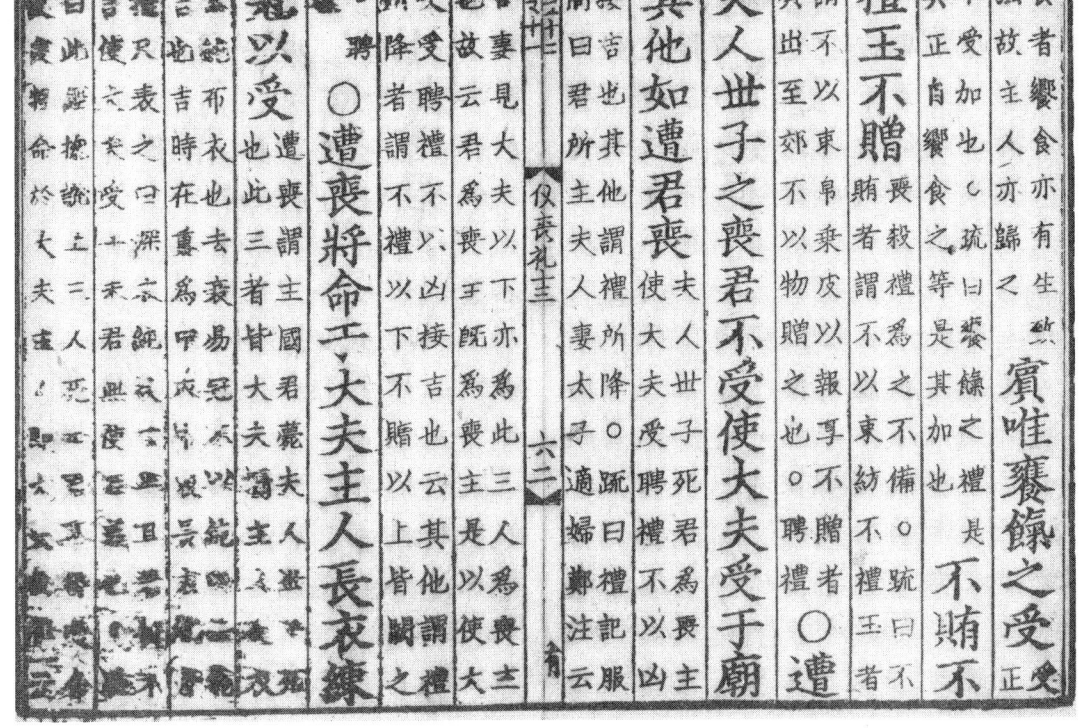

夫人世子之喪君不受使大夫受于廟

其他如遭君喪夫人世子死君為喪主使大夫受聘禮不以凶

接吉也其他謂禮所降〇疏曰禮記服問曰君所主夫人妻太子適婦鄭注云

仪丧礼十三　六二

0013_0064-1

言妻見大夫以下亦為此三人為喪主也故云君為喪主既為喪主是以使大

夫受聘禮不以凶接吉也云其他謂禮所降者謂不禮以下不賄以上皆闕之

〇聘〇遭喪將命于大夫主人長衣練

冠以受遭喪謂主國君薨夫人世子也此三者皆大夫為主[illegible]

喪縑布衣也去喪易冠[illegible]吉也吉時在喪為甲衣[illegible]

禮只表之曰深衣純[illegible]言使之受于君與[illegible]

曰此經據[illegible]上三人死[illegible]饗食聘命於大夫主[illegible]

0013_0064-2

此三者皆大夫攝之人也云長衣素純布衣者此長衣則與深衣同布但[illegible]長素純爲異此長衣之緣以素爲之故云素純也去衰易冠者謂脫去斬衰之服而著長衣脫去六升九升之冠而著縞冠云不以純凶接純吉者聘禮是純吉禮。而上○掌客遭主國之喪不受饗食受牲禮牲亦當爲腥聲之誤也有喪不忍煎亨正禮殯饔餼當孰者腥致之也。疏曰案聘禮聘遭喪入境則遂也主人畢歸禮注云禮謂饔餼饗食賓唯饔餼之受注云受正不受加饗食雖主人歸賓賓不受其加若饔主人致之亦

仪丧礼十三　六三

0013_0065-1

凴受以其正受腥禮。周禮○君之喪未小斂爲國賓出拜國賓于位疏曰國賓謂鄰國大夫來聘者遇主國君之喪。喪大記○賓入境而死遂也主人爲之具而殯具謂殆死至殯所當用。疏曰賓入境而死遂也者若未入境即反介攝其命爲致聘饗之禮也初時上介接聞命。疏曰初賓受命於君之時賓介同北面上介接聞君命矣以是賓死得攝其命君弔介爲主人雖有臣子親因猶不爲主人以介與賓並命於君尊也。

0013_0065-2

疏曰古者賓聘家臣適子皆從行是以廷陵季子聘於齊其子死葬於嬴博之間故鄭云雖有臣子親因猶不爲主人以其介尊故也主人歸禮幣必以用當中奠贈諸喪具之用不必如賓禮。疏曰喪具謂襲與小斂大斂不必如賓禮者不必如致飧饔之禮束紡皮帛之類不堪喪者之用故也介受賓禮無辭也介受主國賓已之禮無所辭也以其當陳之以反命也有賓喪嫌其辭之不饗食疏曰不受饗食明受饗餼正禮也歸介復命柩止于門外門外大門外也必以

仪丧礼十三　六十四

0013_0066-1

柩造朝達其忠心。疏曰知門外是大門外者國君有三門皐應路又有三朝內朝在路寢庭正朝在路門外應門外無朝外朝當在皐門外經直云止於門外無入門之言明知止於大門外外朝之上介卒復命出奉柩送之君弔卒殯疏曰當介復命之時賓之尸柩在外朝上介卒復命謂復命訖出君大門奉賓之柩送至賓之家屍柩入殯於兩楹之間君往就弔卒殯者謂殯訖殯是喪之大節故云卒殯成節乃去謂君與大夫盡去○若大夫介卒亦如之不言上介者小聘上介士

張本下象鼻題監生秦淳四字傳本剪去之

0013_0066-2

也○疏曰大聘上介是大夫小聘上介
士經不言上介者欲兼見小聘之法也
若小聘上介末介皆士則入下文士介
死中以其下文更不見小聘賓介死法
言此兼之也○士介死爲之棺斂之不具他衣物也
自以時服也○疏曰以士介卑直具棺
不具他物其士介從者自用時服斂
君不弔焉王國君使人弔不親往○若賓死未將
命則既斂于棺造于朝介將命未將命謂俟間
之後也以柩造朝以已至朝志在達君
命○疏曰前云賓入境而死謂在路死

0013_0067-1

未至國此經更説賓至朝俟間之後使
大夫致館未行聘饗而賓在館死故鄭
云以柩造朝志在達君命則知
上國外死不以柩造朝可知○若介
死歸復命唯上介造于朝○若介死雖
士介賓既復命往卒殯乃歸往謂送柩○聘禮
○掌客凡掌客死致禮以喪用詳見遺有喪條
右因吉而凶冠昏祭聘○仲遂卒于垂
壬午猶繹萬不云籥春秋經在宣八年仲遂魯

0013_0067-2

莊公之子東門襄仲先日辛巳有
事於大廟而仲遂卒明日而繹非
也萬干舞也籥籥舞也傳曰
去其有聲者廢其無聲者仲尼
曰非禮也卿卒不繹繹音亦去羌呂反籥羊勺
反○疏曰萬是執干而舞武舞也
籥舞執羽吹籥而舞文舞也宣八
年公羊傳云去其有聲謂去籥舞
以吹籥有聲故也廢其有聲謂廢
留萬舞而不去以萬
舞無聲故也○檀弓○季文子將
聘於晉求遭喪之禮以行季孫行父也聞

0013_0068-1

晉侯疾故其人曰將焉用之文子曰備
豫不虞古之善教也求而無之實
難難卒得○卒寸忽反過求何害所謂文子三思八
月晉侯驩卒文公六年春秋左氏傳○楚子
西子期伐吳陳侯使公孫貞子弔
焉及良而卒將以尸入吳子使太
宰嚭勞且辭曰以水潦之不時無

0013_0068-2

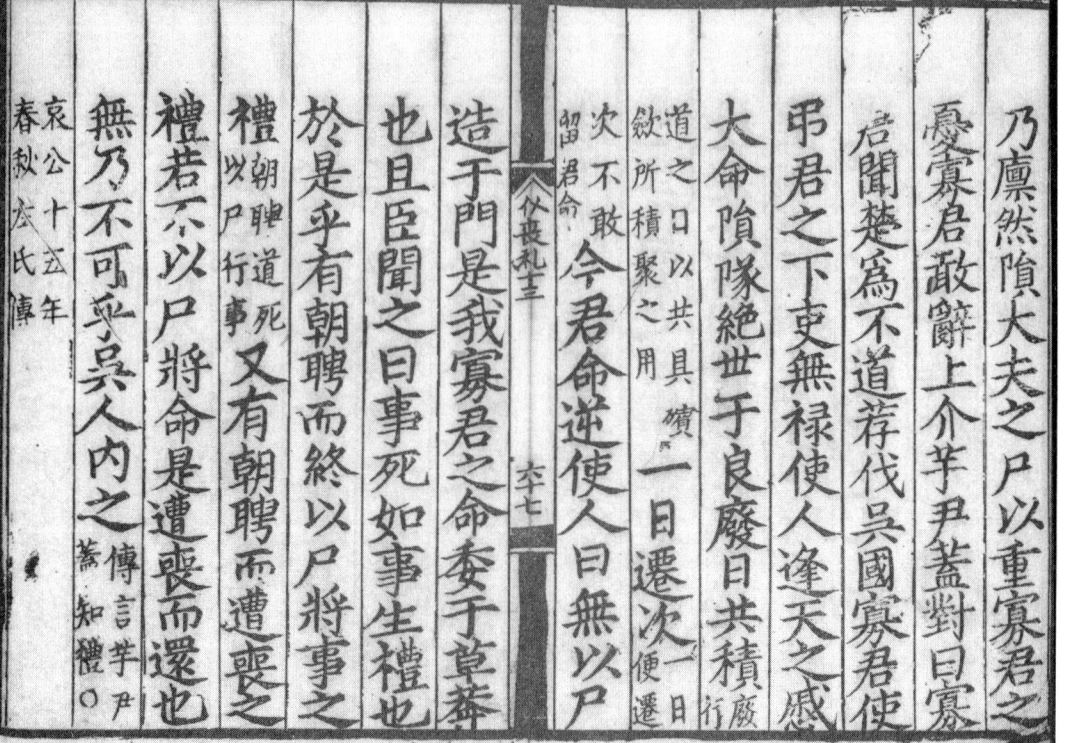

乃廪然隕大夫之尸以重寡君之憂寡君敢辭上介芋尹蓋對曰寡君聞楚爲不道荐伐吴國寡君使弔君之下吏無禄使人逢天之慼大命隕隊絶世于良廢日共積廢行道之口以共具殯欲所積聚之用一日遷次一日便遷次不敢留君命今君命逆使人曰無以尸

儀喪禮十三　六十七

0013_0069-1

造于門是我寡君之命委于草莽也且臣聞之曰事死如事生禮也於是乎有朝聘而終以尸將事之禮朝聘道死以尸行事又有朝聘而遭喪之禮君不以尸將命是遭喪而還也無乃不可乎吴人内之傳言芋尹蓋知禮○

哀公十五年
春秋左氏傳

張本下象鼻陰刻題廖字

0013_0069-2

以喪冠者雖三年之喪可也既冠於次入哭踊三者三乃出言雖者明齊衰以下皆可以喪冠也喪遭喪以其冠月則喪服因冠矣非其冠月待變除卒哭而冠次廬也雖戎爲吉。疏曰謂將欲加冠而值其喪則當喪服之時因喪服加冠非但輕服得冠雖有三年重喪亦可爲因喪服而冠故云可也既冠於次者此謂加冠於廬次之中若齊衰以下加冠於次舍之處入哭踊三者三乃出者謂既冠之後入於喪所哭而既踊謂每踊一哭而三踊如此者三凡爲九踊乃出就次所知當冠

儀喪禮十三　六十八

0013_0070-1

日則喪服因冠者以曾子問云將冠子不及期日而有齊衰大功小功之喪則因喪服而冠言未及期日明及月可知但未及冠之日耳以此言之知冠律用可冠也云非其冠月待變除卒哭而冠者案夏小正二月綏多士女是冠用二月假令正月遭喪則二月不得因喪而冠必待變除受服之節乃可以冠矣云次廬也者據重服而言也。雜記○大功之末可以冠可以嫁子父小功之末可以冠子可以嫁子可以取婦己雖小功既卒哭可

0013_0070-2

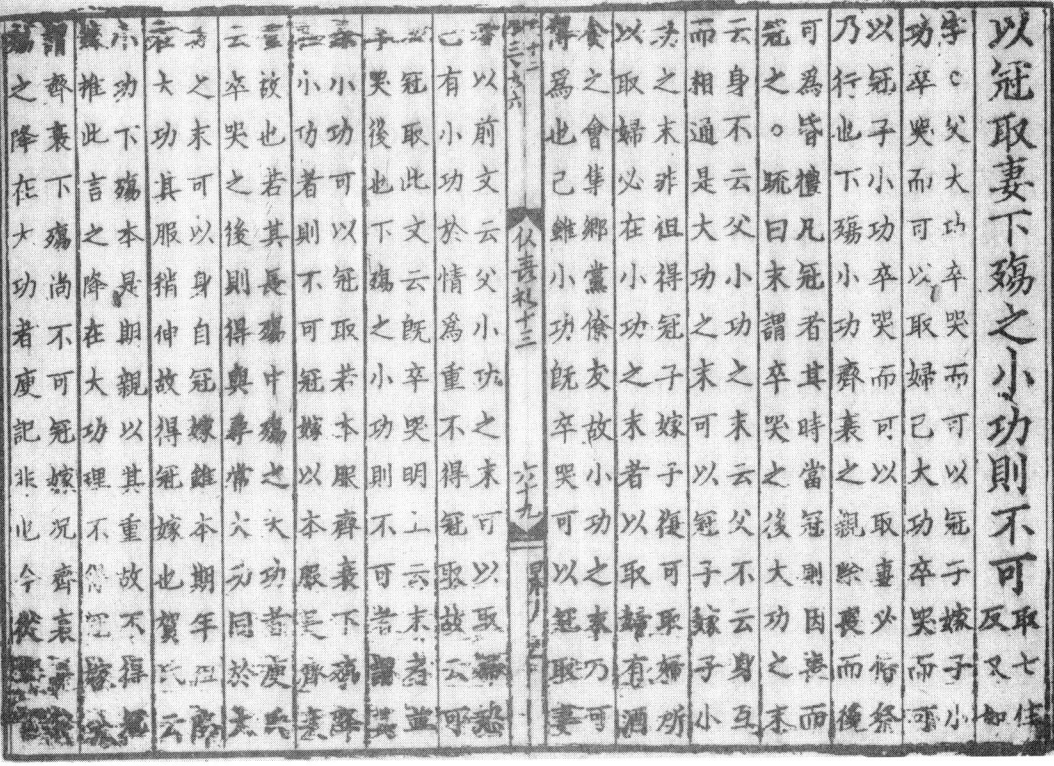

以冠取妻下殤之小功則不可取七住反又如字○父大功卒哭而可以冠子嫁子小功卒哭而可以取婦已大功卒哭而可以冠子小功卒哭而可以取妻必偕祭乃行也下殤小功齊衰之親除喪而後可爲昏禮凡冠者其時當冠則因喪而冠之○疏曰末謂卒哭之後大功之末云身不云父小功之末云父不云身互而相通是大功之末可以冠子嫁子小功之末非但得冠子嫁子復可取婦所以取婦必在小功之末者以取婦有酒食之會集鄉黨僚友故小功之末乃可得爲也已雖小功既卒哭可以冠取妻

0013_0071-1

[illegible]以前文云父小功之末可以取妻[illegible]已有小功於情爲重不得冠取故云可以冠取此文云既卒哭明上云末者並卒哭後也下殤之小功則不可當謂其齊小功可以冠取若本服齊衰下殤降在小功者則不可冠嫁以本服是齊衰重故也若其長殤中殤之大功者庾氏云卒哭之後則得與尋常大功同於大功之末可以身自冠嫁雖本期年以降在大功其服猶伸故得冠嫁也賀氏云小功下殤本是期親以其重故不得冠嫁推此言之降在大功理不得冠嫁[illegible]謂齊衰下殤尚不可冠嫁況齊衰[illegible][illegible]殤之降在大功者庾記非也今從[illegible][illegible]

0013_0071-2

云必偕祭乃行也者偕俱也父是大功之末已亦是大功之末乃得行此冠子嫁子父小功之末已亦小功之末可以嫁取必父子俱然乃得行事故云必偕祭乃行知父子俱大功小功若姑及姊妹出適父子俱爲大功若從祖兄弟父爲之小功己亦爲之小功是父子其服同也若父有齊衰子有大功則不可若父有大功子有小功可以冠嫁未可以取婦必父子俱有小功之末可以取婦若父是小功己在緦麻灼然合取可知又云必偕祭乃行者言爲諸吉禮必待祭訖乃行也云下殤小功齊衰之親除喪而後可爲昏禮者言除訖可爲昏

0013_0072-1

禮則未除喪不可爲昏禮云小功則不可者唯謂昏也其冠嫁則可也云凡冠者其時當冠則因喪而冠之者鄭以經云大功小功之末可以吉冠則大功小功之初當冠之時則因喪服而冠矣鄭以前經云以喪冠者雖三年之喪可也者[illegible]據重服喪亦可冠恐輕服大功小功者亦喪不合冠故鄭於注特明之○同是

○喪三年不祭唯祭天地社稷爲越紼而行事紼音弗○不敢以卑廢尊越猶踐也紼輴車索○輴勑倫反○疏曰私喪者是其卑天地社稷是其尊今雖遭私喪既殯已後若有天地

0013_0072-2

社稷之祭即行之故云不敢以卑廢尊也越是踰躐之義但未葬之前屬紼於輴以備火災今即祭天地社稷須越躐此紼而往祭所故云越紼云紼輴車索者以傳往之時指其繦體則謂之紼若在塗人挽而行之則謂之引鄭注雜記云廟中曰紼在塗曰引天地社稷故有越紼之禮六宗及山川之等卑於天地社稷待喪終乃祭故鄭志答田瓊云天地郊社至尊不可廢故越紼祭之六宗山川之神則否其宮中三祀在殯內則亦祭之故曾子問云君薨五祀之祭不行既殯而祭之自啓至於反哭五祀之祭不行既葬而祭之故鄭答田瓊云五

儀禮記十三　七十一

0013_0073-1

祀宮中之神喪時朝夕出入所祭不爲越紼也天地社稷之祭預卜時日今忽有喪故既殯越紼行事若遭喪之後當天地郊社常祭之日其啓殯至於反哭則避此郊社祭日而爲之案禮卒哭而祔練而禘於廟此等爲新死者而爲之則非常祭也其常祭法必待三年喪畢也其春秋之時不至三年而爲吉祭者皆非禮也杜預之意以爲既祔以後宗廟得四時常祭三年大禘乃同於吉故僖公三十三年凡君薨卒哭而祔祔而作主特祀於主烝嘗禘於廟杜注云新主既特祀於寢則宗廟四時常祀三年禮畢又大禘乃皆同於吉如杜之意

0013_0073-2

與三年不祭違者案釋例云禮記後儒所作不正與春秋同是以不盡用禮記也○王制○程氏遺書曰禮言惟天地之祭爲越紼而行事此事難行既言越紼則是猶在殯宮於時無由致得齊又安能脫喪服衣祭服此皆難行縱天地之祀爲不可廢則消使冢宰攝爾昔英宗初即位有人以此問先生曰今人居喪百事皆如常特於祭祀廢之則不如無廢爲愈也子厚正之曰父在爲母喪則不敢見其父不敢以非禮見也今天子爲父之喪以此見上帝是以非禮見上帝也故不如無祭○或問喪三年不祭朱先生曰程先生謂今人居喪都

儀喪礼十三　七十二

0013_0074-1

不能如古禮却於祭祀祖先獨以古禮不行恐不得横渠曰如此則是不以禮祀其親也又曰喪祭之禮程張二先生所論自不同論正禮則當從横渠論人情則伊川之說亦權宜之不能已者但家間頃年居喪於四時正祭三獻受胙非居喪所可行而俗節則惟普同一獻不讀祝不受胙也[illegible]○居喪不祭伊川横渠各有說若論今日人家所行則不合禮處自多難以一槩論若用韓魏公法則有時祭有節祠時祭禮繁非居喪者所能行節祠則其禮甚簡雖以墨縗行事亦無不可也○天子崩國君薨則

張本下象鼻題監生秦三字傳本剪去之

祝取羣廟之主而藏諸祖廟禮也卒哭成事而后主各反其廟詳見卒哭祔練祥禫記卒哭條○天子崩未殯五祀之祭不行既殯而祭其祭也尸入三飯不侑酳不酢而已矣自啓至于反哭五祀之祭不行已葬而祭祝畢獻而已○其齊衰之祭也尸入三飯不侑酳不酢而已矣大功酢而已矣小功緦室中之事而已矣士之所

儀喪禮十三　十三

以異者緦不祭所祭於死者無服則祭以上條詳見上因吉而凶條○曾子問曰相識有喪服可以與於祭乎問已有喪服可以助相識者祭否孔子曰緦不祭又何助於人疏曰身有緦服尚不得自祭已家宗廟何得助於他人祭乎而熊氏云謂身有緦服則不得自爲父母虞祔卒哭祭此謂同宮緦則士爲妾有子而大夫爲貴妾是同宮緦者若大夫士

齊衰大功小功緦麻同宮則亦不祭異宮則殯後得祭故雜記云父母之喪將祭而昆弟死既殯而祭若同宮則雖臣妾葬而後祭虞祔亦然天子諸侯爲妾死於宮中雖無服亦不得爲父母虞祔卒哭祭也天子諸侯適子死斬衰既練乃祭天子諸侯爲適孫適婦則既殯乃祭以異宮故也曾子問曰廢喪服可以與於饋奠之事乎註新除喪服孔子曰說衰與奠非禮也執事於人之神爲其忘哀也以擯相可也相息亮反○此論大祥除服不得與他人饋奠之事廢尚於也不問可與吉祭而問可與饋奠者以己新說喪服吉祭禮輕決其不可饋奠是他人之重者己又新始說衰凶事相因疑得助奠故問之也○曾子問曰君薨而世子生如

儀喪禮十三　十四

之何孔子曰卿大夫士從攝主北面於西階南變於朝夕哭位也攝主上卿代君聽國政○疏曰公羊云君存稱世子君薨稱子某此既君薨仍稱世子者以其則於眾子又用世子之禮告殯故曰世子攝主上卿代國有卿大夫士等皆衣衰服北面文不

[illegible]以下文云大祝裨冕明知大夫之
[illegible]裨冕也注云變於朝夕哭位者[illegible]
[illegible]云君之喪既正尸卿大夫父兄子
姓立于東方又士喪禮朝夕哭大夫即
位于門外西面北上外兄弟在其南南
上賓繼之北上若其門內位主人堂下
直東序西面兄弟皆即位如外位卿大
夫在主人之南是朝夕內外哭位皆在
東方也今乃從攝主北面於西階南故
云變於朝夕哭位也必於西階南者以
將告殯近殯位故也

大祝裨冕執束帛升自西階

盡等不升堂命毋哭

將有事宜清靜也裨冕者接神則祭

服也諸侯之卿大夫所服裨冕絺冕也
玄冕也士服爵弁服大祝裨冕則大夫
尸疏曰大祝以大夫爲之祝主接神故
服裨冕裨冕祭服也以其將告神故執
束帛執持也束帛十端也端則二丈尾
神贄故用偶數也鬼神以丈八尺爲端
鬼神之道陰陽不測故用陰陽之數求
之一丈象陽八尺法陰十端六玄四纁
玄兩三玄二纁纁是地色玄是天色也
[illegible]任告殯故升自西階若於堂下告則
或遂堂上告則六近殯故升階盡等級
命不升堂將有告事宜靜故命毋哭御
[illegible]所服裨冕絺冕也者案覲禮侯氏
[illegible]冕鄭注云裨冕者衣裨衣而冠冕

裨之爲言埤也天子六服大裘爲上
餘爲裨言服裨衣而著冕故云裨冕[illegible]
經者取其續纚云諸侯之卿大夫所服
裨冕絺冕也玄冕也者此亦五等諸侯
之孤卿大夫唯絺冕而下此卿大夫[illegible]
[illegible]冕若孤卿則絺冕若三命再命[illegible]
天子玄冕故司服云孤自[illegible]
下卿大夫自玄冕而下周禮[illegible]三孤
卿九卿總云謂卿四命是卿[illegible]
[illegible]云士服爵弁服者以天子大[illegible]
大夫諸侯則無文若是士則[illegible]
今云云大祝裨冕故云則大夫[illegible]

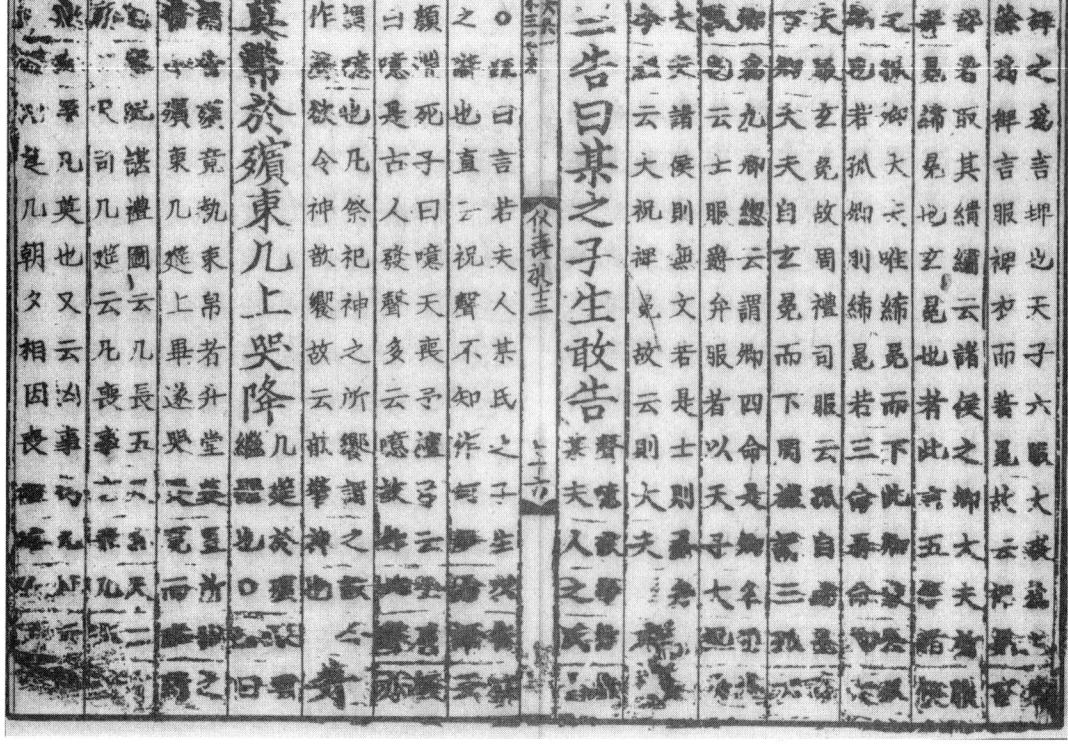

三告曰某之子生敢告

聲噫[illegible]某夫人之[illegible]

○疏曰言若夫人某氏之子生[illegible]
之[illegible]也直云祝聲不知作何[illegible]
顯謂死子曰噫天喪予禮子云[illegible]
曰噫是古人發聲多云噫故[illegible]
謂噫也凡祭祀神之所饗謂之歆[illegible]
作聲欲令神歆饗故云歆聲神也[illegible]

奠幣於殯東几上哭降

几筵於[illegible]繼[illegible]也○[illegible]曰

謂當殯竟執束帛者升堂[illegible]之
幣于殯東几筵上畢遂哭[illegible]而[illegible]
[illegible]從禮圖云几長五尺[illegible]
所[illegible]司几筵云凡喪事[illegible]几[illegible]
[illegible]舉凡莫也又云凶事[illegible]
[illegible]是几朝夕相因喪[illegible]

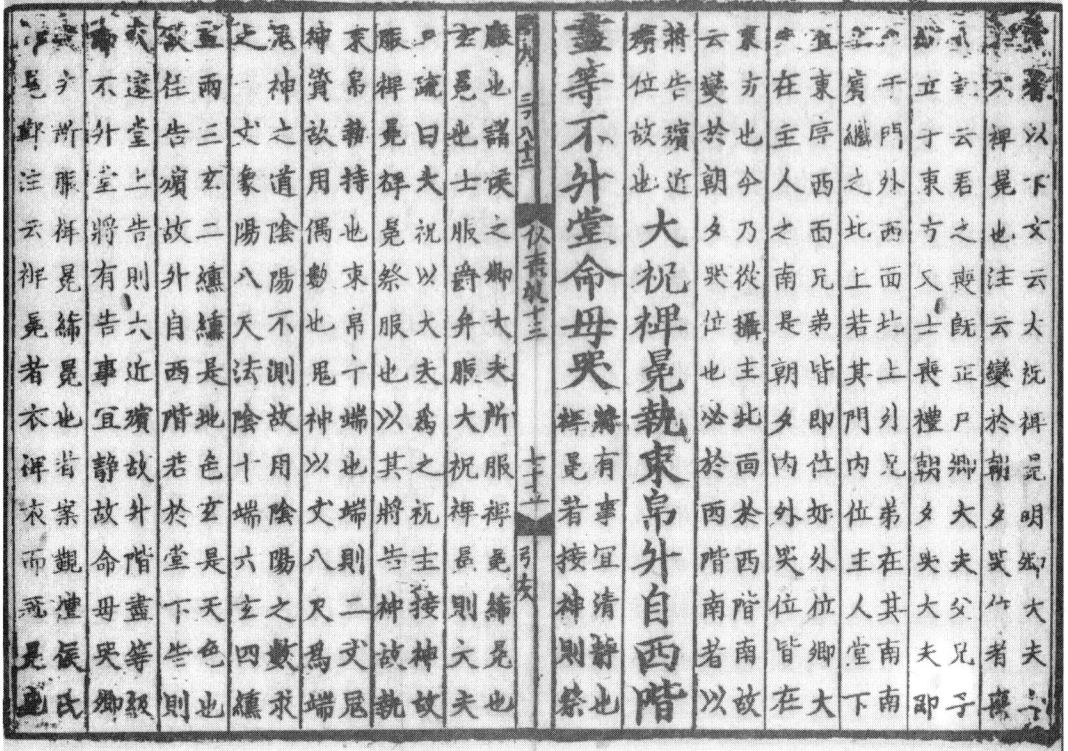

0013_0078-2

之辭[illegible]為是[illegible]服夕[illegible]奠之[illegible]變[illegible]為朝位之哭當在不去今更特
[illegible]凡[illegible]東分明世子[illegible]繼之[illegible]設[illegible]之外別特設之眾主
人卿大夫士房中皆哭不踊眾主人君之親也房
中婦人盡一哀反位遂朝奠○反朝夕哭位疏曰案士
喪禮每日之旦於朝夕哭位先哭而後行朝奠朝奠了又哭今因西階前哭畢
反此朝夕哭位不更哭即行朝奠禮謂一時兼哭兩事故云遂朝奠小
宰升舉幣所主也舉而下埋之階間○疏曰所以小宰舉幣幣是小

儀喪禮十三　七十七

0013_0079-1

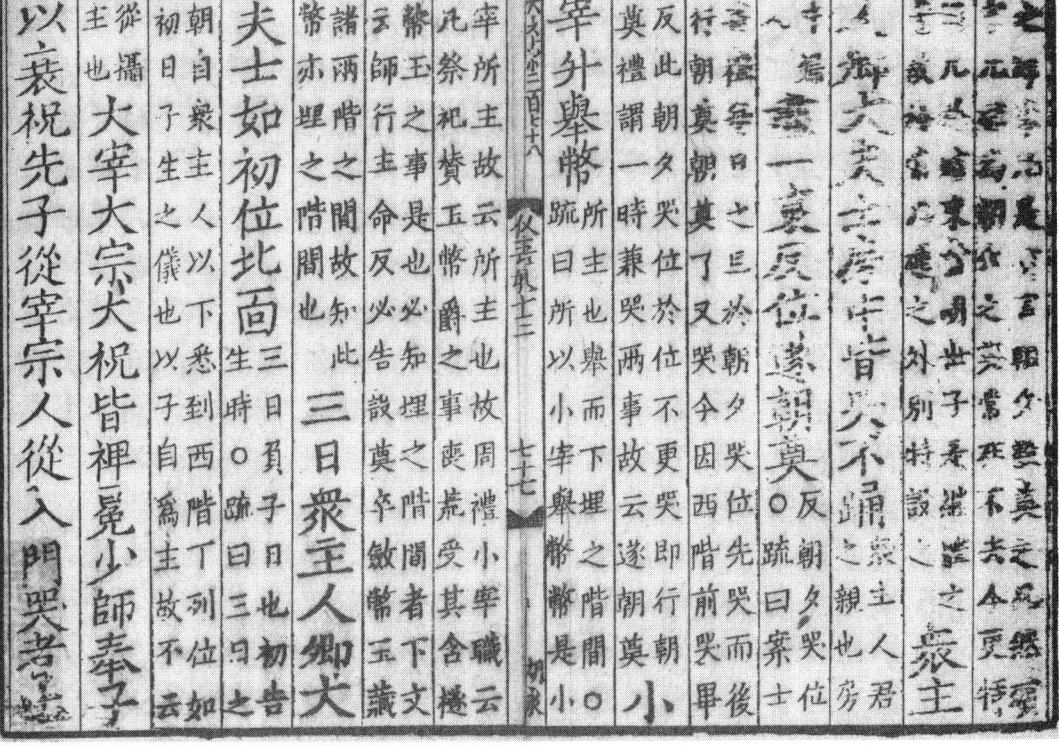

宰所主故云所主也故周禮小宰職云凡祭祀贊玉幣爵之事喪荒受其含襚
幣玉之事是也必知埋之階間者下文云師行主命反必告設奠卒斂幣玉藏
諸兩階之間故知此幣亦埋之階間也三日眾主人卿大
夫士如初位北面三日負子日也初告生時○疏曰三日之
朝自眾主人以下悉到西階下列位如初日子生之儀也以子自爲主故不云
從攝主也大宰大宗大祝皆裨冕少師奉子
以衰祝先子從宰宗人從入門哭者[illegible]

0013_0079-2

少升召反奉芳勇反從才用反○宰宗人詔贊君事者○疏曰大宰是教令之
官大宗是主宗廟之官初不裨冕今得裨冕者以爲奉子接神故服祭服少師
奉子以衰者少師主養子之官又奉子故與子皆著衰也皇氏及王肅云謂以
衰衣而奉之祝先子從者祝主接神故先進也少師奉子次從祝也上云大宰
大宗此直云宰宗人者皇氏云宰則大宰宗人則大宗也出祝先子從同吉祭
之禮故特牲少牢皆祝前主人後若凶祭則主人前祝在主人後士虞禮是也
今此亦凶而祝在前者以其告神故也大宰大宗爲詔告贊君事故次從在後

儀喪禮十三　七十八

0013_0080-1

也入門入殯宮門也衆主人及諸臣並已先列位而哭今祝宰宗三人從二入
門見故命門內在位者止哭也子升自西階殯前北面
祝立于殯東南隅祝聲三曰某之子某
從執事敢見子拜稽顙哭見賢遍反○奉子者拜哭
○疏曰子升自西階者謂世子不忍從先君之階升故由西階升於時大宰大
宗及祝亦升不言從者以子爲王故略而不言也殯前北面者殯以東爲前謂
當殯之東稍南北面也祝立于殯東南隅者祝在子之西而北面當殯之東南

0013_0080-2

故云殯東南隅也其宰及宗人皇氏以次立於子之東皆北面并其須□之時或就子前而西面也祝聲三者謂聲神也前告生哀甚故盡階不升堂此見子須近殯故進立於殯東南警神之後祝乃告曰夫人某氏之從執事宰宗人等敢見告訖奉子拜而稽顙乃哭不踊者未即位故也

祝宰宗人衆主人卿大夫士哭踊三

三降東反位皆袒子踊房中亦踊三

三襲裹杖踊襲裹杖成子禮也。疏曰祝宰宗人卿大夫士哭踊三

0013_0081-1

者三此等以子稽顙哭故亦祝宰宗人在堂上北面哭衆主人卿大夫士俱在西階下北面哭而踊每踊三變爲一節如此者三故云三者三降東反位者上皆降反東在下者皆東反朝夕哭位降者謂降自西階也皆袒者以初堂上堂下之哭非正位故不袒今反朝夕位故皆袒子踊房中亦踊者以上文不踊旁中亦不踊至此乃踊故云子旁中亦踊明祝宰宗人衆主人及卿大夫士反位亦皆踊也當子踊之時亦也故下注云踊襲裹杖成子禮也既襲明初時祖也

奠出亦謂朝奠。疏曰知是子故爲奠祭故云亦謂朝

0013_0081-2

□生之時遂朝奠故云亦謂朝奠非特奠者存殯與特亡奠之決故也

入告命祝史以名徧告于王祀山川因

□之喪於禮略也。疏曰案內則及□指六年皆二月乃名之今此因殯□三日即名之以喪事促遽□簡略不暇待三月也

曾子問曰

□藏而世子生則如之何孔子曰大

宰大宗從大祝而告于禰禰乃禮反。告生也。疏

曰宰大宗從大祝而告于禰者禰父殯宮之主也既葬訖殯無尸柩唯有主

0013_0082-1

□故告於主斯神事之故也同廟主之者故曰禰也然直云三人告禰不云告□者雜時攝主已弁絰葛以交神明事□又服受服喪之大事使畢攝主亦無□有此事故子生則攝主不復與喪□位西階下故自還依大宰之禮與大□六宗從大祝裨冕而告殯宮中主也云裨冕者未葬尚裨冕葬後不言皆□中不云東帛者凡告□陰從之可知也

三月乃名子禰

□徧告及社稷宗廟山川疏曰三月乃名子禰

□發神事之故依平常之禮三月不□月乃見因思乃名故云乃名子

[illegible]長之人與祭並不異於[illegible]一[illegible]不見其成服衰絰自依常[illegible]

[illegible]徧告及社稷宗廟山川者名[illegible]卒哭亦命祝史徧告也不言告會[illegible]

[illegible]史從可知也又前不云社稷宗廟此六五祀互相明也王肅云前三日名

[illegible]云未葬當稱子某故二日因名之也[illegible]經既葬稱子不稱名故三月乃名也

[illegible]曾子問

右因凶而吉冠昏祭世子生○文公二年公子遂如齊納幣納幣不書此何以書譏何譏爾譏喪娶也娶在三年之外則何譏乎喪娶三年之內不圖婚僖公以十二月薨至此未滿二十五月又禮必先納采問名問吉乃納幣此四者皆在三年之內故云耳娶者大吉也以爲有人心焉者則宜於此焉變矣春秋公羊傳

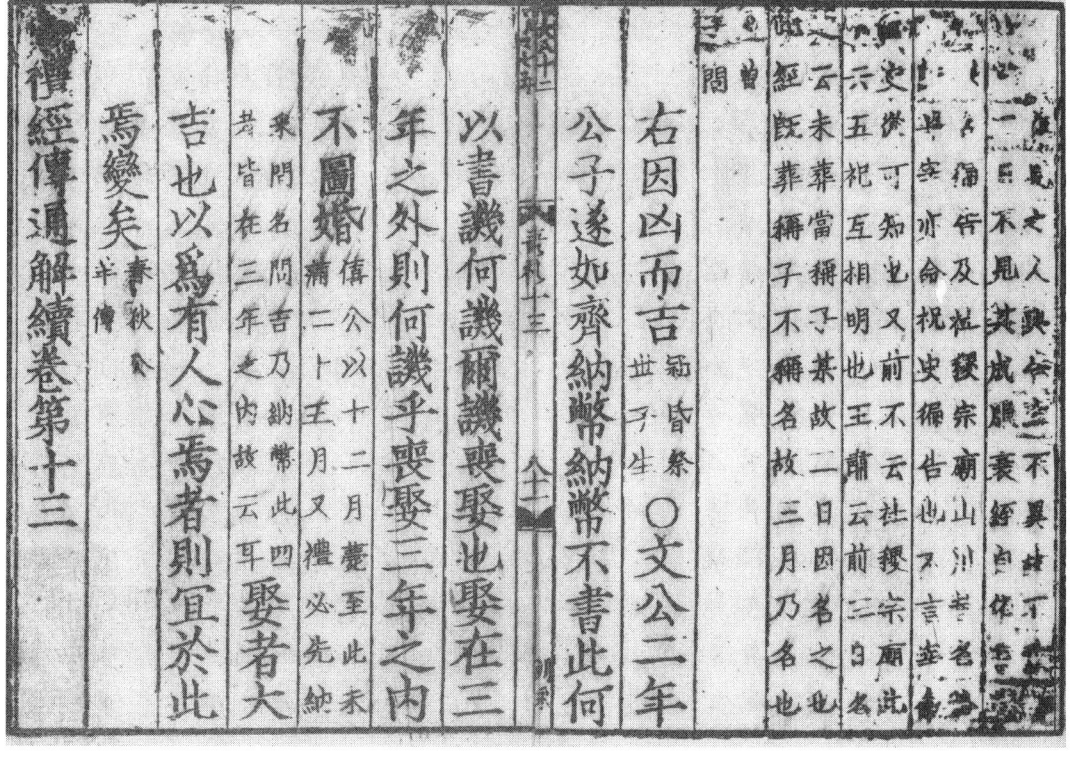

儀禮經傳通解續卷第十三

儀禮經傳通解續卷第十四

弔禮　喪禮十二

補

喪祝王弔則與巫前喪祝與巫以桃厲執戈在王前○春官○男巫王弔則與祝前巫祝前王也○同上○典路王弔于四方以路從王乘一路典路亦以餘路從行亦以華國○同上○大司馬若師不功王弔

大一十二　小一卅四　儀喪禮十四　一

勞士庶子則相師敗王親弔士庶子之死者勞其傷者則相王之禮庶子卿大夫之子從軍者或謂之庶士○夏官○太僕掌三公孤卿之弔勞疏曰此等皆王親往今使太僕者或王有故不得親往故使太僕也○同上○宰夫凡邦之弔事掌其戒令詳見贈喪條○小臣掌士大夫之弔勞此亦王使往○夏官○女巫若王后弔則與祝前女巫與祝前后如王禮○春官○女御從世婦而弔

張本下象鼻題監生秦淳四字傳本剪去之

于卿大夫之喪從之數蓋如使者之介云○疏曰三夫人象三公凡嬪象孤卿二十七世婦象大夫女御象元士但介數依命數爲差則王之大夫四命世婦之從亦四人以無正文故言蓋[illegible]以疑之也○天官○鬯人凡王弔臨共介鬯介音界○以尊適卑曰臨[illegible]謂曲禮曰摯天子鬯王至尊介爲摯致之以禮於鬼神與○疏曰摯天子鬯者彼摯下與諸侯圭卿羔已下爲目此天子以鬯爲摯若卿羔之類但天子至尊不自執使介爲摯致之以禮於鬼神與者無正文蓋置於神前故云與以疑之○春官

大四十　小卅七　儀喪禮卷十四　一

○內宗凡卿大夫之喪掌其弔臨王后弔臨諸侯而已是以言掌卿大夫云○疏曰諸侯爲掌弔臨之事明爲后掌之若然天官世婦云掌弔臨于卿大夫之喪彼注云王使往弔也此后不弔臨大夫之喪[illegible]喪大記諸侯夫人弔臨○世卿大夫者諸侯[illegible]少斂也○同上○世婦掌弔臨于卿大夫之喪王使往弔○疏曰案內宗云凡卿大夫之喪掌其弔臨注云王后弔臨諸侯而已彼上文與后事相連終圭於后故知此王使往也若然后無外事彼弔諸侯謂三公王子母弟若[illegible]

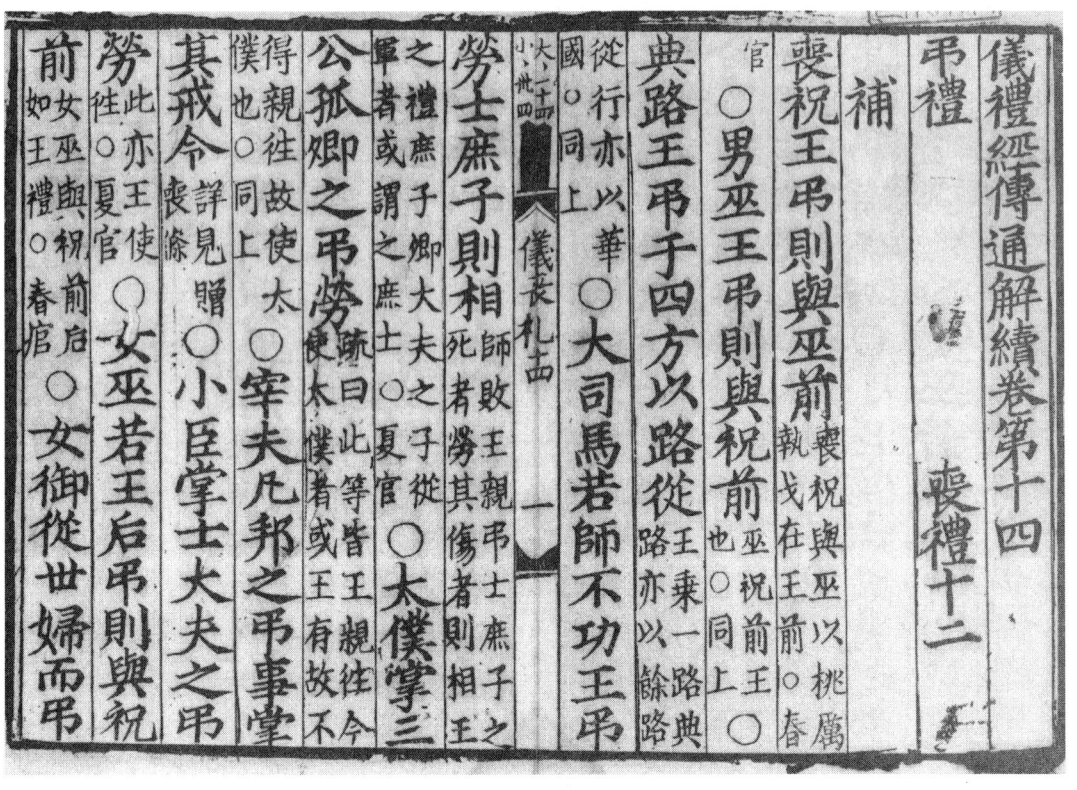

張本下象鼻題監生戴彝四字傳本剪去之

0013_0088-2

諸侯則后不弔以王爲三公六卿錫衰諸侯緦衰諸侯既輕於王之卿卿既台不親弔繐外諸侯不親弔可知然喪大記諸侯夫人弔於大夫士之喪者以謂侯臣少故不分別尊卑夫人皆弔之也案司服公卿大夫皆王親弔之此又使世卿往弔者此義使世婦致禮物但弔是大名雖致礼亦名爲小是以大僕云掌三公六卿之弔勞注云王使往小臣云掌士大夫之弔勞注云致禮同名爲弔是其事也此所弔不言三公與孤者文不具也○天官

○寺人凡內人弔臨于外則帥而往立于其前而

0013_0089-1

詔相之隋良爲反○從世婦所弔若哭其族親立其前者賤也賤而必詔相之者出入於王宮不可以闕於禮○疏曰知從世婦不自弔臨者案世婦職云掌弔臨于卿大夫之喪故内人得從之也云若哭族親者世婦所掌弔唯云弔卿大夫云哭族親據理而言王后有哭族親之法則內人女御亦往哭之○天官

○內宗大喪序哭者外內宗及外命婦哭諸侯亦如之疏曰此諸侯來朝薨於王國王爲之緦衰者也昔檀弓云以爵弁純衣哭諸侯彼謂薨於本國王遥哭之則婦人不哭之婦人無外事故

儀禮十四　三

0013_0089-2

也○春官

○外宗大喪則叙外内朝莫哭者哭諸侯亦如之內外宗及外命婦○同上

○君臨臣喪以巫祝桃茢執戈詳見喪禮義

○先王之制諸侯之喪士弔大夫送葬詳見會葬條

○弔者即位于門西東面其介在其東南北面西上西面於門主孤西面○上客臨客立于門西介立于其左東上孤降自

0013_0090-1

阼階拜之同上○案諸侯使人弔含襚賵臨同日畢事其序則弔在前臨在後今以弔臨爲哀死者之事含襚賵是贈死者之事故舉弔臨兩條之略於此其全文則詳見贈喪條列於含襚賵之先後庶有以見行禮之序云

○君使人弔徹帷主人迎于寢門外見賓不哭詳見士喪禮君使人弔條

○大夫之喪將大斂既鋪絞紟衾衣君至詳見喪大記大斂條

○士之喪將大斂君不在其餘禮猶大夫也

儀喪礼十四　四

張本下象鼻題監生秦淳四字傳本剪去之

0013_0090-2

同上○君於大夫世婦大斂焉爲之賜則小斂焉詳見喪大記殯後受弔條往焉同上○君若有賜則視斂詳見士喪禮君視斂條○君弔見尸柩而後踊詳見喪大記殯後受弔條○諸侯非弔死問疾而入諸臣之家是謂君臣爲謔詳見喪禮義○喪公弔之曰寡君承事示亦爲執事來主人曰臨君辱臨其臣之喪○檀弓

大三十八　仪丧礼十四　五

0013_0091-1

○諸侯弔於異國之臣則其君爲主君爲之主弔臣恩爲己也子不敢當主中庭北面哭不拜○疏曰君無弔他臣之禮若來在此國遇主國之臣喪時爲彼君之故而弔故主國君代其孝之子爲主記○小○賓入竟而死遂也主人爲之具而殯君弔介爲主人詳見變禮○君遇柩於路必使人弔之君於臣民有父母之恩○檀弓○大夫弔於大夫士主人出迎于門外詳見喪大記

0013_0091-2

○大夫君不迎于門外入即位于堂下同上○五廟之孫祖廟未毀雖爲庶人死必赴練祥則告族之相爲也宜弔不弔宜免不免音問有司罰之至于賵賻承含皆有正焉承音贈○疏曰族人雖或至賤吉凶必須相告弔賵含贈皆當有正禮庶子掌其正焉承文在賻含之間則賵含之類故以承爲贈云正者庶子之官治之使賵賻隨其親疎各有正禮○文王世子○敬弔

大三十八　仪丧礼十四　六

0013_0092-1

臨賻賵睦友之道也臨如字又力鴆反○疏曰言君敬重弔臨賵賻不使闕失者是君親睦和友之道也○同上○上二條合檃賵通用○公族之罪刑于隱者弗弔弗爲服哭于異姓之廟爲忝祖遠之也疏曰隱僻之處謂甸師也爲其犯罪忝辱先祖於公法合疏遠之也○同上○知生者弔知死者傷知生而不知死弔而不傷知死而不知生傷而不弔恩各施於所知也

0013_0092-2

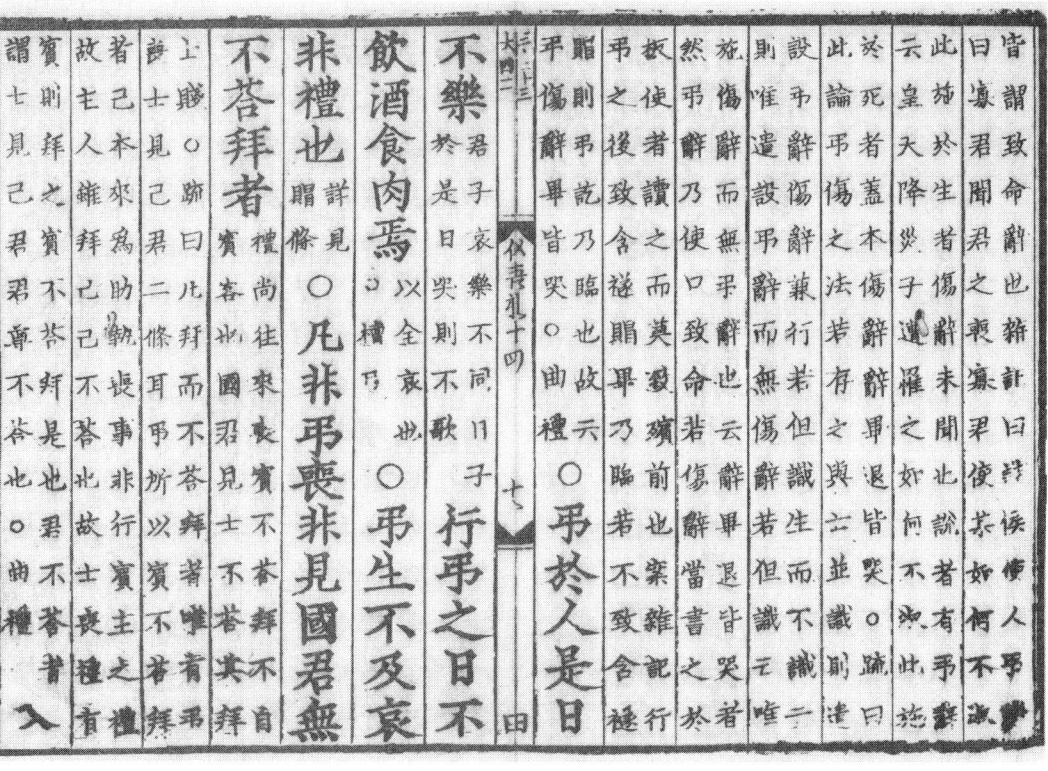

皆謂致命辭也辨許曰諸侯使人弔辭曰寡君聞君之喪寡君使某如何不淑此施於生者傷辭未聞也謚者有弔辭云皇天降災子遭罹之如何不淑此施於死者蓋本傷辭辭畢退皆哭○疏曰此論弔傷之法若存之與亡並識則遣設弔辭傷辭兼行若但識生而不識亡則唯遣設弔辭而無傷辭若但識亡唯施傷辭而無弔辭也云辭畢退皆哭者然弔辭乃使口致命若傷辭當書之於板使者讀之而莫殯前也案雜記行弔之後致含襚賵畢乃臨若不致含襚賵則弔訖乃臨也故云弔傷辭畢皆哭○曲禮○弔於人是日

0013_0093-1

不樂君子哀樂不同日於是日哭則不歌行弔之日不飲酒食肉焉以全哀也○檀弓○弔生不及哀非禮也詳見賵條○凡非弔喪非見國君無不答拜者禮尚往來喪賓不自賓客也國君見士不答其拜不答拜上賤○疏曰凡拜而不答拜者唯有弔喪士見己君二條耳弔所以賓不答拜者己本來為助執喪事非行賓主之禮故主人雖拜己己不答也故士喪禮有賓則拜之賓不答拜是也君不答者謂士見己君君尊不答也○曲禮

入

0013_0093-2

臨不翔哀傷之無容樂○曲禮○有殯聞遠兄弟之喪同國則往哭之喪無外事○疏曰以其已有喪殯不得嚮他國○哭日不歌曲禮○哭則不歌詳見哀有喪條○尊長於己踰等喪侯事不植弔踰等父兄黨也○疏曰侯事謂待朝夕哭時不植弔謂不非時而獨弔○少儀○齊者不樂不弔為哀樂則失正散其思也○檀弓○三年之喪雖功衰不弔自諸侯達諸士如

0013_0094-1

有服而將往哭之則服其服而往功衰既練之服諸侯服新死者之服而往哭謂所不臣也練則弔父在為母功衰可以弔人者以父在故輕於出也然則凡齊衰十一月皆可以出矣既葬大功弔哭而退不聽事焉聽猶待也事謂襲斂執綍之屬期之喪未葬弔於鄉人哭而退不聽事焉功衰弔待事不執事謂為姑姊妹無主殯不在族者小功緦執事不與於禮禮[illegible]異○疏曰[illegible]

0013_0094-2

[illegible]
[illegible]
[illegible]
[illegible]不[illegible]之[illegible]
[illegible]而[illegible]當[illegible]所不[illegible]
不曰請父昆弟也[illegible]
除衰杖而練得乎人者以[illegible]
[illegible]言得出也既葬大[illegible]者
大功之喪既葬之後往乎[illegible]喪

仪喜卷十四　九

0013_0095-1

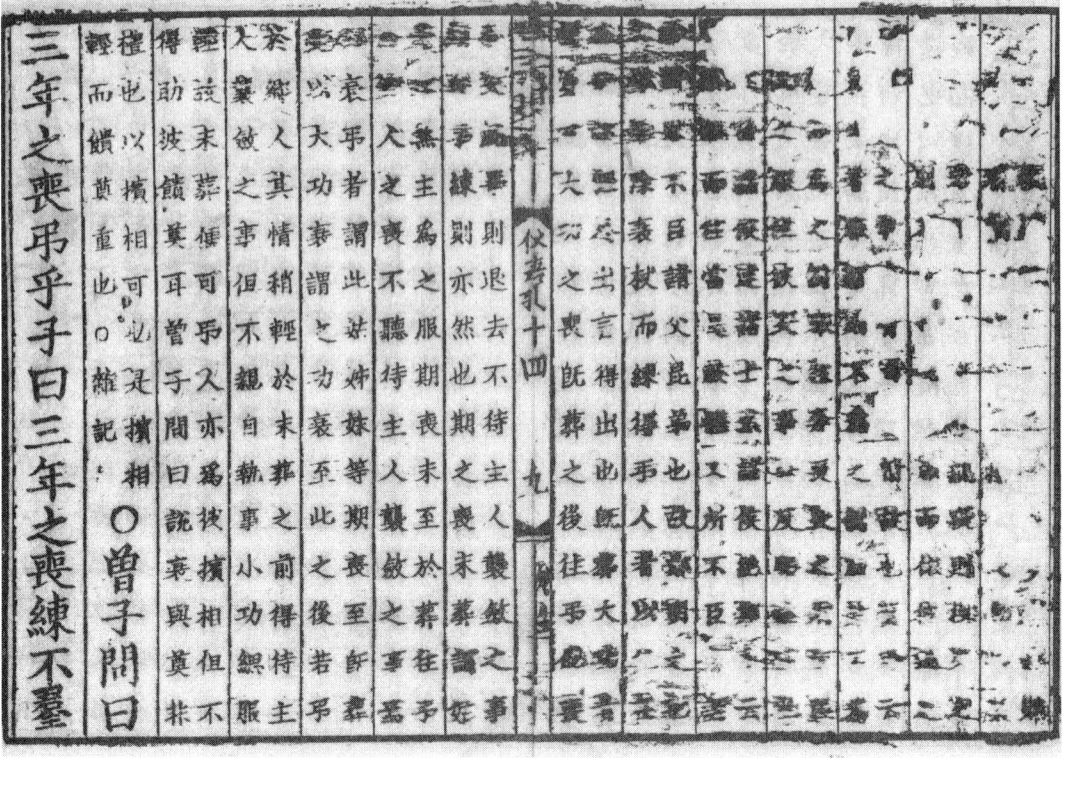

[illegible]則退去不待主人襲斂之事
[illegible]事緦則亦然也期之喪未葬請去
[illegible]無主爲之服期喪未至於葬往乎
[illegible]人之喪不聽待主人襲斂之事焉
[illegible]衰乎者謂此姑姊妹等期喪至於葬
[illegible]以大功喪謂之功衰至此之後告乎
[illegible]緦人其情稍輕於未葬之前得待主
人襲斂之事但不親自執事小功緦服
經云未葬便可弔人亦爲扶擯相但不
傳助扶饋奠耳曾子問曰疏衰與奠非
禮也以擯相可也是擯相
經而饋奠重也○雜記
○曾子問曰
三年之喪弔乎子曰三年之喪練不羣

0013_0095-2

立不旅行君子禮以飾情三年之喪而
弔哭不亦虛乎爲彼哀則不專於親也
爲親哀則是妄弔○疏
曰云虛者弔與服
並虛也○曾子問
○有殯聞遠兄弟之
喪雖緦必往親骨
肉也
非兄弟雖鄰不往疏
無
親
也
所識其兄弟不同居者皆弔就其家
弔之成
恩舊也○疏曰此文連上有殯之下若
其骨肉兄弟雖緦必往若其非兄弟若
並疏外之人雖鄰不往今有既非兄弟
又非疏外平生所共識知往來[illegible]恩好

仪喜卷十四　十

0013_0096-1

[illegible]死者兄弟雖不同居[illegible]往弔
[illegible]者之恩舊也其死者兄弟不
[illegible]尙往弔之則死者子孫[illegible]可知
[illegible]以見親也已有殯得弔之考以其
[illegible]義有
[illegible]
○婦人不越疆而弔人不
通
[illegible]○
○婦人非三年之喪不踰封而
弔[illegible]○
五十無車者不越疆而弔人[illegible]
[illegible]○
○死而不弔者三[illegible]畏[illegible]
[illegible]

0013_0096-2

[illegible]

[illegible]敢[illegible]臣[illegible]

[illegible]入水死者何微云[illegible]沒不爲弔也[illegible]禮[illegible]

敢受弔跡曰[illegible]親喪[illegible]不[illegible]

以義斷恩哀痛主於不私於親也。跡記[illegible]大夫之[illegible]

不受弔不以賤者爲有爵者主。[illegible]

右弔臨哭○周人有喪魯人[illegible]

仪丧礼十四　十二

0013_0097-1

周人弔魯人不弔周人曰[illegible]也

此使人可也魯人[illegible]

[illegible]

0013_0097-2

衰使上卿弔上卿會葬經書叔孫得臣如京師葬襄王以爲得禮許

愼案易下邳傳甘容說諸侯在千里内皆奔喪千里外不奔喪若同

姓千里外猶奔喪親親也容說爲近禮鄭駁之云天子於諸侯無服

諸侯爲天子斬衰三年尊卑有差宗魯夫人成風薨王使榮叔歸含

且賵召伯來會葬傳曰禮也襄王崩叔孫得臣如周葬襄王天子於

魯既含且賵又會葬爲得禮則是魯於天子一大夫會爲不得禮可

知又左傳云鄭游吉云靈王之喪我先君簡公在楚我先大夫印段

仪丧礼十四　十三

0013_0098-1

實往敝邑之少卿也王吏不討恤所無也豈非諸侯奔天子喪及會

葬之明文說左氏者云諸侯不得棄其所守奔喪自違其傳同姓雖

千里外猶奔喪又與禮乖但說左氏者自違其傳云不奔喪○

邾婁子來奔喪奔喪非禮也禮天子崩

諸侯奔喪會葬諸侯薨有服者奔喪無服者會葬曾與邾婁無服故

以非禮書。○定十有五年春秋公羊傳○齊孝公卒

有齊怨不廢喪紀禮也弔贈之數不有廢。

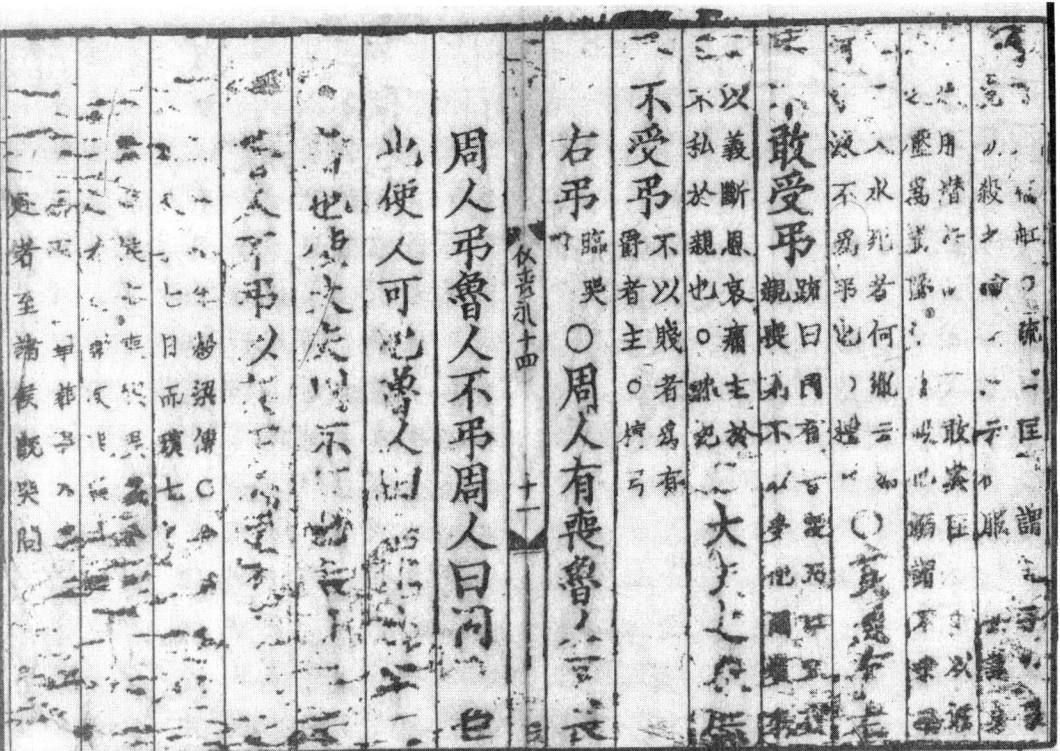

張本下象鼻題監生秦淳四字傳本剪去之

0013_0098-2

僖二十七年左氏傳○文襄之覇也君薨大夫弔卿共葬事夫人士弔大夫送葬詳見會葬條○滕成公之喪使子叔敬叔弔進書子叔敬叔[illegible]宣公孫叔弓也進書奉公命書子服惠伯爲介及郊爲懿伯之忌不入郊滕之近郊也懿伯惠伯之叔父敬叔有怨於懿伯雖惠伯也春秋傳曰敬叔不入惠伯曰政也

0013_0099-1

不可以叔父之私不將公事政君命也爲敬叔於昭穆以懿伯爲叔父遂入惠伯強之不入○疏曰註論不可以私廢公之事云敬叔素怨於懿伯雖惠伯者謂敬叔與懿伯彼懿伯家所怨恐惠伯殺己故難直伯不敢入也然敬叔惠伯兩在君朝又奉使滕國相隨在路不相畏難入滕始難者雖有怨讎爲防備今入滕國是由主人其宿之事不復在已故難之○違[illegible]

衛秦文子卒大夫入斂公在位[illegible]

0013_099-2

階西鄉○襄公五年春秋左氏傳○隱公元年冬十有二月公子益師卒公不與小斂故不書日禮卿佐之喪小斂大斂君皆親臨之崇恩厚也始死情之所篤禮之所崇故以小斂爲文○左氏傳○季孫之母死哀公弔焉曾子與子貢弔焉閽人爲君在弗內也曾子與子貢入於其廄而脩容焉子貢先

0013_0100-1

入閽人曰鄉者已告矣曾子後入閽人辟之涉內霤卿大夫皆辟位公降一等而揖之君子言之曰盡飾之道斯其行者遠矣疏曰喪大記君臨大夫之喪將大斂鋪絞紟君至即位于序端卿大夫即位于堂廉楹西北面東上是辟位者蓋少逡巡而東西不當北面之位皆在大夫得亂爲二子辟位者[illegible]者曾見公將降故先辟位[illegible]

0013_0101-1　0013_0100-2

[illegible]

可又予有[illegible]者謂更服新衣[illegible]

[illegible]行子有子之喪右師往弔入門有進而與右師言者有就右師之位而與右師言者集注曰公行子齊大夫右師王驩也孟子不與右師言右師不悅曰諸君子皆與驩言孟子獨不與驩言是簡驩也簡略也孟子聞之曰禮朝廷不歷位而相與言不踰階而相揖也我欲行禮子敖以我爲簡不亦異乎朝音潮○是時齊卿大夫以君命弔各有位次若周禮凡有爵者之喪禮則職喪涖其禁令序其事故云朝廷也歷更涉也位他人之位也右師未就位而進與之言則右師歷己之位矣右師已就位而就與之言則己歷右[illegible]大位也孟子右師之位又不同

階孟子不敢失此禮故不敢與右師言也○孟子○顏回死魯定公弔焉使人訪於孔子孔子對曰凡在封內皆臣子也禮君弔其臣升自東階向尸而哭其恩賜之施不有竿也竿蘇亂反○計竿也又竹器也語○家○衛靈公適魯遭季桓子之喪衛君請弔哀公辭不得命公爲主客入弔康子立於門右北面公揖讓升自東階西鄉客升自西階弔公拜興哭康子拜稽顙於位有司弗辯也今之二孤自季康子之過也曾子問○哀公使人弔蕢尚遇諸道辟於路畫宮而受弔焉哀公魯君也畫宮畫地爲宮象曾子曰蕢尚不如杞梁

兩本均缺第十六葉今錄張本補抄

兩本均缺第十七葉今錄張本補抄

之妻之知禮也齊莊公襲莒于奪杞梁死焉其妻迎其柩於路而哭之哀莊公使人弔之對曰君之臣免於罪則有先人之敝廬在君無所辱命（無所辱命辭不受也春秋傳曰齊侯弔諸其室○檀弓）○魯人有同姓死而弗弔者人曰在禮當免不免當弔不弔有司罰之如之何子之無弔也答曰吾以其疏遠也子思聞之曰無恩之甚也昔者季孫問於夫子曰（季孫季康子肥）百世之宗有絕道乎子曰繼之以姓義無絕也故同姓為宗合族為屬雖國子之尊（國子諸侯卿大夫之子）不廢其親所以崇愛也是以綴之以

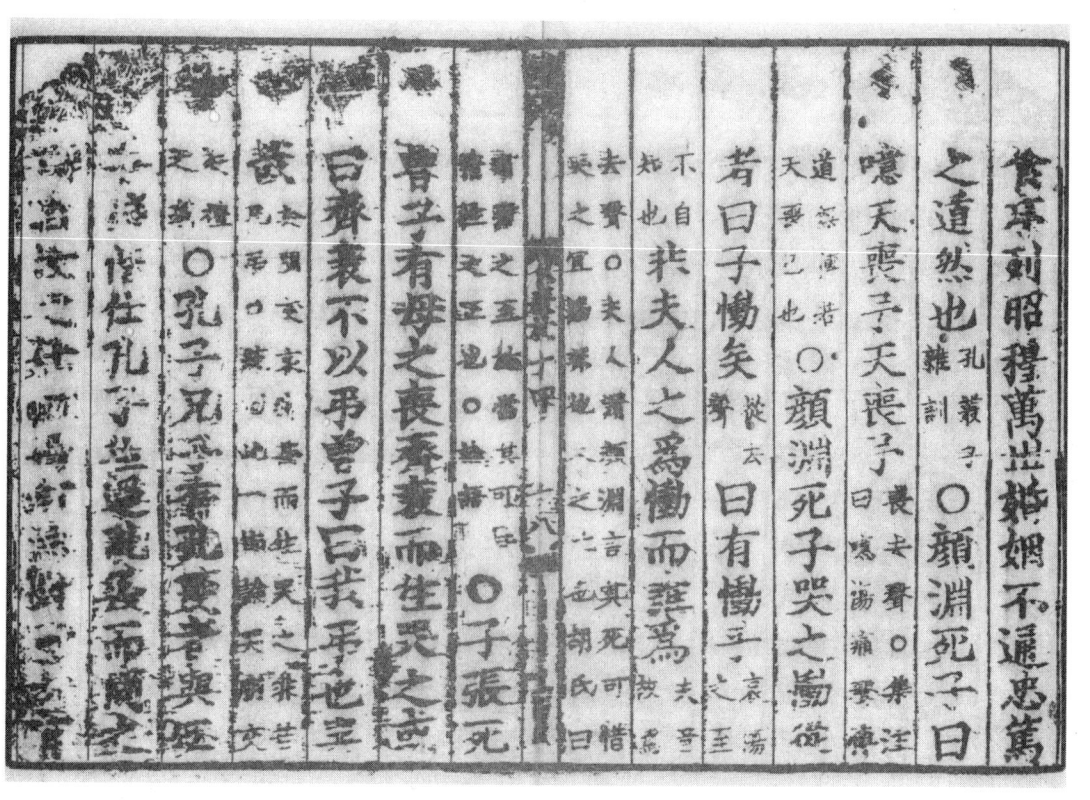

0013_0103-1

0013_0102-2

食序列昭穆萬世婚姻不通忠篤之道然也（孔叢子雜訓）○顏淵死子曰噫天喪予天喪予（喪去聲○集注曰噫傷痛聲悼道無傳若天喪己也）○顏淵死子哭之慟從者曰子慟矣（從去聲）曰有慟乎（哀傷之至不自知也）非夫人之為慟而誰為（夫音扶為去聲○夫人謂顏淵言其死可惜哭之宜慟非他人之比也胡氏曰[illegible]）

[illegible]○子張死曾子有母之喪齊衰而往哭之或曰齊衰不以弔曾子曰我弔也與哉（[illegible]）○孔子兄[illegible]

所得而所亡者三公事多急不得
弔死問疾是朋友之道闕也孔子
不悦往過子賤問如孔蔑曰
有公事而兼以弔死問疾是朋友
篤也孔子喟然謂子賤曰君子哉
若人魯無君子者則子賤焉取此
家語〇載馳許穆夫人作也衛懿公

儀禮義十四　十六

為狄所滅許穆夫人閔衛之亡傷
許之小力不能救思歸唁其兄不
義不得故賦是詩也唁□□□□夫□□□終唯得使大夫問於兄弟有得歸是以許人尤之故賦詩而見己志也〇詩
〇初齊豹見宗魯於公孟見賢遍反〇薦達也為驂乘焉將作亂而謂
之曰公孟之不善子所知也勿與

乘吾將殺之對曰吾由子事公孟
子假吾名焉故不吾遠也遠于萬反〇言子借我以善名故公孟親近我今聞難而逃是僭
子僭子念反〇使子言不信也子行事乎吾將
死之以周事子周猶終竟也而歸死於
公孟其可也丙辰衛侯在平壽齊
氏用戈擊公孟宗魯以背蔽之斷
肱以中公孟之肩皆殺之琴張聞

儀禮礼十四　二十

宗魯死將往弔之仲尼曰齊豹之
盜而孟縶之賊女何弔焉言齊豹所以為盜孟縶所以見賊皆由宗魯〇昭公二十年春秋左氏傳文公
十有五年齊人歸公孫敖之喪為
孟氏且國故也為于偽反〇孟氏公孫敖家慶父為長庶故或稱孟氏敖卒則惠叔請之至今期年而猶未已為惠叔毀

張本下象鼻題監生廖賓四字傳本剪去之

0013_0105-2

請且國之公族故聽其歸殯而書之襄仲欲勿哭怨敖取其妻惠伯曰喪親之終也雖不能始善終可也史佚有言曰兄弟致美各盡其美義乃終救乏賀善弔災祭敬喪哀情雖不同毋絕其愛親之道也襄仲說帥兄弟以哭之左氏傳○

0013_0106-1

鄭人殺良霄伯有死於羊肆羊肆市列子產襚之枕之股而哭之枕之鴆反斂而殯諸伯有之臣在市側者既而葬諸斗城斗城鄭地名子駟氏欲攻子產子皮怒之曰禮國之幹也殺有禮禍莫大焉乃止斂葬伯有為有禮○襄三十年春秋左氏傳○陽門之介夫死陽門宋國門名介夫甲衛士司城子罕入而哭之哀宋以

0013_0106-2

武公諱司空為司城晉人之覘宋者反報晉侯曰陽門之介夫死而子罕之哀而民說殆不可伐也孔子聞之曰善哉覘國乎善其知微詩云凡民有喪扶服救之扶服猶救助也雖微晉而已天下其孰能當之疏曰微非[illegible]晉之強盛[illegible]能當宋雖非晉之強天下[illegible]於晉者誰能當之言微有[illegible]

0013_0107-1

能當宋而已是助句語也○檀弓[illegible]小宰受其含襚幣玉之事詳見喪大記○宰以九式均節財用三曰喪荒之式通禮財用條○大宗伯以喪禮哀死亡[illegible]服疏者含襚○疏曰喪禮親不將命注云大功已上有同財之義歸含法鄭云禮者服屬據大功親已直有服無含法若小功以下有含弁殯也若然此據大夫已下而說天子從雖無服其含襚則有之故春秋王

0013_0107-2

榮叔歸含且賵士喪禮君使人襚明天
子諸侯於臣子皆有含襚也○春官[illegible]

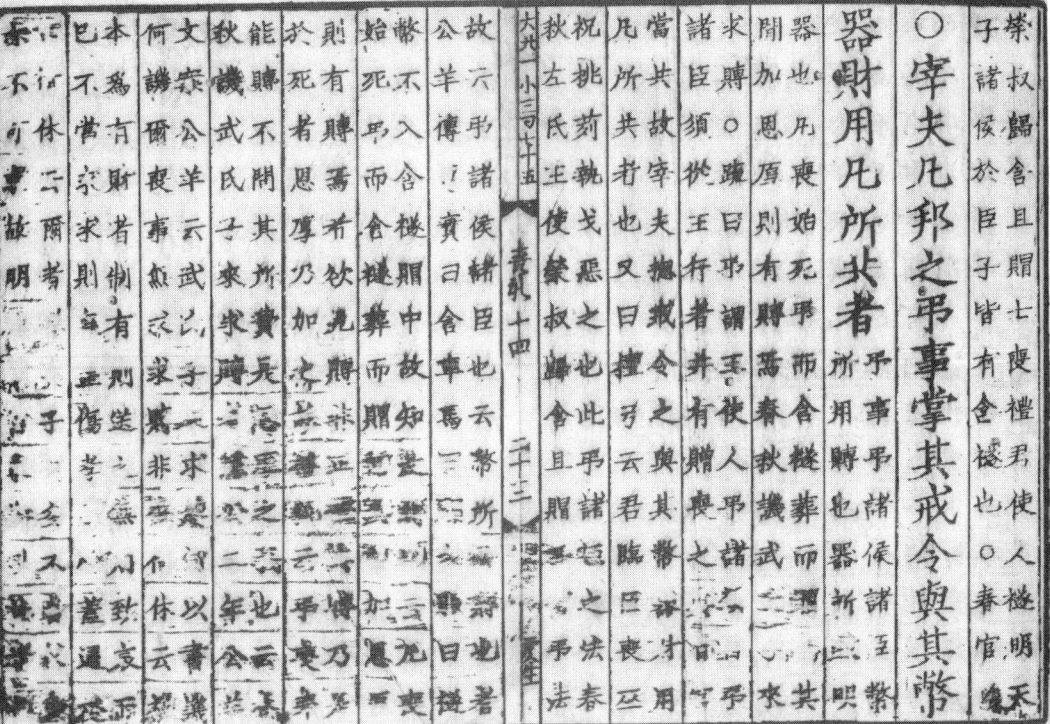

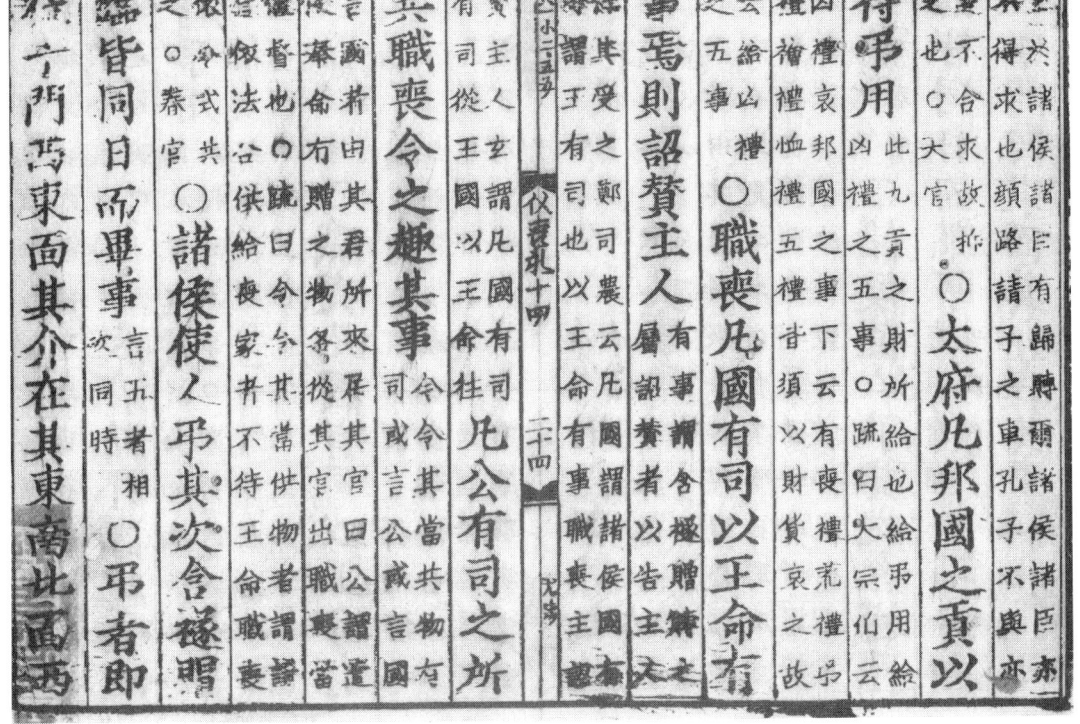

○宰夫凡邦之弔事掌其戒令與其幣器財用凡所共者弔事弔諸侯諸臣幣所用賻也器所[illegible]明器也凡喪始死弔而含襚葬而賵其閒加恩厚則有賻焉春秋譏武[illegible]來求賻○疏曰弔謂王使人弔諸[illegible]弔諸臣須從王行者并有贈喪之[illegible]當共故宰夫掌戒令之與其幣[illegible]用凡所共者也又曰禮[illegible]云君臨臣喪以巫祝桃茢執戈惡之也此弔諸[illegible]之法春秋左氏王使榮叔歸含且賵[illegible]弔法

大九一小三百十五　喪禮十四　二十三

0013_0108-1

故云弔諸侯諸臣也云幣所[illegible]也者公羊傳[illegible]貨財曰賻車馬曰[illegible]曰襚幣不入含襚賵中故知[illegible]始死弔而含襚葬而賵[illegible]加恩[illegible]則有賻焉者欲見賻非正[illegible]傳乃[illegible]於死者恩厚乃加之[illegible]云弔事弔[illegible]能賻不聞其所費矣[illegible]之[illegible]也云[illegible]秋譏武氏子來求賻[illegible]二年公[illegible]文[illegible]公羊云武氏子來求[illegible]以書譏何譏爾喪事無求求賻非禮也[illegible]何休云[illegible]本為有財者制有則送之[illegible]致[illegible]已不當求求則[illegible]傷[illegible]盡[illegible][illegible]休云所考[illegible]子[illegible][illegible]不可書故明[illegible]

0013_0108-2

王於諸侯諸臣有歸賻[illegible]諸侯諸臣亦不得求也顏路請子之車孔子不與亦異不合求故於之也○大官

○太府凡邦國之貢以待弔用此九貢之財所給也給弔用給凶禮之五事○疏曰大宗伯云凶禮哀邦國之事下云有喪禮荒禮弔禮禬禮恤禮五禮皆須以財貨哀之故云給凶禮之五事

○職喪凡國有司以王命有事焉則詔贊主人有事謂含襚贈賵之屬詔贊者以告主人言其受之鄭司農云凡國謂諸侯國有事謂于有司也以王命有事職喪主詔

大[illegible]小二百[illegible]　儀禮[illegible]十四　二十四

0013_0109-1

贊主人者謂凡國有司有司從王國以王命往凡公有司之所共職喪令之趣其事令令其當共物者司或言公或言國言國者由其君所來居其官曰公謂遣使奉命有贈之物各從其官出職喪當催督也○疏曰令令其當供物者謂諸官依法令供給喪家者不待王命職喪依命式共之○春官

○諸侯使人弔其次含襚賵臨皆同日而畢事言五者相次同時

○弔者即位[illegible]門西東面其介在其東南北面西

0013_0110-1　　0013_0109-2

上西於門賓立門外不當門主孤西面立於阼階下相者受命曰孤某使某請事客曰寡君使某如何不淑受命受主人命以出也不言擯者喪無接賓也淑善也如何不善言君痛之甚使某弔相者入告出曰孤某須矣弔者入主人升堂西面弔者升自西階東面致命曰寡君聞君之喪寡君使某如何不淑子拜稽顙弔者降反

儀禮十四　二五

位出反門外位含者執璧將命曰寡君使某含相者入告曰孤某須矣含玉爲璧制其分寸大小未聞含者入升堂致命子拜稽顙含者坐委于殯東南有葦席既葬蒲席降出反位言降出反位則是介也春秋有既葬歸含賵襚無譏焉皆受之於殯宮宰夫朝服即喪屨升自西階西面坐取璧降自西階以東朝服告鄰國之禮也即就也以東藏於內

0013_0111-1　　0013_0110-2

也。疏曰弔者既爲上客又賵者是介則此含者襚者當是副介末介但言襚於死者爲切故在先陳之襚者曰寡君使某襚者入告出曰孤某須矣襚者執冕服左執領右執要入升堂致命曰寡君使某襚子拜稽顙委衣于殯東亦於席上所委璧之北順其上下襚者降受爵弁服於門內霤將命子拜稽顙如初受皮弁服於中庭自西

儀禮十四　二六

階受朝服自堂受玄端將命子拜稽顙皆如初襚者降出反位宰夫五人舉以東降自西階其舉亦西面亦西面者亦襚者委衣時。疏曰上云委衣于殯東又云受爵弁受皮弁受玄端皆云如初是皆在殯東西面而鄉殯今云舉者亦西面是亦如襚者西面也其服重者使執而入爵弁受於內霤皮弁受於中庭朝服受於西階玄端受於堂既受處不同則陳於璧北亦重者在南凡諸侯相襚衣數無文據此其服自五又先路衮衣不以襚以

0013_0111-2

外無文上介賵執圭將命曰寡君使其賵

相者入告反命曰孤某須矣陳乘黃大

路於中庭北輈執圭將命客使自下由

路西子拜稽顙坐委于殯東南隅宰舉

以東轅輈也曰率也亦謂馬也馬在路之下覲禮曰路下四亞之客給使

者也入設乘黃於大路之四客入則致命矣使或為文凡將命鄉殯

將命子拜稽顙西面而坐委之宰舉璧

大百冊七　二百冊五　仪喪外十四　二七

0013_0112-1

與圭宰夫舉襚升自西階西面坐取之

降自西階賵者出反位于門外乃著言門外明

禮畢將更有事。跪口從使贈客之從者為客所使故曰客。使隱元年公羊傳

云賵者蓋以乘馬束帛車馬曰賵貨財曰賻衣被曰襚數米云乘馬曰賵衣衾

曰襚貝玉曰含錢財曰賻又案釋廢疾云天子於諸侯含之賵之諸侯於卿大

夫如天子於諸侯諸侯於士如天子於諸侯臣禮之賵之天子於二王之後含

為先襚則次之賵為後諸侯相於如天子於二王之後鄭知天子於二王後含

0013_0112-2

襚賵者為約此雜記所謂侯相襚明天子於二王後亦相襚也知諸侯亦然者

約雜記文鄭知天子於諸侯含賵者約文五年榮叔歸含且賵二傳但譏兼禮

不譏其數是也鄭知天子於諸侯臣從之賵之者約士喪禮諸侯於士有襚有

賵明天子於諸侯臣亦然鄭知諸侯於卿大夫如天子於諸侯者更無所尊明

尊此卿大夫含之賵之也凡此於其妻亦如其夫知者約宰咺來歸惠公仲子

之賵又約魯夫人成風之喪王使榮叔歸含且賵以外推此可知上客

臨曰寡君有宗廟之事不得承事使一

大百冊三　二百卅十二　仪喪外十四　二八

0013_0113-1

介老某相執綍上客所者也臨視也言欲入視喪所不足而給

助之謙也其實為哭耳相者反命曰孤某須矣臨

者入門右介者皆從之立于其左東上

入門右不自同於賓客宗人納賓升受命于君降

曰孤敢辭吾子之辱請吾子之復位客

對曰寡君命某毋敢視賓客敢辭宗人

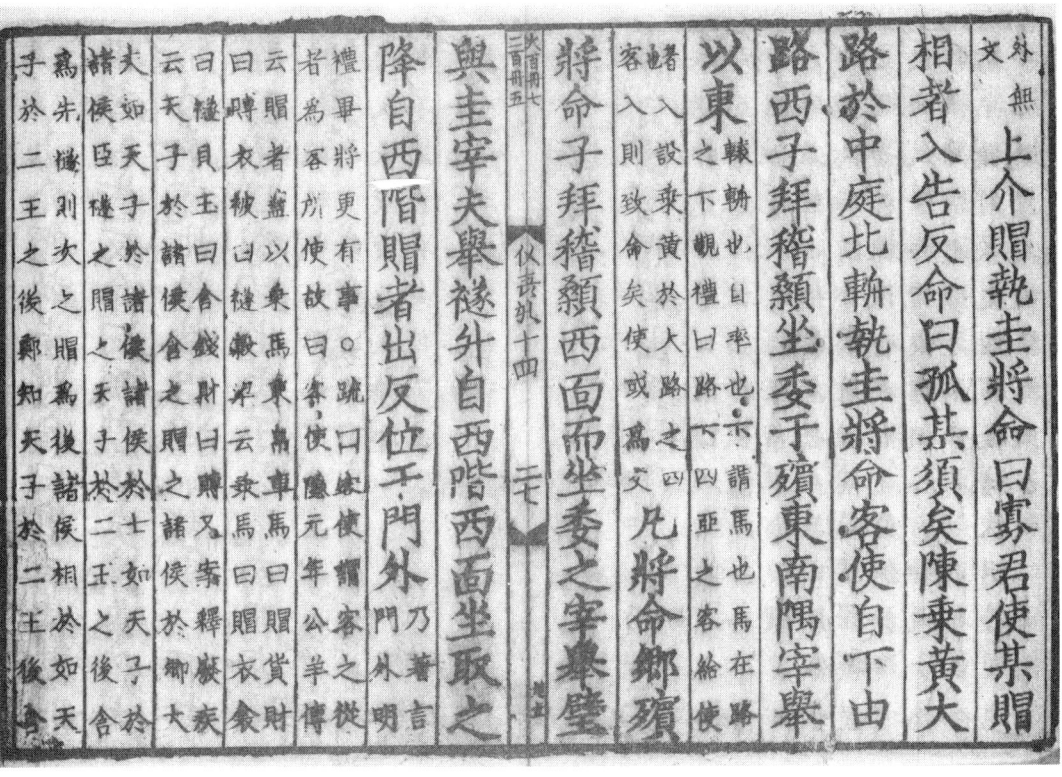

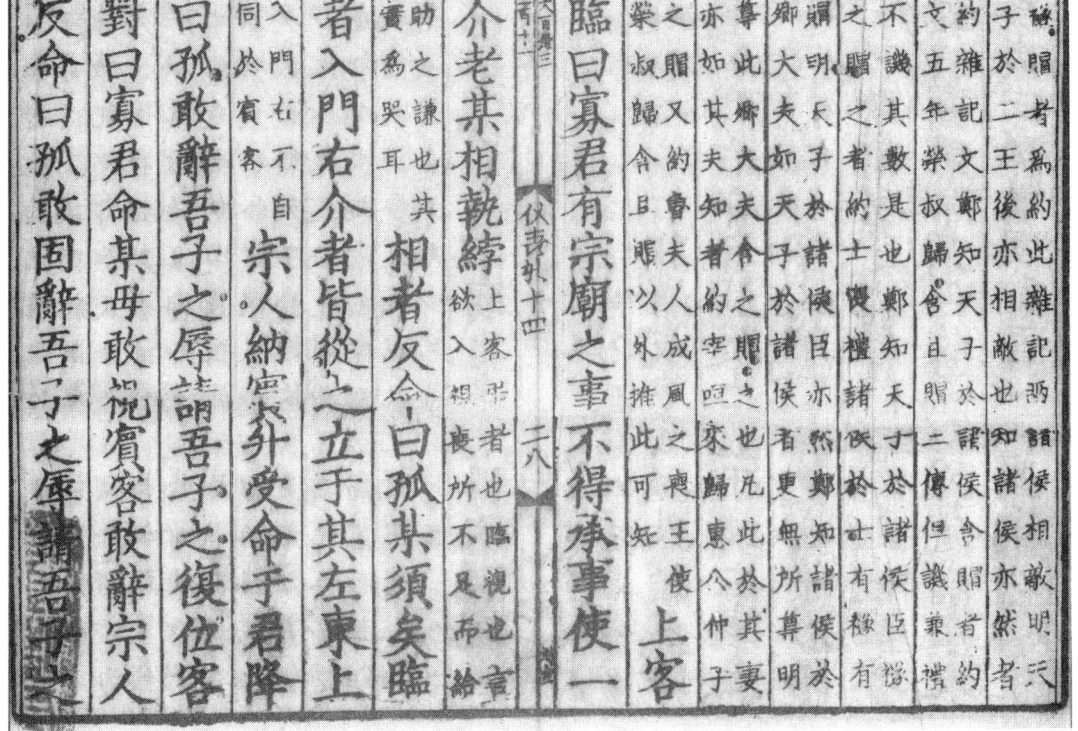

反命曰孤敢固辭吾子之辱請吾子之

0013_0114-1　0013_0113-2

復位客對曰寡君命其毋敢視賓客敢
固辭宗人反命曰孤敢固辭吾子之辱
請吾子之復位客對曰寡君命使臣某
毋敢視賓客是以敢固辭固辭不獲命
敢不敬從賓三辭而稱使臣爲恭也爲恭者將從其命客立
于門西介立于其左東上孤降自作階
拜之升哭與客拾踊三拜客謝厚意客出送
于門外拜稽顙疏曰謙言使一介老臣其助主人執其葬紼其
賓爲哭而來上云孤某須矣是不出迎以主人悲戚無暇接賓去拜送者論其
勞辱來也○雜記族之相爲也賵賻承含皆有
正焉○弔臨賵賻睦友之道也上二條詳見弔
條○貨財曰賻輿馬曰賵衣服曰襚玩
好曰贈玉貝曰含賻賵所以佐生也贈
[illegible]以送死也送死不及柩尸弔生不

0013_0115-1　0013_0114-2

友悲哀非禮也故賵贈及事禮之大也
者子○詳見喪禮義○諸侯相襚以後路與冕服
先路與褒衣不以襚不以己之正者施於人以須下以爲
正服所用也後路貳車貳車行在後也○雜記○臣致襚於君
則曰致廢衣於賈人賈音價○言廢衣不必其以斂也賈
人知物善惡也敵者曰襚衣送敵者死無謙故曰襚也○少儀○
君無襚大夫士畢主人之祭服親戚之
衣受之不以即陳詳見喪大記○君使人襚
徹帷主人如初襚者左執領右執要入
升致命詳見士喪禮始死君使人襚○親者襚不將
命以即陳詳見始死親友襚○庶兄弟襚使人
以將命于室主人拜于位委衣于尸東
牀上同上○朋友襚親以進同上○親者兄
弟不以襚進疏曰進謂執之將命也若非親者相襚則擯者傳辭

0013_0115-2

將進以爲禭節若有親者相禭但直[illegible]進陳之不須執以將命也案士喪禮大功以上同財之親禭不將命即陳於[illegible]中小功以下及同姓等皆將命○少儀

○有禭者則將命擯者出請入告主人待于位詳見士喪禮小斂奠後有禭者條○朋友親禭如初儀同上○禭者以褶則必有裳執衣如初升降自西階以東同上○賵馬入廟門以其主於死者賻馬與其幣大白兵車不入

仪丧礼十四　三十一

0013_0116-1

廟門以其主於生人也兵車革路也雖爲死者來陳之於外戰伐田獵之服非盛者也周禮革路建大白以即戎○疏曰禮既祖就而後贈馬入設於廟庭而入門者欲以供駕魂車也故云主於死者以馬助生人營喪曰賻馬幣謂以財貨賻助主人喪用並是助主人之物故不將入廟故云以其主於生人也大白革路之旗兵革即革路也雖並爲送喪之從車而其本是田戰之具故不可入廟門故云戰伐田獵之服非盛者也此謂諸侯有喪鄰國之君有以大白兵車而賻之者賻者既致命坐委之擯者舉之

0013_0116-2

主人無親受也疏者非尸柩之事不褻也舉之盟以東○柩音舊○疏曰坐猶跪也謂賻者跪委物於地主人擯者舉而取之主人無親受也者吉時若人饋物主人皆自拜受之若有喪主於哀戚凡有四方使者以物賻己悉不得拜受故使擯者受舉之而已○少儀○若賻入告主人出門左西面賓東面將命主人拜賓坐委之詳見士喪禮親賓賵奠賻贈○知生者賻同上○弔喪弗能賻不問其所費曲禮○公賵

仪丧礼十四　三十二

0013_0117-1

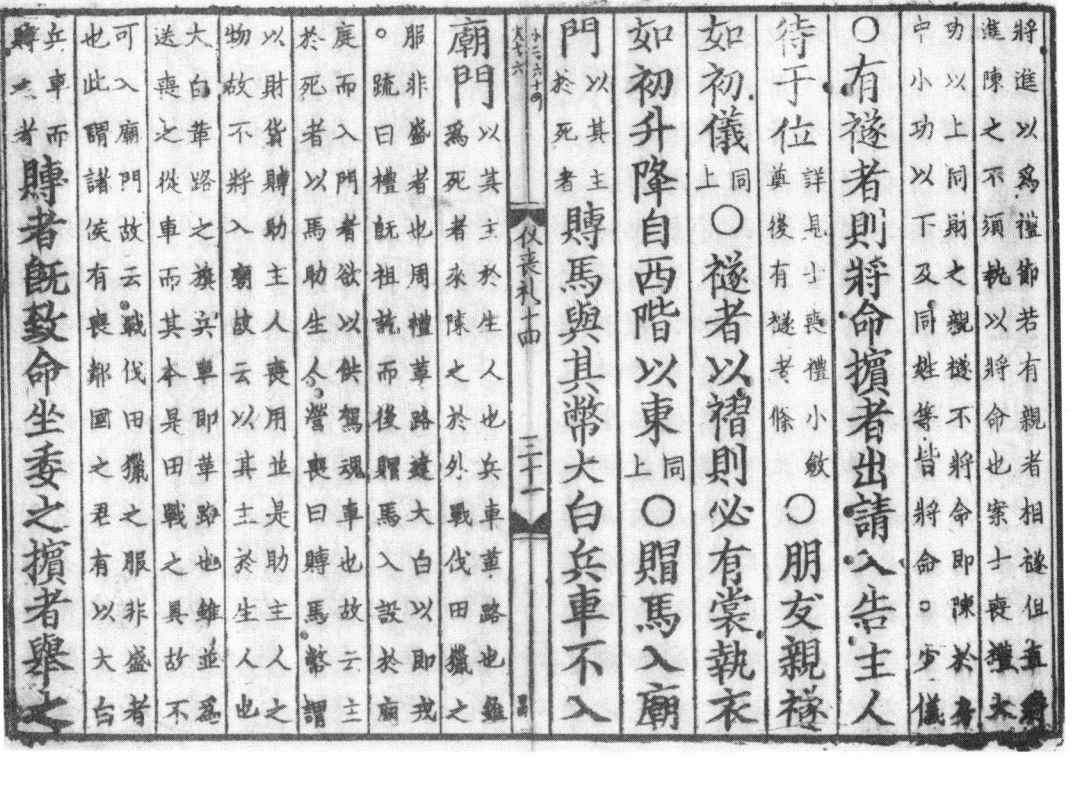

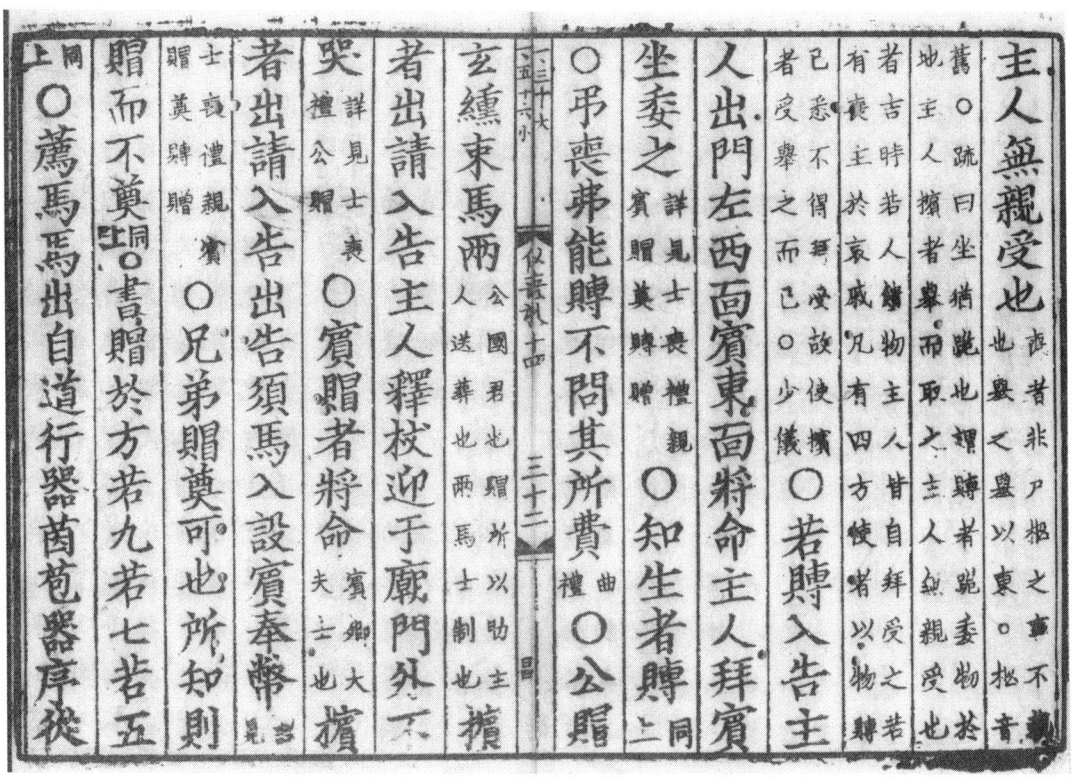

玄纁束馬兩公國君也賵所以助主人送葬也兩馬士制也擯者出請入告主人釋杖迎于廟門外不哭詳見士喪禮公賵○賓賵者將命賓卿大夫士也擯者出請入告出告須馬入設賓奉幣當見士喪禮親賓賵奠賻贈○兄弟賵奠可也所知則賵而不奠同上○書賵於方若九若七若五同上○薦馬馬出自道行器茵苞器序從

0013_0118-1 0013_0117-2

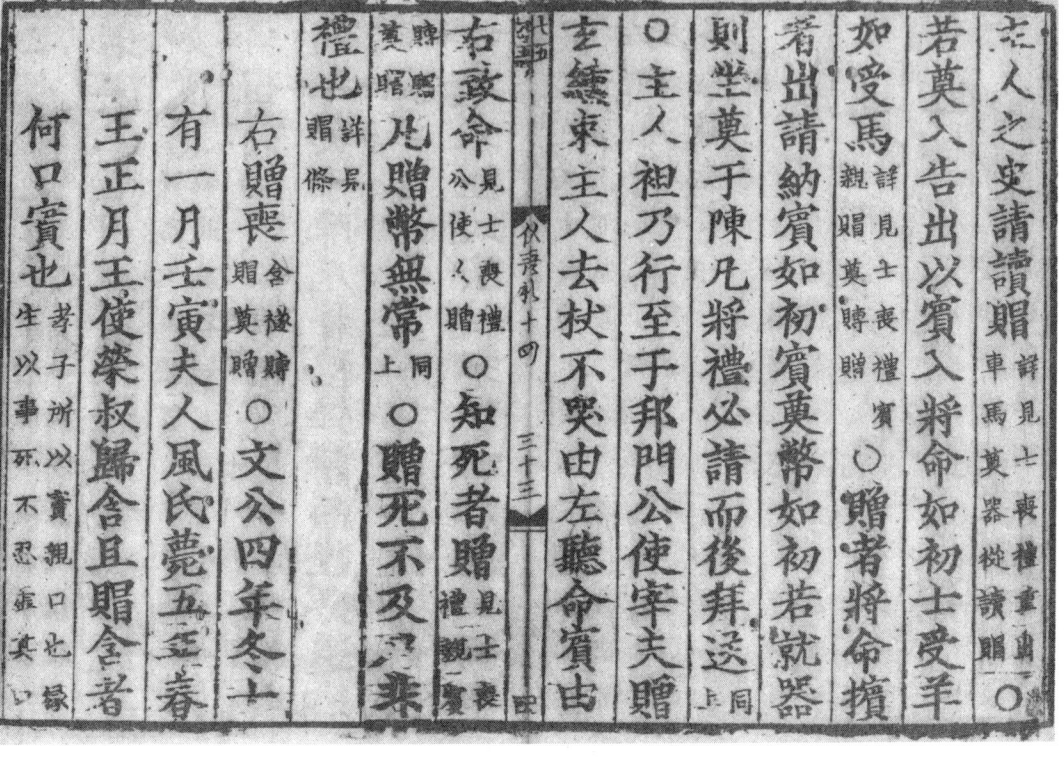

主人之史請讀賵詳見士喪禮書賵車馬奠器從讀賵○若奠入告出以賓入將命如初士受羊如受馬詳見士喪禮賓親賵奠賻贈○贈者將命擯者出請納賓如初賓奠幣如初若就器則坐奠于陳凡將禮必請而後拜送同上○主人袒乃行至于邦門公使宰夫贈玄纁束主人去杖不哭由左聽命賓由右致命見士喪禮公使人贈○知死者贈見士喪禮親饋

賻贈奠賵凡贈幣無常同上○贈死不及尸非禮也詳見賵條

右贈喪含禭賻賵奠贈○文公四年冬十有一月壬寅夫人風氏薨五年春王正月王使榮叔歸含且賵含者何口實也孝子所以實親口也緣生以事死不忍虛其口

0013_0119-1 0013_0118-2

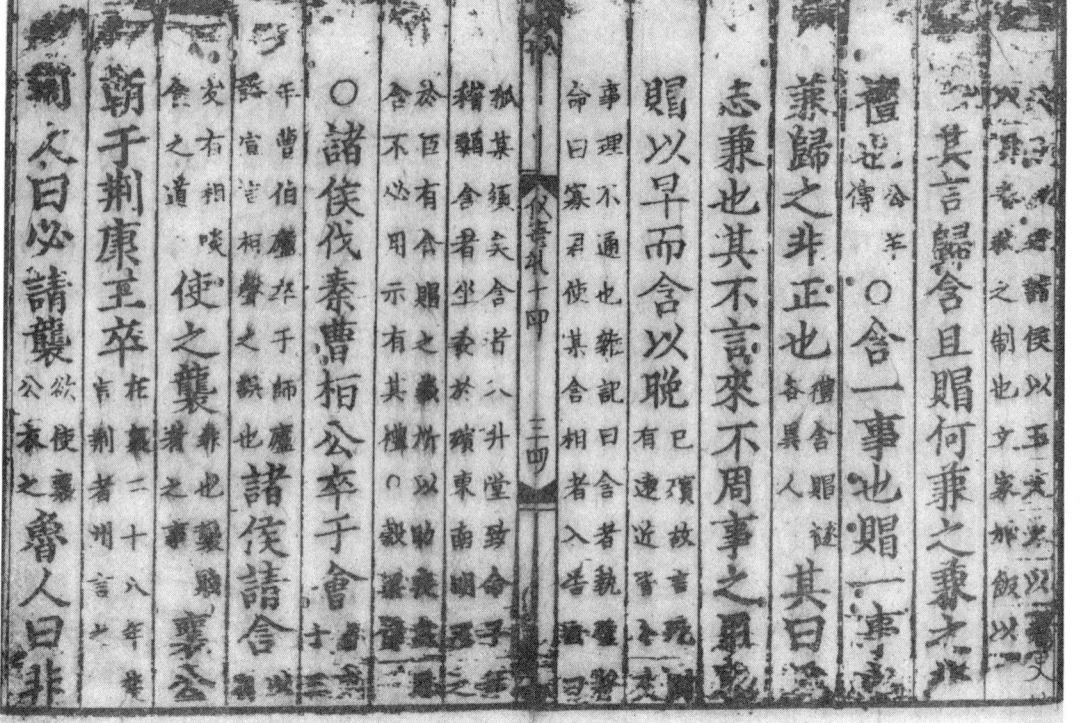

[illegible]以[illegible]諸侯以玉大夫以[illegible]之制也文家加飯以[illegible]其言歸含且賵何兼之兼之非禮也公羊傳○含一事也賵一事也兼歸之非正也穀梁傳含賵者異人其曰[illegible]志兼也其不言來不周事之用也賵以早而含以晚已殯故言晚有遠近[illegible]事理不通也雜記曰含者執璧[illegible]命曰寡君使某含相者入告[illegible]

狐某須矣含者入升堂致命子拜[illegible]稽顙含者坐委於殯東南[illegible]然臣有含贈之義所以助生送死含不必用示有其禮○穀梁[illegible]○諸侯伐秦曹伯廬卒于會成十三[illegible]年曹伯廬卒于師廬[illegible]宣相聲之誤也諸侯請含[illegible]右相喪含之道使之襚非也襚者之事[illegible]朝于荊康王卒在襄二十八年言荊者州言之荊人曰必請襲欲使襄公襲之魯人曰非

0013_0119-2

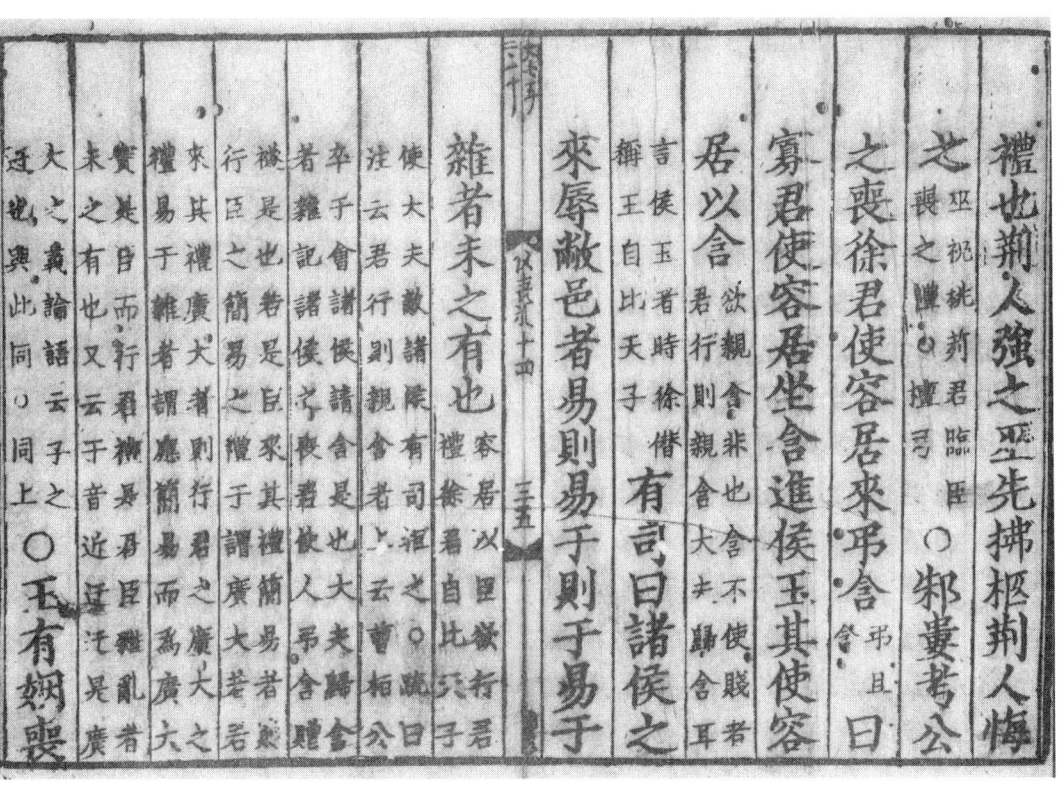

禮也荆人強之巫先拂柩荆人悔之（巫祝桃茢君臨臣喪之禮○檀弓）○邾婁考公之喪徐君使容居來弔含（弔且含）曰寡君使容居坐含進侯玉其使容居以含（欲親含非也含不使賤者君行則親含大夫歸含耳）（言侯玉者時徐僭稱王自比天子）有司曰諸侯之來辱敝邑者易則易于則于易于

仪喪礼十四　三五

0013_0120-1

雜者未之有也（容居以臣欲行君禮餘者自比天子）（使大夫歛諸侯有司渔之○疏曰注云君行則親含者上云曾栢公卒于會諸侯請含是也大夫歸含者雜記諸侯之喪君使人弔含贈襚是也若是臣來其禮簡易者亦行臣之簡易之禮于謂廣大若君來其禮廣大者則行君之廣大之禮易于雜者謂應簡易而爲廣大實是臣而行君禮易君臣雜亂者未之有也又云于音近汙是廣大之義論語云子之迂也與此同○同上）○玉有姻喪

0013_0120-2

晉使趙成如周弔且致襚（昭公九年春秋左氏傳）○秦人來歸僖公成風之襚禮也（秦慕諸夏欲通敬於魯因有翟泉之盟故追贈僖公并及成風本非魯方嶽同盟無有相赴弔之制故不譏其緩而以恭好爲禮）諸侯相弔賀也雖不當事苟有禮焉書也以無忘舊好（送死不及尸故曰不當事○文公九年春秋左氏傳）○衛有太史曰柳

仪喪礼十四　三六

0013_0121-1

莊寢疾獻公曰若疾革雖當祭必告公再拜稽首請於尸曰有臣柳莊也者非寡人之臣社稷之臣也聞之死請往不釋服而往遂以襚之（脫君祭服以襚臣乃親賢也○檀弓）○齊侯伐晉夷儀敝無存先登求自門出死於霤下（既入城夷儀人不服故闘死於門屋霤下也）齊師

0013_0121-2

之在袁儀也齊侯曰得敝無存者以五家免給其五家令常不共役事乃得其尸公三襚之襚衣也比殯三加襚深禮厚之與之犀軒與直蓋犀軒卿車直蓋高蓋而先歸之坐引者以師哭之停喪事以盡哀也君方爲位而哭故挽喪者不敢立親推之三齊侯自推喪車輪三轉○定公九年春秋左氏傳○隱公三年秋武氏子

儀喪禮十四　二七

0013_0122-1

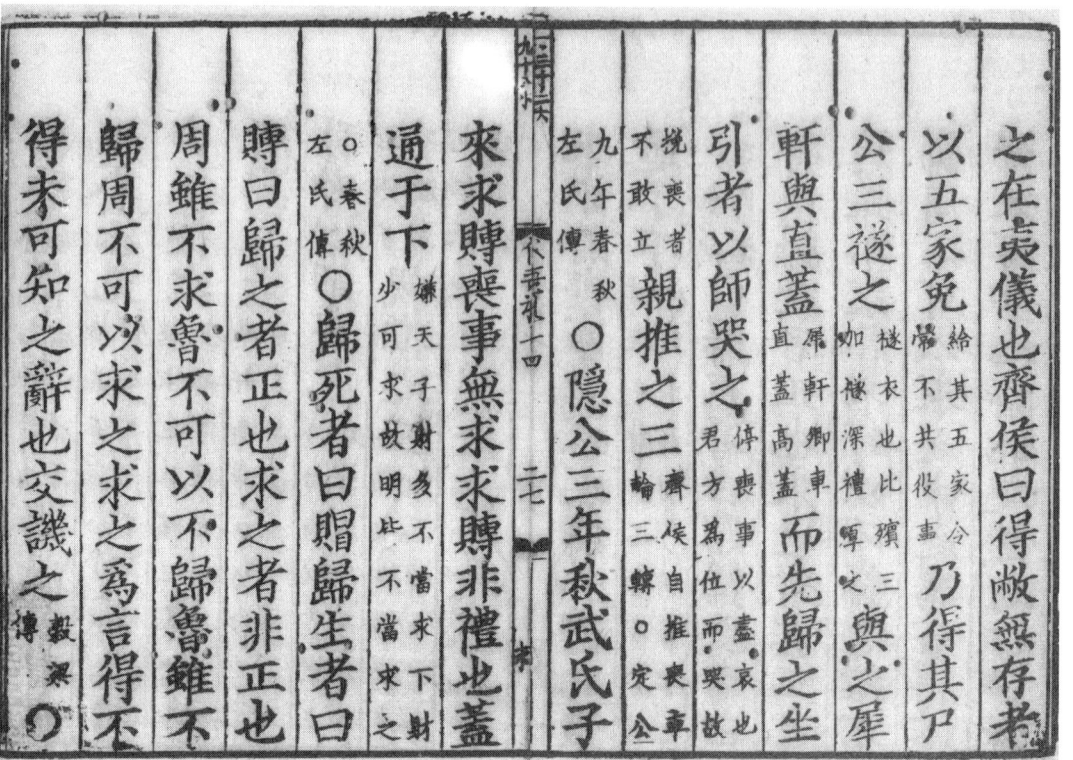

來求賻喪事無求求賻非禮也蓋通于下嫌天子財多不當求下財少可求故明比不當求之○春秋左氏傳○歸死者曰賵歸生者曰賻曰歸之者正也求之者非正也周雖不求魯不可以不歸魯雖不歸周不可以求之求之爲言得不得未可知之辭也交譏之穀梁傳○

0013_0122-2

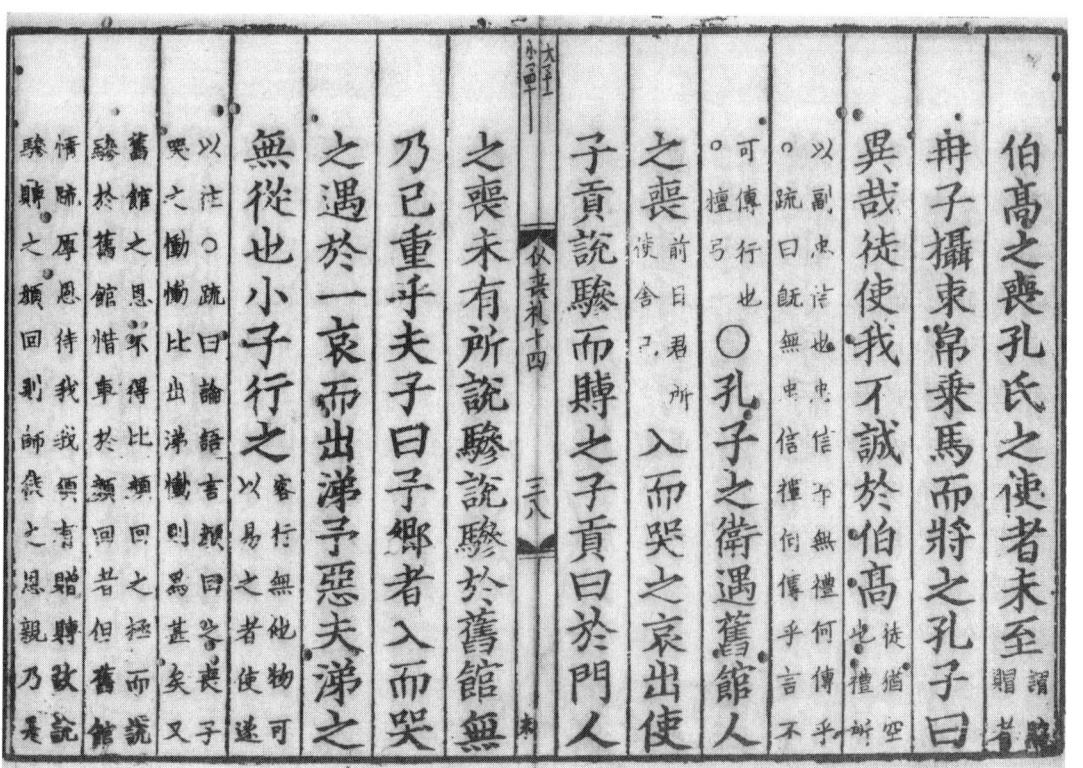

伯高之喪孔氏之使者未至謂賻賵者冉子攝束帛乘馬而將之孔子曰異哉徒使我不誠於伯高徒猶空也禮所以副忠信也忠信無禮何傳乎○疏曰既無忠信禮何傳乎言不可傳行也○檀弓○孔子之衛遇舊館人之喪前日君所使舍己入而哭之哀出使子貢說驂而賻之子貢曰於門人

儀喪禮十四　三八

0013_0123-1

之喪未有所說驂說驂於舊館無乃已重乎夫子曰予鄉者入而哭之遇於一哀而出涕予惡夫涕之無從也小子行之客行無他物可以易之者使遂以往○疏曰論語言顏回死夫子哭之慟慟比出涕慟則爲甚矣又舊館之恩不得比顏回之極而說驂於舊館惜車於顏回者但舊館情疏厚恩待我我與之贈賻故說驂賻之顏回則師徒之恩親乃是

0013_0123-2

當事則顧回之死以當以物興[illegible]顧路更請賓車為搏以其不知[illegible]
是故夫子抑之○同上。○隱公元年秋七月
天王使宰咺來歸惠公仲子之
咺呼阮反賵芳鳳反○宰官[illegible]仲子者桓公之母婦人無謚故[illegible]
賵○疏曰賵者助喪之物[illegible]五年注云車馬曰賵貨財曰[illegible]
云公賵玄纁束帛兩馬士之[illegible]得[illegible]兩馬大夫以上皆四[illegible]
宰咺來歸賵蓋用四馬也賵死不及尸尸之[illegible]

仪喪礼十四　三九

0013_0124-1

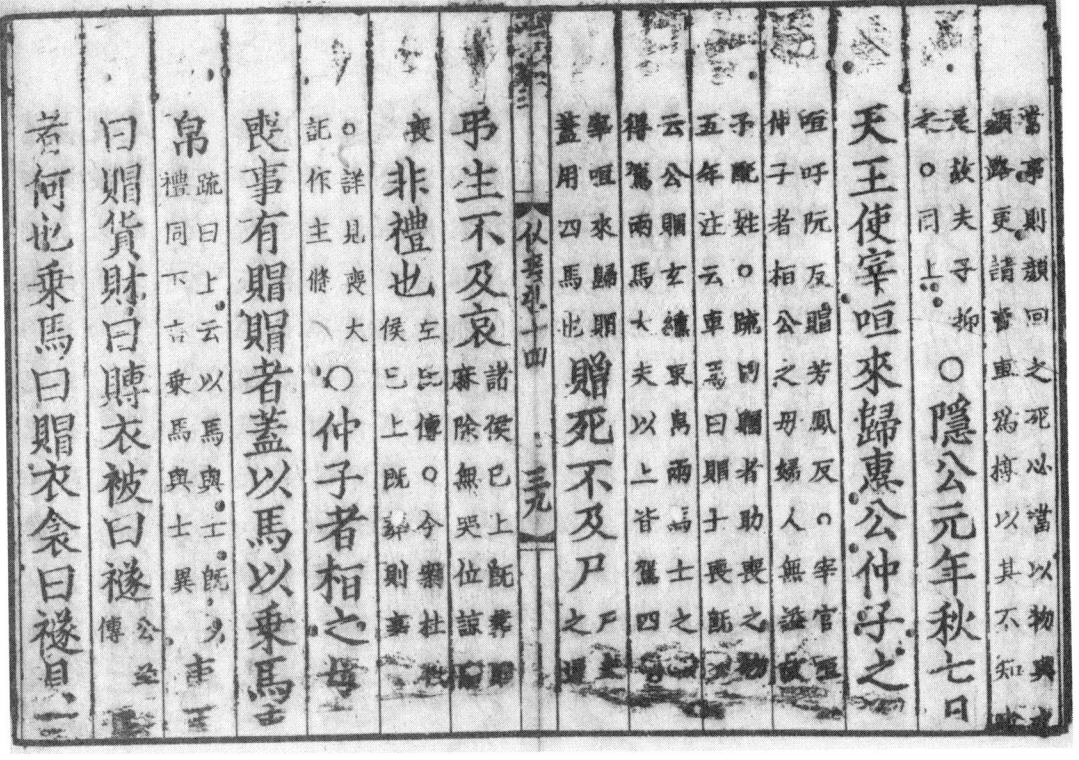

弔生不及哀諸侯已上既葬則衰除無哭位諒闇
喪非禮也左氏傳○今穀梁[illegible]侯已上既葬則喪
○詳見喪大記作主讎○仲子者桓之母
喪事有賵賵者蓋以馬以乘馬[illegible]
帛疏曰上云以馬與士既夕禮[illegible]禮同下言乘馬與士異
曰賵貨財曰賻衣被曰襚公羊傳
者何也乘馬曰賵衣衾曰襚貝[illegible]

0013_0124-2

曰含錢財曰賻[illegible]
此用乘馬[illegible]大夫以上皆[illegible]馬者[illegible]數殺同其馬矣
亦副異[illegible]云天子馬曰龍[illegible]七尺以上[illegible]馬高[illegible]尺
上如大夫四[illegible]高三尺以上是也[illegible]禮[illegible]東公羊傳亦云
以乘馬束帛何休云束[illegible]謂玄[illegible]纁二何休云賵者蓋也當[illegible]覆被[illegible]
者之身休云時猶助也皆助生送死之禮襚猶遺也遺是助死之
禮知生者賵賻知死者含襚[illegible]者實口之名雜記云將命者[illegible]

仪喪礼十四　四十

0013_0125-1

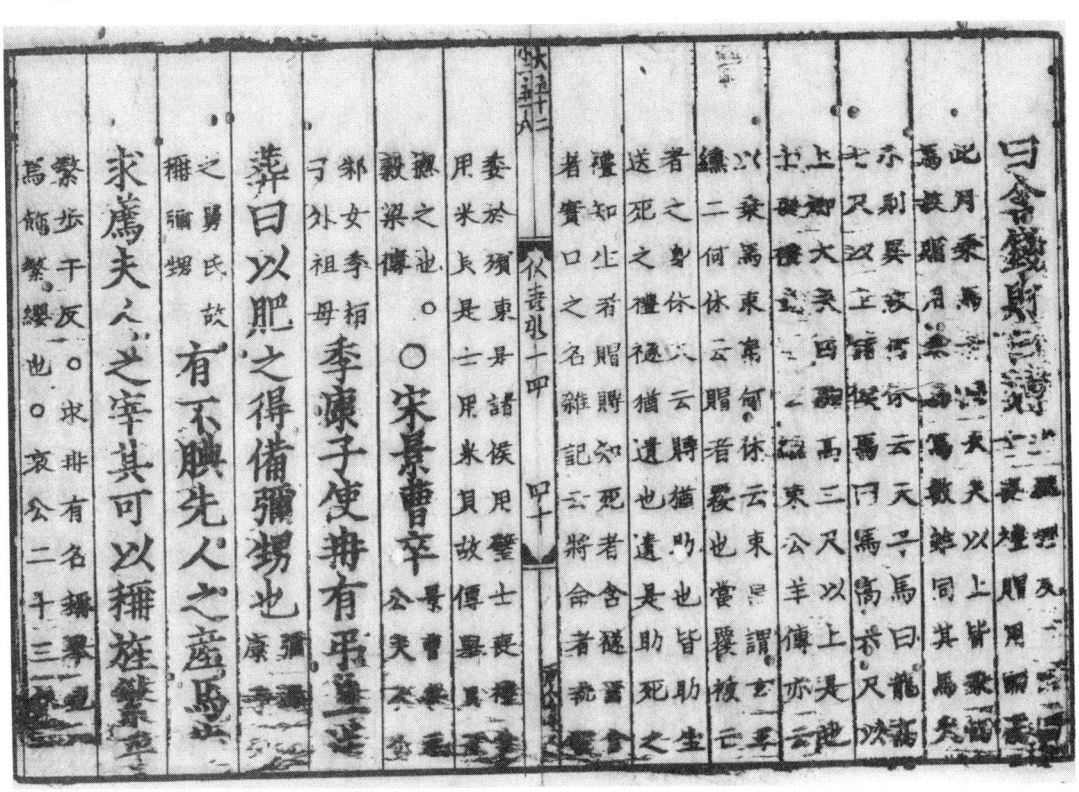

委於殯東[illegible]諸侯用璧士喪禮[illegible]用米[illegible]是士用米貝故傳[illegible]貝[illegible]
穆之[illegible]也○穀梁傳○宋景曹卒景曹[illegible]公夫人[illegible]
邾女季桓子外祖母季康子使冉有弔[illegible]送
葬曰以肥之得備彌甥也彌[illegible]康子
之舅氏故稱彌甥有不腆先人之產馬[illegible]
求薦夫人之宰其可以稱旌繁[illegible]
繁步干反○求[illegible]有名稱[illegible]馬飾繁纓也○哀公二十三[illegible]

0013_0125-2

秋左氏傳

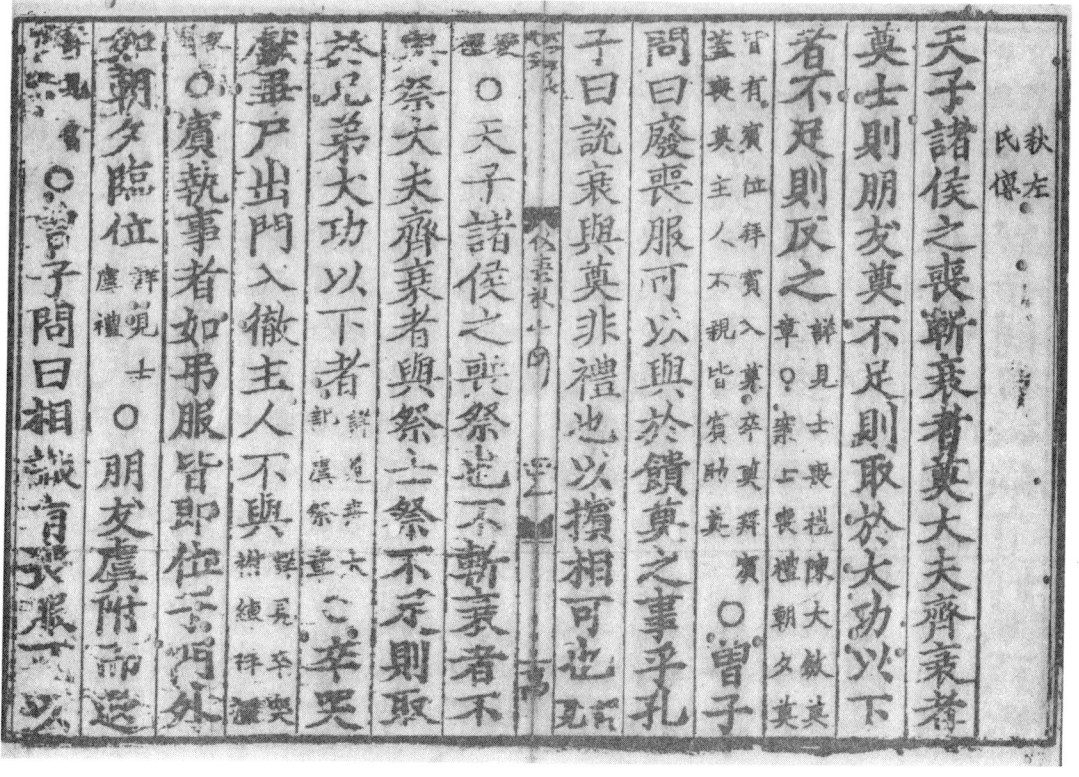

天子諸侯之喪斬衰者奠大夫齊衰者奠士則朋友奠不足則取於大功以下者不足則反之 詳見士喪禮陳大斂奠章 ○案士喪禮朝夕奠皆有賓位拜賓入奠卒奠拜賓蓋喪奠主人不親皆賓助奠 ○曾子問曰廢喪服可以與於饋奠之事乎孔子曰說衰與奠非禮也以擯相可也 記言見

0013_0126-1

變禮 ○天子諸侯之喪祭也不斬衰者不與祭大夫齊衰者與祭士祭不足則取於兄弟大功以下者 詳見喪大記虞祭章 ○卒哭獻畢尸出門入徹主人不與 詳見卒哭祔練祥禮 ○賓執事者如弔服皆即位于門外如朝夕臨位 詳見士虞禮 ○朋友虞附而退 ○曾子問曰相識有喪服可以

0013_0126-2

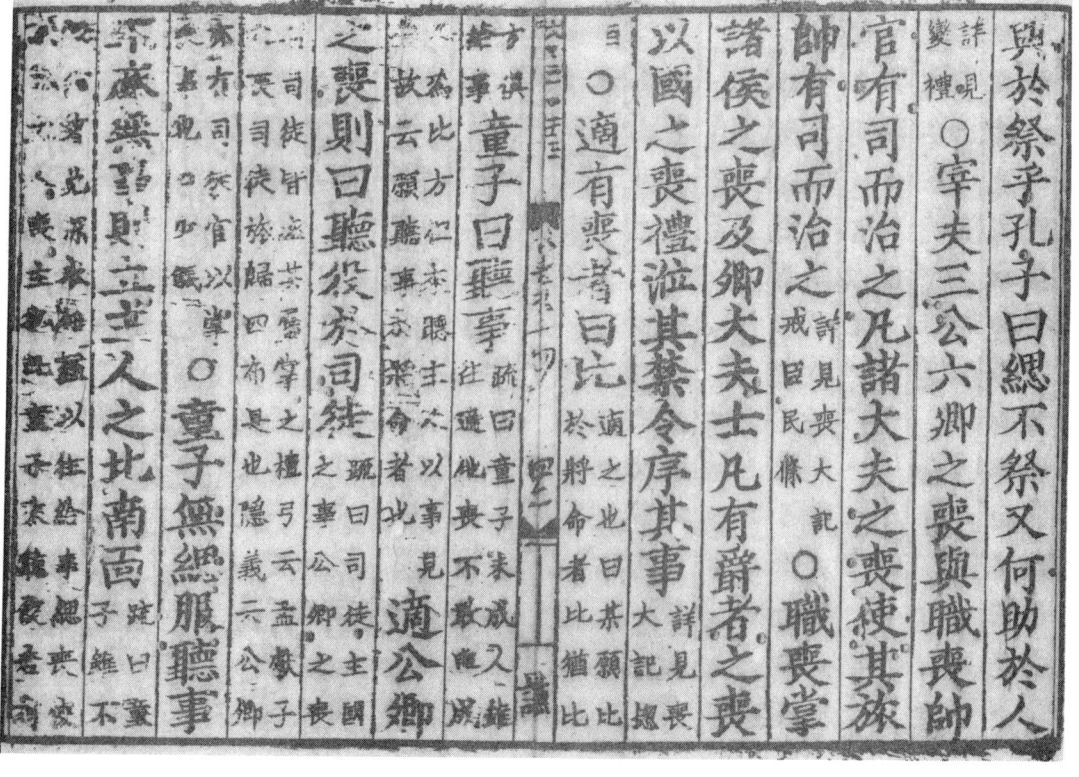

與於祭乎孔子曰緦不祭又何助於人 詳見變禮 ○宰夫三公六卿之喪與職喪帥官有司而治之凡諸大夫之喪使其旅帥有司而治之 詳見喪大記戒曰民儀 ○職喪掌諸侯之喪及卿大夫士凡有爵者之喪以國之喪禮涖其禁令序其事 詳見喪大記總目 ○適有喪者曰比 適之也曰某頒比於將命者比猶比方之比 ○童子曰聽事 疏曰童子未成人雖往適他喪不敢比以事見給事 故云願聽事於將命者也 ○適公卿之喪則曰聽役於司徒 疏曰司徒主國之事公卿之喪司徒旅歸四布是也隱義云公卿之喪有司以其官 ○童子無緦服聽事不麻無緦則立主人之北南面 疏曰童子雖不

0013_0127-1

0013_0127-2

攝斂使之若無事時在旁謂主人之北南面○玉藻○士之喪

胥爲侍士是斂詳見喪大記○助葬必執紼

檀弓

右執事助其事祭治事○孔子之故人曰

原壤其母死夫子助之沐椁檀弓○

孔子之喪公西赤爲志焉子張之

喪公明儀爲志焉同上

儀禮經傳續十四　四十三

0013_0128-1

送喪不由徑送葬不辟塗潦○辟音避檀弓○

會葬之禮於鄗上從竟至墓主爲送者來○竟界境[illegible]

○文五年春秋穀梁傳○[illegible]趨也出宮而退相揖

也哀次而退相問也既封而退相見也

反哭而退朋友虞附而退[illegible]

[illegible]也附當爲祔[illegible]相趨謂相[illegible]不相識但相聞名[illegible]來會葬[illegible]

既輕故出宮而退去相揖[illegible]會也[illegible]相揖者[illegible]

0013_0128-2

至大門外之哀次而退去也相問相餉遺恩轉深故至窆竟而退也

饋贈身經自執摯相詣往來恩轉厚至葬竟孝子反哭還至家時而退也

友嘗昔情重生死同殷故至主人虞而退也知生者弔今注云弔則知是死

[illegible]人也雜記○天子七月而葬同軌畢至

以別四之國諸侯五月而葬同盟至同在方嶽之盟大

夫三月同位至古者行役不踰時士踰月外姻

至猶親也釋例曰萬國之數至衆封疆之守至重故天子之喪諸侯不得

儀禮經傳續十四　四十四

0013_0129-1

越竟而奔脩服於其國卿共弔葬之禮諸侯相弔則昭三十年傳云先王之

制諸侯之喪士弔大夫送葬是正禮也位至待其後還也外姻至親戚畢至

[illegible]天子言畢至以下不言畢者天子海內爲家天下聞喪無不至故言畢

也諸侯同盟或來或不大夫出使本爲覲命雖識聞喪未必盡來故不言畢

[illegible]賵以爲禮士三月葬今云踰左氏爲短○隱元年左氏春秋傳○

君若載而後弔之則主人東面而拜門

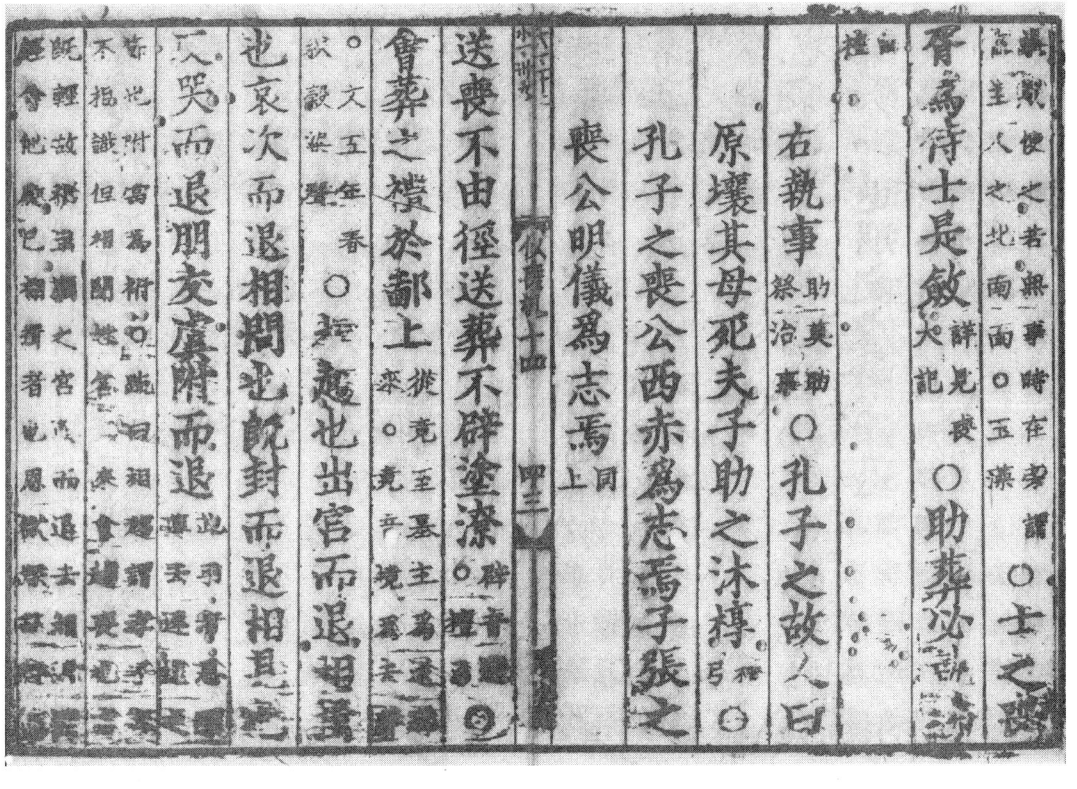

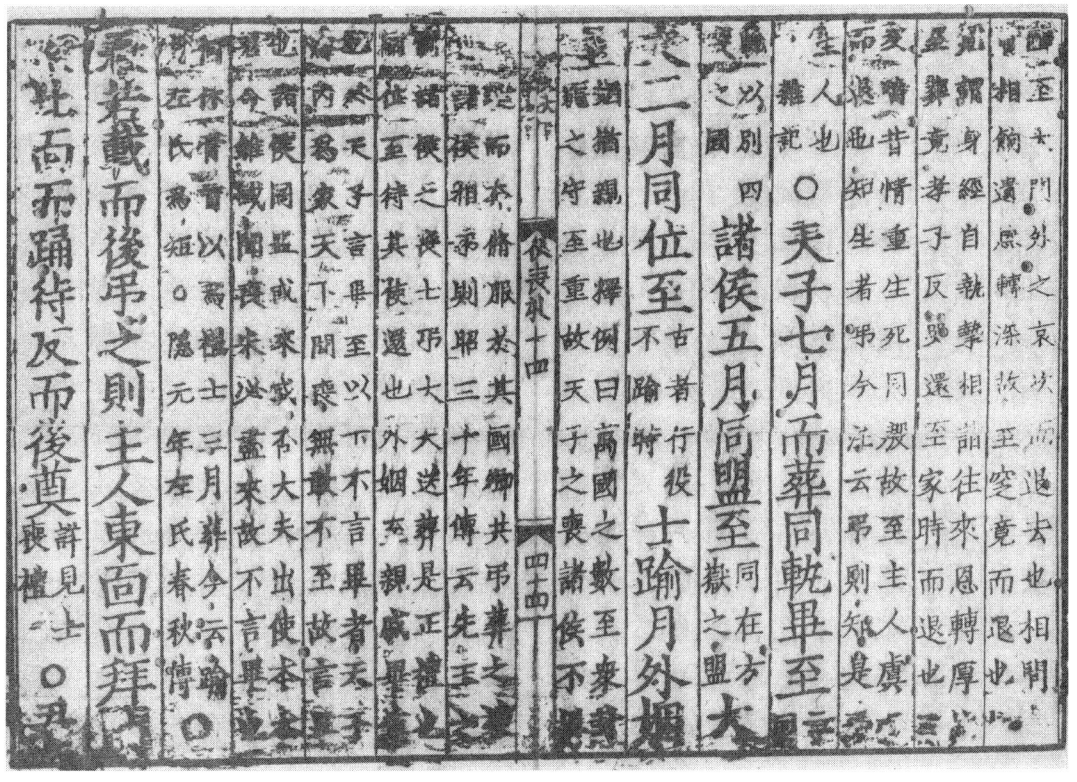

右北面而踊出待反而後奠詳見士喪禮○君

0013_0129-2

[illegible]夫與葬弔於宮及出命引之三[illegible]
[illegible]如是者三君退朝亦如之哀次弔[illegible]
[illegible]之以義奪孝子宮殯宮出謂柩已[illegible]路退去也三命引之凡移一步[illegible]
不必於宮與朝廟也次他日[illegible]受大門外舍也孝子至此而哀[illegible]
夫乎焉○疏曰君平禮既畢及[illegible]彈宮之門孝子號慕攀轅柩車不[illegible]
奉孝子之情命遣引之三步則[illegible]立者引者不忍頓奪孝子之情[illegible]
[illegible]君又命引之引之者三步而[illegible]引之如是者三柩車遂行君[illegible]

仪丧礼十四　四五

0013_0130-1

[illegible]弔○適兄弟之送葬者弗及遇主人[illegible]
[illegible]道則遂之於墓（詳見變禮弁絰條）○望柩[illegible]
[illegible]禮○弔於葬者必執引若從柩及壙[illegible]
[illegible]執紼引首觸壙苦晃反又音曠○示[illegible]助之以力車曰引棺曰紼從[illegible]
者○疏曰引柩車索也弔葬本為助[illegible]事故必相助引柩車也若從柩及[illegible]
[illegible]執紼者多至五紼引棺索也凡執[illegible]人今貴賤有數若其數足則餘人不[illegible]
行皆散而從柩也至壙下棺窆時[illegible]限人數皆悉執紼示助力也主云[illegible]

0013_0130-2

白引者引者長遠之名故在車車行遠
也紼是撥舉之義故在棺棺唯撥舉不
長遠也云從柩贏者贏餘也從柩者是
執引所餘贏者也何東山云天子千
人諸侯五百人大夫二百人士五十人贏數外也○檀弓○臨喪則
必有哀色執紼不笑（曲禮）○助葬必執紼
上（同）○臨喪不笑（檀弓）○弔非從主人也四
十者必執紼鄉人五十者從反哭四十
者待盈坎（言弔者必助主人之事從柩隨也成人二十以上至四十）

仪丧礼十四　四六

0013_0131-1

下壯時非鄉人則長少皆反優遠也○雜記○乃反哭賓弔
自西階曰如之何（詳見士喪禮）
右會葬○文公元年二月叔孫得
臣如京師辛丑葬襄王王者不書
葬此何以書不及時書過時書我
有往者則書（謂使大夫往也惡文公不自往故書葬）
（春秋公羊傳）○天子志崩不志葬舉天[illegible]

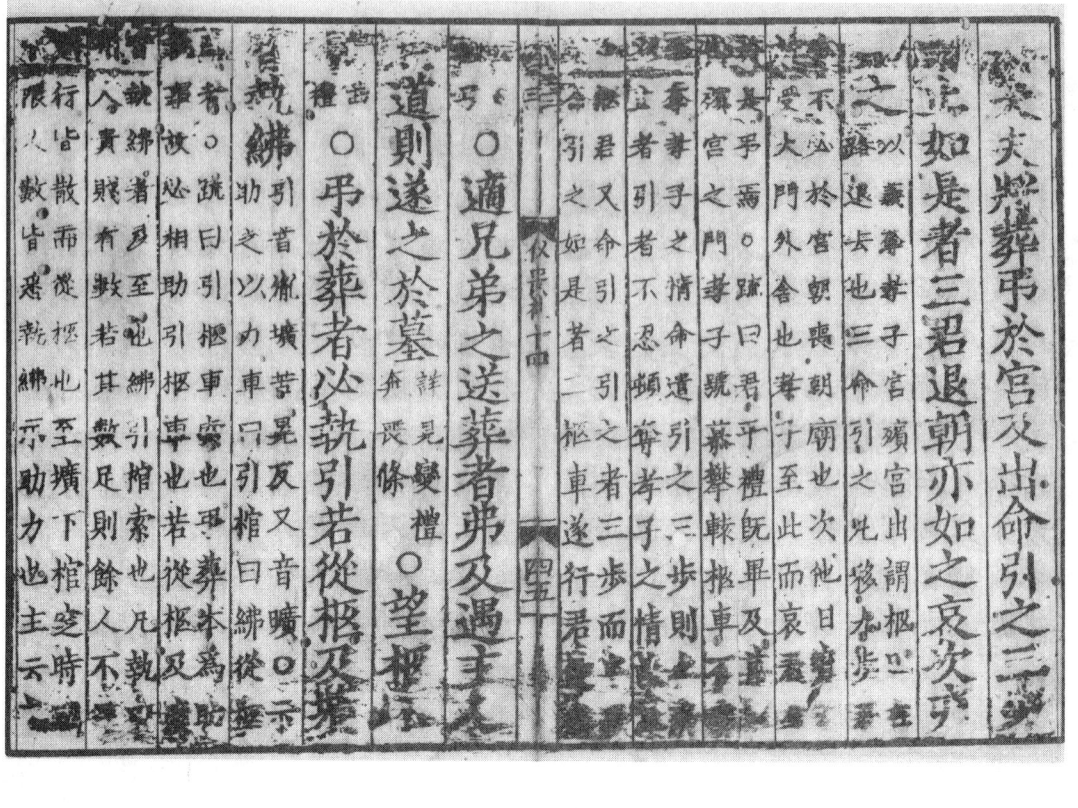

0013_0132-1　　0013_0131-2

下而葬一人其道不疑也[illegible]
不得葬也（不得備禮葬○穀梁傳）○文四年
冬夫人風氏薨五年王使榮叔歸
含且賵葬我小君成風王使召伯
來會葬禮也（成風莊公之妾天子以夫人禮賵之明母以子貴故曰禮○左氏傳）○襄公三十有一年
滕子來會葬○葬晉頃公鄭游吉

仪書禮十四　四十七

弔且送葬魏獻子使士景伯詰之
曰悼公之喪子西弔子蟜送葬今
吾子無貳何故對曰先王之制諸
侯之喪士弔大夫送葬唯嘉好聘
饗之事於是乎使卿今大夫曰女
盍從舊有豐有省不知所從從
其豐則寡君幼弱是以不共從其

0013_0133-1　　0013_0132-2

省則吉在此[illegible]唯大夫圖之[illegible]
不能詰（昭公三十年左氏傳）○文襄之霸[illegible]
其務不煩諸侯君薨大夫弔卿共
葬事夫人士弔大夫送葬[illegible]
（之喪士弔大夫送葬蓋時[illegible]故文襄雖節之猶過於古○[illegible]）
（三年左氏傳）○齊姜薨齊侯使諸姜宗
婦來送葬（宗婦同姓大夫之婦[illegible]人越疆送葬非禮○[illegible]）

仪書禮十四　四八

（二年左氏傳）○葬楚康王公及陳[illegible]
伯許男送葬至于西門之外[illegible]
之大夫皆至于墓（襄公二十九年左氏傳）[illegible]
鄭簡公卒將為葬除司墓之[illegible]
當道者毀之則朝而塴弗毀[illegible]
中而塴子太叔請毀之[illegible]
侯之賓何子產曰諸侯之賓[illegible]

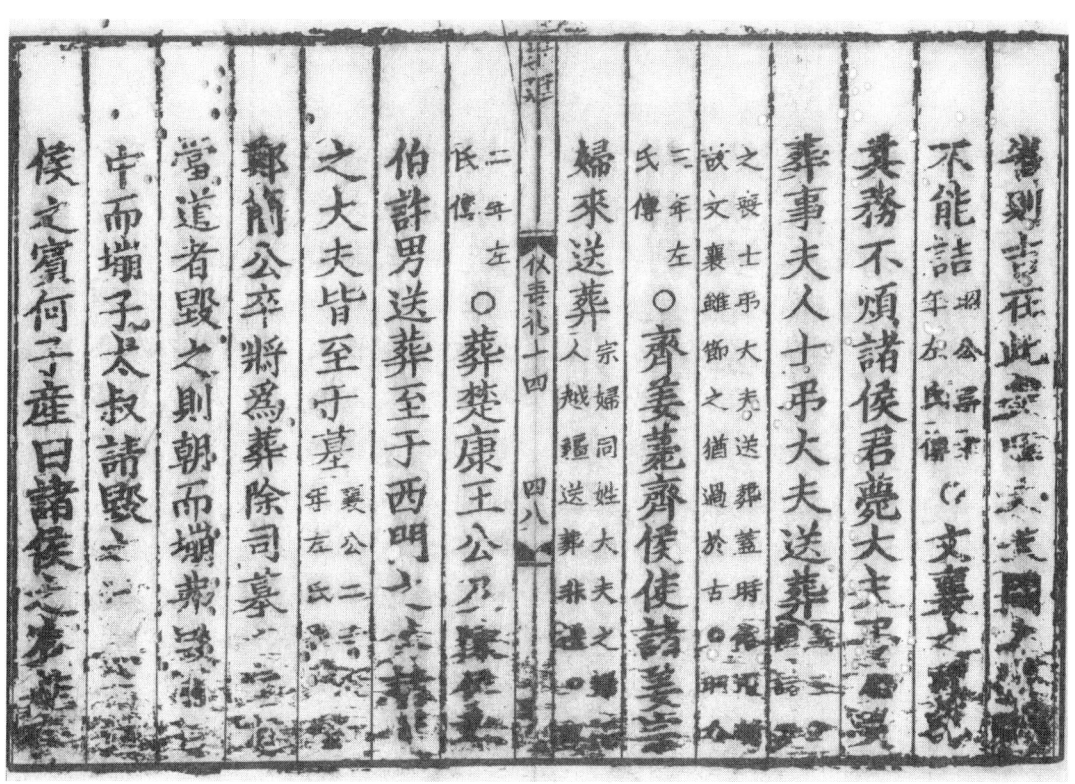

0013_0133-2

會[illegible]日小[illegible]

不害何故不為遠兄弟[illegible]

[illegible]

[illegible]長者[illegible]之[illegible]

舂不相里有殯不巷歌[illegible]

儀喪禮十四

0013_0134-1

[illegible]○適墓不登壟[illegible]

[illegible]○適墓不歌[illegible]同上

[illegible]哀有喪○子食於有喪者之側

[illegible]嘗飽也[illegible]

[illegible]哭則不歌[illegible]

[illegible]

0013_0134-2

必變孔曰狎者素親狎凶服者式之孔曰凶服送死之衣服○同上○子見齊衰者冕衣裳者與瞽者見之雖少必作過之必趨集注曰齊衰喪服冕冠也衣上服裳下服冕而衣裳貴者之盛服也瞽無目者作起也趨疾行也或曰少當作坐○范氏曰聖人之心哀有喪尊有爵矜不成人其作與趨蓋有不期然而然者○同上

○襄公十有九年晉士匄帥師侵

儀喪禮十四

齊至穀聞齊侯卒乃還還者何善辭也何善爾大其不伐喪也此受命乎君而伐齊則何大乎其不伐喪大夫以君命出進退在大夫也

公羊傳

儀禮經傳通解續卷第十四

0013_0135-1

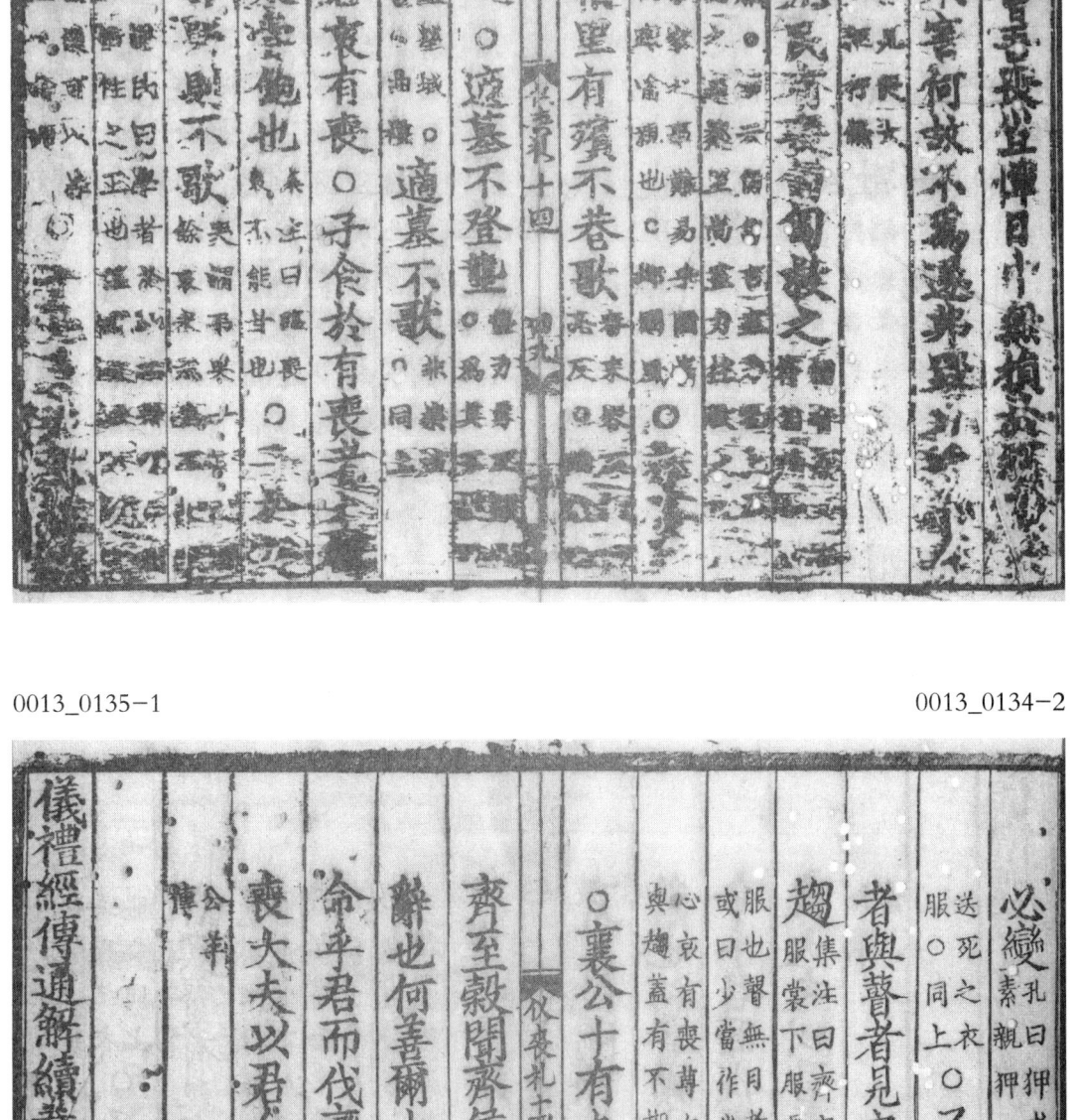

0013_0138-2

儀禮經傳通解續卷第十五

喪禮義　喪禮十三

補

白虎通義曰喪者何謂也喪者亡人死謂之喪言其亡不可復得見也不直言喪何爲孝子心不忍言尚書曰武王既喪喪禮曰死於適室知據死

儀喪禮十五　一

0013_0139-1

者稱喪也生者哀痛之亦稱喪禮曰喪服斬衰易曰不封不樹喪期無數孝經曰孝子之喪親也是施生者也天子下至庶人俱言喪何欲言身體髮膚俱受之父母其痛一也

夫禮必本於天殽於地列於鬼神達於喪祭殽户教反法也徐户交反○聖人則天之明因地之利取法度於鬼

張本下象鼻題監生秦淳四字傳本剪去之

0013_0139-2

神以制禮下教令也既又祀之盡其敬也教民嚴上也鬼者精魄所歸神者引物而出謂祖廟山川五祀之屬也民知嚴上則此禮達於下也○禮運○

喪祭之禮所以明臣子之恩也喪祭之禮廢則臣子之恩薄而倍死忘生者衆矣倍音佩○經解◉凡不孝生於不仁愛也不仁愛生於喪祭之禮不明喪祭之禮所以教仁愛也致愛故能致喪祭春秋祭

儀喪禮十五　二

0013_0140-1

祀之不絶致思慕之心也孝經曰春秋祭祀以時思之也夫祭祀致饋養之道也死且思慕饋養況於生而孝乎故曰喪祭之禮明則民孝矣故有不孝之獄則飾喪祭之禮大戴記

○先王有大事必有禮以哀之哀樂之分皆以禮終分扶問反○大事謂死喪也○樂記○

先王之制禮樂人之爲節言爲作法度以遏其欲

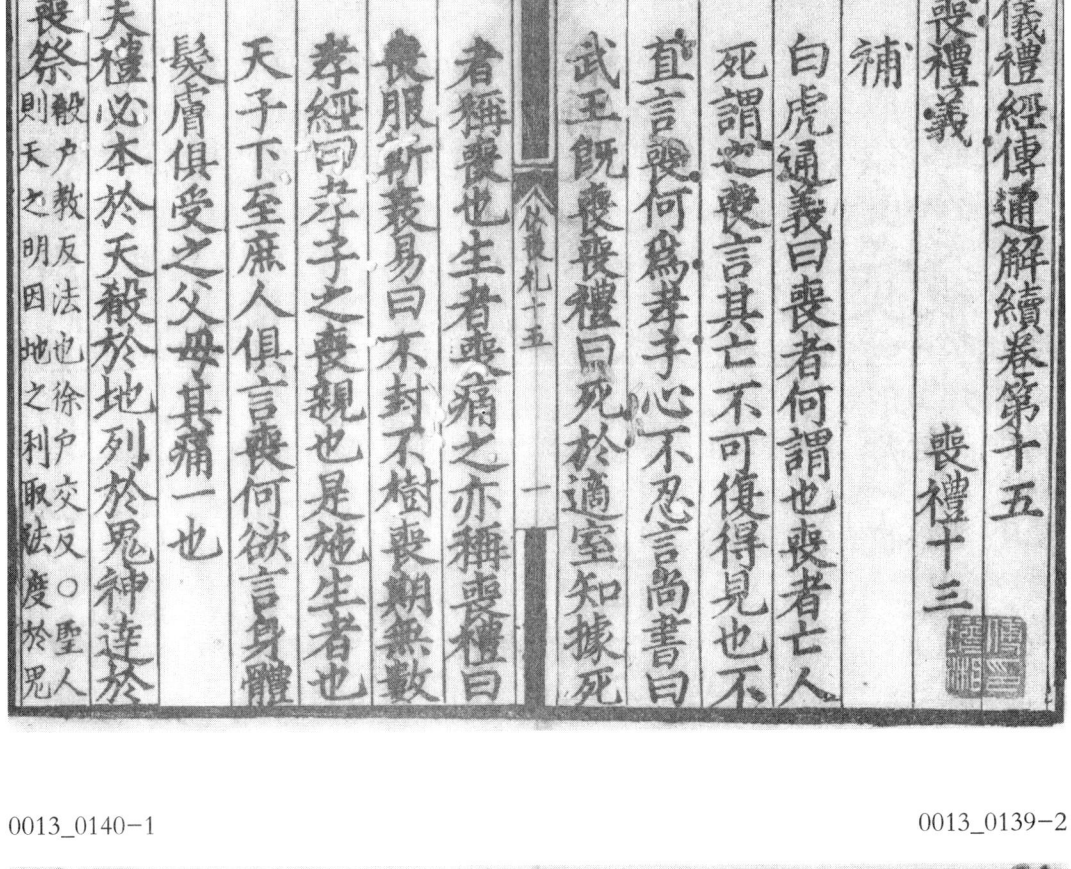

張本下象鼻題監生秦淳四字傳本剪去之

0013_0140-2

衰麻哭泣所以節喪紀也（同上）○喪禮忠之至也（謂哭踊袒襲也）備服器仁之至也（謂小斂大斂之衣服葬之明器）賓客之用幣義之至也（謂來賻賵）故君子欲觀仁義之道禮其本也（疏曰喪禮忠之至也者觀喪之禮必盡忠心追念故云忠之至也備服器仁之至也者此亦據喪禮備此小斂大斂之衣服及葬之明器亦是仁愛之貌故云仁之至也賓客之用幣義之至也者此謂喪禮賓客用幣帛以相賻賵於事合宜故云義

儀禮經傳通解續卷十五　三

0013_0141-1

之至也○禮器）○故禮義也者所以養生送死事鬼神之大端也（禮運）○孝子之事親也有三道焉生則養沒則喪喪畢則祭養則觀其順也喪則觀其哀也祭則觀其敬而時也盡此三道者孝子之行也（盡子忍反○沒終也○祭統）○子曰孝子之事親也病則致其憂（色不滿容行不正履）喪則致其哀（擗踊哭泣

0013_0141-2

盡其哀情）祭則致其嚴（齊戒沐浴明發不寐○孝經）○君子之於禮也有直而行也（謂若始死哭踊無節也）有曲而殺也（謂若父在為母期也）有經而等也（謂若天子以下至士庶人為父母三年○疏曰有直而行也者君子之於禮一事也直而行謂親始死孝子哀慼哭踊無節直任己天性而行也有曲而殺也者二事也曲殺謂服父斬衰三年為母齊衰期是曲殺也有經而等也者二事也經常也常而等謂上自天子下至庶人尊卑有異而服其父母則貴賤同等也

儀禮經傳通解續卷十五　四

0013_0142-1

○禮器）○子路曰吾聞諸夫子喪禮與其哀不足而禮有餘也不若禮不足而哀有餘也（喪主哀）祭禮與其敬不足而禮有餘也不若禮不足而敬有餘也（祭主敬○疏曰喪禮君喪之禮也與及也禮有餘明器衣衾之屬也言君喪及其哀少而禮物多也若物多而哀少則不如物少而哀多也祭禮謂祭祀之禮也而禮有餘謂俎豆牲牢之屬多也言敬少而牢多也粢盛器多而敬少則不如牲粢少而敬

0013_0142-2

參也○檀弓

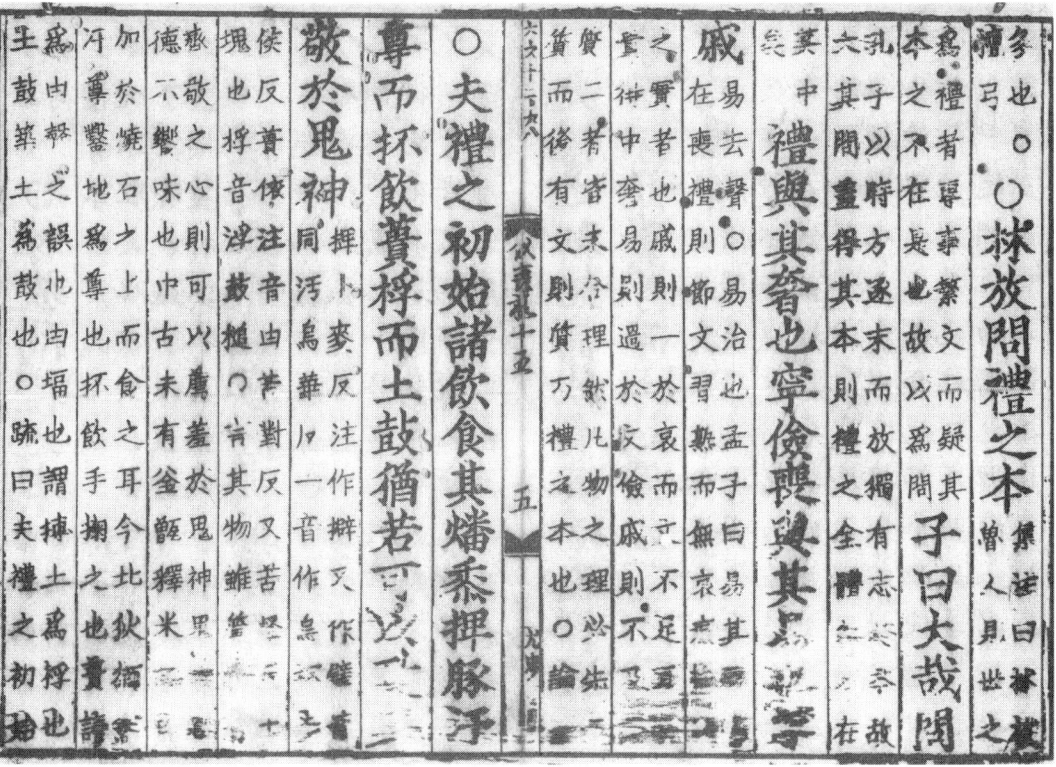

○林放問禮之本集註曰林放魯人見世之為禮者專事繁文而疑其本之不在是也故以為問子曰大哉問孔子以時方逐末而放獨有志□故大其問蓋得其本則禮之全體□□在其中矣禮與其奢也寧儉喪與其易也寧戚易去聲○易治也孟子曰易其田□在喪禮則節文習熟而無哀痛之實者也戚則一於哀而文不足□貴得中奢易則過於文儉戚則不及□質二者皆未合禮然凡物之理必先有質而後有文則質乃禮之本也○論□

0013_0143-1

○夫禮之初始諸飲食其燔黍捭豚汙尊而抔飲蕢桴而土鼓猶若可以致其敬於鬼神捭卜麥反注作擗又作擘□同汙烏華反一音作烏□□抔步侯反蕢依注音由苦對反又苦□□塊也桴音浮鼓槌○言其物雖質略敬之心則可以薦羞於鬼神□□德不饗味也中古未有釜甑釋米□□加於燒石之上而食之耳今北狄猶□汙尊鑿地為尊也抔飲手掬之也蕢讀為由聲之誤也由墢也謂摶土為桴也土鼓築土為鼓也○疏曰夫禮之初始

0013_0143-2

謂飲食者欲行吉禮先以飲食為本但中古之時飲食質略雖有火化其時未有釜甑也其燔黍捭豚者以水洮釋黍米加於燒石之上以燔之故云燔黍或捭析豚肉加於燒石之上而孰之故云捭豚汙尊而抔飲者謂鑿地汙下而盛酒故云汙尊以手掬之而飲故云抔飲蕢桴者又摶土由為桴皇氏云桴謂擊鼓之物土鼓者築土為鼓上來之物非但可以事生亦可以致其恭敬於鬼神以鬼神饗德不饗味也中古者謂神農也明堂位云土鼓葦籥伊耆氏之樂又郊特牲云伊耆氏始為蜡蜡是報田之祭今此云蕢桴土鼓故知此謂神農也

0013_0144-1

蕢讀為由者以經中蕢字乃是草名不可為桴桴與土鼓相連故讀為由由墢也及其死也升屋而號告曰皋某復招之於天然後飯腥而苴孰飯扶晚反苴子餘反又爭初反○飯以稻米上古未有火化苴孰而遺□火利也苴或為俎○遺棄戰反○疏曰上言古代質素此言後世漸文謂五帝以下至於三王及其身之死也升上屋而號呼告曰皋某復者皋引聲之言某謂死者名令其反復魄乃復然後浴尸而行含禮於含之時飯用生稻之米故云飯腥用上古未有火化之法苴孰謂

至欲葬設遣奠之時而用苞裹孰肉以遣送尸法中古修火化之利也 故

天望而地藏也 疏曰天望謂始死望天而招魂地藏謂葬地以藏尸也

體魄則降知氣在上 知音智○疏曰所以地藏者由體魄則降所以天望招之於天由知氣在上

故死者北首 首手又反○首陰也

生者南鄉也 鄉許亮反○鄉陽也○疏曰體魄降入於地爲陰故死者北首歸陰之義死者旣歸陰則生者南鄉歸陽也

皆從其初 疏曰謂今世飯腥苴孰及死者北首生者南鄉之等非是今時始爲此事皆取法於上古中古而來故云皆從其初○禮運

○禮也者反本脩古不忘其初者也故凶事不詔 凶事喪親之事也詔告也孝子親喪痛由心發故啼號哀泣不待外告而哀自至是反本還其孝性之本心也○禮器

○親始死雞斯徒跣扱上衽交手哭惻怛之心痛疾之意傷腎乾肝焦肺水漿不入口三日不舉火故鄰里爲之糜

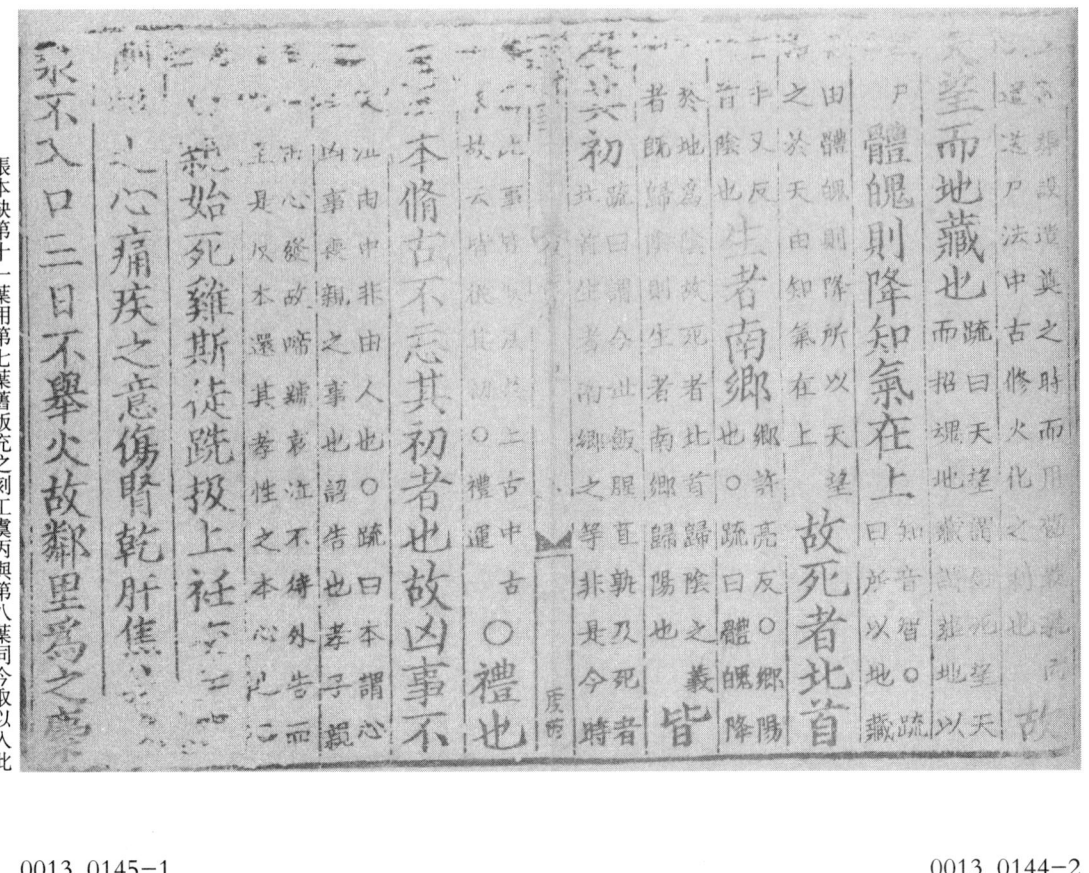

張本缺第十一葉用第七葉舊版充之刻工虞丙與第八葉同今取以入此

0013_0145-1

0013_0144-2

至欲葬設遣奠之時而用苞裹孰肉以遣送尸法中古修火化之利也 故

天望而地藏也 疏曰天望謂始死望天而招魂地藏謂葬地以藏尸也

體魄則降知氣在上 知音智○疏曰所以地藏者由體魄則降所以天望招之於天由知氣在上

故死者北首 首手又反○首陰也

生者南鄉也 鄉許亮反○鄉陽也○疏曰體魄降入於地爲陰故死者北首歸陰之義死者旣歸陰則生者南鄉歸陽也

皆從其初 疏曰謂今世飯腥苴孰及死者北首生者南鄉之等非是今時始爲此事皆取法於上古中古而來故云皆從其初○禮運

儀喪禮十五 七

○禮也者反本脩古不忘其初者也故凶事不詔 也凶事喪親之事也詔告也孝子親喪痛由心發故啼號哀泣不待外告而哀自至是反本還其孝性之本心也○禮器

○親始死雞斯徒跣扱上衽交手哭惻怛之心痛疾之意傷腎乾肝焦肺水漿不入口三日不舉火故鄰里爲之糜

張本第七葉與此同版下象鼻題監生陳浚四字傳本剪去之

0013_0145-2

以飲食之雞斯依注爲笄纚笄古兮反纚色買反徐所綺反扱初洽反○親父母也雞斯當爲笄纚聲之誤也親始死去冠二日乃去笄纚括髮也今時始喪者邪巾貊頭笄纚之存象也徒猶空也上衽深衣之裳前五藏者腎在下肝在中肺在上舉三者之焦傷而心脾在其中矣五家爲鄰五鄰爲里○栢亡嫁反本或作貊○疏曰雞斯者笄謂骨笄纚謂韜髮之繒言親始死孝子先去冠唯留笄纚也徒跣者徒空也無屨而空跣也扱上衽者上衽謂深衣前衽扱之於帶以號踊履踐爲妨故扱之交手哭者謂交手拊心而爲哭也

儀喪禮十五　八

0013_0146-1

傷腎乾肝焦肺者言肺在上性近於燥故云焦肝近肺故云乾腎近下故云傷言近下性多潤而爲傷矣舉此三者五藏俱傷可知也不舉火者哀痛之甚情不在食故不舉火也孝親以下食不可廢故鄰里爲之糜粥以飲食之夫悲哀在中故形變於外也痛疾於心故口不甘味身不安美也言人情之中外相應三日而斂在牀曰尸在棺曰柩動尸舉柩哭踊無數惻怛之心痛疾之意悲哀志懣

0013_0146-2

故袒而踊之所以動體安心下氣婦人不宜袒故發胷擊心爵踊殷殷田田如壞牆然悲哀痛疾之至也故曰辟踊哭泣哀以送之送形而往迎精而反也懣亡本反又音滿范音悶殷殷音隱○故袒而踊之言聖人制法故使之然也爵踊足不絕地辟拊心也哀以送之謂葬時也迎其精神而反謂反哭及日中虞也其往送也望望然汲汲然如

儀喪禮十五　九

0013_0147-1

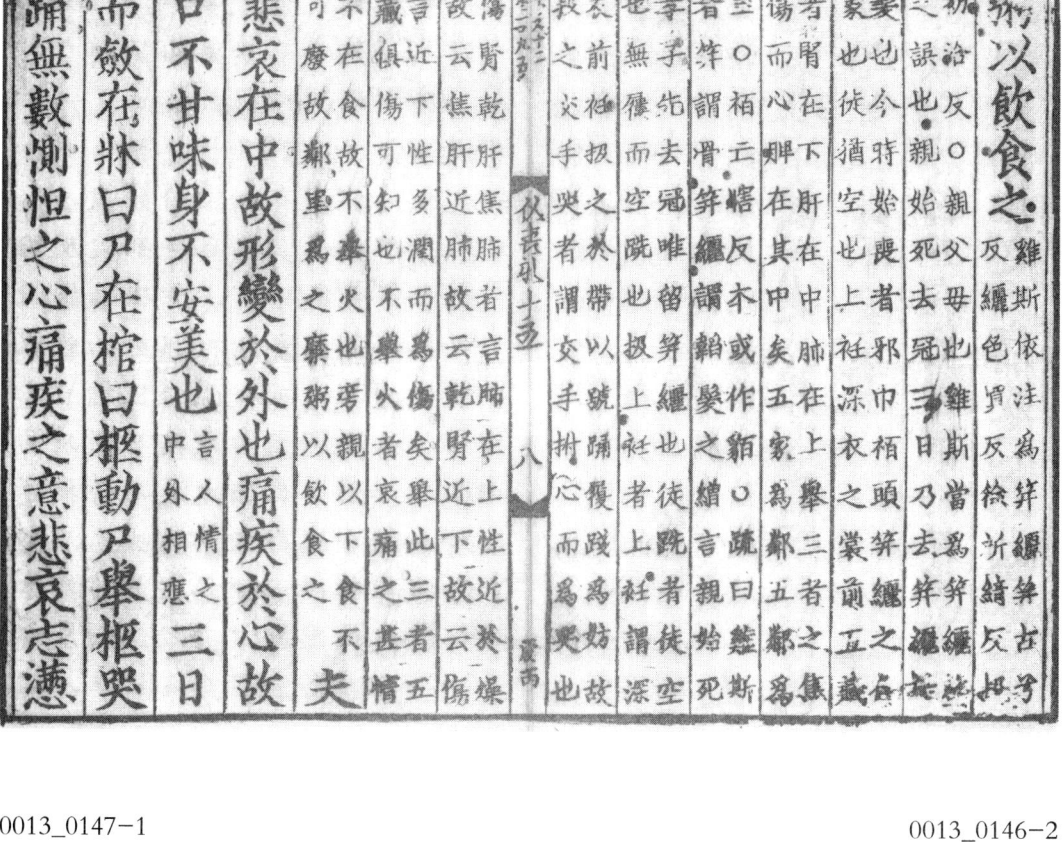

有追而弗及也其反哭也皇皇然若有求而弗得也故其往送也如慕其反也如疑望望瞻望之貌也慕者以其親之在前疑者不知神之來否○汲音急求而無所得之也入門而弗見也上堂又弗見也入室又弗見也亡矣喪矣不可復見已矣故哭泣辟踊盡哀而止矣說反哭之義也○疏曰亡矣喪矣者喪亦亡也重言之者丁寧之也若似

0013_0147-2

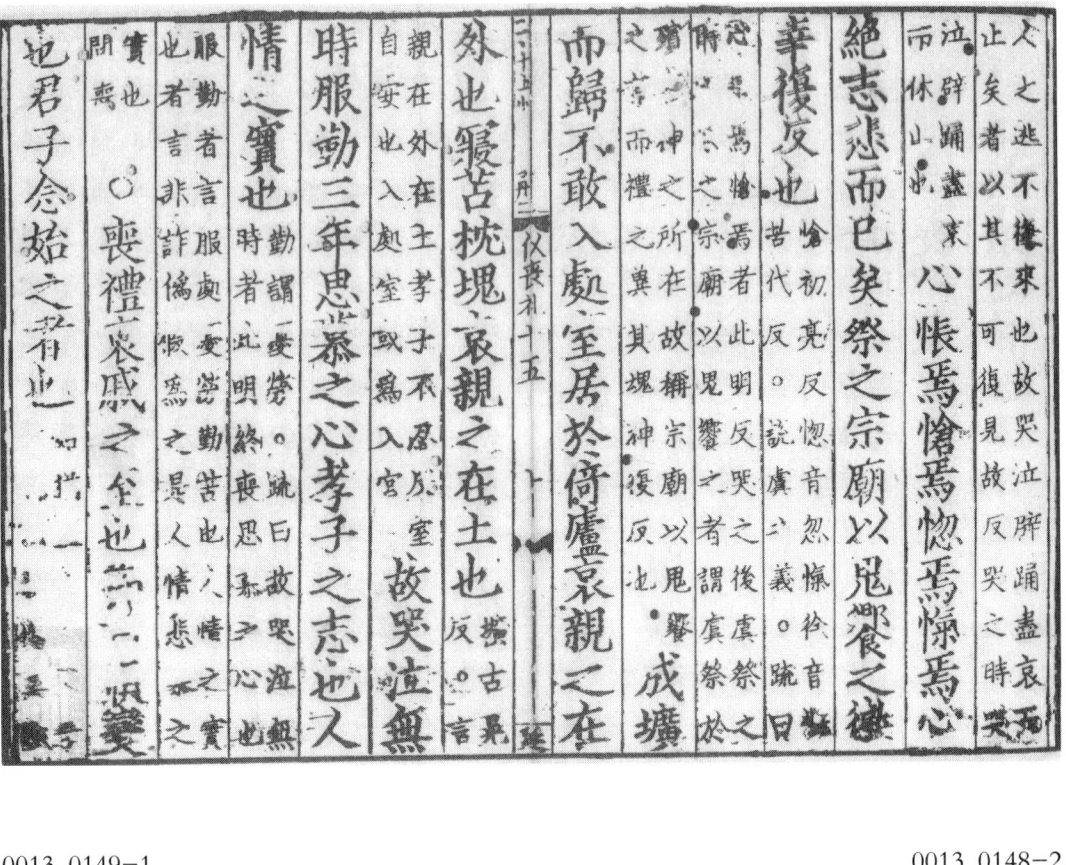

人之逝不復來也故哭泣辟踊盡哀而止矣者以其不可復見故反哭之時哭泣辟踊盡哀而休止也心悵焉愴焉惚焉愾焉心絕志悲而已矣祭之宗廟以鬼饗之徼幸復反也愴初亮反惚音忽愾音慨苦代反○說虞之義○疏曰心悵焉愴焉者此明反哭之後虞祭之時以祭之宗廟以鬼饗之者謂虞祭於殯宮神之所在故稱宗廟以鬼饗之宮而禮之冀其魂神復反也成壙而歸不敢入處室居於倚廬哀親之在

0013_0148-1

外也寢苫枕塊哀親之在土也塊古異反○言親在外在土孝子不忍於室自安也入處室或爲入宮故哭泣無時服勤三年思慕之心孝子之志也人情之實也勤謂憂勞○疏曰故哭泣無時者此明終喪思慕之心也服勤者言服處憂勞勤苦也人情之實也者言非詐偽假爲之是人情悲哀之實也問喪○喪禮哀戚之至也節哀順變也君子念始之者也

0013_0148-2

○疏曰所以節哀者欲順孝子悲哀使之漸變也以君子思念父母之生已恐其傷性故順變也復盡愛之道也有禱祠之心焉疏曰始死招魂復魄盡此孝子愛親之道也非直招魂又分禱五祀冀精氣之復反故云有禱祠之心焉望反諸幽求諸鬼神之道也鬼神處幽闇望其從鬼神所來北面求諸幽之義也疏曰北方是幽故復者北面求鬼神之義拜稽顙哀戚之至隱也稽顙隱之甚也隱痛也稽顙者觸地無容○疏

0013_0149-1

曰孝子拜賓之時先爲稽顙而後拜者哀戚之至痛就拜與稽顙一事之中稽顙爲痛之甚此拜稽顙拜文在上言將拜稽顙飯用米貝弗忍虛也不以食道用美焉耳尊之也食道褻米貝美○疏曰死者既無所知不忍虛其口必用米貝者以食道褻米貝美尊之不敢用褻故用米貝美善焉爾飯食人所造作細碎不絜故爲褻米貝天性自然爲美銘明旌也神明之旌以死者爲不可別已故以其旗識之不可別形貌不見愛之斯錄之矣

0013_0149-2

敬之斯盡其道焉耳謂重與奠○疏曰銘明旌也案士喪禮爲銘各以其物又司常云大喪共銘旌注云王則大常案司常云王建大常諸侯建旂孤卿建旜大夫士建物則銘旌亦然但以尺寸易之案士喪禮士長三尺大夫五尺諸侯七尺天子九尺從遣車之差以喪事略故也若不命之士則士喪禮云以緇長半幅長一尺經末長終幅長二尺總長三尺變之斯錄之者謂孝子思念其親追愛之道斯此也故於此爲重以存錄其神也敬之斯盡其道焉耳者謂於此設奠盡其孝養之道焉耳鄭以下文有重及奠故以此一

大十二　小三百九十字　喪禮十五　十二　陳大生

0013_0150-1

經爲下張本故云重與奠也此愛之斯錄之矣又敬之斯盡其道焉爾亦得摠焉於明旌之義故士喪禮爲銘之下鄭注引此愛之敬之二事以解銘旌以義得兩通故鄭彼此二解

重主道也始死未作主以重主其神也重旣虞而埋之乃後作主春秋傳曰虞主用桑練主用栗○疏曰言始死作重若吉祭木主之道主者吉祭所以依神在喪重亦所以依神故云重主道也案士喪禮云士有重無主此據天子諸侯有主者言之又云重旣虞而埋之乃後作主者謂旣虞之後乃始埋重埋重之後乃始作主案天子九虞九虞之後乃埋

0013_0150-2

重重與祔相近故公羊云虞主用桑謂虞祭之末也

殷主綴重焉綴猶聯也殷人作主而聯其重縣諸廟也去顯考乃埋之○疏曰殷主綴重焉者謂殷人始殯置重于廟庭作虞主訖則綴重縣於新死者所殯之廟也云去顯考乃埋之者謂今死者世世遞遷至爲顯考其重恒在死者去離顯考乃埋其重及主以其旣遷無復有廟顯考謂高祖也

周主重徹焉周人作主徹重埋之○疏曰周人虞而作主而重則徹夫而埋之故云周主重徹焉但殷人綴而不即埋周人即埋不縣於廟爲異也餘夕禮將葬甸人抗重出自

喪禮十五　十三

0013_0151-1

道道左倚之鄭注云重旣虞將埋之是埋重於門外之道左也若虞主亦埋之於祖廟門外之道左案異義戴禮及公羊說虞主埋於壁兩楹之間一說埋之於廟北牖下左氏說虞主所藏無明文鄭駁之云案士喪禮重與柩相隨之禮柩將出則重倚於道左柩入於廟則重止於門西虞主與神相隨之禮亦當然練時旣特作栗主則入廟之時祝奉虞主於道左練祭訖乃出就虞主而埋之如旣虞埋重於道左是鄭旣練埋虞主於廟門之道左也

奠以素器

以生者有哀素之心也哀素言哀痛無飾也凡物無飾

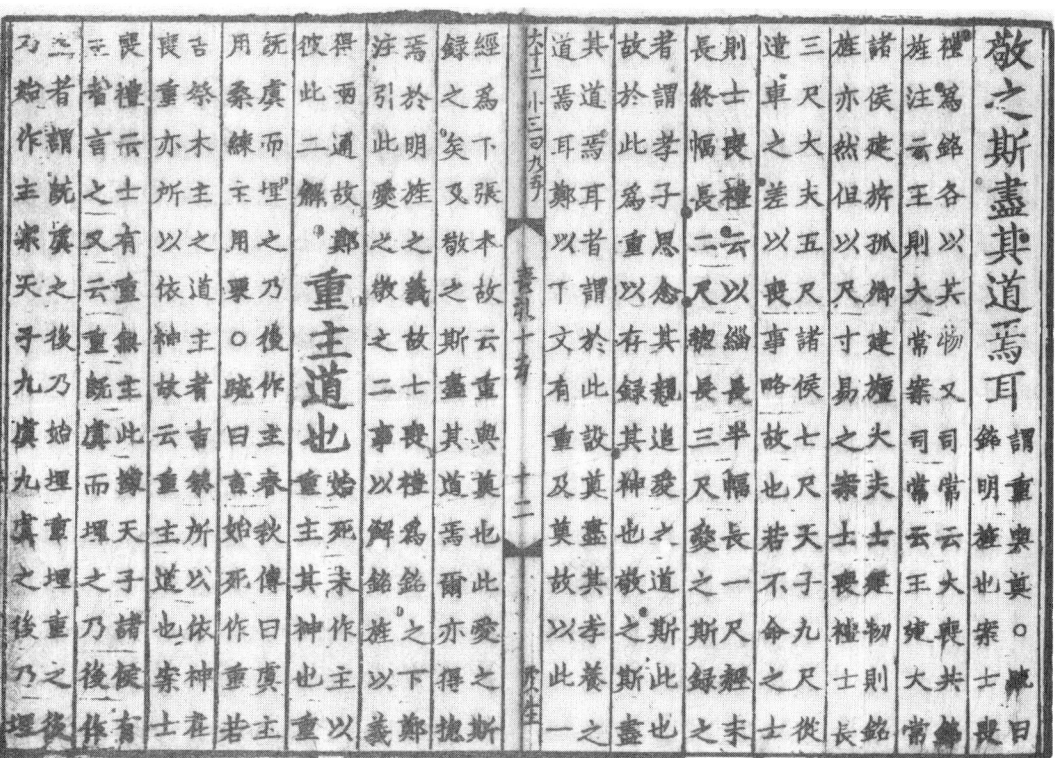

張本下象鼻題監生陳浚四字傳本剪去之

0013_0152-1　　　　　　0013_0151-2

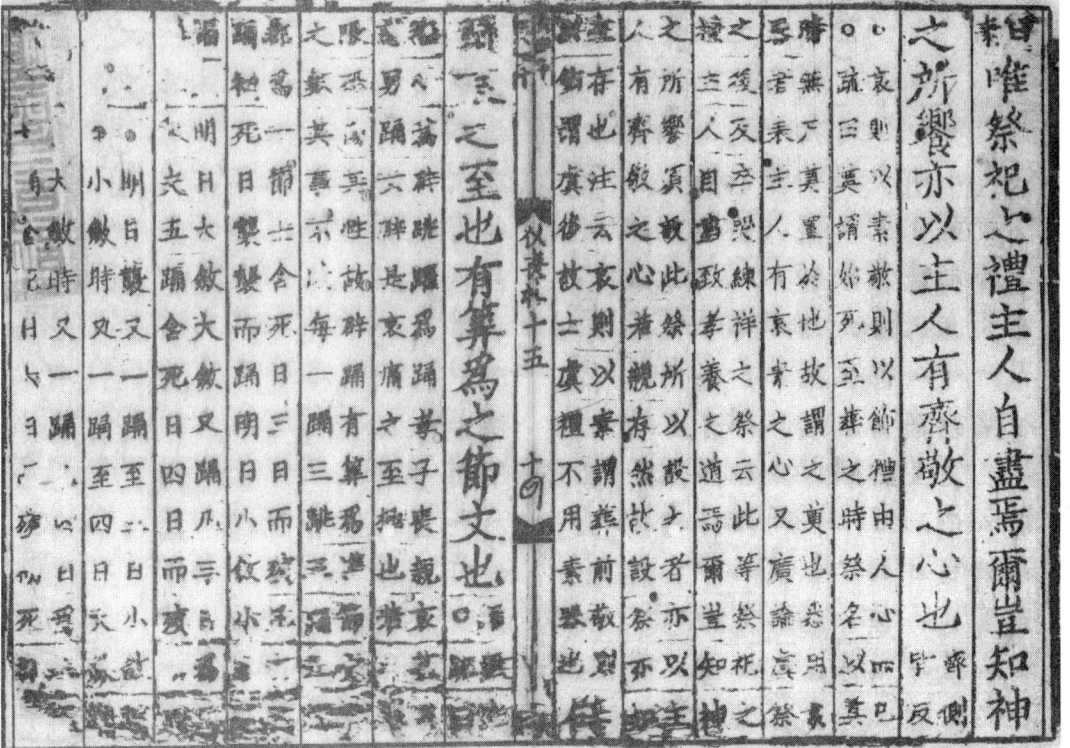

惟祭祀之禮主人自盡焉爾豈知神齊側皆反之所饗亦以主人有齊敬之心也○心衰則以素敬則以飾禮由人心而已疏曰莫謂奠祭死至葬之時祭名以其喪無尸奠置於地故謂之奠也祭用素器者表主人有哀素之心又虞祭卒哭祭之後及卒哭練祥之祭云此等祭祀之禮主人自盡致孝養之道焉爾豈知神之所饗亦以此祭所以設之者亦以主人有齊敬之心雖親有然故設祭亦以素存也注云哀則以素謂葬前故用素器虞謂虞後故亡虞禮不用素器也

儀禮卷十五　十四

辟踊哀之至也有筭為之節文也○辟婢亦反 辟○拊心為辟跳躍為踊孝子喪親哀慕至懣男踊女辟是哀痛之至極也若不限以為節或傷其性故辟踊有筭為准節之文其筭亦士每一踊三跳三踊九跳為一節士含死日二日而殯凡三日[illegible]踊死日襲而踊明日小斂小[illegible]一明日大斂大斂又踊凡三[illegible]踊[illegible]五踊含死日四日而殯[illegible]明日襲又一踊至三日小斂[illegible]小斂時又一踊至四日大斂[illegible]大斂時又一踊[illegible]以日為[illegible]

0013_0153-1　　　　　　0013_0152-2

[illegible]一至三日小斂朝一當小斂[illegible]日無事一五日又一至六日[illegible]又死日襲時又一凡六日七日[illegible]元踊含死日八日而殯死日一[illegible]一其間二日為二至五日小斂[illegible]閒二日又二至八日大斂則其[illegible]之大斂時又一凡八日九踊並云為之節文也故雜記云公七踊大夫五踊士三踊鄭注云士小斂之朝不踊君大夫大斂之朝乃不踊是也

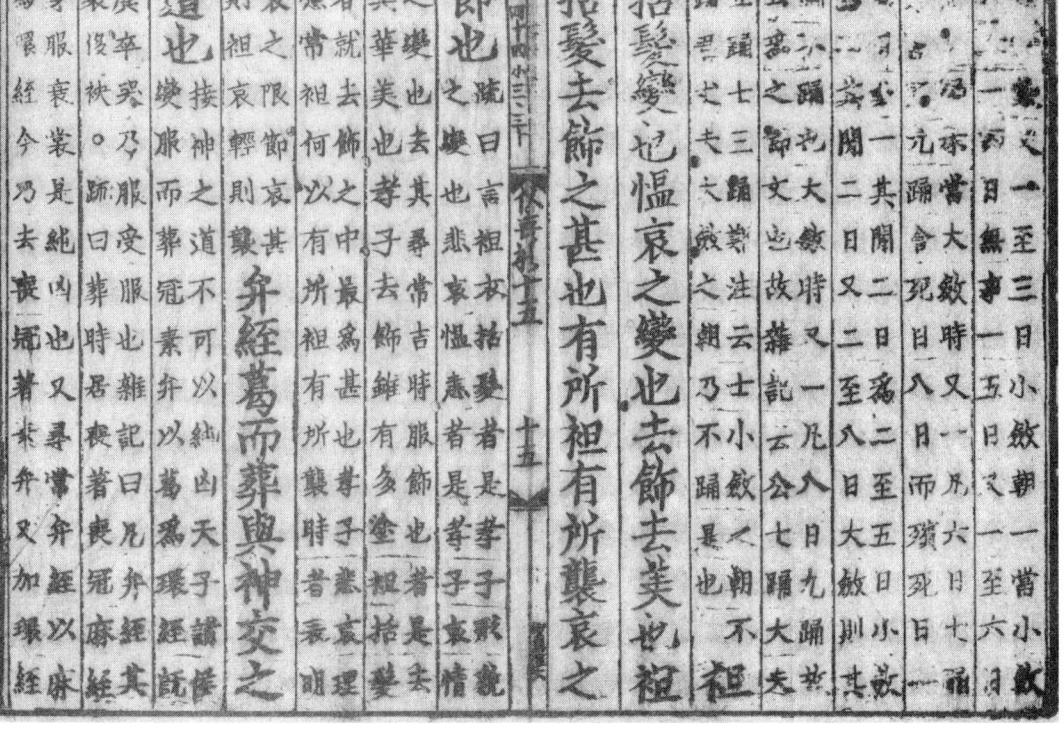

括髮變也慍哀之變也去飾去美也袒括髮去飾之甚也有所袒有所襲哀之

儀禮卷十五　十五

節也疏曰言袒衣括髮者是孝子哀情之變也變也悲哀慍恚者是孝子哀情之變也去其尋常吉時服飾也者是去其華美也孝子去飾雖有多塗袒括髮者就去飾之中最為甚也孝子悲哀理應常袒何以有所袒有所襲時者哀有哀之限節哀甚則袒哀輕則襲

弁絰葛而葬與神交之道也接神之道不可以純凶天子諸侯變服而葬冠素弁以葛為環絰既虞卒哭乃服受服也雜記曰凡弁絰其衰侈袂○疏曰葬時君喪著弁冠麻絰身服衰裳是純凶也又尋常弁絰以麻為環絰今乃去麻而著葛弁又加環絰

0013_0153-2

用葛不以厭故云接神之道不可以純
凶云天子諸侯變服而葬者以下云有
敬心焉以日月踰時故敬心乃生大夫
與士三月而葬敬心未生故知天子諸
侯也云冠素弁以葛爲環經者鄭注周
禮司服云弁如爵弁而素不云麻是用
素絹也以葛與弁經連文故云葛環經
然則要帶猶用麻也云卒哭乃服受服
也者喪服注天子諸侯既虞大夫士卒
哭乃受服此云卒哭乃受服是不定喪
服以大夫以上卒哭與虞其月不同士
虞與卒哭同在一月故解爲大夫以上
既虞士卒哭受服此當言既虞與喪服
注會云卒哭者誤也引雜記其衰侈袂

儀禮疏十五　十六

0013_0154-1

者證既服弁經其衰亦改案喪服衰袂
二尺二寸袪尺二寸則葬時更制其衰
袂三尺三寸袪尺八寸是改喪服
之衰也熊氏皇氏等並爲錫衰

有敬心焉踰時哀衰而敬生敬則服有飾大夫士三月而葬未踰時**周人弁而葬殷人冔而葬**冔況甫反○周弁殷冔俱象祭冠而素禮同也○疏曰士冠禮周弁殷冔夏收王制云夏后氏收而祭殷人冔而祭周人弁而祭此弁既對冔故知俱象祭冠**歠主人主婦室老爲其病也君命食之也**歠徐昌悅反食音嗣尊者饋

0013_0154-2

易也歠歠粥也○疏曰此一節論尊者
奪孝子情之法歠者親喪三日之後歠
粥之時主人主者之子主婦主者之妻
室老家之長相此三者並是大夫之家
貴者爲其歠粥病困之故君必有命食
疏飯也若非三者雖復歠粥致疾病君
不命食之以其賤故也其士之主人主
婦君不命也喪大記主婦食疏食謂既
殯之後此主婦歠者謂未殯前故下
問喪云鄰里爲之糜粥以飲食之**反哭升堂反諸其所作也**親所行禮之處**主婦入于室反諸其所養也**親所饋食之處○疏曰謂葬竟訖反哭升

儀禮疏十五　十七

0013_0155-1

於廟所以升堂者反復於親所行禮之
處謂平生祭祀冠昏在於堂也主婦反
哭所以入於室反復於親所饋食供養
之處此皆謂在廟也故既夕禮主人反
哭入升自西階東面鄭注云反諸其所
作也又云主婦入于室注云反諸其所
養也下始云遂適殯宮故知初反哭在
廟也下云反哭之弔也亦謂在廟也
反哭之弔也哀之至也反而亡焉失之矣於是爲甚甚哀痛**殷既封而弔周反哭**
封當爲窆窆謂下棺也○疏曰注封
作封土爲墳者以既夕禮實土三

0013_0155-2

主人拜鄉人乃反哭周既如此殷亦然且殷既不爲壙故知封當爲窆

孔子曰殷已慤吾從周慤者得哀之始未見其甚○疏曰廟是親之平生行禮之處今反哭於廟思想其親而不見故哀悲爲甚壙者非親存所在之處今柩暫來至此始有悲哀未是甚極今不見者於此而來哀情質慤故云慤也

葬於北方北首三代之達禮也之幽之故也首手又反○北方國北也○疏曰上之訓往下之語助言葬於國北及北首者鬼神尚幽闇往詣幽冥故也殯時仍南首者孝子猶若其

儀喪禮十五　十八

0013_0156-1

生不忍以神待之

既封主人贈而祝宿虞尸贈以幣送死者於壙也於主人贈祝先歸○疏曰既封爲葬已下棺主人以幣贈死者於壙之時祝先歸宿戒虞尸宗既夕禮主人贈用制幣玄纁束帛也案士虞禮記云男男尸女女尸是虞有尸也

既反哭主人與有司視虞牲日中將虞省其牲

有司以几筵舍奠於墓左反日中而虞舍音釋○所使奠墓有司來歸乃虞也舍奠墓左爲父母形體在此禮其神也周禮冢人凡祭墓爲尸○疏曰几依神也

0013_0156-2

筵坐神席也席敷陳曰筵舍釋也奠置也墓道嚮南以東爲左孝子先反脩虞故有司以几筵及祭饌置於墓左以父母形體所託故禮其地神以安之也反日中而虞者反謂所使奠墓有司歸也虞者葬日還殯宮安神之祭名必用日中者是日持之正也

葬日虞弗忍一日離也離力智反○弗忍其無所歸

是日也以虞易奠虞喪祭也

卒哭曰成事既虞之後卒哭而祭其辭蓋曰哀薦成事成祭事也祭以吉爲成○疏曰既虞祭之後至於卒哭其卒哭祭辭蓋曰成事所以稱蓋者以

大六十二　小二六四　儀喪禮十五　十九　秦淳

0013_0157-1

其士虞禮無文唯雜記及此有卒哭成事故鄭約之爲解又稱蓋以疑之虞祭之時以其尚凶祭禮未成今既卒無時之哭唯有朝夕二哭漸就於吉故云成事祭以吉爲成故也

是日也以吉祭易喪祭卒哭吉祭

明日祔于祖父疏曰士虞禮云明日祔于祖父則祭明日祔也

其變而之吉祭也比至於祔必於是日也接不忍一日末有所歸也末無也日有所用接之虞禮所謂他用剛日者其祭祝曰哀薦曰成事○疏曰上云虞卒哭及祔階

張本下象鼻題監生秦淳四字傳本剪去之

0013_0157-2

禮得常正禮經所云謂不得正禮[illegible]喪之變以其[illegible]常禮也所以有變者[illegible]
[illegible]貨迫促或事有忌諱未及葬者[illegible]即葬者即喪服小記所云赴葬者[illegible]
者三月而後卒哭彼士禮而言[illegible]謂虞之[illegible]葬[illegible]之前其日尚[illegible]
祭謂之爲變其既虞之後變禮[illegible]祭也以往也既虞往至吉祭其速[illegible]
哭於是日接謂於是三虞卒哭之間[illegible]日而連接其祭所以恒用剛日接之[illegible]
孝子哀悉使親每一日之間無所[illegible]祊云虞禮所謂他用剛日者此經所云[illegible]
變者喪禮[illegible]之他也　殷練而祔周卒哭而祔[illegible]

0013_0158-1

善殷 朝而神之人情○禮云　○子曰孝子之喪[illegible]
也哭不偯 偯於豈反俗作哀非說文作[illegible]云痛聲也音同○氣竭而云
息聲不委曲○正義曰禮記閒傳曰斬衰之哭若往而不反齊衰之哭若往而
反此注據斬衰而言之是氣竭而後止息又曰大功之哭三曲而偯鄭注云三
曲一舉聲而三折也偯聲餘從容也是偯爲聲餘委曲也斬衰則不偯故云聲
不委曲也 禮無容 觸地無容○正義曰此禮謂觸喪之文也以其悲哀
在心故形變於外所以稱痛觸地無容哀之至也　言不文 不文文飾

0013_0158-2

記本或作嚚非○不爲文飾○正義曰案喪服四制云三年之喪君不言又云
不言而事行者扶而起言而后事行者杖而起鄭玄云扶而起謂天子諸侯也
杖而起謂大夫士也今此經云言不文則謂臣下也雖則有言志在哀慼不爲
文飾也　服美不安 不安美飾故服縗麻　聞樂不樂 聞樂
如字不樂音洛○悲哀在心故不樂也　食旨不甘 旨美也不甘美
味故蹤食水飲　此哀慼之情也 謂上五句　三日而食
教民無以死傷生毀不滅性此聖人之

0013_0159-1

政也 不食三日哀毀過情滅性而死皆虧孝道故聖人制禮施教不令至
殞滅　喪不過三年示民有終也 三年之喪天下達禮
賢不肖企及賢者俯從夫孝子有終身之憂聖人以三年爲制者使人知有終
竟之限也　爲之棺椁衣衾而舉之 周尸爲棺周棺爲椁
衣謂斂衣衾被也舉謂舉屍內於棺也　陳其簠簋而哀慼
之 簠音甫簋音軌簠簋俱祭器名○[illegible]簋祭器也陳奠素器而不見親故哀
[illegible]　擗踊哭泣哀以送之 擗婢亦反本[illegible]作辟[illegible]音[illegible]

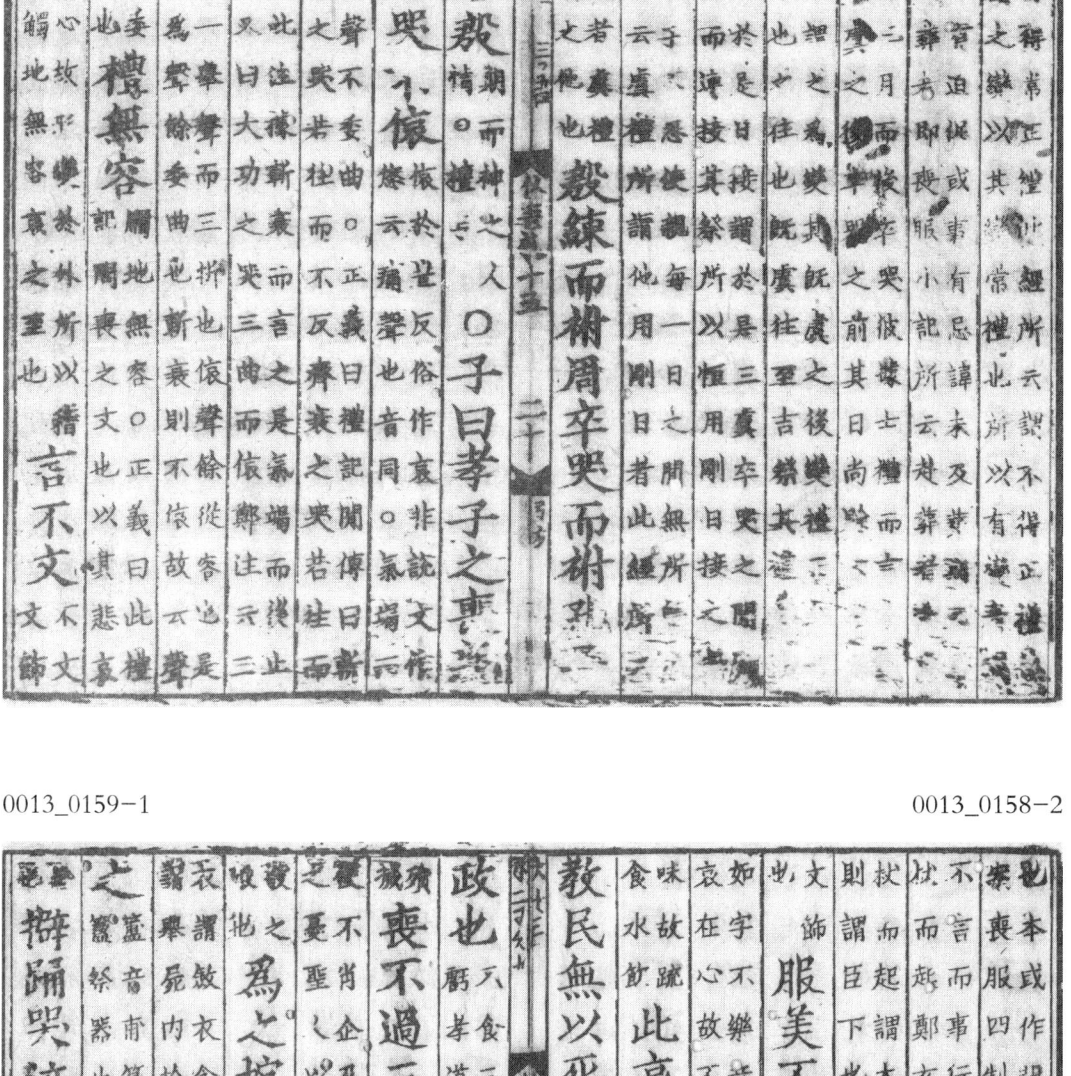

0013_0159-2

踊及反○男踊女擗祖載送之○正義曰案問喪云在牀曰尸在棺曰柩動尸舉柩哭踊無數惻怛之心痛疾之意悲哀志懣氣盛故袒而踊之婦人不宜袒故發胷擊心爵踊殷殷田田如壞牆然則是女質不宜極踊故以擗言據此文既有踊則男亦有擗是互文也卜其宅兆而安厝之宅兆兆卦也廣雅云兆葬地○厝七故反字亦作措○宅墓穴也兆塋域也葬事大故卜之○正義曰云宅墓穴也兆塋域也者此依孔傳也案周禮冢人掌公墓之地辨其兆域則兆是塋域也云葬事大故卜之者此依鄭注也孔安國云塋

仪丧礼十五　二十二

0013_0160-1

其下有伏石涌泉復爲市朝之地故卜之是也爲之宗廟以鬼享之宗廟亦作廟享之許丈反又作饗之○立廟祔祖之後則以鬼禮事之○祔祖謂以二者之神祔之於祖也檀弓曰卒哭曰成事是日也以吉祭易喪祭明日祔於祖父則是卒哭之明日而祔未卒哭之前皆喪祭也既祔之後則以鬼禮享之然宗廟謂士以上則春秋祭祀象於庶人也生事愛敬死事哀慼生民之本盡矣死生之義備矣孝子之事親終矣愛敬哀慼孝行之始終也

0013_0160-2

備陳死生之義以盡孝子之情○孝經○禮者謹於治生死者也謹嚴生人之始也死人之終也終始俱善人道畢矣故君子敬始而慎終終始如一是君子之道禮義之文也夫厚其生而薄其死是敬其有知而慢其無知也是姦人之道而倍叛之心也君子以倍叛之心接臧穀猶且羞之而況

仪丧礼十五　二十三

0013_0161-1

以事其所隆親乎莊子曰臧與穀相與牧羊音義云孺子曰穀或曰穀讀爲鬪穀於菟之穀穀乳也謂哺乳小兒也所隆親所厚之親也故死之爲道也一而不可得再復也臣之所以致重其君子之所以致重其親於是盡矣以其死不可再復臣子於厚重之道不可不盡也故事生不忠厚不敬文謂之野忠厚忠篤厚敬文恭敬有文飾野野人不知禮者也送死不忠厚不敬文

0013_0162-1　　0013_0161-2

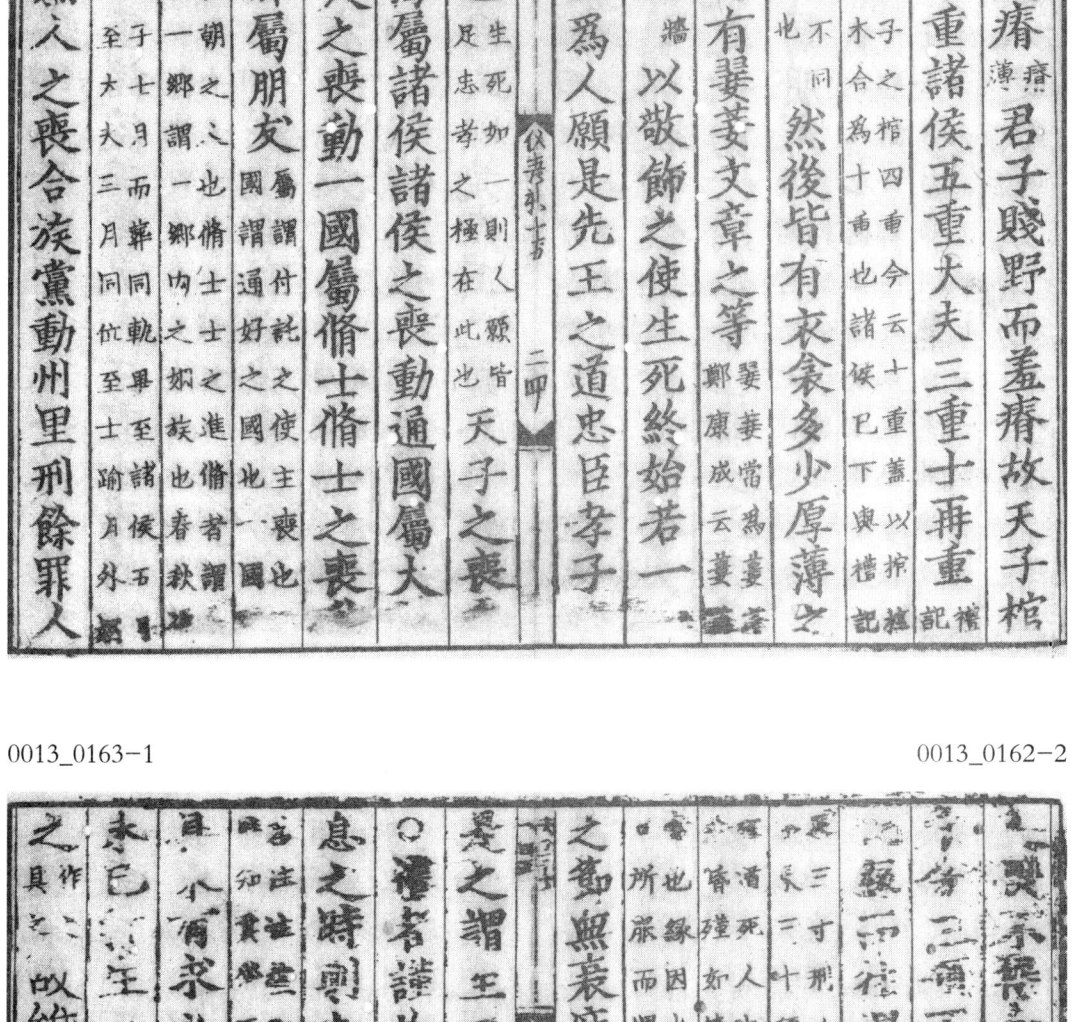

諸之瘠〈瘠薄〉君子賤野而羞瘠故天子棺
椁十重諸侯五重大夫三重士再重〈禮記〉
云天子之棺四重今云十重蓋以棺椁與抗木合爲十重也諸侯已下與禮記
多少不同亦詳也　然後皆有衣衾多少厚薄之
數皆有翣蔞文章之等〈翣蔞當爲蔞翣鄭康成云蔞翣〉
〈棺之牆飾也〉以敬飾之使生死終始若一
足以爲人願是先王之道忠臣孝子

二四

極也〈生死加一則人願皆足忠孝之極在此也〉天子之喪
動四海屬諸侯諸侯之喪動通國屬大
大夫之喪動一國屬脩士脩士之喪
一鄉屬朋友〈屬謂付託之使主喪也國謂通好之國也一國〉
〈同在朝之人也脩士士之進脩者謂上也一鄉謂一鄉內之姻族也春秋〉
〈天子七月而葬同軌畢至諸侯五月同盟至大夫三月同位至士踰月外姻〉
庶人之喪合族黨動州里刑餘罪人

0013_0163-1　　0013_0162-2

[illegible]喪不得合族黨獨屬妻子棺椁三寸
衣衾三領不得飾棺不得晝行以昏殣
凡緣而往埋之〈[illegible]〉
〈喪三寸刑人之棺也[illegible]大[illegible]寸[illegible]不[illegible]今[illegible]三十稱今云三[illegible]損之[illegible]〉
〈殣道死人也詩曰行有死人尚或墐之[illegible]殣如掩道路之[illegible]〉
〈[illegible]也緣因也言其妻子[illegible]所[illegible]而埋之不[illegible]〉反無[illegible]
之節無衰麻之服無親疏月數之等[illegible]

二五

是之謂至辱〈此蓋論墨子[illegible]是以辱之道[illegible]〉○
禮者謹於吉凶不相厭者也紸纊
聽息之時則夫忠臣孝子亦知其閔已〈[illegible]〉
〈[illegible]注紸纊新綿也言[illegible]知其氣絕互於憂閔也〉然而殯斂之
具未有求也垂涕恐懼然而幸生之心
未已持生之事未輟也卒矣然後作具
之〈作具之具〉故雖備家必踰日然後

0013_0163-2

日而成服（備豐足也）然後告遠者出矣備物者作矣故殯久不過七十日速不損五十日（此皆據士喪禮首尾三月也損減也）是何也曰遠者可以至矣百求可以得矣百事可以成矣其忠至矣其節大矣其文備矣（忠誠也節人子之節也文容用儀制也）然後月朝卜日月夕卜

0013_0164-1

宅然後葬也（月朝月初也月夕月末也先卜日知其期然後卜宅）當是時也其義止誰得行之其義行誰得止之（聖人為之節制使賢者抑情不肖者企及）故三月之葬其貌以生設飾死者也殆非直留死者以安生也（貌象也言其象以生之所[illegible]器用飾死者三月乃能備）是致隆思慕之義也（上同）○喪禮者以生飾死者也大象其生以送其死也故

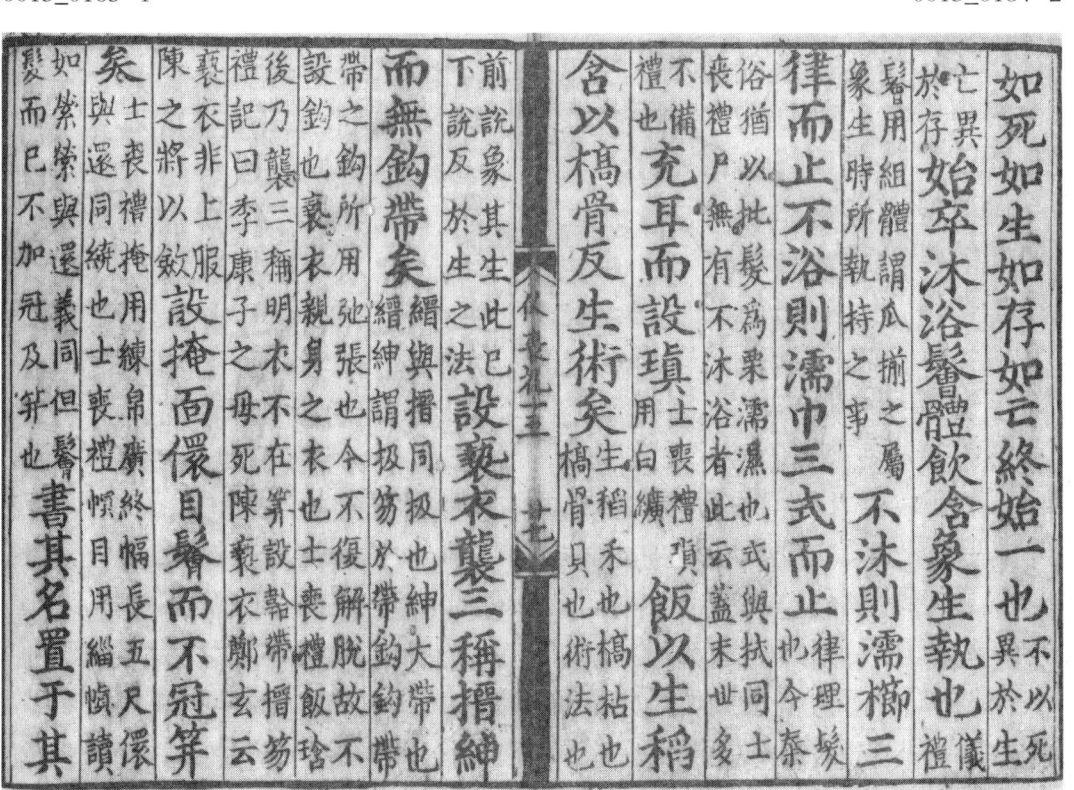

0013_0164-2

如死如生如存如亡終始一也（不以死異於生亡異於存）始卒沐浴鬠體飯含象生執也（儀禮鬠用組體謂瓜揃之屬象生時所執持之事）不沐則濡櫛三律而止不浴則濡巾三式而止（律理髮也今秦俗猶以枇髮為栗濡濕也式與拭同士喪禮尸無有不沐浴者此云蓋末世多不備禮也）充耳而設瑱（士喪禮瑱用白纊）飯以生稻含以槁骨反生術矣（生稻稻禾也槁枯也槁骨貝也術法也）

0013_0165-1

（前說象其生此已下說反於生之法）設褻衣襲三稱搢紳而無鉤帶矣（縉與搢同扱也紳大帶也縉紳謂扱笏於帶鉤帶帶之鉤所用弛張也今不復解脫故不設鉤也褻衣親身之衣也士喪禮飯琀後乃襲三稱明衣不在算設韐帶搢笏禮記曰季康子之母死陳褻衣鄭玄云褻衣非上服陳之將以斂）設掩面儇目鬠而不冠笄矣（士喪禮掩用練帛廣終幅長五尺儇與還同繞也士喪禮幎目用緇幀讀如縈縈與還義同但鬠髮而已不加冠及笄也）書其名置于其

0013_0175-1　　0013_0174-2

重則名不見而柩獨明矣士喪禮祝取銘置于重
銘皆有名而此云無蓋後世禮變今猶然也薦器則冠有鍪
而毋縱明器之冠有如兜鍪加首之形而無韜髮之縰也甕甒
虛而不實有簞席而無牀第此言棺中不施牀第
大斂小斂則皆有也木器不成斵陶器不成物薄
器不成內薄器竹葦之器不成內謂有其外形內不可用也竽
笙具而不和琴瑟張而不均輿藏而馬

儀喪　五

反告不用也禮記君葬用輴四綍二碑大夫葬用輴二綍二碑士
葬用國車皆至葬時埋之具生器以適墓象從之道也
生器用器也弓矢盤盂之屬徙遷改也從道其生時之道器當在家今以適墓
以象人行不徙常行之道更徙他道也略而不盡貌而不
功趨輿而藏之金革纓轊而不入明不
用也略而不盡謂簡略而不盡備也貌形也但有形貌不加功精好也趨
輿而藏之謂以輿趨於墓而藏之趨者速也速藏之意也金謂和鸞革車鞁也

傳本缺第三十七葉用第二十八葉舊版充之今取以入此

0013_0166-1　　0013_0165-2

重則名不見而柩獨明矣士喪禮祝取銘置于重案
銘皆有名而此云無蓋後世禮變今猶然也薦器則冠有鍪
而毋縱明器之冠有如兜鍪加首之形而無韜髮之縰也甕甒
虛而不實有簞席而無牀第此言棺中不施牀第
大斂小斂則皆有也木器不成斵陶器不成物薄
器不成內薄器竹葦之器不成內謂有其外形內不可用也竽
笙具而不和琴瑟張而不均輿藏而馬

儀喪禮十五　廿八

反告不用也禮記君葬用輴四綍二碑大夫葬用輴二綍二碑士
葬用國車皆至葬時埋之具生器以適墓象從之道也
生器用器也弓矢盤盂之屬徙遷改也從道其生時之道器當在家今以適墓
以象人行不徙常行之道更徙他道也略而不盡貌而不
功趨輿而藏之金革纓轊而不入明不
用也略而不盡謂簡略而不盡備也貌形也但有形貌不加功精好也趨
輿而藏之謂以輿趨於墓而藏之趨者速也速藏之意也金謂和鸞革車鞁也

張本第二十八葉與此同版下象鼻題監生陳浚四字傳本剪去之

說文云𨌺所以引軸者也杜元凱云𨌺在馬智弌曰𨌺讀爲遄像也象徙

道又明不用也是皆所以重哀也故生

器文而不功明器貌而不用凡禮事生

飾歡也送死飾哀也祭祀飾敬也師旅

飾威也是百王之所同古今之所一也

未有知其所由來者也故壙壠其貌象

室屋也壙墓中壠象也禮記曰適墓不登壠貌猶意也言其意以象生

肆也或音遄槨桲其貌象版蓋斯象拂也版謂

草上障蔽者蓋車蓋也斯未詳象術字或卽茀也爾雅釋器云輿革前謂之革

後謂之茀郭云以韋鞎車軾及後戶也無帾絲歶縷翣其

貌以象菲帷幬尉也無讀爲幠幠覆也所以覆尸者也士

喪禮幠用衾是也帾與褚同禮記曰素錦褚又曰褚幕丹質鄭云所以覆棺

也絲未詳蓋亦喪車之飾也或曰絲讀爲綏綏禮記曰畫翣二皆戴綏鄭云以

采羽注於翣首也歶讀爲魚謂以銅魚懸於池下禮記曰魚躍拂池縷讀爲柳

萋字誤爲縷翣菲謂編草爲蔽蓋古之所用障蔽門戶者今貧者猶然或曰蓆

當爲厞隱也謂隱奧之處也或曰菲讀爲屝屝戶扇也幬讀爲幬帳之幬尉讀爲

尉尉網也帷帳如網也抗折其貌以象槾茨番閼

也槾莫干反○既夕禮陳明器於乘車之西折橫覆之抗木橫三縮者五組

簀空事畢加之壙上以承抗席抗禦塵所以禦止土者槾扞也茨蓋屋也拐之

濡茨也番讀爲藩藩籬也閼謂門戶閼風塵者抗所以禦土折所以承抗者

不使外物得內有象於槾茨藩閼也故喪禮者無他焉明

死生之義送以哀敬而終周藏也故葬

埋敬葬其形也祭祀敬事其神也其銘

誄繫世敬傳其名也事生飾始也送死

飾終也終始具而孝子之事畢聖人之

道備矣刻死而附生謂之墨刻生而

死謂之惑刻損減附增益也墨周之法惑謂惑亂其禮也殺生

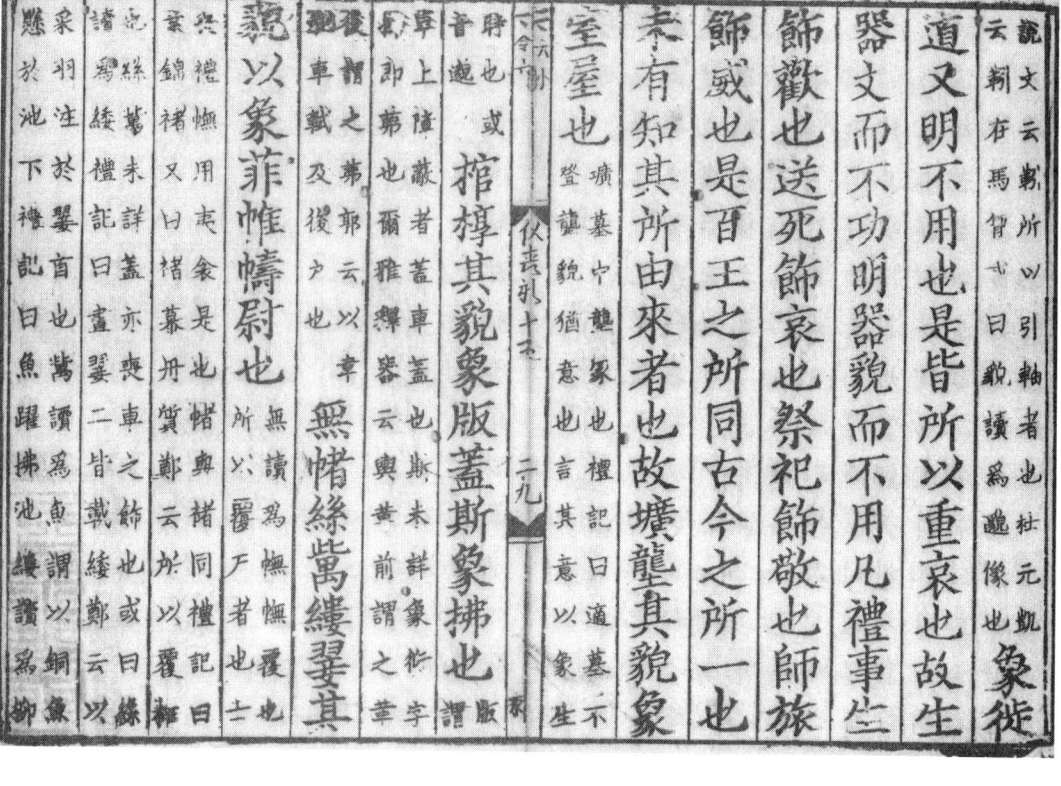

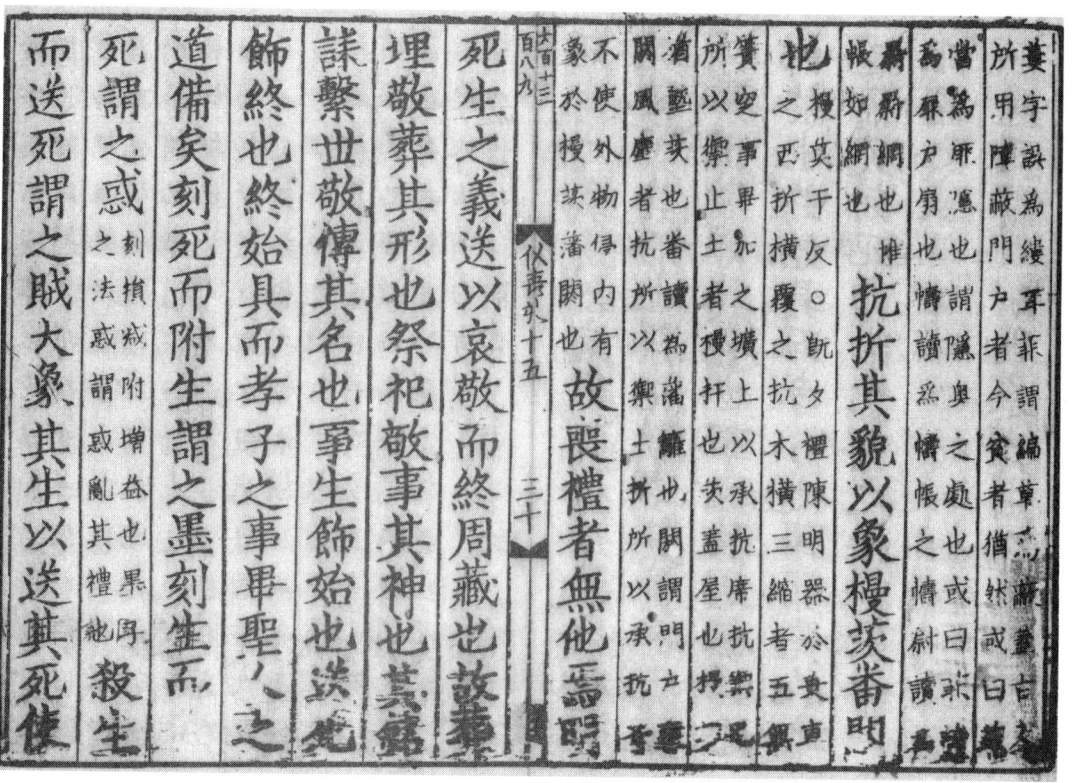

而送死謂之賊大象其生以送其死使

0013_0168-2

死生終始莫不稱宜而好善是禮之法
式也儒者是矣同上○喪禮之凡凡謂常道變
而飾謂殯斂每加飾動而遠禮記子游曰飯於牖下小斂於户內
大斂於阼殯於客位祖於庭葬於墓所以即遠也久而平久則哀殺
如平常也故死之爲道也不飾則惡惡則不
哀尒則翫尒與邇同翫翫狎也翫則厭厭則忘忘
則不敬一朝而喪其嚴親而所以送葬

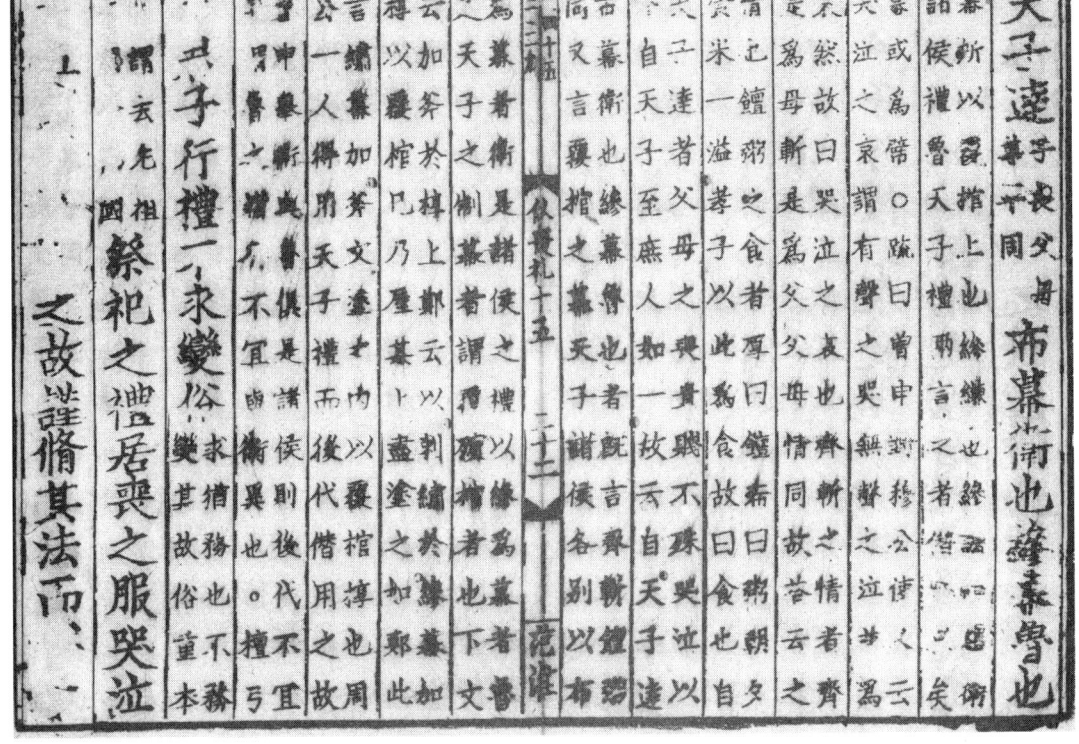

儀禮十五　三十一

0013_0169-1

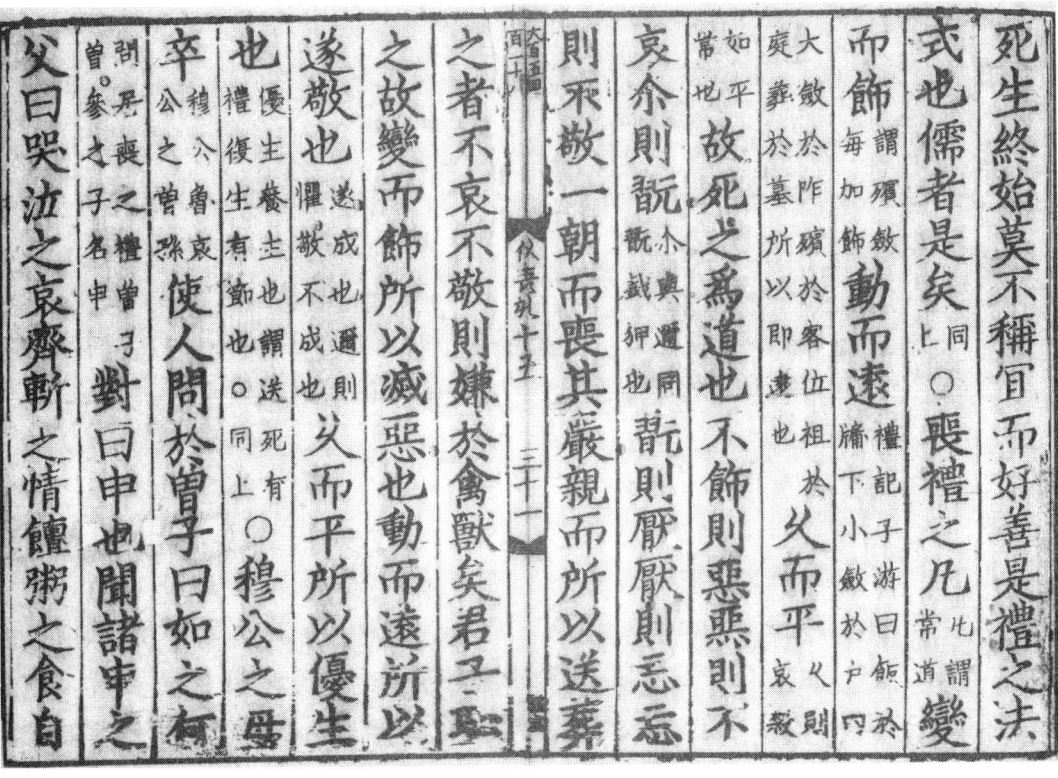

之者不哀不敬則嫌於禽獸矣君子恥
之故變而飾所以滅惡也動而遠所以
遂敬也遂成也遷則懼敬不成也久而平所以優生
也優生養生也謂送死有禮復生有節也○同上○穆公之母
卒穆公魯哀公之曾孫使人問於曾子曰如之何
問居喪之禮曾子曾參之子名申對曰申也聞諸申之
父曰哭泣之哀齊斬之情饘粥之食自

0013_0169-2

天子達子喪父母尊卑同布幕衛也繂幕魯也
幕所以覆棺上也繂縑也繂讀如綃衛諸侯禮魯天子禮兩言之者僭已久矣
曾或爲繂○疏曰曾申對穆公使人云哭泣之哀謂有聲之哭無聲之泣並爲
哀慼故曰哭泣之哀也齊斬之情者齊是爲母斬是爲父父母情同故皆云之
情也饘粥之食者厚曰饘希曰粥朝夕食米一溢孝子以此爲食故曰食也自
天子達者父母之喪貴賤不殊哭泣以下自天子至庶人如一故云自天子達
布幕衛也繂幕魯也者旣言齊斬饘粥同又言覆棺之幕天子諸侯各別以布

儀禮十五　三十二

0013_0170-1

爲幕者衛是諸侯之禮以繂爲幕者魯是天子之制幕者謂覆殯棺者也下文
云加斧於椁上鄭云以判繡於繂幕加椁以覆棺已乃屋其上盡塗之加鄭此
言繡幕加斧文塗之內以覆棺搏也周公一人得用天子禮而後代僭用之故
曾申舉衛與魯俱是諸侯則後代不宜習魯之禮亦不宜因衛異也○檀弓
上君子行禮不求變俗求猶務也不務變其故俗重本
上同謂云先祖國祭祀之禮居喪之服哭泣
之故謹脩其法而

0013_0170-2

之其法謂其先祖之制度若夏殷○疏曰祭祀之禮者此陳不變之事若祭
祀之禮不變即夏立尸殷坐尸周旅酬六尸及先求陰陽犧牲騂黑之屬也居
喪之服者殷雖尊貴猶服傍親周則以尊降服哭泣之位者殷不重適以班高
處上周世貴正嗣孫居其首皆如其國之故者謂故俗也凡上諸事悉不改革
行之如本國俗也然上既舉三條餘冠昏之屬從可知也謹脩其法而審行之
者弁結前事各令分明謹脩本國之法審慎以行之其法謂其先祖之制度若
夏殷子孫在周者悉行其先世之禮是不變俗也○曲禮○孔子在

0013_0171-1

衛司徒敬之卒夫子弔焉主人不哀夫
子哭不盡聲而退蘧伯玉請曰衛鄙俗
不習喪禮煩吾子辱相焉孔子許之掘
中霤而浴霤力救反○室中毀竈而綴足襲於
牀及葬毀宗而躐行也明不復有事於此也綴足不屨
毀突長毀宗廟而出行神位在廟門之外也出于大門及墓
男子西面婦人東面既封而歸殷道也

0013_0171-2

孔子行之子游問曰君子行禮不求變
俗夫子變之矣孔子曰非此之謂也喪
事則從其質而已矣家語○白虎通義曰
人死必沐浴於中霤何示絜淨反本也
禮檀弓曰死於牖下沐浴於中霤飯唅
於牖下小斂於戶內大斂於阼階殯於
客位祖於庭葬於墓所以即遠奪孝子

0013_0172-1

之恩以漸也○所以有飯唅何緣生食
今死不欲虛其口故唅用珠寶物何也
有益死者形體故天子飯以玉諸侯以
珠大夫以米士以貝也同上○冒者何也
所以揜形也自襲以至小斂不設冒則
形是以襲而后設冒也言設冒者爲其形人將惡之也
[illegible]設冒言后衍字耳○疏曰說人[illegible]以須自營冒所以[illegible]

0013_0172-2

[illegible]襲之前始死事須沐浴[illegible]以至小斂之前[illegible]已着衣[illegible]

死了象形貝爲人所懸是[illegible]而[illegible]者也言冶者分爭也[illegible]則[illegible]至小斂

之前則以末[illegible]於冒上[illegible]大斂號冒末之閒也〇[illegible]〇曾子

曰尸未設飾故帷堂小斂[illegible]徹帷仲梁

子曰夫婦方亂故帷堂小斂而徹帷[illegible]

動搖尸帷堂爲人褻之[illegible]亂[illegible]者梁子魯人也〇疏曰知[illegible]者[illegible]云

斂之後豈無夫婦方亂之事故知[illegible]云方亂明爲動搖尸柩故帷堂[illegible]

儀禮[illegible]　三五

0013_0173-1

斂定五王魯有仲梁懷是[illegible]禮[illegible]之姓氏知仲梁子魯人也〇[illegible]

子曰嘗禘之禮所以仁昭穆也饋奠之

禮所以仁死喪也昭上饒反[illegible]音同〇仲尼[illegible]

之貴孝之謂文親用之謂理文[illegible]理[illegible]

孝之未小斂也[illegible]也一謂[illegible]此以[illegible]

[illegible]文[illegible]一[illegible]謂未者[illegible]文象太[illegible]時也喪服之[illegible]

[illegible]一[illegible]三日三年之喪

0013_0173-2

哭之不文也不文謂無曲折也禮記曰斬衰之哭若往而不反〇

荀子⊙或問曰死三日而后斂者何也曰

孝子親死悲哀志懣故匍匐而哭之若

將復生然安可得奪而斂之也故曰三

日而后斂者以俟其生也三日而不生

亦不生矣孝子之心亦益衰矣家室之

計衣服之具亦可以成矣親戚之遠者

亦可以至矣是故聖人爲之斷決以三

儀礼十五　三六

日爲之禮制也〇匍匐猶顛蹷或作扶服跡曰此記者假設問

三日而后斂之意也三日斂者以士言之則大斂也明大夫以上言之則小斂

也〇問喪〇白虎通義曰崩薨三日乃小斂

何奪孝子之恩以漸也一日之時屬纊

於口上以候絕氣二日之時尚冀其生

三日之時寃氣不還終不可奈何故禮

0013_0174-1

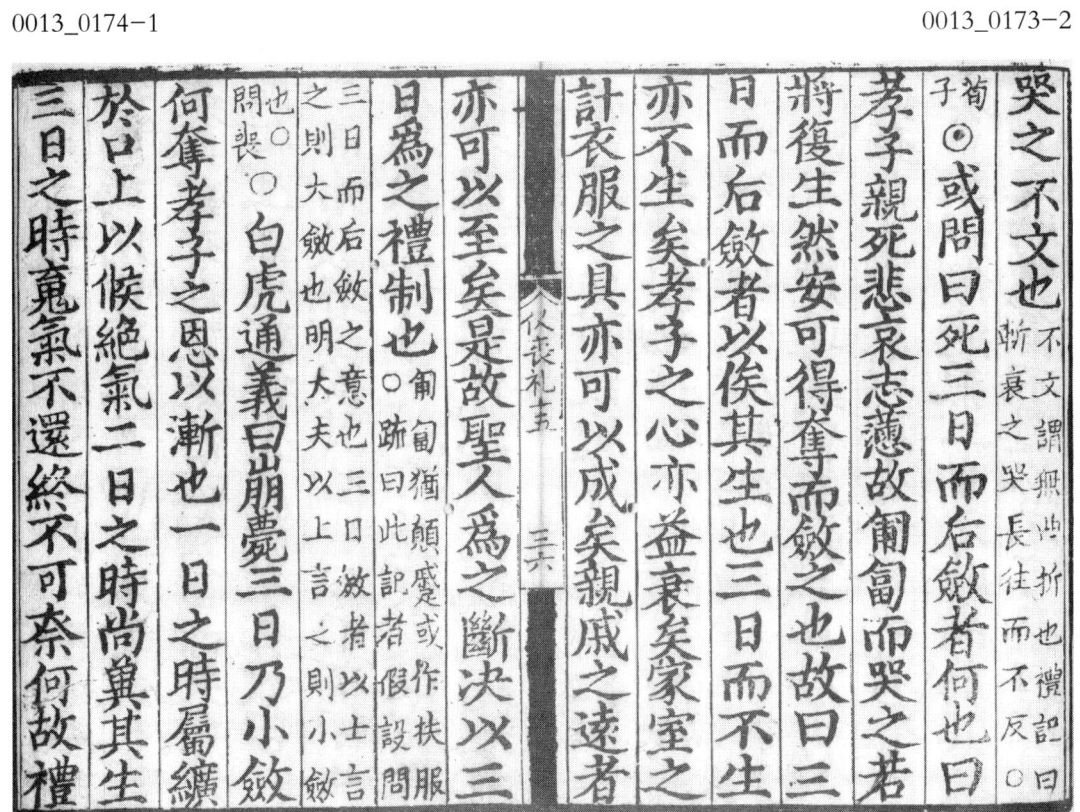

張本下象鼻題監生陳浚四字傅本剪去之

曰天子諸侯三日小斂大夫士二日小斂○尸柩者何謂也尸之爲言失也陳也失氣亡神形體獨陳柩之爲言究也久也不復章也曲禮曰在床曰尸在棺曰柩○夏后氏殯於阼階殷人殯於兩楹之間周人殯於西階之上何夏后氏教以忠忠者厚也曰生吾親也死亦吾親也主人宜在阼殷人教以敬曰死者將去又不敢容也故置之兩楹之間賓主共夾而敬之周人教以文曰死者將去不可又得故賓客之也檀弓記曰夏后氏殯於阼階殷人殯於兩楹之間周人殯於西階○天子七日而殯諸侯五日而殯事有小大所供者不等故王制

兩本均缺第三十七葉今錄張本補抄

0013_0175-2

0013_0176-1

曰天子七日而殯諸侯五日而殯卿大夫三日而殯○所以必居倚廬何孝子哀不欲聞人之聲又不欲居故處居中門之外倚木爲廬質反古也不在門外何戒不虞故也○王者崩臣下服之有先後何恩有深淺遠近故制有日月檀弓記曰天子崩三日祝先服五日官長服七日國中男女服三月天下服○禮

儀禮十五　三八

庶人國君服齊衰三月王者崩京師之民喪三月何民賤故恩淺故三月而已禮不下庶人所以爲民制何禮不下庶人者尊卑制度也服者恩從内發故爲之制也○喪禮必制衰麻何以副意也公飾情情貌相配中外相應故吉凶

張本下象鼻題監生陳浚四字傅本剪去之

0013_0176-2

不同服歌哭不同聲所以表中誠也○腰絰者以代紳帶也所以結之何思慕腸若結也必再結之何明思慕無已○所以必杖者孝子失親悲哀哭泣三日不食身體羸病故杖以扶身明不以死傷生也以竹杖何取其名也竹者蹙也桐者痛也父以竹母以桐何竹者陽也

儀喪禮十五　三十九

0013_0177-1

桐者陰也竹何以為陽竹斷而用之質故為陽桐削而用之加人功文故為陰也故禮曰苴杖竹也削杖桐也已上並見白虎通○父母之喪哭無時使必知其反也謂既練或時為君服金革之事反必有祭○疏曰禮哭無時有三種一是初喪未殯之前哭不絕聲二是殯後除朝夕之外於廬中思憶則哭三是小祥之後哀至而哭或一日二日而無復朝夕之時也此云哭無時謂小祥之後也何以知

0013_0177-2

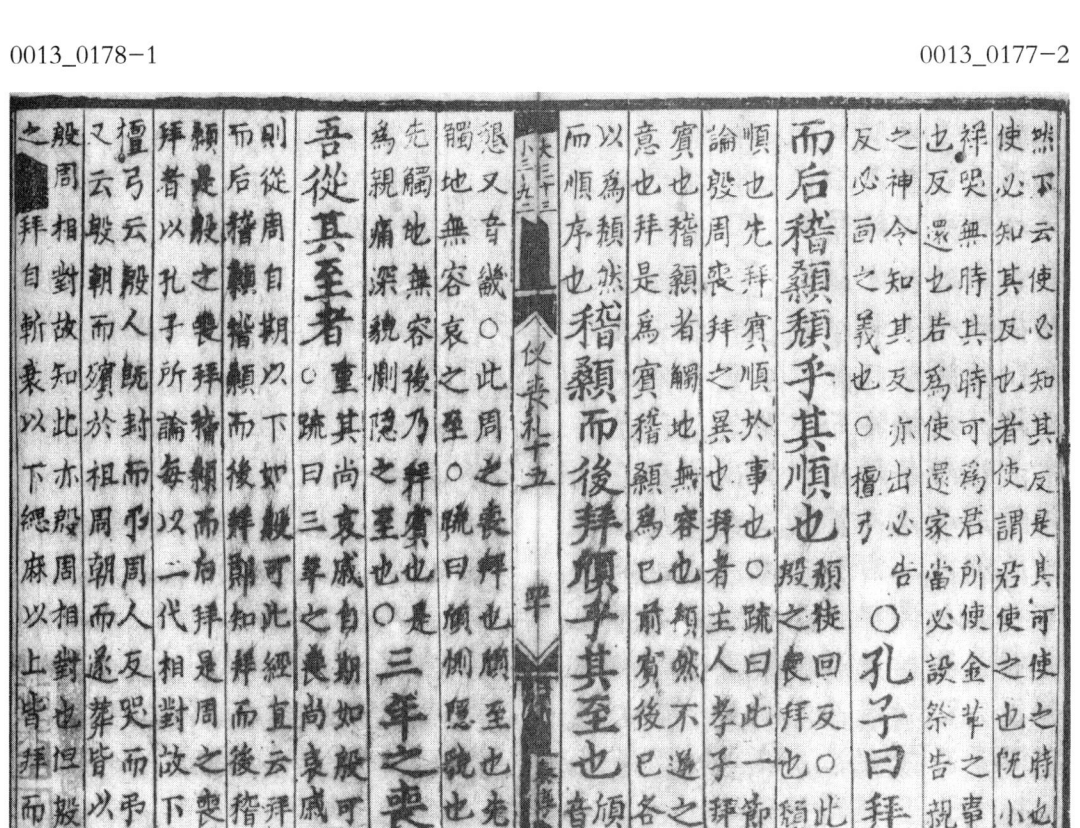

然下云使必知其反是其可使之時也使必知其反也者使謂君使之也既小祥哭無時其時可為君所使金革之事也反還也若為使還家當必設祭告親之神令知其反亦出必告反必面之義也○檀弓○孔子曰拜而后稽顙頹乎其順也頹徒回反○此殷之喪拜也頹順也先拜賓順於事也○疏曰此一節論殷周喪拜之異也拜者主人孝子拜賓也稽顙者觸地無容也頹然不遜之意也拜是為賓稽顙為已前賓後已各以為頹然而順序也稽顙而後拜頎乎其至也頎音

儀喪禮十五　四十

0013_0178-1

懇又音懇○此周之喪拜也頎至也先觸地無容哀之至○疏曰頎惻隱貌也先觸地無容後乃拜賓也是為親痛深貌惻隱之至也○三年之喪吾從其至者重其尚哀戚自期如殷可○疏曰三年之喪尚哀戚則從周自期以下如殷可此經直云拜而后稽顙稽顙而後拜鄭知拜而後稽顙是殷之喪拜稽顙而后拜是周之喪拜者以孔子所論每以二代相對故下檀弓云殷人既封而弔周人反哭而弔又云殷朝而殯於祖周朝而遂葬皆以殷周相對故知此亦殷周相對也但殷之[illegible]拜自斬衰以下緦麻以上皆拜而

0013_0178-2

稽顙周則扶期以上皆先稽顙而後
不杖則以下乃作拜之喪拜此稽顙
後拜即大祝凶拜鄭注謂三年服者拜而後稽顙即大祝吉拜鄭注云謂
喪不杖以下者○檀弓○案家語子有父之喪公明儀相焉問稽顙於孔
子孔子對之辭如此○有子與子游立見孺子
慕者有子謂子游曰予壹不知夫喪之
踊也予欲去之久矣情在於斯其是也
夫喪之踊猶孺子之號慕子游曰禮有微情者

儀喪禮十五　四十二

0013_0179-1

踊有以故興物者衰絰之制有直情而徑行
者戎狄之道也哭踊無節衣服無制禮道則不然
與戎狄異人喜則斯陶陶斯咏咏斯猶
聲之誤也猶斯舞手舞之舞斯慍慍怒猶慍斯
戚憤戚斯歎歎吟息歎斯辟辟拊心辟斯踊
品節斯斯之謂禮舞踊皆有節乃成禮人死
斯惡之矣無能也斯倍之矣無能心之無所

0013_0179-2

能是故制絞衾設蔞翣為使人勿惡也
絞衾尸之飾蔞翣棺之牆飾周禮蔞作柳始死脯醢之奠將
行遣而行之既葬而食之將行將葬也葬有遣奠
反虞祭之未有見其饗之者也自上世以來
未之有舍也為使人勿倍也舍猶廢也故子
之所刺於禮者亦非禮之訾也訾似斯反○訾
病也○疏曰有子與子游同立見孺子號慕者有子謂子游曰予壹不知夫喪

大六八　小六八二　儀喪禮十五　四十三

0013_180-1

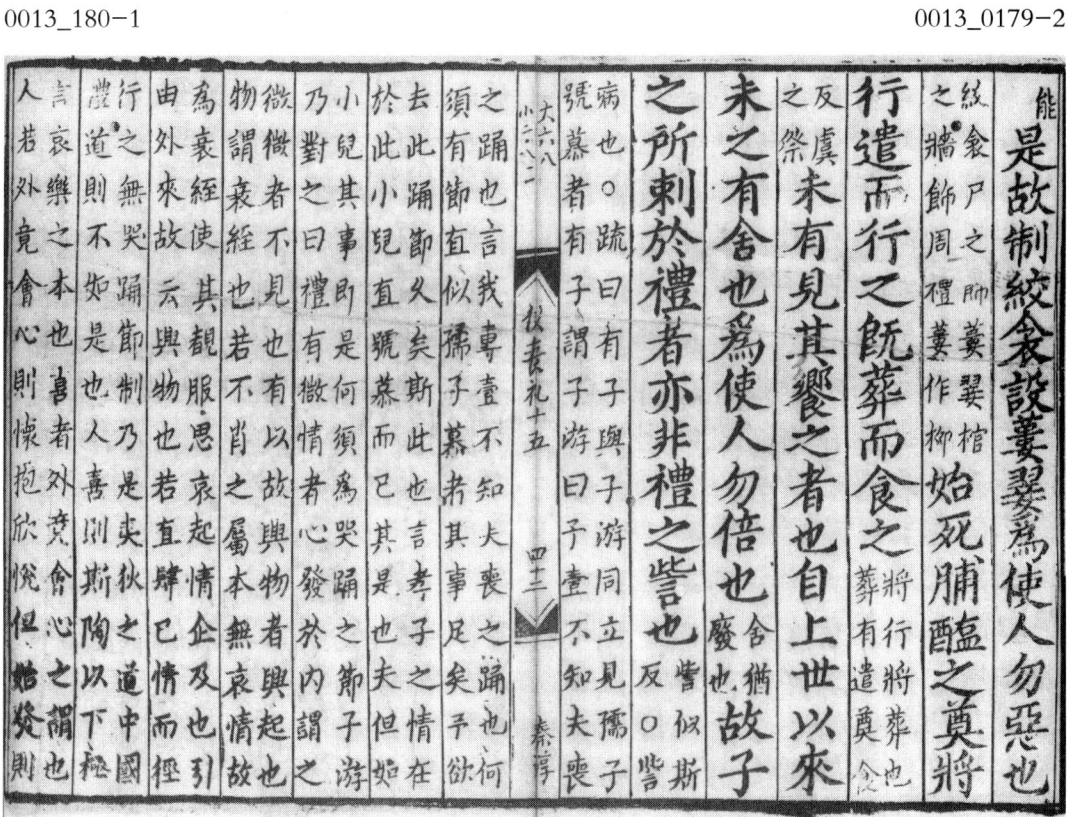

之踊也言我專壹不知夫喪之踊也何
須有節直似孺子慕者其事足矣予欲
去此踊節久矣斯此也言孝子之情在
於此小兒直號慕而已其是也夫但如
小兒其事即是何須為哭踊之節子游
乃對之曰禮有微情者心發於內謂之
微微者不見也有以故興物者興起也
物謂衰絰也若不肖之屬本無哀情故
為衰絰使其覩服思哀起情企及也引
由外來故云興物也若直肆己情而徑
行之無哭踊節制乃是夷狄之道中國
禮道則不如是也人喜則斯陶以下
言哀樂之本也喜者外竟會心之謂也
人若外竟會心則懷抱欣悅但始發則

0013_0180-2

鬱陶未暢故云斯陶也陶斯咏者鬱陶
情轉暢故口歌咏之也咏歌不足漸至
目搖動身體搖身不足乃至起舞足蹈
揚樂之極也舞斯愠者愠怒也外竟違
心之謂也凡喜怒相對哀樂相生故若
舞而無節形疲厭倦事與心違所以怒
生怒生於舞極故云舞斯愠也曲禮云
樂不可極即此謂也愠斯戚者怒來戚
心故憤恚起憤恚轉深故因發歎息歎
息不泄故至憮心憮心不泄乃至跳踊
奮擊亦哀之極也品節斯斯之謂禮者
品階格也節斷制也斯此也此之謂禮
生於哀樂也若喜而不節自陶至舞俄
頃而愠生若怒而不節從戚至踊踊極

四九二　仪禮十五　四十三

0013_0181-1

則哭故夷狄無禮朝殞夕歌童兒任情
倏啼欻笑今若品節此二塗使踊舞有
數有數則長久故云此之謂禮云舞斯
愠者凡有九句首末各四正明哀樂相
對中央舞斯愠一句是哀樂相生故一
句之中有舞及愠也人死斯惡之者以
人身既死形體腐敗故惡之故倍之故
制絞紟衾轂蔞翣以飾之欲使人勿惡
也始死脯醢之奠以至於葬將行設
遣奠而行送之既葬反哭設虞祭以食
之雖設奠祭未曾見其死者而饗食之
也既不饗食自上世以來未之有舍此
奠祭而不爲者爲使人勿倍其親故也
禮意既然不可無節故子之所譏刺於

張本下象鼻題監生秦淳四字傳本剪去之

0013_0181-2

禮[illegible]是禮之所以非禮之病
有[illegible]一義唯譏哭踊有節不譏
[illegible]之事子游對應荅以辟踊即
[illegible]冥阿紋衾脯醢之事者以有之之
[illegible]子同孺子生者不節其哀死者不
[illegible]矣節故子游既言生者節哀遂說死
[illegible]節備書禮之節制○
[illegible]哭狄不同也○檀弓○弁人有其母
死而孺子泣者言聲無節孔子曰哀則哀矣
此哀誠而難爲繼也失禮中夫禮爲可傳也
爲可繼也故哭踊有節疏曰而難爲繼也者此哀之深

四十四　仪禮十五

0013_0182-1

後人無能繼學之者也夫禮爲可傳也
爲可繼也故哭踊有節者又廣述其辭
繼爲失也夫聖人制禮使後人可傳可
繼故制爲哭踊之節以中爲度耳皆可
過甚皆使後人不可傳繼乎然禮記曾
申問於曾子曰哭父母有常聲乎曰中
路嬰兒失其母何常聲之有則與此違
者云曾子所言是始死之時悲哀志懣
未可爲節此之所言在殯斂之日可以
禮制故哭踊有節也所以知然者曾申
之問注問於哭時故知舉重時荅此
之所言哭踊有節節哭之時在於後也
○檀弓○曾子謂子思曰伋吾執親之喪

0013_0182-2

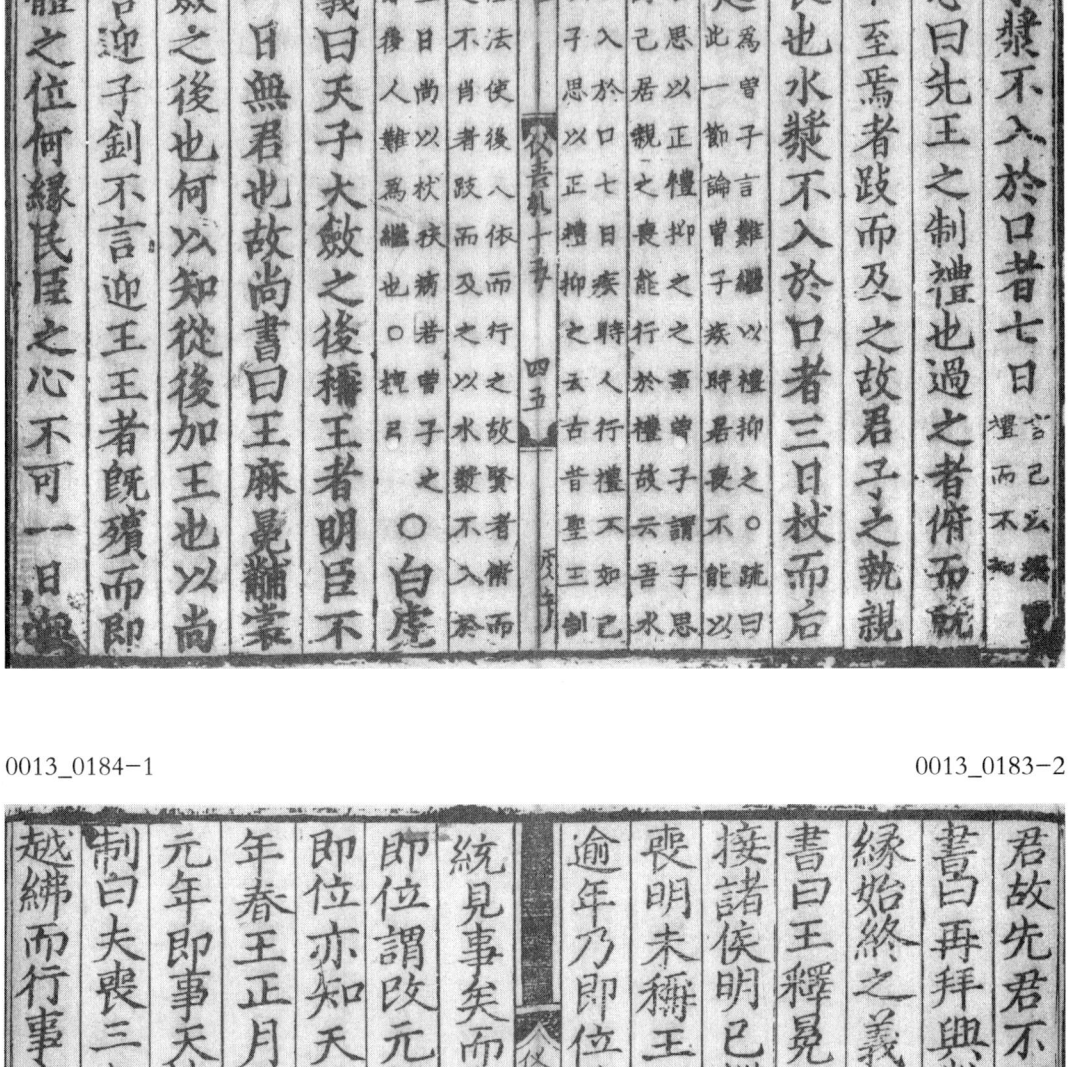

漿水漿不入於口者七日言己以禮而不知漿
子思曰先王之制禮也過之者俯而就
之不至焉者跂而及之故君子之執親
之喪也水漿不入於口者三日杖而后
能起為曾子言難繼以禮抑之○疏曰此一節論曾子疾時居喪不能以
禮子思以正禮抑之事曾子謂子思伋誇己居親之喪能行於禮故云吾水
漿不入於口七日疾時人行禮不如己也故子思以正禮抑之云古昔聖王制

儀喪礼十五　四五

0013_0183-1

其禮法使後人依而行之故賢者俯而就之不肖者跂而及之以水漿不入於
口三日尚以杖扶病若曾子之言即後人難為繼也○杙君○白虎
通義曰天子大斂之後稱王者明臣不
可一日無君也故尚書曰王麻冕黼裳
此斂之後也何以知從後加王也以尚
書言迎子釗不言迎王王者既殯而即
繼體之位何緣民臣之心不可一日無

0013_0183-2

君故先君不可得見則後君繼體矣尚
書曰再拜興對乃受同明為繼體君也
緣始終之義一年不可有二君也故尚
書曰王釋冕反喪服吉冕受門稱王以
接諸侯明已繼體為君也釋冕藏同反
喪明未稱王以統事也不曠年無君故
逾年乃即位改元名元年年以紀事君

儀喪礼卷十五　四六

0013_0184-1

統見事矣而未發號令也何以言踰年
即位謂改元位春秋傳曰以諸侯踰年
即位亦知天子踰年即位也春秋曰元
年春王正月公即位改元位也王者改
元年即事天地諸侯改元即事社稷王
制曰夫喪三年不祭唯祭天地社稷為
越紼而行事春秋傳曰天子三年然後

稱王者謂稱王統事發號令也尚書曰高宗諒陰三年是也論語君薨百官總己聽於冢宰三年緣孝子之心則三年不當也故三年除喪乃即位統事即位踐祚爲主南面朝臣下稱王以發號令也故天子諸侯凡三年即位終始之義乃備○子張曰書云高宗諒陰三年不

言何謂也集注曰高宗商王武丁也諒陰天子居喪之名未詳其義子曰何必高宗古之人皆然君薨百官總己以聽於冢宰三年言君薨則諸侯亦然總己謂總攝己職冢宰大宰也百官聽於冢宰故君得以三年不言也○胡氏曰位有貴賤而生於父母無以異者故三年之喪自天子達子張非疑此也殆以爲人君三年不言則臣下無所稟令禍亂或由以起也孔子告以聽於冢宰則禍亂非所憂矣●論語○書曰高宗梁闇三年不言何

0013_0186-2　0013_0187-1

之弑也號

謂小斂葬也春秋傳曰其辟其僻號也○僻音避

子云升自客階受弔於賓位教民

謂反哭時也既葬矣猶不由阼階不忍即父位也

未沒喪稱君示民不爭也故魯春秋記晉喪

曰殺其君之子奚齊及其君卓○殺音弑没終

也春秋傳曰諸侯於其封內三年稱子至文臣子踰年則謂之君矣奚齊與卓

儀禮十五　四九

子皆獻公之子也獻公卒其年奚齊殺明年而卓子殺矣○疏曰升自客階受弔於賓位者謂既葬反哭之時孝子升自客階受弔於堂上西方賓位之處不敢在東方以即父位示民追孝之心也未沒喪不稱君者没終也謂未終三年之喪嗣子不合稱君所以然者示民不爭父子相爭也殺其君之子奚齊及其君卓者案僖九年秋九月晉侯佹諸卒冬晉里克弑其君之子奚齊十年里克弑其君卓子公羊云其之年奚齊殺明年卓子弑是踰年稱君又一曰諸侯於其封內三年稱子者此文九年公羊傳文其臣子踰年則謂之君者此卓子踰年弑

0013_0187-2　0013_0188-1

而經書弑其君是由之案書臣子稱君也○上○白虎通義曰臣死亦赴告於上何此君哀痛於臣子也欲聞之加賻賵之禮故春秋曰蔡侯考父卒傳曰卒赴而葬禮也諸侯薨赴告鄰國何緣鄰國欲有禮也春秋傳曰桓母喪告於諸侯桓母賤尚告於諸侯諸侯薨告鄰國明矣諸侯夫人薨告

儀禮十五　五十

天子者不敢自廢政事天子亦欲知之當有禮也春秋曰天子使宰咺來歸惠公仲子之賵譏不及事仲子者魯君之貴妾也何況於夫人乎○諸侯薨使臣歸瑞珪於天子何諸侯以瑞珪爲信今死矣嗣子諒闇三年之後乃當更爵命故歸之推讓之義禮曰諸侯薨使臣歸

瑞珪於天子○天子聞諸侯薨哭之何慘怛發中哀痛之至也使大夫弔之追遠重終之義也故禮檀弓曰天子哭諸侯爵弁純衣又曰遣大夫弔詞曰皇天降災子遭離之難嗚呼哀哉天王使臣某弔○臣子死君往弔之何親與之共治民恩深義重厚欲躬見之故禮雜記

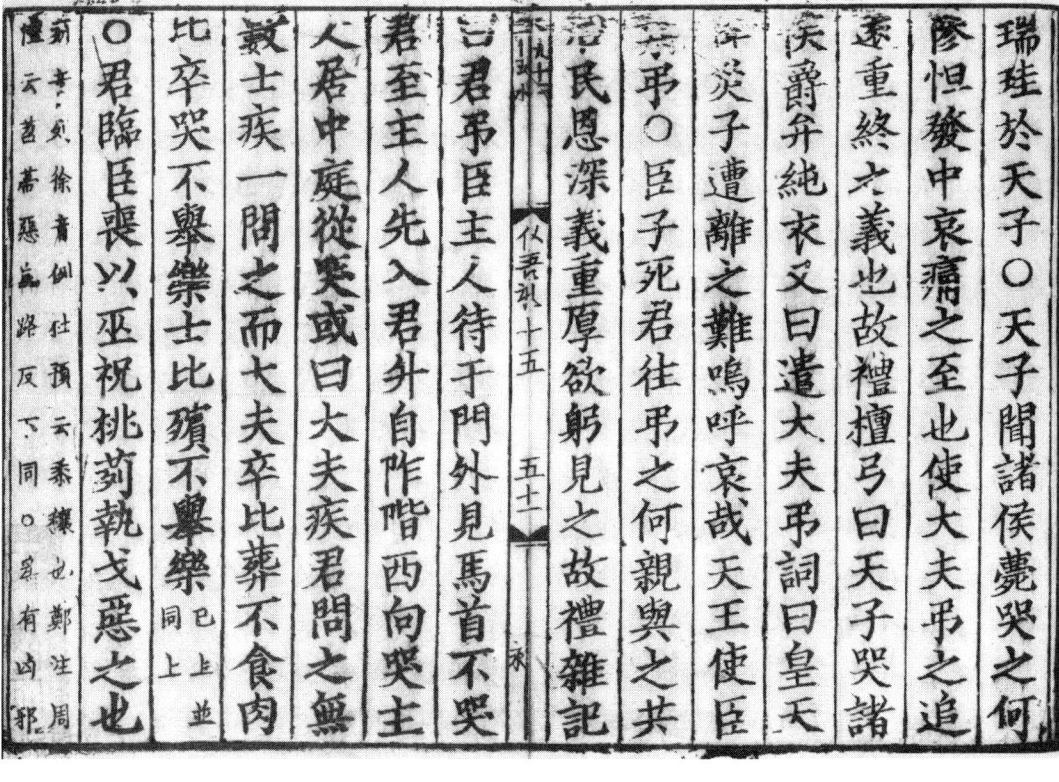

曰君弔臣主人待于門外見馬首不哭君至主人先入君升自阼階西向哭主人居中庭從哭或曰大夫疾君問之無數士疾一問之而大夫卒比葬不食肉比卒哭不舉樂士比殯不舉樂已上並同上

○君臨臣喪以巫祝桃茢執戈惡之也茢音列徐音例沈預云黍穰也鄭注周禮云苕帚惡氣路反下同○鬼有凶邪

之氣有惻怛聞大夫之喪去樂卒事而往未襲也其已襲則止巫去桃茢桃鬼所惡茢萑苕可掃不祥○凶邪似嗟反下注同萑音完苕大彫反○疏曰此君謂天子臣喪未襲之前君往臨弔則以巫執桃祝執茢又使小臣執戈所以然者惡其凶邪之氣必惡之者所以異於生人也注云君聞大夫之喪去樂卒事者昭十五年公羊傳文鄭必知往者以下云柳莊之卒衛侯不脫祭服而往明其王有大臣之喪亦當然以聞喪即往故知未襲也云已襲則止巫去桃茢者案襄謂死之明日則止巫門外去桃茢祝代巫而入又小臣執戈案喪大記大夫

之喪將大斂君往巫止于門外祝先入又士喪禮大斂而往巫止于廟門外祝代之小臣二人執戈先二人後此皆大斂之時小斂及殯更無文明與大斂同直言巫止無桃茢之文喪大記雜記諸侯之禮明與天子亦然

所以異於生也生人無凶邪喪有死之道焉言人之死有如鳥獸死之狀鳥獸之死人賤之先王之所難言也難乃旦反○聖人不明說爲人甚惡之○檀弓○三年之喪與新有昏者期不使以衰裳入朝期居其反朝直遥反注同

0013_0190-2

非禮也是謂君與臣同國臣有喪皆事而不歸反服其衰裳以入朝是謂君臣共國無異卑也有喪皆不歸唯君耳臣有喪皆當致仕而歸○疏曰三年之喪與新有昏者期不使者若君有喪皆則何在於國不歸臣有喪皆則歸獨家一期之間不役使役也故云期不使以衰裳入朝非禮也昔合臣之有喪乃不致事身著衰裳而入君朝是為非禮也是謂君與臣同國者君之喪皆而在國臣有喪皆而不歸家亦在國是君與臣同國○禮運

○諸侯非問疾弔喪而入諸臣之家是

儀喪礼十五　五三

0013_0191-1

謂君臣為謔謔許約反○樂故而相之是戲謔也陳靈公與孔寧義行父數如夏氏以取殺焉○孔疏本又作寧案左傳作寧公羊作寧香依字讀父音甫數色角反取殺卑志反或如字○同上○郊之祭也喪者不敢哭凶服者不敢入國門敬之至也祭者吉禮不欲聞見凶人○疏曰此一節論祭祀之禮以是吉禮吾事故喪與凶服皆許之○祭義○白虎通義曰大夫使受命而出聞父母之喪非君命不反蓋

0013_0191-2

盡重君也故春秋傳曰大夫以君命出聞喪徐行不反○凶服不敢入公門者明尊朝廷吉凶不相干故周官曰凶服不入公門曲禮曰居喪不言樂祭事不言凶公庭不言婦女論語曰子於是日哭則不歌○臣下有大喪不呼其門者使得終其孝道成其大禮春秋傳曰古

儀喪礼十五　五四

0013_0192-1

者臣有大喪君三年不呼其門已上見白虎通義○貨財曰賻輿馬曰賵衣服曰襚玩好曰贈玉貝曰唅此與公羊穀梁之說同玩好謂明器琴瑟羣笄之屬何休曰此皆春秋之制也賵猶覆也賵猶助也皆助生送死之禮襚猶遺也遺是助死者之禮也知生則賵賻知死則襚唅之也賻賵所以佐生也贈襚所以送死也送死不及柩尸弔生不及悲哀非禮也皆謂葬事故吉

0013_0193-1　0013_0192-2

行五十一弁喪百里賵贈及事禮之大也既說賵贈及事因明奔喪亦宜行遠也禮記奔喪曰日行百里不以夜行○荀子○白虎通義曰贈襚何謂也贈之爲言稱也玩好曰贈襚之爲言遺也衣被曰襚知死者則贈襚所以助生送死追恩重終副至意也贈賵者助也所以相佐給不足也故吊辭曰知生則賻貨財

役喪礼十五　五五

曰賻車馬曰賵○婦人不出境吊者婦人無外事防淫佚也禮雜記曰婦人越疆而吊非禮也而有三年喪君與夫人俱往禮妻爲父母服夫亦當服○有不吊三何爲人臣子常懷恐懼深思遠慮志在全身今乃畏厭溺死用爲不義故不吊也檀弓曰不吊三畏厭溺也畏者

張本下象鼻題監生陳浚四字傅本剪去之

0013_0194-1　0013_0193-2

兵死也禮曾子記曰大辱加於身皮體毀傷即君不臣士不交祭不得爲昭穆之尸食不得昭穆之牲死不得葬昭穆之域也已上並見白虎通義○三月之殯何也此殯謂葬也曰大之也重之也所致隆也所致親也將舉錯之遷徙之離宮室而歸丘陵也先王恐其不文也是以緜其期足

大七十三 小六十九　役喪礼十五　五十六

之日也所至厚至親將徙而歸丘陵不可急遽無文飾故緜其期足之日然後葬也緜讀爲由由繇也故天子七月諸侯五月大夫三月皆使其須足以容事事足以容成成足以容文文足以容備備曲容備物之謂道矣須待也謂所待之期也事實具也道者委曲容物備物者也齊衰苴杖居廬食粥席薪枕塊是君子之所以爲愅詭其所哀痛之文也

張本下象鼻題監生秦三字傅本剪去之

0013_0194-2

悼變也詭異也感動其所哀痛而不可無文飾故制為齊衰苴杖之屬言本皆因於感動也卜筮視日齊戒修塗几筵饋薦告祝如或饗之賓出主人拜送反易服即位而哭如或去之此雜記喪祭也易服易祭服反喪服也賓出祭事畢即位而哭如神之去然也哀夫敬夫事死如事生事亡如事存狀乎無形影然而成文狀類也言祭祀不見鬼神有類乎無形影者然而足以成人道之節文也

仪丧禮十五　五七

0013_0195-1

○荀子○子思曰喪三日而殯凡附於身者必誠必信勿之有悔焉耳矣三月而葬凡附於棺者必誠必信勿之有悔焉耳矣言其日月欲以盡心脩備之附於身謂衣衾附於棺謂明器之屬喪三年以為極亡去已久遠而除其喪則弗之忘矣則之言曾故君子有終身之憂念其親而無一朝之患毀不滅性故忌日不樂樂如字又音岳○謂

張本下象鼻題監生陳浚四字傳本剪去之

0013_0195-2

死日言忌日不用舉吉事○疏曰三附而殯者據大夫士禮故云三日也凡附於身者謂衣衾也夫祀必求仁者之粟故送終之物悉用誠信必令合禮不使少多非法後追悔咎焉耳矣者助句之辭三月而葬亦大夫士禮也附謂明器之屬亦當以誠信不追悔也喪三年以為極亡言服親之喪已經三年以為極亡以兼忘而孝子有終身之痛曾不暫忘於心也注云則之言曾故君子者終竟己身恒慘念親此則是不忘之事雖終身念親而不得有一朝之間有滅性禍患恐其常毀故唯忌日不為樂事故日則可防其滅性故也所以不滅性

仪丧禮十五　五八

0013_0196-1

者父母生已欲其存寧者滅性傷親之志又身已絕滅無可祭祀故也○檀弓○喪之朝也順死者之孝心也朝直遥反○朝為遷柩於廟○疏曰人子之禮出必告反必面以盡孝子之情今此所以車載柩而朝是順死者之孝心也然朝廟之禮每廟皆朝故既夕禮云其二廟則饌于禰廟下云降柩如初適祖則天子諸侯以下每廟皆一日至遠祖之廟當日朝畢則為祖祭至明日設遣奠而行其哀離其室也故至於祖考之廟而后行殷朝而殯於祖周

0013_0197-1　　0013_0196-2

朝而遂葬疏曰其哀離其室也者謂死者神靈悲哀痛其堂故至於祖考之廟辭而後行殷人尚質敬鬼神而遠之死則爲神故云朝而殯於祖廟周則尚文親雖亡沒故猶若在不忍便以神事之故殯於路寢及朝廟遂葬夫子不論二代得失皆合當代之禮無所是非以此言之則周人不殯於廟案僖八年致哀姜左傳云不殯於廟則弗致也則正禮當殯於廟者鄭康成以爲春秋變周之文從殷之質故殯於廟杜預以爲不以殯朝廟未詳孰是○

孔子謂爲明器者知喪道矣備物而不

儀表礼十九　五十九

可用也神與人異則不相傷哀哉死者而用生之器也不殆於用殉乎哉殉葬後反以人從死○殆幾也殺以衛死者曰殉用者漸幾於用人○幾音祈又音機其曰明器神明之也神明死者異於生人塗車芻靈古有之芻初□反○芻靈束茅爲人馬謂之靈者神之類之道也言與明器同孔子謂爲芻靈者善謂爲俑者不仁不殆於用人乎哉

0013_0198-1　　0013_0197-2

勇○俑偶人也有面目機發有似生人孔子善古而非周○疏曰造作形體偶類人形故史記有土偶人木偶人是也云孔子善古而非周者古謂周以前虞以後虞氏以來始有塗車芻靈周初即用偶人也冢人職云鸞車象人司農注云象人謂以芻爲人康成注引此謂爲俑者不仁是象人即俑人也其餘車馬器物猶爲塗車芻靈故校人大喪飾遣車之馬及葬埋之鄭注云言埋之則是芻靈之制雖或周木無機識發動偶人馬塗車之芻靈是偶人之外猶有塗車謂之俑者皇氏云機識發動踊躍故謂之踊也（）孔子曰之死

大四十四　小一千二十七　儀表礼卷十五　六十　秦淳

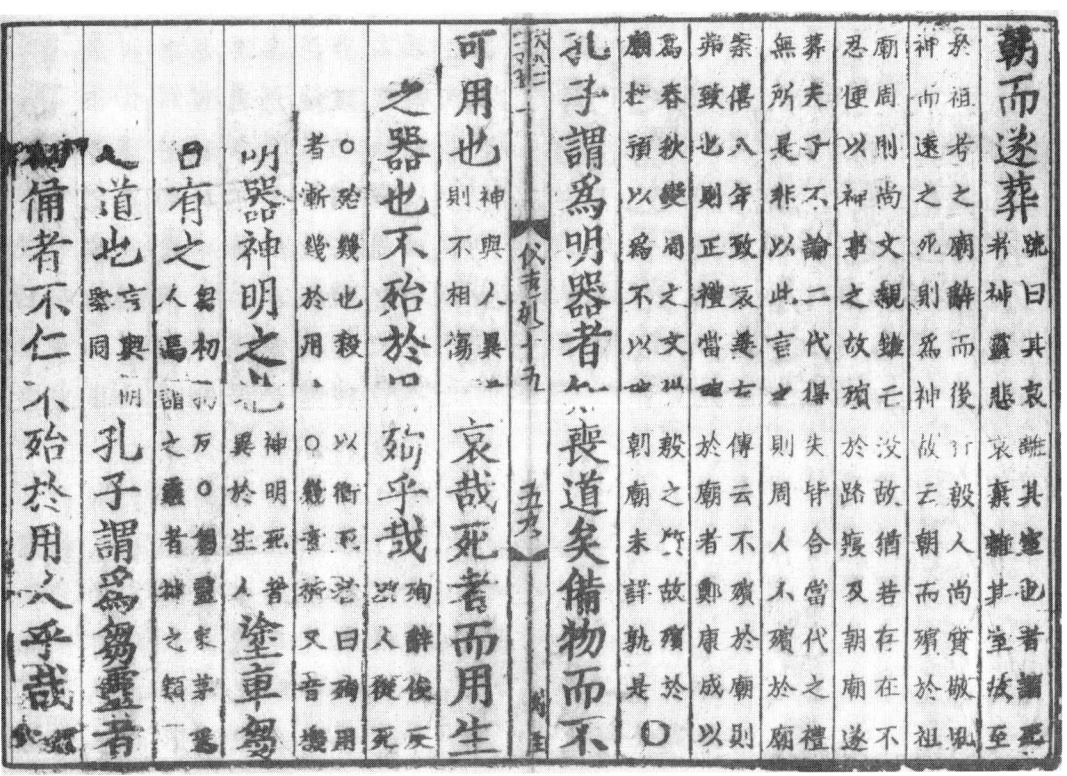

而致死之不仁而不可爲也之死而致生之不知而不可爲也知音智○之往也死之生之謂無知與有知也爲猶行也疏曰而致死之者謂之無復有知是不仁之事而不可爲也而致生之者謂雖死猶致生之意是不知之事而不可爲也是故竹不成用瓦不成味木不成斲味依注音沬○成猶善也竹不可善用謂邊無縢味當作沬沬靧也○靧音悔○疏曰竹不善用謂竹器邊無縢緣也瓦不成味者味猶黑光也今世亦呼黑爲沬也瓦

0013_0198-2

不善沬謂瓦器無光澤也木不成斲者斲雕飾也木不善斲鄭注云味當作沬沬靧也靧謂靧面證沬爲光澤也琴瑟張而不平竽笙備而不和和胡卧反○無宮商之調○調直弔反○疏曰琴瑟張絃而不調平竽笙備而無宮商調和也有鍾磬而無簨虡簨息允反虡音巨○不縣之也橫曰簨植曰虡○疏曰鄭云不縣之也者案典庸器云大喪廞筍虡明知有而不縣之也其曰明器神明之也言神明死者也神明者非人所知故其器如此○疏曰注云者神明微妙無方不可測度

儀喪禮十五　六一

0013_0199-1

故云非人所知也○仲憲言於曾子曰仲憲孔子弟子原憲○疏曰案仲尼弟子傳云原憲字子思彼注云魯人也其時與曾子評論三代送終器具之義上也夏后氏用明器示民無知也所謂致死之殷人用祭器示民有知也所謂致生之周人兼用之示民疑也言使民疑於無知與有知曾子曰其不然乎其不然乎疏曰曾子聞憲所說不是故重稱不然深鄙之也夫明器鬼器也祭器

0013_0199-2

人器也夫古之人胡爲而死其親乎疏曰曾子鄙憲言既畢而自更說其義也言二代用此器送云者葬是爲有知與無知也三是質文異耳夏代文言鬼與人之故絶用鬼器送之非言爲無知也殷世質言雖復鬼與人有異亦應恭敬是以故用恭敬之器仍貯食送之非言爲有知也周家極文言王者亦宜鬼事亦宜敬事故并用鬼敬二器非爲示民言疑惑也然周唯大夫以上兼用耳士唯用鬼器不用人器夫古之人胡爲而死其親乎者古謂夏時也言古人雖質何容死其親乎若是無知則是死之義也

儀喪禮十五　六二

0013_0200-1

○並同上○或問於曾子曰夫既遣而包其餘猶既食而裹其餘與君子既食則裹其餘乎曾子曰吾子不見大饗乎夫大饗既饗卷三牲之俎歸于賓館父母而賓客之所以爲哀也子不見大饗乎遣奠戰反注同與音餘注畢與與同卷紀轉反又眷說反歸如字又音饋○言遣既奠而又包之是與食於人已而裹其餘將去何異與君子寧爲是乎言傷廉也既

0013_0200-2

饗歸賓俎所以厚之也言父母終之事今賓客之是孝子哀親之去也○疏曰
君子既食則裹其餘乎者或人云君子於他家既食之後則更裹其餘食去乎
寧有是也不應如此既設遣奠亦不應包餘而去曾子謂或人爲吾子豈不見
大饗賓客之禮乎謂大饗賓客既畢主人卷斂三牲俎上之肉歸於賓館已家
父母今日既去遂同賓客之䟽是孝子所以悲哀也爲此之故包遣奠而去子
不見大饗乎者重結前文以語或人也○雜記○曾子弔於負
負夏衛地夏主人既祖填池填池依注音奠徹○祖謂移柩

儀喪禮十五　六三

0013_0201-1

車去載處爲行始也填池當爲奠徹聲之誤也奠徹謂徹遣奠設祖奠○處昌
慮反遣棄戰反推柩而反之推昌佳反○反芳載處獎曾子弔欲
更始降婦人而后行禮禮既祖而婦人降今反柩婦人辟之
後之堂矣柩無反而反之而又降婦人蓋欲矜賓於此婦人皆非從者
曰禮與怪之曾子曰夫祖者且也且未之辭
且胡爲其不可以反宿也從者又問
子游曰禮與疑曾子言非子游曰飯於牖下

0013_0201-2

小斂於户内大斂於阼殯於客位祖於
庭葬於墓所以即遠也故喪事有進而
無退明反柩非曾子聞之曰多矣乎予出祖
者善子游言且服○疏曰既祖填池者案既夕禮啓殯之後柩遷于祖重先
奠從柩從升自西階正柩于兩楹閒用夷牀鄭注云是時柩北首設奠于柩西
此奠謂啓殯之奠也質明徹去啓奠乃設遷祖之奠于柩西至日側乃卻下柩
載於階閒乘蜃車載訖降下遷祖之奠設於柩車西當前束時柩猶北首前束

儀喪禮卷十五　六十四

0013_0202-1

近北前束者謂棺於車束有前後故云前束乃飾柩設披屬引徹去遷祖之奠
遷柩嚮外而爲行始謂之祖也婦人降即位于階閒乃設祖奠于柩西至厥明
徹祖奠又設遣奠於柩車之西然後徹之苞牲取下體以載之遂行此是啓殯
之後至柩車出之節也曾子弔於負夏氏正當主人祖祭之明日既徹祖奠之
後設遣奠之時而來弔主人榮曾子之來乃徹去遣奠更設祖奠又推柩少退
而返之嚮北又遣婦人升堂至明旦婦人從堂更降而後乃行遣車禮從曾子
者意以爲疑問曾子云此是禮與曾子既見主人榮己不欲指其錯失爲之隱

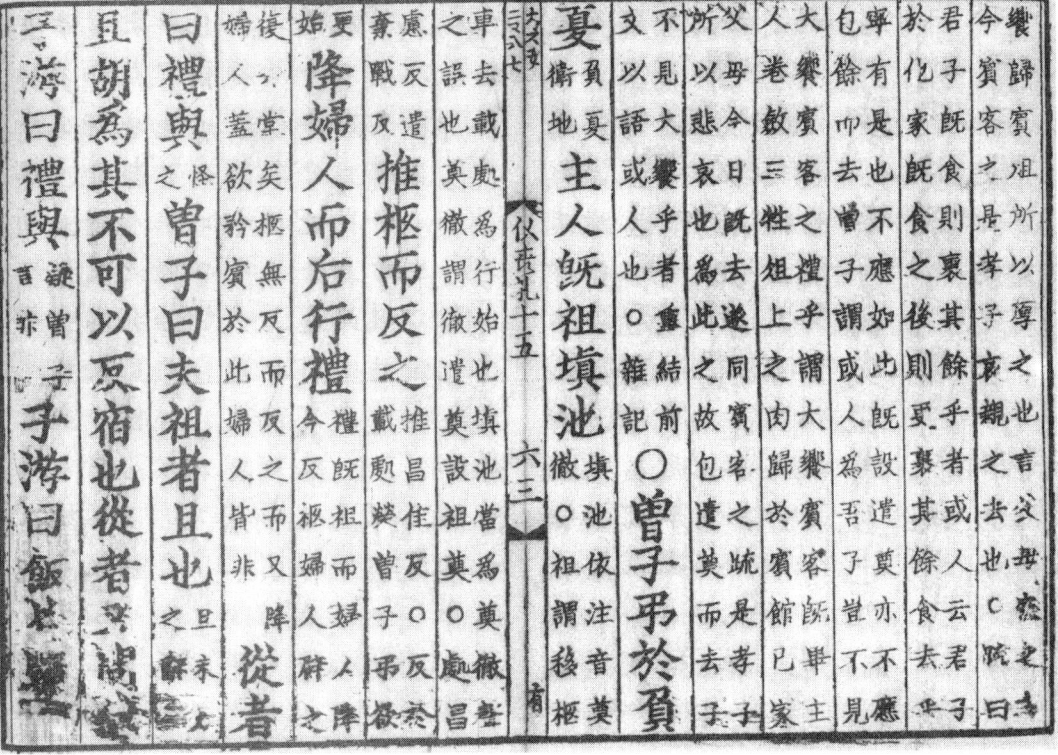

張本下象鼻題監生孫欽四字傳本剪去之

0013_0202-2

疏云夫祖者且也且是未定之辭祖是行始未是實行且云住二者皆得既以且住何為亦可以反宿明日乃去云祖謂移柩車去載處為行始者案既夕禮注云東棺於柩車實出遂進納車於階閒柩從兩楹郤下載於車乃迴車南出是為祖也祖始也謂將行之始也云薦徹謂徹遣奠設祖奠者案既夕禮祖之明旦徹祖奠設遣奠曾子正當設遣奠時來主人乃徹云遣奠還設祖奠似者不為遣奠然經云主人既祖祖之明日既徹祖奠之時故謂之既祖鄭云祖謂移柩車去載處者解正祖之名也皇氏熊氏皆以曾子雖今日來弔遥指昨日

大十八 小三百八十三　喪禮十五　六五

0013_0203-1

為既祖於丈縣綴其義非也云禮既祖而婦人降者既夕禮文以既祖柩車南出階閒既空故婦人得降立階閒今柩車反還階閒故婦人辟之升堂婦人既巳升堂柩車未迴南山則婦人未合降也今乃降之者以曾子賢人欲矜誇賓於此婦人也言皆非者柩無反而反之是一非既反之未迴車南出不合降婦人而降之是二非也多猶勝也曾子自知已說之非聞子游之荅是故善子游游也故言子游所說出祖之事勝於我所說出祖也○檀弓

○子云賓禮每加以遠浴於中霤飯於牖下小

0013_0203-2

斂於戶內大斂於阼殯於客位祖於庭葬於墓所以示遠也霤力救反○遠之所以崇敬也作或為堂殷人弔於壙周人弔於家示民不偝也既葬哀而哭踊於是弔之子云死民之卒事也吾從周周於送死尤備以此坊民諸侯猶有薨而不葬者疏曰云死民之卒事也吾從周言死是民之終卒之事宜須送終備具若殷人弔於壙情猶未盡即壙上而弔於送死大簡周人孝子反哭至

儀喪禮十五　六十六

0013_0204-1

家仍後始弔於送死殷勤是情禮備具故云吾從周也○坊記○喪祭械用皆有等宜械器也皆有等級各當其宜也夫是之謂復古是王者之制也荀子○白虎通義曰祖於庭何盡孝子之恩也祖者始也始載於庭也乘軸車辭祖禰故名為祖載也禮曰祖於庭葬於墓又曰適祖昇自阼階○禮有以多為貴者天子崩七

0013_0204-2

月而葬五重八翣諸侯五月而葬三重六翣大夫三月而葬再重四翣此以多爲貴也（詳見喪大記飾棺章）○有以大爲貴者棺椁之厚丘封之大此以大爲貴也（禮器）○白虎通義曰崩薨別號至墓同何也時臣子藏其君父安厝之義貴賤同葬之爲言下藏之也所以入地何人時於陰

大二 令孜
小十
儀禮十五　六七　刘藏

0013_0205-1

含陽光死始入地歸所與也○白虎通義曰天子七月而葬諸侯五月而葬何尊卑有差也天子七月而葬同軌必至諸侯五月而葬同會必至所以愼終重喪也○謚者何也謚之爲言引也引烈行之跡也所以進勸成上務德也故禮特牲曰古者生無爵死無謚此言生有

0013_0205-2

爵死當有謚也死乃謚之何言人行終始不能若一故據其終始後可知也士冠經曰死而謚之今也所以臨葬而謚之何因衆會欲顯揚之也黃帝先黃後帝何古者順死生之稱各持行合而言之美者在上黃帝始制法度得道之中萬世不易名黃自然也後世雖聖莫能

三十
儀禮十五　六八　刘汶

0013_0206-1

與同也後世得與天同亦得稱帝不能五制作之時故不得復黃也謚或一言或兩言何文者以一言爲謚質者以兩言爲謚故尚書曰高宗殷宗也湯死後世稱成湯以兩言爲謚也號無質文謚有質文何號者始也爲本故不可變也周已後用意尤文以爲本生時號令善

0013_0206-2

故有善謚故舍文武王也合言之則上其謚明別善惡所以勸人爲善戒人爲惡也帝者天號也以爲堯猶謚顧上世質直死後以其名爲號耳所以謚之爲堯何爲謚有七十二品禮記謚法曰翼善傳聖謚曰堯仁聖盛明謚曰舜慈惠愛民謚曰文强理直謚曰武天子崩臣

0013_0207-1

下至南郊謚之者何以爲人臣之義莫不欲褒大其君掩惡揚善者也故之南郊明不得欺天也故曾子問孔子曰天子崩臣下之南郊告謚之諸侯薨世子赴告天子天子遣大夫會其葬而謚之何以不誄貴諸侯相誄非禮也臣當受謚於君也卿大夫老歸死有謚何謚者

0013_0207-2

別尊卑彰有德也卿大夫歸無過猶有祿位故有謚也夫人無謚者何無爵故無謚或曰夫人有謚夫人一國之母修閨門之内羣下亦化之故設謚以彰其善惡春秋傳曰葬宋恭姬傳曰其稱謚何賢也傳曰哀姜者何莊公夫人也卿大夫妻無謚何賤也入妻所以無謚何

0013_0208-1

卑賤無所能務猶士卑小不得有謚也太子夫人無謚何本婦人隨夫太子無謚其夫人不得有謚也天子太子元士也士無謚知太子亦無謚也附庸所以無謚何卑小無爵也王制曰爵祿凡五等附庸本非爵也後夫人於何所謚之以爲於朝廷朝廷本所以治政之處臣

0013_0209-1　　0013_0208-2

子共審謚白之於君然後加之諡
天故但白君而已何以知不之南郊也
婦人本無外事何爲於郊也禮曾子問
曰唯天子稱天以誄之唯者獨也明天
子獨於南郊耳顯號謚何法法日未出
而明已入有餘光也○王者巡狩崩于
道歸葬何夫太子當爲喪主天下皆來
儀喪礼十五　七一
奔喪京師四方之中也即如是舜葬蒼
梧禹葬會稽于時尚質故死則止葬不
重煩擾也○諸侯爲天子斬衰三年何
普天之下莫非王土率土之濱莫非王
臣臣之於君猶子之於父明至尊臣子
之義也○喪服經曰諸侯爲天子斬衰
三年天子爲諸侯絕期何示同愛百姓

0013_0210-1　　0013_0209-2

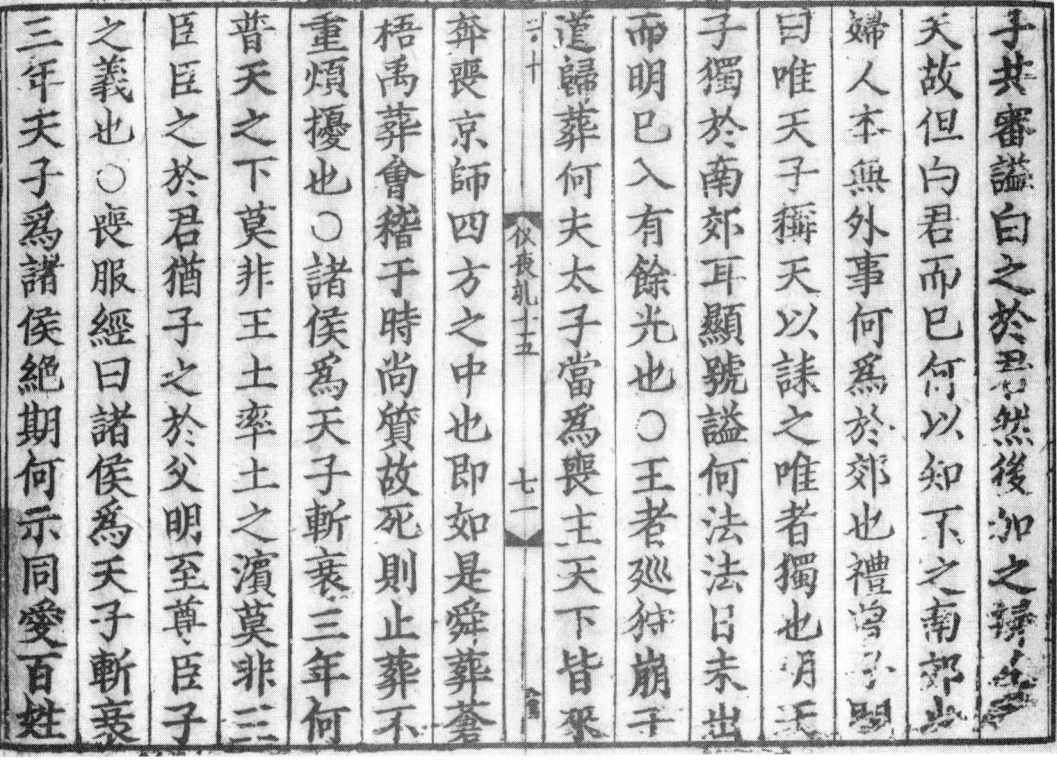

之獄訟也○故禮中庸曰期之喪達
諸侯三年之喪達乎天子卿大夫降
緦重公正也已上並見白虎通義○古之葬者厚
衣之以薪葬之中野不封不樹喪期無
數後世聖人易之以棺椁蓋取諸大過
衣於既反○取其過厚○疏曰不云上古直云古之葬者若極遠者則云上古其次遠者則直云古則厚衣之以薪葬之中野猶在穴居結繩之後故直云古
儀喪礼十五　七二
也不封不樹者不積土爲墳是不封也不種樹以標其處是不樹也喪期無數者取除則止無日月限數也後世聖人易之以棺椁者若禮記云有虞氏瓦棺未必用木爲棺也則禮記又云殷人之棺椁以前云棺無文也取諸大過者送終追遠欲其甚大過故取諸大過也○易
○孟子自齊葬
於魯反於齊止於嬴充虞請曰前日不
知虞之不肖使虞敦匠事嚴虞不敢請
今願竊有請也……

0013_0211-1　　0013_0210-2

手覺苗治作棺之事者也嚴急也衣棺木也以已通以美泰美也曰古
者棺椁無度中古棺七寸椁稱之自天
子達於庶人非直爲觀美也然後盡於
人心度厚薄尺寸也中古周公制禮時也椁稱之與棺相稱也欲其堅厚久遠非特爲人觀視之美而已不得不可以爲悅無財
不可以爲悅得之爲有財古之人皆用
之吾何爲獨不然不得謂法制所不當得得之爲有財言得

仪喪礼十五　七三

之而又爲有財也或曰爲當作而且比化者無使土親
膚於人心獨無恔乎比猶爲也化者死者也恔快也言爲
死者不使土近其肌膚於人子之心豈不快然無所恨乎吾聞之君
子不以天下儉其親送終之禮所當得爲而不自盡是爲
天下愛惜此物而薄於吾親也○孟子○魯平公將見孟
子嬖人臧倉曰孟子之後喪踰前喪君
無見焉公曰諾集注曰孟子前喪父後喪母踰過也言其厚母

0013_0212-1　　0013_0211-2

薄父也諾應辭也樂正子入見曰君奚爲不見
孟軻也曰或告寡人曰孟子之後喪踰
前喪是以不往見也曰何哉君所謂踰
者前以士後以大夫前以三鼎而後以
五鼎與曰否謂棺椁衣衾之美也曰非
所謂踰也貧富不同也孟子○喪不慮居
謂賣舍宅以奉喪毁不危身謂憔悴將滅性喪不慮居

仪喪礼十五　七四

爲無廟也毁不危身爲無後也檀弓○子
游問喪具夫子曰稱家之有亡子游曰
有無惡乎齊稱尺證反亡皇如字無也惡音烏齊才細反○惡
乎齊問豐省之比夫子曰有毋過禮苟亡矣斂
首足形形體還葬還音旋○還之言便也言已斂即葬不待三月
縣棺而封不設碑繂不備禮封當爲窆窆下棺也春秋傳作堋人
豈有非之者哉不責於人所不能○賊曰夫亡曰稱家之有亡

張本下象鼻題監生陳浚四字傳本剪去之

張本下象鼻題監生秦淳四字傳本剪去之

0013_0212-2

稱猶隨也亡無也言各隨其家計豐薄有無也子游曰有無惡乎齊惡乎猶於
何也子游言若必隨家之有無貧富於何可齊故子游疑而問之夫子曰有毋
過禮此答是稱富家也毋猶不也禮有節限設若家富有正禮可依而不得過
禮苟亡矣斂首足形此答貧家也亡無𣪘無財也但使衣衾斂於首足形體不
令露見而已還葬還便也禮雖衆多葬日有數若貧者斂竟便葬不須停殯待
其月數足也還之言便也言已斂即葬不待三月也縣棺而封封即窆窆下棺
内壙中也貴者則用碑繂若貧而即葬者但手縣棺而下之同於庶人不待碑

儀喪禮十五　七十五

0013_0213-1

繂不設碑繂不備禮○檀弓　○子思之母死於衛子思
孔子孫伯魚之子伯魚卒其妻嫁於衛　柳若謂子思曰子
聖人之後也四方於子乎觀禮子蓋
愼諸　柳若衛人也見子思欲爲嫁母子服恐其失禮戒之嫁母齊衰期　子
思曰吾何愼哉吾聞之有其禮無其財
君子弗行也　謂時可行而財不足以備禮　有其禮有
其財無其時君子弗行也　謂財足以備禮而時不得

0013_0213-2

行者　吾何愼哉　時所止則止時所行則行無所疑也喪之禮如子贈
襚之屬不踰主人○疏曰云嫁母齊衰期者嫁母之服喪服無文案喪服杖期
章云父卒繼母嫁從爲之服報則見母可知故鄭約云齊衰期也又鄭止言齊
衰期不言嫡庶故譙周袁準並云父卒爲嫁非父所絕嫡子雖主祭猶宜服期
而喪服爲出母期嫁母與出母俱是絕族故知與出母同也張逸問舊儒世本
皆以孔子後數世皆一子禮適子爲父後爲嫁母無服檀弓疏子思從於嫁母
服何鄭荅云子思哭嫂爲位必非適子或者兄若早死無繼故云數世皆一子

大五十三　小三十三

儀喪禮卷十五　七十六　秦淳

0013_0214-1

又曰謂若嫁母之家主人貧乏斂手足形還葬已雖有財不得過於生人故下
注喪之禮如子贈襚之屬不踰主人是也○同上　○子路曰傷
哉貧也生無以爲養死無以爲禮也孔
子曰啜菽飲水盡其歡斯之謂孝斂手
足形還葬而無椁稱其財斯之謂禮　還音
旋稱尺證反○還猶疾也謂不及其日月○疏曰孔子以子路傷貧故荅之云
啜菽飲水以菽爲粥以常啜之飲水更無餘物以水而已雖使親啜菽飲水盡

0013_0214-2

盡歡樂之情謂使親盡其歡樂此之謂孝荅上生無以爲養歛手足形旁親土但以衣棺歛其頭首及足形體不露還速葬而無椁材稱其家之財物所有以送終此之謂禮荅上死無以爲禮○同上○墨者夷之因徐辟而求見孟子孟子曰吾聞夷子墨者墨之治喪也以薄爲其道也夷子思以易天下豈以爲非是而不貴也然而夷子葬其親厚則是以所賤事親也集注曰辟

儀喪禮十五　七十七

0013_0215-1

孑曰墨子生不歌死無服桐棺三寸而無椁是墨之治喪以薄爲道也易天下謂移易天下之風俗也夷子學於墨氏而不從其教其心必有所不安者故孟子因以詰之徐子以告夷子夷子曰儒者之道古之人若保赤子此言何謂也之則以爲愛無差等施由親始徐子以告孟子孟子曰夫夷子信以爲人之親其兄之子爲若親其鄰之赤子乎彼有取爾

0013_0215-2

也赤子匍匐將入井非赤子之罪也且天之生物也使之一本而夷子二本故也若保赤子周書康誥文此儒者之言也夷子引之蓋欲援儒而入於墨以拒孟子之非己又曰愛無差等施由親始則推墨而附於儒以釋己所以厚葬其親之意其所謂遁辭也孟子言人之愛其兄子與鄰之子本有差等書之取譬本爲小民無知而犯法如赤子無知而入井矣且人物之生必各本於父母而無二乃自然之理若天使之然也故其愛由此立而推以及人自有差等今

儀喪禮十五　七十八

0013_0216-1

如夷子之言則是視其父母本無異於路人但其施之之序姑自此始耳非二本而何哉然其於先後之間猶知所擇則又其本心之明有終不得而息者此其所以卒能受命而自覺其非也蓋上世嘗有不葬其親者其親死則舉而委之於壑他日過之狐狸食之蠅蚋姑嘬之其顙有泚睨而不視夫泚也非爲人泚中心達於面目蓋歸反虆梩而掩之掩之誠是也則

張本下象鼻題監生陳浚四字傳本剪去之

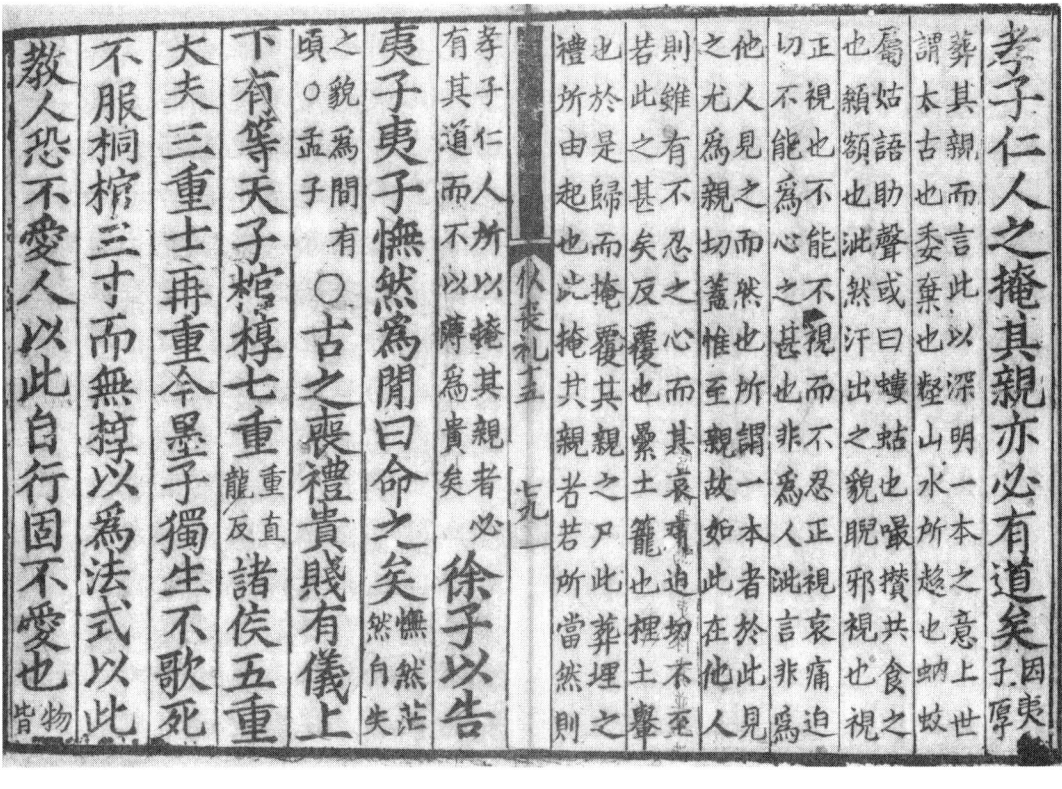

0013_0216-2

孝子仁人之掩其親亦必有道矣因夷子厚葬其親而言此以深明一本之意上世謂太古也委棄也壑山水所趨也蚋蚊屬姑語助聲或曰螻蛄也嘬攢共食之也顙額也泚泚然汗出之貌睨邪視也視正視也不能不視而不忍正視哀痛迫切不能爲心之甚也非爲人泚言非爲他人見之而然也所謂一本者於此見之尤爲親切蓋惟至親故如此在他人則雖有不忍之心而其哀痛迫切不至若此之甚矣反覆也虆土籠也梩土轝也於是歸而掩覆其親之尸此葬埋之禮所由起也此掩其親者若所當然則

仪丧礼十五　七九

0013_0217-1

孝子仁人所以掩其親者必有其道而不以薄爲貴矣徐子以告夷子夷子憮然爲閒曰命之矣憮然茫然自失之貌爲間有頃○孟子○古之喪禮貴賤有儀上下有等天子棺椁七重重直龍反諸侯五重大夫三重士再重今墨子獨生不歌死不服桐棺三寸而無椁以爲法式以此教人恐不愛人以此自行固不愛也物皆

0013_0217-2

以稱力稱情爲儉今以勸儉爲法而爲之太過雖欲饒天下更非所以爲愛也未敗墨子道墨子是一家之事故不可以敗也雖云未壞其道雖然歌而非歌哭而非哭樂而非樂是果類乎其生也勤其死也薄其道大觳觳苦角反㩉尸角反郭李皆入角反也使人憂使人悲其行難爲也恐其不可以爲聖人之道行下孟反天下之心天下不堪墨子雖獨能

仪丧礼十五　八十

0013_0218-1

奈天下何離於天下其去王也遠矣王去聲莊子○世俗之爲說者曰太古薄葬棺厚三寸衣衾三領葬田不妨田故不掘也此蓋言古之人[illegible]也三領三稱[illegible]禮記[illegible][illegible]頌書葬田不妨田言時葬之地下[illegible][illegible]已前平靜無丘壠之識[illegible][illegible]飾棺故掘也是不以治道[illegible][illegible]之所言[illegible]

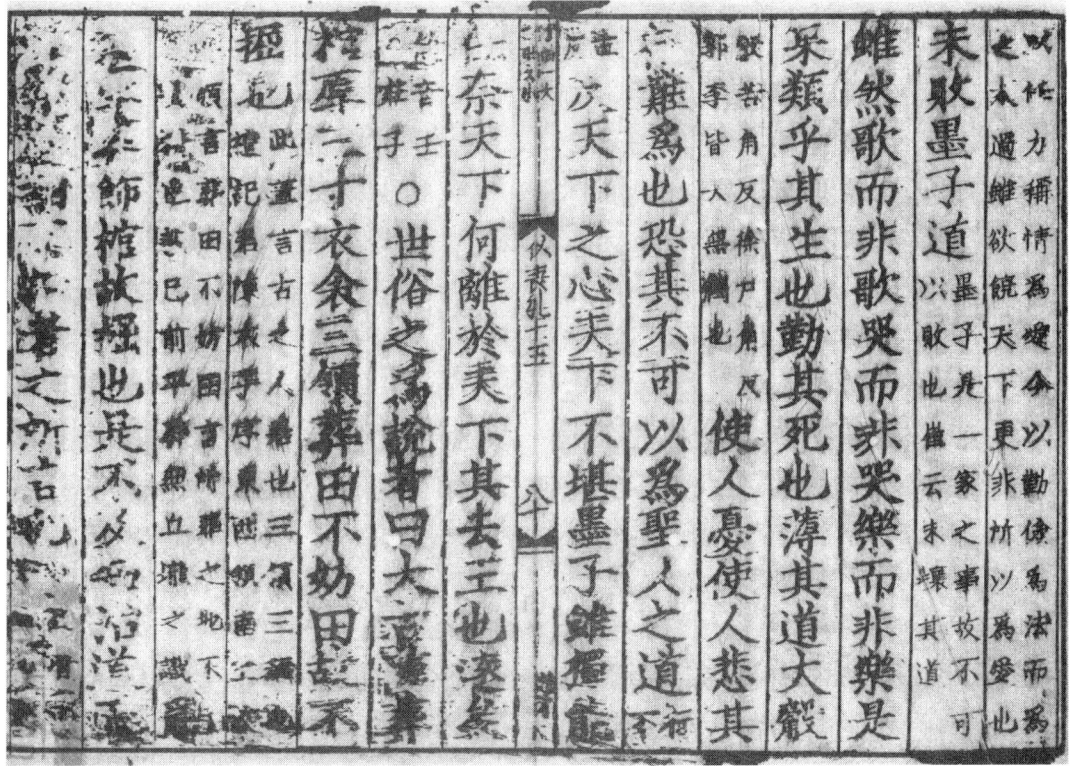

0013_0218-2

發冢也凡人之盜也必以有爲其慮必[illegible]云[illegible]也
聖王之生民也皆使厚優而不得以有
餘過度皆使寬泰知足又不得以有餘過度故曰天下有
道盜其先變乎衣食足知榮辱夫亂今而後反
是上以無法使下以無度行知者不得
慮能者不得治賢者不得使於是桀紂
群居而盜賊擊奪以危上矣言在上位者如桀紂

大一七十三 七十 儀禮卷十五 八十一 秦學

0013_0219-1

也若是則有何尤扫人之墓抉人之口
而求利矣哉扶挑也抉人口取其珠也夫太古薄葬
故不扫也亂今厚葬故扫也是特姦人
之誤於亂說以欺愚者夫是之謂大姦
是時墨子之徒說薄葬以惑當世故以此譏之○荀子○國子高
曰葬也者藏也藏也者欲人之弗得見
也是故衣足以飾身棺周於衣椁周於

0013_0219-2

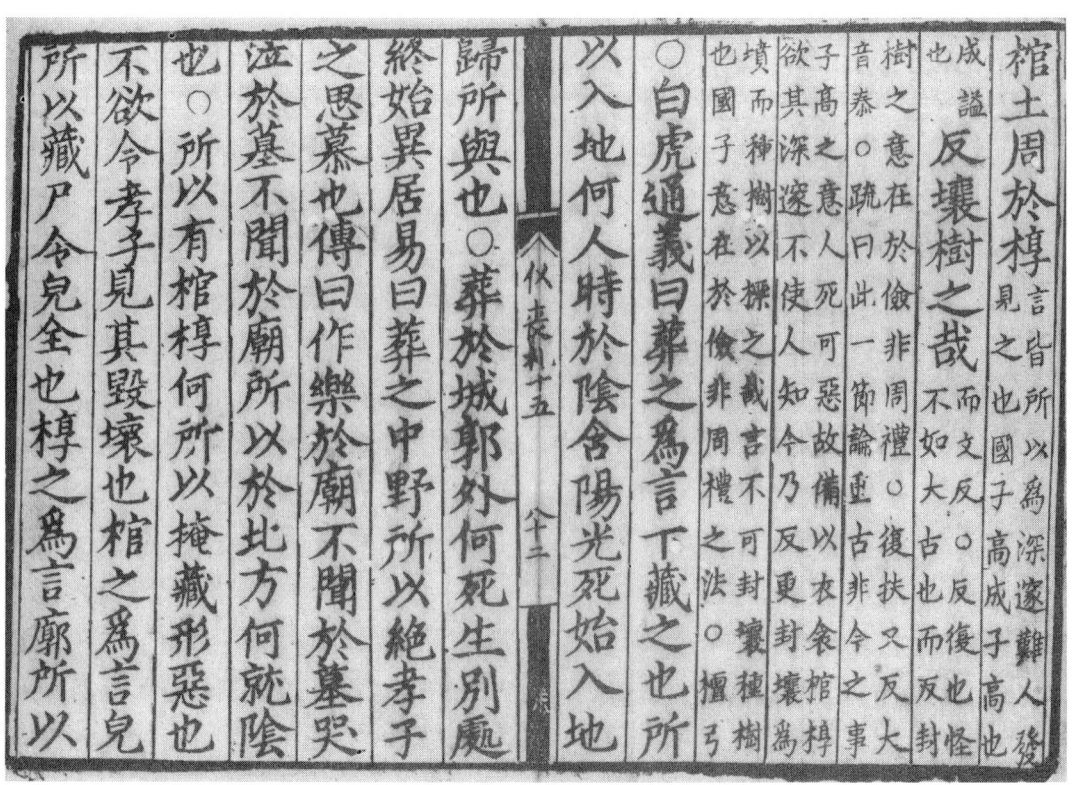

棺土周於椁言皆所以爲深邃難人發見之也國子高成子高也
成謚也反壤樹之哉而文反○反復也怪不如大古也而反封
樹之意在於儉非周禮○復扶又反大音泰○跳曰出一節論古非今之事
子高之意人死可惡故備以衣衾棺椁欲其深邃不使人知今乃反更封壤爲
墳而種樹以標之識言不可封壤種樹也國子意在於儉非周禮之法○檀弓
○白虎通義曰葬之爲言下藏之也所
以入地何人時於陰含陽光死始入地

仪喪礼十五 八十二

0013_0220-1

歸所與也○葬於城郭外何死生別處
終始異居易曰葬之中野所以絕孝子
之思慕也傳曰作樂於廟不聞於墓哭
泣於墓不聞於廟所以於北方何就陰
也○所以有棺椁何所以掩藏形惡也
不欲令孝子見其毀壞也棺之爲言皃
所以藏尸令皃全也椁之爲言廓所以

開廓辟土無令迫棺也○有虞氏瓦棺
今以木何虞尚質故用瓦夏后氏益文
故易之以墍周謂墍木相周無膠漆之
用也殷人棺槨有膠漆之用周人浸文
牆置翣加巧飾喪祭之禮緣生以事死
生時無死亦不敢造太古之時穴居野
處衣皮帶革故死衣之以薪内藏不飾

中古之時有宫室衣服故衣之幣帛藏
以棺槨封樹識表體以象生夏殷彌文
齊之以器械至周大文緣夫婦生時同
室死同葬之○合葬者所以固夫婦之
道也故詩曰穀則異室死則同穴又禮
檀弓曰合葬非古也自周公已來未之
有改也已上並同白虎通義○太公封於營丘比

及五世皆及葬於周比父利反○齊大公受封留爲大師
死葬於周子孫生焉不忍離也五世之後乃葬於齊齊曰營丘君子曰
樂樂其所自生禮不忘其本言其似禮樂之義
古之人有言曰狐死正丘首仁也首手又反
○正丘首正首丘也仁恩也○䟽曰此
一節論忠臣不欲離王室之事大公封
於營丘及其死也反葬於鎬京陪文武
之墓其大公子孫此及五世雖死於齊
以大公在周其子孫皆反葬於周也言
反葬者既從周嚮齊今又從齊反往歸

周君子善其反葬以禮樂之意故云先
王所制樂者樂其所自生謂愛樂已之
王業所由生以制樂名若舜愛樂其王
業所由能紹堯之德即樂名大韶禹愛
樂其王業所由由治水廣大中國則樂
名大夏禮不忘其本者謂先王制禮其
[redacted]業根本由質而興則制禮不忘其本
而尚質也若王業根本由文而興制禮
尚文也是不忘其本也禮之與樂皆是
重本今反葬於周亦是重本故引禮樂
以美之君子既引禮樂又引古之人有
遺言云狐死正丘首謂狐之死正首而
嚮丘所以首嚮丘者丘是狐窟穴
根本之處雖狼狽而死意猶嚮此丘是

0013_0222-2

有仁恩之心也令五世反葬亦仁恩之心也○檀弓○延陵季子適齊於其反也其長子死葬於嬴博之閒長丁丈反嬴音盈○季子名札魯昭二十七年吳公子札聘於上國是也季子讓國居延陵因號焉春秋傳謂延陵延州來嬴博齊地今泰山縣是也孔子曰延陵季子吳之習於禮者也往而觀其葬焉往弔之其坎深不至於泉深式鴆反○以生惡死以其斂以時服以行時之服不改制節既

0013_0223-1

葬而封廣輪揜坎其高可隱也廣古曠反隱於忍反○亦節也輪從也隱據也封可手據謂高四尺所既封左袒右還其封且號者三曰骨肉歸復于土命也若魂氣則無不之也無不之也號戶高反○還圜也號哭且言也命猶性也而遂行行去也孔子曰延陵季子之於禮也其合矣乎疏曰案襄二十九年季札來聘于魯遂往聘齊衛及晉知非此時子死而云昭二十七年

0013_0223-2

焉○上國者此云孔子聞之往而觀其葬若襄二十九年孔子纔年九歲焉得觀其葬而善之故為昭二十七年也此季子本封延陵後讓國又居之鄭舉鄭言耳延陵一名延州來故左傳云延州來季子聘於上國云以生恕死者言坎以深不至泉以生時不欲近泉故死亦不至於泉以生時之意以恕於死者云亦節也者以上斂以行時之服不更制造是其節也今封墳廣輪揜坎其高可隱又是有其節制故云亦節也云謂高四尺所者言墳之高可四尺之所以人長八尺低而據之半為四尺且約上墳崇四尺故云四尺所所是不定之

0013_0224-1

辭○同上○子夏問於孔子曰殷人既定而弔於壙周人反哭而弔於家如之何孔子曰反哭之弔也喪之至也反而亡矣失之矣於斯為甚故弔之死人卒事也殷以慤吾從周殷人既練之明日而祔于祖周人既卒哭之明日祔于祖祔祭之始事也周以戚吾從殷○戚猶促也家語

張本下象鼻題監生陳浚四字傅本剪去之

0013_0225-1　　0013_0224-2

〇子夏問曰三年之喪卒哭金革之事無
辟也者禮與初有司與[illegible]
初使之然 孔子曰夏后氏三年之喪既殯而
致事殷人既葬而致事[illegible]
致事 記曰君子不奪人之親亦不可奪親
也此之謂乎[illegible] 子夏曰金革之事
無辟也者非與 疑禮當有然 孔子曰吾聞諸

仪喪頭十五　八七

老聃曰昔者魯公伯禽有爲爲之也 有爲
于爲反〇伯禽周公子封於魯有徐戎作難喪卒哭而征之急王事也征之作
費誓 今以三年之喪從其利者吾弗知也
時多攻取之兵言非禮也〇疏曰子夏以人遭父母三年之喪卒哭之後國有
金革戰伐之事君使則行無敢辭辟爲畢禮當然與爲當初時有司強逼遣之
與又曰皇氏云夏后氏尚質孝子喪親恍惚君事不敢久留故既殯致事還君
殷人漸文思親彌深故既葬畢如致事還君周人極文悲哀至甚故卒哭而致

0013_0226-1　　0013_0225-2

事知周卒哭致事者以喪之大事[illegible]殯也葬也卒哭也夏既殯殷既葬後[illegible]
漸淺以此推之故知周卒哭也又曰[illegible]臣喪親在上君子許其致事君子謂人[illegible]
君也人臣有親之喪在上君子許其[illegible]事是不奪人喪親之心此謂恕也以[illegible]
情恕彼也據君許於下也亦不可奪[illegible]者謂臣遭親之喪若不致事是自奪[illegible]
親之心也故遭喪須致事是不奪情[illegible]從利祿此謂孝也此據孝子之身也言
孝子居喪不可以不致事人君不可以不許舊記先有此文故孔子引之故云
此之謂乎子夏曰金革之事無辟也者非與孔子既前答周人卒哭而致事[illegible]

仪喪孔十五　八八

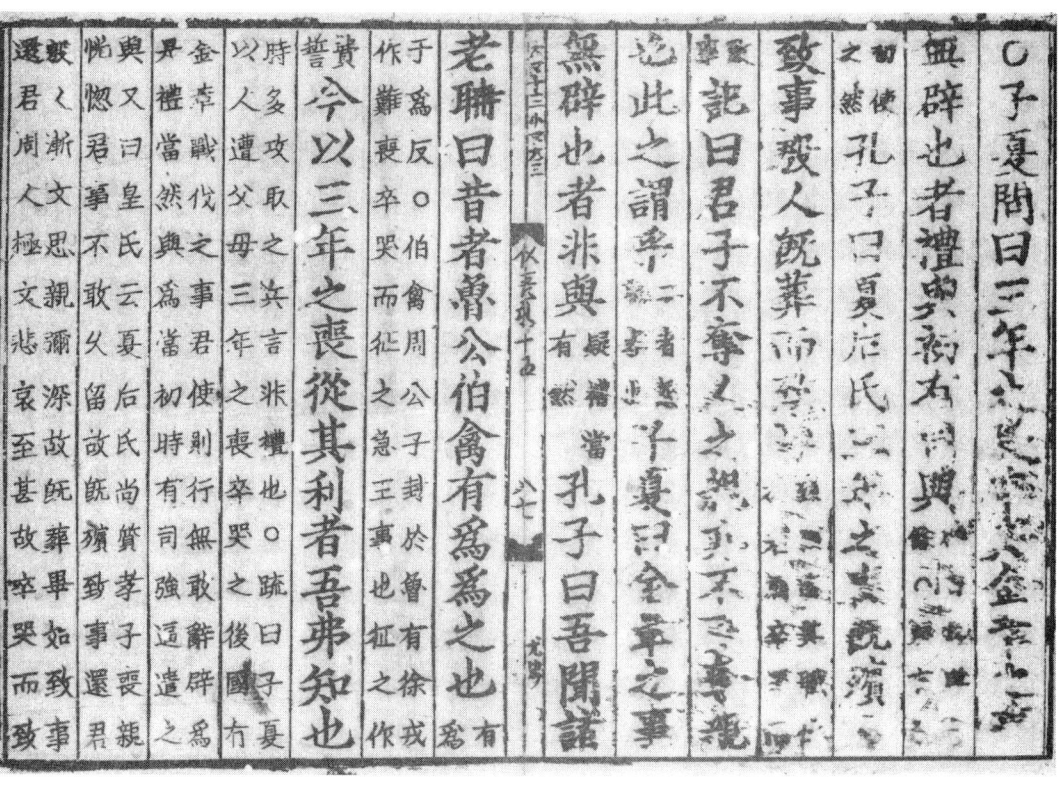

無從金革之理子夏既見周代行金革無辟之事謂其禮當然故問孔子云金
革之事無辟也者豈非禮也與疑其於禮當然又意謂見魯君居喪有金革之
事豈是也與疑其非禮也故問之孔子曰吾聞諸老聃曰昔者魯公伯禽有
爲爲之也者孔子對云金革之事無辟也者當亦有之吾聞諸老聃曰昔者魯
君伯禽卒哭而從金革時有徐戎作亂東郊不開故征之有爲爲之也〇曾子
問 〇子夏問於夫子曰凡喪小功已上
虞祔練祥之祭皆沐浴於三年之喪子

則盡其情矣孔子曰豈徒祭而已哉三年之喪身有瘍則浴首有瘡則沐病則飲酒食肉毀瘠而病君子不爲也毀則死者君子謂之無子且祭之沐浴爲齊絜也非爲飾也家語○子路問於孔子曰魯大夫練而牀禮邪孔子曰吾不知也練小祥也禮記曰期而小祥居堊室寢有席又期而大祥居復寢中月而

禫禫而牀也子路出謂子貢曰吾以夫子爲無所不知夫子徒有所不知子貢曰女何問哉子路曰由問魯大夫練而牀禮邪夫子曰吾不知也子貢曰吾將爲汝問之子貢問曰練而牀禮邪孔子曰非禮也子貢出謂子路曰女謂夫子爲有所不知乎夫子徒無所不知汝問非也

禮居是邑不非其大夫檀於訕上○荀子○案家語有一條語意與此同但彼云練而杖此云練而牀案禮經練猶有杖至大祥始除當以荀子爲正○子夏三年之喪畢見於孔子孔子與之琴使之絃侃侃而樂作而曰先王制禮不敢不及子曰君子也閔子三年之喪畢見於孔子孔子與之琴使之絃切切而悲作而曰先王制禮弗敢

過也子曰君子也子貢曰閔子哀未盡夫子曰君子也子夏哀已盡又曰君子也二者殊情而俱曰君子賜也惑敢問之孔子曰閔子哀未忘能斷之以禮子夏哀已盡能引之及禮雖均之君子不亦可乎孔子曰無體之禮敬也無服之喪哀也無聲之樂歡也家語○子路有姊

0013_0228-2　0013_0229-1

之喪可以除之矣而弗除也孔子曰何
弗除也子路曰吾寡兄弟而弗忍也孔 弗除
子曰先王制禮行道之人皆弗忍也 除
如字徐治慮反○ 行道猶行仁義 子路聞之遂除之 疏曰
庾蔚云子路緣姊妹無主後猶可得反
服推己寡兄弟亦有申其本服之理故
於降制已遠而猶不除非在室之姊妹
欲申服過期也是子路已事仲尼始服
姊喪明姊已出嫁非在室也○檀弓 ○子夏喪其子而喪

仪丧礼十五　九二

其明 喪息浪反○下喪 喪爾明同○明 曾子弔之曾
子哭子夏亦哭曰天乎予之無罪也曾
子怒曰商女何無罪也吾與女事夫子
於洙泗之間退而老於西河之上使西
河之民疑女於夫子爾罪一也喪爾親
使民未有聞焉爾罪二也 言居親喪無異稱 喪
爾子喪爾明爾罪三也而曰女何無罪

0013_0229-2　0013_0230-1

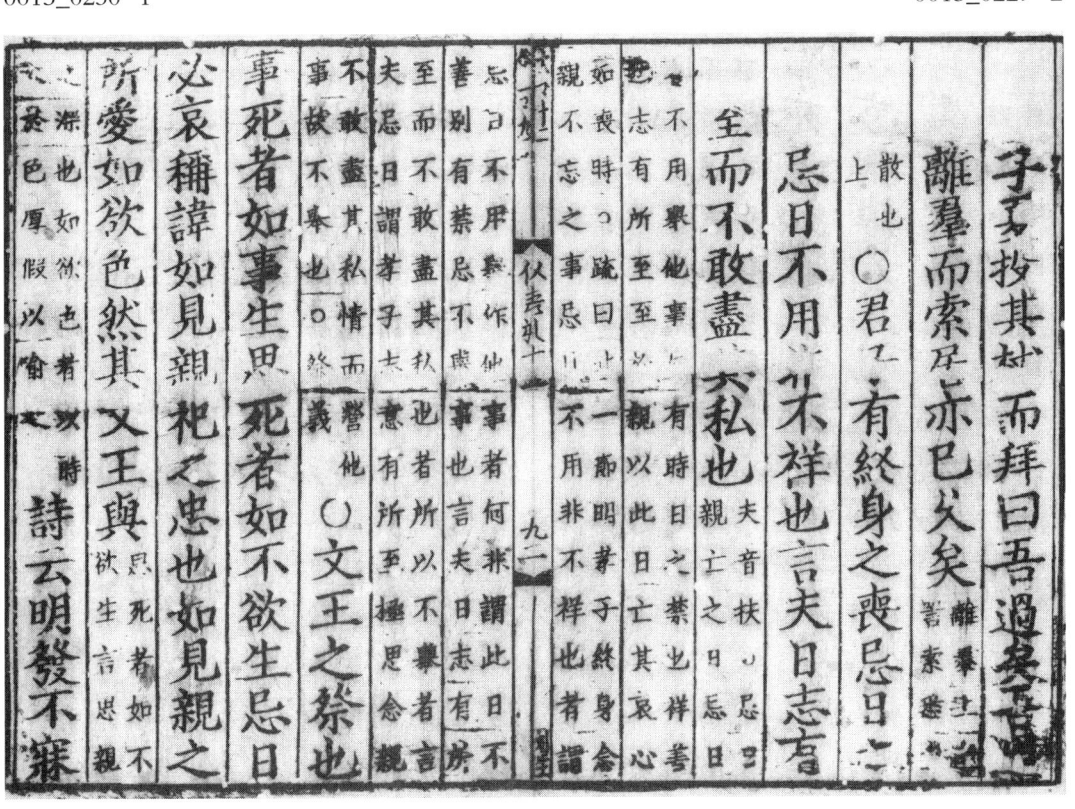

子夏投其杖而拜曰吾過矣吾過矣
離羣而索居亦已久矣 離羣[illegible] 索居[illegible]
散也 上 ○君子有終身之喪忌日之
忌日不用非不祥也言夫日志有
至而不敢盡其私也 夫音扶○忌日 親亡之日忌日
不用舉他事如有時日之禁也祥善
也志有所至至於親以此日亡其哀心
如喪時○疏曰此一節明孝子終身念
親不忘之事忌日不用非不祥也者謂

仪丧礼十一　九二

忌日不用舉作他事者何非謂此日不
善別有禁忌不擧事也言夫日志有所
至而不敢盡其私也者所以不擧者言
夫忌日謂孝子志意有所至極思念親
不敢盡其私情而營他 事故不擧也○祭義 ○文王之祭也
事死者如事生思死者如不欲生忌日
必哀稱諱如見親祀之忠也如見親之
所愛如欲色然其文王與 思死者如不欲生言思親
之深也如欲色者以時 [illegible]色厚假以喻文 詩云明發不寐

0013_0230-2

有懷二人文王之詩也祭之明日明發
不寐饗而致之又從而思之祭之日樂
與哀半饗之必樂已至必哀 樂音洛。明發不寐
謂夜而至旦也樂之明日謂繹日也言繹之夜不寐也二人謂父母容卩偏也
[illegible]號曰忽死者如不欲生者言文王思念死者言欲隨之而死如似不復欲生
[illegible]諱如見親者言文王在廟中上不諱於祖廟繹親之諱如似見親也。同
二○父沒而不能讀父之書手澤存焉

0013_0231-1

爾母沒而杯圈不能飲焉口澤之氣存
焉爾 圈起權反。孝子見親之器物哀惻不忍用也。圈屈木所為謂卮匜
之屬。卮音支匜以支反、疏約父沒而不能讀父之書手澤存焉者見
子之情父沒之後而不忍讀父之書此書有父平生所持手之潤澤存在焉
故不忍讀也母沒而杯圈不能飲焉爾者古孝子母沒之後
之杯圈不忍用之飲焉以母平生口飲潤澤之氣存在焉故不忍用也雖云不
共……不能忍為比……曾是以子之……書杯圈異……人……故母舍

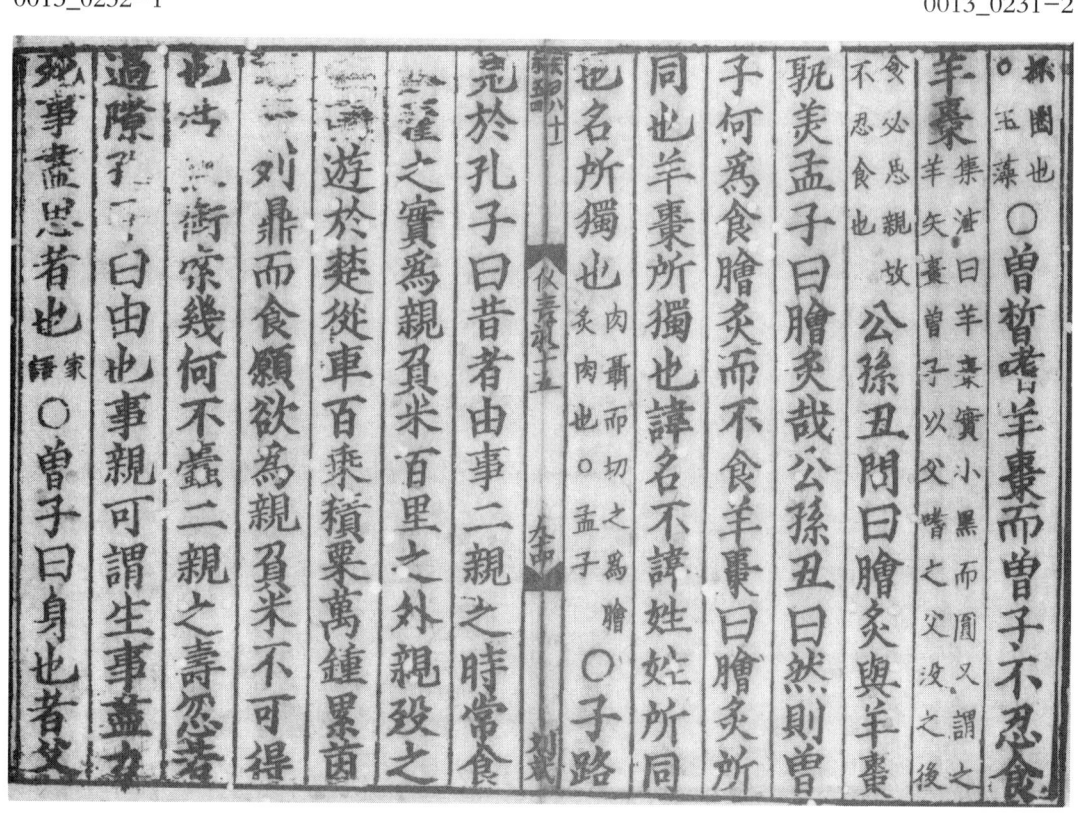

0013_0231-2

杯圈也 。玉藻 ○曾晳嗜羊棗而曾子不忍食
羊棗 集注曰羊棗實小黑而圓又謂之羊矢棗曾子以父嗜之父沒之後
食必思親故不忍食也 公孫丑問曰膾炙與羊棗
孰美孟子曰膾炙哉公孫丑曰然則曾
子何爲食膾炙而不食羊棗曰膾炙所
同也羊棗所獨也諱名不諱姓姓所同
也名所獨也 肉聶而切之爲膾炙肉也。孟子 ○子路

0013_0232-1

見於孔子曰昔者由事二親之時常食
藜藿之實爲親負米百里之外親歿之
後南遊於楚從車百乘積粟萬鍾累茵
而坐列鼎而食願欲爲親負米不可得
也枯魚銜索幾何不蠹二親之壽忽若
過隙孔子曰由也事親可謂生事盡力
死事盡思者也 家語 ○曾子曰身也者父

母之遺體也行父母之遺體敢不敬乎父母既沒慎行其身不遺父母惡名可謂能終矣不遺如字又于季反仁者仁此者也禮者履此者也義者宜此者也信者信此者也強者強此者也樂自順此生刑自反此作父母既沒必求仁者之粟以祀之此之謂禮終樂音岳皇五教反○祭義

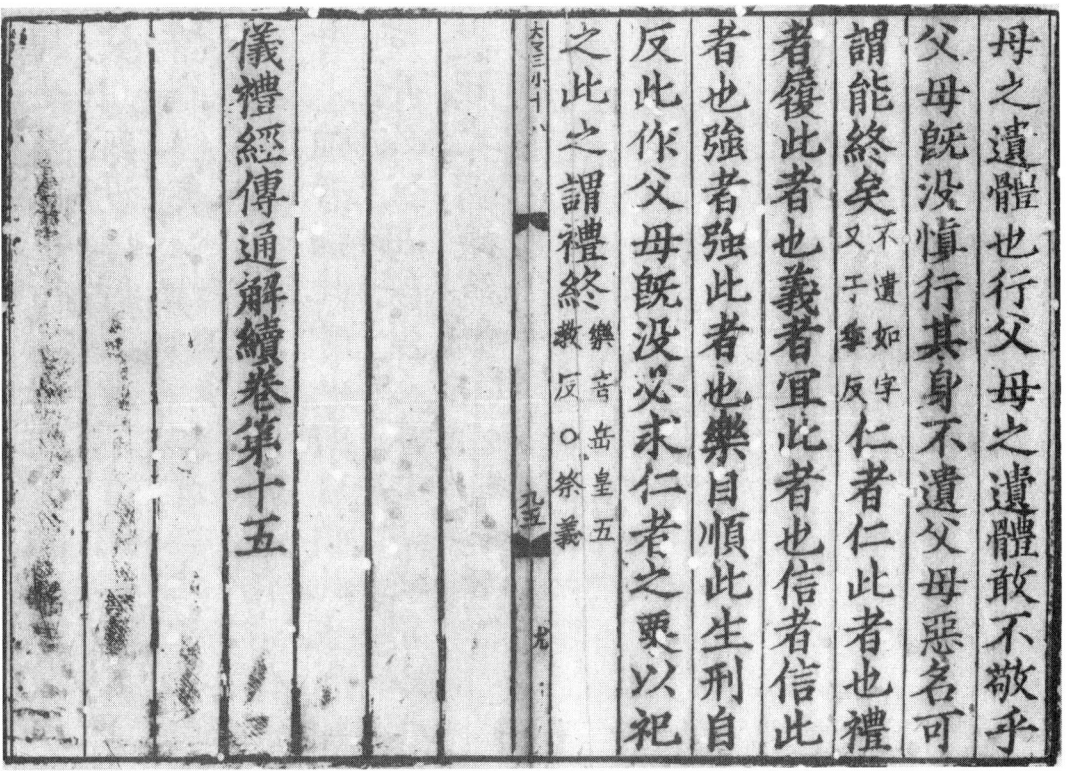

儀禮經傳通解續卷第十五

0013_0236-2

[illegible]

服圖

本宗服圖

爲人後者爲其本宗服圖

女子子適人者爲其[illegible]服圖

爲姑姊妹女子子適人者服圖

天子諸侯正統旁期服圖

儀禮喪服圖 一

大夫降服或不降服圖

丈夫婦人爲大宗服圖

己爲母黨服圖

母黨爲己服圖

姑姊妹女子子之子及[illegible]

[illegible]服圖

[illegible]

0013_0237-1

0013_0237-2

[illegible]

妻黨爲己服圖

臣爲君服圖

臣從君服圖

君爲臣服圖

妾爲君及其黨服圖

公士大夫爲妾服圖

儀禮喪服圖 十一

五服義例

五服升數

降正義服例

從名降報加出例

五服[illegible]

始死變服圖

[illegible]

0013_0238-1

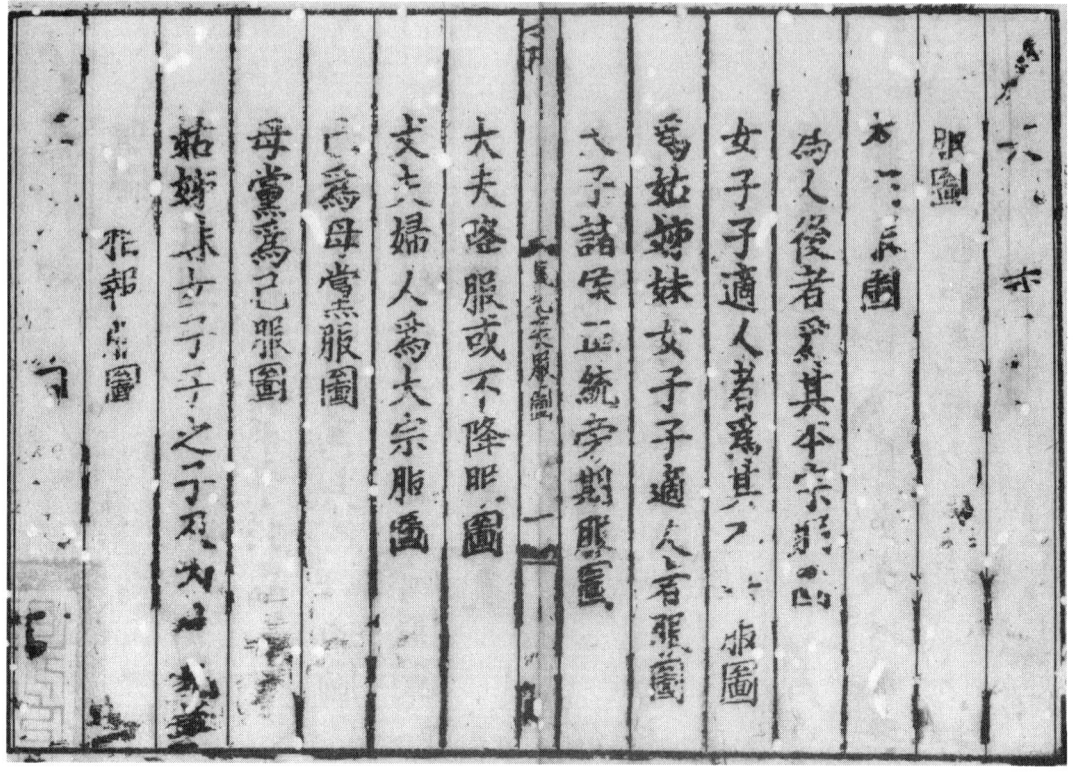

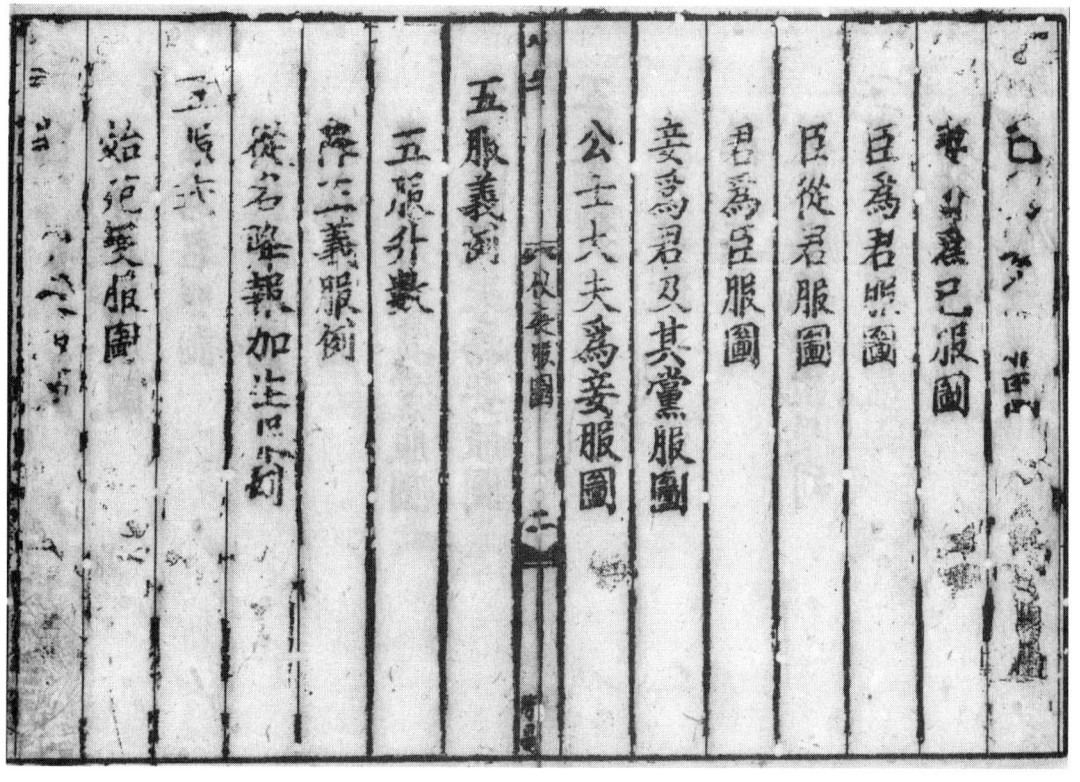

0013_0239-1　0013_0238-2

髺髮免髽圖 髺髮免髽之飾附

柴絰帶旁通圖

男子成服旁通圖 冠衰裳制附

婦人成服旁通圖

殯

喪車制圖

奔喪變服圖

儀喪圖　三

並有喪變服圖

弔服圖

啓葬反哭虞卒哭變服圖

男子卒哭受服旁通圖

婦人卒哭受服旁通圖

練變服受服圖

大祥服圖

0013_0240-1　0013_0239-2

禫服圖

服公華

三年之喪

本宗服

夫黨服

母黨服

女子子適人爲本宗服

儀喪圖　四

爲姑姊妹女子子適人者服

降服

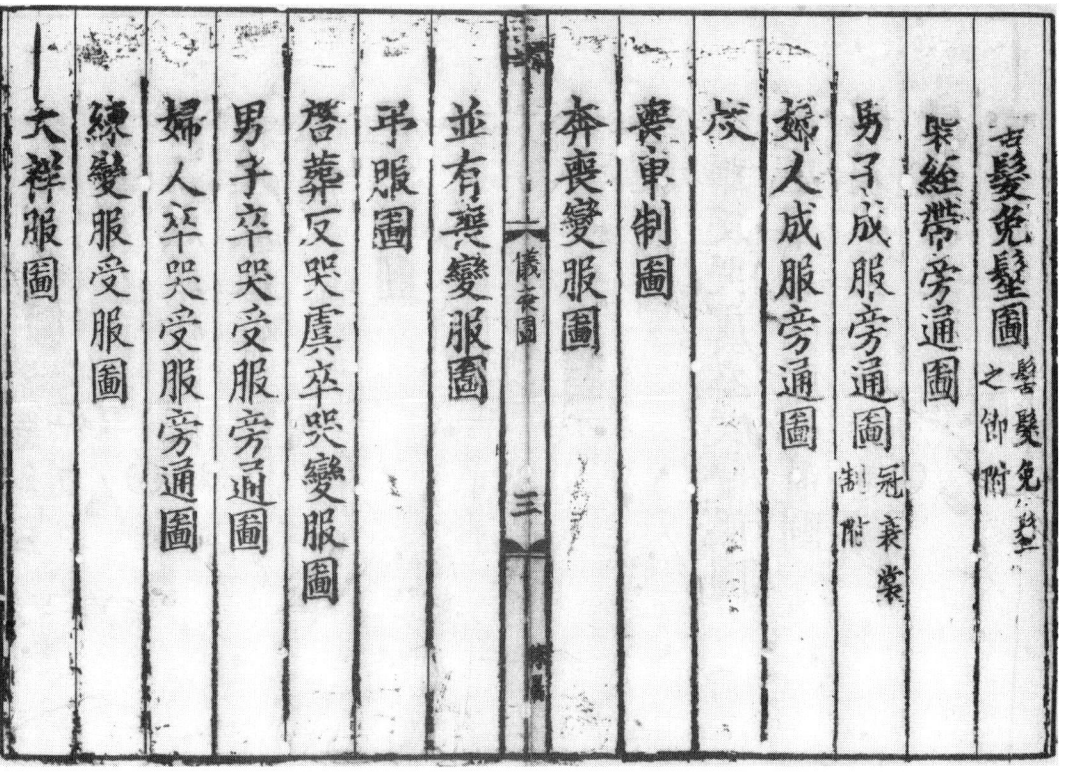

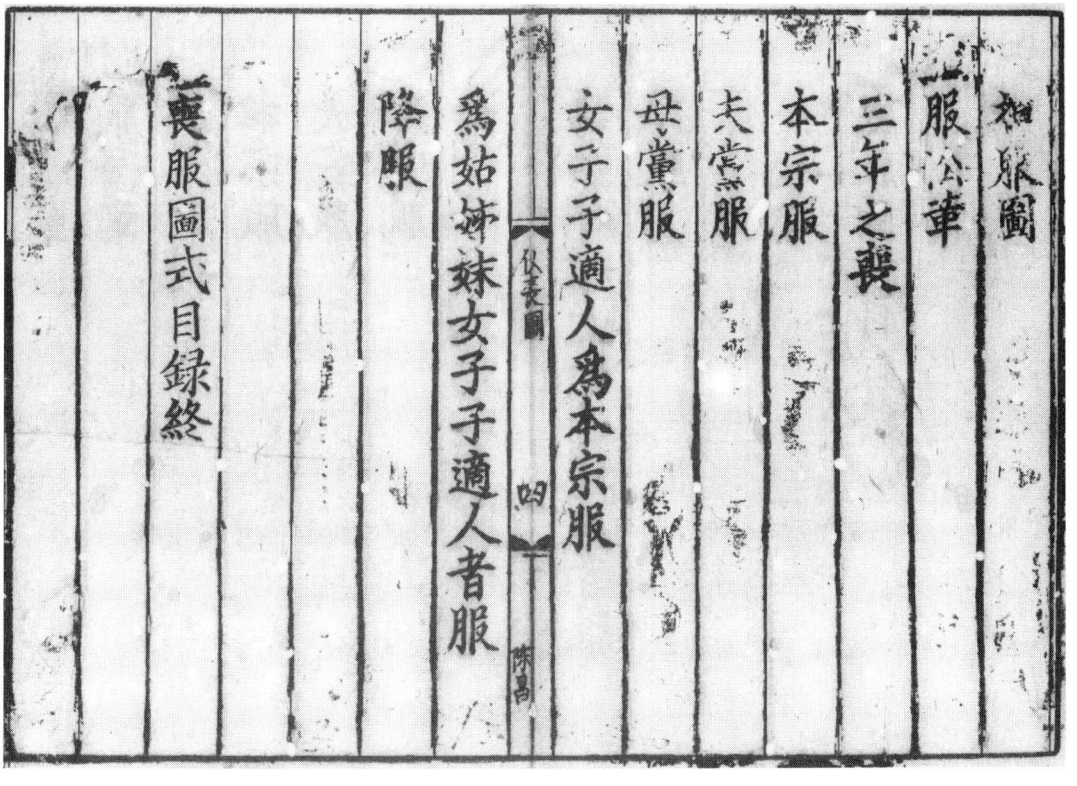

喪服圖式目録終

0013_0241-1　0013_0240-2

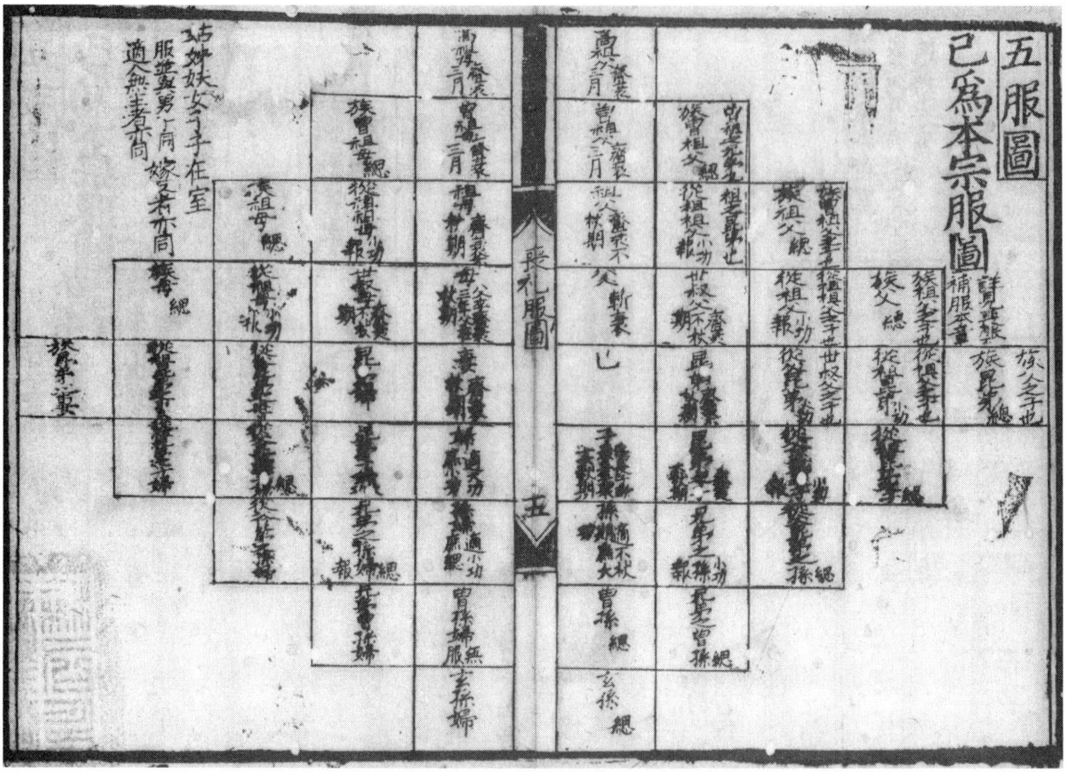

張本下象鼻題監生秦淳四字傳本剪去之

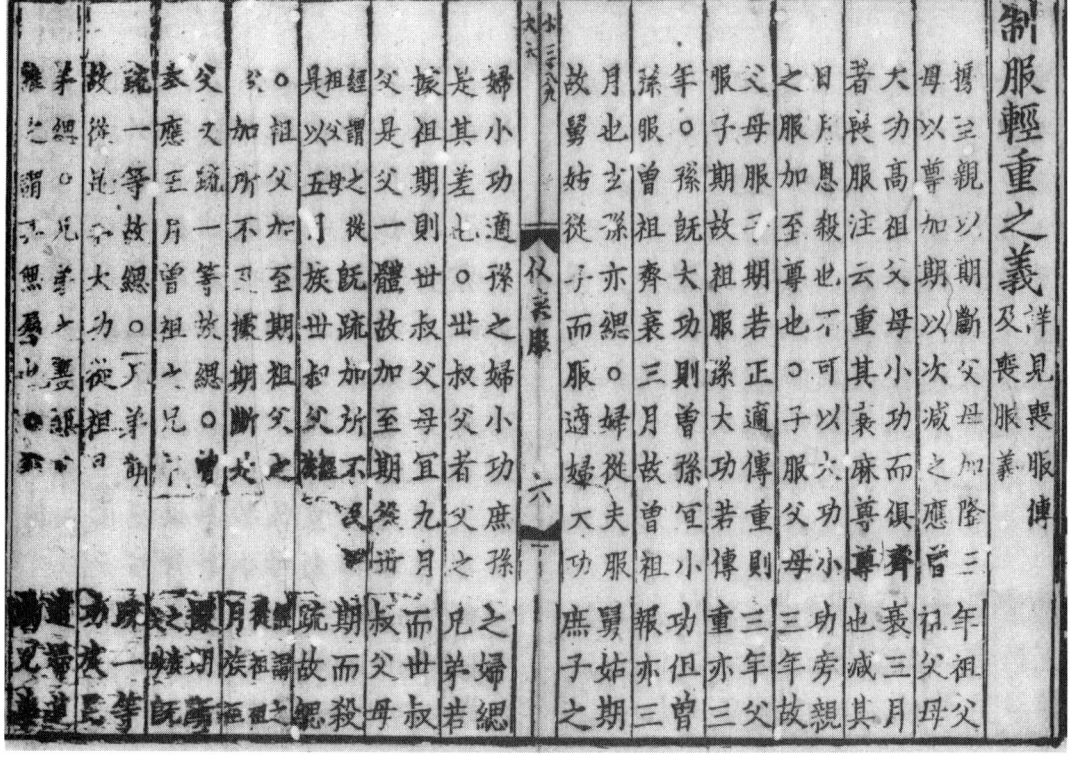

0013_0242-1　0013_0241-2

制服輕重之義及喪服義洋見喪服傳

摶至親以期斷父母加隆三年祖父母以尊加期以次減之應曾祖父母大功高祖父母小功而俱齊衰三月者與服注云重其衰麻尊尊也減其日月恩殺也不可以大功小功旁親之服加至尊也○子服父母三年故父母服子期若正適傳重則三年父服子期故祖服孫大功若傳重亦三年○孫既大功則曾孫宜小功但曾孫服曾祖齊衰三月故曾祖報亦三月也玄孫亦緦○婦從夫服舅姑期故舅姑從子而服適婦大功庶子之

儀禮圖　六

婦小功適孫之婦小功庶孫之婦緦是其差也○世叔父者父之兄弟若據祖期則世叔父母宜九月而世叔父是父一體故加至期從服叔父母經謂祖父母之從既疏加所不及[illegible]期而殺見祖以五月族世叔父[illegible]疏故緦○祖父加至期祖父之[illegible]加所不[illegible]據期斷文[illegible]父又疏一等故緦○曾[illegible]衰應至月曾祖之兄[illegible]疏一等故緦○[illegible]弟[illegible]故從兄[illegible]大功從祖[illegible]弟緦○兄弟之[illegible]雖之謂[illegible]無[illegible]

0013_0243-1　　0013_0242-2

[illegible]
子之從父昆弟[illegible]
[illegible]亦小功也以四為[illegible]
[illegible]一等故兄弟之孫亦功[illegible]從父[illegible]
[illegible]曾祖為曾[illegible]月兄弟
曾孫以無尊降之故麻[illegible]曾孫婦
兄弟之孫與[illegible]之諸叔父[illegible]報緦[illegible]
先師朱文公曰[illegible]
父母叔父本走小大功加[illegible]不祖加伯者父耳

三小功四緦麻

今按從祖祖父者祖之昆弟也其子謂從祖父又其子謂從祖昆弟又其子謂從祖昆弟之子凡四世上三世以祖父己旁殺之義推之皆當服小功名為三小功下一世以子旁殺之義推之當服緦此三小功一緦與忽同出曾祖○族曾祖父者曾祖父之兄弟也其子謂族祖父又其子謂族父又其子謂族昆弟凡四世以曾祖祖父己旁殺之義推之皆當服緦麻名為四緦麻此即禮記律云四世而緦服之窮也四世皆名為族屬也晉陶潛故以族言之其曰緦麻與己同出高祖為四世旁推亦四世四世既有服則高祖有服明矣○沈存中云高祖齊衰三月不特四世祖

儀禮喪服　七

0013_0244-1　　0013_0243-2

高然凡遠事皆當服齊衰三月高祖蓋通稱耳

五世六世

大傳曰五世祖免殺同姓也六世親屬竭矣繫之以姓而弗別綴之以食而弗殊雖百世而昏姻不通者周道然也疏云五世謂共承高祖之父者也言服祖免而無正服減殺同姓也六世謂共承高祖之祖不復祖免同姓而已故云親屬竭矣注云繫之弟別謂若今宗室屬籍也

本宗服之變者

儀禮喪服　八

嫡孫　父卒為祖後者斬

嫡孫　祖父卒為祖母後者三年○祖父卒時父在已雖為祖期今父沒祖母亡亦為祖母三年○祖父在而祖母卒其服如父在為母杖期

繼母　繼母慈母服皆與母服同○繼母嫁從為之服期

先師朱文公曰本生繼母蓋以名服如伯叔父之妻於已有何[illegible]恩但其夫[illegible]父道所[illegible]
妻[illegible]母道況本生之[illegible]所無[illegible]

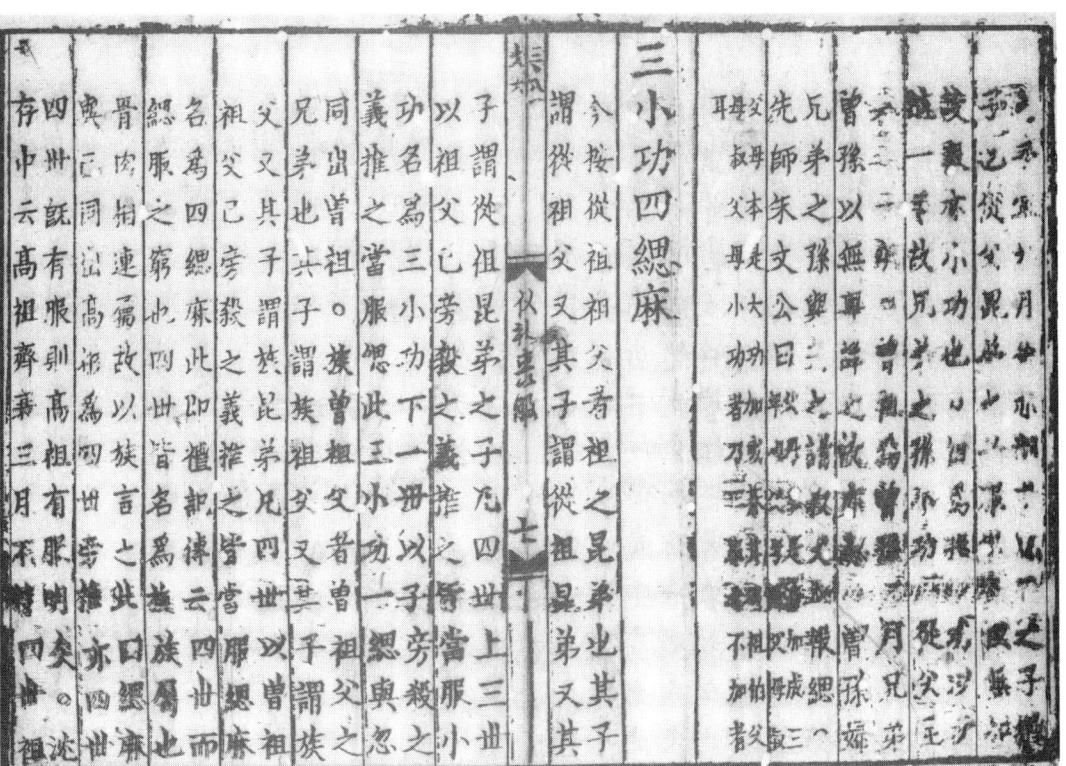

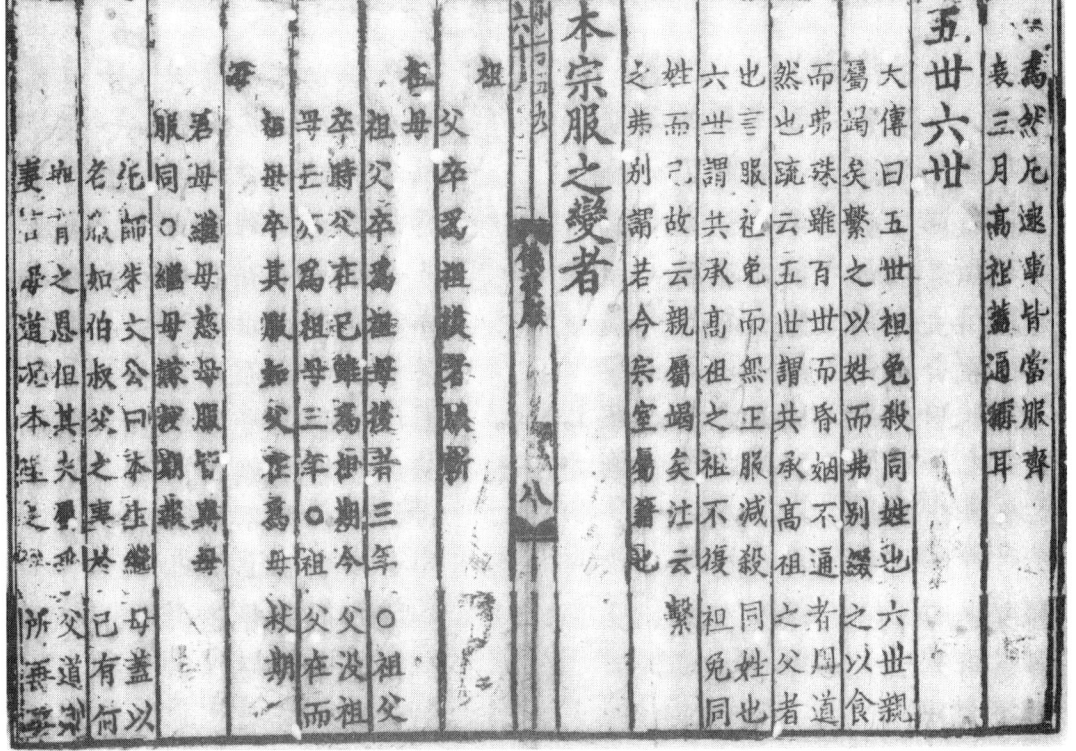

0013_0244-2

之妻乎○又曰儀禮[illegible]事都載在裏面其閒曲折難[illegible]處他都有个措置得恰好因㸔一項父卒繼母嫁從爲之服報傳曰何以期貴終也嘗爲母子貴終其恩此爲繼母服之義

庶子爲其母

公子爲其母練冠麻麻衣縓緣既葬除之君卒庶子爲其母大功○大夫之庶子爲其母大功大夫卒庶子爲其母三年○士之庶子爲母杖期父卒爲母三年○以上公子及大夫士之庶子不承後者如此若承後則皆緦按緦章庶子爲

儀禮喪服　九

0013_0245-1

父後者爲其母是也

出妻之子爲母

出妻之子爲母杖期爲父後者則爲出母無服

庶母

士爲庶母緦大夫以上爲庶母無服

先師朱文公曰父妾之有子者禮經謂之庶母死則爲之服緦麻三月此其名分固有所繫初不當論其年齒之長少然其爲禮之隆殺則又當聽從尊長之

0013_0245-2

命非子弟[illegible]得而專也

三母　子師　慈母　保母

國君有三母無服天子諸侯之子而大夫及公子之適妻子亦得立三母小功章云君子子爲庶母慈己者注云君子子者大夫及公子之適妻子疏云三母不言師保慈母居中服之可知也大夫之子有食母所謂慈母是也此庶母與斬衰章慈母如母義異

乳母

大夫之子有食母謂之慈母若慈

儀禮喪服　十

0013_0246-1

母有疾病或死則使此慈者代之養子爲乳母其服緦

妻

大夫之適子爲妻不杖期○世子爲妻與大夫之適子同○大夫之適子父沒爲妻杖期○大夫之庶子爲妻杖期○公子爲妻練冠葛經帶麻衣縓緣既葬除之

子

父爲長子三年疏云其不得三年者有四種一正體不得傳重謂適子有廢疾不堪主宗廟則傳重[illegible]

[illegible]

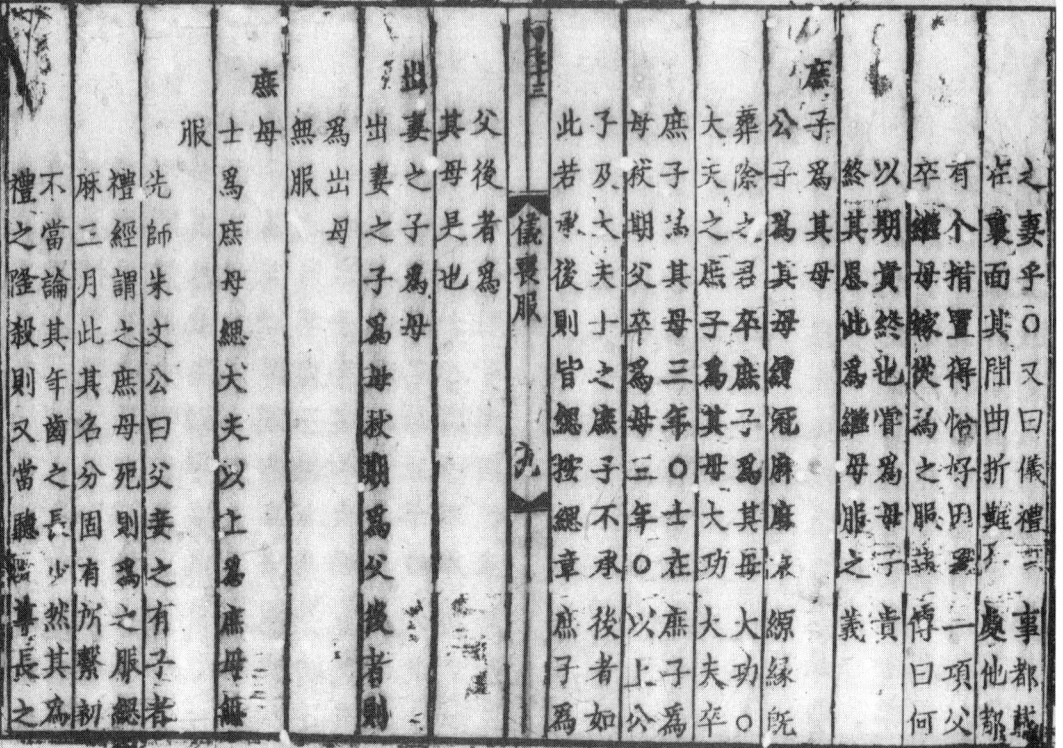

0013_0246-2

當適殤
之是也
殤子不得爲長子一年
有閒周制有大宗之禮乃有立
適之義立適以爲後故爲長
子三年今大宗之禮廢無立適
之法而子各得以爲後則長子
少子當爲不異庶子不得爲長
子三年者不必然也父爲長子
三年者亦不可以適庶論也
先師朱文公嘗曰宗子雖未能
立然服制自當從古是亦愛禮
存羊之意不可妄有改亦也如
漢時宗子法已廢然其詔令猶

仪喪禮　十一

0013_0247-1

存賜民當爲父後者爵一級是
此禮意猶在也豈可謂宗法廢
而衆子皆得
爲父後乎
子子在室父卒爲母三年
問何則云女子十五而笄二十
而嫁有故二十三而嫁言二十
三而嫁不止一喪而已故鄭氏
注并云父母喪也若前遭父服
未闋即得爲母三年則是有故
二十四而嫁不止二十三也答
曰內則之說亦大槩言之耳少
遲不過一年二十四
而嫁亦未爲晩也

0013_0247-2

殤服
叔父姑昆弟姊妹子女子子昆弟
之子女子子適孫凡十一種人並
長中殤大功下殤小功庶孫從父
昆弟三種人長中殤小功下殤緦
從祖父從祖昆弟從父昆弟之子
昆弟之孫四種人長殤緦
伊川先生曰無服之殤更不祭
下殤之祭父母主之終父母之
身中殤之祭兄弟主之終兄弟之
之身上殤之祭兄弟之子主之
終兄弟之子之身若成人而無
後者兄弟之孫主之亦終
其身凡此皆以義起也

仪喪服圖　十二

0013_0248-1

爲殤後者
爲殤後者以其服服之注云言爲
後者據承之也殤無爲人父之道
以本親之服服之䟽云爲殤後者
謂大宗子在殤中而死族人爲後
大宗而不後此殤子爲子也以
其父無殤義故也既不後殤而宗
不可絕今來爲後殤者之人不以
殤者之爲父而依兄弟之服服此
殤也注言據承之者既不與殤爲
子則不應云爲後今言爲
後是據已承其處爲言也
朋功緦服
橫渠張子曰近世喪祭無法喪惟

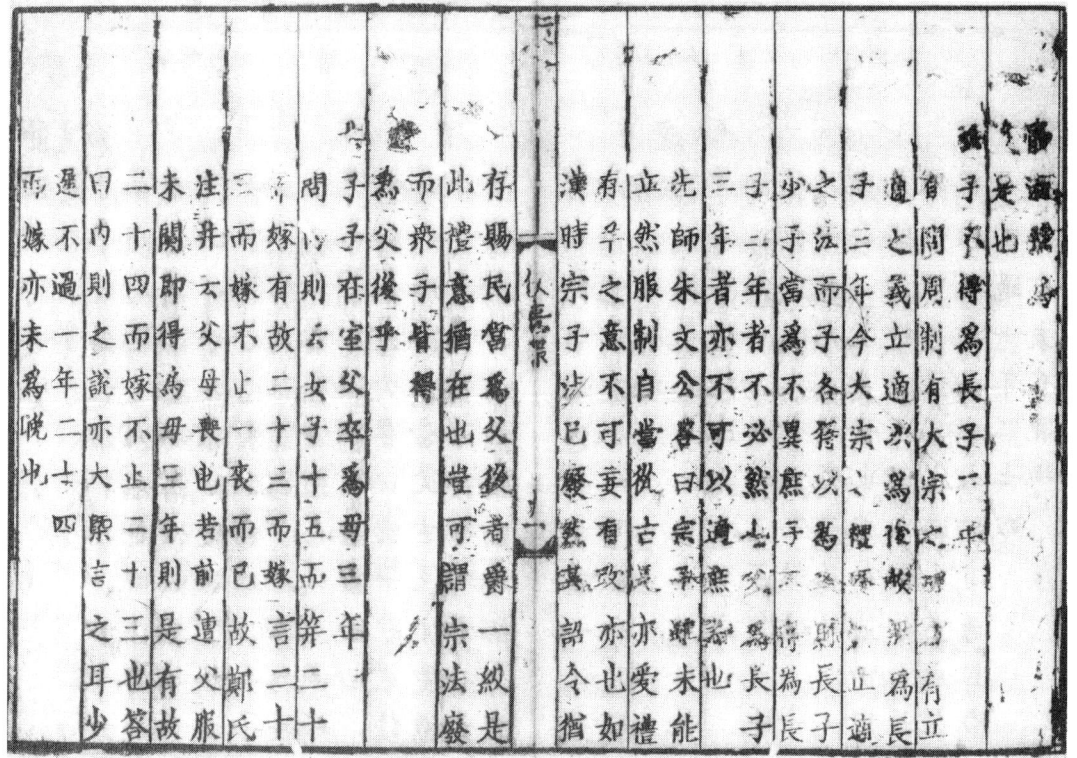

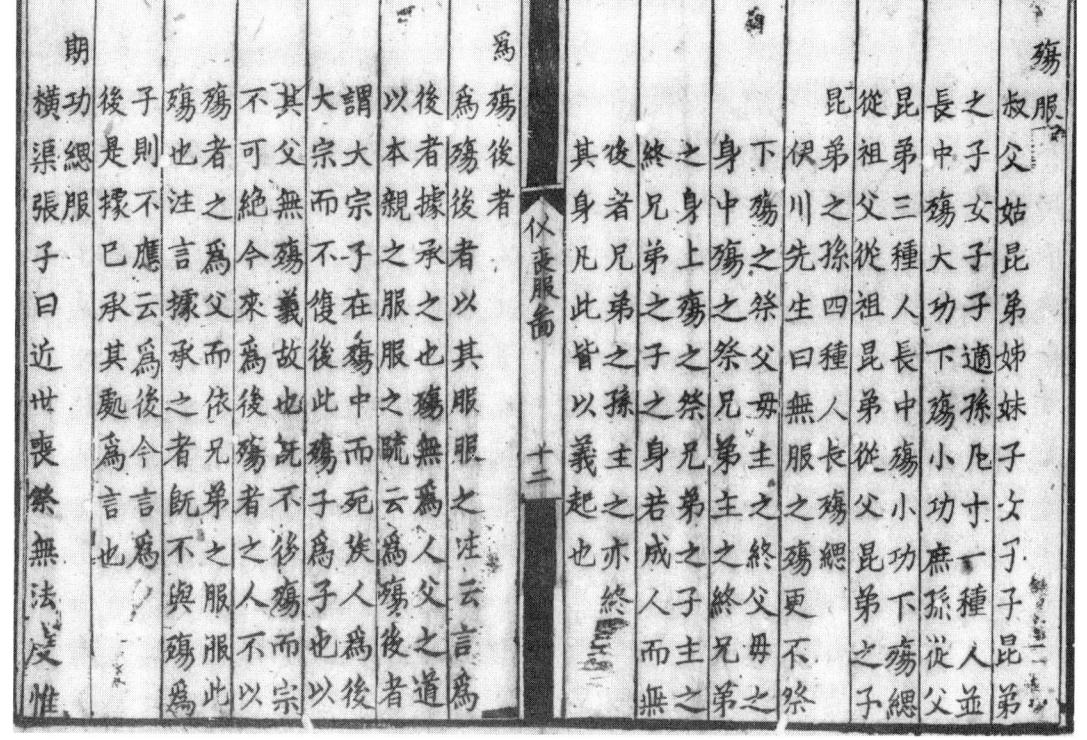

張本下象鼻題監生陳浚四字傳本剪去之

0013_0248-2

[illegible]有[illegible]喪
[illegible]學[illegible]之[illegible]一用[illegible]節序祭
不斅○先生繼遺[illegible]功之次始
喪服輕重如禮家祭祀行四時
藁曲盡藏書開者始或疑笑終
考信而從之一變從古書其象皆
[illegible]生倡之○又詩曰有畏不勉道
非少[illegible]親雖老壽衰暮世但如
考其功綫不鬼我
悲詩不爲人[illegible]

儀禮喪服　十三

0013_0249-1

0013_0249-2

爲人後者爲其本宗服圖

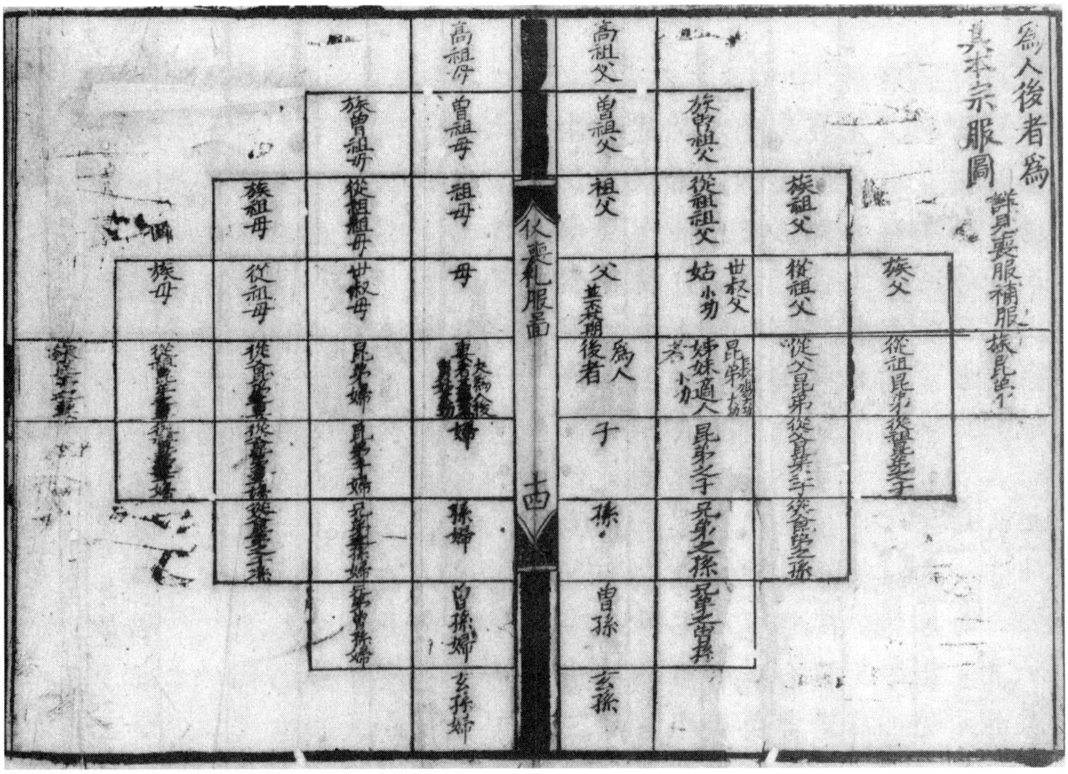

0013_0250-1

張本下象鼻題監生孫三字傳本剪去之

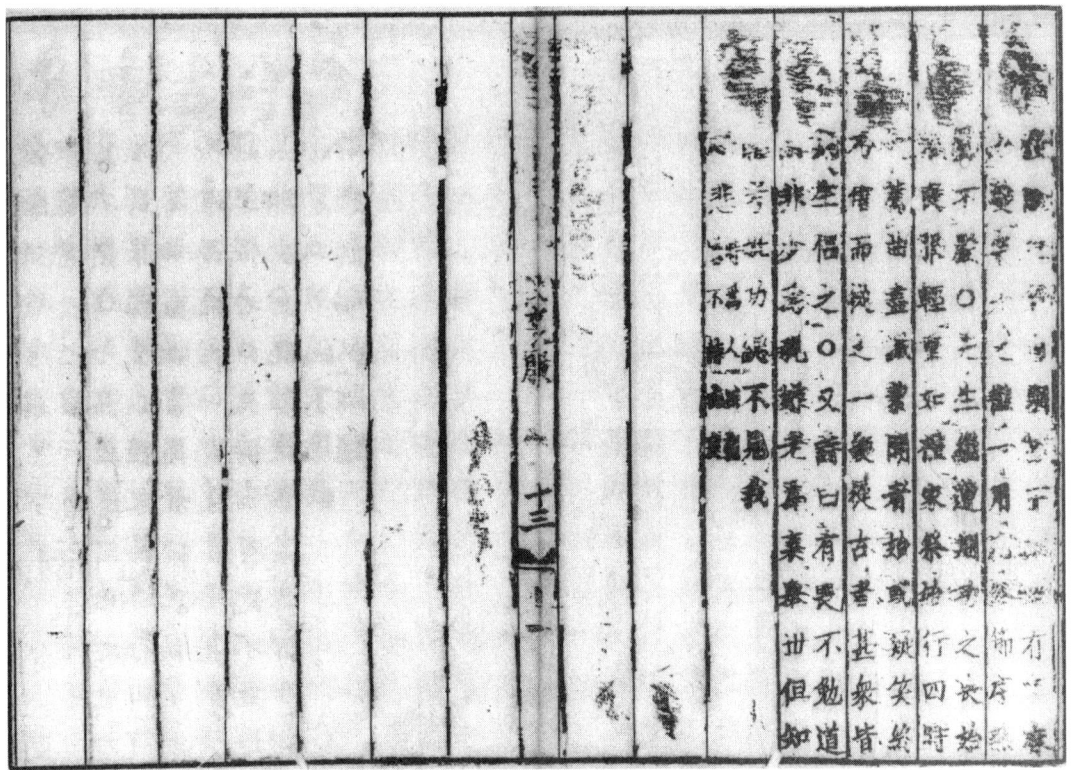

0013_0251-1　0013_0250-2

案本經記爲人後者說見一等
報○又案大功章爲人後者爲其昆
弟疏云於本宗餘親皆降一等其兄
於經及傳注者父母舅姑見其姊妹
妹及昆弟之殤而已
月不見者以此求之
有問安常習故是如何○先師朱
文公曰云云如韓生父母云云合當
安之到得立爲伯叔父後疑於伯
叔父有不安者這也是理合當如
此然而自古却有大宗無子則小
宗之子爲之後這道理又却重只
得安於伯叔父母而不可安於所
生父母喪服則爲所後父母服三

年所生父母只齊衰不杖期○有
問濮議曰歐公說不是韓公曾公
亮和之溫公王珪議是范鎮呂誨
范純仁呂大防皆彈歐公但溫公
又於濮安懿王邊禮數太薄須於
中自有斟酌可也歐公之說斷然
不可且如今有人爲人後者一日
所後之父與所生之父相對坐其
子來喚所後父爲父終不成又喚
所生父爲父這自是道理不如此
試坐仁宗於此亦坐濮王於此
英宗過焉終不成都喚兩人爲父
只緣衆人道是死後爲鬼神不可
考胡亂呼都不妨都不思道理不

0013_0252-1　0013_0251-2

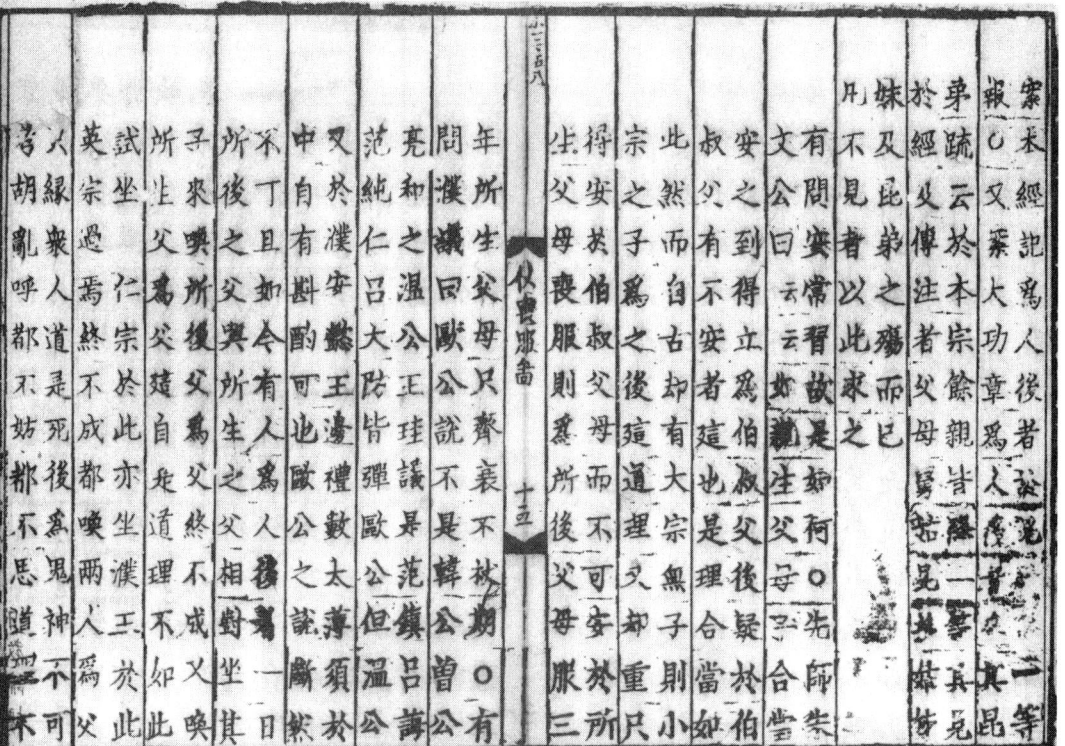

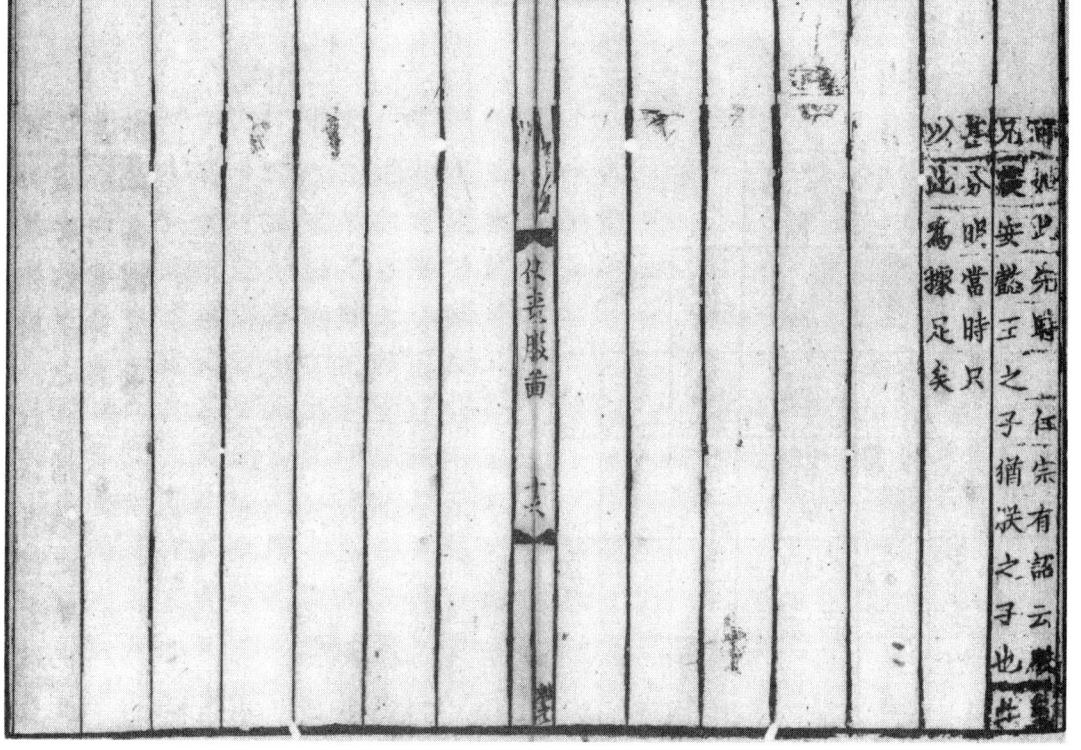

理也先時仁宗有詔云朕
兄濮安懿王之子猶朕之子也
甚分明當時只以此爲據足矣

0013_0252-2

女子子適人者為其本宗服圖（降旁親一等）

妾為私親服附
衆公妾以及士妾為其父母期
又記云妾為私兄弟如邦人然
則其服與女子子適人者同矣

			曾祖父 曾祖母 齊衰三月			
		從祖祖母	祖父 祖母 齊衰不杖期	從祖祖父		
	從祖母	世叔母 大功	父 母 齊衰不杖期	世叔父 大功 姑	從祖父 從祖姑 緦麻	
	從父兄弟之妻	兄弟之妻 小功	女子子適人者	兄弟 為父後者不杖期 姊妹 大功	從父兄弟 小功 從父姊妹	從祖兄弟 從祖姊妹 緦麻
		姪之妻		姪 大功報 長中殤小功 下殤緦	從父兄弟之子	
		[illegible]		兄弟之孫		

0013_0253-1

喪服小記為父母喪未練而出則三
年既練而出則已未練而反則期既
練而反則遂之疏云父母喪未小祥
而被夫遣歸值小祥則隨兄弟服三
年之受既已絕夫族故其情更隆於
父母也若父母喪已小祥而女被遣
其期服已除若反本服須隨兄弟之
[illegible][illegible]為[illegible]祥之後無服變之節故女
遂云也未練而反則期者謂先有喪
[illegible][illegible][illegible]所出今未小祥而夫命已反
則喪未歿至小祥而除是依期服也
既練而反則遂之者若還家已隨為
弟服小祥服三年之受而夫反命
之則從家三年乃除隨兄弟服也

0013_0253-2

大功章女子子適人者為衆昆
弟疏云為本親降一等是其常

0013_0254-1

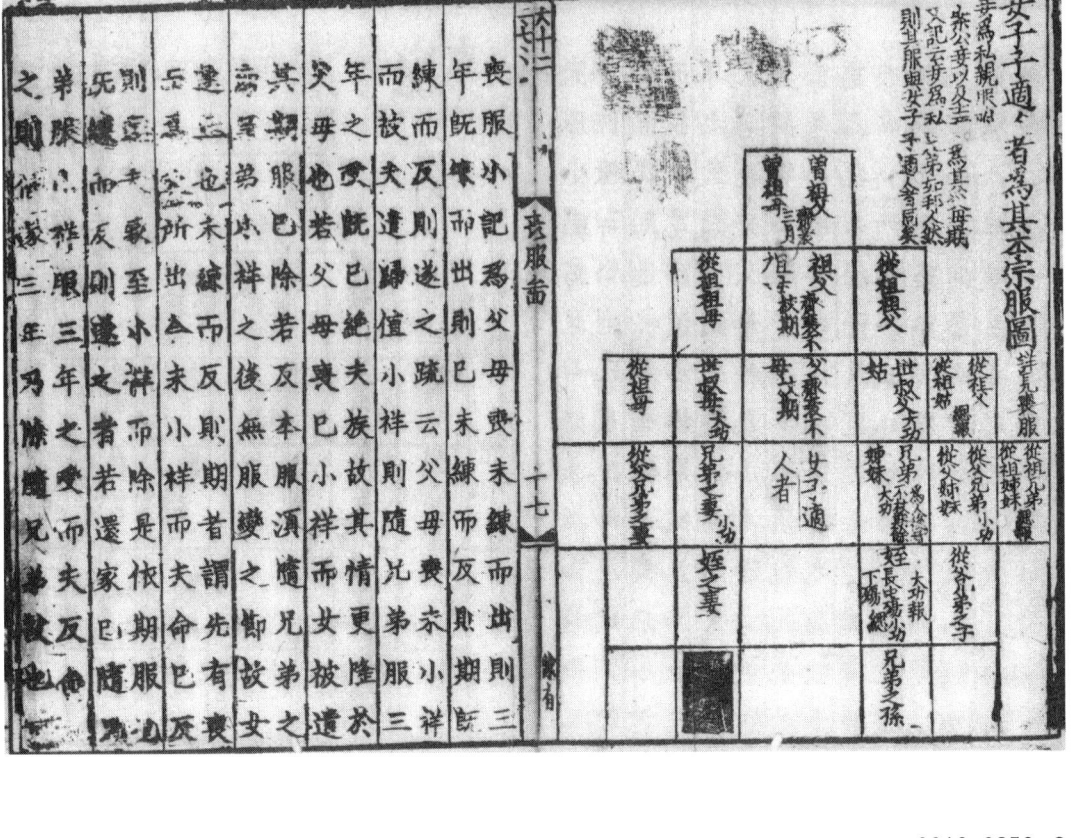

0013_0254-2

……姊妹女子適人者服圖

從祖姊妹 緦麻

從祖姑 緦麻

從父姊妹 小功

從父兄弟之女 ……

父之姑 緦麻

……

姑 大功

姊妹 大功

兄弟之女子 大功

……

祖行

父行

己

女子 大功

女孫 ……

0013_0255-1

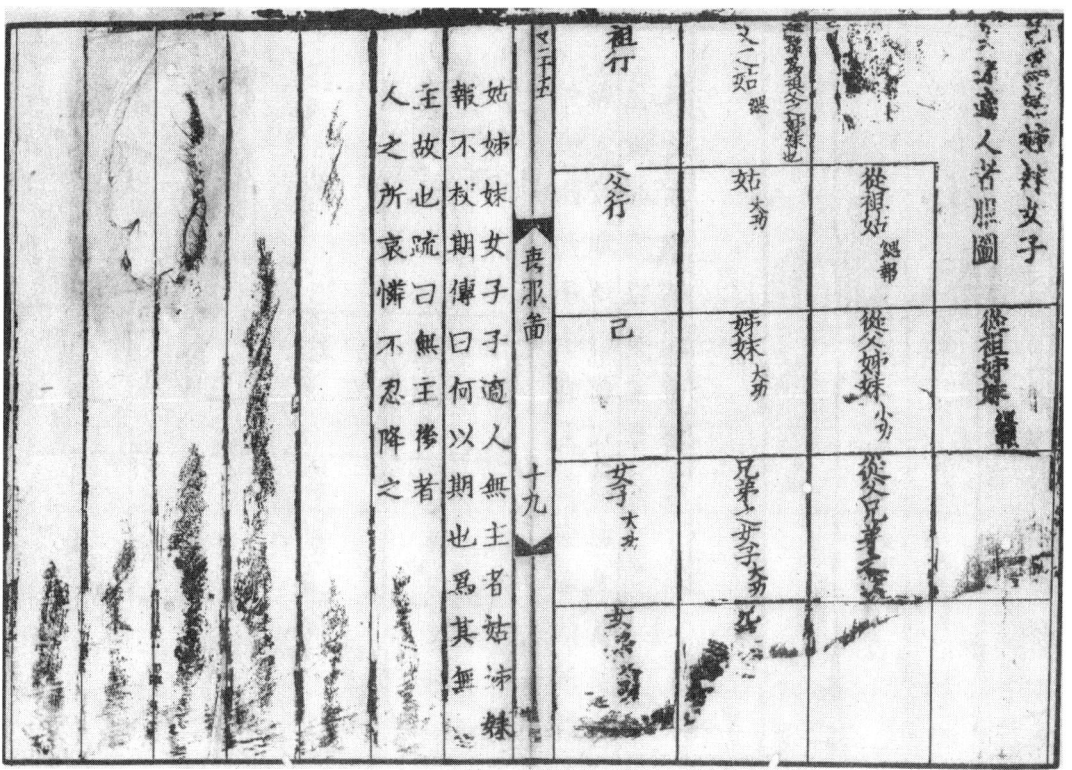

姑姊妹女子子適人無主者姑姊妹報不杖期傳曰何以期也爲其無主故也疏曰無主後者人之所哀憐不忍降之

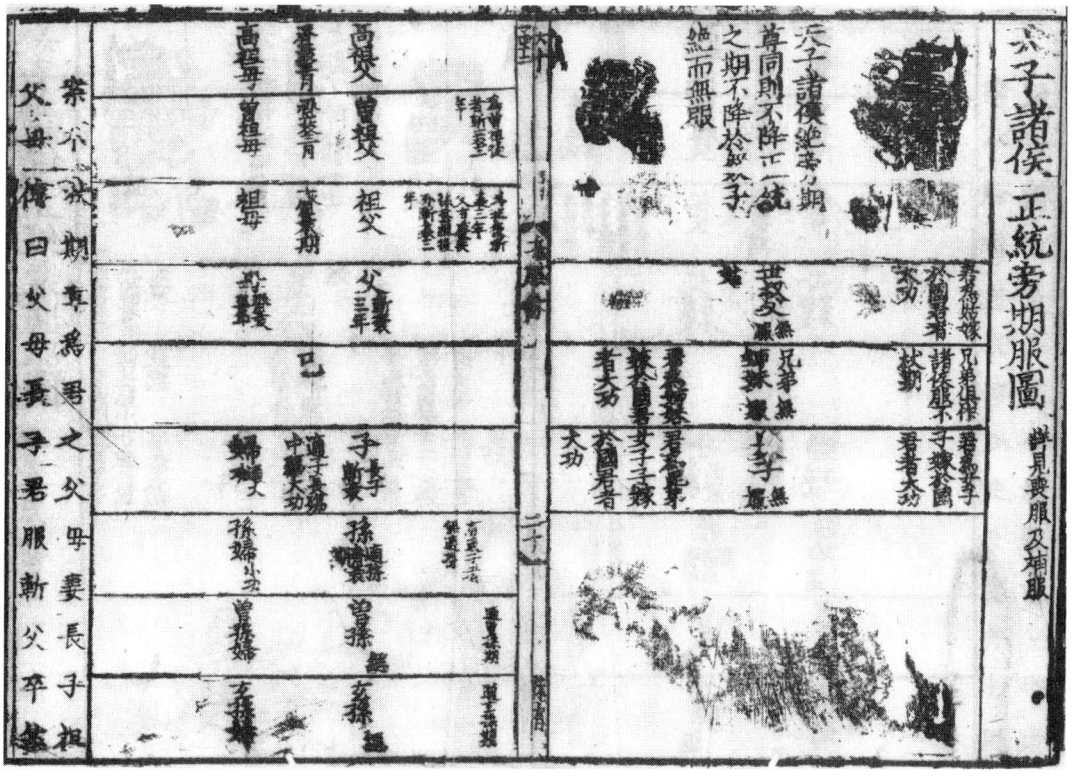

喪服圖 十九

0013_0255-2

天子諸侯正統旁期服圖 詳見喪服及補服

天子諸侯絕旁期尊同則不降正統之期不降於諸父昆弟絕而無服

君爲姑姊妹嫁於國君者 大功

世父 無服

兄弟俱爲諸侯服不杖期

兄弟 無服 姊妹 無服

君爲姊妹女子子嫁於國君者 大功

君爲女子子嫁於國君者大功

子 無服

君爲昆弟之女子子嫁於國君者 大功

喪服圖 二十

0013_0256-1

宗不杖期尊爲君之父母妻長子祖父母傳曰父母長子君服斬父卒……

高祖父

高祖母

曾祖父

曾祖母

祖父

祖母

父 斬衰三年

母

己

子

婦

孫

孫婦 小功

曾孫

曾孫婦

玄孫

玄孫婦

0013_0256-2

〔illegible〕一世故〔illegible〕斬注云此為君矣而
〔illegible〕祖之〔illegible〕諸侯封之君也若
民謂禮則其父若祖有廢疾不立今
君受國於曾祖跪曰鄭意以父祖有
廢疾必以今君受國於曾祖不取受
國於祖者若〻君受國於祖祖薨則
羣臣為之斬何得從服期故鄭以新
君受國於曾祖趙商問已為諸侯公
有廢疾不任國政不任喪事而為其
祖服制度之宜年月之斷云何答云
父卒為祖後者三年斬何疑趙商又
問父卒為祖後者三年已聞命矣所
問者父在為祖如何欲言三年則父
在欲言期復無主斬杖之宜主喪之

儀禮服圖　九一

0013_0257-1

制未知所定答曰天子諸侯之喪皆
斬衰無期○又案司服凡凶事服弁
服注云其服斬衰齊衰疏云天子諸
侯絕旁期正統之期猶不降故兼云
齊衰其正服大功亦似不降也大功
章曰適婦注云適子之婦傳曰何以
大功也不降其適也既無所指斥明
關之天子諸侯也如是則為適孫之
婦又當小功今注云斬衰齊衰以
婦正服齊衰是不降之旨然則王為
適子斬衰其為適孫〔illegible〕適曾孫適玄孫
承孫則皆齊衰有〔illegible〕無適適孫
〔illegible〕亦〔illegible〕之然則王〔illegible〕子死有
〔illegible〕曾〔illegible〕皆然也

0013_0258-1

0013_0257-2

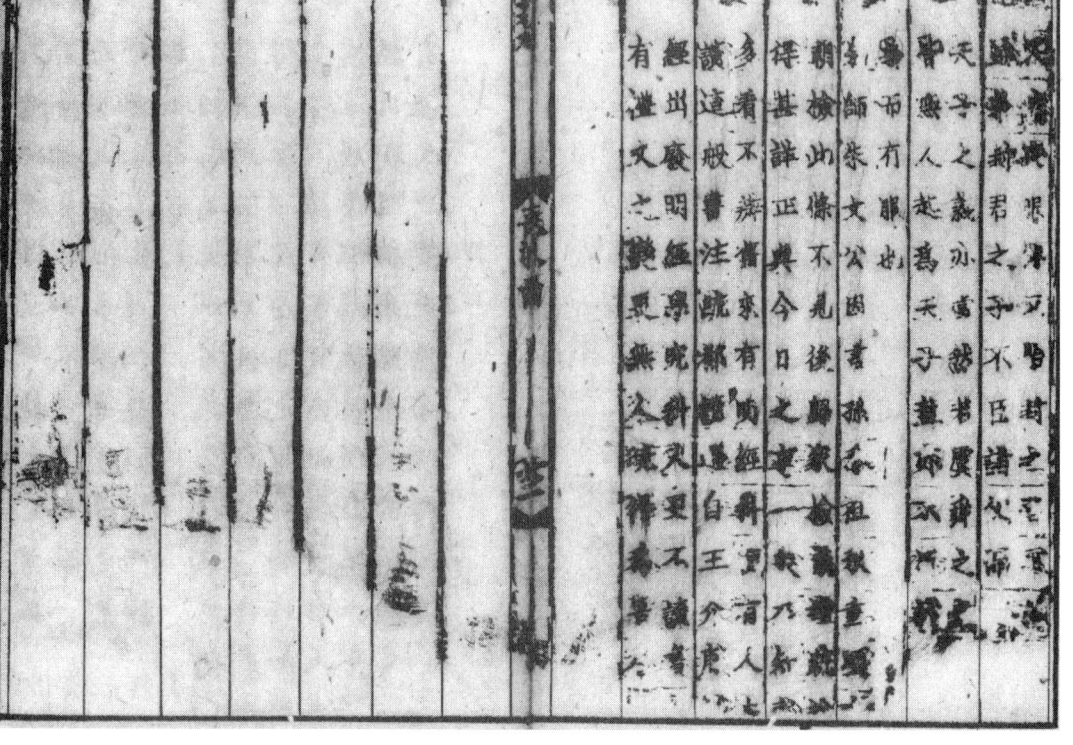

〔illegible〕君之子不臣諸父而〔illegible〕
天子之義亦當然者實齊之〔illegible〕
曾應人赴為天子〔illegible〕
〔illegible〕而有服也
〔illegible〕師朱文公因書孫〔illegible〕祖〔illegible〕重〔illegible〕
朝檢此條不見後歸家檢〔illegible〕
得其詳正與今日之〔illegible〕乃〔illegible〕
多看不辨舊來有明經〔illegible〕有人〔illegible〕
讀適般書注疏鄭〔illegible〕白王介甫〔illegible〕
經出廢明經學究科更不讀書〔illegible〕
有溢文之〔illegible〕無〔illegible〕為〔illegible〕

張本下象鼻題監生秦三字傅本剪去之

0013_0259-1　0013_0258-2

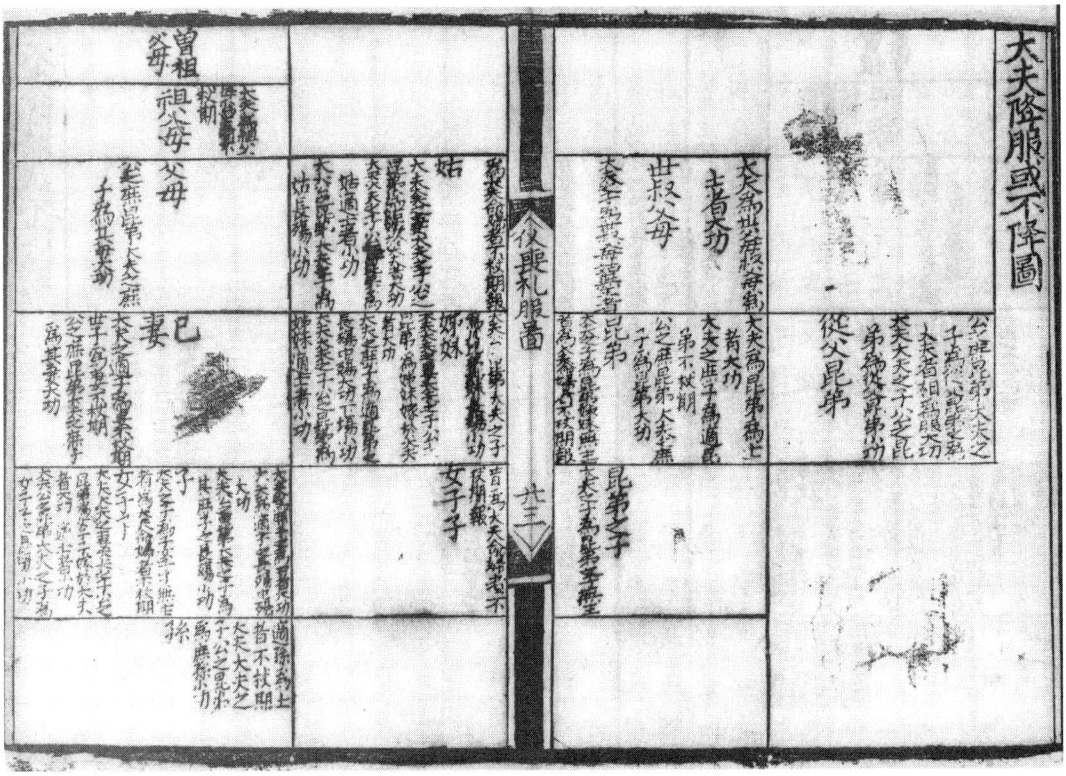

0013_0260-1　0013_0259-2

[illegible]發祭之禮至周公然後備夏商所
上想昔[illegible]略先師大文公曰然親
親長長貴貴尊賢夏商而上大槩只
是親親長長之意到得周來則又添
得許多貴貴底禮數如始封之君不
臣諸父昆弟封君之子不臣諸父而
臣昆弟期之喪天子諸侯絕大夫降
然諸侯大夫尊同則亦不絕不降姊
妹嫁諸侯者則亦不絕不降此皆貴
貴之義上世想皆簡略未有許多降
殺貴貴底禮數凡此皆天下之大經
前世所未備到得周公搜剔出來立
爲定制更
不可易

喪服圖　十四

0013_0271-2

婦人爲大宗服圖

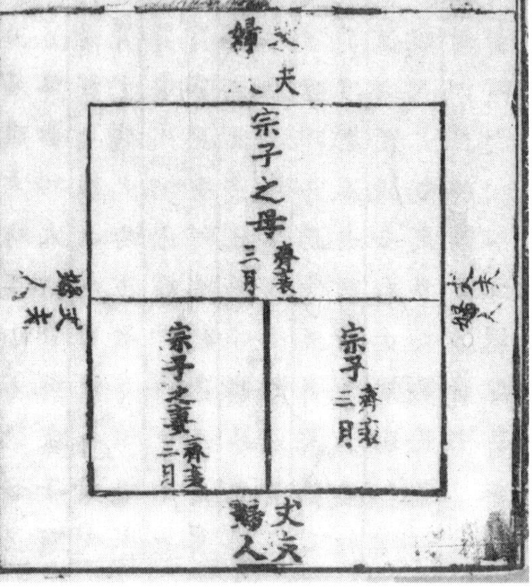

0013_0272-1

記宗子孤爲殤大功衰小功衰皆三月親則月算如邦人注云與宗子有期之親者成人服之齊衰期長殤大功衰九月中殤大功衰七月下殤小功衰五月有大功之親者成人服之齊衰三月卒哭受以大功衰九月其長殤中殤大功衰五月下殤小功衰三月有小功之親者成人服之齊衰三月卒哭受以小功衰五月其殤與絶屬者同有緦麻之親者成人及殤皆與絶屬者同疏云自大功親以下盡小功親以上成人月數雖依本皆服齊衰者以其絶屬者滿齊衰三月明親者無問大功小功緦麻皆齊衰

儀喪禮圖　二十五　謝景

0013_0272-2

三月既葬受服乃始受以大功小功衰也

宗子之母在則不爲宗子之妻服疏云宗子母年七十已上則宗子妻得與[illegible]宗爲宗子妻服

儀喪禮服圖　廿六

0013_0273-1

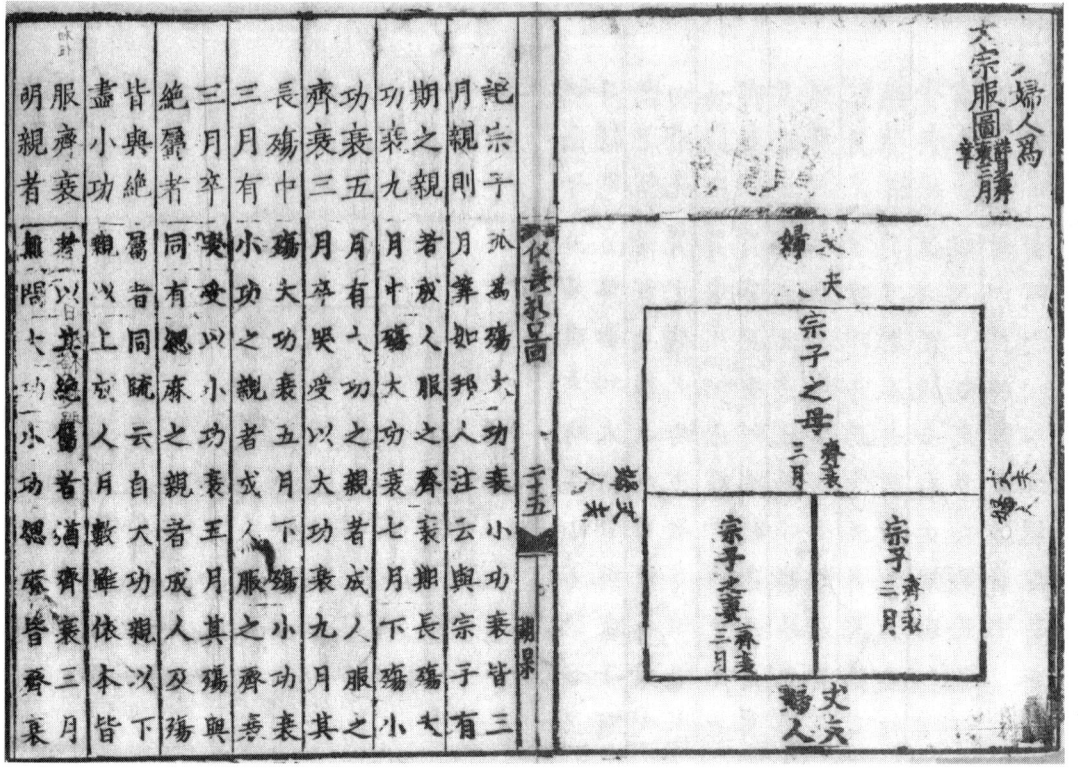

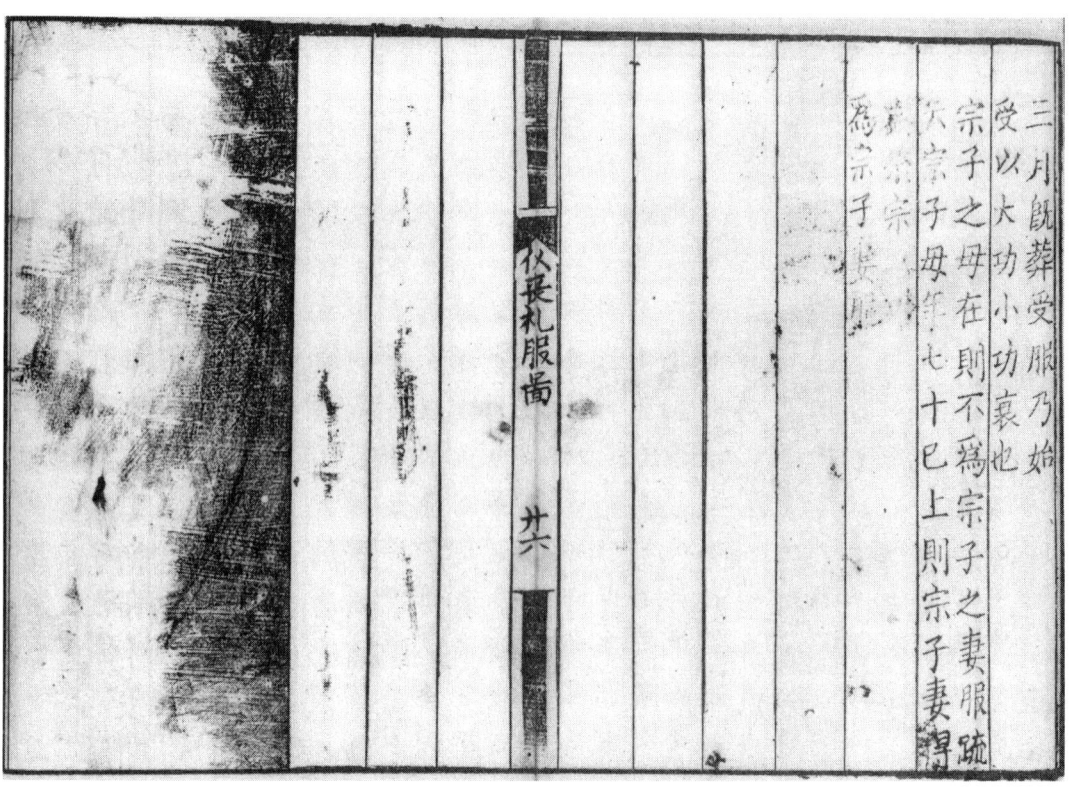

0013_0264-1

0013_0263-2

已爲母黨服圖

詳見喪服

君母之父母 從母 [illegible]	[illegible]	[illegible]
舅 緦	母	從母 小功 報
舅之子 緦	己	從母之子 緦

君母之父母從母君母在則不敢不

從服君母不在則不服○爲君母後

者君母卒則不爲君母之黨服○爲

君之君母母卒則不服○庶子爲後

者爲其祖父母從母舅無服不爲

後如邦人○出妻之子爲外祖父母

無服○爲慈母之父母無服○母出

則爲繼母之黨服母死則爲其母之

黨服爲其母之黨服

則不爲繼母之黨服

先師朱文公曰姉妹於兄弟[illegible]

期既嫁則降爲大功姉妹之[illegible]

不降[illegible]

從母[illegible]

0013_0265-1

0013_0264-2

先王[illegible]

[illegible]

女子[illegible]之子[illegible]由父[illegible]推之也[illegible]

族三[illegible]之父母之母[illegible]之兄[illegible]

止於[illegible]從母之夫舅之妻[illegible]

爲服[illegible]去故也妻族二妻之父

妻之母[illegible]看時似乎雜亂無

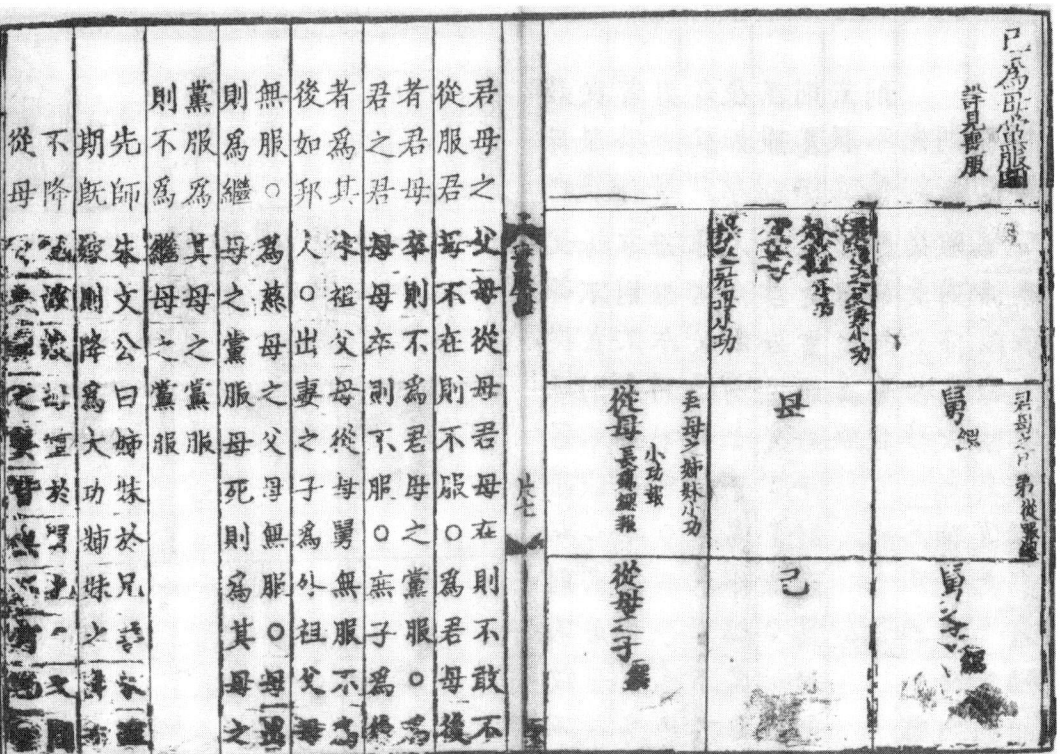

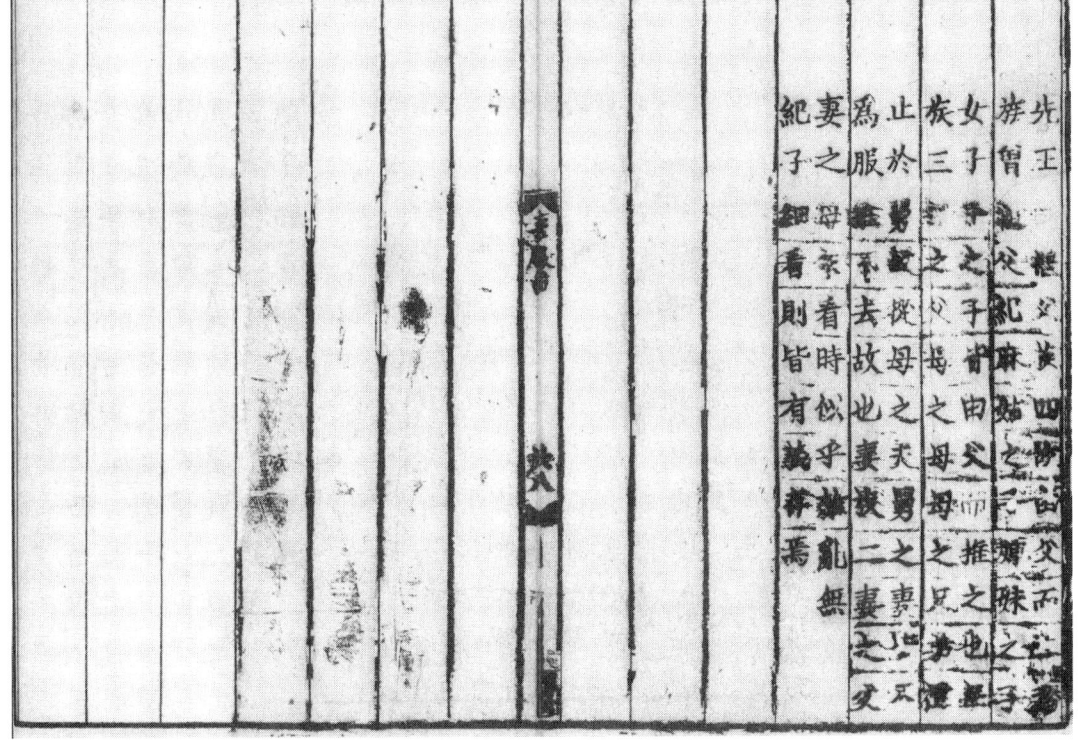

紀子細看則皆有[illegible]焉

0013_0261-1　0013_0260-2

母黨為己服圖

[illegible]

外祖父母　舅　母　從母　舅之子　從母之子　己

外祖為外孫緦　舅報甥緦　從母報姊妹之子男女緦　舅之子報姑之子緦　從母之子報從母昆弟緦

姑姊妹之子女子子及內外兄弟相報服備見前圖

女子子之子服緦即外祖父母為外孫是也○姊妹之子服緦即舅報甥是也○姑之子服緦即舅之子報姑之子是也○舅之子內兄弟也姑之子外兄弟也

伊川先生曰報服若姑之子為舅之子服是也異姓之服只是推得一重若為母而推則及舅而止若為姑而推可以及其子故舅之子無服卻為既與姑之子為服姑之子須當報之也故姑之子舅之子其服同

傅本此卷葉次混亂已甚第二十九葉有二此其一

0013_0266-1　0013_0265-2

母黨為己服圖

詳見某服

外祖父母　舅　母　從母　舅之子　從母之子　己

外祖為外孫緦　舅報甥緦　從母報姊妹男女子緦　舅之子報姑之子緦　從母之子報從母昆弟緦

姑姊妹之子女子子及內外兄弟相報服備見前圖

女子子之子服緦即外祖父母為外孫是也○姊妹之子服緦即舅報甥是也○姑之子服緦即舅之子報姑之子是也○舅之子內兄弟也姑之子外兄弟也

伊川先生曰報服若姑之子為舅之子服是也異姓之服只是推得一重若為母而推則及舅而止若為姑而推可以及其子故舅之子無服卻為既與姑之子為服姑之子須當報之也故姑之子舅之子其服同

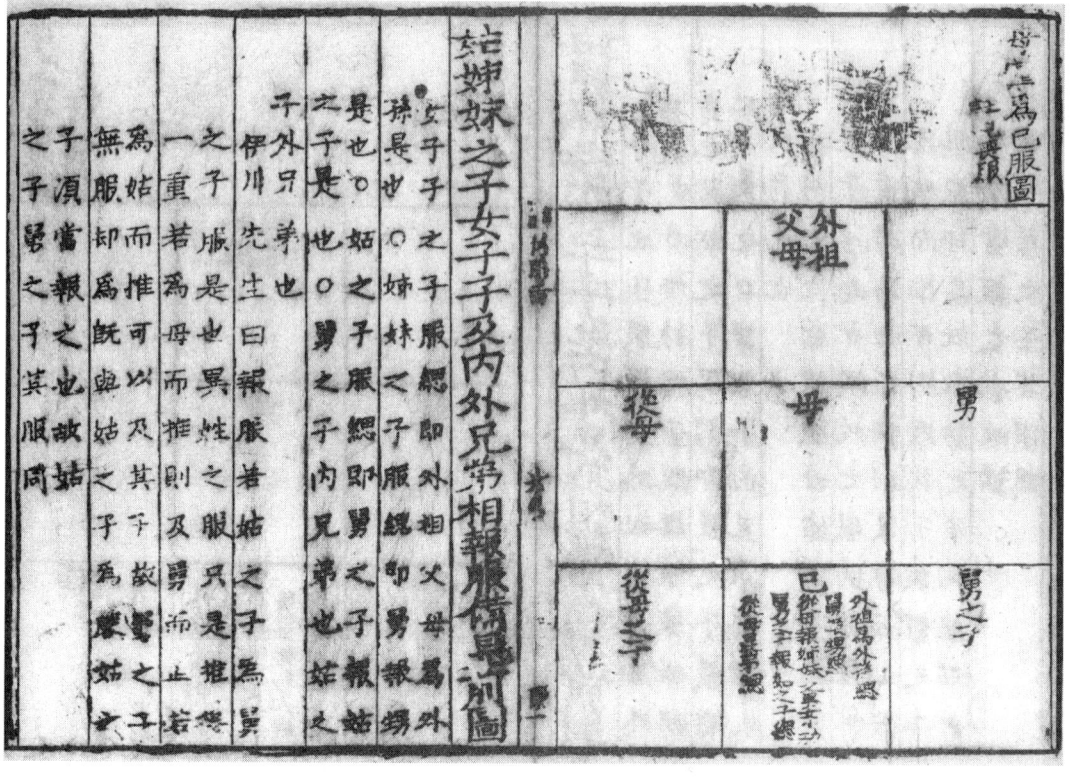

傅本此卷葉次混亂已甚第二十九葉有二此其一張本與此同版

0013_0267-1　　0013_0266-2

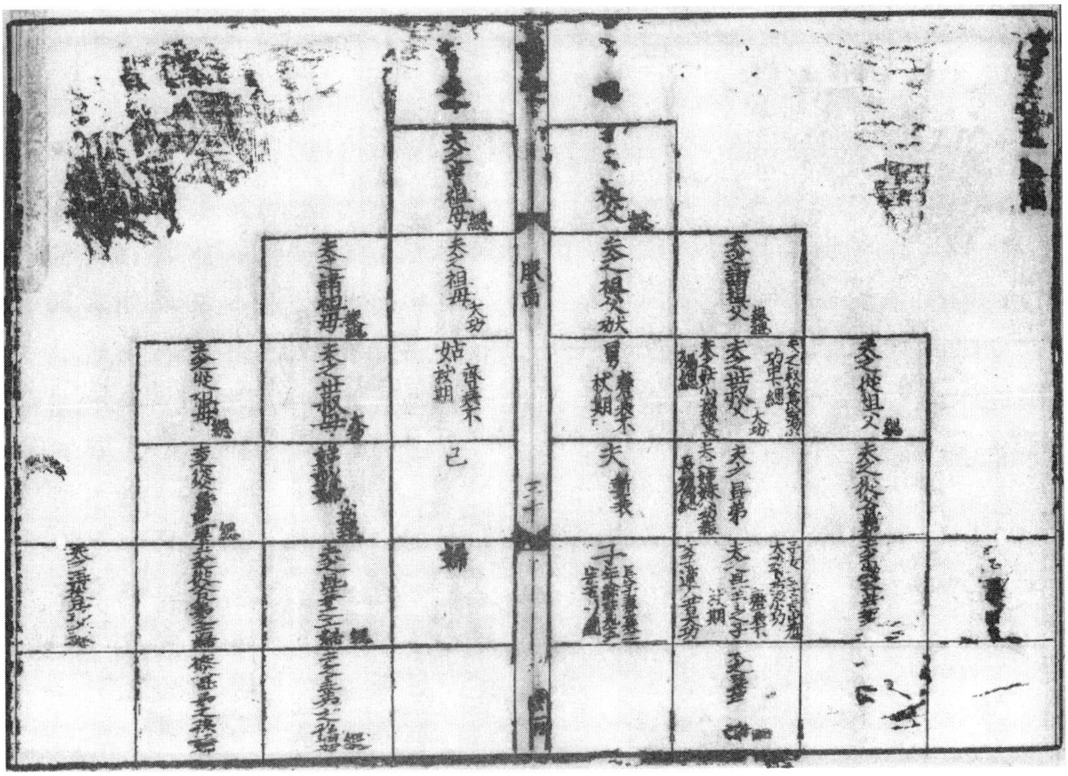

0013_0268-1　　0013_0267-2

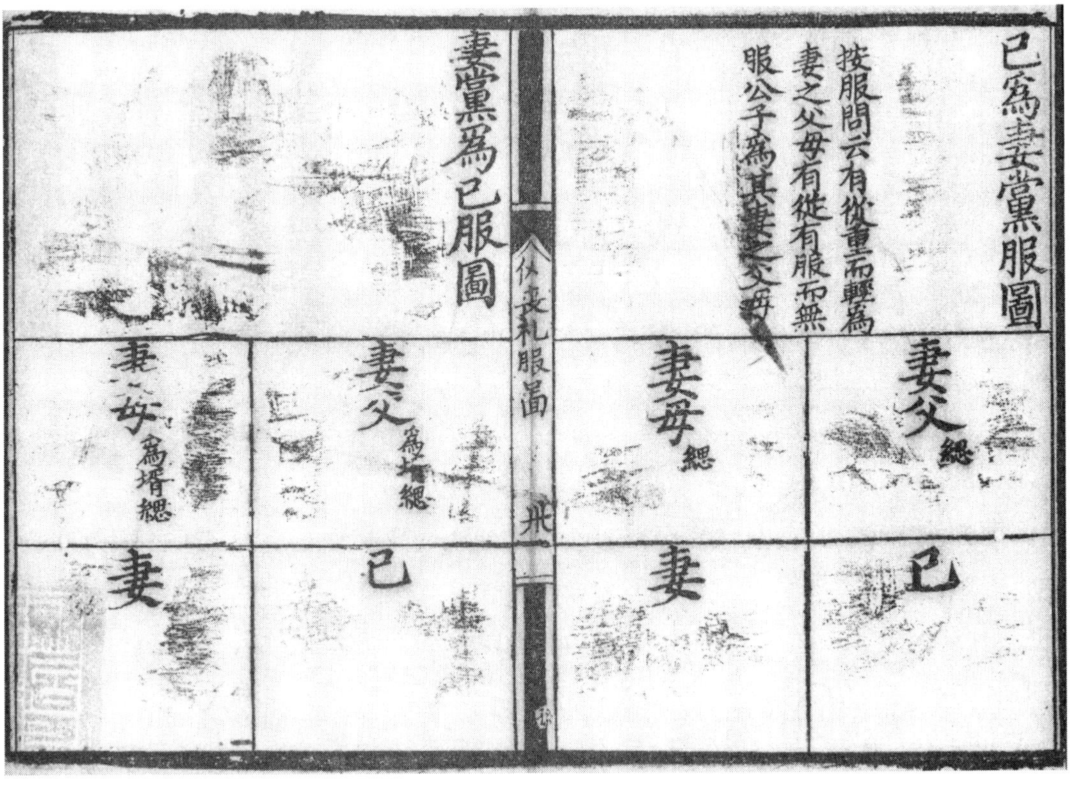

無服爲位哭

無服而爲位者唯嫂叔雖無服猶弔服加麻袒免爲位哭也○詳見補服弔服加麻○妻之昆弟爲父後者死哭之適室以其正也子爲主袒免哭踊者親主之○免音問夫入門右○北面辟正主辟音避使人立于門外告來者狎則入哭○狎相習知者狎尸曰反父在哭於妻之室不以私喪于尊非爲父後者哭諸異室疏曰此一節論哭無服者之事適室正寢也禮女子適人者爲昆弟爲父後者不降以其正故也子爲主者子已子也甥服舅緦故命已子爲主受弔拜賓也袒免哭踊者冠尊不居肉袒上必先免故凡哭哀則踊踊必先袒袒必先免故袒哭踊也夫入門右者夫謂此子之父即哭妻之兄弟者也言夫者據妻之爲喪也子既爲主位在東階之下西鄉父入門右近南而北鄉哭也鄭注知此北面者鄭推子既爲主在阼階下西鄉父不爲主若又西鄉便似二主故入門右而北面示辟爲主

喪服圖　廿二

張本下象鼻題監生陳浚四字傳本剪去之

之處也鄭所以知父必北面者曾子問云衛靈公弔季康子魯哀公爲主康子立於門右北面辟主人之位也父在哭於妻之室者若父在則適室由父故但於妻室之前哭之亦子爲主使人立於門外也非爲父後者哭諸異室者案奔喪禮妻之黨哭諸寢此哭於適室及異室者寢是大名雖適室及妻室異室揔皆曰寢此云子哭踊上文申祥之哭言思婦人倡踊知夫入門右亦踊但文不備耳○曾子曰小功不爲位也者是委巷之禮也譏之也位謂以親戚叙列哭也委巷猶街里委曲所爲也○街音佳子思之哭嫂也爲位善之也禮嫂叔無服婦人倡踊有服者娣姒婦小功倡先也○倡昌尚反申祥之哭言思也亦然說者曰言思子游之子申祥妻之昆弟亦無服過此以往獨哭不爲位○檀弓

儀喪禮圖　三十三

勉齋先生嘗曰此兩條是一類事皆是無服爲位而哭又有婦人倡踊與子爲主一節與其它條不甚相類合附何處擬議未定者久之今不幸梁木其壞無從訂定又禮綱十五卷係成書無從附入姑附於此

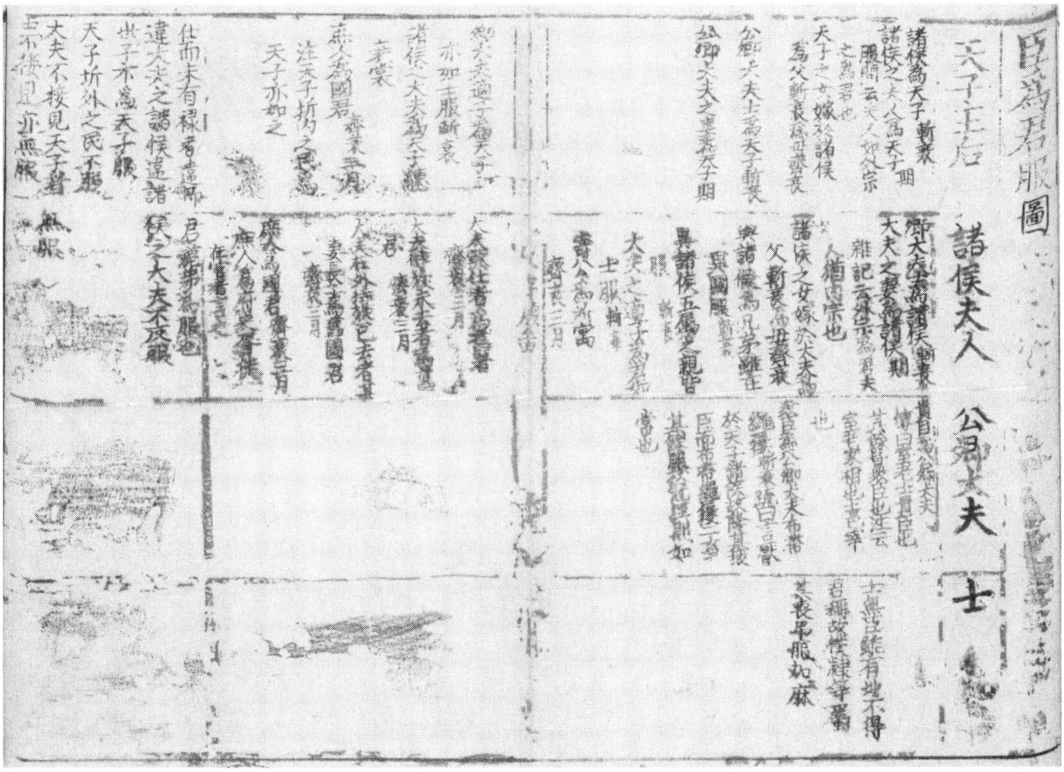

0013_0262-1

傅本缺第三十四葉今用張本

0013_0261-2

凡內宗外宗皆據有爵者

內宗有二

周禮內女之有爵若謂同姓之女是一也

雜記云君之五屬之內女是二也

外宗有三

周禮外宗之女有爵通卿大夫之妻一也

雜記云君之姑姊妹之女舅之女從母是二也

諸侯外宗之婦若姑之子婦從母之子婦是三也○案夫人如外宗之爲君也疏云此文外宗是諸侯外宗之婦也若姑之子婦從母之子婦其夫是君之外親爲君服斬其婦亦名外宗爲君服期○又案外宗爲君夫人猶內宗也注云外宗謂姑姊妹之女舅之女及從母皆是也疏云此外宗與前章外宗爲君別也

儀喪礼服圖 卅五

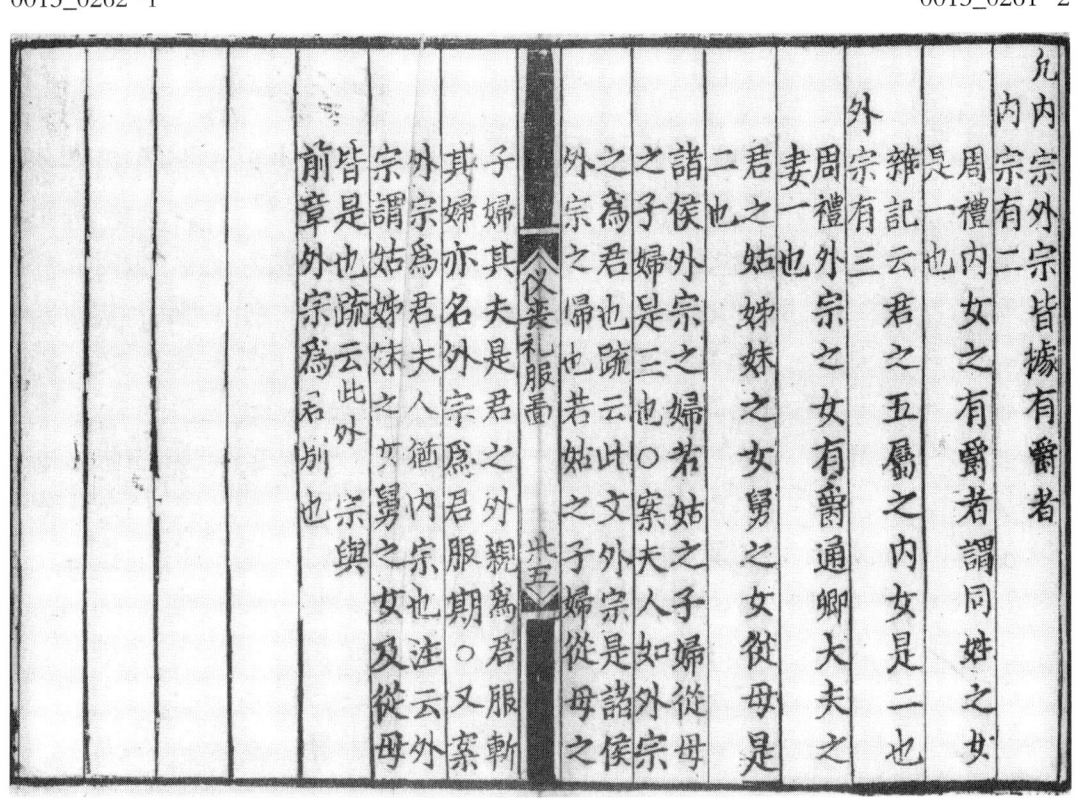

張本下象鼻題監生秦淳四字傅本剪去之

0013_0262-2

臣從君服圖

君之祖父母　詳見正統服圖

君之父母

小君

世子

0013_0263-1

臣爲君之祖父母服按賈氏疏云此
謂始封之君也若是繼體則其父若
祖有廢疾不立今君受國於曾祖疏
云若今君受國於祖祖薨則羣臣爲
之斬何得從服期故鄭以新君受國
於曾祖故君服斬臣從服期
臣爲君之父服案前疏亦謂始封之
君也若是繼體則其父有廢疾不立
今君受國於祖故君服斬臣從服期
○已上二條詳見正統服圖
君之母非夫人則羣臣無服唯近臣
及僕驂乘從服
臣之妻[illegible]
士之子

0013_0273-2

喪服圖

諸侯

三公六卿錫衰

大夫緦衰

士疑衰

公爲大夫錫衰以居

此謂公士大夫之君也

0013_0274-1

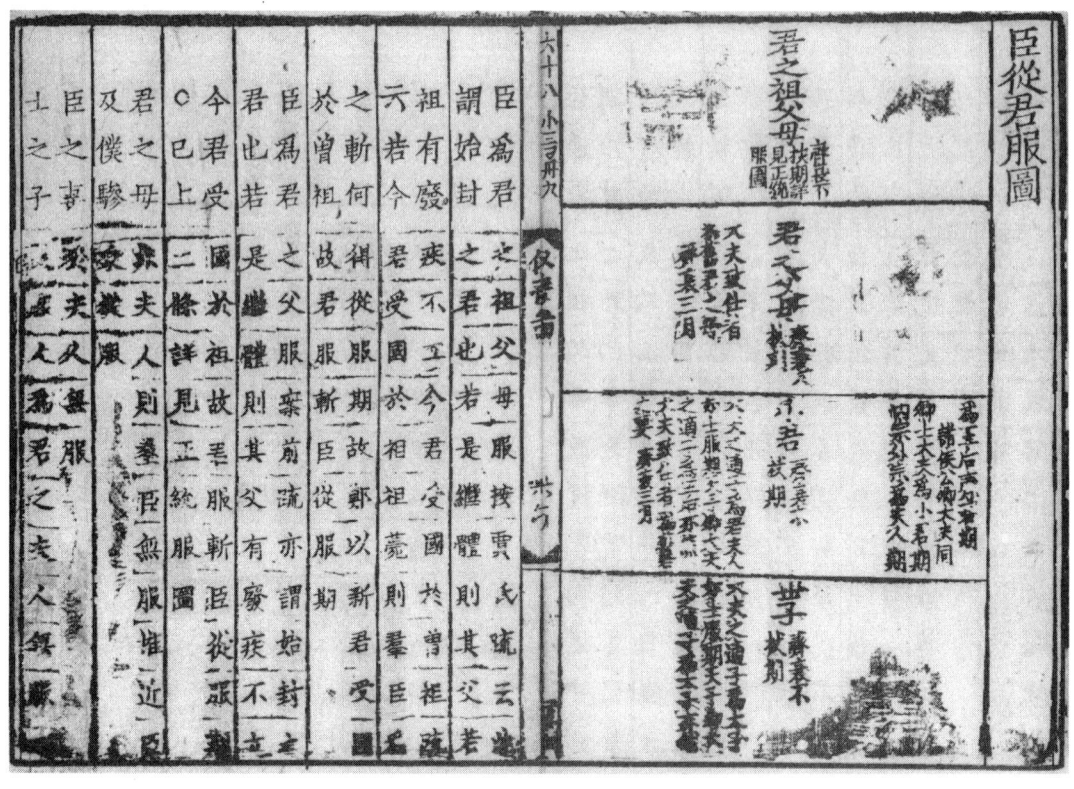

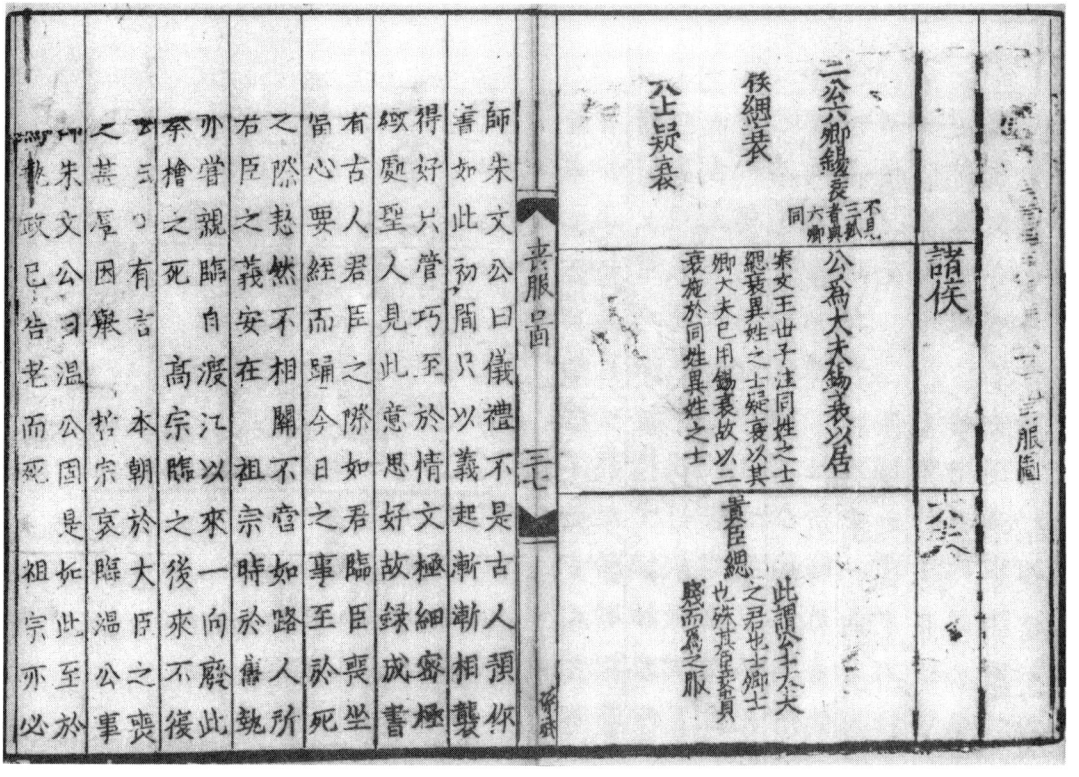

師朱文公曰儀禮不是古人預作
書如此初間只以義起漸漸相襲
得好只管巧至於情文極細密極
纖悉聖人見此意思好故録成書
有古人君臣之際如君臨臣喪坐
撫當心要絰而踊今日之事至於死
之際恝然不相關不啻如路人所
君臣之義安在祖宗時於舊執
亦嘗親臨自渡江以來一向廢此
至于檜之死高宗臨之後來不復
云云有言本朝於大臣之喪
之甚厚因舉哲宗哀臨溫公事
朱文公曰溫公固是如此至於
執政已告老而死祖宗亦必

0013_0274-2

爲之親臨罷樂看古禮君於大夫小斂往焉大斂往焉於士既殯往焉何其誠愛之至今乃恝然古之君臣所以事事做得成緣是親愛一體

公族有死罪則磬于甸人公素服不舉

如其倫之喪無服

0013_0275-1

仪丧礼服图　卅八

0013_0275-2

妾服圖

妾爲君之黨服得與女君同　女君服見妻爲夫之黨服圖

君　妾爲君斬衰	女君　妾爲女君[illegible]

妾爲君之長子三年　與女君同

公妾大夫之妾爲其子期

自爲其子期妾不得體君爲其子得遂也

士之妾爲君之衆子亦期　無降

君之子

爲君之庶子適士者小功　出降與女君同

大夫之妾爲君之庶子大功　降其衆子與女君同

大夫之妾爲君之庶子長殤小功[illegible]

大夫之妾爲君之庶子適人者小功

妾從女君而出則不爲女君之子服

女君死則妾爲女君之黨服攝女君則不爲先女君之黨服

喪服圖　六九

0013_0276-1

公士大夫士之妾服圖

女君於妾無服

天子諸侯於妾無服

公大夫爲貴妾緦

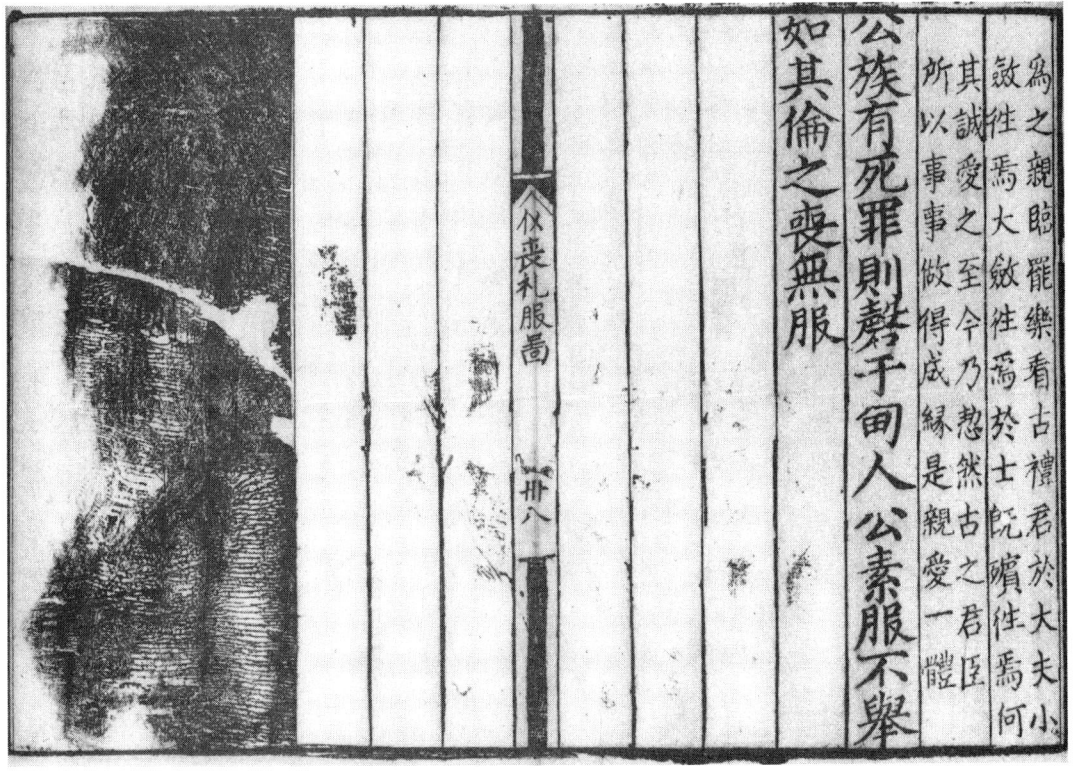

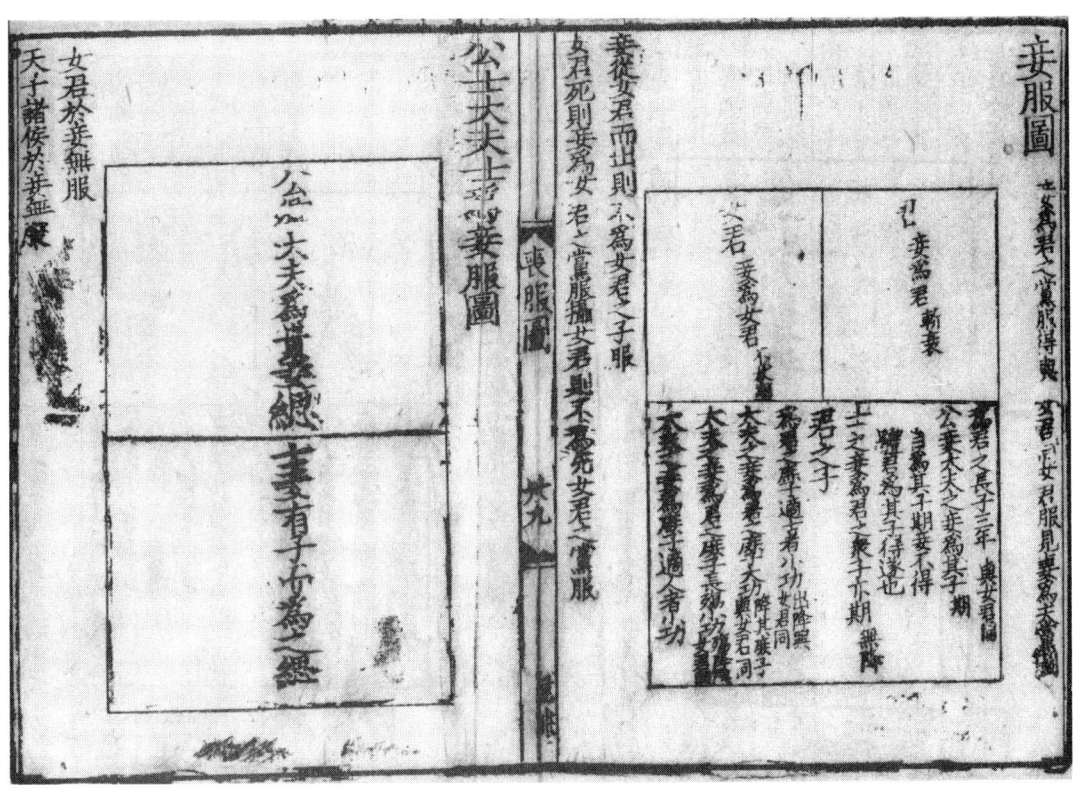

士妻有子亦爲之緦

0013_0276-2

0013_0277-1

五服義例

五服衰冠升數

斬衰三年

正服衰三升 冠六升 既葬以其冠爲受衰六升 冠七升

義服衰三升有半 冠六升 既葬以其冠爲受衰六升 冠七升

齊衰三年齊衰杖期齊衰不杖

降服衰四升 冠七升 既葬以其冠爲受衰七升 冠八升

正服衰五升 冠八升 既葬以其冠爲受衰八升 冠九升

義服衰六升 冠九升 既葬以其冠爲受衰九升 冠十升

齊衰三月

義服衰六升 冠九升 無受

大功九月

殤降服衰七升 冠十升 無受

成人降服衰七升 冠十升 既葬以其冠爲受衰十升 冠十一升

自斬衰至大功降服凡八條冠皆校衰三等

正服衰八升 冠十升 既葬以其冠爲受衰十升 冠十一升

義服衰九升 冠十一升 既葬以其冠爲受衰十一升 冠十二升

巳上二條冠皆校衰二等

繐衰裳四升 冠八升 既葬除之

小功五月

殤降服衰十升 冠升同 無受

成人降服衰十升 冠升同 即葛五月無受

正服衰十一升 冠升同 即葛五月無受

義服衰十二升 冠升同 即葛五月無受

緦麻三月

降正義同衰十五升抽其半 冠升同 無受

巳上喪服冠升數并受服出本經記賈氏疏詳見喪服制度篇又有既練變服見練變服受服圖

0013_0277-2

0013_0278-1

降正義服例

斬衰三年

正服衰三升

父

子爲父

父爲長子

爲人後者

妻爲夫

妾爲君

女子子在室爲父

女嫁反在父之室爲父三年

傳父卒然後爲祖後者服斬

義服衰三升有半

諸侯爲天子

君

公士大夫之衆臣爲其君布帶繩屨

齊衰三年

降服衰四升

父卒爲母

繼母如母

慈母如母

正服衰五升

記祖父卒而後爲祖母後者三年

母爲長子

妾爲君之長子

齊衰杖期

正服衰五升[illegible]

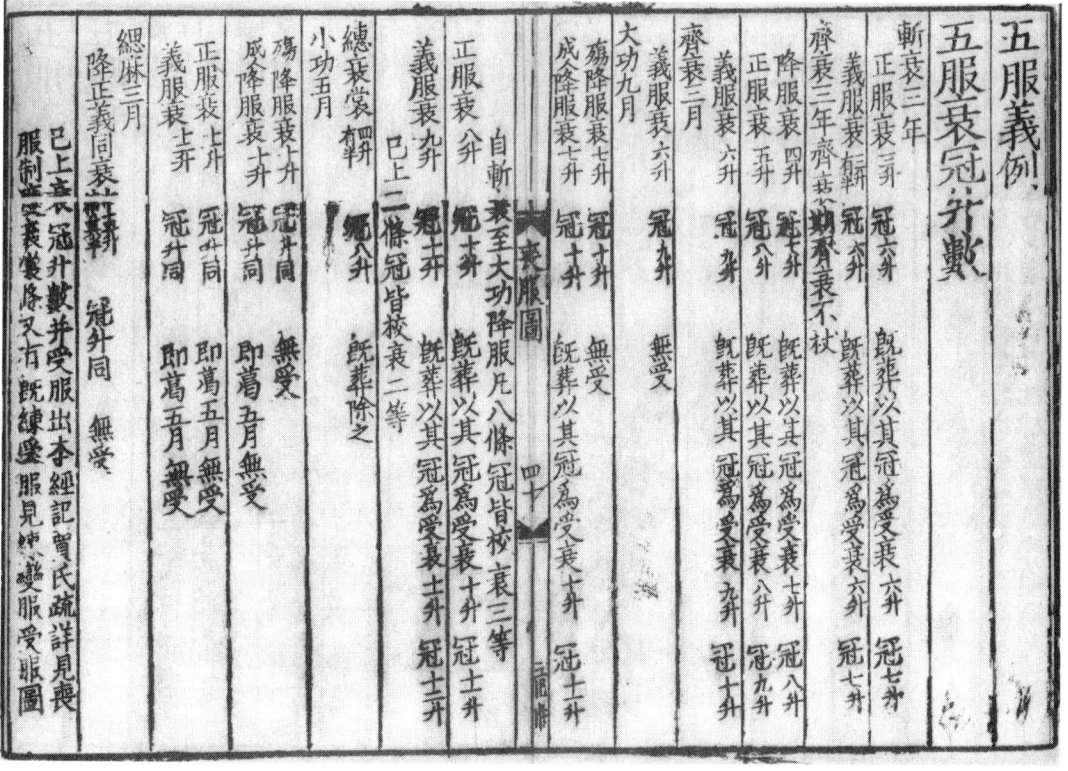

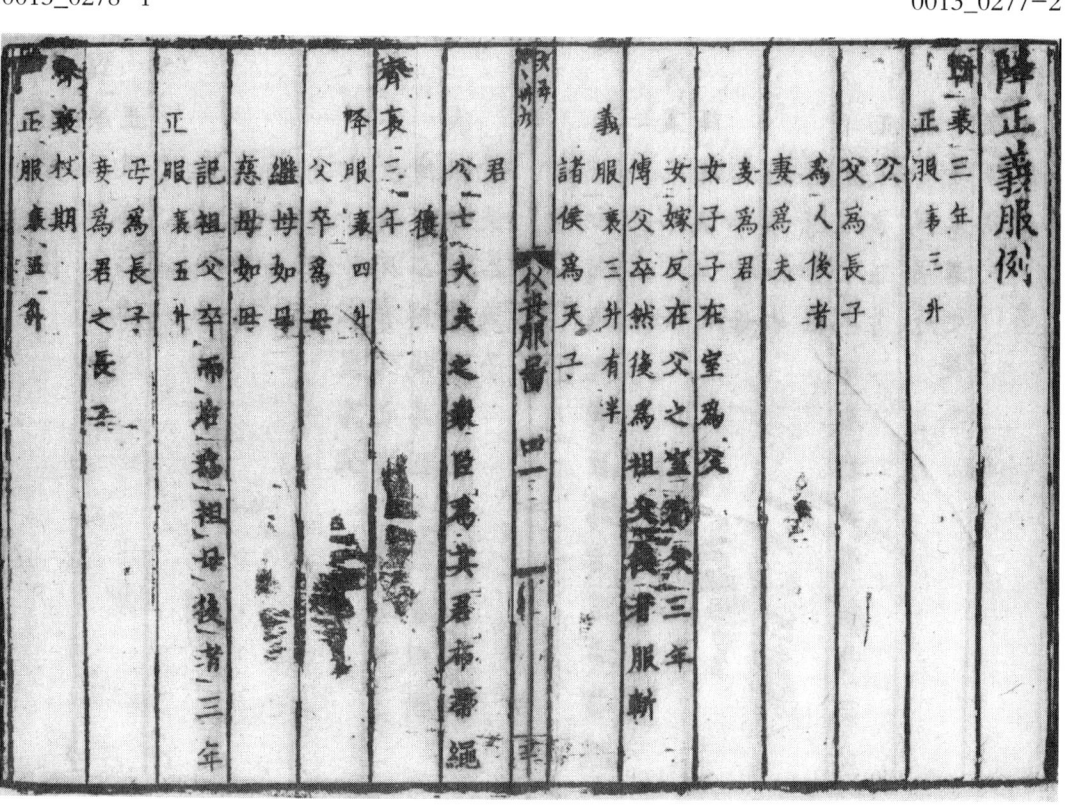

父在爲母

妻

出妻之子爲母

父卒繼母嫁從爲之服報

齊衰不杖期

降服 衰四升

爲人後者爲其父母報

女子子適人者爲其父母

公妾以及士妾爲其父母

正服 衰五升

祖父母

世父母叔父母

大夫之適子爲妻不降

昆弟

仪礼服图 四十二

衆子

昆弟之子

大夫之庶子爲適昆弟不降

適孫

女子子適人者爲其昆弟之爲父後者不降

姑姊妹女子子適人無主者姑姊妹報不降

公妾大夫之妾爲其子

女子子爲祖父母不降

大夫之子爲世叔父母子昆弟昆弟之子姑姊妹女子子無主者

爲夫大夫命婦者唯子不報不降

大夫爲祖父母適孫爲士者不降

爲夫之君

爲君之父母妻長子祖父母

妾爲女君

婦爲舅姑

夫之昆弟之子

齊衰三月

寄公爲所寓

丈夫婦人爲宗子宗子之母妻

爲舊君君之母妻

庶人爲國君

大夫在外其妻長子爲舊國君

仪礼服图 四十三

繼父不同居者

曾祖父母

大夫爲宗子

舊君

曾祖父母爲士者如衆人

女子子嫁者未嫁者爲曾祖父母

大功

殤服

子女子子之長殤中殤

叔父之長殤中殤

姑姊妹之長殤中殤

昆弟之長殤中殤

夫之昆弟之子女子子之長殤中殤

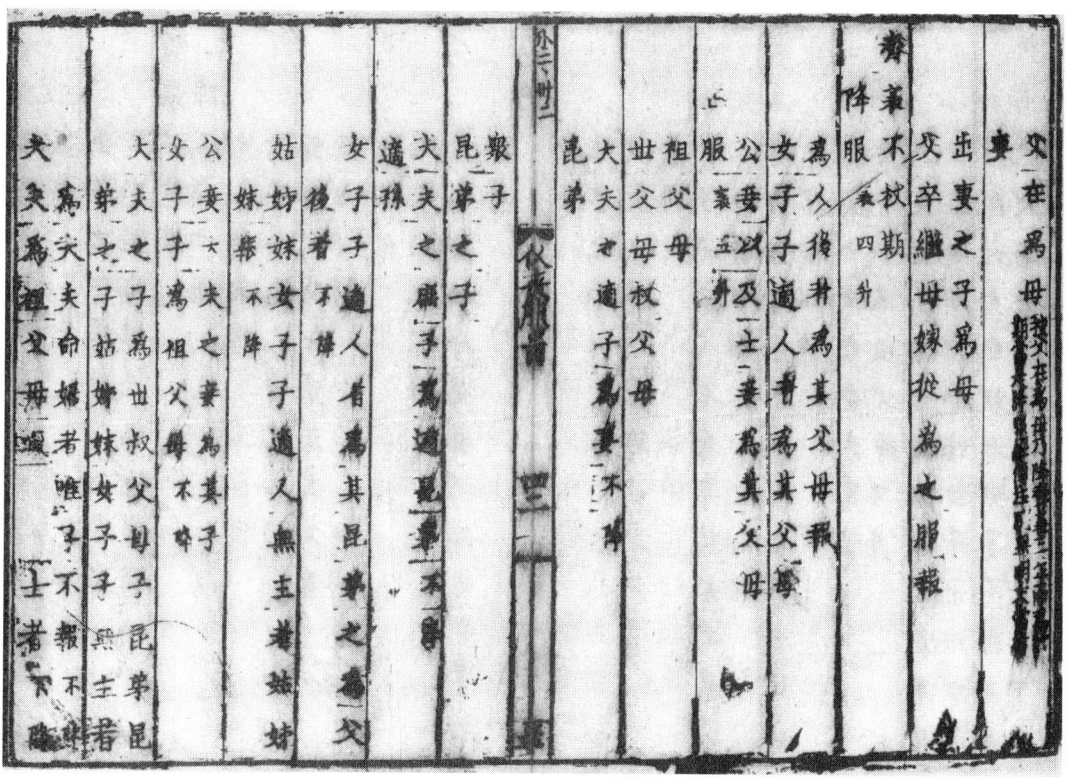

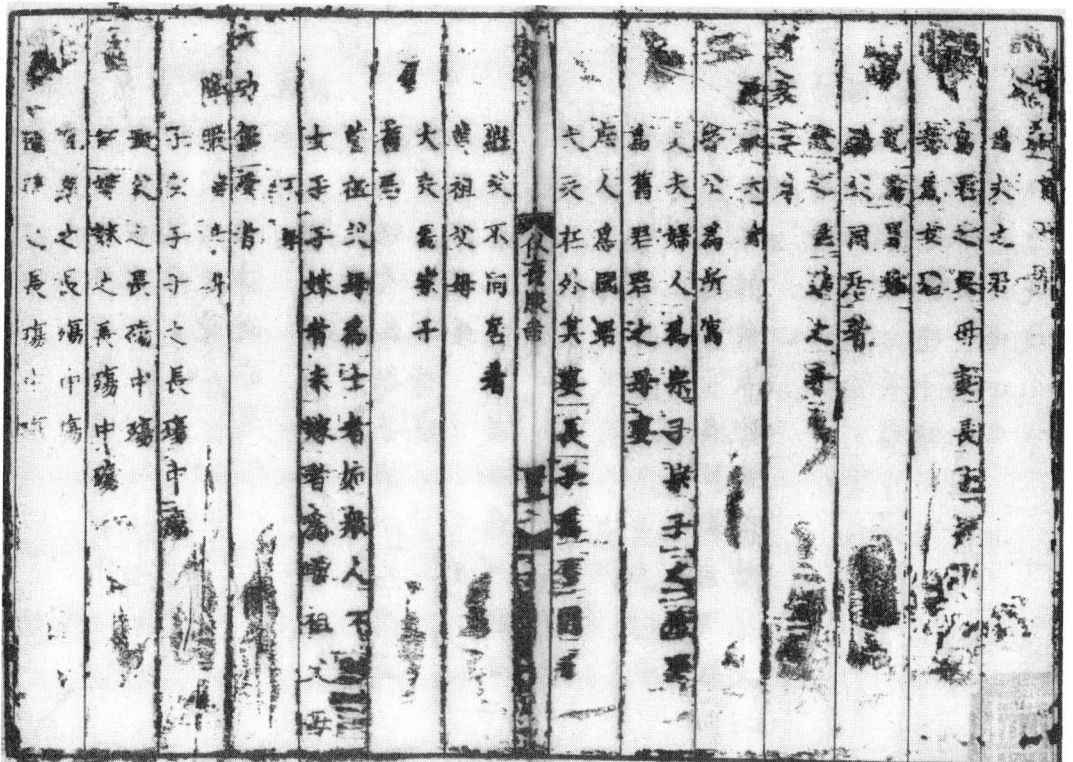

適孫之長殤中殤

0013_0280-2

大夫之庶子爲適昆弟之長殤中殤
公爲適子之長殤中殤
大夫爲適子之長殤中殤
義服九升
夫之昆弟之子女子子之長殤中殤
大功九月
降服衰七升
姑姊妹女子子適人者
爲人後者爲其昆弟
女子子適人者爲衆昆弟
大夫爲世叔父母子昆弟昆弟之子爲士者

0013_0281-1

儀喪服圖 四四

公之庶昆弟大夫之庶子爲母妻昆弟
女子子嫁者未嫁者爲世父母叔父母姑姊妹
正服衰八升
從父昆弟
庶孫
適婦不降
姪丈夫婦人服
公之庶昆弟大夫之庶子皆爲其從父昆弟之爲大夫者不降
大夫大夫之妻大夫之子公之昆弟爲姑姊妹女子子嫁於大夫
有出降無尊降

張本下象鼻題監生陳浚四字傳本剪去之

0013_0281-2

君爲姑姊妹女子子嫁於國君
有出降無尊降
義服衰九升
夫之祖父母世父母叔父母
爲夫之昆弟之婦人子適人者
大夫之妻爲君之庶子
繐衰裳 衰四升半
[illegible]
義服
諸侯之大夫爲天子
殤小功
降服衰十升
叔父之下殤
適孫之下殤
昆弟之下殤

0013_0282-1

喪服圖 四五

大夫庶子爲適昆弟之下殤
姑姊妹女子子之下殤
爲人後者爲其昆弟之長殤
從父昆弟之長殤
昆弟之子女子子之下殤
姪庶孫丈夫婦人之長殤
大夫公之昆弟大夫之子爲其昆
弟庶子姑姊妹女子子之長殤
大夫之妾爲庶子之長殤
義服十二升
夫之叔父之長殤
夫之昆弟之子女子子之長殤
[illegible]

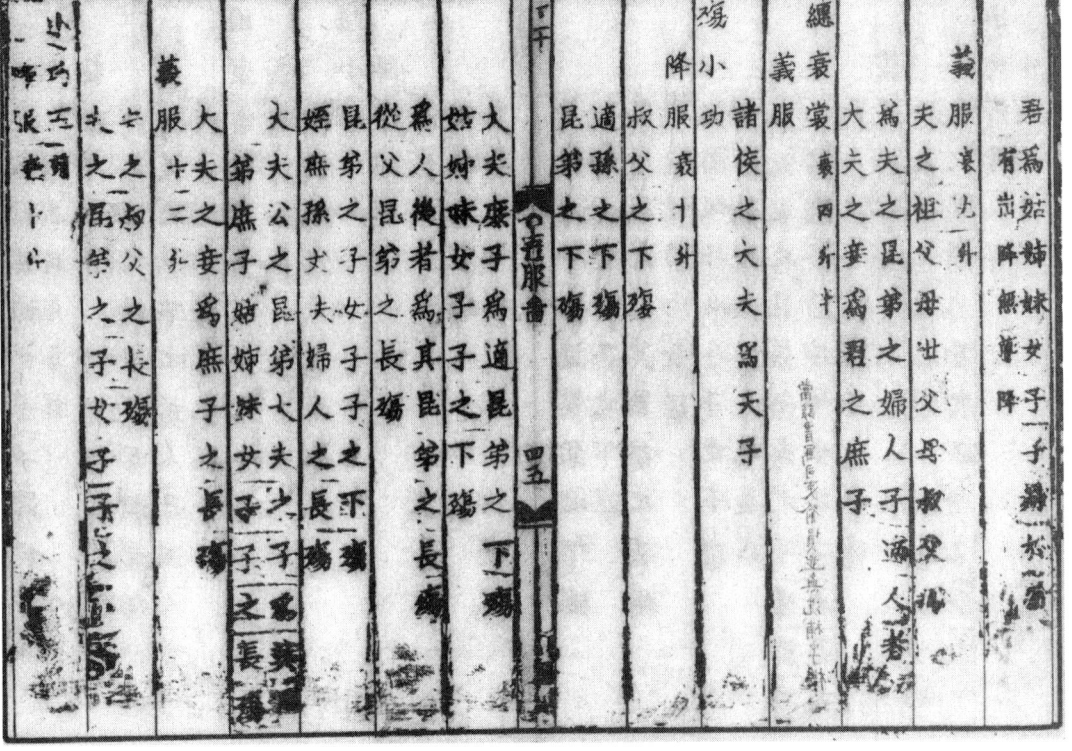

0013_0282-2

從父姊妹
孫適人者
爲人後者爲其姊妹適人者
大夫大夫之子公之昆弟庶孫[illegible]
姊妹女子子適士者
大夫之妾爲庶子適人者
正服衰十一升
從祖祖父母
從祖父母報
從祖昆弟
外祖父母
從祖父夫婦人報
庶婦
君母之父母從母
君子子爲庶母慈己者

0013_0283-1

義服衰十二升
夫之姑姊妹娣姒婦報
緦麻三月
降服十五升抽其半
庶孫之中殤注云中當作下
從祖父從祖昆弟之長殤
從父昆弟姊之下殤
從母之長殤報
從父昆弟之子之長殤
昆弟之孫之長殤
爲人後者爲其母
[illegible]與降服同
正
族曾祖父母
族祖父母

0013_0283-2

族父母
族昆弟
庶孫之婦
從祖姑姊妹適人者報
外孫
族祖昆弟之子
曾孫
父之姑
從母昆弟
甥
壻
妻之父母
姑之子
舅

0013_0284-1

舅之子
君母之昆弟
義服外數與降服同
夫之叔父之中殤下殤
夫之姑姊妹之長殤
士爲庶母
貴臣貴妾
乳母
夫之諸祖父母報
爲夫之從父昆弟之妻
案儀禮經傳晋諸降服[illegible]
殤義服[illegible]

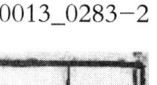

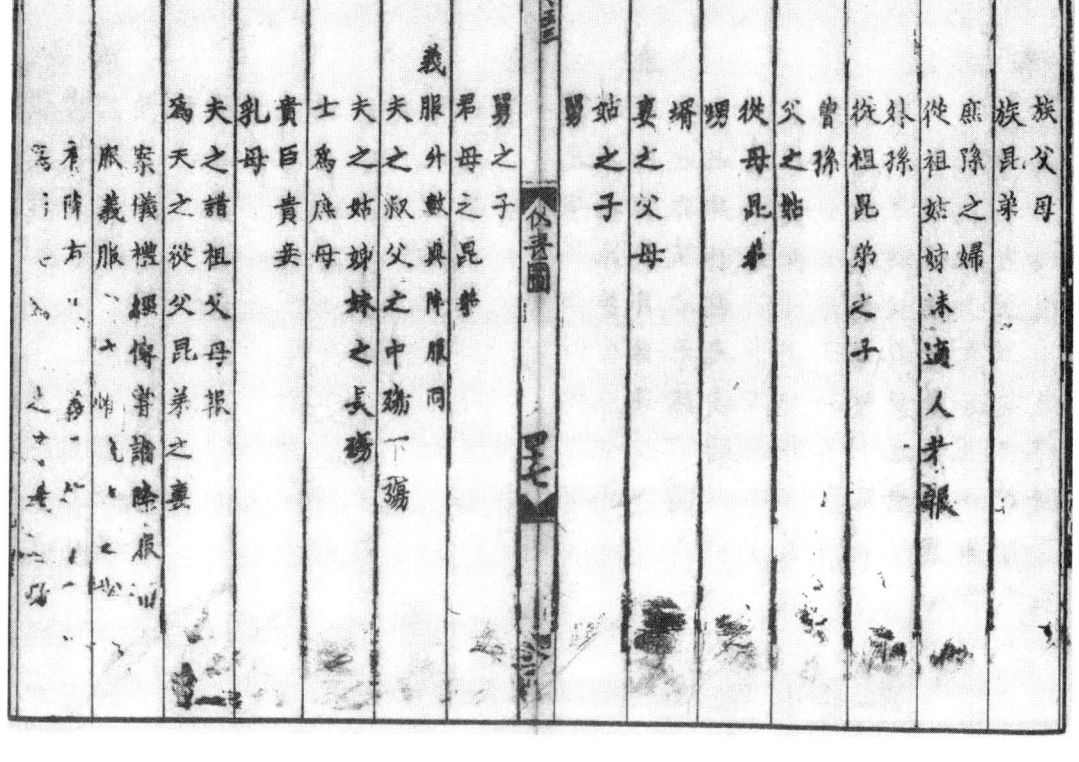

爲[illegible]子臣爲君之等是義斬姑
[illegible][illegible]出適之等爲降婦人爲夫
之族類爲義後之言禮者皆宗
之則其說有不可廢者推疏其
三年與不杖二章其說不同[illegible]
疏衰期傳疏曰降服齊衰四升
正服齊衰五升義服齊衰六升
又案喪服記斬衰三升疏曰齊
衰降服四升正服五升義服六
升又曰降服四升此據父卒爲
母齊衰三年而言若夫父卒爲
母齊衰三年而謂之降服者以
子爲父母恩愛本同今爲父斬
衰三升爲母齊衰四升是爲父

厭降斬衰三升而爲齊衰四升
也亦如殤大功小功章有降有
正有義而降服最重蓋以殤故
降齊衰而爲大功或降大功而
爲小功也又案不杖章疏曰此
章有降有正有義夫不杖章所
以有降服者謂爲人後者爲其
父母女子子適人者爲其父母
之類皆具降斬衰齊衰三年而
爲不杖期也此義亦甚明白無
可疑者故今據此義例爲之立
目又案疏家於喪服蓋嘗舉五
服[illegible]以[illegible]事[illegible]

義則與疏衰期傳疏[illegible]
不同又謂不杖章本正有[illegible]
等亦與不杖章疏文不同[illegible]
說自相抵牾此不可[illegible]

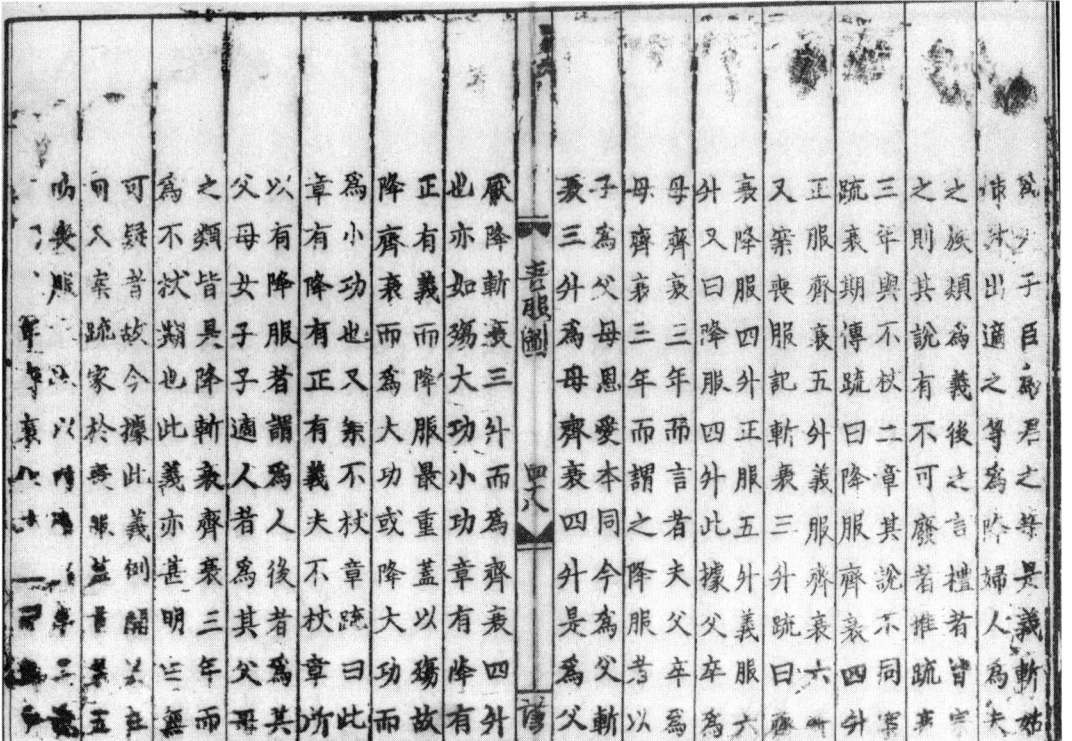

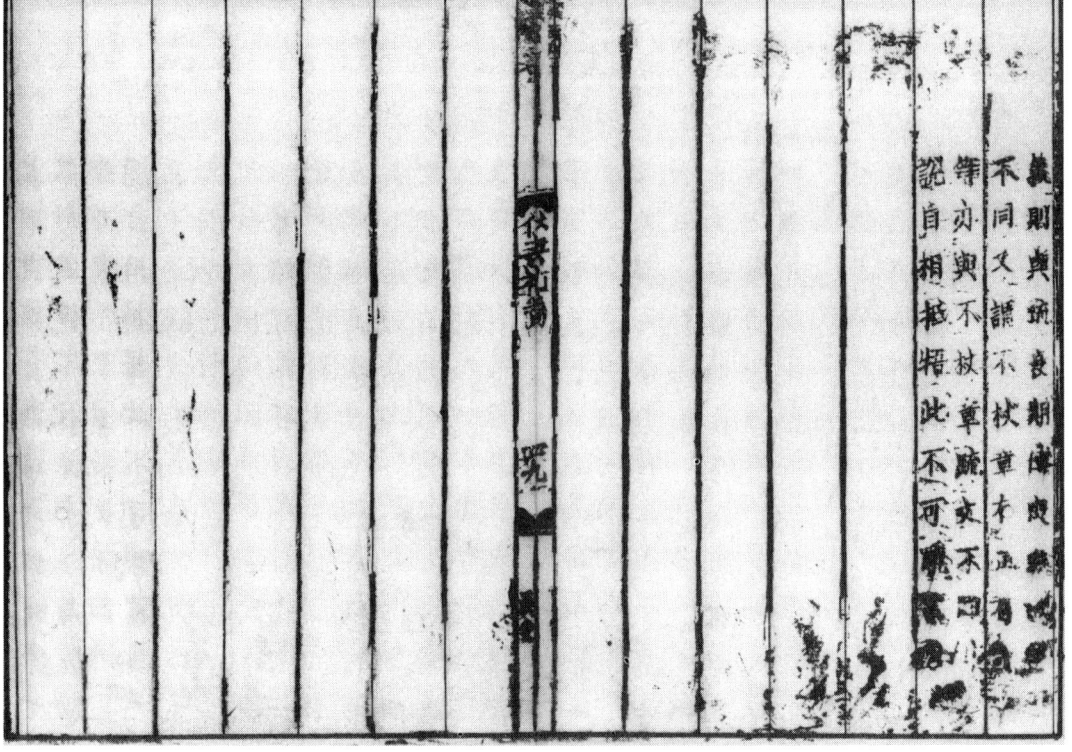

0013_0286-2

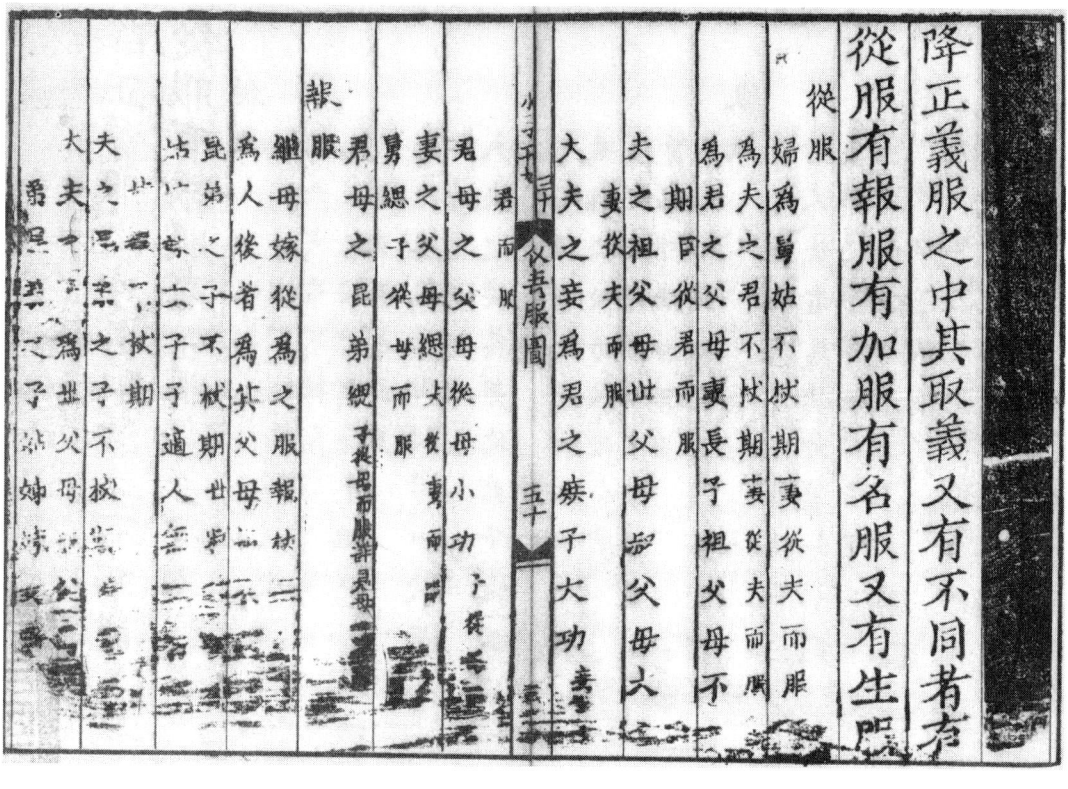

降正義服之中其取義又有不同者有

從服有報服有加服有名服又有生服

從服

婦爲舅姑不杖期 妻從夫而服

爲夫之君不杖期 妻從夫而服

爲君之父母妻長子祖父母不[…]

期 臣從君而服

夫之祖父母世父母叔父母大[…]

妻從夫而服

大夫之妾爲君之庶子大功 妾[…]

儀禮喪服圖 五十

0013_0287-1

君母之父母從母小功 子從[…]

君而服

妻之父母緦 夫從妻而服

舅緦 子從母而服

君母之昆弟緦 子從母而服詳見[…]

報服

繼母嫁從爲之服報 杖[…]

爲人後者爲其父母報[…]

昆弟之子不杖期 世叔[…]

姑姊妹女子子適人者[…]

夫之昆弟之子不杖[…]

大夫中[…]爲世父母[…]

[…]昆弟之子姑姊妹[…]

0013_0287-2

主者爲大夫命婦者不杖期

子不報

姪丈夫婦人報大功

從祖祖父母從祖父母報小功

從祖丈夫婦人報小功

夫之姑姊妹娣姒婦報小功

從祖姑姊妹適人者報緦

從母之長殤報緦

夫之諸祖父母報緦

甥緦 舅報

壻緦 妻之父母報

姑之子緦 舅之子報

名服

世母叔母不杖期 以名服

儀禮喪服圖 五十一

0013_0288-1

士爲庶母緦 以名服

乳母緦 以名服

從母昆弟緦 以母名服

加服

爲外祖父母小功 以尊加也

從母丈夫婦人報小功 以名加也

君子子爲庶母慈己者小功 以慈己加也

生服

夫之娣姒婦報小功

爲夫之從父昆弟之妻

取同室而已則娣姒與堂娣

姒不應有殊婦人於夫之昆弟

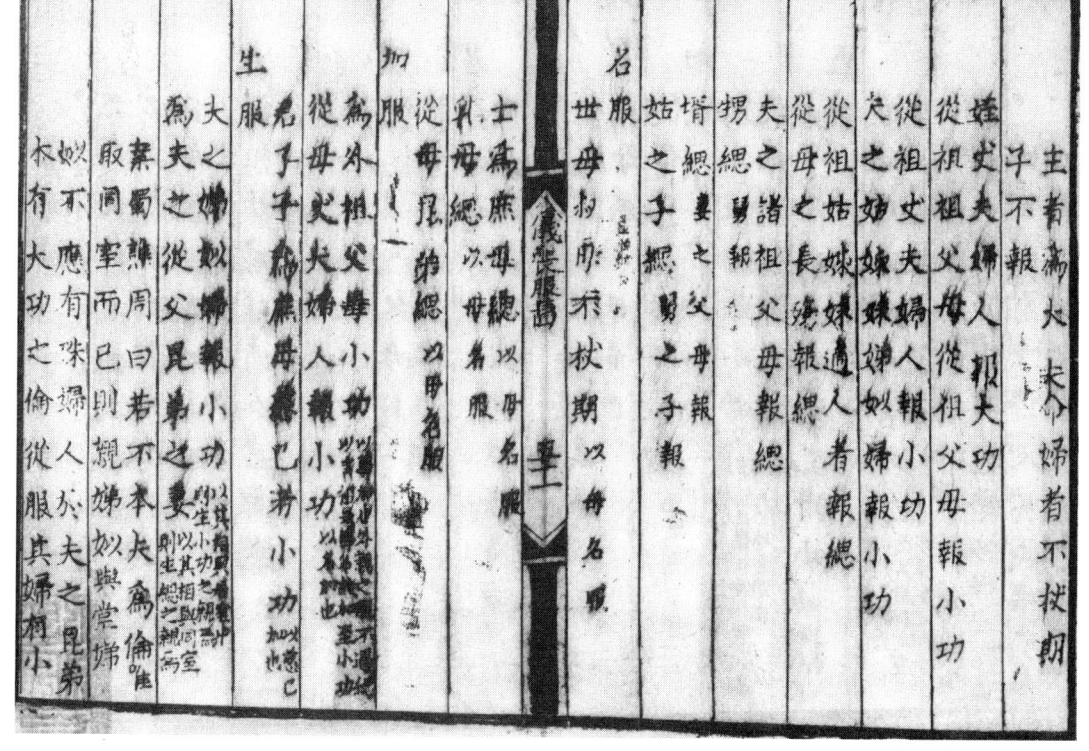

本有大功之倫從服其婦期小

0013_0289-1　　0013_0288-2

以六倫於夫族父母昆弟者之以
之倫從服其婦有緦麻之倫也
夫以遠之而不服然婦從服於
而服之然則以而異宜循自於
其倫
服

儀禮記畫　五二

0013_0290-1　　0013_0289-2

喪服旁通圖

[illegible]

笄纚	總	衣	屨
始死孝子先去冠[illegible]二日乃去之[illegible]		十五升白布[illegible]	[illegible]而杖
斬衰[illegible]男子			
婦人	士喪禮注[illegible]笄而纚[illegible]	縞總	[illegible]	不杖
[illegible]衰[illegible]親以下			白布深衣　崔氏	[illegible]
婦人	士喪禮注[illegible]笄而纚	縞總	白布深衣　崔	[illegible]

儀禮圖　五十三

笄

[illegible]長短之制未詳

問喪注云[illegible]去冠[illegible]古者男子婦人[illegible]笄纚[illegible]古人[illegible]

總

[illegible]

[illegible]

纚

[illegible]

[illegible]

髽

[illegible]云婦[illegible]之[illegible]死去冠[illegible]

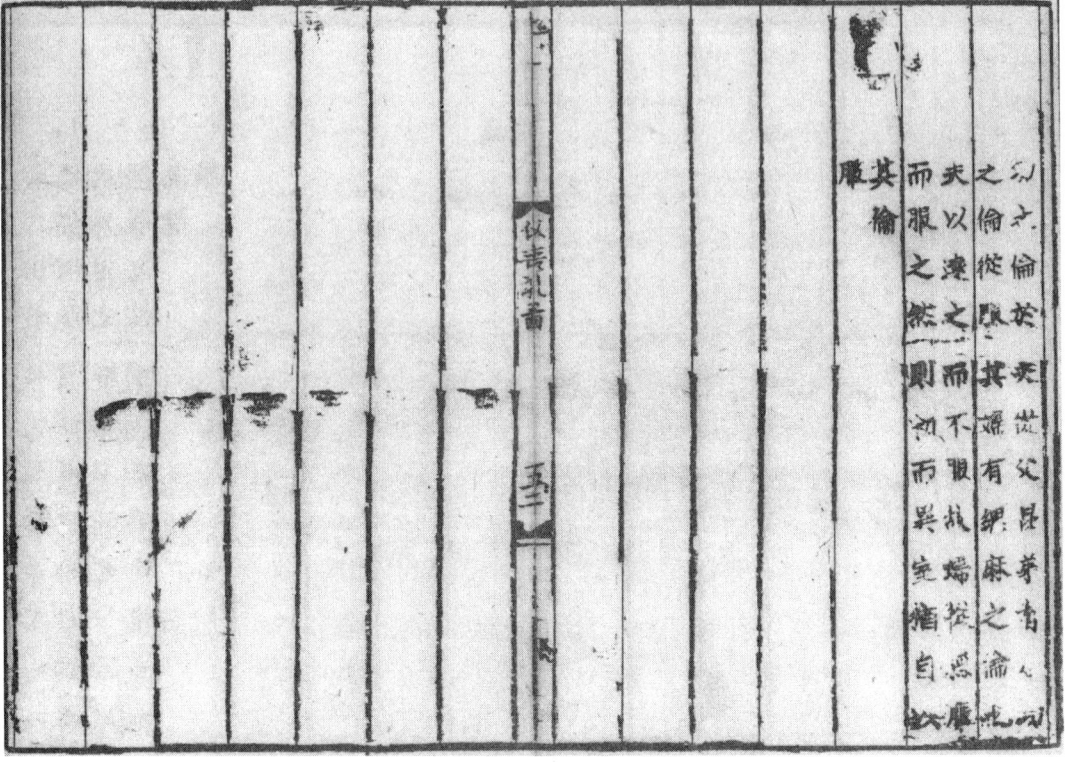

0013_0270-2

小斂變服圖

環絰

雜記云小斂環絰公大夫士
一也○注云環絰一股所謂
纏絰也士素委貌大夫以上素爵弁
而加此絰焉○疏云親始死去笄纚今
至小斂不可無飾士素委貌大夫以
上素弁而貴賤悉得加此環絰也弁
以一股而纏者是兩股相交則謂
之絞今云環絰是周回纏繞之名又
鄭注弁師云環絰者大如緦之麻絰
纏而不糾○今案緦絰之大見襲絰

帶圖

0013_0271-1

素爵弁

案雜記注大夫以上素爵弁疏
大夫以上素爵弁者雜記云大
夫與殯亦弁絰以大夫與他殯尚弁
絰則其子弁絰明矣諸侯以上尊固
宜弁絰○今案司服凡弔事弁絰服
疏云爵弁之形以木爲體廣八寸長
尺六寸以三十升布染爲爵頭色赤
多黑少今爲弁絰之弁其體亦然但
不同爵色之布而用素
爲之故云如爵弁而素

素委貌

案雜記注云素委貌疏云彼
素委貌者試緣緇冠語變者
之大夫當天子之士也○案士冠
主人玄冠朝服注云玄冠委貌也

0013_0290-2

著冠與服同色若着玄端則首著
冠是服玄端必兼玄委貌劉熙云
吾與子端委以治民晏平仲端委立
于虎門之外是也是知玄冠即委貌
是也但委貌制度今無所考惟漢輿
服志云委貌冠皮弁冠同制長七寸
高四寸制如覆杯前高廣後卑銳但
委貌用皁繒爲之若喪禮以素爲之

深衣

案崔氏變除云自始死至成服曰
布深衣不改○然則素弁亦不
改斂

今案雜記小斂環絰注云大夫以
上素爵弁而加此絰焉又喪大記

0013_0291-1

君將大斂子弁絰即位于序端又
案曾子問云麻弁絰注曰弁而加
環絰此三條與司服弁師所謂弔
服弁絰其制並同也若可疑者又
案雜記小斂環絰疏家引鄭注弁
師云環絰者大如緦之絰纏而不
糾今此所謂彼經注也則是疏家
已合小斂環絰與弔事弁絰爲二者
而爲一矣豈弁絰本爲弔服而設
然親始死孝子去冠或在道或小
斂大斂不可無飾故大夫以二者
必兼弁而加環絰歟又案雜記云
大夫之喪亦弁絰以大夫視它喪
爲弁絰則其子弁絰觀彼明矣

0013_0292-1　0013_0291-2

氏擧除乃云辭介妻親環經乃括髮之後始用之其不然可明矣○又案士喪禮主人拜賓之後乃奠之前云襲經所謂經者首經與要經散帶之總稱則知散帶在乃奠之前今雜記小斂環經注家乃加散帶二字注說非是

0013_0293-1　0013_0292-2

髺髮免髽圖

髺髮　[illegible]

初喪親始死髻髮者去笄纚而[illegible]為之狀如今之著幓頭矣自項[illegible]首交於額上卻繞紒也[illegible]○今案喪服小記云斬衰括髮以麻[illegible]為母括髮以麻免而以布[illegible]初喪至小斂後括髮與父同[illegible]至尸斂畢子拜賓事之時猶襲[illegible]皆為父則括髮以至大斂[illegible]母喪則襲經帶乃奠則已等布免矣此為母與父異者也

免

士喪禮云衆人免注云於尸東[illegible]者素冠今至小斂則和以免代[illegible]之制未聞舊說以為如冠狀[illegible]用布為之狀如今之著幓頭矣[illegible]項中而前交於額上卻繞紒也○此經文惟言衆主人而貫之[illegible]疏云齊衰以下至緦麻首字[illegible]也○其所用布之升數未詳

髽

士喪禮云婦人髽于室注云始死將斬衰婦人去纚將齊衰婦人[illegible]笄而纚至小斂去笄纚而以麻[illegible]也髽之異於髻者既去纚而以[illegible]為大紒如今婦人露紒其象[illegible]麻布亦如著幓頭然[illegible]

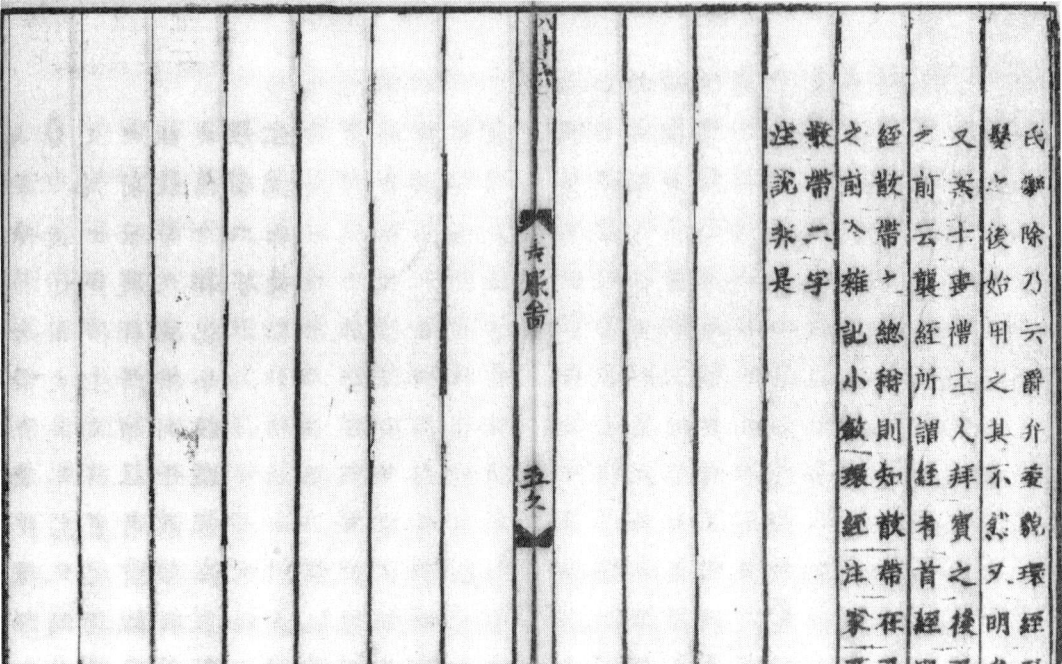

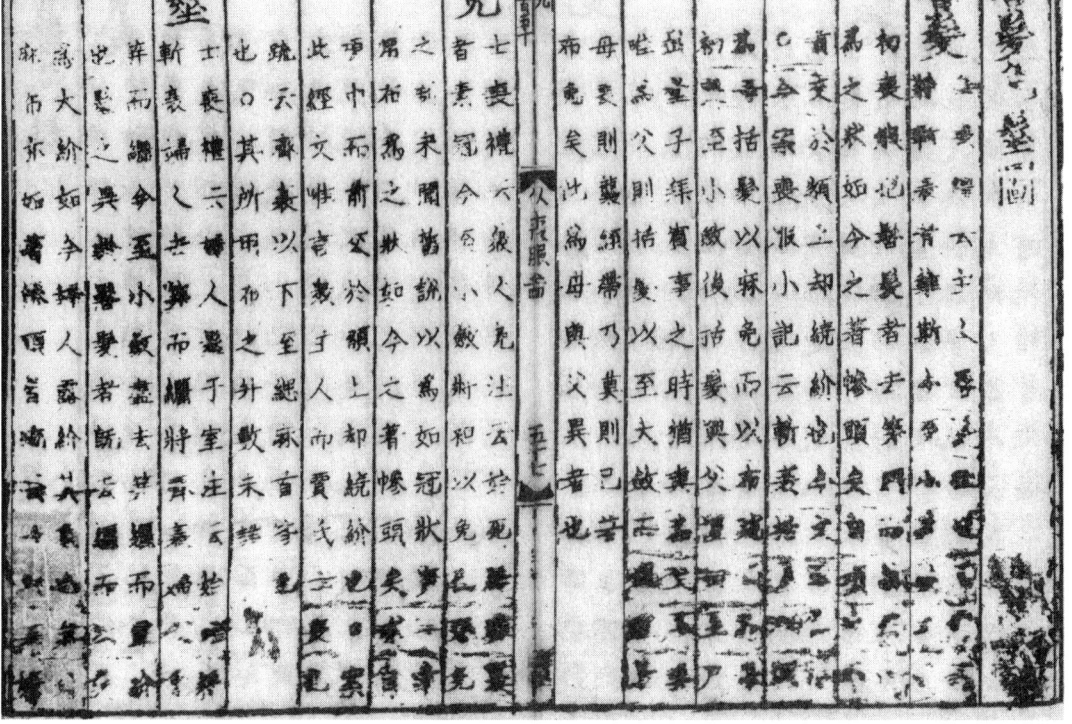

0013_0293-2

大斂笄纚而麻髽將齊衰婦人之
笄與纚而布髽也。○其大功以下之
髽案賈氏疏則自齊
衰以下至緦首布髽

右括髮免髽乃小斂至大斂未
成服之制又有變禮括髮免髽
者奔喪是也有啓殯見柩變
同小斂之時者師之禮丈夫髽
散帶垂是也大要不出此三節
而免之用爲尤廣蓋喪禮未成
服以前莫重於袒括髮種言曰
袒括髮去飾之甚也括髮以麻
免以布又曰免不冠者之所服
則免之禮稍殺於袒括髮也是

0013_0294-1

故小斂爲父括髮而三於成服
爲母則即位之後不括髮而爲
免小斂有括髮有免又啓殯則
雖斬衰亦免而無括髮以至卒
哭不惟此也自斬至緦皆有免
五世無服者亦袒免童子當室
免朋友在它邦亦袒免君弔雖
不當免時必免是免之用爲尤
廣也故今析括髮免髽爲三條
而逐條開具所用之節于下

括髮之節

小斂主人括髮袒 士喪禮大斂注云不言髽免括髮者小斂以來自若矣

奔喪括髮 詳見奔喪變服圖

免之節

0013_0294-2

爲父小斂馮尸襲至
爲母小斂主人即位而免
啓殯至卒哭免 詳見啓殯及啓殯至卒哭變服圖
喪服小記曰諸侯弔雖已葬
必先疏云凡五服自大功以上
重重服爲免之節自始死至葬卒
哭後乃不服免也小功以下爲
輕服爲免之節自始死至殯殯後
不復免至葬啓殯之後而免以至
卒哭如始死若人君來弔雖非服
免時必爲免以尊重人君故也○
又曰君弔雖不當免也主人必免
不散麻雖異國之君免也
親者皆免○已上君弔免

0013_0295-1

主人未除喪有兄弟自它國至則
主人不免而爲主 親質不崇敬異於君也○此不免
奔喪免 詳見奔喪變服圖
童子當室免 此本不當免而免
五世祖免
朋友在它邦袒免 已上五服之外袒免

髽之節

小斂髽
啓殯髽 詳見啓殯及啓殯至卒哭變服圖
奔喪髽 詳見奔喪變服圖

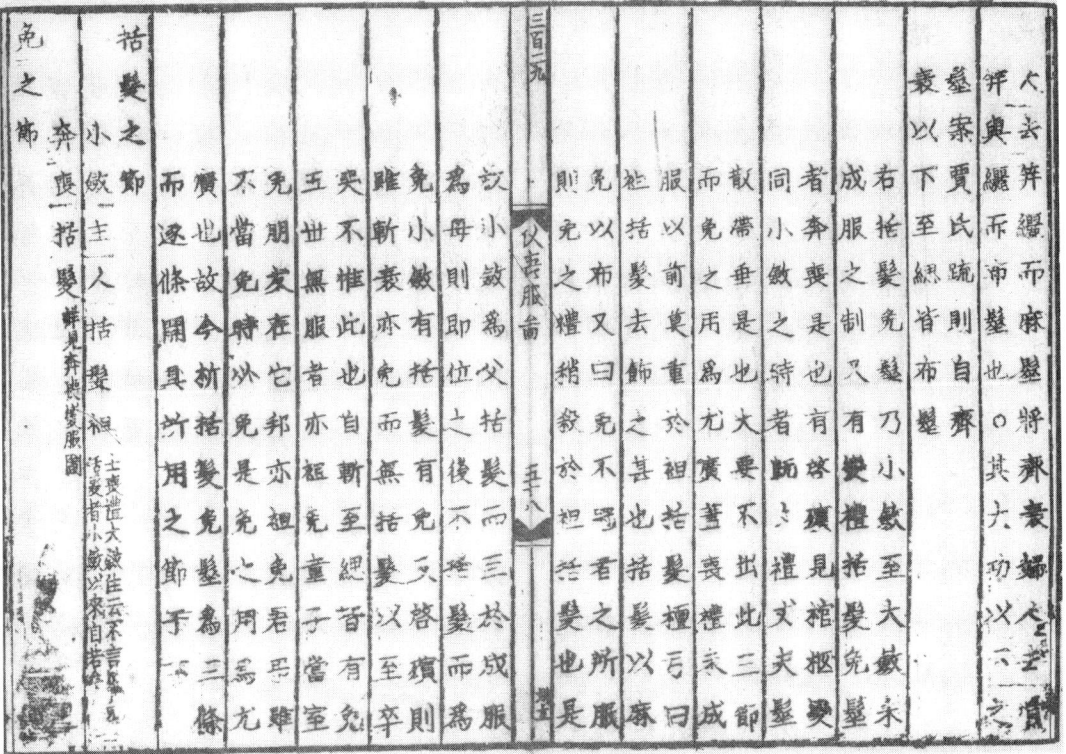

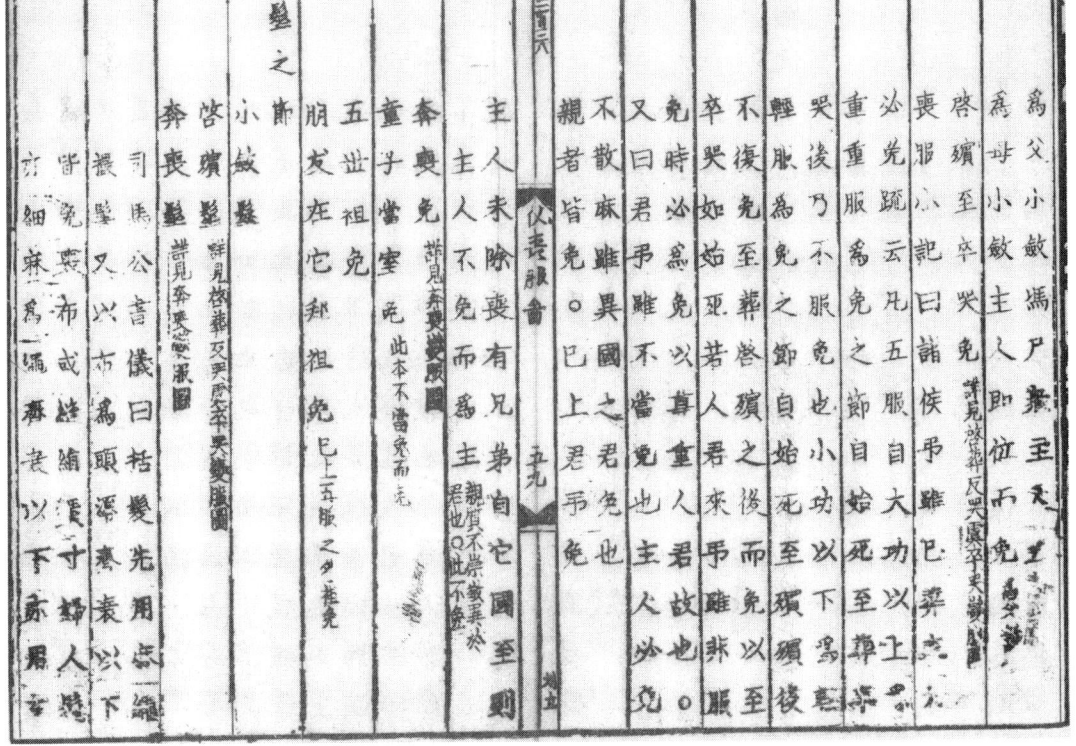

司馬公書儀曰括髮先用麻繩
撮髻又以布爲頭𢃄襃裹以下
皆免裂布或縫絹廣寸婦人髽
亦細麻爲一編麻衰以下亦用

0013_0295-2

絻音如惨頭之制自項向前交於額上卻遶髻如著惨頭也○免絻朱文公曰儀禮注疏以男子括髮與免及婦人髽皆如著惨頭然惨頭如今之掠頭編子自項而前交於額上卻繞髻也免或讀如字謂去冠○藍田呂氏曰免以布爲卷幘以約四垂短髮而露其髻於冠禮謂之缺項冠者必先著此缺項而后加冠故古者有罪免冠而缺項獨存因謂之免着免以其與冕弁之冕其音相亂故改音問

0013_0296-1

喪服圖

0013_0296-2

衰絰帶旁通圖

儀禮注疏所論絰帶寸分之數甚密而難用約法甚踈而易見今圖只用約法後成服受服圖準此

	首絰	要絰 象大帶者	絞帶 象革帶者
斬衰男子	以苴麻爲之圍九寸不去莩垢下本在左	苴麻爲之圍七寸二分散垂至三日絞之惟年五十不散垂	亦苴麻爲之王肅以爲其大如要絰雷氏以爲比要絰又五分去一
婦人	同前	亦苴麻爲之但初即絞之仍結其本不散垂	同前
齊衰男子	以牡麻爲之圍七寸二分右本在上雖齊衰三年亦同	牡麻爲之圍五寸七分有奇散垂	布爲之降齊衰布七升正齊衰八升義齊衰及三月皆九升

0013_0297-1

	首絰	要絰	絞帶
大功男子	以牡麻爲之圍五寸七分有奇右本在上	牡麻爲之圍四寸六分有奇散垂	布爲之降大功十升正大功布十升義大功十一升
婦人	同前	牡麻爲之圍同前但即結本耳	同前
婦人	同前	牡麻爲之圍同前但結本耳大功以上婦帶有本小功以下斷本爲殤小功帶不絕本	同前
小功男子婦人同	正服義服以牡麻爲之殤服以澡麻莩垢之麻爲之圍四寸六分有奇	正服義服牡麻殤服澡麻不絕本詘而反以報之圍三寸五分有奇並不散垂	布爲之降小功布十升正小功七?升義小功十二升
緦麻男子婦人同	澡麻爲之圍三寸五分有奇	澡麻爲之圍二寸八分有奇	布爲之十五升抽其半

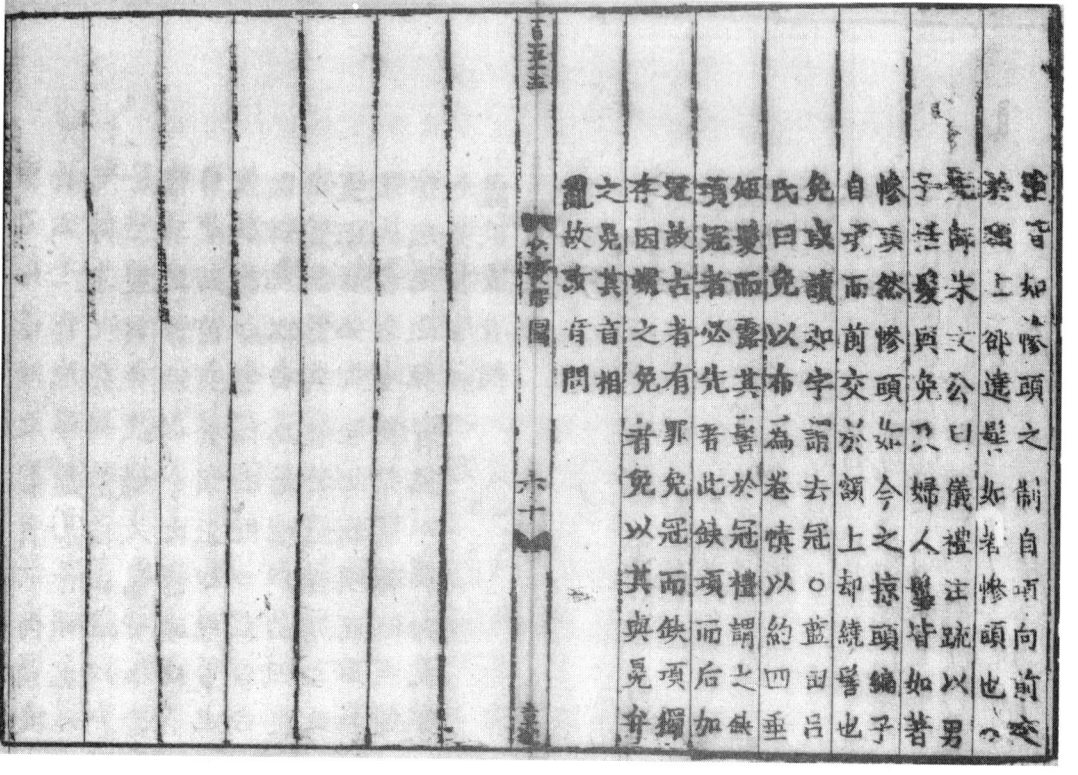

0013_0297-2

斬衰首絰左本有繩纓

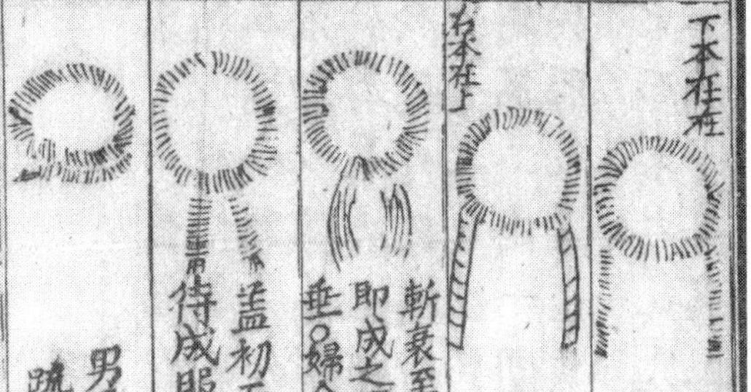

男子婦人用之

齊衰以下首絰右本大功以上有繩纓小功以下無纓

男子婦人皆用之

大功以上要絰散垂

斬衰至大功男子皆散垂不忍即成之至成服乃絞。五十不散垂。婦人之帶牡麻結本大散垂

小功以下要絰結本

蓋初而絞之不待成服絞垂也

斬衰麻絞帶

男子婦人用之　斬衰章疏齊婦亦有首絰與絞帶備喪禮

0013_0298-1

齊衰以下布絞帶

男子婦人皆用之

先師朱文公曰首絰右本在上者齊衰絰之制以麻根處著頭右邊而從頭前向左圍向頭後却就右邊元麻根處相接即以麻尾藏在麻根之下麻根搭在麻尾之上繳被之有纓者以其加於冠外故須著纓方不脫落也。問絰帶之制曰首絰大一搤只是拇指與第二指一圍腰絰較小絞帶又小於腰絰腰絰象大帶兩頭長垂下絞帶象革帶一頭有彄子以一頭串於中而束之。又曰革帶是正帶以束衣着不專爲佩而設大帶乃

0013_0298-2

申束之耳申重也故謂之申 張家士喪禮小斂馮尸主人括髮袒主人免于房婦人髽于室又士喪記曰既馮尸主人絞帶衆主人布帶喪大記曰婦人髽帶麻于房中以此觀之則知小斂馮尸之後括髮免髽之時主人已絞帶衆主人已布帶婦人已帶麻特主人未襲絰爾藍田呂氏曰婦人不俟男子襲絰亦先帶麻者以其無絞帶布帶且質略少變故因髽而襲絰也但喪服斬衰章疏云婦人亦有絞帶布帶以備喪禮呂氏云無絞帶布帶當考

0013_0299-1

張本下象鼻題監生孫欽四字傅本剪去之

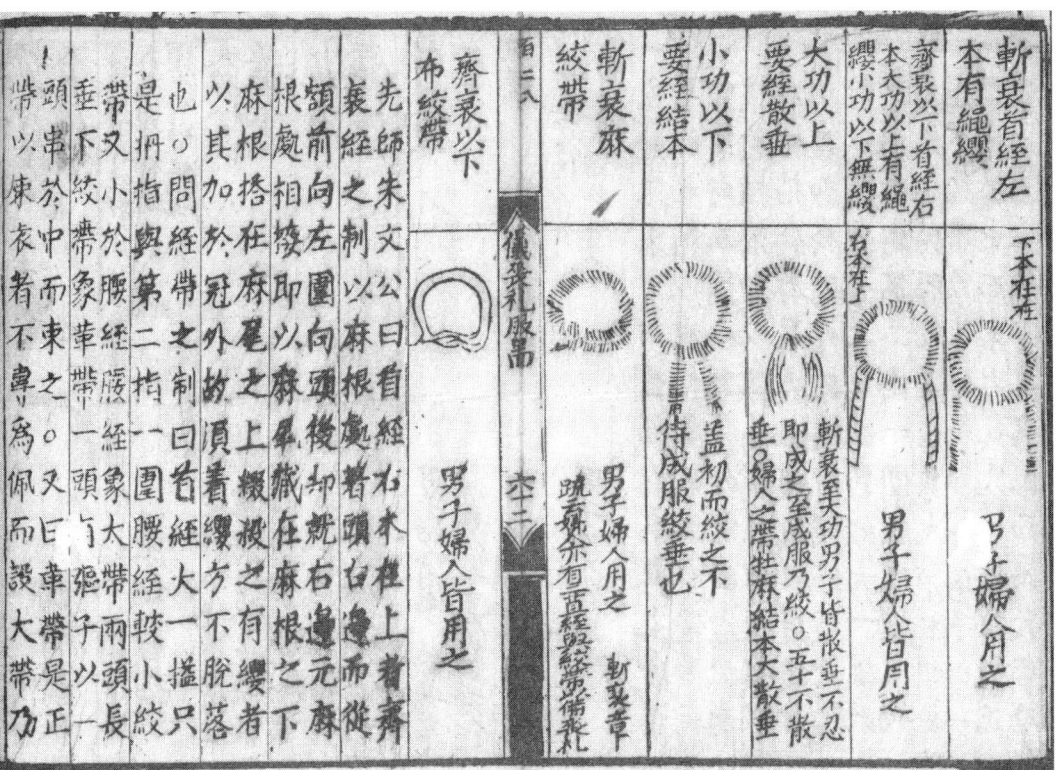

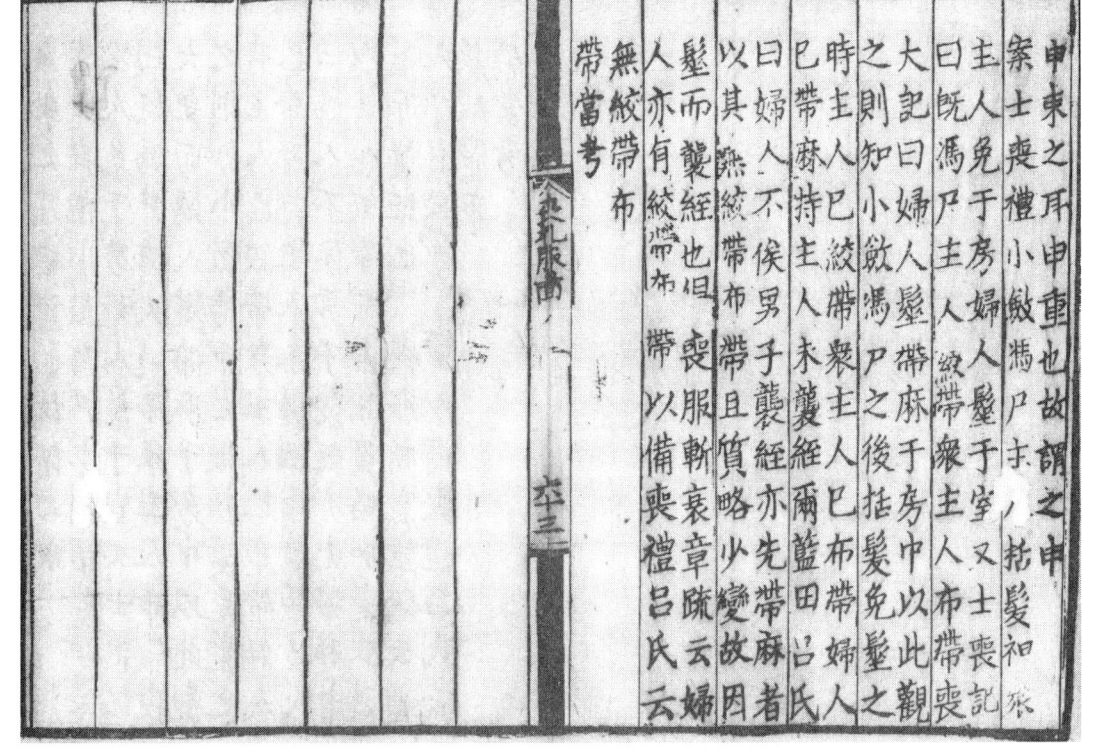

男子成服旁通圖

	冠	首絰	衰	[illegible]	[illegible]	[illegible]	[illegible]
斬衰	冠用布六升○[illegible]○辟積之縫向右○惟用水濯勿用灰○[illegible]三辟積廣二寸	[illegible]首絰即[illegible]用者已見前圖	[illegible]	[illegible]	[illegible]	[illegible]	[illegible]
義服	同前	同前	[illegible]	[illegible]	同前	[illegible]	[illegible]
齊衰三年	正服冠用布七升[illegible]○布用[illegible]○餘並同前	同前	正服布四升○正服[illegible]	[illegible]	同前	[illegible]	[illegible]
杖期	制皆同前[illegible]冠布八升	同前	[illegible]	[illegible]	[illegible]		同前
不杖期	[illegible]八升[illegible]○制同	同前	[illegible]正服五升[illegible]		同前		[illegible]
三月	制同不杖期義服	同前	皆同前	[illegible]	同前		[illegible]
大功殤服	冠用布十升○餘並同前	同前	布七升○[illegible]同前	[illegible]	[illegible]		同前
大功正服	制並同前	同前	布八升		同前		同前
大功義服	制並同前冠布十一升	同前	布九升		同前		[illegible]
繐衰	冠八升		布四升有半[illegible]小功		[illegible]		[illegible]
小功殤服	冠用布十一升○[illegible]○餘並同前	[illegible]同前	布十升		[illegible]		
小功正服	冠十一升		布十一升		[illegible]		
小功義服	冠十二升		布十二升				
緦麻	冠布十五升抽其半○[illegible]		布十五升抽其半[illegible]				

喪服冠制

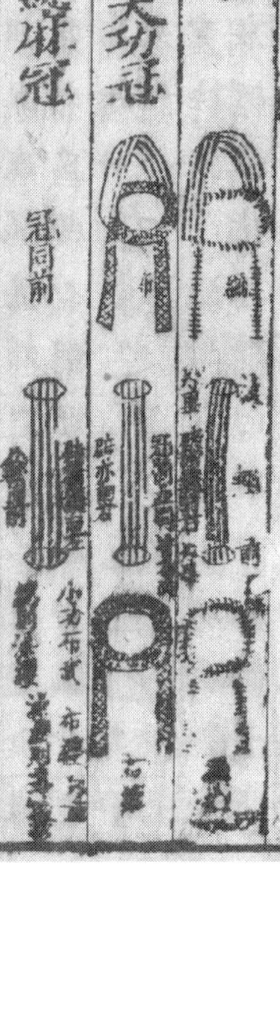

斬衰

齊衰大功冠

小功緦麻冠　冠同前

案五服之喪冠其制之異者有四○

升數之不同一也○斬衰[illegible]八十縷為升冠皆六升○齊衰三年與杖期與不杖期正服義服冠皆七升[illegible]正服義服冠皆八升義服冠皆九升齊衰三月冠九升○大功殤服大功正服與小功殤服冠皆十升○大功義服與小功正服冠皆十一升小功義服冠十二升緦冠十五升抽其半

○繩纓之與布纓澡纓二也斬衰用枲麻繩為纓自齊衰三年至小功皆用布為纓○緦冠澡纓○繩之[illegible]小布之升數未詳

右縫之與左縫三也大功以上衰冠辟積之縫向右○小功以下衰輕辟積之縫向左○雜記

勿灰之與灰四也惟斬衰冠纓勿灰盡以水濯之而已勿灰灰言

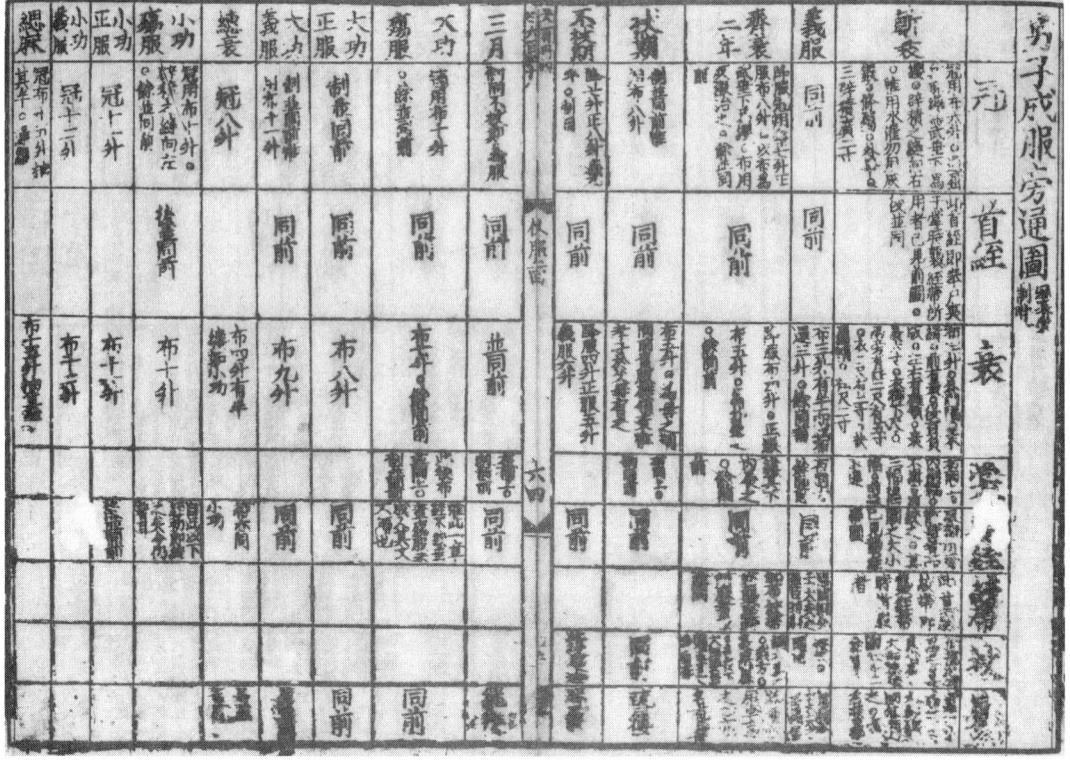

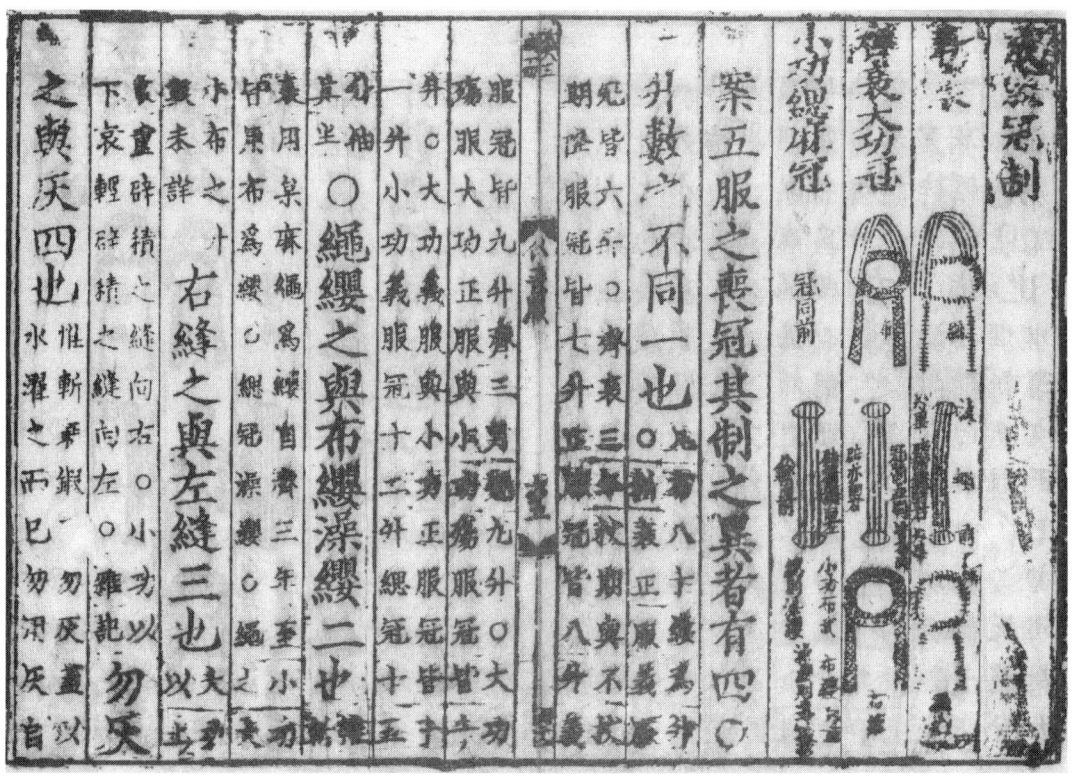

0013_0306-1　0013_0305-2

衰三年以下皆用灰治之○緦其
功者事其縷線以灰治之也
之同者亦四○條屬一也屬猶著也著之冠垂
之爲纓也○吉冠纓武異材凶冠纓
武同材○斬衰則用一條繩齊衰以
下則皆用一條布從額上約之至項
後交過兩相各至耳綴之爲武其餘
垂下者爲纓之頭○外畢二也外畢者冠前後
兩頭皆在武下向外出反屈之縫於
武而爲之兩頭縫畢向外案曲禮云
厭冠不入公門厭猶伏也喪冠厭伏
是五服同名由在武下出反屈之故

喪服圖　十六

得厭伏之名○又檀弓云古者冠縮
縫今也衡縫故喪冠之反吉非古也
是吉冠則辟積無殺橫縫亦兩頭皆
在武上向內反屈而縫之不得厭伏
之名○辟積之數三也冠皆三辟積自斬至緦其
廣袤之制四也自斬至緦其冠皆廣二寸
公子爲其母練冠諸侯之妾子厭於父爲母不得

0013_0308-1　0013_0307-2

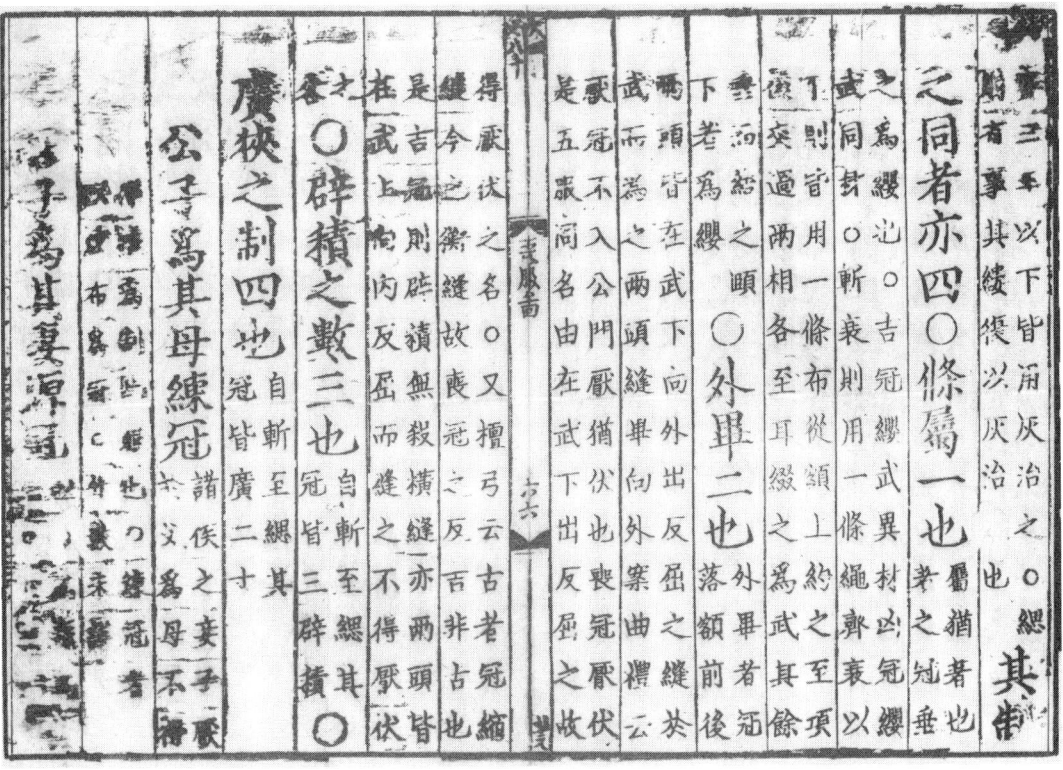

0013_0307-1　0013_0306-2

喪服衰裳制

衰制

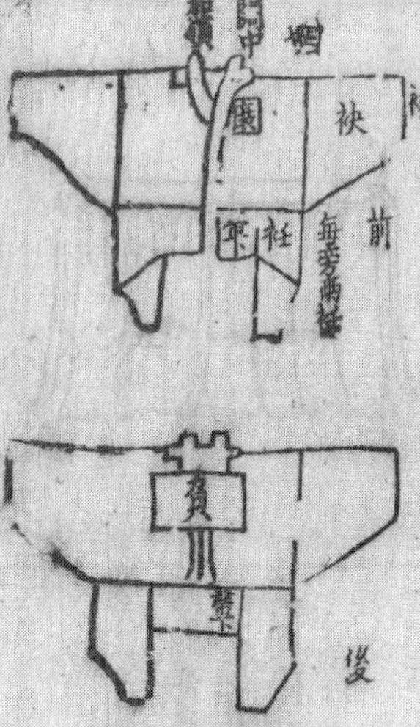

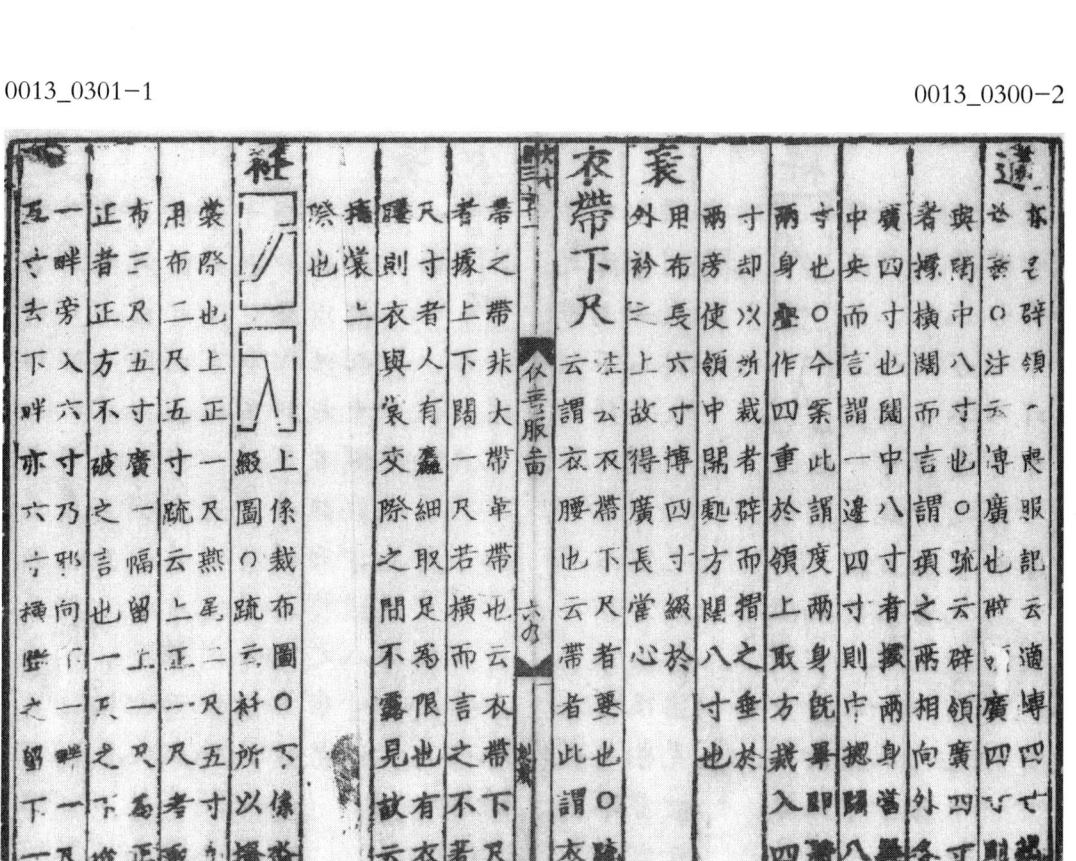

此圖係案先師朱文公家禮纂出仍加領於闊中有云儀禮注

裳制

用布爲之前三幅後四幅前後不連每幅作三輒輒皆𨑅其兩邊相著而空其中也

衰分制圖

負　亦名負版○用布方一尺八寸綴於背上領下垂之

0013_0301-1　0013_0300-2

適　亦名辟領○喪服記云適博四寸出於衰○注云博廣也辟領廣四寸則

與闊中八寸也○疏云辟領廣四寸者據橫闊而言謂項之兩相向外各廣四寸也闊中八寸者兩身當中央而言謂一邊四寸則中闊八寸也○今案此謂度兩身既畢即兩身疊作四重於領上取方裁入四寸却以所裁者辟而摺之垂於兩旁使領中間處方闊八寸也

衰　用布長六寸博四寸綴於外衿之上故得廣長當心

衣帶下尺　注云衣帶下尺者要也○疏云謂衣腰也云帶者此謂衣帶之帶非大帶革帶也云衣帶下尺者據上下闊一尺若橫而言之不著尺寸者人有麤細取足爲限也有衣腰則衣與裳交際之間不露見故云掩裳上際也

衽

上係裁布圖○下係綴圖○疏云衽所以掩裳際也上正一尺燕尾二尺五寸凡用布二尺五寸疏云上正一尺者取布三尺五寸廣一幅留上一尺爲正正者正方不破之言也一尺之下於一畔旁入六寸乃邪向下一畔一尺五寸去下畔亦六寸橫斷之留下一尺

0013_0308-2

尺爲正如是則用布三尺五寸得禓條衽衽各二尺五寸兩條共用布三尺五寸也

身也○疏云二尺有二寸○注云此謂袂中也言衣者明與身參齊二尺二寸其袖足以容中人之肱也衣自領至要二尺二寸倍之四尺四寸加辟領八寸而又倍之九衣用布一丈四寸

袂

細也○疏云屬幅者謂整幅二尺二寸不削去其邊幅取整幅爲袂必至削幅者欲取與下文衣二尺二寸縱橫皆二尺二寸正方者也

儀禮喪服圖 七十

0013_0309-1

袪

袖口也○廣尺二寸

今案衰服○方○衽○袂○袪○帶下自斷至緇皆同惟○衰○負版○左右辟領○據儀禮注云前有衰後有負板左右有辟領孝子哀戚之心無所不在疏云衰者孝子有哀摧之志負者負其悲哀適者指適緣於父母不念餘事然則此衰負板左右辟領四者惟子爲父母用之旁親不用也

司馬溫公書儀父母舅姑夫妻之服存古制度其衰之制布幞頭帶欄衫布帶大袖以下隨俗爲義

0013_0309-2

之○先師朱文公曰溫公儀內禮斬衰古制而功緦又却不古制是何許也古者五服皆用麻但布有差等皆有冠經但功緦之經小耳

○家禮斬衰衣裳用極麤生布齊衰用次等麤生布杖期又用次等生布不杖期及齊衰三月又用次等生布大功用稍粗熟布小功用稍熟細布緦麻用極細熟布

儀喪服圖

0013_0310-1

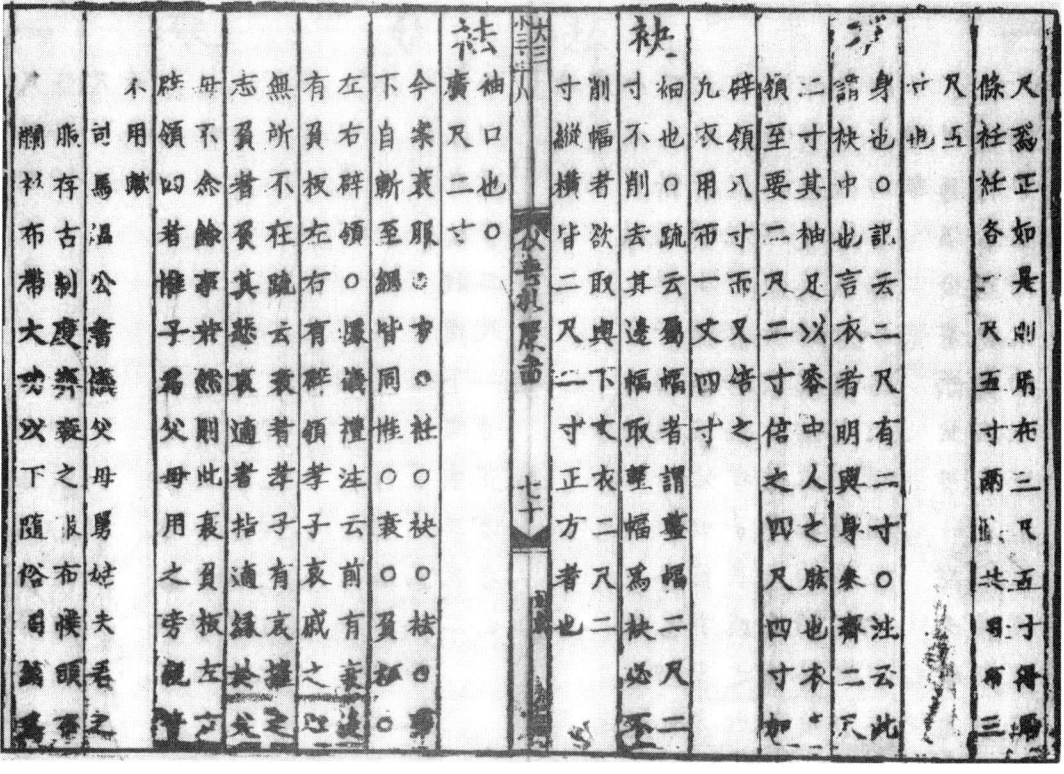

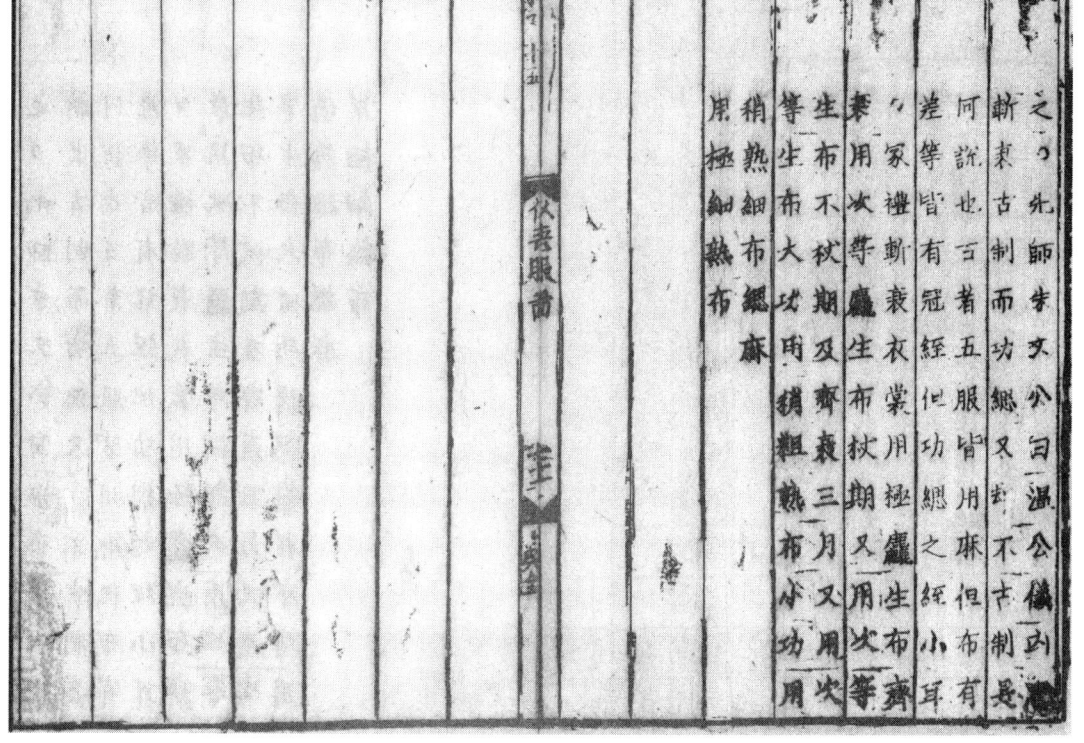

0013_0311-1　0013_0310-2

婦人成服變通圖

	總	笄	髽	首絰	衰 裳附	要絰 絞帶	杖	屨
斬衰	六升布爲總。束其本末出紒後所垂者長六寸	笄以箭條爲之。長尺	[illegible]	已見襲絰帶圖	[illegible]	已見襲絰帶圖	竹杖。制同男子	
義服	同前	[illegible]	同前		同前		同前	
齊衰三月	正服八升。義服九升。長八寸	[illegible] 榛木爲之 長尺	同前		[illegible] 餘並同前		桐杖。制同男子	
齊衰杖期	布八升 長八寸	同前	[illegible]		布五升。餘同前		同前	
不杖期	降七升。正服八升。義服九升。長八寸	[illegible]	同前		[illegible]		此後並不杖	
齊衰三月	布九升。長八寸				同前			
大功殤服	布七升。長八寸		大功以下[illegible]		布七升。餘同前			
大功正服	布十升。長八寸				布八升。餘同前			
大功義服	布十一升。長八寸				布九升。餘同前			
小功殤服	布十一升。長一尺				布十升 餘同前			
小功正服	布十二升。長一尺				布十一升。餘同前			
小功義服	布十二升。長一尺				布十二升。餘同前			
緦麻	布十五升抽其半。長一尺				布十五升去其半。餘同前			

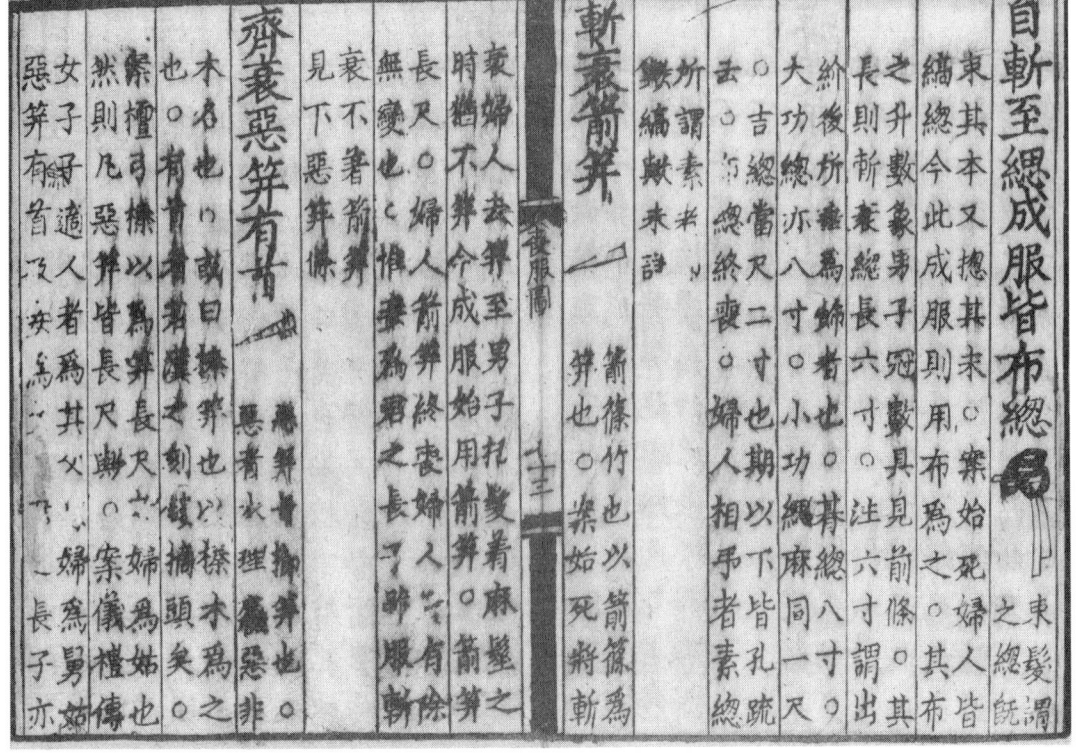

0013_0312-1　0013_0311-2

自斬至緦成服皆布總

束髮謂之總既束其本又摠其末。案始死婦人皆纚總今此成服則用布爲之。其布之升數象男子冠數具見前條。其長則斬衰總長六寸。注六寸謂出紒後所垂爲飾者也。其總八寸。大功總亦八寸。小功緦麻同一尺。吉總當尺二寸也期以下皆孔疏云。又總終喪。婦人相弔者素總所謂素紒[illegible]緦總[illegible]縞[illegible]

斬衰箭笄

箭篠竹也以箭篠爲笄也。案始死將斬衰婦人去笄至男子括髮着麻髽之時猶不笄今成服始用箭笄。箭笄長尺。婦人箭笄終喪婦人有除無變也。惟[illegible]爲君之長子晰服斬衰不著箭笄見下惡笄條

齊衰惡笄有首

惡笄者櫛笄也。惡者謂理殺惡非木名也。或曰榛笄也。榛木爲之也。有首者若今之刻鏤摘頭矣。榛櫛可以爲笄長尺。婦爲姑也然則凡惡笄皆長尺與。案儀禮傳女子子適人者爲其父母婦爲舅姑惡笄有首以[illegible]長子亦

張本下象鼻題監生陳浚四字傳本剪去之

0013_0312-2

惡笄有首餘無明文則齊衰輕期之笄未詳○婦人惡笄終喪惟女子子既卒哭而歸夫家則折吉笄之首以笄吉笄者象骨爲之吉時有首爲其太飾故折之

大功以下笄

未詳○今案女子子既卒哭折吉笄之首以笄又婦人相弔者吉笄無首素總則此大功以下之笄或者亦吉笄無首而加以布總歟

斬衰以下髽

髽之制先儒所釋各不同今條具在下○士喪服篇

喪服圖　七四

0013_0313-1

注云髽露紒也猶男子之括髮斬衰括髮以麻則髽亦用麻以麻者自項而前交於額上却繞紒如著幓頭焉○賈氏疏曰髽有二種一是未成服之髽即士喪禮所云將斬衰者用麻將齊衰者用布是也二者成服之後露紒之髽是也又云自斬至緦婦人皆露紒而髽○喪服小記孔氏疏引皇氏之説曰婦人之髽有三有麻有布有露紒也其形雖異皆謂之髽也一者麻髽謂斬衰括髮以麻則婦人于時髽亦用麻是也二者布髽謂男子免對婦人髽男免既用布則婦人不容用麻也是知男子爲母免時則

0013_0313-2

[illegible]年三年之[illegible]

[illegible]髽之必不言用布髽故非枉[illegible]又[illegible]齊衰輕期髽無麻布雖[illegible]

[illegible]書爲本親父母髽亦[illegible]知[illegible]惡名髽也又云然恬[illegible]

[illegible]之髽則衣笄○孔疏雖引皇[illegible]即又駁之曰今考校正有二髽

斬衰麻髽二是齊衰布髽皆名[illegible]其將斬[illegible]於男子括髮之時[illegible]

齊爲髽[illegible]將齊衰者於男子免時[illegible]以布[illegible]葬之時婦人之髽則[illegible]

[illegible]成服之時[illegible]其大功以下則無[illegible]之○今考三説互有得失更當[illegible]詳

儀禮喪服圖　七五

0013_0314-1

[illegible]喪服四制[illegible]者不[illegible]

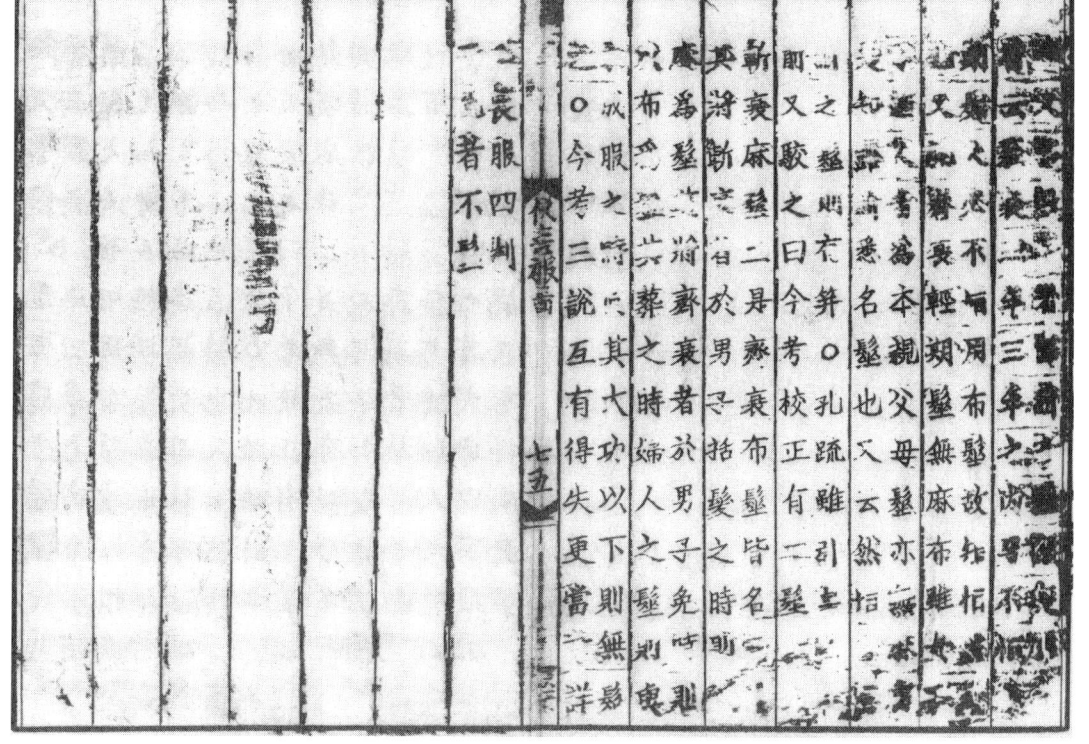

0013_0314-2

杖（齊見喪大記成服變除雜記）

斬衰三年父母妻期皆杖

君之喪三日子夫人杖○五日既殯授

大夫世婦杖○又曰諸達官之長杖

大夫之喪三日之朝既殯主人主婦室

老皆杖

士之喪二日而殯三日之朝主人杖婦

人皆杖子皆杖

已上杖之日先後

童子不杖○婦人不杖（此亦童子婦人）

已上不當杖

父在爲母不敢杖（辟尊者）○庶子不以杖即

位（子皆杖不以即位與去杖同下適子）○爲長子杖則其子不

喪服圖 十六

0013_0315-1

以杖即位（祖不厭孫孫得杖但與祖同不敢盡禮得以杖即位辟尊者）爲妻父母

在不杖（不敢於私喪）

已上本當杖而不杖

婦人不爲主而杖者姑在爲夫杖○母

爲長子杖○女在室爲父母其主喪者

不杖則子一人杖○庶子父在爲妻以

杖即位（謂父不主庶子之喪者不伸也）○父不主庶子喪則孫

以杖即位（祖不厭孫孫得伸也）○童子當室則免而杖

已上若不當杖而杖

君之喪子大夫寢門之外杖寢門之內

輯之（輯斂也不以拄地）○大夫世婦在其次

則杖即位則使人執之（辟殯柩在門內神明所在）○子有王命則

去杖（世子有天子之命則不敢杖）○國君之命則輯杖（鄰國之君使人來弔）

○聽卜有事於尸則去杖（敬卜及尸）○大夫於

0013_0316-1

喪服圖 十七

0013_0315-2

君所則輯杖（敬君也）○於大夫所則杖（同爲臣無相敬去杖以敬也）

○大夫之喪大夫有君命則去杖

大夫之命則輯杖（敬故以卑下）○內子爲夫人之

命去杖（君夫人有命即子婦者）爲世婦之命授人杖（君之世婦命卿內子）

○士之喪於君命夫人之命如大夫（皆去杖如）

（大夫之禮）於大夫世婦之命如大夫（大夫之命則輯杖世婦之命授人杖也如）

（大夫之證）○大夫士哭殯則杖哭柩則輯杖（哭殯隆哭）

（哭柩以後）○堂上不杖（其辟尊者之處爲其感動也）○賓杖不入於

室祔杖不入於堂

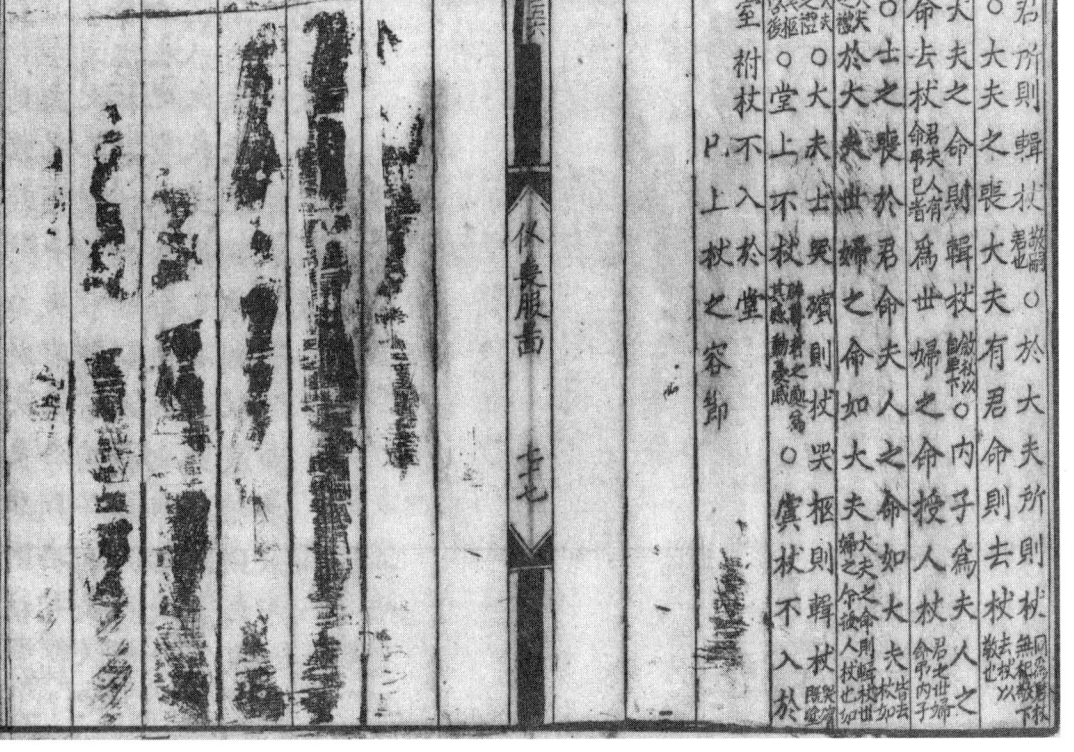

已上杖之容節

0013_0316-2

喪車制圖 詳見喪服制度

木車（始遭喪所乘）蒲蔽（不漆者　以蒲為蔽蔽謂車旁禦風塵者）犬褀（犬白犬皮既以皮為覆笭又以其毛為式戟之弢麤布）疏飾（皆以麤布飾物之側為之緣）小服皆疏（服讀為箙小箙刃劍短兵之衣）

0013_0317-1

素車（卒哭所乘　以白土堊車也）蕡蔽（蕡讀為藻蘋麻以為蔽）犬褀素飾（以素繒為緣）小服皆素（以素繒為緣）

藻車（既練所乘　水草蒼色以蒼土堊車）藻蔽（以蒼繒為蔽）鹿淺褀革飾（以鹿夏皮為覆笭又以所治去毛者緣之）

駹車（大祥所乘　駹車邊側有漆傷）萑蔽（細葦席）然褀髤飾（然果然獸名髤赤多黑少之色韋也）

漆車（禫所乘　黑車）藩蔽（即上文葦席漆即成藩）豻褀雀飾（豻胡犬名雀頭黑多赤少雀即緣也）

司馬温公曰父母之喪不當出若為喪事及有故不得已而出則乘樸馬布裹鞍轡（以代古喪車婦人以布幕車簷）

0013_0317-2

奔喪變服圖

奔父喪

升自東階殯東　西面坐哭盡哀　括髮袒

降堂東即位　西鄉哭成踊　襲絰于序東絞帶反位

於又哭　括髮袒

於三哭　括髮袒

三日　成服

0013_0318-1

奔母喪

西面哭盡哀　括髮袒

降堂東即位　西鄉哭成踊　襲絰絞帶

於又哭　不括髮（為母於又哭而免輕於父也）

於三哭及三日成服如奔父喪之禮

小記曰奔父母之喪出門哭止三日而五哭二袒（出殯宮之門就於廬故哭者止初來）

張本下象鼻題監生孫欽四字傳本剪去之

0013_0318-2

一哭與明日朝夕又明日朝夕之哭爲五哭也三袒者初至袒明日朝袒又明日朝袒故爲三袒又云此謂已殯而來者若未殯之前而來當與在家同不得減殺也

婦人奔喪

升自東階殯東西面坐哭盡哀東髽即位與主人拾踊髽於東序不髽於房變於在室者○襲絰以後同前

夫人奔喪

仪喪禮服圖　八十

0013_0319-1

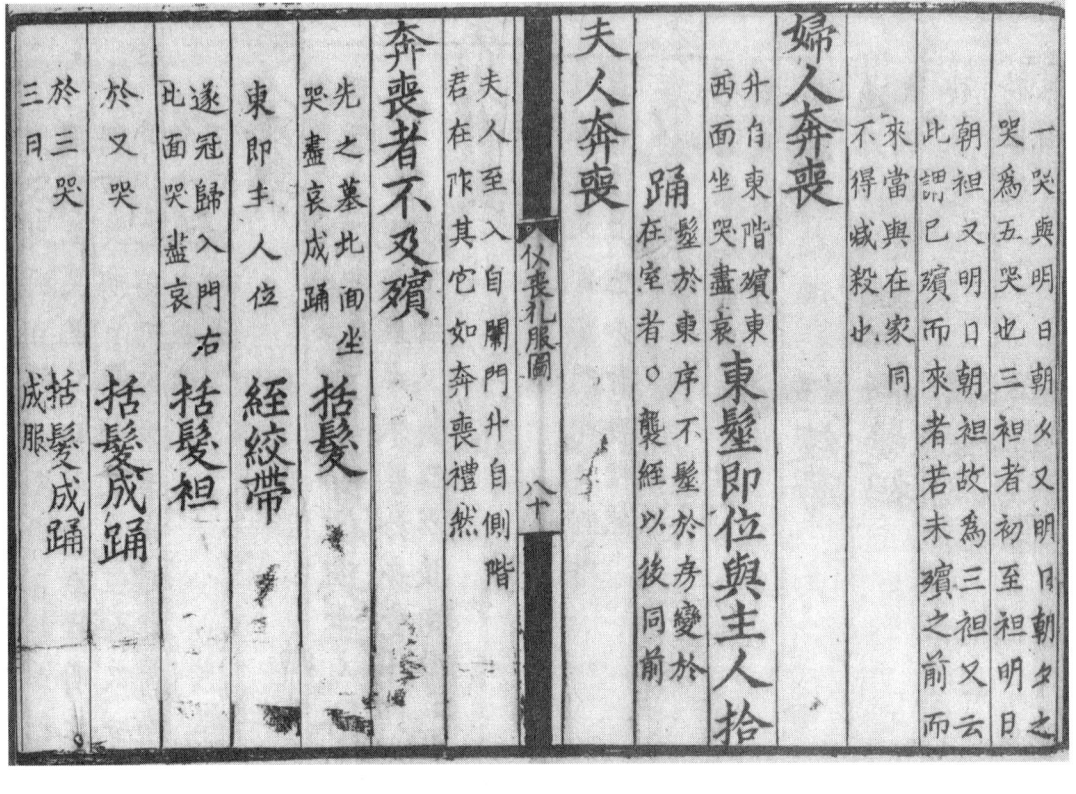

夫人至入自闈門升自側階君在阼其它如奔喪禮然

奔喪者不及殯

先之墓北面坐哭盡哀成踊括髮

東即主人位絰絞帶

遂冠歸入門右北面哭盡哀括髮袒

於又哭括髮成踊

於三哭括髮成踊三日成服

0013_0319-2

齊衰以下奔喪三免袒○不及殯四免袒大略與奔父母喪同但免與括髮異耳○凡異居聞兄弟之喪其始麻散帶絰未服麻而奔喪及主人之未成絰也疏者與主人皆成之親者終其麻帶絰之日數若家遠則爲位三日五哭成服而往

仪喪服圖　八十一

0013_0320-1

聞喪不得奔喪謂以君命有事者

爲位括髮袒成踊襲絰絞帶即位拜賓反位

於又哭括髮袒成踊

於三哭括髮袒成踊

三日成服

道有喪

君出疆薨大夫士一節也

張本下象鼻題監生陳浚四字傳本剪去之

0013_0320-2

其入也子

麻弁絰 布弁而加環絰

䟽衰 齊衰

菲 足著菲屨 麻弁䟽衰菲屨忍成服於外也

杖 服未成而已杖爲已病也

服殯服 入自闕升自西階於此正棺

成服 既塗

如小斂則子免布深衣而從柩

0013_0321-1

服殯服及成服亦當同前 入自門升自阼階

0013_0321-2

並有喪變服 詳見變除並有喪變服 不杖除服大祥除服

斬衰之喪既虞卒哭遭齊衰之喪輕者

包重者特

言斬衰受服之時而遭齊衰初喪男子輕要得著齊衰牡麻帶而兼包斬衰之帶若婦人輕首得著齊衰牡麻絰而包斬衰之絰故云輕者包○男子重首特留斬衰葛絰婦人重要又不葛帶特留斬衰麻帶故云重者特

既練遭大功之喪麻葛重

0013_0322-1

斬衰已練男子除絰而帶獨存婦人除帶而絰獨存遭大功之喪男子有麻絰婦人有麻帶又皆易其輕者以麻謂之重麻○既虞卒哭男子帶其故葛帶絰期之葛絰婦人絰其故葛絰帶期之葛帶謂之重葛疏云大功既虞卒哭之後大功葛帶輕於練之故葛帶故男子反帶其練之故葛帶也云絰期之葛絰者以男子練時首絰既除今絰大功又既葬其首則絰大功之葛絰婦人練後要帶已除今大功已葬其要則帶大功之葛帶也謂之期葛絰帶者以其麤細與期絰帶同其實是大功葛絰帶也

0013_0322-2

妻之喪既虞卒哭遭大功之喪[illegible]

易服之

疏妻既虞卒哭遭大功之喪男子[illegible]以大功麻帶易齊衰之葛帶其首[illegible]齊衰葛絰是首有葛要有麻故麻葛兼服之○婦人則首服大功[illegible]經要服齊衰之麻帶上下俱麻不得云麻葛兼服之也

三年之喪既練矣有期之喪既葬矣則帶其故葛帶絰期之絰服其功衰有大

0013_0323-1

功之喪亦如之

謂當三年之喪練祭之後又當[illegible]喪既葬之節也則帶其故葛帶謂三年練之故葛帶也蓋期帶與三年葛[illegible]麤細正同以父葛爲重故帶其故葛帶○絰期之絰者三年練首絰既除故絰期之絰○若婦人練後麻帶除矣則絰其故葛絰帶期之麻帶以婦人不葛帶故也○服其功衰者謂[illegible]之功衰也

麻之有本者變三年之葛

0013_0323-2

三年練葛遇大功以上之喪麻之有本者得以變之小功以下澡麻斷本則否○又案禮記曰有三年之練冠則以大功之服易之惟杖屨不易與此條意同

殤長中變三年之葛終殤之月筭而反三年之葛

殤長中謂大功之親爲殤在小功緦者也可以變三年之葛正親親也凡喪卒哭受麻以葛惟殤長中未成人文不縟無卒哭受麻以葛之法故終

0013_0324-1

殤之月筭而反三年之葛

既練遇麻斷本者於免絰之既免去絰每可以絰必絰既絰則去之

謂斬衰既練遭小功之喪是麻之斷本者雖不變服得爲之加絰以練無首絰於小功喪有事於免之時則爲之加小功之絰也小功之喪斂殯事竟既免之後則脫去其絰當斂殯之節每可以絰之時必爲之加麻也不應絰之時則去其絰自若練服也○又變服問小功不易喪之練冠如[illegible]

0013_0324-2

則絰若環小功總麻…
以下…

緦冠與此
條意同

大夫有私喪之葛則於其兄弟之輕喪

則弁絰

私喪妻子之喪也輕喪緦麻小功也大夫
降者弔服而往不以私喪之末臨兄弟

疏云若成服之後則錫衰未成服
則以前身著素裳而首著弁絰也

又父母之喪偕其葬服斬衰○父未沒

0013_0325-1

喪而母死其除父之喪也服其除服○

父母之喪既引聞君薨遂既封改服而

往○三年之喪既頴為前喪練祥○三

年之喪如有服而將往哭之則服其服

而往○如當父母之喪除諸父昆弟之

喪則服其除服 已上皆並有
詳變除一章

0013_0325-2

弔服圖 詳見補服內弔服加麻及弔服
條及喪大記襲絰帶小斂奠條

主人未小斂而弔

弔者易羔裘玄冠 此據家語夫子曰
始死羔裘玄冠者

易之
而已 ○裼裘而弔 此據子游裼裘而
弔疏云主人未變

之前弔者古服謂羔裘玄冠緇衣素
裳又袒去上服以露裼衣○案疏云

羔裘玄冠與家
語不同當考

主人既小斂而弔

0013_0326-1

弔者襲裘 喪大記曰弔者襲裘加武
帶絰小斂之後來弔者以

上朝服揜襲裘上裼衣加武者武吉
冠之卷也主人既括髮故弔者加

武明不改冠亦不免也帶絰者帶謂
要帶絰謂首絰以朋友之恩加緦之

絰帶也主人既襲帶絰故弔者亦襲
裘帶絰也所謂子游襲裘帶絰而入

是
也

主人既成服而弔

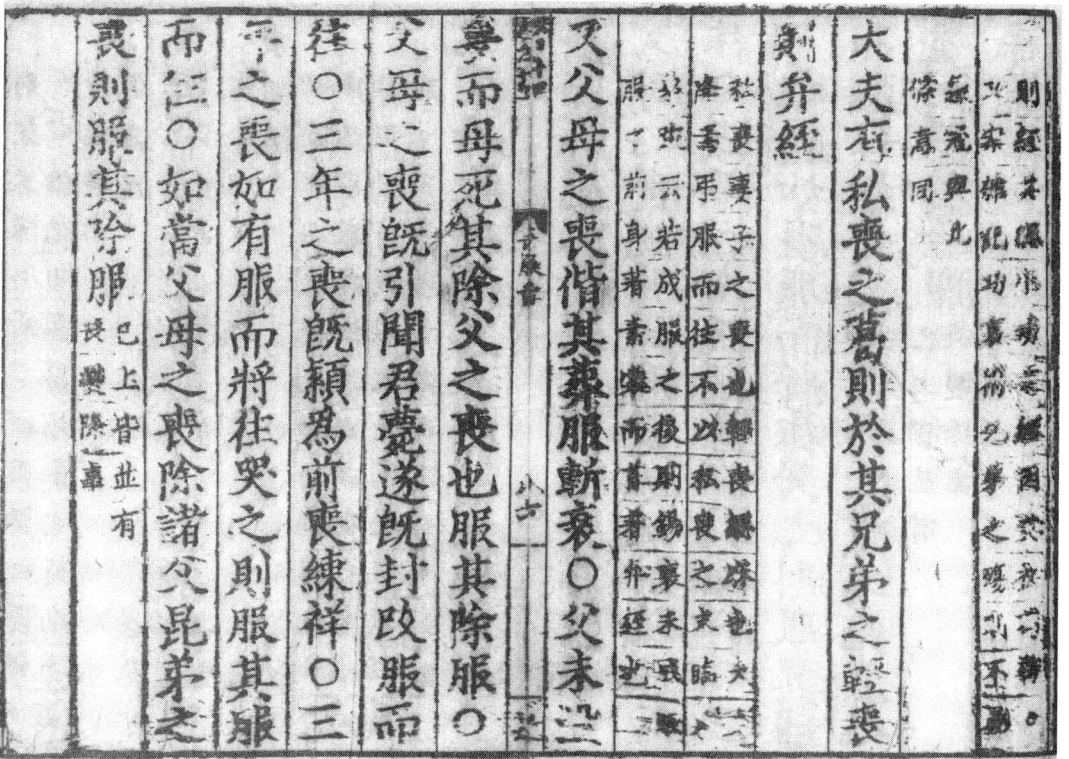

凡弔事弁絰服 弁絰如爵弁而素加
環絰○爵弁環絰詳

0013_0326-2

男人將小斂

弔服圖

凡弁絰其衰侈袂　凡衰之袂二尺有二寸錫衰緦衰疑衰其袂半而益一袂大三尺三寸也者士則其衰不侈也○錫衰緦之滑易者十五升去其半有事其布無事其縷緦衰縷細衰十五升去其半有事其縷無事其布疑衰吉服十三升今疑衰十四升少一升而已疑之言擬也擬於吉也

三衰絰帶同有絰

儀禮服圖

0013_0327-1

三衰玄冠不以弔

王弔服

三衰其首弁絰

錫衰　王為三公六卿

緦衰　王為諸侯

疑衰　王為大夫士

一（二）遂　諸侯弔弁絰弔衣

諸侯弔服

0013_0327-2

弁絰　皆弔則

錫衰　君為卿大夫士有朋友之恩

緦衰　同姓之士

疑衰　異姓之士

諸侯弔異國之臣

皮弁

錫衰

大夫相為弔服

弁絰

錫衰

0013_0328-1

士朋友相為服弔服加麻

緦絰布

疑衰素裳

八弔服

素委貌

素衣

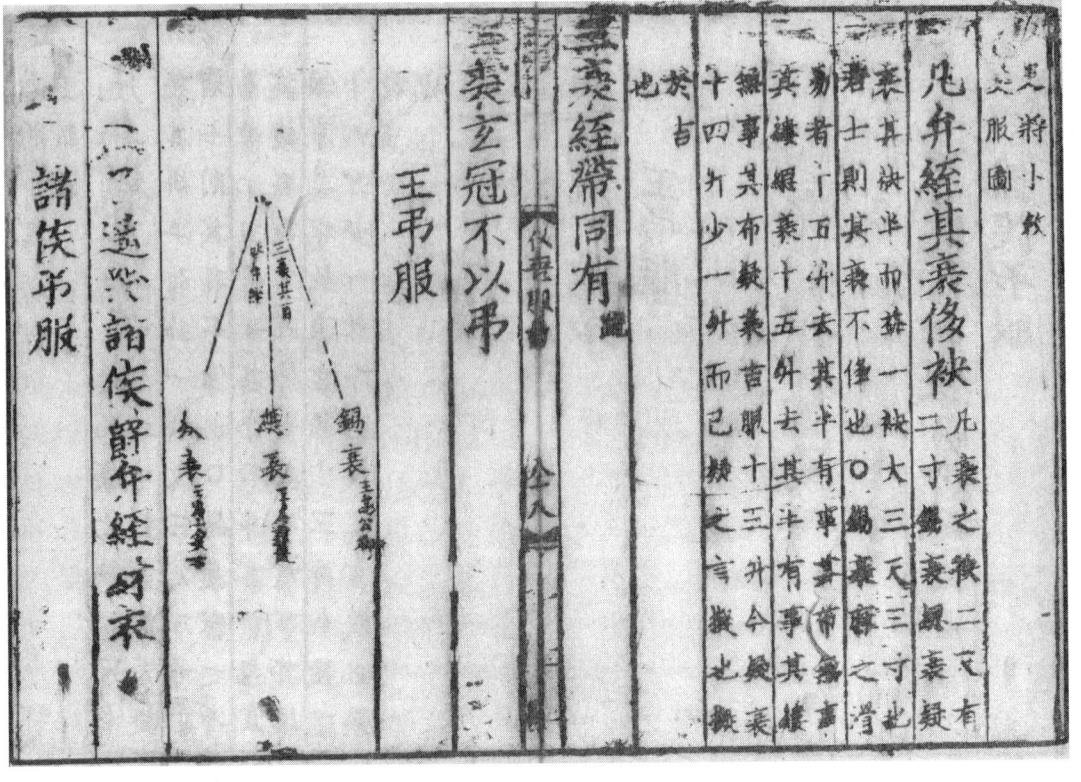

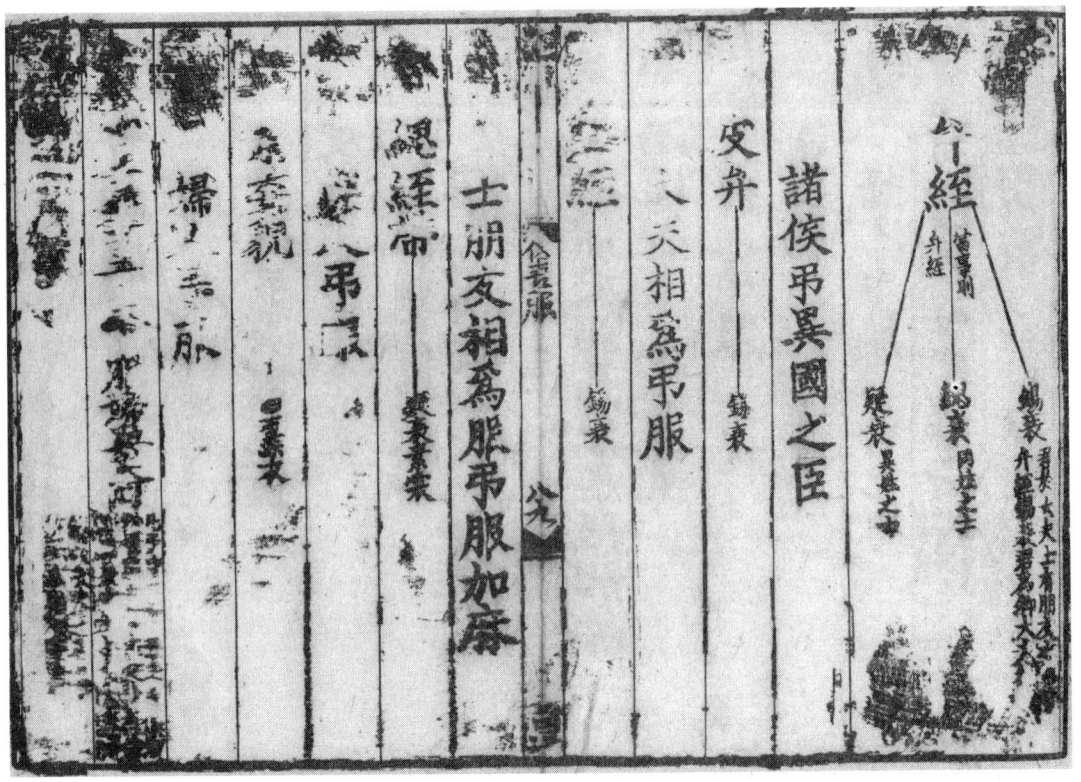

婦人吉笄

0013_0329-1

0013_0328-2

曾婦人髽而弔自始

先師朱文公家禮皆不一

儀禮喪服圖式

0013_0330-1

0013_0329-2

喪反哭虞卒哭變服圖

免	弁絰	衰 杖
主人免○凡男子皆免○男子[illegible]小斂之前[illegible]至[illegible]免[illegible]小斂之時[illegible]之後雖斬衰亦免○無括髮	[illegible]	並同成服○[illegible]及其[illegible]服其服[illegible]一人[illegible]主人[illegible]
婦人髽 男子免則婦人髽		
主人及兄弟免[illegible]至卒哭其服同	[illegible]	[illegible]

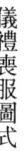

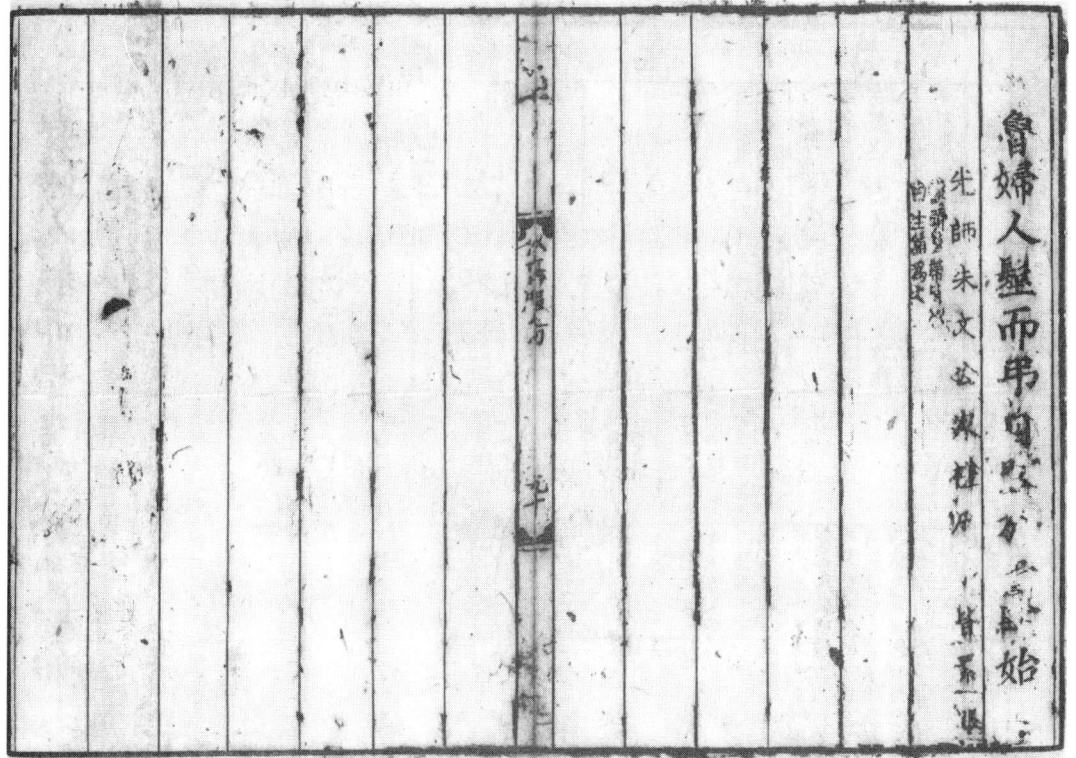

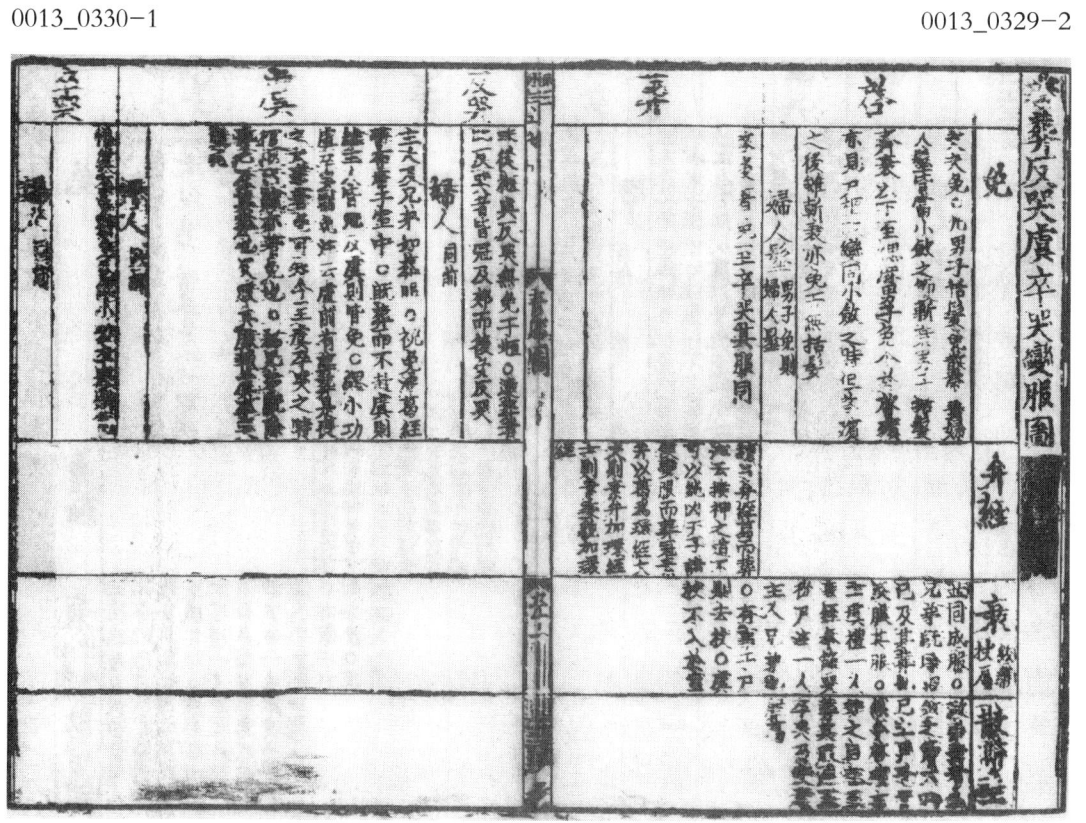

0013_0330-2

[illegible]云丈夫髽散帶垂即位[illegible]
[illegible]注若[illegible]變也此互言以相見耳
[illegible]人之變疏云此互文以相見[illegible]
[illegible]婦人之變者髽既是婦人之變則
免是男子之變今丈夫見其人不見
免則丈夫當免矣婦人見其髽不見
人則婦人當髽矣故云互文以相[illegible]
耳啓後著免至卒哭其服同以其[illegible]
哭之時無變服之文故知同也又葬
士虞禮云主人及兄弟如葬服疏云
葬服者既夕曰丈夫髽散帶垂也[illegible]
[illegible]謂葬日反日中而虞及三虞[illegible]
[illegible]後卒哭即服其故服是以既夕禮
注云自卒至殯自啓至葬主人之禮

儀禮經傳通解續卷第十三　仪喪服圖　九二

0013_0331-1

其變同則始虞與葬服同三虞皆同
至卒哭卒去無時之哭則依[illegible]變[illegible]
乃變麻服葛也
司馬溫公書儀曰啓殯之日五服之
親皆來會各服其服入就位哭注[illegible]
自啓殯至于卒哭日數甚多今[illegible]
服若[illegible]五服之親不[illegible]而[illegible]
其鄉俗若但各服其服而已○[illegible]
軒案生三家喪禮云主人及衆[illegible]
[illegible]去冠[illegible]以[illegible]布巾[illegible]頭注云參[illegible]
開元禮新儀

0013_0331-2 / 0013_0332-1

男子卒哭受服等通例（詳見喪服篇）

	斬衰	齊衰三年	杖期及不杖期	齊衰義服	大功正服	大功義服	小功
冠	右縫○[illegible]○外畢○纓條○廣狹之制並同成服○所不同者布用七升	降服八升正服九升○同成服之制	杖期正服[illegible]升○[illegible]降服[illegible]升正服九升義服十升○餘同前	布十升○餘同前	布十一升○餘同前○但既云受以小功衰恐當云絰耳	布十二升○餘同前	無受
首絰	圍七寸二分有奇○[illegible]兩股糾之也	圍五寸七分有奇○餘同前	同前	同前	圍四寸六分有奇	同前	圍三寸五分有奇
衰裳	其制並同成服○但用布六升○又負適衰三者用衰不用衰詳	降服七升正服八升○餘同前	杖期正服八升○不杖期降服七升正服八升義服九升○餘同前	布九升○餘同前	布十升○餘同前	布十一升○餘同前	因其故衰無受
要絰	圍五寸七分有奇○閒傳疏云葛帶三重○鄭注云謂[illegible]作四股糾之積而相重四股則三重也	圍四寸六分有奇○餘同前	同前	同前	圍三寸五分有奇	同前	圍二寸八分[illegible]
絞帶	斬衰章疏絞帶[illegible]虞後變麻服布七升布為之	布八升	布[illegible]升	布十升	布十一升	布十二升	無變
杖	竹杖	[illegible]	杖期同前○不杖期無杖也	[illegible]			一
屨	[illegible]	[illegible]	[illegible]	[illegible]	[illegible]	[illegible]	[illegible]

喪服圖　九十三

0013_0333-1　0013_0332-2

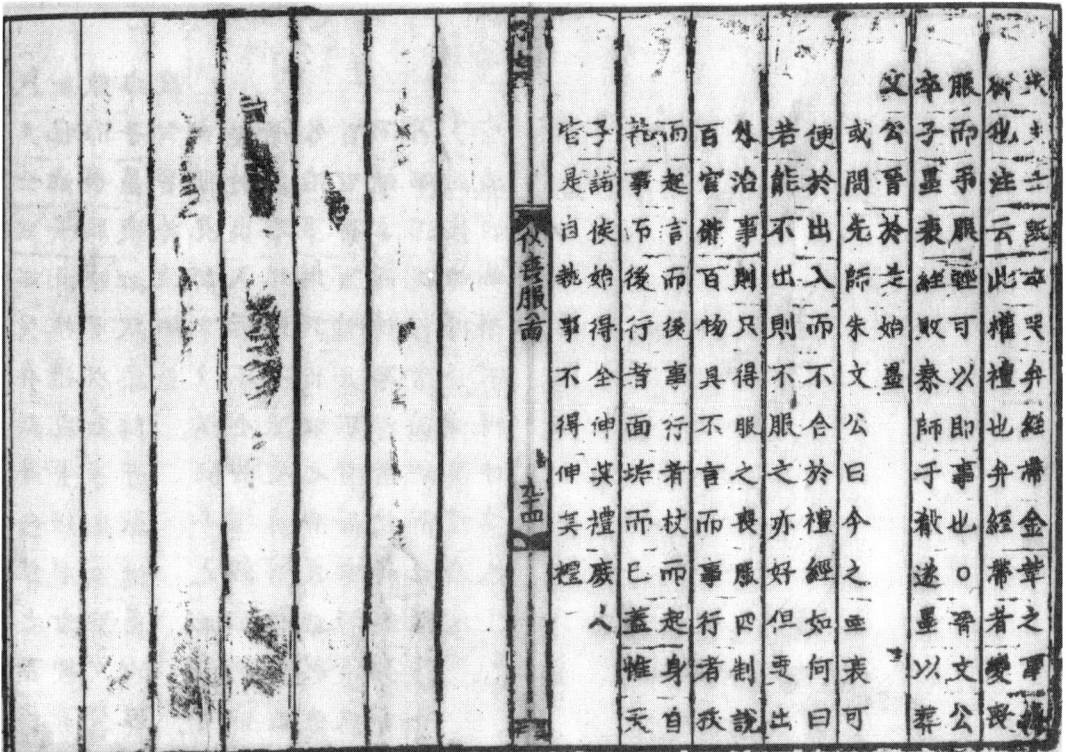

也士既卒哭弁絰帶金革之事無
辟也注云此權禮也弁絰帶者變喪
服而弔服也可以即事也○晉文公
卒子墨衰絰敗秦師于殽遂墨以葬
文公晉於是始墨
或問先師朱文公曰今之墨衰可
便於出入而不合於禮經如何曰
若能不出則不服之亦好但要出
外治事則只得服之喪服四制說
百官備百物具不言而事行者扶
而起言而後事行者杖而起身自
執事而後行者面垢而已蓋惟天
子諸侯始得全伸其禮庶人
官是自執事不得伸其禮

仪喪服图　九十四

0013_0334-1　0013_0333-2

婦人卒哭受服旁通圖

	斬衰	齊衰三年	[illegible]期	[illegible]	[illegible]	[illegible]	[illegible]功
總	布六寸	[illegible]服八升 正服九升	正服九升	降服八升 正服九升 義服十升	布十一升	布十二升	[illegible]
笄	箭笄 無變	惡笄 無變	惡笄 無變	同前惟女子子適人者歸夫家折吉笄之首以[illegible] 未詳	未詳	未詳	未詳
髽	露紒 無變	露紒 無變	同前	同前	同前 [illegible]	同前	同前
首絰	圍七寸二分有奇	圍同前	圍五寸七分有奇○餘同前	同前	圍四寸六分有奇	同前	圍三寸五分有奇
衰裳	布六升○衰制並同成服○負適辟領衰並用[illegible]不用[illegible]	降服七升 正服八升 ○餘同前	正服八升 [illegible]同前	降服七升 正服八升 義服九升	布十升	布十一升	同長殤衰 [illegible]
要絰	仍其故 麻帶	同前	同前	同前	圍三寸五分有奇	同前	圍二寸八分有奇
絞帶	布七升	布八升	布九升	同前	布十一升	布十二升	[illegible]
杖	仍其故	仍其故	同前	[illegible]			
屨	繩屨[illegible] 子同						

喪服圖　九十三

0013_0334-2

男子練除服受服圖

一除服先重者　男子除首絰

- 斬衰　十三月而練
- 練冠　以練易其冠條屬右縫
- 角瑱　人君以瑱小祥微飾以角爲之
- 衰　以卒哭後冠受其衰
- 中衣　至小祥中衣以練爲之縓緣
- 葛要絰　小祥除首絰唯餘要葛
- 麤衰　據長袪袪褐之可也
- 絞帶　未詳
- 杖　[illegible]
- 屨　[illegible]

- 齊衰　[illegible]
- 自練冠以下並同前
- 杖　[illegible]
- 屨　[illegible]

- [illegible]
- 自練冠以下並同前

0013_0335-1

婦人練除服受服圖

婦人除要帶

- [illegible]
- 總　[illegible]
- 笄　[illegible]
- 髽　[illegible]
- 首絰　[illegible]
- 衰　女子子在室至小祥以其冠爲受衰七升總八升嫁反者亦如之
- 杖　[illegible]
- 屨　[illegible]

- [illegible]
- 總　同前
- 笄　[illegible]
- 髽　[illegible]
- 首絰　[illegible]
- 衰　以卒哭後冠受其衰
- 杖　[illegible]

子爲父母　[illegible]

0013_0335-2

案練冠受服經傳雖無明文謂既練而服功衰則記禮者屢言之服問曰三年之喪既練矣期之喪既葬矣則服其功衰雜記曰三年之喪雖功衰不弔又曰有父母之喪尚功衰而祔兄弟之殤則練冠是也案大功之布有三等七升八升九升而降服七升爲最重斬衰既練而服功衰是受以大功七升布爲衰裳也故喪服斬衰章賈氏疏云斬衰初服麤至葬後練後大祥後漸細加飾斬衰裳三升冠六升既葬後以其冠爲受衰裳六升冠七升小祥又以其冠爲受衰裳七升冠八升女子子嫁反在父之室踰

儀禮喪服　九十七

0013_0336-1

云至小祥受衰七升總八升又案間傳小祥練冠孔氏疏云至小祥以卒哭後冠受其衰而以練易其冠故今據此例開具在前而横渠張子之說又曰練衣必煅練大功之布以爲衣故言功衰功衰上之衣也以其著衰於上故通謂之功衰必著受服之上稱受者以此得名受蓋以受始喪斬疏之衰而著之變服其意以喪久變輕不欲摧割之心亟忘於內也據横渠此說謂受以大功之衰則與傳記注疏之說同謂煅鍊大功之布以爲上之衣則非特練中衣亦練功衰也又取成服之初衰長六寸博四寸縫

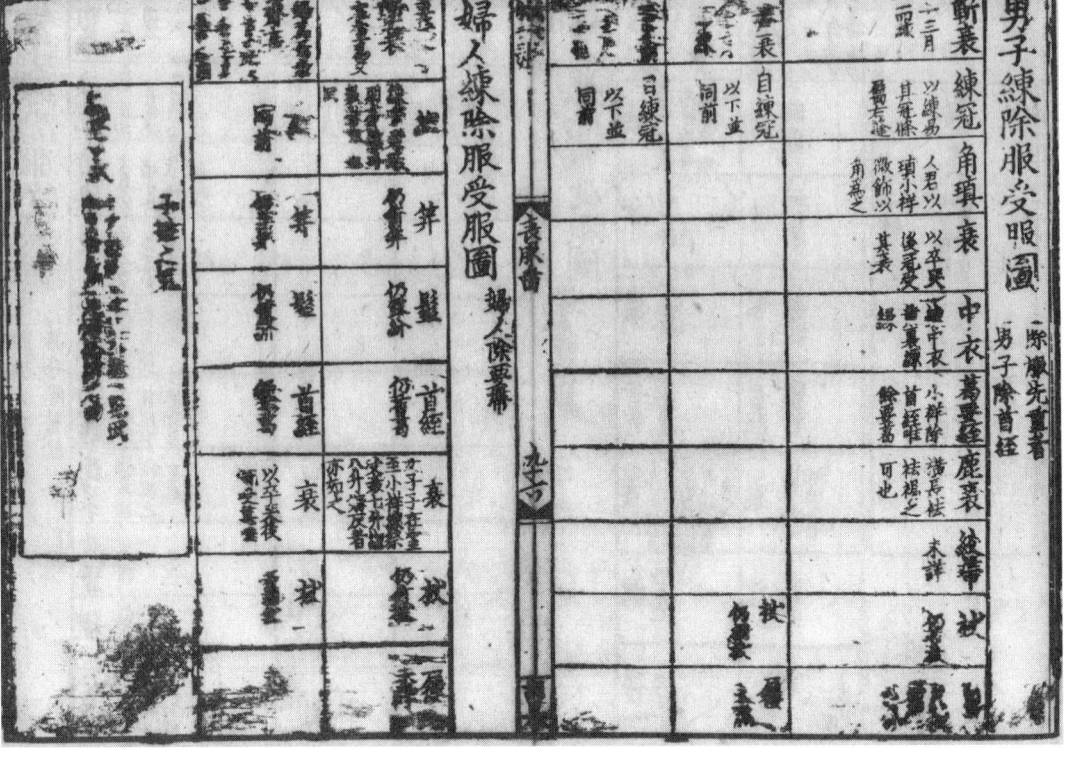

張本下象鼻題監生廖三字傳本剪去之

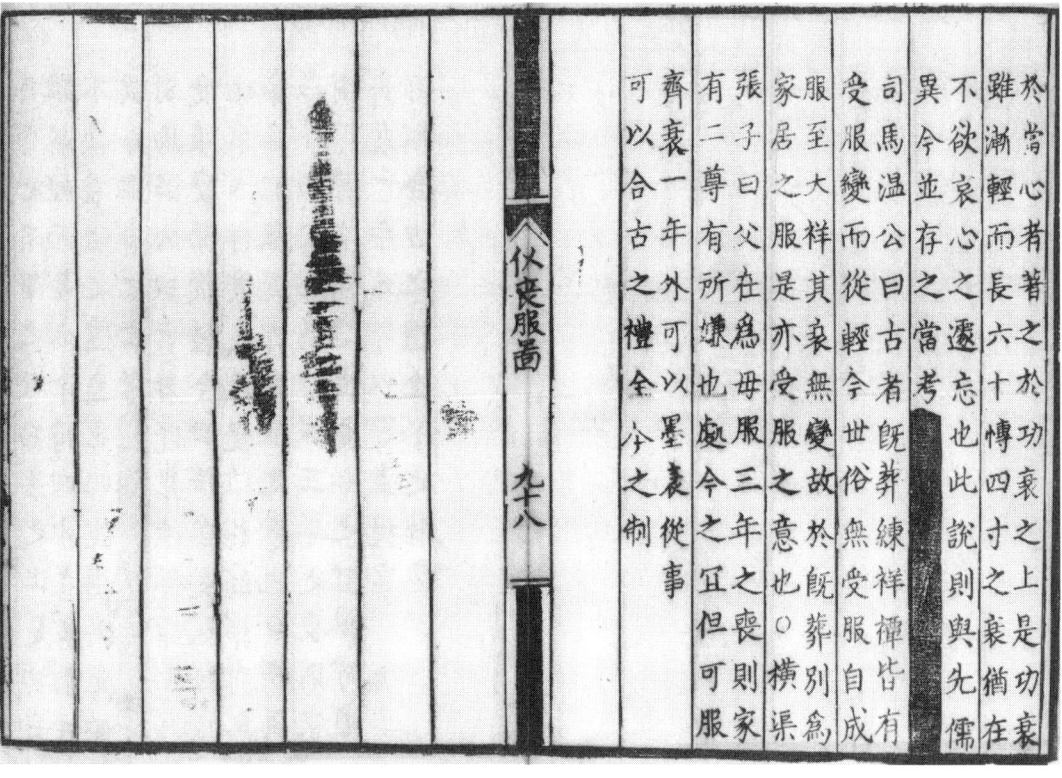

於當心者著之於功衰之上是功衰
雖漸輕而長六十博四寸之衰猶在
不欲哀心之遽忘也此說則與先儒
異今並存之當考[redacted]
司馬温公曰古者既葬練祥禫皆有
受服變而從輕今世俗無受服自成
服至大祥其衰無變故於既葬別爲
家居之服是亦受服之意也○横渠
張子曰父在爲母服三年之喪則家
有二尊有所嫌也處今之宜但可服
齊衰一年外可以墨衰從事
可以合古之禮全今之制

張本下象鼻題監生戴三字傳本剪去之

大祥服圖 除衰服○杖斷而棄之於隱者

豫告祭期所服

朝服縞冠祥祭前一日豫告明日祥祭之期於此爲期之時主人著朝服其冠則縞冠朝服緇衣素裳縞是生絹而近吉身著朝服者著縞冠以其漸吉故也

素韠詩檜風素冠棘見素韠兮注云韠蔽膝也以韋爲之冕服謂之韍其餘曰韠韠從裳色素裳則素韠也今案詩所謂素冠者其縞冠素紕歟

素屨周禮屨人掌王后之服屨素屨葛屨注云屨有約有繶有純者飾也素屨者非純吉有凶去飾者其用葛冬用支

祥祭所服

朝服縞冠明日祥祭之時主人因著前夕故朝服以祭始卽吉正祭服也祭猶縞冠未純吉也

散屨屨人辨外内命夫命婦之散屨注云散屨亦謂去飾也經據草云散散與素一也

既祥所服

素縞麻衣祭訖之後哀情未忘更反著微凶之服首著縞冠以素紕之紕緣邊也謂緣冠兩邊及冠卷之下畔其冠與卷身皆用縞但以素繒耳以其重于繒也身著十五升麻深衣未有采緣

0013_0338-2

除變除圖 詳見

禫祭 玄衣黃裳

祭服 禫服朝服綅冠

踰月吉祭 玄冠朝服

0013_0339-1

既祭 玄端而居

間中月而禫○先師朱文公荅曰今月而禫猶曰中一以上而附漢書亦云閏不一歲則鄭注虞禮爲是故杜佑亦從此說但檀弓云是月禫徙月樂之說爲不同耳今既定以二十七月即此等不須瑣細如此尋討徒費心力但於其間自致其哀足矣○又二十五月祥後便禫看來當如王肅之說於是月禫徙月樂之說爲順而鄭氏之說雖是[illegible]

0013_0339-2

未爲當○又曰喪禮只二十五月是月禫徙月樂○案後五服古今沿革

宋王淮之議乃後世通行之制與此說不同

案禮記曰孝子有終身之憂忌日之謂也古無忌祭禮近日諸先生方考及此○橫渠張子曰古人於忌日不爲薦奠之禮特致哀示變而已○又曰凡忌日必告廟爲設諸位不可獨享故迎出廟設於他次既出則當告諸位雖尊者之忌亦迎出此雖無古制可以意推薦用酒食不焚楮幣其子孫食素○張子文集忌日變服爲曾祖祖皆

0013_0340-1

布冠而素帶麻衣爲曾祖祖之妣皆素冠布帶麻衣爲父布冠帶麻衣麻屨爲母素冠布帶麻衣麻屨爲伯叔皆素冠帶麻衣爲伯叔母麻衣素帶爲兄麻衣素帶爲弟姪易褐不肉爲庶母及嫂一不肉○又曰唐人忌日服黲今不曾製得只用白生絹衫帶黲巾○又曰忌日衣服飲食如何荅曰橫渠忌日衣服有數等今恐難遽行但主祭者易以黲素之服可也○問忌日當哭否曰若是哀來時自當哭又曰衣服之制曰某有弔服絹衫絹巾忌日則服之○又問喪服制度

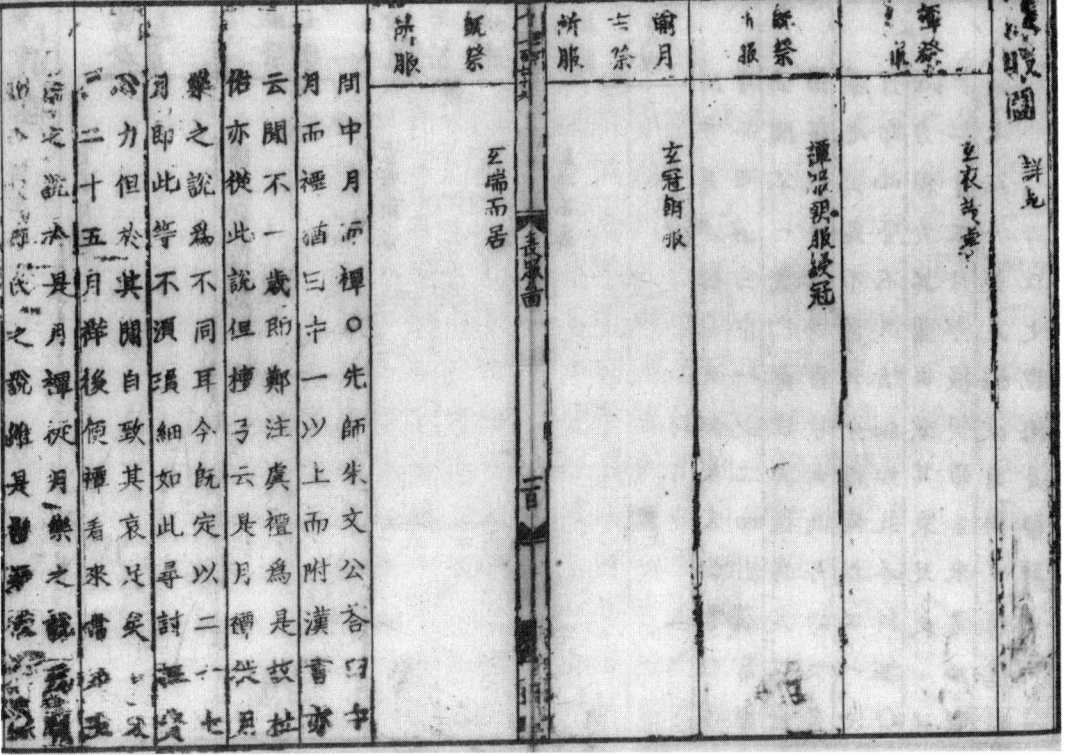

張本下象鼻題監生陳浚四字傳本剪去之

張本下象鼻題監生陳浚四字傳本剪去之

0013_0341-1　0013_0340-2

若曰此等處但熟考注䟽即自見之其曲折難以書尺論也然喪與其易也寧戚此等處未曉亦未害也○又問喪服用古制恐駭俗不知當如何曰駭俗猶小事但恐考之未必是耳若果考得是用之亦無害○又問居喪冠服答曰今考政和五禮喪服却用古制准此而行則亦無特然改制之嫌○因説生事葬祭之必以禮聖人説得本蜀人人可用不特爲三家僭禮而設因言今人於冠昏喪祭一切苟簡徇俗都不知所謂礼者又如何責得他違與不違古禮固難行然

近世一二名公所定之禮及朝廷五禮新書之類人家儻能相與講習時舉而行之不爲無補又云周禮大繁細亦自難行今所編禮書只欲使人知之而已觀孔子欲從先進與寧儉寧戚之意往往得時得位亦必不盡循周禮必須参酌占今別自制爲礼以行之所以告顔子者可見世固有人便欲行古禮者然終是情文不相稱○今所以集禮書也只是略存古之制度使後之人自去减殺求其可行者而已若必欲一一盡如古人衣服冠屨之纖悉具備其勢也行不得

0013_0342-1　0013_0341-2

問溫公所集之禮如何曰早来于如喪服一節也太詳爲人子者方遭喪禍使其一一欲纖悉盡合古人制度有甚麽心情去理會古人此等衣服每日接熟於耳目所以一旦遭喪禍不待講究便可以如禮今却閑時都不曾理會一旦荒迷之際欲旋講究也勢之必至行者必不得已且得從俗之禮而已若有識禮者相之可也○又曰若聖人有作古禮未必盡用須別有箇措置若聖人有作視許多瑣細制度皆若具文且是要理會大本大原曾子臨死丁寧説君

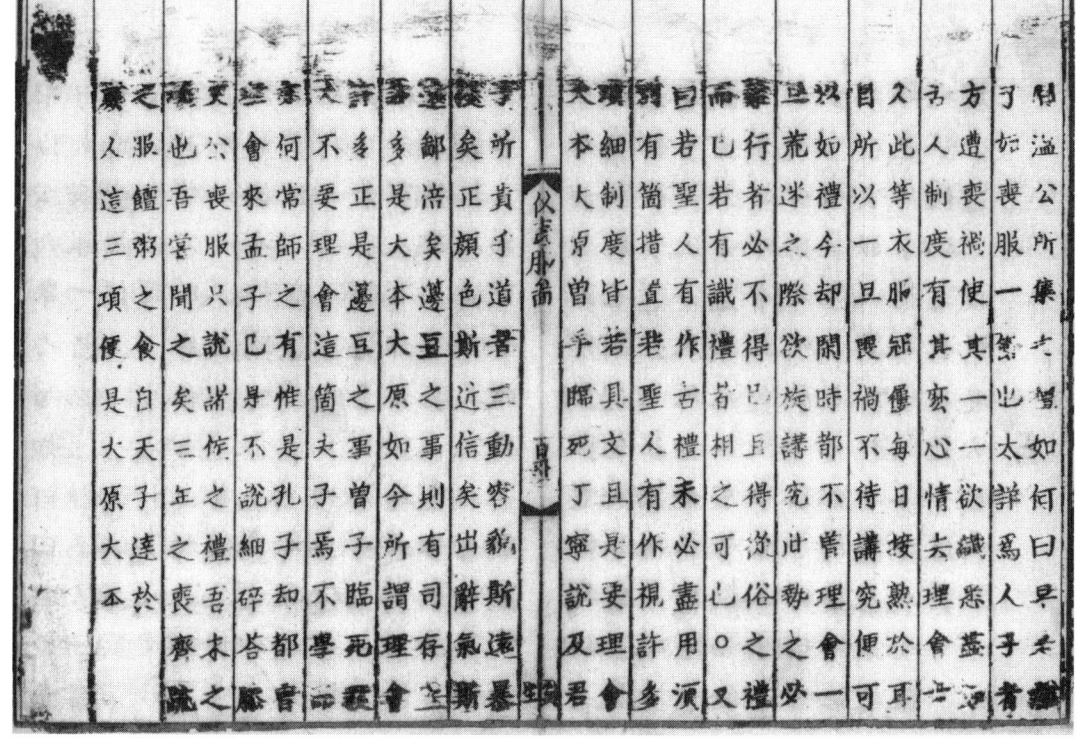

子所貴乎道者三動容貌斯遠暴慢矣正顔色斯近信矣出辭氣斯遠鄙倍矣籩豆之事則有司存至[illegible]多是大本大原如今所謂理會許多正是籩豆之事曾子臨死稱大不要理會這箇夫子焉不學而亦何常師之有惟是孔子却都會來會來孟子已身不説細碎皆略了公喪服只説諸侯之禮吾未之學也吾嘗聞之矣三年之喪齊疏之服饘粥之食自天子達於庶人這三項便是大原大本

0013_0342-2

服古今沿革

三年之喪

為父 臣為君 斬衰三年 子為母齊衰三年

詩檜國風素冠刺不能三年也。

滕定公薨世子使然友問於孟子孟子曰三年之喪齊疏之服飦粥之食自天子達於庶人三代共之然友反命定為三年之喪父兄百官皆不欲曰吾宗國魯先君莫之行吾先君亦莫之行也至於子之身而反之不可且志曰喪祭從先

0013_0343-1

祖曰吾有所受之也謂然友曰吾他日未嘗學問好馳馬試劍今也父兄百官不我足也恐其不能盡於大事子為我問孟子然友復之鄒問孟子孟子曰然不可以他求者也孔子曰君薨聽於冢宰歠粥面深墨即位而哭百官有司莫敢不哀先之也然友反命世子曰然是誠在我五月居廬未有命戒百官族人可謂曰知及至葬四方來觀之顏色之戚哭泣之哀弔者大悅○漢文帝遺詔其三年之喪其令天下吏民令到出臨三日皆釋服殿中當臨者皆以旦夕

0013_0343-2

舉音禮畢罷非旦夕臨時禁無得擅哭臨服大紅纖十五日小紅十四日釋服他不在令中者皆以此令比類從事布告天下使明知朕意喪期之制自後遵之不改應劭注曰凡三十六日而釋服此以日易月也師古曰此喪制者文帝自率己意創而為之非有取於周禮也何為以日易月乎三年之喪其實二十七月豈有三十六月之文應氏既失之於前而近代學者因循謬說未之思也成帝時丞相翟方進母終既葬三十六日除服視事自以為身備漢相不敢踰國典

0013_0344-1

然而原涉行父喪三年名彰天下河間惠王行母喪三年詔書褒稱以為宗室儀表是則喪制三年能行者貴之矣○後漢安帝元初三年十一月丙戌初聽大臣二千石刺史行三年喪○晉武帝居文帝喪臣民皆從權制三月除服既葬帝亦除之然猶素冠疏食哀毀如居喪者秋八月帝將謁崇陽陵羣臣奏言秋暑未平恐帝悲感摧傷帝曰朕得奉瞻山陵體氣自韋耳又詔曰漢文不使天下盡哀亦帝王至謙之志當見山陵何心無服其議以衰絰從行羣臣自依舊制

張本下象鼻題監生戴彝四字傅本剪去之

尚書令裴秀奏曰陛下既除而復
服義無所依若君服而臣不服亦
未敢安也詔曰患情不能跂及升
衣服何在諸君勤勤之至豈苟相
違遂止中軍將軍羊祜謂傅玄曰
三年之喪雖貴遂服禮也而漢文
除之毀禮傷義今主上至孝雖奪
其服實行喪禮若因此復先王之
法不亦善乎玄曰以日易月已數
百年一旦復古難行也祜曰不能
使天下如禮且使主上遂服不猶
愈乎玄曰主上不除而天下除之
此爲但有父子無復君臣也乃止
羣臣奏請易服復膳詔曰每感念

儀喪服圖　百六

幽冥而不得終其經之禮以爲沉
痛況當食稻衣錦乎適足激切其
心非所以相解也朕本諸生家傳
禮來久何至一旦便易此情於所
天相從已多可試省孔子答宰我
之言無事紛紜也遂以疏素終三
年○司馬光曰三年之喪自天子
達于庶人此先王禮經百世不易
者也漢文師心不學變古壞禮絕
父子之恩虧君臣之義後世帝王
不能篤於哀戚之情而羣臣諂諛
莫肯釐正至於晉武獨以天性矯
而行之可謂不世之賢君而裴傅
之徒固陋庸臣習常玩故不能將

兩本均缺第一百七葉今錄張本補抄

順其美惜哉○泰始十年八月葬
元皇后于峻陽陵帝及羣臣除喪
即吉博士陳逵議以爲今時所行
漢帝權制太子無有國事自宜終
服尚書杜預以爲古者天子諸侯
三年之喪始同齊斬既葬除服諒
闇以居心喪終制故周公不言高
宗服喪三年而云諒闇此服心喪
之文也叔向不譏景王除喪而譏
其宴樂已早明既葬應除而違諒
闇之節也君子之於禮存諸內而
已禮非玉帛之謂喪豈衰麻之謂
乎太子出則撫軍守則監國不爲
無事宜卒哭除衰麻而以諒闇終
三年帝從之杜既定皇太子諒闇
議摯虞答杜書曰僕以爲除服誠
合事宜附古則意有未安五服之
制成於周室周室以前仰追上古
雖有在喪之哀未有行喪之制故
堯稱過家啟曰諒闇各舉其事而
言非未葬降除之名也禮有定制
孝景之即吉方進之從時皆未足
爲准蓋聖人之於禮譏其失而通
其變今皇太子未就東宮猶在殿
省之內故不得伸其哀情以宜奪
制何必附之於古哉于時外內卒
同杜議或者謂其違禮以合時杜
亦不自解說退使博士段暢撰集

0013_0347-1　0013_0346-2

條詔賓事成帝以爲
杜預違經傳斷論數綱常
卅之罪人坐以不孝莫大
而司馬公特言其不如禮違
之言質略而靳實非所以明
也有論詳見喪大記作主條
○東晉康帝建元元年正月海
王拉皇后周忌有司奏至尊服
感改服詔曰君親名教之重也
制出於近代耳於是素服如舊
又魏孝文帝太和十四年
九月魏○太后馮氏殂魏主勺飲
入口者五日既葬猶衰麻聽朝
十五年二月齊遣散騎常侍裴

喪服圖　百八

明侍郎謝峻如魏吊欲以朝服
行事主客曰不有當禮以朱衣入
朝庭可乎昭明等曰受命本朝不
致易往返數四魏主命著作郎
成淹與之言昭明曰魏朝不聽
朝服出何典禮淹曰羔裘玄冠
不以弔此童稚所知也昭明曰齊
高皇帝之喪魏遣李彪來弔初不
素服齊朝亦不以爲疑何今日而
見逼耶淹曰齊不能行亮陰之禮
踰月即吉彪不得主人之命固不
敢[illegible]聘往[illegible]其間今皇帝仁孝
[illegible]得以[illegible]方叙哀昭明
[illegible]禮[illegible]淹

0013_0348-1　0013_0347-2

[illegible]高家邪昭明將相
[illegible]孝著無親何可當也
[illegible]服惟主人裁之然違本
以獲罪矣淹曰使彼有
子亦宜有厚賞若無
子而光圓得罪何傷自當
書之乃以衣帽給之妻魏
外散騎常侍李彪等聘于齊
置燕設樂彪辭曰主上孝思
正失朝臣雖除衰絰猶
以素服從事是以使臣不敢承奏
之賜從之九月魏主祥祭于廟
十月謁永固陵十一月禫祭還
五明堂饗群臣還神主于新

喪服圖　百九

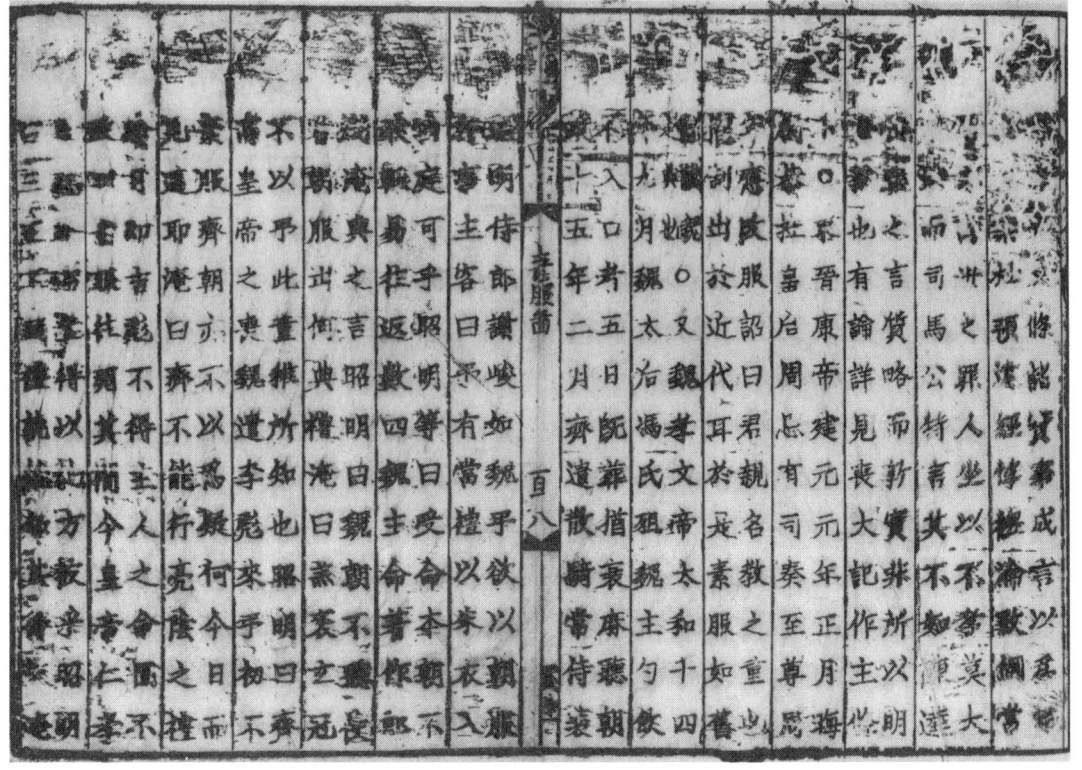

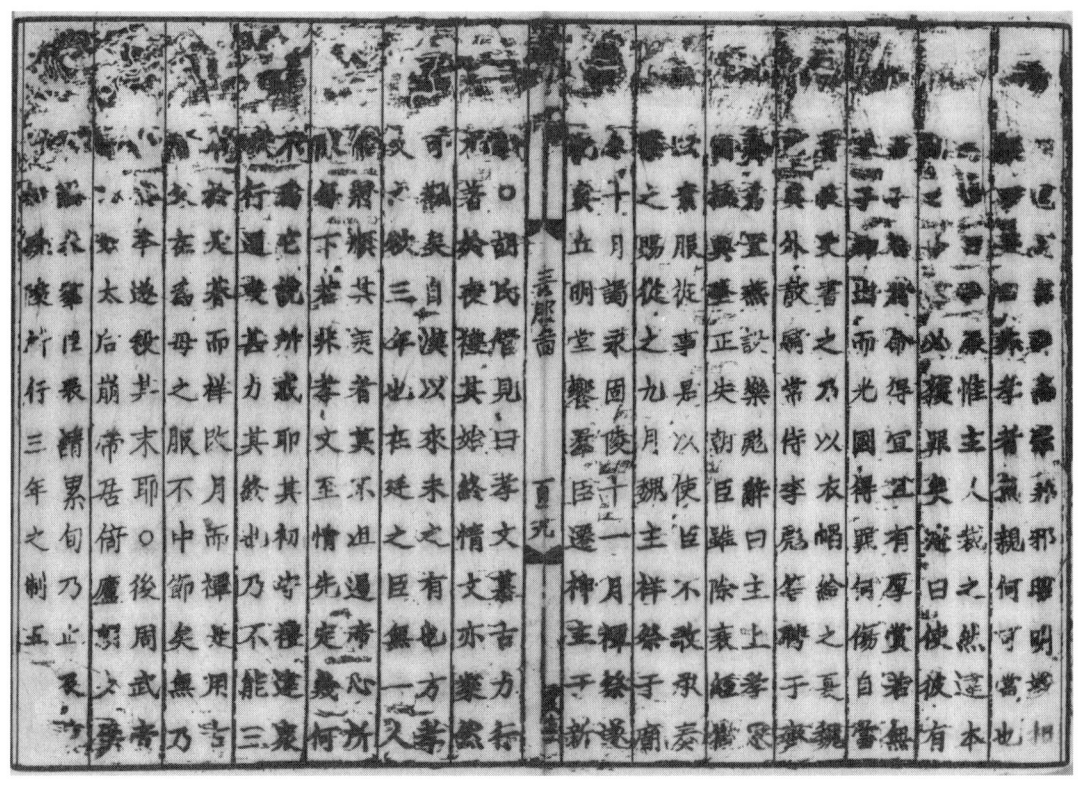

○胡氏管見曰孝文善古力行
著於喪禮其始終情文亦粲然
可觀矣自漢以來未之有也一方善
之欲三年也在廷之臣無一人
贊順其美者莫不沮遏帝心所
以下若非孝文至情先定幾何
不奪於說所惑耶其初守禮遂衰
行還改甚力其終也乃不能三
年於是著而祥既月而禫是用古
也在爲母之服不中節矣無乃
亦孝邊殺其末耶○後周武帝
爲太后崩帝居倚廬朝夕
論於羣臣裹請累旬乃止衣
以依陳所行三年之制五

0013_0348-2

獻從此斯道古無濟○朝野
曰自漢文短喪之後能斷然行三年
年之喪者惟晉武帝周高祖司馬
雖得矣然春秋之義責備賢者晉
武既爲艱於所感周高祖衰麻苦
塊畢三年之制最爲實行然推明
通喪止於五服之內不及羣臣先
所以教天下著於君臣之義也而
又在喪頻出遊幸無門庭之冠
師伐鄰皆禮所不得爲者由高祖
不學主不無稽古之臣以輔成之
也○書元陵遺制天下人吏勅到
後出臨三日皆釋服無禁婚娶
祀酒肉其宫殿中當臨者朝夕各

儀喪服圖　百十

0013_0349-1

十五舉音皇帝宜三日聽政十三
日小祥二十五日大祥二十七日
而釋服○本朝元豐八年九月四
日禮議郎秘書省正字范祖禹言
孔子制禮以君服同於父皆斬衰
三年蓋恐爲人臣者不以父事其
君此所以管爭人情也自漢以來
不惟人臣無服而人君遂亦不爲
三年之喪唯國朝自祖宗以
來外廷雖用易月之制而宮中實
行三年之喪且易月之制前世所
以難改者以人君自不爲服也今
君上之服已如古典而臣下之禮
猶依漢制是以百官有司皆已吉

0013_0349-2

其故常容貌衣冠無異於行路不
人豈人之性如此其薄哉由上主
爲之制禮也今羣臣易月而人又
實行喪故十二日而小祥期而又
小祥二十四日大祥再期而大
祥夫練祥不可以有二也既以日
爲之又以月爲之此禮之無據者
也古者再期而大祥中月而禫禫
者祭之名也非服之色也今乃爲
之黲服三日然後禫此禮之不經
者也既除服至葬而又服之蓋不
可以無服也祔廟而後即吉纔八
月矣而遽純吉無所不佩此又
之無漸者也易月之制因襲故事

儀喪服圖　百十一

0013_0350-1

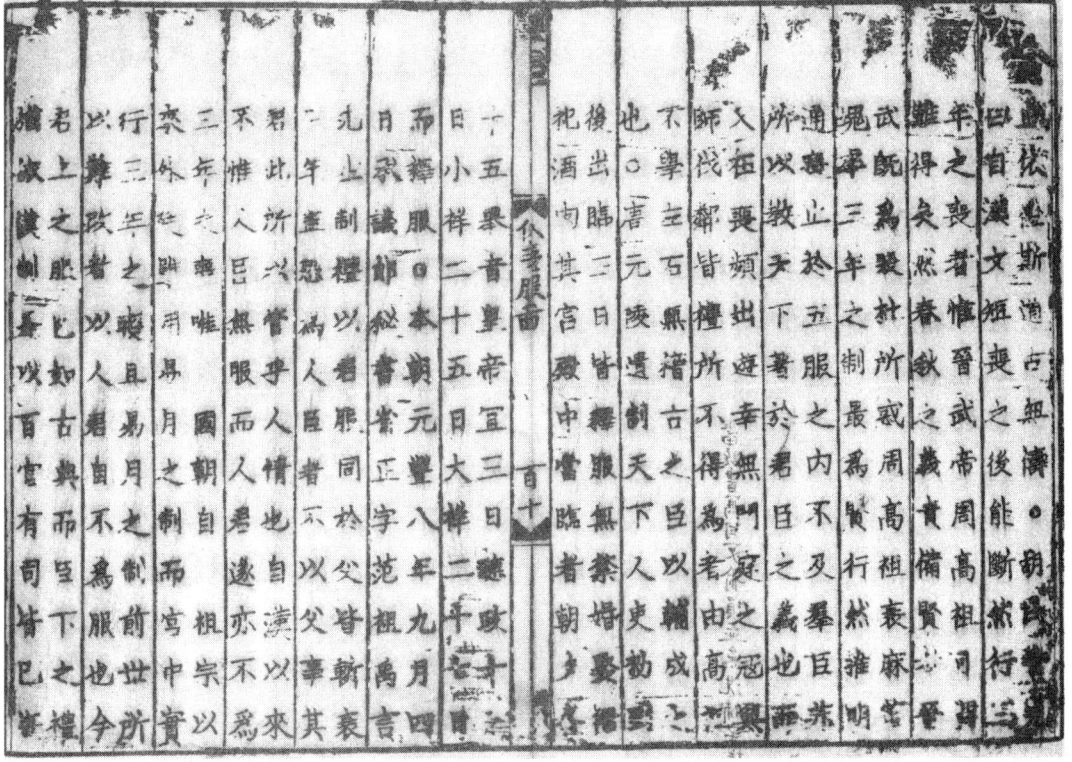

已行之禮不可追也臣愚以爲宜
令羣臣朝服止如今日而未除衰
至期而服之漸除其重者再期而
又服之乃釋衰其餘則君服斯服
可也至於禫不必爲之服惟未純
吉以至於祥然後無所不佩則三
年之制略如古議詔禮官詳議以
聞其後禮部尚書韓忠彥等言朝
廷與禮時異異宜不必循古若先
王之制不可盡用則當以祖宗故
事爲法今言者欲令羣臣服喪三
年民間禁樂如之雖過山陵不去
衰服庶協古之制緣先王恤典
之甚明必務循古則又非特行遂

0013_0350-2

漢如言故事而已[illegible]不能[illegible]
[illegible]習緒祖宗故事惟光帝[illegible]
之○紹興五年徽宗閒待制[illegible]
終喪言臣聞三年之喪齊斬[illegible]
[illegible]漸之今自天子達於庶人無貴
[illegible]之殊而禮經勑令子爲父[illegible]
承重爲祖父皆斬衰三年蓋嫡子
當爲父後以承大宗之重而不[illegible]
繼位以執喪則嫡孫繼統而代之
執喪義當然也然漢[illegible]文短喪之
後歷代因之天子遂無三年之喪
爲父且然則嫡孫承重從可知已
之紀壞三綱不明千有餘年莫
能釐正及我[illegible]夫行至尊[illegible]

0013_0351-1

帝至聖自天孝誠內發易月之[illegible]
猶執通喪朝衣朝冠皆以大布[illegible]
超千古拘攣之制數年之[illegible]
衰陋卑薄之風甚盛德也前[illegible]
在方冊爲世法程子孫守之[illegible]
無數而閒者遺誥初頒[illegible]
帝偶違康豫不能躬就喪次[illegible]
實以世適之重仰承大統[illegible]
謂承重之服著在禮律所宜[illegible]
者皇已行之法易[illegible]之[illegible]
衣布冠視朝聽政以代[illegible]
喪躬親三年之喪而一[illegible]
愛講議遂用漆紗淺黃之[illegible]
上違禮律無以風示天下[illegible]

0013_0351-2

壽皇已葬之辟去而復留已行之
禮舉而復墜臣愚不肖誠竊痛之
然既往之失不及追改唯有將來
啓殯發引禮當復用初喪之服則
其變除之節尚有可議欲望陛
下仰體壽皇聖孝成法明詔禮
官稽者禮律預行指定其官吏軍
民男女方喪之禮亦宜稍爲之制
勿使肆爲華靡布告郡國咸使聞
知庶幾漸復古制而四海之衆有
以著於君臣之義實天下萬世之
幸○又語錄曰文帝不欲天下居
三年之喪不欲以此勤民所爲大
綱類墨子○又問短喪云曰漢文

喪服圖

0013_0352-1

葬後三易服三十六日而除固
賢於後世之自始遭喪便計二十
七日而除者然大者不正其爲
失不過百步五十步之閒耳此亦
不足論也向見孝宗爲高宗
服既葬猶以白布衣冠視朝此爲
甚盛之德破去千載之謬前世但
爲人君自不爲服故不能復行古
禮當時既是有此機會而儒臣禮
官不能有所建明以爲一代之制
遂使君服於上而臣除於下因陋
踵訛深可痛恨切謂當如孝宗
所制之禮君臣同服而略爲區別
以辨上下十三日而服練以二

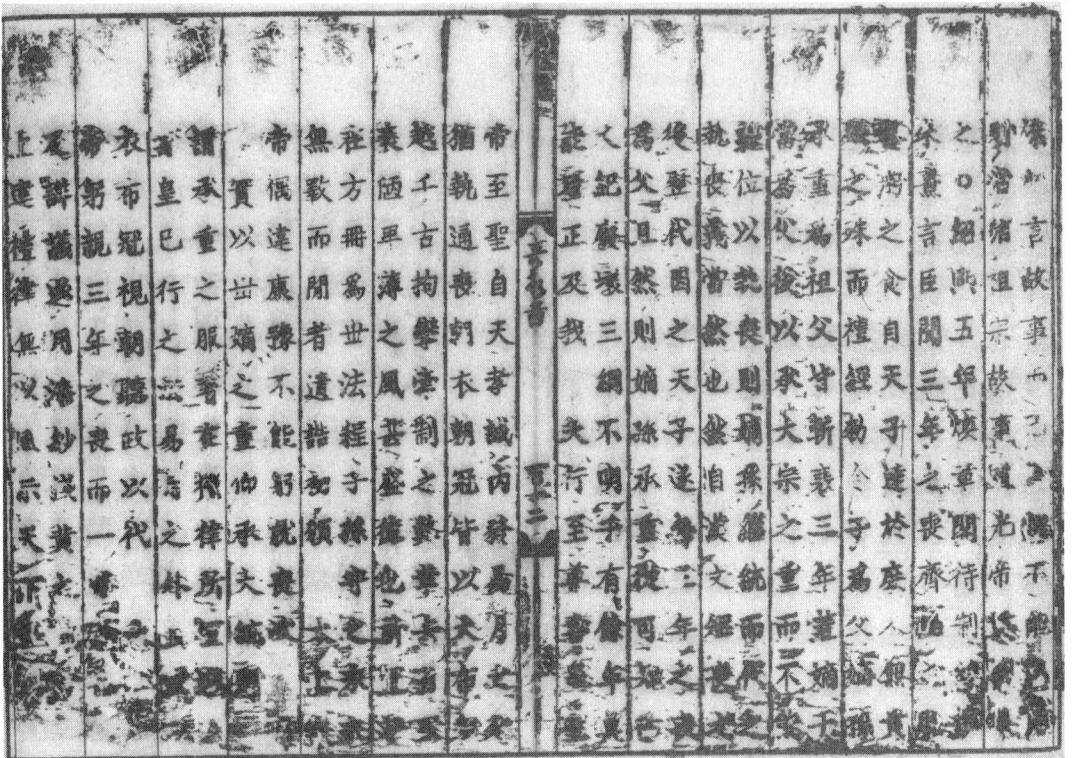

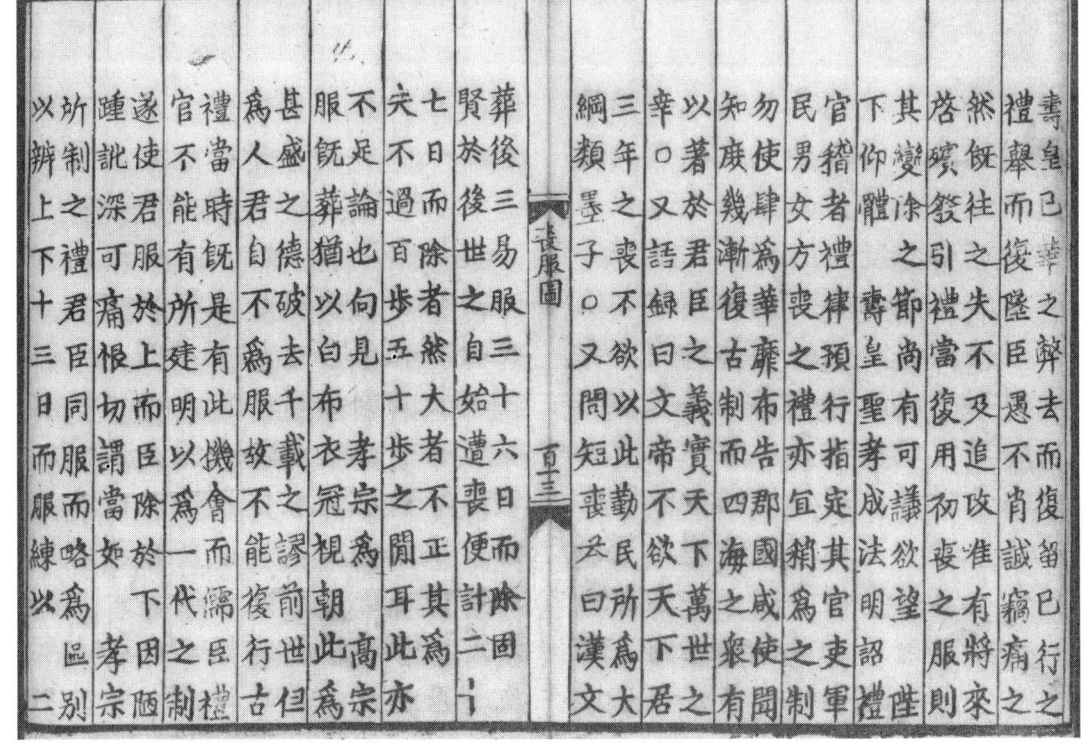

張本下象鼻題監生陳浚四字傳本剪去之

0013_0353-1　　0013_0352-2

○五月而服禫以禫二十七月
而服朝服以除朝廷州縣皆用此
制燕居許服白絹巾白涼衫白帶
庶人吏卒不服紅紫三年如此餘
以亦允當不知如何○又曰如
三年喪其廢如此長遠○壽皇要
行便行了也不見有不可行處○
方喪無禫見於通典云是鄭康成
説而通檢諸篇未見其文不敢輕
爲之説但今日不可謂之方喪期
甚明不可証耳儀禮喪服傳
爲君之祖父母父母條下䟽中趙
問問答極詳分明是畫出今日事
往時妄論亦未見此論乃得之

儀禮喪服圖　百十四

知學之不可不傳如此非細事也
左社所記多非先王禮法之不
可依憑要之三代之禮吉凶輕重
之間須自有互相降殺處如顧命
康王之誥之類自有此等禮制禮
畢却反喪服不可爲此便謂一
釋服也心喪無禫亦見通典乃是
六朝時太子爲母服朞已除而以
心喪終三年當時議者以爲無禫
亦非今日之比也○又問儀禮諸
侯爲天子斬衰三年傳曰君至尊
也注天子諸侯及卿大夫有地者
皆曰君庶人爲國君齊衰三月
不言民而言庶人庶人或有在

張本下象鼻題監生陳浚四字傳本剪去之

0013_0354-1　　0013_0353-2

[illegible]天子[illegible]之[illegible]天子[illegible]如[illegible]
[illegible]之[illegible]有還天下爲[illegible]
多三年之制章恐未之考先[illegible]
[illegible]士庶人説無本國之君服
之喪至尊服制上無君亦不可[illegible]
云其變如今涼衫亦不害此亦[illegible]
者得專[illegible]乎又問士庶亦不可[illegible]
者人爲國君亦止齊衰三月諸[illegible]
之大夫爲天子亦止緦衰[illegible]
請有官人鄕娶在祔廟後先生[illegible]
又不可舉花用樂少示異變●[illegible]
之喪亦亦可聚哭但不可設[illegible]
禀在澤州時亦多有民庶欲入[illegible]
至哭宗初不知外面自被門子[illegible]

儀禮喪服圖　百十五

錯了待兩三日方知遂出榜告[illegible]
諭看來哭者
多之喪二十五月而畢
禫式番來初九年黃門侍郎[illegible]
也詩鄭玄發制二十七月而[illegible]
今云將禮案晉初用王肅議[illegible]
典月遂以爲制江左以來唯晉[illegible]
禫用纖縞之上猶多遵鄭義[illegible]
[illegible]禮一禮詔可
八服制令諸三年之喪十三月小
[illegible]經二十五月大祥除衰[illegible]
[illegible]二十七月禫祭除[illegible]

0013_0354-2

本宗服

曾祖父母齊衰三月高祖父母同
唐貞觀十四年侍中魏徵奏請
高祖曾祖舊服齊衰三月請加爲
齊衰五月○問魏徵加服先師
朱文公答曰觀當時所加曾祖之
服仍爲齊衰而五月非降爲小
功也今五服格仍遵用之雖於古
爲有加然恐亦未爲不可也○開元
禮爲曾祖父母齊衰五月高祖父
母齊衰三月
今服制令爲曾祖父母齊衰五月
杖嫡爲高祖父母齊衰三月杖[illegible]

喪服圖　百十六

0013_0355-1

父卒爲祖後者服斬
晉蔣萬問范宣嫡孫亡無後次子
之後可得傳祖重不宜荅曰禮爲
祖後者三年不言嫡庶則通之矣
無後猶取繼況見有孫而不承之
耶庶孫之異於嫡者但父不爲之
三年祖不爲之周而孫服父祖不
得殊也○本朝皇祐元年十一月
三日大理評事石祖仁言先於八
月十五日祖父太子太傅致仕中
立身亡叔國子博士從簡成服後
於十月十五日身亡祖仁是嫡長
孫欲乞下太常禮院定奪合與不
合承祖父重服詔禮院詳定博士

0013_0355-2

宋敏求議曰案令在父喪而亡嫡
孫承重禮令無文通典晉人徐邈
嫡孫承重在喪中亡其從弟已孤
未有子姪相繼疑於祭事邈荅曰
今見有諸孫而事同無後甚非禮
意禮宗子在外則庶子攝祭可使
一孫攝主而服本服期除則當應
服三年不何承天荅曰既有次孫
不得無服但次孫先已制齊衰今
不得更易服當須中祥乃服練裘
松之曰次孫本無三年之道無緣
忽於中祥重制如應爲後者次孫
宜爲喪主終三年不得服三年之
服而司馬操駁之謂二說無明據

喪服圖　百十七

0013_0356-1

其服宜三年也自開元禮以前嫡
孫卒則次孫承重況從簡爲中子
已卒而祖仁爲嫡孫乎大凡外襄
終事內奉靈席有練祭祥祭禫祭
可無主之者乎今中立之喪未有
主之者祖仁名嫡孫而不承其重
乃曰從簡已當之矣而可乎且三
年之喪必以日月之久而服之有
變也今中立未及葬未卒哭從簡
已卒是日月未久而服未經變也
焉可無所承哉或謂已服期今不
當接服斬而更爲重制案儀禮子
嫁反在父之室爲父三年鄭康成
注謂遭喪而出者始服齊衰期出

0013_0356-2

而虞則以三年之喪受杜佑號通儒引其義附前問荅之次況徐邈范宣之說已爲撮駮之是服可再制明矣又舉葬必有服令祖仁宜解官因其葬而制斬衰其服三年後有如其類而已葬者用再制服通歷代之厰折衷禮文以洽人情謂當如是請著爲定式詔如敏求議○熙寧八年閏四月集賢校理同知太常禮院李清臣言檢會五服年月敕斬衰三年加服條嫡孫爲祖注謂承重者爲曾祖高祖後者亦如之又祖爲嫡孫正服條注云有嫡子則無嫡孫又準封爵

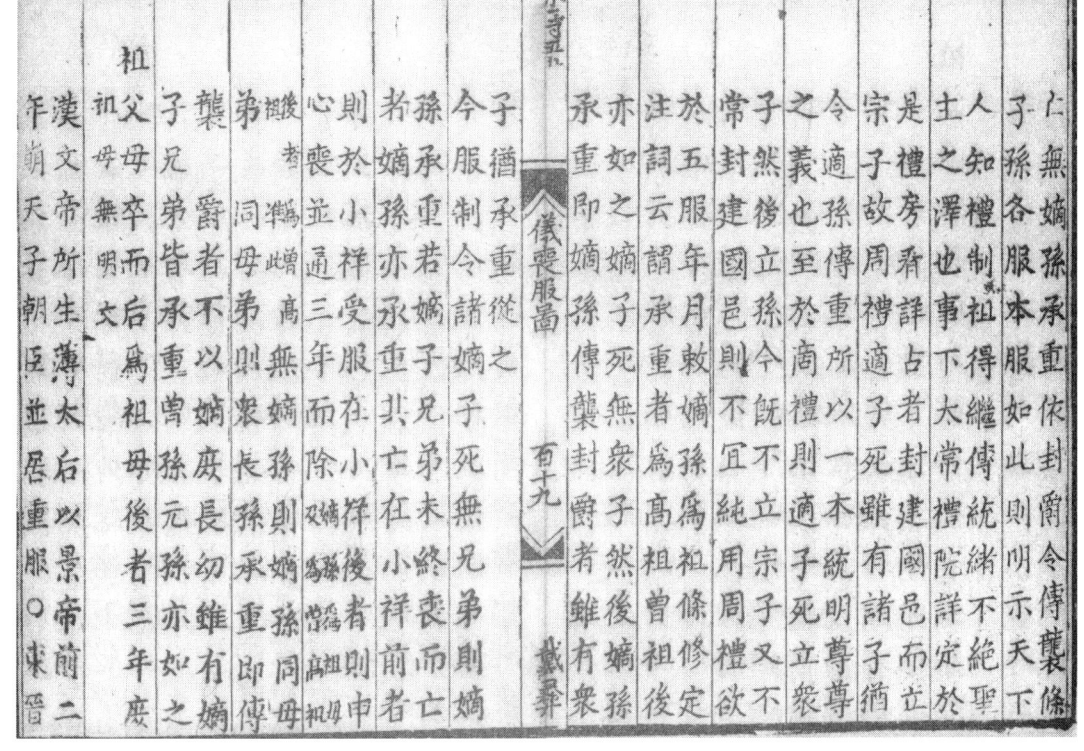

儀喪服圖　百十八　戴彝

0013_0357-1

令公侯伯子男皆子孫承嫡者傳襲若無嫡子及有罪疾立嫡孫無嫡孫以次立嫡子同母弟無母弟立庶子無庶子立嫡孫同母弟無母弟立庶孫曾孫以下準此究尋禮令之意明是嫡子先死而祖亡以嫡孫承重則體无庶叔不繫諸叔存亡其嫡孫自當服三年之服而衆子亦服爲父之服若無嫡孫爲祖承重則須依封爵令嫡庶遠近以次推之而五服年月敕不立庶孫承重本條故四方士民尚疑爲祖承重之服或不及上稟朝廷則多致差誤欲乞特降朝旨諸祖

0013_0357-2

亡無嫡孫承重依封爵令傳襲條子孫各服本服如此則明示天下人知禮制祖得繼傳統緒不絶聖王之澤也事下太常禮院詳定於是禮房看詳古者封建國邑而立宗子故周禮適子死雖有諸子猶令適孫傳重所以一本統明尊尊之義也至於商禮則適子死立衆子然後立孫今既不立宗子又不常封建國邑則不宜純用周禮欲於五服年月敕嫡孫爲祖條修定注詞云謂承重者爲高祖曾祖後亦如之嫡子死無衆子然後嫡孫承重即嫡孫傳襲封爵者雖有衆

儀喪服圖　百十九　戴彝

0013_0358-1

子猶承重從之

今服制令諸嫡子死無兄弟則嫡孫承重若嫡子兄弟未終喪而亡者嫡孫亦承重其亡在小祥前者則於小祥受服在小祥後者則申心喪並通三年而除及嫡孫爲曾祖高祖祖後者準此無嫡孫則嫡孫同母弟同母弟則衆長孫承重即傳襲爵者不以嫡庶長幼雖有嫡子兄弟皆承重曾孫元孫亦如之

祖父母卒而后爲祖母後者三年庶祖母無明文

漢文帝所生薄太后以景帝前二年崩天子朝臣並居重服○宋晉

0013_0358-2

安帝崇和四年太皇太后李氏崩祠部郎中徐廣議左氏春秋母以子貴成風稱夫人文公服三年之喪凡子於父之所生體尊義重且禮祖不厭孫固宜遂服若嫌禮文不存則宜從重同為祖母後齊衰三年百官一周廣又尋案漢文所生薄太后亡朝臣亦居重服太常殷茂曰太皇太后名稱雖尊而據非正體主上纂承宗祖不宜持重所行失禮者左傳不見譏責而漢謂齊服為安徐野人云若以魯侯代持服與正嫡無異殷太常所望服事於禮中尋求俱無明文然後

儀禮服圖

0013_0359-1

之所言寔據春秋也車胤答云漢代皆服重且大體已定此當無復翻革耶於是安帝服齊衰三年臣僚並服周於西堂設靈座神武門施凶門柏歷○宋庾蔚之謂公羊明母以子貴者明妾貴賤若無嫡子則妾之子為先立又子既得立則母隨貴豈謂可得與嫡同耶成風稱夫人非禮之正小記言妾子不世祭穀梁傳言於子祭於孫止此所明凡妾非謂有加崇之禮者也古今異禮三代殊制漢魏以來既加庶以尊號徽旗章服為天下小君與嫡不異故可得服重耳○

0013_0359-2

本朝寶元二年八月十三日三司度支判官集賢校理薛紳言祖母萬壽縣太君王氏卒祖母王氏是先臣所生母服紀之制罔知所適伏乞申詔有司檢詳條制俯降朝旨庶知遵守詔送太常禮院詳定禮官言五服年月敕齊衰三年為祖後者祖卒則為祖母注云為曾高祖母亦如之又曰齊衰不杖期為祖父母注云父之所生庶母亦同唯為祖後者乃不服又案通禮義纂為祖後者父所生庶母亡合三年否記云為祖母後三年不言嫡庶然奉宗廟當以貴賤為差庶

儀禮服圖

0013_0360-1

祖母不祔於皇姑已受重於祖當為祭主不得申於私恩也又曰禮無服庶祖母之文有為祖庶母後者之服晉王廙議曰受命為後則服之無嫌婦人無子託後族人猶為之服況其子孫人莫敢卑其祖也且妾子父沒為母得申三年孫無由獨屈當服之也今薛紳係為庶孫不為祖後受重於父合申三年之制史館檢討同知太常禮院王洙言五服年月敕與新定令文及通禮正文內五服制度皆聖朝典法此三處並無為父所生庶母服三年之文唯義纂者是唐世蕭

0013_0361-1　0013_0360-2

嵩王仲丘等撰集不名爲元禮義
鑑開寶中改修爲開寶通禮義纂
並依舊文不曾有所增損非創修
之書未有據以決事其所引義纂
兩條皆近世諸儒之說不出於六
經之文臣已別狀奏駁伏乞降狀
付外令御史臺刑部審刑院大理
寺與禮院同共定奪聞奏所貴禮
法之官參議其極盡一之典無輙
重輕詔太常禮院與御史臺詳定
聞奏衆官參詳耀卿王氏子紳王
氏孫尤親於慈母庶母庶祖母也
耀卿既亡紳受重當服之也又薛
紳頃因籍田覃恩乞將叙封母氏

仪丧服畫　百九二

恩澤回受與故父所生母王氏其
薛紳官爵未合叙封祖母蓋朝廷
以耀卿已亡紳是長孫故以孝道
特許封邑豈可王氏生則輒邀國
恩沒則不受重服況紳被王氏鞠
育之恩體尊義重合令解官持齊
衰三年之服詔從之

適孫祖父在爲祖母服如父在爲母

令服制令嫡孫祖在爲祖母齊衰
杖期案通禮五服制度父卒母嫁
及出妻之子爲母及爲祖後祖在
爲祖母雖期除仍心喪三年

祖父母不杖期

開元禮祖父母不杖期（父所生庶母同惟爲祖後者乃不服）

0013_0362-1　0013_0361-2

今服制令爲祖父母不杖期（孫於父所生庶母服亦同嫡爲祖後者不服）女

父在爲母杖期心喪二年

宋文帝元嘉十七年元皇后崩皇
太子心喪三年禮有心喪禫無禫
禮無成文世或兩行皇太子心喪
畢詔使博士議有司奏喪禮有祥
以祥變有漸不宜便除即吉故其
間服以綅也心喪已經十三月大
祥十五月祥禫變除禮畢餘情一
周不應復有再禫宣下以爲永制
詔可○唐前上元元年武后上表
請父在爲母終三年之服詔依行
焉開元五年右補闕盧履冰上言

仪丧服畫　百九三

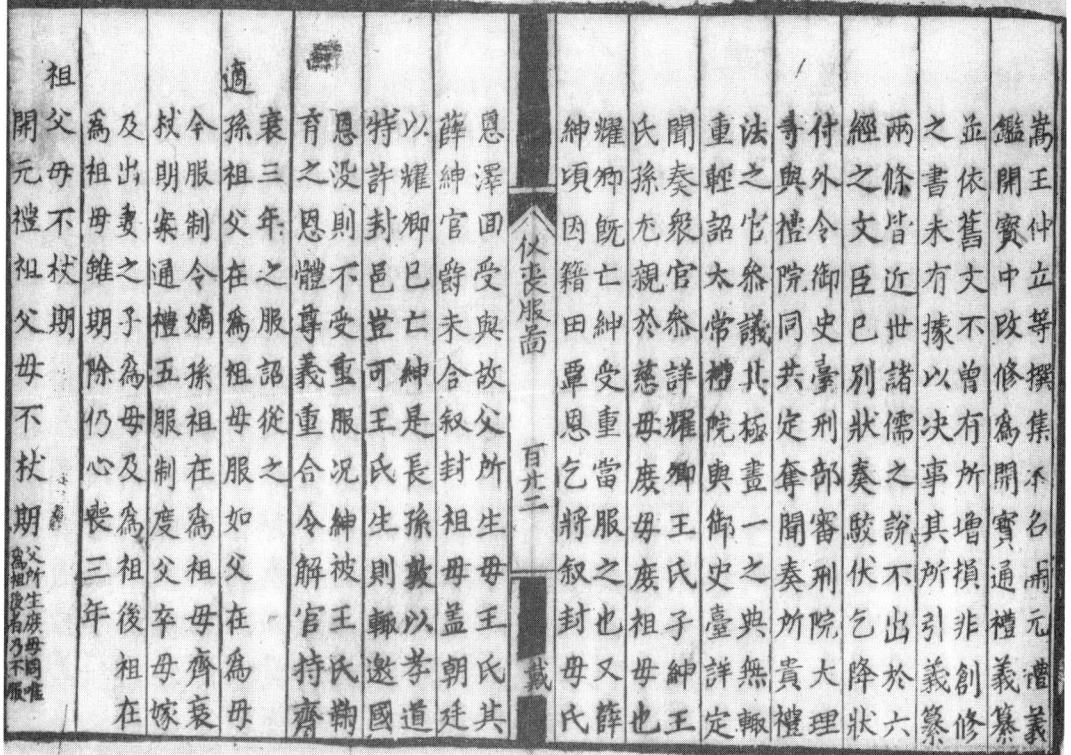

禮父在爲母一周除靈三年心
喪請仍舊章廢叶通禮於是下制
令百官詳議刑部郎中田再思建
議云上古喪服無數自周公制禮
之後孔父刊經以來方殊厭降之
儀以標服紀之節重輕從俗斟酌
隨時循古未必是依今未必非也
履冰又上疏曰天無二日土無二
君家無二尊以一理之也所以父
在爲母服周者避二尊也左散騎
常侍元沖行奏議今若捨尊厭之
重虧嚴父之義事不師古有傷名
數百條議竟不決後中書令蕭嵩
與學士改修五禮又議請依元勑

0013_0362-2

父卒爲母齊衰三年爲令從禮[illegible]
與○先師朱文公曰禮須是從[illegible]
禮爲正如父在爲母著非是薄於
母只爲尊在其父不可復尊在母
要得須心喪三年這般處皆是
要須事不是小節目後來都失了
今國朝法爲所生父母皆心喪三
年此意甚好○又問儀禮父在
爲母曰罹祭服是但條例如此[illegible]
服繼母下
今據令子爲母齊衰三年[illegible]
[illegible]
[illegible]一子爲母杖期[illegible]

0013_0363-1

漢石渠議問父卒母嫁爲之何服
[illegible]六傳云當服周爲父後則不服
[illegible]成以爲父沒則母無出義王
者不爲無義制禮若服周則是子
賤母也故不制服也宣帝詔曰婦
人不養舅姑不奉祭祀下不慈子
是自絕也故聖人不爲制服明子
無出母之義玄成議是也石渠禮
議又問夫死妻稚子幼與之適人
子後何服韋玄成對與出妻子同
服周或議以子無絕母應三年
[illegible]周禮議[illegible]○[illegible]
[illegible]故無經也[illegible]
至[illegible]本無絕禮[illegible]

0013_0363-2

慈得罪於父猶追服周若父五
嫁而反不服則是子自絕其母
天理耶宜與出母周皆制爭假二
十五月是終其心喪耳○本朝景
祐三年八月九日太常博士直史
館宋祁言前祠部員外郎集賢校
理郭稹生始數歲即鍾父喪而母
邊氏更適王氏今邊不幸而稹解
官行服以臣愚管見淺用爲
疑伏見五服制度勅著齊衰杖期降
服之條曰父卒母嫁及出妻之子
爲母其注云方注曰謂不爲父後者
若爲父後者則爲嫁母無服侍御
史劉夔奏曰父卒母嫁[illegible]杖期及

0013_0364-1

[illegible]父後者無服周孔定禮初無此
[illegible]令博士宋祁謂稹不當解官
[illegible]禮臣議案天聖六年敕開元五
服制度開寶通禮並載齊衰降服
[illegible]制與祁所言不異[illegible]齊衰
杖期齊衰三年齊衰三年並解官[illegible]
齊杖期及爲人後者爲其父母若
庶子爲後爲其母亦解官申其
心喪母出及嫁爲父後者雖不服
申心喪注云皆爲生已者本[illegible]
[illegible]學士王博文御史中丞杜衍
[illegible]議嫁母解官行喪若[illegible]
[illegible]子[illegible]問路人則恩可不[illegible]
[illegible]治[illegible]至重下[illegible]

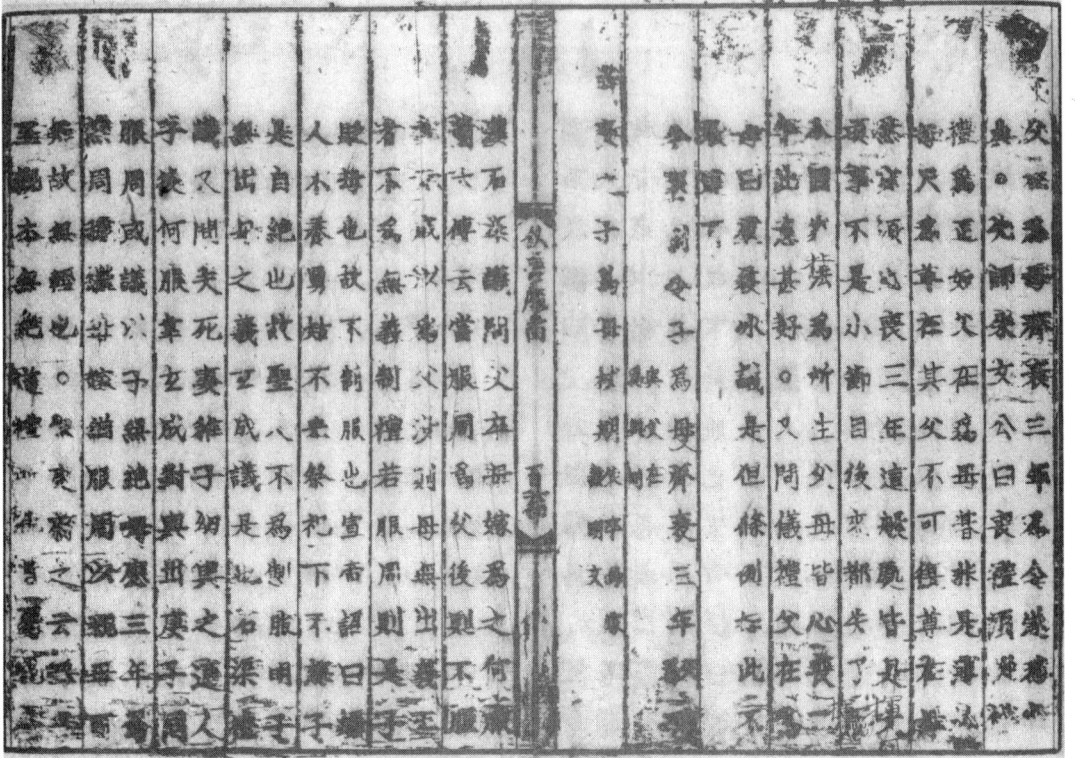

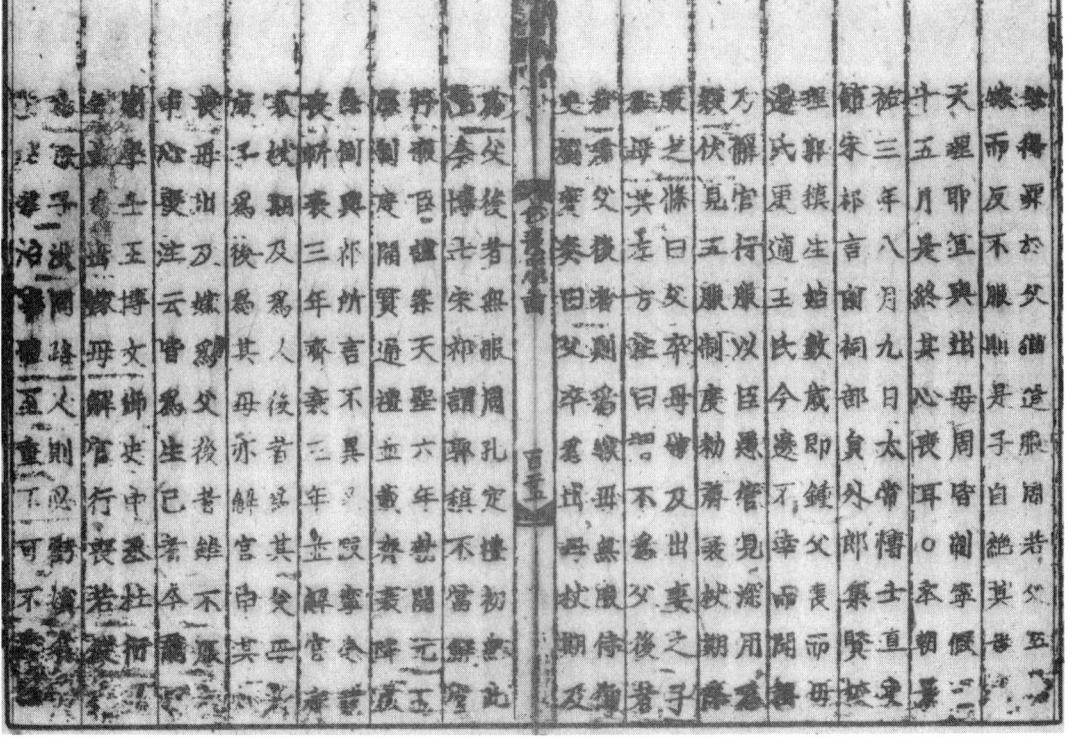

0013_0364-2

[illegible]云雖爲父後猶爲[illegible]
[illegible]周云父卒母嫁非父所[illegible]
[illegible]期可也昔孔伋之妻爲[illegible]
[illegible]卒而嫁於衛故禮[illegible]
[illegible]子思[illegible]
[illegible]四方[illegible]子[illegible]禮子[illegible]
[illegible]曰吾何[illegible]問[illegible]
[illegible]後者不爲出母服嫁[illegible]
[illegible]猶[illegible]也[illegible]子[illegible]之義[illegible]
[illegible]文[illegible]後服嫁母[illegible]明矣[illegible]
古賢[illegible]之論則[illegible]之[illegible]服不[illegible]
[illegible]遂矣[illegible]太常禮院[illegible]史[illegible]
[illegible]奏[illegible]學士[illegible]元[illegible]謹
[illegible]正義[illegible]通禮五服

0013_0365-1

[illegible]言爲[illegible]出母[illegible]
[illegible]天寶[illegible]
[illegible]三年又[illegible]
[illegible]爲出母[illegible]
[illegible]二者並存其事[illegible]
[illegible]六年之制言[illegible]
[illegible]云並然[illegible]三年[illegible]
[illegible]後者爲出母嫁母[illegible]
[illegible]卒哭乃除二[illegible]
[illegible]無疑也況天[illegible]
[illegible]卒母嫁及出妻之子
[illegible]則天寶六年出母[illegible]
[illegible]之年之制不可行則又
[illegible]言母出及嫁爲父

0013_0365-2

後者雖不服亦申心喪即不言解
官臣以爲若專用禮經則是全無
服施之今世理有未安若俯同諸
子杖期又於條制更相違戾欲乞
自今後子爲父後無人可奉祭祀
者依通禮義纂劉智釋議服齊衰
之服卒哭乃除踰月乃祭仍申心
喪不得作樂即與儀禮禮記正義
通與通禮五服年月敕爲父後爲
出母嫁母無服之言不相違也如
諸子非爲父後者爲出母嫁母依
五服年月敕降服齊衰杖期亦解
官申其心服則與通禮五服制度
言雖周除仍心喪三年及刑統言

喪服圖

0013_0366-1

出妻之子合降其服皆二十五月
内爲心喪其義一也以此論之則
國朝見行典制與古之正禮合則
餘書有偏見之説不合禮經者皆
不可引用也臣今所議欲乞依前
所陳自今後子爲父後委實無人
可奉父祖祭祀者並依聖朝見行
典制施行詔今後似此並聽解官
以申心喪
令服制令母出及嫁爲父後者雖
不服亦申心喪爲
人後者爲其父母不杖期報
令服制令爲人後者爲其父母不
杖期亦解官申心喪

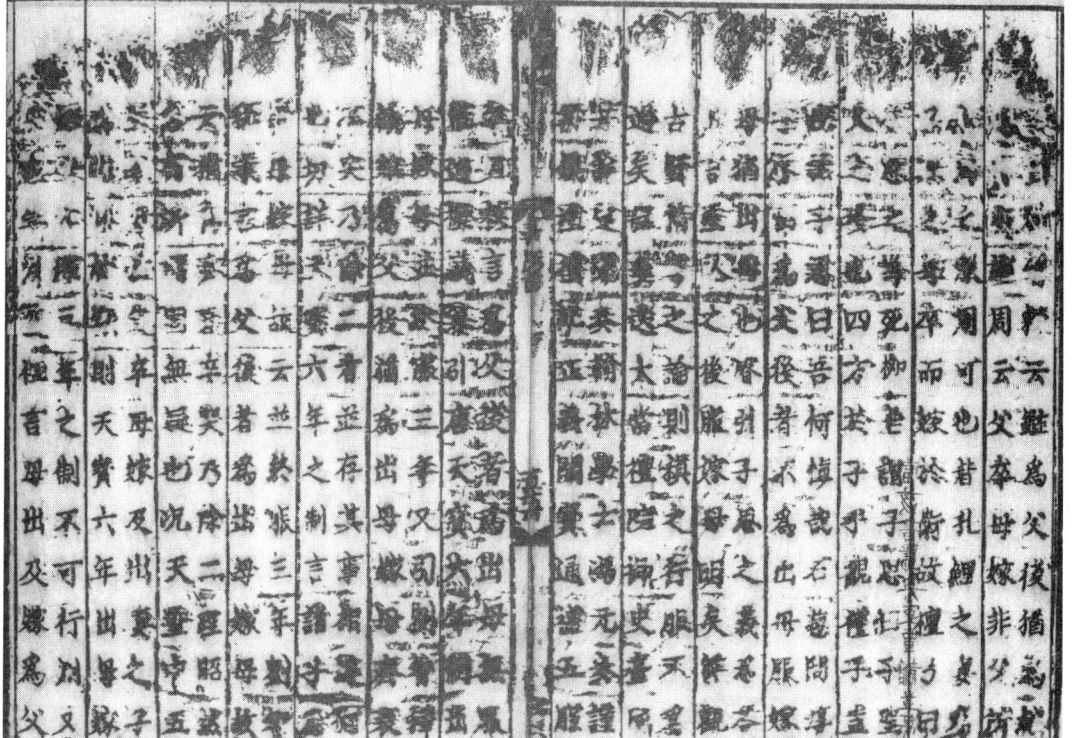

張本下象鼻題監生陳浚四字傅本剪去之

0013_0366-2

母嫁從爲之服報杖期
小記凱云父卒繼母嫁從爲之服
報鄭玄云嘗爲母子貴終其恩也
案王肅云若不隨則不服凱以爲
出妻之子爲母及父卒繼母嫁從
爲之服報此皆爲庶子耳爲父後
者皆不服也傳云與尊者爲體不
敢服其私親比不獨爲出母言繼
母發繼母嫁已隨則爲之服則是
私也爲父後者亦不敢服也鄭玄
云嘗爲母子貴終其恩不別嫡庶
王肅云隨嫁乃爲之服此二議時
人惑焉凱以爲齊衰三年章繼母
如母則當終始與母同不得隨嫁

儀喪服圖

0013_0367-1

乃服不隨則不服如此者不成如
母爲父後者則不服庶子皆服也
庾蔚之謂王順經文鄭附傳說王
即情易安於傳亦無礙繼嫁則與
宗廟絶爲父後者安可以廢祖祀
而服之乎○唐龍朔二年所司奏
同文正卿蕭嗣業嫡繼母改嫁身
亡請申心制付所司議定奏聞司
禮太常伯隴西郡王博義等奏稱
緬尋喪服唯出母特言出妻之子
明非生己則皆無服是以令云母
嫁又云出妻之子出言其子以著
所生嫁則言母通包養嫡俱當解
任並合心喪嫡繼慈養皆非所生

0013_0367-2

嫁母比出稍輕於父終爲義絶
母之嫁既殊親母慈嫡義絶豈合
心喪今請凡非所生父卒而嫁爲
父後者無服非承重者服周並不
心喪又禮庶子爲其母緦麻三月
既是所生母服准例亦合解官令
文漏而不言於是終須修附集文
武官九品以上議得司衛正卿房
仁裕等七百三十六人議請一依
司禮狀嗣業不解官詔從之○開
元禮父卒繼母嫁從爲之服報（母嫁則不服若繼母不從而寄育則服不從不嫁子）
今服制令父卒爲繼母嫁已從之
齊衰杖期（[illegible]）

儀喪服圖

0013_0368-1

服不
庶子爲父後者爲其母緦麻三月
（云大夫後者猶）晉孝武泰元中太常車胤上言
庶子爲後爲其母緦麻三月自頃
公侯卿士庶子爲後爲其庶母同
之於嫡禮記云爲父後爲出母無
服無服也者不祭故也今身承祖
宗之重而以庶母之私廢烝嘗之
事求之情禮失莫大焉又昇平中
故太宰武陵王所生母喪表求齊
衰三年詔聽依樂安王故事制大
功九月興寧中故驃騎王[illegible]
[illegible]

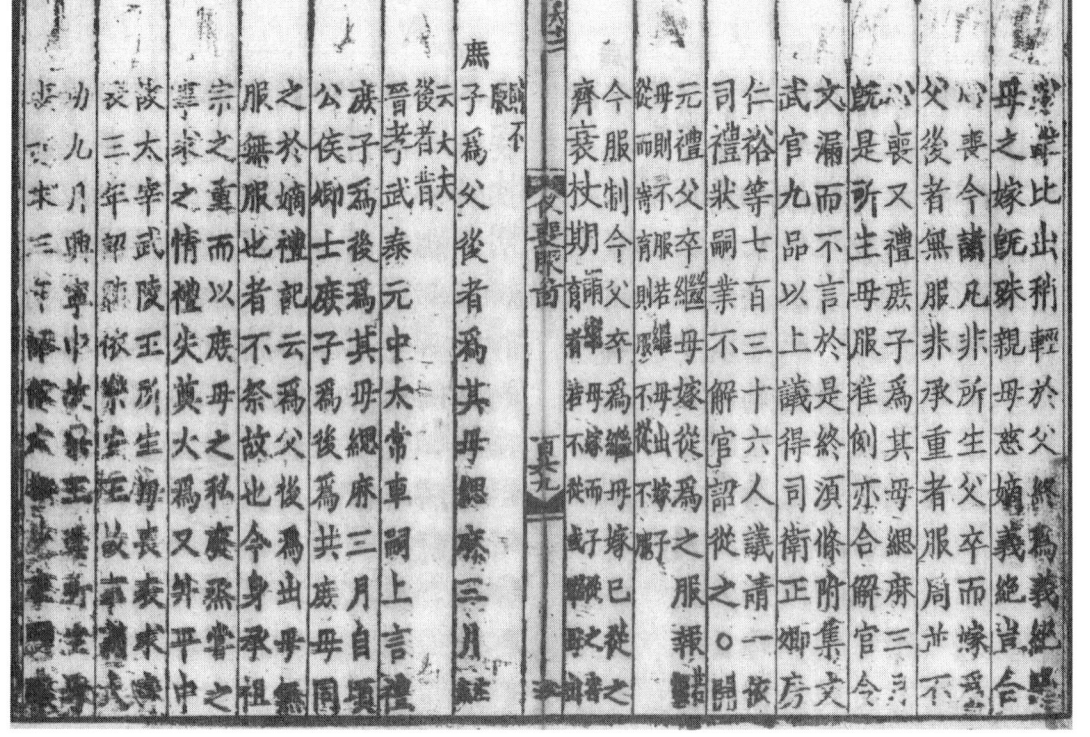

0013_0368-2

大功並無君廬三年之文尚書奏
依樂安王大功爲正詔可
開元禮庶子爲父後者爲其母緦
麻三月
令服制令庶子爲後者爲其母緦
麻三月諸無嫡母及嫡母卒則爲所生母服其外祖父母服
從服母並亦解官申其心喪
繼母爲長子無明文
開元禮繼母爲長子齊衰三年
令服制令齊衰三年
適婦大功庶婦小功兄弟子婦小功
正觀十四年侍中魏徵奏適子婦
舊服大功請却爲周衆子婦舊服
小功今請與兄弟子婦同服大功

儀喪服圖 百三十

0013_0369-1

九月。問魏徵以兄弟子之婦同
於衆子婦 先師朱文公曰禮經
嚴適故儀禮適婦大功庶婦小功
此固無可疑者但兄弟子之婦則
正經無文而舊制爲之大功乃更
重於衆子之婦雖以報服使然然
於親疏輕重之間亦可謂不倫矣
故魏公因太宗之問而正之然不
敢易其報服大功之重而但升適
婦爲期乃正得嚴適之義升庶婦
爲大功亦未害於降殺之差也前
此未喻乃深譏其兄弟子婦而同
於衆子婦爲倒置人倫而不察其
實乃以衆子婦而同於兄弟子之

張本下象鼻題監生孫三字傅本剪去之

0013_0369-2

婦也幸更詳之。案儀禮喪服舅[illegible]適婦大功今[illegible]適婦爲期[illegible]嚴適之義又非輕重[illegible]
今服制令舅姑爲適婦不杖期爲
衆子婦大功爲兄弟子之婦大功
嫂叔無服
正觀十四年太宗謂侍臣曰同爨
尚有緦麻之恩而嫂叔無服宜集
學者詳議侍中魏徵等議曰制服
亦緣恩之厚薄或有長年之嫂遇
孩童之叔劬勞鞠育情若所生在
其生也愛之同於骨肉及其死也
則推而遠之求之本源深所未喻
謹案嫂叔舊無服今請小功五月
報制可至二十年中書令蕭嵩奏

儀喪服圖 百三十一

0013_0370-1

依正觀禮爲定。先師朱文公曰
嫂叔之服先儒固謂雖制服亦可
則徵議未爲失也。又問嫂叔無
服而程先生云後聖有作須爲制
服曰守禮經舊法此固是好說
還定是那個不穩然有禮之權變
父道母道亦是無一節安排看推
而遠之便是合有服但安排不得
故推而遠之若果是鞠養於嫂恩
義不可已是他心自住不得又如
何無服得
今服制令爲兄弟妻爲夫之兄弟
小功五月

0013_0370-2　0013_0371-1

夫黨服

婦爲舅姑不杖期

本朝乾德三年十一月秘書監大理寺尹拙等言案律婦爲舅姑服期儀禮喪服傳開元禮義纂五禮精義續會要三禮圖等所載婦爲舅姑服期後唐劉岳書儀稱婦爲舅姑服三年與禮律不同然亦準勑行用請別裁定之詔百官集議尚書省左僕射魏仁浦等二十一人奏議曰謹案內則云婦事舅姑如事父母卽舅姑與父母一也古禮有期年之説雖於義可稽

儀禮服圖　百四十二

書儀著三年之文實在禮爲當蓋五服制度前代損益已多只如嫂叔無服唐太宗令服小功曾祖父母舊服三月增爲五月適子婦大功增爲期衆子婦小功增爲大功父在爲母服周高宗增爲三年婦人爲夫之姨舅無服明皇令從夫而服又增舅母服緦麻又堂姨舅服袒免訖今遵行遂爲典制伏况三年之內几筵尚存豈可夫衣麤衰婦襲紈綺夫婦齊禮哀樂不同求之人情實傷至治况婦人爲夫有三年之服於舅姑而止服周是尊夫而卑舅姑也且昭憲皇太

0013_0371-2　0013_0372-1

后喪[illegible]孝明皇后親行三年之服可以爲萬代法矣十二月丁酉始令婦爲舅姑三年齊斬一從其夫

○橫渠張子曰古者爲舅姑齊衰期正服也今斬衰三年從夫也

今服制令婦爲舅斬衰三年夫爲祖曾高祖後者其妻從服亦如之

○婦爲姑齊衰三年嫡孫爲祖曾高祖後者其妻從服亦如之

夫之高祖父母無明文

開元禮爲夫之曾祖高祖父母緦

今服制令緦

儀禮服圖　百四十三

夫之從父昆弟之子緦

今服制令爲夫同堂兄弟之子小功

夫之從祖兄弟之子無明文

開元禮爲夫之從祖兄弟之子緦

今服制令爲夫再從兄弟之子緦

夫之昆弟之孫緦

今服制令爲夫之兄弟之孫小功

夫之昆弟之孫女適人無明文

今服制令爲夫之兄弟之孫女適人緦

夫之兄弟之曾孫無明文

今服制令爲夫兄弟之曾孫緦

夫之從父昆弟之孫無明文

0013_0372-2

夫之昆弟之子婦緦　今服制令爲夫同堂兄弟之孫緦
夫之從父兄弟之子婦 無明文　今服制令爲夫兄弟子之婦大功
緦　今服制令爲夫同堂兄弟之子婦
夫之外祖父母 無明文　開元禮爲夫之外祖父母報緦
夫之舅及從母 無明文　今服制令爲夫之外祖父母緦
開元禮爲夫之舅及從母報緦　今服制令爲夫之舅及從母緦
從舅張

0013_0373-1

舅緦　從母小功
唐正觀十四年太宗謂侍臣曰舅
之與姨親疎相似而服紀有殊理
未爲得於是侍中魏徵等議曰舅
爲母族之本姨乃外戚他姓求之
母族姨不與焉考之經文舅誠爲
重故周王念齊稱舅甥之國秦伯
懷晉切渭陽之詩在舅服止一時
爲姨居喪五月循名求實逆末棄
本蓋古人或有未達謹案舅服緦
麻請與從母同小功制可○先師
朱文公曰外祖父母止服小功則
緦與舅合同爲緦麻魏徵反加舅

0013_0373-2

之服以同於姨則爲失耳
舅母無服
開元二十三年制曰朕以爲親姨
舅既服小功五月則舅母於舅三
年之服以服制情則舅母之服不
得全降於舅也宜服緦麻制從之
堂姨舅無服
開元二十三年制曰堂姨舅今古
未制服朕思敦睦九族引而親之
宜服袒免侍中裴耀卿中書令張
九齡等奏曰臣等謹案大唐新禮
親舅加至小功與從母同服此蓋
當時特命不以輕重遞增蓋不欲
參於本宗慎於變禮者也今聖制

0013_0374-1

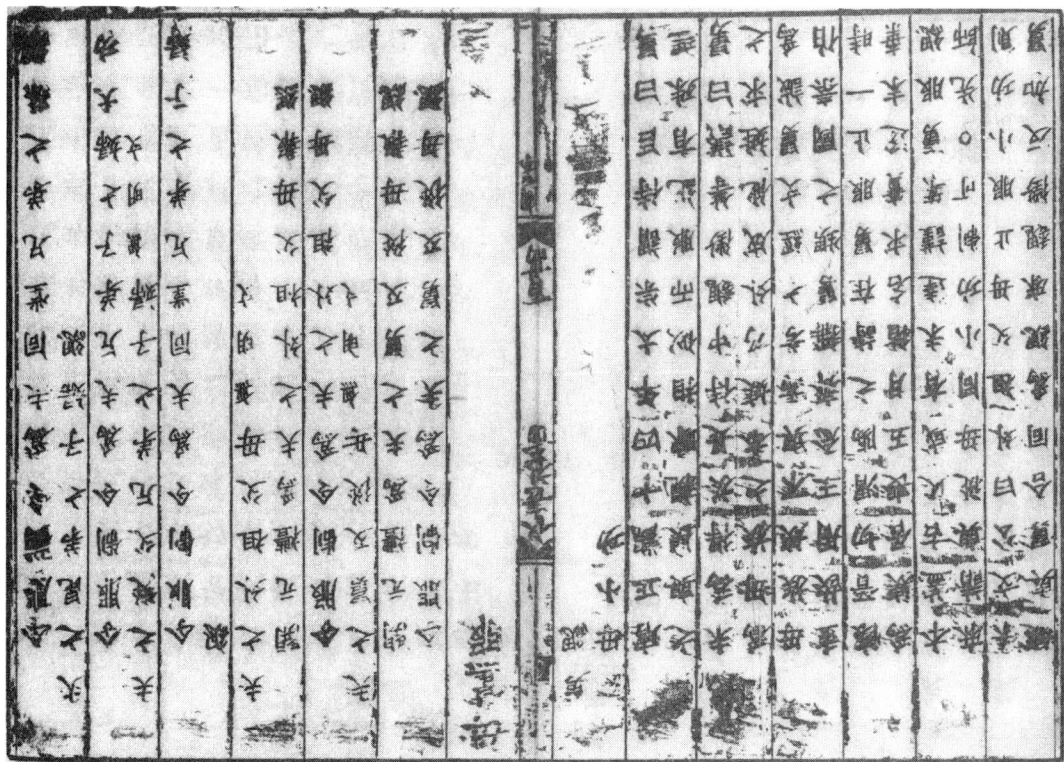

親姨舅小功更制舅母緦麻堂姨
舅袒免等服取類新禮垂示將來
通於物情自我作則羣儒風議徒
有籍留並望准制施行制從之○
案本朝乾德三年左僕射魏仁
浦等奏云唐明皇增舅母服緦麻
又堂姨舅服袒免訖今遵行遂爲
定制又案今服制及溫公書儀等
書並不見有舅母服緦麻及堂姨
舅袒免之文更考開寶通禮五服
年月敕
甥緦
正觀年中八座奏今舅同姨小功
五月而舅報於甥服猶三月謹案

0013_0374-2

傍尊之服禮無不報故甥爲從母
五月從母報甥小功甥爲舅緦舅
舅亦報甥三月是其義也今甥爲舅
舅使同從母之喪則舅宜進甥以
同從母之已報今請脩改律疏
報甥亦小功制可
今服制令爲甥小功
甥之婦無明文
今服制令爲甥之婦緦

0013_0375-1

0013_0375-2

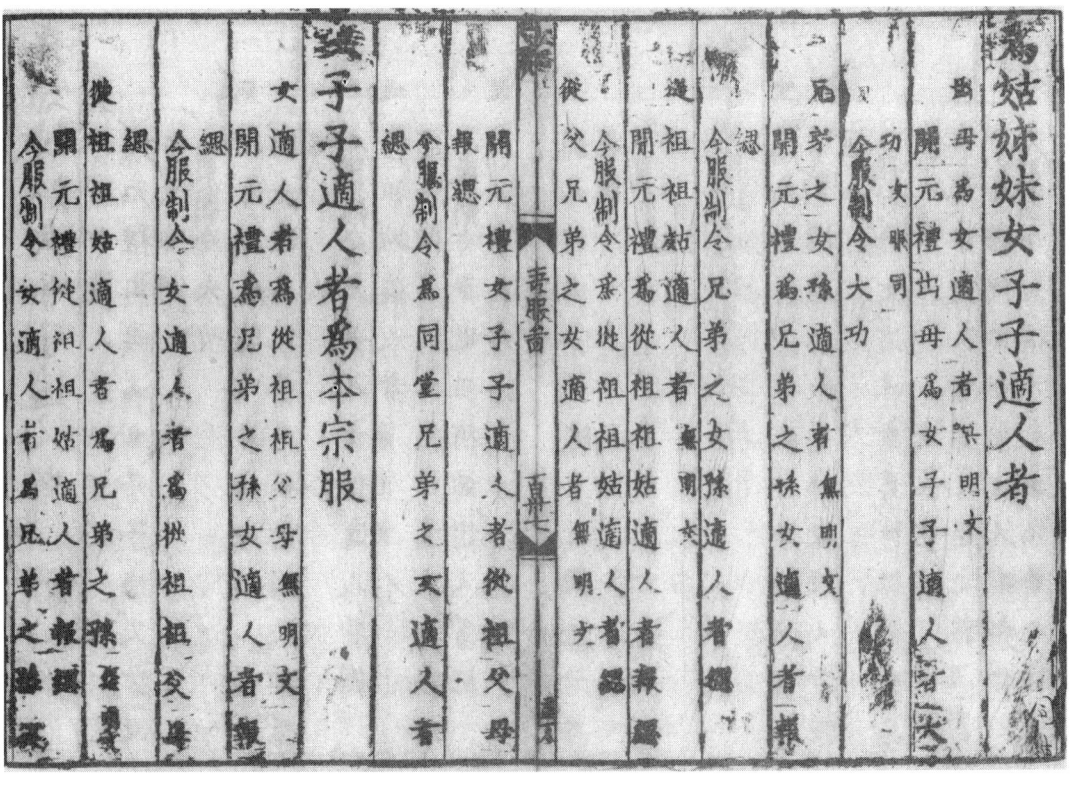

爲姑姊妹女子子適人者
出母爲女適人者無明文
開元禮出母爲女子子適人者[illegible]
功女服同
今服制令大功
兄弟之女孫適人者無明文
開元禮爲兄弟之孫女適人者報
緦
今服制令兄弟之女孫適人者緦
從祖祖姑適人者無明文
開元禮爲從祖祖姑適人者報緦
今服制令爲從祖祖姑適人者緦
從父兄弟之女適人者無明文

0013_0376-1

開元禮女子子適人者從祖父母
報緦
今服制令爲同堂兄弟之女適人者
緦
爲女子子適人者爲本宗服
女適人者爲從祖祖父母無明文
開元禮爲兄弟之孫女適人者報
緦
今服制令女適人者爲從祖祖父母
緦
從祖祖姑適人者爲兄弟之孫無明文
開元禮從祖祖姑適人者報緦
今服制令女適人者爲兄弟之孫[illegible]

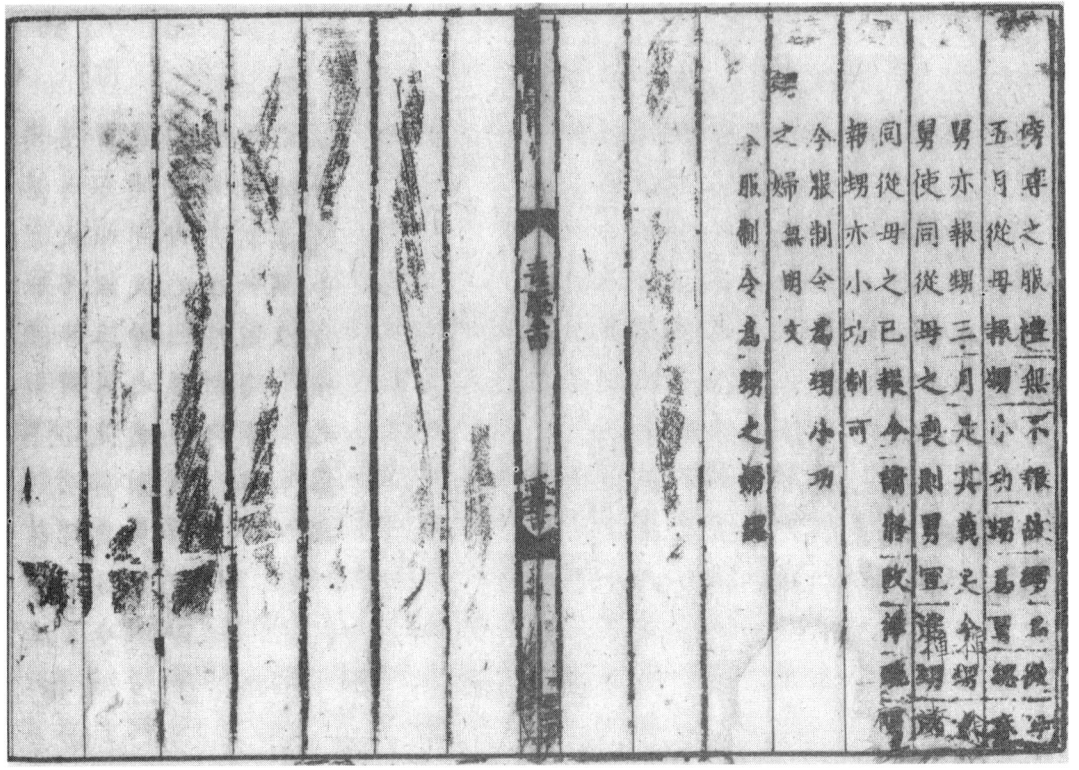

0013_0376-2

女適人者爲從祖父母無明文
開元禮女子子適人者從祖父母報
報緦
今服制令女適人者爲從祖父母報
緦
女適人者爲兄弟之孫無明文
今服制令爲兄弟之孫緦
女適人者爲從父兄弟之子無明文
今服制令爲同堂兄弟之子緦
女爲姊妹子之婦無明文
今服制令爲姊妹子之婦緦
女爲姪之妻無明文
今服制令女在室及適人者爲姪之妻小功

卷二十 服圖 百三十八

0013_0377-1

降服

諸侯絶旁周卿大夫絶緦
漢魏故事無五等諸侯之制公卿朝士服喪親疏各如其親○魏制縣侯比大夫案大夫之嫁姊妹在室大功適人降一等當小功○晉制王公五等諸侯成國置卿者及朝廷公孤之爵皆傍親絶周而傍親爲之服斬卿校位從大夫者皆絶緦摯虞以爲古者諸侯臨君之國臣諸父兄今之諸侯不同乎古其尊未全不宜便從絶周之制而今傍親服斬衰服之重也諸侯既然

0013_0377-2

則公孤之爵亦宜如舊昔魏武帝建安中已曾表上漢朝依古爲制事與古異不皆施行宜定新禮皆如舊詔從之○琅琊中尉王㒱問國王爲太宰武陵服事云太宰降爲庶人諸侯貴與庶人不敵爲不降耶昆弟俱仕一人爲大夫一人爲士便降况諸侯而全持庶人服乎徐邈荅云案禮以貴降賤王侯絶周以尊降卑餘尊所厭則公子服其母妻昆弟不過大功以嫡庶則父之所降子亦不敢不降也此三者舊典也昔魏武在漢朝爲諸侯制而竟不止荀公定新禮亦

喪服圖 百三十九

0013_0378-1

欲令王公五等皆旁親絶周而摯仲理駮以爲今諸侯與古異遂不施行此則是近代成軌也記又云古者不降故孟皮得全齊衰然則殷周之制已自不同所謂質文異宜不相襲禮皆世所行遠同斯義

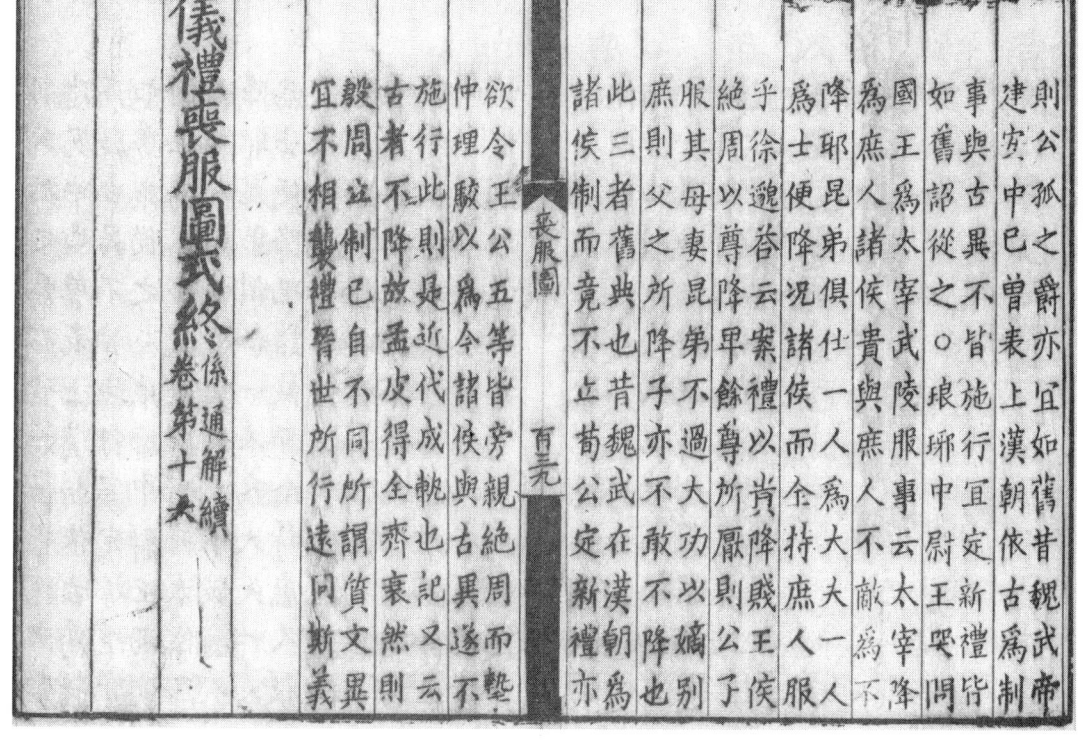

儀禮喪服圖式終 係通解續卷第十六

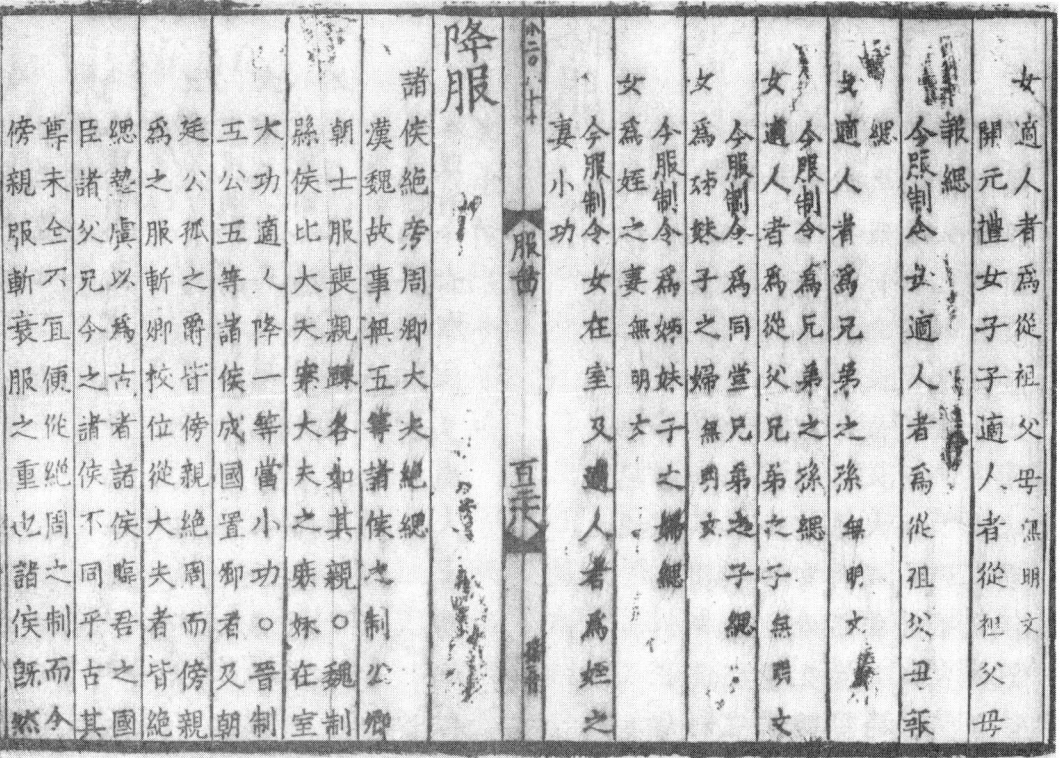

張本下象鼻題監生陳浚四字傳本剪去之

0013_0378-2　0013_0379-1

昔文公朱先生旣修家鄉邦國王朝
禮以喪祭二禮屬勉齋黄先生編之
追文公屬纊之前所與手書尤拳拳
以修正禮書爲言先生服膺遺訓不
敢少忘然其書久未脫藁嘉定乙卯
先生歸自建鄴奉祠家居先取向來
喪禮藁本精專修改至庚辰之夏而

喪服篇　百四十

書成凡十有五卷（復）嘗伏而讀之大
哉書乎秦漢而下未嘗有也（復）何足
以窺其閫奧然竊聞其略曰禮時爲
大要當以儀禮爲本今儀禮惟有喪
服士喪士虞僅存而王侯大夫之禮
皆缺近世以來儒生誦習知有禮記
而不知有儀禮士大夫好古者知有

張本下象鼻題監生秦三字傅本剪去之

唐開元以後之禮而不知有儀禮而
昔之僅存者皆廢矣今因其篇目之
僅存者爲之分章句附傳記使條理
明白而易攷後之言禮者有所據依
不至於棄經而任傳遺本而宗末故
揔包尊卑上下之服則有喪服明士
禮之節文次序則有士喪禮上士喪
禮下士虞禮（凡上下通用之禮附見士喪禮士虞禮庶人禮亦附於此）王侯大夫之禮關於綱常者爲
尤重儀禮旣缺其書後世以來處此
大變者咸幽冥而莫知其原取具臨
時沿襲鄙陋不經特甚可爲慨嘆今
因小戴喪大記一篇合周禮禮記諸
書以補其缺而王侯大夫之禮莫不

兩本均缺第一百四十一葉今錄張本補抄

0013_0380-2

粲然可故有喪大記上喪大記下
本經士喪士虞補經喪大記皆至虞
禮而止而王侯大夫士卒哭祔練祥
禫之禮又無所稽決故有卒哭祔練
祥禫記本經喪服之外凡服之散見
於傳記注疏者莫得而推尋故有補
服哀殺有漸則變除有節其文錯出

仪喪服圖 百四二

0013_0381-1

於經傳者不可不表而出之故有喪
服變除喪服當辨其名物衰與其不
當物也寧無哀故有喪服制度聖人
制服之意文理密察不可以不明故
有喪服義喪禮之外三年通行之理
其目不一有喪通禮變禮非常情文
尢密故有喪變禮實弔主人之禮不

0013_0381-2

可以無所致故有弔禮禮之數可陳
也其義難知也故有喪禮義於是喪
禮之本末經緯莫不悉備既而又念
喪禮條目散闊欲撰儀禮喪服圖式
一卷以提其要而附古今沿革於其
後草具甫就而先生没矣嗚呼此千
古之遺憾也先生所修祭禮本經則

仪喪服圖 百四三

0013_0382-1

特牲少牢有司徹大戴禮則釁廟已上
四卷未分章句入注疏所補者則自天神地祇
百神宗廟以至因事而祭者如建國
遷都巡狩師田行役祈禳及祭服祭
器事序始終其綱目尢爲詳備先生
嘗爲復言祭禮用力甚久規模已定
每取其書自翻閱而推明之間一二條

0013_0382-2

方欲加意修定而未遂也嗚呼禮莫
重於喪祭文公以二書屬之先生其
責任至不輕也先生於二書也推明
文王周公之典辨正諸儒異同之論
掃除後世蠹壞人心之邪說以示天
下後世其正人心扶世教之功至遠
也若喪服圖式禮遺墨尚有未及

0013_0383-1

脩定之遺恨後之君子有能繼先生
之志者出而成之是先生之所望也
又聞之先生曰始余創二禮粗
就而質之先師先師喜謂余曰君所
立喪祭禮規模甚善他日取吾所
編家鄉邦國王朝禮其悉用此規模
更定之是亦文公奉承之意也

0013_0383-2

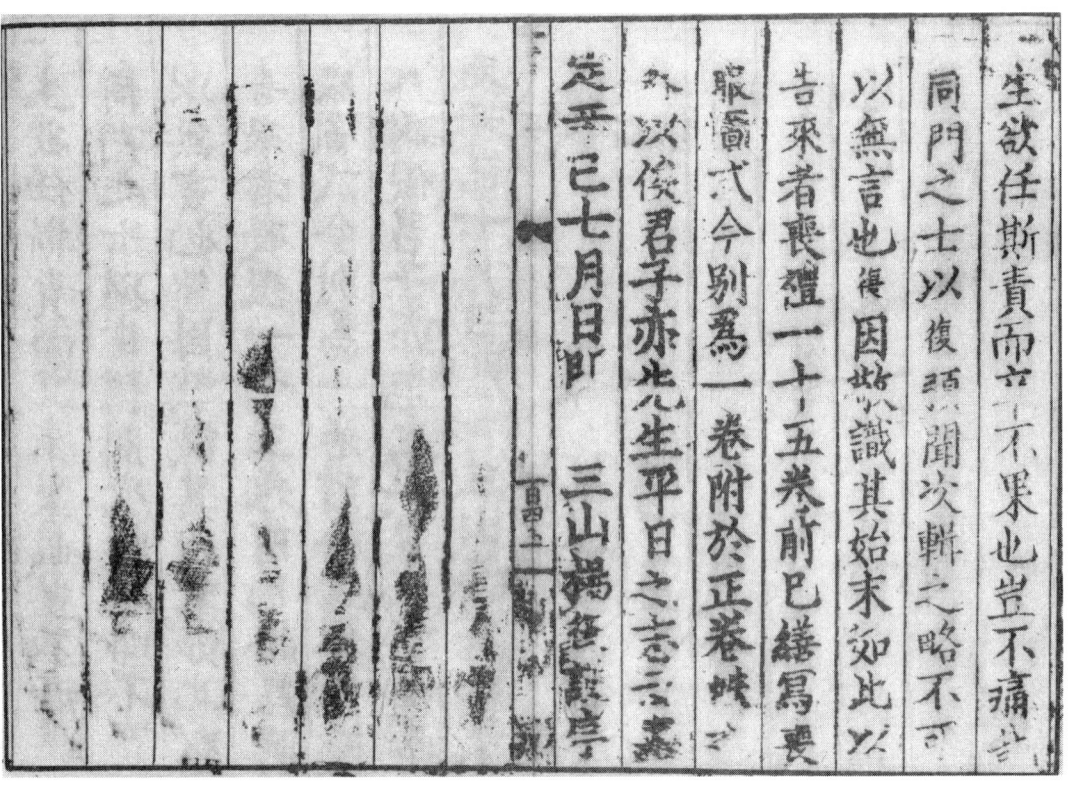

生欲任斯責而竟不果也豈不痛哉
同門之士以復有聞於次輯之略不可
以無言也復因其識其始末如此以
告來者喪禮一十五卷前已繕寫喪
服圖式今別為一卷附於正卷之
外以俟君子亦先生平日之志云嘉
定癸巳七月日門人三山楊復謹書

0013_0384-1

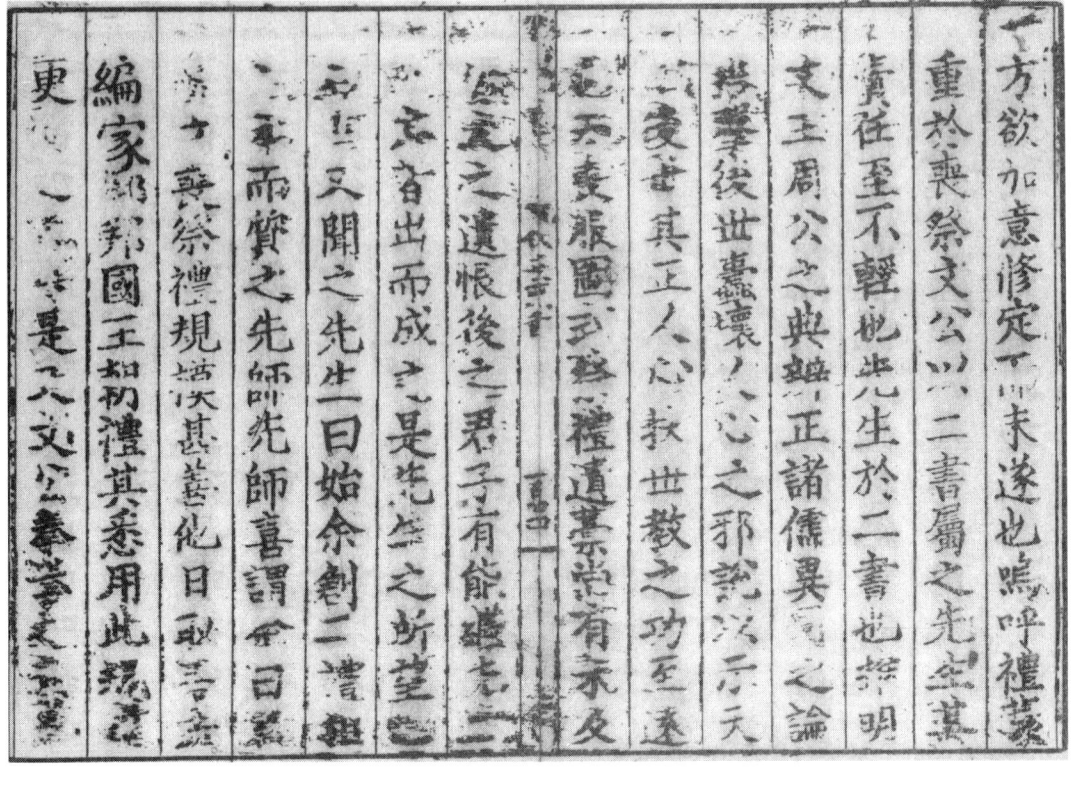